W0201976

Guía Repsol 2012

Guía Repsol

Rutas con los mejores sabores

Recorrer España a través de los sabores es la propuesta de la **Guía Repsol** para disfrutar del formidable patrimonio gastro-turístico de nuestro país. Como reflejo del compromiso de Repsol con la mejor gastronomía, presentamos la nueva **Guía Repsol de Rutas con los mejores sabores,** que descubrirá para el viajero el lugar donde nacen los productos más genuinos de nuestro país. Esta Guía, junto con la de Turismo con los mejores restaurantes, se convierte en la herramienta perfecta para planificar todos sus viajes y escapadas.

Esta sabrosa iniciativa turística propone 34 rutas inéditas, dos por cada Comunidad Autónoma, que giran en torno a los alimentos que gozan de la mayor tradición en España. Se trata de un viaje a través de los sentidos, donde el producto seleccionado será el pretexto para disfrutar del camino. Después de tres ediciones que presentaron con gran éxito itinerarios alrededor de productos con Denominación de Origen, la edición 2012 sigue avanzando y hace de estas escapadas toda una experiencia viajera, uniendo el placer de degustar los mejores productos con las tradiciones que los preservan. Esta Guía tiene como destino aquellos rincones de nuestra geografía que guardan los auténticos sabores de la tierra, sus paisajes, sus fiestas y sus gentes.

La **Guía de Rutas con los mejores sabores** cuenta con asesores de máximo prestigio: la **Real Academia Española de Gastronomía,** que apoya cada año con su trabajo la excepcional riqueza y variedad de productos de calidad que ofrece nuestro territorio y, por otra parte, la **Fundación Española de la Nutrición,** que ha elaborado y avala la información nutricional relativa a cada producto. Asimismo, ha contado con el inestimable apoyo y la permanente colaboración de los **Consejos Reguladores y las Consejerías de Agricultura y Pesca de las Comunidades Autónomas,** a quienes queremos mostrar nuestro agradecimiento, ya que son ellos quienes velan por la calidad y tradición de los alimentos seleccionados.

Estas 34 originales sugerencias turísticas se suman a las 102 disponibles en *www.guiarepsol.com,* donde el viaje por el paisaje de los productos españoles se completa con material audiovisual de gran calidad. De esta forma ya es posible consultar ocho suculentos recorridos a través de cada Comunidad Autónoma. Asimismo, *www.guiarepsol.com* ofrece la posibilidad de disfrutar de infinidad de destinos adaptados a las necesidades de los viajeros más exigentes en su extraordinario universo del viaje.

Con la **Guía Repsol de Rutas con los mejores sabores** queremos rendir homenaje a quienes celosamente guardan esta formidable herencia gastro-cultural, sabiendo que preservarán los sabores que hacen única nuestra tierra.

España

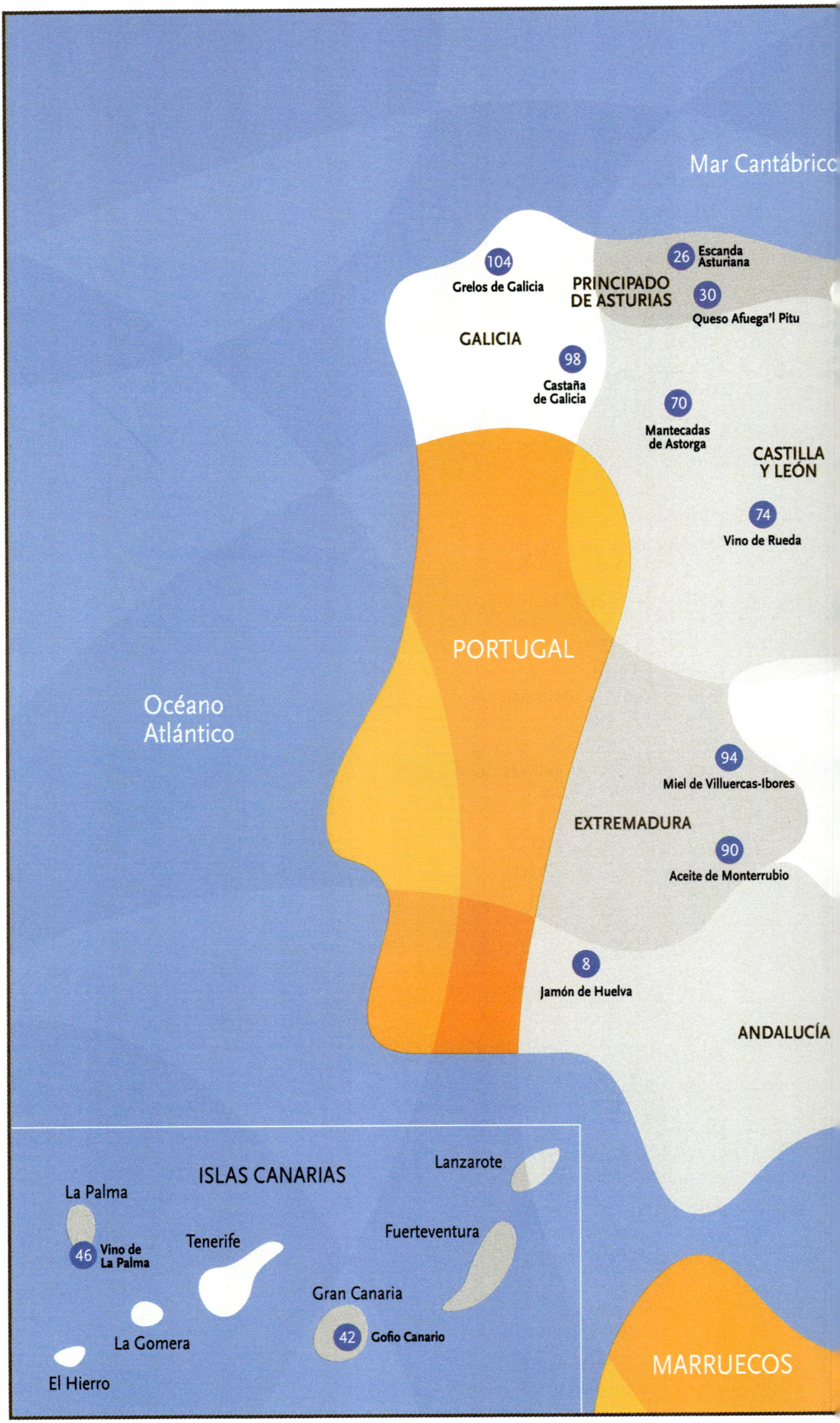
Mar Cantábrico
104
Grelos de Galicia
PRINCIPADO DE ASTURIAS
26
Escanda Asturiana
30
Queso Afuega'l Pitu
GALICIA
98
Castaña de Galicia
70
Mantecadas de Astorga
CASTILLA Y LEÓN
74
Vino de Rueda
PORTUGAL
Océano Atlántico
94
Miel de Villuercas-Ibores
EXTREMADURA
90
Aceite de Monterrubio
8
Jamón de Huelva
ANDALUCÍA
ISLAS CANARIAS
La Palma
46
Vino de La Palma
Tenerife
La Gomera
El Hierro
Lanzarote
Fuerteventura
Gran Canaria
42
Gofio Canario
MARRUECOS

Mapa de las Rutas con Sabor

Paisajes de **luz**

Jamón de Huelva

Los pueblos blancos de la sierra de Aracena y sus empinadas calles de piedra compiten en belleza con los paisajes repletos de alcornocales, la feraz vegetación y los deliciosos aromas del mejor jamón del mundo. Un paseo insuperable

Luces y sombras sobre una casa encalada de Aracena

En el s. XIII ya se criaban cerdos ibéricos en la sierra de Aracena

En las últimas estribaciones occidentales de Sierra Morena, al norte de la provincia de Huelva, se encuentra el Parque Natural de la Sierra de Aracena y Picos de Aroche, una zona conformada por dehesas de encinas, alcornoques y quejigos, donde se crían los cerdos ibéricos que dan nombre a la D.O.P. Jamón de Huelva. En el año 1236, en el Fuero de Montánchez, se recoge ya la existencia de grandes extensiones de dehesas dedicadas a la producción de bellotas para alimentar al ganado porcino. Incluso le canta en sus versos Lope de Vega: *"Jamón presunto de español marrano/ de la Sierra famosa de Aracena/ adonde huyó del mundo Arias Montano"*. Nuestra ruta comienza en la localidad de **Aracena,** capital de esta sierra onubense que fue lugar de descanso vacacional de la realeza española y de la aristocracia sevillana en los siglos XIX y XX. Celtas, árabes, portugueses y los monjes-soldados del Temple dominaron esta región rica en caza y de clima suave. Visita obligada es el castillo de Aracena,

Completa tu ruta con Guía Repsol

- **Longitud del itinerario propuesto:** 63,5 km aprox.
- **Mapa completo de la zona:** Guía Repsol de Mapas, pág. 96 C1
- **Información turística, hoteles y restaurantes:** Guía Repsol de Turismo, pág. 37
- **Más datos en:** *www.guiarepsol.com*

Alcornocales del Parque Natural de la sierra de Aracena

antigua fortificación que formaba parte de la línea defensiva del valle del Guadalquivir. Fueron los portugueses quienes iniciaron su construcción sobre los restos de una anterior fortaleza islámica. Junto a él está la iglesia prioral de Ntra. Sra. del Mayor Dolor, que empezó a construirse en el siglo XII y contiene una mezcla de estilos románico y gótico. Del pasado musulmán aún se conserva la torre mudéjar. También podemos visitar el Museo del Jamón y del Cerdo Ibérico.

La montaña mágica de Alájar

Entre bosques de alcornoques y encinas, tomamos la carretera HU-8105, camino de **Linares de la Sierra.** Este bello pueblo blanco situado en un profundo valle, al pie de la sierra de Vallesilos, fue declarado Bien de Interés Cultural como Conjunto Histórico, y nos invita a disfrutar de un agradable paseo por sus calles. Proseguimos camino hacia **Alájar,** vigilado por las sierras del Pico, Giraldo y Solana. Uno de los monumentos más interesantes de esta localidad de origen

Fiesta del Jamón

La Feria Regional del Jamón y del Cerdo Ibérico se celebra el tercer fin de semana de octubre en **Aracena.** Además de acoger una exposición de jamones, es un foro de encuentro en torno al ganado porcino y sus productos derivados, de suma importancia en la sierra de Huelva desde tiempos inmemoriales. Ganaderos y productores se dan cita en el Recinto Ferial del Ganado junto a los amantes del *pata negra* y otras deliciosas chacinas. Son muchas y muy variadas las actividades que se llevan a cabo durante estos días, tales como el concurso de cortadores de jamón, el sorteo de "su peso en jamón" y la degustación de productos de la matanza.

Decoración festiva en la localidad de Aracena

Mezquita omeya de Almonaster la Real

árabe magníficamente conservada, que se caracteriza por sus calles empedradas, es la iglesia barroca de San Marcos (siglo XVIII). La torre, rematada por una pirámide, es el elemento más llamativo. Siguiendo la carretera HU-8121, a menos de 1 km de Alájar, merece la pena acercarse a la Peña de Arias Montano, un promontorio montañoso calizo que alberga más de 30 grutas naturales, la mayoría habitadas desde la Prehistoria.

Ya en **Fuenteheridos,** otra localidad declarada Conjunto Histórico-Artístico, debemos visitar la fuente de los Doce Caños. Considerada como el nacimiento del río Múrtiga, de sus caños manan más de dos millones de litros diarios de agua. También podemos acercarnos a los Jardines de Onuba, donde conviven más de 100 especies vegetales de Asia, América y África. El siguiente destino, siguiendo la carretera HU-8114, es **Castaño del Robledo,** donde aparece el punto más alto de la provincia, los Riscos Altos (962 m), que conserva un bosque de robles melojos de gran interés.

La mezquita de Almonaster es la única que existe en España en un núcleo rural

Ermita de Ntra. Sra. de los Ángeles, de Alájar

Ejemplar de buitre leonado

A unos 6 km surge la localidad de **Jabugo,** nombre que por sí solo evoca el aroma y el sabor del jamón de *pata negra*. Se encuentra rodeado de una frondosa vegetación forestal, sobre todo de encinares, con bellos parajes como El Becerro y la Cueva de la Mora, donde se constata la presencia en la zona del hombre del Paleolítico. A algo más de 6 km nos topamos con la villa de **Galaroza,** situada en el valle del Múrtiga y cuyo topónimo Al-Jaroza podría significar, según diversas interpretaciones, valle de las Rosas, de las Doncellas o de las Desposadas. En su entorno hay parajes de gran belleza como El Talenque, una de las áreas recreativas del Parque Natural, y el cerro de Santa Brígida, que ofrece magníficas vistas de la localidad. Entre las peculiaridades que llaman la atención en esta localidad onubense está la era de trilla ubicada dentro del casco urbano, también con calles de piedra y casas blancas muy bien conservadas.

La ruta atraviesa pueblos de calles empedradas y casas blancas bien conservadas

Por cielos de buitres y águilas

Seguimos por la N-435 y la HU-8105 hasta **Santa Ana la Real,** otro pueblo con un rico patrimonio natural y paisajístico cuyos alrededores, además de estar cubiertos por los omnipresentes alcornoques y encinas, cuentan con un buen número de castaños y olivos. Merece ser visitado el cerro Castillejo y, sobre todo, los Chorros de Joyarancón, uno de los parajes más emblemáticos del Parque Natural. Se trata de un salto de agua de unos 50 m de altura que, en época de lluvia, ofrece un bello espectáculo por el enorme caudal que lleva. Para llegar hasta allí hay que seguir un camino rural entre castaños que comienza en el puente de Los Casares. Desde la cima del cerro Castillejo se atisba una bella panorámica del pueblo e, incluso, en días claros, el mar, a un centenar de kilómetros.

El término de **Almonaster la Real,** nuestra siguiente parada a lo largo de la HU-8105, es cruzado por el río Odiel. Vale la pena callejear por su núcleo urbano, de Interés Histórico-Artístico. Son de visita obligada el castillo-fortaleza y la mezquita (s. X), de la época omeya. El primero tuvo una

Visita obligada

En pleno centro de Aracena, junto a la plaza de San Pedro y bajo el cerro del Castillo, se encuentra un monumento natural excepcional: la Gruta de las Maravillas, que con sus 2.130 m de longitud es una de las cuevas más grandes de España. Forjada por el tiempo y la erosión del agua, fue descubierta en el siglo XIX y abierta al público en 1914. La bella quietud de sus lagos, la amplitud de sus salas subterráneas y la coloración de sus variadísimas formaciones de estalactitas y estalagmitas hacen de esta cavidad freática un espectáculo extraordinario. Por razones de conservación, la entrada se encuentra limitada a un cierto cupo diario y la visita se realiza en grupos guiados, con una duración aproximada de 45 minutos.

Formaciones de estalactitas en la Gruta de las Maravillas

Balcón de una calle de Alájar

importante función defensiva frente al avance cristiano en época islámica, y más adelante contra los ataques portugueses. La mezquita, única en España conservada en núcleo rural, fue edificada durante el reinado de Abderramán III y cuenta con sala de oraciones, patio de abluciones y alminar. Se convirtió en iglesia cristiana a comienzos del siglo XIII, tras ser conquistada la localidad por la Corona de Portugal.

Siguiendo la HU-8105 llegamos a **Cortegana,** localidad fundada por los turdetanos, pueblo íbero que habitaba el suroeste de la Península. En sus alrededores encontramos parajes de gran belleza, como la sierra Pelada y la rivera del Aserrador, con eucaliptos, pinares, matorrales, bosques en galería y dehesas. La fauna está dominada por el buitre negro, que posee en la zona una de las colonias reproductoras más importantes de esta especie en Europa.

Nuestro viaje por la sierra de Aracena termina en **Aroche,** hasta donde llegamos por la N-433. En su entorno destacan las llamadas Piedras del Diablo, un interesante grupo de poderosos dólmenes y menhires. También son notables los Parajes Naturales de Peñas de Aroche, áreas de media montaña con abundantes jarales que resultan de gran importancia para la nidificación del buitre negro. Otras especies que se pueden contemplar en la zona son el águila real, el águila perdicera, el búho real y la cigüeña negra. ■

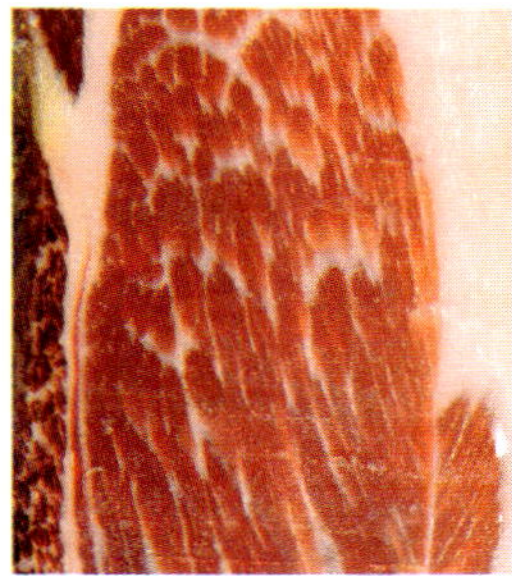

Rincón del Jamón de Huelva

La zona de crianza del cerdo ibérico de la D.O.P. Jamón de Huelva está en las dehesas de alcornoques y quejigos andaluzas y extremeñas. Cuando aún son lechones, los cerdos permanecen en la zahúrda o pocilga hasta que las dehesas se llenan de bellotas. Entonces, pasan a la montanera, donde viven en libertad hasta su sacrificio. El jamón de esta D.O.P. resbala en la boca dejando tras de sí aromas exquisitos. La estrechez de la caña, el color de la uña y su estilizada silueta son sus rasgos de identidad. La cara externa presenta el cuero perfilado en 'V', mientras el lado contrario aparece recubierto por una flora micótica blanca o gris azulada, rasgo del lento proceso de maduración en bodega.

www.jamondehuelva.com

Aporta proteínas de alto valor biológico y ácidos grasos monoinsaturados, como el ácido oleico (el mismo que el del aceite de oliva) con efectos cardiosaludables. Los micronutrientes más importantes son el hierro, el fósforo, el sodio (a tener en cuenta por personas con problemas de hipertensión), la tiamina y la niacina.

Fundación Española de la Nutrición

Jamón de Huelva (D.O.P.)

A todo **color**

Tomate La Cañada-Níjar

Esta ruta desde Alboloduy, junto al Parque Natural de Sierra Nevada, hasta Carboneras, al norte del Cabo de Gata-Níjar, atraviesa tierras con vestigios de todas las épocas, la capital almeriense y grandes áreas de cultivos agrícolas

En Terque, donde además de tomate se cultiva uva de mesa, se aprecia la riqueza de su pasado minero

En **Alboloduy,** en el borde oriental del Parque Nacional de Sierra Nevada, iniciamos esta ruta por tierras de Almería donde se cultiva el afamado Tomate La Cañada-Níjar.
Esta localidad es el punto de partida para emprender marchas por el desfiladero del río Nacimiento, la rambla de los Yesos o el barranco de los Catalanes. Tras decidirse por cualquiera de estas alternativas y volver al pueblo, llegamos por la A-1075 a **Santa Cruz de Marchena,** localidad por la que conviene pasear disfrutando del sosiego de sus calles y visitar la iglesia de Santa Cruz, levantada sobre una mezquita. Después de atravesar Alsodux y Alhabia, paramos en **Terque,** cuyas calles están jalonadas de bellas edificaciones burguesas, vestigios de la prosperidad proveniente del aprovechamiento minero de la sierra de Gádor, así como del cultivo de uva de mesa.
En el camino hacia Huécija nos encontramos con **Illar,** cuya configuración urbanística árabe-cristiana sorprende con bellos rincones, como la fuente y el lavadero, la plazoleta que se dibuja sobre ellos o las casas que se asoman sobre

Completa tu ruta con Guía Repsol

- **Longitud del itinerario propuesto:**
  118,5 km aprox.
- **Mapa completo de la zona:**
  Guía Repsol de Mapas, pág. 113 B1
- **Información turística, hoteles y restaurantes:**
  Guía Repsol de Turismo, pág. 31
- **Más datos en:**
  www.guiarepsol.com

Rincón del Tomate La Cañada-Níjar

El sol y un clima subtropical y mediterráneo explican la calidad de estos tomates. Con un intenso sabor y olor, proceden solo de los tipos: *redondo liso* (buen sabor, color rojo intenso y larga conservación), *asurcado* (extremado dulzor, forma externa irregular y color verde intenso), *oblongo* (sabor suave y textura carnosa, piel fina y color rojo intenso) y *cereza* (con alto contenido en azúcar, muy sabroso y aromático). Todos deberán ser de calidad superior (extra o primera), es decir, tener la pulpa firme y presentar la forma, el aspecto y el desarrollo característicos de la variedad, y una coloración adecuada con el estado de madurez.

www.tomatemediterraneo.com

Además de agua (90%), destaca su contenido en vitamina A (carotenos), vitamina C y E. Es rico en licopeno (carotenoide sin actividad provitamínica, pero con alto poder antioxidante). Destaca su contenido en potasio, primordial para la excitación muscular y para mejorar la relación sodio/potasio de la dieta, importante en el tratamiento y prevención de la hipertensión.

Fundación Española de la Nutrición

Tomate La Cañada-Níjar (I.G.P.)

Paisaje con pitas, en el Parque Natural Cabo de Gata-Níjar

los huertos. Ya en **Huécija,** adonde se llega por la A-348, podemos visitar el convento de los Agustinos, uno de los mejores ejemplos de arquitectura barroca almeriense. La siguiente parada la haremos en **Alhama de Almería** para ver el yacimiento arqueológico de Los Millares, el puente romano y los restos de los baños árabes que se conservan en el hotel-balneario de San Nicolás.
Desde allí, por la misma carretera, llegamos a **Benahadux.** En este pueblo son de visita obligada los restos arqueológicos de la ciudad íbero-romana de Urci, en El Cuche, la residencia de los vizcondes del castillo de Almansa; y el caserón Dos Torres. De ahí podemos ir

Cerámica de Los Millares

Kitesurf en el Cabo de Gata

a **Gádor** y a **Santa Fe de Mondújar** para ver el poblado prehistórico de Los Millares. Es excepcional por su gran extensión y complejidad defensiva y por estar rodeado de uno de los mayores conjuntos de tumbas megalíticas (unas 300) conocidos en Europa. En Gádor destacan sus cuevas medievales sobre la rambla de las Herrerías, el Castillejo, fortificación de época califal; y las necrópolis árabes de Paulenca, Quiciliana, Jacalgarín y Rabanillo. De vuelta hacia Benahadux nos acercamos a **Rioja,** en cuyo término municipal aparecen vestigios de tres poblados del Neolítico: Majada del Carnero, Mesica del Abriojal y Cerro del Tesoro. También destaca la muralla del Cerro de El Fuerte, construida por los romanos.

Es obligado darse un baño en las hermosas playas de Carboneras

En camino hacia Almería

En **Pechina,** próxima parada, podemos hacer senderismo por el Paraje Natural de Sierra Alhamilla o visitar el yacimiento arqueológico de Bayyana. Partimos después hacia **Viator,** pueblo asentado sobre un terreno quebrado por un sinfín de barrancos y ramblas y atravesado por numerosas cañadas y veredas. Tras una breve parada en Huercal de Almería llegamos a **Almería** y a la **Cañada de San Urbano.** La catedral de Almería es uno de los mejores ejemplos de iu glesia-fortaleza. Es aconsejable visitar la Alcazaba, la segunda más grande de España, y dar una vuelta por su paseo marítimo. El final de la ruta pasa por **Níjar,** siguiendo la N-344 y luego la A-7. Aquí podemos hacer un recorrido por sus castillos: Huebro, San Felipe, San Pedro, San Ramón, Tárbal o el del Peñón de Inox, y aprovechar la oportunidad para visitar el Parque Natural Cabo de Gata-Níjar. Otra alternativa es ir desde Níjar por la A-7 y la N-341 hasta **Carboneras,** donde es obligado visitar el castillo de San Andrés y la torre de los Diablos, además de pasear por sus pintorescas calles o darse un baño en sus hermosas playas. ■

Fiesta del Tomate

La Fiesta de inauguración de la temporada del tomate se celebra en la localidad de **Alhama de Almería.** Se trata de un encuentro con agricultores, que cada año sirve como pistoletazo de salida para el arranque de la campaña hortofrutícola de otoño-invierno. El tomate de la I.G.P Tomate La Cañada-Nijar, además, está presente cada año en las principales ferias del sector, entre ellas en el Salón del Gourmet, que se celebra en Madrid; Alimentaria, cita que se desarrolla en Barcelona; el Salón de la Alimentación de Castilla y León o en el certamen Andalucía Sabor.

Completa tu ruta con Guía Repsol

- **Longitud del itinerario propuesto:** 136 km aprox.
- **Mapa completo de la zona:** Guía Repsol de Mapas, pág. 24 E4
- **Información turística, hoteles y restaurantes:** Guía Repsol de Turismo, pág. 51
- **Más datos en:** *www.guiarepsol.com*

Guardando **secretos**

Longaniza de Aragón

Los atractivos de este recorrido son paisajes prepirenaicos, castillos como los de Benabarre y Monzón, aldeas serranas y sabores singulares como el de la longaniza que se elabora en Graus, capital del Ribagorza

Castillo de Fantova, en Graus

Graus es un cruce de caminos entre el llano aragonés y los Pirineos

Asomado a las aguas de color turquesa del embalse de Barasona se encuentra **Graus,** en la confluencia de los ríos Ésera e Isábena, a las puertas de la comarca aragonesa de Ribagorza. Es precisamente este carácter de intersección, de cruce de caminos entre el llano y el Pirineo, lo que convierte a esta población de unos 3.000 habitantes en el mejor punto de arranque de la ruta por el somontano oscense.
Para iniciarla conviene, antes que nada, recorrer la capital de la comarca, de rica tradición comercial. Allí se elabora una longaniza única que, amparada por la calificación C'alial, constituye uno de sus muchos atractivos. Se puede empezar por la glorieta de Joaquín Costa. Este ilustre aragonés, fallecido en Graus en 1911, tiene una estatua en la localidad. Desde este punto, tomando la calle de Salamero, el viajero

Fiesta de la Longaniza

A finales de junio, desde hace dos décadas, tiene lugar en **Graus** el multitudinario Día de la Longaniza, organizado por el Ayuntamiento de la villa y la asociación local de fabricantes de embutidos. La fiesta va a más cada año y en 1996 se elaboró la longaniza más larga del mundo, de más de medio kilómetro de longitud, que ya figura en el *Libro Guinness de los Récords*. La parrilla utilizada para elaborarla, de 25 m cuadrados, tuvo que moverla una grúa. La carne usada para hacer la longaniza pesó alrededor de 1.000 kg, solo 200 menos que la propia parrilla en la que se asó.

Gigantes y cabezudos en las fiestas de Graus

se adentrará rápidamente en el casco antiguo, pasará ante la casa que conserva el despacho de Costa y llegará a la plaza de España, una de las más bellas de Aragón. La plaza, porticada, sorprende por sus armoniosas proporciones y por la colorista decoración que cubre las fachadas de los señoriales edificios que a ella se asoman, el Ayuntamiento entre otros. Callejeando, tras una breve caminata, se llega a

En el puente del Diablo sentiremos el gusanillo del vértigo

Puente del Diablo entre Graus y Barbastro

la basílica renacentista de Ntra. Sra. de la Peña, que alberga un interesante museo de iconos.
Salimos de Graus por la N-123, bordeando el embalse de Barasona, camino de **Benabarre.** Aupado en lo alto de un cerro, el castillo que preside esta localidad constituye un excelente mirador de las sierras prepirenaicas. Aquí se conecta en unos pocos kilómetros con la N-230, dirección descendente, hasta el desvío de **Peralta de la Sal,** patria chica de San José de Calasanz, fundador de las Escuelas Pías. El santuario de este varón preclaro, la iglesia parroquial con yeserías mudéjares, las antiguas salinas y el castillo de la Mora bien merecen una visita.
Dejando atrás Peralta de la Sal al salir por la A-2215 se toma dirección **Azanuy.** A la derecha, a los pies de la árida sierra de la Carrodilla, se divisan dos interesantes aldeas que conservan el puro estilo serrano, **Calasanz** y **Alíns del Monte,** en un paisaje típicamente mediterráneo de almendros y olivos.

Hacia el desfiladero de Olvena

Monzón, a orillas del Cinca, se alcanza luego por la carretera A-1237. Pujante núcleo industrial, esta población se extiende bajo un impresionante castillo templario que domina el panorama en muchos kilómetros a la redonda. Queda constancia histórica de que El Cid pasó por esta fortaleza, por lo que el turista hará bien en dedicarle algo de tiempo antes de salir para Fonz por la A-1236.
Las bien regadas márgenes del Cinca, en contraste con la sequedad de las zonas más apartadas del río, acompañan al conductor hasta la ladera donde se asienta la aristocrática villa de **Fonz,** famosa por sus palacios, entre ellos la casa Ric, de donde procedía Pedro María Ric, figura destacada de la Guerra de la Independencia. Aunque el monumento más representativo es la fuente renacentista, con caños que emergen de rostros finamente esculpidos.
A **Estadilla,** también en lo alto de un monte, se llega en un santiamén por la carretera A-133. Conviene no perderse su plaza de soportales antes de salir para **Estada** y enfilar el desfiladero de Olvena, por la N-123. En este paraje, colgado del vacío, se halla el puente del Diablo, obra medieval que se atraviesa a pie (no es posible de otra forma), para sentir unos instantes el gusanillo del vértigo antes de volver a Graus y finalizar la ruta. ■

Caños de la fuente renacentista de Fonz

Rincón de la Longaniza de Aragón

Pese al secretismo de su receta, este embutido debe su éxito al extremo cuidado y profesionalidad con que se desarrolla el proceso de fabricación. Se hace con carne magra de cerdo (nunca menos del 70%), panceta, papada y tocino y se añaden condimentos como pimienta, nuez moscada, vinos olorosos, etc., pero no pimentón. Posteriormente se orea y se cura en secaderos naturales batidos por los saludables vientos pirenaicos. Tiene la certificación C'alial (antes Calidad Alimentaria) y se presenta en forma de herradura, con una longitud máxima de 70 cm. Cada casa de embutidos imprime al producto su particular sabor y textura.

www.productosdearagon.com

Alimento energético compuesto por magro de cerdo (mín. 70%) y panceta, papada o tocino (máx. 30%), que aporta proteínas de buena calidad, grasa de tipo insaturada (principalmente ácido oleico) y minerales como hierro hemo y zinc. Además, se pueden añadir especias como la pimienta, orégano, clavo, etc., cuyo aporte energético es escaso o nulo.
Fundación Española de la Nutrición

Longaniza de Aragón (C'alial)

Completa tu ruta con Guía Repsol

- **Longitud del itinerario propuesto:** 87 km aprox.
- **Mapa completo de la zona:** Guía Repsol de Mapas, pág. 45 D2
- **Información turística, hoteles y restaurantes:** Guía Repsol de Turismo, pág. 91
- **Más datos en:** *www.guiarepsol.com*

La cuna de una **pasión**

Vino de Cariñena

Entre Zaragoza y la cordillera Ibérica se mezclan los recuerdos del pintor Francisco de Goya, originario de la zona, y los viñedos de los caldos de Cariñena, que han incorporado un *bouquet* elegante a su tradicional personalidad

En medio de las alineadas vides se levanta Cariñena, con el torreón de las monjas

Un mar de viñedos se extiende al sur de la ciudad de Zaragoza, entre el río Ebro y las sierras de la cordillera Ibérica, en un paisaje que debió de resultar muy familiar a Francisco de Goya y Lucientes en su niñez, antes de que dejara su Fuendetodos natal para conquistar la fama con su pintura. En medio de bien alineadas vides se levanta **Cariñena,** punto de partida de esta ruta, enmarcada por el torreón de las Monjas y la maciza torre fortificada de la iglesia de la Asunción.

Aquí se elaboran los caldos de la D.O. Vino de Cariñena, que están entre los más afamados de España y han evolucionado desde sus recios orígenes hasta adquirir su elegancia actual. El viajero hará bien en pasear por sus calles, entre antiguos palacetes, y acercarse a la fuente

Rincón del Vino de Cariñena

La D.O. Vino de Cariñena, una de las más antiguas de España, se extiende entre la margen derecha del río Ebro y el sistema Ibérico, al sur de Zaragoza. Lo que hace especial a este vino es el territorio donde se cultiva y se cría: la altitud (entre 400 y 800 m), el clima acusadamente continental, el tipo de suelo y los tipos de uva, hasta de 14 variedades, entre las que destaca la *garnacha tinta*. Además, la práctica de nuevas formas de cultivo y la aplicación de modernas tecnologías ha puesto a estos vinos, tintos, rosados y blancos, entre los de más calidad de nuestra geografía.

www.docarinena.com

El valor calórico de este vino proviene de su contenido de alcohol y de azúcar. Contiene agua, ácidos orgánicos, antioxidantes (polifenoles), minerales y vitaminas del grupo B. Su consumo moderado en adultos ayuda a prevenir enfermedades cardiovasculares y ciertos tipos de cáncer.

Fundación Española de la Nutrición

CARIÑENA
DENOMINACIÓN DE ORIGEN

Vino de Cariñena (D.O.)

de la Mora, por la que, una vez al año, durante el Día de la Vendimia, no mana agua de la tierra sino el néctar de la uva. Y, ya metidos en trance enológico, conviene visitar la Casa de la Viña y el Vino, ubicada en una bodega modernista de principios del siglo XX que alberga el Consejo Regulador de la D.O. y el Museo del Vino. Carretera adelante por la A-220, los viñedos nos acompañan sin interrupción. Al cabo de 11 km, un corto desvío a la derecha lleva hasta el pueblo de **Tosos,** enmarcado por curiosas formaciones geológicas que sirven de pórtico al embalse de las Torcas. **Villanueva de Huerva** está a un paso, con la peculiar torre mudéjar de su templo parroquial. Más allá, cruzado el río Huerva, el campo cambia de aspecto, el cereal sustituye a la vid y el blancor de los áridos cerros de Belchite se apodera de la vista de forma irresistible.

Tras los pasos del genio

Pronto, a mano izquierda, surge la nevera o neverón de la Venta, cúpula de piedra que cubre un profundo pozo usado en tiempos remotos para la conservación del hielo. También hay neverones en **Fuendetodos,** próxima parada de la ruta. El pueblo donde nació Goya es pequeño, casi como en la época del insigne artista universal, pero está plagado de sorpresas y de entrañables casas de fachada de piedra extraída de las canteras vecinas. En una de ellas vivió sus primeros años el autor de *La maja desnuda* y al lado se halla la sala de exposiciones Ignacio Zuloaga, pintor que a comienzos del siglo XX adquirió la vivienda de Goya, entonces muy descuidada y casi olvidada. El Museo del Grabado, que exhibe obras del genio aragonés, se encuentra junto al Ayuntamiento de la localidad y es otro punto de notable interés.
Siguiendo por la A-2101, entre cerros blanquecinos, se pasa ante **Jaulín,** con casas encaladas y una balsa que se ha convertido en un paraíso de aves acuáticas en medio de un paisaje sediento. **Botorrita,** algo más allá, ofrece el

Cascada en el río Huerva, Parque Natural de Muel (Zaragoza)

Casa natal del pintor Francisco de Goya y Lucientes, en Fuendetodos

yacimiento arqueológico de Contrebia Belaisca. En esta pequeña localidad se halló el famoso *Bronce de Botorrita*, un documento escrito en una lengua prerrománica.
En este punto confluyen la N-330 y la autovía Mudéjar (A-23). Tomaremos la primera para hacer un alto en **Muel** y visitar el taller escuela de cerámica, que mantiene viva una tradición alfarera con raíces diversas, entre ellas las mudéjares. Aquí no hay que perderse el paraje en el que se levanta la ermita de la Virgen de la Fuente, un oasis, cerca ya de la capital aragonesa. Una vez descansados, se saldrá a la carretera de nuevo y se pasará ante **Longares,** donde la esbelta torre de la iglesia, semejante a un alminar, parece otear el horizonte de viñedos en las inmediaciones de Cariñena, principio y final del recorrido. ■

Fuendetodos es pequeño, como en tiempos de Goya, pero está plagado de sorpresas

Fiesta del Vino

El día de la Fiesta de la Vendimia mana vino sin parar por los chorros de la fuente de la Mora de **Cariñena.** La celebración cae a finales de agosto o en septiembre, pues no tiene fecha fija. Instaurada en los años 60, es una tradición que gira en torno a dos actos: el pisado de la uva y la degustación de caldos. Todos los años, una personalidad conocida sale al balcón del Ayuntamiento y lee el pregón, mientras los asistentes a la fiesta se congregan en torno a la fuente de la que sale el excelente caldo de la zona. Otro acontecimiento que no hay que perderse es la llegada del Tren del Vino, que trae a visitantes de Zaragoza a gozar de esta fiesta singular.

Pareja pisando uva en la fiesta del vino

Molinos y leyendas

Escanda Asturiana

Las tierras asturianas que recorremos en esta ruta están recuperando el ancestral cultivo del cereal llamado escanda en medio de evocadores paisajes, molinos harineros y encantos rurales

La escanda, amparada por el sello D.O.P., es un cereal que desapareció de muchos campos asturianos hasta convertirse casi en una reliquia culinaria. No obstante, nunca dejó de cultivarse en algunos parajes de **Grado,** o Grao como lo llaman sus vecinos, los apodados *moscones.* Por su municipio transcurre esta ruta, un periplo con salida y llegada en la capital del concejo moscón, que pasa junto a los terrenos donde crece el cereal. Es un recorrido de media montaña con unas vistas espectaculares.
El punto de partida puede ser el Museo Etnográfico de Grado, que exhibe la cultura de la comarca centro-occidental de Asturias, con espacios dedicados al

El Museo Etnográfico de Grado exhibe la cultura del centro-occidente del Principado

Completa tu ruta con Guía Repsol

- **Longitud del itinerario propuesto:** 44 km aprox.
- **Mapa completo de la zona:** Guía Repsol de Mapas, pág. 3 D4
- **Información turística, hoteles y restaurantes:** Guía Repsol de Turismo, pág. 225
- **Más datos en:** *www.guiarepsol.com*

Interior de un molino de agua tradicional

Se conservan ingenios tradicionales para moler

pan (molinos, pisones), al hogar, al entorno agrario y ganadero y a los oficios tradicionales (fragua, telar, cestería, carpintería, alfarería, lagar, etc.). Fundada en el siglo XIII, Grado se asienta en la margen izquierda del río Cubia. Su patrimonio arquitectónico, declarado Bien de Interés Cultural, reúne edificios notables como el palacio de Miranda-Valdecarzana y la capilla de Dolores, el Ayuntamiento, la casa de los Fernández de Miranda, la iglesia de San Pedro y algunas casonas de indianos como el imponente Palacete Velázquez. Sus vistosas fachadas dan muestra de la pujanza que siempre ha tenido la villa como centro económico y comercial de esta zona asturiana. Dejamos Grado por la N-634 hasta el alto de la Cabruñana, donde se conservan túmulos megalíticos

Fiesta de la Escanda

Desde el año 2000 el Ayuntamiento de **Grado** organiza el Certamen de la Escanda, el segundo domingo de septiembre, en el Parque de San Antonio de la villa. La fiesta, a la que acuden productores de escanda de las distintas comarcas asturianas, está amenizada por grupos y bandas de música tradicional. A la vez, se monta un mercado donde se puede comprar pan de escanda y productos tradicionales o probar recetas innovadoras hechas con este cereal. Los visitantes pueden participar en demostraciones y actividades relacionadas con esta variedad de trigo autóctono y degustar bocados elaborados con escanda.

Gaitas asturianas

en el área de La Cueña**.** A la izquierda sale una carretera comarcal hacia **El Fresno,** desde cuyo santuario de Ntra. Sra. se dominan las cuencas fluviales del Nalón y del Narcea. Desde ahí, el paseo sigue el trayecto del Camino, o Camín, Real de la Mesa, antigua vía que unía Asturias con la meseta castellana. En **Moutas** podemos contemplar un *molín de desergar* (así se llaman en la zona a los molinos para transformar el grano cosechado, movido por agua o a mano), recientemente restaurado. Luego nos adentramos en el territorio de Salcedo, que fue el mayor centro de producción de escanda de la región. El tramo hasta **Las Cruces** permite disfrutar de espléndidas vistas de la sierra del Aramo y del valle del río Pigüeña. Aquí encontramos una antigua venta donde aún se elabora pan de escanda, que se puede desgustar solo o relleno de magníficos embutidos.

Por el cauce del río Vega

Desde Las Cruces, nuestro itinerario inicia el descenso hacia Vigaña, donde comienza el valle de Seaza. Merece la pena desviarse hasta **Villandás,** pueblo antiguamente célebre por sus artesanos y canteros. En la parroquia de **Pereda** se conservan vestigios de la antigua torre de Villandás, que fue dinamitada por los vecinos en 1935. Entre otros edificios de interés aún en pie destaca la ermita de San Esteban. Después regresamos a la carretera que sigue paralela al cauce del río Vega, donde quedan numerosos molinos hidráulicos, y atravesamos hermosos parajes de bosque autóctono hasta llegar a **San Pedro.** Seguimos hasta Grado pasando por **Agüera,** con su piscifactoría y palacio del siglo XVIII, y por **Villanueva.** Aquí se puede contemplar el palacio de Villanueva, declarado Monumento Histórico-Artístico. Su elemento más destacado es el torreón cuadrado del siglo XV. Desde Villanueva apenas 4 km nos separan de Grado, donde termina nuestro viaje. ■

Río Narcea

Rincón de la Escanda Asturiana

La D.O.P. ampara el cereal del género *triticum spelta* producido en Asturias, así como la harina y el pan hecho con ella. La escanda se adapta bien a terrenos húmedos entre 400 y 600 m de altitud. Cultivado y usado como alimento desde hace siglos, actualmente se está recuperando en el Principado. La siembra se hace entre noviembre y enero, y se recolecta en agosto. La harina es fina, grisácea y fácil de amasar. El pan tiene corteza lisa, color tostado y textura esponjosa, según el porcentaje de escanda empleado.

www.saboresmitologicos.es

En este pan destacan como macronutrientes los hidratos de carbono complejos (71-73%), muy recomendables desde el punto de vista nutricional, y las proteínas (en torno al 17%). Entre los micronutrientes se encuentran minerales como el fósforo, calcio, sodio, potasio y magnesio y vitaminas como la A (retinol), tiamina y riboflavina.

Fundación Española de la Nutrición

DENOMINACIÓN DE ORIGEN PROTEGIDA

escanda de asturias

Escanda Asturiana (D.O.P.)

Vaca asturiana en la zona de pastos de La Foz de Morcín

Aires de **tradición**

Queso Afuega'l Pitu

En la montaña central asturiana se hallan algunas de las explotaciones mineras más antiguas de Europa, además de un paisaje espectacular donde la tradición ganadera sigue viva

Completa tu ruta con Guía Repsol

- **Longitud del itinerario propuesto:** 55 km aprox.
- **Mapa completo de la zona:** Guía Repsol de Mapas, pág. 3 F4
- **Información turística, hoteles y restaurantes:** Guía Repsol de Turismo, pág. 204
- **Más datos en:** *www.guiarepsol.com*

El viajero descubrirá bosques autóctonos, puertos y profundas gargantas

Esta ruta nos permite dar una vuelta por los valles mineros y ganaderos donde se elaboran los reconocidos quesos con D.O.P. Afuega'l Pitu. Empezamos el recorrido en **Soto de Ribera,** capital del concejo de Ribera de Arriba, a escasos 9 km de Oviedo. En Soto se conservan los restos del castillo medieval de Doña Urraca y el puente de piedra del Santo, por donde abandonamos la localidad para tomar la carretera N-630. Tras dejar atrás Argame, llegamos ahora a **Santa Eulalia,** o Santolaya, capital del concejo de Morcín. Este municipio conserva interesantísimos restos de la época medieval, como las capillas del emblemático monte Monsacro, una estribación del Paisaje Protegido de la sierra del Aramo. Además, en Santolaya se alza la iglesia del mismo nombre, que perteneció en su día a un monasterio posiblemente fundado hacia el siglo X. Tras sucesivas

Rincón del queso Afuega'l Pitu

Según algunas versiones, el queso con D.O.P. Afuega'l Pitu debe su nombre a su textura pastosa y astringente al paso por la garganta. Otros aseguran que significa en bable ahogar el pollo (coloquialmente llamado *pitu)*, porque se le daba a probar el queso a este animal para hacerle callar y de paso comprobar su punto; si le costaba tragarlo, es que estaba ya hecho.
Es un queso graso que puede ser fresco o madurado, elaborado con leche entera pasterizada de vaca de las razas *frisona* y *asturiana de los Valles*. Su color es blanco o anaranjado rojizo (si incluye pimentón). Se presenta en forma de cono truncado (la más común) o de calabacín, con un peso de 200 a 600 gr. Cuando es fresco se puede untar y, según madura, se vuelve más consistente.

www.doafuegalpitu.com

Es rico en proteínas de alta calidad y grasas. Su valor calórico depende de su maduración (a mayor grado, menor cantidad de agua y mayor concentración de nutrientes). Destacan micronutrientes tales como el calcio, el fósforo y la vitamina D, indispensable en el metabolismo del calcio.
Fundación Española de la Nutrición

Queso Afuega'l Pitu (D.O.P.)

reformas, hoy se presenta como una iglesia asturiana de tipo popular, sencilla pero con encanto.
De nuevo en ruta, seguimos un trecho por la N-630 junto al río Caudal y nos desviamos por la AS-231, que nos conduce a **La Foz de Morcín.** En este lugar, declarado Pueblo Ejemplar de Asturias en 2002, se levanta el Museo Etnográfico de la Lechería, donde se dan a conocer las técnicas de producción tradicionales en torno a la leche y sus derivados, desde la ganadería y el pastoreo a los métodos de obtención de la manteca, moldes, técnicas de maduración, sellos, prensas y un sinfín de objetos de nombres evocadores. A la salida de La Foz nos encontramos con el Abrigo de Entrefoces, profunda y estrecha garganta abierta en piedra caliza por la que discurre la carretera AS-231. Aquí está la cueva del Molín, en cuyo interior hay grabadas las figuras de tres ciervas y un caballo de la época magdaleniense.

Un puerto legendario

Siguiendo la carretera llegamos a **La Vega de Riosa,** un concejo de raíces mineras. Para comprobarlo hay que salir de La Vega por la RI-6, que pasa por **Felguera.** Aquí merece la pena hacer un alto para visitar la Casa de La Corralá, antiguo ayuntamiento del concejo, y una curiosa ermita del

Fiesta del Queso

El Certamen del Queso de Afuega'l Pitu se celebra durante las fiestas de San Antón, el 17 de enero, en **Foz de Morcín.** Allí se exponen, degustan y venden piezas de este rico alimento –variedades roja y blanca–, tal y como se elabora en diversos concejos de Asturias. Al mismo tiempo tiene lugar un banquete tradicional de pote de nabos acompañado de productos de la matanza y *casadielles*, dulces asturianos a base de nueces.

Baile regional asturiano

Iglesia románica de Santa Cristina de Lena

siglo XVII. Más adelante, a 1.300 m de altitud, se ubican las minas de cobre y cobalto de Rioseco, explotadas desde tiempos prehistóricos y descubiertas por el ingeniero belga Alejandro Van Straalem en 1883.

Otro de los puntos interesantes de Riosa es l'Angliru, puerto de montaña hoy mundialmente conocido por la Vuelta Ciclista a España y sus cuestas inhumanas, con un 23% de desnivel. Para llegar a este hermoso enclave hay que volver a La Vega y coger la carretera local RI-2 hacia Grandiella.

De vuelta a La Vega, salimos dirección sur por la AS-231, que sube zigzagueante al Alto del Cordal y luego baja hasta **Pola de Lena.** Desde este pueblo enfilaremos la A-66 hacia Campomanes para visitar la iglesia de **Santa Cristina de Lena,** una joya del prerrománico asturiano.

De vuelta a Pola, cogemos la carretera AS-230, que asciende por localidades como Palacios y Piedraceda. Junto al Alto de la Cobertoria, que marca el límite con el concejo de Quirós, se encuentra el Prau Llagüezos, donde se celebra cada primer domingo de julio la Fiesta del Cordero, declarada de Interés Turístico Nacional. Aquí se hallan algunos de los más antiguos vestigios de la zona, como el dolmen neolítico de Mata'l Casare, con cámara y túmulo funerario.

Pasado el Alto hay un mirador desde donde se divisa el macizo de las Ubiñas y el valle de Quirós, con sus bosques de roble, haya, castaño, acebo, abedul y tejo. Bajando hacia Bárzana, capital del concejo, pasamos por **Llanuces,** para visitar la iglesia de Santa María y el palacio de Miranda Quirós, del siglo XVI. Y terminamos el periplo en la plaza de Abastos de **Bárzana,** donde abre sus puertas el interesante Museo Etnográfico de la comarca quirosana. ■

Santa Cristina de Lena es una joya del prerrománico asturiano

Queso Afuega'l Pitu

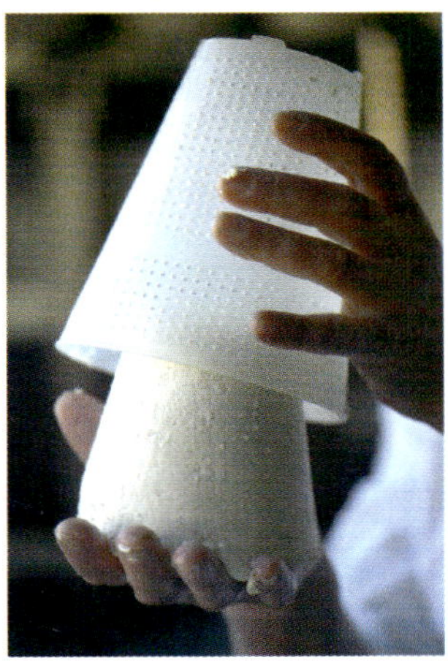

Completa tu ruta con Guía Repsol

- **Longitud del itinerario propuesto:** 84,5 km aprox.
- **Mapa completo de la zona:** Guía Repsol de Mapas, pág. 67 E3
- **Información turística, hoteles y restaurantes:** Guía Repsol de Turismo, págs. 360 y 366
- **Más datos en:** *www.guiarepsol.com*

Sabores en **flor**

Almendra de Mallorca

La calma aún reina entre los cultivos y los sobrecogedores acantilados del nordeste mallorquín, habitado desde hace miles de años. Manacor, Artà y Capdepera guardan las esencias de este rincón mediterráneo

Con una intensa vida comercial, Manacor fue fundada en 2000 a.C.

En la localidad de **Manacor,** capital del Levante mallorquín, arranca este itinerario por tierras que se tiñen de blanco en invierno, cuando florece el almendro. Su fruto es la materia prima de diversos productos, desde turrón a exquisitos perfumes.

Pero antes de ponerse en marcha hay que pasear tranquilamente por la ciudad, animada por una intensa vida comercial. Entre su patrimonio monumental, destacan una iglesia neogótica del siglo XIX –atención a sus impresionantes gárgolas– y el claustro barroco del convento de Sant Vicenç Ferrer.

Patria chica del tenista Rafa Nadal y cuna de las perlas de imitación, el origen de Manacor se remonta al año 2000 a.C. Encontraremos numerosos testimonios y objetos de su historia en el Museo de Manacor, situado en la torre

Rincón de la Almendra de Mallorca

Dulce y aceitoso, este fruto seco se comercializa de diversas formas –crudo, tostado, con o sin cáscara– con el sello de *ametlla mallorquina.*
Aunque fue introducida por los romanos, en los siglos XVIII y XIX hubo una plantación masiva de almendros, árboles que florecen a finales de enero y principios de febrero. El color blanco, que refleja todas las luces, y el aroma suave de la flor cubren el campo isleño. Ya en 1950, el Fomento de Turismo de Mallorca intentó promocionar la isla con pósters que mostraban este momento único y ahora se intenta recuperar para atraer el turismo de invierno.
A partir de la almendra se elaboran numerosos productos: leche, licor, dulces, turrón, helados, cocas y un condimento con tres variedades, para carne, pescado y dulces.
También sirve para la fabricación de cosméticos y perfumes como la *Flor d'Ametller*, creado hace unos 70 años.

www.illesbalearsqualitat.es

Presenta un elevado contenido en grasas (ácido oleico y linoleico que ayudan a proteger el corazón), proteínas de buena calidad, hierro, magnesio, fósforo, calcio y más fibra que el resto de frutos secos. Entre las vitaminas destaca la E, con alto poder antioxidante (evita la formación de radicales libres).
Fundación Española de la Nutrición

Almendra de Mallorca

dels Enagistes (siglo XVI), que tiene un indudable interés por sí misma. Dentro podemos contemplar, por ejemplo, un espléndido mosaico de la basílica paleocristiana de Son Peretó, que se encuentra en la Ma-15. En los alrededores de la ciudad se diseminan numerosos yacimientos prehistóricos. Destaca el de s'Hospitalet Vell, el único de Mallorca que conserva el techo de un talayot, construcción megalítica con forma de torre.
A pocos kilómetros, por la misma carretera, aparece nuestra siguiente parada: **Artà.** Es esta una localidad con su propia personalidad arquitectónica. El monumento más emblemático es el conjunto amurallado, a cuyo santuario se accede por una larga escalera que parte de la iglesia parroquial. La fortaleza, de época islámica, fue restaurada tras la conquista cristiana para defenderse de los ataques de los piratas. Descuella en el conjunto urbano la torre mayor de Sant Miquel, de planta cuadrada, y la iglesia gótica. Y, por supuesto, no hay que perderse el espectáculo de las cuevas (accesibles por la Ma-4042), con su despliegue de estalactitas y estalagmitas.

Acantilados llenos de vida

La costa de Artà, a la que llegamos enlazando las carreteras Ma-12 y Ma-3331, ha conservado en buena medida su tranquilidad. Para explorarla, podemos tomar como puntos de referencia la **Colònia de Sant Pere** y los acantilados de Farrutx, donde crecen importantes especies endémicas de la flora y fauna mallorquina.
De nuevo en la Ma-15 ahora alcanzamos **Capdepera,** también de origen prehistórico. Su silueta está presidida por un impresionante castillo, construido por orden del rey Jaume II de Mallorca. Las murallas se terminaron algo más tarde, a finales del siglo XIV. Tras callejear por Capdepera resulta inexcusable subir al faro, que mencionó Serrat en un verso de su canción *Cada loco con su tema*.

Acantilado en Cala Ratjada

Murallas de Capdepera

Construido en el año 1861, a 58 m sobre el nivel del mar, es el punto más oriental de Mallorca. Desde allí puede contemplarse buena parte de la costa nororiental, con sus sobrecogedores acantilados de **Cala Radjada,** y la cercana isla de Menorca.
Ahora seguiremos las carreteras Ma-4040 y Ma-4023, que nos permitirán hacer escala en **Son Servera,** aún con cierto sabor agrícola, en **Cala Millor,** eminentemente turística, o en el puerto pesquero de **Cala Bona.** Más allá se extiende la selecta urbanización de **Costa de los Pinos.** Antes de regresar a Manacor por la Ma-4020, es recomendable hacer un alto en **Portocristo,** donde se encuentran las cuevas del Drac y dels Hams, con bosques de columnas naturales y un lago subterráneo. ■

Capdepera, de origen prehistórico, se fortificó en la Edad Media

Fiesta de la Almendra

Desde 2010, el municipio de **Son Servera** organiza el primer domingo de febrero la Fiesta de la Flor del Almendro. Así promociona el turismo de invierno y muestra los productos que se fabrican en la isla: esculturas de madera, jabones y cosméticos ecológicos, pastel y leche de almendras, pan dulce y otros interesantes manjares gastronómicos. Es una ocasión única para apreciar las múltiples posibilidades del almendro, sujeto a una gran competencia internacional. Diversos establecimientos de agroturismo también están presentes en la feria, que congrega una gran cantidad de público.

Estatua junto a una fábrica de perlas de Manacor

Las **uvas** de la vida

Vinos de la Tierra de Formentera

La más sureña de las islas Pitiusas ofrece la belleza del Parque Natural de Ses Salines, Reserva de la Biosfera y Patrimonio de la Humanidad, y el sabor de sus vinos, cuyo cultivo se recuperó en el siglo XVIII

Deportes náuticos en aguas de Formentera

Sus playas de arena suave y las aguas de color esmeralda son espectaculares

Formentera es un paraíso cien por cien mediterráneo de 19 km de largo y 2 de ancho, y casi plano, pues su altura máxima es de 192 m en uno de sus extremos. El suave clima permite el cultivo de viñedos con los que se elaboran los ricos y frescos Vinos de La Tierra de Formentera. Es la isla más pequeña habitada de las Pitiusas y también la más meridional del archipiélago. En ella viven unas 10.000 personas, población que en verano llega a multiplicarse por tres y, aún así, conserva intactos espacios naturales de gran belleza, especialmente el Parque Natural de Ses Salines d'Eivissa i Formentera, declarado Patrimonio de la Humanidad por la Unesco en 1999.
Sus paisajes, sus pueblos, su clima, sus 20 km de playas –en 69 km de costa– con arenas suaves y aguas de color esmeralda son espectaculares, y todo está al alcance de

Completa tu ruta con Guía Repsol

- **Longitud del itinerario propuesto:** 34 km aprox.
- **Mapa completo de la zona:** Guía Repsol de Mapas, pág. 68 D4
- **Información turística, hoteles y restaurantes:** Guía Repsol de Turismo, pág. 373
- **Más datos en:** *www.guiarepsol.com*

Faro del Cabo Barbaria

la mano. Sus gentes y la gastronomía marinera y rural incrementan el interés por este recorrido centrado en los vinos autóctonos con personalidad propia. La ruta comienza necesariamente en el puerto, **Sa Savina,** pues la única manera de llegar a Formentera es por mar. Varias veces al día se comunica por barco –se permite llevar coche– con la vecina Ibiza y también está ligada con Denia (Alicante). En la isla se pueden alquilar coches –también eléctricos– motos y bicicletas para recorrerla por carretera y para adentrarse por sus vías verdes.
Para cruzar Formentera se circula por una única carretera, la PM-820, que une el puerto mencionado con el otro extremo, La Mola, pasando por los pueblos de Sant Francesc y Sant Ferran. Esta vía tiene dos ramales, el de la

Fiestas populares

La vida payesa y marinera, con su folclore y gastronomía, vibra en numerosas fiestas populares, de mayo a diciembre. Junto a los productos locales siempre están los porrones y las botellas con vinos de la tierra. Los concursos entre caldos son habituales. Celebraciones en honor de los santos patronos tienen lugar en **Sant Ferran** (30 de mayo) y en **Sant Francesc** (3 de diciembre). La fiesta de Sant Joan se celebra en La Mola (24 de junio), la de Sant Jaume en Sant Francesc (25 de julio) y la de la Mare de Déu, también en Sant Francesc, el 15 de agosto. En la Olimpiada payesa de La Mola (2º domingo de marzo) hay degustaciones de productos típicos, entre ellos el vino.

Animado mercadillo en las calles de Sant Francesc

Figuras de cerámica tradicionales de la isla

carretera 820-1, que va de Sant Francesc al cabo Barbaria, y el de la 820-2 que, partiendo de Sa Savina, rodea las lagunas Pudent y Peix, pasa por Ses Salines y Es Pujols y termina en Sant Ferran.
Dicho esto podemos continuar la ruta saliendo del puerto de Sa Savina por la PM 820-2 hasta **Ses Salines** y el parque natural del mismo nombre, que además de ser Patrimonio de la Humanidad es Reserva de la Biosfera por la rica biodiversidad de sus hábitats terrestres y marinos. Aquí se encuentran enormes praderas submarinas de la planta posidonia oceánica, genéticamente exacta a la que crecía hace 100.000 años. De estas aguas se extrae la sal marina de Formentera. Entre la fauna del parque destacan los flamencos que lo habitan todo el año.

Camino del fin del mundo

Después podemos regresar a La Savina o continuar hasta **Es Pujols,** donde nos recibirá la gran torre medieval de Punta Prima y sus playas, y desde allí continuar hasta Sant Ferran. La otra alternativa es ir por la PM-820 a **Sant Francesc,** localidad dominada por su poderosa iglesia-fortaleza. Aquí está la sede del Ayuntamiento insular único y también la del Consell, el gobierno local. Podemos acercarnos al **Cabo de Barbaria** para disfrutar del paisaje isleño, salpicado de molinos de viento harineros y de espectaculares puestas del sol.
Sant Francesc y **Sant Ferran** están muy cerca siguiendo la PM-820. Visitado este último pueblo recorremos el brazo central de la isla, hasta llegar a **Es Caló** y detenernos luego en **Es Mirador.** Desde aquí podemos subir a **El Pilar de la Mola** para otear la piel verde y blanca de Formentera. Estamos ya en la punta oriental, donde la costa se transforma en acantilados entre los que sobresale el de La Mola, con el faro del mismo nombre (que Julio Verne imaginó como el del fin del mundo). A lo largo de la ruta veremos numerosos islotes como los de Es Freus, que casi tocan Ibiza, higueras, viñedos y bosques de pinos y sabinas. También encontraremos vestigios prehistóricos, romanos y medievales y torres de defensa levantadas contra las incursiones de los piratas. ■

Rincón de los Vinos de la Tierra de Formentera

Se tiene constancia de que los monjes ermitaños de La Mola cultivaban vides en el siglo XIII. Tras quedar despoblada Formentera por la peste en la Edad Media, el cultivo de viñedos renació en el XVIII. Actualmente la producción de vino es una de las actividades más importantes y en desarrollo de la isla. El clima mediterráneo, muchas horas de sol, veranos con temperaturas y humedad elevadas e inviernos moderados contribuyen a la calidad de los caldos. Se producen vinos blancos, tintos y rosados, de variedades mediterráneas, especialmente la *monastrell*, cultivada en un 44% de las viñas.

www.illesbalearesqualitat.cat

Estos vinos muestran un contenido en alcohol (7 kcal por g) variable: blanco (11,5°), rosado (12,0°) o tinto (12,5°). Destacan nutrientes como azúcares (4 kcal por g), vitaminas del grupo B, sales minerales, ácidos orgánicos y polifenoles. Su consumo moderado en adultos sanos ayuda a prevenir enfermedades crónicas y algunos tipos de cáncer.

Fundación Española de la Nutrición

FORMENTERA
VI DE LA TERRA

Vinos de la Tierra de Formentera

Entre el cielo y la **tierra**

Gofio Canario

La abrupta geografía de Gran Canaria, con sus roques míticos apuntando al cielo, pone el telón de fondo a este itinerario por pueblos genuinamente isleños, vestigios del pasado guanche y viejos molinos harineros

Perspectiva del Roque Nublo, en Gran Canaria, con el Teide al fondo, en la isla de Tenerife

80 especies vegetales endémicas crecen en el barranco de Guayadeque

Merecedor del sello de Calidad Controlada, el gofio es parte fundamental de la dieta los canarios desde tiempos de los aborígenes guanches. Hoy, esta harina de cereal tostado también integra postres y platos de la alta cocina canaria. Iniciamos por ello la ruta en el barranco de **Guayadeque** que evoca la importancia histórica de este alimento. En un edicto fechado el 6 de septiembre de 1657, varios vecinos de Agüimes se lamentaban: "*Es notorio que todos los veranos se padece grandísima necesidad de molienda por no haber más molinos que el de Guayadeque y otro que en día y noche no muele más que cuatro fanegas de trigo*". Merece la pena recorrer pausadamente el espacio natural, donde crecen 80 especies vegetales endémicas y donde se han conservado cuevas funerarias de la época prehispánica. Una vez en

Completa tu ruta con Guía Repsol

- **Longitud del itinerario propuesto:** 113 km aprox.
- **Mapa completo de la zona:** Guía Repsol de Mapas, pág. 117 D2
- **Información turística, hoteles y restaurantes:** Guía Repsol de Turismo, pág. 374 y 375
- **Más datos en:** *www.guiarepsol.com*

Rincón del Gofio Canario

Hay diversas variedades de este alimento de origen prehispánico, elaborado con uno o varios cereales. Los ingredientes más utilizados son el trigo, el *millo* (maíz) y la cebada, aunque también pueden añadirse legumbres, como habas y garbanzos.
El primer paso consiste en tostar el cereal. Cuando el proceso es artesanal se utilizan recipientes de cerámica. El fondo se llena con arena de playa, que posteriormente es retirada. Luego viene la molienda, que antes se llevaba a cabo en los molinos de viento y a mano. A menor velocidad, mayor calidad del gofio. Finalmente, el grano molido se amasa con agua u otros líquidos, como caldo, miel o aceite. Se suele tomar de aperitivo, acompañando a otros platos o de postre, y el más consumido es el de *millo*.

Alimento con un alto valor nutritivo, muy rico en minerales, sobre todo en hierro, zinc y magnesio. Su bajo contenido graso proviene principalmente de ácidos grasos esenciales (linoleico, linolénico y araquidónico). Destaca por su contenido en vitaminas tiamina y riboflavina.
Fundación Española de la Nutrición

Gofio Canario (C.C.)

Agüimes, comunicado por carretera con el barranco, hay que callejear despreocupadamente por su bien preservado cogollo urbano. El Centro de Interpretación del Casco Histórico y el Museo de Historia, en el Palacio Episcopal, invitan a ahondar en las raíces de la villa. Ahora cogemos la GC-550. Es una carretera sinuosa, llena de colorido en primavera y ocre durante la época estival. En el km 9 encontramos **Temisas,** localidad donde se produce uno de los mejores aceites de Gran Canaria. Seguimos avanzando hasta alcanzar los 680 m de altitud; entonces divisaremos los espectaculares bosques de palmeras que rodean **Santa Lucía de Tirajana.** Especial interés reviste su Museo-Castillo de la fortaleza de El Hao, con importantes piezas arqueológicas y etnográficas.

Abruptos paisajes de montaña

A 1 km aproximadamente se encuentra el mirador de Las Tederas y el Aula de la Naturaleza, donde disfrutaremos de una soberbia vista del casco histórico. En la bajada, a unos 200 m de la carretera, arranca el Camino del Valle, una pequeña ruta de molinos entre pequeñas huertas con mazorcas de *millo* (maíz). Después, la GC-65 nos lleva a **San Bartolomé de Tirajana.** Su principal atractivo es el molino hidráulico del Henchidero, hoy transformado en hotel y restaurante. Al salir de esta villa, la vista queda atrapada por el Roque Blanco, una gran pared montañosa que, como su nombre indica, destaca por su color claro.
A continuación enfilamos la GC-60, que recorre un abrupto paisaje de montaña coronado por pinos canarios. Tras dejar atrás Casas de la Plata y el cruce de Ayacata, nos pondremos a los pies del impresionante Roque Nublo (1.813 m), un lugar de culto para los aborígenes que merece la categoría de Monumento Natural desde 1987.
Nuestro próximo objetivo, sin abandonar la carretera GC-60, es **Tejeda,** con vistas al Roque de Bentayga, cuyos pitones basálticos también tenían un significado sobrenatural para los guanches. Hay aquí varios lugares dignos de atención y que merecen una visita, como el Museo de Esculturas Abraham Cárdenes o el Museo de Plantas Medicinales. Cerca, en la carretera entre La Cruz de Tejeda y los Llanos de la Pez, abre sus puertas el Centro de

Fiesta del Gofio Canario

El último fin de semana de septiembre, **Agüimes** celebra sus fiestas en honor de Ntra. Sra. del Rosario con la Traída del Agua y del Gofio, romería que parte de un molino a unos 2 km del pueblo. Los romeros se embadurnan entre sí con el cereal molido, donado por el Ayuntamiento y, al llegar al casco antiguo, los vecinos les arrojan agua desde los balcones. La algarabía es amenizada en todo momento por la música de una banda.

Santa Lucía de Tirajana

Interpretación de la Reserva de la Biosfera de Gran Canaria. Para llegar a **Artenara,** la siguiente etapa de este itinerario, hay que conducir por la GC-210. El Mirador de Unamuno recuerda al ilustre escritor español, que visitó este pueblo en 1910 y exclamó: *"¡Qué sueño el de la vida sobre aquel abismo pétreo!"*. Desde aquí vale la pena acercarse hasta **Juncalillo.** Nada más pasar el cementerio, un pequeño camino lleva nuestros pasos hasta el último molino de agua en uso de la isla. De regreso a Tejeda, conectamos con la GC-156 y, a continuación, con la GC-21, para poner el broche final a la ruta: **Teror.** La majestuosa basílica de Nuestra Señora del Pino, patrona de Gran Canaria, sobresale entre el caserío de esta importante población. ■

Bosques de palmeras rodean el pueblo de Santa Lucía de Tirajana

Los laúdes amenizan las fiestas en Gran Canaria

Fuerte personalidad

Vino de La Palma

La actividad agrícola de la isla más verde del archipiélago canario gira en torno al vino y al plátano. Recorrer las áreas de cultivo de la vid nos permite conocer sus exclusivas características geográficas, presentes también en sus caldos

Balcones tradicionales de Santa Cruz de La Palma

Las vides llegaron a la isla de La Palma a principios del s. XVI

Las primeras viñas se plantaron en La Palma en 1505. Se cultivaron en el Valle de Aridane y en pocos años se extendieron por la isla. El vino palmero llegó a convertirse en un producto estrella de exportación entre los siglos XVI y XVIII gracias a la importancia del puerto de Santa Cruz de la Palma como escala entre las Indias y Europa.

La ruta que proponemos baja desde la capital, cargada de historia, hacia el sur –cara oriental de la isla– hasta la Punta y Faro de Fuencaliente, el punto más meridional de La Palma. Desde allí asciende hasta los Llanos de Aridane –cara occidental–, localidad situada junto a la espectacular *desembocadura* al mar del Parque Nacional de la Caldera de Taburiente (Barranco de las Angustias), una gran depresión donde crecen bosques de pino canario.

Ambas vertientes están separadas por la columna vertebral montañosa central de Cumbre Nueva y Cumbre Vieja. Cerca de Fuencaliente se encuentran los volcanes de Teneguía –la última vez que entró en erupción fue en 1971– y de San Antonio. La Palma, también llamada la

Completa tu ruta con Guía Repsol

- **Longitud del itinerario propuesto:**
  86 km aprox.
- **Mapa completo de la zona:**
  Guía Repsol de Mapas, pág. 115 C3
- **Información turística, hoteles y restaurantes:**
  Guía Repsol de Turismo, pág. 390
- **Más datos en:**
  www.guiarepsol.com

Rincón del Vino de La Palma

Por el suelo volcánico y el clima, estos vinos tienen una fuerte personalidad y enológicamente son singulares. La D.O. especifica las variedades –predomina la *malvasía*– de uvas blancas y uvas tintas para la elaboración de cada tipo de vino, las formas de cultivo y las técnicas de elaboración de las tres zonas vinícolas: Hoyo de Mazo, Fuencaliente y Norte de La Palma. Su graduación varía entre el 10 y el 15% de alcohol. Destacan el dulce de *malvasía* y el vino de Tea, que envejece en barrica de pino canario.

www.vinoslapalma.com

Estos vinos contienen agua y alcohol (1 g aporta 7 kcal), además de ácidos orgánicos (málico, tartárico y cítrico), vitaminas del grupo B y sales minerales. También azúcares reductores (1 g aporta 4 kcal), ácidos orgánicos y polifenoles con carácter antioxidante. El consumo moderado en adultos es una característica de la alimentación de la dieta mediterránea.

Fundación Española de la Nutrición

LA PALMA
DENOMINACIÓN DE ORIGEN
CONSEJO REGULADOR

Vino de La Palma (D.O.)

Isla Bonita, ha sido declarada Reserva de la Biosfera. Se trata de la más verde del archipiélago canario por sus abundantes bosques de pino y de laurisilva.
Iniciamos este recorrido en la capital **Santa Cruz,** de rico patrimonio cultural, recorriendo el mercado de la Recova, la calle Álvarez de Abreu y la avenida Marítima. Este paseo permite contemplar el mar y admirar palacios y edificios singulares con sus típicos balcones de madera. En el convento de San Francisco está ubicado el Museo Insular, que destaca tanto por la belleza del edificio –fue construido en 1508– como por su contenido etnográfico. De aquí subimos por la LP-101 hacia el Barranco de las Nieves para llegar al real santuario de Ntra. Sra. de las Nieves, patrona de La Palma, un lugar de naturaleza privilegiada donde se puede apreciar la importancia del agua en la isla.

Camino de los volcanes

Seguimos el recorrido por la LP-101 hacia Buenavista, atravesando paisajes agrícolas; continuamos por la carretera LP-202 y, tras pasar las localidades de San Pedro y La Rosa, llegamos a **Villa de Mazo.** La economía de este pueblo se basa en la agricultura, la alfarería y las labores artesanas. Aquí merece la pena acercarse al Mercado del Agricultor y, muy especialmente, al Museo Arqueológico de la Cueva de Belmaco. En esta localidad –habitada en el s. XVI por los hermanos aborígenes Jarigua y Garehagua, valientes por su resistencia a los piratas y conquistadores– se encuentran interesantes grabados rupestres.
El itinerario sigue por la LP-209 hasta **Fuencaliente,** la zona más vinícola. Antes de llegar encontramos el Centro de Interpretación del Volcán de San Antonio que, junto al de Teneguía, forma el área volcánica del sur de La Palma. En este punto rodeamos geográficamente los dos volcanes para, atravesando la localidad de Los Quemados, los paisajes volcánicos de Teneguía y un área de enormes aerogeneradores, llegar a la Punta y Faro de Fuencaliente; allí nos sorprenderá el contraste del azul del mar con el negro volcánico de la lava. Cerramos el círculo enfilando la

Salinas de Punta Larga, en Fuencaliente

Práctica del *mountainbike* en La Palma

vertiente occidental por la LP-207, atravesando los pueblos de Las Indias y más arriba Las Manchas. Este tramo cruza el paisaje protegido de Tamanca y permite contemplar los pinos canarios en las laderas de la Cumbre Vieja y, cerca del mar, el matorral costero de tabaibas.
Para disfrutar de esta zona de vegetación autóctona existen dos miradores: Las Indias, desde el que se ve el área de reserva marina, y El Charco, en el km 31. Siguiendo la misma carretera podemos llegar a **Manchas de Abajo** para visitar el Museo del Vino y, luego, por la LP-211, dirigirnos a **Todoque,** después de pasar un bello paraje de lava negra que contrasta con el verdor de las palmeras. Seguimos la LP-1 hasta los **Llanos de Aridane,** el municipio más poblado de la isla y motor económico, fruto del turismo y del cultivo del plátano. Para terminar podemos acercarnos al templo de Ntra. Sra. de los Remedios y al santuario de Ntra. Sra. de las Angustias, del s. XVI, este último situado junto al asombroso barranco del mismo nombre. ■

Reserva de la Biosfera, La Palma es la isla más verde de Canarias por sus bosques de laurisilva y pino

Fiestas de la Vendimia

A finales del mes de agosto se celebran en **Fuencaliente** y en **Villa de Mazo,** dos municipios vitivinícolas, la Fiestas de la Vendimia. Los vecinos de Fuencaliente, vestidos tradicionalmente, juntan sus carretas cargadas de vino y de productos locales en el barrio de Los Canarios. La noche del día grande destaca por el desfile de los *caballos fuscos,* una tradición del siglo XIX importada de Cuba.
En Villa de Mazo el protagonista de la fiesta es el *Borrachito fogatero,* un muñeco embriagado que lanza fuegos de pirotecnia mientras la gente baila a su alrededor.

Museo Naval, en Santa Cruz

Tesoros del **Cantábrico**

Anchoas de Santoña

Desde Castro Urdiales hasta la bahía de Santander se suceden todos los paisajes costeros que la mente puede imaginar. El mar Cantábrico y los frutos que se extraen de él serán el denominador común de nuestro recorrido

Limpieza de redes en el puerto de Santoña

Además de pueblos pesqueros, encontraremos faros, marismas, bosques y praderas

El litoral oriental de Cantabria fue durante siglos una de las autopistas marítimas con más tráfico de España. Era en localidades como Laredo donde se embarcaban las lanas castellanas que luego viajarían a Flandes y al resto de las ciudades europeas. Otras como Santoña se convirtieron ya en el siglo XIX en importantes centros económicos gracias al comercio de la anchoa. Pero los pueblos pesqueros no son la única virtud de este rincón cántabro. Tras la línea de costa, de grandes acantilados y numerosas playas, se esconden muchas sorpresas: solitarios faros, amplias marismas y paisajes de bosques y praderas.

El itinerario arranca en **Castro Urdiales,** uno de los pueblos marineros ligados históricamente a la industria conservera, próximo a la frontera con Bizkaia. La iglesia de Santa María brilla con luz propia, no solo por ser uno de los mejores ejemplos góticos de Cantabria, sino por su envidiable situación junto al mar. El templo forma una estampa singular y bella, junto con el castillo-faro y el puente de Santa

Completa tu ruta con Guía Repsol

- **Longitud del itinerario propuesto:**
  88 km aprox.
- **Mapa completo de la zona:**
  Guía Repsol de Mapas, pág. 5 E3
- **Información turística, hoteles y restaurantes:**
  Guía Repsol de Turismo, págs. 157 y 286
- **Más datos en:**
  www.guiarepsol.com

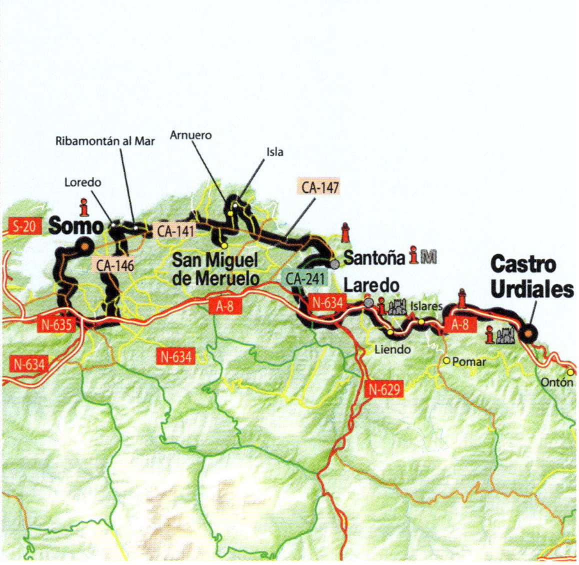

Visita obligada

Hay pocas atalayas frente al mar Cantábrico que puedan presumir de una situación tan privilegiada como la del Faro del Caballo. Se ubica en una de las laderas del monte Buciero, adosado a algunos de los acantilados más vertiginosos de la comunidad. Para llegar a él hay que atravesar un tupido encinar y descender por un interminable tramo de casi 800 escaleras. Desde Santoña, el paseo a pie dura unos 90 minutos. El faro, cuyo edificio se divide en dos bloques, uno destinado a la vivienda del farero y el otro a la torre de la luz, empezó a funcionar en 1863 y actualmente se encuentra fuera de servicio.

Miliario romano en Castro Urdiales

Durante siglos, el puerto de Castro Urdiales ha dado energía a la localidad

Ana, todos ellos en el puerto que durante siglos ha dado energía y divisas a la localidad. A la hora de abandonar Castro Urdiales tomamos la N-634, carretera que corre paralela al mar desde el País Vasco hasta Santiago de Compostela. El tramo por el que conduciremos es uno de los más espectaculares, pues discurre sobre una plataforma natural marina con excelentes vistas sobre el Cantábrico. Pasaremos junto a la amplia playa de **Islares** y, justo antes de **Liendo,** tendremos la oportunidad de disfrutar de las vistas del valle desde su mirador. Unos 5 km después, la carretera nos devuelve al litoral, a la segunda parada de nuestra ruta.

Un casco histórico intacto

Laredo ha cambiado más en los últimos 50 años que en toda su historia. La razón de ello es el auge turístico, palpable en el ejército de construcciones que se concentran tras la playa de La Salvé, la más amplia de toda Cantabria. Son 4 km de arena suave y pálida, flanqueados por un muy agradable paseo marítimo. El casco histórico de Laredo –la Puebla Vieja y el Arrabal– fue ajeno a todos estos cambios y mantiene intacto un fuerte carácter marinero y medieval. En lo alto se encuentra la iglesia de

Mirador de las Marismas de Santoña

Santa María de la Asunción, con un interesante retablo flamenco en su interior. En el resto del burgo se alternan palacetes nobles y casonas populares, todas ellas al abrigo de los restos de la antigua muralla.

Aunque **Santoña** casi puede tocarse desde la playa de La Salvé, hemos de retomar la N-634 y luego la CA-241 para sortear el amplio estuario que forma el río Asón en su desembocadura. El rodeo nos permitirá apreciar la espectacular Reserva Natural de las Marismas de Santoña y cómo cambia radicalmente en función de las mareas.

Se trata de uno de los humedales más importantes del Cantábrico, en el que viven o hacen un alto durante las migraciones casi un centenar de especies de aves diferentes.

En Santoña, los vínculos con la actividad pesquera son más que palpables en su puerto, en la lonja de pescado y en las amplias naves conserveras que prolongan la villa. Aquí, el aire huele a salazón y no es un tópico, sino la realidad diaria.

Merece la pena recorrer su paseo marítimo junto a la playa

Preparación de conservas de anchoas en Santoña

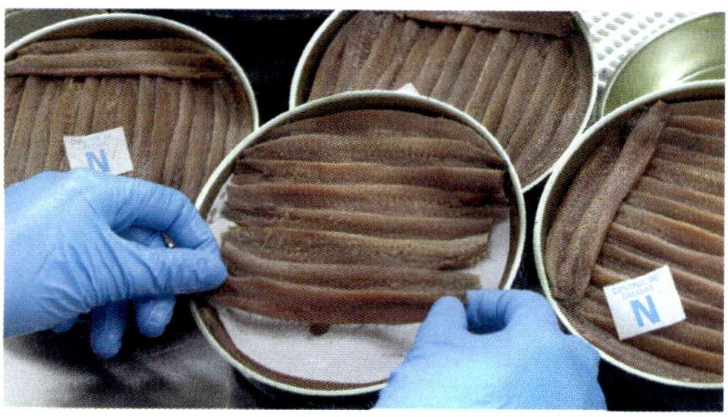

Fiesta de la Anchoa

Creada hace más de un siglo, La Feria de la Anchoa y de la Conserva de Cantabria es una de las más importantes del mundo. Se celebra en **Santoña** a caballo entre los meses de abril y mayo. En ella se ensalzan las virtudes de esta conserva, se realizan exhibiciones, catas y degustaciones, amén de conferencias, talleres y concursos. La localidad se vuelca en el evento en torno a los puestos de la plaza de San Antonio, siempre en un ambiente festivo. Muy popular es el mercadillo de los sábados, que atrae a miles de personas y donde se venden también anchoas en conserva.

Rincón de la Anchoa de Santoña

La anchoa, bocarte o boquerón del Cantábrico, es un pescado azul de reducidas dimensiones (de 10 a 15 cm) de la familia de los *engraulidae*. Es uno de los iconos gastronómicos de Cantabria y de todo el norte, gracias a su excelente relación calidad-precio y a sus propiedades nutritivas. Se prepara en vinagre, rebozada o frita, pero su presentación en salazón y con aceite es la más popular. Fue introducida en Santoña por mercaderes italianos a finales del siglo XIX. Las escasas capturas llevadas a cabo a inicios de la pasada década obligaron a la Comisión Europea a decretar un parón biológico para que los caladeros de anchoa se recuperaran. En 2011 se reanudó la pesca entre marzo y junio.

www.cofradiadelaanchoa.org

Este pescado azul contiene proteínas de calidad y un 6-12% de grasa (con omega 3), que previene enfermedades cardiovasculares. También tiene minerales –selenio, magnesio, hierro y fósforo– y vitaminas A, D y E. Hay que tener en cuenta su contenido en sal para las personas con hipertensión o que siguen una dieta baja en sodio.

Fundación Española de la Nutrición

Anchoas de Santoña

y acercarse hasta las fortificaciones que defendían el acceso a la bahía, como la de San Martín o el fuerte de San Carlos, adosadas a una de las laderas del monte Buciero.

Nos despedimos del mar durante unos cuantos kilómetros y lo haremos en la playa de Berria, un amplio y salvaje arenal al que se asoma el penal del Dueso. Una vez que abandonamos Santoña por la CA-147, el paisaje cambia radicalmente. Toca olvidarse de la Cantabria de las olas y los puertos para sumergirse en la cara más rural de la región. Las singulares marismas de **Isla,** que penetran un par de kilómetros tierra adentro, nos recordarán que el mar sigue cerca, a pesar de los prados que nos rodean. A poca distancia de allí, en la localidad de **Arnuero,** el molino de Santa Olalla es una prueba viva de cómo aprovechaban los antiguos habitantes del valle la fuerza de las mareas para las tareas del campo.

Por impresionantes acantilados

Continuamos por la CA-141, siempre hacia el oeste, pero haremos un alto para acercarnos a **San Miguel de Meruelo** por la CA-454. El pueblo cuenta con un interesante Museo de la Campana, debido al gran número de fundiciones que existieron en el valle. De hecho, la mayor campana existente hoy en España, la de la catedral de Toledo, fue fundida aquí. Volvemos a la carretera principal por apenas 1 km y la abandonamos de nuevo para apreciar la iglesia de Santa María de Bareyo, el más excelso ejemplo de templo románico de la zona. Los peregrinos que marchan a Santiago de Compostela por los caminos del Norte llevan siglos pasando por aquí. El siguiente desvío que tomaremos en nuestra ruta será para llegar al cabo de Ajo, el punto más septentrional de Cantabria, al que se accede por la CA-446. La progresiva urbanización de la zona ha robado algo de encanto al lugar y al faro solitario.

Continuamos fieles a la carretera C-141, que ahora comienza una recta interminable para atravesar el municipio de **Ribamontán al Mar.** Aquí se concentra una de las mejores selecciones de playas de la comunidad. A la de Langre se llega por la carretera que parte desde Galizano. De esta hay que destacar los impresionantes acantilados que la bordean. Existe una cómoda ruta señalizada para recorrerlos andando o en bicicleta de montaña. De quererlo, se podría llegar

Sorpresa

Las playas son el principal tesoro de Ribamontán al Mar, ubicado en el oriente de la bahía de Santander. La Canal, en Galizano, es un paréntesis de arena rodeado de verdes prados y presume de estar muy poco urbanizada. Desde ella se puede acceder a la cueva de Cucabrera, una cavidad excavada en la roca del litoral.

Panorámica de la ría de Escalante, junto a Santoña

caminando hasta nuestro próximo destino, **Loredo.** Si se hace en coche, no hay más que retomar la CA-440 y dejarse llevar hacia el oeste. Frente a la playa de Los Tranquilos se encuentra la isla de Santa Marina, la mayor de Cantabria, y el lugar idóneo para practicar submarinismo, natación –es posible llegar hasta su playita nadando– u observar las aves marinas que allí se refugian. Ya en Loredo, hay que acercarse al santuario de Ntra. Sra. de Latas, un edificio barroco y rural que guarda en su interior la talla gótica de la Virgen. De regreso a la CA-141, esta nos transportará hasta **Somo,** enclave turístico que cierra la bahía de Santander por el oeste. Lo mejor es su kilométrica playa, un espigado brazo de arena que hace las delicias de surferos y nadadores, y regala unas cuantas panorámicas para el recuerdo: la del palacio de la Magdalena a lo lejos, por ejemplo. ■

Santoña conserva uno de los humedales más importantes del Cantábrico

Surfista en la playa de Oriñón, en Castro Urdiales

En tierra **medieval**

Patata de Valderredible

Sin perder de vista el río Ebro, que comienza aquí su andadura, enlazaremos varios pueblecitos con valiosas iglesias medievales y, sobre todo, con templos excavados en la roca. Un singular paisaje con un patrimonio arquitectónico único

Capitel de la iglesia
de San Martín de Elines

Completa tu ruta con Guía Repsol

- **Longitud del itinerario propuesto:** 49 km aprox.
- **Mapa completo de la zona:** Guía Repsol de Mapas, pág. 12 C4
- **Información turística, hoteles y restaurantes:** Guía Repsol de Turismo, pág. 251
- **Más datos en:** *www.guiarepsol.com*

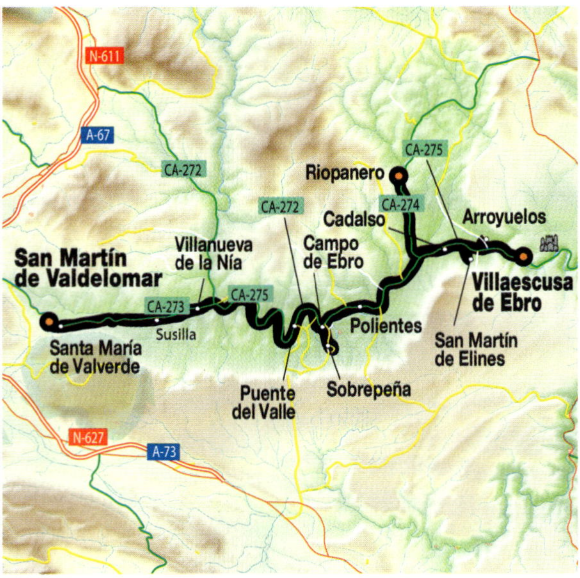

Las cuevas-templo son una constante en la zona de Valderredible

La ruta comienza junto a la autovía A-67, que une Santander con la Meseta unos pocos km al sur del embalse del Ebro. Tomamos la CA-273, que nos conducirá por los suaves perfiles del valle de Valderredible hasta llegar a **San Martín de Valdelomar,** con su modesta iglesia románica de San Andrés. Más adelante, el pueblo de **Santa María de Valverde** cuenta con una cueva tallada en piedra arenisca, convertida en templo. Este tipo de construcciones será una constante en Valderredible, que cuenta con uno de los conjuntos de santuarios rupestres más selectos de España.
Nos dejamos llevar de nuevo por la CA-273, a través de los cultivos de secano que caracterizan esta parte de Cantabria. Pronto desembocaremos en **Villanueva de la Nía,** epicentro de la producción patatera de la comarca, cuyo producto estrella es la Patata de Valderredible, marca de Calidad Controlada. Tiene una hermosa iglesia medieval en la que destacan las curiosas esculturas de los canecillos, alguna con temática erótica. Un nuevo acompañante se sumará a partir de ahora al trayecto: el Ebro, que aquí todavía es

Puente sobre el pantano del Ebro

Las curvas de la carretera se adaptan a los meandros del río Ebro

un adolescente. Corremos junto a él por la CA-272, cuyas curvas se adaptan a sus meandros. En **Puente del Valle** se encuentra el Centro de Visitantes de La Piedra en Seco, que explica los entresijos de la arquitectura de Valderredible. Es el aperitivo ideal antes de llegar a **Campo de Ebro,** donde se dan cita algunas de las muestras más bellas de casonas populares. Allí también hay otra ermita rupestre, la de San Miguel, de dimensiones más modestas que la de Villanueva. Antes de seguir, tomamos la carretera que asciende hasta **Sobrepeña,** con excelentes panorámicas de la vaguada y el páramo de La Lora. En **Polientes,** capital comercial de la

Fiesta de la Patata

Desde 2008 se celebra la Feria Alimentaria de **Valderredible,** donde la patata es una de las estrellas. La cita coincide con las celebraciones en honor de la patrona, Ntra. Sra. de Valderredible, el 8 de septiembre, por lo que la convocatoria está inmersa en un ambiente festivo en el que no falta la degustación de productos elaborados con el tubérculo autóctono o la preparación de una gran olla de patatas con carne.
Además, el primer domingo de agosto tiene lugar el Día de Valderredible, un homenaje a los veteranos del valle convocados junto a la ermita de Ntra. Sra. de La Velilla.

comarca, abre sus puertas un museo etnográfico. Pocos kilómetros al norte, por la CA-274, está **Riopanero**, donde se halla el Centro de Visitantes del Monte Hijedo. La población es la puerta de acceso a este territorio boscoso. No perdemos de vista al Ebro, que nos llevan hasta **Cadalso,** donde se excavó la más pequeña de las ermitas medievales, la de Santa María. En el pueblo también se levanta un bello ejemplo de torre medieval, la única de su especie que se conserva, junto a la del pueblo vecino de Ruerrero.

La más monumental de las grutas

Viajamos ahora por la CA-275 hasta llegar a una bifurcación: a la derecha se ve la colegiata de **San Martín de Elines,** un conjunto románico que no deja indiferente gracias a su espigada torre cilíndrica, los restos de sus pinturas murales o el recogido claustro. Desandamos lo andado para volver a la CA-275 y subir rumbo norte hacia **Arroyuelos.** Allí conoceremos la más monumental de todas las grutas medievales: está formada por dos amplias naves y dos pisos y cuenta con todos los elementos de una iglesia (bancos, sepulcros...) excavados en la misma roca. Unos kilómetros más al norte, por la BU-V-6116 y ya en la provincia de Burgos, encontraremos la otra gran ermita de la ruta, la de **Presillas.** Si regresamos a la carretera y continuamos hacia el oeste, alcanzaremos **Villaescusa de Ebro,** pueblo que marca el punto final de nuestro periplo. A partir de ahora, el paisaje se acurruca, los valles se estrechan y el Ebro se prepara para desfilar entre inmensos farallones de roca. ■

Colegiata románica de San Martín de Elines

Rincón de la Patata de Valderredible

La geografía de Valderredible favorece a los cultivos de secano y, dentro de estos, el de la patata, reina de los campos del valle. Cuatro son las variedades autorizadas: *baraka*, *agria*, *spunta* y *jaerla*; son las que mejor se han adaptado a los suelos de la comarca.
La Patata de Valderredible está protegida, además, por la marca de Calidad Controlada de Cantabria y es reconocible por su aspecto: se presenta amarillenta, ovalada, alargada y polvorienta, pues no está permitido su lavado. La explicación es que la paleta de sabores es favorecida por la riqueza de las tierras cántabras. En la última campaña se comercializaron más de 550.000 kg de este producto, importante pilar de la gastronomía no solo cántabra (presente en la olla ferroviaria, por ejemplo), sino también de la española.

www.alimentosdecantabria.com

Es uno de los vegetales con mayor contenido en hidratos de carbono complejos (principalmente almidón), que deben ser la base de nuestra dieta. Eso explica su valor calórico, que es aproximadamente 90 kcal por cada 100 g de patata cruda. Presenta cantidades moderadas de fibra, vitaminas del grupo B (tiamina, niacina y vitamina B_6) y minerales como magnesio, potasio y fósforo.
Fundación Española de la Nutrición

Patata de Valderredible (C.C.)

Por campos de **oro**

Aceite de los Montes de Toledo

Las tierras manchegas en torno a Mora, Orgaz, Los Yébenes –cerca del Parque Nacional de Cabañeros– Consuegra y Madridejos ofrecen perspectivas de castillos, molinos de viento y mares de olivos

Mora destaca por su actividad olivarera y su patrimonio arquitectónico

La extensa comarca de los Montes de Toledo concentra una de las mayores densidades de almazaras de la Península. Unas 30 poblaciones cuentan con al menos una cooperativa incluida en la D.O.P., aunque el epicentro aceitero indiscutible son los pueblos aceiteros del oeste manchego. Este es el caso de **Mora,** con siete almazaras, rodeada de más de 1,5 millones de olivos.
Aquí iniciamos la ruta. Mora es una especie de parque temático con su Museo del Aceite, la Almazara de la Encomienda –molino tradicional de principios del siglo XX aún en funcionamiento–, las rutas guiadas por las explotaciones y la tradicional Fiesta del Olivo. No falta el obligado Monumento al Aceitunero.
Población industriosa, pues, ofrece un patrimonio arquitectónico más interesante en lo civil que en lo eclesiástico, con un conjunto de edificios propios de las capitales administrativas de las zonas rurales: el casino, el teatro municipal y, sobre todo, su Ayuntamiento neomudéjar, además de la Casa de los Sueltos y La

Completa tu ruta con Guía Repsol

- **Longitud del itinerario propuesto:**
  164 km aprox.
- **Mapa completo de la zona:**
  Guía Repsol de Mapas, pág. 73 F1
- **Información turística, hoteles y restaurantes:**
  Guía Repsol de Turismo, pág. 307
- **Más datos en:**
  www.guiarepsol.com

Escenas de la berrea en el Parque Nacional de Cabañeros

El Parque de Cabañeros vive su momento culminante durante la berrea

Sorpresa

El impresionante patrimonio arqueológico en los alrededores de Los Yébenes incluye una mina romana, el poblado de la Edad de Bronce conocido como Montón de Trigo, el recinto de Las Chorreras, con pinturas rupestres, la pequeña ciudad romana de Novila, la necrópolis romana de la Loma del Carpintero, los restos del acueducto romano llamados Puentes Secas y tramos de la calzada romana que comunicaba la provincia Bética con la Carpetania.

Caserna, entre otras casonas nobiliarias y, en las afueras, el imponente castillo musulmán de Peñas Negras. Desde él parte una ruta senderista que asciende a las pequeñas sierras cercanas para otear la panorámica de los olivares y su rítmica distribución geométrica.

Los atractivos de Orgaz

Desde Mora partimos por la CM-410 hacia una de las más pintorescas poblaciones en las estribaciones de los Montes de Toledo, **Orgaz,** localidad que podría considerarse un pequeño Almagro por el parecido de su trazado urbanístico: calles anchas y empedradas, con casas de grandes dimensiones, encaladas y en dos plantas, y una Plaza Mayor muy manchega por sus típicos soportales. Y a cada paso, un motivo para detenerse: el puente de los Cinco Ojos, mandado construir en granito por Carlos III contra las crecidas del arroyo Riánsares; la iglesia de Santo Tomás Apóstol, una de las mejores obras de Churriguera, cuyos restos reposan en la cripta; y cómo no, el castillo de Orgaz, integrado en su casco urbano y más palacio que fortaleza a pesar de su porte guerrero. El propio Cid Campeador fue una vez su castellano (no en balde Doña Jimena nació en Orgaz). Desde allí vale la pena acercarse a la pedanía de **Arisgotas,** a solo 5 km, que concentra restos arqueológicos visigodos en un museo –mínimo pero dotado de presentaciones audiovisuales– y en muchas de las viviendas del pueblo, que durante generaciones fueron integrando elementos decorativos como los frisos procedentes del vecino monasterio de los Hitos.

Fiesta del Corpus, en Camuñas

Desde Orgaz, la N-401 nos conduce a **Los Yébenes,** pueblo partido en dos anatomías: una serrana, de calles estrechas, tortuosas y empinadas, y otra de llano, con vías anchas y plazas espaciosas al más puro estilo manchego. Así refleja tanto su pasada división en dos núcleos de población diferentes como su ubicación limítrofe entre el paisaje de estepa, de donde procedemos, y las sierras bajas que anticipan el Parque Nacional de Cabañeros.
Los Yébenes encanta por el tipismo de sus rincones, especialmente en las calles de la Barrera, del Gato y de

Fiesta del Olivo

El último fin de semana de abril tiene lugar en **Mora** el acontecimiento emblemático de la actividad aceitera de toda la comarca: La Fiesta del Olivo, declarada de Interés Turístico Nacional en 1967, diez años después de su primera edición. Durante esos días también se celebran jornadas gastronómicas con degustación de platos elaborados con aceites de oliva virgen extra, tanto de las almazaras de Mora como de otros municipios incluidos en la D.O.P., además de concursos de productos y de podas de olivo. Simultáneamente se monta la Feria del Aceite y el Olivar, donde participan empresas relacionadas con el sector principalmente del centro de España; entre sus activiadees están incluidos varios concursos de cata. La Feria reúne a expertos nacionales e internacionales que imparten charlas y participan en talleres de trabajo.

Rincón del Aceite de los Montes de Toledo

La principal variedad de aceituna es la *cornicabra*, y también se emplean la *picual* y la *arbequina*, entre otras. Los aceites tienen tonalidades que van desde el amarillo dorado al verde intenso, con sabor afrutado y equilibrado, notas de manzana y almendra acompañadas por aromas y gustos a frutas secas y en sazón. Las almazaras que elaboran marcas propias producen aceites virgen extra mediante prensado por medios exclusivamente físicos y a bajas temperaturas para conservar sus propiedades naturales. Son idóneos para su uso en crudo, en ensalada y en salsas.

www.domontesdetoledo.com

Básico en la dieta mediterránea, el aceite de oliva aporta ácidos grasos monoinsaturados que ayudan en la prevención de enfermedades cardiovasculares. Su valor calórico es de 9 kcal por g. Además de ácidos grasos esenciales, aquellos que el organismo no puede sintetizar, aporta vitamina E, antioxidante.
Fundación Española de la Nutrición

MONTES DE TOLEDO
CONSEJO REGULADOR DE LA DENOMINACIÓN DE ORIGEN DE ACEITE

Aceite de los Montes de Toledo (D.O.P.)

Visita obligada

El conjunto de 12 molinos de viento de Consuegra. Cuatro de ellos conservan la maquinaria en buenas condiciones: el Sancho, el Bolero, el Espartero y el Rucio. El más interesante de todos, el Sancho, está listo para funcionar, incluida la enorme piedra cónica llamada Catalina. Es el que se usa durante la Molienda de la Paz, un acto simbólico celebrado el último fin de semana de octubre. Los asistentes, en ocasiones más de 3.000, reciben un pequeño saco con unos puñados de la harina producida.

Tenerías, y cómo no, en los tres grandes molinos restaurados que coronan la Crestería Molinera. Desde estas lomas se despliega un mosaico panorámico de cultivos, olivares y monte bajo. Partiendo de Los Yébenes se puede cruzar hacia el sur el río Algodor hasta llegar a la Venta de Juan de Dios, lugar de descanso, según la tradición, de Santa Teresa y del mismísimo autor de *El Quijote*, cuando transitaba estos caminos en su oficio de recaudador a cuestas. Muy cerca se encuentra el castillo de Guadalerzas, que llegó a ser colegio de doncellas nobles.

Reserva de bosque mediterráneo

La CM-4017 traza un camino casi recto entre Los Yébenes y **Casa de la Salceda,** junto al Embalse de Abraham, siendo la entrada más próxima al Parque Natural de Cabañeros, ya en la linde con Ciudad Real. Salvado *in extremis* de convertirse en un polígono de tiro militar y situado en el centro de la Península, es la mayor reserva de bosque mediterráneo de España. Muy frecuentado durante la berrea, entre septiembre y octubre, cuando los machos adultos de ciervo pelean por el favor de las hembras, mientras no pocas veces los ejemplares jóvenes aprovechan para conseguir ese favor sin arriesgar el tipo. De regreso por la misma ruta hasta Orgaz y la CM-42, giramos hacia el sur para llegar a otra de las estampas icónicas del paisaje olivarero y manchego: la *Consaburum* romana, **Consuegra.** La postal tiene lo que hay que tener: un castillo roquero en la cima de la población, que en el pasado

Olivares en el municipio de Los Yébenes

Molinos y Castillo de Consuegra

tuvo un sistema de siete puertas protectoras y hoy conserva gran parte de su estructura (ermita, sala capitular, terrazas, barbacanas, caminos de ronda...). A su vera, nada menos que 12 molinos consecutivos, de nombres evocadores (Rucio, Sancho, Bolero, Espartero, Mochilas...), con la maquinaria bien conservada en cuatro de ellos.

Aparte de sus monumentos, Consuegra destaca por su vitalidad folclórica, gracias a las asociaciones culturales que organizan espectáculos durante todo el año. Por ejemplo, la Fiesta de la Molienda de la Paz o la ruta Mil Historias que Contar, un recorrido por los lugares vinculados a las leyendas populares de la villa. El último fin de semana de octubre celebra la Fiesta de la Rosa del Azafrán, con concursos de monda de esa flor. Es imprescindible visitar el Museo Arqueológico Municipal, alojado en el singular edificio de las Correderas, del siglo XVII. En él se exhiben testimonios de la evolución histórica de la población y se recrea, a través de piezas y materiales diversos, su pasado céltibérico, árabe y romano. La CM-400 conecta Consuegra con el vecino **Madridejos,** otra localidad industriosa de almazaras y raigambre azafranera, como se aprecia en su museo ubicado en el convento de San Francisco.

Es destacable el eco de su vida popular en las casas subterráneas conocidas como *silos*, antaño refugio de las familias más humildes, la plaza de toros y el molino Tío Genaro. Este edificio resulta original por su emplazamiento urbano y su longevidad: cuatro siglos sin dejar de moler, hasta mediados del XX. Desde Madridejos, para finalizar la ruta, podemos ir a **Camuñas,** donde cada año el Día del Corpus se celebra el auto sacramental de los Pecados y los Danzantes, con el famoso baile de *tejer el cordón*. ■

Consuegra, la 'Consaburum' romana, destaca por su intensa actividad cultural y comercial

Completa tu ruta con Guía Repsol

- **Longitud del itinerario propuesto:** 121 km aprox.
- **Mapa completo de la zona:** Guía Repsol de Mapas, pág. 83 A4
- **Información turística, hoteles y restaurantes:** Guía Repsol de Turismo, pág. 4
- **Más datos en:** *www.guiarepsol.com*

Naturaleza **de autor**

Vinos de Pago

Proponemos un brindis para los bodegueros que elaboran excepcionales vinos con denominación exclusiva de su finca, mientras rendimos tributo a la geografía anfibia y monumental de la comarca de Alcaraz

Parque Natural de las Lagunas de Ruidera

Ruidera encadena 15 formaciones lacustres únicas en la cabecera del Guadiana

La Mancha es la región vitivinícola más extensa del mundo. Además de sus nueve Denominaciones de Origen (D.O.), atesora ocho denominaciones de Vinos de Pago, las de exclusivas bodegas y viñas con características únicas. Por su valor paisajístico en las estribaciones de la Sierra de Alcaraz, elegimos los dos Vinos de Pago albaceteños.
Empezamos la ruta por el Parque Natural de las Lagunas de Ruidera, 15 formaciones lacustres singulares, encadenadas a lo largo de 25 km en la cabecera del Guadiana. Además de las zonas para pesca y baño, de los encinares, sabinares y alamedas, el Parque reserva enclaves emblemáticos de la mitología cervantina: en especial la cueva de Montesinos, a un flanco de la N-430 entre Ossa de Montiel y **Ruidera.** Desde **Ossa de Montiel,** la CM-3123 conduce a **El Bonillo,** encalado

Rincón de los Vinos de Pago

Vinos de Pago es una indicación geográfica y de calidad que garantiza la procedencia de las uvas de una zona con un un microclima particular y una composición del terreno que lo distingue de otros de su entorno. Son vinos de una calidad excepcional ligados a una finca, como los vinos de *chateau* en Francia. Castilla-La Mancha tiene ocho D.O. Vinos de Pago. Son Finca Élez (El Bonillo, Albacete), Dominio de Valdepusa (Malpica, Toledo), Guijoso (El Bonillo, Albacete), Dehesa del Carrizal (Retuerta, Ciudad Real), Pago Campo de La Guardia (La Guardia, Toledo), Pago Florentino (Malagón, Ciudad Real), Pago Casa del Blanco (Manzanares, Ciudad Real) y Pago Calzadilla (Huete, Cuenca).

www.turismocastillalamancha.com

El consumo moderado de vino en adultos es una característica de la dieta mediterránea. En su composición se encuentra agua, alcohol (7 kcal por g) y azúcares (4 kcal por g), además de pequeñas cantidades de vitaminas del grupo B, sales minerales y ácidos orgánicos (málico, tartárico y cítrico) y polifenoles con carácter antioxidante.

Fundación Española de la Nutrición

Vinos de Pago (D.O.)

y presidido por la mole eclesial de Santa Catalina, cuya escalera de caracol que asciende a la torre es un monumento en sí misma. En El Bonillo se asientan los dos Vinos de Pago albaceteños, D.O. Finca Élez y D.O. Guijoso, bodegas surtidas de servicios enoturísticos (visitas a las viñas, catas y alojamiento). Desde aquí se puede seguir por la CM-3133 para surcar nuevos parajes lacustres (las Navas y Navajos de El Bonillo), para otear, con suerte, una nutrida población de avutardas, o más adelante, entre El Ballestero y Robledo, acercarse a la Reserva Natural de la Laguna Ojos de Villaverde, la de mayor diversidad ornitológica de la provincia.

Espectáculo renacentista

Desde Robledo, dejando atrás las planicies hacia la sierra, la N-322 conduce a la capital de la comarca, **Alcaraz,** una joya renacentista encaramada sobre los olivares circundantes, con los restos de la fortaleza en su cima y un arco del que fue monumental acueducto gótico. El icono arquitectónico es la Plaza Mayor, del siglo XVI, con tres costados edificados en lonjas porticadas de grandes arcos. Presiden el conjunto las líneas verticales de dos torres que a lo lejos parecen gemelas, la del Tardón (por su campana, que se tañía muy de tarde en tarde y aún se conserva), de curiosa planta pentagonal, y la de La Trinidad. Entre ambas apenas hay 10 m de distancia.
Tras dejar la N-322 por la CM-412, regresa la naturaleza anfibia. Desde **Reolid** a **Salobre,** pueblos turísticos por sus balnearios,

Pasaje Lodares, arquitectura modernista en Albacete

Torres del Tardón y de La Trinidad de Alcaraz

Desde lejos, las torres de la Plaza Mayor de Alcaraz parecen gemelas

la carretera flanquea el cortado del Hornacino, con el río Salobre encajonado entre imponentes farallones. Seguimos por esa vía hacia **Fábricas de Riópar,** que merece una visita siquiera por un espectacular paseo abovedado de plátanos, además de su Museo de las Reales Fábricas de Bronce. A 8 km, por la carretera CM-3204, surge el nacimiento del río Mundo en la Cueva de los Chorros, que se despeña desde 80 m de altura por un sistema de cuevas con 24 km de extensión. Unos curiosos carteles junto a la carretera ilustran el espíritu anfibio de la ruta y su final: "Atención, batracios". ■

Nacimiento del Río Mundo, en la sierra de Alcaraz (Albacete)

Fiestas de Albacete

La Feria de **Albacete,** declarada de Interés Turístico Internacional, se celebra del 7 al 17 de septiembre en la ciudad manchega. Se desarrolla dentro y en torno al recinto ferial permanente conocido popularmente como *la sartén* o *los redondeles,* Monumento Histórico-Artístico situado en el centro urbano. Es una ocasión perfecta para degustar los mejores productos de la gastronomía castellano-manchega, sus gazpachos, los quesos, las calderetas, las gachas, los pistos y sus excelentes caldos, entre los que no pueden faltar los espectaculares vinos de pago de El Bonillo: D.O. Finca Élez y D.O. Guijoso.

Completa tu ruta con Guía Repsol

- **Longitud del itinerario propuesto:** 85 km aprox.
- **Mapa completo de la zona:** Guía Repsol de Mapas, pág. 19 D2
- **Información turística, hoteles y restaurantes:** Guía Repsol de Turismo, págs. 42 y 159
- **Más datos en:** *www.guiarepsol.com*

Placer entre **palacios**

Mantecadas de Astorga

Este viaje por el corazón de la provincia leonesa nos remonta a la historia romana y medieval de la zona, sus fiestas y peculiar gastronomía

Palacio Episcopal y catedral de Santa María de Astorga

Fundada como campamento militar, Astorga fue luego un hito del Camino de Santiago

Sintiendo el aroma del manjar que centra esta ruta, empezamos el recorrido en **Brazuelo,** dentro del área de la Indicación Geográfica Protegida (I.G.P.) Mantecadas de Astorga. Con menos de 100 habitantes, esta localidad guarda en la iglesia del Apóstol Santiago una arqueta eucarística en madera policromada del s. XVII. Al salir tomamos la N-VI hasta **Castrillo de los Polvazares.** La arquitectura de la comarca de La Maragatería tiene aquí un exponente excepcional, pues este pueblo cuida con mimo su antigua estructura de calles empedradas y casas ancestrales.
Para llegar desde aquí a la ciudad de **Astorga,** protagonista de nuestro recorrido, hay que coger la avenida de La Ponferrada y, después, la LE-142. A pocos metros del centro urbano, encontramos el imponente Palacio Episcopal, obra de

Rincón de las Mantecadas de Astorga

Hace más de 200 años que las Mantecadas de Astorga se elaboran siguiendo el mismo patrón y con ingredientes de excelente calidad. Primero se baten huevos frescos con azúcar hasta conseguir una textura esponjosa. Después se incorpora harina y sin dejar de remover, se añade mantequilla batida. En la actualidad, solo se pueden fabricar en los cuatro municipios que tienen el sello de I.G.P.: Brazuelo, Astorga, San Justo de la Vega y Valderrey.

www.mantecadasdeastorga.es

Este producto de repostería compuesto de harina (28-31%), huevos (21-25%), mantequilla de vaca y manteca de cerdo (21-25%) y azúcar (17-23%), posee un alto contenido calórico derivado principalmente de los hidratos de carbono y la grasa que contiene. Respecto a los micronutrientes, destacan minerales como el hierro, el zinc y las vitaminas A y D.
Fundación Española de la Nutrición

Mantecadas de Astorga (I.G.P.)

Figuras de ángeles en la catedral de Astorga

Antonio Gaudí, la catedral de Santa María y los restos romanos. Astorga nació como campamento militar de la Legio X Gemina, que controlaba toda la zona minera de Las Médulas, siendo luego un importante nudo de comunicaciones del noroeste y paso de la Vía de la Plata, así como del Camino de Santiago.

Escenario de torneos medievales

La iglesia neoclásica de San Esteban merece una visita y también el monasterio de Sancti Spiritus. De este convento de clausura salieron y se dieron a conocer en el siglo XIX las Mantecadas de Astorga. Continuando la ruta tomamos la A-6 si queremos conocer **Valderrey,** en cuyo municipio se encuentra el puente romano de Castrillo de las Piedras, o seguimos por la N-120 para llegar a **San Justo de la Vega.** Aquí hay una visita obligada: la del Crucero de Santo Toribio, en honor del que fuera Guardián de los Santos Lugares de Jerusalén y obispo de Astorga en el siglo IV.
En este punto podemos volver a la N-120 para ir a **Santibáñez de Valdeiglesias** y luego hacer una parada en **Hospital de Órbigo.** Su puente, romano en origen, es conocido porque aquí tuvo lugar en 1434 el torneo medieval del Paso Honroso,

Fiesta de Astures y Romanos

A finales de julio, **Astorga** protagoniza durante cuatro días un viaje a su pasado: la Fiesta de los Astures y Romanos, en la que ambos bandos miden sus fuerzas en diferentes competiciones. Las calles evocan la vida cotidiana de la antigua *Astúrica Augusta*. Las Jornadas Gastronómicas Astur-Romanas son un ejercicio culinario de recetas de la época y platos actuales –las mantecadas son protagonistas–, con cenas al aire libre en las que se sirven platos romanos. Los restaurantes asociados a las Jornadas ofrecen también menús con platos como una crema fría de *cucumis melo* (melón), sopa *mare nostrum*, *coturnix* guisada (codorniz), cordero a lo Nerón o leche agria con brevas. No hay que dejar de probar la bebida típica, el *torcum*, a base de vino y esencias florales.

Puente de Celada, cerca de San Justo de la Vega

protagonizado por don Suero de Quiñones, que inspiró a Cervantes al escribir *El Quijote*.
Salimos por la N-120 para tomar luego la CV-161-2 y la LE-443. Así llegamos a **Santa Marina del Rey,** la villa que en 1591 tenía 237 vecinos, todos hidalgos, y que posee un reloj excepcional fabricado en 1590. Dejamos el pueblo para coger la LE-443 y llegar a **Villadangos del Páramo**, donde en 1111 tuvo lugar una batalla entre Alfonso I el Batallador y su esposa doña Urraca. Tomamos ahora la carretera LE-413 para incorporarnos a la AP-71 y luego a la N-120 para llegar al final de la ruta: **La Virgen del Camino.** Esta localidad nació en torno a un santuario levantado en honor a la patrona de León, que en 1505 se apareció a un pastor. Nos impactará la basílica levantada en 1961. Piedra, madera, hormigón, vidrieras hechas en Chartres, un grupo escultórico en bronce y un campanario de 53 m de altura infunden carácter a esta controvertida obra moderna. ■

La Vía de la Plata recorre estas tierras de ascendencia romana

Fiesta de Astures y Romanos en Astorga

Tratado del buen vino

Vino de Rueda

En las tierras donde se elaboran sus célebres vinos blancos, Castilla vivió algunos de sus momentos más decisivos. Lugares como Medina del Campo y Tordesillas nos lo recuerdan a cada paso

Planisferio de Cantino sobre el Tratado de Tordesillas

Completa tu ruta con Guía Repsol

- **Longitud del itinerario propuesto:** 79 km aprox.
- **Mapa completo de la zona:** Guía Repsol de Mapas, pág. 82 E2
- **Información turística, hoteles y restaurantes:** Guía Repsol de Turismo, págs. 201 y 310
- **Más datos en:** *www.guiarepsol.com*

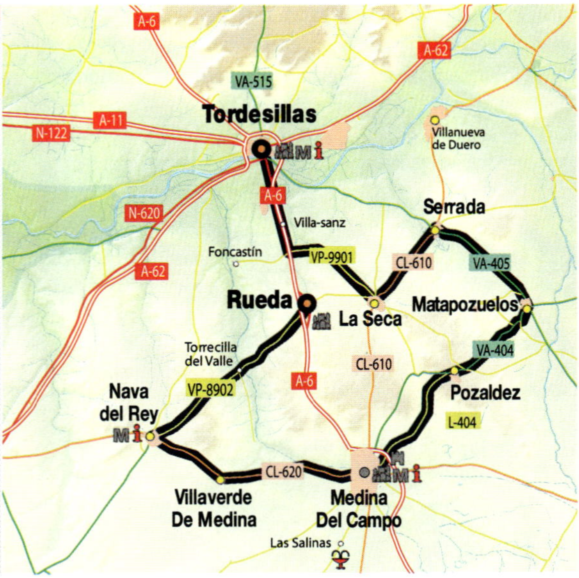

En las Casas del Tratado se firmó el reparto del nuevo mundo entre España y Portugal

Iniciamos esta ruta a 40 km de Valladolid, en **Rueda,** capital de la comarca vitivinícola y sede de la Estación Enológica de Castilla y León. Esta antigua villa romana, fundada en torno al año 390, está salpicada de bodegas y casas solariegas, con abundantes escudos heráldicos en sus fachadas. Aquí es obligado visitar uno de los mayores exponentes del estilo barroco castellano: la iglesia de Santa María de la Asunción. Diseñada por Alberto Churriguera o Narciso Tomé –no está clara la autoría–, destaca por su decoración interior, rica en motivos vegetales: la fachada principal, muy ornamentada, y el retablo mayor son obra de Pedro Sierra.

Sería imperdonable abandonar la localidad sin conocer alguna de sus 16 bodegas (muchas de ellas, abiertas al público), realizar una cata y adentrarse en los túneles subterráneos que recorren todo el subsuelo del municipio. Dos establecimientos vinateros muy recomendables para visitar son el de Los Pagos del Rey, de estilo mudéjar, y el auténtico laberinto que es El Hilo de Ariadna, dentro

Campos de Castilla en las cercanías de Tordesillas

La ruta atraviesa el paisaje llano y abierto característico de esta zona de Castilla

de la casa Yllera. Antes de partir, es impagable subir a la ermita de San José y disfrutar de las vistas al atardecer. Salimos de Rueda por el sur para coger la VP-8902 y detenernos en **Nava del Rey,** con un sorprendente patrimonio artístico. En el convento de los Sagrados Corazones, terminado de edificar en 1806, hay que contemplar las tallas y pinturas de la sacristía fuera del horario de culto, porque el cenobio sigue activo. Entre el catálogo de sus obras sobresalen las tallas del Cristo del Perdón y La Divina Pastora, ambas del insigne artista local Luis Salvador Carmona (1708-1767), y las pinturas de José Camarón, también del siglo XVIII. Después echaremos un vistazo a la parroquia de los Santos Juanes, conocida como "La Giralda de Castilla", que conjuga los estilos renacentista, gótico y algún detalle del barroco. Muy cerca de ella está la ermita de la Vera Cruz, del siglo XVII, que acoge varios pasos de Semana Santa de calidad.

En la Medina monumental

Salimos de Nava del Rey por la CL-602 dirección **Villaverde de Medina,** donde visitaremos la iglesia de Santa María del Castillo, del siglo XVII. Luego seguiremos por la misma carretera hasta **Medina del Campo,** localidad que adquirió gran notoriedad a partir del siglo XV por su feria, a la que acudían mercaderes de toda Europa. Podemos adentrarnos en su pasado explorando su extenso patrimonio momumental: la Plaza Mayor de la Hispanidad, un gran espacio de origen medieval con edificios asoportalados; el Palacio Real Testamentario, construcción del siglo XIII donde murió Isabel la Católica

Visita obligada

La Casa del Tratado de Tordesillas, que en realidad son dos palacios unidos, está declarada Bien de Interés Cultural. En ella se firmó en 1494 el famoso acuerdo entre Juan II de Portugal y los Reyes Católicos, por el que se acordó el reparto de los derechos y conquista del Nuevo Mundo. El Museo tiene una exposición permanente que incluye el facsímil del mapamundi del navegante Juan de la Cosa.

Castillo de La Mota, en Medina del Campo

el 26 de noviembre de 1504; el Museo de Ferias, que recuerda la tradición comercial de la villa; la colegiata de San Antolín, templo de proporciones catedralicias; la capilla del Milenio, con obras de vanguardia; o el imponente castillo de La Mota, uno de los más grandes de nuestro país, construido en el año 1440 sobre restos de varias edificaciones anteriores. Aquí vivió Juana La Loca y aquí estuvieron encerrados César Borgia y Diego Hurtado de Mendoza.

Desde Medina del Campo nos dirigimos a **Pozaldez,** localidad unida con Medina por la carretera L-404. Allí podemos degustar en alguna bodega una muestra de los afamados caldos de la tierra. La misma carretera nos deja ahora en **Matapozuelos,** donde admiraremos la iglesia de Santa María Magdalena, el puente romano Sieteiglesias, que mantiene algunas partes originales, y la ermita del Santo Cristo del Humilladero, cuyo interior custodia piezas de los siglos XVI, XVII y XVIII.

Elegimos luego la carretera VA-405 para dirigirnos a **Serrada,** atravesando el paisaje llano y abierto característico de esta parte de Castilla. En la localidad podremos recorrer el Museo de Pintura y Escultura al Aire Libre y contemplar el retablo barroco de la capilla mayor de la iglesia de San Pedro, declarada Bien de Interés Cultural.

Nos alejamos de Serrada por la CL-610 con rumbo a **La Seca,** cuyo nombre evoca el proceso de sequía experimentado por una laguna que había en la zona. Preside su casco urbano la parroquia de Ntra. Sra. de la Asunción, con una sacristía de estilo churrigueresco, una escultura en madera policromada de la Virgen de la

Sorpresa

El puente romano de Zofraga, sobre el río Zapardiel, es prácticamente desconocido. Se encuentra situado en el lugar donde se estableció originalmente el poblado romano de Rueda. Imponente a pesar del paso del tiempo, tiene tres grandes ojos. Este afluente del Duero, generalmente de caudal escaso y actualmente en recuperación por el proceso de degradación sufrido, es nombrado por Cervantes en sus *Viajes del Parnaso*.

Pera –firmada por el escultor de origen nórdico Alejo de Vahía–, un coro con sillería churrigueresca-rococó y el mayor órgano de la provincia. Abandonamos La Seca para poner el punto y final a esta ruta en la nobilísima villa de **Tordesillas,** a la que podemos llegar por la autopista A-6 o enlazando las carreteras VP-9903 y VA-405.

Con un casco urbano declarado Conjunto Histórico-Artístico con todo merecimiento, ya aparece referenciada en documentos del siglo X. La lista de monumentos dignos de visitar es larguísima: el puente de los Diez Ojos sobre el río Duero, de origen medieval; el hospital Mater Dei y el de los Peregrinos; las Casas del Tratado, donde se negoció la partición del mundo conocido entre España y Portugal, y que finalmente se firmó el 7 de junio de 1494, y las iglesias góticas de

Fiesta del Vino

Cuando la recogida de la uva ha llegado a su fin, **Rueda** lo celebra por todo lo alto, y los vecinos se engalanan para la ocasión. El segundo fin de semana de octubre tiene lugar la Fiesta de la Vendimia, que cumple este año su XXIII edición y cierra el ciclo de festejos por este motivo en toda Castilla y León.

El punto de encuentro es la Plaza Mayor, donde se elabora el primer mosto de la temporada. Entonces, todas las bodegas de la villa invitan a una degustación de sus productos. Como remate, el domingo se ofrece una paella popular. También hay una exhibición de bailes populares y un acto para proclamar al Bodeguero de Honor. Además, ese fin de semana las bodegas suelen abrir sus puertas y organizan visitas guiadas, previa reserva. La Fiesta de la Vendimia suele coincidir con una Feria del Vino y otra de Artesanía, que atraen a numerosos visitantes.

Bodega castellano-leonesa

Rincón del Vino de Rueda

Las 11.000 ha de viñedo con D.O. Rueda se dividen entre 72 municipios de Ávila, Segovia y Valladolid. Es la D.O. más antigua de Castilla y León, reconocida en 1977. Aunque los vinos tintos y rosados también están amparados desde 2008, son los blancos los que han logrado un alto reconocimiento internacional. La variedad de uva *verdejo*, que pudo llegar a la zona de la mano de los mozárabes, da ese toque "amargoso" y ese punto de suave acidez característicos de los Ruedas. Estas tierras altas (700-800 m sobre el nivel del mar) pero llanas ofrecen inviernos fríos y veranos secos y calurosos, idóneos para la resistente uva con la que se elaboran los caldos.

www.dorueda.com

El vino es uno de los alimentos tradicionales de la dieta mediterránea. Su valor calórico estará determinado por su grado alcohólico y su contenido en azúcares. Además, aporta agua (98%), ácidos orgánicos (málico, tartárico y cítrico), compuestos antioxidates (polifenoles) y sales minerales.
Fundación Española de la Nutrición

Vino de Rueda (D.O.)

Tordesillas reflejada sobre el río Duero

San Pedro y Santa María. Juana I de Castilla, la tercera hija de los Reyes Católicos, más conocida como Juana la Loca, estuvo encerrada durante 45 años –primero por orden de su padre, Fernando el Católico, y luego de su hijo, Carlos V– en el desaparecido Palacio de Tordesillas, donde murió en 1555 a los 75 años. En el Real Monasterio de Santa Clara se guardaron temporalmente los restos de su esposo Felipe el Hermoso.

Este último edificio, levantado entre los siglos XIV y XVIII, es un referente del mudéjar castellano y forma parte del Patrimonio Nacional. Con una fachada creada al gusto almohade, tiene un patio central del siglo XVII diseñado por el arquitecto Francisco de Praves, una iglesia gótica y la capilla anexa de Los Saldaña, realizada en sillería de piedra. Junto al Real Monasterio se conservan los Baños Árabes, con sus bóvedas y zócalos originales. ■

Juana la Loca permaneció encerrada 45 años en el desaparecido Palacio de Tordesillas

La magia del **Pirineo**

Queso de l'Alt Urgell y la Cerdanya

Salimos al encuentro de pueblos y parajes de alta montaña en dos de las comarcas más características de la Cataluña pirenaica. Siempre a la sombra de la sierra del Cadí, las vacas y cabras pastan en valles de hipnótica belleza

La nieve cubre los pastos del valle del Segre

El valle del Segre concentra la mayor producción de leche de los Pirineos

Los martes y sábados son días de mercado en **La Seu d'Urgell.** Entonces no falta, junto a los puestos de los payeses, algún productor de quesos artesanales. Son quesos de vacas y cabras que pastan en este valle, regado por las aguas del Segre. De hecho, muy cerca, en la calle Sant Ermengol, tiene su sede la Sociedad Cooperativa Cadí, fundada en 1915, que aglutina a más del 90% de los productores de leche de las comarcas de l'Alt Urgell y la Cerdanya. Aquí se elabora el Queso con D.O.P., la razón de ser de esta ruta. Como explican en la Sociedad, hasta los primeros años del siglo XX, la viña fue uno

Completa tu ruta con Guía Repsol

- **Longitud del itinerario propuesto:** 97 km aprox.
- **Mapa completo de la zona:** Guía Repsol de Mapas, pág. 26 A2
- **Información turística, hoteles y restaurantes:** Guía Repsol de Turismo, pág. 291
- **Más datos en:** *www.guiarepsol.com*

Interior de La Seu d'Urgell

de los principales recursos agrícolas de la zona, pero los estragos de la filoxera forzaron a encontrar otras alternativas. Gracias al río Valira, que baja desde Andorra, y al Segre, agua aquí no falta, y con el sistema de riego los prados están verdes incluso en los meses de verano. No en balde, el valle del Segre es con diferencia el mayor productor de leche de los Pirineos.
Todo este proceso histórico se puede seguir de forma muy didáctica en el Centre Ermengol, inaugurado el año pasado en la calle Major y en cuya planta baja se ubica también la Oficina de Turismo. Además de la historia de La Seu (catedral), el centro dedica una planta al queso. El último piso ofrece una amplia panorámica sobre la Seu (catedral) de Santa María, a la que merece la pena acercarse para recorrer su hermoso claustro y el vecino Museu Diocesà. Podemos echar otro vistazo al pasado en la calle de los Canonges: angosta y con soportales, era el eje de la antigua ciudad medieval.

Un legado de los Juegos Olímpicos

El cercano Paseo de Joan Brudieu, con sus plataneros, marca la frontera entre la ciudad medieval, que estaba amurallada, y el ensache de la ciudad. A pocos metros, el contrapunto lo pone el Parc Olímpic del Segre, diseñado aprovechando las aguas del río con motivo de los Juegos Olímpicos de Barcelona 92. Cuenta con un canal de aguas tranquilas y un circuito de aguas bravas donde los aficionados pueden practicar piragüismo, *rafting* e *hidrospeed*. Antes de despedirnos de La Seu subiremos con el coche a Castellciutat. Aquí nos regalaremos una

Fiesta del Queso

Salvador Maura, un productor de quesos de Adrall, fue el impulsor en 1995 de la primera Feria de Formatges Artesans del Pirineu. La cita, que coincide con la Fira de Sant Ermengol, patrón de **La Seu d'Urgell,** tiene lugar el tercer fin de semana de octubre. Participan unos 40 productores catalanes, vascos, navarros, aragoneses y franceses, todos del ámbito del Pirineo y el Prepirineo. Además, cada año se presenta un queso invitado de otras procedencias. Como se sabe, la alimentación y el territorio dan lugar a características gastronómicas bien diferenciadas. Así que, además de la degustación y venta, se organizan catas y un jurado elige los mejores productos. Esos días, en las calles del casco histórico se celebra un mercado medieval y, desde el año pasado, se organiza una exposición sectorial ganadera.

Esquí de fondo en la estación de Lles

panorámica de La Seu d'Urgell y el valle que la circunda. Después, tomaremos la N-260 dirección Puigcerdà. A veces casi encajonada, esta carretera discurre paralela al Segre, constituyendo lo que se ha dado en llamar Eje Pirenaico. No la abandonaremos salvo para desviarnos a una serie de enclaves pintorescos.
El primero es el pueblo de **Arsèguel,** a 2 km de la nacional, por la LV-4052. Lo primero que atravesamos es un puente

La calle de los Canonges nos transporta al pasado medieval de La Seu

Día de mercado en La Seu d'Urgell

Rincón del Queso de l'Alt Urgell y la Cerdanya

El queso de la Denominación de Origen Protegida (D.O.P.) de L' Alt Urgell y la Cerdanya está elaborado exclusivamente con leche de vaca *frisona*, entera y pasterizada. La pasta prensada presenta un color marfil o crema, y la corteza es natural, ligeramente húmeda y de tonalidad parda. Es un queso de textura tierna y cremosa, con ojos abundantes, pequeños, de forma irregular, distribuidos por toda la pasta. Sometido a un proceso de maduración de como mínimo 45 días, su sabor es suave, y su aroma, penetrante. La zona geográfica está formada por los municipios que integran las comarcas de L' Alt Urgell y la Cerdanya, repartidas en las provincias de Lleida y Girona, enclavadas en el Pirineo catalán. La D.O.P data del año 2000, y la de la mantequilla, del 2003.

www.lleidatur.com

Es un queso nutritivo, rico en proteínas de alta calidad, lípidos, vitaminas y minerales. En su composición destaca el aporte de calcio, magnesio, fósforo y, en menor proporción, hierro y zinc, pero de fácil absorción. Además es rico en vitaminas liposolubles A y D.

Fundación Española de la Nutrición

DOP
CONSEJO REGULADOR DENOMINACIÓN DE ORIGEN PROTEGIDA
QUESO · L'ALT URGELL Y LA CERDANYA

Queso de l'Alt Urgell y la Cerdanya (D.O.P.)

medieval con dos arcos sobre el río Segre, junto al que abre sus puertas el Museu Fábrica de Llanes (Lanas). Se trata de una antigua factoría que ha conservado en perfecto estado la maquinaria original, movida con energía hidráulica. Seguimos remontando el valle entre prados donde pacen vacas y caballos, hasta llegar al propio núcleo urbano de Arsèguel. Se encarama sobre un montículo orientado, como el resto de los pueblos en estos valles de alta montaña, para aprovechar al máximo las horas de sol.

En casa del herrero y el molinero

Lo curioso de este conjunto de construcciones de piedra con teja árabe es que el nombre de muchas casas recuerda a los antiguos oficios: el herrero (Cal Ferrer), el sastre (Cal Sastre), el molinero (Cal Moliner) o el carpintero (Cal Fuster). Junto al aparcamiento está la iglesia parroquial de Santa Coloma, posiblemente románica en su origen. También reviste interés el Museu del Acordió, fruto del encuentro de acordeonistas que se celebra desde 1976 cada mes de julio.

De nuevo en la nacional, dejamos atrás **Els Banys de Sant Vicenç,** con sus aguas sulfurosas, para proponer otro desvío a la derecha, esta vez en el km 212. La carretera asciende durante 11 km para enlazar tres pueblecitos llenos de encanto: **Baró, Toloriu** y **El Quer Foradat,** este último a los pies de la sierra del Cadí. De regreso al Eje Pirenaico, nos sale al paso **Martinet.** Desde aquí se puede acceder, por la LV-4036, a **Lles** y **Aransa,** así como a sus respectivas estaciones de fondo en invierno. Cuando reina el buen tiempo, son el punto de partida para un buen número de excursiones: por ejemplo, hasta los dos lagos de la Pera. Abandonamos definitivamente la comarca de l'Alt Urgell para entrar en la Cerdanya. A partir de aquí se ensancha el valle del Segre, dejando a la vista un paisaje de pastos, bosques de ribera, pinares en las alturas y, por encima de todo, una bella panorámica de la sierra del Cadí. Tras pasar **Prullans** y **Bellver de Cerdanya** –con un encantador

Retablo medieval en el Museu Diocesà de La Seu d'Urgell

Travesseres, con la sierra del Cadí al fondo

casco antiguo–, dejamos el desvío hacia el Túnel del Cadí para seguir dirección **Puigcerdà.** Antes de llegar a la capital de la Cerdanya, el punto final de este ruta, una última recomendación. En **Ger** podemos tomar el desvío a la villa de **Meranges** y al lago del mismo nombre, uno de los más bellos del Pirineo catalán. ■

Las cumbres del Cadí enmarcan un paisaje de pastos y bosques

Visita obligada

La catedral de La Seu d'Urgell es la única de estilo románico conservada en Cataluña. Se mantienen tres de las cuatro galerías originales del claustro románico, con capiteles que representan motivos vegetales y animales fantásticos. Junto al templo está el Museu Diocesà, con una importante colección de arte sacro procedente de todo el territorio del obispado. Destaca el manuscrito del *Beato de Liébana*, el retablo gótico de Abella de la Conca y la urna de plata de Sant Ermengol, obra capital de la orfebrería barroca catalana.

Arte y tentación

Turrón de Agramunt

Desde las calles con soportales de Agramunt al recogimiento del monasterio de Vallbona, la comarca leridana de Urgell reúne tesoros históricos y monumentos artísticos junto a una excelente –y altamente golosa– gastronomía

Agramunt ha dedicado un museo al turrón y al chocolate

El edificio Torrons Vicens, uno de los más llamativos de **Agramunt,** tiene forma redonda, como algunas de las tradicionales pastillas de turrón de esta población de la comarca leridana de Urgell. Dentro encontramos sugerentes presentaciones de un producto cuya fórmula apenas ha variado desde 1775; a través de unos cristales vemos la sala donde se elabora. Otras empresas –A. Lluc, Félix– también se dedican a este famoso dulce y al chocolate a la piedra en Agramunt, pero la casa Vicens ha apostado por mantener viva la historia y ha inaugurado el Museu del Torró i de la Xocolata, un espacio de dos plantas para que el visitante pueda conocer de forma muy didáctica y audiovisual la historia golosa del pueblo. Entre otras cosas interesantes, se ven curiosos grabados y fotos de cuando los turroneros acudían a ferias y mercados y, sobre todo, a los puestos que montaban por Navidad en Barcelona y a los que acudían vestidos de domingo y con una barretina de color pardo oscuro los hombres y un pañuelo de seda blanca las mujeres, para diferenciarse de los turroneros de Xixona.

Completa tu ruta con Guía Repsol

- **Longitud del itinerario propuesto:**
  50 km aprox.
- **Mapa completo de la zona:**
  Guía Repsol de Mapas, pág. 36 D3
- **Información turística, hoteles y restaurantes:**
  Guía Repsol de Turismo, pág. 50
- **Más datos en:**
  www.guiarepsol.com

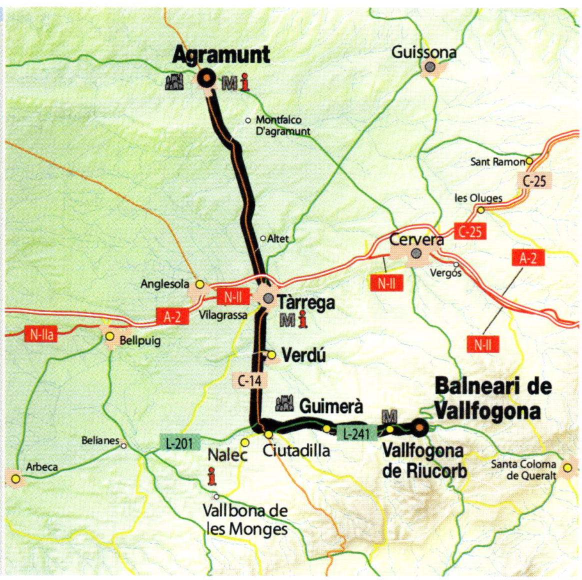

Torre-vigía del castillo de Guimerà

Guimerà está encaramado en un montículo dominado por los restos del castillo

La Feria del Turrón

La primera edición de la Fira del Torró y la Xocolata a la Pedra d'**Agramunt** se celebró en esta localidad en 1989. Desde entonces ha adquirido gran raigambre. Tiene lugar el fin de semana más cercano al 12 de octubre. Se trata de una ocasión única para el visitante, porque las calles y plazas del centro urbano se llenan de puestos de artesanía tradicional y se pueden ver muestras de oficios antiguos y participar en talleres de elaboración de turrón. Se elige además un turronero de honor en reconocimiento a su labor de promoción del producto.

Un paseo a pie por Agramunt debería llevarnos, a partir de la plaza del Pou, donde se encuentra la oficina de turismo, por la calle Sió, que mantiene las casas con sus soportales. De ahí llegamos a la iglesia de Santa María, monumento nacional, ejemplo de transición del románico al gótico y en la que destaca su pórtico. Además, sus galerías sirvieron de refugio antiaéreo durante la guerra. El escultor y pintor Josep Guinovart vivió los bombardeos de niño y a él está dedicado, desde el año 1994, el Espai Guinovart, en la plaza del Mercat, construido sobre el antiguo mercado. Fuera, en la plaza, una enorme escultura suya muestra el equilibrio en la balanza entre el turrón y un saco de avellanas.

El templo de los juguetes

Dejamos Agramunt por la C-14 y, a través de un paisaje de secano y campos de cereal, seguimos en dirección a Tàrrega. En el km 85 podemos desviarnos a **Montfalcó d'Agramunt,** ver los restos del castillo y regresar por donde hemos venido. Cruzamos la capital de la comarca, Tàrrega, y continuamos dirección Tarragona por la C-4. A 5 km encontraremos el desvío a **Verdú** por la LV-2101. Verdú es una pequeña villa

Colección Mayoral, Museu del Joguets i Autòmats de Verdú

agrícola de unos mil habitantes conocida por su cerámica, especialmente la de arcilla negra. Hay varias tiendas taller. Junto al castillo –exponente del gótico civil catalán–, en la oficina de turismo organizan los domingos y festivos una visita guiada a las casas señoriales. No hay que perderse el Museu de Joguets i Autòmats, impulsado por Manel Mayoral, uno de los vecinos de la localidad. El museo ocupa una antigua casa de cuatro plantas en la plaza Mayor, donde se pueden ver antiguos objetos y vehículos, aviones, trenes y, lo más espectacular, unos autómatas procedentes de las Atracciones Apolo de Barcelona que recrean escenas costumbristas y que conservan el movimiento original.
La ruta sigue, de nuevo por la C-14, tomando el desvío por la L241 hacia **Guimerà,** un pueblo encaramado a un montículo dominado por los restos del castillo y la iglesia de Santa María, con un retablo de Josep Maria Jujol. Podemos seguir, remontando el río Corb, por el valle hasta **Vallfogona de Riucorb** y su balneario. Y después, en el sentido opuesto, tomar la L-201 y, en un paisaje de suaves promontorios en que se alternan bosques, campos de cereal, almendros, olivares y viñedos, acabar en el cenobio cisterciense de Santa María de Vallbona, donde aún viven nueve monjas. ■

Cerámica negra de Verdú

Rincón del Turrón de Agramunt

Este turrón se elabora con miel, avellanas o almendras, azúcar o jarabe de glucosa, clara de huevo y pan de ángel. En un caldero se cuecen la miel y el azúcar hasta absorber el agua, se deja enfriar y se agregan las claras de huevo. Se cuece la mezcla y se añaden las avellanas o las almendras, según la variedad, tostadas y peladas. La masa aún caliente se moldea y recubre con la oblea. El producto final, de intenso sabor dulce, tiene forma de disco o baldosa rectangular marrón dorado, es de textura irregular y se rompe con facilidad. En 1984, la Generalitat de Catalunya le otorgó la Denominación de Calidad y en 2002 fue reconocido en la Unión Europea con la I.G.P.

www.igp-torrodagramunt.com

Alimento con alto contenido calórico. Su consumo debe ser moderado en caso de seguir una dieta hipocalórica. Destaca la grasa monoinsaturada procedente de los frutos secos. Además, contiene proteínas vegetales, fibra, calcio, magnesio, fósforo, potasio y vitamina E con poder antioxidante.

Fundación Española de la Nutrición

Indicación Geográfica Protegida (I.G.P.)

Fuente de vida y **cultura**

Aceite de Monterrubio

Intrigantes vestigios prehistóricos, airosas fortalezas de origen árabe y otros recuerdos del pasado guían al visitante por las sierras y llanuras del sur extremeño

Completa tu ruta con Guía Repsol

- **Longitud del itinerario propuesto:** 80 km aprox.
- **Mapa completo de la zona:**
  Guía Repsol de Mapas, pág. 80 C4
- **Información turística, hoteles y restaurantes:**
  Guía Repsol de Turismo, pág. 347
- **Más datos en:**
  www.guiarepsol.com

Los olivares cubren el paisaje de La Serena, La Siberia y Campiña Sur

Nuestro viaje tiene como *leit-motiv* paisajístico los olivares, de los que procede el aceite de oliva. En Extremadura, el producto más prestigioso se elabora bajo la D. O. P. Aceite de Monterrubio en las comarcas pacenses de La Serena, La Siberia y Campiña Sur. El punto de partida es el pueblo de **Zarza-Capilla.** Hay que dedicar un tiempo a sus cuevas y abrigos, con numerosas pinturas rupestres esquemáticas e intrigantes. La más importante es la Cueva de los Perros, en la sierra de las Cabras. Iniciamos la ruta propiamente por la EX-323 dirección **Cabeza del Buey,** villa asentada en la ladera norte de la sierra del Pedregoso. Aquí visitamos la iglesia de Ntra. Sra. de la Armentera, levantada en el siglo XVI. Llaman la atención sus portadas de estilo gótico y renacentista y la torre, rematada por ánforas vidriadas.

Rincón del Aceite de Monterrubio

El aceite acogido a la D.O.P. procede, en un 90% como mínimo, de aceitunas *cornezuelo*, *picual* o *jabata*. El resto se elabora con las variedades *mollar*, *corniche*, *pico-limón*, *morilla* y *cornicabra*. No podrá superar el 0,5° de acidez, mientras que las impurezas se encuentran por debajo del 0,1%. El resultado es un líquido de color amarillo-verdoso, afrutado, aromático, almendrado y con un sabor ligeramente picante. La D.O.P. ampara exclusivamente el aceite de oliva virgen extra, obtenido por procedimientos mecánicos y por medios físicos como la poda del olivo y el deschuponado.

www.aceitemonterrubiodop.es

Este aceite posee una elevada proporción de ácidos grasos monoinsaturados (ácido oleico), con beneficios sobre el colesterol sanguíneo. Destaca en vitamina E, con efecto antioxidante, que previene el daño causado por los radicales libres en los tejidos. Su valor calórico es aproximadamente de 9 kcal por g de grasa.

Fundación Española de la Nutrición

Aceite de Monterrubio (D.O.P.)

Dystilo, monumento romano en Zalamea de la Serena

También son importantes la pinturas rupestres de los alrededores, en el Cerro Estanislao, el Valle de la Cueva, el Morro de la Fuente del Peral y la Sierra de la Rinconada. Proseguimos hacia la localidad de **Benquerencia de la Serena,** por la EX-104. El pueblo se extiende a los pies de lo que fue un impresionante castillo. Desde sus lienzos y torres en ruinas disfrutaremos de soberbias vistas de la llamada Siberia Extremeña.

Recuerdos de Tartessos

A poco más de 6 km de distancia está **Castuera,** accesible por la EX-104. Su principal reclamo es el Museo del Turrón, donde podemos ver la maquinaria con que se fabricaba este dulce, de gran tradición en la localidad.
Más adelante nos recibe **Malpartida de la Serena** y su iglesia parroquial de Ntra. Sra. de la Asunción, de excelente traza arquitectónica. Desde ahí partimos hacia **Zalamea de la Serena,** que guarda en sus cercanías restos con gran valor histórico y arqueológico. Es el caso de algunos dólmenes de época megalítica y el famoso santuario de

Olivar en los alrededores de Monterrubio

Cancho Roano, el conjunto tartésico mejor conservado de España. De la época romana se conserva un grandioso *dystilo* de 25 m de altura, monumento funerario del año 103 en honor al emperador español Trajano. Por último, en su castillo, de origen árabe, escribió Antonio de Nebrija la primera *Gramática castellana* a finales del siglo XV. Tomamos la BA-111 hacia **Esparragosa de la Serena,** con su iglesia de Sta. María Magdalena y la antigua fábrica de harina. Y ponemos el broche final en **Monterrubio de la Serena,** enclavada sobre las estribaciones de Sierra Morena. Tiene su origen en una antigua población llamada Alcantarilla, trasladada en el siglo XII tras la destrucción del castillo por el rey Alfonso IX. Entre sus edificios destacan la Casa del Cordón y la iglesia gótica de Ntra. Sra. de la Consolación o de la Armentera, ambas del siglo XVI. ■

Zalamea de la Serena conserva importantes restos megalíticos y romanos

Fiesta del Aceite

A finales de agosto se celebra en **Monterrubio de la Serena** la Feria de Muestras del Aceite de Oliva, en la que los visitantes pueden comprar y degustar el 'oro líquido' que se elabora en estas tierras. Además, es una buena ocasión para conocer los avances en cuanto a maquinaria, producción, riego por goteo, etc. En la Feria, el paladar también se deleita con otros manjares locales: aceitunas de mesa, migas, caldereta de cordero, queso de oveja, derivados de la matanza del cerdo y una repostería que tiene como estrellas las rosquillas, los pestiños y las flores.

Mujer extremeña con traje tradicional

Un **laborioso** manjar

Miel de Villuercas-Ibores

La comarca cacereña de las Villuercas y los Ibores constituye uno de los entornos más interesantes y desconocidos de la Península. A su gran riqueza cultural, que empieza con el arte rupestre y culmina en el Renacimiento, añade la suave belleza de sus dehesas y bosques

Las abejas elaboran la miel en un paraje cuajado de retamas, jaras, brezos y lentiscos

El primer paso de nuestro recorrido lo damos por uno de los parajes más bellos y desconocidos de Extremadura, en el término de **Alía,** cuajado de retamas, jaras, brezos y lentiscos, donde liban las abejas para fabricar la Miel de Villuercas-Ibores. Allí, el arroyo Jarigüela ha labrado una espectacular garganta, el Estrecho de la Peña, que separa las sierras del Hospital del Obispo y de la Pintora. Desde el mirador sur, en la carretera EX-102, observamos las colonias de buitres. **Guadalupe,** a los pies de la sierra de Altamira, es nuestra siguiente parada. La calle Mayor sirve de eje para disfrutar de un paseo por un entramado de rúas empedradas y casas de arquitectura tradicional con balcones de madera rebosantes de flores, pórticos y soportales. Destaca el monasterio de Ntra. Sra. de Guadalupe, a cuyo abrigo creció el pueblo, hoy declarado Patrimonio de la Humanidad por la Unesco. Mezcla de estilos gótico, mudéjar, renacentista, barroco y neoclásico, de los siglos XIII al XVIII, es una de las joyas arquitectónicas

Completa tu ruta con Guía Repsol

- **Longitud del itinerario propuesto:**
  112 km aprox.
- **Mapa completo de la zona:**
  Guía Repsol de Mapas, pág. 72 D2
- **Información turística, hoteles y restaurantes:**
  Guía Repsol de Turismo, pág. 140
- **Más datos en:**
  www.guiarepsol.com

Placa del bautismo de nativos americanos en Guadalupe

Guadalupe creció a la sombra de su magnífico monasterio

de España. Tampoco hay que perderse el antiguo hospital de San Juan Bautista del siglo XV, cuyos patios forman parte del actual Parador de Turismo. El esplendor cultural que vivió la población se refleja en el Colegio de Infantes, donde los alumnos aprendían canto, gramática y teología. Por una carretera de montaña en buen estado pero con muchas curvas (la EX-118), nos adentramos en la sierra de las Villuercas, que antecede a la de los Ibores.
El siguiente destino es **Castañar de Ibor,** donde haremos una parada para visitar la Gruta de la Cruz, cueva de espectacular belleza, con un lago interior y fascinantes formaciones de estalactitas y estalagmitas. Desde allí tomamos la EX-386

Fiesta de la Miel

La miel de Villuercas-Ibores tiene un protagonismo destacado en la Feria de Muestras de Artesanía y Productos Típicos de la Mancomunidad Integral Villuercas-Ibores-Jara, que se celebra desde hace dos años en abril. En este evento festivo también están presentes otras delicias de la gastronomía como el vino, el jamón, los embutidos y los dulces típicos de la zona. Además, hay una variada oferta de trabajos de artesanía, que van desde el latón y el cobre a los bordados, pasando por la decoración en tejas y pizarra. La última edición, la de 2011, se celebró en la localidad de Guadalupe. Por otro lado, cada año, en el mes de noviembre y en una ciudad diferente de España, se celebra el tradicional Festival Gastronómico de Cáceres, con una presencia importante de la miel de Villuercas-Ibores.

hasta **Deleitosa,** pueblo que saltó a la fama en 1950 cuando el fotógrafo estadounidense W. Eugene Smith lo hizo protagonista de un reportaje para la revista *Life*. Entre su patrimonio están la Casa Palacio de los Duques de Frías y el Palacio de San Pedro de Alcántara. Después, retomando un trecho de la EX-386 y cogiendo la CV-222, viajamos hasta **Retamosa,** que sobresale por su paisaje serrano y por la iglesia de Ntra. Sra. de la Encarnación, con una interesante portada de estilo mudéjar. 8 km más allá, por la CV-222 y la CV-224, aparece **Cabañas del Castillo,** población junto a las sierras de Valdelaorden, la Artijuela, el Verdinal de Viejas y el Alcornocal, con picos que superan los 1.000 metros de altitud. Está rodeada por valles por los que discurren los ríos Viejas, Almonte, Berzocana y la Garganta de Santa Lucía.

Tesoros arqueológicos

La siguiente parada es **Berzocana,** localidad con gran herencia histórica, donde hay que ver la Cueva de los Cabritos. Por estas tierras caminaron culturas rupestres, tribus celtibéricas, dejó huella el Imperio Romano y se descubrieron las reliquias de santos visigodos. Sus gentes presumen del llamado Tesoro de Berzocana: en 1961 un pastor halló en la sierra tres torques de oro macizo dentro de una vasija de bronce, objetos de valor arqueológico incalculable pertenecientes a la Edad del Bronce. Visita obligada es su iglesia de San Juan Bautista, espléndida muestra del arte renacentista.

Cañamero pone punto final al periplo. El río Ruecas, afluente del Guadiana, forma el valle en el que se asienta el pueblo. Hay que ver la Cueva de la Chiquita, donde se hallan pinturas rupestres en trazos negros, rojos y blancos. Y también la Mesa de las Brujas, un dolmen de la Edad del Calcolítico-Bronce que en la Edad Media se convirtió en lugar de reunión de hechiceras. ■

Apicultor de Garciaz, en la comarca de las Villuercas

Rincón de la Miel de Villuercas-Ibores

La miel es producida por las abejas melíferas a partir del néctar de las flores o de las secreciones procedentes de las plantas que dichos insectos liban, transforman, combinan con sustancias específicas propias y almacenan y dejan madurar en los panales de la colmena. El producto final puede ser fluido, espeso o cristalino. La D.O.P. Villuercas-Ibores ampara dos tipos de miel, según los lugares donde se recolecta: miel de bosque (roble, encina, castaño), de olor muy intenso, sabor malteado peculiar y color ámbar muy oscuro, con reflejos verdosos o rojizos; y miel multifloral, de olor muy aromático, sabor dulce y agradable y color ámbar, del claro al oscuro, con tonos rojizos.

www.domielvilluercasibores.com

Este alimento es una gran fuente de energía, ya que su principal componente son los azúcares que aportan aproximadamente, y según su concentración, unas 31 kcal por cucharada sopera (10 g). También contiene agua, enzimas, aminoácidos, ácidos orgánicos, minerales, vitaminas, sustancias aromáticas, pigmentos, ceras, etc.
Fundación Española de la Nutrición

Miel de Villuercas-Ibores (D.O.P.)

Explosión de **otoño**

Castaña de Galicia

La Sierra de O Courel, en Lugo, es el marco montañoso de espectaculares paisajes en el que se encuadra esta ruta salpicada de aldeas, vestigios prehistóricos y romanos, y donde está el impresionante monasterio de Samos

Completa tu ruta con Guía Repsol

- **Longitud del itinerario propuesto:** 130 km aprox.
- **Mapa completo de la zona:** Guía Repsol de Mapas, pág. 18 E1
- **Información turística, hoteles y restaurantes:** Guía Repsol de Turismo, pág. 223
- **Más datos en:** *www.guiarepsol.com*

Hasta el s. XX, la castaña era parte de la dieta diaria de los habitantes del noroeste peninsular

La castaña es uno de los productos más conocidos de Galicia. Ha formado parte de la dieta diaria de los habitantes del noroeste peninsular desde hace miles de años hasta las primeras décadas del siglo XX, cuando como consecuencia de una fuerte plaga comenzó a escasear y fue sustituida por la patata. Hoy, la Castaña de Galicia es un producto amparado por el sello Indicación Geográfica Protegida (I.G.P.). El municipio de **Folgoso de O Courel,** al este de Lugo, es el centro de la sierra del mismo nombre (Espacio Natural Protegido), en la cual algunos de sus montes alcanzan alturas superiores a los 1.500 m. Este pueblo, el principal de la zona, celebra cada año la Fiesta de la Castaña. Aquí iniciamos nuestra ruta. El castaño nos acompañará durante todo el recorrido.

Las actividades de la comarca, atravesada por el río Sil y una de las menos pobladas de Galicia, se centran en la explotación forestal y en la extracción de pizarra. En la sierra se encuentran vestigios de castros prehistóricos, de explotaciones auríferas de la época romana y de castillos medievales. Para los amantes de la montaña, la sierra de O Courel, con sus distintos ecosistemas, sus aldeas, sus valles y montañas y su variadísima fauna y flora, es un auténtico paraíso.

Castaños en el bosque de Samos

El monasterio de Samos es un tesoro barroco y herreriano

Salimos de Folgoso por la espectacular carretera de sierra LU-651 dirección norte. La vía corre pegada al río Lor y por ella llegamos a **Seoane,** el otro núcleo importante del municipio. Desde allí, siguiendo la LU-4502, alcanzamos la LU-633 –ambas también preciosas carreteras–, cuyo recorrido coincide con el trazado del Camino de Santiago, el llamado Camino Francés, el más concurrido de todos los que vertebran la península Ibérica. Tomando dirección Samos atravesamos la aldea de **Hospital,** con su rehabilitada iglesia, para subir al alto de Poio (1.337 m).
A partir de ahí descendemos hasta llegar a **Triacastela** (su nombre parece aludir a tres castros prehistóricos de la zona), localidad que en la práctica vive del Camino de Santiago. En ella destaca su sólida iglesia con una gran torre. Siguiendo por la misma carretera nos dirigimos a **San Cristovo do Real,**

Conchas de vieiras durante una fiesta tradicional

Detalle de un muro del convento de Santa Cristina, en Ribas de Sil

aldea típica gallega, y a **Renche.** Los 2 km que separan estas parroquias se pueden hacer a pie sin dificultad (son parte de la Ruta Jacobea); de hecho, están considerados como los más bellos del Camino en Galicia. **Samos,** a continuación, merece una parada. La historia de este pueblo está ligada a la de su imponente monasterio, cuya fundación se remonta al siglo VI. Muy cerca del cenobio está la minúscula capilla del Ciprés. El primero es un tesoro barroco y herreriano, y la segunda una joya mozárabe. Siempre en la LU-663, dirección Sarria, nos desviamos por la LU-641, que nos llevará a **A Cruz do Incio.** En las cercanías de esta pequeña villa, siguiendo la LU-642, se encuentran la iglesia románica de Hospital de Incio y el balneario del mismo nombre.

A orillas del río Lor

Desde A Cruz do Incio, por la LU-653, atravesamos A Pobra do Brollón, para llegar hasta la carretera N-120, donde tomamos dirección Quiroga. De nuevo atravesamos espectaculares paisajes de montaña y conducimos en paralelo al río Lor, que en este tramo va encajonado entre las montañas. Pasamos el municipio de Ribas de Sil, cuya capital es **San Clodio.** Aquí podemos visitar su iglesia, del siglo XII, que tiene un pequeño jardín frente a su fachada, y acercarnos a su playa fluvial, grande y muy bien cuidada.

Fiesta de la Castaña

La castaña tiene su fiesta en el municipio de O Courel, celebrándose alternativamente en las dos localidades principales: en la capital, **Folgoso** (los años pares), y en **Seoane** (los impares). La fiesta se inició el 9 de noviembre de 1986 y tiene lugar el segundo fin de semana del mismo mes.
Se trata de una romería popular con la castaña como protagonista, en la que los asistentes la consumen asada. Se ofrece gratuitamente a los asistentes, como el vino que la acompaña, siempre y cuando se disponga de una jarra conmemorativa que venden los organizadores. Hay también degustación de diversos platos elaborados con el preciado fruto.

Rincón de la Castaña de Galicia

El castaño europeo es un árbol muy abundante tanto en el este de Lugo (sierras de O Courel y Os Ancares) como en Ourense. Sus frutos –cubiertos de una cápsula de espinas que cubre entre una y siete castañas– se recolectan en otoño. La Castaña de Galicia amparada por la Indicación Geográfica Protegida (I.G.P.) tiene unas características propias: membrana fina que se separa con facilidad, sabor dulce, textura no harinosa y un procentaje de rajados y tabicados muy bajos. Conocida en las tierras gallegas como *magosto*, se toma cruda, asada o como *marron glacé*, un dulce en el que está confitada.

www.castanadegalicia.org

Ya que su contenido en agua es casi la mitad de su composición, es el fruto seco de menor valor calórico, aportando unas 213 kcal por cada 100 gr de castañas asadas. Es rica en hidratos de carbono complejos y muy baja en grasas. Destaca su aporte de fósforo, potasio y, en menor proporción, magnesio. También contiene vitaminas del grupo B.

Fundación Española de la Nutrición

CASTAÑA DE GALICIA

Castaña de Galicia (I.G.P.)

Hórreo gallego en la sierra de O Courel

Seguimos la ruta por la N-120 hasta la villa de **Quiroga.** Su historia está relacionada con la búsqueda de oro en las aguas del río Sil, y se encuentran restos de un antiguo lavadero del preciado mineral. En este municipio, una actividad importante es el cultivo de la vid; cada año se celebra aquí la Feria del Vino, donde se comercializan caldos de pequeños productores con la D.O. Ribeira Sacra.
Podemos terminar la ruta volviendo al inicio, Folgoso de O Courel, por la LU-651, que aquí asciende de manera continuada ofreciendo al viajero la posibilidad de detenerse

La historia de Quiroga está relacionada con la búsqueda de oro en la zona

Castro de Vilar, en la sierra de O Courel

Tramo de la Ruta Jacobea entre Sarria y Samos

en varios miradores; el más espectacular quizás el de Campodolo. Atravesamos grandes precipicios en el camino hacia el alto de O Boi, situado a 995 m sobre el nivel del mar. Otra alternativa, pasado dicho alto y antes de llegar a Folgoso, es tomar la carretera antigua que después de un largo y sinuoso recorrido, con ascensos y descensos pronuciados, nos lleva a Visuña, final del recorrido. Antes de llegar atravesamos la aldea de **Vilarbacú,** desde donde se pueden hacer numerosos paseos de montaña, y **Seara,** la mayor de las aldeas de esta zona, con una gran parte de sus edificios ahora rehabilitados como segundas residencias. Este tramo de ruta permite conocer lo que algunos denominan la *cara oculta* de O Courel.

Un roquedal casi inaccesible

En Seara un precioso puente sobre el río, en uno de los accesos peatonales, no deja indiferente a nadie. Más adelante, encontramos Ferramulín y Visuña, aldeas casi deshabitadas, con sobresalientes muestras de arquitectura popular gallega. Pasamos también por **Hórreos,** aldea similar a las anteriores, donde tras cruzar un puerto de montaña encontramos el castillo de Carbedo. Es imprescindible una parada para admirar esta fortaleza, construida sobre un roquedal en el que parece vetado levantar nada –por un camino es posible acceder a las murallas–. Al fondo de las montañas fluye el río Lor, en cuyas orillas se encuentran la iglesia de San Pedro de Esperante y el Acampamento O Courel, desde donde ya se divisa Seoane en lo alto. ■

Visita obligada

Entre Samos y A Cruz do Incio se salva sin dificultad reseñable la sierra de Édramo. Arriba del todo, a la izquierda, parte una pista que en menos de un kilómetro lleva a la aldea prehistórica (castro) de Formigueiros, que a su vez ocupa la cima de una de las montañas. Está excavada parcialmente, dejando al descubierto murallas y viviendas construidas sobre todo con pizarra de la zona. La vía de acceso al castro está señalizada.

En cuerpo y **alma**

Grelos de Galicia

Un recorrido único desde el interior de A Coruña, donde el cultivo del grelo destaca en el paisaje agrícola, a la costa norte de la provincia, de buen comer marinero y espléndidas playas

Cruceiro de San Andrés de Teixido

En el municipio de As Pontes se encuentra el bosque natural protegido Fragas do Eume

El grelo y los campos agrícolas del interior forman parte del paisaje gallego tanto como los imponentes acantilados de las Rías Altas. En el pueblo coruñés de **As Pontes de García Rodríguez** le dedican una fiesta a esta hortaliza con I.G.P. reconocida, de la que en el conjunto de Galicia se producen unas 100.000 t al año. Así que esta ruta la iniciamos en As Pontes, centro industrial y de producción eléctrica, en cuyo municipio se encuentra también el bosque natural protegido Fragas do Eume.

Salimos de allí por la carretera AC-861 para tomar luego la AG-64, que nos proporcionará una magnífica vista sobre el lago artificial en que se ha convertido la antigua mina de lignito a cielo abierto que alimentaba su central eléctrica. Se deja la autovía en la salida 26, para seguir por la AC-110, mientras divisamos parques de molinos eólicos. Atravesamos la aldea de **Recemil** con su sencilla iglesia y llegamos a **A Igrexa** (As Somozas). Este pueblo tiene un templo de grandes dimensiones con una airosa torre de 1815. Allí mismo arranca la AC-4904, por la que

Completa tu ruta con Guía Repsol

- **Longitud del itinerario propuesto:** 86 km aprox.
- **Mapa completo de la zona:** Guía Repsol de Mapas, pág. 2 B3
- **Información turística, hoteles y restaurantes:** Guía Repsol de Turismo, pág. 124
- **Más datos en:** *www.guiarepsol.com*

Surfista en la playa de Pantín de Valdoviño

La laguna de Valdoviño es un ecosistema de gran valor ornitológico

Fiesta del Grelo

Desde 1981 **As Pontes de García Rodríguez** celebra la Feria del Grelo, una fiesta popular anual a la que acuden miles de visitantes. Su momento cumbre es el concurso de grelos, que reúne a productores de toda A Coruña y parte de Lugo. Calidad y cestas mejor ornamentadas son los objetivos del jurado del concurso, que da paso a una degustación popular. La fecha es variable, ya que coincide con el Carnaval.También celebra una Feria del Grelo, Cerdido, un pueblo situado entre As Pontes y Cedeira. Tiene lugar el primer domingo de marzo en la parroquia de A Barqueira.

conducimos hasta **Moeche,** en una de cuyas parroquias, la de San Xurxo, se encuentra el Castillo de Moeche, del siglo XIV, con una torre octogonal de 18 m de altura.

Desde el interior a Cedeira

Muy cerca de allí, en la parroquia de San Xoan se halla la capilla de San Ramón, de una sola nave románica de gran austeridad. Detrás de la capilla está el crucero dedicado al mismo santo. En Moeche tomamos la AC-862, luego la AC-102 y posteriomente la AC-566, por la que atravesamos **Cerdido,** pueblo dedicado a la explotación maderera, para llegar a la costa y desembocar en **Cedeira.** Es esta una preciosa localidad pesquera, turística y de buen comer marinero. Es aconsejable pasear por su pequeño casco

Figuritas de pan pintadas de San Andrés de Teixido

antiguo y ver su castillo y la capilla de San Antonio. En la parroquia de **Régoa** se encuentra el santuario de San Andrés de Teixido, donde según la tradición *"va de muerto quien no fue de vivo"*, así que merece una visita. El paisaje es espectacular y en el entorno del santuario hay numerosos *milladoiros*, montones de piedras que dejan los romeros. Dejando Cedeira por la AC-566 costeamos la ría del mismo nombre cruzando sistemas de dunas y la playa de Vilarrube. Continuando por la AC-861 llegamos pronto a **Valdoviño,** con su islote de A Percebelleira –fue un vivero del cotizado percebe–, y sus espectaculares playas de A Frouxeira y de Pantín, esta última lugar de cita de los forofos del *surf.* Seguimos por la AC-861 y luego por la AC-116 para bordear la laguna de Valdoviño –ecosistema de gran valor ornitológico–, para encontrarnos con el arenal de Meirás. En este punto tenemos dos opciones: ir de nuevo por la AG-64 a As Pontes o, por la misma carretera en dirección contraria, dirigirnos a **Ferrol,** ciudad naval en la que destacan, entre otros atractivos, su puerto pesquero, el Museo Naval, el barrio de La Magdalena con trazado del siglo XVIII, los castillos de San Felipe y de la Palma en la ría y las playas de Doniños. ■

Faro, en la costa de Cedeira

Rincón de los Grelos de Galicia

Los grelos son las hojas y tallos de la planta *brassica rapa,* comúnmente conocida como nabo. El producto amparado por la I.G.P. Grelos de Galicia corresponde a los ecotipos de Santiago y Lugo, así como a las variedades comerciales Grelos de Santiago y Globo blanco de Lugo, tanto frescas, como congeladas y en conserva. Son de un color verde intenso que se acentúa a medida que la planta se acerca la floración. No se consumen en crudo, sino que deben someterse a cocción, y forman parte de platos emblemáticos como el caldo o pote gallego, el cocido y el lacón con grelos.

www.gastronomiadegalicia.com

Tienen alto contenido en agua, bajo en proteínas y muy bajo en grasas e hidratos de carbono. Destaca su contenido en provitamina A (retinol), vitamina C, ácido fólico, riboflavina y B_6 Respecto a los minerales, contienen principalmente hierro no hemo y calcio.

Fundación Española de la Nutrición

GRELOS DE GALICIA
indicación xeográfica protexida

Grelos de Galicia (I.G.P.)

La fruta del **sol**

Melón de Villaconejos

Cerca del entorno de Madrid se sitúa la comarca de Las Vegas, una zona de suaves paisajes y huertas regadas por el Tajo y sus afluentes. Allí, entre otros cultivos, crecen los más famosos melones de la despensa frutícola española

El Tajuña riega árboles frutales, bosques de ribera y olivares en la comarca de Las Vegas

La tradición agrícola, el paso de las estaciones y sus afanes, siguen marcando el ritmo en la comarca madrileña de Las Vegas, regada por los ríos Tajo, Jarama y Tajuña. Arranca nuestro itinerario en uno de los centros neurálgicos de este territorio, **Villaconejos,** localidad que ha dado su apellido al sabroso melón autóctono. Por eso el viajero debe visitar antes que nada el Museo del Melón, donde se exponen curiosas fotos y objetos relacionados con el cultivo de la voluminosa fruta. Luego, el paseo por el pueblo tendrá como punto de referencia la iglesia barroca de San Nicolás de Bari, construida entre los siglos XVI y XVII.
Ya en ruta, tomamos la M-305 dirección **Chinchón,** uno de los más acreditados destinos gastronómicos y monumentales de la Comunidad de Madrid. Razones no le faltan: aparte del espectáculo de la plaza Mayor y los mesones que abren las puertas en sus soportales, el callejeo depara gratas sorpresas como la Torre del Reloj, la iglesia de Nuestra Señora de la Asunción –que conserva un cuadro de la Virgen pintado por Goya–, el coqueto teatro Lope de

Completa tu ruta con Guía Repsol

- **Longitud del itinerario propuesto:**
  43 km aprox.
- **Mapa completo de la zona:**
  Guía Repsol de Mapas, pág. 63 B2
- **Información turística, hoteles y restaurantes:**
  Guía Repsol de Turismo, pág. 102
- **Más datos en:**
  www.guiarepsol.com

Rincón del Melón de Villaconejos

Según un estudio del Instituto Madrileño de Investigación y Desarrollo Rural (IMIDRA), el Melón de Villaconejos, catalogado de Alta Calidad Gastronómica (A.C.G.), es el más dulce y jugoso de nuestro país. Entre las variedades que crecen en las 750 hectáreas dedicadas a su cultivo, destacan la *mochuelo puchero, largo negro* y, sobre todo, la de *piel de sapo*. Plantadas entre abril y mayo, la recolección se hace en agosto y septiembre. La cuidadosa selección de semillas es una de las claves de su calidad. Actualmente, su producción es de unas 65.000 toneladas, a lo que ha contribuido la introducción de técnicas agrícolas como la cobertura de plástico o el riego por goteo. Es un postre muy habitual, aunque también puede tomarse en sopa y acompañado de alimentos salados como jamón, queso o, incluso, marisco.

www.alimentosdemadrid.org

Su valor calórico es de solo 28 kcal por 100 g. Resulta, pues, ideal para dietas bajas en contenido energético, ya que contiene mucha agua (90-95%) y una cantidad de azúcares inferior a la mayoría de las frutas (6%). Es destacable su aporte de vitamina C, ácido fólico y minerales como potasio, fósforo y magnesio.

Fundación Española de la Nutrición

Melón de Villaconejos (A.C.G.)

La Fiesta del Melón

En torno al 12 de octubre, los vecinos de **Villaconejos** honran a su fruta característica en la Fiesta del Melón. La fecha coincide con la que, en otros tiempos, marcaba el regreso de los campesinos tras pasar fuera de casa todo el verano cultivando melones por distintos puntos de Castilla-La Mancha. Son cuatro días con pasacalles, música, actividades para niños y, por supuesto, una degustación popular.

Vega, el monasterio de las Clarisas –ojo a los almendrados elaborados por sus monjas– o el Parador de Turismo, habilitado en el antiguo convento de los Agustinos. En las afueras se levantan los restos de un poderoso castillo del siglo XV, con foso y puente levadizo.

Viviendas trogloditícas

Ahora cambiamos de carretera, la M-311 y, transcurridos unos 14 km, nos desvíamos por la M-302. A partir de aquí enhebramos la ribera del Tajuña, hilo conductor del resto del viaje. Este afluente del Tajo alimenta tierras que prestan al paisaje los matices cromáticos de huertas, árboles frutales, bosques de ribera, olivares, viñedos y campos de cereales. Paralelamente al asfalto discurre una Vía Verde, antiguo recorrido de un tren de vía estrecha, hoy impecablemente acondicionado para ciclistas y caminantes.

La próxima parada es **Morata de Tajuña,** población situada en la parte más ancha del valle. Para comprobar la importancia del agua en la zona, es recomendable entrar en el Museo de la Molinería, que conserva la maquinaria de un antiguo molino harinero. Sin abandonar la M-302, llegamos ahora a **Perales de Tajuña.** Su símbolo monumental es la Fuente de Mariblanca del siglo XVIII, pero más curiosas

Veleta, en Chinchón

Vista nocturna de la Plaza Mayor de Chinchón

resultan sin duda las 47 viviendas trogloditicas del Risco de las Cuevas, excavadas en una montaña de piedra caliza y posiblemente habitadas desde el Neolítico. Otras teorías afirman que fueron hechas por eremitas en la Edad Media. Escoltado por paredes de yeso, el curso del Tajuña y la M-204 nos conducen hasta **Tielmes.** A la entrada del pueblo, la ermita de los Santos Niños se levanta muy cerca de un puente románico. Si lo cruzamos, la Vía Verde nos invita a adentrarnos entre chopos, encinas, robles y amenas tierras de labor. **Carabaña** es el punto final de la ruta. Afamada por sus aguas, conserva con orgullo viejas instalaciones industriales de embotellado y una central eléctrica, ahora restaurante. Desde este punto llegaremos a un balneario del siglo XIX, recientemente acondicionado como hotel. Al lado, en el interior de la montaña, los clientes pueden disfrutar de tratamientos, piscinas y duchas mineromedicinales en medio de un evocador paisaje. ■

El callejeo por Chinchón depara la gran sorpresa de la plaza del pueblo, que hace de plaza de toros

Campos de olivos en Villaconejos

Equilibrio **natural**

Queso de Cabra de Madrid

Muy cerca de la capital, la sierra madrileña ofrece paisajes abruptos de montaña, bosques de pinos, dehesas, pueblos y sabores tradicionales de productos genuinos

Completa tu ruta con Guía Repsol

- **Longitud del itinerario propuesto:** 70 km aprox.
- **Mapa completo de la zona:** Guía Repsol de Mapas, pág. 53 C2
- **Información turística, hoteles y restaurantes:** Guía Repsol de Turismo, págs. 197 y 213
- **Más datos en:** *www.guiarepsol.com*

La ruta cruza el Parque Regional de la Cuenca Alta del Manzanares

Desde **Colmenar Viejo,** uno de los principales centros de producción del queso artesano de cabra, parte un recorrido repleto de alicientes por el Parque Regional de la Cuenca Alta del Manzanares. Los abruptos paisajes de montaña, los prados, los pastizales y la dehesa se dan la mano en sus 52.796 ha de superficie, protegidas desde 1985.
Colmenar, de estirpe taurina y ganadera, es el motor económico de la sierra madrileña. Inmersa en su cogollo urbano, la imponente basílica de la Asunción de Ntra. Sra., del siglo XV, recuerda las raíces aristocráticas de la villa. También merece la pena ver otros edificios como la casa del Cura, la casa de Hidalgo, el pósito de Granos y la casa del Maestro Almeida, donde se conserva un antiguo lagar.

La Pedriza, Parque Regional de la Cuenca Alta del Manzanares

Rincón del Queso de Cabra de Madrid

Elaborado exclusivamente con la leche de la raza autóctona *cabra de Guadarama* y sus cruces, este producto lácteo se elabora en los municipios de Colmenar Viejo, Fresnedillas de la Oliva y San Mamés.
La alimentación variada de los animales y los prolongados periodos de pastoreo explican la altísima calidad de la materia prima, que puede ser pasteurizada o cruda. Existen dos variedades de quesos: los semicurados, con un tiempo mínimo de maduración de 45 días, y los curados, que deben madurar al menos tres meses. Antes de iniciar este proceso se realiza un riguroso análisis físico, químico y microbiológico de la leche. El queso de cabra madrileño resulta levemente ácido, mantecoso y húmedo.

www.alimentosdemadrid.org

Este queso tiene un elevado contenido energético y es fuente de calcio y de proteínas. A mayor grado de curación, mayor valor energético al incrementarse la concentración en proteínas y grasa y disminuir la de humedad. De su composición destaca su aporte de minerales como magnesio, fósforo y, en menor proporción, hierro y zinc, de fácil absorción. Además es rico en vitaminas liposolubles A y D.

Fundación Española de la Nutrición

Queso de Cabra de Madrid (A.C.G.)

Paraje de La Pedriza

La M-609 y su continuación, la M-862, nos llevan a otra localidad serrana de pura cepa: **Soto del Real.** De su pasado aún siguen en pie la iglesia parroquial y, al lado, un puente medieval del siglo XI. Para experimentar la genuina sensación de retroceder a otros tiempos, debemos tomar la M-608 y parar en **Manzanares el Real.** El castillo, de 1475, es uno de los hitos de Madrid: su estilo gótico flamígero parece más de un palacio que de una fortaleza militar, y desde sus almenas se ofrece una preciosa vista del embalse de Santillana. Saliendo del pueblo se puede acceder, caminando por la Garganta Camorza, a La Pedriza, fantástico paraje natural con caprichosas formaciones graníticas.

Fiesta del Esquileo

No hay una fiesta específica asociada al Queso de Cabra, pero se puede saborear en **Colmenar Viejo** durante la Demostración de Esquileo a Tijera que coincide, a principios de junio, con la Muestra y Degustación de Productos de la Comunidad de Madrid. Por lo demás, abundan los festejos de impronta gastronómica en las villas serranas de Madrid, por ejemplo la de Santa Quiteria en Alpedrete (22 de mayo), la de San Sebastián en El Boalo (20 de enero) o la de Caldereta de Hoyo de Manzanares, a primeros del mes de septiembre.

Castillo de Manzanares el Real

Proseguimos ruta por la M-617 con rumbo a **El Boalo** y **Mataelpino,** donde aún se conservan algunas viviendas tradicionales de granito. El sendero Ruta Natural de las Villas enlaza estos dos pueblecitos con **Cerceda.** Las aves rapaces y migratorias vigilan los pasos del caminante a la sombra de la cumbre de La Maliciosa. Nuestra próxima escala es **Navacerrada,** destino clásico del veraneo madrileño. Un paseo por el pueblo puede plantearse engarzando sus doce fuentes de piedra; algunas, como la de La Canaleja o San Antonio, tienen varios siglos de antigüedad.

El estilo gótico del castillo de Manzanares el Real recuerda más a un palacio que a una fortaleza

Abundancia de granito

Desde Navacerrada, nos dirigimos ahora al sur por la M-601. Dejamos atrás **Collado Mediano** y **Alpedrete.** El nombre de la segunda, del latín *ad pedrum*, hace alusión a la abundancia de granito berroqueño, sólida piedra con la que se construyó el monasterio de El Escorial. Pueden recorrerse las canteras abandonadas en la dehesa municipal. En Alpedrete cogemos la A-6 hasta **Torrelodones.** Esta localidad madrileña tiene un interesante patrimonio artístico y natural formando parte de dos rutas turísticas de la Comunidad de Madrid: la Imperial, de Madrid a El Escorial, y la de los castillos, fortalezas y atalayas. Aquí arranca la M-618, vía que nos lleva de regreso a Colmenar Viejo por el Parque Regional. A medio camino encontramos **Hoyo de Manzanares.** Desde esta población se divisa en los días claros el *skyline* de Madrid, mientras que sus espaldas están resguardadas por la sierra del Hoyo. Diversas rutas de senderismo, como la de la Cruz del Pan o la de Las Cascadas, nos acercan a sus múltiples encantos. ■

Paseo en raquetas por Navacerrada

Completa tu ruta con Guía Repsol

- **Longitud del itinerario propuesto:** 114 km aprox.
- **Mapa completo de la zona:** Guía Repsol de Mapas, pág. 93 A4
- **Información turística, hoteles y restaurantes:** Guía Repsol de Turismo, pág. 210
- **Más datos en:** *www.guiarepsol.com*

Bocados de la **huerta**

Paparajote Murciano

En Murcia y su entorno, el río Segura baña la huerta más singular de Europa. Sus limoneros rodean pueblos cargados de monumentos barrocos, lo que permite alternar las visitas artísticas con experiencias gastronómicas

En el corazón de la Vega Media del río Segura, rodeada de fértiles campos, se encuentra **Murcia,** inicio de esta ruta. La huerta prospera aquí desde tiempos romanos, aunque fueron los árabes los que impulsaron la agricultura, gracias a la construcción de una red de acequias, norias y presas que aún perdura. También el paparajote, un postre genuinamente huertano, cuya masa envuelve una hoja de limonero, se debe a los árabes.
Paseando por el centro encontramos la catedral, comenzada a finales del siglo XIV sobre la antigua mezquita y que integra gótico, renacimiento, barroco y neoclásico. Destaca su torre, de 95 metros de altura, y su fachada principal, considerada el máximo exponente del barroco español. En su entorno se sitúa el Palacio Episcopal, con fachada rococó y patio churrigueresco; y el Ayuntamiento, del siglo XIX, cuya ampliación fue diseñada por Moneo.
En la calle Trapería hay que pararse en el Casino, obra de 1847 que mezcla estilos. En la plaza de Santo Domingo, centro de reunión de los murcianos, se levantan la iglesia del mismo nombre, del siglo XVII, el palacio de los Pagán y la casa Cerdá. Más allá, en el paseo Alfonso X, podemos visitar el Convento

La masa de este postre de origen árabe envuelve a una hoja de limonero

Paisaje del valle de Ricote

La huerta y la sierra se funden en el paisaje de Lorquí

de Santa Ana y la plaza de Romea, con su teatro y varias casas-palacetes. Es muy recomendable visitar el Museo Salzillo, sede de las esculturas procesionales del Viernes Santo y de un impresionante belén, compuesto por más de 500 figuras del célebre escultor. Y no podemos marcharnos de la ciudad sin pasear por sus plazas más castizas: la de las Flores, la de Santa Catalina y la de San Juan.

Norias y bellos miradores

Abandonamos la capital por la Avenida Juan Carlos I, que se une a la N-301 y nos conduce hasta **Molina de Segura.** Allí encontramos monumentos como la iglesia de Nuestra Señora de la Asunción, la ermita de San Roque, la muralla almohade de los siglos XI-XIII o la casa-cárcel del siglo XVII, un antiguo granero reconvertido en biblioteca y sala de exposiciones. Siguiendo la N-301, un desvío por la RM-B7 nos lleva a **Lorquí,** cuya iglesia de Santiago Apóstol alberga tallas atribuidas a Salzillo. En la localidad destaca también la noria del Rapao,

Tocado tradicional murciano

Fiestas de Primavera

Acabada la Semana Santa de **Murcia,** declarada de Interés Turístico Internacional, la capital de la región inicia sus Fiestas de Primavera, toda una alegoría a la huerta y sus tradiciones. Durante una semana, restaurantes y barracas instaladas para la ocasión elaboran y sirven platos típicos como el *zarangollo*, el pisto murciano, los *michirones*, la ensalada de pimientos asados, o embutidos procedentes del cerdo como morcillas, salchichas o longanizas. El paparajote es el dulce más demandado en estas fechas cuyo día grande es el martes del Bando de la Huerta, en el que un desfile de carrozas escenifica paisajes costumbristas de la vida diaria en la huerta murciana.

monumento de Interés Artístico Nacional, y la zona alta, con un conjunto de casas-cueva y bellos miradores que funden en un único paisaje huerta y sierra.
Un puente sobre el Segura nos traslada a **Ceutí,** verdadero museo de arte moderno al aire libre, al albergar sus calles y plazas más de un centenar de obras de Chillida, Manolo Valdés, Ouka Lele, etc., además del Centro de Arte Contemporáneo La Conservera, el Museo Antonio Campillo y el museo 7 Chimeneas. Callejeando, el visitante también descubre murales de Manuel Belzunce, Antonio Maya o Torregar. Por la RM-533 llegamos a **Archena,** famosa por su balneario de aguas termales que manan a 50 grados C y por la iglesia barroca de San Juan Bautista. Muy cerca encontramos la Casa Grande del siglo XV, con su torreón central, y el palacete del Vizconde de Villa Rías, con un jardín romántico. Siguiendo por la RM-520 atravesamos **Ricote,** último reducto musulmán del levante español, para llegar a **Blanca,** cuyo casco antiguo medieval atesora importantes restos históricos musulmanes. Merece una visita el Centro de Interpretación de la Luz y el Agua, y el recientemente inaugurado Museo y Centro de Arte de Blanca (MUCAB). La RM-514 nos acerca hasta **Abarán,** población con gran tradición de zarzuela y toros. Destacan sus calles y plazas adoquinadas; el Teatro Cervantes, de estilo ecléctico y líneas modernistas; las norias, muchas de ellas en funcionamiento; el paseo de la Ermita, con vistas sobre el valle del Ricote y sus famosos albaricoques.
La ruta finaliza en **Cieza,** cuna del melocotón y la oliva, donde tiene lugar un curioso concurso de lanzamiento de huesos de aceituna en sus fiestas de agosto. No hay que perderse los yacimientos del Paleolítico y Neolítico, declarados por la Unesco Patrimonio de la Humanidad, el conjunto arqueológico de Medina Siyasa, cuyas ruinas conservan el trazado de las calles, la estructura de 18 casas andalusíes y alcantarillado, la Plaza Mayor y el Balcón del Muro, conjunto histórico que comprende una antigua fortaleza del siglo XV y la muralla del XIX. ■

Museo Salzillo de Murcia

Rincón del Paparajote Murciano

El paparajote es un postre típico de la huerta murciana que consiste en hojas de limonero envueltas en una masa que se fríe y espolvorea con azúcar y canela. Es barato, sano y fácil de preparar. La masa se elabora con huevos, leche, agua, aceite, azúcar y canela. Con ella se impregna por ambas caras una hoja de limonero que no se come, ya que es muy indigesta; se usa para dar forma y aroma a la masa. Los paparajotes se fríen momentos antes de degustarlos, por lo que se trata de un dulce poco apto para venderse en tiendas; se come en ocasiones especiales como las Fiestas de Primavera, donde se elabora en las tradicionales barracas. Se sirven en una fuente adornada con ramitas de canela, una hoja de menta o una flor del limonero. Suele acompañarse de vino dulce, mistela o café de puchero.

www.regmurcia.com

Los ingredientes (harina, huevo, leche, azúcar) que componen este típico postre de la región de Murcia son los que le dan su valor energético y nutritivo. Contienen vitaminas A, D y del grupo B, hidratos de carbono complejos procedentes de la harina y simples del azúcar. Además, aportan grasa de buena calidad de la fritura en aceite de oliva con que se elaboran.

Fundación Española de la Nutrición

Paparajote Murciano

Un viaje que **conquista**

Queso de Murcia y Queso de Murcia al Vino

Ciudades con carácter como Jumilla, Calasparra, Moratalla y Caravaca de la Cruz son los hitos de un itinerario apetitoso por el interior murciano

Un majestuoso castillo domina el casco histórico de Jumilla

Paisajes evocadores de grandes contrastes y pueblos con castillos medievales, arte monumental, elegantes palacios y mansiones señoriales son los atractivos que salen al paso del viajero que se aventura por las tierras altas de Murcia, donde se elabora el queso autóctono de la región.

La primera parada es **Jumilla,** población de reconocido prestigio vitivinícola, cuna del Queso de Murcia al Vino, una de las dos denominaciones de origen protegidas que regulan este delicioso producto elaborado con leche de cabra. El conjunto histórico de la localidad está vigilado por un majestuoso castillo, mandado construir en 1461, al que se accede por un camino de construcción árabe. Ya en el casco antiguo hay que visitar la iglesia de El Salvador, abierta al culto desde 1791, y la de Santiago, de estilo gótico tardío. Sobre los restos de un convento franciscano hallamos un edificio de referencia para los jumillanos: el Teatro Vico, de estilo modernista. Sin abandonar la calle Cánovas del Castillo, llamará poco después nuestra atención la casa de Doña Pepita, otro exponente del modernismo murciano, y el Ayuntamiento, con su admirable balcón de forja. Los alrededores de Jumilla sorprenden con parajes como la sierra de la Pedrera, a 12 km, donde se han encontrado importantes pinturas rupestres.

Ahora nos dirigimos hacia **Calasparra** por la RM-174. Antes de entrar en esta población de estirpe arrocera conviene acercarse hasta la sierra del Puerto, a solo 9 km del centro

Monumento a los Moros y Cristianos en Caravaca de la Cruz

Completa tu ruta con Guía Repsol

- **Longitud del itinerario propuesto:** 53 km aprox.
- **Mapa completo de la zona:** Guía Repsol de Mapas, pág. 92 F1
- **Información turística, hoteles y restaurantes:** Guía Repsol de Turismo, pág. 207
- **Más datos en:** *www.guiarepsol.com*

Rincón del Queso de Murcia

Las D.O.P. Queso de Murcia y Queso de Murcia al Vino, que comparten consejo regulador, supervisan los procesos de calidad de estos dos alimentos hermanos. Jumilla, Calasparra, Bullas, Caravaca, Águilas y Cartagena, estas dos últimas situadas en la costa, concentran la producción.

En lo que se refiere al Queso de Murcia al Vino, se fabrica con leche pasteurizada de la raza de cabra murciano-granadina. Tras su prensado de forma artesanal, es introducido en vino y dejado curar con hojas de romero que le proporcionan un sabor y aroma irresistibles. Esta maduración se realiza durante un mínimo de 45 días, para las piezas grandes, y de 30 días para las pequeñas. Su textura es cremosa y elástica, con un sabor muy suave, ligeramente ácido y con ese toque sutil que le confiere la uva *monastrell*.

www.quesosdemurcia.com

En general, son quesos con alto contenido en proteínas de calidad, calcio, fósforo y vitaminas A y D. Sin embargo, su valor energético y aporte de nutrientes dependerá en gran medida de si es fresco o curado. A mayor grado de maduración, mayor contenido en proteínas, vitaminas y minerales.

Fundación Española de la Nutrición

QUESO MURCIA

Queso de Murcia (D.O.P.)

Interior del Teatro Vico, en Jumilla

urbano, y buscar la cueva del mismo nombre. Un recorrido de 700 m de longitud permite al público asombrarse ante sus estalactitas, estalagmitas y otras formaciones calizas.

De la Prehistoria al neoclásico

Ya en la ciudad, empezaremos la caminata por la calle Mayor. Entre los edificios que la flanquean, destacan la casa del Granero, edificación neoclásica donde hoy abre sus puertas la Oficina de Turismo, y la torre del Reloj, una curiosa construcción de ladrillo y mampostería que recuerda

Caballos del Vino de Caravaca de la Cruz

Castillo y casas pintadas de Jumilla

al mudéjar de los siglos XV y XVI. En cuanto a la arquitectura religiosa, hay que citar la iglesia de San Pedro y la iglesia-convento de La Merced, ambas del siglo XVII. Aunque la visita a Calasparra no estaría completa sin acercarse a El Molinico –uno de los escasos ejemplos renacentistas–, los restos de las murallas y la Torre del Homenaje del castillo árabe, la ermita de los Santos Mártires y el santuario de La Esperanza, excavado en una gruta a orillas del río Segura. Ahora conducimos por la RM-550 y la RM-715 hasta divisar el impresionante castillo medieval de **Moratalla.** Muchos monumentos compiten por reclamar nuestra atención, como la iglesia de la Asunción, que comenzó a construirse en 1561; el convento de San Francisco, el santuario Casa de Cristo, habilitado como Centro de Interpretación del Arte Rupestre; y la Ermita de la Rogativa, en un entorno de agreste belleza. Al final del itinerario, por la RM-715, nos espera **Caravaca de la Cruz,** una de las cinco ciudades santas del catolicismo. En este rincón del noroeste murciano es obligado acercarse al santuario de la Vera Cruz, de los siglos XVII y XVIII, con portada barroca revestida en mármol de Cehegín. En la calle Mayor se levantan otros dos edificios religiosos emblemáticos: El Salvador y San José. Tampoco decepciona el paseo por la calle Rafael Tejeo, donde se halla el convento de la Compañía de Jesús y el edificio de La Tercia o Palacio de la Encomienda de Santiago. Todo un cúmulo de historia y arte con profundas raíces, como se aprecia en el Museo Arqueológico, alojado en la antigua iglesia de la Soledad. ■

Caravaca es una de las cinco ciudades santas del catolicismo

Fiestas de Jumilla

A mediados del mes de agosto se celebran en **Jumilla** las fiestas de Ntra. Sra. de la Asunción, coincidentes con las de la Vendimia. Su acto culminante es la Gran Cabalgata del Vino. En ella las peñas reparten miles de litros de vino que los murcianos acompañan con productos típicos de la zona, entre ellos el queso murciano. Los asistentes, vestidos inicialmente con camisas blancas, ven como estas se van tiñendo de púrpura, según avanza el jolgorio festivo.

Completa tu ruta con Guía Repsol

- **Longitud del itinerario propuesto:** 114 km aprox.
- **Mapa completo de la zona:** Guía Repsol Mapas, pág. 22 F1
- **Información turística, hoteles y restaurantes:** Guía Repsol de Turismo, pág. 232
- **Más datos en:** *www.guiarepsol.com*

Un alto en el **camino**

Aceite de Navarra

Esta ruta por el occidente navarro –cruzado por el Camino de Santiago– atraviesa hermosos parajes en los que se asientan olivares, pueblos monumentales y monasterios históricos

La aceituna es considerada en Arróniz como un regalo del cielo

En **Arróniz** consideran las aceitunas un regalo celestial. En una colina cercana al pueblo, junto a la basílica de Ntra. Sra. de Mendía, crece un olivo legendario: dicen que brotó de las lágrimas vertidas allí por la Virgen, quien así dio al pueblo su mayor riqueza.

La historia es, en este caso, anterior a la leyenda, pues los romanos ya producían aceite en esta comarca hace más de 2.000 años, como lo demuestra el trujal –molino de aceite– hallado en la villa agrícola de Las Musas, en el vecino pueblo de **Arellano.** Los métodos se han modernizado y podemos observarlos en una visita al trujal Mendía, fusión de 22 antiguos molinos aceiteros que produce la mitad de todo el aceite navarro, amparado por el sello Denominación de Origen Protegida.

Museo Romano de las Musas, en Arellano

Los romanos ya producían aceite en estas tierras hace 2.000 años

A Arróniz se llega por la A-12 tomando la salida 47. Desde este pueblo salimos hacia Luquin y después seguimos la NA-111 dirección Estella, para encontrarnos con el monasterio de Iratxe. Este cenobio, en el que destacan la iglesia románica, el claustro de estilo plateresco y la torre herreriana, es un enclave jacobeo desde hace más de 1.000 años, cuando ya atendía a los peregrinos en su hospital.

Remontando la huella jacobea, pronto llegamos a **Estella.** Esta ciudad nació a la vera del Camino de Santiago, por el que recibió el caudal de los mejores saberes y las mejores artes de la Europa medieval. Así nació uno de los conjuntos románicos de Navarra, que podemos descubrir

Tostada con aceite de Navarra

Fiesta de la Tostada

El último domingo de febrero se celebra en el pueblo de **Arróniz** el Día de la Tostada, una fiesta multitudinaria que atrae a numerosos visitantes, en la que se degustan sabrosas tostadas con aceite y ajo y se inaugura la temporada con la cata del primer aceite. La víspera arranca con concursos populares de elaboración de aceitunas caseras y partidos de pelota. El domingo es día de homenajes, actuación de coros, docenas de expositores con artesanía y productos de la tierra, y jornada de aguardar turno para probar una tostada con aceite.

Peregrino jacobeo en Estella

en las iglesias de San Pedro de la Rúa, San Miguel y Santo Sepulcro o el palacio de los Reyes de Navarra del casco viejo. También veremos templos góticos, palacios platerescos y conventos barrocos, y podremos tomar un respiro en el parque de Los Llanos, a orillas del río Ega. De Estella salimos por la NA-718 dirección Zudaire, pero un poco antes de este pueblo debemos desviarnos a **Baquedano.** Allí, los andarines podrán acercarse al nacimiento del río Urederra, un edén de cascadas y pozas, al pie de los murallones de la sierra de Urbasa.

Memorias de la vida pastoril

De Zudaire subimos al puerto de Urbasa, donde se abre una extensa meseta calcárea de pastos y bosques. Desde allí, un paseo nos lleva por el filo del Balcón de Pilatos, escalofriante anfiteatro rocoso sobre el que vuelan alimoches, halcones, buitres y, más abajo, la cascada del río Urederra. De nuevo al volante, a pie de ruta encontramos el palacio de Urbasa, hoy una mansión barroca abandonada, la Borda Severino –cabaña reconvertida en área de interpretación, que explica la vida de los pastores, la elaboración del queso y el trabajo con las carboneras–, y ya en el borde norte de la sierra, el Centro de Información del Parque Natural Urbasa-Andía, desde el que parten senderos señalizados que recorren rasos y bosques, y ofrecen preciosas vistas panorámicas. Un descenso sinuoso nos deja en **Olazagutía,** donde tomamos la A-10 hacia Pamplona. A la altura de Etxarri-Aranatz cogemos la salida 20 y subimos por la NA-120 hacia el puerto de Lizarraga. Así alcanzamos la parte alta de la sierra de Andía, otra meseta de praderas extensas, cabañas de pastores y paseos deliciosos.
El descenso nos lleva por **Abartzuza,** donde se alza, en un fondo de valle muy hermoso, el monasterio cisterciense de Iranzu. Y, por fin, desembocamos otra vez en Estella, capital de la región y final de nuestra ruta. ■

Rincón del Aceite de Navarra

Las aceitunas *arbequina*, *empeltre* y *arróniz* –autóctona– aprovechan al máximo el clima mediterráneo: sol abundante, lluvias escasas, cierzo del noroeste y fuertes contrastes de temperatura, en un suelo calizo carbonatado que resulta idóneo. Las olivas se recolectan como perlas: solo aquellas que permanecen en el árbol, con una madurez óptima. Se baten y se centrifugan en el molino, de donde sale un zumo excelente, que se decanta en la bodega. El resultado es un aceite con equilibrio entre su intensidad frutada y sus toques amargos y picantes.

www.aceitenavarra.es

Es rico en ácidos grasos monoinsaturados, principalmente en forma de ácido graso oleico, muy beneficiosos para la regulación del colesterol, ya que ayudan a incrementar el colesterol 'bueno' (HDL) y disminuir el 'malo' (LDL). Además, es rico en vitamina E, antioxidante.

Fundación Española de la Nutrición

aceite DE NAVARRA — VIRGEN EXTRA

Aceite de Navarra (D.O.P.)

Los últimos **nómadas**

Cordero de Navarra

Desde las riberas del Ebro hasta la inquietante belleza del desierto de las Bardenas Reales, seguimos los pasos de los pastores trashumantes que bajan del Pirineo con sus rebaños en busca de los pastos invernales

Completa tu ruta con Guía Repsol

- **Longitud del itinerario propuesto:** 58 km aprox.
- **Mapa completo de la zona:** Guía Repsol de Mapas, pág. 34 B1
- **Información turística, hoteles y restaurantes:** Guía Repsol de Turismo, pág. 316
- **Más datos en:** *www.guiarepsol.com*

Paisaje de las Bardenas Reales

Tudela tiene un destacado poso histórico y gastronómico

En **Tudela** los monumentos son vegetales. El Ebro riega una huerta extraordinaria, como podemos apreciar dando un paseo por La Mejana: un paraje agrícola, a orillas del río, en el que se organizan visitas guiadas en primavera durante las Jornadas de Exaltación de la Verdura. Entonces los hortelanos revelan los secretos de los espárragos, las alcachofas, las borrajas... Pero a enriquecer la gastronomía de esta Ribera del Ebro también llegan las rutas de la trashumancia, con su aroma pirenaico, el queso y la carne de cordero, que guiará nuestra ruta.

Tudela es una ciudad con mucho poso gastronómico y también histórico. Se aprecia en los monumentos de piedra, que también los hay, claro: la catedral gótica de Santa María, con sus ocho exuberantes arquivoltas que narran el Juicio

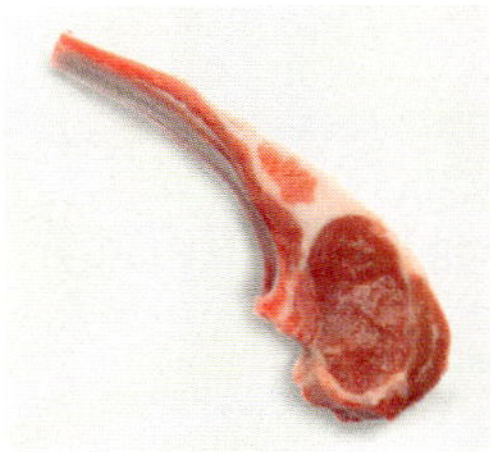

Rincón del Cordero de Navarra

La I.G.P. Cordero de Navarra exige que los animales sean exclusivamente de razas *lacha* y *navarra*, alimentados con leche materna, pastos, forrajes y cereales en explotaciones de la Comunidad Foral, y que su carne cumpla con controles de calidad rigurosos. El cordero lechal tiene menos grasa, aspecto más pálido y sabor suave. El ternasco, en cambio, muestra más color y un gusto más intenso. Ambas carnes sirven de base para algunos de los platos más típicos y sabrosos de Navarra: el cordero al chilindrón, el calderete (guiso de carne con patatas y verduras), el cordero asado, las chuletillas, las costillicas, el jarrete, etc.

www.reynogourmet.com

La carne de cordero es fuente de proteínas de calidad, además de vitaminas del grupo B y minerales como el hierro y el zinc, de fácil absorción. Por otro lado, también aporta grasa, mayoritariamente saturada, pero también monoinsaturada. El porcentaje de grasa de la carne variará en función de la pieza del animal que se consuma y de su edad (cuanto más joven sea, menos grasa tendrá).

Fundación Española de la Nutrición

Cordero de Navarra (I.G.P.)

Capilla de Ntra. Sra. de la Esperanza, en la Catedral de Tudela

Final, se construyó sobre los cimientos de una mezquita; la iglesia románica de la Magdalena, con un notable retablo plateresco, se levantó sobre un templo mozárabe; las calles del casco viejo y sus palacios barrocos y renacentistas, siguen los viejos requiebros de la judería y la morería. Tudela, que fue ciudad musulmana amurallada, capital de taifa independiente, albergó zoco, mezquitas y alcazaba, pero también sinagogas y templos cristianos mozárabes.

Refugios de aves migratorias

Nuestra ruta sale de Tudela, pasado el puente sobre el Ebro, por la carretera NA-134, hacia Arguedas y Valtierra. Los andarines tienen otra opción: en ese mismo puente, pueden tomar el sendero señalizado GR-99 y dar un paseo orilla arriba, siguiendo los sotos, islotes y meandros del Ebro, por una ribera de sauces, álamos y chopos en los que se cobijan patos, grullas, sapos, conejos...

Poco antes de llegar a **Arguedas,** en el km 13,5, encontramos un desvío a la derecha que lleva a la Estación Biológica de El Raso. Allí, en un paisaje de carrizos y arrozales que va mutando a lo largo del año, se pueden observar aguiluchos, milanos, cigüeñas, garzas y otras aves migratorias. De camino a **Valtierra,** el pueblo de las cuevas hotel, podemos desviarnos a la ermita del Yugo: es una de las entradas al Parque Natural de las Bardenas, el semidesierto de parajes fascinantes al que después entraremos por el norte.

Pasado Valtierra llegamos a la N-121, que seguimos hasta **Caparroso.** Allí tomamos la carretera N-128 a **Mélida,** que nos lleva por la orilla del río Aragón y pasa a los pies del Despoblado de Rada: sobre una colina se divisan las ruinas del

Rebaño de ovejas en tierras navarras

castillo, resto del poblado-fortaleza que fue arrasado en el siglo XV y que los arqueólogos han ido sacando a la luz. También podemos visitar, pasado Mélida y llegando a **Carcastillo,** el imponente monasterio cisterciense de La Oliva, que cuenta con un maravilloso claustro gótico. Saliendo de Carcastillo por la NA-534, dirección Sádaba, en el km 6 encontramos el desvío a **El Paso.** Allí, junto al Monumento al Pastor, el 18 de septiembre confluyen los últimos pastores trashumantes que todavía bajan del Pirineo a pie con sus rebaños. En esta meca de la oveja navarra acaba la ruta, pero recomendamos una extensión: atravesar el semidesierto de las Bardenas viendo sus paisajes más espectaculares. Debemos ir hacia el sur por una pista de tierra dirección Arguedas. Al cabo de 12 km llegamos a las mesetas de Piskerra y Rallón, con barrancos imponentes surcados por las cicatrices de la erosión. En el cruce con la pista principal nos dirigimos al Cabezo de Castildetierra, una insólita chimenea de arcilla rematada por una boina rocosa, icono de las Bardenas. ■

Los rebaños confluyen en las Bardenas Reales junto al Monumento al Pastor

Fiesta del Cordero

Canta la jota: *"A las Bardenas del Rey / ya llegan los roncaleses / a comer migas con sebo/ por lo menos siete meses"*. El 18 de septiembre, un tiro de escopeta declara abiertas las Bardenas a los rebaños venidos del Pirineo, que entran a pastar hasta mayo. En El Paso **(Carcastillo),** se recibe con aplausos a los pastores, que con sus ovejas han venido a pie desde las montañas. Se sirve un almuerzo de cordero, migas, vino y hay danzas y un calderete por cuadrillas en Carcastillo.

Cencerros de las ovejas

Pequeñas **joyas**

Alubia Pinta Alavesa

Valles, curiosos pueblos, monasterios medievales de los primeros tiempos de la repoblación cristiana y hasta unas sorprendentes salinas nos salen al paso en este recorrido por la provincia de Álava

Completa tu ruta con Guía Repsol

- **Longitud del itinerario propuesto:** 59 km aprox.
- **Mapa completo de la zona:** Guía Repsol de Mapas, pág. 13 A3
- **Información turística, hoteles y restaurantes:** Guía Repsol de Turismo, pág. 341
- **Más datos en:** *www.guiarepsol.com*

Esta modesta legumbre ha alcanzado la categoría de joya gastronómica

En **Pobes,** capital del municipio de Ribera Alta, en la provincia de Álava, celebran una ceremonia lenta y meticulosa la mañana del segundo domingo de octubre: los cocineros ponen al fuego unos grandes peroles con alubias, que se van cocinando y perfuman el pueblo. El aroma atrae a miles de visitantes a la Feria de la Alubia Pinta Alavesa, una modesta legumbre que ha alcanzado la categoría de joya gastronómica. A Pobes se llega por la AP-68 (salida 6) o por la A-1 (salida 340, Nanclares de Oca, y luego por la A-2622 durante 10 km). Para condimentar la fiesta, desde Pobes nos acercamos por la misma A-2622 a **Salinas de Añana,** un pequeño valle completamente aterrazado. Visto desde lo alto parece una inmensa colmena, una obra construida por insectos: 120.000 m^2 de terrazas, canales, pozos y caminos. Y para mayor asombro, ni un solo clavo sostiene semejante arquitectura. Todo es piedra, madera y arcilla. Esta estructura medieval late como un monumento vivo, en el que ahora se produce de manera artesanal una de las mejores sales del mundo, ideal para potenciar el estallido de sabor de las alubias pintas.

Paisaje otoñal en Álava

Esta zona de Álava fue poblada por cristianos en el s. VIII

Luego la A-2622 nos lleva por **Espejo** hasta **Valdegovía,** un valle en el que abundan unas cuevas extrañamente modeladas, con puertas, ventanas, arcos y nichos. Son los primeros templos cristianos del País Vasco. Esta comarca fue poblada en el siglo VIII por habitantes que organizaron una primera sociedad cristiana en el límite de las conquistas islámicas, y algunos de ellos, siguiendo la corriente de la época, se retiraron del mundo y optaron por una vida ascética para lograr la perfección espiritual.

Fascinantes parajes de ermitaños

Así excavaron las cuevas, que primero fueron simples refugios de ermitaños, y luego pequeñas iglesias, incluso necrópolis. Podemos encontrarlas más adelante en Corro o en Pinedo, o en la misma **Villanueva de Valdegovía,** saliendo del pueblo por una pista que lleva a un fascinante paraje de ermitaños: **San Martín de Valparaíso.** Al pie de unas murallas calizas, por las que suelen trepar los escaladores, se extienden unas praderas deliciosas. En la pared del oeste, a varios metros sobre el suelo, apreciamos una hilera de boquetes regulares: allí encajaban las vigas de un monasterio ya existente en el año 919. Y a sus pies, un conjunto de sepulturas antropomorfas, en las que yacieron aquellos monjes y ascetas de hace más de mil años. Aquel primer cristianismo lo irradió el monasterio de Valpuesta. Para encontrarlo, salimos de Villanueva por la A-2622, entramos en la provincia de Burgos y tomamos el cruce a **Valpuesta:** un pueblo de 7 habitantes con una colegiata gótica, la imponente casa torre de los Velasco y el palacio de los Çaldibar, que hablan de un pasado pujante. La colegiata fue uno de los corazones de la repoblación cristiana

Fiesta de la Alubia

La Feria de la Alubia Pinta Alavesa se celebra en **Pobes,** capital del municipio de Ribera Alta (Álava) el segundo domingo de octubre. El momento cumbre llega con la degustación gratuita de alubias con sus sacramentos. Es buen momento para comprarlas, en grano o ya cocidas, y para adquirir embutidos, miel, queso, repostería y hortalizas. El ambiente lo crean las charangas y los puestos de bebidas. Suelen organizarse exposiciones fotográficas sobre el ciclo de la alubia y exhibiciones de pelota vasca.

Salinas de Añana, cerca de Pobes

y en sus documentos se hallaron algunas de las primeras palabras del naciente castellano. Volvemos por la A-2622, pasando de nuevo por Villanueva, hasta el cruce en el que tomamos la A-2625 hacia **Orduña.** Un descenso sinuoso por las laderas de la Sierra Salvada nos deja en esta localidad, enclave vizcaíno entre las provincias de Álava y Burgos, que conserva un notable casco medieval. A su plaza porticada se asoma el edificio neoclásico de la Aduana, que hasta el siglo XIX controlaba el tráfico de mercancías entre Bizkaia y Castilla a través de la sierra, hoy convertido en hotel balneario. ■

La sierra Salvada se puede sobrevolar en globo aerostático

Rincón de la Alubia Pinta Alavesa

Las han seleccionado entre las mejores variedades, las han cultivado de manera artesanal en pequeñas huertas de caseríos y los catadores profesionales las han calificado como excelentes: así han conseguido las alubias pintas alavesas el sello Eusko Label, que distingue a los alimentos vascos de calidad superior.
Los expertos alaban su textura suave y cremosa. Son tan finas que necesitan muy poca cocción: basta con cocinarlas a fuego lento durante hora y media. Hay quien las refuerza con guindillas, tocino, chorizo o costilla, pero algunos cocineros las aprecian tanto que prefieren añadirles apenas un poco de berza para disfrutar a fondo de su sabor propio.

www.euskolabel.net

Las alubias son una legumbre fuente de proteína vegetal e hidratos de carbono complejos. Poseen pocas vitaminas, pero alto contenido en minerales (calcio, hierro, magnesio, potasio y fósforo). Son muy ricas en fibra, que favorece el tránsito intestinal y ayuda a combatir el estreñimiento y a prevenir diversas enfermedades.
Fundación Española de la Nutrición

EUSKO LABEL
Euskal Babarrunak
Alubias del País Vasco

Alubia Pinta Alavesa

Completa tu ruta con Guía Repsol

- **Longitud del itinerario propuesto:** 55 km aprox.
- **Mapa completo de la zona:**
  Guía Repsol de Mapas, pág. 6 F3
- **Información turística, hoteles y restaurantes:**
  Guía Repsol de Turismo, págs. 144 y 270
- **Más datos en:**
  www.guiarepsol.com

Espuma del **Cantábrico**

Sidra del País Vasco

En las sidrerías vascas, el buen comer y el buen beber se ofician como un rito. Podrá comprobarlo quien emprenda este suculento viaje por las esencias del nordeste guipuzcoano

Escultura *Peine del Viento*, de Chillida, en San Sebastián

Un buen aperitivo de la ruta es visitar el casco viejo donostiarra para degustar la sidra

Los comensales esperan de pie, alrededor de una mesa a la que llegan las fuentes, con un menú invariable: tortilla de bacalao, bacalao frito con pimientos, chuleta, queso con membrillo y nueces. De vez en cuando suena la voz que marca la pauta: *Txotx!* El sidrero va a abrir la espita. Entonces, los comensales caminan en fila hacia la gran barrica. Tras esperar su turno, ponen el vaso bajo la catarata, un poco inclinado para que la sidra rompa en espumas y aromas de manzana, y vuelven a la mesa a seguir con la manduca.
La sidrería vasca (*sagardotegia*) no es un restaurante, es un rito gastronómico. Podemos cumplirlo en toda su plenitud durante la temporada del *txotx*, (sidra) desde enero hasta abril o mayo, en los locales más auténticos de Oiartzun, Astigarraga, Hernani y su comarca. Pero también se degusta

Rincón de la Sidra

El sabor de la sidra natural vasca alcanza su esplendor con las exigencias del sello Eusko Label. Para elaborarla, solo se emplean manzanas cultivadas en el País Vasco y con el punto óptimo de maduración. Entonces se lavan, trituran y prensan para obtener el mosto. Ese jugo se guarda en cubas, donde tiene lugar la fermentación de manera natural, sin azúcares ni gases añadidos. La graduación alcohólica debe superar los cinco grados. A lo largo del proceso se realizan análisis continuos para medir los niveles de azúcar, alcohol, acidez y demás factores que acaban cuajando en el sabor preciso y el perfecto estallido afrutado y refrescante que deberá pasar el examen de un comité de catadores.

www.sagardoa.com

El contenido en alcohol y azúcares determinará su valor calórico, que es aproximadamente de 43 kcal por cada 100 ml. Su principal componente es el agua, pero contiene diversos compuestos en muy pequeñas cantidades con interés nutricional, como ácidos orgánicos, vitaminas, minerales y antioxidantes.

Fundación Española de la Nutrición

EUSKO LABEL
Euskal Sagardoa
Sidra Natural del País Vasco

Sidra del País Vasco

Cartel del Festival de Cine 2011 de San Sebastián

la Sidra, con la garantía del Eusko Label, en restaurantes y bares; por ejemplo, en el casco viejo de **San Sebastián.** El paseo por los otros clásicos donostiarras –la bahía de la Concha, el Peine del Viento, el funicular al monte Igueldo, la vuelta al Paseo Nuevo, el palacio de congresos Kursaal...– es un buen aperitivo para arrancar esta ruta.
Salimos de San Sebastián por la Av. de Ategorrieta, dirección Irún, por la N-I. A la altura de Rentería, tomamos la salida de Lezo y seguimos por la GI-3440 hasta **Pasai Donibane** (Pasajes de San Juan), aldea de pescadores que atravesaremos a pie, en un corto y delicioso paseo hasta el final de la bahía pasaitarra.

Ocho villas y un valle

Volvemos a Lezo y retomamos la N-I hacia Irún. En breve encontramos el desvío a **Oiartzun,** una confederación de ocho pequeñas villas diseminadas por un valle de verdor resplandeciente, al pie de la mole del Aiako Harria. Seguimos las señales hacia **Elizalde,** el núcleo principal, custodiado por la iglesia –casi fortaleza– de San Esteban, que bordeamos por la parte alta para encontrar la carretera a Lesaka (GI-3420). Los carteles nos guiarán hacia **Arditurri,** donde nos espera una de las mayores minas romanas de plata de Hispania. De vuelta en Oiartzun, debemos dirigirnos a **Astigarraga**

Playa de Ondarreta de San Sebastián

por la GI-2132. Allí paseamos por el palacio y el parque de Murguía, por la ermita jacobea y el área recreativa de Santiagomendi. Pero Astigarraga es, por encima de todo, la capital del *txotx*: entre los caseríos diseminados por los alrededores hay dos docenas de sidrerías tradicionales. En el Museo de la Sidra Vasca, Sagardoetxea, podemos conocer los orígenes y la historia de la bebida.

A dos pasos nos queda **Hernani,** con su casco viejo monumental y su ruta de las sagardotegis. Es una caminata suave, balizada con marcas de pintura blanca y azul, que arranca en el barrio del Puerto, junto al caserío Lonja. Recorre los caseríos, las sidrerías y los manzanales que ya aparecían mencionados en una carta real de 1014. El recorrido se completa en un par de horas... siempre que pasemos de largo por las bodegas y los cantos del *txotx!* ■

En Astigarraga se encuentra el Museo de la Sidra Vasca

Escanciado de sidra en Astigarraga

Fiesta de la Sidra

A lo largo del año, son muchas las localidades vascas que celebran su *Sagardo Eguna* o Día de la Sidra. Pero el de **Astigarraga** es el más veterano y el más arraigado. Se organiza desde 1976, siempre el 26 de julio, día de Santa Ana, y en él se ofrece una degustación de las mejores sidras. El ambiente rural impregna la jornada: hay arrastres de piedra con bueyes, actuaciones de *bertsolaris* y *dantzaris*, verbenas, comidas y venta de productos de la tierra. También resulta muy especial el *Sagardo Berriaren Eguna* (Día de la Sidra Nueva), cuando alguna personalidad vasca inaugura la temporada abriendo la primera barrica de sidra, en enero.

Naturaleza **sabia**

Nuez de Pedroso

Nos adentramos en las tierras riojanas más agrestes, feudo eminentemente rural, donde el sosiego contagia al visitante. El río Najerilla es el hilo conductor por bosques, prados y pueblecitos de auténtico sabor serrano

Desde Bobadilla, los nogales hacen acto de presencia en la ruta

Nuestra ruta arranca en **Baños de Río Tobía,** pequeña localidad partida en dos mitades por la LR-113. Allí, entre una llamativa mezcla de casonas imponentes, como la que acoge el Ayuntamiento del siglo XVI, y las fábricas de embutidos, que constituyen uno de los principales soportes económicos del pueblo, la carretera nos conecta con la vecina **Bobadilla.** Una vez pasado este municipio, donde tiene su sede un buen número de bodegas, el visitante se adentra ya de lleno en uno de los valles más espectaculares de La Rioja, con el río Najerilla como protagonista. A partir de aquí, la vegetación se adueña del paisaje. Y los nogales, cuyo fruto está reconocido con el sello R.G. (Registrado y Certificado), empiezan a hacer acto de aparición. Siguiendo la LR-113, verdadera columna vertebral de la ruta, pasamos el desvío que conduce hasta Ledesma

Completa tu ruta con Guía Repsol

- **Longitud del itinerario propuesto:** 28,5 km aprox.
- **Mapa completo de la zona:** Guía Repsol de Mapas, pág. 22 C3
- **Información turística, hoteles y restaurantes:** Guía Repsol de Turismo, pág. 212
- **Más datos en:** *www.guiarepsol.com*

Fruto en el árbol

de la Cogolla para tomar el que, unos pocos metros más adelante, apunta hacia la localidad de **Pedroso,** por la LR-434. Apenas tomada, la carretera se empina progresivamente y se estrecha entre numerosas serrerías. Cuatro kilómetros más allá, y después de pasar un llamativo puente azul, se atisba ya el pueblecito, semiescondido entre las altas montañas y el abundante follaje. Es una pequeña joya rural, salpicada de casas centenarias de muros de mampostería mezclados con ladrillo. Entre ellas despunta una verdadera maravilla arquitectónica: la iglesia del Salvador, del siglo XVI, ubicada junto a la coqueta plazuela del Tilo. Lo más destacable del exterior es su portada gótica, mientras que dentro, la visita se articula en torno a varios retablos barrocos, con imágenes procedentes de otras ermitas e iglesias de la zona.
Luego conviene tomárselo con calma y recorrer despacio el entramado de calles empedradas de Pedroso, que nos transportan a otros tiempos. Su proverbial sosiego solo se rompe en verano, con las festividades y la llegada de veraneantes o hijos del pueblo.

El entramado urbano de Pedroso y su proverbial sosiego nos trasladan a otros tiempos

Las peñas de Anguiano

Para regresar al camino principal es preciso desandar la LR-434 y, tras un pequeño atajo cubierto de vegetación en los arcenes, reincorporarse a la vía principal. Solo hay que conducir cinco kilómetros para alcanzar uno de los puntos de referencia en la entrada al valle del Najerilla. Porque acompañados de choperas, cotos de pesca y rebaños de ovejas, enseguida divisaremos Anguiano y las grandes peñas junto a las que se disponen sus casas y viven sus vecinos. La imponente orografía anuncia cómo va a resultar el viaje hasta el final de nuestra ruta: una sucesión de curvas que hay que tomar con tranquilidad,

Imagen otoñal del valle de Tobía

Monasterio de Valvanera

pues son constantes las tentaciones de parar en el arcén y recrearse con el espectáculo natural del entorno. Pero antes de continuar por la LR-113 es recomendable hacer una parada larga en **Anguiano,** formado en torno a tres barrios. Mediavilla es el de mayores dimensiones y el que acoge los edificios de más fuste, como son el Ayuntamiento, la iglesia parroquial de San Andrés –con un retablo mayor de estilo barroco muy interesante– y un buen puñado de casas hidalgas, la mayoría de dos o tres plantas y con escudos nobiliarios en sus fachadas. Cuevas, por su parte, es una barriada tradicionalmente ganadera, separada de la anterior por el Najerilla y conectada a través del puente de Madre de Dios, del siglo XVIII. Cruzarla es toda una experiencia, ya que el río discurre a 30 m de profundidad. Eras, por último, es la zona de Anguiano más agraria y ganadera, y está disgregada de Mediavilla por el barranco de Aidillo. De aquí en adelante, la conducción se acomoda a los recodos del río y a las formas de la montaña, a la que se ganó el terreno para construir la carretera. En el transcurso de los kilómetros siguientes, los árboles ejercen de frontera del barranco. Al otro lado de la calzada, entre las pequeñas rocas que suelen

Sorpresa

A la entrada de la localidad de Pedroso se abre un arco encumbrado por una cruz que da entrada al denominado *Camino Patrocinio* por el cual, apenas 300 metros más allá, se llega a la ermita que acoge la imagen de la virgen del mismo nombre. *La serranita,* como se la conoce en la zona, se encuentra en este edificio de estilo barroco de finales del siglo XVII, desde cuyo exterior se domina una impresionante vista del valle de Tobía.

Rincón de la Nuez de Pedroso

Tamaño medio, intenso sabor, mayor peso y cáscara fina y lisa: estas son las señas de identidad de la nuez amparada y cultivada tradicionalmente en Pedroso, de categoría extra y de la especie *juglans regia*. Para una correcta identificación del producto por parte de los consumidores, el fruto se comercializa envasado y mostrando en su etiqueta el logotipo de la marca colectiva que gestiona la Asociación Profesional de Productores de Nuez El Nogueral. Su cultivo, siempre manual y familiar, está creciendo en La Rioja, con los consiguientes controles que garantizan su máxima calidad. Hay muchas maneras de degustarla: sola, en ensalada, formando parte de salsas o como ingrediente de repostería o diversos platos, a los que aporta su peculiar textura.

www.lariojaculturadelatierra.com

Es un fruto seco energético: aproximadamente unas 122 kcal por 20 g. La calidad de su grasa reporta beneficios frente a las enfermedades cardiovasculares, ciertos tipos de cáncer y otras dolencias crónicas. Contiene, principalmente, ácidos grasos poliinsaturados, aportando ácidos grasos esenciales y ácidos grasos omega-3 y omega-6.

Fundación Española de la Nutrición

Nuez de Pedroso

Nuez de Pedroso (R.C.)

desprenderse de la montaña y que obligan a extremar la prudencia, asoman indicaciones a pistas forestales y caminos de tierra que invitan a adentrarse por el corazón natural del valle. Caballos, ermitas perdidas y rincones casi vírgenes completan el panorama.

Pero todavía quedan algunos lugares por descubrir. Basta con ser fiel a la LR-113, con el tráfico más escaso a medida que avanzamos valle arriba. A unos veinte minutos de Anguiano encontramos la desviación al monasterio de Valvanera por la LR-435. A estas alturas, el paisaje ya es agreste sin matices; no es difícil encontrarse en los arcenes o directamente sobre el asfalto vacas y terneros paciendo plácidamente, lo que nos obligará a rebajar la marcha.

El entorno mágico de Valvanera

Fuera del fin semana o las fiestas, Valvanera es un reducto de soledad. Para acceder al cenobio, la carretera se retuerce y empina en un entorno mágico. En este lugar, bajo el monte Mori y a la sombra de los 2.000 m del Pancrudo se levantó el santuario donde se venera a la patrona de La Rioja, Ntra. Sra. de Valvanera. Habitado por monjes benedictinos hasta nuestros días, su fundación se remonta al siglo IX, cuando un ladrón arrepentido llamado Nuño Óñez encontró la imagen de la Virgen que hoy se venera. Desde entonces el lugar empezó a ser ocupado por hombres de vida ascética. La iglesia actual es de una época posterior, del gótico tardío, y ha conservado una fachada del siglo XVII. Aunque, sin duda, lo más interesante es la ubicación del edificio, una mole de color rojizo colgado en las estribaciones de la sierra. Tras la inyección de calma que imprime la visita a Valvanera, el visitante desciende de nuevo hacia la carretera principal, en paralelo al curso del río. Luego retoma la LR-113 hasta el cruce por la LR-332. El asfalto, sinuoso, conduce hasta uno de los pueblos más representativos de la zona: **Brieva de Cameros.** Aquí nos

Danzantes de Anguiano

Brieva de Cameros

espera el Museo Rancho de Esquileo, inaugurado en 2008 como tributo a los pastores trashumantes que dieron vida al lugar. Exhibe variopintas piezas relacionadas con el pastoreo tradicional, cuya importancia en la región se explica también en didácticos paneles y diversos documentales audiovisuales. Por su parte, las calles y miradores del pueblo obligan a detenerse para disfrutar del final del camino. Un buen remate es emprender una caminata por el Sendero del Chozo que, a partir del Museo, nos conduce por los maravillosos alrededores de este pueblo serrano de pura cepa. ■

En Brieva de Cameros, un museo recuerda el modo de vida de los pastores trashumantes

La Fiesta de la Nuez

El segundo fin de semana de noviembre, con la cosecha ya recogida y la nuez perfectamente seca, la localidad de **Pedroso** –que cuenta con apenas 40 habitantes en invierno– celebra la fiesta que rinde tributo al fruto más representativo de la zona. Con este motivo se organiza un gran mercado en el cual, además de las nueces, destacan otros productos artesanos de gran calidad, como la miel, las peras, los embutidos y los licores.Pedroso se engalana para esta festividad, donde tampoco faltan danzas tradicionales y degustaciones para que los vecinos y visitantes disfruten de un día imprescindible en el calendario de las celebraciones riojanas.

Donde nacen las **palabras**

Pimiento Riojano

Desde la monumental Santo Domingo de La Calzada hacia Nájera, capital del pimiento, recorremos las tierras riojanas por las que transcurre el Camino de Santiago. Allí, entre viñedos, bodegas y monasterios medievales, nació la lengua castellana

Campos de Berceo

Un mar de viñas y cereal jalona los bordes del recorrido a lo largo de 22 kilómetros

Situada a orillas del río Oja, **Santo Domingo de la Calzada** constituye uno de los puntos medulares del Camino de Santiago a su paso por La Rioja. Antes de salir de la localidad para iniciar la ruta del pimiento riojano, es aconsejable recorrer sus calles de sabor añejo, donde destacan todas las infraestructuras creadas históricamente para atender a los peregrinos (el puente, el hospital, el albergue...). Además, Santo Domingo de la Calzada reúne fantásticos edificios monumentales tanto religiosos como civiles, como el convento de San Francisco, la abadía Cisterciense, las casas de Trastámara y de las Antiguas Carnicerías y, especialmente, la imponente catedral románica y su peculiar torre barroca.

Tomando la N-120, llegamos casi en línea recta a **Nájera,** donde la citada carretera se convierte en la desdoblada autovía A-12. Los 22 kilómetros que separan ambos puntos son un mar de viñas y cereal jalonados por indicaciones a otros lugares de interés como Cirueña, Cañas o Azofra, a los que el visitante se puede desviar eventualmente o

Completa tu ruta con Guía Repsol

- **Longitud del itinerario propuesto:** 38 km aprox.
- **Mapa completo de la zona:** Guía Repsol de Mapas, pág. 22 A2
- **Información turística, hoteles y restaurantes:** Guía Repsol de Turismo, pág. 285
- **Más datos en:** *www.guiarepsol.com*

Rincón del Pimiento Riojano

La I.G.P. Pimiento Riojano ampara el pimiento de la variedad *najerano*, cultivado en los valles de La Rioja Baja. Media y Alta, comercializado tanto fresco como en conserva. Se distingue por su color rojo intenso, piel rugosa y carne fina. Son pimientos que no pican y resultan suaves y agradables al paladar gracias al clima, el suelo y los métodos de cultivo y elaboración artesanal. La recolección se hace siempre de forma manual, y el conservado, si es el caso, se realiza siguiendo un cuidado proceso de envasado, nunca en agua sino en su propio jugo. En algunos casos se procede a asar los pimientos en horno de leña.

www.lariojaculturadelatierra.com

Es un alimento poco calórico y una buena fuente de fibra y de vitamina C, aunque esta se pierde prácticamente cuando es cocinado. A diferencia del verde, el rojo es especialmente rico en carotenos que poseen actividad provitamínica A y actúan como antioxidantes y anticancerígenos.
Fundación Española de la Nutrición

Pimiento Riojano (I.G.P.)

Catedral de Santo Domingo de la Calzada

dirigirse directamente a Nájera, conocida por su industria del mueble y por monumentos como Santa María La Real, de visita obligada. El río Najerilla divide en dos esta población que es un nudo de comunicaciones hacia otros puntos interesantes como **Tricio,** situado a 2 kilómetros tomando la LR-136. Este pueblo, donde se encuentra la basílica paleocristiana de la Virgen de los Arcos, el monumento religioso más antiguo de la comunidad autónoma, es cuna de pelotaris y lugar de encuentro de múltiples actividades culturales y gastronómicas a lo largo del año. Siguiendo la carretera y dejando unos kilómetros más adelante el cruce de la LR-430 que apunta hacia Arenzana de Abajo, nos topamos con el cruce que le permite incorporarse a la LR-113 por la izquierda y, más adelante, y una vez superado otro de los habituales puentes sobre el Najerilla, girar tomando el cruce de la LR-205 que lleva hasta **Cárdenas.** La carretera se estrecha al atravesar su casco urbano para volverse a abrir y expandir un paisaje que anuncia al fondo las montañas

Tumbas reales en el monasterio de Santa María de Nájera

Monasterio de Yuso, en San Millán de la Cogolla, con la sierra de la Demanda al fondo

de la sierra de la Demanda. A ambos lados del camino abundan los chopos, las plantaciones de trigo y los característicos guardaviñas de la zona, edificaciones de piedra usadas como refugio por los viticultores y que hoy conforman una peculiar ruta turística.

Badarán es el siguiente enclave con el que topa el viajero tras dejar a un lado la vía que conduce al monasterio de Cañas, abadía cisterciense del siglo XII. La localidad de **Cañas** es, además, una de las referencias del mundo del vino y la cultura enológica por sus abundantes bodegas. La carretera LR-205 la divide en dos mitades, y enfila hacia la siguiente parada de la ruta situada en **Berceo.**

Patrimonio de la Humanidad

Este pueblo, salpicado por un puñado de casas señoriales con vistas al valle y que fue cuna del ilustre Gonzalo de Berceo, primer poeta que escribió en castellano, constituye la puerta de entrada a uno de los puntos culminantes de nuestra ruta. Y es que, apenas 3 kilómetros más adelante, el viajero accede hasta la localidad de **San Millán de la Cogolla,** cuna del castellano, conformada por un modesto núcleo urbano y dos excepcionales edificios de visita obligada: los monasterios de Yuso y Suso, reconocidos por la Unesco como Patrimonio de la Humanidad. En Suso, custodiado por los agustinos recoletos, se escribieron las *Glosas Emilianenses,* consideradas como las primeras anotaciones en lengua vernácula a finales del siglo X. La grandiosidad de Yuso o la intimidad religiosa de Suso se ofrecen al forastero en un lugar donde tampoco faltan amplios servicios hosteleros y de restauración. ■

El primer texto castellano se escribió en el monasterio de Suso

La Fiesta del Pimiento

En otoño se celebra en **Nájera** una fiesta que incluye desde degustaciones hasta concursos y demostraciones de asado y pelado tradicional de pimientos. Los establecimientos hoteleros ofrecen pinchos y tapas especiales elaboradas con la roja hortaliza. Además, un cocinero de prestigio internacional es invitado al evento para elaborar ante el público diversos platos con pimientos. Todo ello se armoniza con buen vino, con lo cual el evento atrae no solo a los vecinos de Nájera sino a visitantes de múltiples lugares, interesados por la gastronomía y la enología.

Perlas **negras**

Trufa Negra de Morella

Recorremos de norte a sur las comarcas de Els Ports y El Maestrat o, lo que es lo mismo, el Maestrazgo castellonense, donde la huella del hombre logra abrirse paso en un entorno natural abrupto y apabullante

A lo largo de la ruta no es raro encontrarse con águilas, buitres o cabras hispánicas

Este itinerario por el Maestrazgo de Castellón discurre por pueblos tranquilos que gozan de una suculenta gastronomía local, en la que la Trufa Negra de Morella juega un papel fundamental. Además, a lo largo del trayecto no es raro encontrarse con liebres, ardillas, perdices, codornices, águilas reales, buitres leonados, jabalíes o cabras hispánicas, representantes de una naturaleza agreste.

Arrancamos en **Zorita del Maestrazgo,** que limita con la provincia de Teruel. Aquí se encuentra el santuario de la Virgen de la Balma, enclavado en las entrañas de una cueva. La CV-14, que transcurre paralela al río Bergantes, nos conectará con **Morella,** la capital de la comarca de Els Ports. Si se pasa calor en este tramo, el visitante puede refrescarse en los *tolls*, espacios fluviales destinados al baño.

Los campos de cereal preceden la entrada a Morella, coronada por su robusto castillo y cercada por 1.500 m de muralla del siglo XIV, con seis puertas y 14 torres. Como el tráfico rodado en el centro está restringido, debemos

Completa tu ruta con Guía Repsol

- **Longitud del itinerario propuesto:**
  72 km aprox.
- **Mapa completo de la zona:**
  Guía Repsol de Mapas, pág. 56 D2
- **Información turística, hoteles y restaurantes:**
  Guía Repsol de Turismo, pág. 208
- **Más datos en:**
  www.guiarepsol.com

estacionar el coche en un parking municipal situado fuera del recinto. Si entramos por el Portal de San Miguel, empezaremos la visita en el museo Tiempos de Dinosaurios, que alberga fósiles de reptiles del Cretácico. Por la calle Virgen del Pilar, dejando atrás el Ayuntamiento, llegamos a Blasco de Alagón, una preciosa vía con bajos porticados medievales. Bares de tapas, restaurantes, pastelerías y tiendas de artesanía reclaman también atención.

Visita obligada

El castillo de Morella, construido sobre un recinto defensivo de roca, ocupa el punto más alto de la ciudad. Es una fortificación con restos de todas las civilizaciones que han pasado por allí. En la subida hasta la plaza de armas, situada a 1.072 metros de altitud, se divisa gran parte de la comarca de Els Ports. También alberga el Palacio del Gobernador, el Aljibe y la Torre de la Pardala.

Un órgano con 4.000 tubos

A través de la calle Virgen de Vallivana alcanzaremos la basílica arciprestal de Santa María. En su fachada gótica son dignas de admirar las puertas de los Apóstoles y la de las Vírgenes. Dentro, deslumbran el altar mayor, la escalera de caracol del coro, las vidrieras y el órgano del siglo XVIII, construido por Francisco Turull, con más de 4.000 tubos. En el Museo Eclesiástico se custodian valiosas obras pictóricas y de orfebrería.

Hay muchas posibilidades de hacer excursiones por el término municipal. Tomar la senda que va hacia el Parque Natural de la Tinença de Benifassà o pasar el día en el bosque de Pereroles son dos estupendas opciones. En dirección sur, por la CV-12, nos esperan las abruptas montañas de **Ares del Maestre.** La calzada adquiere un

El castillo de Morella conserva 1.500 metros de muralla del s. XIV

Garita del castillo de Morella

Balconadas de Morella

10% de desnivel durante los dos primeros kilómetros; un magnífico mirador corona la pendiente. El paseo por Ares nos dará ocasión de apreciar su pasado templario. En la plaza Mayor se concentran el Ayuntamiento, la lonja, la cárcel y la Iglesia de la Asunción, con un campanario del siglo XIII. Por detrás de la iglesia se asciende al castillo, donde el Museo de la Cova explica la historia de la población. Desde la cima del peñasco se otean unos generosos bosques de carrascas. Entre las rutas senderistas que se pueden emprender desde aquí, es recomendable el Camino de los Molinos, que recorre vestigios de cinco obras

Mantas tradicionales

Fiesta de la Trufa

Las Jornadas Gastronómicas de la Trufa Negra de **Morella** tienen lugar desde enero a marzo. Para la ocasión, los restaurantes de la ciudad preparan menús dedicados al tubérculo autóctono. La Muestra de la Trufa Negra de Els Ports-Maestrat, a mediados de febrero, es itinerante. En 2012 se celebra en Albocàsser, con degustaciones, concursos, etc.

Ares del Maestre, al pie de la roca con los restos de su antiguo castillo

El paseo por Ares ofrece la ocasión de apreciar su pasado templario

preindustriales de ingeniería hidráulica. También merece la pena conocer las pinturas rupestres de la cueva Remigia, en el barranco de Gasull. Un guía acompaña a los turistas por estos abrigos, decorados con escenas de caza de entre 7.000 y 5.500 años de antigüedad. El punto de acceso, denominado Montalbana, se encuentra en la CV-15, la misma carretera que más adelante enlaza con el desvío hacia **Benassal.** En el centro urbano de esta población emerge el conjunto de La Mola, donde todavía se ve una parte de la vieja muralla y un portal con arco árabe. Los estrechos *carrerons* (calles de estructura irregular) y las casonas nobiliarias barrocas

Tallas góticas de músicos en la basílica de Morella

reviven el ambiente de otras épocas. Saliendo de Benassal por la CV-166 llegaremos al pueblo y balneario de **Font d'En Segures.** De la fuente del pueblo, de tres grifos dorados, cubiertos por una singular bóveda de piedra acabada en punta, emana un agua de gran valor mineromedicinal. Cualquier persona puede ir a probarla.

Y al fondo, el Mediterráneo

Muy cerca está el paraje natural El Rivet, en el que es común avistar aves rapaces sobrevolando el entorno, ocupado por encinas, hiedras y robles valencianos, terrenos de cultivo, manantiales y barrancos.

En unos cuantos minutos arribaremos a **Culla,** la última parada de nuestro viaje. En el casco urbano, situado a 1.121 metros de altitud, despuntan la iglesia del Salvador, (consagrada en 1712), el antiguo Hospital –hoy sala de exposiciones– y la prisión, que sirvió como cárcel en las guerras carlistas y como granero del comendador.

En días claros, desde el mirador del Terrat es incluso posible divisar el mar Mediterráneo. ■

Acueducto de Morella o Sequia Reial

Rincón de la Trufa Negra

La trufa negra o de Périgord *(tuber melasnoporum)* es un hongo subterráneo que se desarrolla en simbiosis con las raíces de ciertos árboles, como la encina, el roble y el avellano. Habita de forma natural en los bosques, aunque cada vez hay más truferas de cultivo, lo que se denomina selvicultura trufera. Su recolecta, realizada con la ayuda de perros adiestrados, va de mediados de noviembre a mediados de marzo. La capa exterior de este tubérculo es rugosa. Su aroma y sabor realzan la textura de los platos. Históricamente, ya fue muy valorada en las épocas griega y romana, además de por su excelente valor culinario, por las propiedades afrodisíacas que se le atribuían.

www.morellaturistica.com

Su valor energético es muy bajo. Su composición es principalmente agua y una pequeña proporción de hidratos de carbono y proteínas. Apenas presenta grasa, aunque su contenido en fibra y potasio es elevado. Consumida en cantidades muy pequeñas, el valor de la trufa es más gastronómico que nutricional.

Fundación Española de la Nutrición

Trufa Negra de Morella

Completa tu ruta con Guía Repsol

- **Longitud del itinerario propuesto:** 88,5 km aprox.
- **Mapa completo de la zona:**
  Guía Repsol de Mapas, pág. 93 C2
- **Información turística, hoteles y restaurantes:**
  Guía Repsol de Turismo, pág. 239
- **Más datos en:**
  www.guiarepsol.com

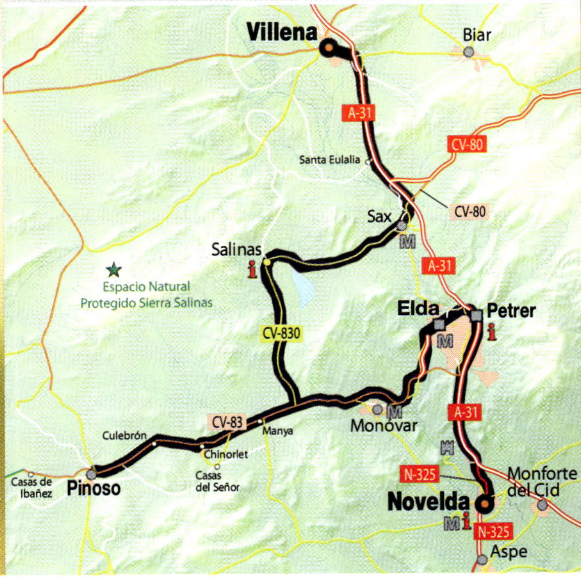

Racimo de **paisajes**

Vinos de Alicante

Las comarcas del Medio y Alto Vinalopó, entre pinares, olivos y almendros, son un gran escenario para practicar enoturismo

Un paisaje escarpado y pedregoso de valles y sierras es el entorno natural de este recorrido

Empezamos el viaje en la comarca del Vinalopó Medio, una zona de orografía accidentada, con valles y sierras que delimitan sus fronteras naturales. Nuestro punto de partida es la población de **Novelda,** cuyos tres pilares económicos –azafrán, mármol y viñas– quedan plasmados en los azulejos que guardan los pórticos de su consistorio. Desde este pueblo parte una interesante ruta por el interior vitivinícola alicantino. Durante todo el trayecto, el viajero podrá visitar no pocas bodegas y degustar los mejores ejemplares de la D.O. Vinos de Alicante.
A escasos 3 km del centro de Novelda se alza, a 360 m de altura por encima del nivel del mar, el Castillo de la Mola, fortaleza de origen almohade. En el mismo cerro se halla el sorprendente santuario de Santa María Magdalena, icono

Escalera del Museo Modernista en Novelda

El santuario de Santa María Magdalena de Novelda es un icono del modernismo

del modernismo construido en piedra tallada, cerámica y vidrieras. Su silueta recuerda a la Sagrada Familia de Gaudí. Para subir hacia **Petrer** es necesario tomar la A-31 dirección Madrid. El paisaje montañoso inunda el horizonte. No es casualidad que el nombre de esta localidad provenga del término romano *petrarium* (pedregoso), que está claramente relacionado con la naturaleza escarpada del entorno. Después, durante la presencia de los árabes, la denominación de la población se transformó en Batrir o Bitrir. Desde el castillo de Petrer, en cuya muralla se excavaron unas peculiares casas-cueva, se observa el

Fiestas de Moros y Cristianos en Villena

espléndido valle del río Vinalopó, así como el magnífico casco histórico coronado por la cúpula azulada de la iglesia de San Bartolomé Apóstol. Junto al templo, en la plaza de Baix, el Museo Dámaso Navarro alberga un valioso mosaico romano de 8 m^2. Es muy recomendable hacer excursiones a pie por los alrededores. Los valles de Caprala y l'Avaiol o la Sierra del Caballo tienen caminos marcados para senderistas. Hay zonas de escalada en Foradà, Penya del Corb, Almadraba, Cid y Penyes de Gorit. Los apasionados del parapente encontrarán su paraíso de vuelo en Els Palomarets. También es curiosa la duna de arena formada en el Almorxó.
Olivos, almendros, viñedos y bodegas flanquean la CV-83 hasta **Pinoso,** población situada en la parte más occidental de la provincia de Alicante, en la frontera con el territorio murciano. Además de la agricultura, en este municipio son importantes las extracciones de sal y mármol. Dar una vuelta por las calles de Pinoso sirve para descubrir la original torre del Reloj y la iglesia parroquial de San Pedro Apóstol, que contiene la imagen de la Virgen del Remedio, patrona de la villa. Por el paseo Constitución se accede a la casa del Vino, centro de exposiciones, reuniones y cursos de catas. Los gigantes Tía Pera y Tío Guerra, dos figuras de cartón piedra tradicionales del lugar, permanecen en el vestíbulo a la espera de participar en las fiestas.

En busca del curso alto del río

Para continuar rumbo al Alto Vinalopó es preciso retroceder hasta el desvío hacia Salinas por la CV-830. Al pasar Sax, la autovía A-31 nos lleva hasta la meta de este itinerario, **Villena,** ciudad presidida por el imponente castillo-atalaya, del siglo XII. El núcleo histórico de la urbe gira en torno a la iglesia de Santiago. Cerca se encuentran dos arterias comerciales: la avenida de la Constitución y la calle Corredera. En esta última se ubica el Rincón del Vino, antiguo quiosco remodelado que informa a los visitantes sobre la enología local. Finalmente, en la calle Luciano López Ferrer se levanta el teatro Chapí. El auditorio debe su nombre al maestro Ruperto Chapí Lorente, ilustre compositor de zarzuelas que nació en Villena en 1851. ■

Fiesta del Vino

El Consejo Regulador de los Vinos de Alicante organiza en **Alicante** a finales de junio, coincidiendo con el solsticio y las Hogueras de San Juan, el Winecanting Summer Festival, que viene a suceder al evento El Verano y los Vinos Alicante. Tiene lugar en los jardines del Museo Arqueológico de la capital alicantina (MARQ) y reúne a más de 20 bodegas y fabricantes de productos gastronómicos de la zona, que ofrecen sus caldos y manjares al público. Pinoso organiza una muestra gastronómica el 13 de febrero en la que hay degustaciones de productos autóctonos y catas de vinos.

Rincón de los Vinos de Alicante

El Consejo Regulador de los Vinos de Alicante agrupa productores del Vinalopó, El Comtat y Marina Alta. La combinación del clima mediterráneo con un gran número de horas de luz al año y tierras fecundas propicia el desarrollo del viñedo en la provincia desde tiempos de los íberos. Actualmente se producen muchas variedades, pero las de mayor implantación son la *moscatel de Alejandría,* la *monastrell* y la *Alicante bouschet.* Entre los vinos, cabe nombrar el Fondillón, un licor de uvas *monastrell* exclusivo de la D.O. de Alicante, y los dulces –moscatel y mistela– de larga tradición.

www.crdo-alicante.org

El vino es característico de la dieta mediterránea. Su contenido en alcohol y azúcar determina su valor calórico. Además, aporta ácidos orgánicos (málico, tartárico y cítrico), antioxidantes, sales minerales y vitaminas del grupo B. Su consumo moderado puede prevenir enfermedades cardiovasculares y ciertos tipos de cáncer.
Fundación Española de la Nutrición

Vinos de Alicante (D.O.)

Guía
Repsol.com

Una completa plataforma de viaje

Toda la experiencia de viaje contenida en la Guía Repsol impresa es sólo el punto de partida hacia el inmenso universo que encontrará en *guiarepsol.com.*
Consulte la **cartografía más completa,** las **propuestas de viaje más tentadoras y la mejor información sobre gastronomía y vino.** A continuación le mostramos la **infinidad de alternativas** de ocio y turismo que la Guía Repsol pone a su disposición para hacer que todos sus viajes y escapadas **sean un éxito.**

Itinerarios gastro-turísticos en *guiarepsol.com*

Donde nacen los mejores sabores

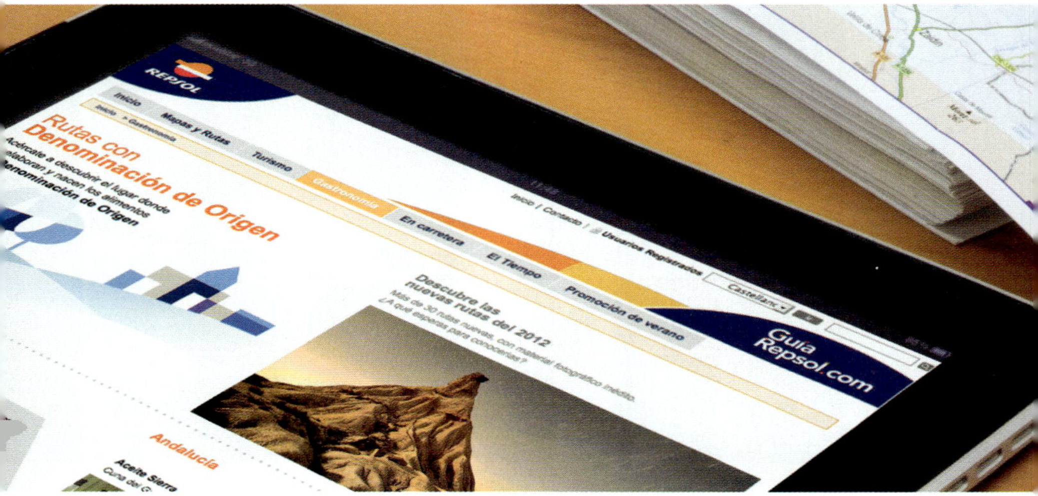

Descubra 136 recorridos gastro-turísticos, ocho por cada Comunidad Autónoma

La Guía Repsol 2012 que tiene en sus manos es una de las partes fundamentales del **universo que Repsol pone a su disposición** para que disfrute al máximo todos sus **viajes y escapadas.** Un año más volvemos a poner toda nuestra ilusión en esta Guía, que hemos imaginado y concebido con toda nuestra capacidad de innovar para dar respuesta a los, cada vez más exigentes, viajeros.

Además de disfrutar de esta Guía llena de propuestas y alternativas, le invitamos a conocer *guiarepsol.com,* donde podrá disponer de más contenidos de calidad, una amplia oferta audiovisual y una dinámica presencia en redes sociales.

En el espacio dedicado a los mejores sabores en *guiarepsol.com* le ofrecemos la posibilidad de **conocer España a través de su riqueza y variedad gastronómica.** Podrá ampliar las 34 rutas que aquí le proponemos, ya que sumamos a éstas las 102 ya existentes y que tiene a su disposición desde 2009 en nuestra web. Un total de **136 originales propuestas gastro-turísticas** para disfrutar alrededor de la selección de los mejores productos con garantías de calidad. La Guía de Rutas con los mejores sabores integra dos de los pilares básicos de la Guía Repsol, el turismo y la gastronomía, proponiéndole así una nueva opción turística en la que los **alimentos españoles más genuinos se convierten en protagonistas del viaje.**

Todas las rutas están **seleccionadas por la Real Academia Española de Gastronomía** y cuentan con la colaboración de los **Consejos Reguladores y las Consejerías de Turismo, Agricultura y Pesca,** y le permitirán trazar interesantes itinerarios a través de la geografía española con la posibilidad de incorporar información de cada zona y así completar estos recorridos de interés turístico singular.

Recorrido audiovisual

Cada recorrido incluye **material audiovisual** de alta calidad: interesantes textos y atractivas fotos para conocer la ruta elegida. Asimismo encontrará información sobre los municipios por los que discurre la ruta: monumentos, paisajes, playas, etc... Así disfrutará de cada kilómetro del itinerario contando con la información más completa. Además, en las 34 rutas de la edición del 2012, le acercamos a **las fiestas populares en las que la gastronomía es la protagonista,** le aconsejamos las mejores fechas para realizar el viaje y qué productos de la ruta son los que no puede dejar de adquirir...
La ruta se completa con una **ficha nutricional** del alimento protagonista elaborada por la **Fundación Española de la Nutrición.**

Guía de los Mejores Vinos 2012 en *guiarepsol.com*

Viaje por los paisajes del vino

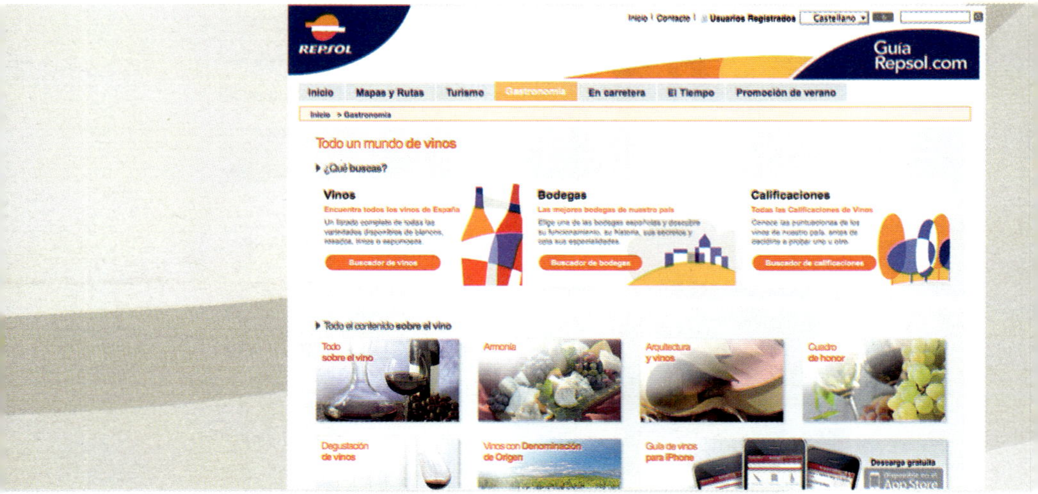

Conozca los mejores vinos y disfrute de todo el proceso, desde la vendimia hasta la cata

Nuestro país es uno de los grandes del mundo en cultura vitivinícola, con una larga tradición y un papel destacado a nivel internacional. Por eso desde *guiarepsol.com* le invitamos a realizar un **viaje** por el **amplio paisaje de las denominaciones de origen** que salpican la geografía española, así como por el interesante ritual que rodea a este mundo, desde el proceso de elaboración hasta el momento de la cata. Si usted es ya aficionado a este interesante universo o quiere adentrarse en él, encontrará en Guía Repsol toda la **experiencia y conocimiento** de los más destacados expertos en esta materia.

Viajar a través del vino es otra forma de hacer turismo. Por eso, una de las grandes apuestas de *guiarepsol.com* es el contenido digital en torno a él; un espacio ambicioso más allá del básico buscador de vinos.

En *guiarepsol.com* podrá **consultar cerca de 2.000 caldos,** los valorados entre 85 y 100 puntos en los procesos de cata a ciegas que elaboran los expertos enólogos de Guía Repsol a lo largo del año. Asimismo encontrará todos los detalles sobre los vinos mejor calificados, información de las distintas denominaciones de origen y multitud de detalles sobre las delicias vinícolas de España.

El origen del buen vino

En nuestra página web podrá disfrutar de un apasionante e interesante recorrido por las bodegas españolas más emblemáticas, los secretos de las mejores añadas o descubrir el proceso de elaboración del vino desde la vendimia hasta el embotellado. La armonía gastronómica, destinos enoturísticos y el binomio arquitectura y vino son otras de las temáticas con las que desde Guía Repsol queremos contribuir a la **divulgación de la cultura del vino en España.**

Y como lo más importante del vino es catarlo, recorremos con usted los pasos de una cata y le ayudamos a elegir las mejores copas donde degustarlo, sin olvidar el vocabulario y la terminología que rodean la liturgia del vino. Con los **consejos de Guía Repsol** estará a la altura de los **mejores sumilleres.**

Cuadro de honor de los mejores vinos

Todos los vinos aquí presentados tienen tipo de calificación 'Denominación de Origen', excepto los siguientes:
* Vinos de la Tierra
** Asociación Interprofesional D.O. Vitivinícola

Guía Repsol le invita a disfrutar de los mejores caldos de cada Comunidad Autónoma. Los vinos aquí referenciados son aquellos que han obtenido una calificación superior a 95 puntos en las catas a ciegas que el equipo de expertos de la Guía lleva a cabo a lo largo del año. Se trata de una cuidada selección de los caldos más destacados del panorama nacional. Esta información, coordinada y supervisada por la Real Academia Española de Gastronomía y avalada por el juicio experto de los mejores profesionales, le permitirá adentrarse en el mundo del vino con mayúsculas.

Andalucía

Calificación	Bodega	Vino	Año	Puntuación
Jerez y Manzanilla[1]	Bodegas Barbadillo	Amontillado		96
Jerez y Manzanilla[1]	Bodegas Barbadillo	Obispo Gascón		95
Jerez y Manzanilla[1]	Bodegas Barbadillo	Solear		95
Jerez y Manzanilla[1]	Bodegas Tradición	Palo Cortado Tradición V.O.R.S.		95
Jerez y Manzanilla[1]	Federico Paternina División Jerez	Imperial		95
Jerez y Manzanilla[1]	Gonzalez Byass	Añada 1982	1982	95
Jerez y Manzanilla[1]	Gonzalez Byass	Noé		96
Jerez y Manzanilla[1]	Hidalgo	Fino La Panesa		96
Jerez y Manzanilla[1]	Osborne	Pedro Ximenez Viejo		96
Montilla-Moriles	Alvear	Pedro Ximenez	2000	96

[1] Jerez-Xérèz-Sherry y Manzanilla de Sanlúcar de Barrameda

Aragón

Calificación	Bodega	Vino	Año	Puntuación
Somontano	Enate (Viñedos y Crianzas del Alto Aragón S.A.)	Enate Uno Chardonnay	2006	95
Campo de Borja	Bodegas Alto Moncayo	Aquilon	2008	94
Somontano	Viñas del Vero (Blecua)	Blecua	2005	94
Calatayud	Bodegas Ateca	Atteca Armas	2008	
Campo de Borja	Borsao	Borsao Tres Picos	2009	93
Cariñena	Pago Aylés	Aylés	2007	93
Somontano	Enate (Viñedos y Crianzas del Alto Aragón S.A.)	Enate Uno Tinto	2005	93
Somontano	Proconsol Bodegas Irius	Absum Colección Merlot	2007	93
Campo de Borja	Bodegas Alto Moncayo	Alto Moncayo	2009	92
Somontano	Pirineos	Marbore	2009	92

Baleares

Calificación	Bodega	Vino	Año	Puntuación
Binissalem	Bodegas José L. Ferrer	José L. Ferrer	2008	92
Binissalem	Bodegas José L. Ferrer	Veritas Dolc	2010	91
Binissalem	Bodegues Macia Batle	Macià Batle	2007	91
Pla i Llevant	Jaume Mesquida de Mallorca S.A.	Jaume Mesquida	2006	91
Pla i Llevant	Vins Miquel Gelabert	Chardonnay Roure	2009	92
Pla i Llevant	Vins Miquel Gelabert	Gran Vinya Son Caules	2005	91
Pla i Llevant	Vinyes i Bodegues Miquel Oliver	Ses Ferritges	2007	91
Mallorca *	4 Kilos Vinícola S.L	12 Volts	2009	92
Mallorca *	4 Kilos Vinícola S.L	4 Kilos	2009	93
Mallorca *	Vins Nadal S.L	Coupage 110	2008	91

* Vinos de la Tierra

Canarias

Calificación	Bodega	Vino	Año	Puntuación
Lanzarote	Bodegas Stratvs	Malvasía Naturalmente Dulce	2008	93
La Palma	Llanovid S. Coop. Ltda	Teneguía	2010	92
La Palma	Llanovid S. Coop. Ltda	Teneguía Malvasía Dulce	2006	92
La Palma	Llanovid S. Coop. Ltda	Teneguía Malvasía Dulce	2008	92
Lanzarote	El Grifo	Canari		92
La Palma	Llanovid S. Coop. Ltda	Teneguía Malvasía Dulce	2010	91
Lanzarote	Bodega La Geria	Malvasía Blanco Seco Manto	2010	91
Lanzarote	Bodegas Los Bermejos	Moscatel Naturalmente Dulce Bermejo		91
Lanzarote	Bodegas Stratvs	Malvasía Seco	2010	91
Lanzarote	Bodegas Stratvs	Moscatel	2009	91

Castilla-La Mancha

Calificación	Bodega	Vino	Año	Puntuación
Valdepeñas **	Félix Solís S.A	Albali Arium	2004	94
Dehesa del Carrizal	Dehesa del Carrizal	Dehesa del Carrizal	2009	94
La Mancha	El Vínculo (Grupo Pesquera)	El Vínculo	2006	95
La Mancha	El Vínculo (Grupo Pesquera)	El Vínculo	2005	95
La Mancha	El Vínculo (Grupo Pesquera)	El Vínculo. Alejairen	2009	94
Castilla *	Bodegas Calar	Calar del Río Mundo	2008	94
Castilla *	Bodegas y Viñedos Pinuaga	Pinuaga	2008	94
Castilla *	Pago de Vallegarcía	Hipperia	2007	96
Castilla *	Pago de Vallegarcía	Vallegarcía Syrah	2008	92
Castilla *	Pago de Vallegarcía	Vallegarcía Viognier	2009	95

* Vinos de la Tierra ** Asociación Interprofesional D.O. Vitivinícola

Castilla y León

Calificación	Bodega	Vino	Año	Puntuación
Ribera del Duero	Dominio de Pingus	Pingus	2009	98
Ribera del Duero	Bodegas Vega Sicilia S.A.	Vega Sicilia Único	2002	98
Toro	Bodega Numanthia Termes	Termanthia	2009	97
Ribera del Duero	Bodegas Vega Sicilia S.A.	Vega Sicilia Único Reserva Especial		97
Ribera del Duero	Dominio de Atauta	Dominio de Atauta Valdegatiles	2007	96
Toro	Bodegas Fariña	Gran Colegiata Campus	2006	96
Ribera del Duero	Bodegas Valdubón S.L.	Honoris	2006	96
Bierzo	Descendientes de J. Palacios	La Faraona	2009	96
Ribera del Duero	Bodegas Emilio Moro S.L.	Malleolus de Sanchomartín	2008	96
Ribera del Duero	Alejandro Fernández	Tinto Pesquera	2003	96

Cataluña

Calificación	Bodega	Vino	Año	Puntuación
Priorato	Alvaro Palacios, S.L.	L'ermita	2009	98
Priorato	Clos i Terrasses	Clos Erasmus	2005	97
Cava	Cavas Freixenet	Elyssia		97
Cava	Juve y Camps	Gran Juve Camps	2008	96
Conca de Barberà	Torres	Grans Muralles	2007	96
Cava	Bodegues Sumarroca	Cava Sumarroca Gran Brut Allier	2006	95
Cava	Agustí Torelló	Gran Brut Trepat	2008	95
Conca de Barberà	Torres	Milmanda	2009	95
Penedès	Torelló	Petjades	2010	95
Penedès	Torres	Reserva Real	2007	95

Comunidad Valenciana

Calificación	Bodega	Vino	Año	Puntuación
Alicante	Bodegas Bernabé Navarro	Beryna	2008	92
Alicante	Bodegas Bernabé Navarro	Beryna Selección	2006	92
Alicante	Bodegas y Viñedos El Sequé	El Sequé	2009	92
Alicante	Enrique Mendoza	Enrique Mendoza Reserva Santa Rosa	2006	93
Alicante	Enrique Mendoza	Estrecho	2006	93
Utiel-Requena	Cerro Gallina	Cerro Gallina	2008	92
Valencia	Celler del Roure	Maduresa	2007	93
Dop El Terrerazo	Bodega Mustiguillo S.A.	Finca Terrerazo	2009	94
Dop El Terrerazo	Bodega Mustiguillo S.A.	Quincha Corral	2009	94
Utiel-Requena	Bodegas Hispano Suizas	Bassus	2008	92

Extremadura

Calificación	Bodega	Vino	Año	Puntuación
Ribera del Guadiana	Viña Santa Marina	Torremayor	2008	94
Extremadura	Bodegas Habla	Habla Nº 7	2007	93
Ribera del Guadiana	Pago Los Balancines	Huno	2008	93
Ribera del Guadiana	Pago Los Balancines	Huno Matanegra	2009	93
Extremadura	Viña Santa Marina	Miraculus	2007	93
Ribera del Guadiana	Pago Los Balancines	Salitre	2009	93
Ribera del Guadiana	Las Granadas Coronadas	Torre Julia	2006	93
Ribera del Guadiana	Viña Santa Marina	Torremayor Reserva	2005	93
Extremadura	Bodegas Habla	Habla Nº 8	2008	92
Ribera del Guadiana	Las Granadas Coronadas	Taryala	2008	92

Galicia

Calificación	Bodega	Vino	Año	Puntuación
Rías Baixas	Pazo de Señorans	Pazo Señorans	2004	96
Rías Baixas	Bodegas Martín Codax	Organistrum	2009	95
Monterrey	Gargalo S.L.	Terra do Gargalo	2009	95
Valdeorras	Rafael Palacios	As Sortes	2009	94
Valdeorras	Bodegas Avanthia	Avanthia Godello	2010	94
Rías Baixas	Red Bottle International	Elas	2010	94
Rías Baixas	Bodegas Martín Codax	Martín Codax	2010	94
Rías Baixas	Viña Nora	Nora da Neve	2008	94
Rías Baixas	Paco & Lola	Paco & Lola	2010	94
Ribeiro	Producions Amodiño	Sanclodio	2010	94

La Rioja

Calificación	Bodega	Vino	Año	Puntuación
Rioja	Bodegas Contador	Contador	2009	99
Rioja	Sierra Cantabria (Grupo Eguren)	Amancio	2008	96
Rioja	Muga	Aro	2006	96
Rioja	Finca Allende S.L.	Aurus	2008	96
Rioja	Bodegas Roda S.A.	Cirsión	2009	96
Rioja	Bodegas Marqués de Murrieta	Dalmau	2007	96
Rioja	Sierra Cantabria (Grupo Eguren)	Finca El Bosque	2008	96
Rioja	Bodegas Contador	La Viña de Andrés Romeo	2009	96
Rioja	C.V.N.E.	Real de Asua	2005	95
Rioja	Marqués de Cáceres	Gaudium Gran Vino	2005	95

Madrid

Calificación	Bodega	Vino	Año	Puntuación
Vinos de Madrid	Bodega Bernabeleva	Cantocuerdas	2009	93
Vinos de Madrid	Bodega y Viñedos Gosálbez-Orti	Qubel Nature	2004	92
Vinos de Madrid	Bodegas Licinia S.L.	Licinia	2008	93
Vinos de Madrid	Bodegas Orusco S.L.	Armonium	2008	92
Vinos de Madrid	Tagonius	Tagonius	2008	91
Vinos de Madrid	Vinos Jeromín	Félix Martínez Cepas Viejas	2006	92
Vinos de Madrid	Vinos Jeromín	Manu	2005	92
Vinos de Madrid	Vinos y Aceites Laguna S.L.	Alma De Valdeguerra	2010	91
Vinos de Madrid	Viña Reyes Magos	Oicos	2008	92
Vinos de Madrid	Viñas de El Regajal	El Regajal	2009	93

Murcia

Calificación	Bodega	Vino	Año	Puntuación
Jumilla	Bodegas El Nido	El Nido	2008	96
Jumilla	Bodegas El Nido	Clio	2008	93
Jumilla	Bodegas Luzón	Alma de Luzón	2005	92
Jumilla	Propiedad Vitícola Casa Castillo	Casa Castillo Pie Franco	2008	92
Bullas	Molino y Lagares de Bullas	Lavia+	2007	92
Jumilla	Viñedos y Bodegas JM Martínez Verdu (Bodegas Xenysel)	Calzás	2008	91
Jumilla	Viñas de La Casa del Rico	Gorgocil	2008	91
Jumilla	Bodegas Juan Gil	Juan Gil	2009	91
Bullas	Molino y Lagares de Bullas	Lavia+	2006	91
Jumilla	Finca Omblancas	Omblancas	2006	91

Navarra

Calificación	Bodega	Vino	Año	Puntuación
Navarra	Chivite	Chivite Colección 125. Vendimia Tardía	2008	96
Navarra	Chivite	Chivite Colección 125	2008	95
Navarra	Bodega Otazu	Palacio de Otazu Vitral	2004	95
Navarra	Chivite	Chivite Colección 125	2006	94
Navarra	Iñaki Nuñez	Pago de Cirsus Opus II	2007	94
Navarra	Señorío de Andión	Señorío de Andión	2006	94
Navarra	Chivite	Chivite Colección 125	2007	93
Navarra	Iñaki Nuñez	Pago de Cirsus Moscatel	2007	93
Ribera del Queiles	Bodegas Guelbenzu	Guelbenzu Lautus	2005	92
Pago de Otazu	Bodega Otazu	Señorío de Otazu	2006	92

País Vasco

Calificación	Bodega	Vino	Año	Puntuación
Rioja	Vinos de los Herederos del Marqués de Riscal S.A.	Barón de Chirel	2005	98
Rioja	Vinos de los Herederos del Marqués de Riscal S.A.	Marqués de Riscal 150 Aniversario	2001	98
Rioja	Bodegas y Viñedos Artadi	Viña El Pisón	2009	97
Rioja	Viñedos de Páganos	La Nieta	2008	96
Rioja	Vinos de los Herederos del Marqués de Riscal S.A.	Marqués de Riscal	2004	96
Rioja	Bodegas Amaren	Amaren	2005	95
Rioja	Bodegas y Viñedos Artadi	Artadi El Carretil	2009	95
Rioja	Bodegas y Viñedos Artadi	Artadi Pagos Viejos	2009	95
Rioja	Viñedos del Contino S.A.	Contino	2009	95
Rioja	Bodegas Ysios	Ysios Edición Limitada	2007	95

Destinos adaptados a cada viajero en *guiarepsol.com*

Turismo para todo tipo de experiencias

Descubra todos los destinos adaptados a cualquier tipo de viajero

En *guiarepsol.com* le invitamos a disfrutar de los rincones más emblemáticos de España y Portugal en interesantes **sugerencias semanales, escapadas temáticas** y **visitas a ciudades imprescindibles en 48 horas.** Además, le ofrecemos la posibilidad de descubrir infinidad de destinos a través de **detallados reportajes** con una **importante carga audiovisual,** pensados para que planifique el viaje perfecto y disfrute del mismo en cualquier época del año.

Las propuestas turísticas de Guía Repsol en internet se **adaptan** tanto a los diferentes perfiles de viajeros como a las distintas **estaciones del año.** Encontrar el destino es sencillo, sólo deberá responder a tres preguntas:

1. **¿De cuánto tiempo dispone?:** un día, dos o más.
2. **¿Con quién realiza el viaje?:** en familia, con amigos o en pareja.
3. **¿Dónde viaja?:** a la costa, a la montaña o a la ciudad.

Con una oferta tan variada, puede resultarle difícil decidirse por alguno de los destinos que le ofrecemos. Por eso ponemos a su disposición nuestro ***«Top Ten»,*** donde encontrará las mejores propuestas de cada temporada. Esta cuidada selección, en **constante renovación,** le ofrece infinidad de destinos para cada estación del año. Las mejores playas en verano, las pistas de esquí imprescindibles para los amantes de los deportes de invierno, escapadas de naturaleza y montaña en primavera, castillos, paisajes...

Un plan de viaje para todos

Y si lo tiene muy claro ponemos a su disposición los **buscadores más exhaustivos:** municipios, espacios naturales, fiestas y campos de golf. Cualquier destino a tan sólo un *click* de distancia.

Cada semana queremos hacerle soñar con multitud de destinos. Suscribiéndose al **Boletín de Guía Repsol** recibirá completas y variadas propuestas viajeras todos los **fines de semana.**

Más de **340.000 viajeros** ya disfrutan de este cómodo servicio. Y es que la propuesta es tentadora: todo un plan de viaje en su correo electrónico, con las mejores recomendaciones temáticas de *guiarepsol.com* y **todas las claves para hacer turismo** sin olvidar ningún detalle: dónde viajar, qué visitar, dónde comer, dónde alojarse y qué no hay que perderse.

La mejor gastronomía y todos los Soles Repsol en *guiarepsol.com*

Maestros de mesas excelentes

La gastronomía es uno de los pilares básicos de la oferta de la Guía Repsol. Y es que, desde hace más de 30 años, Repsol ha sabido apreciar el enorme patrimonio culinario español, considerándolo una parte esencial de nuestra cultura y un valor para el turismo: un atractivo imprescindible a la hora de elegir un determinado destino. Por eso **apostamos por la mejor gastronomía** seleccionando para usted los restaurantes más destacados del año y **distinguiendo con Soles Repsol las mejores mesas** de cada edición.

Los contenidos de la Guía impresa se amplían y completan en la versión digital con un **mayor número de establecimientos seleccionados** y valoraciones en profundidad. El exhaustivo buscador de *guiarepsol.com* le permitirá **localizar los mejores restaurantes** de cada localidad y le facilita información sobre precios, tipo de comida, datos de contacto, servicios ofrecidos, valoración sobre los productos usados, servicio de mesa o sala... Además podrá consultar el mapa para llegar al local y contará con enlaces a reportajes relacionados.

Disfrute de la mejor gastronomía y todos los Soles Repsol 2012

Son nuestros cocineros quienes mejor ejercen el papel de embajadores de la gastronomía española. Por ese motivo, *guiarepsol.com* les ha dedicado un espacio muy especial: la **sección De Sol a Sol,** una **producción audiovisual de alta calidad,** donde los cocineros hacen de guía para usted, descubriéndole rincones gastronómicos y turísticos singulares. Grandes chefs ya consolidados y jóvenes maestros que han demostrado tener una gran creatividad abren las puertas de sus restaurantes a *guiarepsol.com*. En esta **serie de 22 vídeos** exclusivos nos desvelan sus secretos de cocina, los restaurantes que les gusta visitar, dan su visión sobre otros compañeros y nos muestran los lugares favoritos de su ciudad o a qué dedican su tiempo de ocio.

Estos originales vídeos revelan una visión más personal sobre los **cocineros galardonados con 3 Soles Repsol** y quizás descubra de dónde surge su inspiración a la hora de elaborar sus creaciones.

En *guiarepsol.com* encontrará un espacio donde conocer las últimas novedades y las tendencias culinarias de vanguardia, descubrir los restaurantes más prestigiosos o todo sobre los encuentros gastronómicos más relevantes. La **actualidad gastronómica** se da cita semanalmente en el **blog Cuchara de Palo.** De la mano de la Real Academia Española de Gastronomía, podrá viajar por los ricos sabores de la Península y descubrir los secretos mejor guardados en forma de recetas, opiniones de los expertos más relevantes, las aperturas de nuevos restaurantes, novedades y ferias gastronómicas, etc. Cuchara de Palo está creado para los paladares más exigentes.

Guía Repsol recorre con usted toda nuestra formidable herencia gastro-turística y le invita a disfrutar de estos caminos que, seguro, dejarán un recuerdo imborrable en su paladar.

Guía Repsol para smartphones y tablets

La Guía que se mueve contigo

Descargue las aplicaciones gratuitas de Guía Repsol para tablets y smartphones

Gran parte del universo viajero que Repsol le ofrece está también **disponible para los dispositivos más vanguardistas** en la actualidad: el **iPod, iPad** y smartphone de **Nokia.** Nuestro objetivo ha sido siempre hacer más cómodos y sencillos sus viajes y escapadas. Por eso ponemos a su disposición nuestros **contenidos para soportes móviles de forma gratuita.** Y es que tener como compañera de viaje a la Guía Repsol en cualquier momento y lugar, es una de las mayores ventajas para cualquier viajero.

En Guía Repsol hemos desarrollado novedosas aplicaciones con el fin de que saque el máximo partido a todos sus desplazamientos: ***Guía Repsol Restaurantes*** y ***Guía Repsol de los Mejores Vinos.*** La primera le ofrece, tanto en iPhone como en iPad, la información más útil y completa sobre los cerca de 2.100 restaurantes, los más de 2.000 hoteles y las 3.600 estaciones de servicio Repsol, Campsa y Petronor que ofrece *guiarepsol.com*. Podrá acceder a los datos más importantes de los establecimientos consultados a través de sencillas fichas: dirección, teléfono, página web, horarios, precios y servicios más destacados. También podrá consultar todos los **Soles Repsol,** galardón que cada año reconoce las mejores mesas del país y que concede la Guía Repsol con el consenso de la **Real Academia Española de Gastronomía** y la **Cofradía de la Buena Mesa.**

En la ***Guía Repsol de los Mejores Vinos*** escogemos para usted lo más representativo del mundo del vino en España: **1.500 vinos y 655 bodegas.** Se trata de la selección más rigurosa y representativa del mundo del vino en nuestro país. Esta aplicación, también disponible para ambos soportes de Apple, es cómoda e intuitiva y contiene todas las novedades sobre el mundo del vino para que no se pierda ningún detalle sobre este interesante universo.

Los filtros de búsqueda permiten consultar los caldos por nombre, tipo de vino, puntuación, calificación, añada, Comunidad Autónoma y precio. Las fichas de los mismos incluyen su cata, procedencia, calificación, con qué combinarlo y la temperatura óptima de consumo.

Ubique los mejores servicios

Las aplicaciones de Guía Repsol tanto para iPad como para iPhone o Nokia, disponen de un **buscador por proximidad con geolocalización,** así el dispositivo encontrará su posición en el mapa y localizará para usted los lugares de interés más próximos a su posición.

Para descargar estas nuevas aplicaciones de Guía Repsol sólo debe entrar en *Apple Store* o en la tienda online de Nokia y, de una manera muy sencilla, podrá empezar a disfrutar de nuestros contenidos donde y cuando quiera.

Edita
Repsol YPF, S. A.

Realización
GyJ España S. L., S. en C.

Diseño, Maquetación y producción
Manuel Estrada Design
GyJ España S. L., S. en C.

Impresión
Dédalo Offset S.L.

ISBN
978-84-87980-31-2

Depósito legal
M-41437-2011

FEN
FUNDACIÓN ESPAÑOLA DE LA NUTRICIÓN
Miembro español de «The European Nutrition Foundations Network»

La información de los productos en torno a los que discurre el trazado de las rutas, así como los logotipos de cada uno de ellos, han sido proporcionados por los Consejos Reguladores y las diferentes Consejerías de las Comunidades Autónomas.

Los comentarios nutricionales que se dan de cada uno de los productos en el Rincón han sido realizados por la Fundación Española de la Nutrición.

Autores: Susana del Pozo de la Calle, Emma Ruiz Moreno, Teresa Valero Gaspar, José Manuel Ávila Torres y Gregorio Varela Moreiras.

NOTA:

Las páginas indicadas en la información práctica de 'Completa tu ruta con Guía Repsol' en cada una de las rutas pueden variar en las ediciones posteriores de la GUÍA REPSOL.

No está permitida la reproducción total o parcial de esta Guía ni su tratamiento informático, ni la transmisión de ninguna forma o por cualquier medio, ya sea electrónico, mecánico, fotoquímico, magnético, electroóptico, por fotocopia, por registro u otros medios sin el permiso previo y por escrito de los titulares del copyright.

Guía Repsol

Turismo con los mejores restaurantes

Bienvenido a la GUÍA REPSOL 2012, una nueva forma de viajar. Esta guía es el resultado de una nueva etapa que iniciamos con un espíritu renovado, pero avalados por la madurez y la experiencia de más de 30 años acompañando a los viajeros más exigentes. Y en esta edición, además, con el orgullo de haber sido la primera publicación de viajes reconocida con la Placa al Mérito Turístico, un galardón que concede el Gobierno de España a quienes destacan por su trabajo en beneficio del turismo en nuestro país.

Una vez más se renueva el compromiso de Repsol con el mundo del turismo y la gastronomía, manteniendo el objetivo de seguir liderando la planificación y el disfrute del viaje. La Guía, que **reduce su tamaño, también se hace más cómoda, visual, práctica y actual,** pero sin perder la rigurosidad que siempre la ha caracterizado. Seguimos apostando por ofrecer información de calidad y contenidos repletos de itinerarios y propuestas novedosas adaptadas a las necesidades de todos los viajeros, presentando tres guías imprescindibles para disfrutar del viaje: la Guía de **Mapas de carreteras de España y Portugal,** la de **Turismo con los mejores restaurantes** y la de **Rutas con los mejores sabores,** donde encontrará las sugerencias turísticas y gastronómicas más atractivas e interesantes.

La Guía Repsol de Mapas de carreteras de España y Portugal incluye cartografía totalmente actualizada y planos de las principales ciudades. Los mapas, en cómodos desplegables, **mantienen la escala 1:300.000** para asegurar el máximo detalle en todas las búsquedas. Hemos creado una Guía a la medida de sus necesidades, haciendo sencilla cualquier consulta pero garantizando la precisión y la calidad de la información que siempre nos ha caracterizado.

La Guía Repsol de Turismo con los mejores restaurantes adquiere identidad propia y se separa de la Guía de Mapas por primera vez desde su nacimiento. Esta edición aglutina toda su experiencia en materia de gastronomía y turismo en un volumen independiente. Incluye información de interés sobre más de 1.000 localidades y cerca de 500 hoteles singulares por su arquitectura o emplazamiento e información sobre las cadenas hoteleras más destacadas. Recoge además más de 1.500 restaurantes seleccionados y valorados por la **Real Academia Española de Gastronomía** y la **Cofradía de la Buena Mesa. La Guía Repsol 2012,** asimismo, **distingue a 381** establecimientos con los prestigiosos **Soles Repsol,** símbolo de la excelencia culinaria en España. Como novedad, **incorpora material fotográfico** de los destinos más interesantes, enriqueciendo así la información y haciendo más sugerente cualquier propuesta turística.

La Guía de Rutas con los mejores sabores presenta una interesante manera de viajar a través de los productos más genuinos, con la que el viajero descubrirá el lugar donde nacen los sabores más auténticos de España. Se trata de 34 rutas inéditas, dos por cada Comunidad Autónoma, donde el producto seleccionado será el pretexto para disfrutar de aquellos rincones de nuestro país que guardan los sabores de la tierra, sus paisajes, sus fiestas y sus gentes.

Toda la experiencia de viaje contenida en la Guía Repsol en formato impreso es sólo el punto de partida hacia el inmenso universo para viajar que encontrará en *www.guiarepsol.com*. Más de tres millones de usuarios al mes consultan la **cartografía más completa,** las **propuestas de viaje más tentadoras y la mejor información gastronómica,** convirtiendo este espacio en el portal líder en materia de ocio y turismo.

La Guía Repsol continúa haciendo del **mundo del vino uno de sus contenidos más importantes,** pero este año es en su versión digital donde cuenta con un completo espacio en el que se pueden consultar los caldos más destacados y conocer todos los procesos que rodean este interesante universo, desde la vendimia hasta la cata, sin olvidar los paisajes y la arquitectura que salpican la amplia geografía de las denominaciones de origen.

Toda la información sobre turismo, gastronomía y el mundo del vino está disponible en los dispositivos más vanguardistas. Miles de usuarios disfrutan ya de las aplicaciones gratuitas de Guía Repsol para iPhone, iPad y ahora también en *smartphones* de Nokia. Además, le invitamos a compartir experiencias, destinos y opiniones en nuestros perfiles de Facebook y Twitter. Con los soportes digitales de la Guía Repsol reinventamos el viaje por España.

Un año más, hemos puesto toda nuestra ilusión en esta guía y en los medios digitales que la completan para ser el mejor compañero de viaje y compartir con usted kilómetros de experiencias.

Información gastronómica

La **Guía Repsol,** ya desde su primera edición hace más de 30 años, ha sabido apreciar el importante patrimonio gastronómico de nuestro país y así lo ha querido transmitir a los viajeros a los que ha acompañado durante décadas. Por ese motivo, y con el apoyo en exclusiva de la **Real Academia Española de Gastronomía** y la **Cofradía de la Buena Mesa,** anualmente hace una selección de los restaurantes más destacados de España, Portugal, Andorra y Sur de Francia.

Los restaurantes de la Guía Repsol

Cada año, estas dos instituciones, apoyadas por la existencia de Academias Autonómicas en las diferentes comunidades, establecen los restaurantes que entran a formar parte de la prestigiosa lista de establecimientos seleccionados en cada edición de la Guía Repsol.

La inclusión de un restaurante en la Guía debe pasar por un proceso de selección riguroso, nunca supeditado al criterio exclusivo de una sola persona. La selección y clasificación de los restaurantes pasa por un primer tamiz: las sugerencias de las distintas Academias Autonómicas y, en paralelo, los inspectores de la Academia y la Cofradía de la Buena Mesa llevan a cabo sus propuestas.

La excelencia culinaria, la calidad de la materia prima y su ejecución, el respeto por la cocina de la región y la incorporación de productos frescos de la zona, la sencillez en la elaboración de los platos, la carta de los vinos, el servicio de mesa y de sala, así como la presentación, son alguno de los criterios a los que obedece este estricto proceso de selección. Sin olvidar la importancia que desde el punto de vista turístico pueda tener el municipio y el nivel gastronómico de la zona.

Soles Repsol

Los mejores restaurantes del año son calificados con Soles Repsol, sinónimo de la mayor calidad gastronómica en España, que distinguen al establecimiento como una apuesta segura por la buena mesa y acreditan la alta calidad de su cocina.

Categorías

☼☼☼ **Tres Soles:** distinguen a los mejores restaurantes del año.

☼☼ **Dos Soles:** garantizan una calidad excelente en cocina.

☼ **Un Sol:** lo obtienen los locales con una excelente calidad y variedad de platos.

En cuanto a los restaurantes ®, son lugares interesantes por su estilo de cocina tradicional o vanguardista, emplazamiento, servicio y bodega, historia, trayectoria, o por estar de moda.

Todos los establecimientos que figuran en la prestigiosa **Guía Repsol** y que por tanto han superado el riguroso examen de la **Real Academia Española de Gastronomía** y la **Cofradía de la Buena Mesa,** lucen un distintivo que les acredita como restaurante seleccionado cuya oferta gastronómica aparece avalada por los mejores expertos.

A continuación, detallamos los miembros que componen ambas instituciones, así como el listado de los mejores restaurantes de España, Andorra, Portugal y sur de Francia calificados con uno, dos o tres Soles Repsol, en esta edición de **Guía Repsol 2012.**

Real Academia Española de Gastronomía y Cofradía de la Buena Mesa

La Real Academia Española de Gastronomía y la Cofradía de la Buena Mesa están integradas por profesionales de diferentes sectores a los que une un especial interés por la gastronomía, miembros de las Academias de cada una de las Comunidades Autónomas y colaboradores independientes que, entre otras funciones, revisan, evalúan y seleccionan los restaurantes que aparecerán en cada edición de la Guía.

Real Academia Española de Gastronomía

www.academiagastronomia.com

Académicos de número

Presidente: Sr. D. Rafael Ansón.
Vicepresidente: Sr. D. Carlos Falcó, marqués de Griñón.
Secretario general: Sr. D. Alfonso Cortina.
Tesorero: Sr. D. Santiago Foncillas.

Sr. D. Ferran Adrià; Sr. D. Cristino Álvarez; Sr. D. David Álvarez; Sr. D. Gonzalo Anes; Sr. D. Ignacio Bayón; Sr. D. Luis Miguel Beneyto; Sr. D. José Carlos Capel; Sra. Dª. Teresa de la Cierva; Sr. D. Alberto Corazón; Sra. Dª. Sol Daurella; Sr. D. Ismael Díaz Yubero; Sr. D. Valentín Fuster; Sr. D. Manuel Garaizábal; Sr. D. Miguel Garrido; Sra. Dª. María Jesús Gil de Antuñano; Sra. Dª. Clara María González Amezúa; Sra. Dª. Carmen Iglesias; Sr. D. Luis Infante; Sra. Dª. Ana Alonso de Letamendía; Sr. D. Íñigo Méndez de Vigo, barón de Claret; Sr. D. Ramón de Miguel; Sra. Dª. María Isabel Mijares; Sr. D. Eduardo Montes; Sra. Dª. Ymelda Moreno Arteaga, marquesa de Poza; Sra. Dª. Teresa Muguruza; Sr. D. Marcelino Oreja; Sr. D. Federico Palacios; Sr. D. Juan Antonio Pérez Ramírez; Sra. Dª. Lourdes Plana; Sr. D. José Antonio Quiroga; Sr. D. Leopoldo Rodes; Sr. D. Juan Rodríguez-Inciarte; Sr. D. Juan Antonio Sagardoy; Sra. Dª. Sesé San Martín; Sr. D. Víctor de la Serna; Sra. Dª. Carmen Simón Palmer; Sr. D. Gonzalo Sol; Sra. Dª. Paloma Soria; Sr. D. Gregorio Varela Moreiras; Sra. Dª. Almudena Villegas.

Académicos supernumerarios

Sr. duque de Ahumada; Sr. D. Alberto Alcocer; Sr. D. Pablo Amate; Sr. D. Gustavo de Arístegui; Sr. D. Juan Manuel Bellver; Srta. Dª. Patricia Capel; Sr. D. José Ángel Cortés; Sr. D. Alberto Cortina; Sr. D. Lorenzo Díaz; Sra. Dª. Xandra Falcó, marquesa de Mirabel; Sr. D. Pedro Gómez de Baeza; Sr. D. Marcial Gómez Sequeira; Sr. D. Manuel Iglesias; Sr. D. Cristino Lobillo; Sr. D. Alberto López García-Asenjo; Sra. Dª. Gabriela Llamas; Sr. D. Enrique Mapelli; Sr. D. José Luis Muguiro; Sr. D. Alfonso Rodes; Sr. D. Enrique Rojas; Sr. D. José María Sanz Magallón, marqués de San Adrián; Sr. D. Eloy Ybáñez; Sr. D. Santiago Ybarra; Sr. D. Juan Carlos Zurita.

Academias de las Comunidades Autómonas

ANDALUZA: Sr. D. Ramón Contreras; ARAGONESA: Sr. D. Ángel de Uña, *www.academiaaragonesadegastronomia.com;* ASTURIANA: Sr. D. Eduardo Méndez Riestra; CÁNTABRA: Sr. D. Javier Hernández de Sande; CASTELLANOLEONESA: Sr. D. Julio Valles; CASTELLANOMANCHEGA: Sr. marqués de Griñón; CATALANA: Sr. D. Joan Ras Sirela, *www.acg.cat;* EXTREMEÑA: Sr. D. Antonio Martínez Buzo; GALLEGA: Sr. D. José Antonio Quiroga; RIOJANA: Sr. D. Luis Javier Rodríguez Moroy, *www.gastronomiariojana.com;* de LAS PALMAS: Sr. D. Miguel Escudero; MADRILEÑA: Sr. D. Miguel Garrido, *www.academiamadrilenadegastronomia.com;* MALLORQUINA: Sr. D. José Luis Roses Ferrer; MURCIANA: Sr. D. Rodrigo Borrega; de NAVARRA: Sr. D. Fernando Galbete; de TENERIFE: Sr. D. José Luis Zubieta;

VALENCIANA: Sra. Dª. Cuchita Lluch, *www.academiavalencianadegastronomia.com;* VASCA: Sra. Dª. María del Mar Churruca, *www.gastrovasca.com.*

Secretaria ejecutiva

Sra. Dª. Isabel de la Serna.

Cofradía de la Buena Mesa

Miembros de honor

Sr. conde de los Andes; Sra. Dª. Giuliana Arioli de Calvo Sotelo; Sr. D. José del Castaño; Sr. D. Santiago Gil de Biedma; Sra. Dª. Clara María González-Amezúa; Sra. baronesa de Grado; Sr. conde de Güell; Sr. D. Luis Infante; Sra. Dª. Trinidad Jiménez Lopera, Vda. de Fierro; Sra. Dª. Helena Kirby; Sr. marqués de Laserna; Sr. D. Alberto Schommer; Sr. duque de Victoria de las Amezcoas.

Miembros de número

Presidenta: Sra. marquesa Vda. de Poza.

Vicepresidente: Sr. barón de Claret.

Vicepresidente: Sr. conde de Valdellano.

Secretario general: Sr. D. Federico Palacios.

Tesorero: Sr. D. Manuel Melgar.

Sr. duque de Ahumada; Sr. conde de Almaraz; Sra. Dª. María Elena Covarrubias de Andreu; Sr. D. Rafael Ansón (presidente de la Real Academia de Gastronomía); Sr. D. Ramón de Arana; Sr. marqués de Avella; Sr. D. Alberto Aza; Sr. conde de Ballobar; Sr. conde de Bañares; Sr. D. Daniel Busturia; Sra. Dª. Rosemary Ward de Cañedo; Sr. D. Iñigo Casla; Sr. duque de Castro Enríquez; Sra. Dª. Sofía de la Cierva; Sr. D. Alfonso Cortina; Sr. marqués de Cubas; Sra. Dª. Pilar Díaz de Bustamante; Sr. D. Antonio Díez de Rivera; Sr. D. Javier Espinosa de los Monteros; Sr. D. Marco Fernández-Araoz; Sr. D. Diego Fernández de Henestrosa; Sr. D. Carlos Fernández Lerga; Sr. D. Juan Carlos Fierro; Sra. Dª. Isabel Carvajal de Gómez Acebo; Sr. D. Juan Luis González; Sr. D. Martín González del Valle; Sr. marqués de Griñón; Sra. Dª. Mariate Herrero; Sr. D. Javier Jiménez Latorre; Sra. Dª. Ana Alonso de Letamendía; Sr. marqués de Llanzol; Sr. duque de Maura; Sra. Dª. Beatriz Moreno de Borbón; Sr. marqués de Nervión; Sr. marqués de Orellana; Sr. conde de Orgaz; Sr. D. Ramón Pérez-Maura; Sra Dª. Mónica Prado; Sr. D. Estanislao de la Quadra-Salcedo; Sr. D. Juan Quijano; Sr. D. Íñigo de la Riva; Sr. D. Jaime Urquijo; Sr. marqués de Vargas; Sra. Dª. Sonia Arróspide de Ybarra; Sr. D. Emilio Zurita.

Miembros correspondientes

Sr. D. Pablo Amate (Andalucía Oriental); Sr. D. Sergio Ferrer-Salat (Barcelona); Sra. Dª. Beatriz Parra de Fraser-Luckie (Andalucía); Sr. D. Miguel Muñagorri (Gipuzkoa); Sra. Dª. Carolina de Rodríguez Moroy Porcel (La Rioja); Sra. duquesa de Sueca (Bélgica); Sr. conde de Vallesa de Mandor (Valencia).

Miembro Ausente

Sra. Dª. Beatriz Llamas de García Andrade.

Secretaria ejecutiva

Sra. Dª. Isabel de la Serna.

Rutas con los mejores sabores

Nº
Numeración de las rutas con los mejores sabores en el mapa de la página siguiente

Andalucía
1 Jamón de Huelva
2 Tomate La Cañada-Níjar

Aragón
3 Longaniza de Aragón
4 Vino de Cariñena

Asturias
5 Escanda Asturiana
6 Queso Afuega'l Pitu

Baleares
7 Almendra de Mallorca
8 Vinos de la Tierra de Formentera

Canarias
9 Gofio Canario
10 Vino de La Palma

Cantabria
11 Anchoas de Santoña
12 Patata de Valderredible

Castilla-La Mancha
13 Aceite de los Montes de Toledo
14 Vinos de Pago

Castilla y León
15 Mantecadas de Astorga
16 Vino de Rueda

Cataluña
17 Queso de l'Alt Urgell y la Cerdanya
18 Turrón de Agramunt

Extremadura
19 Aceite de Monterrubio
20 Miel de Villuercas-Ibores

Galicia
21 Castaña de Galicia
22 Grelos de Galicia

Madrid
23 Melón de Villaconejos
24 Queso de Cabra de Madrid

Murcia
25 Paparajote Murciano
26 Queso de Murcia y Queso de Murcia al Vino

Navarra
27 Aceite de Navarra
28 Cordero de Navarra

País Vasco
29 Alubia Pinta Alavesa
30 Sidra del País Vasco

La Rioja
31 Nuez de Pedroso
32 Pimiento Riojano

Comunidad Valenciana
33 Trufa Negra de Morella
34 Vinos de Alicante

Poblaciones con soles

Andalucía

1 Baeza ☼
2 Córdoba ☼
3 Sanlúcar La Mayor ☼
4 Sevilla ☼☼ · ☼
5 Cenes de la Vega ☼
6 Vera ☼
7 Sanlúcar de Barrameda ☼
8 Villamartín ☼
9 Ronda ☼
10 Málaga ☼☼
11 El Ejido ☼
12 Roquetas de Mar ☼
13 El Puerto de Santa María ☼☼
14 Cádiz ☼
15 Casares ☼☼ · ☼
16 Marbella ☼☼☼ · ☼
17 Barbate ☼☼
18 Palmones-Los Barrios ☼

Aragón

1 Zaragoza ☼

Asturias

1 Salinas ☼☼
2 Prendes ☼☼☼
3 Pravia ☼
4 Castrillón ☼
5 Gijón ☼
6 Ribadesella ☼
7 Oviedo ☼☼ · ☼
8 Pola de Siero ☼
9 Arriondas ☼☼ · ☼

Cantabria

1 Santander ☼☼ · ☼
2 San Vicente de la Barquera ☼
3 Puente Arce ☼
4 Villaverde de Pontones ☼☼
5 Tanos ☼

Castilla y León

1 León ☼☼
2 Villoldo ☼☼
3 Frómista ☼
4 Burgos ☼
5 Benavente ☼
6 Montealegre de Campos ☼
7 Valladolid ☼☼ · ☼
8 Pinar de Antequera ☼
9 Quintanilla de Onésimo ☼
10 Aranda de Duero ☼
11 El Burgo de Osma ☼
12 Soria ☼
13 Zamora ☼
14 Matapozuelos ☼
15 Berlanga de Duero ☼
16 Salamanca ☼
17 Segovia ☼
18 La Granja de San Ildefonso ☼
19 Ávila ☼☼

Castilla-La Mancha

1 Sigüenza ☼
2 Marchamalo ☼
3 Guadalajara ☼☼
4 Illescas ☼☼
5 Cuenca ☼
6 Torrico ☼☼
7 Toledo ☼☼ · ☼
8 Las Ventas con Peña Aguilera ☼
9 Las Pedroñeras ☼☼☼
10 Daimiel ☼☼
11 Almagro ☼
12 Almansa ☼

Cataluña

1 Arties ☼
2 Sort ☼
3 La Seu d'Urgell ☼☼
4 Bolvir ☼☼
5 Llançà ☼
6 Gombrèn ☼
7 La Vall de Vianya ☼☼
8 Olot ☼☼
9 Avinyonet de Puigventòs ☼
10 Figueres ☼
11 Roses ☼
12 Sagás ☼☼
13 Banyoles ☼
14 Olost ☼
15 Vic ☼
16 Calldetenes ☼☼
17 Anglès ☼
18 Girona ☼☼☼ · ☼☼
19 Torrent ☼
20 Pals ☼
21 Llagostera ☼☼
22 Llafranc ☼

Localidades con restaurantes calificados con uno, dos o tres Soles Repsol

Tres Soles
Distinguen a los mejores restaurantes del año

Dos Soles
Garantizan una calidad excelente en cocina

Un Sol
Lo obtienen los locales con una excelente calidad y variedad de platos

Nº
Numeración de las poblaciones por Comunidad Autónoma en el mapa de la página siguiente

23 Manresa ☼
24 Sant Celoni ☼☼
25 Tossa de Mar ☼
26 Lleida ☼☼
27 Vacarisses ☼
28 Matadepera ☼
29 Arenys de Mar ☼☼☼
30 Sant Pol de Mar ☼☼☼
31 Barcelona ☼☼☼ · ☼☼ · ☼
32 L'Hospitalet de Llobregat ☼
33 Tarragona ☼
34 Cambrils ☼☼ · ☼
35 Ulldecona ☼

Extremadura

1 Cáceres ☼☼☼
2 Badajoz ☼
3 Zafra ☼

Galicia

1 Viveiro ☼
2 A Coruña ☼
3 Oleiros ☼
4 Santa Comba ☼
5 Santiago de Compostela ☼☼ · ☼
6 Carril ☼
7 Grove, O ☼
8 Cambados ☼
9 Raxó-Poio ☼☼
10 San Salvador de Poio ☼☼
11 Vigo ☼
12 Mos ☼
13 Bentraces ☼
14 Santa Baia ☼☼

La Rioja

1 Casalarreina ☼
2 Haro ☼
3 San Vicente de la Sonsierra ☼
4 Fuenmayor ☼
5 Daroca de Rioja ☼
6 Ezcaray ☼☼

Madrid

1 Moralzarzal ☼
2 Majadahonda ☼
3 La Moraleja ☼
4 Alcalá de Henares ☼
5 Colmenar del Arroyo ☼
6 Madrid ☼☼☼ · ☼☼ · ☼
7 Humanes ☼☼
8 Valdemoro ☼
9 Aranjuez ☼☼

Murcia

1 Moratalla ☼

Navarra

1 Lekunberri ☼
2 Urdániz ☼☼
3 Pamplona ☼☼
4 Puente la Reina ☼
5 Tafalla ☼☼
6 Cintruénigo ☼☼
7 Tudela ☼

País Vasco

1 Getxo ☼☼
2 Forua ☼
3 Getaria ☼☼ · ☼
4 Zarautz ☼
5 San Sebastián/Donostia ☼☼☼ · ☼☼ · ☼
6 Rentería ☼☼☼
7 Hondarribia ☼☼
8 Bilbao ☼☼☼ · ☼☼ · ☼
9 Zamudio ☼☼
10 Larrabetzu ☼☼
11 Lasarte-Oria ☼☼☼
12 Hernani ☼☼
13 Oiartzun ☼☼☼
14 Irun ☼☼
15 Galdakao ☼
16 Amorebieta ☼
17 Gordexola ☼
18 Atxondo ☼☼☼
19 Zumarraga ☼
20 Vitoria/Gasteiz ☼☼ · ☼
21 Elciego ☼

Valencia

1 Castellón de la Plana ☼
2 Valencia ☼☼☼ · ☼☼ · ☼
3 Ondara ☼
4 Dénia ☼☼☼ · ☼
5 Xàbia ☼
6 Bocairent ☼☼
7 Concentaina ☼☼
8 Benissa ☼
9 Moraira ☼
10 L'Albir ☼
11 Petrer ☼☼
12 Pinoso ☼
13 Alicante ☼☼ · ☼
14 Elx ☼☼
15 Dehesa de Campoamor ☼

Islas Baleares

1 Sóller ☼
2 Deià ☼
3 Port des Canonge ☼
4 Puerto Portals ☼☼ · ☼
5 Llucmajor ☼☼
6 Sa Coma ☼
7 Campos ☼
8 Santa Gertrudis ☼
9 Sant Josep de sa Talaia ☼
10 Sant Rafael de sa Creu ☼
11 Eivissa ☼
12 Porroig ☼☼
13 Platja d'Illetes ☼

Islas Canarias

1 Yaiza ☼
2 Arrecife ☼
3 El Sauzal ☼
4 Santa Cruz de Tenerife ☼☼ · ☼
5 Puerto de la Cruz ☼☼
6 La Orotava ☼
7 Santiago del Teide ☼
8 Acantilado de los Gigantes ☼
9 Guía de Isora ☼☼
10 Adeje ☼
11 Médano ☼
12 Visvique ☼
13 Las Palmas de Gran Canaria ☼☼
14 Playa de Arinaga ☼
15 Maspalomas ☼
16 Playa del Águila ☼

Andorra

1 La Massana ☼

Francia

1 Magescq ☼
2 Eugénie-les-Bains ☼☼
3 Ainhoa ☼
4 Saint-Jean-Pied-de-Port ☼☼

Portugal

1 Bragança ☼
2 Moreira de Cónegos ☼
3 Amarante ☼
4 Matosinhos ☼
5 Porto ☼
6 Coimbra ☼
7 Sintra ☼
8 Guincho ☼
9 Praia da Galé ☼☼
10 Cascais ☼
11 Lisboa ☼
12 Évora ☼
13 Almansil ☼

Mapa gastronómico

Listado de los restaurantes con Soles 2012 por categoría

Restaurantes con tres Soles

Akelarre San Sebastián (Gipuzkoa)
Arrop Valencia
Arzak San Sebastián (Gipuzkoa)
Atrio Cáceres
Calima Marbella (Málaga)
Carme Ruscalleda-Sant Pau Sant Pol de Mar (Barcelona)
Casa Gerardo Prendes (Asturias) *Ver Candás*
Diverxo Madrid
El Celler de Can Roca Girona
Etxebarri Atxondo (Bizkaia) *Ver Durango*
Hispania Arenys de Mar (Barcelona)
La Terraza del Casino Madrid
Las Rejas Las Pedroñeras (Cuenca)
Martín Berasategui Lasarte-Oria (Gipuzkoa) *Ver San Sebastián*
Mugaritz Rentería (Gipuzkoa) *Ver Oiartzun*
Nerua Bilbao (Bizkaia)
Quique Dacosta Restaurante Dénia (Alicante)
Ramón Freixa Madrid
Santceloni Madrid
Sergi Arola Gastro Madrid
Via Veneto Barcelona
Zuberoa Oiartzun (Gipuzkoa)

Restaurantes con dos Soles

Abac Barcelona
Abantal Sevilla
Adolfo Toledo
Aizian Bilbao (Bizkaia)
Alameda Hondarribia (Gipuzkoa)
Alhambra Pamplona (Navarra)
Alkimia Barcelona
Amparito Roca Guadalajara
Aponiente El Puerto de Santa María (Cádiz)
Astrid & Gastón Madrid *Ver Especialidades internacionales: peruana*
Azurmendi Larrabetzu (Bizkaia) *Ver Bilbao*
Ca l'Enric La Vall de Vianya (Girona)
Ca l'Isidre Barcelona
Ca Sento Valencia
Caelis Barcelona
Café de París Málaga
Can Bosch Cambrils (Tarragona)
Can Fabes Sant Celoni (Barcelona)
Can Jubany Calldetenes (Barcelona) *Ver Vic*
Cañadío Santander (Cantabria)
Carballeira Lleida
Casa Fermín Oviedo (Asturias)
Casa José Aranjuez (Madrid)
Casa Marcelo Santiago de Compostela (A Coruña)
Casa Marcial Arriondas (Asturias)
Cenador de Amós Villaverde de Pontones (Cantabria)
Coque Humanes (Madrid) *Ver Alrededores de Madrid*
Deliciosa Marta Las Palmas de Gran Canaria
Dos Cielos Barcelona
Egaña Oriza Sevilla
El Almacén Ávila
El Bodegón Daimiel (Ciudad Real)
El Bodegón Madrid
El Bohío Illescas (Toledo)
El Campero Barbate (Cádiz)
El Club Allard Madrid
El Duende Puerto de la Cruz (Tenerife)
El Faro del Puerto El Puerto de Santa María (Cádiz)
El Molino de Urdániz Urdániz (Navarra) *Ver Pamplona*
El Oso Madrid
El Portal del Echaurren-Echaurren Ezcaray (La Rioja)
Elkano Getaria (Gipuzkoa)
Els Casals Sagás (Barcelona) *Ver Berga*
Els Tinars Llagostera (Girona)
Enekorri Pamplona (Navarra)
Es Xarcu Porroig (Ibiza) *Ver Eivissa*
Estrella del Bajo Carrión Villoldo (Palencia) *Ver Carrión de los Condes*
Etxanobe Bilbao (Bizkaia)
Europa Pamplona (Navarra)
Fagollaga Hernani (Gipuzkoa)
Ferrero-Paco Morales Bocairent (Valencia) *Ver Ontinyent*
Gaig Barcelona
Galileo Santa Baia (Ourense) *Ver Ourense*
Gaminiz Zamudio (Bizkaia) *Ver Bilbao*
Goizeko Wellington Madrid
Horcher Madrid
Íñigo Lavado Irun (Gipuzkoa)
Joan Gatell Cambrils (Tarragona)
Jolastoky Getxo (Bizkaia)
Kabuki Abama Guía de Isora (Tenerife)
Kabuki Wellington Madrid
L'Escaleta Concentaina (Alicante) *Ver Alcoi*
La Finca Elx (Alicante)
La Sirena Petrer (Alicante)
La Tasquita de Enfrente Madrid
La Terraza Las Palmas de Gran Canaria
Lasarte Barcelona
Les Cols Olot (Girona)
Les Pyrénées Saint-Jean-Pied-de-Port (Francia)
M.B. Guía de Isora (Tenerife)
Maher Cintruénigo (Navarra)
Massana Girona
Michel Guérard-Les Prés d'Eugénie Eugénie-les-Bains (Francia)
Mirador de Ulía San Sebastián (Gipuzkoa)
Miramón Arbelaitz San Sebastián (Gipuzkoa)
Moo Barcelona
Neichel Barcelona
O´Pazo Madrid
Pepe Vieira-Camiño da Serpe Raxó-Poio (Pontevedra) *Ver Sanxenxo*
Ramiro's Valladolid
Real Balneario Salinas (Asturias) *Ver Avilés*
Rodero Pamplona (Navarra)
Rodrigo de la Calle Aranjuez (Madrid)
Rubaiyat (Baby Beef) Madrid
Sacha (Botillería y Fogón) Madrid
Schilo Casares (Málaga)
Solla San Salvador de Poio (Pontevedra) *Ver Pontevedra*
Tàpies La Seu d'Urgell (Lleida)
Tierra Torrico (Toledo) *Ver Oropesa*
Torre del Remei Bolvir (Girona)
Tristán Puerto Portals (Mallorca) *Ver Palma de Mallorca*
Túbal Tafalla (Navarra)
Vertical Valencia
Vila Joya Praia da Galé (Portugal) *Ver Albufeira*
Viridiana Madrid
Vivaldi León
Zalacaín Madrid
Zaldiaran Vitoria (Araba/Álava)
Zaranda Sa Torre Llucmajor (Mallorca)
Zortziko Bilbao (Bizkaia)

Restaurantes con un Sol

A Rexidora Bentraces (Ourense) *Ver Ourense*
Aguaviva Arrecife (Lanzarote)
Alameda Fuenmayor (La Rioja) *Ver Logroño*
Aldaba Madrid
Aldebarán Badajoz
Alejandro Roquetas de Mar (Almería)
Alhucemas Sanlúcar La Mayor (Sevilla)
Aligué Manresa (Barcelona)
Ama Lur Santa Gertrudis (Ibiza) *Ver Eivissa*
Amaranto El Sauzal (Tenerife) *Ver Tacoronte*
Amura Yaiza (Lanzarote)
Ana Santiago de Compostela (A Coruña)
Andra Mari Galdakao (Bizkaia) *Ver Bilbao*
Annua San Vicente de la Barquera (Cantabria)
Aq. Tarragona
Aqua Castellón de la Plana
Arbequina Castellón de la Plana
Arcadas Coimbra (Portugal)
Arce Madrid
Aretxondo Galdakao (Bizkaia) *Ver Bilbao*
Arola Sintra (Portugal)
Ars Natura-Manolo de la Osa Cuenca
Ars Vivendi Majadahonda (Madrid) *Ver Alrededores de Madrid*
Arzábal Madrid
Asador Epeleta Lekunberri (Navarra)
Asiana Madrid
Askua Valencia
Bajo de Guía Sanlúcar de Barrameda (Cádiz)
Bal d'Onsera Zaragoza
Baluarte Soria
Bamira Playa del Águila-San Agustín (Gran Canaria)
Barbacana Zafra (Badajoz)
Baserri Maitea Forua (Bizkaia) *Ver Gernika-Lumo*
Bens d'Avall Sóller (Mallorca)
Boccatti Vic (Barcelona)
Boroa Amorebieta (Bizkaia) *Ver Durango*
Ca l'Arpa Banyoles (Girona) *Ver Girona*
Ca n'Alfredo Eivissa
Ca'n Calent Campos del Port (Mallorca)
Caldeni Barcelona
Can Toni Moreno Port des Canonge (Mallorca) *Ver Esporles*
Casa Alfonso Dehesa de Campoamor (Alicante)
Casa Alfredo Mos (Pontevedra) *Ver Vigo*
Casa Bóveda Carril (Pontevedra) *Ver Vilagarcía de Arousa*
Casa Brito Visvique (Gran Canaria)
Casa Cantó Benissa (Alicante)
Casa Conrado Oviedo (Asturias)
Casa d'a Troya Madrid
Casa Irene Arties (Lleida)
Casa Lucio Madrid
Casa Ojeda Burgos
Casa Pardo A Coruña
Casa Parrilla Las Ventas con Peña Aguilera (Toledo) *Ver Toledo*
Casa Pepa Ondara (Alicante) *Ver Dénia*
Casa Toni San Vicente de la Sonsierra (La Rioja)
Casa Vallecas Berlanga de Duero (Soria) *Ver El Burgo de Osma*
Casa Velha Almansil (Portugal)
Chirón Valdemoro (Madrid) *Ver Alrededores de Madrid*
Choco Córdoba
Cinc Sentits Barcelona
Comerç 24 Barcelona
Coure Barcelona
Culler de Pau Grove, O (Pontevedra)
D´Berto Grove, O (Pontevedra)
Dantxari Madrid
Del Puerto Santander (Cantabria)
Deloya Oviedo (Asturias)
Don Giovanni Madrid *Ver Especialidades internacionales: italiana*
Dos Reis (Parador de Turismo) Santiago de Compostela (A Coruña)
Duque Segovia
El Alto de Colón Valencia
El Asador de Abel Pola de Siero (Asturias)
El Bressol Valencia
El Cachirulo Zaragoza
El Celler de Matadepera Matadepera (Barcelona) *Ver Terrassa*
El Cenador de Salvador Moralzarzal (Madrid) *Ver Alrededores de Madrid*
El Chaflán Madrid
El Churrasco Córdoba
El Cingle Vacarisses (Barcelona) *Ver Terrassa*
El Corral del Indianu Arriondas (Asturias)
El Coto de Antonio Santa Cruz de Tenerife
El Doncel Sigüenza (Guadalajara)
El Envero Córdoba
El Ermitaño Benavente (Zamora)
El Gusto por el Vino Santa Cruz de Tenerife
El Lago Marbella (Málaga)
El Mesón de Doña Filo Colmenar del Arroyo (Madrid) *Ver Alrededores de Madrid*
El Motel Figueres (Girona)
El Nuevo Molino Puente Arce (Cantabria) *Ver Santander*
El Olivar Moratalla (Murcia)
El Olivo Deià (Mallorca)
El Paraguas Madrid
El Patio de Balbona Pravia (Asturias)
El Peregrino Puente la Reina (Navarra) *Ver Pamplona*
El Pescador Madrid
El Puerto Gijón (Asturias)
El Refugio Oleiros (A Coruña) *Ver A Coruña*
El Rincón de Antonio Zamora
El Rincón de Juan Carlos Acantilado de los Gigantes (Tenerife) *Ver Santiago del Teide*
El Rodat Xàbia (Alicante)
El Rusc La Massana (Andorra)
El Senador Maspalomas (Gran Canaria)
El Serbal Santander (Cantabria)
El Templete Médano (Tenerife) *Ver Granadilla de Abona*
Eleven Lisboa (Portugal)
Enoteca Barcelona
Es Molí de Sal Platja d'Illetes (Formentera) *Ver Sant Francesc de Formentera*
Es Molí d'en Bou Sa Coma (Mallorca) *Ver Son Servera*
Es Racó des Teix Deià (Mallorca)
Europa Decó Madrid
Evo Hospitalet de Llobregat (Barcelona)
Fábula Burgos
Fátima (Posada Real la Casona de Montealegre) Montealegre de Campos (Valladolid) *Ver Medina de Rioseco*
Fialho Évora (Portugal)
Finca Cortesín Don Giovanni Casares (Málaga)
Flanigan-Único Puerto Portals (Mallorca) *Ver Palma de Mallorca*
Fogón Retiro da Costiña Santa Comba (A Coruña) *Ver Santiago de Compostela*
Fogony Sort (Lleida)
Fonda Sala Olost (Barcelona)
Fortaleza do Guincho Cascais (Portugal)
Freixa Tradició Barcelona
Fuente de la Aceña Quintanilla de Onésimo (Valladolid)
Goya Madrid
Gresca Barcelona
Gure Kide Bilbao (Bizkaia)
Guria Bilbao (Bizkaia)
Hacienda El Rosalejo-El Jardín Villamartín (Cádiz)
Hisop Barcelona
Hofmann Barcelona
Hostería de los Palmeros Frómista (Palencia)
Ibaia Gordexola (Bizkaia) *Ver Bilbao*
Ikea Vitoria (Araba/Álava)
Ithurria Ainhoa (Francia)
Jesús de Diego-Los Avellanos Tanos (Cantabria) *Ver Torrelavega*
Jockey Madrid
José María Segovia
Juanito Baeza (Jaén)
Kabia Zumarraga (Gipuzkoa)
Kaia-Kaipe Getaria (Gipuzkoa)
Karlos Arguiñano Zarautz (Gipuzkoa)
Kokotxa San Sebastián (Gipuzkoa)
Koldo Miranda Castrillón (Asturias) *Ver Avilés*
L'Aliança d'Anglès Anglès (Girona)
La Biblioteca de Santo Mauro Madrid
La Botica Matapozuelos (Valladolid) *Ver Medina de Rioseco*
La Concepción Segovia
La Costa El Ejido (Almería)
La Cuina de San Simón Tossa de Mar (Girona)
La Dama Barcelona
La Dorada Madrid
La Fonda Xesc Gombrèn (Girona) *Ver Ripoll*
La Granada Zaragoza
La Huertona Ribadesella (Asturias)
La Llar Roses (Girona)
La Manduca de Azagra Madrid
La Máquina de La Moraleja Madrid *Ver Alrededores de Madrid*
La Oca Vigo (Pontevedra)
La Oronja Zamora
La Paloma Madrid
La Salgar Gijón (Asturias)
La Sort Moraira (Alicante) *Ver Teulada*
La Sucursal Valencia
La Taberna del Gourmet Alicante
La Trainera Madrid
La Vieja Bodega Casalarreina (La Rioja) *Ver Haro*
Largo do Paço Amarante (Portugal)
Las Aguas Adeje (Tenerife)
Las Dos Lunas Sant Rafael de sa Creu (Ibiza) *Ver Sant Antoni de Portmany*
Las Duelas Haro (La Rioja)
Las Llaves Marchamalo (Guadalajara) *Ver Guadalajara*
Lavinia Madrid
Les Moles Ulldecona (Tarragona)
Llantén Pinar de Antequera (Valladolid) *Ver Valladolid*
Locum Toledo
Los Caprichos de Meneses Zamora
Lucas Maes La Orotava (Tenerife)
Manzoni La Moraleja (Madrid) *Ver Alrededores de Madrid*
Maracaibo-Casa Silvano Segovia
Marqués de Riscal Elciego (Araba/Álava)
Maruja Limón Vigo (Pontevedra)
Mas de Torrent Torrent (Girona) *Ver Palafrugell*
Mas Pau Avinyonet de Puigventós (Girona) *Ver Figueres*
Mesón de Cándido Segovia
Mesón de La Villa Aranda de Duero (Burgos)
Mesón de Pincelín Almansa (Albacete)
Mesón El Copo Palmones-Los Barrios (Cádiz) *Ver Algeciras*
Mesón el Corregidor Almagro (Ciudad Real)
Miramar Llançà (Girona)
Moments Barcelona
Monastrell Alicante
Monvínic Barcelona
Morgado Valencia
Nelson Playa de Arinaga (Gran Canaria) *Ver Agüimes*
Nikkei 225 Madrid *Ver Especialidades internacionales: peruana*
Nito Viveiro (Lugo)
Nodo Madrid
Nou Manolín Alicante
99 Sushi Bar Madrid *Ver Especialidades internacionales: japonesa*
Novodabo Zaragoza
O Chanquinhas Matosinhos (Portugal) *Ver Porto*
Oleo Valencia
Paco Gandía Pinoso (Alicante) *Ver Petrer*
Pancho Santiago del Teide (Tenerife)
Parador de Toledo Toledo
Pedro Larumbe Madrid
Peix & Brases Dénia (Alicante)
Piñera Madrid
Piripi Alicante
Porto Santa María Guincho (Portugal) *Ver Cascais*
Portucale Porto (Portugal)
Puerta de la Reina (Parador de Turismo) La Granja de San Ildefonso (Segovia)
Rafa Madrid
Raff Cuenca
Realcafé Bernabéu Madrid
Relais de la Poste Magescq (Francia)
Rías Gallegas Valencia
Riff Valencia
Rincón de Diego Cambrils (Tarragona)
Rincón de la Merced Burgos
Roberto Marbella (Málaga)
Roig Robi Barcelona
Ruta del Veleta Cenes de la Vega (Granada) *Ver Granada*
S. Gião Moreira de Cónegos (Portugal) *Ver Braga*
Sa Punta Pals (Girona)
Santo-Martín Berasategui Sevilla
Santo Tomás (Parador de Turismo) Alcalá de Henares (Madrid)
Sanxenxo Madrid
São Gabriel Almansil (Portugal)
Saüc Barcelona
Shamadi L'Albir (Alicante) *Ver Altea*
Shanghai Barcelona
Simpson Llafranc (Girona)
Skina Marbella (Málaga)
Solar Brangaçano Bragança (Portugal)
Sudestada Madrid *Ver Especialidades internacionales: asiática*
Taberna Gaztelupe Madrid
Támara-Lorenzo Madrid
Teatro Real Madrid
Terraza Carmona Vera (Almería)
Toc Barcelona
Tragabuches Ronda (Málaga)
Tram-Tram Barcelona
Trattoria del Sole Sant Josep de sa Talaia (Ibiza) *Ver Eivissa*
Treintaitrés Tudela (Navarra)
Trigo Valladolid
Urepel San Sebastián (Gipuzkoa)
Varanda Lisboa (Portugal)
Venta de Moncalvillo Daroca de Rioja (La Rioja) *Ver Logroño*
Ventorrillo del Chato Cádiz
Viavélez Puerto Madrid
Víctor Gutiérrez Salamanca
Villena Segovia
Virrey Palafox El Burgo de Osma (Soria)
Vuelve Carolina Valencia
Windsor Barcelona
Xarma San Sebastián (Gipuzkoa)
Yandiola Bilbao (Bizkaia)
Yayo Daporta Cambados (Pontevedra)

Calificaciones y símbolos utilizados en la Guía Repsol

Classificações e símbolos utilizados no Guia Repsol
Ratings and symbols used in the Repsol Guide

34 · B-1	Guía Repsol de Mapas	Guia Repsol de Mapas	Repsol Maps
	Los mejores restaurantes del año	Os melhores restaurantes do ano	The best restaurants of the year
	Excelente calidad en la cocina y el servicio. Buena bodega	Excelente qualidade na cozinha e no serviço. Boa adega	Excellent quality cooking and service. Good wine cellar
	Cocina de gran calidad y variedad suficiente	Cozinha de grande qualidade e suficiente variedade	High quality cooking and variety extensive menu
®	Recomendado	Recomendado	Recommended
	Restaurantes con precio medio 30€	Restaurantes com preço médio 30€	Restaurants with an average price 30€
	Ciudad Patrimonio de la Humanidad	Cidade Património da Humanidade	World Cultural Heritage Site
	Monumento Nacional, Bien de Interés Cultural	Monumento Nacional, Bem de Interesse Cultural	National Monument, Place of Cultural Interest
	Parque Natural/Nacional, Reserva de la Biosfera	Parque Natural/Nacional, Reserva da Biosfera	National/Natural Park, Biosphere Reserve
	Balneario	Balneário	Spa
	Esquí	Esqui	Ski
	Golf	Golfe	Golf
*****	Hotel gran lujo	Hotel de grande luxo	Grand luxury hotel
****	Hotel de lujo	Hotel de luxo	Luxury hotel
***	Hotel muy confortable	Hotel muito confortável	Highly comfortable hotel
**	Hotel confortable	Hotel confortável	Comfortable hotel
*	Hotel correcto	Hotel correcto	Orderly hotel
	Acceso minusválidos	Accesso minusválidos	Access handicapped
	Aire acondicionado	Ar condicionado	Air conditioning
P	Aparcamiento	Parking	Parking
	Bodega destacable	Adega destácavel	Outstanding wine cellar
	Buena relación calidad-precio	Boa relação qualidade-preço	Good value for money
	Jardín	Jardim	Garden
	Lugar pintoresco, histórico y artístico	Lugar pitoresco, histórico e artístico	Picturesque site, historical and artistic
	Terraza	Terraço	Terrace
	Permitido perros	Autorizado cães	Dogs allowed
	Con restaurante	Com restaurante	With restaurant
	Piscina	Piscina	Pool
	Golf	Golfe	Golf
	Tenis	Ténis	Tennis
	Discoteca/Sala de fiestas	Salão de baile/boîte	Nightclub
	Sala de convenciones	Sala para conferências	Conference room
SPA	Sauna	Sauna	Sauna
	Aparca el portero	O porteiro estaciona	Car parking service
	Agroturismo	Turismo verde	Rural tourism
	Certificado de Calidad Turística otorgado por el I.C.T.E.	Certificado da Qualidade Turística emitido pelo I.C.T.E.	Quality Tourism Certificate granted by the I.C.T.E.
	Prohibido fumar	Proibição de fumar	No smoking
	Restaurante apto para celíacos	Restaurante preparado para celíacos	Restaurant suitable for celiacs
	No se aceptan tarjetas	Não se aceitam cartões de crédito	Credit cards not accepted
	Aceite de oliva excelente	Azeite excelente	Excellent olive oil

34 · B-1 **Ablitas** Navarra Ver Tudela

105 · E-1 **Aguadulce** Almería Ver Almería

Aguilar de Campoo Palencia

Las Tuerces, un peculiar paisaje resultado de la erosión en las rocas calizas

12 · A-4
A Palencia, 100 km
A Madrid, 320 km
Alt. 892 m · Pob. 7.242
T. 979 123 641
GPS 42° 47' 32'' N · 4° 15' 41'' O

Visitar: El **Monasterio de Sta. María La Real** (s. XII) alberga el centro expositivo ROM, Románico y Territorio, y sirve como punto de partida para conocer los otros atractivos medievales de Aguilar: la **ermita de Sta. Cecilia,** la **Colegiata de S. Miguel,** el **Monasterio de Sta. Clara,** el castillo o las puertas de la muralla. También es recomendable el Museo de Ursi (tallas de madera) o el embalse de Aguilar, donde se pueden practicar deportes acuáticos o realizar rutas de senderismo.

Fiestas: La celebración más importante es el **carnaval de la Galleta** (17 al 21 de febrero) que gira en torno a la popular pieza de repostería. El animado mercado medieval (30 de junio al 1 de julio) es justo después de las **fiestas patronales de S. Juan y S. Pedro,** del 23 al 29 de junio. Otras citas importantes son la concentración de caballos (julio), el Encuentro Internacional de Artistas Callejeros (17 al 19 de agosto) o el Festival de Cortometrajes, en diciembre.

Alrededores: Algunos de los mejores ejemplos de románico palentino se encuentran próximos, como el **monasterio de Sta. María de Mave,** a 10 km; la iglesia de S. Martín en **Matalbaniega,** a 8 km, y la de Sta. Eulalia, en el **Barrio de Sta. María,** a 11 km. También merecen una visita los paisajes naturales de **las Tuerces** y el cañón de La Horadada.

Restaurantes

® **Cortés.** El Puente, 39. T. 979 125 080.
Cierra domingo cena. Con 11 habitaciones. La mejor referencia local de los hermanos Cortés. **Menestra palentina, entrecot y peras al vino.** Menú del día 15 €. Precio medio 35 €.

Posada Santa María La Real. (H. Posada Santa María La Real). Av. Cervera, s/n. T. 979 122 000. *www.alojamientosconhistoria.com*
Cierra domingo noche. Con 22 habitaciones. Enclavada en el monasterio de Sta. María La Real. Cocina castellana no exenta de modernidad, con jornadas gastronómicas micológicas. Precio medio 35 €.

Aínsa Huesca

24 · D-2
A Huesca, 104 km
A Madrid, 515 km
Alt. 589 m · Pob. 2.180
T. 974 500 767
GPS 42° 24' 55'' N · 0° 8' 45'' E

Visitar: Todo el casco antiguo, presidido por su **plaza Mayor,** está declarado Monumento Nacional. Allí se encuentra también la **iglesia** (s. XII), el Museo de Oficios y Artes Tradicionales, las murallas y el castillo. En la **Torre del Homenaje** (s. XI) se halla el Ecomuseo o Centro de Interpretación de la Fauna Pirenaica. También se pueden practicar deportes de aventura.

Fiestas: En junio se celebra la romería a la Virgen de los Palacios y, en julio, el Festival Internacional de Música. Entre agosto y septiembre tiene lugar **La Morisma,** unos días antes de las fiestas Mayores en honor de la Santa Cruz, a mediados de septiembre.

Alrededores: En **Sta. María de Buil** se encuentra la iglesia de S. Martín (s. XI). En **Olson** hay otro templo del s. XVI. En **Los Molinos** hay que ascender hasta el Monasterio de S. Victorián. En el barrio de Usana de **Banastón** merece la pena el túnel abovedado, y en **Guaso,** el exconjuradero. Paisajes de interés hay en **Mediano,** como su lago, y en **Las Bellostas** y **Paúles,** los barrancos de Mascún. A 20 km se encuentra el **Parque Nacional de Ordesa y Monte Perdido** y el **Parque Natural de Posets-Maladeta. Morillo de Tou** es pueblo de vacaciones.

La Morisma rememora la conquista de Aínsa por los cristianos en el s. VIII

Restaurantes

Bodegón de Mallacán. (H. Posada Real). Pl. Mayor, 6. T. 974 500 977. *www.posadareal.com*
Con seis habitaciones. Casa medieval en la plaza Mayor. Judías con perdiz, paletilla de ternasco al horno, helado de fresas silvestres. Menú 18 €. Precio medio 25 €.

Callizo. Pl. Mayor, s/n. T. 974 500 385.
Cierra domingo cena y lunes excepto festivos, y del 9 de diciembre al 15 de marzo. Antigua casona medieval restaurada con acierto. Buen ejemplo de cocina regional innovadora. *Tataki* de trucha del Cinca, espalda de cordero, Amanecer en el bosque. Precio medio 26 €.

Hoteles

***** **Barceló Monasterio de Boltaña.** (En Boltaña, a 7 km). Afueras, s/n. T. 974 508 000. *www.barcelomonasteriodeboltana.com*
Hab. 94: 80/220 €. Suites: 2. Antiguo monasterio del s. XVII, a orillas del río Ara. Restaurante Marbore.

** **Mesón de L'Ainsa.** Av. Sobrarbe, 12. T. 974 500 028. *www.mesonainsa.com*
Hab. 50: 40/62 €. Junto al Parque Nacional de Ordesa y Monte Perdido.

Alalpardo Madrid

53 · E-3

Ver Madrid/Restaurantes/Alrededores de Madrid

Alaquás Valencia Ver Valencia

76 · E-2

Alarcón Cuenca

75 · C-2
A Cuenca, 83 km
A Madrid, 191 km
Alt. 831 m · Pob. 177
T. 969 330 301
GPS 39° 32' 45'' N · 2° 5' 5'' O

Visitar: Las paradas más interesantes de este pueblo declarado Conjunto Histórico-Artístico son su **castillo** e iglesias. Destaca la de **Sta. María** (s. XVI), que es Monumento Nacional; la de **Sto. Domingo de Silos** y la de **La Trinidad,** ambas del s. XIII y de Interés Nacional, así como S. Juan Bautista, con modernas pinturas murales de Jesús Mateo, protegidas por la Unesco. Bajo el cerro se halla el **pantano de Alarcón,** alimentado por el río Júcar.

Fiestas: Las más importantes son las de San Sebastián, en enero, y las del **Cristo de la Fe,** en septiembre.

Alrededores: El bello pueblo de **Villanueva de La Jara,** de Interés Turístico; el **Castillo de Garcimuñoz,** a 36 km, y **Belmonte** con su castillo.

Restaurantes

La Cabaña de Alarcón. Álvaro de Lara, 21. T. 969 330 373. *www.restaurantelacabanadealarcon.es*
Fideos salteados con jamón y alcachofas, pollo a La Alcarria, espuma de yogur y limón. Menú entre semana 12 €. Precio medio 26 €.

Hoteles

**** **Parador de Turismo.** Av. Amigos de los Castillos, 3. T. 969 330 315. *www.parador.es*

Hab. 14: 177/284 €. Suites: 1. Castillo medieval del s. VIII, asentado en un meandro del río Júcar. Céntrico. Restaurante Don Juan Manuel, cocina castellano-manchega.

Albacete

83 · D-1
A Madrid, 251 km
Alt. 688 m · Pob. 170.475
T. 967 580 522
GPS 38° 59' 50'' N · 1° 51' 40'' O

Detalle del arco de la iglesia de Sta. María del Salvador en Chinchilla de Montearagón

Visitar: Los principales atractivos giran en torno a la **Catedral de S. Juan Bautista** (s. XVI), como la parroquia de la Purísima Concepción y el convento de la Encarnación. Destacan edificios civiles como el **Palacio de la Diputación,** el Viejo Ayuntamiento o el Centro Cultural de la Asunción, así como una importante selección de museos. Muy interesantes son el **Museo Arqueológico Provincial,** el Benjamín Palencia, el dedicado al Niño o el **Museo Municipal de la Cuchillería.** La nota verde la pone el Parque Abelardo Sánchez y la deportiva, los campos de golf cercanos, el circuito de velocidad o la pesca en algunos de sus ríos.

Fiestas: El patrono S. Juan se honra del 20 al 24 de junio, y la patrona, la Virgen de los Llanos, el 8 de septiembre. La **Feria de Albacete** tiene lugar entre el 7 y el 17 de septiembre.

Alrededores: En **Alcaraz** hay que conocer su plaza Mayor, el Ayuntamiento, la iglesia de la Trinidad y el Castillo Lonja de la Regatería. En **Chinchilla,** a 14 km, la Villa, así como el Ayuntamiento y la fortaleza. En **Alcalá de Júcar,** la propia villa, el castillo, la iglesia de S. Andrés, el puente romano, la plaza de toros o las cuevas de Masagó y del Diablo. El **Parque Natural de las Hoces del Río Cabriel** garantiza estupendos paisajes y caminatas.

Restaurantes

Álvarez. (Aparcamiento público concertado a 20 m). Salamanca, 12. T. 967 218 269. *www.restaurantealvarez.com*

Cierra festivos cena, lunes, Semana Santa y agosto. Cocina manchega de la familia Álvarez en este emblemático local. Miguelito de *foie-gras*, paletilla de lechal, pasión de chocolate caliente. Menú 20 €. Precio medio 28 €.

Casa Paco. La Roda, 26. T. 967 220 041. P

Cierra domingo cena, lunes y agosto. Cocina manchega. Pimientos rellenos de perdiz, paletilla de lechal al horno, tarta de queso manchego. Menú 18 €. Precio medio 36 €.

Don Gil. Baños, 2. T. 967 239 785. *www.restaurantedongil.com*

Cierra domingo cena, lunes y 15 días en agosto. Los Gil siguen en cocina y sala. Terrina de manitas de cerdo, lechal asado, torrija de *brioche*. Menú 25 €. Precio medio 32 €.

El Callejón. Guzmán el Bueno, s/n. T. 967 211 138. *www.restauranteelcallejon.com*

Cierra domingo cena, lunes y del 24 de julio al 24 de agosto. Huevos rotos con setas y jamón ibérico, costillar de lechal al horno, tarta de manzana. Precio medio 35 €.

El Secreto de Jávega. Pl. Maestro Chueca, 13. T. 967 219 219. *www.elsecretodejavega.com*

Cierra lunes y agosto. Sabrosas recetas manchegas, cochinillo al horno, tarta de manzana con helado de turrón. Menú 25 €. Precio medio 30 €.

® **Nuestro Bar.** Alcalde Conangla, 102. T. 967 243 373. *www.nuestrobar.es*
P

Cierra domingo cena y julio. Una referencia obligada por la fiel oferta manchega bien elaborada. **Pisto, gazpachos manchegos, pan de Calatrava.** Precio medio 20 €.

Hoteles

**** **Parador de Turismo.** Ctra. N-301, km 251. T. 967 010 500. *www.parador.es*
P

Hab. 68: 84/148 €. En el Hondo de la Morena, la quinta manchega con estratégica situación ofrece descanso y manjares al viajero.

29 · C-1 **Albarellos de Monterrei** Ourense Ver Verín

Albarracín Teruel

Visitar: Considerada uno de las localidades más bellas de España, Albarracín es una ciudad medieval amurallada, perfectamente conservada, declarada Conjunto Histórico-Artístico y Monumento Nacional. Destaca su **Catedral** (s. XVI) con un interesante museo; el **Palacio Episcopal,** de fachada barroca; la **iglesia de Santiago** (ss. XVI y XVII); la de Sta. María, de origen visigodo y reconstruida en el s. XVII en estilo mudéjar, o el **convento de S. Esteban y S. Bruno** en la vega, barroco del s. XVII. El principal monumento civil es el **Ayuntamiento,** que gobierna la porticada plaza Mayor (s. XVII), además de diversas casonas y palacetes con fachadas de sillería y blasones en su entrada. El Museo Municipal, situado en un edificio del s. XVIII, cuenta con colecciones de paleontología y juguetes antiguos.

Fiestas: Las fiestas patronales se celebran a mediados de septiembre. Destaca especialmente la manifestación folclórica de **los Mayos,** el 30 de abril.

Alrededores: El **Parque Cultural del Arte Rupestre** (a 4 km), declarado Patrimonio de la Humanidad, concentra la mayor manifestación de este arte en Levante (6000 a. C.). En la Serranía de Albarracín destaca el **Castillo de Peracense,** a 60 km. El entorno de **Orihuela del Tremedal** y **Bronchales** guarda fantásticos parajes. Destacan escenarios naturales como las **Cascadas de Calomarde** y los nacimientos de los ríos Tajo, Turia, Guadalaviar, Cabriel y Júcar o el molino de San Pedro.

55 · C-4
A Teruel, 37 km · Madrid, 271 km
Alt. 1.171 m · Pob. 1.100
T. 978 710 262
GPS 40° 24' 22'' N · 1° 26' 44'' O

Trazado medieval y casas de Albarracín, de un color rojizo llamado rodeno

Restaurantes

® **El Batán.** (En Tramacastilla, a 15 km. H. Hospedería El Batán). Ctra. C-1512, Albarracín-Orihuela del Tremedal, km 43. T. 978 706 070. *www.elbatan.es*

Cierra martes y 15 días en enero. Con siete habitaciones. Primera fundación de Sebastián Roselló, enclavada en un antiguo molino de agua. Cocina nueva servida en menú *gourmet* o menú degustación. Variedad de aceites y sales. Buenos postres. Precio medio 40 €.

® **Tiempo de Ensueño.** Palacios, 1-B. T. 978 706 070. *www.tiempodeensuenyo.com*

Cierra martes, enero y fiestas patronales en septiembre. Bajo la experta dirección de Sebastián Roselló, pasa por ser la primera mesa de Albarracín. La cocina aragonesa de temporada manda. **Medallón de ciervo, arroz de trompetas negras, tarta de chocolate al Pedro Ximénez.** Precio medio 40 €.

Hoteles

** **Casa de Santiago.** Subida a Las Torres, 11. T. 978 700 316. *www.casadesantiago.net*

Hab. 8: 48/70 €. Suites: 1. Casa antigua restaurada con estilo y personalidad propia. Situada en el casco antiguo del pueblo, muy tranquila y con unas inmejorables vistas desde su solanar. Restaurante Casa de Santiago.

Alberca, La Salamanca

Visitar: Todo el casco antiguo de este bello pueblo medieval, declarado Monumento Histórico-Artístico, es una colección de atractivos arquitectónicos, desde la **plaza Mayor** a la iglesia de **Ntra. Sra. de la Asunción** (s. XVIII), pasando por sus callejuelas estrechas y su arquitectura popular. Destaca también la **Casa-Museo Satur Juanelo,** el Museo de Trajes Tradicionales, el Aula Arqueológica de la Batuecas o el Centro de Interpretación de la Naturaleza. La Alberca es puerta de acceso al **Parque Natural las Batuecas-Sierra de Francia.** También es posible realizar rutas de senderismo, como la de la ermita de Majadas o la de la laguna de S. Marco.

Fiestas: La fecha más importante de su calendario es la Semana Santa, en la que destacan el **Lunes del Pendón,** la Representación de la Pasión Viviente en Jueves Santo y el Día del Trago en la Octava de Pascua. También sobresalen el Corpus Christi, las fiestas patronales del 15 de agosto, con el **Ofertorio Diagosto** (en honor a la Virgen de la Asunción), y la Loa.

Alrededores: El **Monasterio de la Peña de Francia** regala excelentes panorámicas. También es interesante el **valle de las Batuecas** y sus pinturas rupestres, a 15 km, y **San Martín del Castañar,** a 10 km.

51 · C-3
A Salamanca, 75 km
A Madrid, 290 km
Alt. 1.050 m · Pob. 1.209
T. 923415483
GPS 40° 29' 19'' N · 6° 6' 45'' O

En La Alberca usan las joyas de filigrana como amuletos

Restaurantes

® **Las Bóvedas.** (Hotel Abadía de los Templarios). Ctra. Salamanca-La Alberca, km 76. T. 923 423 107. *www.abadiadelostemplarios.com*

Un buen alto en el camino para disfrutar de sus bonitas y cuidadas instalaciones, así como de la cocina tradicional con toques modernos de Pablo Samaniego. Precio medio 40 €.

Hoteles

**** **Abadía de los Templarios.** Ctra. Salamanca-La Alberca, km 76. T. 923 423 107. *www.abadiadelostemplarios.com*

Hab. 61: 110/160 €. Suites: 3. Complejo de 100.000 m² en plena naturaleza, rodeado de castaños y robles. Ofrece todo tipo de actividades como vuelos en globo, cenas medievales... Restaurante Las Bóvedas.

85 · C-4

Albir, L'/Albir, El Alicante Ver Altea

107 · C-1

Albuñán Granada Ver Guadix

Alcalá de Henares Madrid

El Cardenal Cisneros fundó el Colegio Mayor de S. Ildefonso en 1499

53 · E-3

A Madrid, 30 km
Alt. 588 m · Pob. 204.120
T. 918 892 694
GPS 40° 28' 53'' N · 3° 21' 55'' O

Visitar: Declarada Patrimonio de la Humanidad. Toda la ciudad está salpicada de interesantes monumentos como la **Universidad** (s. XVI); la **capilla de S. Ildefonso** (s. XVI), que alberga el sepulcro del Cardenal Cisneros; la capilla del Oidor o la **Catedral-Magistral,** gótica del s. XV. Otros edificios religiosos de interés son el Monasterio de S. Bernardo y el Museo de Clausura (s. XVII). Entre sus construcciones civiles destacan el **Palacio Arzobispal;** las **murallas** (s. XIII al XVII); el Palacio Laredo; la **Casa Natal de Cervantes** y su colección de ejemplares de *El Quijote;* el Hospital de Antezana (s. XV); los Colegios Universitarios (ss. XVI al XVII) y el Corral de Comedias (s. XVII). En el área arqueológica de la antigua ciudad romana de Complutum hay que detenerse en la Casa de Hippolytus. Muy interesante es el **Museo Arqueológico Regional,** emplazado en un antiguo convento de dominicos (s. XVII).

Fiestas: En febrero tienen lugar las Jornadas Gastronómicas. La **Semana Santa** es de Interés Turístico Regional. El 23 de abril tiene lugar la entrega del Premio Cervantes de Literatura. En verano hay importantes celebraciones como el **Festival de Teatro Clásico**, en junio; las fiestas patronales de Los Santos Niños, el 6 de agosto, y la Feria de Alcalá, del 24 al 31 del mismo mes. El 16 de septiembre son las patronales de la Virgen del Val. Su calendario se completa con importantes citas culturales como la Semana Cervantina, en octubre; el Festival de Cine y Don Juan en Alcalá, en noviembre, y la celebración de la declaración de Ciudad Patrimonio de la Humanidad, en diciembre.

Alrededores: A 12 km, en **Torrejón de Ardoz,** se puede visitar el Museo de Iconos ubicado en la Casa Grande. En **Nuevo Baztán,** a 21 km, destaca el conjunto de iglesia, palacio y plaza de armas (s. XVII). **Loeches,** a 15 km, acoge el convento de Dominicas (s. XVII) y el panteón de la Casa de Alba.

Restaurantes

® **Hostería del Estudiante.** Colegios, 3. T. 918 880 330. *www.parador.es*

Cierra domingo cena y agosto. Un lugar de referencia gastronómica en un edificio del s. XVI. **Migas alcalaínas** (también para merendar), **asados castellanos, buñuelos rellenos de distintas cremas.** Precio medio 40 €.

Santo Tomás. (Parador de Turismo). Colegios, 8. T. 918 880 330. *www.parador.es*

En el antiguo colegio-convento de Dominicos, cuenta con modernas instalaciones. Cocina alcalaína puesta al día. **Sopa boba, zancarrón de gallo de corral en pepitoria, costrada de Alcalá.** Precio medio 40 €.

Hoteles

**** **Parador de Turismo.** Colegios, 8. T. 918 880 330. *www.parador.es*

Hab. 128: 110/227 €. En el antiguo convento de Santo Tomás (s. XVII). Céntrico. Restaurantes Santo Tomás y Hostería del Estudiante.

La casa del hidalgo

La estatua de Don Quijote delante de la Casa-Museo de Cervantes, una típica vivienda del s. XVI.

Alcalà de Xivert-Alcossèbre Castellón

57 · B-4
A Castellón de la Plana, 45 km
A Madrid, 464 km
Alt. 16 a 155 m · Pob. 7.000
GPS 40° 18' 15'' N · 0° 13' 30'' E

Visitar: En la localidad, gobernada por el **castillo** árabe y templario de Xivert, destacan la **iglesia de S. Juan Bautista** (s. XVIII) y su espigada torre-campanario. En su rico entorno natural se pueden conocer las **islas Columbretes,** sus playas y calas o el Parque Natural Sierra d'Irta, por donde discurren rutas de senderismo. También cuenta con un puerto deportivo.

Fiestas: El 17 de enero se celebra S. Antonio y, en abril, S. Pedro de Verona. S. Juan Bautista en Alcossèbre. Las fiestas patronales en honor a **S. Juan Bautista** tienen lugar entre el 21 y el 30 de agosto.

Alrededores: La espectacular desembocadura del **río Cuevas,** así como la **Torre Ebrí,** que formaba parte del sistema de alerta y vigía del castillo, o la Torre de Cap i Corb.

Restaurantes

® **Can Roig.** (En Alcossèbre, a 11 km). Playa Tropicana, s/n. T. 964 412 515. *www.canroig.es*

Cierra domingo cena y lunes excepto verano, y del 2 de noviembre a primeros de marzo. Variada carta bien resuelta de principio a fin. **'Carpaccio' de bacalao, hamburguesa de sepia y salsa de chipirones, dados de cuajada y miel.** Menú 25 €. Precio medio 45 €.

Columnas de la iglesia barroca de S. Juan Bautista

Alcanar Tarragona Ver Sant Carles de la Ràpita

57 · C-3

Alcántara Cáceres

60 · B-4
A Cáceres, 63 km
A Madrid, 360 km
Alt. 232 m · Pob. 1.630
T. 927 390 863
GPS 39° 43' 8'' N · 6° 53' 16'' O

Visitar: El pueblo cacereño es conocido por el espectacular conjunto romano del **puente, templete** y **arco** (s. II). En su casco histórico destacan el conventual de S. Benito (s. XVI), así como las iglesias de **Sta. María de Almodóvar,** con portada románica, y de **S. Pedro de Alcántara.** Otros monumentos de interés son el arco de la Concepción, el Palacio de los Roco-Campofrío, así como varias casas solariegas. Dentro del barrio judío destaca la sinagoga. Se puede practicar turismo verde en el **Parque Natural Tajo Internacional** o en el pantano de Alcántara.

Fiestas: La **Semana Santa** alcantarina goza de gran fama, así como la romería de la patrona, Virgen de los Hitos, el 25 de marzo; las ferias y fiestas de abril y las de S. Pedro de Alcántara, en octubre. El **Festival de Teatro Clásico** es la cita cultural más importante, en agosto.

Alrededores: Ceclavín, a 37 km, cuenta con una interesante iglesia gótica. En **Garrovillas de Alconétar,** a 29 km, se levanta la iglesia de S. Pedro Apóstol y también un puente romano.

Restaurantes

Kantara Al-Saif. (H. Puente Romano). Av. de Mérida, 11. T. 927 390 246. *www.kantaraalsaif.es*
Cierra domingo cena, y del 1 al 15 de septiembre. Con habitaciones. Cocina tradicional y productos extremeños. Torta del Casar, perdiz al modo de Alcántara, cremoso de frutas naturales. Menú 12 €. Precio medio 25 €.

Hoteles

**** **Hospedería Conventual de Alcántara.** Ctra. del Poblado de Iberdrola, s/n. T. 927 390 638. *www.hospederiasdeextremadura.com*
Hab. 30: 75/107 €. Suites: 2. Antiguo convento del s. XV que, tras ser utilizado como fábrica de harinas en los años 50, ha sido rehabilitado y transformado en un moderno hotel con todas las comodidades del s. XXI. PC en la habitación, carta de almohadas. Restaurante Kantara.

**** **Río Convento de la Luz.** (En Brozas, a 1,5 km). Ctra. Herreruela, s/n. T. 927 395 439. *www.gruporiodehoteles.com*
Hab. 25: 61/133 €. Antiguo convento franciscano (s. XVI), rehabilitado. Restaurante Río Toro de San Marcos.

Alcañiz Teruel

46 · C-3
A Teruel, 157 km · Madrid, 418 km
Alt. 381 m · Pob. 16.291
T. 978 831 213
GPS 41° 2' 55'' N · 0° 7' 54'' O

Tamborrada de Calanda, cuna del cineasta Luis Buñuel, en Semana Santa

Visitar: A los pies del castillo calatravo se extiende la parte clásica de la ciudad, en la que destacan la **iglesia de Sta. María** (s. XVIII), el **Ayuntamiento** (s. XVI), la Lonja (s. XV) o la iglesia de Sta. Lucía, que alberga **Atrium,** Centro de Interpretación de la Ciudad. Puede visitarse también su red de pasadizos, neveras y bodegas subterráneas. Muy cerca se halla el embalse de la Estanca, las lagunas Saladas, el parque fluvial del Guadalupe y las pinturas rupestres de Val del Charco.

Fiestas: Destacan Semana Santa y las celebraciones de **S. Jorge y el vencimiento del dragón,** en abril. También el Festival de los Castillos, en julio, y las patronales, del 8 al 13 de septiembre.

Alrededores: En **Azaila,** a 50 km, está la acrópolis (s. V a. C.), en el conjunto arqueológico de Cabezo Alcalá. En **Molinos** sobresale la iglesia de Ntra. Sra. de las Nieves y las cuevas de Cristal. **Híjar,** a 34 km, tiene gran encanto, como **Calanda,** a 20 km, y sus rutas del tambor y el bombo en Semana Santa. En **Valderrobres** merece la pena su iglesia y castillo, así como el Conjunto Histórico-Artístico de **La Fresneda, Calaceite** y **Morella,** a 70 km. En **Oliete** hay que visitar la sima de S. Pedro y el poblado íbero.

Restaurantes

Meseguer. Av. del Maestrazgo, 9. T. 978 831 002. *www.meseguer.info*
Cierra cenas excepto Semana Santa, domingos y del 1 al 20 de julio. Recientemente reformado con confortables instalaciones. Huevos con *boletus* y trufa, pintada a la cazadora, helado de queso de cabra con confitura de borrajas. Menú 14 €. Precio medio 35 €.

Hoteles

**** **La Torre del Visco.** (En Fuentespalda, a 26 km). Ctra. Valderrobres a Fuentespalda, km 6,2. T. 978 769 015. *www.torredelvisco.com*
Hab. 13: 161/211 €. Suites: 4. Desayuno incluido. Edificio medieval dentro de una extensa finca en el valle del río Tastavins. Miembro de Relais & Châteaux. Patios con fuentes. Reserva imprescindible. Restaurante Del Visco.

*** **Parador de Turismo.** Castillo de los Calatravos, s/n. T. 978 830 400. *www.parador.es*
Hab. 37: 120/163 €. Tarifa especial para empresas, mayores y jóvenes. Ubicado en un antiguo castillo-convento de la Orden de Calatrava, de bella arquitectura, donde se alojó un día el Emperador Carlos I. Ampliado y remodelado en 2002. Restaurante con especialidades de la zona. *Wifi* gratuito. Restaurante La Concordia.

Alcázar de San Juan Ciudad Real

74 · C-3
A Ciudad Real, 92 km
A Madrid, 149 km
Alt. 643 m · Pob. 31.120
T. 926 552 968
GPS 39° 23' 52'' N · 3° 13' 11'' O

Visitar: Sus principales atractivos monumentales son las **iglesias de Sta. María** (s. XIII), **S. Francisco** (s. XVI) y el **convento de Sta. Clara,** declarado Monumento Histórico-Artístico. Hay obras civiles de gran interés como el **Torreón Gran Prior** (s. XIII) y la Casa del Hidalgo (s. XVI), y museos como el Municipal. También se pueden visitar molinos de viento y restos arqueológicos romanos. Es interesante realizar, además, una ruta cervantina o disfrutar del complejo lagunar.

Fiestas: Una cita importante es la Feria de los Sabores, entre abril y mayo. Celebraciones típicas son los **Moros y Cristianos,** a finales de junio, los Escenarios de Verano, a lo largo de los meses de julio y agosto, y las ferias patronales, que tienen lugar a principios de septiembre. Especiales resultan los carnavales que se celebran en Navidad.

Alrededores: Se puede articular una ruta del vino por pueblos vecinos como **Campo de Criptana, Socuéllamos** o **Tomelloso.**

Molinos de viento en el cerro de S. Antón, llamado 'el mirador de La Mancha'

Restaurantes

Asador Javi. Poetisa Isabel Prieto, 6. T. 926 545 335.
www.restauranteasadorjavi.es
Cierra domingo cena en invierno, martes cena en verano, y lunes. Javier Marcos elabora una cocina atenta al mercado. Mollejitas de cordero lechal salteadas con setas de cardo, pato asado a la naranja y sayas de monja. Precio medio 35 €.

Cueva La Martina. (En Campo de Criptana, a 5 km). Rocinante, 13.
T. 926 561 476. *www.cuevalamartina.com*
Cierra lunes cena y segunda quincena de octubre. Ubicado en una cueva-vivienda del s. XVI, en el pueblo de los molinos cervantinos. Pisto manchego, cordero asado al tomillo, pastel de queso manchego. Menú 14 €. Precio medio 30 €.

Hoteles

*** **Husa Convento Santa Clara.** Pl. Sta. Clara, s/n. T. 926 550 876.
www.hotelconventosantaclara.com
Hab. 31: 35/105 €. Suites: 1. Situado en un antiguo monasterio del s. XVI, en el centro de la localidad. Restaurante del Convento.

Alcoi/Alcoy Alicante

85 · A-3
A Alicante, 50 km
A Madrid, 420 km
Alt. 545 m · Pob. 62.835
T. 965 537 155
GPS 38° 42' 6'' N · 0° 28' 42'' O

Visitar: Un paseo por el casco antiguo permite conocer los monumentos de diversas épocas, desde las **murallas** y **torres medievales** hasta los **edificios modernistas,** que se pueden visitar gracias a una ruta específica. Destacan también las iglesias de S. Mauro, S. Jorge y Sta. María, y los restos paleolíticos y las colecciones de cerámica ibérica que, en gran parte, se encuentran en el **Museo Arqueológico Camil Visedo.** Otros museos de interés son el de la fiesta de Moros y Cristianos, el Refugio de la Guerra Civil o el Centro de Interpretación Explora. El **Casal de Sant Jordi** es una muestra de la típica casa señorial de la zona, próximo a la **Llotja St. Jordi,** obra de Santiago Calatrava. Se pueden realizar paseos a caballo o rutas de senderismo.

Fiestas: Citas importantes son la cabalgata de los Reyes Magos, el 5 de enero, y la romería de S. Antonio, el 17 de ese mismo mes. La celebración de Moros y Cristianos, a finales de abril, es de Interés Turístico Internacional. El 19 de septiembre se celebra la **romería a la Font Roja.**

Alrededores: Los **Parques Naturales de la Sierra de Mariola y Carrascar de la Font Roja** son idóneos para conocer los paisajes de la zona. En **El Salt, La Serreta** y **El Puig** hay importantes yacimientos arqueológicos paleolíticos e íberos, mientras que en **La Sarga** destacan las pinturas rupestres neolíticas, Patrimonio de la Humanidad. En **Cocentaina,** a 4 km, hay que visitar su castillo, la iglesia de Sta. María (s. XVII), el convento de Clarisas y Franciscanos, el Palacio de los Condes o el Monasterio de Ntra. Sra. Virgen del Milagro.

Un edificio emblemático
La escalera del Museo Arqueológico Camil Visedo de Alcoi, en la unión de sus dos zonas: gótica y renacentista.

Restaurantes

☼☼ **L'Escaleta.** (En Cocentaina, a 4 km). Subida Estación del Norte, 205.
T. 965 592 100. *www.lescaleta.com*
Cierra domingo almuerzo en julio y agosto, cenas de domingo a miércoles, lunes y del 9 al 16 de enero. Es la referencia en la montaña alicantina porque el tándem rector, Kiko Moya y Alberto Redrado, rezuma armonía en toda su propuesta. **Rape sobre 'parmentier' de aceitunas negras, 'nuvolet' de azahar con natilla y sorbete de naranja.** Precio medio 50 €.

Lolo. Partida Rambla Alta, 98. T. 965 547 373.
Cierra cenas, lunes y septiembre. Paraje natural de montaña con grandes vistas. *Pericana,* gran carta de arroces, helado de leche merengada con arrope. Precio medio 30 €.

Alcossèbre Castellón Ver Alcalà de Xivert

66 · C-1

Algar, El Murcia Ver Cartagena

101 · C-2

Algeciras Cádiz

114 · D-2
A Cádiz, 120 km
A Madrid, 667 km
Alt. Nivel del mar · Pob. 116.417
T. 965 581 413
GPS 36° 7' 49'' N · 5° 26' 55'' O

Edificio de oficinas Torres Hércules (Algeciras), diseñado por Rafael de la Hoz

Visitar: En los terrenos en los que hoy se levanta la **Villa Vieja** estuvo la antigua urbe romana. Son recomendables la capilla de Ntra. Sra. de Europa (s. XVIII), la del Sto. Cristo de la Alameda, la iglesia de **Ntra. Sra. de La Palma,** el **acueducto de Arcos del Cobre** (s. XVIII), los baños árabes del parque de María Cristina o el Parque Arqueológico de las Murallas Meriníes. Muy interesante es el Museo Municipal, el paseo de la Cornisa, la plaza Alta, el faro de Punta Carnero o el Centro de Cooperación y Congresos Río de la Miel. **Los parques naturales de Los Alcornocales y del Estrecho,** o las playas de El Rinconcillo y Getares son ideales para una escapada.

Fiestas: El **carnaval,** en febrero, goza de muy buena fama, así como la Semana Santa y la Feria Real. El 16 de julio se celebra la festividad del Carmen, y en agosto, la fiesta patronal y la **romería marítima de la Virgen de La Palma.**

Alrededores: Los castillos de **Castellar** y **Jimena** tienen gran encanto. En **Tarifa,** las playas, y en **San Roque,** el club de golf.

Restaurantes

® **Casa Mané.** (En Palmones, a 6 km. Playa de Palmones). Almadraba, s/n. T. 956 675 010. *www.restaurantecasamane.com*
Cierra noches de domingos a jueves, excepto en verano; lunes, una semana en febrero y en mayo, y dos en septiembre. La calidad de la materia prima y el exacto punto en la cocina son las claves de su éxito. **Coquinas, pescados** de la vecina costa (fritos o en espeto), **tocino de cielo.** Precio medio sin marisco 35 €.

Mesón El Copo. (En Palmones, a 6 km. Ctra. N-340, Cádiz-Málaga, km 111 y 112, salida Palmones). Almadraba, 2. T. 956 677 710. *www.elcopo.es*
Cierra domingo cena. Más de 30 años de buen hacer avalan la calidad que prestigian a Manuel Moreno y su familia. **Arroz ecológico de esturión, lomo de atún rojo en papillote, helados y postres artesanos.** Menú 30 €. Precio medio 40 €.

Hoteles

★★★★ **AC Algeciras.** Ctra. del Rinconcillo, s/n, esq. Hnos. Portilla. T. 956 635 060. *www.ac-hotels.com*
Hab. 108: 145/189 €. Moderno y confortable. Dispone de unas espléndidas vistas del estrecho de Gibraltar.

★★★★ **Reina Cristina.** Pº de la Conferencia, s/n. T. 956 602 622. *www.hotelesglobales.es*
Hab. 168: 82/215 €. Suites: 2. Rodeado de un extenso jardín de árboles, palmeras, flores y plantas. Reciente reforma. Restaurante Andalucía.

Algorta Bizkaia Ver Getxo

6 · A-3

Alhama de Aragón Zaragoza Ver Nuévalos

45 · A-2

Alhama de Granada Granada

106 · D-3
A Granada, 56 km
A Madrid, 565 km
Alt. 850 m · Pob. 6.097
T. 958 360 686
GPS 37° 0' 7'' N · 3° 59' 21'' O

Visitar: En el casco antiguo, declarado Conjunto Histórico-Monumental, destacan edificios religiosos como la **iglesia del Carmen** con un hermoso patio (ss. XVI y XVII); la de **S. Diego** (s. XVIII); la de **la Encarnación** (s. XVI) y las Angustias; obras civiles como la fuente de la Pila de la Carrera (s. XIX); el acueducto (s. XVI); la cárcel (s. XVII); el **Hospital Real** (s. XV); las **mazmorras** (s. XIII) y el caño Wamba (s. XVI), así como las numerosas casas blasonadas que se reparten por la villa. Las presencias romana y morisca son patentes en el puente romano (s. I) o en los **baños árabes** (s. XII). También hay un manantial público de aguas termales y un balneario. La formación natural de **Los Tajos** tiene un gran valor paisajístico.

Fiestas: En el mes de febrero tiene lugar la **fiesta de la Candelaria,** el Día Histórico de Alhama y el Carnaval Rural. De su Semana Santa destaca el **Viernes de Dolores.** Las citas veraniegas son las fiestas de S. Juan, en junio; el Festival Infantil de la Canción y el Festival de Música Joven de Andalucía, en agosto; la romería del Vino, el 15 de agosto, así como la feria de Septiembre.

Alrededores: Yacimientos arqueológicos neolíticos. Tanto el Observatorio Ornitológico de la presa del **río Alhama** como el **Parque Natural de Sierra Tejada** son perfectos para entrar con contacto con la naturaleza. En el vecino municipio de **Zafarraya** se puede realizar la Ruta de los Sumideros.

Baños árabes en Alhama de Granada (s. XII), origen del actual balneario

Restaurantes

El Ventorro (turismo rural). Ctra. A-4150, Alhama de Granada-Jatar, km 2. T. 958 350 438. *www.elventorro.net*

Cierra cenas excepto sábado, lunes y del 7 al 31 de enero. Conjunto rural con 21 habitaciones junto a la presa. Revuelto de setas, carnes a la brasa, tarta de queso. Precio medio 20 €.

Hoteles

*** **Hotel-Balneario.** Ctra. del Balneario, s/n. T. 958 350 011. *www.balnearioalhamadegranada.com*

Hab. 116: 70/122 €. En un marco de gran belleza. Tratamientos de fisioterapia, fangoterapia, algoterapia e hidrotermales.

Alhama de Murcia Murcia Ver Totana

100 · F-1

Alicante/Alacant

El monte Benacantil y el Castillo de Sta. Bárbara se reflejan en el puerto

93 · D-2
A Madrid, 422 km
Alt. 7 m · Pob. 334.757
T. 965 143 452
GPS 38° 20' 41'' N · 0° 28' 56'' O

Visitar: Desde el monte Benacantil y el **Castillo de Sta. Bárbara** se obtienen las mejores panorámicas de la ciudad. En el casco antiguo se concentran los principales monumentos como el **Ayuntamiento,** un palacio barroco construido a lo largo del s. XVIII y **la iglesia-concatedral de S. Nicolás de Bari** (s. XVII), declarada Monumento Nacional. En su interior destacan la capilla de la Comunión (s. XVIII) y su cúpula azul de 45 m. Se puede pasear por el carrer de Llauradors, con numerosos edificios civiles construidos hacia el s. XVIII y acercarse hasta la **Basílica de Sta. María,** levantada hacia el s. XIV sobre una mezquita. De sus muchos museos, son recomendables el Arqueológico Marq, declarado

Nit del Foc en Alicante

Las Hogueras de S. Juan comienzan con la Plantà y finalizan con la Cremà, noche mágica de fuego y ritos ancestrales.

Mejor Museo Europeo de 2004; el Palacio de Gravina (s. XVIII), actualmente **Museo de Bellas Artes;** la Sala Municipal de Exposiciones, en la antigua lonja de pescado; el Museo de Belenes, el Taurino Municipal, el de la Festa y el de Arte Contemporáneo (MACA). El moderno parque de la Ereta y la **explanada de España** tienen muy buenas vistas.

Fiestas: El 19 de abril se celebra la **romería a la Sta. Faz,** con degustación de los típicos rollitos de aguardiente y vino. **Las Hogueras de San Juan,** del 20 al 24 de junio, son de Interés Turístico Internacional; la fiesta arranca el día 20 con la Plantà de las hogueras y, la noche del 24, la Cremà de las mismas o Nit del Foc, que se inicia con la gran palmera de fuegos artificiales desde el Castillo de Sta. Bárbara. Durante el verano también se conmemoran los **Moros y Cristianos.**

Alrededores: A 5 km, el Monasterio de la Sta. Faz, cuyo torreón-fortaleza con portada barroca es digno de ser apreciado. En su interior se guarda un lienzo de la *Verónica*. **Isla Tabarca** cuenta con un interesante Conjunto Histórico-Artístico y la Reserva Marina del Mediterráneo. Muy recomendables son sus **playas:** El Postiguet, La Albufereta, cabo de las Huertas, de Saladares-Urbanova, S. Juan o La Almadraba. **Lucentum** es un interesante yacimiento arqueológico de una antigua ciudad íbero-romana.

Restaurantes

César Anca. Ojeda, 1. T. 965 201 580. *www.cesarancahoteleria.com*
Cierra cenas de domingo y lunes. Amplia variedad de recetas en miniatura. Barra y mesas junto a la explanada. Pulpo sobre torrija de patata, rodaballo en dos cocciones, helado de leche merengada. Precio medio 35 €.

® **El Portal** *(gastrobar)*. Bilbao, 2. T. 965 143 269. *www.elportaltaberna.com*
Atrapa la trepidante actualidad de Sergio Sierra en tapas, pequeñas raciones y vinos a la copa. **Tomate con salazones, croquetas de 'boletus' y jamón ibérico, helado de turrón.** Precio medio 25 €.

Els Vents. (Fase 1. Local 1. Primera planta). Puerto de Alicante, Marina Deportiva T. 965 215 226. *www.elsvents.es*
Cierra domingo cena, lunes, segunda semana de enero y segunda quincena de agosto. En la marina deportiva con vistas a los mástiles, la propuesta marinera de mayor enjundia. Opción de medias raciones. *Tartar* de quisquilla y espardeñas, raya frita con lechuga glaciar, turrón, horchata. Menú mercado 35 €. Precio medio 40 €.

® **La Ereta.** (Parque de la Ereta). Subida Castillo de Sta. Bárbara, s/n. T. 965 143 250. *www.laereta.es* P
Cierra almuerzos de martes y miércoles en verano, cenas de martes y miércoles en invierno, domingo, lunes, segunda y tercera semanas de enero y semana de Pascua. Dani Frías propone una sensata cocina creativa en sintonía con el Mediterráneo. Buenas vistas y servicio de nivel. **Quisquillas y berberechos, arroz negro con 'blanquet', churros con chocolate.** Precio medio 45 €.

Detalle de la Puerta de la Trancada, obra de Carlos III, en la isla de Tabarca

La Taberna del Gourmet. San Fernando, 10. T. 965 204 233. *www.latabernadelgourmet.com*
Consolidando su alto prestigio y con una anfitriona de excepción, Geni, de apellido gastronómico: San Román. La novedad, una pequeña sucursal en la explanada. **Pan de cristal con tomate, meloso de gambas y espardeñas, tiramisú de turrón.** Menú 15 €. Precio medio sin marisco 30 €.

Monastrell. (H. Hospes Amérigo). Altamira, 7. T. 965 146 575. *www.monastrell.com*
Cierra domingo y lunes. Ampliado su espacio gastronómico, incluye una barra. María José San Román elabora una cocina de autor cimentada en productos ecológicos y el azafrán como estrella. **Jardín de verduras con yema de huevo y trufa negra, merluza en fondo marino de algas y coca boba de limón con sorbete de aceite de oliva.** Precio medio 60 €.

Nou Manolín. Villegas, 3. T. 965 200 368. *www.noumanolin.com*
Pionero en la cultura de la barra que no baja la guardia. **Escabeche de raya con cítricos, arroz con rape y almejas, tatín con helado de mantecado.** Precio medio 46 €.

Piripi. Av. Óscar Esplá, 30. T. 965 227 940. *www.noumanolin.com*

Siguiendo los pasos de su mentor Nou Manolín. **Calamarcitos encebollados, lomo de bacalao con fondo de berenjena, helado de queso fresco.**
Precio medio 46 €.

Hoteles

***** **Hospes Amérigo.** Rafael Altamira, 7. T. 965 146 570. *www.hospes.es*

Hab. 81: 108/292 €. Suites: 3. Antiguo convento dominico. En pleno centro histórico de la ciudad, invita a disfrutar de la esencia del más puro espíritu mediterráneo. Restaurante Monastrell.

***** **Sidi San Juan.** La Doblada, 8. T. 965 161 300. *www.hotelessidi.es*

Hab. 176: 90/298 €. Suites: 16. Instalaciones de lujo con numerosos servicios. En primera línea de playa y cerca de Alicante. Todas las habitaciones con vistas al mar. Servicio de minibús gratuito a la ciudad. Restaurante Grill Sant Joan.

**** **Eurostars Mediterránea Plaza.** Pl. del Ayuntamiento, 6. T. 965 210 188. *www.eurostarsmediterraneaplaza.com*

Hab. 49: 49/399 €. En el centro histórico. Próximo a la playa y al puerto deportivo.

**** **Husa Alicante.** (En San Juan Playa). Av. de las Naciones, s/n. T. 965 235 000. *www.husaalicante.com*

Hab. 154: 60/150 €. Suites: 2. Integrado en el campo de Alicante Golf. Dispone de centro de salud y belleza. Restaurante Augusta.

**** **SPA Porta Maris & Suites del Mar.** Pl. Puerta del Mar, 3. T. 965 147 021. *www.hotelspaportamaris.com*

Hab. 180: 80/172 €. Suites: 2. Entre la playa del Postiguet y el puerto deportivo. A cien metros del Ayuntamiento y de la explanada de España. Frente al Casino Mediterráneo. Restaurante Marabierta.

Aljaraque Huelva Ver Huelva

104 · A-1

Allariz Ourense Ver Ourense

18 · B-3

Almagro Ciudad Real

82 · A-2
A Ciudad Real, 22 km
A Madrid, 190 km
Alt. 646 m · Pob. 8.672
T. 926 860 717
GPS 38° 53' 26" N · 3° 42' 27" O

Visitar: El epicentro de esta localidad declarada Conjunto Histórico-Artístico es su **plaza Mayor** (s. XVI), utilizada como corral de comedias. Su principal templo es la **iglesia Madre de Dios** (s. XVI), gótica y renacentista, cuya fundación se atribuye a Diego de Almagro. Otros edificios religiosos son el templo de S. Bartolomé, S. Agustín o el convento de la Asunción (s. XVI). Almagro cuenta con varios museos interesantes como el del Teatro Nacional, el del Encaje y Blonda, y el **Hospital de S. Juan,** convertido en espacio de Arte Contemporáneo. Otros monumentos civiles de interés son la plaza de toros (s. XIX); el Teatro Municipal (s. XIX); el Almacén de los Fúcares (s. XVI); el Museo Etnográfico y la vía multimodal Marisma de Aljaraque.

Fiestas: Destaca su Semana Santa. En el mes de julio tiene lugar el **Festival de Teatro Clásico** y, en agosto, las fiestas de San Bartolomé.

Alrededores: En **Aldea del Rey,** a 30 km, se encuentra el Sacro Convento. En **Daimiel,** a 40 km, el Espacio Natural de las Tablas de Damiel. **Viso del Marqués,** a 50 km, aparte del Palacio del Marqués de Sta. Cruz, cuenta con bellos paisajes junto al río, la presa del Jabalón, a 12 km, y la zona recreativa de La Hoz.

Restaurantes

Mesón El Corregidor. Jerónimo Ceballos, 2. T. 926 860 648. *www.elcorregidor.com*

Cierra lunes excepto julio y última semana de julio. La oferta culinaria de Juan José Garzón en esta antigua casa solariega se mantiene en alto. **Ensalada de perdiz en escabeche, cochinillo crujiente con puré de manzana, fideos de papaya y mango con helado de arroz y coco.**
Precio medio 44 €.

Hoteles

**** **Parador de Turismo.** Ronda de San Francisco, 31. T. 926 860 100. *www.parador.es*

Hab. 54: 70/156 €. Suites: 3. Ubicado en el antiguo convento de San Francisco (s. XVI). Céntrico. Restaurante Entre Patios con cuidada cocina regional.

Desde las galerías de la Plaza Mayor se presenciaban todo tipo de espectáculos

Almansa Albacete

72 · E-3
A Albacete, 74 km
A Madrid, 322 km
Alt. 713 m · Pob. 25.591
T. 967 344 771
GPS 38° 52' 16'' N · 1° 5' 41'' O

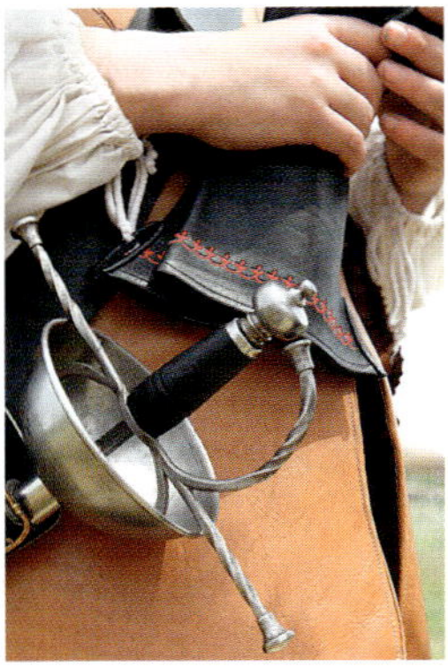

Detalle de la indumentaria de un participante en las fiestas de Almansa

Visitar: El perfil de Almansa se caracteriza por el **Castillo-Fortaleza** árabe (ss. XIII al XV) en lo alto de una peña. En torno a esta se reparten la **Casa Grande** (palacio del s. XVI y actual Ayuntamiento), la iglesia de la Asunción (ss. XVI al XVIII), la de S. Agustín y la ermita de S. Blas (s. XVIII). En el Centro de Interpretación Ambiental Molino Alto informan sobre el entorno y las rutas de senderismo.

Fiestas: En mayo tienen lugar las **fiestas patronales** de Interés Turístico Nacional, de Moros y Cristianos. En agosto y en septiembre se celebran las romerías y la feria. En agosto se organiza una animada feria medieval.

Alrededores: Hay que acercarse hasta el **Santuario de Belén** (s. XVI), con retablo barroco, y a la **sierra del Mungrón,** para visitar la ciudad ibérica de Meca.

Restaurantes

Bodegón Almansa. Corredera, 118. T. 967 310 637. *www.bodegonalmansa.com*
P

Cierra domingo cena y martes. Gazpacho manchego, paletilla de cabrito, milhojas con crema tostada. Precio medio sin marisco 25 €.

® **Maralba.** Violeta Parra, 5. T. 967 312 326. *www.maralbarestaurante.es*

Cierra cenas de domingo y lunes, martes y 10 días en noviembre. Interesante cocina manchega con la personal impronta de Fran Martínez. **Sopa tibia de tomillo con perdiz en escabeche casero y huevos escalfados de codorniz, lata de cabeza de cordero, 'mousse' de azafrán con su helado.** Precio medio 40 €.

Mesón de Pincelín. Las Norias, 10. T. 967 340 007. *www.pincelin.com*
P

Cierra domingo cena, lunes, segunda semana de enero y tres primeras semanas de agosto. Merece la pena por su variada oferta de calidad, a caballo entre La Mancha y la costa. **Huevo trufado, patatas 'chips' y crujiente de jamón; gazpacho marinero con rape, atún, gambas, almejas finas y ajitos tiernos; helado de queso manchego con salsa de frambuesa.** Precio medio 32 €.

Almazán Soria

44 · C-1
A Soria, 34 km · Madrid, 192 km
Alt. 970 m · Pob. 6.009
T. 975 310 502
GPS 41° 29' 8'' N · 2° 32' 5'' O

Detalle de un mosaico romano de Medinaceli, villa de la provincia de Soria

Visitar: El casco antiguo se articula alrededor de la **plaza Mayor,** junto a la que se encuentra la **iglesia de S. Miguel** (s. XII), románica y declarada Monumento Nacional. Allí mismo también se levanta el **Palacio de los Hurtado de Mendoza,** Bien de Interés Cultural, de finales del s. XVI. Otras iglesias destacables son las de S. Vicente (s. XII); la de Ntra. Sra. del Campanario; Sta. María de Calatañazor; S. Pedro o la barroca ermita de Jesús. El **convento de la Merced** fue declarado Monumento Nacional y en él está enterrado Tirso de Molina. En mayo se celebra el Certamen Nacional de Teatro Tirso de Molina. El **parque de la Arboleda** cuenta con un Museo de Escultura al aire libre.

Fiestas: A principios de mayo tiene lugar la **feria Venatoria** y un par de semanas más tarde, la feria de Muestras y la festividad de S. Pascual Bailón, el 17 y 18 de mayo, de Interés Turístico Regional. Del 31 de agosto al 5 de septiembre es la fiesta de la Bajada de Jesús Nazareno, de Interés Turístico Regional.

Alrededores: En **Morón de Almazán,** a 14 km, destacan el impresionante conjunto monumental en la plaza Mayor y el campo de golf La Dehesa. En **Monteagudo de las Vicarías,** a 45 km, hay que conocer el castillo y su iglesia gótica (s. XVI). En **Berlanga,** a 26 km, se conservan las murallas, la puerta, la judería y uno de los castillos más grandes de España. En **Casillas,** la ermita de S. Baudelio es imprescindible, al igual que el Museo Etnológico de **Barca,** a 8 km. **Medinaceli,** a 40 km, es Conjunto Histórico-Artístico.

Restaurantes

Antonio. (H. Antonio). Av. de Soria, 13. T. 975 300 711. *www.hotelantonio.net*
P

Cierra domingo cena y del 24 de diciembre al 20 de enero. Con 20 habitaciones. Entremeses fritos, somarro, leche frita. Menú 13 €. Precio medio 32 €.

Almendralejo Badajoz

79 · D-3
A Badajoz, 60 km
A Madrid, 369 km
Alt. 337 m · Pob. 33.975
T. 924 666 967
GPS 38° 41' 16'' N · 6° 24' 27'' O

Visitar: El principal monumento es la parroquia de **Ntra. Sra. de La Purificación** (s. XVI), aunque también destacan otros templos como el **Santuario de Ntra. Sra. de La Piedad** (s. XVI) o el convento y la ermita de S. Antonio (s. XVII), que alberga la colección Monsalud de piezas arqueológicas. El **Palacio Monsalud** (s. XVIII) fue la casa natal de Espronceda. Otros edificios civiles con encanto son el Teatro Carolina Coronado, la plaza de toros (s. XIX), el parque de la Piedad (s. XIX) o museos como el Devocional y el de las Ciencias del Vino. Se pueden realizar visitas guiadas a las bodegas o la Ruta Literaria del Romanticismo, en mayo.

Fiestas: La noche del 1 de febrero es la de **Las Candelas,** fiesta de Interés Turístico Regional. El 25 de abril tiene lugar la **romería de S. Marcos** y, poco después, las Cruces de Mayo. En agosto tiene lugar **Festibarros,** Festival de las Costumbres y Tradiciones. Las fiestas patronales y de la Vendimia son el 15 de agosto, mientras que en septiembre se celebra el Rallye de la Vendimia y la Semana Gastronómica.

Alrededores: Son recomendables las visitas al balneario de **Alange,** las villas de **Zafra, Mérida,** el **Parque Natural de Cornalvo** y el **Castillo de Feria.**

Restaurantes

® **El Paraíso.** (Ctra. Gijón-Sevilla, km 652). Av. de Sevilla, 154.
T. 924 661 001.
Interesante parada en la Ruta de la Plata. **Setas en caldereta, presa de cerdo ibérico a la brasa, flan de queso.** Menú 18 €. Precio medio 30 €.

Almería

113 · B-1
A Madrid, 563 km
Alt. 16 m · Pob. 190.000
T. 950 210 538 / 950 280 748
GPS 36° 50' 23'' N · 2° 28' 9'' O

Visitar: La parte histórica se vertebra alrededor de la **Alcazaba,** la fortaleza árabe erigida en el s. X por Abderramán III y ampliada en el s. XI por Almanzor y después por Jayrán, el primer rey de la taifa almeriense. Posee tres recintos amurallados, el segundo de los cuales cobijaba el Palacio del rey Almotacín, del que se conservan restos arqueológicos. La **Catedral-Fortaleza de la Encarnación,** iniciada en 1525 en estilo gótico y renacentista, no se terminó hasta finales del s. XVIII, con la construcción del claustro. Sus fachadas poseen dos portadas renacentistas, obras de Juan de Orea, y en su interior se aprecia la belleza de los nervios de la bóveda, el conjunto escultórico de la capilla mayor, la sillería del coro y la sacristía. Juan de Orea también creó la **capilla del Cristo de la Escucha** con el sepulcro del obispo Villalán, fundador de la catedral. Resaltan el trascoro neoclásico (s. XVIII) de Ventura Rodríguez y el claustro neoclásico de Juan Antonio Munar. Otros edificios religiosos de interés son los conventos de las Claras y de las Puras o las **iglesias de Santiago** (s. XVI), S. Pedro (s. XIX), S. Sebastián (s. XVII) o **S. Juan,** antigua Mezquita Mayor (s. XVII). La céntrica plaza de la Constitución está presidida por el Ayuntamiento y el Monumento a los Mártires de la Libertad Los Coloraos.

Desde la Torre de los Espejos de la Alcazaba se hacían señales a los barcos

Fiestas: En enero se celebra la romería a Torre García en honor a la Virgen del Mar. En febrero, el carnaval. La **Semana Santa** está declarada de Interés Turístico Nacional. En mayo hay dos citas importantes, las Cruces de Mayo y la **Feria del Caballo y del Vino.** En agosto destacan la feria y fiestas en honor a la Virgen del Mar.

Alrededores: La situación de Almería es idónea para conocer el **Parque Natural Cabo de Gata,** a 23 km; el yacimiento arqueológico de los **Millares,** a 17 km, o el desierto de **Tabernas,** a 12 km.

Restaurantes

Bacus *(gastrobar).* (En Aguadulce, a 11 km). Camino de los Parrales, 330.
T. 950 341 354. *www.bacus.eu*
Cierra domingo cena y segunda quincena de enero. Este local de Alejandro Sánchez se ha convertido en un punto de cita para realizar una comida moderna y divertida con variadas tapas de diseño en su carta. Ostras azahar y lima; lomo de esturión, berenjena y naranja; *tatin* de manzana con helado de vainilla. Precio medio 30 €.

® **Bello Rincón.** (Vía Litoral dirección Aguadulce, a 4 km). Ctra. N-340, Cádiz-Girona, km 436. T. 950 238 427. *www.bellorincon.com*
Cierra cenas, lunes, julio y agosto. Excelsas materias primas. Especializado en **pescados y mariscos** frescos, en su justo punto de tratamiento. **Helado de leche merengada.** Precio medio 40 €.

'Hollywood' europeo
El Desierto de Tabernas, en Almería, fue la principal zona de rodaje de 'westerns' de Europa, en los años 60 y 70.

Bodega Bellavista. (En Llanos del Alquián, a 7 km. Ctra. del Aeropuerto, desvío en el km 9). Panteón, 28. T. 950 297 156.
www.restaurantebodegabellavista.com
Cierra domingo cena, lunes y segunda quincena de octubre. Arroz caldero con *fumé* de pescado de roca, atún a la parrilla, milhojas rellenas de nata con chocolate caliente. Precio medio 34 €.

Casa Sevilla. (Galería Comercial). Rueda López, s/n. T. 950 272 912.
www.casa-sevilla.com
Cierra domingo. Cocina tradicional con pinceladas modernas. Huevo escalfado con patatas, lubina salvaje con salsa de uvas, tarta de turrón con jengibre. Precio medio 34 €.

® **La Catedral.** Pl. de la Catedral, 8. T. 950 278 178. *www.hotelcatedral.net*
Céntrico y atractivo, ahora incrementado con un *gastrobar,* además de su carta de cocina almeriense y toques actuales. **Gallo pedro con ajo blanco, leche frita con helado de violeta.** Menú 25 €. Precio medio 35 €.

La Encina-Plaza Vieja. Marín, 16. T. 950 273 429. *www.restaurantelaencina.es*
Cierra domingo en verano, domingo cena y lunes. Casa del s. XIX situada en el corazón del casco histórico. *Carpaccio* de champiñones con queso Idiazabal, merluza con almejas y gambas, fluido de chocolate. Precio medio 35 €.

La Gruta (asador). (Vía Litoral dirección Aguadulce, a 4 km). Ctra. N-340, Cádiz-Girona, km 436. T. 950 239 335. *www.asadorlagruta.com*
Cierra domingo. Grutas naturales frente al mar. Salmorejo, bacalaos, caza, surtido de postres. Precio medio 30 €.

® **Plaza Vieja-Alejandro.** Pl. Constitución, 6. T. 950 274 448.
www.plazaviejaalejandro.com
La última novedad de Alejandro Sánchez en un local actual con cocina moderna. **Tabernero de setas con huevos de corral, gallo pedro frito, chocolate al cubo.** Precio medio 35 €.

Hoteles

***** **Catedral Almería.** Pl. Catedral, 8. T. 950 278 178. *www.hotelcatedral.net*
Hab. 20: 100/250 €. En el centro de la ciudad. En un edificio de 1850.

**** **Husa Gran Fama.** (Junto al centro comercial Mediterráneo). Av. del Mediterráneo, s/n. T. 950 145 039. *www.husa.es*
Hab. 88: 50/170 €. Suites: 2. Fácil acceso a la autovía. Internet gratuito en las habitaciones y *wifi* en recepción y cafetería. Terraza de verano.

**** **Tryp Indalo Almería.** A cinco minutos del centro. Av. Mediterráneo, 310. T. 950 183 400. *www.solmelia.com*
Hab. 186: 66/160 €. Próximo al Parque Natural de Cabo de Gata. Restaurante Snack Bar Indalo.

113 · A-2

Almerimar Almería Ver Ejido, El

45 · C-1

Almunia de Doña Godina, La Zaragoza Ver Cariñena

Almuñécar Granada

111 · F-2
A Granada, 75 km
A Madrid, 515 km
Alt. 20 m · Pob. 27.703
T. 958 631 125
GPS 36° 44' 3'' N · 3° 41' 31'' O

Visitar: La ciudad se extiende a los pies del **Castillo de S. Miguel,** árabe del s. XIV. A lo largo y ancho de la parte antigua pueden rastrearse restos romanos (el acueducto, el columbario...), fenicios (la **necrópolis**), la **factoría de salazones** (ss. IV a. C. al V d. C). Son interesantes la **iglesia de la Encarnación** (s. XVII) y el Palacete de la Najarra (s. XIX). También se puede acceder al Museo Arqueológico Municipal denominado **Cueva Siete Palacios,** de origen romano, y al Museo Claves de Almuñécar-3.000 Años de Historia. Son interesantes también la Torre del Monje, el parque botánico-arqueológico **El Majuelo,** el parque ornitológico Loro Sexi, el Parque de la Naturaleza Peña Escrita, la alfarería El Castillo o los cortijillos artesanales El Majuelo.

Almuñécar, en origen un enclave fenicio, está en la comarca de la Costa Tropical

Fiestas: El 19 de marzo se celebran las **patronales de la Herradura,** en honor a S. José. Del 1 al 3 de mayo son las Cruces, mientras que el 24 de junio es la fiesta de S. Juan. El 16 de julio, las fiestas de la Virgen del Carmen; en agosto, las patronales de la Virgen de La Antigua y, a finales de septiembre, las de S. Miguel.

Alrededores: En **La Herradura** destacan el castillo (s. XVIII), el faro Punta de la Mona y el **Paraje Natural Maro-Cerro Gordo,** con su torre vigía.

Restaurantes

La Sardina (Chiringuito). Pº Andrés Segovia, s/n. T. 958 640 111.
www.lasardina.com
Cierra del 10 de diciembre al 25 de enero. Al filo del mar, con un comedor interior para invierno. Reputadas migas de sémola, espetos, pescados al horno, arroces marineros. Precio medio 25 €.

Mar de Plata. (Pº de San Cristóbal). Av. Mar de Plata, 3. T. 958 633 079.
www.restaurantemardeplata.es
Cierra martes y mayo. Gazpacho, paellas y tarta de queso. Precio medio 26 €.

Hoteles

**** **Bahía Tropical.** Playa del Pozuelo, s/n. T. 958 639 466.
www.hotelbahiatropical.es
Hab. 253: 50/160 €. Suites: 26. Ubicado en la playa del Pozuelo.

**** **Suites Albayzin del Mar.** Av. Costa del Sol, 23. T. 958 632 161.
www.hotelalbayzindelmar.com
Suites 71: 70/242 €. Inmerso en la Isla del Ocio, declarada de Interés Turístico. Rodeado de 10.000 m² de jardines tropicales. Restaurante de alta cocina.

Restos fenicios en el Museo Arqueológico Municipal Cueva Siete Palacios

Alovera Guadalajara Ver Guadalajara

53 · F-3

Alp-Molina, La Girona

26 · A-2
A Girona, 147 km
A Madrid, 659 km
Alt. 1.159 m · Pob. 1.741
GPS 42° 22' 26'' N · 1° 53' 10'' E

Visitar: Tanto la románica **iglesia de St. Pere** (en Alp) como el **dolmen de la Paborde** (en La Molina) son los monumentos con más solera. Es interesante el sendero del llano a la montaña.

Fiestas: Son de interés la fiesta Mayor de Alp dedicada a **S. Pedro,** o la de la **Virgen de las Nieves,** fiesta Mayor de La Molina.

Alrededores: Los aficionados al esquí apreciarán la estación de **La Masella.**

Restaurantes

Ca l'Eudald. (H. Ca l'Eudald). Pº Agnès Fabra, 4. T. 972 890 033. *www.caleudald.com*
Con 30 habitaciones. Antigua bodega con paredes de piedra. Arroz cremoso con setas de temporada, pato confitado con peras, gratén de frutos rojos. Menú 18 €. Precio medio 35 €.

Casa Patxi. Orient, 23. T. 972 890 182. *www.casapatxi.com*
Cierra miércoles, 15 días en primavera y en otoño. Antigua casa con jardín. Carnes de la zona, guiso de albóndigas, cremas naturales. Menú 20 €. Precio medio 25 €.

---

113 · C-1

Alquián, El Almería Ver Almería

Altea Alicante

85 · C-4
A Alicante, 52 km
A Madrid, 476 km
Alt. 62 m · Pob. 24.000
T. 965 844 114
GPS 38º 35' 60'' N · 0º 3' 1'' O

Cúpulas características de la iglesia de Ntra. Sra. del Consuelo en Altea

Visitar: Los barrios más atractivos son el casco antiguo, con la iglesia de **Ntra. Sra. del Consuelo** y la **plaza del Agua,** así como los **puertos pesquero y deportivo.** Destaca también el Museo-Casal Fester y la pedanía de Altea la Vella.

Fiestas: El calendario festivo está íntimamente ligado al santoral: en junio, S. Juan y S. Antonio; en julio, S. Pedro y la Virgen del Carmen, Sta. Ana y S. Jaime; en agosto, **St. Roc, St. Llorenç** y **S. Luis;** y en septiembre, el Stmo. Cristo del Sagrario, San Blas y Moros y Cristianos.

Alrededores: Destacan las localidades de **Benidorm, Calpe, Callosa d'Ensarria, Castell de Guadalest** o la **sierra de Bernia.**

Restaurantes

® **La Capella.** San Pablo, 1. T. 966 880 484. *www.lacapella-altea.com*
Cierra miércoles almuerzos en julio y agosto, miércoles, segunda quincena de febrero, semana de fiestas en septiembre y primera quincena de noviembre. Cocina de proximidad, evolucionada y bien realizada. **Cocas, paletilla de cordero con nísperos, torta de almendras.** Precio medio 40 €.

Mesón Racó de Toni. La Mar, 127. T. 965 841 763.
Cierra domingo cena y noviembre. Paella de gambitas, sepia, cebolla y calabaza, perdiz en escabeche de verduras, tarta de chocolate. Menú 15 €. Precio medio 35 €.

Shamadi. (En Playa de l'Albir, a 4 km. H. Sha Wellness Clinic). Verderol, 5. T. 966 811 199. *www.shavellnessclinic.com*
En su línea de cocina sana y sabrosa adaptada a los gustos contemporáneos por el buen hacer de Pablo Montoro. **Parrillada de verduras 'baby' ahumadas a la menta, raviolis rellenos de gambas al ajillo con emulsión de soja y cítricos, 'soufflé' de pistacho.** Precio medio 55 €.

Hoteles

***** **SH Villa Gadea.** Partida Villa Gadea, s/n. T. 966 817 100. *www.sh-hoteles.com*
Hab. 202: 120/378 €. Suites: 12. Desayuno y *buffet* incluido. En primera línea de playa. Restaurantes Veranda, Vitelio y Palapa. Un paraíso al servicio de la salud y el bienestar.

***** **Sha Wellness Clinic.** (Playa de l'Albir). Verderol, 5. T. 966 811 199. *www.shawellnesclinic.com*
Suites 93: 200/250 €. Clínica del bienestar. Restaurante Shamadi.

**** **Albir Playa Hotel & Spa.** (En Alfaz del Pi) Camino Viejo de Altea, 51. T. 966 864 943. *www.albirplayahotel.com*
Hab. 202: 75/280 €. Suites: 4. Elegante arquitectura, acogedora y cosmopolita. Próximo a la playa de l'Albir y al Parque Natural Serra Gelada. Restaurante Albatros.

---

11 · F-2

Alto Campoo Cantabria Estación de esquí - Ver Reinosa

Alzira/Alcira Valencia

76 · E-4
A Valencia, 38 km
A Madrid, 372 km
Pob: 38.200
GPS 39º 9' 4'' N · 0º 26' 30'' O

Visitar: Conserva un bello casco histórico declarado Bien de Interés Cultural, en el que destacan la **Casa Consistorial** y las iglesias de Sta. María y Sta. Catalina.

Fiestas: Es de interés la fiesta de **St. Bernat,** en junio.

Restaurantes

Cami Vell. Colón, 51. T. 962 412 521. *www.camivell.com*
Cierra domingo y Semana Santa. Cocina de mercado con arroces melosos marineros y pescados de la lonja. Precio medio 35 €.

Juan Veintitrés. Papa Juan XXIII, 8. T. 961 784 575. *www.restaurantejuanxxiii.com*
Cierra domingo cena, lunes y tres últimas semanas de agosto. Cocina actual centrada en el producto y pródiga en buenos propósitos. Paella de magro y verduras, paletilla confitada, fluido de calabaza. Precio medio 25 €.

'Mascletà' en Alzira durante la fiesta de las Fallas

Ametlla de Mar, L'/Ametlla de Mar, La
Tarragona

47 · B-4
A Tarragona, 50 km
A Madrid, 509 km.
Altitud: 20 m. Pob: 7.080
GPS: 40° 54' 40" N · 0° 49' 53" E

Visitar: Atractiva villa costera y turística con un vistoso **puerto pesquero.**

Fiestas: El 29 de junio se celebra **San Pedro.**

Restaurantes

® **El Molí dels Avis.** Andreu Llambrich, 74. T. 977 456 404. *www.elmolidelsavis.com*
Cierra miércoles y del 22 de diciembre al 8 de enero. Acogedor y familiar, ubicado en un antiguo molino de aceite en el centro de esta población marinera. El **atún** es protagonista preparado de distintos modos. Precio medio 48 €.

Amorebieta-Etxano Bizkaia Ver Durango

6 · B-4

Ampudia Palencia

31 · D-2
A Palencia, 26 km
A Madrid, 243 km
Alt. 790 m · Pob. 628
T. 979 768 025.
GPS 41° 54' 49" N · 4° 46' 53" O

Visitar: No faltan los atractivos en un municipio declarado Conjunto Histórico-Artístico. Destaca su **castillo** del s. XV, la **Colegiata de S. Miguel,** goticorrenacentista, o el Museo de Arte Sacro en el antiguo convento de S. Francisco. El antiguo Hospital de Sta. María de la Clemencia ha sido reconvertido en centro cultural y de exposiciones. En la Oficina de Turismo facilitan toda la información necesaria sobre monumentos y horarios.

Fiestas: En septiembre son las fiestas patronales de Ntra. Sra. de Alconada y del 25 al 26 del mismo mes, la **Fiesta Barroca** y el **Mercado Castellano de S. Miguel.**

Alrededores: Ermita de Ntra. Sra. de Alconada, a 3 km. En **Valoria del Alcor** merece la pena acercarse a la iglesia de S. Fructuoso y al Ecomuseo.

Hoteles

**** **Posada Real La Casa del Abad.** Pza. Francisco Martín Gromaz, 12. T. 979 768 008. *www.casadelabad.com*
Hab. 24: 95/135 €. Suites: 6. Edificio emblemático del s. XVII. Espectacular bóveda, capilla, mobiliario, cuadros y enseres antiguos. Restaurante El Arambol, con un buen lechazo churro asado coronado con sopa de frutos rojos con cava y helado de queso.

Ampuero Cantabria Ver Limpias

5 · E-3

Amurrio Araba/Álava

13 · A-2
A Vitoria, 40 km
A Madrid, 400 km
Alt. 219 m · Pob. 10.050
T. 945 393 704
GPS 43° 3' 8" N · 3° 0' 8" O

Visitar: Este municipio, situado en la orilla del río Nervión, destaca por varios edificios religiosos –la **iglesia de Sta. María** o la **ermita de S. Antón**– y civiles, como casas, torres y palacios, especialmente la Torre de Mariaca o el **Palacio de Cejudo.** Cuenta con dos museos interesantes, el del Licor y el de Félix Murga, así como con las bodegas de *txakoli*. En las inmediaciones está la cascada de Delika y el nacimiento del río Nervión, **Aresketamendi,** Parque de las Energías Renovables y **Goikomendi-Kuxkumedi Natur Parkea,** espacio forestal protegido.

Fiestas: En enero se celebra S. Antón, y en mayo, el **Txakoli Eguna,** con feria, degustación y concurso gastronómico. Del 11 al 17 de agosto tienen lugar las **fiestas patronales de S. Roke y Nuestra Señora.** El 25 de septiembre es el Artzain Eguna o Día del Pastor y, en noviembre, los **Mikoturismo Egunak,** jornadas micológicas.

Un colorido otoño en los hayedos del Parque Natural de Gorbeia, en Araba

Alrededores: La campa de **Zaraobe.** En **Llodio,** a 13 km, la iglesia de S. Pedro y de Sta. María del Yermo. En **Artziniega,** sorprende su casco antiguo y el Santuario de Ntra. Sra. de la Encina. De **Quejana,** no hay que perderse su conjunto monumental. En **Orduña,** su casco antiguo, su balneario y el monte.

Restaurantes

® **Bideko.** (En Lezama, a 2 km). En la carretera de Amurrio a Vitoria. Barrio Bideko, s/n. T. 945 890 633. *www.restaurantebideko.com*

Cierra cenas excepto viernes y sábado, tercer domingo de cada mes, del 31 de diciembre al 5 de enero, Semana Santa y agosto. Precioso caserío del s. XVIII en el valle de Ayala bajo la dirección de los hermanos Guinea. **Láminas de bacalao y patata templada, pilpil y crema de cuajada; lomo de cordero con puré de manzana, sopa de piña con frutos silvestres y sorbete de coco.** Menú 16 €. Precio medio 45 €.

® **El Refor.** (Edif. El Salvador). Maskuribai, 21. T. 945 393 314. *www.elrefor.com*

Cierra cenas de domingo a jueves. Antiguo reformatorio, hoy sede del buen hacer de Jesús Miguel Barreña. **Huevos con pan y panceta sobre crema de patata ligera, rulo de merluza con bacon y langostinos, torrija de coco.** Menú 11 €. Precio medio 45 €.

Hoteles

**** **Aisia Orduña Hotel Balneario.** (En Orduña, a 7,2 km). Foru Pl., 15. T. 945 384 550. *www.aisiahoteles.com*

Hab. 42: 54/134 €. Suites: 2. Edificio neoclásico del s. XVIII. Restaurante Aduana.

**** **Caserío Iruaritz.** (Lezama-Amurrio). Bº de San Prudencio, 29. T. 945 892 676. *www.grupolezama.com*

Hab. 5: 50/69 €. Suites: 1. Consultar cierre. Caserío del s. XV. Totalmente reformado.

---

24 · F-1

Anciles Huesca Ver Benasque

---

38 · A-1

Anglès Girona Ver Girona

---

106 · A-3
A Málaga, 45 km
A Madrid, 516,7 km
Alt. 577 m · Pob. 42.392
T. 952 702 505
GPS 37º 1' 8'' N · 4º 33' 51'' O

Antequera Málaga

Visitar: Declarada Conjunto Histórico-Artístico, el recinto monumental más importante es la Alcazaba, en la que destacan la **Torre del Homenaje** y la Puerta de Málaga (ss. X al XIII). Los edificios de época cristiana más importantes son la **Real Colegiata de Sta. María La Mayor** (s. XVI); el Arco de los Gigantes (s. XVI);

la iglesia-colegiata de S. Sebastián (s. XVI); la iglesia del Carmen (s. XVII); la iglesia de los Remedios (s. XVIII) y la capilla tribuna Virgen del Socorro, en la plaza del Portichuelo (s. XVIII). Muy interesante es el **Museo de la Ciudad** (efebo y bronce romano del s. I), el Museo Conventual de las Descalzas o los **dólmenes** de Menga, Viera y Romeral (2500 a 1800 a. C.).

Fiestas: Su Semana Santa es de Interés Turístico Regional. En mayo son las fiestas patronales del Stmo. Cristo de la Salud y de las Aguas, y la Feria Agrícola y Ganadera de Primavera. A mediados de agosto, la Real Feria, de Interés Turístico Regional. El 8 de septiembre es la **Virgen de los Remedios,** también de Interés Turístico Regional. El 16 de septiembre se celebra Sta. Eufemia.

Alrededores: El **Torcal de Antequera,** a 13 km, es un paisaje kárstico de gran interés y belleza. **El Chorro** es una zona de embalses con muy buenas vistas. En **Archidona** hay que ver la plaza Ochavada y el casco antiguo. En **Fuente Piedra** destacan su Reserva Natural y la laguna con flamencos.

'Actor con máscara', escultura romana en mármol del Museo Municipal de Antequera

Restaurantes

Caserío San Benito. (Cruce de Alameda, a 18 km de la ciudad). Ctra. A-45, Málaga-Córdoba, salida 86. T. 952 111 103. *www.caseriodesanbenito.com*

Cierra cenas excepto viernes y sábados de septiembre a junio. Típico cortijo andaluz rodeado de olivares. Porra antequerana, arroz caldoso de cabezada de lomo ibérico, nata cocida. Menú 15 €. Precio medio 25 €.

Coso San Francisco. Calzada, 29. T. 952 840 014. *www.cososanfrancisco.com*

Con habitaciones. Casa solariega del s. XVII con patio interior. Ajo blanco de habas o de almendras, choto a la pastoril (receta galardonada), almojábana. Precio medio 25 €.

Hoteles

**** **Parador de Turismo.** Pº García del Olmo, 2. T. 952 840 261. *www.parador.es*

Hab. 58: 106/142 €. Suites: 4. Edificio de nueva construcción. El restaurante La Vega ofrece platos locales y regionales.

Antilla, La Huelva Ver Lepe

103 · E-1

Aracena Huelva

96 · C-1
A Huelva, 106 km
A Madrid, 504 km
Alt. 867 m · Pob. 8.500
T. 663 937 876
GPS 37° 53' 31'' N · 6° 33' 39'' O

Visitar: El centro histórico fue declarado Bien de Interés Cultural, gracias a monumentos como la **iglesia Prioral del Castillo** (ss. XIII al XV), la **Fortaleza** (s. XI), la parroquia de la Asunción (s. XVI) y la espectacular **gruta de las Maravillas.** Destacan también el Museo de Escultura Contemporánea, el Museo de Minerales, el Museo del Jamón o el Centro de Interpretación de Aracena. Por los alrededores se pueden realizar rutas, como la de Aníbal González, en bicicleta o caminando.

Fiestas: Son importantes las celebraciones de San Blas, en febrero; la **Feria del Ganado,** en mayo, y la Muestra de Música Antigua, en agosto. El tercer fin de semana de agosto son las fiestas Mayores y el tercer fin de semana de octubre, la Feria del Jamón. En diciembre se celebra la popular **Quema de Rehiletes.**

Alrededores: Destacan la **peña de Arias Montano,** a 13 km; **el embalse de Aracena,** las aldeas de Aracena y, también, el bello **Parque Natural Sierra de Aracena y Picos de Aroche.**

Restaurantes

Casas. Pozo de la Nieve, 39. T. 959 126 320. *www.restaurantecasas.es*

Cierra cenas. Junto a la gruta de las Maravillas. Gazpacho, carnes y chacinas de cerdo ibérico, caza menor, natillas. Precio medio 25 €.

José Vicente. Av. Andalucía, 53. T. 959 128 455.

Cierra cenas, martes y del 20 de junio al 10 de julio. Mesón-tienda con productos de cerdo ibérico y platos de temporada. Verduras de la huerta, caza, queso de cabra. Menú y precio medio 25 €.

Hoteles

*** **Finca Valbono.** Ctra. Carboneras, km 1. T. 959 127 711. *www.fincavalbono.com*

Hab. 6: 60/94 €. Complejo turístico rural. Senderismo, cicloturismo, excursiones y caballos en el Parque Natural Sierra de Aracena y Picos de Aroche. Restaurante Los Barrancos.

Aranda de Duero Burgos

32 · D-3
A Burgos, 80 km
A Madrid, 160 km
Alt. 798 m · Pob. 33.154
T. 947 510 476
GPS 41° 40' 17'' N · 3° 41' 16'' O

Excolegiata de Sta. María, construida sobre otra iglesia de la que solo queda la torre

Visitar: Los monumentos más interesantes de su casco antiguo son la **Excolegiata de Sta. María,** con su portada gótico-isabelina (ss. XV y XVI), la iglesia de S. Juan Bautista (ss. XIV y XV) y el **Museo de Arte Sacro.** También se puede visitar el **Museo del Tren;** el humilladero (s. XVI); el puente medieval de las Tenerías; el Santuario de la Virgen de las Viñas; la **iglesia de la Vera Cruz** (s. XVII); el parque del General Gutiérrez y las bodegas subterráneas medievales.

Fiestas: Su Semana Santa está declarada de Interés Turístico Regional por actos como la **Bajada de la Cruz** o la Bajada del Ángel (en Domingo de Pascua). En septiembre se celebran la **Feria de la Ribera (Fiduero)** y las fiestas patronales.

Alrededores: En **Sinovas** destaca la iglesia de S. Nicolás de Bari, con artesonado mudéjar y, en **La Aguilera,** el Santuario de S. Pedro Regalado.

Restaurantes

Asador Tudanca Aranda. (H. Tudanca-Aranda). A-I, Madrid-Irún, km 153. T. 947 506 011. *www.hotelestudanca.com*
Magnífico lechazo con natillas de postre. Precio medio 35 €.

Casa Florencio (asador). Isilla, 14. T. 947 500 230. *www.casaflorencio.com*
Cierra cenas. Pionero asador de lechazos y carnes rojas a la parrilla. Higos al vino rellenos de nueces. Vinos de Ribera del Duero. Precio medio 30 €.

El Lagar de Isilla. Isilla, 18. T. 947 510 683. *www.lagarisilla.es*
Cierra domingo cena. El vino de Ribera del Duero y la micología son los puntales de esta casa con museo del vino. Arroz cremoso con *boletus* y queso, lechazo asado, pimientos rellenos de crema de queso sobre natillas. Precio medio 35 €.

Mesón de La Villa. La Sal, 3. T. 947 501 025.
Cierra domingo cena, lunes y del 13 al 30 de octubre. Seri continúa liderando la cocina en Aranda con los emblemáticos **congrio y lechazo asado,** rematados con el **hojaldre caliente** y los vinos de la Ribera del Duero. Al frente de todo, su sobrina Mariví. Precio medio 33 €.

Aranjuez Madrid

63 · A-3
A Madrid, 47 km
Alt. 489 m · Pob. 57.824
T. 918 910 427
GPS 40° 1' 54'' N · 3° 36' 16'' O

Visitar: Declarada Paisaje Cultural-Patrimonio de la Humanidad. Su casco antiguo es, además, Conjunto Histórico-Artístico (s. XVIII), en el que destacan el **Palacio Rea**l (Patrimonio Nacional de los ss. XV al XVIII), con sus estancias principales: la sala de Porcelana, el gabinete de la Reina y la capilla Real; y sus **jardines** (la Isla, Príncipe, Isabel II y Parterre). En la **Casa del Labrador** están el gabinete de Platino y las pinturas de Bayeu. El conjunto urbano se completa con la plaza e iglesia de S. Antonio; la Casa de Marinos; el Museo de Falúas Reales; los palacios de Medinaceli, Godoy o Silvela; la plaza de toros y el Museo Taurino. El **centro cultural Isabel de Farnesio** tiene una activa programación de exposiciones y conciertos. Otros edificios de interés son la estación de ferrocarril (s. XIX), la Real Bodega de Carlos III y el **Mercado de Abastos.** Para viajar hasta allí desde Madrid se puede utilizar el original Tren de la Fresa.

Fiestas: El 30 de mayo se celebran las más vistosas, las fiestas **patronales de S. Fernando** y, en el mismo mes, tiene lugar la **romería de S. Isidro** en la pedanía del Cortijo de S. Isidro. También en mayo, la Feria de la Artesanía y el Festival Internacional de Música Antigua, que se prolonga hasta junio. La del Motín, en septiembre, está declarada de Interés Turístico Nacional.

Alrededores: El Mar de Ontígola, el Castillo de Oreja, el **Cortijo de S. Isidro** o la **Reserva Natural Regajal** son los principales atractivos vecinos. También la presa del Embocador y los puentes de la Reina y de Barcas.

Restaurantes

Carême-Jesús del Cerro. Av. Palacio, 3. T. 918 926 486. *www.caremejesusdelcerro.com*
Terraza espectacular frente al jardín del Palacio Real con Jesús del Cerro al frente. **'Soufflé' de hongos, 'noisette' de cordero con corazón de mollejas, raviolis**

de manzana glaseados. Precio medio 45 €. En la zona de bar, buenas tapas y raciones (20 €).

Casa José. Carrera de Andalucía, 17. T. 918 911 488. *www.casajose.es*
Cierra domingo cena, lunes, segunda semana de enero y tres primeras de agosto. Los espléndidos productos hortícolas de la vega de Aranjuez son los protagonistas de la cocina de Fernando del Cerro, un cocinero referente en la Comunidad de Madrid. **Espárragos y salsifís en crudo con vieiras empanadas en piñones, lomo de buey a la sal de picón de sarmiento, fresas con 'chantilly' de rosas.** Muy buena bodega de la que se ocupa su hermano Armando. Precio medio 60 €.

Rodrigo de la Calle. Carrera de Andalucía, 85. T. 918 910 807. *www.restaurantedelacalle.com*
Cierra lunes. Rodrigo de la Calle investiga y trabaja en la cocina gastrobotánica y sorprende con atractivos platos muy vanguardistas y golosos postres. En la parte de arriba un *gastrobar* con interesantes tapas. Menús entre 40 y 68 €. Precio medio 45 €.

Hoteles

**** **NH Príncipe de la Paz.** San Antonio, 22. T. 918 099 222. *www.nh-hotels.com*
Hab. 84: 91/359 €. Suites: 2. Situado en un edificio de los ss. XVIII y XIX, en el casco histórico.

Los jardines de Aranjuez
Numerosas estatuas y fuentes de tema mitológico adornan los bosques y parques entre el río Tajo y el Palacio Real de Aranjuez.

Arantzazu/Aránzazu Gipuzkoa Ver Oñati

13 · D-3

Aravaca Madrid Ver Madrid/Restaurantes/Alrededores de Madrid

53 · C-4

Arbocet, L' Tarragona Ver Cambrils

47 · C-3

Arbolí Tarragona Ver Reus

47 · C-2

Arbúcies Girona Ver Santa Coloma de Farners

37 · D-2

Archena Murcia

93 · A-3
A Murcia, 22 km
A Madrid, 375 km
Alt. 102 m · Pob. 18.202
T. 968 674 738
GPS 38° 6' 50'' N · 1° 17' 54'' O

Visitar: Famoso por el **balneario** que tiene sus raíces en las antiguas termas árabes y romanas, aún en funcionamiento, Archena cuenta con importantes edificios monumentales. Destacan la **iglesia de S. Juan Bautista** (s. XVIII); la **Casa Grande** (s. XV); el Palacete y el jardín de Villarías (s. XIX); el Castillo de Don Mario (s. XIX) y las Norias (s. XIX). Son recomendables los paseos junto al **río Segura** y la Ruta de Vicente Medina, situada en el paseo fluvial.

Fiestas: Su Semana Santa está declarada de Interés Turístico Regional. En mayo y junio son las Fiestas Patronales, Moros y Cristianos, el **Corpus Christi** y la Virgen de la Salud. El septiembre se celebran las **Fiestas del Polvorín** y la Conmemoración de la Carta Puebla.

Alrededores: Destacan las poblaciones cercanas de **Villanueva del Río Segura, Ulea, Ojos, Ricote, Blanca** y **Abarán** en el Valle del Ricote. **Fortuna,** a 14 km, cuenta con un balneario.

Hoteles

**** **Termas.** Balneario de Archena, s/n. T. 902 333 222.
www.balneariodearchena.com
Hab. 68: 78/144 €. Artística construcción de estilo mozárabe.

Arcos de La Frontera Cádiz

105 · A-4
A Cádiz, 66 km · Madrid, 584 km
Alt. 195 m · Pob. 33.154
T. 956 702 264
GPS 36° 45' 1'' N · 5° 48' 49'' O

Visitar: El casco antiguo, situado en lo alto de una gran peña, guarda los principales atractivos monumentales, como la **Basílica de Sta. María** (ss. XIII y XIV); la iglesia de **S. Pedro** (ss. XIV al XVIII); la capilla de **La Misericordia;** el castillo (s. XI); el

Coloridos geranios adornan las calles estrechas de Arcos

Palacio del Mayorazgo, con su jardín andalusí, y la pinacoteca. Destaca también la Galería de Arte y el Centro de Interpretación La Molinera y El Corregidor.

Fiestas: En febrero, el carnaval. La Semana Santa es de Interés Turístico Internacional, con mención especial del Domingo de Resurrección con el **Toro del Aleluya.** También son destacables la Velada de Ntra. Sra. de las Nieves, en agosto, y la feria de S. Miguel, a finales de septiembre.

Alrededores: Arcos es el punto de partida ideal para la Ruta de los Pueblos Blancos: Arcos, **El Bosque, Ubrique, Grazalema, Zahara, Setenil, Olvera, Villamartín y Bornos.** Otros atractivos son Cola del Embalse de Arcos, el Observatorio de Aves y el **Parque Natural del Pinsapar.**

Hoteles

*** **Parador de Turismo.** Pl. del Cabildo, s/n. T. 956 700 500. *www.parador.es*

Hab. 24: 120/163 €. Colgado sobre la vega del río Guadalete, en el barrio antiguo. Restaurante Mesón del Corregidor.

Arenys de Mar Barcelona

37 · E-3
A Barcelona, 40 km
A Madrid, 677 km
Alt. 10 m · Pob. 14.627
T. 937 922 601
GPS 41° 34' 45'' N · 2° 33' 1'' E

Visitar: Asomado al Mediterráneo, en Arenys sobresale su **iglesia parroquial** (s. XVII), declarada **Bien de Interés Nacional,** con retablo barroco del escultor Pau Costa. Es interesante el **cementerio de Sinera,** mito literario de Salvador Espriu, con esculturas de Llimona o Marés. El Museo de la Punta Frederic Marès cuenta con una gran colección de encajes y bolillos del s. XVIII, y el de Mollfulleda, con una amplia colección de mineralogía.

Fiestas: Virgen del Carmen; en **San Zenón** (9 de julio) se celebra la Fiesta Mayor y con motivo de **St. Roc,** el 16 de agosto se baila la tradicional dansa d'Arenys.

Alrededores: Muy cerca se levanta la Torre dels Encantats (s XVII) y el edificio Xifre, de aires neoclásicos. **Playas** y **puertos deportivo y pesquero.**

Restaurantes

☼☼☼
Hispania
Paquita y Lolita Rexach, con el apoyo de Emili y Raimon, matienen una trayectoria ejemplar en calidad, aprecio y dedicación al frente de esta maravillosa casa, sin duda, la cima más alta de la culinaria tradicional catalana. **Canelones gratinados, lubina con salsa de escamarlanes.** Cierra domingo cena, martes y octubre.

Precio medio 75 €.

(Ctra. N-II, Madrid-Girona, km 655). Ctra. Real, 54. T. 937 910 457. *www.restauranthispania.com*

Arévalo Ávila

42 · D-3
A Ávila, 50 km · Madrid, 123 km
Alt. 827,6 m · Pob. 8.074
T. 920 301 380
GPS 41° 3' 50'' N · 4° 43' 23'' O

Visitar: Marcada por la huella romanicomudéjar, es reconocida como Conjunto Histórico-Artístico, donde destacan su **castillo,** del s. XIV y reedificado en el s. XVI; el **Arco del Alcocer,** mudéjar, que permite acceder al conjunto amurallado; la iglesia de **La Lugareja** –mudéjar, antiguo monasterio cisterciense y Monumento Nacional–; la **Casa de los Sexmos** o los Palacios de los Sedeño y Cárdenas. Destacan también los puentes medievales de Valladolid, Medina y de los Barros; las plazas de la villa medieval, del Real y del Arrabal; las iglesias de **S. Juan,** en los muros de la muralla; la de **S. Martín**, Monumento Nacional, romanicomudéjar; la de **Sta. María La Mayor,** con pinturas románicas en el ábside; la de S. Miguel, con un retablo de Marcos Pinilla de 1507; la de Sto. Domingo de Silos, con torre mudéjar, y la de S. Nicolás. Las **Lagunas de la Moraña** son ideales para practicar turismo ecológico.

Fiestas: El 9 de febrero es Ntra. Sra. de las Angustias. A finales de abril y principios de mayo tiene lugar la **Feria de Muestras y Antigüedades** y, en S. Victorino, festejos taurinos y encierros.

Restaurantes

® **Asador Las Cubas.** Figones, 9. T. 920 300 125. *www.asadorlascubas.com*

Cierra cenas, segunda quincena de junio y del 23 de diciembre al 2 de enero. El mejor asador de **tostón y lechazo** en una antigua bodega con horno de leña a la vista. Primero, **revuelto de morcilla con piñones** y después, **flan de queso.** Precio medio 30 €.

Argüelles Asturias Ver Pola de Siero

3 · F-4

Arnedo La Rioja

22 · E-4
A Logroño, 48 km
A Madrid, 315 km
Alt. 523 m · Pob. 14.500
T. 941 383 988
GPS 42° 13' 39" N · 2° 6' 4" O

Visitar: La mejor panorámica de Arnedo se obtiene desde el **mirador del castillo** (s. X), de origen árabe. Desde allí es posible apreciar los monumentos del casco histórico: la **iglesia de Sto. Tomás,** con bóveda estrellada del Gótico riojano; la iglesia de S. Cosme y S. Damián, con un retablo barroco y la talla románica de la Virgen de Vico; la iglesia de Sta. Eulalia, Gótico tradicional, y la ermita de S. Marcos. Merece la pena el **Museo de Ciencias Naturales,** en el Palacio del Arzobispo Argaiz (s. XVII), la **Puerta del Cinto** (s. XIII) y el Museo del Calzado de Callaghan. Arnedo ha destacado tradicionalmente por su **industria de calzado** y las huertas a orillas del Cidacos.

Fiestas: S. Cosme y S. Damián, de Interés Turístico Regional. Mención especial merece su Semana Santa, con la **procesión del Viernes Santo** y la subida al Calvario. El 8 de septiembre se celebra la Virgen de Vico, la patrona. En septiembre tiene lugar el mercado del Kan de Vico y el **Rosario de la Aurora y Robo de los Santos,** Fiesta de Interés Turístico Regional.

Alrededores: Son recomendables las visitas al Monasterio de Vico; a **Turruncún,** a 10 km, para apreciar su yacimiento de fósiles; o a **Enciso,** a 20 km, para conocer su Parque de Paleoaventura Barranco Perdido y los yacimientos de huellas de dinosaurios. En **Arnedillo,** la iglesia gótica (s. XV), castillo y escudos de armas, pozas termales en el río Cidacos y el mirador del Buitre. También, la Ruta de las Siete Ermitas, de las cuales, Ntra. Sra. de Peñalba es mozárabe.

Réplica a tamaño real de un 'Brachiosaurus' en Enciso, La Rioja

Restaurantes

® **Sopitas.** Carrera, 4. T. 941 380 266. *www.sopitas.es*
Cierra domingo cena y martes. Cocina riojana en una antigua bodega. **Pimientos caramelizados, lechecillas salteadas con hígado de pato y cebolla tostada, torrija de pan de 'brioche' con helado de galleta María.** Menú 22 €. Precio medio 34 €.

Hoteles

**** **Spa Arnedillo.** (En Arnedillo). Balneario Joaquín Velasco, s/n. T 941 394 000. *www.balnearioarnedillo.com*
Hab. 132: 83/178 €. Suites: 4. Piscina termal exterior y con olas. Servicios de estética y balneoterapia.

*** **El Molino del Cidacos.** (En Arnedillo). Ctra. Arnedo, km 14. T 941 394 063. *www.pegarrido.com*
Hab. 8: 50/102 €. Antiguo molino harinero del s. XVII rehabilitado. Ruta de los Dinosaurios. No se permite fumar. Bodega propia de Origen Rioja.

Arraitz-Orkin Navarra Ver Pamplona

14 · B-3

Arriondas Asturias

4 · C-4
A Oviedo, 65 km
A Madrid, 426 km
Alt. 42,6 m · Pob. 5.555
T. 985 841 712
GPS 43° 23' 17" N · 5° 11' 17" O

Visitar: Una de las mecas del piragüismo y el turismo activo de Asturias y los Picos de Europa. Merece la pena conocer los **paisajes del Suere** y **Cetín,** así como el **Mirador del Fitu.**

Fiestas: Del 21 al 23 de mayo es Sta. Rita, y en julio, la Virgen del Carmen. La fecha más importante del calendario es el primer fin de semana de agosto, cuando se celebra el **descenso del Sella.**

Alrededores: En **Cofiño** hay que visitar la iglesia de S. Miguel, y en **Llames de Parres,** la capilla de S. Martín de Escoto. En **Nevares,** destacan su torre y el Palacio de Nevares. En **Fuentes,** la Casona-Palacio (s. XVIII); y en **Sinariega,** la capilla de S. Cosme y S. Damián (ss. XVIII y XIX). **La Salgar** es también interesante.

Restaurantes

Casa Marcial. (En La Salgar, a 4 km). La Salgar, s/n. T. 985 840 991. *www.casamarcial.com*
Cierra cenas de domingo y martes, lunes, del 7 de enero al 1 de febrero, una semana de junio y una de septiembre. Sobresaliente inspiración de Nacho

El Descenso del Sella ha hecho famosa a Arriondas

Manzano a la hora de crear nuevos platos sobre recetas tradicionales a través de innovadoras técnicas culinarias. Cita obligada de la cocina asturiana más actual, en un paisaje bucólico de serena belleza. **Pichón con 'risotto' de avellanas y maíz y torta de su 'parfait', manzana verde asada con nata verde al romero y velo de sidra.** Menús 50, 68 y 90 €. Precio medio 55 €.

El Corral del Indianu. Av. de Europa, 14. T. 985 841 072. *www.elcorraldelindianu.com*
Cierra jueves y cenas de miércoles y domingo excepto agosto. José Antonio Campoviejo ha alcanzado una notable madurez que se traduce en recetas atrevidas y armoniosas, con respeto a los sabores. **Merluza confitada, alcachofas y jugo de calamar, tabla de quesos asturianos con chocolate blanco, manzana y vainilla.** Menú degustación 75 €. Precio medio 50 €.

Hoteles

*** **Arcea Hotel Halcón Palace.** (En Cofiño-Arriondas-Parres). Cofiño. AS-260, km 5, s/n. T. 985 841 312. *www.halconpalace.com* P
Hab. 19: 50/120 €. Suites: 1. Palacio del s. XVIII. Bello paraje del monte Sueve. Vistas al valle y a los Picos de Europa.

---

31 · D-4

Arroyo de la Encomienda

Valladolid Ver Valladolid

Arties Lleida

16 · B-4
A Lleida, 169 km
A Madrid, 636 km
Alt. 1.143 m · Pob. 437
T. 973 644 030
GPS 42° 42' 1'' N · 0° 52' 11'' E

Visitar: El monumento más característico es su **iglesia de Sta. María** (ss. XI y XII), declarada Monumento Histórico-Artístico. También de interés es la torre del castillo templario, la iglesia de S. Juan convertida en Museo y la **ermita de S. Pelegrín**.

Fiestas: En junio y julio se celebran las **romerías de S. Pelegrí** y **S. Jaime,** respectivamente, y el 24 de junio, la noche de S. Juan.

Alrededores: La estación de esquí de **Baqueira-Beret,** así como los lagos de Rius y Colomers, que se encuentran a pocos kilómetros.

Restaurantes

Casa Irene. (H. Casa Irene). Mayor, 22. T. 973 644 364. *www.hotelcasairene.com* P
Cierra almuerzos de martes a jueves en invierno, lunes y de mediados de octubre a primero de diciembre. Con 12 habitaciones. En pleno centro de la población, Andrés Vidal demuestra dominio y experiencia culinaria con una oferta que refleja la personalidad de la cocina del valle de Arán. **'Foie-gras' salteado con puré de patata violeta y huevo de corral, ternera asada con manzanas caramelizadas al Armagnac.** Precio medio 46 €.

® **Eth Taro.** Carretera de Baqueira, 1. T. 973 642 558. P
Cierra lunes y mayo. Notable propuesta de cocina local renovada, en un agradable marco no lejos de las pistas de esquí de Baqueira. Precio medio 35 €.

® **La Sal Gorda.** (Frente al Parador de Turismo). Ctra. de Baqueira, 5. T. 973 644 531. *www.lasalgorda.com* P
Recetas y productos vasconavarros. **Espárragos trigueros a la plancha con crujiente de maíz y sal gorda, huevos de caserío sobre cama de patatas fritas y angulas a la bilbaína, pañuelo de queso.** Menú 14 €. Precio medio 40 €.

Decoración con mazorcas en las casas de Arties

Hoteles

**** **Parador de Turismo.** Ctra. Baqueira-Beret, s/n. T. 973 640 801. *www.parador.es*
Hab. 54: 70/155 €. Suites: 3. Construcción típica de montaña. Situado en la casa de D. Gaspar de Portolá (s. XVIII). Restaurante La Cuina de Portolá.

Astorga León

19 · D-2
A León, 46 km · Madrid, 325 km
Alt. 870 m · Pob. 12.078
T. 987 618 222
GPS 42° 27' 30'' N · 6° 3' 30'' O

Visitar: En el corazón de la localidad se levanta la **Catedral de Sta. María** (s. XV), con interesante retablo, coro y museo. Junto a esta, el **Palacio Episcopal** y el **Museo de los Caminos,** creado por Antoni Gaudí. El pasado romano de la villa –emplazada en la Vía de la Plata y en la Ruta del Oro– se puede reconocer a través del **Museo Romano,** las murallas, la ergástula, las cloacas y diferentes restos arqueológicos. Otras iglesias de interés son la de S. Bartolomé, S. Esteban

Palacio Episcopal de Astorga, proyectado por Gaudí, de aire neogótico

y Sta. Marta. Destacan edificios civiles como el Palacio del Ayuntamiento (s. XVII) y el Museo del Chocolate.

Fiestas: De especial interés es el sábado de Piñata, durante los carnavales, o la Semana Santa. A finales de julio se celebran las **fiestas asturromanas.** A finales de agosto, Sta. Marta.

Alrededores: En **Montealegre** se puede visitar la iglesia (s. XIII) y, en **Carrizo,** el Monasterio Sta. María de Carrizo (s. XII), a 19 km. **Castrillo de Polvazares,** a 5 km, es un pueblo típico maragato, declarado Patrimonio Histórico. **Rabanal del Camino** está orillado junto al Camino de Santiago, a 21 km, y cuenta con una interesante iglesia. De **Hospital de Órbigo,** a 17 km, hay que visitar su puente antiguo, y en la **Maragatería,** las minas romanas de oro y artesanía. En **Turienzo de los Caballeros** merece la pena su iglesia románica (s. XII).

Restaurantes

Casa Juan Andrés. (En Castrillo de los Polvazares, a 6 km). Juan José Cano, 16. T. 987 691 971. *www.casajuanandres.es*

Cierra cenas, miércoles, y enero. Cocido maragato como especialidad, bacalao ajoarriero como alternativa, natillas de postre. Precio medio 20 €.

Casa Maragata. Húsar Tiburcio, 2. T. 987 618 880. *www.casamaragata.com*

Cierra cenas, última semana de junio y primera semana de julio. **Casa Maragata II** (Pl. Padres Redentoristas, 6. T. 987 618 118. Cierra cenas, martes excepto festivos y agosto, y de finales de enero a principios de febrero). Todo es maragato, desde la fachada de la casa al cocido que se sirve exclusivamente con natillas de postre. Vinos del Bierzo. Precio medio 20 €.

La Lechería. La Lechería, 1. T. 987 635 073. *www.la-lecheria.com*

Cierra cenas de martes a jueves, lunes y del 1 de octubre al 1 de febrero. Con habitaciones. Bonito caserón en el corazón de la Maragatería. **Garbanzos de Pico Pardal con gambas, hamburguesa de buey del valle del Esla con 'risotto' a la plancha y costra de maíz, gelatina de frutos rojos con helado de nata y sorbete de mencía.** Precio medio 30 €.

La Peseta. Pl. San Bartolomé, 3. T. 987 617 275. *www.restaurantelapeseta.com*

P

Cierra cenas de domingo y martes, 15 días en enero y en octubre. Con 18 habitaciones. Todo un clásico de la ciudad astorgana. Cecina con tosta de hogaza y tomate natural, morcillo de ternera estofado, torrijas de nata y vainilla con helado de leche merengada. Precio medio 30 €.

® **Serrano.** Portería, 2. T. 987 617 866. *www.restauranteserrano.es*

Cierra lunes, segunda quincena de enero y de junio. Recomendable local de cocina de base tradicional con la impronta de Jesús Serrano. **Cecina de Astorga con filaspas de 'foie-gras' y polen de abejas, rabo de vaca con setas del Teleno, bombón de chocolate de Astorga en texturas.** Precio medio 30 €.

Hoteles

Casa de Tepa. Santiago, 2. T. 987 603 299. *www.casadetepa.com* Hab. 10: 60/100 €. Suites: 5. Posada Real. Céntrico. Edificio (s. XVIII). Patio interior de estilo decimonónico y gran galería acristalada. Consultar admisión de perros. Restaurante Casa de Tepa.

15 · A-4 **Astún** Huesca Estación de esquí - Ver Jaca

6 · C-3 **Atxondo, Valle de** Bizkaia Ver Durango

Ávila

La Muralla románica, con un perímetro de 2.516 m, rodea Ávila

52 · E-2
A Madrid, 111 km
Alt. 1.127 m · Pob. 60.000
T. 920 211 387
GPS 40° 39' 22'' N · 4° 42' 6'' O

Visitar: Ciudad declarada Patrimonio de la Humanidad. Las **Murallas** (s. XII) están guarnecidas por 88 torres de granito. La **Catedral,** iglesia y fortaleza, cuenta con pinturas de Berruguete, Santa Cruz y Juan de Borgoña. También es interesante el Museo Catedralicio; la Basílica de S. Vicente (ss. XII al XV); la iglesia de S. Pedro (ss. XII y XIII); la iglesia de S. Andrés (s. XII); la Capilla de Mosén Rubí de Bracamonte y la iglesia de S. Juan, de finales del XV. **Santiago,** de estilo gótico-ojival, con una torre del s. XIV, una portada renacentista y un retablo mayor de comienzos del s. XVI, y la **capilla de S. Martín,** reconstruida en 1705, con bella torre mudéjar y pintura flamenca de S. Martín. La ermita de S. Segundo, dedicada al primer obispo de Ávila, románica de comienzos del s. XII aunque remozada en el s. XVI, es otro de sus muchos tesoros. Entre los conventos y monasterios, destacan el de **Sto. Tomás,** la antigua Universidad y residencia de verano de los Reyes Católicos, con una iglesia del último Gótico, obra de Martín de Solórzano; la Encarnación, donde tomó los hábitos Sta. Teresa; S. José, su primera fundación, con el **Museo Teresiano,** de estilo herreriano (s. XVII), que alberga un retablo de Francisco Rizi; el que lleva su nombre (Sta. Teresa), que se construyó en 1636 sobre la casa natal de Teresa de Jesús, y el Convento de S. Antonio, con la capilla de la Portería, obra de Pedro de Ribera. En arquitectura civil destacan la **Casa de los Deanes,** mansión señorial renacentista (s. XVI), que alberga el Museo Provincial, y las Casas de los Dávilas, edificadas entre los ss. XIII y XVII. Se realizan visitas teatralizadas a las murallas y se puede descubrir la ciudad con los niños a través del recorrido por sus calles.

Fiestas: En Semana Santa, la **procesión del Vía Crucis,** que recorre la muralla en la madrugada del Viernes Santo, es de Interés Turístico Nacional. El 2 de mayo se celebra la fiesta de S. Segundo, el patrón. El tercer sábado de junio tiene lugar la **Ronda de las Leyendas,** mientras que del 7 al 22 de julio se celebran las fiestas de verano. El primer fin de semana de septiembre, el Mercado Medieval toma las calles, y ya en otoño, el 15 de octubre, acontecen las **fiestas de Sta. Teresa.**

Alrededores: Desde los **Cuatro Postes,** cruz con cuatro columnas, se obtiene una espléndida vista de la ciudad y las murallas. Destacan los palacios de **Verdugo, Águila, Núñez Vela y Velada,** así como el centro de congresos y exposiciones.

Restaurantes

® **Barbacana.** Pl. Sta. Teresa, 10. T. 920 220 011.
www.restaurantebarbacana.com

Cierra domingo cena, lunes y del 7 de enero al 8 de febrero. El mejor restaurante del centro. **Revolconas al estilo tradicional con sus torreznos, chuletón de Ávila con patatas caseras y verduras a la plancha, tarta de limón casera con merengue italiano.** Precio medio 32 €. En la planta calle, un bar de tapas a precios más ajustados.

El Almacén. Ctra. de Salamanca, 6. T. 920 254 455.
Cierra domingo cena, lunes y septiembre. La mejor referencia de la ciudad en un antiguo almacén (s. XVIII) con decoración minimalista frente a la muralla. Julio Delgado aconseja a los clientes los vinos y la oferta que su esposa elabora en la cocina con buena mano. **Merluza con gazpachuelo, chuleta de avileño, canutillo de limón con naranja caramelizada.** Bonita terraza ajardinada en verano con vistas a la muralla. Precio medio 35 €.

Mesón El Rastro. Pl. del Rastro, 1. T. 920 211 218. *www.elrastroavila.com*

Con 15 habitaciones. Antiguo caserón junto al arco del Rastro de la muralla. Sopa castellana con huevo escalfado, chuletón de ternera del valle de Amblés a la plancha, tarta de queso. Menú 13 €. Precio medio 36 €.

Hoteles

**** **Palacio de los Velada.** Pl. de la Catedral, 10. T. 920 255 100.
www.veladahoteles.com

Hab. 144: 60/332 €. Suites: 1. Palacio del s. XVI remodelado. Céntrico, frente a la Catedral. Restaurante El Tostado.

**** **Parador de Turismo.** Marqués de Canales y Chozas, 2. T. 920 211 340.
www.parador.es P

Hab. 59: 110/148 €. Suites: 2. Instalado en el antiguo Palacio de Piedras Albas (s. XVI). Espléndido jardín adosado a las murallas de Ávila, con restos arqueológicos. Cocina tradicional.

Oscar Niemeyer

El centro cultural en la margen derecha de la ría de Avilés es la primera pieza de la Isla de la Innovación.

Avilés Asturias

3 · E-3
A Oviedo, 28 km
A Madrid, 481 km
Alt. 8 m · Pob. 84.202
T. 985 544 325
GPS 43° 33' 20'' N · 5° 55' 44'' O

Visitar: En su casco histórico, declarado Conjunto Histórico-Artístico Monumental en 1955, destacan las **calles soportaladas de Galiana La Ferrería** y las del medieval **barrio de Sabugo.** También cuenta con templos románicos como el de los Padres franciscanos (s. XII), que alberga capillas góticas, barrocas y un mausoleo donde descansan los restos de Pedro Menéndez de Avilés, fundador de S. Agustín de la Florida. Otros edificios religiosos interesantes son la capilla de los Alas (s. XIV), S. Nicolás de Bari (ss. XII y XIII) o la iglesia vieja de Sabugo. Destacan palacetes nobles como el de Ferrera; Valdecarzana (s. XIV), gótico; Camposagrado (s. XVII), barroco; el Palacio Municipal y el de Llano Ponte. No hay que perderse la **fuente de los Caños de S. Francisco,** el parque de Ferrara ni el **centro cultural internacional Oscar Niemeyer.**

Fiestas: Tanto el carnaval o **Antroxu,** la Semana Santa y el Festival Intercéltico, en julio, están declarados de Interés Turístico Regional. El Bollo, el 25 de abril, es de Interés Turístico Nacional.

Alrededores: Merece la pena todo el entorno del **cabo Peñas** y, en especial, su senda costera, así como la **playa de Salinas,** donde se ubica el Museo de Anclas al aire libre. El centro termal Los Balagares destaca también.

Restaurantes

Casa Tataguyo. Pl. Carbayedo, 6. T. 985 561 048. *www.tataguyo.com*
Cierra del 15 de abril al 15 de mayo. Sabrosísimos guisos elaborados dentro de la más estricta ortodoxia, junto a notables pescados de la rula local en su punto de horno. **Pote asturiano** y **queso ahumado de Pría.** Menú 22 €. Precio medio 45 €.

Koldo Miranda. (Castrillón, a 3 km. Autovía A-8, salida 415, Grado-Avilés Oeste). Av. del Campo, 20. T. 985 511 446. *www.restaurantekoldomiranda.com*
Cierra domingo cena y lunes. Koldo Miranda ofrece una cocina moderna en la que alternan recetas de corte más clásico con otras más atrevidas, pero que denotan un trabajo reflexivo. **Salteado de verduras de temporada con crema de cabra, lomo de ciervo marinado con cereza y castaña.** Precio medio 50 €.

Real Balneario. (En Salinas, a 5 km). Juan Sitges, 3. T. 985 518 613. *www.restaurantebalneario.com*
Cierra domingo cena, lunes y del 7 de enero al 7 de febrero. La familia Loya ofrece una cocina de perfecto equilibrio entre una elegante tradición y la incorporación de recetas más actuales, dentro del encantador marco de su buque insignia, varado sobre la arena de la playa de Salinas. **Lentejas estofadas con salmonete y papada de cerdo ibérico; 'pixín' a la romana con verduras glaseadas.** Menú 27 €. Precio medio 55 €.

Yumay (Sidrería). Rafael Suárez, 7. T. 985 570 826. *www.sidreriayumay.com*
Cierra martes y del 1 al 15 de julio. Arroces marineros, pescados al horno, mariscos y carnes a la brasa. Menú 10 €. Precio medio 30 €.

Hoteles

***** **NH Palacio de Ferrera.** Pl. España, 9. T. 985 129 080. *www.nh-hotels.com*
Hab. 74: 76/281 €. Suites: 4. Enclavado en un antiguo palacio del s. XVII, muy bien conservado, ubicado en el corazón del casco antiguo. Entorno excepcional en el que destacan sus imponentes jardines. Restaurante La Capilla.

Cruz típica sobre la pared encalada de una calle de Ayamonte

27 · B-3

Avinyonet de Puigventós Girona Ver Figueres

Ayamonte Huelva

103 · D-1
A Huelva, 60 km
A Madrid, 684 km
Alt. 49 m · Pob. 20.597
T.959 320 737
GPS 37° 12' 51'' N · 7° 24' 40'' O

Visitar: Sus principales monumentos se concentran en el **barrio de La Villa,** como el templo de S. Francisco, con artesonado mudéjar; y en el de La Ribera, destacando la iglesia de La Merced (s. XVIII), con retablo barroco; la parroquia de Ntra. Sra. de las Angustias, con artesonado mudéjar y **retablo de El Salvador** (s. XIII) o la Capilla de S. Antonio (s. XVI). Destaca también su Parador Nacional, erigido sobre las ruinas de un castillo árabe, y el Estudio-Museo de los pintores Florencio Aguilera, Ángel Guerrero *D'Esury* y Rafael Oliva. El centro cultural Casa Grande se ubica en un edificio de 1745. Otros espacios de interés al aire libre son el parque de Prudencio Navarro, el puerto deportivo, las playas, las **marismas del río Piedra** o la Vía Verde Litoral.

Fiestas: Son interesantes la **cabalgata de Reyes Magos,** el carnaval y la Semana Santa. Varias romerías se celebran en la primera semana de mayo, como la de la Cruz o la de María Auxiliadora. En junio son las fiestas en honor a S. Antonio y a María Auxiliadora; en julio, las del Carmen y, en agosto, las del Salvador. El 7 de septiembre tiene lugar la ofrenda floral a la **Virgen de las Angustias,** patrona de la ciudad, y el 8 de septiembre, la procesión de la Patrona. El 13 de noviembre es la festividad del patrón, S. Diego de Alcalá.

Alrededores: Isla Canela y **Punta del Moral** concentran muchos atractivos, como sus playas, la Torre Almenara (s. XVII) o el mausoleo romano (s. IV). Desde el Parador se obtienen inmejorables vistas panorámicas, así como en los accesos del puente internacional de Ayamonte.

Restaurantes

Casa Luciano. La Palma del Condado, 1. T. 959 471 071. *www.casaluciano.com*
Cierra domingo y segunda quincena de enero. Mariscos de la costa, chacinas ibéricas, raya en pimentón y tocino de cielo. Precio medio 25 €.

Hoteles

**** **Parador de Turismo.** Av. de la Constitución, s/n. T. 959 320 700.
www.parador.es
Hab. 52: 86/142 €. Suites: 2. Situación privilegiada en la desembocadura del Guadiana. Restaurante Fluvius Anaes, con pescados y mariscos de la zona y embutidos de la sierra.

Azpeitia Gipuzkoa

Visitar: Es de gran interés el **Santuario de Loyola** y también la casa-torre en la que nació S. Ignacio.

Fiestas: El 31 de julio se celebra **San Ignacio,** y destaca su feria taurina.

6 · E-4
A San Sebastián, 50 km
A Madrid, 427 km
Alt. 24 m · Pob. 14.350
GPS 43° 10' 41'' N · 2° 15' 52'' O

Restaurantes

® **Mikel Uria.** Loiolako Incio Hiribidea, 5. T. 943 814 315.
www.mikeluriajatetxea.com
Cierra cenas de domingo a miércoles, y del 15 al 31 de agosto. El experto y viajado cocinero Mikel Uria ha vuelto hace menos de tres años a su tierra a triunfar. Y lo está logrando con una cocina de corte clásico, actualizada. **Ensalada de langostinos con espuma de piña, manitas de cerdo rellenas, panchineta casera.** Precio medio 45 €.

Torre de Espantaperros (s. XII): octogonal, maciza y de 30 m de altura

Badajoz

79 · B-2
A Madrid, 401 km
Alt. 188 m · Pob. 154.000
T. 924 224 981
GPS 38° 52' 21'' N · 6° 58' 27'' O

Visitar: La **alcazaba musulmana** y sus murallas (ss. IX al XII) son las principales joyas de la ciudad. De sus torres adosadas destaca la albarrana de la Atalaya, rematada por un cuerpo mudéjar de ladrillos (s. XVI). Conserva sus murallas de finales del s. XVII y el sistema de fortificación de baluartes (ss. XVII y XVIII). De sus puertas destaca la de Palmas, desde donde arranca el puente del mismo nombre. La **Catedral** se comenzó en el s. XIII y se finalizó a mediados del XV. En el s. XVI se adosaron las capillas laterales. En la capilla Mayor hay un bello retablo barroco del s. XVII. La sillería del coro es plateresca, obra de Jerónimo de Valencia. Paseando por la zona clásica encontraremos las plazas más interesantes, como la Alta (ss. XVII y XVIII) y la de S. José, con antiguas casas mudéjares; edificios religiosos como el convento de Ntra. Sra. de la Merced y el de las Madres Adoratrices. El **Gran Casino de Extremadura** es una de las construcciones civiles más interesantes. De sus museos es muy recomendable el de la Ciudad Luis de Morales y el Provincial de Bellas Artes, con cuadros de Zurbarán, Covarsi, Felipe Checa y abundante representación de los ss. XIX y XX. El **Museo Arqueológico Provincial** cuenta con muestras de la prehistoria extremeña, de la cultura íbero-tartesia, romana, visigoda y árabe, así como una excelente colección de numismática. Son destacables también el **Museo Iberoamericano de Arte Contemporáneo** y el Museo de la Catedral, con tablas de Luis Morales. Para los viajes en familia es reseñable el parque acuático Lusiberia.

Fiestas: Destacan sus carnavales y la Semana Santa; la **romería de Bótoa** y S. Isidro Labrador, estas dos últimas en mayo, y en junio, las ferias de S. Juan. A finales de septiembre tiene lugar la **Al-Mossassa Batalyaws,** en conmemoración de la fundación árabe de la ciudad.

Alrededores: En el **Parque Natural de Cornalvo** hallamos paisajes típicamente extremeños. En **Olivenza,** a 26 km, destacan su castillo del s. XIV, la Casa de la Misericordia y el Museo Etnográfico, y las iglesias de Sta. María (estilo manuelino) y de la Magdalena. En **Alburquerque**, a 44 km, son recomendables el Castillo de Luna (s. XIII), las iglesias de Sta. María (s. XVI) y S. Mateo (s. XVII), así como el barrio medieval. En **Elvas** (Portugal), a 19 km, se pueden visitar el acueducto de Amoreira (s. XVI) y el Museo Militar El Fuerte.

Monumento a Porrina de Badajoz en el centro de la ciudad extremeña

Restaurantes

Aldebarán. (Urb. Guadiana). Av. de Elvas, 20. T. 924 274 261.
www.restaurantealdebaran.com
Cierra lunes cena, domingo y 15 días en agosto. Cocina de mercado con el buen punto de Fernando Bárcena. **Ensalada de verduritas asadas con codorniz y queso, callos y morros de retinto, crujiente de chocolate blanco.** Precio medio 42 €.

El Sigar. (C.C. Huerta Rosales). Av. Luis Movilla Montero, 12. T. 924 256 468.
www.elsigar.com
Cierra domingo en julio y agosto, domingo cena, una semana en febrero y en septiembre. Pulpo a la plancha con fritada de pimientos, hamburguesa de secreto con patatas fritas, repápalos con helado de vino. Precio medio 33 €.

® **La Toja.** Sánchez de la Rocha, 22. T. 924 273 477.
www.restaurantelatoja.com
Cierra domingo cena y 15 días en agosto. Recetas gallegas y extremeñas basadas en productos de ambas regiones en un entorno agradable. **Pulpo a la gallega, carnes de retinto, filloas rellenas de chocolate.** Precio medio sin marisco 30 €.

Hoteles

***** **NH Gran Hotel Casino de Extremadura.** Av. Adolfo Díaz Ambrona, 11.
T. 924 284 402. *www.nh-hoteles.es*
Hab. 58: 75/230 €. Suites: 2. Edificio de nueva construcción. Situado en el margen derecho del río Guadiana. Próximo al centro histórico. Forma parte del complejo del casino. Restaurante Mirador del Guadiana.

Baeza Jaén

91 · A-4
A Jaén, 48 km · Madrid, 321 km
Alt. 790 m · Pob. 16.360
T. 953 779 982
GPS 37° 59' 35'' N · 3° 28' 15'' O

Placa en la Casa Benavides, en Baeza, en memoria de Antonio Machado

Visitar: Declarada Patrimonio de la Humanidad, Baeza cuenta con un amplio casco antiguo con restos de la antigua muralla, como la **puerta de Jaén,** la de Úbeda y la Torre de los Aliatares. También destacan numerosos edificios civiles, como las Casas Consistoriales Altas, el Palacio de Jabalquinto y el de los Salcedos, de factura gótica. La influencia más presente es la del Renacimiento, palpable en la **Alhóndiga,** el Pósito, la Antigua Carnicería, la Audiencia Civil y Escribanías, la Universidad y el Ayuntamiento. Los edificios religiosos más importantes son la **Catedral** y las iglesias de S. Pablo y de S. Andrés, las ruinas del convento de S. Francisco, los Trinitarios Descalzos, S. Ignacio y los conventos de La Encarnación y La Magdalena. Brilla especialmente la **iglesia de la Sta. Cruz,** única iglesia románica en Andalucía. Otros monumentos son las fuentes de los Leones y la de Sta. María, diversas casas solariegas y el **Centro de Interpretación de la Baeza Medieval.** Muy recomendable es el Espacio de Interés Protegido de la Laguna.

Fiestas: La **Semana Santa** está declarada de Interés Turístico Nacional. También son importantes el Corpus Christi, las Cruces de Mayo, la **Conmemoración de Patrimonio de La Humanidad** (julio), las festividades de la Virgen del Alcázar (agosto), la romería de La Yedra (primer sábado de septiembre) y las **Reales Fiestas del Concejo,** en noviembre.

Alrededores: Merece la pena visitar el castillo renacentista de **Canena** (a 12 km), la iglesia del s. XVI de **Ibros** (a 5 km), la cueva de la Graja de **Jimena,** el casco antiguo de **Úbeda** (a 9 km) y el castillo renacentista de **Sabiote,** a 17 km.

Restaurantes

Juanito. (H. Juanito). Av. Puche Pardo, 57. T. 953 740 040.
www.juanitobaeza.com
Cierra cenas de domingo y lunes, y del 1 al 20 de julio. Con 35 habitaciones. El aceite de oliva virgen de cosecha propia es el protagonista de la familia Salcedo. Desde las **alcachofas de Luisa** y **el cabrito asado** al **helado de vainilla y aceite de oliva.** Precio medio 40 €.

Taberna El Pájaro. Portales Tundidores, 5. T. 953 744 348.
www.tabernaelpajaro.com
Cierra lunes y julio. Ensalada de perdiz, choto frito con ajos, pudín de melocotón. Precio medio 30 €.

Hoteles

**** **Palacio de los Salcedo.** S. Pablo, 18. T. 953 748 172.
www.palaciodelossalcedo.com
Hab. 27: 55/148 €. Suites: 3. Palacio renacentista del s. XVI. Céntrico. Restaurante Vandelvira.

*** **TRH Baeza.** Concepción, 3. T. 953 748 130. *www.trhhoteles.com*
Hab. 84: 48/149 €. Suites: 3. En pleno casco histórico, sobre un antiguo convento carmelita del s. XVI. Restaurante Señorío de Baeza.

Bagergue Lleida Ver Salardú

16 · B-4

Baiña Pontevedra Ver Baiona

10 · E-1

Baiona/Bayona Pontevedra

17 · B-3
A Pontevedra, 53 km
A Madrid, 607 km
Alt. 632 m · Pob. 12.637
T. 986 687 067
GPS 42° 7' 4'' N · 8° 51' 3'' O

La playa de Rodas, en las islas Cíes, sobrecoge por su belleza

Visitar: Su casco clásico está declarado Conjunto de Interés Histórico-Artístico, gracias a monumentos como la **Excolegiata de Sta. María** (s. XII, románica de transición), el crucero de la Stma. Trinidad (s. XV), el puente románico (s. XII), la **Fortaleza de Monterreal** (ss. XI al XVII), un recinto amurallado de 3 km, y el Museo de la Carabela Pinta. Destacan también el Parque Forestal de Chan de Lagoa, las sendas fluviales de los ríos Fraga y Baíña, la **estación rupestre Outeiro dos Lameiros** y el faro Silleiro. Las mejores panorámicas se obtienen desde el **mirador de O Cortelliño.**

Fiestas: La cita más vistosa es la **Arribada de la carabela Pinta,** en marzo. Otras celebraciones de interés son la Semana Santa, la fiesta de la Virgen del Carmen (16 de julio), Sta. Liberata (20 de julio), las de la Virgen de la Anunciada y la Virgen de la Roca (ambas en agosto) o, en septiembre, la romería de S. Cosme y S. Damián.

Alrededores: Es interesante visitar el monasterio cisterciense de **Sta. María de Oia** (s. XII) y conocer las **islas Cíes,** en el **Parque Nacional Islas Atlánticas;** los pazos de Gondomar, la Catedral y el casco histórico de **Tui,** el poblado celta del Monte Tecla, en **A Guarda,** y Playa América de Nigrán.

Restaurantes

O'Moscón. Alférez Barreiro, 2. T. 986 355 008. *www.restaurantemoscon.com*
Cierra lunes de diciembre a abril. Almejas con fideos, *caldeirada*, cañitas. Precio medio 30 €.

Paco Durán. (En Baíña, a 4 km). Iglesia, 60. T. 986 355 017. P
Cierra domingo cena de octubre a mayo. Panorámica sobre la bahía. Empanadas, pescados a la brasa y al horno, filloas. Precio medio 35 €.

Hoteles

**** **Parador de Turismo.** Av. Arquitecto Jesús Valverde, 3. T. 986 355 000. *www.parador.es* P
Hab. 122: 110/250 €. Suites: 5. Antigua fortaleza que se alza como impresionante mirador sobre el océano. En un recinto amurallado y flanqueado por un hermoso bosque de pinos. Restaurante Torre del Príncipe.

Balaguer Lleida

36 · B-2
A Lleida, 28 km · Madrid, 512 km
Alt. 233 m · Pob. 16.779
T. 973 445 194
GPS 41° 47' 22'' N · 0° 48' 15'' E

Atravesada por el río Segre, Balaguer es un importante núcleo hortícola de Lleida

Visitar: El perfil de la villa está presidido por la **iglesia de Sta. María** (ss. XIV al XVI), el monumento más importante junto a las ruinas del **Castillo de los Condes de Urgel** y el claustro de St. Domènec, en el convento gótico del mismo nombre (s. XIV). Se conservan algunas murallas rodeando la parte vieja, situada en la margen del río Segre. En el interior del Santuario del Sto. Cristo está el venerado **Cristo de Balaguer,** de los ss. XV y XVI. Otros espacios interesantes son el **Parque Arqueológico del Pla d'Almata,** el Museo de la Noguera, con restos de la época califal y objetos atauriques del s. XI, y el **Castillo Formós.** Se puede practicar senderismo por diversas rutas.

Fiestas: En abril tiene lugar el Viu la Passió y, a finales, la feria. En julio es el Transsegre. Del 6 al 9 de noviembre se celebran las **fiestas del Sto. Cristo.**

Alrededores: **Monasterio de las Avellanes,** a 12 km.

Restaurantes

® **La Solana de Foradada.** (En Foradada, a 16 km). Major, 4. T. 973 400 709. *www.lasolanadeforadada.com*
En este agradable caserón de La Foradada se descubre una interesante muestra de una cocina de raíces cercanas con evidentes rasgos de innovación. Menú 22 €. Precio medio 33 €.

Hoteles

*** **Monestir de les Avellanes.** (En Os de Balaguer). Ctra. C-12, km 181. T. 973 438 006. *www.monestirdelesavellanes.com* P
Hab. 37: 58/96 €. Complejo rodeado de jardines y bosques. Ocupa lo que fue un monasterio del s. XII, declarado Monumento Histórico-Artístico de Interés Nacional. Restaurante El Claustro.

Baleares, Islas

Ver apartado correspondiente, a partir de la página 357.

Banyoles Girona Ver Girona

27 · A-3

Bañeza, La León

19 · E-3
A León, 49 km · Madrid, 299 km
Alt. 771 m · Pob. 11.300
T. 987 656 737
GPS 42° 17' 58'' N · 5° 53' 57'' O

Visitar: Ubicada en la histórica Vía de la Plata, destacan sus edificios religiosos, como la **iglesia del Salvador** (s. X) y la de Sta. María (s. XVI), que tiene una *Piedad* de Gregorio Fernández. En la capilla de Jesús Nazareno se encuentra el **Museo Imaginero.** También tienen interés la capilla de las Angustias, la Casa-Museo de don Ángel Riesco, el Museo de la Alubia y el de las Alhajas y la antigua Fábrica de Harinas.

Fiestas: Su carnaval está declarado de Interés Turístico Regional. Del 6 al 16 de agosto se celebra la **festividad de Ntra. Sra. de La Asunción y S. Roque.**

Alrededores: **Santa Coloma de La Vega, Azares del Páramo** y **Auja del Infantado** tienen bellas iglesias con artesonados mudéjares, y en Jiménez de Jamuz se ubica el Alfar-Museo.

Restaurantes

® **Bodega El Capricho.** (En Jiménez de Jamuz, a 3 km). Autovía A-6, Madrid-A Coruña, salida 303. Paraje de la Vega, s/n. T. 987 664 224.
www.bodegaelcapricho.com P
Cierra miércoles cena en invierno. Las **carnes** de su propia ganadería se presentan en varios cortes. Los **pimientos a la parrilla** y **leche frita** completan la oferta. Menú 12 €. Precio medio 36 €.

Baqueira-Beret/Vaqueira Lleida

16 · B-4

Estación de esquí - Valle de Arán - Ver Salardú

Barbastro Huesca

35 · D-1
A Huesca, 50 km
A Madrid, 446 km
Alt. 341 m · Pob. 17.080
T. 974 308 350
GPS 42° 2' 4'' N · 0° 7' 22'' E

Visitar: El corazón de la localidad es la **plaza del Mercado,** en la que se levanta el Ayuntamiento(s. XV). Destacan también el Palacio de los Argensola, la **Catedral** (s. XVI) y el **Museo Diocesano.** La categoría de Barbastro como Conjunto Histórico-Artístico se puede palpar en el **barrio del Entremuro,** el Monasterio de El Pueyo, la iglesia de S. Julián (s. XVI) y el conjunto del Hospital de S. Julián y Sta. Lucía, que acoge el Museo del Vino D. O. Somontano. Son de interés el **Centro de Interpretación del Somontano** y el **Parque Cultural del Río Vero,** declarado Patrimonio de la Humanidad.

Fiestas: Del 4 al 8 de septiembre se celebra la **Natividad de Nuestra Señora** y, en junio, las fiestas patronales en honor a S. Ramón.

Alrededores: A 24 km se halla el **Santuario de Torreciudad,** en el que destacan el retablo de alabastro del templo, obra del escultor Juan Mayné, y una talla románica de Ntra. Sra. de Torreciudad (s. XI). En **Abiego,** a 20 km, hay que conocer los ocho grupos escultóricos. El bello pueblo de **Alquézar,** a 20 km, es la puerta de acceso al **Parque Natural de la Sierra y Cañones de Guara.**

La Colegiata, con vivos frescos, es el mayor atractivo turístico de Alquézar

Restaurantes

Bodega del Vero (tienda-restaurante). Romero, 13. T. 974 311 183.
www.casaruralconencanto.es
Cierra domingo. Pequeño restaurante en la bodega de una tienda de toda la vida que fue fábrica de chocolate. Productos de temporada, capón guisado, *fondue* de frutas con chocolate. Precio medio 40 €.

® **Flor.** Goya, 3. T. 974 311 056. *www.restauranteflor.com*
Cierra domingo cena, lunes y del 10 al 25 de enero. Productos de calidad y temporada. **Ensalada de bacalao en texturas con pulpo, cochinillo 'rustido' con patata rota al mortero, 'tatin' de manzana y helado de romero.** Precio medio 35 €.

Hoteles

**** **Gran Hotel Ciudad de Barbastro.** Pl. del Mercado, 4. T. 974 308 900.
www.ghbarbastro.com
Hab. 41: 62/86 €. Céntrico. Restaurante El Portillo.

** **Villa de Alquézar.** (En Alquézar, a 21 km). Pedro Arnal Cavero, 12. T. 974 318 416.
www.villadealquezar.com
Hab. 27: 58/78 €. Suites: 4. Ubicado en un antiguo caserón en el Conjunto Histórico.

Barbate Cádiz

114 · B-1
A Cádiz, 64 km · Madrid, 677 km
Alt. 4 m · Pob. 22.977
T. 956 063 613
GPS 36° 11' 32" N · 5° 55' 12" O

Detalle de una casa de campo en Barbate

Visitar: Los principales tesoros de Barbate son su privilegiada situación, los puertos pesquero y deportivo, así como los 25 kilómetros de costa comprendidos entre Zahara de los Atunes y Los Caños de Meca y Zahora. En cuanto al patrimonio, destacan la **ermita visigótica de S. Ambrosio** y las torres almenaras (ss. XVI y XVII) sobre acantilados. Es interesante visitar el **Parque Natural de la Breña,** el Palomar de la Breña (una hacienda del s. XVIII con uno de los palomares más grandes de Europa), las Marismas de Barbate y el **Centro de Interpretación del Atún de Almadraba,** que organiza rutas en barco.

Fiestas: Aparte de los carnavales y la Semana Santa, otras citas de importancia en Barbate son la romería de S. José (abril), la **verbena de la Virgen de Fátima** y la **Feria Gastronómica del Atún,** ambas en mayo. Del 14 al 18 de julio se celebran la feria y fiestas del Carmen; en agosto, Barbate Natural, y en septiembre, el Mercado Medieval. La **Conmemoración de la Batalla de Trafalgar** tiene lugar en octubre.

Alrededores: La vecina localidad costera de **Zahara de los Atunes.**

Restaurantes

El Campero. Av. de la Constitución, 5-C. T. 956 432 300.
www.restauranteelcampero.es
Cierra lunes de octubre a abril, 15 días en enero y en noviembre. El **atún** en todas sus versiones, **en 'tataki', a la plancha, encebollado, el 'tarantelo' en salsa de piñones...** Y de postre, el delicioso **queso Payoyo con miel y helado de Pedro Ximénez.** Todo un festín en un agradable local. Precio medio 35 €.

Barcelona

48 · E-1
A Madrid, 621 km
Alt. 4 m · Pob. 1.615.908
T. 906 301 282
CPS 41° 23' 16" N · 2° 10' 8" E

Visitar: En su parte antigua destaca el **Barri Gòtic,** organizado alrededor de la plaza de St. Jaume. La **Catedral de Barcelona** se inició en el s. XIII y se prolongó durante los ss. XIV y XV; la fachada se terminó en 1872, según el diseño de un arquitecto francés del s. XV. El templo se levantó sobre una basílica visigoda que Ramón Berenguer I reedificó a principios del s. XI y Jaime II reconstruyó a finales del XIII. En el exterior destacan también dos torres octogonales del s. XIV. El interior es una bella expresión del gótico catalán y cuenta con varias obras de arte de gran valor, como las **capillas de St. Oleguer y St. Climent;** el trascoro, con relieves de mármol, y la sillería del coro; la cripta de Sta. Eulalia, con un sarcófago de alabastro policromado, el deambulatorio y la sala del tesoro y el claustro, terminado en 1448. Merece la pena conocer el **Museu de la Catedral,** la capilla de Sta. Lucía y la puerta de Sta. Eulalia, de estilo gótico flamígero. Otras iglesias con interés son la de **Sta. Maria del Pi,** construida en el s. XV, del Gótico catalán, con una puerta románica del XIII; **La Mercè,** barroca del s. XVIII, con una portada lateral renacentista de principios del XVI y en cuyo interior se venera a la patrona de la ciudad; **Sta. Maria del Mar** (s. XIV), del último periodo del estilo ojival; Sta. Ana (s. XII) y St. Pau del Camp (s. XIII). El Palacio Episcopal conserva restos del edificio primitivo, una construcción románica del s. XIII y se erige sobre parte de la muralla romana. Construcciones civiles de importancia son el **Palau de la Virreina** (s. XVIII), que alberga varias salas de exposiciones, y el **Gran Teatre del Liceu,** una de las salas más bellas de Europa, situada en la rambla de los Capuchinos. Unos metros más adelante, Gaudí edificó el **Palau Güel,** y participó en la **plaza Reial,** rodeada de galerías y soportales. Muy cerca está la plaza de St. Jaume, corazón del Barri Gòtic y donde están el **Ayuntamiento** y el Palau de la Generalitat. El Consistorio tiene fachada gótica irregular, verdadero encaje de piedra, y en el interior destacan los salones del Trentenari y de las Crónicas, con frescos de Sert, el de Cent y el de la Reina Regent. El **Palau de la Generalitat,** sede del Gobierno autónomo catalán, es un edificio del s. XV con fachada renacentista. El Palacio contiguo del XV es gótico florido: es el Palau Reial Major, antigua sede del Sto. Oficio, que alberga hoy el **Museu Frederic Marès.** El cercano Palacio del Lloctinent es del s. XVI. La plaza del Rey está dominada por una alta torre con cinco pisos de arquerías; a un lado está el bellísimo salón del Tinell, adornado con frescos románicos,

El modernismo de Gaudí, en las chimeneas de la Casa Milà ('La Pedrera')

y al otro, la capilla de Sta. Ágata, de estilo gótico catalán. Finalmente, la **calle de Montçada,** cercana a la Llotja, está bordeada de mansiones señoriales que conservan vestigios de estilo gótico, entre las que destacan el Palau d'Aguilar, el de Castellet y el Palau Meca (actual **Museu Picasso**), así como el Palacio Dalmases y el Palacio de los Marqueses de Llió.

De la ciudad moderna (el llamado l'Eixample) destacan el **paseo de Gràcia,** donde se encuentra **La Pedrera,** edificio modernista construido por Gaudí; el hospital de la Sta. Creu i St. Pau (s. XV), que es una amplia estructura neogótica de Lluís Domènech, cercana al Parc Güell, también diseñado por Gaudí. Como la **Sagrada Familia,** concebida como el templo más perfecto posible desde el punto de la liturgia, el simbolismo y la belleza expresiva. Es aquí donde el modernismo encuentra su realización más significativa. La cima del **monte Tibidabo** alberga el parque de atracciones, en el que destaca el Museu dels Automats. Se puede acceder por carretera y por el Tramvia Blau, único en su género en funcionamiento en España, y el funicular.

El **Monestir de Sta. Maria de Pedralbes,** fundado en 1326 por la reina Elisenda de Montçada, está dotado de una bella iglesia de estilo gótico catalán. Destacan el sepulcro de alabastro de la fundadora, unas vidrieras del s. XIV, un claustro de tres pisos y los murales del s. XIV, de Ferrer Bassa. Muy cerca se encuentra el **Palau de Pedralbes,** de estilo italiano del s. XIX y residencia oficial de visitantes ilustres. Tiene un Museo de Cerámica y otro de Artes Decorativas.

En el otro monte de Barcelona, Montjüic, destacan el **Estadi Olímpic y el Palau St. Jordi.** El conjunto de Montjüic comienza en la plaza de España, con el recinto ferial de Barcelona y el conjunto de las Fuentes Luminosas, construidas por Carles Buigas para la Exposición Internacional de 1929, y su gran **Palau Nacional.** El parque de Montjüic fue diseñado por Forestier. En él se encuentra el **Poble Espanyol,** que reproduce un extracto de los pueblos y aldeas de España. El **Museo Nacional de Arte de Cataluña** (MNAC), ubicado en el Palau Nacional, contiene una valiosa colección de arte románico, gótico, modernista y colecciones de Cambó y Thyssen-Bornemisza. Otros museos recomendables son el Etnológico, el Museo de Arqueología, el **Museu d'Art Contemporani de Barcelona** (MACBA), la Fundació Joan Miró y el Castell de Montjüic, punto culminante de la colina, construido a finales del XVIII, que alberga un museo militar. El **Museu Maritim** está instalado en las bellísimas atarazanas, construidas en el reinado de Jaime I. Al **Parc de la Ciutadella,** edificado sobre una ciudadela del s. XVIII, se accede por el Arc del Triomf, realizado en ladrillo de inspiración mudéjar, construido con motivo de la Exposición Universal de 1888. En el parque están la sede del Parlamento Autónomo Catalán y el **Museu d'Art Modern.** Otros lugares de interés para el visitante son **La Rambla,** popular bulevar barcelonés al final del cual se encuentra el monumento a Colón, de 60 metros de altura; el Zoológico, instalado en el Parc de la Ciutadella; **el rastro de Els Encants**, junto a la plaza de las Glòries Catalanes, y El Borne, mercado edificado sobre el antiguo palenque de justas y torneos en la Edad Media. La Barceloneta es el barrio de los pescadores, construido por ingenieros militares a mediados del s. XVIII. Junto a este, la **Vila Olímpica** y el **Port Olímpic,** donde se extienden más de 4 km de playa. Otro punto importante del litoral barcelonés son los **'molls' (muelles) de la Fusta** y **de Espanya.** En las inmediaciones de la ciudad hay un gran número de campos de golf de primera calidad.

Floristerías, cafés, artistas... y miles de viandantes: la Rambla en estado puro

Uno de los rincones del Parc Natural del Montseny

Fiestas: El año comienza con la **cabalgata dels Tres Tombs** (enero) y continúa con St. Jordi (23 de abril), festividad patronal de Interés Turístico que se manifiesta a través del Día del Libro y de la Rosa. Con motivo del **Corpus Christi** tiene lugar en la Catedral el L'ou Com Balla. **La noche de St. Joan** se celebra con numerosas verbenas y, ya en agosto, tiene lugar el festival de verano Grec. El 11 de septiembre es La Diada, la fiesta nacional de Cataluña, y el 24 de ese mismo mes, la fiesta Mayor de La Mercè, con diversos festivales internacionales, gigantes y cabezudos y verbenas. En octubre es el turno del **Festival Internacional de Jazz de Barcelona** y la temporada del Gran Teatre del Liceu. En noviembre se organiza el Euroconcert y en diciembre, la feria navideña de Sta. Lucía, con puestos de figuritas y belenes ante la Sagrada Familia y la Catedral: el 13 de diciembre se visita la capilla dedicada a la santa patrona de las modistas y costureras.

Alrededores: A apenas pocos kilómetros están el pueblo de **La Garriga,** con su balneario; la estación de esquí de Rasos de Peguera y los **Parques Naturales de Montseny** y **Llorens de Munt i l'Obrac.** En **Badalona,** a 8 km, el Museu Municipal, que muestra restos romanos, y el Monestir de St. Jeroni de la Murtra (s. XVI). En **St. Cugat del Vallès,** a 17 km, destaca el monasterio fundado en el s. IX, con un hermoso claustro románico del s. XII; en la sala capitular, se aprecia el bellísimo retablo de *Todos los Santos,* de Pedro Serra; la fachada es del s. XIV. En **Sta. Coloma de Gramenet** es recomendable la Torre Pallaresa; en **Martorell,** la Porta i Arc de la Vila, así como el Museu Municipal. En **Sant Genís de Vilassar,** su castillo, y en **Montserrat** (a 60 km), el famoso monasterio.

Restaurantes

® **7 Portes.** Pº de Isabel II, 14. T. 933 193 033. *www.7portes.com*
Toda una institución de la restauración barcelonesa tradicional que armoniza a la perfección calidad y cantidad en un agradable ambiente ochocentista. Destacan sus **arroces.** Precio medio 35 €.

Abac. (H. Abac). Av. Tibidabo, 1. T. 933 196 600. *www.abacbarcelona.com* P
Cierra lunes y domingo. Cocina creativa que refleja la personalidad de Jordi Cruz, asentado en el magnífico espacio de este edificio centenario rehabilitado. **Pasta 'casarecce' con 'espardenyes', agua de calamares y albahaca, ternera 'royale' con concentrado destilado de Pedro Ximénez y texturas de manzana a la sidra.** Precio medio 100 €.

Alkimia. Industria, 79. T. 932 076 115. *www.alkimia.cat*
Cierra sábado, domingo, Semana Santa, tres semanas en agosto y Navidad. Jordi Vilà sigue su particular trayecto, basado en su amplio conocimiento culinario, que transforma en sutiles y ambiciosas recetas de vanguardia, ofrecidas exclusivamente en tres menús diferentes de 38, 65 y 84 €.

® **Blanc.** (H. Mandarin Oriental). Pº Gràcia, 38-40. T. 931 518 888. *www.mandarinoriental.com* P
Sabrosa y sabia cocina mediterránea, clásica y con toques asiáticos de Jean Luc Figueras –experiencia y talento– en un espacio relajado y elegante en pleno centro de Barcelona. **Tarta de butifarra del perol con patatas 'ratte' y trufa negra, 'tournedó' de rape con 'humus' y yogur a la menta.** Precio medio 45 €.

Ca l'Isidre. Les Flors, 12. T. 934 411 139. *www.calisidre.com* P
Cierra sábado en verano, domingo, festivos, Semana Santa, tres semanas en agosto y una en Navidad. En un ambiente noble, cálido y familiar, Núria Gironés sigue el camino de excepcional calidad gastronómica iniciado por sus padres hace ya 40 años. **'Tartar' de bonito con huevas de trucha, manitas de cerdo rellenas de hongos y trufa con hígado de pato, fluido de chocolate y su helado.** Precio medio 55 €.

Caelis. (H. Palace). Gran Via de les Corts Catalanes, 668. T. 935 101 205. *www.caelis.com*
Cierra almuerzos, domingo y lunes. La deliciosa cocina de Romain Fornell, de indiscutible personalidad y talento, en este marco incomparable y exclusivo, en pleno corazón de Barcelona. **Macarrones rellenos como un mar y montaña, cochinillo ibérico con melocotón semiconfitado, patata 'ratte' y estragón.** Precio medio 80 €.

® **Cal Pep.** Pl. de les Olles, 8. T. 933 107 961. *www.calpep.com*
Cierra lunes almuerzo, sábado cena, domingo y agosto. El mejor tapeo tradicional –mediterráneo y barcelonés– de la ciudad en esta bulliciosa casa cerca del Barri Gòtic. Precio medio 45 €.

Homenaje al descubridor

La Rambla, el más popular bulevar barcelonés, finaliza en el monumento a Colón, de 60 m de altura.

☼ **Caldeni.** València, 452. T. 932 325 811. *www.caldeni.com*
Cierra domingo, lunes, primera semana de enero y tres semanas en agosto. Pequeño y agradable restaurante –solo 8 mesas– en el que el cocinero Dani Lechuga elabora una sutil propuesta de cocina de mercado con una calidad de carnes sobresaliente. **'Sablé' de avellanas y chocolate con María Luisa.** Menú 22 €. Precio medio 42 €.

® **Can Ravell** (mantequerías). Aragó, 313. T. 934 575 114. *www.ravell.com*
Cierra lunes. Legendaria tienda de productos *gourmet* con restaurante en la parte interior en el que se goza de una cocina basada en el mejor producto de temporada. Precio medio 30 €.

® **Casimiro.** Londres, 84. T. 934 103 093.
Cierra lunes cena, domingo y agosto. Acogedor y familiar. Este pequeño restaurante mantiene una clientela muy fiel a partir de una sabrosa cocina mediterránea y tradicional. Precio medio 30 €.

☼ **Cinc Sentits.** Aribau, 58. T. 933 239 490. *www.cincsentits.com*
Cierra domingo, lunes y dos semanas en agosto. La cocina de autor de Jordi Artal en este local de carácter elegante, moderno y familiar sigue convenciendo a una clientela entusiasta y leal en diferentes menús degustación (59 y 79 €).

☼ **Comerç 24.** Comerç, 24. T. 933 192 102. *www.comerc24.com*
Cierra domingo y lunes. La personalidad culinaria de Carles Abellán se hace evidente con pequeñas raciones llenas de creatividad contemporánea. **Ostras capuchina, cochinillo 'handi', 'mel i mató' con trufa de invierno.** Precio medio 60 €.

® **Comiols.** Madrazo, 68. T. 932 090 791. *www.comiols.es*
Cierra sábado almuerzo, domingo, cuatro días en Semana Santa y 15 días en agosto. En un confortable entorno de arte contemporáneo, Quim Hernández en la cocina y Aglae Grande en la sala ofrecen una sabrosa cocina mediterráneo-catalana de autor. Menús 17, 39 y 49 €. Precio medio 40 €.

☼ **Coure.** Passatge Marimon, 20. T. 932 007 532.
Cierra domingo, lunes y tres semanas en agosto. Barra gastronómica al entrar y comedor en el nivel inferior complementan dos propuestas basadas en el buen hacer profesional de Albert Ventura. **Colmenillas rellenas con emulsión de consomé de setas, espaldita de lechazo de raza churra con terrina de calabaza.** Precio medio 40 €.

☼☼ **Dos Cielos.** (H. Me Barcelona). Pere IV, 272. T. 933 672 070. *www.doscielos.com*
Cierra domingo, lunes, 15 días en enero y en agosto. Una sutil gastronomía de autor fundamentada en la amplia y brillante trayectoria de los hermanos Sergio y Javier Torres lo sitúa en la cima de la oferta culinaria barcelonesa. **Ravioli de 'foie-gras', liebre 'a la royal'.** Precio medio 80 €.

® **El Túnel d'en Marc Palou.** Bailén, 91. T. 932 658 658. *www.eltuneldenmarc.com*
Cierra lunes cena, domingo y agosto. Espacio moderno, no lejos del paseo de Gràcia y la Sagrada Familia, en el que Marc Palou propone una cocina de mercado, personal y contemporánea con presencia de alguna propuesta de cocina barcelonesa tradicional. Menú 24 €. Precio medio 35 €.

® **Els Pescadors.** Pl. Prim, 1. T. 932 252 018. *www.elspescadors.com*
Cierra Semana Santa. En una agradable plaza del viejo Poble Nou esta casa sigue con su tradicional propuesta de cocina de mercado, fundamentalmente marinera, en un ambiente plácido e informal. Precio medio 50 €.

® **Embat.** Mallorca, 304. T. 934 580 855. *www.restaurantembat.es*
Cierra cenas de martes y miércoles; lunes, domingo y dos semanas en agosto. Pequeño y céntrico restaurante con cocina de mercado elaborada con criterio e ingenio. **Canelón de pato trufado, jarrete de ternera con setas.** Precio medio 30 €.

☼ **Enoteca.** (H. Arts Barcelona). Marina, 19-21. T. 932 211 000. *www.hotelartsbarcelona.com*
Cierra almuerzos, excepto lunes y martes, y domingo. Paco Pérez es fiel a una cocina de estilo contemporáneo muy bien interpretada y con materia prima e ingredientes de notabilísima calidad. Precio medio 85 €.

La tecnología LED da color a la Torre Agbar de Barcelona

La escultura 'Estel Ferit', ('Estrella Herida') destaca en la playa de la Barceloneta

® **Espaisucre.** Princesa, 53. T. 932 681 630. *www.espaisucre.com*
Cierra almuerzos, domingo, lunes y Navidades. Más de 10 años de excelente propuesta de pastelería de restaurante avalan el trayecto de esta casa –única escuela de postres de autor– dirigida por Jordi Butrón. Precio medio 30 €.

Evo. (En L'Hospitalet de Llobregat, a 5 km. H. Hesperia Tower). Av. Gran Via, 144. T. 934 135 030. *www.evorestaurante.es*
Cierra domingo, festivos y agosto. El recuerdo, profesionalidad y excelencia culinaria del recientemente fallecido Santi Santamaría siguen presentes, de la mano de Ismael Alegría en los fogones y Arnaud Echalier como sumiller, en este fascinante espacio gastronómico situado en la cúpula del Hesperia Tower. Precio medio 146 €.

® **Fabián.** Via Laietana, 71. T. 933 014 748. *www.fabian-martin.com*
Cierra domingo. La peculiar personalidad del galardonado *pizzaiolo* Fabián Martín reflejada en unas sabrosas **'pizzas'** elaboradas con mucha originalidad. Precio medio 35 €.

® **Florentina.** Saragossa, 122. T. 932 112 695.
Cierra domingo cena, lunes, Semana Santa y agosto. La sabrosa cocina de Marga Muñoz hace de este pequeño local una cita inevitable para el amante de la mejor cocina popular. Precio medio 35 €.

® **Fonda Gaig.** Còrcega, 200. T. 934 532 020. *www.fondagaig.com*
Cierra cenas de domingo y festivos, lunes, Semana Santa, 15 días en agosto y Navidad. La maestría y profesionalidad del cocinero Carles Gaig, reflejada en una amplia y feliz propuesta de cocina tradicional barcelonesa y catalana. Menú 29 €. Precio medio 40 €.

Freixa Tradició. St. Elies, 22. T. 932 097 559. *www.freixatradicio.com*
Cierra domingo, lunes, Semana Santa y agosto. Josep María Freixa, en los fogones y Dorita Riera en el comedor avalan, con su larga experiencia y una impecable cocina tradicional, el exitoso presente de esta casa que acaba de cumplir sus 25 años de admirable trayectoria profesional. Precio medio 30 €.

Gaig. (H. Cram). Aragó, 214. T. 934 291 017. *www.restaurantgaig.com*
Cierra lunes almuerzo, domingo, Semana Santa y tres semanas en agosto. En un espacio elegante y moderno, Carles Gaig elabora una propuesta culinaria de matices actuales a partir de la más selecta elección de una materia primera de mucha calidad. **Bogavante frito con alcachofas, escarola, rúcula, romesco y vinagreta de cava; pintada 'fermier a la royale', chocolate 100%.** Precio medio 90 €.

® **Gorria.** Diputació, 421. T. 932 451 164. *www.restaurantegorria.com*
Cierra cenas de lunes y festivos; domingo, Semana Santa y agosto. Genuinos productos vasco-navarros y fidelidad a la tradición dan lugar a una propuesta honesta y sabrosa que atrae a una clientela fiel, permanente y feliz. Precio medio 48 €.

Gresca. Provença, 230. T. 934 516 193. *www.gresca.net*
Cierra sábado almuerzo, domingo, Semana Santa, última semana de agosto, primera de septiembre y una semana en Navidad. Rafael Peña elabora con indiscutible acierto y criterio una propuesta culinaria atrayente por su precisión y creatividad. Menú 19 €. Precio medio 45 €.

® **Hermanos Tomás.** Pare Pérez del Pulgar, 1. T. 933 457 148. *www.htomas.com*
Cierra lunes cena, domingo, Semana Santa, dos semanas en agosto y Navidades. Restaurante sencillo y auténtico, en las afueras de la ciudad, que atrae a *gourmets* amantes de la mejor comida popular castellana. Precio medio 45 €.

Hisop. Passatge Marimon, 9. T. 932 413 233. *www.hisop.com*
Cierra sábado almuerzo, domingo, una semana en enero y tres semanas en agosto. En un agradable espacio de carácter minimalista, Oriol Ivern sigue seduciendo a una leal clientela con una feliz propuesta de culinaria contemporánea. **'Tartar' de sardinas con salsa de ciruelas, san pedro con alcachofas.** Menú 25 €. Precio medio 50 €.

☼ **Hofmann.** La Granada del Penedès, 14-16. T. 932 187 165. *www.hofmann-bcn.com*
Cierra sábado, domingo, Semana Santa, agosto y Navidad. Mey Hofmann propone una cocina llena de sabor y mediterraneidad a partir de una materia prima notable tratada con precisión, carácter y personalidad. **Arroz bomba con setas y 'foie-gras' salteado, 'carré' de cordero con aromas del Mediterráneo y 'tumbet'.** Precio medio 70 €.

® **Igueldo.** Roselló, 186. T. 934 522 555. *www.restauranteigueldo.com*
Cierra domingo. Honesta y sabrosa cocina de marcada personalidad vasca elaborada según los criterios más evidentes de lo que se entiende por cocina de mercado. Menú 16 €. Precio medio 33 €.

® **Jaume de Provença.** Provença, 88. T. 934 300 029. *www.jaumeprovenza.com* P
Cierra domingo cena, lunes y agosto. La experiencia de Jaume Bargues, con el apoyo de Jordi Donoso en los fogones, mantiene esta casa fiel a su largo y exitoso trayecto ofreciendo una culinaria catalana y de mercado. Precio medio 45 €.

☼ **La Dama.** Av. Diagonal, 423. T. 932 020 686. *www.ladama-restaurant.com* P
En un edificio modernista en pleno Eixample, Josep Bullich dirige este elegante local, en el que se ofrece una cocina clásica con personalidad reflejo de su gran profesionalidad. **Espárragos verdes y langostinos con dos salsas, suprema de lubina con virutas de trufa, fantasía de chocolate.** Precio medio 65 €.

® **La Piña de Plata.** (En St. Cugat de Vallès, a 17 km). St. Tomàs, 5. T. 935 836 528. *www.lapinyadeplata.com*
Cierra lunes cena y 15 días en agosto. Feliz proposición de cocina de mercado elaborada con mimo por el entusiasta cocinero Pedro Pérez. **Arroz de 'espardenyas', 'steak tartare'.** Precio medio 50 €.

☼☼ **Lasarte.** (H. Condes de Barcelona). Mallorca, 259. T. 934 453 242. *www.restaurantlasarte.com* P
Cierra lunes, domingo, festivos, Semana Santa y agosto. La gran personalidad culinaria de Martín Berasategui, ejecutada aquí por Antonio Sáez, en un marco de elegancia y modernidad. **Ostras crujientes con ensaladilla de pomelo, caldo cítrico y atún ahumado; solomillo de ternera asado con terrina de patatas, tocineta y mermelada de hongos, suflé de chocolate con helado de 'haba tonka'.** Precio medio 90 €.

® **Le Quattro Stagioni.** Dr. Roux, 37. T. 932 052 279. *www.4stagioni.com*
Cierra lunes almuerzo y domingo en julio y agosto; domingo cena, lunes y Semana Santa. Agradable y ameno local en el que se descubre una cocina de marcado carácter italiano y, evidentemente, mediterráneo. Precio medio 35 €.

® **L'Indret de Semon.** Ganduxer, 31. T. 932 016 931. *www.semon.es*
Cierra cenas, domingo, festivos y agosto. Absoluta complementariedad gastronómica entre la propuesta culinaria de L'Indret y la excelente tienda de *delicatessen*. Precio medio 60 €.

® **L'Olivé.** (Aparcamiento gratuito en Consell de Cent, 327). Balmes, 47. T. 934 521 990. *www.rte-olive.com*
Cierra domingo cena. Popular propuesta de platos de cocina tradicional catalana y mediterránea en un espacio moderno y acogedor del céntrico ensanche barcelonés. Precio medio 40 €.

® **Manairó.** Diputació, 424. T. 932 310 057. *www.manairo.com* P
Cierra domingo, festivos y una semana en agosto. Cocina catalana ejecutada con rigor y singularidad por parte de Jordi Herrera, al que complementa Roger Viñas en la sala. **Arroz de gambas y cigalas a la plancha, rape con garbanzos y butifarra negra.** Precio medio 40 €.

☼ **Moments.** (H. Mandarin Oriental). Pº de Gràcia, 38-40. T. 931 518 888. *www.mandarinoriental.com* P
Cierra domingo, lunes y agosto. Sugerente propuesta de gastronomía catalana renovada. La cocina del joven Raúl Balam, formado junto a sus padres en el St. Pol de Mar, atrae a un público amante de lo bueno, simple y natural. Precio medio 100 €.

☼ **Monvínic.** Diputació, 249. T. 932 726 187. *www.monvinic.com*

El Museo CosmoCaixa es cita obligada para los amantes de la ciencia

Los mosaicos de cerámica ('trencadís') son las estrellas del Parc Güell, obra de Gaudí

Cierra sábado, domingo y agosto. Constituye, como propuesta gastronómica, un espacio admirable. La sobresaliente bodega de vinos de todo el mundo se complementa con una culinaria de rigurosa exigencia estacional. Bar de vinos, notable centro de documentación, sala para catas y un distendido ambiente con excelente música *jazz*. Precio medio 50 €. Justo al lado está **Fastvínic** (Diputació 251. T. 934 873 241. Cierra domingo, festivos y agosto), una propuesta con los mejores bocadillos de la ciudad. Precio medio 15 €.

☼☼ **Moo.** (H. Omm). Roselló, 265. T. 934 454 000. *www.hotelomm.es*
♿ ❄ P

Cierra domingo y agosto. Asesorado por los hermanos Roca, del Celler de Can Roca (Girona). Felip Llufriu aúna entusiasmo y serena creatividad. **Manzana caramelizada rellena de 'foie-gras', macarrones de bacalao con escudella de puerros.** Su notable propuesta culinaria se complementa con las sugerencias de armonía de un sumiller de excepción: Roger Viusà. Precio medio 70 €.

☼☼ **Neichel.** Av. Beltrán i Rózpide, 1. T. 932 038 408. *www.neichel.es*
❄

Cierra domingo, lunes, primera semana de enero, Semana Santa y tres semanas en agosto. La trayectoria profesional de Jean Louis Neichel merece toda consideración. Su personalidad como cocinero sigue mereciendo la admiración de los amantes de la clásica nueva cocina de autor. **'Tartar' de langostinos, bogavante y centollo con escalivada de erizos de mar; becada de Lluçanés en dos cocciones, pechuga sangrante y muslo en 'civet', con costrón de su 'foie-gras'.** Postres de Mario Neichel. Precio medio 53 €.

Una original cúpula urbana destaca sobre el paisaje nocturno de Barcelona

Ⓡ **Nuclo.** (En L'Hospitalet de Llobregat, a 5 km). Restaurante de la Fira de Barcelona. Av. Joan Carles I, 58. T. 932 334 989. *www.nuclorestaurant.com*
♿ ❄ P

Cierra cenas, sábado, domingo y agosto. Ubicado en un entorno arquitectónico creado por Toyo Ito. Jordi Narro en los fogones y Jordi Fas en la sala proponen una cocina de referentes catalanes que mezcla decididamente tradición y modernidad. Precio medio 38 €.

☼ **Roig Robí.** Sèneca, 20. T. 932 189 222. *www.roigrobi.com*
❄ P

Cierra sábado almuerzo, domingo y tres semanas en agosto. Confortable, elegante y con un magnífico jardín interior, Merçé Navarro lo ha convertido en un referente de la mejor cocina catalana tradicional y de autor. Precio medio 50 €.

☼ **Saüc.** (H. Ohla). Via Laietana, 49. T. 933 210 189. *www.saucrestaurant.com*
♿ ❄

Cierra domingo y lunes. Irreprochable cocina de autor de Xavier Franco. Este nuevo Saüc conforma un espacio amplio y confortable en el que Anna Doñate ejerce de directora de sala. Complementando la excelente oferta culinaria, un bar gastronómico para degustar las propuestas de Xavier Franco en forma de pequeñas raciones. Menús 64, 84 y 114 €. Precio medio 70 €.

Ⓡ **Sense Pressa.** Enric Granados, 96. T. 932 181 544.
www.sensepressarestaurant.com ❄

Cierra lunes cena, domingo, festivos y 15 días en agosto. Pequeño en espacio pero grande en sabor y calidad. Un restaurante para degustar sin prisas –y reservando con bastante antelación– una cocina de producto y tradición. Precio medio 40 €.

Ⓡ **Senyor Parellada.** Argenteria, 37. T. 933 105 094.
www.senyorparellada.com € ♿ ❄

Agradable, confortable, bello y pulcro restaurante en el entorno bullicioso de la calle Argenteria, a un par de minutos de Sta. Maria del Mar. **Paella 'parellada', bacalao con 'sanfaina', semifrío de canela.** Precio medio 24 €.

☼ **Shanghai.** Bisbe Sivilla, 48. T. 932 118 791. *www.shanghai-bcn.com*
❄

Cierra cenas de domingo y festivos; lunes, Semana Santa, agosto y Navidades. Interesante y sabrosa cocina china de autor elaborada por Weng Kao con materia prima de excelente calidad en la zona alta de Barcelona. Precio medio 39 €.

Ⓡ **Shunka.** Sagristans, 5. T. 934 124 991. ♿ ❄

Cierran lunes, Semana Santa, agosto y 10 días en Navidad. Taberna japonesa, ambiente cálido y familiar y lugar que, durante años, ha sido referencia de la mejor cocina nipona de la ciudad. Precio medio 35 €. De la misma propiedad, **Koy Shunka** (Copons, 7. T. 934 127 939. Cierra domingo cena), con impecable cocina japonesa de Hideki Matsuhisa en un espacio de serena elegancia muy cerca de la plaza de la Catedral y del Barri Gòtic. Precio medio 60 €.

® **Suquet de L'Almirall.** Pº Don Joan de Borbó Comte de Barcelona, 65. T. 932 216 233. *www.suquetdelalmirall.com*
Cierra domingo cena, lunes, segunda y tercera semanas de agosto. Cocina esencialmente marinera frente al puerto de Barcelona, dirigida con devoción por Quim Marqués. Precio medio 35 €.

® **The Mirror.** Còrsega, 255. T. 932 028 685. *www.themirrorbarcelona.com*
Cierra domingo cena, lunes y del 1 al 15 de agosto. En un elegante espacio Paco Pérez ha imaginado una carta con propuestas contemporáneas de cocina marinera. En el comedor, blanco y diáfano, Montse Sala dirige un equipo joven y servicial. Precio medio 70 €.

® **Tickets.** Av. Paral·lel, 164. T. *www.ticketsbar.es*
Cierra almuerzos excepto sábados, domingo, lunes, Semana Santa, segunda quincena de agosto y Navidad. El mundo de las tapas de los Adrià a través de seis espacios: la Presumida –la Barcelona mediterránea–; la Estrella –la bebida como complemento–; el Camarote de los Marx, Nostromo –*xuxis* y tapas de vanguardia–; el Garatge –pan con tomate– y la Dolça –tapas dulces–. También cuenta con la coctelería 41°. Precio medio 70 €.

☼ **Toc.** Girona, 59. T. 934 881 148. *www.tocbcn.com*
Cierra sábado almuerzo, domingo y agosto. Santi Colominas ha asentado definitivamente en esta casa una cocina catalana de autor de un notabilísimo nivel culinario. Junto a él, Sandra Baliarda ejerce de sumiller y directora de sala. Precio medio 40 €.

® **Tragaluz.** Passatge de la Concepció, 5. T. 934 870 621. *www.grupotragaluz.com*
Cierra sábado almuerzo y domingo en agosto. Esta casa siempre ha sido un lugar encantador. Pero ahora más. Rosa Esteva y su hijo Tomás han llevado a cabo una maravillosa remodelación que hace de Tragaluz un lugar de obligatoria visita por su atractiva oferta culinaria y por su encanto. Menú 30 €. Precio medio 47 €.

☼ **Tram-Tram.** Major de Sarrià, 121. T. 932 048 518. *www.tram-tram.com*
Cierra lunes, domingo, Semana Santa, segunda quincena de agosto y del 23 al 31 de diciembre. En esta bella casa de Sarrià con patio interior, el tándem formado por Isidre Soler y Reyes Lizán sigue sorprendiendo a propios y extraños con una brillante cocina catalana de autor. Menús 25, 38 y 65 €. Precio medio 42 €.

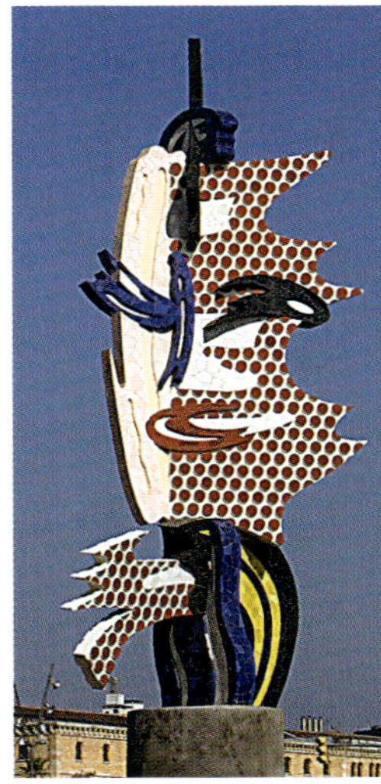

'La cara de Barcelona': el 'pop art' de Lichtenstein, en el paseo de Colón

☼☼☼

Via Veneto

Un trato sumamente personalizado, la culta cocina estacional de Carles Tejedor, la impecable dirección de la sala de Pedro y José Monje y el sumiller José Martínez en el comedor hacen de esta casa una opción imprescindible de la alta restauración de Barcelona.

'Espardenyes' salteadas con 'rossejat' de fideos, lubina salvaje a la sal con arroz negro y navajas. Cierra sábado almuerzo, domingo y del 1 al 20 de agosto.

Precio medio 60 €

Ganduxer, 10. T. 932 007 244. *www.viavenetorestaurant.com*

☼ **Windsor.** Còrsega, 286. T. 932 377 588. *www.restaurantwindsor.com*
Cierra sábado almuerzo, domingo, primera semana de enero, Semana Santa y agosto. La excelente situación en el corazón del Eixample, la confortabilidad y elegancia del espacio, y la atractiva propuesta de cocina catalana de mercado de Carlos Alconchel son los pilares en los que se fundamenta la regular trayectoria de esta casa. Precio medio 45 €.

® **Yashima.** Av. Josep Tarradellas, 145. T. 934 190 697. *www.yamashitagroup.com*
Cierra domingo cena y Navidad. Yashima es el gran clásico de la cocina japonesa de la ciudad de Barcelona. Su regular oferta culinaria lo mantiene como un referente inequívoco de los restaurantes nipones de esta ciudad. Menú 22 €. Precio medio 50 €.

Hoteles

***** **Arts Barcelona.** Marina, 19-21. T. 932 211 000. *www.hotelartsbarcelona.com*
Hab. 483: 292/669 €. Suites: 56. A orillas del mar Mediterráneo y en pleno Port Olímpic. A 10 minutos del aeropuerto de El Prat y a 15 de la Estación de Sants. Restaurantes Arola, Enoteca, Café Veranda y Bites.

***** **Casa Fuster.** Pº de Gràcia, 132. T. 932 553 000. *www.hotelcasafuster.com*
Hab. 100: 210/1200 €. Suites: 5. Edificio modernista catalogado como monumento. Restaurante Gala Xo.

***** **Claris.** Pau Claris, 150. T. 934 876 262. *www.derbyhotels.es*
Hab. 120: 199/475 €. Suites: 41. Museo Egipcio. Restaurante La Terraza del Claris.

***** **El Palace.** Gran Via de les Corts Catalanes, 668. T. 935 101 130. *www.hotelpalacebarcelona.com*
Hab. 119: 215/560 €. Suites: 6. Inaugurado en 1919. Completamente reformado en 2009. Situado en el corazón de Barcelona, próximo a Las Ramblas. Restaurante Caelis.

***** **Ohla.** Via Laietana, 49. T. 933 415 050. *www.ohlahotel.com*
Hab. 74: 211/540 €. Suites: 1. Céntrico. Su interior vanguardista contrasta con su fachada neoclásica. Terraza con piscina de cristal y vistas. Restaurantes Ohla Gastrobar y Saüc.

***** **Omm.** Rosselló, 265. T. 934 454 000. *www.hotelomm.es*
Hab. 83: 215/475 €. Suites: 8. Céntrico. Lugar de encuentro para la gente de la ciudad, gran propuesta gastronómica y de ocio. Restaurantes Moo y Moovida.

***** **Rey Juan Carlos I.** Av. Diagonal, 661-671. T. 933 644 040. *www.hrjuancarlos.com*
Hab. 395: 280/420 €. Suites: 37. Dispone de 25.000 m² de jardines históricos. Restaurantes Polo y The Garden.

**** **Avenida Palace.** Gran Via de les Corts Catalanes, 605. T. 933 019 600. *www.Av.palace.com*
Hab. 151: 140/330 €. Suites: 14. Céntrico. Totalmente renovado. Restaurante Insòlit.

**** **Condes de Barcelona.** Pº de Gràcia, 73-75. T. 934 450 000. *www.condesdebarcelona.com*
Hab. 235: 110/315 €. Suites: 3. En el corazón de la Barcelona modernista. Frente a La Pedrera. Piano Bar. Restaurantes Lasarte y Loidi.

**** **Murmuri.** Rambla de Catalunya, 104. T. 935 500 600. *www.murmuri.com*
Hab. 51: 139/329 €. Suites: 2. Hotel Boutique perteneciente al grupo de hoteles Majestic Group, con más de 90 años atendiendo a los viajeros más exigentes. Restaurante Murmuri.

**** **Neri.** St. Sever, 5. T. 933 040 655. *www.hotelneri.com*
Hab. 21: 265/525 €. Suites: 1. Palacete del s.XVIII. Restaurante Neri.

Arte del medievo
En Lleida se concentra parte del patrimonio románico catalán. St. Feliu de Barruera es un buen ejemplo.

Barruera-Valle de Boí Lleida

25 · B-2
A Lleida, 148 km
Alt. 1.090 m · Pob. 1.010
GPS 42° 31' 19'' N · 0° 49' 59'' E

Visitar: Barruera es puerta de acceso al legado románico del valle de Boí, declarado Patrimonio de la Humanidad. En la localidad destaca el templo de **St. Feliu,** aunque hay otras iglesias con interés en la comarca: St. Climent y Sta. Maria de Taüll, St. Joan de Boí, Sta. Eulàlia de Erill la Vall, la Nativitat de Durro, **St. Quic de Durro,** Sta. Maria de Cardet o L'Assumpció de Coll. En Erill la Vall está el **Centre d'Interpretació del Romànic,** y en las proximidades, la estación de esquí de Boí Taüll.

Fiestas: El 24 de de junio se celebra la **noche de S. Juan** y del 17 al 19 de agosto, la fiesta Mayor. También tienen importancia las **Bajadas de Fallas** de Taüll, Erill la Vall y Boí.

Alrededores: Muy recomendable es el **Parc Nacional de Aigüestortes i Estany de St. Maurici,** así como el balneario de Caldes de Boí.

Restaurantes

El Caliu. (En Taüll, a 10 km). Feixanes, 11. T. 973 696 212. *www.elcaliutaull.com*
Cierra martes excepto festivos, y noviembre. Vistas al Parc Nacional de Aigüestortes. Ensalada tibia de mollejas de pato, *civet de senglar,* flan de queso con salsa de frambuesa. Menú 15 €. Precio medio 30 €.

Villa María. (En Lleps, a 7 km). Ctra. Caldes de Boí, km 4,300 T. 973 691 029. *www.restvillamaria.com*

Cierra lunes excepto festivos, julio y agosto; del 11 al 22 de junio y del 12 al 23 de septiembre. Local acogedor en el valle de Boí. Sopa de cebolla, suprema de esturión con salsa de caviar, pastel de queso. Menú 18 €. Precio medio 30 €.

Hoteles

☆☆☆☆ **Manantial.** (En Caldes de Boí) Afueras, s/n. T. 973 696 210.
www.caldesdeboi.com P
Hab. 119: 112/168 €. Suites: 7. Consultar cierre. Hotel Balneario, con 37 manantiales mineromedicinales. En el Pirineo, junto al Parc Nacional de Aigüestortes. Restaurante Jean Luc.

Beasain Gipuzkoa

Restaurado en 1996, el Palacio de Igartzua acoge exposiciones y conferencias

Visitar: Junto al centro de Beasain, el **Conjunto Monumental de Igartza** es el principal atractivo de la villa. Está formado por un palacio construido en 1530, ejemplo excepcional de arquitectura en madera; un crucero de 1599, el puente (s. XVI), un molino de tres piedras, reconstruido en 1740; su gran ferrería hidráulica de 1782 y la venta Dolarea de 1611. La iglesia parroquial (ss. XVI y XVII) y la **Basílica neoclásica de S. Martín de Loinatz** son otros monumentos de interés. Muy cerca se ubican el parque de Sagastigutia y el monte Murumendi, idóneos para entrar en contacto con la naturaleza.

Fiestas: El 5 de febrero se celebra S. Martín de Loinatz y, 40 días después de Semana Santa, **La Ascensión.**

Alrededores: La villa medieval de **Ordizia,** con su mercado de los miércoles.

13 · E-2
A San Sebastián, 42 km
A Madrid, 420 km
Alt. 179 m · Pob. 13.557
T. 943 028 050
GPS 43° 2' 48'' N · 2° 12' 21'' O

Restaurantes

® **Rubiorena.** Zaldizurreta, 7. T. 943 885 760.
Cierra cenas de lunes a jueves, domingo, Semana Santa, agosto y Navidades. La espartana decoración no merma las bondades de su oferta culinaria, de la mano de un cocinero solvente como Gorka Salaberria. **Milhojas de berenjena con salsa de orégano, patas de cerdo rellenas de 'foie-gras' en su salsa.** Postres atractivos. Menú 14 €. Precio medio 30 €.

Begur/Bagur Girona

Visitar: A pesar de su marcado carácter turístico, conserva importantes vestigios de su pasado, como el **castillo medieval** del s. IX, las torres de defensa de los ss. XVI y XVII; la **Casa de Americanos,** de gusto marcadamente antillano; la **Casa de Carmen Amaya,** hoy centro cultural; la **iglesia parroquial de St. Pere** (s. XVI) y la ermita de St. Ramon. Lo mejor de la villa son sus playas, calas y la posibilidad de hacer senderismo o recorrer su camino de ronda.

Fiestas: En junio tiene lugar la **fiesta Mayor de S. Pedro.** En agosto se celebra la fiesta Mayor d'Escalanyà y, del 18 al 20 de septiembre, es la **fiesta Mayor de Sta. Reparada.**

38 · C-1
A Girona, 46 km
A Madrid, 739 km
Alt. 300 m · Pob. 4.258
T. 972 624 520
GPS 41° 57' 13'' N · 3° 12' 25'' E

Begur, en el Baix Ampordà, fue refugio de piratas, pescadores e indianos

Alrededores: Las calas más recomendables son las de **Aiguablava y Fornells,** a 5 km, y las de **Aiguafreda** y de **Sa Tuna,** a 4 km. También recomendable es la playa del Racó, a 4 km, y la playa internacional nudista de **Illa Roja.**

Restaurantes

Aigua-Blava. (H. Aigua-Blava). Platja de Fornells, s/n. T. 972 624 562. *www.aiguablava.com*
Cierra de noviembre a marzo. Con 81 habitaciones. Vistas a la bahía desde el comedor. *Mi-cuit de foie-gras* de pato y *tartar* de pollo con vino de Oporto, *suquet* de rape, *sushi* de crema *mascarpone* con salsa de frambuesa.
Precio medio 40 €.

Fonda Caner. Pi i Ralló, 10. T. 972 622 391. *www.fondacaner.com*
Cierra almuerzos de lunes a viernes excepto festivos, Semana Santa y agosto, y de noviembre a marzo. Cocina tradicional y familiar de su propietario, Narcís Caner. Arroz mar y montaña, *suquet*. Precio medio 30 €.

Hoteles

**** **El Convent.** Ctra. del Racó, 2. T. 972 623 091. *www.conventbegur.com*
SPA
Hab. 25: 115/275 €. Suites: 1. Convento del s. XVIII.

**** **Parador de Turismo.** Platja de Aiguablava, s/n. T. 972 622 162. *www.parador.es*
Hab. 78: 90/180 €. En un lugar tranquilo y paradisiaco. Blanca arquitectura mediterránea con magníficas vistas al mar.

Belmonte Cuenca

74 · F-2
A Cuenca, 100 km
A Madrid, 150 km
Alt. 750 m · Pob. 2.350
T. 967 170 741
GPS 39° 33' 33'' N · 2° 42' 34'' O

Visitar: La localidad, declarada Conjunto Histórico-Artístico, cuenta con varios monumentos nacionales, como el **castillo gótico-mudéjar** del s. XV, el recinto amurallado con tres puertas, la Colegiata con obras de los ss. XV al XVIII, el **Palacio del Infante D. Juan Manuel,** los **conventos Franciscano y de Jesuitas** y la ermita de la Virgen. Destaca también el Museo Etnográfico de la Villa de Belmonte. Los paisajes que rodean la localidad son idóneos para rutas en bicicleta de montaña o culturales, como la de Fray Luis de León y la de los Castillos.

Fiestas: Romería de S. Isidro, que se celebra el 15 de mayo. Del 23 al 28 de agosto tienen lugar las ferias de S. Bartolomé Apóstol, con verbenas y espectáculos taurinos. Del 8 al 11 de septiembre se conmemora a la **Virgen de Gracia** con las fiestas patronales.

El castillo de Belmonte (s.XV) ha sido escenario cinematográfico

Alrededores: En **Villaescusa de Haro,** a 6 km, está la iglesia de S. Pedro, con un hermoso retablo. En **Segóbriga,** a 35 km, hay un interesante Parque Arqueológico. **Mota del Cuervo,** a 17 km, cuenta con molinos de viento típicamente manchegos. En **S. Clemente,** a 25 km, se hallan varios monumentos renacentistas y el Museo de Arte Contemporáneo.

Hoteles

** **Palacio Buenavista Hospedería.** José Antonio González, 2. T. 967 187 580 *www.palaciobuenavista.es*
Hab. 32: 40/80 €. Suites: 4. Edificio del s. XVI, junto a la Colegiata y con vistas al castillo. Restaurante con platos típicos.

Bembrive Pontevedra Ver Vigo

17 · C-3

Benahavís Málaga Ver San Pedro de Alcántara

110 · E-2

Benalmádena Málaga

111 · A-3
A Málaga, 20 km
A Madrid, 580 km
Alt. 280 m · Pob. 61.000
T. 952 442 494
GPS 36° 35' 41'' N · 4° 34' 28'' O

Visitar: Localidad turística que todavía conserva casas de estilo típicamente andaluz y restos de su pasado histórico, como el **Castillo Bil-Bil,** de estilo árabe y al borde del mar; el **Castillo de Colomares;** las torres de vigía (s. XVIII) y la Casa del Artesano. Destacan especialmente La Stupa de la Iluminació (el mayor templo budista de Europa), el Mariposario, el **Museo Arqueológico Municipal y de Arte Precolombino** y el Centro de Exposiciones Benalmádena Costa. Las infraestructuras de ocio más interesantes son el parque de atracciones Tívoli

World, el Parque Submarino Sealife, el Aquarium Sea Life y el Parque de la Naturaleza Selwo Marina, que cuenta con delfinario y pingüinario de hielo.

Fiestas: Son muy vistosas las alfombras de flores que se crean para el **Corpus Christi** (mediados de junio). Unos pocos días después se celebra la feria de S. Juan. En julio tiene lugar la **veladilla de la Virgen del Carmen** y en agosto, la feria y fiestas en honor a la Virgen de la Cruz.

Alrededores: Benalmádena es punto de partida para visitar la **Costa del Sol.**

Restaurantes

Casa Fidel. (En Benalmádena pueblo). Maestra Ayala, 1. T. 952 449 165.

Cierra almuerzos excepto domingo en invierno; martes, y primera quincena de agosto. Casa con patio interior en el centro del pueblo. Alubias de Tolosa, rabo de toro, frambuesas con merengue. Menú 28 €. Precio medio 35 €.

® **Los Mellizos.** (Polígono industrial Arroyo de la Miel). Pacharán, 49. T. 952 440 888. *www.losmellizos.net*

Cierra cenas. Lonja de pescado, restaurante-marisquería a partir de las 13 horas con estupenda terraza donde disfrutar de sus buenos **arroces marineros, frituras de pescado y mariscos.** Precio medio sin marisco 25 €.

En Benalmádena se halla el centro de budismo más importante de Europa

Benasque Huesca

24 · F-1
A Huesca, 150 km
A Madrid, 545 km
Alt. 1.140 m · Pob. 2.219
T. 974 551 289
GPS 42° 36' 18'' N · 0° 31' 22'' E

Visitar: Un paseo por su casco antiguo servirá para conocer las casas solariegas, la iglesia del s. XIII, el **Palacio de los Condes de Ribagorza** y el torreón de Juste. La villa es puerta de entrada al **Parque Natural Posets-Maladeta** y su entorno es perfecto para practicar deportes de aventura, senderismo y esquí.

Fiestas: La fecha más importante es la celebración de **S. Marcial,** el 30 de junio, con el tradicional Ball de Benas.

Alrededores: Anciles se encuentra a 1 km y **Cerler,** a 4 km. El pico Aneto, la cumbre más alta de los Pirineos, con 3.404 m, es el principal atractivo montañero.

Restaurantes

Ansils. (En Anciles, a 1 km). General Ferraz, 6. T. 974 551 150. *www.restauranteansils.com* P

Cierra martes, 15 días en mayo y en noviembre. *Recao* de Ansils (un potaje típico), *civet* de jabalí, *biscuit* de turrón. Precio medio 25 €.

El Fogaril. (H. Ciria). Av. de los Tilos, s/n. T. 974 551 080. *www.hotelciria.com* P

Cierra 15 días en primavera y en otoño. Con 36 habitaciones. Fogaril es la antigua cocina de leña. Huevos de corral estrellados y trufados con patatas, pintada rellena de longaniza de Graus en dos cocciones, torrija al vino blanco de Somontano. Menú 23 €. Precio medio 30 €.

Benavente Zamora

30 · F-1
A Zamora, 65 km
A Madrid, 259 km
Alt. 744 m · Pob. 19.400
T. 980 634 211
GPS 42° 0' 10'' N · 5° 40' 31'' O

Visitar: Situada en la **Vía de la Plata,** la localidad cuenta con una amplia selección de patrimonio, como las **iglesias románicas de Sta. María de Azogue** (s. XII) y la de **S. Juan del Mercado** (s. XII). Destacan también la Torre del Caracol, gótica y renacentista (s. XVI); el Hospital de la Piedad, renacentista (s. XVI); la modernista **Casa de Soledad González,** el **teatro Reina Sofía** (1928) y los espacios verdes del parque la Pradera y los jardines de la Mota. Pueden visitarse muchas de sus bodegas, así como el **Centro de Interpretación de los Ríos**.

Fiestas: En junio se celebra la **fiesta del Toro Enmaromado,** de Interés Turístico Regional, y en septiembre tienen lugar varias ferias, entre ellas la del Pimiento (a finales). A principios de mayo son las fiestas de **La Veguilla.**

Alrededores: Destacan la iglesia románica de **Sta. Marta de Tera** (ss. XI y XII) a 25 km, y el artesonado mudéjar de **Sta. Colomba de Las Carabias,** a 12 km. Puede hacerse una variada ruta arqueológica por los valles, pasando por el Aula Arqueológica Manganeses de la Polvorosa, el dolmen de **Morales de Rey,** el campamento romano de **Rosinos de Vidriales,** el Centro de Interpretación de **Santibáñez de Vidriales** y el castro celta de **Arrabalde.** En **Granja de Moreruela,** a 26 km, se halla un monasterio cisterciense.

Sta. María de Azogue, construida en el s. XII, en el corazón de Benavente

Restaurantes

El Ermitaño. Ctra. N-630, Benavente-León, km 1,200. T. 980 636 795. *www.elermitano.com*

Cierra domingo cena, lunes excepto festivos, y del 24 de diciembre al 17 de enero. Merece la pena visitar este Ermitaño a las afueras de la ciudad. Los hermanos Pérez Alonso exhiben con maestría los productos locales con su toque personal. **Mollejas de lechazo y vieiras, 'ravioli' de muslo de gallo de corral con piperrada, almendros con quesos zamoranos y té negro.** Menús 18, 33, 40 y 60 €. Precio medio 42 €.

® **Mesón del Labrador-Lera.** (En Castroverde de Campos, a 36 km). Dr. Corral, 27. T. 980 664 653. *www.restaurantelera.com*

Cierra martes y primera quincena de septiembre. Luis Alberto Lera continúa la interesante trayectoria de su padre con **huevo escalfado con trufa, pichones de Tierra de Campos estofados, tarta de queso de Villalón.** Menú 15 €. Precio medio 36 €.

Hoteles

**** **Parador de Turismo.** Pº de La Mota, s/n. T. 980 630 300. *www.parador.es*

Hab. 38: 110/173 €. Suites: 2. Castillo-palacio renacentista, sede de las Cortes de Castilla en 1202. Se conserva la Torre del Caracol con artesonado mudéjar. Rutas: arqueológica, naturaleza, ríos. Cocina regional. Restaurante Pimentel.

Benicarló Castellón

57 · C-4
A Castellón, 75 km
A Madrid, 487 km
Alt. 21 m · Pob. 26.655
T. 964 473 180
GPS 40° 25' 6" N · 0° 25' 19" E

Visitar: Destacan su iglesia (s. XVIII), el poblado ibérico y el **Museo Arqueológico.** Cuenta con un importante puerto pesquero y deportivo.

Fiestas: El calendario festivo arranca en enero con **S. Antonio** y la **fiesta de la Alcachofa** (la tercera semana), prosigue con las **Fallas** en marzo, la romería de S. Gregorio en mayo y alcanza su cénit en agosto con las patronales de **S. Bartolomé** y los Toros al Mar.

Alrededores: La ciudad fortificada de **Peñíscola** se halla a 7 km, y el **Parc Natural Delta de l'Ebre,** a 40 km.

Restaurantes

® **Chuanet.** Av. Papa Luna, s/n. T. 964 471 772. *www.rincondechuanet.com*

Cierra domingo cena y lunes excepto agosto, y dos semanas en noviembre. Los sabores del mar con los pescados propios de este litoral están garantizados en un ambiente familiar. **Espardeñas,** en invierno ineludible la **alcachofa, tocinillo** de postre. Menú 24 €. Precio medio 40 €.

Hoteles

**** **Parador de Turismo.** Av. Papa Luna, 5. T. 964 470 100. *www.parador.es*

Hab. 104: 102/161 €. Junto al mar, en un oasis fresco y acogedor, una escala para quien viaja por las rutas del Mediterráneo. *Buffet* desayuno. Barbacoa en verano.

Benicàssim/Benicasim Castellón

66 · B-2
A Castellón, 12 km
A Madrid, 440 km
Alt. 15 m · Pob. 18.098
T. 964 300 102
GPS 40° 3' 22" N · 0° 3' 52" E

Visitar: Esta villa playera cuenta con varios monumentos de interés repartidos por sus calles, como la **Torre de S. Vicente** (s. XVI), la iglesia parroquial (s. XVIII); el **Monasterio de los Padres Carmelitas** (s. XVII); las ruinas del **Castillo de Montornés** (s. XI); la plaza del Trenet; las villas veraniegas y el interesante **Museo de Arte Sacro.** También hay que visitar las bodegas Carmelitano, una destilería artesanal de licores, sus amplias playas y la **microrreserva de flora de las Agujas de Santa Águeda** (540 m). La Vía Verde del Mar es perfecta para pasear y montar en bicicleta.

Fiestas: En enero se celebran La Cremá de les Fogueres y **La Coqueta,** en honor a S. Antonio Abad y Sta. Águeda. En verano se concentran varios festivales, como el **Festival de Jazz y el Ciclo de Música Sacra** (julio), el **Internacional de Benicàssim, FIB** (julio), el de Habaneras (agosto) y el Certamen Internacional de Guitarra Francisco Tàrrega (agosto), aparte de numerosas actividades turísticas, verbenas, vaquillas y exposiciones. En septiembre se celebran las **fiestas de Sto. Tomás de Villanueva.**

Alrededores: Una escapada interesante puede ser acercarse hasta el **Parque Natural del Desierto de las Palmas.**

Restaurantes

Voramar. (H. Voramar). Pº Marítimo Pilar Coloma, 1. T. 964 300 150.
www.voramar.net
Con 56 habitaciones. Cocina marinera frente al mar. Brocheta de langostinos, vieiras y pulpo con salsa de yogur, arroz de carabineros con sepia, crema catalana. Menú 25 €. Precio medio 30 €.

Hoteles

**** **Termas Marinas El Palasiet.** Pontazgo, 11. T. 964 300 250. *www.palasiet.com*
Hab. 70: 162/253 €. Suites: 4. Enclavado en la montaña frente al Mediterráneo. Centro de talasoterapia. Restaurante El Palasiet.

Benidorm Alicante

85 · C-4
A Alicante, 42 km
A Madrid, 453 km
Alt. 15 m · Pob. 73.948
T. 965 851 311
GPS 38° 32' 12'' N · 0° 7' 49'' O

Visitar: El casco antiguo de esta ciudad con la mayor concentración de rascacielos de la Península sigue conservando su casticismo. Merece la pena acceder al **mirador del castillo,** apreciar la isla de Benidorm y acercarse a Terra Mítica, el parque temático que recrea las civilizaciones más antiguas y legendarias del Mediterráneo con una amplia oferta gastronómica y de espectáculos. También interesantes son **Terra Natura,** parque temático de animales; **Aqualandia,** un parque acuático, y **Mundomar,** un parque de animales marinos.

Fiestas: En marzo, con motivo de S. José, se celebran **Fallas.** En junio, en S. Juan, otra fiesta relacionada con el fuego, las Fogueres. En septiembre y octubre son los **Moros y Cristianos,** y a mediados de noviembre, la fiesta Mayor patronal.

Alrededores: Destacan el pueblo de **Altea** (a 10 km), **Guadalest** (a 28 km) y las fuentes del Algar, en **Callosa d'en Sarrià** (a 15 km).

Tres grandes parques temáticos completan la oferta turística de Benidorm

Restaurantes

® **Art a la Cuina.** Av. Marina Baja, 5. T. 965 866 316. *www.artlacuina.com*
Cierra cenas de domingo a miércoles. El saber hacer de un artesano del sabor, Basilio Corral: **huevo escalfado con verduritas y mojama, pescado de la lonja confitado en aceite de cebollino con espárragos, la horchata 2011.** Menú 23 €. Precio medio 30 €.

® **El Xato.** (En La Nucía, a 10 km). Av. Iglesia, 3. T. 965 870 931.
www.elxato.com
Cierra cenas desde el 15 de septiembre al 30 de junio excepto viernes, sábado y vísperas de festivo; domingo cena y lunes en verano. Sabores autóctonos bajo el prisma de la modernidad en un local a tono. **'Tataki' de bonito de la Vila con soja y miel de níspero, 'all i pebre' de calamar en dos texturas, flan de queso fresco de La Nucia.** Menú 17 €. Precio medio 27 €.

La Tapería. Sto. Domingo, 6. T. 618 131 873. *www.grupoaurrera.com*
Pinchos basados en la micrococina hechos al momento, innovadoras raciones, carnes y pescados para compartir. Menú 16 €. Precio medio 25 €.

Hoteles

***** **Barceló Asia Gardens.** Av. Eduardo Zaplana, s/n-Rotonda del Fuego, s/n. T. 966 818 400. *www.asiagardens.es*
Hab. 311: 210/528 €. Suites: 20. Diseño asiático. Rodeado de frondosos jardines. Restaurantes Udaipur, In Black, Koh Sami y Palapa.

***** **Resort Gran Hotel Villaitana.** Av. Alcalde Eduardo Zaplana, 7. T. 966 815 000. *www.villaitana.com*
Hab. 455: 118/188 €. Suites: 127. Consultar admisión de perros y tarifas de spa. Complejo concebido como un pueblo mediterráneo, situado en el interior de dos campos de golf. Restaurantes Indigo, S'Aigua, Los Naranjos y Casa Verde.

Benissa/Benisa Alicante

85 · C-3
A Alicante, 75 km
A Madrid, 458 km
Alt. 275 m · Pob. 14.000
T. 965 732 225
GPS 38° 42' 57'' N · 0° 3' 8'' E

Visitar: Paseando por el centro histórico medieval se descubren los principales atractivos, como la **iglesia de La Puríssima Xiqueta** (neogótica); la sala del Consell (s. XVI), declarada Bien de Interés Cultural; el convento de los pp. franciscanos (s. XVII); la Casa-Museo Abargues (s. XVIII); el **monumento al Riberero** y calles con encanto como Desamparats y Puríssima.

Fiestas: En enero se celebra la Fira i Porrat de St. Antoni; del 24 de abril al 1 de mayo, la Puríssima Xiqueta, fiestas patronales. En junio es el turno de los

Moros y Cristianos. La romería a la ermita de Sta. Ana es el 26 de julio. También de interés son la **Mostra Gastronómica,** la Ruta Benissa amb Sabor: Cultura y Tapes (julio) y el **Festival Multicultural,** que se celebra en los años pares.

Alrededores: Merecen la pena los parajes de la **sierra de Bérnia,** realizar la Ruta de las Ermitas, la de La Solana y la de los Riberers, y visitar las pinturas rupestres del **Abric de Pinos.** A lo largo del litoral se esconden numerosas calas, como Pinets, la Llobella, Baladrar y Platgeta de l'Advocat, y playas como **La Fustera.**

Restaurantes

Casa Cantó. Av. País Valencià, 237. T. 965 730 629. *www.casacanto.com*

Cierra domingo y noviembre. Genuino en sus sabores, es un valor referencial, coherente y elogiable en su sólida estabilidad. **Arroz a banda con filetes de salmonete, 'cruet de peix', arnadí de boniato y calabaza.** Menú 27 €. Precio medio 35 €.

Hoteles

*** **Casa del Maco.** Pou Roig, 15. T. 965 732 842. *www.casadelmaco.com*

Hab. 4: 78/131 €. Caserío rústico del s. XVIII. Restaurante Casa del Maco.

76 · D-1

Benissanó/Benisanó Valencia Ver Llíria

18 · A-3

Bentraces Ourense Ver Ourense

Berga Barcelona

26 · A-4
A Barcelona, 117 km
A Madrid, 627 km
Alt. 715 m · Pob. 17.161
T. 938 211 384
GPS 42° 6' 4'' N · 1° 50' 34'' E

Visitar: En torno al **barrio viejo** se concentran los principales monumentos. Destacan también los **museos Comarcal y del Circ** y los Centros de Interpretación de Berga la Natura, donde se dan a conocer todas las posibilidades para senderistas y aficionados al turismo cultural.

Fiestas: Del 10 al 14 de junio se celebra **La Patum,** fiesta declarada Patrimonio Oral e Inmaterial de la Humanidad. En julio, la fiesta más antigua de la villa, Els Elois, y a principios de octubre, la Festa dels Bolets.

Alrededores: Es imprescindible conocer los paisajes del **Parc Natural Cadí-Moixeró** (a 25-30 km), el **lago de Graugés** (a 3 km) y los **Rasos de Peguera** (a 15 km), con la estación de esquí. En las inmediaciones de Berga hay interesantes templos, como la **iglesia de Pedret** (ss. IX y X) y el **Santuari de Queralt.**

Restaurantes

Els Casals. (En Sagàs, a 20 km). Els Casals, s/n. T. 938 251 200. *www.hotelelscasals.com*

Cierra en invierno cenas de miércoles y jueves; lunes y martes, tres primeras semanas de enero y última de septiembre. Els Casals continúa manteniéndose en la cima de la mejor, más coherente y honesta cocina catalana. La excelencia de sus productos nace en el entorno de la misma familia. Cocina de proximidad elevada a la máxima expresión y ejecutada con impecable rigor por Oriol Rovira. **Pichón asado con terrina de panceta, buñuelos de chocolate con helado de calabaza.** Precio medio 50 €.

Estany Clar. (En Cercs, a 5 km). Ctra. C-26, Berga-Bagá, km 99,400 T. 938 220 879. *www.estanyclar.com*

Cierra domingo cena, lunes, del 6 al 12 de febrero, del 4 al 10 de junio y del 5 al 11 de noviembre. Ambiente acogedor en una antigua masía del s. XIV. Sopa de cebolla, lenguado cocinado a baja temperatura con texturas cítricas, vainilla semihelada con emulsión de nata montada y milhojas de frambuesas. Precio medio 45 €.

® **Sala.** Pº de la Pau, 27. T. 938 211 185. *www.restaurantsala.com*

Cierra domingo cena y lunes. La familia Sala-Márquez, al completo, es la protagonista de los 40 años de feliz trayectoria de esta casa iniciada por Ramón y Montserrat Sala, y continuada por Isabel Márquez, en los fogones. Recomendable cocina estacional basada en el mejor producto del entorno. Menú 22 €. Precio medio 45 €.

La fuente de les Canelles, en Santa Coloma de Queralt, adornada con ocho cabezas

Bergara/Vergara Gipuzkoa

13 · D-2
A San Sebastián, 65 km
A Madrid, 399 km
Alt. 155 m · Pob. 14.666
T. 943 779 128
GPS 43° 7' 5'' N · 2° 24' 53'' O

Visitar: Interesante casco histórico monumental en el corazón rural e industrial de Gipuzkoa. Destacan la **plaza S. Martín de Aguirre** y los atractivos de edificaciones vecinas, como el bajorrelieve germánico de la **Casa de Jáuregui,** los palacios renacentistas y barrocos, el hórreo de Agarre, la **iglesia de Sta. Marina de Oxirondo** (con imaginería de Luis Salvador Carmona), y la parroquia de S. Pedro, que guarda el *Cristo de la Agonía* (de Juan de Mesa). Especial interés tienen la Casa Consistorial, la fachada plateresca de la iglesia de S. Miguel de Angiozar y el **Real Seminario de Bergara.**

Fiestas: Tienen especial relevancia la feria del Sábado de Ramos, las fiestas patronales de **Pentecostés,** la romería de S. Marcial y, por último, la de S. Martín de Aguirre, el 16 de septiembre.

Alrededores: A 11 km, en **Zumárraga,** está la ermita de la Virgen de la Antigua; a 22 km, el Santuario de Loyola, en **Azpeitia;** a 14 km, **Elorrio,** con un bello casco histórico monumental; a 23 km, **Leintz Gatzaga,** que cuenta con un interesante casco medieval y el Museo de la Sal. En **Oñati,** a 22 km, se hallan la cueva de Arrikrutz y el Santuario de Arantzazu.

Restaurantes

® **Lasa.** (Palacio Ozaeta). Calle Zubiaurre, 35. T. 943 761 055
www.restaurantelasa.es
Cierra cenas excepto viernes y sábado; lunes, Semana Santa, 25 días en agosto y del 24 de diciembre al 8 de enero. En el imponente Palacio Ozaeta remodelado en su día. Koldo Lasa es ya una institución. Clasicismo culinario perfeccionista sin apenas concesiones a la modernidad. **Colas de cigalas rellenas de changurro, pastel de revuelto de erizos de mar.** Postres de alto nivel. Famosos sus **ahumados** y **turrones artesanos.** Menús 28 y 45 €. Precio medio 40 €.

Basílica de Loyola, lugar de gran devoción en el corazón de Gipuzkoa

Berlanga de Duero Soria Ver Burgo de Osma, El

44 · B-1

Bermeo Bizkaia

6 · B-3
A Bilbao, 33 km
A Madrid, 444 km
Alt. Nivel del mar · Pob. 16.937
T. 946 179 154
GPS 43° 25' 13'' N · 2° 43' 24'' O

Visitar: Villa típicamente pesquera del Cantábrico en la que destacan la **iglesia de Sta. Eufemia,** gótica del s. XIV; **la Torre de Ercilla,** que alberga el Museo del Pescador; el claustro del convento de los Franciscanos y el cercano **Parque Natural de Urdaibai,** con bellas playas.

Fiestas: Muchas de las celebraciones están vinculadas al mundo del mar, como las romerías a la ermita de S. Juan de Gaztelugatxe (en junio); la **fiesta de S. Pedro,** patrón del los *arrantzales* (pescadores), también en junio; la **romería marítima de Sta. María Magdalena** a la isla de Izaro (julio) y el Día del Arrantzale, en septiembre. También en ese mes es la festividad de **Sta. María de Albóniga** y la de Sta. Eufemia, una feria agrícola-artesana en la que tienen lugar regatas y partidos de pelota.

Alrededores: Se puede ascender al alto de **Sollube,** a 5 km, para apreciar el faro del cabo Matxitxako o la ermita. De **S. Juan de Gaztelugatxe,** a 8 km, destaca su situación y panorámicas.

Restaurantes

Almiketxu. Barrio Almike, 8. T. 946 880 925. *www.almilketxu.com*
Cierra cenas de martes a jueves en invierno, lunes y noviembre. Asador y guisos populares en un caserío de piedra del s. XIX. *Talo* (pan típico de caserío) con *sartenako*, pescados y carnes a la brasa, *goxua*. Precio medio 35 €.

Jokin. Eupeme Deuna, 13. T. 946 884 089. *www.restaurantejokin.com*
Cierra cenas de lunes a jueves de octubre a marzo; domingo cena y lunes. En el puerto viejo con magníficas vistas al mar. Ensalada de anchoas con vinagreta de naranja, rodaballo salvaje, helados y sorbetes naturales. Menú 20 €. Precio medio 40 €.

Medias y sandalias tradicionales vascas, en una fiesta popular de Bermeo

Betanzos A Coruña

1 · F-4
A Coruña, 24 km
A Madrid, 550 km
Alt. 20 m · Pob. 13.673
GPS 43° 16' 52'' N · 8° 12' 42'' O

Visitar: Su casco antiguo está declarado Conjunto Histórico-Artístico por monumentos como las **iglesias de S. Francisco,** Sta. María do Azougue,

Gigantes y cabezudos recorren Betanzos en honor a S. Roque

Sto. Domingo, Santiago (gótico gallego de los ss. XIV y XV) y el convento de las Agustinas Recoletas (s. XVII). De los ss. XIII al XV son las **puertas de la muralla:** Porta da Vila, da Ponte Vella, do Cristo y da Ponte Nova. Destacan las casas góticas de la **rúa da Cerca** y palacios como el de Bendaña y el de la Torre de Lanzós. Otros edificios civiles de interés son la **Torre del Reloj,** el antiguo Hospital de la Anunciata, la **Casa Consistorial** (neoclásica, construida sobre la anterior renacentista), el Hospital de S. Antonio (s. XVII), el Edificio Archivo y el Colegio de Huérfanas. Hay lugares abiertos a las visitas, como el Museo das Mariñas y el parque pedagógico recreativo **El Pasatiempo,** único en Galicia.

Fiestas: De sus carnavales brilla especialmente el **Entierro de la Sardina.** En agosto tienen lugar las fiestas patronales en honor a S. Roque, declaradas de Interés Turístico Nacional. En julio se celebra la **fiesta Franca Medieval** y en septiembre, la romería y la procesión Os Remedios.

Alrededores: Bergondo, a 6 km, tiene la magnífica iglesia románica de S. Salvador (s. XII), el Pazo de Mariñán (s. XVIII) y los monasterios de S. Félix de Monfero (s. XII) y de Sobrado dos Monxes (ss. X al XVII). En las inmediaciones hay numerosas iglesias románicas con encanto, como las de **Tiobre** y **Bravío,** además del **paraje natural de Chelo** y el mirador de A Espenuca.

Restaurantes

® **La Casilla.** Ctra. de Castilla, 90. T. 981 770 161. © ❄ P
Cierra domingo cena, lunes, primera semana de septiembre y 20 días en noviembre. Tras tantos años, esta veterana casa se ha convertido en sinónimo de **tortilla de patatas,** su gran especialidad. Además, cocina tradicional bien resuelta. Menú 15 €. Precio medio 30 €.

La Penela. Ferradores, 21. T. 981 773 127. *www.lapenela.com* © ❄
Cierra cenas de domingo a jueves; lunes y 15 días en enero. Oferta tradicional gallega. Tortilla de Betanzos, ternera asada, leche frita. Precio medio 25 €.

76 · E-1

Bétera Valencia Ver Llíria

Bielsa Huesca

24 · E-1
A Huesca, 150 km
A Madrid, 549 km
Alt. 1.026 m · Pob. 508
T. 974 501 127
GPS 42° 38' 1'' N · 0° 13' 2'' E

Visitar: Destacan su **Casa Consistorial** (s. XVI), la coqueta plaza Mayor y el interesante **Museo Etnológico.** Bielsa está a las puertas de algunos de los más bellos paisajes pirenaicos: el **glaciar de Monte Perdido,** donde se encuentran las cascadas de La Larri. Su valle es ideal para la práctica de senderismo.

Fiestas: En febrero tienen lugar los **carnavales.**

Alrededores: Merece la pena dedicar una o varias jornadas para conocer las aldeas de la zona, el **valle de Pineta,** el **Parque Nacional de Ordesa y Monte Perdido** y el Geoparque del Sobrarbe.

Hoteles

*** **Parador de Turismo.** Valle de Pineta, s/n. T. 974 501 011. *www.parador.es*
P
Hab. 39: 50/160 €. Suites: 1. Situado a la entrada del Parque Nacional de Ordesa y Monte Perdido. Restaurante Monte Perdido.

Bilbao Bizkaia

6 · B-4
A Madrid, 391 km
Alt. 17 m · Pob. 355.000
T. 944 795 760
GPS 43° 15' 24'' N · 2° 55' 29'' O

Visitar: Los rincones que merece la pena conocer se concentran en el **Ensanche** y en el **Casco Viejo,** conjunto urbano declarado Monumento Histórico-Artístico. Allí se levanta la **Catedral de Santiago,** construida en estilo gótico a finales del s. XIV y reconstruida tras un incendio en 1571, con un claustro gótico de 1404. Junto a la ría y al puente homónimo está la **iglesia de S. Antón,** gótica del s. XV, completada en el XVI y con torre del s. XVIII. Tiene un pórtico de esquina renacentista, un campanario barroco (s. XVIII) y esculturas de S. Pedro y S. Pablo atribuidas a Anchieta. Otros templos de interés son la **iglesia de S. Vicente Mártir,** reconstruida en 1559 y ejemplo típico del gótico vasco; la de S. Nicolás de Bari, obra de Ignacio Ibero (s. XVIII), con imágenes de Juan de Mena; la de La Anunciación, en el barrio de Atxuri, con portada barroca (s. XVII) bajo un gran arco ojival, y la de los Santos Juanes, barroca. Otras construcciones civiles de interés en el Casco Viejo son la **plaza Nueva,** el **Teatro Arriaga,** el Palacio de Gortazar, la fuente del Perro y el Ayuntamiento. En el llamado Ensanche, un conjunto urbanístico de finales del XIX, sobresalen el monumento a Diego

El famoso perro Puppy se erige en el exterior del Museo Guggenheim Bilbao

López de Haro, la sede del Banco de Vizcaya y la **Alhóndiga Bilbao,** diseñada por Philippe Starck. Bilbao es famoso por pinacotecas como el **Museo de Bellas Artes** y el **Museo de Arte Moderno,** refundidos en uno solo, uno de los más importantes de España. Posee la única obra de Paul Gauguin que existe en museos españoles. El otro gran museo bilbaíno es el **Guggenheim Bilbao,** edificio espectacular diseñado por Frank O. Gehry. Aparte de la colección propia, comparte con Nueva York y Venecia la más numerosa e importante colección privada de arte moderno y contemporáneo del mundo. También son interesantes el **Museo Marítimo Ría de Bilbao** y el Museo Taurino.

Fiestas: La agenda de Bilbao cuenta con numerosas citas culturales, como el **Concierto de Año Nuevo** (enero); el Festival de Cine Fantástico (mayo); la Noche Blanca (junio); el **festival de rock Bilbao BBK Live** (julio); el Festival de Teatro y Danza Contemporánea (octubre) y el Festival Internacional de Cine Documental y Cortometraje (noviembre). El 25 julio se celebra la **festividad de Santiago,** patrono de Bilbao, y el 31 de ese mismo mes la de S. Ignacio, patrono de Bizkaia. La fiesta más importante es la Aste Nagusia o Semana Grande, que se inicia con la **festividad de Ntra. Sra. de Begoña,** patrona de Bizkaia. En diciembre tiene lugar la **feria de Sto. Tomás.**

Alrededores: Las mejores panorámicas se obtienen desde el **monte Artxanda.** De camino hay que parar en la **Basílica de Sta. María de Begoña,** levantada sobre la primitiva ermita que se construyó en el lugar en el que apareció la Virgen, patrona de Bizkaia desde 1738. La imagen de la Virgen es una hermosa talla de madera del s. XIII. **Gernika-Lumo,** a 33 km, es la histórica villa foral con su árbol centenario. En **Portugalete,** a 15 km, es imprescindible el Puente Colgante, Patrimonio de la Humanidad. En **Balmaseda,** a 29 km, hay que visitar las iglesia de S. Severino y S. Juan Bautista, el Puente Viejo y la ermita del s. XI en el monte Kolitza. En **Gatika,** a 12 km, destaca el Castillo de Butrón. El entorno de **Urdaibai** está declarado Reserva de la Biosfera y Patrimonio de la Humanidad. En **San Juan de Gaztelugatxe,** a 36 km, destaca la ermita de S. Juan Bautista (s. X).

Restaurantes

Aizian. (H. Meliá Bilbao). Lehendakari Leizaola, 29. T. 944 280 039.
www.restaurante-aizian.com
Cierra domingo, Semana Santa y primera quincena de agosto. Todo armonía, el elegante comedor, el servicio capitaneado por Begoña Tejerina y la cocina de José Miguel Olazabalaga. **Falso 'risotto' de pulpo y patata con alioli de mejillones, degustación de bacalaos (pilpil, vizcaína y club Ranero), sopa de azafrán, bizcocho de aceite de oliva y helado de cacao.** Precio medio 60 €.

Andra Mari. (En Galdakao, a 10 km). Barrio Elexalde, 22. T. 944 560 005.
www.andra-mari.com
Cierra cenas de martes a jueves; lunes, Semana Santa y agosto. Pese al cambio de cocina, la calidad se mantiene. **Setas en temporada, pollo de caserío con crema de rúcula y leche de oveja, esponja de fresas con merengue de limón y helado de queso.** Menú 38 €. Precio medio 55 €.

Aretxondo. (En Galdakao, a 10 km). Barrio Elexalde, 16-A. T. 944 567 671.
www.restaurante-aretxondo.com
Cierra cenas entre semana, lunes, primera quincena de enero y del 8 al 24 de agosto. Caserío rodeado de monte. Su cocina y ambiente es un lujo para

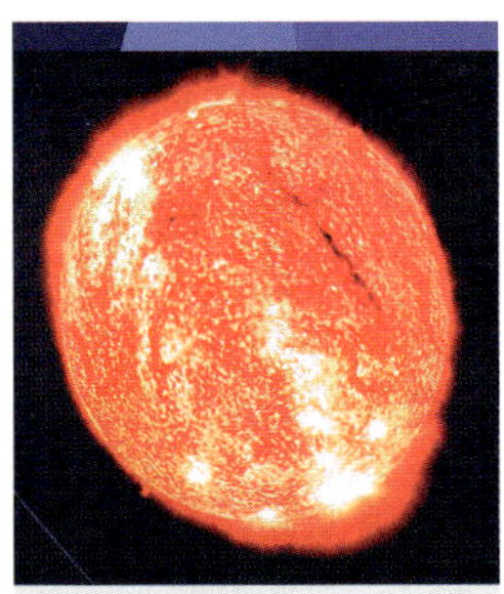

Un nuevo rostro

Una obra de la Alhóndiga Bilbao, antiguo almacén convertido en centro cultural y deportivo.

Características casas con galerías de cristal en pleno casco antiguo de Bilbao

los sentidos. **Ensalada de bogavante con mahonesa, cocochas de merluza con verduritas, torrija de pan 'brioche' con helado de vainilla.** Menú 20 €. Precio medio 45 €.

☼☼ **Azurmendi.** (En Larrabetzu, a 15 km). Legina Auzoa, s/n. T. 944 558 866. *www.azurmendi.biz*
Cierra cenas de lunes a jueves; domingo, Semana Santa, agosto y Navidad. Producto, oficio e inspiración son la base del justificado éxito de Eneko Atxa en su bonito caserío junto a Bilbao. La huerta es una sinfonía de aromas y sabores naturales. Después del **pichón en el bosque, el chocolate apasionado** hace honor a su nombre. Precio medio 70 €.

El Viejo Zortzi. Licenciado Poza, 54. T. 944 419 249. *www.zortziko.es*
Cierra domingo y primera quincena de agosto. La cocina típica de Daniel García (Zortziko) en un ambiente acogedor y desenfadado. Anchoa del Cantábrico marinada, pescado del día, degustación de postres. Precio medio 38 €. También **Atea** (Pº de Uribitarte, 4. T. 944 005 869. Cierra domingo cena, lunes, 15 días después de la Semana Grande y Navidades). Otra alternativa de la familia García, con mesas corridas para degustar pinchos, raciones y platos de siempre. Precio medio 20 €.

☼☼ **Etxanobe.** (Palacio Euskalduna). Aparcamiento en el Palacio Euskalduna. Av. Abandoibarra, 4. T. 944 421 071. *www.etxanobe.com*
Cierra domingo y del 1 al 15 de agosto. Fernando Canales, secundado en cocina por Mikel Población, cuida todos los detalles. La **lasaña de anchoas, los bacalaos o la merluza frita con pimientos coronados por la crema de avellana son un festín.** Precio medio 70 €.

☼☼ **Gaminiz.** (En Zamudio, a 18 km). Parque Tecnológico. Ibaizábal, 212. T. 944 317 025. *www.gaminiz.com*
Cierra cenas de lunes a jueves; domingo, Semana Santa, agosto y Navidades. Todo es armónico, el bonito comedor moderno, la excelente cocina de Aitor Elizegi y el servicio de sala y vinos de su hermano Asier. **Los bacalaos, los pescados y las carnes** se coronan con unos deliciosos postres. Menú 24 €. Precio medio 48 €.

☼ **Gure Kide.** Estraunza, 4. T. 944 421 129. *www.restaurantegoizeko.com*
Cierra domingo y segunda quincena de agosto. Cocina vasca evolucionada de la mano de Aitor Elola. **Mero asado con tinta de oliva negra y aceite de albahaca, cenefa de yogur con crema de naranja.** Menú 36 €. Precio medio 48 €.

☼ **Guria.** Gran Vía Don Diego López de Haro, 66. T. 944 415 780. *www.restauranteguria.com*
Cierra domingo cena. Sigue el equipo compacto encabezado por Carlos del Rey en la sala y Antonio Serén en la cocina dirigiendo al pequeño grupo de cocineros que llevan años juntos haciéndolo muy bien. Como siempre. Precio medio 60 €. En el *bistró* de la entrada, buenos guisos y buen precio (34 €).

☼ **Ibaia.** (En Sandamendi-Gordexola, a 18 km). Ctra. Barrio Sandamendi, 41. T. 946 798 082. *www.ibaiahotel.com*
Cierra cenas de domingo a jueves, y del 1 al 15 de febrero. En un antiguo convento del s. XVI. Iñigo Elorriaga (antes en el Boroa de Amorebieta) exhibe su profesionalidad, atento siempre a la temporada. **Bonito de Bermeo marinado y esponjoso de gazpacho de tomate y cereza con corazones de hortalizas, callos y morros en salsa vizcaína, bizcocho fluido de avellana y chocolate.** Precio medio 50 €.

☼☼☼
Nerua

Comer en el nuevo restaurante de Josean Martínez Alija en el Guggenheim Bilbao es un placer para los sentidos. La espectacular sala de Frank O. Gehry armoniza con la creatividad de Josean y el equipo de sala y vinos. La entrada de diversos **tomates de varias clases** es sublime, queda en la memoria gustativa. El **pescado de lonja** y el **chocolate de Venezuela con arena de mazapán** lo complementan. Cierra cenas de martes y domingo, lunes y del 10 al 30 de enero.

Precio menú 70 €.

(Museo Guggenheim). Debajo del Puente de la Salve. Av. Abandoibarra, 2. T. 944 000 430. *www.nerua.com*

Taberna Rogelio. Ctra. de Basurto-Kastrexana, 9. T. 944 273 021.
Cierra domingo, Semana Santa y del 22 de julio al 26 de agosto. Cerca del campo de fútbol de S. Mamés. Almejas a la sartén, angulas y caza en temporada, arroz con leche. Precio medio 80 €.

Víctor. Zona peatonal. Pl. Nueva, 2. T. 944 151 678. *www.restaurantevictor.com*
Cierra domingo, 15 días después de las fiestas de Nuestra Señora de agosto. Pimientos del país rellenos de setas y gambas, bacalaos, capuchina. Todo un clásico de la ciudad. Precio medio 35 €.

Yandiola. (Centro de ocio y cultural de Alhóndiga Bilbao). Pl. Arrikibar, 4. T. 944 133 636. *www.grupoyandiola.com*
Cierra cenas de domingo y lunes. Bonito comedor con decoración de Philippe Starck en el centro de ocio de la Alhóndiga bilbaína. Platos tradicionales vascos y productos del país bien tratados y resueltos con modernidad y oficio por el dúo Borja Etxebarría y Saray Rueda. Precio medio 50 €.

Zortziko. Alameda Mazarredo, 17. T. 944 239 743. *www.zortziko.es*
Cierra lunes, domingo, dos semanas en febrero y una semana en septiembre. Daniel García acierta con su cocina tradicional evolucionada de gran calidad. **Hamburguesa de carabinero con cítricos, corvina a baja temperatura, cremoso de chocolate y naranja.** Menú al mediodía 38 €. Precio medio 80 €.

Hoteles

***** **Gran Hotel Domine Bilbao.** Alameda Mazarredo, 61. T. 944 253 300. *www.granhoteldominebilbao.com*
Hab. 145: 130/270 €. Suites: 14. Diseñado por Javier Mariscal. Frente al Museo Guggenheim. Restaurantes Beltz The Black.

***** **López de Haro.** Obispo Orueta, 2-4. T. 944 235 500. *www.ercillahoteles.com*
Hab. 52: 100/280 €. Suites: 1. Edificio histórico. Céntrico. Junto al Guggenheim. Restaurante Club Náutico.

***** **Meliá Bilbao.** Lehendakari Leizaola, 29. T. 944 280 000. *www.melia-bilbao.com*
Hab. 211: 99/330 €. Suites: 15 Meliá Bilbao está estratégicamente ubicado en pleno corazón de la ciudad, cerca del centro de negocios, ocio y cultura. Iconos emblemáticos de Bilbao, como el Museo Guggenheim, el Palacio de Congresos, el Museo de Bellas Artes y el parque de Doña Casilda, se encuentran en las proximidades del hotel.

Representación callejera en la celebración del Mercado Medieval de Balmaseda

Bocairent Valencia Ver Ontinyent

84 · D-3

Bolvir Girona

26 · A-2
A Girona, 156 km
A Madrid, 657 km
Alt. 1145 m · Pob. 391
T. 972 895 001
GPS 42° 25' 1'' N · 1° 52' 45'' E

Visitar: Se trata de una pequeña población de la Cerdaña con una interesante muestra de patrimonio, como la **iglesia de Sta. Cecilia,** la capilla románica de Ntra. Sra. de la Esperanza, el **Santuari Mare de Déu del Remei,** la **iglesia de Talltorta** y la Torre del Remei. La zona es perfecta para los amantes del senderismo.

Fiestas: El 15 de mayo se celebra **S. Isidro** y, la noche del 24 de junio, las hogueras de S. Juan.

Alrededores: Merece la pena conocer el cercano **Parc Natural Cadí-Moixeró,** y en **Martinet,** el lago de la Pera.

Restaurantes

Torre del Remei. (H. Torre del Remei). Camí del Remei, 3. T. 972 140 182. *www.torredelremei.com*
En un palacete modernista, elegante y encantador, Josep María Boix en la cocina y Loles Vidal en el comedor constituyen un tándem que por su dedicación y amor al oficio merecen total consideración. Pocos espacios y pocas cocinas alcanzan tanto respeto y admiración, por la calidad hotelera y gastronómica, como esta maravillosa Torre del Remei. Precio medio 70 €.

Hoteles

***** **Torre del Remei.** Camí Reial, s/n. T. 972 140 182. *www.torredelremei.com*

Hab. 22: 286/415 €. Suites: 7. Consultar cierre. Palacete modernista restaurado con las más importantes firmas de diseño catalán. Mármoles, muebles y alfombras con buen gusto y lujo. Uno de los Relais & Châteaux de mayor encanto de España. Espléndido desayuno con mermeladas y bollería caseras.

16 · A-4

Bossóst Lleida Ver Vielha/Viella

Brihuega Guadalajara

54 · B-2
A Guadalajara, 33 km
A Madrid, 88 km
Alt. 875 m · Pob. 3.300
T. 949 280 442
GPS 40° 45' 33'' N · 2° 52' 18'' O

Visitar: Su casco antiguo está declarado Conjunto Histórico-Artístico. Destaca la fábrica y los **jardines de Carlos III,** las iglesias de Sta. María, S. Felipe y S. Miguel; las cuevas árabes, el **Castillo de la Peña Bermeja,** la puerta de la Cadena y el Arco Cozagón. Es interesante seguir el rastro de sus murallas árabes, refrescarse en la fuente de los Doce Caños, la **Real Cárcel** (actual oficina de turismo) y la plaza de toros.

Fiestas: El 14 de agosto se celebra la **procesión de la Cera,** de Interés Turístico Regional, y el 15 de agosto, las patronales de Ntra. Sra. de la Peña. El 16 tiene lugar el encierro de reses, de Interés Turístico Regional. La **feria Chica** es en octubre.

Encinar del Parque Regional Briones, en La Rioja

Restaurantes

Asador Pocholo. (En Torija, a 12 km). Mesones, 5. T. 949 322 095.
Cierra cenas, domingo y primera quincena de septiembre. Miguel Ángel y su familia se ocupan de todo. Sopa castellana, asados de cabrito y cochinillo, tarta de chocolate caliente. Menú 12 €. Precio medio 30 €.

Quiñoneros. (Por la A-2, Madrid-Barcelona, salida 73). Pº María Cristina, 10. T. 949 280 495. P
Cierra de domingo cena a viernes al mediodía, excepto festivos y vísperas, y tres últimas semanas de septiembre. Berenjenas con ajoaceite y anchoas, gallina en pepitoria con picatostes, sorbete de fresa con balsámico de Módena. Precio medio 34 €.

Briones La Rioja

22 · B-2
A Logroño, 37 km
A Madrid, 88 km
Alt. 875 m · Pob. 867
GPS 42° 32' 38'' N · 2° 47' 11'' O

Visitar: El casco de la villa está considerado Conjunto Histórico-Artístico. Destacan la monumental **iglesia Ntra. Sra. de La Asunción** y la ermita del Cristo de los Remedios.

Fiestas: En septiembre se conmemora al Cristo de los Remedios.

Restaurantes

Dinastía Vivanco. Ctra. N-232, km 442. T. 941 322 340.
www.dinastiavivanco.com P
Cierra cenas, lunes y Navidad. Cocina ecléctica con los vinos de Dinastía Vivanco en la bodega. Rodeada de viñedos. *Foie-gras* escabechado y caramelizado con mermelada de tomate, entrecot de atún con empanadillas caseras de tomate, buñuelos de chocolate con brocheta de frutas y helado de té a la naranja. Precio medio 45 €.

Briviesca Burgos

21 · E-2
A Burgos, 42 km
A Madrid, 285 km
Alt. 725 m · Pob. 7.300
GPS 42° 33' 1'' N · 3° 19' 31'' O

Visitar: Destaca el edificio del **Ayuntamiento,** el convento de Sta. Clara y la **Excolegiata de Sta. María.**

Fiestas: En mayo se celebra **Sta. Casilda** y en agosto, las romerías de la Asunción y de S. Roque.

Restaurantes

® **El Vallés.** (H. El Vallés). Ctra. N-1, Madrid-Irún, km 280. T. 947 590 025.
www.restauranteelvalles.com P
Una buena referencia en la A-1. Vuelve a ser motivo de parada para tomar la mítica **merluza** precedida de **alcachofas rellenas de perdiz de tiro y 'foie-gras'** y coronada con el **postre láctico con tres texturas de leche.** Menú 20 €. Precio medio 40 €.

37 · C-2

Brull, El Barcelona Ver Vic

Bueu Pontevedra Ver Pontevedra

17 · C-2

Burgo de Osma, El Soria

En un cerro entre los ríos Ucero y Avión se alza el Castillo de Osma (ss. X y XI)

Visitar: Es una de las ciudades monumentales por excelencia de Soria. A destacar su **Catedral,** de estilo gótico; el antiguo Hospital de S. Agustín, en la plaza Mayor (barroca); la **Antigua Universidad de Sta. Catalina,** con un hermoso patio renacentista; la espigada **calle Mayor** y la plaza de la Catedral, un conjunto porticado con algunas de las casas más antiguas del pueblo. Merece la pena acercarse al **paseo de Lagüera,** la hoz del río Abión, el río Ucero y el parque del Carmen.

Fiestas: Su principal celebración es la **Virgen del Espino** y S. Roque, del 14 al 19 de agosto. A principios de ese mes, **S. Pedro de Osma.** También tiene importancia la festividad de Sta. Cristina.

Alrededores: A 2 km se encuentran los restos de la ciudad celtibérica y romana de **Uxama,** en Osma. **Gormaz,** a 12 km, cuenta con un impresionante castillo árabe de 24 torres. El Castillo templario de **Ucero,** con estupendas vistas, está a 15 km. **Calatañazor,** a 30 km, tiene bellas muestras de arquitectura popular, una iglesia fortificada y, en las inmediaciones, la Fuentona. En **S. Esteban de Gormaz** se conservan los restos del castillo musulmán, las iglesias románicas de Ntra. Sra. del Rivero e iglesia de S. Miguel, y un bello puente romano. En **Rejas de S. Esteban** destaca la iglesia de S. Martín; en **Andaluz,** la de S. Miguel Arcángel; en Caracena, la de S. Pedro; en Castillejo de Robledo, la iglesia parroquial, y en **Tiermes,** los restos arqueológicos de la ciudad celtíbera. De obligatoria visita son el **Parque Natural del Cañón del Río Lobos,** a 17 km, y en **Berlanga de Duero**, la Colegiata.

33 · A-4
A Soria, 57 km · Madrid, 180 km
Alt. 980 m · Pob. 5.100
T. 975 360 116
GPS 41° 35' 14'' N · 3° 4' 6'' O

Restaurantes

Casa Vallecas. (En Berlanga de Duero, a 22 km. H. Fray Tomás). Real, 16. T. 975 343 033. *www.casavallecas.com*
Cierra domingo cena y 25 días en Navidad. Con 14 habitaciones. Casa-palacio del s. XV de los hermanos De Pablo, Carlos (cocina) y Jesús (sala). **Crema de queso con mermelada de trompeta negra y anchoas; liebre con cebolla caramelizada, 'foie-gras' y setas; natillas.** Toda una referencia. Precio medio 35 €.

El Bomba. (En San Esteban de Gormaz, a 10 km). H. Rivera del Duero. Av. Valladolid, 131. T. 975 350 059. *www.hotelrivera.es* P
Cierra domingo y del 22 de diciembre al 6 de enero. Con 25 habitaciones. Escabechado de caza, pollo de corral con setas, helado de romero. Menú 11 €. Precio medio 32 €.

Virrey Palafox. Universidad, 7. T. 975 340 222. *www.virreypalafox.com*

Cierra domingo cena, lunes y del 22 de diciembre al 12 de enero. Toda una institución, con emblemáticas jornadas de matanza en invierno. **Pan manchado con huevo y trufa de Soria, cochinillo confitado con salsa de miel y verduras, queso de cabra con mermelada de trompeta de los muertos.** Menú 15 €. Precio medio 35 €.

Hoteles

Posada del Canónigo. S. Pedro de Osma, 19. T. 975 360 362. *www.realposadadelcanonigo.es*

Hab. 11: 60/80 €. Suites: 2. Posada Real. En la plaza de la Catedral. Decorado con muebles de anticuario y obras de arte. Muy tranquilo.

Burgos

21 · D-3
A Madrid, 237 km
Alt. 860 m · Pob. 178.574
T. 947 203 125
GPS 42° 20' 24" N · 3° 42' 18" O

Visitar: El corazón de la ciudad es su **Catedral,** una de las más bellas muestras de la arquitectura medieval en España. Iniciada en el s. XIII, fue completada a lo largo de tres centurias. Sus agujas fueron construidas a mitad del s. XV por Juan de Colonia; la fachada principal es la de Sta. María, una magnífica obra gótica, y el interior es de tres naves. En lo alto de una de estas se encuentra el **Papamoscas,** un autómata que abre la boca al dar las horas. Entre las capillas más notables se encuentran las de los Condestables de Castilla, Simón de Colonia, Diego de Siloé y Felipe Bigarny; también destacan las capillas de Sta. Ana y Sta. Tecla. Bajo el cimborrio, obra de Juan de Vallejo, reposan los **restos del Cid y su esposa.** Destaca también la escalera dorada de estilo plateresco, realizada por Diego de Siloé. Otros templos góticos de interés son Sta. Águeda (s. XV); S. Esteban (s. XIV), en cuyo interior se encuentra el **Museo del Retablo,** y S. Gil (s. XIV), con magníficas capillas y retablos como el de la capilla de los Reyes Magos. Burgos también cuenta con numerosos monumentos civiles de interés, como el **Arco de Sta. María,** una puerta de 1553 en honor a Carlos V realizada por Francisco de Colonia y Juan de Vallejo y decorada con estatuas de los personajes más importantes de la época. El **Hospital del Rey** fue fundado en el s. XIII, reformado en el XVI, y hoy es sede del rectorado de la Universidad de Burgos. Las casas de Miranda y de Angulo, ambas renacentistas, acogen el **Museo de Burgos** formado por piezas tan importantes como el frontal de Silos, el sepulcro de Juan de Padilla y la imagen de la *Virgen de Las Batallas.* La **Casa del Cordón** (también llamada Palacio de los Condestables de Castilla) cuenta con un interesante patio renacentista, sede de una entidad bancaria. El castillo es uno de los mejores miradores de la ciudad y el lugar de los primeros asentamientos. También hay que destacar el conjunto monumental de la Plaza de S. Juan y el **Museo de la Evolución Humana.** En las afueras de la ciudad hay dos visitas obligatorias. Una es el **Monasterio de las Huelgas Reales,** fundado en 1187 por Alfonso VIII y su esposa Leonor. Es Panteón Real y conserva importantes sepulcros y el Museo de Telas Medievales. También destacan las bellas bóvedas de crucería de la sala capitular, el claustro tardorrománico de las Claustrillas y el de S. Fernando, y las capillas mudéjares, con bellas cúpulas mozárabes. El otro monumento es la **Cartuja de Miraflores,** iniciada por el rey Juan II y cuya construcción fue impulsada por su hija Isabel la Católica para que fuera el panteón de sus padres, que reposan en un bello sepulcro realizado por Gil de Siloé. También posee un impresionante retablo mayor dorado hecho por Diego de la Cruz, con el primer oro que Cristóbal Colón trajo de América. La capital burgalesa está rodeada de espacios naturales en los que es posible practicar senderismo, aparte de ser una de las paradas fundamentales del **Camino de Santiago.**

La Catedral de Burgos se inició en 1221, según los patrones góticos franceses

Fiestas: El 30 de enero es la **fiesta patronal de S. Lesmes,** en la que se veneran sus reliquias y se reparten panecillos del santo. Destacan también la Semana Santa, el Corpus Christi y el **Curpillos,** de Interés Turístico, que se celebra el viernes siguiente al Corpus con procesión en el monasterio y barrio de Huelgas, y gira por el parque del Parral. El 29 de junio son las fiestas Mayores de S. Pedro y S. Pablo, con un abultado programa que incluye pregón, cabalgata, animación de calle, concurso del Buen Yantar y el **Día del Burgalés Ausente,** calificadas de Interés Turístico Regional. A partir del verano tienen lugar varios festivales, como el de Folclore Ciudad de Burgos (julio), el **Estío Musical Burgalés** (agosto) y el Festival Enclave de Calle, con diferentes espectáculos, en septiembre.

Alrededores: De visita obligatoria son los famosos yacimientos de la **sierra de Atapuerca,** a 14 km, declarados Patrimonio de la Humanidad. El **Monasterio de S. Pedro de Cardeña**, a 11 km, es una parada importante de la Ruta del Cid. Otras escapadas de interés son la ciudad monumental de **Lerma** (a 32 km) y el **Balneario de Corconte**.

Restaurantes

☼ **Casa Ojeda.** Vitoria, 5. T. 947 209 052. *www.grupojeda.com*
Cierra domingo cena. Cocina burgalesa con toques modernos como el **cocido de garbanzos con tocino ibérico confitado a baja temperatura** o el **confitado de lechazo con patatas bravas.** De postre, la emblemática **tarta de hojaldre.** Precio medio 45 €.

® **El 24 de la Paloma.** Paloma, 24. T. 947 208 608. *www.restauranteel24delapaloma.com*
Cierra domingo cena y lunes. Una referencia acreditada por la mejor carta de vinos de Castilla y León 2011, que mantienen los nuevos propietarios. Cocina de mercado. **Láminas de berenjenas, verduras salteadas, codornices de tiro y 'velouté' de caza; 'ravioli' de rabo de buey y crema de patata trufada, torrijas de Burgos.** Precio medio 30 €.

☼ **Fábula.** La Merced, 19. T. 947 263 092. *www.restaurantefabula.com*
Cierra domingo cena y lunes excepto festivos o vísperas. Buena opción, distinta de la tradicional burgalesa pero con productos locales, en un espacio moderno. **'Ravioli' crujiente de verduritas y langostinos sobre jarabe agridulce, hamburguesa de buey del valle del Esla, queso cremoso entre láminas de chocolate.** Precio medio 35 €.

® **La Galería.** (H. La Galería). López Bravo, s/n. T. 947 292 606. *www.hotelhqlagaleria.com*
Cierra domingo cena. Amplio y luminoso comedor. Entradas típicas burgalesas y cocina con la personalidad de Jesús Vicario. **Lechazo asado, 'zabaione' helado con 'mousse' de cerezas.** Menú 11 €. Precio medio 34 €.

® **Landa.** (H. Landa). Tomar vía de servicio en el km 233. Ctra. A-1, Madrid-Irún, km 235 T. 947 257 777. *www.landa.as*
Una buena parada camino del norte de España. Destacan los **huevos fritos con morcilla de Burgos, el corderito asado y el milhojas caramelizado.** Precio medio 45 €.

® **Mesón del Cid.** (H. Mesón del Cid). Pl. Sta. María, 8. T. 947 208 715. *www.mesondelcid.es*
Cierra domingo cena. Con 28 habitaciones. Edificio del s. XV frente a la Catedral. **Alubias rojas, cordero lechal asado, peras al vino tinto y blanco con especias.** Precio medio 35 €.

☼ **Rincón de La Merced.** (H. NH Palacio de la Merced). La Merced, 13. T. 947 479 900. *www.nh-hotels.com*
Cierra domingo. Un elegante comedor armoniza con la oferta de Agustí Gebelli. **'Carpaccio' de 'wagyu', cabrito de la sierra de la Demanda, gazpacho de frutas de temporada.** Precio medio 48 €.

Hoteles

***** **Landa Palace.** Ctra. A-1 Madrid-Irun, km 235. T. 947 257 777. *www.landa.as*
Hab. 42: 171/256 €. Suites: 24. Torreón-fortaleza, en el que el confort moderno se compagina con la arquitectura de estilo gótico. Habitaciones y suites en la torre, con sábanas de hilo y un desayuno realmente excepcional.

**** **NH Palacio de la Merced.** Merced, 13. T. 947 479 900. *www.nh-hotels.com*
Hab. 107: 86/239 €. Suites: 3. Edificio histórico de los ss. XVI y XVII con claustro gótico flamígero. Restaurante Rincón de la Merced.

Cita con la evolución

En marcha desde el año 2010, el Museo de la Evolución Humana de Burgos es un viaje apasionante hasta los orígenes de nuestra especie.

Burriana Castellón Ver Vila-Real

66 · A-3

Cabanas A Coruña Ver Pontedeume

1 · F-3

Cabezón de la Sal Cantabria

5 · A-3
A Santander, 47 km
A Madrid, 391 km
Alt. 128 m · Pob. 8.300
T. 942 700 332
GPS 43° 18' 26'' N · 4° 14' 1'' O

Visitar: Cuenta con un interesante **casco antiguo,** vecino a poblaciones con encanto como **Casar de Periedo,** en la que sobresale el Palacio de Jesús de Monasterio. Cabezón está emplazado en la ruta de los Foramontanos, que remonta el valle rumbo a Castilla. Destacan sus minas de sal, el Museo del Calabozo (originario del s. XV) y el **Poblado Cántabro,** una recreación de un pueblo cántabro de hace más de 2.000 años.

Fiestas: La mayoría se concentran en el mes de agosto, con celebraciones en honor a la Virgen del Campo (13 de agosto), S. Roque (16 de agosto), los Santos Mártires (30 de agosto) o el **Día de Cantabria** (segundo domingo de agosto). El 11 de noviembre tiene lugar S. Martín.

Alrededores: El **valle de Cabuérniga,** sus pueblos y el **Parque Natural Saja-Besaya** son los atractivos más próximos.

Calabazas recogidas en un pueblo del valle de Cabuérniga, Cantabria

Restaurantes

® **Casa Nacho González (La Bolera de Ruente).** (En Ruente, a 5 km). Ruente, 1. T. 942 709 125. *www.restaurantecasanachogonzalezenruente.com*
Cierra la segunda quincena de noviembre. Casona que conecta con La Posada de la Fuentona (9 habitaciones) por un puente de piedra que salva las aguas del manantial de la Fuentona. **Rabas de calamar fresco, cocido montañés, tarta de hojaldre de Torrelavega.** Precio medio 25 €.

La Villa. Pl. Ángel de la Bodega, s/n. T. 942 701 704. *www.restaurantelavillacabezon.com*
Cierra domingo cena, lunes, primera quincena de septiembre y Navidad. Zona peatonal junto al río Rey. Cocido montañés, pescados, arroz con leche. Menú 14 €. Precio medio 24 €.

Cabo de Palos Murcia

101 · D-3
A Murcia, 75 km
A Madrid, 465 km
Alt. Nivel del mar · Pob. 1.038
T. 968 146 136
GPS 37° 38' 0'' N · 0° 42' 12'' O

Visitar: Pueblo de pescadores que conserva su sabor y encanto. Se puede contemplar la actividad marinera desde cualquiera de las terrazas del paseo del puerto. Sus luminosos **fondos marinos,** declarados Reserva Marina Integral, convierten estas aguas en ideales para la práctica del submarinismo. Hay varios centros de buceo. Destaca el **faro** de la localidad, construido en 1865, desde donde se divisan hermosas vistas.

Alrededores: La bella comarca del **campo de Cartagena** y el **mar Menor** son los dos parajes más destacables de la zona.

Restaurantes

La Tana. Pº de la Barra, 33. T. 968 563 003. *www.la-tana.com*
Cierra febrero. Cocina popular marinera. Chanquetes con almejas al ajillo, arroz La Tana, tocino de cielo. Menú 16 €. Precio medio sin marisco 24 €.

Miramar. Pº del Puerto, 14. T. 968 563 033. *www.miramarcabodepalos.com*
Cierra del 9 de enero al 3 de febrero. Cocina marinera junto al puerto. Mojete murciano, arroz caldero, pan de Calatrava. Precio medio 25 €.

Cabrils Barcelona Ver Mataró

37 · D-4

Cacabelos León Ver Villafranca del Bierzo

19 · A-1

Cáceres

71 · E-2
A Madrid, 297 km
Alt. 439 m · Pob. 96.200
T. 927 010 834
GPS 39° 28' 30'' N · 6° 22' 21'' O

Visitar: La ciudad monumental, que queda casi íntegramente ceñida por **las murallas** –almohades con vestigios romanos–, está declarada Patrimonio de la Humanidad. De sus torres, la mejor conservada es **la de Bujaco,** albarrana, que fue modificada tras la Reconquista y en la segunda mitad del s. XVI. Destacan también el arco de la Estrella, la antigua **puerta Nueva,** que fue reformada por

La Torre Bujaco gobierna la plaza Mayor de Cáceres y el acceso al casco antiguo

Churriguera en el s. XVIII; la Torre de los Púlpitos, gótica; la del Horno, árabe sobre sillares romanos; y la de la Hierba, también árabe. El arco de Sta. Ana fue construido durante la Reconquista y la **Torre del Postigo** es almohade, aunque con basamento celta y romano. La otra gran torre, la Redonda, es árabe del s. XII. En cuanto a los edificios del casco antiguo, los más importantes son el **convento de Sta. Clara** (s. XVII), con fachada renacentista; la Casa de los Sánchez Paredes y la de los Perero, ambas del s. XV, o la **Casa de las Veletas,** con fachada barroca, donde se encuentra el Museo de Cáceres, con un magnífico aljibe árabe; la iglesia de S. Mateo, con portada plateresca, y junto a ella, el **Palacio de las Cigüeñas** (s. XV). Otras construcciones nobles son la Casa del Sol (s. XVI); la Torre de los Sande, el Palacio de los Golfines de Arriba, el de la Generala, el de los Golfines de Abajo (gótico-renacentista-plateresco) y la Casa del Mono, hoy **Biblioteca Zamora Vicente.** Más abajo se hallan el arco del Cristo, única puerta romana que se conserva, y la judería vieja. La **iglesia-concatedral de Sta. María,** de estilo gótico, fue concluida en el s. XVI y su retablo mayor es obra de Ferrant y Balduque. En el exterior luce una lustrosa estatua de bronce de S. Pedro de Alcántara, obra de Pérez Comendador. En la misma plaza despunta el **Palacio Episcopal,** con fachada gótica y renacentista. El recorrido por esta ciudad Patrimonio de la Humanidad continúa en la Casa de los Ovando (renacentista); el Palacio de Mayoralgo; la **torre cilíndrica de Carvajal** (almohade del s. XII); la Torre de los Espadero; el arco del Socorro; las **iglesias de S. Juan** (ss. XIII al XVII) y de Santiago (parte románica de los ss. XII y XIII, y parte gótica reconstruida en el s. XVI, con torre del s. XVIII); los palacios de la Isla (s. XVI), del Duque de Abrantes (gótico del s. XV y renacentista del s. XVI), de los Carvajal (ss. XV y XVI) y de Galarza; el Palacio de Godoy (renacentista); la ermita del Vaquero (s. XVII); el **conventual de S. Francisco,** del s. XV (actual Palacio de Congresos) o la **ermita mudéjar del Espíritu Santo** (s. XIV). En el Centro Turístico Baluarte de los Pozos se puede planificar la visita de la ciudad gracias a los dispositivos interactivos. Para pasear, dos de los parques más agradables son el del Cuartillo y el del Príncipe.

Fiestas: La **Semana Santa** cacereña está declarada de Interés Turístico Internacional. El 20 de enero se celebra la romería de S. Fabián y S. Sebastián, y en febrero, la fiesta de las Candelas y S. Blas. El 23 de abril tiene lugar la patronal de **S. Jorge** y el 21 de abril, la bajada de la **Virgen de la Montaña a la ciudad.** A finales de ese mes se organiza la Feria Internacional de Arte Contemporáneo Foro Sur, y en mayo, el festival **musical Womad.** En mayo también son las ferias y fiestas de S. Fernando. En verano acontecen varios festivales, como el de Teatro Clásico (junio) y el de Luna de Agosto, con conciertos en el Baluarte de los Pozos. El relevo lo toman en octubre el **Festival de Música Antigua Española** y el **Otoño Cultural,** con exposiciones y conciertos, en octubre y noviembre. Se organiza también el Mercado Medieval de las Tres Culturas.

Alrededores: A 3 km se encuentra el **Santuario de la Virgen de la Montaña,** patrona de Cáceres. En **Garrovillas,** a 40 km, se pueden visitar la plaza Mayor, con soportales, las casas señoriales o la iglesia gótica de S. Pedro, del s. XV. En **Arroyo de la Luz,** a 20 km, destacan la iglesia de Ntra. Sra. de la Asunción y las ruinas del castillo. En **Malpartida de Cáceres,** a 10 km, merecen la pena

Womad en Cáceres

Sus siglas corresponden a World of Music, Arts & Dance, y su objetivo es demostrar que la música funciona como idioma universal.

el singular Paraje Natural de Los Barruecos y el Museo Vostell. En **Baños de Montemayor** es recomendable su balneario, y en el **valle de Ambroz,** las rutas de senderismo. En la comarca del **Valle del Jerte** destacan sus gargantas, los paisajes en primavera y unos parajes idóneos para senderistas.

Restaurantes

☼☼☼
Atrio
El nuevo Atrio es un lujo para los sentidos. Todo es sobresaliente: el edificio, que armoniza su antigüedad con la espectacular estructura interior; la sin rival bodega, en su continente y su contenido; la sabia cocina de Toño Pérez, con imaginación y el mejor producto, y el gran servicio de sala, orquestado por José Antonio Polo.
Precio medio 90 €.
Pl. S. Mateo, 1. T. 927 242 928.
www.restauranteatrio.com

El Figón de Eustaquio. Pl. S. Juan, 12-14. T. 927 248 194.
www.elfigondeeustaquio.com
Cocina popular extremeña en un clásico mesón. Revuelto de trigueros, perdiz estofada, técula mécula. Menú 19 €. Precio medio 35 €.

Eustaquio Blanco. Av. Ruta de la Plata, 2. T. 927 239 520.
www.restauranteeustaquio.es
Cierra domingo cena. Revuelto de criadillas de tierra, solomillo al queso torta, natillas. Menú 17 €. Precio medio 30 €.

® **Oquendo.** Obispo Segura Sáez, 2. T. 927 211 132.
www.restauranteoquendo.com
Cierra domingo y agosto. Agradable ambiente con decoración minimalista. **Pochas con almejas, pescados del Cantábrico, leche frita.** Precio medio 40 €.

Orellana. (H. Extremadura). Av. Ruta de la Plata, 4. T. 927 629 639.
www.extremadurahotel.com
Cierra domingo cena. Con 151 habitaciones. *Carpaccio* de solomillo de retinto con aceite Gata-Hurdes, solomillo ibérico con *risotto* de verduritas, repápalos de coco y canela con dulce de membrillo. Precio medio 40 €.

® **Torre de Sande.** Condes, 3. T. 927 211 147. *www.torredesande.com*
Cierra cenas de domingo y martes, lunes y segunda quincena de enero. Histórica torre del s. XVI con agradable jardín-comedor. **Salmorejo de cerezas con queso de cabra, lomo de bacalao al ajo confitado, crema de vainilla con higos.** Precio medio 35 €.

Hoteles

***** **Atrio Relais & Châteaux.** Pl. S. Mateo, 1. T. 927 242 928
www.restauranteatrio.com
Hab. 9: 240/390 €. Suites: 5. En el centro histórico. Premio FAD de Arquitectura 2011. Restaurante Atrio.

***** **Fontecruz Palacio de Arenales.** Ctra. N-521, km 52,1. T. 927 620 490.
www.palaciodearenales.com
Hab. 46: 65/1800 €. Suites: 9. Palacio del s. XVI rehabilitado. Rodeado de jardines y cigüeñas. Restaurante Zerua, cocina de autor.

**** **Parador de Turismo.** Ancha, 6. T. 927 211 759. *www.parador.es*
Hab. 39: 124/168 €. Totalmente reformado. Conjunto integrado por los Palacios de los Marqueses de Torreorgaz y de la llamada Casa de Ovando Mogollón, Perero y Paredes, ambos del s. XIV.

Estatua en honor al pintor Salvador Dalí en la bahía de Cadaqués (Girona)

Cadaqués Girona

27 · D-2
A Girona, 73 km
A Madrid, 776 km
Alt. 23 m · Pob. 2.892
T. 972 258 315
GPS 42° 17' 19'' N · 3° 16' 38'' E

Visitar: En la **villa veraniega del pintor Salvador Dalí** hay que visitar su **Casa-Museu,** junto al enclave de Port Lligat y la agradable playa. También se debe conocer la **iglesia parroquial del s. XVI,** el Centre d'Art Perrot-Moore o el Museu de Cadaqués de la calle Monturiol.

Fiestas: El 1 de enero se recibe el nuevo año con el **Aplec del Sol Ixent** en el cap de Creus; el 20 de enero se celebra St. Sebastià, y después, el carnaval. En abril tiene lugar la Semana Cultural de Cadaqués, y en julio, las fiestas del Carmen. Durante los meses de julio y agosto es el **Festival Internacional de Música.**

A principios de septiembre se celebra la **fiesta Mayor del verano** y, en diciembre, la **fiesta Mayor del invierno,** en honor a la Virgen de la Esperanza.

Alrededores: Destacan las vistas panorámicas desde el **Cap de Creus,** el **Port de la Selva** (a 12 km) y el Monasterio románico de **St. Pere de Rodes,** a 20 km.

Restaurantes

® **Es Baluard.** Nemesi Llorens, 2. T. 972 258 183.
www.esbaluard-cadaques.net
Cierra marzo, abril y octubre excepto fines de semana; miércoles en mayo, junio y segunda quincena de septiembre, y de noviembre a febrero. Tradicional cocina marinera elaborada con impecable materia prima de la zona es la propuesta de esta legendaria casa frente a la bahía de Cadaqués. Precio medio 35 €.

Cádiz

El perfil de la catedral gaditana se impone sobre la costa atlántica

109 · D-2
A Madrid, 663 km
Alt. 4 m · Pob. 126.766
T. 956 285 601
GPS 36° 31' 45'' N · 6° 17' 38'' O

Visitar: Mítica ciudad fortificada con más de 3.000 años de historia. Las **murallas, fuertes y baluartes** fueron construidos durante varias centurias y culminadas en el s. XVIII. La **Catedral** es de estilo barroco tardío-neoclásico (ss. XVIII y XIX) y en su interior se encuentra una magnífica custodia de más de 3 m de altura. En el **Museo de la Catedral** se guarda el *Crucificado* de marfil, de Alonso Cano. La capilla **Ntra. Sra. del Carmen del Viejo Hospital** alberga una pintura del Greco. En el **oratorio de S. Felipe Neri** hay una *Inmaculada* de Murillo; en el **oratorio de la Sta. Cueva,** varias pinturas de Goya. Entre los edificios civiles destacan el Ayuntamiento, neoclásico de los ss. XVIII y XIX. A su lado, el arco del Pópulo, antigua puerta de la ciudad. El **Museo de las Cortes de Cádiz** cuenta con numerosos documentos sobre la Guerra de la Independencia y una maqueta de la ciudad del s. XVIII hecha en caoba y marfil. El Museo de Cádiz cuenta con fondos prehistóricos y cuadros de Alonso Cano, Zurbarán, Carreño, Sorolla y Murillo. Otros monumentos a tener en cuenta son el **Teatro Romano** (s. I a. C.) o el **Museo de Vinos y Toros.**

Fiestas: Sus **carnavales,** de Interés Turístico Internacional, son las fiestas gaditanas por excelencia y unos de los más importantes de Europa. En Semana Santa tiene especial fama la **procesión de Jesús Nazareno,** denominada popularmente la del Greñúo, que desfila por las empinadas callejas del barrio de Sta. María. En el Corpus Christi tiene lugar la solemne procesión del Santísimo, con una custodia de plata repujada del s. XVII. En agosto se celebra el trofeo de fútbol Ramón de Carranza.

Alrededores: Puerto Real se encuentra a 9 km; fue construido por los romanos y reconstruido por los Reyes Católicos en 1483. Se pueden visitar las iglesias de S. Sebastián (s. XVI) y S. José (s. XVIII), el callejón del Arco, o el **Parque Natural de Las Canteras,** con la ermita de Lourdes. Muy recomendable es la **playa con pinares del río S. Pedro.**

Ingenio carnavalesco

Los coros recorren la capital gaditana durante la celebración de uno de los carnavales más importantes de España.

Restaurantes

Atxuri. Frente al Palacio de Congresos. Plocia, 7. T. 956 253 613. *www.atxuri.es*
Cierra cenas de domingo a miércoles. Recetas vasco-andaluzas. Chipirones en su tinta, pescados de la bahía (pargo, corvina...), tocino de cielo. Precio medio 35 €.

® **Barrasie7e** *(gastrobar)*. (Pº marítimo). Amílcar Barca, 17. T. 956 263 263. *www.barrasie7e.com*
Cierra lunes cena excepto julio y agosto. Comer y picar, así se define este moderno *gastrobar* con el sello culinario de José Manuel Córdoba. **Pincho de langostinos con beicon, mini hamburguesa, chatitos dulces.** Precio medio 20 €.

Casa Manolito. (En Puerto Real, a 3 km). Polígono industrial El Trocadero. Parque empresarial. Edif. Bahía. Francia, s/n. T. 956 472 789.
Cierra noches en invierno y domingo en verano. No es fácil encontrarlo, pero su arroz caldoso marinero merece la pena. Pescado de estero, flan de queso y piñones. Precio medio sin marisco 25 €.

® **Doña Pepa.** Gral. Muñoz Arenillas, 1. T. 956 251 184.
Espectaculares **pescados y mariscos.** También un delicioso **arroz con bogavante.** José Antonio Núñez, el *Gitano Rubio*, atiende con afabilidad a los clientes de este sencillo local de singular producto a precio tan alto como su calidad. Precio medio 70 €.

® **El Faro de Cádiz.** S. Félix, 15. T. 956 211 068. *www.elfarodecadiz.com*
Junto a la playa de La Caleta, en el barrio de La Viña. Calidad avalada por la familia Córdoba. **Tortillita de camarones, corvina guisada con setas, tarta de chocolate.** Precio medio 40 €.

San Antonio. (Aparcamiento público en la plaza). Pl. S. Antonio, 9. T. 956 212 239.
Buenos arroces y platos gaditanos. Croquetas de puchero, papas con choco, poleá con coscorrones. Precio medio 25 €.

Ventorrillo del Chato. (Ctra. Cádiz-S. Fernando, km 2). Playa de La Cortadura. Vía Augusta Julia, s/n. T. 956 250 025. *www.ventorrilloelchato.com*
Cierra domingo cena, y domingo en agosto. La calidad de producto bien elaborado en una casa de postas del s. XVIII es la clave del éxito de José Manuel Córdoba. **Erizo relleno de 'tartare' de langostinos con su hueva, brocheta de pargo, tarta fina de manzana.** Precio medio 45 €.

Hoteles

**** **Monte Puertatierra.** Av. de Andalucía, 34. T. 956 272 111. *www.hotelesmonte.com*
Hab. 98: 65/189 €. Céntrico. A 100 m de la playa de Sta. María del Mar.

**** **Parador Hotel Atlántico.** Av. Duque de Nájera, 9. T. 956 226 905. *www.parador.es*
Hab. 149: 86/158 €. Suites: 6. Cerrado por obras, consultar apertura. Situado en el casco histórico-monumental. Acceso a la playa.

**** **Playa Victoria.** Glorieta Ingeniero La Cierva, 4. T. 956 205 100. *www.palafoxhoteles.com*
Hab. 188: 119/220 €. Suites: 4. En la playa de la Victoria. Moderna arquitectura y diseño innovador. Restaurante Isla de León.

Calaceite Teruel

46 · E-4
A Teruel, 205 km
A Madrid, 420 km
Alt. 511 m · Pob. 1.170
T. 978 851 201
GPS 41º 1' 1'' N · 0º 11' 14'' E

Visitar: Declarado Conjunto Histórico-Artístico, entre sus monumentos destacan la **iglesia Parroquial** y las capillas de S. Antonio y la Virgen del Pilar. También tienen interés la Casa Consistorial, los porches de la plaza de España y el Museo don Juan Cabré Aguiló. Cerca del pueblo merecen la pena las panorámicas del **monte de S. Cristóbal,** la ermita de Sta. Ana, la Font de la Vila y los **poblados ibéricos de S. Antonio,** Tossal Redó y Les Ferreres.

Fiestas: Son de relevancia las celebraciones de **S. Antonio,** Sta. Águeda, el carnaval o la Semana Santa y el Lunes de Pascua. En abril tiene lugar la **Feria del Olivo y del Aceite,** y en agosto, las fiestas Mayores.

Alrededores: En **Valderrobres** se puede ver el castillo, el Ayuntamiento o la iglesia parroquial. En **Peñarroya de Tastavins** destacan la iglesia de la Virgen de la Fuente, la comarca del Matarraña o la **Vía Verde de Val del Zafán**.

Restaurantes

Fonda Alcalá. Av. Cataluña, 57. T. 978 851 028. P
Cierra cenas excepto viernes y sábado, y segunda quincena de septiembre. Los hermanos Alcalá regentan esta emblemática fonda recientemente reformada. Terrina de escalibada con paté de olivas negras, paletilla de cabrito al horno con patatas y cebollas, *mousse* de turrón con chocolate caliente. Precio medio 30 €.

Calafell Tarragona

48 · B-2
A Tarragona, 32 km
A Madrid, 574 km
Alt. 190 m · Pob. 24.265
T. 977 699 141
GPS 41° 12' 1'' N · 1° 34' 2'' E

Visitar: El **Castillo de la Sta. Creu** (s. XI) es el más vistoso de todos los monumentos del pueblo. Destacan también la capilla románica de la **Mare de Déu de la Cova** (s. XI) o la iglesia de St. Miquel (s. XIII), en el núcleo de Segur de Calafell. Se conservan los restos de los antiguos pobladores de la villa, como la Ciudadela Ibérica (s. III a. C.) o las **cisternas romanas del Mas Vilarenc,** antigua villa romana (s. I a. C.). Muy interesante es el Museu-Casa Barral. La oferta turística se completa con playas o varias rutas senderistas.

Fiestas: En enero destaca la cabalgata de Reyes. En febrero se celebran la **Xatonada Popular** y el **carnaval Xurigué.** En junio tiene lugar el Mercat del Mar, Arrossejet. Poco después, la fiesta Mayor de St. Pere y la fiesta Mayor de la Sta. Creu; el primer viernes y sábado de agosto se organiza la **Cantada de Habaneras,** y en septiembre, el Mercado Medieval y la **fiesta Mayor de St. Miquel.**

Alrededores: Es interesante conocer el castillo de **Creixell,** a 12 km.

Arquitectura popular en una calle de Calaceite

Restaurantes

® **Giorgio.** (En playa de Calafell, a 2 km). Àngel Guimerà, 4. T. 977 691 159. *www.ristorantegiorgio.com* P
Cierra de lunes a jueves excepto festivos, julio y agosto, y del 22 de diciembre al 25 de enero. Es el restaurante italiano de referencia del litoral catalán, una casa de cuyo exitoso trayecto son protagonistas Giorgio Serafini, atendiendo el comedor, y su esposa, Sabine, en la cocina. Precio medio 40 €.

® **Masía de la Platja.** (En playa de Calafell, a 2 km). Vilamar, 67. T. 977 691 341. *www.masiadelaplatja.com*
Cierra martes cena, miércoles, del 7 al 13 de enero y del 2 al 24 de noviembre. Los mejores guisos tradicionales de pescado de esta zona del litoral suelen encontrarse en esta legendaria casa, una familia dedicada desde hace años, con alma y corazón, al amable oficio de la restauración. Precio medio 42 €.

Calahorra La Rioja

22 · F-3
A Logroño, 48 km
A Madrid, 336 km
Alt. 358 m · Pob. 24.876
T. 941 105 061
GPS 42° 18' 12'' N · 1° 57' 59'' O

Visitar: El monumento más importante es la **Catedral de Sta. María** (ss. XV al XVIII), que alberga al Museo Diocesano, seguida de otras iglesias, como la de Santiago (ss. XVII y XVIII), S. Francisco (s. XVII) y S. Andrés (ss. XVI y XVII), el santuario del Carmen (s. XVII) o el **Monasterio de S. José,** con un *Cristo* de Gregorio Hernández. Existen restos arqueológicos romanos por toda la ciudad y las piezas más importantes se exhiben en el Museo Municipal. Se puede pasear por un ramal del **Camino de Santiago** o por los Senderos de la Verdura.

Fiestas: La **Semana Santa** calagurritana es de Interés Turístico Regional. También se celebran S. Antón y la festividad de los santos patronos, S. Emeterio y S. Celedonio. El 16 de julio es la **romería de la Virgen del Carmen,** y poco después, las fiestas de verano en honor de los santos patronos.

Alrededores: La **Vía Verde del Cidacos** está a 34 km. Otros paisajes de interés son la **sierra de los Agudos** y la laguna y el humedal del Recuenco y la Degollada.

Restaurantes

Casa Mateo. Pl. Quintiliano, 15. T. 941 130 009. *www.casamateo.webcindario.com*
Cierra noches, viernes y septiembre. Ensalada de alcachofas con cigalas, carrilleras rellenas de *foie-gras mi-cuit*, torrija caramelizada. Menú 15 €. Precio medio 37 €.

Chef Nino. (H. Chef Nino). Padre Lucas, 2. T. 941 133 516. *www.chefnino.com*
Cierra domingo cena, lunes y del 21 de diciembre al 21 de enero. Con 25 habitaciones. Tortilla de borrajas con ajos frescos a la plancha, pollo de

caserío con salsa de pomelo, natillas de naranja con espuma de vodka. Menú 15 €. Precio medio 30 €.

® **La Rana del Moral.** Ramón Subirán, 34. T. 941 147 639. *www.laranadelmoral.com*
Cierra cenas de domingo, lunes y miércoles. Son emblemáticas las **verduras frescas** en distintas elaboraciones. **Pescados y carnes asados,** postres caseros. Precio medio 28 €.

® **La Taberna de la Cuarta Esquina.** Cuatro Esquinas, 16. T. 941 134 355.
Cierra martes cena, miércoles y julio. Las excelentes **verduras** y **pochas** de temporada, el **cordero, cabrito** o **cochinillo asado** son referencias que nunca fallan en punto y calidad. De postre, **croquetas de chocolate.** Precio medio 25 €.

Hoteles

**** **Parador de Turismo Marco Fabio Quintiliano.** Pº Mercadal, s/n. T. 941 130 358. *www.parador.es*
Hab. 60: 102/155 €. Ubicado en el centro neurálgico, es a la vez un lugar tranquilo. Edificación en ladrillo rojo con todas las habitaciones exteriores. Información de actividades en Calahorra y en toda La Rioja.

Calatayud Zaragoza

El colorido corazón de Calatayud, foco gastronómico y de ocio

45 · B-2
A Zaragoza, 86 km
A Madrid, 234 km
Alt. 534 m · Pob. 21.933
T. 976 881 513
GPS 41° 21' 14'' N · 1° 38' 54'' O

Visitar: El pasado romano y árabe está presente en numerosas calles y monumentos a lo largo de todo el casco histórico. El recorrido puede comenzar en el **barrio de la Morería** para pasar a la **colegiata de Sta. María la Mayor,** declarada Monumento Nacional. Fue iniciada en estilo mudéjar en el s. XIII, con un alto campanario de tres pisos, y cuenta con una bella portada plateresca de 1528, de Juan de Talavera y Esteban de Obray. Destacan también las **iglesias de S. Andrés,** de estructura judeo-árabe bajo un revestimiento gótico y dominada por torre mudéjar del s. XII; la del **Sto. Sepulcro,** herreriana del s. XVII con retablos del s. XVIII y un primitivo claustro gótico; S. Benito, con bóveda decorada con escayola de influencia mudéjar; S. Pedro de los Francos, gótica; **S. Juan el Real,** con pechinas pintadas por Francisco de Goya, y el santuario de Ntra. Sra. de la Peña, con restos de gótico-mudéjar. La **sierra de Armantes** esconde bellos parajes naturales.

Fiestas: Destaca su Semana Santa, de Interés Turístico Regional. El Viernes Santo tiene lugar la **procesión del Santo Entierro,** una de las más antiguas de España. En verano se celebran la romería y la misa en el monte de la ermita en honor a **S. Roque.** Poco después, las **Fiestas de la Virgen de la Peña,** patrona de la ciudad, con el tradicional Rosario de Cristal y los Festivales.

Alrededores: En **Aniñón,** a 16 km, es interesante la iglesia gótico-mudéjar del s. XIV, con un retablo plateresco, obra de Gil de Morlanes y Gabriel Joly. **Paracuellos de Jiloca,** a 5 km, es famosa por su balneario; **Illueca,** por el Palacio (ss. XIV y XV), y **Cervera de la Cañada,** por la iglesia de Sta. Tecla. En **Maluenda** destacan las iglesias de las Stas. Justa y Rufina. **Monreal de Ariza** cuenta con hermosas ruinas romanas; **Morata de Jiloca,** con la iglesia de S. Martín; **Tobed,**

con la iglesia de Sta. María, y **Torralba de Ribota,** con la iglesia de S. Félix y las ruinas de la romana **Bilbilis,** a unos 5 km. El **Parque Natural del Monasterio de Piedra** es un conjunto monumental y natural de gran belleza.

Restaurantes

Bilbilis. Madre Puy, 1. T. 976 883 955. ❄
Cierra lunes excepto festivos. Garbanzos con congrio, cabrito al ajillo, sorbetes. Menú 11 €. Precio medio 35 €.

Hoteles

**** **Monasterio Benedictino.** Pl. S. Benito, 1. T. 976 891 500.
www.hotelmonasteriobenedictino.com ♿ ❄ P
Hab. 35: 57/100 €. Céntrico, edificio barroco del s. XVII. Antiguo monasterio rehabilitado en 2003. Galardonado con el primer premio del Gobierno de Aragón a la Rehabilitación de Edificios Singulares de Iniciativa Privada. Situado a pocos kilómetros del Monasterio de Piedra. Restaurante San Benito.

Caldas, Las Asturias Ver Oviedo

3 · E-4

Caldes de Malavella Girona

38 · B-1
A Girona, 21 km
A Madrid, 696 km
Alt. 94 m · Pob. 6.070
GPS 41° 50' 21'' N · 2° 48' 31'' E

Visitar: Merece la pena conocer las **fuentes termales** que brotan desde épocas muy remotas y que fueron aprovechadas por primera vez por los romanos.

Fiestas: En septiembre, *aplec* de sardinas, de las más antiguas de Cataluña.

Alrededores: Vidreres (a 10 km) conserva los restos de un castillo, la iglesia de Sta. Maria de Vidreres y la ermita de Caulés.

Las aguas termales son el motor de Caldes de Malavella

Restaurantes

® **Delicius.** (H. Balneario Vichy Catalán). Av. Dr. Furest, 32. T. 972 470 000.
www.balneariovichycatalan.com ♿ ❄ P
Cierra domingo cena, lunes y martes. En un edificio de estilo neomudéjar, un comedor elegante y luminoso para una cocina ofrecida en menús (sorpresa o gastronómico) de corte mediterráneo y termal. Precio medio 30 €.

® **Quimera.** (H. Meliá Golf Vichy Catalán). Ctra. N-2, Madrid-Girona, km 701. T. 972 181 020. *www.meliagolfvichycatalan.com* ♿ ❄ P
Culinaria con evidentes toques de modernidad en un espacio agradable, selecto y confortable en el entorno del magnífico campo de golf PGA Catalunya. **Guisantes del Maresme con caldo corto de jamón ibérico, lubina al espeto con guiso de maíz a la antigua con 'boletus', 'cake' de zanahoria con piña al ron.** Menú 30 €. Precio medio 45 €.

Hoteles

*** **Balneario Vichy Catalán.** Av. Dr. Furest, 32. T. 972 470 000
www.balneariovichycatalan.com ♿ ❄ P SPA
Hab. 86: 52/149 €. Dispone de zona termal con diversos tratamientos. Restaurante Delicius.

*** **Meliá Golf Vichy Catalán.** Ctra. N-2, Madrid-Girona, km 701. T. 972 181 020.
www.meliagolfvichycatalan.com ♿ ❄ P SPA
Hab. 149: 75/200 €. Suites: 5. Situado en el corazón del PGA Golf Catalunya. Restaurante Quimera.

Caldes de Montbui Barcelona

37 · C-3
A Barcelona, 30 km
A Madrid, 641 km
Alt. 200 m · Pob. 17.500
T. 938 654 140.
GPS 41° 37' 46'' N · 2° 9' 53'' E

Visitar: Muchos de los atractivos de esta villa giran en torno al agua y al termalismo. Es el caso del **Museu de Caldes de Montbui, Thermalia,** donde se exhibe una proyección multimedia, *Los Dioses y el agua*, y se muestran *La sala romana*, una exposición de la obra del escultor Manolo Hugué, y otra llamada *La efervescencia balnearia*, además de varios dibujos de Picasso. También tienen interés las **termas romanas** (s. I a. C.), declaradas Patrimonio Histórico-Artístico; los lavaderos públicos del s. XIX o la **Font del Lleó,** con agua termal que sale a 74° C. También cuenta con construcciones de interés, como la iglesia parroquial de Sta. María (ss. XVI y XVII), con una talla policromada del s. XII de una *Sta. Majestad;* la ermita del Remei, un puente románico (s. XII) o el **Museu Romàntic Can Delger.**

Fiestas: A finales de mayo, la **Fira de Titellaires;** el 9 de julio, **Escaldarium,** una fiesta de fuego y de agua; del 8 al 11 de octubre, la **fiesta Mayor,** y el 16

Una de las calles clásicas de la villa balneario de Caldes de Montbui

de ese mismo mes, el **Aplec de Remei.** A principios de diciembre tiene lugar la **feria de Navidad,** una muestra de oficios antiguos.

Alrededores: **St. Sebastià de Montmajor,** a 12 km, tiene una iglesia románica del s. XII, y **St. Miquel del Fai,** a 20 km, es un bello espacio natural con un monasterio gótico y una iglesia románica (s. X). La villa modernista de **La Garriga** está a 17 km.

Restaurantes

® **Mirko Carturán Cuiner.** Av. Pi i Margall, 75. T. 938 654 160. *www.mirkocarturan.com*

Cierra sábado almuerzo, domingo y del 15 al 30 de agosto. La sabrosa cocina de Mirko, complementada con una servicial atención en la sala, hace de esta casa un referente de la mejor culinaria de la zona. **Rape rustido con alcachofas, tomatitos y jerez; cochinillo crujiente con puré de oliva, 'claifouti' de fruta del tiempo.** Precio medio 40 €.

Hoteles

**** **Hotel Balneario Vila de Caldes.** Plaça de l'Àngel, 5. T. 938 654 100. *www.grupbroquetas.com*

Hab. 30: 111/177 €. En el centro histórico. Balneario. Restaurante Violeta de Caldes.

*** **Balneario Termes Victoria.** Barcelona, 12. T. 938 650 150. *www.termesvictoria.com*

Hab. 88: 68/120 €. En pleno casco antiguo y con vistas a la montaña. Tratamientos termales y estética.

Calella Barcelona

38 · A-3
A Barcelona, 48 km
A Madrid, 669 km
Alt. 5 m · Pob. 18.627
T. 937 690 559
GPS 41° 36' 47'' N · 2° 39' 22'' E

Visitar: Las **playas** son el principal encanto de esta villa, destino certificado de turismo familiar y deportivo. También cuenta con atractivos culturales, como el **Museu-Arxiu Municipal** y el **Museu Multidisciplinar,** en el que destacan la farmacia Barri (s. XIX) y la pinacoteca Gallart. Los agradables espacios al aire libre del **parque Dalmau** o el paseo M. Puiguert completan la oferta.

Fiestas: En abril se celebra el festival internacional de cine y foto, **Foto-Film Calella,** y el de 16 junio, la **fiesta Mayor de S. Quirze y Sta. Julia.** En agosto tienen lugar la **fiesta Mayor de la Minerva** (día 23) y la **Feria de Tradiciones y Artesanía.** Durante el mes de octubre se organizan la **Fiesta de la Cerveza** y el Triatlón Internacional **Ironman.**

Alrededores: El **Parc Natural del Montnegre** se encuentra a 6 km, y el parque acuático y delfinario **Marineland,** a 10 km.

Restaurantes

® **El Hogar Gallego.** Ánimes, 73-75. T. 937 662 027. *www.elhogargallego.com*

Cierra domingo cena. El excepcional marisco de Galicia junto al mejor pescado del litoral catalán conforman la interesante propuesta culinaria de este legendario y honesto restaurante de la turística población del Maresme. Menú 10 €. Precio medio 50 €.

Calella de Palafrugell Girona Ver Palafrugell

38 · C-1

Calldetenes Barcelona Ver Vic

37 · C-1

Calonge-Sant Antoni Girona

38 · C-1
A Girona, 43 km
A Madrid, 675 km
Alt. 36 m · Pob. 10.789
T. 972 661 714
GPS 41° 51' 42'' N · 3° 4' 17'' E

Visitar: En el entorno de los montes de las Gavarres, Calonge-St. Antoni cuenta con un interesante **conjunto fortificado.** Lo forman la **Torre Valentina** (s. XVI) y el **Castell de Calonge,** fundado por los Condes de Girona en el s. VIII, convertido en palacio y declarado Monumento Nacional. Destacan también la masía fortificada de **Torre Lloreta** (s. XII) y el **Monestir de Sta. Maria del Mar** (s. XII). Cerca se hallan el dolmen y el **menhir de Puig ses Forques.** Se puede pasear por el camino de ronda y las calas.

Fiestas: Además de su **Semana Santa,** Calonge tiene una agenda veraniega muy intensa que comienza con la **fiesta de las Entidades** (junio) y continúa con **St. Eugeni** (en julio) y el **Verano Activo** (programa de animación turística en julio y agosto), con conciertos de música clásica en el castillo medieval de Calonge. Ya en otoño, el 1 de septiembre es **St. Llop,** la fiesta Mayor de St. Antoni de Calonge; en octubre, las campañas gastronómicas (también en enero y en abril), y el 11 de noviembre es la fiesta Mayor de **S. Martín.**

Alrededores: Las localidades de **Palamós** y **Platja d'Aro** están a 2 km; **St. Feliu de Guíxols,** a 7 km, y **La Bisbal de l'Empordà,** a 12 km. En **Sta. Cristina d'Aro,** a 16 km, está el monumento megalítico de Cova d'en Daina.

Restaurantes

Refugi de Pescadors. (En St. Antoni de Calonge, a 2 km). Pº Josep Mundet, 55. T. 972 650 664. *www.refugidepescadors.com*
Cierra domingo cena, lunes y del 19 de diciembre al 26 de enero. Ubicado frente al mar con cocina a tono. Mariscos de viveros propios, lubina al hinojo, crema catalana. Menú 22 €. Precio medio sin marisco 33 €.

Calp/Calpe Alicante

85 · C-4
A Alicante, 62 km
A Madrid, 463 km
Alt. 59 m · Pob. 30.619
T. 965 836 920
GPS 38° 38' 46'' N · 0° 2' 39'' E

Visitar: En la antigua ciudad amurallada se conservan el **Torreó de la Peça** (s. VIII), las murallas (ss. XIV y XV) y la **iglesia Antigua** (s. XV), único ejemplar gótico-mudéjar de la Comunidad Valenciana, con un retablo al temple del s. XV. Por el **casco antiguo** se reparten varias plazas con encanto, pinturas al fresco o diversos museos, como el del Coleccionismo, el Arqueológico o el del Cómic, la Casa de la Senyoreta o el Fester. Desde la **ermita de S. Salvador** (s. XVIII) se divisa **La Manzanera,** con el conjunto de edificios diseñados por Ricardo Bofill. En el extremo norte se erige el **Peñón de Ifach,** al que se asciende siguiendo una ruta. En sus faldas se halla **La Vila d'Ifac.**

El Peñón de Ifach, telón de fondo de las fiestas de Moros y Cristianos de Calpe

Fiestas: Una de las más vistosas festividades es el **carnaval Alemán,** aunque también son muy tradicionales las **Fallas** (16 al 19 de marzo), las **hogueras de S. Juan** (junio), la **Virgen del Carmen** (julio) o las **fiestas patronales** de la Virgen de las Nieves, con los Bous al Carrer, del 3 al 8 de agosto. Del 9 al 19 de octubre es la **Fiesta de la Cerveza.** En octubre son las celebraciones patronales del Stmo. Cristo del Sudor y los **Moros y Cristianos,** del 19 al 22 octubre.

Alrededores: Son interesantes los restos romanos de las **termas y los baños de la Reina,** el **molí del Morello** (s. XIX) o la zona húmeda de **Las Salinas.** Destacan también el puerto pesquero y el **mirador de la Lonja,** donde se realiza la subasta del pescado; la **Casa Nova** (s. XVIII), la **ermita de la Cometa** (s. XVIII), el *llavador* de la Font en **Pou Salat,** el **Museo Etnológico Casa Cocó,** los parques de la Vallesa, Enginent y la Cometa, el **barranco del Mascarat,** los miradores del Morro de Toix y Cala Cabalga, o la **sierra de Oltà.**

Restaurantes

Abiss. (H. Gran Hotel Sol y Mar). Benidorm, 1. T. 965 839 143. *www.restauranteabiss.com*
Cierra cenas de martes a jueves en invierno, domingo cenas y lunes. Modernidad mediterránea avalada por un compenetrado dúo, Manuel Morejón (Oliva Nova) e Ignacio Giner. Precio medio 35 €.

La Cambra. (Aparcamiento concertado con el Hotel Sol y Mar). Delfín, 2. T. 965 830 605.
Cierra domingo cenas y lunes. Torrajo (especialidad de la casa), arroz meloso con cigalitas, copa de queso y frambuesa. Menú 12 €. Precio medio 36 €.

Cambados Pontevedra

17 · C-1
A Pontevedra, 25 km
A Madrid, 640 km
Alt. 16 m · Pob. 14.000
T. 986 520 786
GPS 42° 30' 48'' N · 8° 48' 51'' O

Visitar: Su parte clásica está declarada Conjunto Histórico-Artístico y Bien de Interés Cultural. Destacan monumentos como las **ruinas de Sta. Mariña,** la **iglesia de S. Benito** (s. XVI), los pazos de Montesacro, Ulloa, da Capitana y Fefiñanes, la **capilla de la Valvanera** (s. XVIII), el **mirador de la Pastora** o la **Torre de S. Saturniño.** La villa cuenta con varios interesantes museos, como el Etnográfico del Vino, el del Molino de Mareas o las casas-museo del Pescador y de Ramón Cabanillas. Se pueden realizar rutas en barco por la ría, así como la ruta del vino.

Fiestas: Una de las más multitudinarias es la **Fiesta del Vino Albariño** (a finales de julio o principios de agosto), pero también son interesantes la de **S. Benito** (11 de julio), la **Fiesta de la Vieira** (16 de julio), la de **Sta. Mariña** (18 de julio) y la de **Sta. Margarita.** En agosto es la **Fiesta Europea del Vino.**

La Fiesta del Vino Albariño de Cambados combina tipismo y gastronomía

Alrededores: Merece la pena conocer el **Monasterio de Sta. María de Armenteira** (s. XII), a 14 km, y hacer la ruta de los molinos.

Restaurantes

Casa Rosita (marisquería). O Ribeiro, 8. T. 986 542 878. *www.hrosita.com*
Cierra domingo cena excepto vísperas y festivos. Con 60 habitaciones. Salpicón de mariscos (especialidad), congrio guisado, filloas con nata y miel. Menú 15 €. Precio medio sin marisco 25 €.

María José (frente al Parador). S. Gregorio, 2. Piso 1°. T. 986 542 281.
Cierra cenas de domingo a martes excepto verano, y Navidad. Buena ubicación cerca del Parador. Ensalada de ostras empanadas con frutos secos, rape con mejillones y grelos al curry, sopa de melón con sorbete de limón. Menú 20 €. Precio medio 30 €.

Ribadomar. Valle Inclán, 17. T. 986 543 679. *www.ribadomar.es*
Cierra cenas de domingo y martes excepto julio y agosto; aproximadamente 15 días en febrero y en septiembre. Casona con terraza-jardín. Cazuela de zamburiñas, lubina al horno, cañitas rellenas. Precio medio sin marisco 35 €. A escasos metros, el hotel Ribadomar, con 8 habitaciones.

Yayo Daporta. Hospital, 7. T. 986 526 062. *www.yayodaporta.com*
Cierra domingo cena, lunes y noviembre. Sigue su buen camino con una cocina muy equilibrada. Magnífica materia prima, dosis medidas de creatividad... **Cebiche de ostras de Cambados, consomé de pescado con ravioli de mejillón, 'civet' de lamprea en temporada...** Bodega a la vista, para que el cliente seleccione su vino. Precio medio 45 €.

Hoteles

**** **Parador de Turismo.** Pº de la Calzada, s/n. T. 986 542 250. *www.parador.es*
Hab. 58: 102/161 €. Antiguo Pazo de Bazán del s. XVII, recientemente renovado. A orillas de la Ría de Arousa. Punto de partida de numerosas y atractivas excursiones. Restaurante Barlovento, cocina gallega.

1 · D-4

Cambre A Coruña Ver Coruña, A

Cambrils Tarragona

25 · E-4
A Tarragona, 18 km
A Madrid, 557 km
Alt. 15 m · Pob. 32.000
T. 977 792 307
GPS 41° 4' 0'' N · 1° 3' 22'' E

Visitar: Esta villa vacacional destaca por su **gastronomía, playas, puerto pesquero** y **casco antiguo.** Sus principales atractivos son el jardín botánico del **parque Samà,** la **ermita Verge del Camí** y la **Torre del Port.** Destacan también los museos del Molí de les Tres Eres y el Agrícola, la villa romana de La Llosa o los parques del Pinaret y del Pescador. Cambrils cuenta además con 30 km de carril bici y 80 km de rutas ecoturísticas.

Fiestas: En enero tienen lugar la **cabalgata de Reyes Magos** y la de **St. Antoni,** con Els Tres Tombs. En febrero son el Festival de Cortometrajes y las Jornadas de La Galera. En abril se organiza el Rally de Coches Antiguos y en junio se celebran las ferias de Cambrils, del Caballo y Medieval, la **fiesta Mayor de St. Pere** y **Cambrils Port de Moda.** En julio es la **fiesta de la Virgen del Carmen,** y en agosto el Festival Internacional de Música. En septiembre se suceden la **fiesta Mayor Mare de Déu del Camí** y la **Nit del Foc;** en octubre son las Jornadas Gastronómicas, y diciembre cierra el calendario con la fiesta Mayor de la Inmaculada y el País del Vino, con degustación de tapas y catas de vino.

Alrededores: Hay que acercarse hasta la ermita **Mare de Déu de la Roca,** al **Monestir de Montserrat,** al **Castell-Monestir de St. Miquel d'Escornalbou** y al parque de **Port Aventura.** También de interés son las rutas del Císter, la de las 3 Ces, la de la Tarragona Romana o la del Reus modernista. Para amantes de la naturaleza: el **Parc Natural Delta de l'Ebre.**

Restaurantes

® **Bresca** (puerto). Travesía Áncora, 21. T. 977 369 512.
www.brescarestaurant.com
Cierra almuerzos entre semana en verano; domingo cena, lunes, 10 días en mayo y del 24 de diciembre al 15 de enero. Singular y gratificante culinaria

de autor basada en el buen trabajo de Xavi Ferraté y Alba Roig. **Coca de escalibada y mejillones de roca, rape y cebolletas, hojaldre de cabello de ángel.** Menú 22 €. Precio medio 42 €.

☼☼ **Can Bosch.** Rambla Jaume I, 19. T. 977 360 019. *www.canbosch.com*
Cierra domingo cena, lunes y del 22 de diciembre al 22 de enero. Frente al puerto de Cambrils. En un espacio moderno y confortable Joan Bosch fundamenta en su experiencia y conocimiento culinario los referentes de una cocina en gran parte marinera que agrada y complace por su frescor y calidad. Precio medio 50 €.

® **El Celler de L'Arbocet** (en L'Arbocet, a 15 km). Baix, 13. T. 977 837 591. *www.cellerarbocet.com* P
Cierra domingo cena, lunes, del 20 de febrero al 10 de marzo y segunda quincena de octubre. Mezcla de rusticidad y diseño, este acogedor y viejo lagar propone una cocina catalano-mediterránea basada en una materia prima ejemplar. Precio medio 40 €.

☼☼ **Joan Gatell.** Pº Miramar, 26. T. 977 360 057. *www.joangatell.com*
Cierra cenas de domingo y lunes, y del 15 de diciembre al 15 de enero. Esta casa es una verdadera institución, cuya gran propuesta es la tradicional cocina marinera. Joan Pedrell y su esposa Fanni Pallejà merecen toda la admiración por el cariño y profesionalidad de tantos años de impecable y selecta cocina de mar. Precio medio 70 €.

☼ **Rincón de Diego.** Drassanes, 19. T. 977 361 307. *www.rincondediego.com*
Cierra domingo cena, lunes y del 23 de diciembre al 27 de enero. Culinaria de autor y de referentes mediterráneos basada en una rigurosa selección del producto. Esa es la oferta de Diego Campos, al frente de este cálido y relajado establecimiento. **Potaje de bogavante, arroz dorado con cigalas.** Solo menús, entre 36 y 60 €.

La abadía benedictina de Montserrat hunde sus orígenes en el s. IX

Campo de Criptana Ciudad Real

74 · C-3

Ver Alcázar de San Juan

Camprodón Girona

26 · C-2
A Girona, 90 km
A Madrid, 683
Alt. 950 m · Pob. 2.542
T. 972 740 936
GPS 42º 18' 46'' N · 2º 21' 50'' E

Visitar: Junto al río Ter, cuenta con varios monumentos medievales, como la **iglesia del Monestir de S. Pedro** (s. X), el **Pont Nou** (s. XIII) o la iglesia parroquial de Sta. María, en el centro de la villa. Se puede pasear por el **paseo de Maristany,** alrededor del cual se construyeron torres-mansión a principios del s. XX, o por el **de la Font Nova,** remodelado en la segunda mitad del s. XIX. Destacan el **Museu Isaac Albéniz,** con objetos del compositor, y el parque Mare de la Font. El pueblo vecino de **Beget** está declarado Monumento Histórico-Artístico, destacando en él la iglesia de S. Cristóbal (s. XII), con una talla de madera de una Divina Majestad (s. XII).

Fiestas: El 21 de junio se celebra **S. Paladio;** la tercera semana de julio, el **Curs Internacional de Música Isaac Albéniz,** y en julio-agosto, el **Festival de Música Isaac Albéniz,** en homenaje al insigne compositor. En verano tiene lugar la **Feria de Dibujo, Pintura y Artesanía.** El 8 de diciembre es la **feria de la Purísima.**

Alrededores: En las inmediaciones hay numerosos **valles** con preciosos paisajes, iglesias y **ermitas románicas.** En **Rocabruna** pueden visitarse los restos del castillo (la torre de homenaje y algunos tramos de muralla) y de la iglesia románica.

Detalle de la iglesia de Sta. Cecilia, en Molló, valle de Camprodón

Restaurantes

® **Can Po.** (En Rocabruna, a 10 km). Ctra. Beget, s/n. T. 972 741 045.
P
Cierra de lunes a jueves, segunda quincena de febrero y primera de julio. **Milhojas de patata, 'foie-gras' y 'ceps', 'tournedós' de rabo de buey con queso Masfarro, 'mousse' de chocolate y 'mascarpone'.** Precio medio 30 €.

El Pont 9. Camí de Cerdanya, 1. T. 972 740 521. *www.restaurantelpont9.com*
Cierra cenas de lunes a miércoles excepto agosto, 10 días después de Reyes, 15 después de S. Juan y 10 después del Pilar. Cocina de mercado. Terrina de manita de cerdo, arroz de Pals con setas y sepia, *coulant* de chocolate. Menú 17 €. Precio medio 30 €.

Canarias, Islas

Ver apartado correspondiente, a partir de la página 374.

15 · A-4

Candanchú Huesca

Estación de esquí - Ver Jaca

Candás Asturias

3 · F-2
A Oviedo, 32 km
A Madrid, 484 km
Alt. 39 m · Pob. 7.209
GPS 43° 35' 23'' N · 5° 46' 7'' O

Visitar: Los principales atractivos de la localidad son las ermitas de **S. Antonio** y **de S. Roque,** el faro, las playas y la posibilidad de practicar senderismo.

Fiestas: El 1 de agosto se celebra el **Festival de la Sardina,** y el 14 de septiembre, el **Santísimo Cristo.**

Alrededores: A 3 km está el **cabo de Peñas.**

Restaurantes

☼☼☼

Casa Gerardo

Más de cien años de historia culinaria de la familia Morán Quirós acreditan a esta casa. Desde la tradición más arraigada al terruño hasta un presente caracterizado por una permanente creatividad de la mano de Pedro y Marcos Morán (padre e hijo), sin olvidar los viejos platos **(fabada, crema de nécoras y arroz con leche)** que dieron justa fama a la casa. Dani González mima la bodega. Cierra cenas de domingo a jueves, lunes y 15 días en enero.

Menús degustación 65 y 85 €. Precio medio 55 €.

(En Prendes, a 3 km). Ctra. AS-19, Gijón-Avilés, km 9. T. 985 887 797. *www.casa-gerardo.com / www.marcosmoran.com*

Candeleda Ávila

61 · E-2
A Ávila, 99 km · Madrid, 160 km
Alt. 420 m · Pob. 5.221
T. 920 380 829
GPS 40° 9' 17'' N · 5° 14' 28'' O

Visitar: La joya de la localidad es la **iglesia parroquial Ntra. Sra. de la Asunción** (s. XVI), que conserva un bello retablo. Otros lugares de interés son el **Santuario de la Virgen de Chilla,** el **rollo de la Cañada** o el **castro celta** (s. II a.C.), en el Raso. En las inmediaciones hay varias piscinas naturales y un campo de golf.

Fiestas: En julio se celebra la festividad de **Santiago Apóstol,** y en agosto son las ferias, con encierros, verbenas y toros de fuego. A principios de septiembre tienen lugar las **fiestas patronales** de la Virgen de la Chilla.

Alrededores: Merece la pena acercarse al **embalse del Rosarito** o conocer en profundidad la **sierra de Gredos.**

Restaurantes

Mesón Pedros. Av. Ramón y Cajal, 6. T. 920 380 839. *www.mesonpedros.es* Cierra lunes no festivos, de finales de septiembre a primeros de octubre. Con 13 habitaciones. A la entrada del pueblo por la carretera de Oropesa. Migas extremeñas, chuletón de Ávila, pudín de frutas. Menú 10 €. Precio medio 25 €.

49 · D-4

Canedo León

Ver Villafranca del Bierzo

Cangas de Onís Asturias

4 · C-4
A Oviedo, 72 km
A Madrid, 560 km
Alt. 64 m · Pob. 6.761
T. 985 848 005
GPS 43° 20' 53'' N · 5° 7' 42'' O

Visitar: Los más famosos de todos sus monumentos son el puente romano y la **capilla de la Sta. Cruz.** También de interés son el **Aula del Reino de Asturias** y el **Palacio de Cortés.** Además, Cangas es la puerta de acceso al **Parque Nacional de los Picos de Europa,** donde se pueden realizar numerosas rutas a pie y en bicicleta.

Fiestas: En junio son las **fiestas patronales de S. Antonio,** con procesiones y romerías. El 25 de julio se celebra la fiesta del **Pastor, en la Vega de Enol.** El 8 de septiembre es la festividad de **Ntra. Sra. de Covadonga,** y el 12 de octubre, el **Certamen del Queso de los Picos de Europa.**

Alrededores: En **Corao** (a 5 km) destacan la iglesia prerromínica de Abamía y el **Monasterio de S. Pedro de Villanueva** (a 3 km). En la cueva del Buxu, en

Cardes (a 3 km), se conservan interesantes pinturas rupestres. El **Palacio de Labra** está a 7 km, y los lagos de Enol y Ercina, a 22 km. En **Arriondas** (a 7 km) se celebra la salida del **descenso del Sella. Covadonga** (a 11 km) es un paraje de excepcional belleza donde D. Pelayo inició la Reconquista. Cuenta con una colegiata del s. XVI, la **Basílica de Ntra. Sra. de Covadonga** (s. XIX) y la **cueva** con la imagen de la Virgen, patrona de Asturias, donde se conservan la corona y el sepulcro de D. Pelayo.

La Cueva Santa de Covadonga acoge la talla de la patrona de Asturias

Restaurantes

El Huerto del Ermitaño de Covadonga. (En Covadonga, a 11 km). Real Sitio de Covadonga, 25. T. 985 846 112. *www.elhuertodelermitanodecovadonga.com*

Cierra cenas excepto puentes y verano; jueves y segunda quincena de diciembre. En un frondoso paraje del Real Sitio, constituye una acertada opción para regresar al mundanal ruido después de visitar la cueva. Croquetas caseras de adobo, jabalí guisado con castañas y *boletus*. Menús 12 a 18 €. Precio medio 25 €.

El Molín de la Pedrera (sidrería). (H. Nochendi). Río Güeña, 1. T. 985 849 109. *www.elmolin.com*

Cierra martes cena, miércoles y enero. Con 12 habitaciones. En el tranquilo y cuidado paseo que bordea el río Güeña. Cocina asturiana de apetitosas elaboraciones. *Tortinos* de maíz con chorizo. Tabla de quesos asturianos (de los Picos de Europa). Precio medio 30 €.

® **Los Arcos.** (H. Lagos de Covadonga). Av. Covadonga, 36. T. 985 849 277. *www.loslagos.as*

Cierra miércoles. La cocina de Ramón Celorio constituye una referencia indiscutible en la zona. Cocina con raíces que actualiza platos de siempre, apuesta por los productos y sabores populares. **Perrechicos con vieiras, hojaldre de manzana con crema.** Precio medio 28 €.

Hoteles

**** **Ciudad de Cangas de Onís.** Av. Castilla, 36. T. 985 849 444. *www.hotelcangasdeonis.com*

Hab. 26: 69/140 €. Suites: 2. A orillas del río Sella.

**** **Parador de Turismo.** Villanueva de Cangas. T. 985 849 402. *www.parador.es*

Hab. 64: 120/162 €. En el margen derecha del río Sella. Edificado sobre el Monasterio de S. Pedro de Villanueva, declarado Monumento Nacional en 1907.

*** **Aultre Naray.** (En Peruyes). Ctra. N-634, km 335. T. 985 840 808. *www.aultrenaray.com*

Hab. 11: 60/115 €. Casona del s. XIX rehabilitada. Próximo al río Sella: piragüismo y senderismo. Perteneciente al Club de Calidad Rusticae y Casonas Asturianas.

Las paneras asturianas son graneros rectangulares, evolución de los hórreos

Cangas del Narcea Asturias

10 · B-1
A Oviedo, 93 km
A Madrid, 478 km
Alt. 376 m · Pob. 14.233
T. 985 811 498
GPS 43° 10' 37'' N · 6° 33' 7'' O

Visitar: Es interesante visitar su **casco histórico,** la **Basílica de la Magdalena,** el **Monasterio de Corias** y el Centro de Interpretación del Oro de las Montañas. También destacan el **Museo Etnográfico del Vino,** el núcleo rural del **Besullo** y el Parque Natural de Las Fuentes del Narcea.

Fiestas: El 28 de junio se celebra **el Arbolón;** en julio, el Carmen y la Magdalena (destaca La Descarga Pirotécnica); en septiembre, la **romería de Acebo,** y en octubre, la **fiesta de la Vendimia.**

Alrededores: Se recomienda acercarse al núcleo rural de **Besullo.**

Restaurantes

® **Blanco.** Mayor, 11. T. 985 810 316.

Cierra domingo cena, lunes, del 12 al 24 de julio y septiembre. Modestas instalaciones para una cocina en la que Engracia pone la tradición local y su hijo Pepe aporta conceptos actuales en acertado equilibrio. **Guiso de rabo de buey 'al estilo de mi madre', fresas de Llano.** Acierto que llega hasta la bodega. Precio medio 35 €.

Canido Pontevedra Ver Vigo

17 · C-3

Canonja, La Tarragona Ver Tarragona

47 · D-3

Cantavieja Teruel

56 · B-3
A Teruel, 90 km
A Madrid, 400 km
Alt. 1300 m · Pob. 758
T. 964 185 414
GPS 40° 31' 40'' N · 0° 24' 24'' O

Visitar: El casco urbano está declarado de Interés Histórico-Artístico y en él destacan el **Ayuntamiento,** las iglesias de S. Miguel (gótica) y de la Asunción, la **plaza Mayor,** las casas señoriales, el **Museo de las Guerras Carlistas** y la **ermita de Loreto** (s. XVIII). Las mejores vistas se obtienen desde el **mirador del Portillo.**

Fiestas: En enero se celebra **S. Antonio;** en junio, **S. Lamberto;** en julio, **S. Cristóbal;** en agosto, las **fiestas patronales,** y en septiembre, la **Feria Ganadera.**

Alrededores: Hay varios pueblos de interés, como el medieval de **Iglesuela del Cid,** la pequeña villa amurallada con notables edificios de **Mirambel** o **Villarluengo,** con excelentes panorámicas desde el balcón del Forastero.

Restaurantes

® **Buj.** Av. Maestrazgo, 6. T. 964 185 033.
Cierra de lunes a viernes excepto temporada alta y puentes; noches, febrero y segunda semana de marzo. Una buena dirección en el corazón del Maestrazgo. Cocina clásica a cargo de las hermanas Buj: desde los **canelones con setas** al **solomillo en milhojas** hasta las **delicias de casis casero.** Precio medio 35 €.

Cañete Cuenca

64 · E-2
A Cuenca, 69 km
A Madrid, 235 km
Alt. 1075 · Pob. 1.015
T. 969 346 917
GPS 40° 2' 28'' N · 1° 38' 51'' O

Visitar: Pueblo declarado conjunto de Interés Histórico-Artístico, en el que destacan su **Castillo-Alcazaba** (ss. IX al XI), el **recinto amurallado árabe,** las casas típicas serranas y las **puertas fortificadas** de las Eras, de S. Bartolomé y **de la Virgen.** También importantes son las iglesias de Santiago y S. Julián, o la **ermita de la Virgen de Zarza.** Hay espacios naturales de relevancia, como el **parque fluvial del Postigo,** la **cascada del Pozo de la Horca** o el **Monumento Natural del Rodenal del Cabriel,** en los que se puede practicar senderismo. Merecen la pena las vistas desde el **monumento al Sagrado Corazón.**

Fiestas: Destacan su **Semana Santa** y la **Alvarada,** una fiesta medieval que se celebra la primera semana de agosto. En septiembre tienen lugar las patronales de la **Virgen de la Zarza.**

Detalle de una puerta en la villa medieval de Iglesuela del Cid

Alrededores: Son interesantes las pinturas rupestres de **Villardelhumo,** las lagunas de Cañada y Torcas de los Palancares, la ermita de Altarejos en **Campillo Sierra,** las Corbeteras, en **Pajaroncillo,** y la sierra de Valdemeca y de Las Cuerdas.

Restaurantes

® **La Muralla.** Ctra. de Valdemeca, 20. T. 969 346 299.
www.hostallamuralla.com
Cierra martes, del 22 de junio al 10 de julio y del 15 al 25 de septiembre. Con 9 habitaciones. Auténtica cocina y productos manchegos. **Gazpachos de pastor, lomo de ciervo con salsa de trufa negra, bombón de queso fresco al tomillo.** Menú 15 €. Precio medio 28 €.

Capileira Granada

107 · B-3
A Granada, 70 km
A Madrid, 492 km
Alt. 1436 m · Pob. 559
GPS 36° 57' 39'' N · 3° 21' 35'' O

Visitar: En torno al **casco antiguo** se concentran los principales atractivos, como el **Museo de Artes y Costumbres Populares Pedro Antonio de Alarcón.** Los miradores del Mentidero y del Perchel regalan estupendas vistas. Se pueden realizar rutas senderistas el el **Parque Nacional de Sierra Nevada.**

Fiestas: El 16 enero se celebra el **Chisco de S. Antón;** en abril y agosto, la **Virgen de la Cabeza,** y el 1 noviembre, la **Mauraca,** fiesta de la castaña.

Alrededores: Municipios de **Bubión** y **Pampaneira,** que forman junto a Capileira el **Conjunto Histórico del Barranco de Poqueira,** incluidos en el territorio del **Parque Nacional Sierra Nevada.**

Restaurantes

El Corral del Castaño. P° Calvario, 5. T. 958 763 414.
Cierra miércoles, del 10 al 30 de enero y del 15 al 30 de junio. Casa del s. XVIII en las Alpujarras granadinas. Cebollitas rellenas de rabo de toro y *boletus,* paletilla de cordero segureño, torrija caramelizada. Menú 12 €. Precio medio 24 €.

Hoteles

*** **Finca Los Llanos.** Ctra. de Sierra Nevada, s/n. T. 958 763 071. *www.hotelfincaloslllanos.com*
Hab. 40: 45/75 €. Suites: 1. En lo más alto del barranco de Poqueira, en el Parque Natural de Sierra Nevada. Restaurante de cocina alpujarreña.

Carbonero El Mayor Segovia Ver Segovia

43 · A-3

Cardenete Cuenca

64 · E-4
A Cuenca, 67 km
A Madrid 230 km
Alt. 963 m · Pob. 623
T. 969 348 001
GPS 39° 45' 59'' N · 1° 41' 39'' O

Visitar: Los monumentos más importantes son la **ermita de S. Antonio de Padua,** la **iglesia de la Asunción,** el **Museo Etnográfico** y la **fortaleza del s. XVI.**

Fiestas: El 13 de junio se celebran las patronales de **S. Antonio de Padua.** En agosto, del 9 al 15, son los **Sanochaores,** en honor a la Virgen de la Asunción. En octubre tienen lugar las fiestas en honor de la patrona, la **Virgen del Pilar.**

Alrededores: A 3 km se encuentra la localidad de **Yémeda,** y a 4 km, **Huércemes,** con bosques y matorrales de gran valor paisajístico, junto al **río Cabriel.**

Restaurantes

® **La Rebotica.** Iglesia, 27. T. 969 348 024. *www.casaruralelatroje.com*
Cierra lunes, del 1 al 20 de septiembre y del 24 de diciembre al 1 de enero. Buena atención de los Cócera en esta antigua casona rehabilitada con bodega subterránea. **Croquetas de perdiz con 'boletus', cabrito frito con ajetes.** Menú 10 €. Precio medio 21 €.

Cardona Barcelona

36 · F-1
A Barcelona, 95 km
A Madrid, 600 km
Alt. 506 m · Pob. 5.187
T. 938 692 798
GPS 41° 54' 49'' N · 1° 40' 49'' E

Visitar: Su **centro histórico** está declarado Bien de Interés Cultural, gracias a monumentos como el **castillo,** la **colegiata románico-lombarda** o la **iglesia de St. Miquel,** gótica del s. XIV. Destacan también el **Museu de la Sal Josep Arnau** y el **Parc Cultural de la Muntanya de Sal.**

Fiestas: En junio se celebra la **feria medieval;** en septiembre, la **fiesta Mayor,** y el 25 de noviembre, la **Feria de la Llenega.**

Alrededores: Merece la pena visitar el **Santuari del Miracle** o el **barrio de Bergús.**

Hoteles

**** **Parador de Turismo.** Castell de Cardona, s/n. T. 938 691 275. *www.parador.es*
Hab. 54: 147/210 €. Suites: 5. Desayuno incluido. El histórico castillo es un alojamiento singular que incluye en su recinto la capilla románica de S. Vicente y un claustro de bellísima traza. Desde sus ventanas se dominan la vega del río Cardoner y la montaña de Sal. Restaurante Abad. Cocina catalana.

Cariñena Zaragoza

45 · D-2
A Zaragoza, 47 km
A Madrid, 300 km
Alt. 591 m · Pob. 3.783
GPS 41° 20' 12'' N · 1° 13' 23'' O

La uva Viadillo se está recuperando en la elaboración del vino de Cariñena

Visitar: Son destacables las iglesias de Ntra. Sra. de la Asunción (ss. XVII y XVIII) y del Sto. Cristo de Santiago, la **antigua sinagoga,** el **torreón de las Monjas** (s. XIV), el palacio renacentista de la **Casa Consistorial** (s. XVI) y el **Museo del Vino.**

Fiestas: El 29 de enero se celebra **S. Valero;** el Lunes de Pascua es la **romería de la Virgen de Lagunas;** el 15 de mayo, **S. Isidro;** del 3 al 6 de julio, **S. Cristóbal,** y a finales de agosto o principios de septiembre, **la fiesta de la Vendimia,** en la que se ofrece el primer mosto al Sto. Cristo de Santiago, con la pisada de las uvas y en la que de la fuente de la Mora mana vino. Del 13 al 18 de septiembre son las fiestas patronales en honor al Sto. Cristo de Santiago.

Alrededores: A 7 km se halla el **santuario de la Virgen de Lagunas** (s. XV) y, a 20 km, **La Almunia de Doña Godina.**

Restaurantes

® **El Patio de Goya** (en La Almunia de Doña Godina, a 20 km. H. El Patio). Av. de Madrid, 6. T. 976 601 037. *www.hotelelpatio.es*
Cierra cenas de domingo a jueves. Con 41 habitaciones. Hotel bien situado en la ruta Madrid-Zaragoza y cocina dirigida por Carlos Martín.

Morchelas rellenas a la crema de 'foie-gras', lomo de ternasco a la brasa, sopa de coco. Precio medio 38 €.

La Rebotica. S. José, 3. T. 976 620 556. *www.restaurantelarebotica.es*
Cierra cenas excepto sábado; lunes, semana de Pascua, úlitima semana de julio y dos primeras de agosto. En los bajos de una casa solariega. Bacalao gratinado al ajo tostado, pollo de corral en pepitoria antigua, pastel de chocolate caliente. Precio medio 30 €.

Carmona Sevilla

Ocho hermandades participan en la Semana Santa de Carmona

97 · B-4
A Sevilla, 30 km
A Madrid, 505 km
Alt. 250 m · Pob. 28.344
T. 954 190 955
GPS 37° 28' 13'' N · 5° 38' 38'' O

Visitar: Cuenta con un gran **centro histórico,** antaño rodeado por murallas, con importantes monumentos, como el **alcázar de la puerta de Sevilla;** la **puerta de Córdoba;** el Ayuntamiento, que cuenta con un mosaico del s. I, el **Museo de la Ciudad;** la **necrópolis romana;** la iglesia prioral de Sta. María de la Asunción, con una exposición permanente de su patrimonio histórico y cultural, o el **convento de Sta. Clara.** La **fábrica de anís Los Hermanos** ofrece visitas con degustación.

Fiestas: Sus **carnavales** y su **Semana Santa** están declarados de Interés Turístico Nacional. El 1 de mayo se celebran **las Mayas,** y la tercera semana del mismo mes, la feria. El primer domingo de septiembre son la **romería de la Virgen de Gracia** y la novena dedicada a esta.

Alrededores: Écija se encuentra a 50 km, donde destacan el Palacio de Peñaflor, el de Benamejí y el convento de la Merced. Otros pueblos de interés son **Osuna, Marchena, La Luisiana** y **Almodóvar del Río.**

Restaurantes

La Yedra. Gral. Freire, 6. T. 954 144 525. *www.restaurantelayedra.es*
Patio con fuente centenaria y cuajado de yedra. Lomo de bacalao confitado a baja temperatura con muselina de ajos y tinta de calamar, paletilla de cordero lechal, copa de crema de queso con miel, nueces y puré de mango.
Menú 18 €. Precio medio 25 €.

Mesón La Almazara de Carmona. Sta. Ana, 33. T. 954 190 076.
www.cateringalfardos.com
Antiguo molino de aceite. Buenas tapas. Croquetas de cola de toro, lomo de buey a la parrilla, *brioche* en torrija con helado de vainilla. Precio medio 28 €.

El Museo de la Ciudad de Carmona exhibe diversos objetos romanos

Hoteles

***** **Casa Palacio de Carmona.** Pl. de Lasso, 1. T. 954 191 000.

Hab. 30: 135/225 €. Suites: 1. Palacio andaluz del s. XVI. Pertenece a la cadena Relais & Châteaux. Restaurante de cocina andaluza e internacional.

**** **Parador de Turismo.** Alcázar, s/n. T. 954 141 010. *www.parador.es*
Hab. 63: 129/199 €. Uno de los más bellos paradores, totalmente reformado. Merece la pena visitarlo para admirar su patio árabe y el panorama de la vega de Carmona, y degustar su cocina.

Carril Pontevedra Ver Vilagarcía de Arousa

8 · C-4

Carrión de Los Condes Palencia

20 · E-3
A Palencia 42 km
A Madrid, 257 km
Alt. 839 m · Pob. 2.302
T. 979 880 932
GPS 42° 20' 19'' N · 4° 36' 11'' O

Visitar: Situada junto al Camino de Santiago, Carrión de los Condes cuenta con un gran número de monumentos, como el **Monasterio de S. Zoilo** (ss. XI al XVI), el **Monasterio** y **el Museo Real de Sta. Clara** (ss. XIII al XX) o las iglesias de Sta. María (s. XII), Santiago (ss. XII al XVII, con museo), S. Andrés (s. XVI), S. Julián (s. XVII) o de Belén (ss. XV al XVII). Se puede realizar la ruta del Besaya.

Fiestas: El **Corpus Christi** es de Interés Turístico Regional, con las tradicionales alfombras de flores. En **Semana Santa** tienen lugar vistosas procesiones. La primera quincena de mayo es la **Feria de Automoción Agrícola e Industrial;** el 24 de junio, la **romería de S. Juan de Cestillos;** en julio, **la Feria de Antigüedades,** y en agosto, la feria de artesanía del Camino de Santiago y las **fiestas patronales de S. Zoilo** (el día 25).

Alrededores: Las inmediaciones de Carrión de los Condes son ricas en patrimonio. En **Nogal de las Huertas** destacan las ruinas del Monasterio de S. Salvador; en **Villalcázar de Sirga,** a 5 km, la iglesia de Sta. María la Blanca (ss. XII al XVI); en **Renedo de la Vega,** el Rollo de Justicia (s. XV) y las ruinas del Monasterio de Sta. María de la Vega (ss. XII y XIII); en **Boadilla de la Vega,** la iglesia de la Asunción (s. XVI); en **Saldaña,** a 25 km, el Museo de S. Pedro de Arqueología Romana, y en **Quintanilla de la Cueza,** a 25 km, la villa romana.

Detalle renacentista en el Monasterio de S. Zoilo de Carrión de los Condes

Restaurantes

Estrella del Bajo Carrión. (En Villoldo, a 11 km).
Antigua ctra. C-615, Palencia-Riaño, km 29. Mayor, 32. T. 979 827 005.
www.estrellabajocarrion.com
Cierra domingo cena y lunes excepto agosto. Con 10 habitaciones. La mejor mesa de la provincia en un encantador hotel rural llevado por la familia Pedrosa. La fidelidad a la temporada se evidencia en las verduras y la caza. **Paletilla de cordero** siempre rematada por una **gelatina de café y espuma de chocolate blanco.** Menú degustación y precio medio 50 €.

Mesón de Villasirga-Mesón Los Templarios. (En Villalcázar de Sirga, a 5 km). Pl. Mayor, s/n. T. 979 888 022.
Cierra noches en invierno excepto viernes, sábado y domingo, y del 24 de diciembre a finales de enero. Dos locales diferentes con la misma oferta netamente castellana. Uno en un antiguo depósito municipal de cereales del s. XVII y otro en un antiguo hospital de peregrinos. Morcilla elaborada semanalmente, lechazo asado en horno de leña, almendrados y amarguillos. Precio medio 35 €.

Hoteles

*** **Hotel Real Monasterio S. Zoilo.** Obispo Souto, s/n. T. 979 880 050.
www.sanzoilo.com
Hab. 50: 62/90 €. Suites: 5. Monasterio benedictino de los ss. XI al XVI, con claustro renacentista. Monumento Histórico-Artístico en pleno Camino de Santiago. Restaurante Las Vigas.

Cartagena Murcia

101 · B-3
A Murcia, 48 km
A Madrid, 439 km
Alt. Nivel del mar · Pob. 218.210
T. 968 128 955
GPS 37° 36' 19'' N · 0° 59' 33'' O

Visitar: Para conocer sus principales monumentos se pueden realizar tres itinerarios diferentes. Uno es el arqueológico, que pasa por los centros de interpretación de la Muralla Púnica y de la Historia de Cartagena; el **Museo del Teatro Romano;** el **Museo Nacional de Arqueología Subacuática;** la **Casa de la Fortuna;** el Decumano o el Augusteum. Otro es el itinerario barroco y neoclásico, que repasa un gran número de edificios militares de carácter defensivo construidos bajo el reinado de Carlos III, como la **muralla,** el **hospital militar** o el **cuartel de Antígones,** actuales sedes de la Universidad Politécnica.

También se acerca al **Centro de Interpretación de la Arquitectura Defensiva de Cartagena,** el **fuerte de Navidad** y algunas iglesias que albergan muestras escultóricas. Finalmente, el itinerario modernista y ecléctico se acerca al **Palacio Consistorial,** la **Casa Pedreño,** el **Gran Hotel** y las casas Maestre, Aguirre y Zapata, edificios públicos y privados, todos ellos de principios del s. XX. En el frente marítimo de Cartagena se ubican el **Submarino Peral** y el puerto, así como el **Auditorio y Centro de Congresos,** todavía en construcción.

Fiestas: En enero tiene lugar la **romería del Cañar;** en febrero, los carnavales, y en abril, los encuentros con la nueva danza **(Mu-Danzas),** y el **Festival Europeo de Teatro Grecolatino.** Su **Semana Santa** está declarada de Interés Turístico Internacional. En julio se celebra el festival internacional **La Mar de Músicas;** en agosto, el Teatro del Mar y el **Certamen Nacional del Trovo Trovalia.** En septiembre es la fiesta de **Cartagineses y Romanos,** de Interés Turístico Nacional; en noviembre, el **Festival de Jazz,** y en diciembre, el **Festival Internacional de Cine.**

Ánforas del Museo Nacional de Arqueología Subacuática de Cartagena

Alrededores: Hay un gran abanico de playas en las inmediaciones, como **cala Cortina** (a 3 km), el **Portús** (a 11 km), **Isla Plana** y la **Azohía** (a 22 km). Son interesantes los paisajes del **cabo de Palos** y **La Manga,** a 32 km; las playas del **Mar Menor,** a 16 km, o **La Unión,** a 12 km, donde se celebra el Festival de Cante de las Minas en agosto. También hay numerosos senderos que transcurren por espacios naturales protegidos y vías romanas con espectaculares vistas.

Restaurantes

El Barrio de S. Roque. Jabonerías, 30. T. 968 500 600.
Cierra domingo excepto Semana Santa y diciembre. Antiguo almacén del s. XIX. Salmorejo de tomate raf con buñuelitos de bacalao, dentón en costra de patata. Menú de picoteo por las noches 25 €. Precio medio 30 €.

® **José María-Los Churrascos.** (En El Algar, a 15 km). Av. Filipinas, 13. T. 968 136 028. *www.loschurrascos.com* P
Cierra domingo cena y lunes. Recomendables **calderos, bacalaos** y **carnes.** De postre, **flan de naranja con 'toffee'.** Precio medio sin marisco 30 €.

La Marquesita. Pl. Alcolea, 6. T. 968 507 747.
Cierra domingo. Casa de comidas con recetas caseras y mediterráneas con cuidado producto. Croquetas, setas con crujiente de huevo, cazuelita de mero y rape. Menú 20 €. Precio medio 35 €.

Hoteles

**** **Husa Cartagonova & Spa.** Marcos Redondo, 3. T. 968 504 200. *www.hotelhusacartagonova.com* P SPA
Hab. 100: 63/146 €. Suites: 15. En el centro histórico y comercial. Spa urbano y gimnasio.

---

22 · B-2

Casalarreina La Rioja Ver Haro

Casares Málaga

10 · E-1
A Málaga, 102 km
A Madrid, 640 km
Alt. 435 m · Pob. 5.201
T. 952 894 150
GPS 36° 26' 37'' N · 5° 16' 25'' O

Visitar: Destacan su casco histórico, con el tipismo de los pueblos blancos malagueños; el **castillo,** en torno al cual nació la ciudad medieval; la **casa natal de Blas Infante** y las iglesias de S. Sebastián y de la Encarnación.

Fiestas: El último fin de semana de mayo se celebra la romería de la patrona, **Ntra. Sra. del Rosario del Campo;** el tercer fin de semana de julio, **la feria del Secadero;** el primer fin de semana de agosto, la **feria del pueblo,** y el segundo fin de semana de septiembre, la **feria del Cristo.**

Alrededores: Es muy atractiva la zona occidental de la **Costa del Sol,** así como la **serranía de Ronda** y el **campo de Gibraltar.**

Restaurantes

® **El Jardín.** (H. Finca Cortesín). Ctra. AP-7, Málaga-Cádiz, salida 153. Ctra. MA-8300, de Casares, km 2. T. 952 937 800. *www.fincacortesin.com*
P
Cierra almuerzos y del 8 de enero al 7 de febrero. Confortable ambiente y una cocina de corte mediterráneo con el sello del acreditado Lutz Bösing (La Bobadilla-Loja). **Crema de trufa blanca con aire de trufa negra, rodaballo al horno en caldo corto de tomate y alcachofas, 'tetris' de chocolates con vainilla.** Precio medio 62 €.

☼ **Finca Cortesín Don Giovanni.** (H. Finca Cortesín). Ctra. AP-7, Málaga-Cádiz salida, 153. Ctra. MA-8300, de Casares, km 2. T. 952 937 882. *www.fincacortesin.com*
Cierra almuerzos y de septiembre al 1 de julio excepto Semana Santa. Estratégica situación entre Marbella y Sotogrande. Ambiente sofisticado, elegante y acogedor en el comedor-terraza. Magnífica **'burrata', pastas** (como los **'ricciole' al estilo Cortesín**) y **'panna cotta'** de postre, con la acreditada calidad de Andrea Tumbarello. Precio medio 35 €.

☼☼ **Schilo.** (H. Finca Cortesín). Ctra. AP-7, Málaga-Cádiz, salida 153. Ctra. MA-8300, de Casares, km 2. T. 952 937 800. *www.fincacortesin.com*
Cierra almuerzos, domingo, lunes y enero. Atractiva cocina de fusión japo-magrebí de la mano de Schilo van Doevorden, secundado por Dave Willcocks en un elegante entorno. **'Sashimi' de 'hamachi' con sorbete de 'bloody mary', cordero lechal con salsa de dátiles con arroz árabe, naranjo de chocolate.** Precio medio 82 €.

Hoteles

***** **Finca Cortesín Golf & Spa.** Ctra. Casares, s/n. T. 952 937 800. *www.fincacortesin.com*
Suites 67: 429/935 €. Situado entre Marbella y Sotogrande, cuenta además con seis villas. Espectaculares vistas al Mediterráneo y numerosas actividades. Restaurantes El Jardín, Schilo y Don Giovanni.

Monumentos y viviendas típicas se concentran en lo alto del cerro de Casares

Casarrubios del Monte Toledo

62 · E-2
A Toledo, 51 km · Madrid, 38 km
Alt. · Pob. 5.193
GPS 40° 11' 7'' N · 4° 2' 13'' O

Visitar: Los principales atractivos monumentales son el **castillo** (s. XIV), la **ermita de Ntra. Sra. de la Salud** y el **Rollo de Justicia** (s. XV).

Fiestas: El primer domingo de mayo se celebra la **Virgen de la Salud;** el 15 del mismo mes, **S. Isidro,** y en la semana previa al 13 de septiembre, la **Semana Cultural.** El 3 de septiembre es la festividad de **Ntra. Sra. de Gracia.**

Alrededores: Merece la pena realizar la ruta desde **El Álamo** a **Batres.**

Restaurantes

® **Las Esparteras.** (Junto a la gasolinera de Repsol). Ctra. A-5, Madrid-Extremadura, km 47,700. T. 918 170 933. *www.lasesparteras.com*
Espectacular carta de vinos. Cocina tradicional. **Alcachofas en aceite de oliva, asados al horno de leña, 'soufflé' de chocolate.** Precio medio 30 €.

Casas, Las Ciudad Real Ver Ciudad Real

81 · E-1

Castellar de La Frontera Cádiz

114 · D-1
A Cádiz, 138 km
A Madrid, 657 km
Alt. 47 m · Pob. 3.206
T. 956 693 001
GPS 36° 17' 9'' N · 5° 25' 16'' O

Visitar: Son de interés su **castillo-fortaleza** (ss. XIII y XIV), el **convento de S. Miguel de la Almoraima,** de 1603, actualmente convertido en hotel. Además, no conviene olvidar el **Parque Natural de los Alcornocales,** el **Parque Natural de Castellar,** el **embalse del Guadarranque,** la **finca de La Almoraima** o el **albergue Jarandilla.**

Fiestas: Destacan la **Semana Santa** y, en mayo, la romería del **Stmo. Cristo de la Almoraima.**

Alrededores: La famosa **Ruta de los Pueblos Blancos,** entre Cádiz y Málaga, es ideal para conocer la zona, así como la **Ruta del Toro,** en el corazón de la comarca, de gran valor artístico y monumental. Destaca también la localidad de **Sotogrande.**

Restaurantes

® **El Molino del Conde.** Ctra. A-405, de La Almoraima, km 42,500. T. 956 236 063. *www.elmolinodelconde.es*
Cierra almuerzos en julio y agosto, y lunes. Atractivo antiguo molino y tahona (s. XVII), en el Parque Natural de los Alcornocales. **Timbal de berenjenas gratinadas, solomillo de ternera retinta, 'brownie' con helado de vainilla.** Menú 18 €. Precio medio 30 €. En verano de 2011 abrió una agradable terraza en el pueblo de Guadiaro (Av. Los Canos, s/n. Edif. Sotovila 1. T. 956 614 214).

Castelldefels Barcelona

48 · D-1
A Barcelona, 18 km
A Madrid, 618 km
Alt. 3 m · Pob. 62.250
T. 936 352 727
GPS 41° 16' 48'' N · 1° 58' 32'' E

Visitar: Esta villa residencial y vacacional cuenta con interesantes monumentos del pasado, como el **castillo** (s. XIII) y su iglesia románica, las **torres vigía,** restos de un **poblado íbero,** así como el **canal olímpico de Cataluña** y seis kilómetros de **playas con bandera azul.**

Fiestas: Destacan los **carnavales** (febrero), el **Día de St. Jordi** (23 de abril), la **feria de St. Ponç** (mayo), el **Festival de Dança** y la **fiesta del Mar** (julio), la **fiesta Mayor de Verano** (agosto), la **Marcha Ciclista de BTT** (septiembre), la **castañada popular** (octubre) o la **fiesta Mayor de Invierno** (diciembre).

Alrededores: En **Gavá** son remarcables el museo y las minas prehistóricas; en **St. Boi,** los baños romanos, y en **Sta. Coloma de Cervelló,** la colonia Güell de Gaudí.

Restaurantes

Les Marines. (En Gavá, a 3 km). Calafell, 21-23. T. 936 333 570.
www.lesmarines.com P
Cierra domingo cena, lunes y vacaciones sin determinar. Ensalada de colas de langostinos con espárragos trigueros, lomo de lubina salvaje con láminas de trufa en temporada, carro de pastelería. Menú 23 €. Precio medio 50 €.

Castelló d'Empúries/Castellón de Ampurias Girona

27 · C-2
A Girona, 46 km
A Madrid, 753 km
Alt. 17 m · Pob. 12.000
T. 972 156 233
GPS 42° 15' 29'' N · 3° 4' 24'' E

Visitar: Su **centro histórico y monumental** es de gran interés; en él destacan la **Basílica de Sta. Maria** y su **Museu Parroquial** (ss. XII al XVIII), las plazas de Jacint Verdaguer, la muralla, el portal de la Gallarda (ss. XI al XIV), los conventos de Sta. Clara (ss. XIII al XVII) y de St. Agustí (s. XIII), el Lavadero, el **Ecomuseu Farinera,** el **Museu de la Cúria-Presó,** la **prisión medieval** (s. XIV), la Casa Gran (s. XV), el puente viejo, el barrio judío y el **Parc Natural Aiguamolls de l'Empordà.**

Fiestas: El 2 de febrero se celebra **La Candelera;** el 16 de julio, la **fiesta del Carmen,** y el 10 de agosto, la **fiesta Mayor,** en honor a St. Llorenç.

Alrededores: En **Figueres** (a 11 km) merecen una parada el Teatre-Museu Dalí, el Museu del Joguet, el Museu de l'Empordà y el Castell de St. Ferran. En **Roses** (a 10 km) es muy interesante visitar su Ciutadella, y en **L'Escala** (a 20 km) son muy bellas las ruinas grecorromanas de **Empúries-L'Escala.** A 25 km, en **Port de la Selva,** se encuentra el Monestir St. Pere de Rodes. Tampoco se pueden pasar por alto el casco antiguo de **Cadaqués,** así como su Casa-Museu, ni el casino **Castell de Perelada.**

Restaurantes

Emporium. (H. Emporium). Carrer de Sta. Clara, 31. T. 972 250 593.
www.emporiumhotel.com P
Cierra domingo cena y lunes del 17 de septiembre al 18 de junio excepto puentes y festivos; del 1 al 9 de enero y del 16 al 29 de octubre. Canelón relleno de pularda ampurdanesa, lubina con ajos tiernos, trufa y romesco, crema catalana con frutos rojos. Menú 18 €. Precio medio 50 €.

Un viaje submarino
Los fondos marinos de las islas Columbretes son excepcionales en el Mediterráneo por su riqueza y variedad.

Castellón de la Plana/Castelló de la Plana

66 · A-3
A Madrid, 420 km
Alt. 27 m · Pob. 180.690
T. 964 283 621
GPS 39° 59' 9'' N · 0° 2' 14'' O

Visitar: Las construcciones más apreciadas son la **Concatedral de Sta. María,** de estilo gótico y renacentista, destruida en 1936 y posteriormente reconstruida; la **iglesia de la Sangre** y el campanario del Fadri (s. XVII). En el **Museo Provincial de Bellas Artes** hay obras de Ribalta y Zurbarán, y una interesantísima colección de cerámica valenciana. El **Ayuntamiento,** de principios del s. XVIII, también cuenta con una extensa colección de pinturas de Ribalta. Otros edificios de interés son el **convento de las Capuchinas,** la **Casa dels Orfens,** la **Casa dels Miquels,** el casino antiguo, el **instituto Francisco Ribalta,** la Basílica del Lledó, el Teatro Principal, el Espai d'Art, el Planetario, el parque Ribalta o las **islas Columbretes.**

Fiestas: En marzo se celebra **La Magdalena;** en mayo, la **fiesta de la Rosa** y la de la **Mare de Déu del Lledó,** la patrona. En junio tienen lugar las celebraciones de **S. Juan y S. Pere,** y en julio, las del patrón **S. Cristóbal.** También es reseñable en Castellón de la Plana la **Semana Santa.**

Las pirotécnicas celebraciones de La Magdalena, en Castellón de la Plana

Alrededores: Merece la pena conocer la **Almenara,** un sistema de riegos de origen romano. Siguiendo el **Caminás,** se puede visitar la ermita del Castell Vell, St. Francesc de la Font, St. Roc de Canet y la Basílica de la Verge de Lledó. En la **ermita de St. Jaume de Fadrell** hay un Museo Etnológico Municipal. En **Burriana,** a 13 km, destacan la iglesia gótica de St. Salvador y el Museo Arqueológico Municipal, con diversas y valiosas piezas romanas, entre las que sobresale el famoso *Mercurio*. En **La Vall d'Uixó,** a 28 km, están las grutas de S. José y el **Parque Natural del Desierto de Las Palmas. Onda,** a 22 km, cuenta con el Museo del Carmen y el Museo de Cerámica. **Alcora,** a 19 km, es conocido por su fábrica de piezas de cerámica y por la ermita del Stmo. Cristo del Calvario. En **Vilafames,** a 30 km, están el Museo de Arte Contemporáneo y el del Vino, y también los parques naturales de **Prat de Cabanes** o de **Islas Columbretes.** En **Villavieja** son de interés las aguas termales de la Vilavella.

Restaurantes

☼ **Aqua.** (H. Luz Castellón). Pintor Oliet, 3. T. 964 201 010.
www.hotelluz.com Ⓔ ♿ ❄ P
Pedro Salas armoniza tradición e innovación con propuestas de alto calado y la mejor materia prima de la temporada. **Arroz frito con espárragos, soja y costilla de orza, meloso de cordero a la canela, cremoso de café con leche con bizcocho crujiente.** Precio medio 30 €.

☼ **Arbequina.** (Aparcamiento concertado). Bartolomé Reus, 35.
T. 964 269 301. *www.restaurantearbequina.com* ♿ ❄
Cierra domingos, lunes, semana de Pascua y tres semanas en agosto. Destreza, gusto y una alta resolución en la culinaria contemporánea de Modesto Fabregat. **Dúo de salmón y caballa ahumados con 'mousse' de puerros, urta sobre salteado de 'sepionets' y ajos tiernos, sorbete de piña y espuma de yogur.** Precio medio 38 €.

Mercat de les Tapes-La Guindilla. Ruiz Vila, 7. T. 675 978 682.
www.tascalaguindila.com Ⓔ ❄
Cierra domingo, lunes excepto víspera de festivos y agosto. Próximo al mercado, calidad en el tapeo con un toque de innovación y también de diversión. Gambas al ajillo, calamar del Mercat, natillas. Precio medio 25 €.

® **Pairal.** Dr. Fleming, 24. T. 964 233 404. *www.restaurantepairal.com*
❄
Cierra domingo cena, lunes y Semana Santa. Culinaria de producto, reconocible y gratificante. **Lasaña de anchoas marinadas con berenjenas, lechazo al romero, pudín de limón.** Menú 25 €. Precio medio 36 €.

Tasca del Puerto. (En El Grao). Av. del puerto, 13. T. 964 284 481.
www.tascadelpuerto.com Ⓔ ❄
Cierra domingo cena, lunes excepto festivos o vísperas, 15 días en enero y en noviembre. Cocina marinera cerca del puerto pesquero. *Carpaccio* de

Mancolibre y Senyoreta, dos de las pequeñas islas que forman parte de las Columbretes (Castellón)

pulpo sobre *mousse* de patata, arroces marineros, tarta capuchina. Precio medio 30 €.

Hoteles

****** Luz Castellón.** Pintor Oliet, 3. T. 964 201 010. *www.hotelluz.com*
Hab. 111: 50/250 €. Suites: 1. De nueva construcción. Moderno y funcional, decorado con estilo minimalista. Restaurante Aqua.

19 · D-2

Castrillo de los Polvazares León Ver Astorga

3 · A-3

Castrillón Asturias Ver Avilés

Castro Urdiales Cantabria

5 · F-3
A Santander, 75 km
A Madrid, 400 km
Alt. 16 m · Pob. 32.580
T. 942 871 512
GPS 43° 22' 57'' N · 3° 13' 15'' O

Tablones en pleno secado para fabricar barcas, junto a un muro de Castro Urdiales

Visitar: El rincón más monumental de la villa es el formado por la **iglesia de Sta. María** (gótica del s. XIII), con portada románica, donde se conservan la **Sta. Cruz** y el **Cristo Yacente,** obra de Gregorio Hernández (s. XVII); el **castillo,** actualmente faro, y el **puente medieval,** todo ello junto al puerto. Otros atractivos religiosos son la **estatua policromada de la Virgen Blanca** (s. XIII) y la **ermita de Sta. Ana** o la **iglesia de S. Pedro** (s. XI). También destacan edificios civiles, como el Ayuntamiento, el Palacio y el Castillo de Ocharán, o un miliario romano del año 61.

Fiestas: Destacan los **carnavales,** las fiestas de S. Juan, **S. Pelayo** (patrono) y S. Pedro (Semana Grande), que se celebran en junio; el **Coso Blanco,** de Interés Turístico Nacional, el 6 de julio; la procesión marítima del Carmen y la festividad de **Sta. Ana,** todas ellas en julio. En agosto es **La Asunción,** patrona de la localidad, y también **S. Roque.** El 30 de noviembre se celebra la fiesta de **S. Andrés.**

Alrededores: Son muy recomendables las playas vecinas, como **Sonabia, Oriñón, Islares, Brazomar, Mioño, El Pedregal, Sanguillén, Ostende** y **Arciseri.**

Restaurantes

Mesón Marinero. Correría, 23. T. 942 860 005. *www.mesonmarinero.com*
Pescados y carnes de la zona, junto a platos de temporada. Arroz con leche. Precio medio 42 €.

Castropol Asturias

2 · F-3
A Oviedo, 135 km
A Madrid, 574 km
Alt. De 0 a 1.200 m · Pob. 3.807
T. 985 635 113
GPS 43° 31' 28'' N · 7° 0' 24'' O

Visitar: Su **casco histórico** está declarado Bien de Interés Cultural gracias a espacios como la **plaza del Cruzadero.** Sus monumentos más interesantes son **la iglesia de Santiago,** el **Teatro Casino,** la ermita de Sta. María del Campo, el monumento a Fernando Villamil, los palacios del Marqués de Santa Cruz y de Valledor, la **casona de las Cuatro Torres** o **Villa Rosita.** Otros atractivos son el **parque Vicente Loriente,** el **Centro de Interpretación de la Ría** y el observatorio de aves, así como la posibilidad de hacer senderismo o de practicar golf.

Fiestas: El **Corpus Christi** está declarado de Interés Turístico Regional. El 25 de julio se celebran la **Bandera Príncipe de Asturias** y la festividad de **Santiago.** En agosto, la **procesión marítima en honor a la Virgen del Carmen** y el **descenso de carrilanas.** El 16 de agosto es **S. Roque.**

Alrededores: La localidad de **Tapia de Casariego,** con un hermoso puerto, se halla a 9 km. En **Ribadeo,** a 9 km, es interesante el casco viejo. **Taramundi,** a 35 km, cuenta con un conjunto etnográfico. Otras localidades de interés son **Navia,** a 31 km, y **Luarca,** a 51 km.

Restaurantes

Casa Vicente. Av. Galicia, s/n. T. 985 635 051.
www.restaurantecasavicente.com
Cierra lunes cena y martes excepto agosto, y de mediados de diciembre al 1 de febrero. Su ubicación sobre la misma ría del Eo preludia un protagonismo absoluto de los pescados y mariscos. Zamburiñas a la plancha, rape a la romana. Menú 16 €. Precio medio 40 €.

Peñalba. (En Figueras, a 6 km). H. Palacete Peñalba. El puerto, s/n.
T. 985 636 166. *www.hotelpalacetepenalba.com*

Cierra lunes. Con 23 habitaciones. La decoración marinera de este acogedor restaurante indica la profunda vocación de la casa por la cocina de los pescados en acertadas preparaciones. Merluza de pincho a la sidra y aroma de azafrán, copita de requesón con puré de manzana, sidra y sorbete de mandarina. Menú 25 €. Precio medio 35 €.

Castroverde de Campos Zamora Ver Benavente

31 · B-1

Cazalla de la Sierra Sevilla

97 · A-1
A Sevilla, 78 km
A Madrid, 493 km
Alt. 590 m · Pob. 5.034
T. 954 883 562.
GPS 37° 55' 45'' N · 5° 45' 42'' O

Visitar: Sus principales monumentos son el **Monasterio de la Cartuja,** la **ermita de Ntra. Sra. del Carmen,** la de **Ntra. Sra. del Monte** (s. XVIII), el **convento de S. Francisco** (s. XVI), la **iglesia de Ntra. Sra. del Monte** y el **Palacio de S. Benito.** En cuanto a patrimonio natural, sobresale el **Parque Natural Sierra Norte de Sevilla.**

Fiestas: Son de especial interés los **carnavales** (en febrero) y la **romería al Santuario de Ntra. Sra. del Monte** y la feria (en agosto). El 11 de septiembre es la **función de la Virgen del Monte,** y el mismo mes, el **Festival Posada de los Títeres en Sierra Morena.** En diciembre es tradicional la representación del **belén viviente.**

Alrededores: Merecen la pena el **cerro del Hierro** y el **pantano del Pintado,** así como el nacimiento y las cascadas del **río Hueznar,** declarados Monumento Natural.

Restaurantes

Julia y Lucía. (H. Posada del Moro). Pº del Moro, 46. T. 954 884 858. *www.laposadadelmoro.com*
Cierra lunes. Con 14 habitaciones. En el corazón de la sierra norte de Sevilla. Berenjena con miel, lomo a la cazallera, tocinito de cielo. Menú 15 €. Precio medio 40 €.

Hoteles

Palacio de San Benito. S. Benito, s/n. T. 954 883 336. *www.palaciodesanbenito.com*
Hab. 8: 140/180 €. Suites: 1. Espectacular restauración de una ermita del s. XV. Muebles y cuadros antiguos. Atractiva cocina. Reservar.

Palacete Peñalba de Figueras (Castropol), muestra de Art Nouveau en Asturias

Cazorla Jaén

99 · D-1
A Jaén, 105 km · Madrid 365 km
Alt. 806 m · Pob. 8.133
T. 953 710 102
GPS 37° 54' 46'' N · 3° 0' 15'' O

Visitar: La ciudad se alza sobre un mar de olivos, al pie de la muralla rocosa que forma la **peña de los Halcones.** En su perfil destacan el **Castillo de Yedra** y el de **Salvatierra,** de origen árabe. Son de interés las ruinas de la iglesia de Sta. María, obra atribuida al arquitecto Andrés de Vandelvira (s. XVI), y las iglesias del Carmen (ss. XVII y XVIII), S. Francisco (s. XII) y S. José. Otros edificios históricos son las ermitas de S. Miguel Arcángel y S. José Obrero; la **Casa-Palacio de las Cadenas** (s. XIX), las antiguas casas consistoriales (s. XVII) y los monasterios de S. Juan de la Penitencia (hoy albergue juvenil) y de Montesión (fundado en 1625). El **Parque Natural de Sierra de Cazorla** permite la caza, la pesca y el turismo.

Fiestas: En enero se celebra **S. Antón;** a finales de abril, la **romería de la Virgen de la Cabeza;** en mayo, la **romería de S. Isicio,** patrón de la localidad, y en septiembre, las **fiestas Mayores del Stmo. Cristo del Consuelo.**

Alrededores: En **La Iruela,** a 3 km, hay que ver el castillo templario, con maravillosas panorámicas; en **Peal de Becerro,** a 15 km, las torres medievales y las cámaras sepulcrales ibéricas de Toya y Hornos de Peal (ss. V y IV a. C.). En **Quesada,** a 20 km, se puede visitar el Museo de Rafael Zabaleta, la cueva del Agua y también el Santuario de Tíscar.

Restaurantes

La Sarga. Pl. Andalucía, 9. T. 953 721 507. *www.lasarga.com*
Cierra lunes cena, martes, 15 días en enero y en septiembre. Espectaculares vistas. Terrina de *foie-gras* con queso fresco, caldereta de cordero segureño y helado de gachas dulces. Menú 18 €. Precio medio 40 €.

Hoteles

*** **Parador de Turismo.** Sierra de Cazorla, s/n. T. 953 727 075. *www.parador.es*

El castillo árabe gobierna los abruptos paisajes de Cazorla

Hab. 34: 70/144 €. En el corazón del Parque Natural, domina un interminable horizonte de pinos y montañas. Cocina tradicional con sabrosos platos serranos y de caza.

9 · E-4

Celeiro, O Lugo Ver Viveiro

107 · A-2

Cenes de la Vega Granada Ver Granada

26 · A-4

Cercs Barcelona Ver Berga

24 · F-1

Cerler Huesca Estación de esquí - Ver Benasque

Cervera de Pisuerga Palencia

11 · F-3
A Palencia, 116 km
A Madrid, 375 km
Alt. 1000 m · Pob. 2.592
T. 979 870 695
GPS 42° 51' 56'' N · 4° 30' 1'' O

Visitar: Situada en el corazón de la montaña palentina, destacan la **iglesia de S. Salvador** (s. XII); la de Ntra. Sra. del Castillo (s. XVI), con pinturas de Juan de Flandes; la ermita rupestre de S. Vicente y la ermita de la Cruz (s. XVII). Edificios civiles de interés son la **Casa de los Leones** (s. XVII), los soportales de la plaza Mayor (ss. XVI y XVII), el Museo Etnográfico de Piedad Isla y Juan Torres, el Museo Cantarranas o la casa del Parque Natural Fuentes Carrionas. Muy cerca se encuentran el pantano de Ruesga y el **roblón de Estalaya.**

Fiestas: En julio se celebran **S. Cristóbal,** la festividad de Sta. Marta y la Feria de Artesanía y Alimentación. En agosto son las **fiestas patronales de Ntra. Sra. del Castillo** y **S. Roque.**

Alrededores: En **Verdeña** hay que visitar la **Casa del Oso Cantábrico,** el bosque Fósil y la Reserva Nacional de Caza. En **Olmos de Ojeda** destaca la iglesia románica de Sta. Eufemia de Cozollos (s. XII), y en **S. Salvador de Cantamuda,** la iglesia de S. Salvador y los restos de la abadía de Lebanza (s. X). **Perazancas,** a 14 km, cuenta con la iglesia románica de S. Pelayo, y **S. Cebrián de Muda** con otro templo románico del s. XIII. No hay que dejar de visitar **Tejeda de Tosande.**

Restaurantes

Asador Gasolina. La Pontaneja, 2. T. 979 870 648. *www.asadorgasolina.com*

Cierra lunes y del 22 de diciembre al 22 de enero. Casa antigua con especialidad en carnes de Cervera, al horno o a la parrilla. Para empezar, pimientos rellenos de *boletus*, y para terminar, arroz con leche. Menú 14 €. Precio medio 28 €.

Hoteles

*** **Parador de Turismo.** Ctra. de Resoba, km 2,5. T. 979 870 075. *www.parador.es*

Hab. 80: 70/150 €. En el corazón de la montaña. Rodeado del románico del norte palentino. Actividades deportivas.

Ceuta

114 · E-3
A Madrid, 680 km
Alt. 190 m · Pob. 80.000
T. 956 200 560
GPS 35° 53' 24'' N · 5° 18' 59'' O

Visitar: Destaca el conjunto monumental de las **murallas Reales,** con el foso de S. Felipe, excavado para defender la ciudad en el s. XVI; une las bahías mediterránea y atlántica, y es el único foso navegable de Europa de agua marina. Son igual de interesantes las murallas Merinidas, la **fortaleza del Hacho,** la **iglesia de Sta. María de África** (ss. XV al XVIII) o la **Catedral de Ntra. Sra. de la Asunción.** Ceuta cuenta con una amplia variedad de museos, como el de la basílica tardorromana (s. IV d. C.), el Militar de la Legión, el del Castillo del Desnarigado (s. XIX) y los restos del castillo del XVII, o el Catedralicio. Son de interés también los baños árabes, el yacimiento fenicio, el **parque Marítimo del Mediterráneo,** las playas, el puerto deportivo o la ruta senderista de los fortines neomedievales.

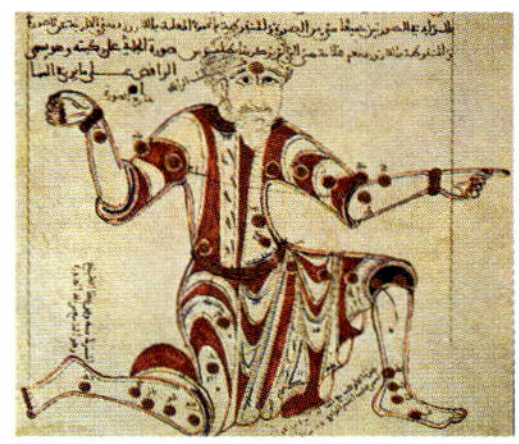
El acervo cultural ceutí se remonta a veinte siglos atrás

Fiestas: El calendario festivo de Ceuta comienza con las conocidas cabalgatas de Reyes y continúa, el 31 de enero, con el **Día de la Convivencia** y los carnavales, en febrero. El 13 de junio es la romería a la ermita de S. Antonio, y el 23 de ese mismo mes, las **hogueras de S. Juan.** El 16 de julio tiene lugar la fiesta de la **Virgen del Carmen,** y en agosto, las fiestas patronales de la Virgen de África. Otras fiestas de interés son el **Día de la Autonomía** (2 de septiembre) y el **Día de la Mochila** (1 de noviembre).

Alrededores: Las mejores panorámicas se obtienen desde el **mirador de S. Antonio.** En **Benzú** hay que visitar formaciones rocosas como La Mujer Muerta o Atlante Dormido, así como el observatorio de aves y de cetáceos.

Restaurantes

® **El Refectorio.** Poblado Marinero, 37. T. 956 513 884. *www.elrefectorio.es*

Cierra domingo cena, lunes y segunda quincena de enero. Junto al mar. Animada barra, comedores y bodega acristalada. **Mariscos, pescados** y **carnes rojas.** De postre, **tocino de cielo.** Precio medio 45 €.

Hoteles

**** **Parador Hotel La Muralla.** Pl. Ntra. Sra. de África, 15. T. 956 514 940. *www.parador.es*

Hab. 105: 82/126 €. Suites: 1. Ocupa un moderno edificio adosado a las antiguas murallas reales sobre la plaza de Ntra. Sra. de África, centro neurálgico de Ceuta. Magníficas panorámicas del mar y del casco antiguo, e incluso de la costa peninsular. Restaurante La Muralla.

Chiclana de la Frontera Cádiz

109 · E-3
A Cádiz, 23 km · Madrid, 660 km
Alt. 17 m · Pob. 80.997
T. 956 535 969
GPS 36° 25' 7'' N · 6° 9' 2'' O

Visitar: El **casco antiguo,** declarado Bien de Interés Cultural, está dividido en dos barrios bien diferenciados: La Banda y El Lugar, separados por el río Iro. Destacan las iglesias de S. Telmo (neoclásica de finales del s. XVIII) y Jesús Nazareno (barroca, del s. XVII); la **ermita de Sta. Ana** (s. XVII); el **Museo de Muñecas Marín** o el **Municipal Paquiro.** Son especialmente recomendables las **playas** de La Barrosa y de Sancti Petri, así como las bodegas.

Fiestas: Aparte de las celebraciones de carnavales y **Semana Santa,** tienen interés la feria y fiestas de **S. Antonio** y las **hogueras de S. Juan** (junio), la romería de la Virgen del Carmen (16 de julio), la romería de Sta. Ana (26 de julio) y la festividad de la patrona, **Ntra. Sra. de los Remedios** (8 de septiembre).

Alrededores: Los acantilados vecinos protagonizan uno de los tramos de costa más atractivos. En **Sancti Petri,** a 8 km, destaca el castillo. **Medina Sidonia,** que está a 24 km, es otro punto de interés.

Restaurantes

® **Chantarella.** (B° Novo Sancti Petri). Centro Comercial Bellamar, local 3. Ctra. de la Barrosa, s/n. T. 956 495 340. *www.chantarella.es*

Cierra de octubre a junio excepto Semana Santa. Acogedor local y ambiente informal, en un comedor con vistas a la playa de la Barrosa. **'Ravioli' de pato**

Vestigios de la antigua ciudad romana de Medina Sidonia, en Chiclana

con 'chantarellas' en escabeche, corvina de la bahía de Cádiz. Terraza *chill out* en la planta superior, coctelería y buena música. Precio medio 30 €.

El Santuario. S. Antonio, 6. T. 956 404 264.
Cierra lunes excepto festivo y verano. Antigua bodega de gerencia familiar con pescados y carnes al horno o a la parrilla. De postre, tartas según temporada. Menú 17 €. Precio medio 25 €.

Popeye. Ctra. de la Barrosa, km 4. T. 956 494 424.
www.restaurantepopeyechiclana.es
Cierra lunes en invierno. Frituras variadas, guisos y arroces marineros, natillas con huevos de corral. Precio medio sin marisco 30 €.

Hoteles

***** **Barceló Sancti Petri.** Urb. Las Lomas de Sancti Petri, s/n. T. 956 242 790.
www.barcelosanctipetri.com
Hab. 195: 115/464 €. Suites: 4. Hotel vanguardista en primera línea de playa. Restaurantes Almadraba *(buffet)* y Zahara (a la carta).

***** **Barrosa Palace.** Urb. Novo Sancti Petri, s/n. T. 956 492 200.
www.hipotels.com
Hab. 186: 85/325 €. Primera línea de playa. Restaurantes Enebro y Pinsapo (cena-*buffet*).

***** **Meliá Sancti Petri Hotel y Golf.** (En la Barrosa). Novo Sancti Petri. Urb. Chiclana Costa, s/n. T. 956 491 200. *www.melia-sanctipetri.com*
Hab. 223: 253/488 €. Suites: 9. En primera línea de playa. Restaurantes El Patio, S. Marco y Alhambra.

Chinchón Madrid

63 · B-2
A Madrid, 45 km
Alt. 700 m · Pob. 5.308
T. 918 935 323
GPS 40° 8' 23'' N · 3° 25' 1'' O

Visitar: El epicentro de la villa es su **plaza Mayor,** rodeada de bellos soportales y balcones. Junto a esta se levantan la **iglesia de Ntra. Sra. de La Asunción** (1534 a 1626), que contiene en su interior un **cuadro de Goya,** y la Torre del Reloj, reconstruida en 1713. Otros puntos de interés son el **Teatro Lope de Vega** (1891), el **Monasterio de la Inmaculada Concepción** (1653), el **convento de los Agustinos** y las ermitas de Sta. Ana, S. Roque, S. Antón, Ntra. Sra. de la Misericordia o Ntra. Sra. del Rosario. En las inmediaciones: el **Castillo de los Condes** y el de Casasola.

Fiestas: En Chinchón son muy conocidos los carnavales y, sobre todo, la noche del Sábado Santo, cuando tiene lugar la representación de La Pasión, de Interés Turístico Nacional. En julio se celebra la festividad de **Santiago;** en agosto, las de la Virgen de Gracia y S. Roque, y en septiembre, la de Ntra. Sra. del Rosario. En octubre es el Festival Taurino.

Alrededores: En la **laguna de S. Juan** se halla el Refugio de Fauna de la Comunidad de Madrid. En **Colmenar de Oreja,** a 5 km, son reseñables la iglesia de Sta. María y la plaza Mayor, también con soportales. Otros pueblos con encanto son **Titulcia,** a 15 km, y **Aranjuez,** a 21 km.

Restaurantes

Café de la Iberia. Pl. Mayor, 17. T. 918 940 847. *www.cafedelaiberia.com*
Mollejas de cordero, cordero al horno de leña y natillas al anís, en un café de principios del s. XX, con balconada sobre la plaza. Precio medio 30 €.

® **El Rincón de Luis.** (En Titulcia, a 15 km). Grande, 31. T. 918 010 175.
www.elrincondeluis.com
Cierra noches, lunes y segunda quincena de agosto. Con 7 habitaciones. Antigua casa de labranza. Pilar Peces tiene un encomiable punto en el tratamiento de las **verduras,** el **pollo de corral** y los **flanes.** Su hijo Mario, en la sala. Precio medio 35 €.

La Balconada. Pl. Mayor, s/n. T. 918 941 303.
www.restaurantelabalconada.com
Cierra miércoles. Casa antigua con balconada sobre la plaza. Almuerzo del abuelo, pepitoria de gallina, sopa de chocolate. Precio medio 35 €.

La Casa del Pregonero. Pl. Mayor, 4. T. 918 940 696.
www.lacasadelpregonero.com
Cierra martes. Gustosa cocina de siempre. Espárragos frescos, alcachofas, setas y huevos trufados, pierna de lechal asado. Menú 23 €. Precio medio 30 €.

Mesón-Cuevas del Vino. Benito Hortelano, 13. T. 918 940 940.
www.cuevasdelvino.com

Frutos aromáticos

Con el grano de anís denominado Matalahúga se elabora el famoso espirituoso de Chinchón.

Durante las fiestas, la plaza Mayor de Chinchón se utiliza como plaza de toros

Cierra domingo cena y martes. Casa de labranza del s. XVIII con molino de aceite y lagares. Judías chinchoneras, cordero y cochinillo asado, dulce de almendras. Menú infantil 17 €. Precio medio 30 €.

Hoteles

★★★★ **Parador de Turismo.** Huertos, 1. T. 918 940 836. *www.parador.es*

Hab. 38: 128/173 €. Suites: 2. Situado en el antiguo convento de los Agustinos (s. XVIII), con modernas y tranquilas instalaciones. El restaurante El Convento ofrece típicos asados de cordero y cochinillo de la tierra. Atractivo menú infantil.

Chipiona Cádiz

104 · C-4
A Cádiz, 56 km · Madrid, 655 km
Alt. 4 m · Pob. 18.728
T. 956 929 065
GPS 36° 44' 24'' N · 6° 26' 15'' O

Visitar: Pequeña estación veraniega bañada por el Atlántico donde está el **Santuario de la Virgen de Regla** (s. XIV). En la parroquia **Ntra. Sra. de la O** (s. XVI) hay unos bellos retablo y portada. Destacan también la **ermita del Cristo de las Misericordias** (s. XVIII) y el castillo (s. XIII). El faro, construido en 1867, es el más alto de España, el tercero de Europa y el quinto del mundo. Otros polos de atención para el visitante son el puerto deportivo y pesquero, así como el monumento y mausoleo de Rocío Jurado.

Fiestas: En febrero se celebran con mucha profusión los carnavales, y en junio, la **romería del Pinar.** El 16 de julio son las festividades de la Virgen del Carmen, y en agosto, el **Festival del Moscatel.** Las festividades de la Virgen de Regla se celebran el 9 de septiembre, y la **fiesta de la Palmicha,** en el mismo mes.

Alrededores: Los lugares más interesantes de los alrededores son: **Rota** (a 17 km), con sus playas; **Sanlúcar de Barrameda** (a 8 km); **Jerez de la Frontera** (a 30 km), con sus bodegas y sus caballos; el **Parque Nacional de Doñana** (a 8 km) y el centro turístico de **Costa Ballena** (a 4 km).

Restaurantes

La Pañoleta. (H. La Española. Playa Cruz del Mar). Isaac Peral, 6. T. 956 373 771. *www.hotellaespanola.com*
Cocina marinera junto a la playa. Arroz marinero, urta a la roteña, queso con cabello de ángel. Menú 15 €. Precio medio sin marisco 20 €.

Las Canteras. (Playa Las Canteras). Paseo marítimo de Las Canteras, s/n. T. 956 373 633. *www.barlascanteras.es*
Cierra cenas y martes en temporada baja; enero y febrero. Las olas rompen al pie de las mesas en la terraza, bajo el faro. Aliños, mariscos y fritos, pescados a la brasa, tocino de cielo. Precio medio 25 €.

Paco. Puerto deportivo de Chipiona, s/n. T. 956 374 664.

Cierra noches de lunes a jueves en invierno, martes y noviembre. Taberna marinera con productos del mar. Guisos, mariscos y pescados a la plancha. Tocino de cielo. Precio medio sin marisco 30 €.

Chiva Valencia

76 · D-2
A Valencia 28 km
A Madrid, 324 km
Alt. · Pob. 12.900
GPS 39° 28' 21'' N · 0° 43' 8'' O

En la fiesta de la Tomatina, las calles de Buñol se tiñen de rojo

Visitar: Son de obligatoria visita la **iglesia de S. Juan Bautista,** el **Castillo de Chiva** y la **Torreta.**

Fiestas: En septiembre su habitantes homenajean a la **Virgen del Castillo** con las fiestas populares.

Alrededores: Se puede visitar en **Buñol** (a 12 km) su castillo medieval del s. XII, la iglesia de S. Pedro Apóstol y los parques del Planell, de S. Luis, de la Violeta y de Urios, así como la **cueva de Turche,** el río Juanes y el nacimiento del río Mijares.

Restaurantes

Gambrinus. (En Siete Aguas, a 18 km). Av. Cerro, 15. T. 962 340 251.
Salvador Esteve, en sala, y su esposa Teresa, en la cocina, consiguen una buena referencia con legumbres de La Bañeza y el lechazo asado. Precio medio 30 €.

La Orza de Ángel. Dr. Corachan, s/n. T. 962 522 194. *www.laorza.com*
P
Cierra domingo. Con 22 habitaciones. Huevos fritos rotos con *boletus edulis,* pescados a la brasa, requesón con pasas, nueces y miel. Precio medio 32 €.

Churriana Málaga Ver Málaga

111 · B-2

Cintruénigo Navarra

34 · A-1
A Pamplona, 90 km
A Madrid, 300 km
Alt. 391 m · Pob. 7.636
T. 948 811 016
GPS 42° 4' 49'' N · 1° 48' 22'' O

Visitar: La parte monumental se concentra en su casco antiguo, con bellas **casas blasonadas,** la **iglesia de S. Juan Bautista** (s. XVI), en la que destaca el retablo renacentista, o la **Basílica de Ntra. Sra. de la Paz,** donde se venera una virgen gótica. Cintruénigo es, además, un importante centro vitivinícola y aceitero de Navarra.

Fiestas: En septiembre se celebran las **fiestas patronales** de la Virgen de la Paz, y en junio, las de S. Juan.

Alrededores: Merece la pena acercarse a los alrededores del **río Alhama.**

Restaurantes

Maher. (H. Maher). Ribera, 19. T. 948 811 150. *www.hotelmaher.com*
P
Cierra domingo cena, lunes y del 20 de diciembre al 20 de enero. Con 14 habitaciones. En este local acogedor y tradicional, Enrique Martínez, premio de la Academia Navarra de Gastronomía 2011, ofrece unos menús abiertos a precio cerrado, basados en una materia prima primorosa y estudiados hasta lograr la excelencia. Un lugar importante de la gastronomía española, donde la verdura se convierte en arte. Equipo al mismo nivel. Precio medio 50 €.

Ciudad Real

81 · E-2
A Madrid, 198 km
Alt. 650 m · Pob. 75.709
T. 926 216 486
GPS 38° 59' 4'' N · 3° 55' 35'' O

Visitar: El más importante de sus monumentos es la **Catedral de Sta. María del Prado** (s. XV), gótica con detalles renacentistas. Son interesantes también la **puerta del Perdón** (s. XIII), el retablo de Giraldo de Merlo (s. XVII) y otras iglesias, como la de S. Pedro (ss. XIV y XV, gótica), en la que destaca la capilla de los Coca; la **iglesia de Santiago** (finales del s. XIII), que sobresale por su decoración gótica-mudéjar, y La Merced (s. XVIII) o la puerta de Toledo (mudéjar, del s. XIV). Otros edificios de interés son la puerta del torreón del Alcázar, el **Palacio de la Diputación** (s. XIX), la **Casa del Arco,** con su reloj carillón, o los museos Provincial, López Villaseñor, Diocesano, Elisa Cendrero, el del Quijote y el del antiguo convento de la Merced; además de los parques y jardines urbanos.

Fiestas: Su **Semana Santa** está declarada de Interés Turístico Nacional y en ella 22 hermandades realizan desfiles procesionales con la participación masiva de cofrades y encuentro de pasiones. En los carnavales es relevante el **Domingo de Piñata,** un desfile de comparsas y carrozas de Interés Turístico Regional. El lunes siguiente a Pentecostés tiene lugar la **romería de Alarcos,** en el entorno de la ermita de Alarcos. El 30 de abril son **los Mayos;** en julio, el Festival Internacional de Folclore; el 31 de julio, **la Pandorga,** con desfile de trajes regionales, ofrendas y *onvidá* por el Pandorgo. Del 14 al 22 de agosto se celebran la feria y las fiestas en honor de la patrona, Sta. María del Prado. El principal evento del otoño es, en octubre, **Tapearte.**

Alrededores: Los espacios verdes más espectaculares son el **Parque Nacional de las Tablas de Daimiel,** a 34 km; el **Parque Forestal de La Atalaya,** a 3 km; la zona de avistamiento de aves del **Parque Forestal Camino de Sancho Rey,** a 8 km; el **Castillo de Calatrava La Nueva,** a 43 km; **Almagro,** a 24 km; el **Parque Arqueológico Íbero-Medieval de Alarcos,** a 8 km, y también la **laguna volcánica de la Posadilla,** a 9 km.

Restaurantes

Asador S. Huberto. Pasaje de General Rey, 8. T. 926 252 254.
Cierra domingo cena, lunes y del 1 al 14 de agosto. Montiel, s/n.
T. 926 923 535. Cierra cenas de domingo a miércoles y del 15 al 22 de agosto. Oferta castellana en ambos locales. Crujiente de queso frito, asados de cordero lechal y cochinillo, leche frita con membrillo. Precio medio 30 €.

® **Mesón Octavio.** Severo Ochoa, 6. T. 926 256 050.
www.mesonoctavio.com
Cierra cenas excepto viernes en verano; domingo y tres últimas semanas en agosto. La caza y la cocina de base manchega protagonizan el buen hacer de la familia García Castro. **Albóndigas de venado, cochinillo confitado, tarta de queso manchego.** Menú 14 €. Precio medio 36 €.

® **Miami Park.** Ronda Ciruela, 34. T. 926 222 043. *www.miami-park.es*
Cierra domingo cena. Toda una referencia basada en la cocina tradicional de la familia Macías. **Ensalada de colas de cangrejo de río, jarrete de cordero lacado en su jugo, crema de arroz caramelizada con helado de limón.** Precio medio 45 €. En 2011 se inauguró **Miami Gastro** (Av. Rey el Santo, 3. T. 926 921 943). Un *gastrobar* agradable y moderno con la cocina de José Carlos Macía adaptada a los nuevos tiempos.

® **Pago del Vicario.** (En Las Casas, a 9 km). Ctra. CM-412. Ciudad Real-Porzuna, km 16. T. 926 666 027. *www.pagodelvicario.com* P
Cierra cenas de domingo a jueves. Restaurante integrado en la bodega con unas magníficas vistas a la sala de barricas y al viñedo. **'Brick' de queso Villadiego con confitura de melón, chuletas de cordero a la plancha, tarta de manzana semicaliente con salsa de frutos rojos.** Precio medio 40 €.

Hoteles

***** **Palacio de la Serna.** (En Ballesteros de Calatrava, a 17 km).
Cervantes, 18. T. 926 842 208. *www.hotelpalaciodelaserna.com*
P
Hab. 30: 90/326 €. Suites: 5. Edificio de finales del s. XVIII. Hotel-Museo. Próximo a diversos lugares de interés: las Tablas de Daimiel, Lagunas de Ruidera, Alarcos, Almagro, Valdepeñas y Villanueva de los Infantes. Restaurante Palacio de la Serna.

Un gran rosetón adorna la fachada occidental de la ermita de Alarcos

---

Ciudad Rodrigo Salamanca

51 · A-2
A Salamanca, 89 km
A Madrid, 300 km
Alt. 653 m · Pob. 13.868
T. 664 346 580
GPS 40° 35' 48'' N · 6° 31' 27'' O

Visitar: Su **recinto amurallado** está declarado Conjunto Histórico-Artístico. En el casco antiguo, junto a la muralla, está la **Catedral,** en la que destacan el pórtico del Perdón, la rejería interior y el claustro (s. XIII). A lo largo y ancho de la parte clásica hay casas y palacios con solera, como el de Montarco, el de los Castros, el del Marqués de Cerralbo, el de los Vázquez o el de los Águila. Otros edificios civiles de interés son la Casa Consistorial (s. XVI), el **Castillo de Enrique II de Trastámara** o el **Museo de las Fortificaciones.** En cuanto a templos, los más interesantes son la capilla de los Cerralbo (herreriana) y las iglesias de S. Agustín, S. Pedro, S. Isidoro y S. Andrés, entre otras.

Fiestas: El 20 de enero se celebra **S. Sebastián;** el 3 de febrero, **S. Blas,** con una romería al Monasterio de la Caridad. En febrero es el **carnaval del Toro,** de Interés Turístico Nacional. El Sábado Santo tiene lugar la **Charrada,** una muestra de folclore y tradición; en agosto, la **Feria de Teatro de Castilla y León,** y el 8 de septiembre, la **Virgen de la Peña de Francia.**

Alrededores: A 4 km está el **Monasterio de la Caridad** (s. XVI), con un magnífico claustro, y a 39 km, **S. Felices de los Gallegos,** donde destaca la fortaleza (s. XV).

La maestría del románico, presente en Ciudad Rodrigo

A 49 km se halla el **Santuario de la Peña de Francia,** y a 15 km, la **Estación Arqueológica de Arte Rupestre de Siega Verde.**

Restaurantes

Estoril. (Junto al Parador de Turismo). General Pando, 11. T. 923 460 550. *www.restaurante-estoril.com*
Cierra miércoles. Sabrosos guisos caseros. *Boletus* con cebolla caramelizada, estofado de rabo de toro, manzana confitada con helado de galleta María. Menú 13 €. Precio medio 35 €.

Hoteles

**** **Parador de Turismo.** Pl. del Castillo, s/n. T. 923 460 150. *www.parador.es*
Hab. 35: 124/168 €. Suites: 2. En un castillo-fortaleza del s. XIV erigido sobre la vega del río Águeda. Destaca su impresionante Torre del Homenaje. Preciosas vistas. Decoración cuidada y elegante. Restaurante Río Águeda, de cocina regional.

---

14 · B-4

Cizur Menor Navarra Ver Pamplona/Iruña

---

85 · A-3

Cocentaina Alicante Ver Alcoi/Alcoy

---

43 · C-4

Collado Hermoso Segovia Ver Sotosalbos

---

53 · A-4

Colmenar del Arroyo Madrid

Ver Madrid/Restaurantes/Alrededores de Madrid

---

53 · C-2

Colmenar Viejo Madrid

Ver Madrid/Restaurantes/Alrededores de Madrid

---

4 · F-4

Colombres Asturias Ver Llanes

---

3 · D-2

Concha de Artedo Asturias Ver Cudillero

---

27 · C-4

Corçà Girona Ver Girona

Córdoba

97 · F-1
A Madrid, 400 km
Alt. 123 m · Pob. 328.547
T. 902 201 774
GPS 37° 52' 41'' N · 4° 46' 46'' O

Visitar: Todo su casco histórico está declarado Patrimonio de la Humanidad, y en él destaca la **Gran Mezquita-Aljama,** iniciada en el año 785 por Abderramán I. La obra cumbre del conjunto es el **'mihrab',** capilla para la oración en el templo, construido en 961, la mejor manifestación del arte califal. En el **patio de los Naranjos** se alza el campanario catedralicio, que alberga en su interior el alminar. El **Alcázar de los Reyes Cristianos,** mandado construir por Alfonso XI en el año 1328, posee una colección de mosaicos romanos, entre los que destaca el de *Polifemo y Galatea,* único en el mundo, y un sarcófago romano (ss. IV al II a. C). Hay vestigios del antiguo recinto amurallado de la ciudad; el más señalado es el tramo que se puede contemplar a lo largo de la calle Kairuán, con la puerta de Almodóvar, antigua puerta de la medina árabe. En él se pueden visitar la **sinagoga** (s. XIV), de estilo mudéjar; la **Casa Andalusí,** la **Casa de las Bulas** (s. XVI), sede del Museo Municipal de Arte Taurino, y el **antiguo Palacio del Cardenal Salazar** (s. XVIII), sede de la Facultad de Filosofía y Letras, con unos bellos patios y claustros y una capilla mudéjar (s. XIII). También destaca el **puente romano,** erigido en tiempo del emperador Augusto y cuya entrada era defendida por la **Torre-fortaleza de la Calahorra,** torre albarrana de tiempos de Enrique III. En ella está instalado el **Museo de las Tres Culturas.** Otro museo de interés es el de Bellas Artes, ubicado en la plaza del Potro, con obras de Goya en sus fondos. En el mismo edificio está el **Museo de Julio Romero de Torres.** En el antiguo Palacio de los Páez del Castillejo (s. XVI) se encuentra el **Museo**

Rojos y blancos, de piedra y ladrillo, son los inconfundibles arcos de herradura de la mezquita de Córdoba

Arqueológico, uno de los más importantes de España, con una colección de mosaicos y sarcófagos romanos, así como restos arqueológicos de la famosa Madinat-Al-Zahra. También se pueden visitar el **Museo Diocesano** y el **Museo Regina,** además de las iglesias fundadas por S. Fernando en la Reconquista (s. XIII), todas de factura gótico-románico-mudéjar. Destacan el **Monasterio de Sta. Marta** y las iglesias de S. Lorenzo, la Magdalena, Sta. Marina, S. Pablo, S. Nicolás y del Carmen. En esta última existe una importante colección de pinturas de Juan Valdés Leal. En arquitectura civil resaltan el **Palacio de los Marqueses de Viana,** los patios de los antiguos barrios, la plaza de Capuchinos, donde se encuentra el Cristo de los Faroles, o el **Jardín Botánico.**

Fiestas: Son de interés el carnaval, la Semana Santa y el primer domingo después de Cuaresma, cuando se celebra la **romería de Sto. Domingo de Escala Coeli.** Otras fechas son la de las Cruces de Mayo, la romería del Santuario de Linares, el **Festival de Patios, Rejas y Balcones** y la feria de Ntra. Sra. de la Salud (todas en mayo). En julio y septiembre son las **Noches de Embrujo;** en septiembre, la Velada de la Fuensanta, y en octubre, **S. Rafael,** patrón de la ciudad. En diciembre tienen lugar los concursos de villancicos y belenes. El Concurso Nacional de Arte Flamenco se celebra cada tres años.

Alrededores: Medina Azahara (Madinat Al-Zahra), a 6 km, es el conjunto arqueológico mandado construir por el primer califa cordobés Abderramán III, en el año 936. En **Posadas,** a 32 km, destacan la capilla de Santiago, con sepulturas góticas del s. XIII; las ermitas, la iglesia del s. XIX y el mirador. En **Almodóvar del Río** tienen interés el castillo y el **Parque Natural de Hornachuelos,** Reserva de la Biosfera; en **Priego de Córdoba,** la judería, y en **Capilla del Monte,** el cerro Uriturco y las aguas termales.

Restaurantes

® **Bodegas Campos.** Los Lineros, 32. T. 957 497 500.
www.bodegascampos.com

Cierra domingo cena. Espectacular emplazamiento en una antigua bodega. Lo mejor: **el ajo blanco, el rabo de toro deshuesado** y **la leche frita.** Precio medio 45 €.

Casa Pepe de la Judería. Romero, 1. T. 957 200 744.
www.casapepejuderia.com

Oferta cordobesa: salmorejo, rabo de toro y pastel cordobés con helado de avellana, en una emblemática taberna de la judería. Precio medio 24 €.

Choco. Compositor Serrano Lucena, 14. T. 957 264 863.
www.restaurantechoco.es

Moda sobre la cabeza

El sombrero cordobés, también conocido como 'sombrero de ala ancha', está presente en el folclore andaluz.

Cierra domingo cena, lunes y agosto. El aceite de oliva virgen extra es el aglutinante de la buena cocina de Kisko García, desde las **alcachofas al natural con huevo roto al rabo de toro** hasta las **natillas de mamá de postre.** Precio medio 50 €.

El Caballo Rojo. Cardenal Herrero, 28. T. 957 475 375. *www.elcaballorojo.com*

Emblemática casa frente a la Catedral, cuna del resugir de la cocina cordobesa. Alcauciles con habitas, rape mozárabe, pastel cordobés. De la misma propiedad y con similar oferta, **El Blasón** (José Zorrilla, 11. T. 957 480 625. Cierra primera quincena de julio). Precio medio 44 €.

El Churrasco. Romero, 16. T. 957 290 819. *www.elchurrasco.com*

Cierra agosto. Cálido ambiente cordobés con Bodega-Museo en la casa anexa. Las **berenjenas crujientes con salmorejo cordobés,** el **churrasco cordobés con salsas árabes** y la **leche frita con helado de canela** merecen la pena. Precio medio 38 €. En el número 38 de la misma calle, **La Hospedería de El Churrasco,** con 9 habitaciones.

El Envero *(gastrobar)*. Teruel, 21. T. 957 203 174. *www.elenvero.com*

Cierra domingo cenas y lunes. Antonio López continúa su prestigiada cocina en lo que fue Tempura y ahora es un *gastrobar* acorde con los tiempos. **Tomatito relleno sobre 'risotto' de calamar en su tinta, raviolis de rabo de toro sobre puré de patatas, 'brownie' con helado de praliné de avellana y caramelo de chocolate.** Precio medio 30 €.

La Cuchara de S. Lorenzo. Arroyo de S. Lorenzo, 2. T. 957 477 850. *www.lacucharadesanlorenzo.es*

Cierra domingo cena, lunes y agosto. Buena referencia en el barrio de S. Lorenzo. Paté de perdiz, carnes de buey (lomo, solomillo, chuletón...) y churro con chocolate actualizado. Precio medio 25 €.

Puerta Sevilla. Postrera, 51. T. 957 297 380. *www.puertasevilla.com*

Edificio con patio típico cerca del Alcázar. **Ensalada de bacalao con salmorejo, rodaballo al azafrán con habitas y pulpo, tarta templada de chocolate.** Menú 20 €. Precio medio 38 €.

Bronce árabe hallado en el conjunto arqueológico de Medina Azahara

Hoteles

***** **Hospes Palacio del Bailío.** Ramírez de las Casas Deza, 10. T. 957 498 993. *www.hospes.es*

Hab. 53: 178/500 €. Suites: 8. Palacio, Bien de Interés Cultural. Admisión de perros, consultar. Céntrico. Próximo al casco histórico. Restaurante Senzone.

**** **AC Córdoba.** Av. de la Libertad, 24. T. 957 768 380. *www.ac-hotels.com*

Hab. 98: 60/185 €. Suites: 2. Céntrico. Próximo a la estación del AVE.

**** **Las Casas de la Judería.** Tomás Conde, 10. T. 957 202 095. *www.casasypalacios.com*

Hab. 62: 120/300 €. Suites: 2. Palacio del s. XVI, lugar de nacimiento de Luis de Góngora. Excelente localización. Restaurante Las Caballerizas de los Marqueses.

**** **Parador de Turismo.** Av. de la Arruzafa, 37. T. 957 275 900. *www.parador.es*

Hab. 94: 80/156 €. Emplazado en las faldas de la sierra, sobre los vestigios de lo que fueran el palacete de Abderramán I y sus jardines. Vista panorámica de la ciudad. Cocina regional.

Coruña, A/Coruña, La

1 · E-3
A Madrid, 609 km
Alt. 5 m · Pob. 246.056
T. 981 923 093
GPS 43° 22' 16' N · 8° 23' 50' O

Visitar: La **Torre de Hércules,** obra de Trajano, Patrimonio de la Humanidad, es el símbolo de la ciudad y el único faro romano del mundo en funcionamiento. Está situada en el **Parque Natural de la Torre de Hércules.** Ya en el centro histórico de la ciudad hay que visitar las **galerías de la Marina** y la **plaza de María Pita,** sede del Palacio Municipal, con hermosos soportales. Otros espacios de interés son la **plaza de Azcárraga,** el jardín de S. Carlos y las murallas de la Ciudad Vieja (finales del s. XIV). De entre sus monumentos destacan la **iglesia de Santiago Apóstol** (románica, del s. XII, y la más antigua de A Coruña), la **iglesia-colegiata de Sta. María del Campo** (románica ojival de los ss. XII al XIV), la iglesia y el convento de S. Francisco (ambos del s. XIII), el **convento de Sta. Bárbara** (s. XV) y su santuario gótico, la iglesia y convento de Sto. Domingo (ss. XII al XVIII) y las iglesias de S. Jorge (s. XVII), S. Nicolás (del barroco gallego)

y de las Capuchinas, también barroca. Los museos más relevantes son el **Museo de Bellas Artes,** con obras de Goya, Ribera, Murillo y Rubens; la **Casa de las Ciencias,** con el planetario, en el parque de Sta. Margarita; el Museo Militar Regional, con destacadas colecciones de armas de fuego, banderas, uniformes o maquetas; el **Castillo de S. Antón,** sede del Museo Arqueológico; la **Domus,** museo interactivo dedicado al cuerpo humano, o el **Aquarium Finisterrae,** con especies marinas de todo tipo. La oferta turística de la ciudad se completa con sus estupendas playas, el paseo marítimo y los parques y jardines.

El puerto de A Coruña, junto a las casas del ensanche del s. XIX

Fiestas: La fiesta de **S. Juan** (24 de junio) está declarada de Interés Turístico Nacional. En agosto tienen lugar las fiestas en honor a la heroína María Pita, y el 7 de octubre, las **fiestas patronales de la Virgen del Rosario.**

Alrededores: Hay que acercarse hasta la **Costa da Morte, Betanzos** y la **comarca de Terra das Mariñas,** que incluye Bergondo, Abegondo, Arteixo, Cambre, Carral, Culleredo, Oleiros y Sada.

Restaurantes

Ⓡ **A Estación.** (En Cambre, a 15 km). Ctra. de la Estación, 51. T. 981 676 911. *www.aestacion.com*
Cierra cenas de martes y miércoles en invierno, domingo cena y lunes. Cuando las cosas funcionan, para qué cambiarlas. Cocina claramente gallega, con creatividad prudente y fidelidad a platos ya consagrados, como el **pulpo a la brasa.** Las raciones son abundantes. La bodega siempre cumple. Precio medio 50 €.

Ⓡ **A Mundiña.** Estrella, 10. T. 881 899 327. *www.amundina.com*
Cierra domingos. Consolidado como uno de los locales favoritos del público coruñés. Combina calidad y cantidad; conviene aventurarse en las variaciones que puede ofrecer en cuanto a pescados protagonistas. Su plato estrella, la muy abundante **'caldeirada'.** Precio medio sin marisco 35 €.

Ⓡ **Alborada.** Pº marítimo del Alcalde Francisco Vázquez, 25. T. 981 929 201. *www.restaurantesalborada.com*
Cierra cenas de lunes a miércoles, y domingo. Los **huevos rotos con cigalas, patatas y aceite de trufa** protagonizan la carta de este atractivo emplazamiento. Precio medio 50 €.

Artabria. Fernando Macías, 28. T. 981 269 646. *www.restauranteartabria.com*
Cierra 15 días en junio. Cestillas crujientes de zamburiñas con crema de nécoras, rape albardado con beicon y arroz cremoso de setas y *gin-tonic* en texturas. Precio medio 27 €.

Gaiteros gallegos en una celebración de San Andrés de Teixido

Los percebes, pieza clave de la gastronomía gallega

® **As Garzas.** (En Malpica de Bergantiños, a 55 km). Porto Barizo, 40. T. 981 721 765. *www.asgarzas.com*
Cierra cenas de domingo a jueves y lunes excepto festivos y verano, y primera quincena de noviembre. El emplazamiento es impresionante, sobre todo cuando hay temporal. La cocina es sencilla, con platos clásicos muy consolidados, como la **lubina con grelos y allada sin pimentón.** Precio medio 42 €.

Casa Pardo. Novoa Santos, 15. T. 981 280 021. *www.casapardo-domus.com*
Cierra cenas de lunes y martes, y domingo. Máximo referente de la cocina pública coruñesa durante muchos años, está en un momento de replanteamientos. Ana Gago sigue dirigiendo una cocina de calidad, elegante hasta en su plato emblemático: la **'caldeirada' de rape.** Cuidada selección de las materias primas y productos de temporada. Bodega excepcional. Precio medio 50 €.

Comarea *(gastrobar)*. Carlos Martínez Barbeito y Moras, 4. T. 981 132 658. *www.comarea.es*
Cierra domingo. Gran ambiente en un animado mesón rústico-moderno. Centolla, pulpo, calamar y tarta de queso. Precio medio 24 €.

Comei-Bebei. (En Oleiros, a 12 km). Ramón Núñez Montero, 20. T. 981 611 741. *www.comeibebei.blogspot.com*
Cierra domingos cena y lunes de mayo a octubre. Agradable comedor y barra para tapear. Salpicón de rape y gambas, merluza al vapor de algas y albariño con gambones y su aceite, filloas rellenas. Precio medio 30 €.

® **Coral.** Callejón de la Estacada, 9. T. 981 200 569. *www.restaurantemarisqueriacoral.com*
Cierra domingo. El restaurante de toda la vida que aún impresiona a algunos forasteros amantes de lo tópicamente gallego: del **bogavante** al **rodaballo.** La cocina, de todos modos, es tradicional, pero no al estilo gallego puro, sino con influencias de la gran cocina del pasado siglo. Precio medio sin marisco 35 €.

® **Domus.** (Museo Domus-Casa del Hombre). Ángel Rebollo, s/n. T. 981 203 862. *www.casapardo-domus.com*
Cierra cenas de domingo a jueves, y lunes. Enclavado en la fachada marítima de la Casa del Hombre, es mucho más que un restaurante de museo. Eduardo Pardo se esfuerza en trabajar pescados como el **sanmartiño** (san pedro) o el **bacalao,** con recetas bien planeadas y ejecutadas. Menú 18 €. Precio medio 35 €.

El Refugio. (En Oleiros, a 12 km). Pl. de Galicia, 8. T. 981 610 803. *www.restaurante-elrefugio.com*
Cierra dominga cena y lunes excepto vísperas, festivo y agosto, y 20 días en septiembre. Año tras año se esfuerza en ofrecer nuevas alternativas culinarias, pero esta casa seguirá siendo para todos uno de los máximos templos del **marisco** gallego. En ese terreno es imbatible. La bodega se sale de lo normal. Precio medio sin marisco 42 €.

® **La Penela.** Pl. María Pita, 12. T. 981 209 200. *www.lapenela.com*
Cierra domingo y del 9 al 22 de enero. Siempre fiel a sí misma. Ubicación más céntrica imposible, frente al Palacio Municipal. Especialidades conocidas y brillantes: **tortilla al estilo de Betanzos, callos a la gallega** y **carne asada con patatas,** también en la clásica versión galaica. ¿Para qué más? Precio medio 28 €.

® **Pablo Gallego.** Pl. María Pita, 11. T. 981 208 888. *www.pablogallegorestauracion.com*
Cierra domingo. Una inteligente combinación de sabores conocidos, familiares, con algún matiz novedoso, sitúa a esta casa entre las preferidas por el público local. **Mariscos, lubina al vapor con algas** y **huevos con angulas** son algunos de los platos más solicitados. Precio medio 40 €.

Taberna O'Secreto. Alameda, 18. T. 981 916 010. *www.tabernaosecreto.com*
Cierra domingo y festivos. Ambiente agradable e informal en el centro de la ciudad. Quesos, platos de temporada según mercado y flan de crema de orujo. Carta de vinos impresionante. Precio medio 25 €.

El Museo del Hombre de A Coruña, custodiado por una escultura de Botero

Hoteles

★★★★★ **Hesperia Finisterre.** Pº del Parrote, 2-4. T. 981 205 400.
www.hesperia-finisterre.com
Hab. 92: 95/380 €. Suites: 39. Céntrico. Zona histórico-artística. Vistas al mar. Habitaciones familiares. Restaurante Novo.

★★★★ **Meliá María Pita.** Av. Pedro Barrié de la Maza, s/n. T. 981 205 000.
www.melia.com
Hab. 176: 70/160 €. Suites: 7. En primera línea de playa, espectaculares vistas al mar. Céntrico. Restaurante Trueiro.

★★★★ **Monumento Pazo do Río.** (En Oleiros). Pazo de Río, 16. T. 981 637 512.
www.pazodorio.com
Hab. 9: 50/139 €. En un pazo del s. XVI. Restaurante Valle-Inclán.

Pazo do Souto. (En Sisamo-Carballo). La Torre, 1. T. 981 756 065.
www.pazodosouto.com
Hab. 11: 39/75 €. Casa señorial de 1672 rehabilitada para turismo rural. Restaurante Pazo Do Souto.

Coruxo Pontevedra Ver Vigo
17 · C-3

Cosgaya Cantabria Ver Potes
11 · E-2

Covadonga-Basílica Asturias Ver Cangas de Onís
4 · C-4

Crucero, El Asturias Ver Tineo
3 · C-4

Cudillero Asturias

Las casas portuarias de Cudillero, de vivos colores, forman un anfiteatro

Visitar: Pintoresca villa marinera declarada Conjunto Histórico-Artístico por la originalidad de sus casas dispuestas en forma de anfiteatro y con vistas al mar. Muy cerca está el **cabo Vido,** con un bello faro.

Fiestas: El 29 de junio se celebra **S. Pedro, S. Pablo y S. Pablín;** el 26 de julio, Sta. Ana de Montarés. En la mañana del 29 de julio tiene lugar el **sermón de l'Amuravela,** que data de 1569, declarado de Interés Turístico Nacional.

Alrededores: A 19 km está la **playa de Ballota;** a 3 km, la de la Concha de Artedo; a 9 km, la de Soto de Luiña, y a 10 km, la de S. Pedro.

3 · D-2
A Oviedo, 50 km
A Madrid, 503 km
Alt. 59 · Pob. 5.797
T. 985 591 377
GPS 43° 33' 44'' N · 6° 8' 57'' O

Restaurantes

El Pescador. Tolombreo de Arriba, s/n. T. 985 590 937.
www.hotelrestauranteelpescador.com

Cierra Navidad. Con habitaciones. La cocina marinera con pescados de la lonja protagoniza la carta. Fabas con almejas, *pixín* en salsa verde. Menú 18 €. Precio medio sin marisco 30 €.

La Cueva. (En Oviñana, a 10 km). Oviñana, s/n. T. 985 596 249.
Cierra cenas excepto sábado y agosto; martes excepto agosto, segunda quincena de septiembre y del 24 de diciembre al 4 de enero. Buena oferta de pescados y mariscos en sencillas elaboraciones. Muy solicitado es el refrescante salpicón de bogavante. Precio medio sin marisco 35 €.

Mariño. (En Concha de Artedo, a 3 km). Concha de Artedo, s/n. T. 985 590 186. *www.concha-artedo.com*
Cierra domingo cena, lunes y del 7 de enero al 10 de febrero. Con 12 habitaciones. Sobre los acantilados de la Concha de Artedo, paisaje que define su cocina de vocación marinera. Salmonetes en caldo de sus espinas, requesón de la Braña con compota de manzana. Menú 15 €. Precio medio 30 €.

Cuéllar Segovia

43 · A-1
A Segovia, 60 km
A Madrid, 151 km
Alt. 900 m · Pob. 9.800
T. 921 142 203
GPS 41° 24' 9'' N · 4° 19' 3'' O

Visitar: En este bello conjunto histórico medieval hay un **recinto amurallado** y el conjunto de iglesias mudéjares. Hay que acercarse al **Centro de Interpretación del Arte Mudéjar,** a la iglesia de S. Martín y al **Parque Arqueológico Medieval de S. Esteban.** Se realizan vistas teatralizadas al castillo todos los fines de semana del año. Espacios verdes de interés son la **Huerta del Duque** y el **Humedal del Espadañal.**

Fiestas: A finales de abril tiene lugar la feria comarcal; en agosto, la **Feria Medieval Mudéjar,** y a finales de este mes, los **encierros** más antiguos de España. En septiembre es la **romería de Ntra. Sra. del Henar.**

Alrededores: Otros sitios de interés son el Santuario de Ntra. Sra. del Henar y la **Senda de los Pescadores.**

Restaurantes

San Francisco. (H. San Francisco). Av. Camilo José Cela, 2. T. 921 140 009. *www.hmsanfrancisco.com*
Cierra domingo cena. Con 28 habitaciones. Un *gastrobar* con tapas saladas y dulces, y en el comedor, hojaldre de perdiz y setas de temporada, bacalao con garbanzos y 15 deliciosos postres. Menú 15 €. Precio medio 30 €.

Cuenca

64 · B-2
A Madrid, 167 km
Alt. 998 m · Pob. 56.866
T. 969 241 051
GPS 40° 4' 17'' N · 2° 8' 6'' O

Visitar: En la hondonada formada por las dos grandes gargantas de los ríos Júcar y Huécar, Cuenca es famosa por sus **Casas Colgadas** sobre el borde de las hoces, prácticamente *voladas* al vacío. Su principal monumento es la **Catedral** (ss. XII y XIII), en la que destaca la capilla de los Albornoz. Otros templos de interés son las iglesias de S. Felipe Neri (barroca del s. XVIII) y S. Pedro (románica, pero remodelada en el s. XVIII) y el convento de S. Pablo (s. XVI). Sobresalen los edificios civiles del **Ayuntamiento** (con fachada rococó), el **Museo de Arte Abstracto** y el **Museo de la Ciencia,** además de otros **museos** –el Arqueológico, el Diocesano y el de Semana Santa– y **fundaciones** –la de Antonio Pérez y la de Antonio Saura–. No hay que dejar de visitar el **Centro de Interpretación del Territorio y de la Biodiversidad Ars Natura,** ni los miradores de Florencio Cañas y Camilo José Cela.

El Museo de Arte Abstracto de Cuenca exhibe una rica selección de obras

Fiestas: Su Semana Santa está declarada de Interés Turístico Internacional; en ella destaca la **procesión del camino del Calvario,** precedida de las Turbas, la madrugada del Viernes Santo. En abril se celebra la Semana de Música Religiosa, incluida en el circuito europeo de festivales de música. El 28 de enero tiene lugar la **fiesta de S. Julián,** el patrón; el 1 de junio, la de la patrona, la **Virgen de la Luz.** A mediados de septiembre, la de S. Mateo, que conmemora la reconquista de la ciudad.

Alrededores: Las **Hoces del Júcar** y el **Huécar** son parajes naturales de gran belleza, al igual que las formaciones rocosas circulares **Las Torcas,** a 20 km. También interesantes son las **lagunas de Cañada del Hoyo,** a 36 km, o la **Ciudad Encantada,** a 36 km, con casi 20 kilómetros de extensión, un verdadero y fantástico laberinto de puentes, plazas y figuras extrañas y caprichosas de la Era Secundaria. Destacan los parques arqueológicos de **Segóbriga** y **Valeria,** a 35 km, donde hay bellas ruinas de una ciudad romana. A 80 km se halla el nacimiento del río Cuervo, y a 60 km, en **El Hosquillo,** el **Parque Cinegético**

Casas Colgadas de Cuenca, con sus características balconadas de madera

Natural y Reserva Nacional de Caza Mayor y el observatorio. Merece la pena visitar el **Parque Natural de la Serranía de Cuenca.**

Restaurantes

Ars Natura-Manolo de la Osa. (En el Museo Ars Natura). Río Gritos, 5. T. 969 219 512. *www.manolodelaosa.com*
Cierra domingo cena, lunes y primera quincena de julio. Manolo de la Osa y Jesús Segura han conseguido un interesante restaurante. Espectacular ventanal con vistas a la Cuenca histórica. Su peculiar cocina de raíz manchega cumple las altas espectativas. Todo ello en el bello recinto del Museo Ars Natura. Es recomendable el menú de degustación (50 €). Precio medio 50 €.

® **Figón del Huécar-Figón de Pedro.** Ronda Julián Romero, 6. T. 969 240 062. *www.figondelhuecar.com*
Cierra domingo cena y lunes excepto puentes y festivos. Bonitas vistas sobre la hoz del Huécar en el casco antiguo. **Degustación de la tierra, asados de lechal, sorbete de mojito.** Menú 22 €. Precio medio 35 €.

® **Mesón Casas Colgadas.** Canónigos, s/n. T. 969 223 552. *www.mesoncasascolgadas.com*
Cierra lunes cena y martes excepto puentes y festivos. Edificio del s. XIV con espectaculares vistas a la hoz del Huécar. **Ajoarriero** para empezar, seguido de **manitas deshuesadas con cardos y almendras,** y **'biscuit' de frutos rojos** para terminar. Menú 27 €. Precio medio 40 €.

Raff. Federico García Lorca, 3. T. 969 690 855. *www.restauranteraff.es*
Cierra sábado almuerzo, domingo, segunda quincena de julio y primera de agosto. Cocina a la vista muy personal de José Ignacio Herraiz en un comedor informal con barra incorporada. **Canelón de ajoarriero, rape en 'suquet', helado de té de río.** Menú 25 €. Precio medio 35 €.

® **San Nicolás.** S. Pedro, 15. T. 969 240 519. *www.restaurantesannicolas.net*
Gustosa cocina de Adolfo Castillejo en torno a la **caza,** secundado en la sala por su hija Laura. **Corona de arroz con leche** para rematar. Menú 20 €. Precio medio 40 €.

Hoteles

**** **Parador de Turismo.** Subida a S. Pablo, s/n. T. 969 232 320. *www.parador.es*

Hab. 62: 142/194 €. Suites: 1. Instalado en el antiguo convento de S. Pablo. Algunas habitaciones se asoman a la hoz del Huécar y a las Casas Colgadas.

**** **Torremangana.** Av. S. Ignacio de Loyola, 9. T. 969 240 833
www.hoteltorremangana.com
Hab. 120: 54/145 €. Suites: 3. Céntrico. Frente a un bello parque al borde del Júcar y a los pies del casco antiguo. Restaurante La Cocina.

*** **Leonor de Aquitania.** S. Pedro, 60. T. 969 231 000.
www.hotelleonordeaquitania.com
Hab. 46: 50/135 €. Suites: 1. Casa-palacio del s. XVIII. En el casco antiguo, con vistas a la hoz del Huécar. Restaurante Horno de las Campanas.

Cullera Valencia

76 · F-4
A Valencia, 38 km
A Madrid, 380 km
Alt. 2 m · Pob. 23.813
T. 961 720 974
GPS 39° 9' 53'' N · 0° 15' 25'' O

Visitar: Destacan el **Santuario de la Virgen del Castillo,** las **murallas** y el propio **castillo medieval,** la **Cueva-Museo del Pirata Dragut,** los museos Arqueológico, del Arroz y Fallero, y las torres de la Reina Mora y del Marenyet. Otros lugares de interés son las playas de S. Antonio, Racó, Los Olivos, Cap Blanc, Escollera, Faro y Mareny (nudista), además del parque acuático **Aquópolis.**

Fiestas: El 17 de enero es la **fiesta de S. Antonio Abad.** El 16 de marzo se celebran las **Fallas** y en abril, las fiestas patronales en honor a la **Virgen del Castillo.** En junio tienen lugar los fastos en honor a S. Juan, y el 9 de octubre, el **Día de la Comunidad Valenciana.** La Semana Santa también goza de fama.

Alrededores: Merece la pena visitar la laguna de **l'Estany,** el **cordón dunar** y la **playa del Dosel.** Es interesante la experiencia de subir al castillo por el **camino del Calvario.**

El litoral de Cullera es ideal para la práctica de deportes de deslizamiento

Restaurantes

Casa Salvador. Av. de l'Estany de Cullera, s/n. T. 961 720 136.
www.casasalvador.com
Además de los arroces secos, melosos y caldosos, la anguila asada y el flan de queso. Precio medio 35 €. **Tapería Espacio** (Av. Alicante, 15. T. 961 722 778) frente al mar para la opción de tapas y precios asequibles. Precio medio 25 €.

Eliana Albiach. Peset Alexandre, 2. T. 961 732 229. *www.elianaalbiach.com*
Cierra cenas en invierno excepto festivos; lunes y del 7 de enero al 11 de febrero. Ensalada de melón, atún y cítricos; arroces de pescados y mariscos. Precio medio 33 €.

Salvia. Ctra. Subida al Santuario, s/n. T. 961 720 398.
www.salviarestaurant.com
Cierra almuerzos en julio y agosto; lunes y noviembre. Panorámicas de la bahía desde la montaña. Gambas de Dénia, rodaballo a la espalda, *soufflé* de chocolate de Tanzania. Precio medio 45 €.

Daimiel Ciudad Real

82 · A-1
A Ciudad Real, 30 km
A Madrid, 169 km
Alt. 627 m · Pob. 18.673
T. 926 260 639
GPS 39° 4' 17'' N · 3° 37' 4'' O

Visitar: Tienen interés las iglesias de **Sta. María la Mayor** (s. XIV) y **S. Pedro Apóstol** (s. XVI), declaradas Bienes de Interés Cultural; el convento de las Mínimas (s. XVII) o el templo de la Virgen de la Paz. En la plaza de España se halla el **Olivo Milenario,** plantado en el año 900. Destacan también el Museo Comarcal y el **Centro de Interpretación del Agua y los Humedales Manchegos.**

Fiestas: Los carnavales y la **Semana Santa,** de Interés Turístico Regional, son las celebraciones más importantes, seguidas por las romerías del domingo de Pentecostés y del domingo siguiente tras la feria de septiembre. El primer fin de semana de noviembre son las **fiestas del Olivo Milenario.**

Alrededores: A 11 km se halla el **Parque Nacional de las Tablas de Daimiel,** declarado Reserva de la Biosfera. A 10 km está **Motilla del Azuer,** un poblado fortificado de la Edad del Bronce. El Santuario de la Virgen de las Cruces, Bien de Interés Cultural, se encuentra a 12 km.

Petirrojo europeo en el Parque Nacional de las Tablas de Daimiel

Restaurantes

El Bodegón. Luchana, 20. T. 926 852 652. *www.mesonbodegon.com*
Cierra cenas de domingo a martes. Antigua bodega del s. XVIII rehabilitada. Rubén y Ramón Sánchez Camacho se ocupan con profesionalidad de cocina y comedor. **Duelos y quebrantos 2011, rodaballo confitado a baja temperatura con crema de ajo de Las Pedroñeras y patata, texturas de chocolate.** Precio medio 60 €.

Daimús Valencia Ver Gandía

85 · B-1

Daroca de Rioja La Rioja Ver Logroño

22 · C-3

Deba/Deva Gipuzkoa

6 · D-3
A San Sebastián, 40 km
A Madrid, 450 km
Alt. 4 m · Pob. 5.420
T. 943 192 552
GPS 43° 17' 43'' N · 2° 21' 19'' O

Visitar: En su parte antigua se levantan magníficos monumentos como la iglesia gótica de Sta. María o la **Casa Consistorial** (s. XVIII). Especial atención requieren las **casas particulares** de **Aldazábal-Murguia** (Monumento Histórico-Artístico) o la de **Báñez.** También son interesantes sus playas o el puerto recreativo.

Fiestas: Las más importantes son las de **S. Roke,** del 14 al 18 de agosto, con novillos y novilladas. En ese mismo marco se celebran la **Feria de Artesanía** (15 de agosto) y la procesión a la ermita del patrón (16 de agosto).

Alrededores: En el barrio alto de Itziar se halla el **Santuario de Ntra. Sra. de Itziar,** con restos de un templo románico. En el **Valle de Lastur** destacan los molinos de Plazaola y la iglesia de S. Nicolás.

Restaurantes

® **Salegi.** (En Itziar, a 2 km). Galtzada, 13-15. T. 943 199 004. *www.salegi.net*
Cierra cenas de lunes a jueves, martes y segunda quincena de diciembre. Josu Salvatierra ha vestido su carta de vanguardia. **Vieiras envueltas en pan crocante y panceta ibérica sobre cama de guisantes frescos, lomo de mero con alcachofas y vinagreta de pesto.** Postres originales como el **sándwich tostado de chocolate** y **praliné de fresas.** Menú 19 €. Precio medio 45 €.

® **Urgaín.** Hondartza, 5. T. 943 191 101. *www.urgain.net*
Xabier Osa ha puesto el listón muy alto con su exigencia del producto. Pescados y mariscos sobresalientes, pero también carnes exclusivamente del país. **Terrina de 'foie-gras' casera, merluza en salsa verde.** Postres artesanales como el surtido de **tartas.** Menús 40 y 60 €. Precio medio 80 €.

Dehesa de Campoamor Alicante

101 · C-1
A Alicante, 82 km
A Madrid, 468 km
Alt. 25 m
GPS 37° 54' 11'' N · 0° 45' 33'' O

Visitar: Su situación junto al mar permite disfrutar de las playas y el **Parque Natural Sierra Escalona y Dehesa de Campoamor.**

Alrededores: Es recomendable el casco histórico de **Orihuela.**

Restaurantes

☼ **Casa Alfonso.** (Orihuela Costa). Garcilaso de la Vega, 70-A. T. 965 322 717. *www.casaalfonso.es*
Cierra lunes y de octubre a febrero. Las propuestas de Alfonso Egea rebosan inquietud y un innato sentido de la actualidad. Atractiva estética y bodega de impresión. **Calamar en 'all i pebre', pescadilla escaldada, pan borracho con manzana gratinadas.** Precio medio 60 €.

Dénia Alicante

85 · D-2
A Alicante, 86 km
A Madrid, 448 km
Alt. 14 m · Pob. 46.555
T. 966 422 367
GPS 38° 50' 24'' N · 0° 6' 27'' E

Las Rotas, una de las playas más famosas y salvajes de Dénia

Visitar: A los pies de su castillo se concentran los principales monumentos, como la **iglesia de La Asunción** (s. XVIII), S. Antonio (s. XVII), el **Ayuntamiento** (s. XVI) o las casas burguesas (s. XIX). Destacan los barrios antiguos de **Baix la Mar** (de ambiente pesquero) o Les Roques, los museos Arqueológico, Etnológico y del Juguete y el Centro de Arte L'Estació. La villa cuenta con varias playas, **calas** y rutas de senderismo.

Fiestas: Las principales celebraciones son las **Fallas** (del 16 al 19 de marzo) y las las fiestas patronales en honor a la **Santísima Sangre** (en julio) con los tradicionales Bous a la Mar, de Interés Turístico Nacional. En agosto (del 13 al 16) tiene lugar la fiesta de **Moros y Cristianos,** en honor a S. Roque, con romerías.

Alrededores: Destacan las **ermitas de la Conquista** (Sta. Paula, Sta. Lucía y S. Juan, de los ss. XV y XVI) o la de Pare Pere, a los pies del **Parque Natural de Monte Montgó.** También son interesantes las torres-vigía, como la del Gerro, o la **Reserva Marina del Cabo S. Antonio.**

Restaurantes

☼ **Casa Pepa.** (En Ondara, a 8 km). Partida Pamis, 7-30. T. 965 766 606. *www.casapepa.es*
Cierra martes cena de noviembre a febrero, almuerzos en julio y agosto, domingo cena excepto julio y agosto, y lunes. Novedosa y refinada cocina comarcal. **Arroz meloso de pichón con setas, pescado azul en brocheta con tomate seco y escamas de patata, capuchina de mandarina.** Precio medio 50 €.

® **El Raset.** Bellavista, 7. T. 965 785 040. *www.grupoelraset.com*
'Tartar' de atún en dos texturas, san pedro con 'risotto' de cigalitas y pesto, estofado de melocotón. Precio medio 42 €. De la misma propiedad y a menor precio (28 €), **Arrocería La Barqueta** (Bellavista, 10. T. 966 421 626) con gran variedad de arroces. En ambos hay terrazas con vistas al mar.

Joël. Av. Alicante, 19. T. 965 788 021. *www.joelrestaurant.es*
Cierra domingo y una semana cada tres meses. La pasión culinaria de Rafa Soler se desarrolla en directo en su nuevo espacio (antes Villa da Vinci). Tomate, queso de cabra y sardina ahumada, caballa con encurtidos, flan de yogur. Menú 12 €. Precio medio 26 €.

La Seu. Loreto, 59. T. 966 424 478. *www.laseu.es*
Caserón del s. XVII restaurado con decoración moderna y minimalista. Coca de hierbas con capellán a la llama, pescado de la lonja a la brasa con *tartar* de tomate, milhojas de chocolate y calabaza. Menú 18 €. Precio medio 35 €.

☼ **Peix & Brases.** Pl. Benidorm, s/n. T. 965 785 083. *www.peixibrases.com*
Cierra lunes. Culto al producto, sugerente carta y gran terraza. **Pulpo seco a las llamas, caldereta de langosta, milhojas de crema de cítricos.** Precio medio 45 €.

☼☼☼
Quique Dacosta Restaurante
Líder indiscutible de la cocina de vanguardia en la Comunidad Valenciana. La creatividad de alto voltaje suscita cada temporada una curiosidad e interés gastronómico dignos de una visita. Cierra lunes, martes y de noviembre a marzo.

Precio medio 65 €.

(Urb. El Poblet). Ctra. Las Marinas, km 3. T. 965 784 179. *www.quiquedacosta.es*

Hoteles

★★★★★ **Dénia Marriott La Sella Golf & Spa.** Alquería de Ferrando, s/n. T. 966 454 054. *www.lasellagolfresort.com*
Hab. 178: 95/250 €. Suites: 8. Campo de golf con 27 hoyos. *Wifi* gratuito en el área *lobby*. Restaurante Montgó.

**** **Buenavista.** Partida Tossalet, 82. T. 965 787 995. *www.buenavistadenia.com*
Hab. 16: 70/177 €. Suites: 1. Edificio del s. XIX, con amplios jardines.

**** **La Posada del Mar.** Pl. Drassanes, 2. T. 966 432 966. *www.laposadadelmar.com*
Hab. 24: 110/180 €. Suites: 1. Situado en un edificio del s. XIII, mirando al Mediterráneo. A cinco minutos a pie del centro. Restaurante Sal de Mar.

**** **Les Rotes.** Ctra. Les Rotes, 85. T. 965 780 323. *www.hotellesrotes.com*
Hab. 33: 63/190 €. Suites: 3. Desayuno incluido. Entre el Parque Natural del Montgó y el cabo de S. Antonio. A 50 m del mar. Restaurante Punta Negra.

Derrasa, A Ourense Ver Ourense

18 · B-2

Donostia/San Sebastián Gipuzkoa Ver San Sebastián/Donostia

6 · F-3

Durango Bizkaia

6 · C-4
A Bilbao, 30 km
A Madrid, 430 km
Alt. 119 m · Pob. 28.261
T. 946 033 938
GPS 43° 10' 8'' N · 2° 38' 2'' O

Visitar: En su casco antiguo de estructura medieval sobresalen la **Basílica de Sta. María de Uribarri** (s. XIV) y la **Cruz de Kurutziaga** (s. XV), ambas Monumentos Nacionales. Otros espacios de interés son las iglesias de S. Pedro de Tavira (s. XV) y Sta. Ana (s. XV), el arco de Sta. Ana y edificios nobles como el Ayuntamiento (s. XVI) o el Palacio Etxezarreta. Destaca su **Museo de Arte e Historia.**

Fiestas: Sobresale la Pasión, en **Semana Santa,** la **Euskal Astea** (Semana Vasca, en junio) con ferias agrícolas, Día del Trikilari o danzas. En diciembre, la Feria del Sector Artesanal y la **Feria del Libro y Disco Vasco;** el 13 de octubre, la fiesta patronal de S. Fausto. Entre octubre y diciembre es la **Quincena Musical.**

Alrededores: La mejor panorámica del Duranguesado se obtiene desde **Garai,** a 6 km. Otras villas de interés son **Amorebieta** (a 10 km), **Berriz** (a 4 km), **Abadiño** (a 2 km) o **Elorrio** (a 10 km), declarada Conjunto Histórico-Artístico donde destacan su casco antiguo, la necrópolis de Argiñeta, el portal de don Tello o la fuente de Berriozabaleta. También son de interés el **Parque Natural de Urkiola** y el **Valle de Atxondo** (a 10 km).

Parque Natural de Urkiola, hogar de más de 700 especies vegetales

Restaurantes

Boroa. (En Amorebieta, a 10 km). En la salida 18 de la A-8, Bilbao-San Sebastián. Caserío Garai, 11. T. 946 734 747. *www.boroa.com*
Cierra domingo cenas, primera quincena de enero y segunda de agosto. Interesante cocina de Javier Gartzia. **Lomitos de anchoa de Bermeo en tosta con tapenade y helado de vinagre de 'txakoli' de Orduña; pichón de Araiz sonrosado y sus muslitos confitados con milhojas de compota de verano; bombón de piña colada en tierra de chocolate.** Precio medio 50 €.

Etxebarri (asador)

En este caserío del valle de Atxondo todo sigue igual, igual de bien. Un tratamiento único en parrillas distintas creadas por Víctor Arguinzoniz para cada producto: **caviar, angulas, anguilas, pescado, carnes.** Una experiencia inolvidable. El servicio y la sala defraudan. Cierra cenas excepto sábado; lunes, agosto y del 23 de diciembre al 7 de enero.

Precio medio 80 €.

(En Atxondo. Ctra. A-8, Bilbao-San Sebastián, salida 17). Pl. S. Juan, 1. T. 946 583 042. *www.asadoretxebarri.com*

Hoteles

**** **Gran Hotel Durango.** Gasteiz Bidea, 2. T. 946 217 580. *www.granhoteldurango.com*
Hab. 68: 78/154 €. Ubicado en un antiguo palacete de principios del s. XX.

Ejido, El Almería

113 · A-2
A Almería, 30 km
A Madrid, 570 km
Alt. 56 m · Pob. 85.389
T. 950 489 555.
GPS 36° 46' 29'' N · 2° 48' 50'' O

Visitar: Los **baños termales de Guardias Viejas,** construidos en el s. IV, el Castillo de Guardias Viejas y la torre vigía de Balerma (ambos del s. XVIII) merecen una visita. Otros atractivos turísticos son el **monumento romano del Daymún,** la plaza Mayor y la Sala Museo de la Historia Local. El Ejido destaca por la producción intensiva de cultivos hortícolas.

Fiestas: La festividad de S. Marcos, el 25 de abril, se celebra con una procesión-romería. El **Festival de Teatro,** declarado de Interés Turístico, tiene lugar los meses de mayo y junio, y la fiesta grande de El Ejido (el patrono es S. Isidro) es el 29 y 30 de junio. El 16 de julio es la festividad de la Virgen del Carmen. Otra celebración importante es la de la Virgen de las Mercedes, el 15 de agosto. Ese mismo día hay una procesión marinera en Balerna. Muy curiosa es la fiesta de la **Divina Infantita,** el 3 de octubre.

Alrededores: En las estribaciones de la **Sierra de Gádor,** a solo 20 km de El Ejido y con fantásticas vistas sobre el mar de invernaderos, se encuentra el municipio de **Félix.** En la localidad de **Almerimar,** a 6 km, hay un campo de golf y un puerto deportivo. También se pueden visitar el **Paraje Natural de Punta Entinas,** la sierra de Gador o las playas de Almerimar, Balerma y Guardias Viejas.

Frank Gehry en Elciego
El genial arquitecto canadiense ha diseñado el hotel en las Bodegas Marqués de Riscal.

Restaurantes

La Costa. Bulevar de El Ejido, 48. T. 950 481 777.
www.restaurantelacosta.com
Cierra martes cena y domingo. Dos ambientes y dos tipos de cocina de José Álvarez. Se mantiene su taberna andaluza de tapeo, complementada con el restaurante gastronómico de diseño con platos vanguardistas basados en productos de la provincia. Precio medio 45 €.

Nautilus. (En Almerimar, a 6 km. Puerto deportivo). Canoa, 13.
T. 950 497 858. *www.restaurantenautilus.com*
Cierra lunes y noviembre. Bonitas vistas desde el puerto deportivo. *Tataki* de atún, mero al horno, naranja en diferentes texturas. Precio medio 35 €.

Hoteles

★★★★ **Almerimar.** (Urb. Almerimar). Av. Arquitecto Julián Laguna, 1. T. 950 497 007.
www.almerimar-resort.com
Hab. 277: 110/250 €. Suites: 1. Consultar precio y admisión de perros. En primera línea de playa. Próximo al campo de golf. Restaurante Las Mañanitas.

Elciego Araba/Álava

22 · C-2
A Vitoria, 60 km
A Madrid, 341 km
Alt. 451 m · Pob. 1.051
T. 945 606 632
GPS 42° 30' 53'' N · 2° 37' 10'' O

Visitar: Un recorrido por el casco antiguo permite contemplar diversas casas-palacio (s. XVIII), la **iglesia de S. Andrés** (ss. XVI al XVIII) y la ermita de la Virgen de la Plaza (s. XVIII), situada en la plaza Mayor.

Fiestas: Las principales festividades son la de Sta. Isabel (3 y 4 de julio) y la de la **Virgen de la Plaza,** del 7 al 11 de septiembre.

Alrededores: Destaca la localidad de **Cenicero,** *regada* por el río Ebro.

Restaurantes

Marqués de Riscal. (Bodegas Marqués de Riscal). Torrea, s/n.
T. 945 180 888. *www.hotel-marquesderiscal.com*
En el emblemático edificio diseñado por Frank O. Gehry, José Ramón Piñeiro se basa en los productos riojanos para su cocina realizada con el toque de Francis Paniego (Echaurren-Ezcaray). **'Soufflé' de queso y aceite de oliva virgen, merluza confitada a 45° C, torrija tostada con helado de dulce de leche.** Precio medio 70 €.

Hoteles

★★★★★ **Marqués de Riscal.** Torrea, 1. T. 945 180 880. *www.hotel-marquesderiscal.com*
Hab. 41: 297/945 €. Suites: 10. Incluidos desayuno y visita guiada. Diseñado por Frank O. Gehry, ubicado en las centenarias bodegas Marqués de Riscal. Restaurantes Bistró 1860 y Marqués de Riscal.

Elda Alicante Ver Petrer

93 · C-1

Elizondo-Baztán-Bidasoa Navarra

La comarca de Baztán fue escenario de grandes batallas en las Guerras Carlistas

7 · B-4
A Pamplona, 55 km
A Madrid, 456 km
Alt. 200 m · Pob. 3.563
T. 948 581 517
GPS 43° 8' 48'' N · 1° 31' 6'' O

Visitar: En Elizondo destaca su arquitectura popular, las casas blasonadas o la **casa cultural Arizkunenea** (s. XVIII) en la plaza de los Fueros, junto al Ayuntamiento. Se pueden visitar el **Museo Etnográfico Jorge Oteiza-Colección Javier Ziga** y el Parque Escultórico Santxotena, así como acercarse al mirador de Baztán en Ziga.

Fiestas: El 25 de julio son las fiestas populares. A lo largo de los meses de julio y agosto tienen lugar danzas populares típicamente vascas como la mutildantza, sokadantza o sagardantza. En octubre y abril se celebran las **ferias de Otoño y Primavera,** respectivamente.

Alrededores: En el cercano municipio de **Oieregi** se encuentra el **Parque Natural Señorío de Bertiz.**

Restaurantes

® **Arotxa.** (En Legasa, a 14 km). Sta. Catalina, 34. T. 948 456 100.
www.arotxa.com P
Cierra cenas de domingo a jueves; martes y 15 días en enero después de Reyes. Parada muy acertada donde la familia Lacar propone degustar unas buenas **verduras y carnes rojas** en un ambiente cuidado y sencillo. Precio medio 35 €.

Casa Galarza. Santiago, 1. T. 948 580 101. P
Cierra cenas en invierno, excepto fines de semana, martes, 15 días en febrero y 15 días entre septiembre y octubre. Las hermanas Goñi atienden con eficacia cocina y comedor. Ajoarriero, chuleta del Baztán, tartas caseras. Menú 12 €. Precio medio 24 €.

® **Santxotena.** Pedro Axular, s/n. T. 948 580 297. *www.santxotena.net*
Cierra cenas en invierno, excepto sábado, domingo cena, lunes, primera quincena de septiembre y Navidades. En este local familiar y cuidado, referencia de la zona, se deben degustar los clásicos de su cocina: **solomillo del Baztán y 'pantxineta'.** Precio medio 33 €.

Hoteles

*** **Señorío de Ursua.** Cruce Errazu-Azpilkueta con N-121-B. T. 948 453 500.
P SPA
Hab. 18: 65/130 €. Suites: 1. Ubicado en un caserío del s. XVII. Totalmente restaurado. En el Camino de Santiago baztanés.

Elx/Elche Alicante

93 · D-2
A Alicante, 22 km
A Madrid, 409 km
Alt. 86 m · Pob. 230.822
T. 966 658 196
GPS 38° 16' 0'' N · 0° 41' 47'' O

Elche es famosa por la artesanía de palmas para el Domingo de Ramos

Visitar: Tanto la representación del Misterio de Elche como el **Palmeral** han sido declarados Patrimonio de la Humanidad. Otros monumentos y lugares de interés son la **Basílica de Sta. María,** lugar de representación del Misterio, de estilo barroco, y el Huerto del Cura, donde se encuentra la **Palmera Imperial** con siete brazos, así como el parque municipal. También destacan La Calahorra, torre de estilo árabe, y el Palacio de Altamira, en cuyo interior se encuentra el **Museo Arqueológico y de Historia.** El Museo de Arte Contemporáneo, el Centro de Cultura Tradicional de Puçol (que alberga el Museo Etnológico y Agrícola), el Museo Paleontológico, el Parque Arqueológico y el Museo de la Alcudia merecen una visita, lo mismo que los Baños Árabes (s. XII), el Museo Municipal de la Festa, el **Museo del Palmeral** y el Museo de la Virgen de la Asunción, patrona de Elche.

Fiestas: La festividad del Domingo de Ramos, con la **procesión de las Palmas,** es de Interés Turístico Internacional. En la primera quincena de agosto se celebran las fiestas de **Moros y Cristianos** y del 11 al 15 de agosto el **'Misteri d'Elx',** festividad de Interés Turístico Internacional. El 28-29 de diciembre es la celebración de la Venida de la Virgen.

Alrededores: Cerca de Elche están los **Parques Naturales de El Hondo y Las Salinas,** así como el **Paraje Natural del Clot de Galvany** y numerosas playas. Se puede realizar la Ruta del Palmeral.

Restaurantes

La Finca. Partida de Perleta, 1-7. T. 965 456 007. *www.lafinca.es*
Cierra cenas de domingo y martes, lunes, tres semanas en enero, Semana Santa y una semana en noviembre. Susi Díaz, José María y su equipo logran que la visita a su casa sea una delicia gastronómica, cuidando todos los detalles. **'Carpaccio' de vieiras con trufa y 'ceps', arroz negro con 'sepieta' y guisantes, piña en helado y sopa con toque de menta.** Precio medio 50 €.

® **Mesón El Granaíno.** José María Buch, 40. T. 966 664 080. *www.mesongranaino.com*
Cierra domingo y segunda quincena de agosto. Sabrosa cocina regional de siempre. **Coca con sardinas y queso Caprillice, arroz con costra, helado de dátiles.** Precio medio 35 €.

Empúries/Ampurias Girona

27 · C-3

Escala, L' Girona

15 · E-2
A Girona, 43 km
A Madrid, 700 km
Alt. 14 m · Pob. 10.387
T. 972 770 603
GPS 42° 7' 29'' N · 3° 7' 53'' E

L'Escala acoge cada año la fiesta de l'Anxova en sus Jornadas Gastronómicas

Visitar: Aquí se encuentran importantes vestigios de la **ciudad grecorromana de Ampúries.** Es imprescindible conocerlos, lo mismo que el **Museu d'Arqueologia de Catalunya.** Otras visitas podrían incluir el cementerio Marí, la iglesia de St. Pere, de estilo gótico, y el Museu de l'Anchova i de la Sal. El camino de ronda de St. Martí proporciona bonitas vistas.

Fiestas: En junio se celebra la fiesta del Triumvirat Mediterrani y el 16 de julio, el Día del Carmen. Las fiestas Mayores del pueblo son en septiembre y, en octubre, las Jornadas Gastronómicas, que incluyen la **fiesta de l'Anxova.**

Alrededores: Merece la pena conocer las villas cercanas de **Aiguamolls de l'Empordà,** Pals, Peratallada o acercarse al Teatre-Museu Dalí de **Figueres.**

Restaurantes

® **El Roser 2.** Pº Lluis Albert, 1. T. 972 771 102. *www.elroser2.com*
Cierra domingo cena, miércoles, 10 días en febrero y en noviembre. Elegante y confortable, en él se evidencian la dedicación, el entusiasmo y el buen hacer en los fogones de la familia Sabadí. **Canelón de bogavante con verduritas y parmesano, rabo de buey relleno de butifarra de perol y vino tinto del Empordà.** Menú 25 €. Precio medio 50 €.

Els Pescadors. Port d'en Perris, 5. T. 972 770 728. *www.pescadors.com*
Cierra domingo cena y jueves excepto julio y agosto; y noviembre. Frente al mar de la bahía de Roses. Entremeses, rape con gambas, carro de postres. Es muy recomendable su menú con siete alternativas (19 €.). Precio medio 50 €.

Esparragal Murcia Ver Murcia

93 · B-4

Espinardo, El Murcia Ver Murcia

93 · A-4

Espluga de Francolí, L' Tarragona

47 · C-1
A Tarragona, 43 km
A Madrid, 522 km
Alt. 414 m · Pob. 3.982
T. 977 871 220
GPS 41° 23' 40'' N · 1° 5' 50'' E

Visitar: Son interesantes los **museos de las cuevas de Font Major y la Vila,** el de la Vida Rural, el del Vi en el Celler Cooperatiu y el Fassina Balanyá, una destilería de aguardiente. Otras visitas recomendadas son la **iglesia vieja de St. Miguel** (s. XIII), el Antiguo Hospital de St. Joan de Jerusalén (s. XIV) y el Casal de L'Espluga de Francolí.

Fiestas: Destacan las populares **ferias de S. Vicente** (24 y 25 de enero) y **la Vendimia,** el 29 y 30 de agosto. La Fiesta Mayor se celebra del 24 al 27 de julio. El 8 de diciembre tiene lugar la **Fiesta del Aceite.**

Alrededores: A poco más de 2 km, se encuentra el **Monestir de Sta. Maria de Poblet,** fundado a mediados del s. XII por Ramón Berenguer IV, de la orden cistercense y declarado Patrimonio de la Humanidad. En el interior del recinto se ubican el Palacio del Rey Martín el Humano, el Museu de Poblet, la iglesia Mayor y el Museu de la Restauració. Cerca de L'Espluga de Francolí están el **mirador de la Capilla de S. Miguel,** el Museu del Vidre en **Vimbodí i Poblet** y la ermita de la Stma. Trinidad, con zona de merendero.

Restaurantes

Masía del Cadet. (H. Masía del Cadet). Ctra. Les Masíes, s/n. T. 977 870 869. *www.masiadelcadet.com*
Cierra domingo cena, lunes y noviembre. Con 12 habitaciones. Antigua masía próxima al Monestir de Poblet. Sopa de cebolla gratinada, pies de cerdo con cigalas, *crêpes* de frutas del bosque. Menú 20 €. Precio medio 38 €.

Hoteles

*** **Monestir.** (En Monestir de Poblet). Les Masies, s/n. T. 977 870 058. *www.hotelmonestir.com*
Hab. 30: 75/110 €. Situado en plena Ruta del Císter, en el Parque Natural de las Montañas de Prades y junto al Monestir de Poblet. Rodeado de bosques. Totalmente reformado.

Barricas en una bodega de L'Espluga de Francolí, en la Conca del Barberà

Esquedas Huesca Ver Huesca

24 · A-4

Estepona Málaga

110 · D-3
A Málaga, 83 km
A Madrid, 627 km
Alt. Nivel del mar · Pob. 66.150
T. 952 802 002
GPS 36° 25' 27'' N · 5° 8' 46'' O

Visitar: Es recomendable acercarse a la **plaza de toros,** única en el mundo por su diseño asimétrico. En ella se ubican los Museos Municipales. **La iglesia de los Remedios,** la torre del Reloj y los restos del castillo de S. Luis también tienen interés, al igual que las playas y el puerto deportivo.

Fiestas: El 15 de mayo es S. Isidro Labrador y el 23 de junio, la **Quema de los Bigotes de S. Juan.** La fiesta patronal se celebra la primera semana de julio y la fiesta del Carmen el 16 del mismo mes. El Día del Turista es el 15 de agosto.

Alrededores: Merece la pena conocer las **Torres Almenaras,** siete torres de origen musulmán y castellano que servían de defensa frente a los piratas; la cercana **Sierra Bermeja,** que domina toda la Costa del Sol, y el **Centro de Interpretación de la Necrópolis Prehistórica de Corominas.**

Restaurantes

La Alcaría de Ramos. (Urb. El Paraíso Vista al Mar). Ctra. N-340, Málaga-Cádiz, km 166. Jazmín, 1. T. 952 886 178. *www.laalcariaderamos.es*
Cierra almuerzos, domingo y del 10 al 24 de diciembre. José Ramos, secundado por sus hijos, continúa en esta antigua alquería. Cebiche de mero y aguacate al cilantro con emulsión de tomate, lubina con salsa de piña y pimientos dulces del cristal, espuma de mango con *praliné* de zanahoria y pistacho. Precio medio 25 €.

® **La Menorah.** (Urb. Arena Beach. 2ª fase). Ctra. N-340, Málaga-Cádiz, km 151,200. T. 952 807 031.

Cierra lunes y del 10 de enero al 10 de marzo. El mejor referente de la zona por la profesionalidad en cocina (Francisco López) y sala (José Luis Mariscal). **Albondiguitas de carabineros, pescados del litoral, tocinillo de cielo.** Precio medio 30 €.

Hoteles

***** **Crowne Plaza. Estepona-Costa del Sol.** (En Urb. Benamara-Av. Dos Hermanas). Ctra. A-7, km 168. T. 951 055 500. *www.cpestepona.com*
Hab. 107: 94/265 €. Suites: 39. Situado en plena Costa del Sol. Rodeado de jardines tropicales y a escasos metros de la playa. Restaurantes Tesela y Shanghai Express.

***** **Gran Hotel Elba Estepona & Thalasso Spa.** Ctra. Estepona-Cádiz, 151. T. 952 809 200. *www.elbaestepona.com*
Hab. 204: 140/380 €. Suites: 63. Centro Thalasso-Spa con más de 1.400 m². Restaurantes Arena-Beach, Al-Andalus, París-Roma y Asia-Fusión.

***** **Kempinski Hotel Bahía Estepona.** Ctra. Cádiz, km 159. Playa El Padrón. T. 952 809 500. *www.kempinski-spain.com*
Hab. 147: 171/508 €. Suites: 15. A pie de playa. Rodeado de 45.000 m² de jardines tropicales. Centro de belleza. Restaurantes Alminar, La Brisa y La Cabaña del Mar Beach Club.

Estrada, A/Estrada, La Pontevedra

8 · D-4
A Pontevedra, 44 km
A Madrid, 592 km
Alt. 450 m · Pob. 21.880
GPS 42° 41' 21'' N · 8° 29' 34'' O

Primer sábado de julio: los vecinos de A Estrada cortan las crines a sus caballos

Visitar: Es muy interesante el **Pazo de Oca** (s. XV), de gran espectacularidad, así como los museos do Pobo Estradense Manuel Reimóndez Portela y el Etnográfico de Terra de Montes.

Fiestas: Destacan las fiestas del carnaval, la **Fiesta Gastronómica del Salmón,** en mayo, y el Festival Folk, en agosto. Las fiestas patronales de S. Paio se celebran en junio, y en julio tiene lugar la tradicional **'Rapa das Bestas',** declarada de Interés Turístico Internacional.

Alrededores: A 20 km se encuentra **Santiago de Compostela.**

Restaurantes

® **Nixon.** Av. Ponteareas, 14. T. 986 570 261. *www.restaurantenixon.com*
Cierra domingo cena, lunes y del 10 al 30 de noviembre. La máxima referencia de la zona durante muchos años afronta ahora el relevo generacional en la cocina, pero seguirá basando su prestigio en los dos pilares habituales que lo sustentan: el **salmón silvestre** y el **solomillo.** No hay nada que temer, y sí, asistir con curiosidad a la nueva evolución. Menú 19 €. Precio medio 30 €.

Hoteles

**** **Pazo A Nugalla.** (En Parroquia Curantes-S. Miguel). Lugar de Pousada, 27. T. 986 591 600. *www.nugalla.com*
Hab. 9: 60/120 €. Suites: 1. Edificio declarado Patrimonio Histórico-Artístico, enclavado en la ladera de un valle y rodeado de magníficos paisajes.

Ezcaray La Rioja

22 · A-3
A Logroño, 61 km
A Madrid, 316 km
Alt. 813 m · Pob. 2.098
T. 941 354 679
GPS 42° 19' 35'' N · 3° 0' 53'' O

Visitar: **La parroquia de Sta. María la Mayor** (ss. XII al XVI) es Monumento Nacional. Merece la pena conocer las plazas del Conde Torremúzquiz y de la Verdura, el puente Canto sobre el río Oja, el **palacio del Arzobispo Barroeta** (1766) o las ermitas de Allende (s. XVIII) y de Sta. Bárbara. Es aconsejable acercarse a las aldeas de Posadas, Zaldierna y Azárrulla, recorrer la **Vía Verde del Río Oja** y la sierra de la Demanda, donde se puede practicar senderismo.

Fiestas: El **Lunes de Pentecostés** se celebra la festividad de Sta. Bárbara y del 9 al 12 de agosto, las fiestas en honor de S. Lorenzo, patrón de la villa. Las correspondientes a la patrona, Ntra. de Allende, son del 23 al 27 de septiembre.

Alrededores: A 13 km se encuentra la estación de esquí de **Valdezcaray** y a 15 km, **Sto. Domingo de la Calzada.**

Restaurantes

® **Casa Masip.** Av. Academia Militar, 6. T. 941 354 327. *www.casamasip.com*
Cierra cenas de domingo a jueves; martes y segunda quincena de noviembre. Con 10 habitaciones. Destaca por la calidad del producto autóctono.

Espárragos a la plancha con romesco, manitas de cerdo con trufa, buñuelos de trufa. Menú 17 €. Precio medio 30 €.

Comilón.com. Fuero, 15. T. 941 427 394. *www.comilon.com*
Cierra de lunes a viernes almuerzo, y una semana en diciembre.

E-Tapas *(gastrobar)*. Padre José García, 19. T. 941 354 047. Cierra domingo cena excepto puentes, verano y una semana en diciembre. Dos opciones informales de los Paniego. El *gastrobar* E-Tapas en el salón de la chimenea con tapas saladas y dulces en el Echaurren y Comilón.com con cocina sencilla y gustosa con postres de Marta Paniego. Precio medio 25 €.

El Portal del Echaurren-Echaurren. (H. Echaurren). Padre José García, 19. T. 941 354 047. *www.echaurren.com*
Cierra martes excepto verano, domingo cena y lunes. Francis Paniego basa su creatividad en la calidad de producto con técnicas innovadoras y la presencia de la cocina riojana de su madre, Marisa. José Félix, su hermano, experto sumiller, dirige también el luminoso comedor totalmente renovado. Plena satisfacción en todo. Precio medio 70 €.

Hoteles

*** **Echaurren.** Padre José García, 19. T. 941 354 047. *www.echaurren.com*
Hab. 21: 85/150 €. Suites: 1. Edificio histórico ubicado en el centro de la villa. Muy cercano a los distintos puntos de interés. Restaurante El Portal de Echaurren, Echaurren y El Salón de la Chimenea *(gastrobar)*.

*** **Palacio Azcárate.** Padre José García, 17. T. 941 427 282. *www.palacioazcarate.com*
Hab. 19: 64/137 €. Suites: 1. Palacete del s. XVIII, rehabilitado. Tratamientos de vinoterapia. Actividades de aventura.

La Vía Verde del Río Oja, una de las muchas propuestas naturales de Ezcaray

3 · F-4 **Felguera, La** Asturias Ver Langreo

Ferrol A Coruña

El Parque Natural de As Fragas do Eume, cerca de Pontedeume

1 · F-2
A La Coruña, 52 km
A Madrid, 661 km
Alt. 400 m · Pob. 73.638
T. 981 944 272
GPS 43° 29' 17'' N · 8° 13' 27'' O

Visitar: El casco antiguo del **barrio de la Magdalena** (Conjunto Histórico-Artístico) es el centro de la ciudad. En torno a él se levantan los principales monumentos: el Castillo de S. Felipe (s. XVIII), la **iglesia de S. Francisco** (s. XVIII), la Concatedral de S. Julián, el Museo Naval, el Teatro Jofre, el **barrio de Ferrol Vello**, el Centro Cultural Bello Pineiro, el parque municipal y los jardines Paseo Herrera.

Fiestas: El 7 de enero se homenajea a S. Julián, patrón de la ciudad. Dentro de la Semana Santa, de Interés Turístico Nacional, destaca el Lunes de Pascua, que coincide con **Ntra. Sra. de Chamorro.** La fiesta de Las Pepitas, con sus rondallas, tiene lugar la víspera de San José. En julio es la Feria Internacional de Muestras y, en agosto, las **fiestas de Amboage,** con ferias medievales y conciertos.

Alrededores: Merece la pena acercarse hasta la ermita de Ntra. Sra. de Chamorro y también al **cabo Prior.** En **Neda** (a 9 km) sobresale la iglesia de S. Nicolás (s. XIV) y en **Narón** (a 9 km), el Monasterio del Couto (s. XII). Otras localidades interesantes son **Cedeira** (a 36 km), donde visitar S. Andrés de Teixido y el mirador de la garita de Herbeira; **Ortigueira** (a 54 km) y **Pontedeume** (a 19 km), por donde pasa el Camino de Santiago Inglés.

Restaurantes

® **A Gabeira.** Lugar de Balón, 172. T. 981 319 057. *www.nove.biz*
Cierra cenas de martes y domingo, lunes y del 12 de octubre al 7 de noviembre. Se consolida como la mejor opción de cocina creativa de la zona, muy por encima de su entorno. A destacar el punto de los vegetales, algo no demasiado habitual por estas tierras, así como la perfecta elaboración de salsas con bastante creatividad. Buenas combinaciones de productos gallegos con otros de calidad venidos de fuera. Precio medio 45 €.

Medulio. Lugar del Bosque, 73. T. 981 330 089. *www.restaurantemedulio.com*
Cierra domingo cena, lunes y segunda quincena de julio. Casa del s. XIX restaurada, con cocina gallega tradicional. Salpicón de mariscos, codillo especialidad Medulio, flan de café. Precio medio 40 €.

Muiño do Vento. (En Fene-Magalofes. Ctra. N.651, dirección Ferrol, a 1 km). Cadavas, 4-B. T. 981 340 921. P
Cierra domingo cena, lunes, del 2 al 25 de septiembre y del 23 de diciembre al 2 de enero. Cocina gallega tradicional con bonitas vistas a la ría. Empanada de zamburiñas, mariscos y pescados del Cantábrico, filloas. Precio medio 35 €.

® **O'Parrulo.** Av. Catabois, 401. T. 981 318 653. *www.restauranteoparrulo.com*
P

Cierra miércoles cena, domingo y del 1 al 21 de agosto. El clásico de los clásicos en la comarca de Ferrolterra. Buen **marisco,** no excesivamente caro; junto a él, el repertorio más típico de la cocina gallega tradicional, desde la **lamprea** en temporada hasta la **caza** en la suya. Cocina bastante contundente. Precio medio 45 €.

Pataquiña (marisquería). Dolores, 35. T. 981 352 311.
Cierra domingo. Ambiente y cocina gallega tradicional con productos locales de tierra y mar. Filloas rellenas como tradicional dulce final. Precio medio sin marisco 30 €.

Hoteles

*** **Parador de Turismo.** Almirante Fernández Martín, s/n. T. 981 356 720. *www.parador.es*
Hab. 35: 93/161 €. En el centro. Con motivos marineros, ricas maderas y confortable. Totalmente renovado en 2002. Restaurante La Fragata, degustación de productos y platos de la zona.

Figueras Asturias Ver Castropol

2 · F-2

Figueres/Figueras Girona

27 · B-2
A Girona, 37 km
A Madrid, 747 km
Alt. 30 m · Pob. 44.930
T. 972 503 155
GPS 42° 16' 2'' N · 2° 57' 35'' E

Visitar: En la villa natal del genio surrealista Salvador Dalí es posible realizar rutas guiadas tras sus pasos o visitar el **Teatre-Museu Dalí.** Destaca también el **Castell de St. Ferran,** una fortaleza militar tipo *vauban*, segundo de Europa en extensión y construido en el s. XVIII; la iglesia de St. Pere (ss. XIII al XVIII); el monumento a Narcís Monturiol; el Museu de l'Empordà, que alberga desde colecciones arqueológicas hasta una excelente pinacoteca con una buena representación de pintura barroca y ampurdanesa de los ss. XIX y XX; el **Museu del Joguet de Catalunya,** con más de 3.500 piezas de principios de siglo; y el Museu de la Tècnica de l'Empordà.

Fiestas: El 10 de febrero (y también en agosto) se celebra la Fira Rebaixa; el 15 de marzo son las ferias de St. Josep, y el mismo mes, la Firagri, la **Feria Agrícola de las Comarcas de Girona.** Del 26 de abril al 5 de mayo tienen lugar las ferias y fiestas de Sta. Creu; en mayo, la del Juguete y el **Encuentro Intergaláctico de Juguetes de Colección;** el 29 de junio, St. Pere. En septiembre se organiza la Mostra del Ví de l'Alt Empordà.

Alrededores: A 3 km se encuentra el monasterio románico de **Sta. Maria de Vilabertrán.** A 9 km está **Peralada** y su castillo con elementos notables de los ss. XVI y XX, convertido en casino; la iglesia-convento de St. Domènec (s. XI) o la iglesia-convento de las Carmelitas (s. XIV). En **Empúries,** a 23 km, se halla la única colonia griega, junto a Roses, conocida en la Península y el Museo Monográfico. A 20 km, destaca el **Monestir de St. Pere de Rodes,** así como los espacios naturales protegidos de los **Aiguamolls de l'Empordà** y **Serra de l'Albera.**

Restaurantes

El Motel (H. Empordà). Av. Salvador Dalí, 170 (Antigua Ctra. a Francia). T. 972 500 562. *www.elmotel.cat*
Cocina estacional de mercado, de raíces marcadamente ampurdanesas, en un marco agradable y distinguido, bajo la atenta dirección de Jaume Subirós, secundado por su hijo Albert, y Montse Anglès como sumiller. Precio medio 53 €.

Mas Pau. (En Avinyonet de Puigventós, a 4 km). Ctra. de Olot, s/n. T. 972 546 154. *www.maspau.com*
Cierra almuerzos en julio y agosto, domingo cena, martes almuerzo, lunes y del 6 de enero al 19 de marzo. La personalidad del cocinero Xavier Sagristà, junto a la profesionalidad de Toni Gerez y Aitor Sagués en la sala, son la base de la regularidad y excelente nivel culinario de este legendario y agradable restaurante. **Raya al ajo doradito, manitas de cerdo crujientes con cigalitas.** Precio medio 55 €.

Hoteles

***** **Peralada Wine Spa & Golf.** (En Peralada). Rocabertí, s/n. T. 972 538 830. *www.hotelperalada.com*
Hab. 53: 130/340 €. Suites: 2. Admisión de perros, consultar. Centro Wine Spa (vinoterapia). Restaurante Masía Peralada.

Simpático habitante del Museu del Joguet de Catalunya, en Figueres

Fisterra/Finisterre A Coruña

8 · A-2
A Coruña, 100 km
A Madrid, 710 km
Alt. Nivel del mar · Pob. 5.005
T. 981 740 781
GPS 42° 54' 17'' N · 9° 15' 57'' O

Visitar: Pueblo situado a un par de kilómetros del famoso faro y donde se levanta la **iglesia de Sta. María de las Arenas** (s. XII), con el *Cristo da Barba Dourada*, una talla de Nicodemus del s. XIV. También hay que acercarse a la ermita de San Guillermo o al Castillo de San Carlos.

Fiestas: En Semana Santa destaca la **Festa do Stmo. Cristo** y el 24 de junio, la de S. Juan. En agosto se celebra la del Longueirón y la Festa Folk. En septiembre tienen lugar las fiestas del Carmen y en noviembre, la de S. Martiño.

Alrededores: Las playas de Sardiñeiro, Langosteira, O Rostro, Arnela y Mar de Fora, además del **cabo de Finisterre,** declarado Patrimonio Europeo.

Restaurantes

O Fragón. Pl. da Cerca, 8. T. 981 740 429. *www.ofragon.es*
Cierra cenas desde octubre a abril excepto sábados, cuatro días seguidos a final de cada mes, 15 días en febrero y en noviembre. Cocina marinera junto a la playa y el puerto. Sardinas marinadas con dos mermeladas y broa, salmonete de roca con su fideuá, chocolate Valrhona en texturas. Precio medio 35 €.

---

84 · D-3

Fontanars dels Alforins Valencia Ver Ontinyent

---

12 · A-2

Fontibre Cantabria Ver Reinosa

---

36 · C-2

Foradada Lleida Ver Balaguer

---

15 · B-4

Formigal Huesca Estación de esquí - Ver Sallent de Gállego

---

6 · C-3

Forua Bizkaia Ver Gernika/Guernica

Fraga Huesca

35 · F-4
A Huesca, 192 km
A Madrid, 438 km
Alt. 118 m · Pob. 14.302
GPS 41° 31' 20'' N · 0° 20' 52'' E

Relieves de la iglesia de S. Pedro, en Fraga

Visitar: Son reseñables tanto el yacimiento y los **restos arqueológicos de Villa Fortunatus** (s. IV a. C.) como su casco antiguo de la época árabe. Se pueden visitar el **Palacio de Montcada** (incluye el torreón y la sala de exposiciones Miguel Viladrida); la iglesia de S. Pedro; el castillo, sobre la antigua iglesia de S. Miguel, y la Casa-Museo Salvador Sabaté.

Fiestas: El 23 de abril se celebra el **Día de la Faldeta;** el 15 de mayo, S. Isidro y el 12 de octubre, las fiestas patronales de la Virgen del Pilar.

Alrededores: No hay que perderse los entornos de **Alla Dins** y Serreta Negra, además del poblado de **Cardiel.** Son interesantes las Rutas de Las Balsas y del Vedado, el **Valle del Cinca,** con los bosques de ribera, o el desierto de los Monegros.

Restaurantes

® + **Billauba.** Av. Aragón, 41. T. 974 474 167. *www.billauba.com*
Cierra cenas de lunes a jueves; domingo, primera semana de enero y segunda quincena de agosto. La tienda-bodega completa el atractivo de esta casa con una cocina atenta al mercado. **Sardinas en 'suc' a la fragantina, lomo de buey fileteado con patata trufada, charlota de plátano.** Menú 21 €. Precio medio 37 €.

Frómista Palencia

20 · F-3
A Palencia, 32 km
A Madrid, 270 km
Alt. 780 m · Pob. 870
T. 979 810 128
GPS 42° 16' 2'' N · 4° 24' 29'' O

Visitar: Villa histórica ligada al Camino de Santiago con templos interesantes como la iglesia románica de **S. Martín** (s. XI), la gótica de **Sta. María del Castillo** (s. XIV), la **de S. Pedro** (s. XV), que alberga el Museo Parroquial con 29 tablas flamencas; el Museo Etnográfico, el Museo Multimedia Vestigia y el Conjunto de la Cuádruple Esclusa del Canal de Castilla. También la **ermita del Otero** (s. XIII).

Fiestas: El domingo siguiente al de Pascua se celebra la **procesión cívica de El Ole,** fiestas en honor a S. Telmo. Desde las 10 de la noche hasta las tres de la madrugada los mozos bailan provistos de estacas, escobas y garrotes. El 25 de julio tienen lugar la **Feria del Queso y Productos Artesanales** y el Certamen de

Teatro; el 8 de septiembre, la Virgen del Otero y el primer domingo de septiembre, el **Día del Turista** y el Concurso Nacional de Pintura Rápida.

Alrededores: Astudillo, a 11 km, es un conjunto monumental declarado Bien de Interés Cultural. Además, se pueden visitar **Támara de Campos** a 6 km, con la iglesia de S. Hipólito (ss. XIV al XVI); **Santoyo,** a 7 km, con la iglesia de S. Juan Bautista, y **Boadilla del Camino,** a 6 km, con un Rollo de Justicia (s. XV).

Restaurantes

Hostería de los Palmeros. Pl. San Telmo, 4. T. 979 810 067. *www.hosteriadelospalmeros.com*
Cierra martes excepto Semana Santa, verano y Navidades; y del 9 de enero al 3 de febrero. Antiguo hospital de peregrinos en el corazón del Camino de Santiago. La **menestra de verduras** de la huerta palentina, los **pichones** de Tierra de Campos y la **tarta de queso con dulce de membrillo** son deliciosos. Precio medio 35 €.

Fuengirola Málaga

111 · A-3
A Málaga, 30 km
A Madrid, 574 km
Alt. 6 m · Pob. 71.783
T. 952 467 625
GPS 36° 32' 19'' N · 4° 37' 32'' O

Visitar: Con **extensas playas** (7 km de costa y bandera azul), también destacan las ruinas romanas, el **Castillo de Sohail** (s. XII), el BioParc y el paseo marítimo.

Fiestas: En enero se organiza el **certamen de cante flamenco El Jabegote.** En abril y mayo tiene lugar la Feria Internacional de los Pueblos; el 24 de junio se celebra S. Juan y en julio, el Festival de Música y Danza de la Ciudad de Fuengirola, en el Castillo de Sohail. El día 16 de agosto son las **fiestas del Carmen,** con procesión marinera en la barriada de Los Boliches, precedida de misa flamenca, en la parroquia de Ntra. Sra. del Carmen y Sta. Fe de Los Boliches. En agosto se suceden la **verbena del Veraneante,** el Mercado Medieval y la Fiesta de la Cerveza. A principios de octubre es la romería y la feria de Ntra. Sra. del Rosario, cuyos orígenes se relacionan con los mercados de ganado y las labores de vendimia. Tienen lugar encierros de vaquillas, misa flamenca y procesión con caballistas y carruajes.

Alrededores: Merece la pena conocer las localidades de **Benalmádena** y **Mijas.**

Caballos engalanados para las fiestas de Fuengirola

Restaurantes

Girol. Av. Salinas, 10. T. 952 660 268. *www.restaurantegirol.com*
Cierra lunes almuerzo. Cocina mediterránea en un acogedor y espacioso comedor. Crema de yogur a la mostaza verde con aguacate y brotes de temporada, chuletón de ternera a la parrilla, bizcocho casero con dúo de chocolate. Precio medio 35 €.

La Moraga. Centro Comercial Miramar. T. 952 593 405. *www.lamoraga.com*
Otra Moraga de Dani García (Calima-Marbella) con oferta de gran calidad y buenos precios. Callos guisados y picaditos con garbanzos, pluma de cerdo ibérico de bellota con *miso* blanco, y de postre, arroz cremoso con leche y vainilla. Precio medio 20 €.

Fuenmayor La Rioja Ver Logroño

22 · C-2

Fuente Dé-Espinama Cantabria

11 · D-2
A Santander, 140 km
A Madrid, 426 km
Alt. 1.070 m · Pob. 122
GPS 43° 8' 34'' N · 4° 48' 50'' O

Visitar: Ubicado al pie de los **Picos de Europa**, en un paisaje de grandiosa belleza, un teleférico salva un gran desnivel con el macizo de los Picos. En Espinama lo más interesante son las casas antiguas, algunas blasonadas. El río Deva nace de la reunión de muchos pequeños torrentes.

Alrededores: El **mirador de El Cable,** los Picos de Europa o las estaciones de deportes de invierno.

Hoteles

*** **Parador de Turismo.** Ctra. de Fuente Dé, s/n. T. 942 736 651. *www.parador.es*
Hab. 77: 70/128 €. A los pies del teleférico, conocido punto de partida de excursiones a los Picos de Europa. Restaurante Alfonso XIII, cocina regional e internacional.

53 · B-3 **Galapagar** Madrid Ver San Lorenzo de El Escorial

13 · B-1 **Galdakao/Galdácano** Bizkaia Ver Bilbao

Gandía Valencia

85 · B-1
A Valencia, 65 km
A Madrid, 418 km
Alt. 24 m · Pob. 80.020
T. 962 877 788
GPS 38° 58' 7'' N · 0° 11' 11'' O

La espectacular playa de Gandía, en la costa levantina

Visitar: Ciudad turística de **amplias playas** y pasado medieval con interesantes edificios como el Palacio Ducal, la Colegiata gótica de los ss. XIV y XV y las iglesias de S. Nicolás y del Beato Andrés Hibernón. También son destacables las fachadas de la antigua Universidad y del Ayuntamiento, así como la iglesia del Monasterio de Sta. Clara. Puede visitarse el Museo Arqueológico Maga.

Fiestas: Del 16 al 19 de marzo se celebran las **Fallas.** Entre los meses de marzo y abril tiene lugar la Semana Santa, y en julio, las **fiestas marineras de la Virgen del Carmen.** Del 1 al 4 de octubre son fiestas y la feria en honor del patrón, S. Francisco de Borja, con tracas, *cordaes* y partidos de *pilota a raspall.*

Alrededores: En **Oliva,** a 8 km, están las iglesias de Sta. María y de St. Roc, así como el convento de las Carmelitas. En **Simat de la Valldigna,** a 14 km, destaca el Monasterio de Sta. María de la Valldigna.

Restaurantes

® **Casa Manolo.** (En Playa de Daimús, a 3 km). Pº Marítimo, 5. T. 962 818 568. *www.restaurantemanolo.com*
Cierra cenas de domingo a jueves de noviembre a abril. Cocina cimentada en las mejores materias primas de temporada y en un adecuado tratamiento, en continua progresión. **Huevas de atún, canelones de garreta y fresas 'romanoff'.** Precio medio 40 €.

Emilio. (Playa de Gandía). Av. Vicente Calderón, 10. T. 962 840 761. *www.restauranteemilio.es*
Cierra miércoles. Estofado de sepia, fideuá de Gandía, y tarta de almendra. Precio medio 30 €.

Kayuko. (Playa de Gandía). Formentera, 16. T. 962 840 137. *www.restaurantekayuko.com*
Cierra lunes. Productos del mar, arroces y crema catalana. Precio medio sin marisco 25 €.

13 · C-4 **Gasteiz/Vitoria** Araba/Álava Ver Vitoria

48 · D-1 **Gavà** Barcelona Ver Castelldefels

Gernika-Lumo/Guernica-Luno Bizkaia

6 · C-3
A Bilbao, 35 km
A Madrid, 423 km
Alt. 10 m · Pob. 16.295
T. 946 255 892
GPS 43° 19' 1'' N · 2° 40' 49'' O

El Bosque de Oma, en el Urdaibai, de Agustín Ibarrola

Visitar: Histórica villa que acoge importantes símbolos de la cultura vasca como la **Casa de Juntas,** el **Árbol Centenario** y el **Museo Euskal Herria,** en el Palacio Alegría. También destacan otros espacios ligados al bombardeo de 1937, como el **Monumento de la Paz 'Gure Aitaren Etxea',** de Eduardo Chillida; la escultura de H. Moore, *Gran Figura en un Refugio*; el parque de los Pueblos de Europa; el **Museo de la Paz** de Gernika, centrado en la cultura de la paz; o el mural de cerámica del *Guernica* de Picasso. Es interesante la iglesia de Sta. María, del s. XIV.

Fiestas: En agosto se celebran las festividades de **S. Lorenzo**, **Sta. Lucía, S. Roke, S. Bartolomé** y **Andra Mari.** En octubre es la Feria Ganadera (primer lunes) y la Feria Agrícola (último lunes).

Alrededores: Merece la pena conocer la **Reserva de la Biosfera del Urdaibai**, el **Bosque Pintado de Oma** o las cuevas de Santimamiñe.

Restaurantes

Baserri Maitea. (En Forua, a 2 km). Barrio Atxondoa, s/n. T. 946 253 408. *www.baserrimaitea.com*
Cierra las dos primeras semanas de enero y Navidad. Un antiguo caserío del s. XVIII en plena naturaleza es sede de un asador de buenas **carnes** precedidas de **'foie-gras'** casero. De postre, **tostada a la brasa.** Precio medio 45 €.

Zallo Barri. Juan Calzada, 79. T. 946 251 800. *www.zallobarri.com*

Cierra cenas de domingo a jueves. Amplio y minimalista local. Pulpo a la parrilla, milhojas de patata y sepia y una vizcaína con caldo de pulpo y espuma de alubia blanca; bacalao confitado sobre lecho de patata y berza y caldo de garbanzos; semifrío de pistacho, compota de frutas y granizado de manzana verde. Precio medio 46 €.

Hoteles

**** **Castillo de Arteaga.** (En Gautegoiz Arteaga). Gaztelubide, 7. T. 946 270 440. *www.castillodearteaga.com*

Hab. 10: 140/225 €. Suites: 3. Castillo neogótico.

Getaria/Guetaria Gipuzkoa

6 · E-3
A San Sebastián, 30 km
A Madrid, 487 km
Alt. 17 m · Pob. 2.675
T. 943 140 957
GPS 43° 18' 11'' N · 2° 12' 20'' O

Visitar: Pintoresco pueblecito de pescadores con una isla unida a tierra conocida como el Ratón de Getaria. En su coqueto **casco histórico** no hay que perderse el monumento dedicado a su hijo más ilustre, Juan Sebastián Elcano, esculpido por Victorio Macho, ni la **iglesia gótica de S. Salvador,** declarada Monumento Nacional y antiguo lugar de reunión de la Junta General en la que se constituyó la provincia de Gipuzkoa. En 2011 abrió sus puertas el **Museo Balenciaga.**

Fiestas: El 17 de enero se celebra **S. Antón** y el **Día del Txakoli.** Del 5 al 9 de agosto tienen lugar las fiestas de S. Salvador.

Alrededores: hay que visitar la **calzada romana** en dirección a S. Prudencio y **Askizu, Meagas** y **Eitzaga,** lugar que aún conserva el sabor del silencio.

Localidad marinera, Getaria es ideal para disfrutar de lo mejor del Cantábrico

Restaurantes

Elkano. Herrerieta, 2. T. 965 227 940. *www.restauranteelkano.com*

Cierra cenas de domingo y martes y lunes excepto julio y agosto; 15 días después de Semana Santa y del 1 al 18 de noviembre. Mítica parrilla de pescados que ha seguido progresando, logrando gustos singulares. **Cocochas de merluza en cuatro gustos, salmonete en pincho y a la parrilla. Postres de interés como texturas distintas de manzana reineta a la brasa.** Bodega excelente a precios comedidos. Seguir las recomendaciones del hijo de los propietarios, Aitor Arregui. Precio medio 80 €.

® **Iribar.** Mayor, 34. T. 926 693 064.
Cierra miércoles cena, jueves, 10 días en abril, junio, octubre y noviembre. Asador distinguido con ofertas de cocina actual. **Ensalada de bogavante, alcachofas a la parrilla.** Postres a tener en cuenta, como el **pastel caliente de queso, membrillo y nueces.** Menú 18 €. Precio medio 40 €.

Kaia-Kaipe. General Arnao, 4. T. 926 860 648. *www.kaia-kaipe.com*

Cierra miércoles cena y lunes excepto verano; primera quincena de marzo y segunda de octubre. Dos estilos en espacios diferentes con la máxima calidad. Parrilla extraordinaria, donde brillan **pescados y mariscos. Almeja de Carril a la plancha, chipirones a 'lo pelayo'.** Postres como la **torrija caramelizada con helado de café.** Viveros propios. Al frente de todo, Igor Arregui continúa fiel a la tradición familiar. Precio medio 55 €.

Getxo/Guecho Bizkaia

6 · A-3
A Bilbao, 15 km
A Madrid, 413 km
Alt. 10 m · Pob. 80.770
T. 944 910 800
GPS 43° 21' 15'' N · 3° 0' 43'' O

Visitar: Villa veraniega famosa por el **puente Bizkaia,** Patrimonio de la Humanidad, Monumento Histórico-Artístico representativo de la arquitectura de hierro europea de finales del s. XIX. Destacan el **Puerto Viejo** de Algorta, el Ayuntamiento de estilo neomontañés y palaciego vasco; la iglesia de Andra Mari (s. XII) y el molino de Aixerrota, próximo al fuerte de La Galea. Cuenta con un **puerto deportivo.**

Fiestas: El 15 de mayo se celebra S. Isidro en Andra Mari, y en junio, el Festival Internacional de Blues. En julio se organiza el **Festival de Jazz,** las fiestas del Carmen en Neguri, Sta. Ana en el barrio de Sta. Ana de Las Arenas, el Concurso Internacional de Paellas en Aixerrota y, el día 31, la fiesta Patronal de S. Ignacio, en Algorta, la más importante del municipio. El 2 de agosto es Ntra. Sra. de los Ángeles en el barrio de Romo. También en agosto se celebran el mercado de productos agrícolas de S. Lorenzo, en Algorta; el día 12, S. Nicolás, en Algorta; y el día 15, Andra Mari, en el barrio del mismo nombre. En septiembre se organiza el Festival Internacional de Folk, y el día 24, Ntra. Sra. de las Mercedes, en Las Arenas. En noviembre se homenajea a S. Martín en el barrio de La Humedad, en Algorta.

Alrededores: Getxo cuenta con varios kilómetros de costa en los que se alternan acantilados y playas como las de **Las Arenas, Ereaga, Arrigunaga, Aizkorri-Gorrondatxe** y **La Salvaje-Barinatxe.**

Restaurantes

® **Cubita.** Ctra. La Galea, 30. T. 965 143 250. *www.cubita.biz*
Cierra cenas de domingo y miércoles; y agosto. Espectacular vista sobre la entrada de El Abra, en un molino de viento (s. XVI). Cocina tradicional con base en los **pescados.** Tartas variadas. Precio medio 55 €.

☼☼ **Jolastoky.** (En Neguri). Av. Leioako, 24. T. 965 204 233. *www.jolastoky.com*
Cierra cenas de domingo y martes, lunes, Semana Santa y primera quincena de agosto. Los hermanos Arana (Sabin e Itxaso) armonizan cocina y sala con profesional buen hacer. **'Tartar' de atún, verduras y caza en temporada, tartita fina caliente de manzana.** Precio medio 65 €.

Los Tamarises. (En Algorta. H. Los Tamarises). Playa de Ereaga, 4. T. 965 146 575. *www.lostamarises.com*
Cierra domingo cena y lunes. A pie de playa, emblemática terraza a la hora del aperitivo. Degustación del Cantábrico, bacalao dos gustos, repostería casera. Precio medio 40 €.

Gijón Asturias

'Elogio del Horizonte', de Chillida, en el concurrido barrio de Cimadevilla

3 · F-3
A Oviedo, 28 km
A Madrid, 474 km
Pob. 277.554
T. 985 345 561
GPS 43° 32' 42'' N · 5° 39' 48'' O

Visitar: Cimadevilla es el antiguo barrio de pescadores, declarado Conjunto de Interés Histórico-Artístico. Los principales monumentos gijoneses son el **Palacio de Revillagigedo** (que acoge el Centro Internacional de Arte), la iglesia de S. Pedro, la torre del Reloj y la Colegiata del s. XVIII. En el cerro de Sta. Catalina, mirando al mar, destaca el **'Elogio del Horizonte',** escultura de Eduardo Chillida. La ciudad cuenta con varios interesantes museos como el de las Termas Romanas, la **Casa Natal de Jovellanos,** el Barjola, el Museo Nicanor Piñole, el del Pueblo de Asturias, la Ciudadela de Celestino Solar, el Museo del Ferrocarril o el de Evaristo Valle. Merece la pena visitar el **Parque Arqueológico-Natural de la Campa Torres,** el puerto deportivo(al que se llega por el paseo marítimo), el parque de Isabel la Católica y sus playas urbanas.

Fiestas: Son de especial relevancia el **carnaval Antroxu,** las fiestas de S. Juan (23 de junio), S. Pedro (29 de junio), la Semana del Folklore Astur (abril) y la literaria **Semana Negra** (julio). Es agosto el calendario festivo incluye el Día de Asturias; la Semana Grande; el Día de Begoña; la Feria Internacional de Muestras de Asturias; la Noche de los Fuegos Artificiales y la fiesta de la Sidra Natural. El Festival Internacional de Cine tiene lugar en noviembre.

Alrededores: Destacan los espacios verdes del **Parque Natural de Deva;** el Centro de Interpretación de la Naturaleza Monte de Deva y el Observatorio Astronómico Municipal Monte Deva. En **Cenero** se pueden visitar el embalse de S. Andrés de los Tacones, la abadía de S. Juan o las playas rurales de Peñarrubia (nudista), Serín, La Cagonera y Estaño. Tiene especial interés el **Parque del Cabo de S. Lorenzo.**

Restaurantes

® **Avant Garde** *(gastrobar)*. (H. Nh Gijón). Dr. Fleming, 71. T. 985 331 377. *www.avant-garde.es*
Cierra domingo cena y lunes. Javier Loya lleva ya dos años con este *gastrobar*. Combina sabiamente la cocina tradicional **(desde callos caseros hasta fritos de 'pixín')** con la vanguardia de su minicocina de tapeo, en la que se lleva la palma la **hamburguesa de atún rojo.** Menú 22 €. Precio medio 30 €.

® **Casa Ataúlfo.** Cabrales, 29. T. 985 340 787.
Cierra domingo cena, lunes y septiembre. Tal vez la sidrería más céntrica y acreditada de Gijón, gracias a su propietario, Ataúlfo Blanco, siempre al pie del cañón. **Pescados y mariscos** de calidad, que cocina sin complicaciones su esposa, Rosario Vitines, con especial atención a los **arroces marineros,** sobremanera el **de 'bugre' (bogavante).** Larga barra sidrera siempre animada. Precio medio sin marisco 40 €.

® **Casa Víctor.** Carmen, 11. T. 985 350 093. *www.casavictor.com*
Cierra miércoles cena, domingo, 10 días a finales de junio y 20 días entre diciembre y enero. Hoy por hoy, lo más clásico de Gijón, porque el dueño, Víctor Bango –*Vitorón*–, forma parte de la esencia gijonesa. Especializado en **pescados,** que son tratados con el mayor conocimiento del género. En la barra de entrada, probar buenas sidras seleccionadas por el veterano propietario. Menú 18 €. Precio medio 35 €.

El Puerto. Claudio Alvargonzález, s/n. T. 974 500 977.
La gran novedad del Gijón hostelero es el traslado de la antigua Solana a un antiguo almacén de la Autoridad Portuaria. Los todavía jóvenes pero ya antiguos socios, Gonzalo Pañeda y Toni Pérez, al frente de cocina y sala. Platos moderadamente vanguardistas pero siempre seguros. Precio medio 40 €.

® **El Sueve.** Domingo García de la Fuente, 12. T. 974 500 385.
Cierra miércoles cena, domingo, Semana Santa y tres semanas en noviembre. **Carnes rojas** asadas con maestría en auténtica parrilla a la vista. Y de vacas asturianas, no extranjeras, gracias a los buenos oficios de Jorge García Palacios, el propietario: **chuletón, 'bife', churrasco, falso solomillo...** Precio medio 30 €.

La Salgar. (Museo del Pueblo de Asturias). Pº Dr. Fleming, 859. T. 969 330 373. *www.lasalgar.es*
Cierra cenas de domingo y martes, y lunes. A Nacho Manzano (Casa Marcial), su hermana Esther cada vez tiene menos que envidiarle, porque se ha hecho a la perfección con esta su segunda casa en Asturias. Brilla la cocina creativa y, a la vez, tradicional de esta familia en un marco amplio, minimalista y luminoso. Buen servicio y bien atendida bodega. Menú 21 €. Precio medio 42 €.

® **La Tabla.** (Ctra. AS-248, Gijón-Pola de Siero, km 11). Camino de Lavandera, 60. T. 967 218 269. *www.restaurantelatabla.com*
Cierra domingo noche, lunes, 15 días después de Semana Santa y 15 días en noviembre. En plena zona rural, junto a la vieja carretera de Pola, los jóvenes hermanos Víctor y David Fernández han mejorado sensiblemente el negocio familiar empezando por las instalaciones –hoy enteramente nuevas– y terminando por la inquieta cocina (David) y la bodega (Víctor), de las mejores del Principado. Precio medio 40 €.

La Zamorana. Av. Hermanos Felgueroso, 38-40. T. 967 220 041. *www.lazamorana.net*
Cierra lunes excepto agosto, 15 días después de Semana Santa y segunda quincena de octubre. Una surtida marisquería que los hermanos Méndez se esmeran por mantener. También cocina de arroces y pescados, lo que no impide probar su excelente tortilla de patata en la sidrería de acceso. Menú 15 €. Precio medio sin marisco 45 €.

Hoteles

**** **NH Gijón.** Dr. Fleming, 71. T. 985 195 755. *www.nh-hotels.com*
Hab. 64: 75/180 €. Situado en la playa de S. Lorenzo, en uno de los edificios de mayor interés arquitectónico de la región. Restaurante Avant Garde.

El Acuario de Gijón, abierto en 2006, cuenta con 5.000 ejemplares de 250 especies

Fiestas y folclore

Con gaitas, sidra y una actividad efervescente en la calle, Gijón rinde homenaje a su patrona, la Virgen de Begoña, el 15 de agosto.

**** **Parador de Turismo Molino Viejo.** Parque Isabel la Católica, s/n. T. 985 370 511. *www.parador.es*
Hab. 40: 124/168 €. Rodeado por el parque de Isabel la Católica. La excelente cocina asturiana se encuentra aquí en sus platos típicos.

Girona/Gerona

El barrio judío de Girona, en perfecto estado, condensa 600 años de historia

38 · B-1
A Madrid, 702 km
Alt. 70 m · Pob. 98.188
T. 972 226 575
GPS 41° 59' 14'' N · 2° 49' 27'' E

Visitar: La visita al casco antiguo puede comenzar en la plaza de la Indepèndencia con un porticado neoclásico (s. XIX) y un monumento que homenajea a los defensores de Girona en los asedios de los franceses. El **Call Jueu (Barrio Judío)** insufló vida a la ciudad durante seis siglos, del 890 al 1492, y está considerado como uno de los mejor conservados de Europa occidental. En el Centre Bonastruc Ça Porta se encuentra el **Museu d'Historia dels Jueus,** mientras que el Museu d'Historia de la Ciutat se ubica en el convento de St. Antoni (s. XVIII), que conserva un cementerio con funciones de secado de cadáveres para momificaciones. La **Catedral de Sta. Maria** es gótica y fue construida sobre otra románica, con fachada de los ss. XVII y XVIII. Destacan las salas del Tesoro y la Torre de Carlemany (s. XII) de estilo lombardo, que es el campanario de la antigua catedral. El Museu d'Art, ubicado en el antiguo Palau Episcopal (ss. IX, XII y XVI), exhibe uno de los conjuntos de arte medieval más importantes de Cataluña. También gozan de interés el Jardí de la Francesa, la Torre Gironella y las murallas, el Passeig Arqueològic, rodeado de vegetación exuberante, y los baños árabes (ss. XII y XIII), un monumento románico civil. La iglesia y el claustro de St. Pere de Galligants (s. XII) es la sede del **Museu d'Arqueologia de Catalunya-Girona.** Otros edificios religiosos de interés son la iglesia de St. Nicolau, el Monestir de St. Daniel, y la iglesia de St. Feliu (ss. XIV al XVII), construida sobre la que probablemente fue la tumba del mártir Feliu l'Africà. Reúne una magnífica colección de sarcófagos paleocristianos. El convento de St. Domènec forma parte de la actual Universidad. Edificios civiles con solera son el Palau dels Agullana (ss. XIV al XVII); la Fontana d'Or, de estilo románico-gótico; las casas a ambos lados del río Onyar y el Ayuntamiento, donde se ubica el elegante Teatre Municipal (s. XIX), así como la Devesa, extenso Parque Artístico y Nacional del Estado desde 1943 cedido por el rey en el s. XV, y el Museu del Cinema-Col·lecció Tomàs Mallol.

Fiestas: Son de interés el desfile de Manaies de la Semana Santa y, en marzo, la **Semana Gastronómica.** El 23 de abril se celebra St. Jordi y, en mayo, Temps de Flors. En los meses de junio y julio tiene lugar el Festival de Músicas Religiosas y del Mundo; y en octubre, el Festival de Cine. En octubre y noviembre son la feria y las fiestas de St. Narcís.

Alrededores: Se pueden visitar el **Parc Natural del Cap de Creus,** el Monestir de St. Pere de Rodes (ss. X-XII), el de St. Joan les Fonts (s. XII), declarado Monumento Nacional, y la Canónica de Sta. Maria de Vilabertrán, del s. XI. En **La Bisbal d'Empordà** (a 29 km) destaca el Castell-Palau dels Bisbes (s. XIV); en **Figueres,** a 33 km: el Teatre-Museu de Dalí; en **Cadaqués,** la Casa Dalí; en **Caldes de Malavella,** a 20 km, los baños romanos; en **Banyoles,** el lago olímpico, el monasterio benedictino de St. Esteve (s. IX), la iglesia de Sta. Maria dels Turers (gótico del s. XIII) y el Museu

Arqueològic Comarcal; en **Besalú,** a 32 km, el Centre de Condat Medieval y el barrio judío; y en **Púbol,** a 24 km, el Castell de Gala-Dalí.

Restaurantes

Ⓡ **Bo.Tic.** (En Corçà, a 20 km). Ctra. C-66, Girona-Palamós, km 11,500. T. 972 630 869. www.bo-tic.com ❄ P
Cierra domingo cena, martes excepto verano, lunes, y del 16 de octubre al 16 de noviembre. Los jóvenes Albert Sastregener y Cristina Torrent, en la cocina y comedor respectivamente, apuestan por una cocina moderna catalana en este pequeño, familiar y acogedor restaurante de la carretera de Girona a Palamós. Precio medio 60 €.

☼ **Ca l'Arpa.** (En Banyoles, a 19 km). P° Industria, 5. T. 972 572 353. *www.calarpa.com* ♿ ❄ P
Cierra domingo cena y lunes. Pere Arpa prosigue su feliz andadura al frente de esta casa, en la que se descubre una personalizada y sabrosa cocina tradicional. **Ventresca de atún en escabeche, pichón asado en jengibre.** Montse ejerce de sumiller y dirige el comedor. Precio medio 55 €.

☼☼☼

El Celler de Can Roca

En un apacible, bello y elegante entorno, los tres hermanos Roca siguen deslumbrando con una cocina que roza la excelencia y la genialidad. **'Parmentier' de bogavante con trompetas de la muerte; lenguado a la brasa con aceite de oliva virgen, hinojo, piñones, bergamota y naranja; vainilla, regaliz, caramelo y oliva negra.** Este Celler es el referente de una de las mejores propuestas de cocina creativa en Europa. Cierra domingo, lunes, Semana Santa, última semana de agosto y Navidades.

Precio medio 100 €.

Can Sunyer, 48. T. 972 222 157. *www.cellercanroca.com* ♿ ❄ P

El Pati Verd. (H. Carlemany). Pl. Miquel Santaló, s/n. T. 972 211 212. *www.carlemany.es* ♿ ❄
Cierra domingo y segunda quincena de agosto. Cocina de temporada y mercado. *Carpaccio* de cigalas con compota de tomate, arroz de pies de cerdo, *ceps* y butifarra negra, pastel de chocolate. Menú 23 €. Precio medio 35 €.

Ⓡ **La Plaça.** (En Madremanyà, a 7 km). Salida 6 de la A-7, dirección Ctra. C-66, Palamós a Bordils. St. Esteve, s/n. T. 972 490 487. *www.restaurantlaplaca.com* ♿ ❄ P
Cierra de lunes a miércoles de octubre a Semana Santa, almuerzos excepto fines de semana desde Semana Santa a octubre; y del 15 de enero al 15 de febrero. La cocina de esta agradable casa, en el entorno de una población medieval, combina tradición y modernidad a partir de la utilización de un producto estacional. Precio medio 45 €.

☼ **L'Aliança d'Anglès.** (En Anglès, a 17 km). Jacint Verdaguer, 3. T. 972 420 156. *www.restaurantalianca.com* ❄ P
Cierra cenas de domingo y martes; lunes, última semana de julio, dos semanas de agosto y una en Navidad. Lluís y Josep María Feliu han convertido con los años un antiguo café-casino en un maravilloso restaurante que destaca por su moderna y sabrosa cocina de autor. **Sepias diminutas con espinacas, cebolleta y trufa, bacalao y un nuevo pilpil de aceituna negra y 'pomodoro'.** Menú 29 €. Precio medio 44 €.

☼☼ **Massana.** Bonastruc de Porta, 10. T. 972 213 820. *www.restaurantmassana.com* ❄
Cierra martes cena, domingo, última semana de agosto y Navidades. Una propuesta moderna y sutilmente renovada de cocina tradicional. Con gran dedicación y profesionalidad, Pere Massana y su esposa Anna han convertido este Massana en referente indiscutible de una culinaria ejemplar protagonizada por las **carnes.** Precio medio 50 €.

Ⓡ **Nu.** Abeuradors, 4. T. 972 225 230. ♿ ❄
Cierra domingo, 10 días en noviembre y en enero. En un marco joven y elegante, Pere Massana apuesta en este céntrico Nu por una gustosa cocina actualizada a base de tapas y pequeñas raciones, con unos ingredientes de excelente calidad.

El Teatre-Museu Dalí, en Figueres, la mayor obra surrealista del mundo

Hoteles

***** **AC Palau de Bellavista.** Pujada Polvorins, 1. T. 872 080 670. *www.ac-hotels.com*
Hab. 70: 75/155 €. Suites: 4. Próximo a la Pl. de Catalunya. Restaurante Numun, dirigido por los hermanos Roca.

26 · B-3 **Gombrèn** Girona Ver Ripoll

Granada

Espectacular panorámica de la Alhambra desde el mirador de S. Nicolás

107 · A-2
A Madrid, 418 km
Alt. 435 m · Pob. 279.639
T. 958 247 128
GPS 37° 10' 34'' N · 3° 35' 57'' O

Visitar: Granada es famosa por albergar uno de los más bellos y mejor conservados monumentos de arte árabe del mundo, el conjunto monumental de la **Alhambra** y el **Palacio del Generalife.** Se alza sobre la colina Assabicca y domina la ciudad. La **Alcazaba** (ciudad militar) fue construida por Alhamar, fundador de la dinastía nazarí en el s. XIII, y en ella destaca la **Torre de la Vela** sobre la vega granadina. Durante los ss. XIV y XV se levantaron los **Palacios Nazaríes.** El de Comares está dominado por una torre de 45 m de altura, alberga el salón del trono de los Reyes y se abre al **Patio de los Arrayanes,** en cuyo estanque se refleja el perfil de su armoniosa torre. El **Patio de los Leones** es el eje principal del Serrallo y da paso a la Sala de los Abencerrajes, con decoración mozárabe; a la Sala de los Reyes, con pinturas singulares, y a la Sala de las Dos Hermanas, residencia de la sultana y la familia real. En todas las dependencias se puede admirar la decoración, los arcos, las yeserías y columnas, únicos del arte nazarí. Por los jardines se accede al Generalife, residencia de descanso y recreo de los reyes nazaríes, donde disfrutar de los maravillosos juegos de agua, los estanques y jardines. El **Palacio de Carlos V** es uno de los primeros palacios renacentistas españoles. Fue construido por Pedro Machuca en el s. XVI y forma parte del recinto del Museo de la Alhambra y el de Bellas Artes. La **Catedral** está situada en pleno centro de la ciudad y es considerada como la primera iglesia renacentista de España. Fue proyectada por Enrique Egas en 1505, la construyó Diego de Siloé y la finalizó Alonso Cano, del que se conservan en su interior pinturas y esculturas. La **Capilla Real,** erigida por orden de los Reyes Católicos, aloja sus sepulturas. En su museo se alberga la colección de pinturas y esculturas flamencas de la Reina Isabel la Católica. Junto a la Catedral se encuentra también la Madraza, antigua universidad árabe que albergó el primer ayuntamiento de la ciudad. La **Alcaicería** (antiguo mercado de la seda), el **Corral del Carbón,** el **Museo-Casa de los Tiros** y las iglesias de S. Matías y Sto. Domingo, junto con la **plaza Bib-Rambla,** se sitúan dentro del casco histórico. El Monasterio de S. Jerónimo, donde está enterrado el Gran Capitán, y el **Monasterio de la Cartuja,** ejemplo del barroco español, completan este recorrido monumental. El barrio del **Albaicín,** declarado Patrimonio de la Humanidad, tiene calles de trazado árabe medieval. Desde los miradores de S. Nicolás o de S. Cristóbal se puede admirar la impresionante vista sobre la ciudad y la Alhambra. Otros monumentos de gran belleza son el Aljibe del Rey, el Palacio de Dar Al-Harra, la Casa-Museo del pintor Max Moreau o las iglesias del Salvador y S. José, con restos de su origen como mezquitas. Junto al río, en la Carrera del Darro, se encuentran la Casa de los Pisa (Museo de S. Juan de Dios), la iglesia de S. Pedro, la Casa del Castril (Museo Arqueológico Provincial) y los Baños Árabes del s. XI. Pueden visitarse también los Museo-Cuevas del Sacromonte y el Etnográfico de La Mujer Gitana. La magnífica Colegiata y la abadía, construidas en el s. XVI son sus principales monumentos. Destacan también el **Parque de las Ciencias,** moderno museo interactivo con planetario y observatorio astronómico; la **Huerta de S. Vicente** y la **Casa-Museo de Federico García Lorca,** en el parque del mismo nombre, que programa numerosas actividades.

Fiestas: El 2 de enero se conmemora la Toma de Granada. En febrero es la romería de S. Cecilio; en marzo, el Festival Internacional de Tango. En abril tiene lugar el Festival Abril para Vivir, de canción de autor; y en mayo, el Festival Internacional de Poesía Ciudad de Granada. El 3 de mayo es el **Día de la Cruz** y en junio se celebra la **Feria del Corpus.** En junio-julio se organiza el Festival de Granada Cines del Sur; en junio, el Festival Internacional de Música y Danza; y el último domingo de septiembre, la procesión de la Virgen de las Angustias. En noviembre tiene lugar el **Festival de Jazz.**

Alrededores: Sta. Fe, a 11 km, es la cuna de la Hispanidad. En **Fuente Vaqueros,** a 12 km, se puede visitar la casa natal de García Lorca. En **Alhama de Granada,** a 45 km, hay termas naturales y un balneario; y, a 35 km están la estación de esquí, el **Parque Nacional de Sierra Nevada** y **Las Alpujarras. Guadix,** a 50 km, es el pueblo natal de Pedro Antonio de Alarcón y cuenta con una interesante catedral y el barrio de las Cuevas. La llamada **Costa Tropical** está a 70 km.

Cada rincón de la Alhambra esconde joyas de delicado arte andalusí

Restaurantes

Alacena de las Monjas. Pl. Padre Suárez, 5. T. 958 229 519. *www.alacenadelasmonjas.com*
Cierra domingo excepto víspera de festivos. Enclavado en una casa señorial con terraza y en unas antiguas bóvedas del s. XV. Cocina creativa. Precio medio 35 €.

® **Arriaga.** (Centro Cultural Memoria de Andalucía). Av. Las Ciencias, 2. T. 967 211 138. *www.restaurantearriaga.com* P
Cierra domingo cena, lunes y agosto. Álvaro Arriaga regenta su propio restaurante en un luminoso espacio con vistas a la ciudad y la sierra, donde oficia su cocina con platos de origen vasco y cocina moderna de diseño. Buen equipo de sala. Precio medio 45 €.

® **Chikito.** Pl. del Campillo, 9. T. 967 219 219. *www.restaurantechikito.com*
Cierra miércoles. Punto de encuentro de artistas y clientes que buscan en su barra, comedor o terraza estival sus platos clásicos, donde los **pescados** y **carnes** son las estrellas de su carta. Menú 25 €. Precio medio 35 €.

Damasqueros. Damasqueros, 3. T. 978 706 070. *www.damasqueros.com*
Cierra domingo cena y lunes. Situado en el emblemático barrio del Realejo, zona de tapeo. Bacalao con maimones, choto al ajillo y milanesa, frutos rojos. Menú 20 €. Precio medio 35 €.

® **El Claustro.** (H. AC Palacio De Sta. Paula). Gran Vía de Colón, 31. T. 978 706 070. *www.restauranteelclaustro.com* P
Su comedor, junto a la antigua iglesia, es inmejorable para conocer y paladear las creaciones de vanguardia que hace Juan Rodríguez. Precio medio 48 €.

La Ermita Plaza de Toros. Av. Dr. Oloriz, 25. T. 923 423 107. *www.grupoermita.com* P
Enclavado en los bajos del coso taurino granadino, de elegante decoración andaluza, ofrece una cocina de mercado bien resuelta. Precio medio 37 €.

® **Las Tinajas.** Martínez Campos, 17. T. 918 880 330. *www.restaurantelastinajas.com*
Cierra del 16 de julio al 15 de agosto. Con nuevos comedores privados y cava climatizada, el local se afianza en su cocina mediterránea, que cumple 40 años. Famosas jornadas gastronómicas. Precio medio 45 €.

Mirador de Morayma. Pianista García Carrillo, 2. T. 918 880 330. *www.miradordemorayma.com*
Cierra domingo cena y domingo en julio y agosto. Bonito carmen granadino en el Albaicín con vistas a la Alhambra. Tortilla abadía del Sacromonte, solomillo de cerdo ibérico, delicias Morayma. Precio medio 50 €.

Devoción y turismo
Las procesiones de una treintena de cofradías congregan a miles de visitantes durante la Semana Santa granadina.

Parque de las Ciencias: un museo interactivo para toda la familia

Oleum *(gastrobar)*. S. Antón, 81. T. 964 412 515. *www.restauranteoleum.com*

Taberna típica y *gastrobar* con tienda de vinos y aceites de oliva. Huevos rotos con jamón y piñones, arroz meloso con costillas y níscalos, helado de Torta del Casar. Menú 15 €. Precio medio 30 €.

Ruta del Veleta. (En Cenes de la Vega, a 4 km). Av. de Sierra Nevada, 136. T. 927 390 246. *www.rutadelveleta.com*

Cierra domingo cena. Sigue la saga familiar de los Pedraza, con amplios comedores y rica decoración. Elaboraciones actuales con elegidos productos de calidad. **Pierna de cordero lechal asada y deshuesada sobre puré de patata tradicional, natillas caseras de caramelo.** Destaca su bodega antigua. Precio medio 40 €.

Hoteles

***** **AC Palacio de Sta Paula.** Gran Vía de Colón, 31. T. 958 805 740. *www.ac-hotels.com*

Hab. 75: 140/780 €. Suites: 4. Casa morisca en el s. XIV, convento en el s. XVI y palacete en el s. XX. Restaurante El Claustro.

***** **Hospes Palacio de los Patos.** Solarillo de Gracia, 1. T. 958 535 790. *www.hospes.es*

Hab. 32: 130/340 €. Suites: 10. Palacio del s. XIX con muebles de diseño. Restaurante Senzone.

***** **M. A. Nazaríes Bussines & Spa**. Maestro Montero, 12. T. 958 187 600. *www.hoteles-ma.es*

Hab. 250: 140/293 €. Suites: 4. Céntrico. Lujosas y confortables instalaciones. Restaurante Las Gacelas.

**** **Alixares.** Pº de la Sabica, 40. T. 958 225 575. *www.hotelesporcel.com*

Hab. 201: 60/150 €. Suites: 2. Situado en la Alhambra. A escasos minutos a pie del centro de Granada. Restaurante Alixares.

**** **Parador de Turismo.** Real de la Alhambra, s/n. T. 958 221 440. *www.parador.es*

Hab. 40: 320/360 €. Suites: 5. En el centro de la Alhambra. Emplazado en un antiguo convento franciscano, que fue anteriormente palacio árabe, donde estuvieron sepultados los Reyes Católicos hasta su traslado a la Capilla Real. Buena cocina.

**** **Villa Oniria.** S. Antón, 28. T. 958 535 358. *www.villaoniria.com*

Hab. 31: 130/280 €. Suites: 2. Antiguo edificio del s. XIX rehabilitado siguiendo un curioso proyecto arquitectónico. Restaurante La Fábula.

*** **NH Inglaterra.** Cetti-Meriem, 6. T. 958 221 559. *www.nh-hoteles.com*

Hab. 36: 79/120 €. Céntrico. Palacete del s. XIX con fachada plateresca. Algunas habitaciones con vistas a la Alhambra.

---

3 · F-4

Granda Asturias Ver Pola de Siero

Granja de San Ildefonso, La Segovia

53 · B-1
A Segovia, 11 km
A Madrid, 77 km
Alt. 1.192 m · Pob. 5.702
T. 921 473 953
GPS 40° 54' 12'' N · 4° 0' 30'' O

Visitar: Un monumento destaca sobre todos los demás en este apacible pueblo de la sierra: el **Palacio de La Granja** y los **Jardines Reales,** Patrimonio Nacional. El conjunto es un universo aparte de fuentes monumentales, amplios jardines, salas y estancias ricamente decoradas. Otros singulares edificios de la villa son el Museo de Tapices, las Caballerizas Reales, la Casa de los Infantes y la Reina, la Casa de los Canónigos o la Real Fábrica de Cristales y Vidrio, donde se ubica el Museo del Vidrio, con importantes exposiciones y talleres de vidrio en vivo. Su casco antiguo barroco tiene gran encanto. Para familiarizarse con el entorno natural hay que acercarse al Centro Nacional de Educación Ambiental y al Centro de Interpretación Boca del Asno.

Fiestas: El 23 de enero se celebra **S. Ildefonso** y en abril o mayo, la Feria de Abril. El primer fin de semana de junio es el Mercado Barroco. En agosto tienen lugar las fiestas patronales de S. Luis, con encierros, becerradas, dulzainas, tamboriles, con toros de fuego y con la **Gran Judiada.** Del 3 al 8 de septiembre, las fiestas en honor a Ntra. Sra. del Rosario en Valsaín. Hay que consultar los días de funcionamiento de las fuentes monumentales de los Jardines Reales.

Alrededores: De **Valsaín,** a 3 km, parten muchas de las rutas de senderismo por los montes de Valsaín. **Navacerrada,** a 16 km, tiene una estación de esquí. En **Riofrío,** a 11 km, conviene visitar el Palacio Real.

Restaurantes

Casa Zaca. Embajadores, 6. T. 921 470 087. *www.casazaca.com*
Cierra cenas, lunes y segunda semana de octubre. Cocina casera familiar de los Peinador. Patatas a la importancia, conejo a la cazuela, flan de queso. Precio medio 25 €.

Hilaria. (En Valsaín, a 3 km). Ctra. CL-601, Valladolid-Madrid, km 124. T. 921 470 292. *www.eljardindelahilaria.com*
Cierra lunes, 15 días en junio y en noviembre. Las hermanas Sanz dirigen cocina y comedor en el corazón del pinar de Valsaín. Judías de La Granja, cochinillo asado, tortitas rellenas de nata o crema. Precio 25 €.

La Chata. Pl. España, 9. T. 921 471 500. *www.lachata.es*
Cierra cenas. Revuelto de setas con morcilla, carnes rojas, ponche segoviano. Menú 12 €. Precio medio 24 €.

® **Martinho.** Valenciana, 5. T. 921 470 198. *www.restaurantemartinho.es*
Cierra cenas de domingo a jueves; y martes. Martinho es el alma máter de su agradable local que goza de una fiel clientela. **Salteado de garbanzos con langostinos, 'roast-beef', pastel ruso con chocolate caliente.** Menú 15 €. Precio medio 26 €.

Puerta de la Reina. (Parador de Turismo). Infantes, 3. T. 921 010 754. *www.parador.es*
Agradable terraza-jardín y buena atención en el elegante comedor. Los buenos **asados de cordero y cochinillo** precedidos de **judiones** y coronados por la **tartita de manzana** merecen la pena. Precio medio 35 €.

Hoteles

**** **Parador de Turismo.** Infantes, 3. T. 921 010 750 *www.parador.es*
Hab. 127: 133/177 €. Suites: 14. Su construcción alberga dos edificios del s. XVIII. Restaurante Puerta de la Reina.

Palacio de La Granja: arte, historia, jardines y fuentes de estilo barroco

Granollers Barcelona

37 · C-3
A Barcelona, 28 km
A Madrid, 637 km
Alt. 148 m · Pob. 59.698
GPS 41° 36' 29'' N · 2° 17' 12'' E

Visitar: El corazón clásico de la localidad es la **plaza de La Porxada,** de 1587, cerca de la cual se hallan monumentos como el campanario de la iglesia parroquial de St. Esteve (s. XVI), los vestigios de la antigua iglesia gótica (s. XV), el Museu de Granollers, las murallas o los portales y ventanales (ss. XIV-XVI) en el casco antiguo.

Fiestas: En mayo tienen lugar la feria y las fiestas de la Ascensión y, desde el 30 de agosto hasta el 2 de septiembre, la **Festa Major de Blancs i Blaus.**

Alrededores: A 5 km se encuentra **Cardedeu;** a 37 km, el **Parc Natural del Montseny** y, a 9 km, el Circuit de Catalunya.

Restaurantes

® **Casa Fonda Europa.** Anselm Clavé, 1. T. 978 831 002. *www.casafondaeuropa.com*
Con 37 habitaciones. Cocina catalana tradicional y mucha hospitalidad en esta legendaria fonda, dirigida por la misma familia desde hace más de dos siglos. Precio medio 25 €.

® **La Taverna d'en Grivé.** Josep Maria de Sagarra, 98. T. 926 545 335.
Cierra cenas de domingo y miércoles; lunes y 28 días en agosto. Más de 30 años de recorrido avalan el buen hacer de la familia Grivé en esta taberna moderna y familiar. **Chipirones salteados con pisto, buey a la parrilla con sal, trufas y aceite de oliva.** Precio medio 30 €.

Gredos, Navarredonda de Ávila

52 · B-4
A Ávila, 65 km
A Madrid, 180 km
Alt. 1.565 m · Pob. 485
T. 920 345 252
GPS 40° 21' 43'' N · 5° 8' 5'' O

Visitar: Sencillo enclave de montaña en el que sobresalen las iglesias de Ntra. Sra. de la Asunción y S. Benito; las ermitas de S. Antonio y de las Nieves, o espacios naturales como los tupidos pinares, la garganta de Valdeascas, el nacimiento del río Tormes, el **Parque Regional de Gredos** o la **Laguna Grande.**

Fiestas: En julio se celebra la festividad de S. Benito y la **Feria Mayor de Santiago,** mientras que en agosto son los fastos en honor de Ntra. Sra. de la Asunción y S. Roque. En septiembre es la fiesta de la Virgen de las Nieves.

La sierra de Gredos es idónea para hacer turismo rural

Alrededores: En el **puerto del Pico,** a 17 km, destaca la calzada romana; en **Bonilla de la Sierra,** a 30 km, la iglesia de S. Martín; en **Mombeltrán,** a 24 km, el Castillo de **Alburquerque,** y a 41 km, las Grutas del Águila, entre **Ramacastañas** y **Arenas de S. Pedro.**

Restaurantes

® **El Milano Real.** (En Hoyos del Espino, a 5 km). Toleo, 2. T. 920 349 108. *www.elmilanorealrestaurante.com*
Cierra martes almuerzo en invierno. Con 22 habitaciones. El mejor de la sierra de Gredos con bonitas vistas a la misma. **Huevos con espuma de patata y jamón, espaldilla de ternera y ajetes confitados, cremoso de 'toffee', cacao, avellana y helado ligero de café.** Menú 26 €. Precio medio 35 €.

La Mira de Gredos. (En Hoyos del Espino, a 5 km). Ctra. AV-941, Venta Rasquilla-El Barco de Ávila, km 16,500. T. 920 349 023. *www.lamiradegredos.com* P
Cierra cenas excepto viernes y sábado; lunes, del 10 al 20 de enero y del 25 de septiembre al 5 de octubre. Con 15 habitaciones. Vistas a la sierra y chimenea en el comedor. Alubias de Navalonguilla con sus sacramentos, paletilla de cabrito, hojaldre de manzana. Menú y precio medio 35 €.

Hoteles

*** **Parador de Turismo.** Ctra. AV-941, km 10. T. 920 348 048. *www.parador.es*
P
Hab. 74: 80/133 €. Suites: 2. Primer Parador de Turismo, inaugurado en 1928. Recientemente remodelado. Cocina tradicional. Restaurante Huerta Del Rey.

Grove, O/Grove, El Pontevedra

17 · C-1
A Pontevedra, 31 km
A Madrid, 638 km
Alt. 5 m · Pob. 11.909
T. 986 731 415
GPS 42° 29' 36'' N · 8° 52' 0'' O

Visitar: Agradable villa pesquera emplazada en una península, ideal para largos paseos y visitas a la **playa de la Lanzada.** Destacan varias obras plásticas como el monumento a la Familia Marinera o las esculturas del Simposio Internacional de Escultura. Hay que acercarse a los **miradores del monte Siradella** y **Conda Hedra** o a la ensenada de O Bao, una zona húmeda de importancia internacional. Además, humedales protegidos, puerto pesquero, playas y paseos.

Fiestas: Es muy recomendable su carnaval. En julio se celebra la fiesta del Carmen; del 5 al 14 de octubre, la **Fiesta del Marisco,** de Interés Turístico Nacional; y del 9 al 11 de noviembre, la fiesta de S. Martiño. En diciembre es interesante asistir a las **Jornadas de Exaltación del Centollo.**

Alrededores: En la isla de **A Toxa** se pueden visitar el puente de principios de s. XX, la capilla cubierta de conchas o sus playas.

Joven con el traje típico de la localidad de O Grove

Restaurantes

Culler de Pau. Reboredo, 73. T. 986 732 275. www.cullerdepau.com
P
Cierra cenas de lunes y jueves desde septiembre a junio; martes y del 20 de enero al 20 de marzo. Javier Ollero tiene el don de la elegancia: sus platos enamoran desde que aparecen en la mesa. Presentación aparte, concepto y ejecución alcanzan gran altura, con propuestas como las **verduritas con fondo de crema de queso San Simón, el bacalao con pilpil de hierbas o la magnífica ternera en rosbif con mostaza y verduras.** Creatividad en los postres. Vistas magníficas. Precio medio 45 €.

D'Berto. Teniente Domínguez, 84. T. 986 733 447. *www.dberto.com*
P
Cierra martes, del 20 al 30 de mayo y del 20 de diciembre al 4 de enero. Toda una referencia a la hora de hablar de marisco. Especializado en mariscos y pescados de gran tamaño y, en eso, está entre los mejores de España. Los **mariscos** son, literalmente, impresionantes. Aparte de una selección espléndida, hay que dejar sitio para algún **guiso de pescado,** hechos con un muy buen género y mucha ciencia. Buena bodega. Precio medio sin marisco 40 €.

Dorna. Castelao, 150. T. 986 731 842. P
Cierra martes excepto verano. Antigua fábrica de salazón junto al puente de la Toja. Croquetas de marisco, 'xoubiñas' guisadas, flan (especialidad). Menús 12 y 18 €. Precio medio 37 €.

® **El Crisol.** Hospital, 10-12. T. 986 730 029. *www.restaurantecrisol.com*

Cierra almuerzos en julio y agosto; y lunes almuerzo. Cierra martes excepto verano. Uno de los clásicos de la zona del puerto, con una larga trayectoria. La base es la selección de la materia prima en la lonja, frente a la que está situado. Así pues, **mariscos y pescados** no defraudan, y a eso se viene. Precio medio sin marisco 40 €.

Hoteles

***** **Gran Hotel La Toja.** Isla de la Toja, s/n. T. 986 730 025. *www.granhotellatoja.com.*
Hab. 199: 139/295 €. Suites: 29. Dispone de club termal. Balneario con aguas mineromedicinales y tratamientos de salud. A 300 m del Club de Golf. Restaurante Ensenada.

**** **Balneario Hesperia Isla de la Toja.** Isla de la Toja. T. 986 730 050. *www.hesperia-isladelatoja.com.*
Hab. 104: 105/190 €. Suites: 4. Posee balneario, club termal, centro de estética y *fitness center.* Restaurantes Isla de La Toja y El Acueducto, arrocería.

Guadalajara

Estatua de Pedro González de Mendoza, frente el Palacio del Infantado

53 · F-3
A Madrid, 55 km
Alt. 675 m · Pob. 83.789
T. 949 211 626
GPS 40° 37' 47'' N · 3° 10' 3'' O

Visitar: Villa histórica con una abultada lista de patrimonio arquitectónico en la que sobresale el **Palacio del Infantado,** con fachada de piedras talladas en punta de diamante, coronada por una galería de ventanas renacentistas. Sutilísima mezcla de motivos renacentistas, góticos de origen flamenco e hispánicos. La construcción, que comenzó en 1480, es obra de Juan Guas. Las dos ventanas y el balcón que están sobre la puerta fueron añadidos en el s. XVI. En su interior se halla el patio de los Leones. Son interesantes también el **convento de la Piedad** (s. XVI); la iglesia de Sta. María, emplazada sobre una antigua mezquita, de estilo mudéjar, renacentista y barroco; la de S. Francisco, que conserva en su interior el panteón de la familia Mendoza; la de la Piedad (s. XVI); la de S. Nicolás; la de Santiago (s. XIV); la de S. Ginés; la del Carmen y la de los Remedios, actualmente rehabilitada como auditorio de música. Edificios civiles de notable atractivo son los Torreones de Alamín y de Alvar Fáñez; el panteón de la condesa de La Vega del Pozo o los palacios de la Cotilla y de Dávalos.

Fiestas: La **cabalgata de Reyes** está declarada de Interés Turístico Provincial. destacan también el carnaval y la **Semana Santa** (de Interés Turístico Regional). En junio se celebra el Corpus Christi (también de Interés Turístico Regional) y en septiembre, las fiestas de la Virgen de la Antigua.

Alrededores: Merece la pena conocer el **Parque Natural del Alto Tajo** y el **Parque Natural Hayedo de Tejera Negra.** A 6 km está **Lupiana,** donde destacan el monasterio jerónimo del s. XIV y la capilla de S. Bartolomé. A 10 km hay que visitar **Azuqueca de Henares;** Pioz, a 20 km, con un bello castillo; **Torija,** a 20 km, con otra fortaleza; el conjunto monumental de Brihuega, a 33 km; el palacio renacentista de **Cogolludo,** a 40 km; la representación de la *Pasión viviente* de Marchamalo, a 4 km; el castillo y la gastronomía de **Jadraque,** a 46 km; y la plaza Mayor y el Monasterio de Sopetrán en **Hita,** a 27 km.

Restaurantes

Amparito Roca. (A 100 m de la A-2, Madrid-Barcelona, Salida 55). Toledo, 19. T. 926 561 476. *www.amparitoroca.com*
Tiene nombre de pasodoble taurino. Jesús Velasco ha conseguido la mejor referencia de Guadalajara por la calidad de sus productos y su impecable elaboración en una elegante sala. **Huevo trufado con setas, somarro de matanza a la mostaza, infusión fría de hierbas de la Alcarria con frutillas.** Precio medio 40 €.

® **El Fogón del Vallejo.** (En Alovera, a 8 km. Ctra. A-2, salida 43 a Azuqueca). Urb. Parque Vallejo. Vicente Aleixandre, 45. T. 965 547 373.
Cierra del 13 al 31 de agosto y del 24 de diciembre al 3 de enero. Dedicación de la familia Hernández Bustillo en su bonita casa. Recetas de siempre con base de temporada. **Huevos en revoltijo con patatas y hongos, corazones de solomillo con 'foie-gras' fresco y salsa de 'boletus', helado de mandarina.** Precio medio 33 €.

Las Llaves. (En Marchamalo, a 3 km). Salir en el km 50 de la A-2, dirección Francisco Acosta. Pl. Mayor, 15. T. 956 675 010. *www.restaurante-lasllaves.com*
Cierra cenas de martes a jueves en invierno, domingo cena, lunes, Semana Santa, segunda y tercera semanas de agosto. Casa-Palacio Ramírez de Arellano del año 1557, donde la familia Rodríguez González exhibe una cocina de producto. **'Ravioli' trufados con salsa de queso manchego, albóndigas con trompetas de la muerte, espuma de crema catalana con sorbete de mandarina.** Precio medio 45 €.

® **Lino.** Vizcondesa de Jorbalán, 1. T. 956 677 710. *www.grupolino.com*
Cierra miércoles y primera quincena de agosto. La familia de Lucas atiende con acierto cocina, sala y vinos. **Setas guisadas con huevo a baja temperatura, lomo de buey a los tres purés, queso manchego con membrillo y pan de especias.** Precio medio 35 €.

Miguel Ángel. Alfonso López de Haro, 4. T. 958 350 438. *www.grupomiguelangel.com*
Cierra viernes en julio y agosto; y domingo cena. Ambiente clásico en el centro de la ciudad. Sopa castellana con huevo escalfado y virutas de jabugo y perdiz roja estofada al vino tinto con setas. Se pueden tomar medias raciones. Menú 26 €. Precio medio 36 €.

Hoteles

**** **AC Guadalajara.** Av. del Ejército, 6. T. 949 248 370. *www.ac-hotels.com*
Hab. 103: 57/120 €. Suites: 2. En el centro histórico. Cercano al Palacio del Infantado. Restaurante AC.

Tejera Negra
Con 400 hectáreas, el de Tejera Negra, en el norte de Guadalajara, es uno de los mayores hayedos de Europa, además de uno de los más meridionales.

Guadalupe Cáceres

72 · D-2
A Cáceres, 129 km
A Madrid, 239 km
Alt. 640 m · Pob. 2.096
T. 927 154 128
GPS 39° 27' 11'' N · 5° 19' 50'' O

Visitar: Villa con interesante arquitectura popular y edificios de los ss. XV y XVI, declarada Conjunto Histórico-Artístico. Destacan la **ermita del Humilladero;** el arca del Agua y la presa del Estanque y el **Real Monasterio de Sta. María de Guadalupe,** Patrimonio de la Humanidad.

Fiestas: Tienen especial importancia su Semana Santa y, en agosto, las capeas tradicionales de toros. En septiembre se celebra **Ntra. Sra. de Guadalupe,** con procesiones de peregrinos y de romeros. En octubre es interesante la **Fiesta de la Hispanidad,** de Interés Turístico Regional.

Alrededores: Destacan los monumentos histórico-artísticos de la comarca de **Villuercas-Ibores-Jara;** así como las ruinas romanas o las pinturas rupestres, entre otros atractivos.

Restaurantes

Hospedería del Real Monasterio. Pl. de Juan Carlos I, s/n. T. 965 201 580. *www.monasterioguadalupe.com*
Cierra del 10 de enero al 10 de febrero. Con 47 habitaciones. En un claustro gótico del s. XVI regentado por la comunidad franciscana. Criadillas de tierra, solomillo de retinto con pastel de setas y pudín de castañas. Menú 17 €. Precio medio 25 €.

Hoteles

**** **Parador de Turismo.** Marqués de la Romana, 12. T. 927 367 075. *www.parador.es*
Hab. 41: 70/172 €. En el centro, junto al Real Monasterio. Situado en el hospital de S. Juan Bautista (s. XV) y el Colegio de Infantes (s. XVI). Restaurante Guadalupe. Cocina variada con especialidades extremeñas.

** **Hospedería del Real Monasterio.** Pl. Juan Carlos I, s/n. T. 927 367 000. *www.monasterioguadalupe.com*
Hab. 47: 43/70 €. La Hospedería se encuentra situada en el claustro gótico del Real Monasterio, pieza del s. XVI, Patrimonio de la Humanidad. Restaurante Hospedería del Real Monasterio.

Claustro del Monasterio de Guadalupe, epicentro de la espiritualidad extremeña

Guadarrama Madrid

53 · B-2

Ver Madrid/Restaurantes/Alrededores de Madrid

Guadiaro Cádiz Ver Sotogrande

110 · C-3

Guadix Granada

107 · C-1
A Granada, 58 km
A Madrid, 438 km
Alt. 949 m · Pob. 20.407
T. 958 699 574
GPS 37° 17' 60'' N · 3° 8' 9'' O

Visitar: El más majestuoso de todos los edificios de esta villa monumental es la Catedral (ss. XVI al XVIII). Junto a ella se encuentra la **iglesia del Sagrario,** con una bella portada plateresca. También sobresale el **Palacio Episcopal,** de estilo neoclásico; el colegio de la Divina Infantita (s. XVIII); el viejo Palacio de los Marqueses de Villalegre y la casa donde nació Pedro Antonio de Alarcón. Son interesantes las iglesias de S. Miguel (s. XVI); la **Magdalena,** reconstruida en el s. XV; y de Santiago, del s. XVI. Otros lugares de interés son el **barrio de Las Cuevas,** el Torreón del Ferro o la Torre Gorda (s. XI); el barrio e iglesia de Sta. Ana; la alcazaba árabe (ss. X y XI); la plaza de las Palomas (hoy de la Constitución), donde se encuentra el Palacio Consistorial, y el Palacio de los Marqueses de Peñaflor (ss. XVII y XVIII). Es muy curiosa la **Cueva-Museo La Alcazaba,** en el barrio de las Cuevas, única en Europa.

Fiestas: En enero se celebra la cabalgata de Reyes y la romería de S. Antonio Abad. Destacan también los **carnavales,** la Semana Santa y el **Corpus Christi.** En mayo se organiza **Guadix Clásica,** un ciclo internacional de música; en mayo, la romería de S. Torcuato; y en septiembre, las ferias y fiestas y el **Cascamorras,** una celebración en la que el protagonista es acosado por no traer al pueblo la imagen de la Virgen de la Piedad de Baza.

Alrededores: En **Purullena,** a 7 km, se puede visitar el pueblo troglodítico; en **La Calahorra,** a 17 km, el Castillo-Palacio (s. XVI), que conserva un hermoso patio; y en **Baza,** a 49 km, la Colegiata.

Restaurantes

La Hacienda del Marquesado. (En Albuñán, a 12 km). Ctra. GR-SE-19, Jerez del Marquesado-Guadix, km 6,5. T. 965 143 269. *www.lahaciendadelmarquesado.es*
Cierra lunes. Bacalao gratinado con alioli de manzana, cochinillo asado, bizcocho de chocolate. Menú 10 €. Precio medio 25 €.

Guarda, A/Guardia, La Pontevedra

28 · B-1
A Pontevedra, 80 km
A Madrid, 617 km
Alt. 35 m · Pob. 10.356
T. 986 614 546
GPS 41° 54' 8'' N · 8° 52' 30'' O

Visitar: Pueblo pesquero emplazado en la desembocadura del río Miño, muy apreciado por los amantes de la gastronomía gallega. Es de obligada visita el castro galaico-romano (s. I a.C. al II d.C) en el **monte de Sta. Tegra;** el Museo Arqueológico; las **playas fluviales;** la capilla de Sta. Tegra y los miradores cercanos y el convento de S. Benito, con su bella portada barroca. Se puede visitar el Museo del Mar y practicar senderismo.

Restos del Castro de Sta. Tegra, muy próximo a la localidad de A Guardia

Fiestas: En junio se celebra la fiesta del Santísimo, con alfombras florales, y el Roscón de Yema. En julio, la **fiesta de la Langosta y de la Cocina Marinera,** la Virgen del Carmen y la fiesta del Pez Espada. En agosto tienen lugar la festividad de S. Cayetano y las fiestas del Monte; y en septiembre, la fiesta de la Zorza, la de la Virgen de las Mercedes y la **romería de Sta. Tegra.**

Alrededores: El Monasterio de **Oia,** a 15 km. También merece la pena acercarse a conocer la Catedral de **Tui** y la escultura de la Virgen de la Roca, en **Baiona.**

Restaurantes

® **Bitadorna.** Porto, 30. T. 986 611 970. *www.bitadorna.com* ❄ ⛱ ⊘ ♁
Cierra cenas de domingo a martes excepto julio y agosto; 15 días en carnaval y Navidad. Hace algún tiempo, desde el cierre de los clásicos, es el más conocido y frecuentado de este puerto. Además de la **langosta de A Guarda,** se practica una cocina un tanto evolucionada, de búsqueda con prudencia muy galaica. Equilibrio entre tradición y novedad. Precio medio 40 €.

Marusia. (En el puerto). Porto, 29. T. 986 613 809 © ❄ P ⛱ ♁
Cierra domingo y martes excepto verano y festivos; y del 22 de diciembre al 22 de enero. Mariscos, pescados y tartas caseras en el puerto pesquero con vistas al mar. También carnes para los carnívoros. Precio medio sin marisco 28 €.

Guijuelo Salamanca

51 · F-3
A Salamanca, 48 km
A Madrid, 206 km
Alt. 1.010 m · Pob. 6.150
T. 923 580 472
GPS 40° 33' 21'' N · 5° 40' 15'' O

Visitar: Localidad de fama gastronómica, sede de la Denominación de Origen Guijuelo, de productos del cerdo ibérico. En cuanto a monumentos, son de interés la **iglesia de Ntra. Sra. de la Asunción,** el torreón gótico, el Museo de la Industria Chacinera y la Estación Tecnológica de la Carne de Castilla y León.

Fiestas: En enero y febrero tiene lugar la **matanza típica** y en agosto (del 14 al 19) las fiestas patronales.

Restaurantes

La Amistad (barbacoa). Teso de la Feria, 8. T. 967 310 637.
www.guijuelonet.com © ♿ ❄ ⛱ 🔍
Cierra domingo y septiembre. Jamón de Guijuelo, solomillo de cerdo ibérico al vino de la sierra, helado de jamón. Menú típico 12 €. Precio medio 28 €.

Haro La Rioja

El Museo de Arte Contemporáneo de La Rioja se encuentra en un torreón medieval, en Haro

Visitar: Localidad vinatera enclavada en un alto cuyo casco antiguo cuenta con varias casas señoriales y edificios de interés. Destaca el **Ayuntamiento,** el exconvento de S. Agustín, el Teatro Bretón de los Herreros, la iglesia de Sto. Tomás (s. XVI), la **Basílica de la Virgen de la Vega** (ss. XVII y XVIII) y el Palacio de los Condes de Haro, actual Casa de la Juventud. Se pueden visitar el **Museo de Arte Contemporáneo de La Rioja,** el **Centro de Interpretación del Vino** y numerosas bodegas.

Fiestas: Del 24 al 29 de junio son las **fiestas de S. Juan, S. Felices y S. Pedro,** declarada de Interés Turístico. El 29 de junio es la famosa **Batalla del Vino,** que se celebra en los riscos de Bilibio y está declarada de Interés Turístico. Del 7 al 11 de septiembre tienen lugar las fiestas en honor de la **Virgen de la Vega,** de Interés Turístico de La Rioja, con una romería tradicional a la fuente del Moro y un suntuosísimo Rosario de Faroles.

Alrededores: Destaca en **Casalarreina,** a 5 km, el convento de la Piedad y el antiguo Palacio de los Condestables de Castilla. **Tirgo,** a 10 km, cuenta con la iglesia de S. Salvador, románica, varias casas solariegas, el Castillo de Cuzcurrita y Ochanduri. En **Briones,** a 7 km, destaca el recinto de la villa, la iglesia y el Palacio del Marqués de S. Nicolás. En **Ábalos** tiene interés la iglesia de S. Esteban y en **Cuzcurrita del Río Tirón,** a 10 km, la iglesia de S. Miguel (s. XVII), el Castillo de los Velasco y las ermitas de Ntra. Sra. de Sorejana (s. XI) y de Ntra. Sra. del Troncillo (s. XVIII). En **Sajarraza** destaca el castillo y en **Cihuri,** a 7 km, el puente romano del s. II.

22 · B-1
A Logroño, 44 km
A Madrid, 331 km
Alt. 496,5 m · Pob. 12.261
T. 941 303 366
GPS 42° 34' 37'' N · 2° 50' 51'' O

Restaurantes

Beethoven. Sto. Tomás, 8. T. 941 311 181. *www.restaurantebeethoven.com*

Cierra segunda semana de enero. Cocina riojana en el centro histórico. Verduras de la huerta, pimientos rellenos de manitas de cordero, torrijas. Menú 15 €. Precio medio 35 €.

La Vieja Bodega. (En Casalarreina, a 5 km). Av. de La Rioja, 17. T. 941 324 254. *www.viejabodega.com* P

Cierra cenas de martes a jueves en invierno, domingo cena, lunes y de mediados de enero al 7 de febrero. Antigua bodega del s. XVII con cocina tradicional evolucionada. **Menestra de verduras, manitas de cerdo en milhojas de patata, torrija caramelizada, almendras y avellanas.** Precio medio 40 €.

Uvas de la variedad tempranillo, la más común en La Rioja

☼ **Las Duelas.** (H. Los Agustinos). S. Agustín, 2. T. 941 304 463. *www.hotellosagustinos.com*
Cierra domingo de noviembre a abril. Situado en un impresionante claustro donde Juan Nales ofrece su buena mano en el tratamiento de los productos. **Lomito de rape con cangrejo azul crujiente y puré de pimentón, lomo de cordero con crujiente de migas picantes, torrija de 'brioche' con cremoso de cuajada de oveja y helado de Nescafé.** Precio medio 45 €.

Hoteles

*** **Hospedería Señorío de Briñas.** (En Briñas). Travesía de la calle Real, 3. T.941 304 224. *www.hotelesconencantodelarioja.com*
Hab. 20: 90/155 €. Suites: 3. Palacete del S XVIII.

*** **Hospedería Señorío de Casalarreina.** (En Casalarreina, a 5 km). Pl. Sto. Domingo de Guzmán, 6. T. 941 324 730. *www.alojamientosconencantodelarioja.com*
Hab. 15: 85/180 €. Antiguo monasterio del s. XVI restaurado. Servicio de vinoterapia.

**** **Los Agustinos.** Pl. S. Agustín, 2. T. 941 311 308. *www.hotellosagustinos.com*
Hab. 60: 65/130 €. Suites: 2. Antiguo convento del s. XIV. Claustro con cúpula acristalada. Restaurante Las Duelas.

Hecho Huesca

14 · F-4
A Huesca, 97 km
A Madrid, 490 km
Alt. 833 m · Pob. 979
T. 974 375 505.
GPS 42° 44' 21'' N · 0° 45' 5'' O

Visitar: Pueblo típico aragonés rodeado de bosques, donde destaca el Museo de Escultura y Pintura al aire libre, la **Casa Mazo,** el **Monasterio de S. Pedro de Siresa,** la calzada romana y diversos yacimientos arqueológicos.

Fiestas: Del 7 al 11 de septiembre se celebra la **Virgen de Escagües** y el 11 de noviembre, S. Martín.

Alrededores: Es de interés la **selva de Oza**, a 12 km, y el **Centro de Interpretación del Megalitismo,** a 9 km.

Restaurantes

Gaby-Casa Blasquico. Pl. Fuente, 1. T. 974 375 007. *www.casablasquico.com*
Cierra domingo cena en temporada baja, del 1 al 10 de septiembre y del 20 al 26 de diciembre. Con seis habitaciones. Casona en el valle de Hecho con cocina tradicional y pirenaica. *Crêpes* de setas, jarretes de cordero, copa de chocolate a la naranja. Menú 16 €. Precio medio 25 €.

Hermisende Zamora Ver Puebla de Sanabria

29 · F-1

Hernani Gipuzkoa

6 · F-4
A San Sebastián, 9,2 km
A Madrid, 458 km
Alt. 41 m · Pob. 19.289
T. 943 337 028
GPS 43° 16' 2'' N · 1° 58' 37'' O

Visitar: Casco antiguo de Interés Histórico-Artístico, donde destaca la **Casa Consistorial;** la iglesia parroquial de S. Juan Bautista (ss. XVI al XVIII); las casas-torre (ss. XV al XVII); el arco de entrada (s. XIV); el **convento de S. Agustín** (s. XIII); el viaducto de Karabel; la ferrería de Fagollaga; los restos de la antigua Real Fábrica de Anclas (s. XVIII); el **fuerte de Sta. Bárbara** y el Parque Botánico de Nere Borda. Se pueden realizar rutas por las *sagardotegiak* (sidrerías) y por el monte Sta. Bárbara.

Fiestas: Desde enero hasta abril es la **temporada del 'txotx'** (el primer escanciado del año) en las sidrerías. Del 23 al 27 de junio, las fiestas patronales de S. Juan.

Alrededores: Merece la pena conocer el **Parque Natural Aiako Harria** y las estaciones megalíticas de Igoin-Akola y Oindi-Mandoegi.

Restaurantes

☼☼ **Fagollaga.** (En la ctra. de Navarra, a 4 km de Hernani). Ereñozu Auzoa, 68. T. 943 550 031. *www.fagollaga.com*
Cierra cenas de domingo a miércoles; lunes y dos semanas en Semana Santa y una semana en Navidad. Culinaria elegante, enraizada y vanguardista a la vez, de Ixaak Salaberria, que sorprende y engancha. **Ajo blanco con granizado de manzana y gambas, salmonetes asados con caldo de sus cabezas.** Postres de puro deleite como el de **cerezas con merengue italiano y migas de galleta.** Servicio perfeccionista a cargo de su hermano Xabi. Menú 25 €. Precio medio 55 €.

Hervás Cáceres

61 · B-1
A Cáceres, 124 km
A Madrid, 241 km
Alt. 685 m · Pob. 4.100
T. 927 473 618
GPS 40° 16' 25'' N · 5° 52' 2'' O

Visitar: Conjunto Histórico-Artístico donde tiene especial interés el **antiguo barrio judío,** la iglesia de Sta. María, el convento de S. Juan Bautista, el Palacio de los Dávila o el **Museo Pérez-Comendador.**

Fiestas: El 17 de enero es S. Antón; el primer fin de semana de julio, **los Conversos.** A mediados de agosto sobresalen las ferias y, a mediados de septiembre, las fiestas patronales. También son de interés el **Festival de Títeres** y la romería de la Cruz de Mayo.

Alrededores: Se puede conocer también el **paraje recreativo de S. Andrés** y el Castañar Gallego y del Duque.

Restaurantes

® **Nardi.** Braulio Navas, 19 (calle peatonal). T. 927 481 323.
www.restaurantenardi.com
Cierra martes excepto vísperas, festivos, julio y agosto. El mejor del pueblo por su cocina de mercado. **Salteado de verduras con huevo de corral escalfado, ternera ecológica de Extremadura, esfera de chocolate rellena de sorbete de naranja.** Menú 18 €. Precio medio 30 €.

Hoteles

**** **Hospedería Valle de Ambroz.** Pl. del Hospital, s/n. T. 927 474 828.
www.hospederiasdeextremadura.es
Hab. 21: 64/134 €. En un antiguo convento trinitario del s. XVII. Restaurante El Convento.

Hondarribia/Fuenterrabía Gipuzkoa

7 · A-3
A San Sebastián, 23 km
A Madrid, 490 km
Alt. 24 m · Pob. 16.464
T. 943 645 458
GPS 43° 21' 44' N · 1° 47' 34'' O

Visitar: Antigua ciudad medieval que todavía conserva gran parte de sus espectaculares murallas. En el interior del recinto destaca la **Casa Consistorial** (s. XVIII); la iglesia parroquial gótico-renacentista de mediados del s. XV; el **Castillo de Carlos V,** hoy convertido en parador de turismo; el baluarte de la Reina; el Polvorín o el Centro de Interpretación Arma Plaza. También es interesante el **barrio de La Marina,** el puerto pesquero y sus playas.

Fiestas: Destaca de su Semana Santa el **Viernes Santo,** con un cuadro plástico del descendimiento y la procesión del Santo Entierro. En el segundo día de Pascua tiene lugar la **romería en Guadalupe.** En junio es el mercado medieval; en julio, la festividad de Santiago, con la ceremonia de la transmisión de cargos de la Cofradía de Pescadores a través del arca o *kutxa*. El segundo domingo de agosto es el Herri Giroa. A principios de septiembre se celebran las patronales; el 8 es la **festividad de la Virgen de Guadalupe** (patrona), con una procesión cívico-religiosa, y el Alarde, en cumplimiento del voto hecho por la Ciudad a la Virgen por la victoria alcanzada en 1638 contra los franceses. En Navidad se organiza el concurso de Villancicos y Olentzeros y un belén viviente.

Alrededores: Destaca el **cabo de Higuer,** a 4 km; el Castillo de S. Telmo, llamado de los Piratas; el Santuario de Ntra. Sra. de Guadalupe, a 4 km, con excelentes panorámicas; el **Parque Natural de Plaiaundi** y de Peñas de Aya; y en Irun, el Museo Romano Oiasso.

Fachada de una casa de La Marina, antiguo barrio de pescadores de Hondarribia

Restaurantes

☼☼ **Alameda.** Minasoroeta, 1. T. 943 642 789. *www.restalameda.com*
Cierra cenas de domingo y martes, lunes, una semana en junio, en noviembre y en Navidades. Gorka Txapartegi ha sabido rodearse, junto a su familia, de un conjuntado equipo para ofrecer una cocina detallista y mágica como pocas con un producto inmaculado. **Pulpo asado a la parrilla con su caldo ahumado; huevo, papada y trufa con setas.** Postres de una enorme sutileza: **'minestrone' de frutas con espuma de jengibre.** Servicio impecable. Precio medio 35 €.

® **Laia Erretegia** (asador-sidrería). Barrio Arkoll, 33. T. 943 646 309.
www.laiaerretegia.com
Cierra cenas de jueves a sábado excepto verano, cenas de domingo y lunes en verano y del 7 al 26 de enero. Magnífico asador con instalaciones de alto nivel en un marco bucólico. Cocina estacional, de producto, sin sofisticaciones. **Ensalada templada de langostinos, hongos y 'foie-gras', vieiras a la parrilla.** Postres atractivos como el **hojaldre de manzana.** Atinada carta de vinos. Menú 19 €. Precio medio 40 €.

® **Ramón Roteta.** (Villa Ainara). Irún, 1. T. 943 641 693. *www.rroteta.com*
Cierra domingo cena, martes, segunda quincena de febrero y de noviembre. Quien tuvo retuvo. Ramón Roteta sigue con paso firme fiel a sus conceptos culinarios: el refinamiento es un elemento fundamental. **Mejillones al vapor de 'txakoli', cigalas salteadas.** Postres delicados como el **gratinado de frutas.** Maravillosa terraza veraniega. Precio medio 45 €.

Sebastián. Mayor, 11. T. 943 640 167. *www.sebastianhondarribia.com*
Cierra domingo cena y lunes excepto verano; y primera quincena de noviembre. Un antiguo colmado del casco viejo convertido en restaurante con ambiente íntimo y romántico. Parrillada de verduras y queso de montaña, jarrete de cordero asado y moscatel reducido, sorbete de limón al *gin-tonic*. Precio medio 42 €.

Hoteles

**** **Parador de Turismo.** Pl. Armas, 14. T. 943 645 500. *www.parador.es*
Hab. 35: 140/240 €. Suites: 1. Castillo del s. X. Vistas a la costa. Mantiene la estructura de una antigua fortaleza medieval. Entorno monumental y costero.

48 · E-1

Hospitalet de Llobregat, L'

Barcelona Ver Barcelona

53 · C-3

Hoyo de Manzanares

Madrid Ver Madrid/Restaurantes/Alrededores de Madrid

52 · B-4

Hoyos del Espino Ávila Ver Gredos, Navarredonda de

14 · B-4

Huarte Navarra Ver Pamplona/Iruña

Huelva

104 · A-1
A Madrid, 630 km
Alt. 54 m · Pob. 149.310
T. 959 650 200
GPS 37° 15' 24'' N · 6° 57' 3'' O

Visitar: La **Catedral de la Merced** (s. XVIII) es la construcción más importante de la capital, aunque hay otros edificios religiosos con encanto como las iglesias de S. Pedro (s. XIV), de la Concepción y de La Milagrosa, la ermita de La Soledad (s. XVII), el convento de las Agustinas o el **Santuario de Ntra. Sra. de la Cinta** (s. XV). También tienen interés la Casa de Colón, el Palacio de Mora Claros, el barrio de la Reina Victoria, el Gran Teatro, el Museo Provincial, los muelles del Tinto y de Tharsis y el **Centro de Visitantes Huelva Puerta del Atlántico.** La ciudad cuenta con numerosos restos arqueológicos. Desde el mirador del Conquero se obtienen las mejores vistas. La marisma del Odiel está declarada Reserva de la Biosfera.

Trajes de flamenca, habituales en las fiestas populares de Andalucía

Fiestas: El 20 de enero se celebra la patronal de S. Sebastián, seguida del carnaval y la **Semana Santa,** declarada de Interés Turístico Nacional. En mayo es la fiesta de las Cruces de Mayo y **El Rocío.** A finales de ese mes, las fiestas Colombinas con toros, folclore, actuaciones y exhibiciones de gastronomía típica; y en septiembre, las patronales de la Virgen de la Cinta. En noviembre tiene lugar el **Festival de Cine Iberoamericano.**

Alrededores: En **Palos de la Frontera,** a 10 km, destaca La Fontanilla, la iglesia de S. Jorge, el Parque Nacional de Doñana y el Paraje Natural de las Marismas del Odiel; en **La Rábida,** el Parque Botánico José Celestino Muti y el muelle de las Carabelas; y en **Moguer,** la iglesia de Sta. María de La Granada.

Restaurantes

Acánthum. S. Salvador, 17. T. 959 245 135. *www.acanthum.com*
Cierra cenas de lunes a miércoles excepto festivos; domingo y del 7 de agosto al 1 de septiembre. Xanti Elías ofrece su cocina de vanguardia en pleno centro onubense. Una carta variada donde combina ingredientes de la tierra y foráneos en diseños y texturas actuales. Huevos con papas y chorizo (homenaje a Juan Mari Arzak), pato y cerezas del Jerte, *drácula* de frambuesas de Bonares. Menús 30, 42 y 67 €. Precio medio 35 €.

Azabache. Vázquez López, 22. T. 959 257 528. *www.restauranteazabache.com*
Cierra sábado cena, domingo y primera semana de agosto. En pleno centro, cuenta además con una amplia barra de tapas. Salteado de corazones de alcachofas y jabugo, suprema de rodaballo gratinada al queso de Aracena, tocino de cielo con fresas. Precio medio 40 €.

® **La Plazuela.** (En Aljaraque, a 7 km). La Fuente, 40. T. 959 318 831.
Cierra domingo. Cercano a las marismas del Odiel, es el referente gastronómico de la capital onubense de cocina de autor. **Brandada de bacalao con trompetas de la muerte, yema de huevo especiada y 'tempura' de verduras; taco de corvina con salsa de naranja amarga y torrija de queso de cabra; volcán de chocolate con helado de vainilla y 'toffee'.** Menú 17 €. Precio medio sin marisco 45 €.

Portichuelo. (Junto al Gran Teatro). Vázquez López, 15. T. 959 245 768. *www.restauranteportichuelo.com*
Cierra domingo cena y lunes. Revuelto de la casa, rabo de toro, flan. Precio medio 36 €.

Hoteles

**** **NH Luz de Huelva.** Alameda Sundheim, 26. T. 959 250 110. *www.nh-hotels.com*
Hab. 107: 38/160 €. Céntrico. Acceso al Club de Golf Bellavista.

Huesca

24 · B-4
A Madrid, 397 km
Alt. 488 m · Pob. 53.215
T. 974 292 170
GPS 42° 8' 23'' N · 0° 24' 36'' O

Visitar: La capital del Alto Aragón, al pie de los Pirineos, conserva monumentos de gran valor artístico como la **Catedral,** construida entre los ss. XIII y XVI, que presenta una notable portada mayor (s. XIV) y, en el interior, un majestuoso retablo renacentista de alabastro, obra de Damián Forment. Otros edificios de interés son el **Ayuntamiento,** renacentista (en cuyo interior se encuentra el cuadro *La Campana de Huesca*, de Casado del Alisal) y el Colegio Imperial de Santiago (s. XVI). También es atractivo el templo de S. Pedro el Viejo, con claustro (s. XII) del escultor anónimo llamado Maestro de S. Juan de La Peña, y el retablo del altar mayor de Juan de Berrueta y Juan de Alí (s. XVII); la iglesia de Sto. Domingo (s. XVII), el **Parque Miguel Servet** con *las pajaritas*, símbolo de la ciudad, o el Teatro Olimpia, neoclásico y con ocho columnas jónicas. En el **Museo Diocesano,** en la parroquia de La Seo, destaca el gran retablo de alabastro de Gil Morlanes (s. XVI), procedente de la Abadía de Montearagón. El **Museo Provincial,** instalado en lo que fue Palacio Real de los Reyes de Aragón, ofrece un compendio de materiales prehistóricos, piezas romanas, musulmanas y románicas, tablas góticas (s. XV), pinturas barrocas y aguafuertes de Goya dedicados a la tauromaquia. En él también se puede visitar la sala de la Campana de Huesca y la sala de la reina Doña Petronila, que conservan su ambiente medieval del s. XII. Otros museos de interés son el Pedagógico de Aragón, el Planetario y el CDAN (Centro de Arte y Naturaleza), diseñado por Moneo. En las inmediaciones se puede practicar *rafting* y descenso en canoas.

Fiestas: El 22 de enero se celebra **S. Vicente** con una hoguera tradicional. La Semana Santa es de Interés Turístico Regional y en ella destaca el **Santo Entierro** del Viernes Santo. El 23 de abril es S. Jorge, que se conmemora con una romería; y del 9 al 15 de agosto, las fiestas patronales de **S. Lorenzo,** de Interés Turístico Nacional. El chupinazo marca el comienzo el día 9, y el 10 actúan los Danzantes. También tiene lugar una feria taurina y ofrenda de flores y frutas el día 15.

Alrededores: A 5 km está el **Castillo de Montearagón;** a 20 km, el pantano de Argüís; a 22 km, la Colegiata de Bolea, los **Mallos de Riglos** y de Agüero; a 23 km, el **Parque Natural de la Sierra y los Cañones de Guara;** a 40 km, **Alquézar,** hermosa villa medieval y Colegiata fortificada; a 30 km, el **Castillo de Loarre,** la fortaleza románica mejor conservada del mundo.

Las formaciones geológicas Mallos de Riglos son un reto para los escaladores

Restaurantes

® **Las Torres.** María Auxiliadora, 3. T. 974 228 213. *www.lastorres-restaurante.com*
Cierra lunes cena, domingo, dos semanas en Semana Santa y del 16 al 31 de agosto. Restaurante ya veterano unido al gran trabajo profesional de la familia Abadía. Destacan los platos aragoneses sabiamente renovados, como la **chireta actualizada,** y lo mismo puede decirse de los postres. Bonita decoración. Menú 30 €. Precio medio 48 €.

Detalle de un fresco de la Colegiata de Sta. María (s. XVIII), Alquézar

® **Taberna de Lillas Pastia.** Pl. de Navarra, 4. T. 974 211 691. *www.lillaspastia.es*

Cierra domingo cena y lunes. Carmelo Bosque dejó aquí lo mejor de sus creaciones gastronómicas que todavía campean en la carta. **Perrechicos con guisantes, butifarra y huevo escalfado; rape asado al romero y sopa de melocotón.** Bello comedor instalado en lo que fue biblioteca del Círculo Oscense. Menú 32 €. Precio medio 40 €.

® **Venta del Sotón.** (En Esquedas, a 14 km). Ctra. A-132, Tarragona-San Sebastián, km 14. T. 974 270 241. *www.ventadelsoton.com*

P

Cierra cenas de domingo y martes, lunes y del 7 de enero a primeros de febrero. La familia Acín supo convertir un figón de carretera en gran restaurante. La casa sigue su camino manteniendo el estilo tradicional de fidelidad a la cocina aragonesa. Precio medio 45 €.

Hoteles

*** **Pedro I de Aragón.** Calle del Parque, 34. T. 974 220 300. *www.gargallohotels.es*

P

Hab. 129: 70/135 €. En el corazón de la ciudad. Situación ideal para realizar excursiones por los Pirineos. Restaurante Osca.

53 · F-1

Humanes de Madrid

Madrid Ver Madrid/Restaurantes/Alrededores de Madrid

Illescas Toledo

Visitar: Las joyas más preciadas de la localidad son las cinco pinturas del Greco que hay en el Santuario de **Ntra. Sra. de la Caridad** (s. XVI). También tiene encanto la **iglesia parroquial de Sta. María,** con cabecera románica (ss. XII y XIII) y torre mudéjar (s. XIV), así como el **arco de Ugena** (s. XI).

Fiestas: El 11 de marzo se celebra la fiesta del Milagro; a finales de agosto y primeros de septiembre son los encierros y la becerrada, con ofrenda floral a la patrona, **Virgen de la Caridad.**

Alrededores: Merece la pena acercarse a **Esquivias,** a 8 km, para apreciar las esculturas de su iglesia o el retablo de la ermita de Sta. Bárbara. En **Carranque,** a 10 km, hay que conocer el Parque Arqueológico.

62 · F-2
A Toledo, 35 km
A Madrid, 35 km
Alt. 560-600 m · Pob. 24.000
T. 925 511 051
GPS 40° 7' 26'' N · 3° 51' 2'' O

Restaurantes

El Bohío. Av. Castilla-La Mancha, 81. T. 925 511 126. *www.elbohio.com*

Cierra lunes cena, domingo y agosto. José Rodríguez Rey, último Premio Nacional de Gastronomía, es un gran profesional y lo demuestra en una carta que armoniza sabores, técnica y buen producto en recetas muy atractivas. La estupenda bodega redondea el placer de la visita. Precio medio 60 €.

Irun/Irún Gipuzkoa

Visitar: Ciudad fronteriza con un amplio abanico de monumentos y restos arqueológicos, como la iglesia parroquial de **Ntra. Sra. del Juncal** (de 1508-1606), que posee la más antigua virgen románica de Gipuzkoa (s. XII). En sus inmediaciones se han encontrado vestigios de un antiguo puerto romano. En la **ermita de Sta. Elena,** única iglesia del s. X en Gipuzkoa, se hallaron restos arqueológicos del templo romano In Antis (s. I), hoy convertido en Museo Arqueológico. Son de interés la **Casa Consistorial** (s. XVIII), el Palacio de Arbelaiz, el Palacio de Urdanibia (s. XVII) y la **columna de S. Juan Harria** (s. XVI). Se pueden visitar también el Museo Arqueológico de Oiasso, con restos de época romana, el **Parque Natural de Plaiaundi** y el **Parque Natural de Aiako Harria.**

Fiestas: El 30 de junio tiene lugar el acto más importante de las fiestas de S. Marcial, el **Alarde de S. Marcial,** de Interés Turístico. Se trata de un multitudinario desfile que recuerda la organización de las milicias forales en 1522 y la victoria sobre las tropas francesas que intentaban recuperar el Reino de Navarra. El 2 de agosto es la Euskal Jira, con desfile de *gurdias* (carros) tirados por bueyes.

Alrededores: A 2 km se encuentra la ermita de **S. Marcial,** enclavada en el monte homónimo. Desde esta se obtiene una espléndida panorámica de la **bahía de Txingudi.** También de interés son la **isla de los Faisanes,** en el Bidasoa, las minas romanas de **Arditurri** o el molino y ferrería de **Jaizubia.** También es recomendable un paseo por las **peñas de Aya.**

7 · A-3
A San Sebastián, 20 km
A Madrid, 492 km
Alt. 20 m · Pob. 60.951
T. 943 645 458
GPS 43° 20' 17'' N · 1° 47' 26'' O

Recinto Ferial transfronterizo de Gipuzkoa, en Irun

Restaurantes

® **Danako.** Pl. Anzarán, 14. T. 943 118 924. *www.danakojatetxea.com*

Cierra cenas de domingo a jueves, miércoles y segunda quincena de agosto. Las cambiantes propuestas del joven cocinero David Rodríguez predisponen al entusiasmo del más sibarita de los comensales. **Chipirones a la plancha con 'ravioli' de requesón y 'chutney' de tomate, 'fondant' de chocolate relleno de caramelo y helado de violetas.** Servicio informal pero riguroso a cargo de su esposa, Naiara Abando. Menú 12 €. Precio medio 35 €.

® **Gaztelumendi-Antxon.** Pl. S. Juan, 3. T. 943 620 659.
Cierra cenas de jueves a domingo, primera semana de julio y última de agosto. La incesante progresión de Félix Manso, con una culinaria cada vez más arriesgada, perfeccionista y muy personal, es más que evidente. Todo ello con la complicidad de la regidora del negocio, Ángela Basabe. Los postres, en una línea más tradicional, una apasionante carta de vinos y, en el bar, una deslumbrante oferta de pinchos de autor. Menú 25 €. Precio medio 40 €.

Iñigo Lavado. (Edif. Ficoba). Av. Iparralde, 43. T. 943 639 639. *www.inigolavado.com* P
Cierra cenas de domingo a jueves, lunes, martes, Semana Santa y de Pascua y agosto. Iñigo Lavado es un cocinero inconformista, a la vez que detallista y respetuoso con las bases clásicas de la cocina. Su formidable técnica no oculta las emociones que busca trasmitir en sus incesantes creaciones

personales. **Jardín de verduritas de temporada y morros rellenos de hongos con crujiente de patata.** Postres de fantasía, como el **chocolate a la parrilla.** Servicio al mismo nivel de exigencia. Precio medio 45 €.

Hoteles

*** **Tryp Urdanibia.** Jaizubia Hiribidea, s/n. T. 943 630 440. *www.solmelia.com*
Hab. 115: 80/140 €. Admisión de perros, consultar. Realiza excursiones y actividades deportivas. Restaurante Aialde.

14 · B-4

Iruña/Pamplona Navarra Ver Pamplona/Iruña

14 · E-3

Isaba Navarra Ver Sangüesa

Isla Cantabria

5 · D-2
A Santander, 42 km
A Madrid, 426 km
Alt. 50 m · Pob. 666
GPS 43° 29' 34'' N · 3° 34' 15'' O

Visitar: Pequeño enclave rural con barrio playero. Destacan su iglesia parroquial y el Palacio de los Condes de Isla (s. XVII), la Torre de Jado (s. XIV) o sus playas.

Alrededores: En **Soano** es interesante el molino de marea; en **Arnuero,** el Museo Observatorio del Arte y el retablo de la iglesia Ntra. Sra. de la Asunción. En **Castillo** se ubica el Centro de Tradiciones Rurales Salvador Hepilla.

Restaurantes

Astuy. (H. Astuy). Av. Juan Hormaechea, 1. T. 942 679 540. *www.hotelastuy.com*
Con 53 habitaciones. Frente al mar. Almejas a la marinera, arroz caldoso marinero con bogavante, leche frita. Menú 20 €. Precio medio 40 €.

Hoteles

**** **Estrella del Norte.** Av. Juan Hormaechea, s/n. T. 942 659 970. *www.hotelestrelladelnorte.com*
Hab. 47: 65/132 €. A 200 m de las playas.

Isla Cristina Huelva

103 · E-1
A Huelva, 46 km
A Madrid, 672 km
Alt. 7 m · Pob. 21.719
T. 959 332 694
GPS 37° 11' 54'' N · 7° 19' 35'' O

Las salinas de Isla Cristina se localizan en el Paraje Natural de las Marismas

Visitar: Ciudad típicamente andaluza y marinera que cuenta con 12 km de **playas** de blanca y fina arena, y los agradables **paseos de las Flores y de las Palmeras.** Merece la pena acercarse a la lonja y al puerto pesquero, o visitar las iglesias parroquiales de **Ntra. Sra. de los Dolores** y **Ntro. Padre Jesús del Gran Poder.** Tiene gran interés la Casa-Patio de S. Francisco, con el **Museo del Carnaval.**

Fiestas: Destacan el carnaval, en febrero; la Semana Santa; en junio, la **Feria Industrial del Mar;** en julio, las fiestas de Ntra. Sra. del Carmen, patrona de los marineros; en octubre, el Festival Coral del Atlántico y las fiestas patronales de **Ntra. Sra. del Rosario,** y en septiembre, el **Festival Internacional de Cine Inédito,** la Feria Andaluza del Mar y el festival de música South Pop.

Alrededores: Los lugares más estimulantes son el **Paraje Natural de las Marismas de Isla Cristina,** el antiguo molino de mareas o el **Parque Litoral Ruta del Camaleón.** Se pueden realizar una ruta ornitológica y rutas guiadas por la lonja-puerto pesquero.

Restaurantes

Casa Rufino. (Playa Central). Eucalipto, 1. T. 959 330 810. *www.restauranterufino.com*
Cierra cenas de octubre a Navidades, domingo cena y lunes excepto verano, enero y febrero. Verduritas salteadas con *ravioli* de chocos, *pastela* de *tarantelo* de atún rojo de almadraba, coca típica isleña. Precio medio 30 €.

Hoteles

***** **Isla Cristina Palace Hotel & Spa.** Av. Parque, 148. T. 959 344 499. *www.islacristinapalace.com*
Hab. 137: 156/320 €. Suites: 28. En primera línea de playa. Restaurante Zarandas.

17 · C-1

Isla de la Toja Pontevedra Ver Grove, O

6 · D-4

Itziar Gipuzkoa Ver Deba

Jaca Huesca

Visitar: Histórica ciudad medieval, cuya **Catedral** (s. XI) fue la primera de estilo románico que se edificó en España. La **Ciudadela,** construida bajo el reinado de Felipe II, cuenta con una poderosa muralla de planta pentagonal y foso. Destacan edificios civiles como la torre del Reloj, levantada sobre los sillares que ocupó el Palacio del Merino, o la Casa Consistorial, plateresco aragonés del s. XVI. También religiosos, como las **iglesias del Carmen** (s. XVII), de **S. Salvador** y **S. Ginés,** con el sarcófago de la Infanta Doña Sancha, hija del Rey Ramiro I; o la de Santiago (anterior al s. XI), con una pila bautismal hispanoárabe de estilo califal (s. X) y un capitel románico del s. XII. También tienen interés el puente de S. Miguel, construido en la Baja Edad Media, el **Museo de Miniaturas Militares** de la Ciudadela o varios monumentos repartidos por las calles, como los dedicados a la Naturaleza, al Folclore y al Patinaje, u otros de corte más moderno. La localidad también cuenta con un palacio de hielo.

Fiestas: El **Primer Viernes de Mayo** se conmemora la victoria frente a los musulmanes en el año 761. El 25 de junio es la **procesión de Sta. Orosia,** en la que participan cruces parroquiales de enorme valor artístico. A finales de julio de los años impares es el **Festival Folklórico de los Pirineos.** También de interés son los festivales Jaca Monumental a través de La Música, Mirando las Estrellas y, en agosto, el **Festival Internacional en el Camino de Santiago,** dedicado a la música antigua, el Mercado Medieval de Teatro y la Feria del Libro.

Alrededores: En **Sta. Cruz de la Serós,** a 14 km, se encuentran la iglesia de Sta. María, único resto de un antiguo monasterio benedictino femenino, y la iglesia de S. Caprasio (s. XI), de estilo románico lombardo. A unos 7 km de Sta. Cruz de la Serós, por una carretera de montaña, se llega al **Monasterio de S. Juan de la Peña** (s. X), declarado Monumento Nacional. Está emplazado bajo una roca y cuenta con un claustro y unos capiteles románicos muy bellos. Cerca de allí está el Monasterio Nuevo de S. Juan de la Peña (s. XVII) y, a muy poca distancia, el **Balcón del Pirineo,** desde donde se contempla una espectacular panorámica de la cadena montañosa. En el **valle de la Garcipollera** destaca la iglesia de Sta. María de Iguacel, declarada Bien de Interés Cultural. La **Ruta del Serrablo** pasa por S. Pedro de Lárrede, S. Juan de Busa, Oliván y S. Bartolomé de Gavín, magnífico conjunto de iglesias mozárabes. Destacan también las **estaciones de esquí** de Astún, Candanchú, Panticosa y Formigal, el Parque Nacional de Ordesa y Monte Perdido, los valles de Hecho, Anso, Aragón y Tena y el **balneario de Panticosa.**

Restaurantes

Asador Biarritz. Av. Primer Viernes de Mayo, 12. T. 974 361 632.
www.restaurantebiarritz.com
Cierra miércoles y del 25 de septiembre al 10 de octubre. Frente a la ciudadela. Local decorado en piedra y madera, de ambiente rústico y acogedor. Revuelto de *boletus,* solomillo de buey relleno de *foie-gras mi-cuit,* tarta de queso. Menú 13 €. Precio medio 32 €.

Imponentes arquerías románicas del Monasterio de S. Juan de la Peña

24 · A-1
A Huesca, 72 km
A Madrid, 469 km
Alt. 820 m · Pob. 13.396
T. 974 360 098
GPS 42° 34' 18'' N · 0° 33' 5'' O

Recuerdo de la batalla

Cada año Jaca celebra la fiesta del Primer Viernes de Mayo, que conmemora la victoria del pueblo, en el año 761, sobre los musulmanes.

Ⓡ **La Cocina Aragonesa.** (H. Conde Aznar). Cervantes, 6. T. 974 361 050. *www.condeaznar*

Cierra martes cena, miércoles y noviembre. Cocina fronteriza entre las especialidades vasconavarras y las creaciones aragonesas, bien elaboradas por la familia Abós. **Verduras de temporada sobre cuajada de flor de Aspe, Trufa parece trufa no es, pera Williams.** Menú 16 €. Precio medio 45 €.

Jaén

98 · E-2
A Madrid, 335 km
Alt. 573 m · Pob. 120.000
T. 953 190 455
GPS 37° 45' 55'' N · 3° 47' 26'' O

Un ordenado 'mar de olivos', característico paisaje jienense

Visitar: Ciudad histórica en la que resulta particularmente atractiva la **Catedral** (ss. XVI al XVIII), que cuenta con un interesante museo, sacristía, sala capitular, coro y sagrario. Otros templos de interés son los dedicados a S. Juan y S. Ildefonso, el de La Magdalena, construido sobre una antigua mezquita que aún conserva el patio de abluciones y el alminar; o el de S. Andrés (s. XVI), en la antigua judería, con capilla mudéjar y una reja del Maestro Bartolomé. Otros edificios religiosos de interés son el **Real Monasterio de Sta. Clara,** el de S. Bartolomé (s. XVIII), con bella fachada y artesonado; el convento de Sto. Domingo (ss. XVI y XVII), con espectacular fachada y claustro; o los de Carmelitas y Bernardas (s. XVI). Merece la pena pasear por la judería, de estrechas callejuelas y plazas, y conocer el **Castillo de Sta. Catalina** o el Palacio de Villardompardo (s. XVI), con los baños árabes más grandes y mejor conservados de Europa (s. XI). De sus museos destacan el Internacional de Arte Naïf Manuel Moral, el de Artes y Costumbres Populares y el Provincial, con interesantes secciones de Arqueología, Bellas Artes y una de las mayores colecciones de arte íbero de España. Goza de encanto especial el **raudal de la Magdalena,** una fuente de agua que, desde época romana, abasteció a gran parte de la ciudad.

Fiestas: El 16 de enero se celebra **S. Antón,** se encienden hogueras y se cantan melenchones la noche anterior. En Semana Santa destaca la procesión de Nuestro Padre Jesús Nazareno *El Abuelo,* la madrugada del Viernes Santo. Del 11 al 14 de junio son las ferias patronales de **Ntra. Sra. de la Capilla;** el 7 de septiembre, la Divina Pastora; del 11 al 18 de octubre, la feria de S. Lucas, y el 25 de noviembre, la romería de Sta. Catalina.

Alrededores: Merece la pena recorrer la **Vía Verde del Aceite,** que parte desde la ciudad; los jardines de Jabalcuz, los parques periurbanos de Sta. Catalina y de sierra de Jaén, y el Neveral. En **La Guardia de Jaén,** a 8 km, se pueden visitar el convento de Dominicos (s. XVI) y el castillo (s. VIII). En **Martos,** a 24 km, destacan la iglesia de Sta. María de la Villa (s. XIII) y la portada del convento de Sta. Clara, las ruinas del castillo árabe y la cárcel del s. XVI, hoy Ayuntamiento. En **Cerrillo,** a 8 km, es destacable la necrópolis visigoda, y en **Alcaudete,** el convento, el Ayuntamiento y el castillo. También merece la pena el Parque Natural de las Sierras de Cazorla, Segura y las Villas.

Restaurantes

Ⓡ **Casa Antonio.** Fermín Palma, 3. T. 953 270 262. *www.casantonio.es*

Cierra domingo cena, lunes y agosto. Quien tuvo retuvo. Y así está el negocio de Antonio del Moral, volcado en la cocina de diseño con toques populares. Precio medio 45 €.

Horno de Salvador. Subida al Castillo de Sta. Catalina, s/n. T. 953 230 528.
P

Cierra domingos cena, lunes y julio. Casa centenaria camino del Castillo de Sta. Catalina (Parador de Turismo). Flor de berenjena con salmorejo, bacalao, tocino de cielo. Precio medio 45 €.

La Vestida. (Junto al Recinto Ferial). Variante Sur, s/n. T. 953 190 806. *www.lavestida.com* P

Cierra cenas en invierno y primera quincena de agosto. Situado entre un mar de olivos. Bacalao mozárabe, cabrito al horno, *soufflé* de chocolate. Precio medio 35 €.

Hoteles

**** **Parador de Turismo.** Castillo de Sta. Catalina. T. 953 230 000. *www.parador.es*
P

Hab. 45: 90/161 €. El rey Alhamar, el mismo que mandó edificar la Alhambra, hizo construir este castillo, que tiene importantes restos de la antigua fortaleza y ofrece un soberbio panorama de la ciudad y la vecina Sierra Morena. Cocina andaluza.

Jarandilla de la Vera Cáceres

61 · C-2
A Cáceres, 133 km
A Madrid, 212 km
Alt. 585 m · Pob. 3.116
T. 927 560 045
GPS 40° 7' 30'' N · 5° 39' 43'' O

Visitar: Destacan la **iglesia de Sta. María de la Torre,** la fortaleza, de los ss. XIII y XIV; la iglesia de S. Agustín, las ermitas de Sopetrán (s. XVII) y el Santo Cristo del Humilladero (s. XVI), o el **Castillo de los Condes de Oropesa** (s. XVI), con magníficas galerías renacentistas, hoy convertido en Parador de Turismo.

Fiestas: El jueves anterior a la Ascensión son las **fiestas de la Virgen de Sopetrán;** el 6 de agosto, los Antiguos Oficios; a mediados de mes, la Feria Multisectorial (Fejaran); el 14 de septiembre, el Stmo. Cristo de la Caridad, con toros al estilo verato; el 7 de diciembre, **Los Escobazos,** fiestas en las que los mozos, montados en caballerías, recorren las calles con teas encendidas y escobas.

Alrededores: En **Cuacos de Yuste,** a 10 km, destacan el recinto de la villa, de gran belleza, declarado Monumento Histórico-Artístico; el Monasterio de Yuste (s. XV), lugar de retiro del emperador Carlos V, con las dependencias del Emperador; la iglesia, del s. XVI; el claustro plateresco, con fuente; ruinas del refectorio, del s. XVII, con azulejos mudéjares; la Casa de don Juan de Austria y un curioso cementerio militar alemán. Otros pueblos con encanto son **Villanueva de la Vera,** Garganta de la Olla y Valverde de la Vera.

El Castillo de los Condes de Oropesa, hoy Parador, alojó al emperador Carlos V

Restaurantes

El Labrador. Av. Soledad Vega Ortiz, 133. T. 927 560 791.
Cierra martes, segunda quincena de junio y de noviembre. Arroz con bogavante es la especialidad de esta casa frente al Parador y con vistas a la sierra de Gredos. Revuelto de criadillas de tierra, *mousse* de avellanas. Menú 13 €. Precio medio 30 €.

Hoteles

***** **Ruta Imperial.** Machoteral, s/n. T. 927 561 330.
www.hotelruralrutaimperial.com P
Hab. 16: 64/105 €. Suites: 1. Ubicado en el entorno natural de la Vera. Restaurante Ruta Imperial. Buena cocina.

**** **Parador de Turismo.** Av. García Prieto, 1. T. 927 560 117. *www.parador.es*
P
Hab. 52: 110/168 €. Castillo-palacio de finales del s. XIV y principios del s. XV, su huésped más ilustre fue el Emperador Carlos V. Cocina tradicional.

Játiva Valencia Ver Xàtiva

85 · A-1

Jávea Alicante Ver Xàbia

85 · D-3

Javier Navarra Ver Sangüesa

23 · D-1

Jerez de la Frontera Cádiz

109 · E-1
A Cádiz, 40 km · Madrid, 619 km
Alt. 56 m · Pob. 207.532
T. 956 323 170
GPS 36° 41' 8'' N · 6° 8' 18'' O

Visitar: Ciudad declarada Conjunto Monumental Histórico-Artístico, donde destaca el complejo del **Alcázar,** con su mezquita y cámara oscura. También tienen interés la **Catedral de S. Salvador,** la Cartuja de Sta. María de la Defensión, numerosas iglesias y casas-palacio del casco histórico. Merece la pena conocer también la Real Escuela Andaluza de Arte Ecuestre y la Yeguada del Hierro del Bocado, así como las bodegas catedral de crianza de los famosos vinos de Jerez, el **Museo del Vino Misterio de Jerez,** el Arqueológico y el Taurino, o el Palacio del Tiempo. Jerez es también conocida por infraestructuras como el circuito de velocidad, el Centro Andaluz de Flamenco, el Parque Zoobotánico, los **baños árabes Hamman Andalusí** y los centros ecuestres.

Fiestas: Su Semana Santa está declarada de Interés Turístico Nacional. En febrero y marzo se celebra el **Festival de Jerez de Flamenco;** en mayo, el **Campeonato del Mundo de Motociclismo** y la **Feria del Caballo,** de Interés Turístico Internacional. En primavera tiene lugar la feria Vinoble (cada dos años), y en noviembre, el Día Europeo del Enoturismo. En septiembre son de interés las **fiestas de Otoño,** con un programa de actividades alrededor de la vendimia, el caballo, el flamenco, la cultura y los deportes. El 24 septiembre tiene lugar la festividad de Ntra. Sra. de la Merced; del 7 al 9 de octubre, S. Dionisio; en noviembre y diciembre, la Navidad, con las zambombas flamencas.

En Jerez a las bodegas se las llama 'catedrales', por su semejanza con templos

Alrededores: Tiene gran encanto el **Parque Nacional de Doñana.** También se pueden realizar la rutas Atlántica, de los Pueblos Blancos, del Vino y del Toro. Son muy recomendables **El Puerto de Santa María** (a 15 km) o **Arcos de la Frontera** (a 32 km), una localidad blanca y monumental.

Restaurantes

® **Bar Juanito.** Pescadería Vieja, 8-10 (calle peatonal). T. 956 334 838. *www.bar-juanito.com*
Cierra domingo en julio y agosto. Lo mejor, los guisos: **berza jerezana, carne de toro con patatas.** De postre, **tarta de almendras.** Precio medio 25 €.

® **El Bosque.** Av. Alcalde Álvaro Domecq, 26. T. 956 307 030. *www.alfonso-catering.com*
Cierra lunes cena, festivos y domingo. Enclavado en pleno parque González Hontoria, sede habitual de la Feria del Caballo. César Rodríguez adapta recetas tradicionales a actuales tendencias. Alfonso, su propietario, tiene un cualificado *catering*. Precio medio 30 €.

La Andana-Manuel Valencia. Av. Bonanza, 1. T. 956 140 141.
Cierra domingo. Manuel Valencia reabre su Andana en la salida de Jerez a Chipiona y Sanlúcar en un moderno edificio. Cocina de siempre con el toque personal de Manuel con base en las verduras, pescados y carnes de la zona. Precio medio 32 €.

La Linde-Roberto Merello. (Edif. Albatros). Av. Voltaire, s/n. T. 956 185 991. *www.restaurantelalinde.com* P
Cierra domingo cena; y domingo en verano. Auténtica cocina jerezana con la deliciosa sopa de tomate, la amplia variedad de caza guisada o en paella. *Mousse* de nueces. Menú 13 €. Precio medio 25 €.

La Posada de Jerez. Arboledilla, 1. T. 956 339 120. *www.laposadadejerez.com*
Cierra lunes y de mediados de agosto a mediados de septiembre. La Posada renace con el entusiasmo de la nueva propiedad, que ofrece pescados y carnes de calidad a la plancha. Gazpacho para empezar, tocino de cielo para terminar. Menú 28 €. Precio medio 32 €.

Mesón La Cueva. (H. La Cueva Park. Salida de la autovía al circuito de Jerez). Autovía A-382, Jerez-Arcos, km 3,500. T. 956 189 020. *www.hotellacueva.com* P
Cocina andaluza de sierra y mar. Gazpacho, ternera de la zona, caza, tocino de cielo. Precio medio 28 €.

Venta Antonio. Ctra. A-480, Jerez-Sanlúcar, salida 23. T. 956 140 535. *www.restauranteventantonio.com* P
Cierra lunes. Prestigiada venta a 5 km de la ciudad. Langostinos de Sanlúcar, urta a la roteña, tarta de almendra. Menú 15 €. Precio medio 28 €.

Hoteles

***** **Barceló Montecastillo Golf Resort.** Ctra. de Arcos, km 9. T. 956 151 200. *www.barcelo.com* P

Asfalto y velocidad

Cada año el Circuito de Jerez convoca a miles de aficionados para ver competir a pilotos, como Stoner y Pedrosa, en el Campeonato Mundial de Motociclismo.

Hab. 121: 120/365 €. Suites: 3. Junto al circuito de velocidad. Campo de golf (18 hoyos) y de fútbol. Consultar admisión de perros. Restaurante El Lagar.

***** **Jerez & Spa.** Av. Alcalde Álvaro Domecq, 35. T. 956 300 600. *www.jerezhotel.com*
Hab. 126: 75/329 €. Emblemático hotel. Dispone de varios jardines y un excelente servicio. Restaurante El Cartujano, cocina andaluza.

***** **Prestige Palmera Plaza Hotel.** Pizarro, 1. T. 956 031 500. *www.palmeraplaza.com*
Hab. 52: 91/365 €. Suites: 4. Rodeado de 10.000 m² de jardines. Restaurante El Marqués.

***** **Villa Jerez.** Av. de la Cruz Roja, 7. T. 956 153 100. *www.villajerez.com*
Hab. 18: 94/375 €. Suites: 2. Casa señorial rodeada de 4.000 m² de jardín. Próximo a los principales puntos de interés. Restaurante Las Yucas.

**** **Palacio Garvey.** Tornería, 24. T. 956 326 700. *www.sferahoteles.com*
Hab. 16: 70/250 €. Suites: 9. Céntrico. Palacete del s. XIX. Restaurante La Condesa. Cocina cuidada.

Jerez de los Caballeros Badajoz

88 · B-2
A Badajoz, 72 km
Alt. 506 m · Pob. 10.237
T. 924 730 372.
GPS 38° 19' 4" N · 5° 46' 14" O

Visitar: Ciudad declarada Conjunto Histórico-Artístico y Monumental que conserva **monumentos megalíticos** en los parajes próximos de Toriñuelo, Valcavado y la Palomilla. También hay restos ibéricos y fenicios en explotaciones mineras, restos romanos (mosaicos, villas, puentes, calzadas o estelas funerarias) o huellas visigodas en la parroquia de Sta. María. Son de interés el castillo y las **murallas templarias** (s. XIII), las iglesias de Sta. María, de origen visigodo (año 556); S. Miguel Arcángel (ss. XIV al XVI), Sta. Catalina (s. XVI) y S. Bartolomé (s. XVI), y las ermitas de S. Lázaro (s. XIII), Stos. Mártires (s. X), S. Benito (s. XV), Santiago (s. XV), Cristo de la Vera Cruz (s. XVII), S. Lorenzo (s. XVIII), S. Roque (s. XVI) y Espíritu Santo (s. XVII). Otros edificios religiosos de importancia son la **capilla de la Madre Isabel de la Cruz** (s. XVII), el convento de la Madre de Dios y el Museo de Arte Sacro.

Fiestas: Destacan el carnaval y la Semana Santa, declarada de Interés Turístico Regional. En los primeros días de mayo es el **Salón del Jamón Ibérico** y el primer domingo de ese mismo mes, el Concurso Internacional de Pesca y el Trofeo Conquistadores. A mediados de julio tiene lugar el **Festival Templario,** y el 24 de agosto, la feria y fiestas de S. Bartolomé.

Alrededores: **Fregenal de la Sierra** cuenta con un interesante conjunto urbano, un castillo del s. XIII y las iglesias de Sta. Ana (con retablo del s. XVI), Sta. María y Sta. Catalina. Es interesante también la **Casa-Museo de Eugenio Hermoso.**

Fachada de la iglesia de S. Bartolomé (s. XVI), en Jerez de los Caballeros

Restaurantes

Santa María. Reloj, 34. T. 924 750 429. *www.restarantsantamaria.zxq.net*
Cierra miércoles. Agradable comedor en una casa antigua. Ancas de rana, caldereta de cordero, tarta de la casa. Menús 10 y 35 €. Precio medio 26 €.

Hoteles

**** **Monasterio Rocamador.** (En Almendral, a 33 km). Ctra. N-435. Badajoz-Huelva, km 41,1. T. 924 489 000. *www.rocamador.com*
Hab. 26: 140/215 €. Suites: 4. Monasterio del s. XVI, entre encinas. Restaurante Rocamador.

Jiménez de Jamuz León Ver Bañeza, La

19 · E-3

61 · E-3

Lagartera Toledo Ver Oropesa

Laguardia Araba/Álava

22 · C-2
A Vitoria, 64 km
A Madrid, 315 km
Alt. 635 m · Pob. 1.512
T. 945 600 845
GPS 42° 33' 14'' N · 2° 35' 8'' O

Ocres y rojizos: colores otoñales de un viñedo de Laguardia, Araba

Visitar: Situada en lo alto de un cerro, la villa conserva el trazado medieval y buena parte de las **murallas** levantadas en el s. XIII. Destaca la iglesia de **Sta. María de los Reyes** (ss. XII al XVII) y su pórtico policromado, único en España; la iglesia de **S. Juan Bautista** con un pórtico gótico (s. XII); la Casa de la Primicia (s. XV); el antiguo **Ayuntamiento** (s. XVI) y su reloj, y la casa natal del fabulista Félix María Samaniego (s. XVII). En las afueras se puede visitar el **poblado prehistórico de La Hoya,** de la Edad de Bronce, y su museo; el **Biotopo Protegido de las Lagunas de Laguardia** y el Centro Temático del Vino Villa Lucía.

Fiestas: El 3 de febrero se celebra S. Blas; el tercer domingo de mayo, el **Día del Gaitero,** con representantes de Euskadi, Castilla y Cataluña; en junio, las fiestas **patronales de S. Juan y S. Pedro;** y a finales de agosto, S. Juan Degollao.

Alrededores: En **La Puebla de Labarca,** a 5 km, destaca la iglesia de La Asunción. En **Assa,** a 9 km, se puede ver el puente Mantible, romano del s. II. En **Elvillar,** a 6 km, la Casa del Indiano, la iglesia de Ntra. Sra. de la Asunción y, en las afueras, los dólmenes de La Chabola de la Hechicera y El Encinal.

Restaurantes

Amelibia. Barbacana, 14. T. 945 621 207. *www.restauranteamelibia.com*
Cierra cenas de domingo a jueves, y martes. Bonitas vistas a los viñedos. *Crêpes* de morcilla, cochinillo asado sobre manzana ácida, chocolate amargo con sal Maldon y aceite de oliva. Menú 17 €. Precio medio 36 €.

El Mirador. (H. Castillo el Collado). Pº El Collado, 1. T. 945 621 200. *www.hotelcollado.com*
Con nueve habitaciones. Auténtica cocina riojana. *Crêpes* de espinacas y hongos *boletus*, callos y morros de ternera con patitas de cordero, hojaldritos al horno. Menú 25 €. Precio medio 35 €.

Marixa. (H. Marixa). Sancho Abarca, 8. T. 945 600 165. *www.hotelmarixa.com*
P
Con 10 habitaciones. Pimientos del piquillo al horno, cabritillo asado, tarta *tatin*. Menú 17 €. Precio medio 30 €.

Mayor de Migueloa. (H. Posada Mayor de Migueloa). Mayor, 20. T. 945 621 175. *www.mayordemigueloa.com* P
Cierra del 9 de enero al 9 de febrero. Con nueve habitaciones. Antiguo Palacio de Viana con bodega propia. Menestra riojana, chuletón de la montaña, dulce de naranja y de pimientos. Precio medio 40 €.

Langreo Asturias

3 · F-4
A Oviedo, 22 km
A Madrid, 334 km
Alt. 200 m · Pob. 45.565
GPS 43° 17' 46'' N · 5° 41' 2'' O

Visitar: Es interesante conocer el Museo de la Siderurgia, el **Santuario de la Virgen del Carbayu,** la Torre de La Quintana y los parajes próximos al **río Nalón.**

Fiestas: Se celebra **San Pedro,** en junio, en **La Felguera; Santiago,** en julio, en **Sama;** y la **Virgen del Carbayu,** la fiesta patronal, en septiembre.

Alrededores: Se puede visitar el **valle de Samuño** y los espacios protegidos de las **Cuencas Mineras,** donde existen varias rutas y sendas señalizadas. En **Entrego,** a 3 km, destaca el Museo de la Minería.

Restaurantes

® **Palacio de Las Nieves.** (En La Felguera). Ctra. Pajomal, s/n. T. 985 678 899. *www.palaciodelasnieves.com* P
Cierra cenas de domingo a jueves y lunes. En el distinguido marco de la antigua residencia de ingenieros de Duro Felguera. Cocina bien resuelta a base de productos escogidos y presentados con buen gusto. **Brocheta de 'pixín' y langostinos con 'boletus', copa de la pasión.** Menú 20 €. Precio medio 40 €.

Hoteles

★★★★ **Palacio de las Nieves.** (En La Felguera). Ctra. de Pajomal, s/n. T. 985 678 899. *www.palaciodelasnieves.com* P
Hab. 14: 45/105 €. Edificio rehabilitado, de 1906.

La playa de La Salvé tiene más de 4 km de longitud

Laredo Cantabria

5 · E-3
A Santander, 50 km
A Madrid, 396 km
Alt. 5 m · Pob. 12.563
T. 942 611 096
GPS 43° 24' 40'' N · 3° 24' 49'' O

Visitar: En la llamada **Puebla Vieja,** barrio declarado Conjunto-Histórico-Artístico de la Edad Media, pueden visitarse los restos de sus **antiguas murallas y las rúas empedradas,** la antigua Casa Consistorial (s. XVI) y varias casonas blasonadas, así como la iglesia de **Sta. María** (gótica de los ss. XIII al XVII). Otros atractivos son el túnel-mirador bajo la Atalaya (1863), el Fuerte del Rastrillar (s. XVI); el **Parque Natural del Regatón,** la playa de La Salvé, con más de 5 km de arena fina y blanca, y el Museo Temático Cultural Carlos V. Se pueden realizar itinerarios a caballo o excursiones en canoas.

Fiestas: Gozan de gran fama sus carnavales, la Semana Santa y el festival La Otra Movida (Belle Époque) que recuerda los años 60, 70 y 80. El 16 de julio se celebra **Ntra. Sra. del Carmen,** con festejos marinos. El 15 agosto, **Ntra. Sra. de la Asunción,** con pasacalles, festejos marinos y verbena. El 16 de agosto, S. Roque, con un concurso y degustación de marmita. El último viernes de ese mismo mes, la **Gran Batalla de Flores,** de Interés Turístico, con carrozas engalanadas. En septiembre se recuerda el desembarco de Carlos V y, el 11 de noviembre, S. Martín.

Alrededores: A 8 km, en **Limpias,** destaca el Cristo de su iglesia y el Parador. A 15 km, el **curso alto del río Asón,** y a 20 km, una amplia red de cuevas visitables. A 18 km se puede subir al Santuario de **Ntra. Sra. de la Bien Aparecida.**

Restaurantes

Plaza. Comandante Villar, 7. T. 942 611 942.
Cierra domingo cena. Texturas de quesos de las Garmillas, frescos, semi y helado con anchoas de Laredo, jibiones de la bahía encebollados, milhojas de Mascarpone y helado de café. Precio medio 36 €.

Sardinas asadas, plato tradicional de los pueblos de la costa cantábrica

Larrabetzu Bizkaia Ver Bilbao

6 · B-4

Lasarte-Oria Gipuzkoa Ver San Sebastián/Donostia

13 · C-4

Lastres Asturias

4 · B-3
A Oviedo, 60 km
A Madrid, 500 km
Alt. 4 m · Pob. 1.149
T. 985 856 000
GPS 43° 30' 48'' N · 5° 16' 15'' O

Visitar: Bello pueblo marinero, declarado Conjunto Histórico (1992) y Pueblo Ejemplar (Premios Príncipe de Asturias 2010), con sus casas dispuestas en cascada frente al Cantábrico. Destaca el **barrio de los Balleneros,** con casonas blasonadas (ss. XVII al XVIII); la iglesia parroquial **Sta. María de Sábada** (s. XVIII), la Torre del Reloj (s. XVIII), la ermita de S. José (s. XVI) y el puerto pesquero. Desde el **mirador de S. Roque** se obtiene una preciosa vista del mar Cantábrico.

Las casas de Lastres miran en cascada al Cantábrico

Fiestas: En mayo tiene lugar la **Regata de Vela Kopa Amérika.** El segundo fin de semana de julio es Ntra. Sra. del Carmen; en agosto, las Tres Noches de Lastres y **S. Roque,** con la fiesta de la arribada del bonito. En septiembre se celebra el **Rally Subida al Fitu.**

Alrededores: Merece la pena el Museo del Jurásico de Asturias, a 3 km. En **Colunga,** a 5 km, hay icnitas de dinosaurios en la playa de la Griega. En **Gobiendes,** a 9 km, destaca la iglesia prerrománica de Santiago. Merece también la pena el mirador del Fito, a 16 km.

Restaurantes

® **El Barrigón de Bertín.** Ctra. General, s/n. T. 985 850 445. *www.elbarrigondebertin.com*
Cierra cenas excepto sábado, julio y agosto, miércoles, segunda quincena de mayo y de septiembre. Antonio Asensio basa su cocina fundamentalmente en la calidad de los **pescados** de la rula local, por lo que la oferta varía a diario, con el punto más adecuado. También, **arroz con 'boletus' y langostinos, carrilleras de ternera al vino de Cangas.** Precio medio 40 €.

® **Eutimio.** San Antonio, s/n. T. 985 850 012. *www.casaeutimio.com*
Cierra cenas de martes a jueves desde noviembre a abril, lunes, febrero, una semana en junio y en noviembre. Con 11 habitaciones. El esfuerzo de la familia Busta por agradar a su numerosa y fiel clientela se traduce en una cocina de vocación marinera sobre el muelle local. De postre, **tocinillo con base de almendras.** Menú 28 €. Precio medio 38 €.

® **Trascorrales-Balcón del Sueve.** (En Luces, a 2 km. H. Palacio de Luces). Ctra. AS-257, s/n. T. 985 850 080. *www.palaciodeluces.com*
Cierra domingo cena, lunes y martes en temporada baja. En el moderno marco de este restaurante de paradisíacas vistas, algunas de las celebradas recetas de su asesor culinario, Fernando Martín, que ejecutaba en su Trascorrales ovetense. **Colmenillas a la crema, torrija sobre crema de arroz con leche.** Precio medio 35 €.

Hoteles

***** **Palacio de Luces.** (A-8, salida 353. En Colunga, a 5 km). Ctra. AS-257, s/n. T. 985 850 080. *www.palaciodeluces.com*
Hab. 40: 150/295 €. Suites: 4. Próximo a la Sierra Sueve y al Parque Nacional de los Picos de Europa. Restaurante Balcón del Sueve.

---

7 · B-4

Legasa Navarra Ver Elizondo

---

10 · B-2

Leitariego León Estación de esquí - Ver Villablino

Lekunberri/Lecumberri Navarra

14 · A-3
A Pamplona, 32 km
A Madrid, 437 km
Alt. 583 m · Pob. 1.432
T. 948 507 204
GPS 43° 0' 4'' N · 1° 53' 35'' O

Visitar: Hermoso enclave rural rodeado de montañas en el que destaca el casco antiguo con sus casas tradicionales y **palacetes blasonados,** la iglesia parroquial de **S. Juan Bautista** (s. XIII), el convento de las Hermanas Clarisas (1888) y la **ermita de la Virgen del Pilar.**

Fiestas: El 6 de mayo se celebra el **Día de las Vías Verdes;** el 23-24 de junio, San Juan; el 5 de agosto, el mercado de Antaño; el 29 de septiembre, S. Miguel, y en octubre, las **patronales del Pilar.**

Alrededores: Destaca la Vía Verde del Plazaola que penetra en Gipuzkoa, el **Santuario de S. Miguel de Aralar,** románico del s. XII, y el nacimiento del río Larraun.

Restaurantes

☼ **Asador Epeleta.** (Autovía A-15, de Leizarán, salida 27). Aralar, s/n. T. 948 504 357. *www.asadorepeleta.com*
Cierra cenas excepto sábado, lunes, segunda quincena de junio y Navidades. En un caserón de madera y piedra se encuentra el gran asador de Navarra, verdadero alarde de hasta dónde puede llegar una magnífica materia prima tratada con esmero y cuidado. La familia Ansorena crea escuela. Imprescindible terminar con la **leche frita.** Precio medio 45 €.

El Museo de Arte Contemporáneo de Castilla y León, premio Mies van der Rohe de Arquitectura 2010

León

20 · A-1
A Madrid, 333 km
Alt. 838 m · Pob. 134.305
T. 987 238 492
GPS 42° 35' 60'' N · 5° 34' 19'' O

Visitar: Urbe histórica cuya principal joya arquitectónica es la **Catedral de Sta. María de Regla,** declarada Bien de Interés Cultural, creada en el s. XIII, y uno de los templos góticos más espectaculares de Europa. Destacan sus 1.800 m² de vidrieras y el Museo Catedralicio anexo. Otros lugares de interés son la **plaza Mayor,** el Consistorio Viejo, conocido como el *mirador de la ciudad* (s. XVII); la **iglesia de S. Marcelo** (s. XVI), que alberga interesantes tallas de Gregorio Fernández; la **Casa Botines** (s. XIX), obra de Gaudí y Bien de Interés Cultural; el Palacio de los Guzmanes (s. XVI), de Rodrigo Gil de Hontañón y actual sede de la Diputación Provincial; el Ayuntamiento, la iglesia de S. Martín, la Casa de las Carnicerías (s. XVI), el convento de las Carbajalas (s. XVI), la iglesia de **Ntra. Sra. del Mercado** (s. XII), el convento de las Madres Concepcionistas (s. XVI) y la calle de la Rúa con el suelo jalonado de veneras (conchas), símbolo del Camino de Santiago. Otro edificio de interés es la **Real Basílica de S. Isidoro** (s. XII), Bien de Interés Cultural y uno de los edificios más importantes del Románico en España; en su interior, se encuentra el Museo con el **Panteón Real,** lugar de enterramiento de los reyes y reinas de León y que contiene una fabulosa colección de frescos románicos. También se pueden visitar el **Hostal Parador de S. Marcos** (s. XVI), de estilo plateresco; el Museo de León y el **Museo de Arte Contemporáneo de Castilla y León (Musac).**

Fiestas: Destaca la **Semana Santa** con sus desfiles procesionales, de Interés Turístico Internacional. El último domingo de abril se celebran las **Cabezadas,** en la Basílica de S. Isidoro y, el 5 de octubre, S. Froilán, con el concurso de carros engalanados y la ceremonia de las **Cantaderas,** ambas de Interés Turístico Regional. La festividad de **S. Marcelo,** patrono de la ciudad, es también en octubre. Del 19 al 29 de junio se celebran las festividades patronales de S. Juan y S. Pedro.

Alrededores: En **S. Miguel de Escalada,** a 27 km, se puede visitar su iglesia mozárabe (s. X). A 6 km, el Santuario de la Virgen del Camino; a 50 km, las cuevas de Valporquero; a 32 km, el Monasterio cisterciense (s. XII) de **Gradefes;** en **Valencia de Don Juan,** a 38 km, el castillo y la iglesia de S. Pedro; en **Villaverde de Sandoval,** a 18 km, se halla un interesante monasterio, mezcla románico-ojival (ss. XII al XIV). A 46 km destaca la localidad monumental de **Astorga.**

Restaurantes

® **Adonías.** Sta. Nonia, 16. T. 987 206 768.
Cierra domingo. Una cualificada referencia de la cocina leonesa oficiada por la familia del Pozo en su tercera generación. **Cecina de vaca reserva, carnes de la montaña leonesa, hojaldre de reineta del Bierzo al horno.** Menú 21 €. Precio medio 38 €.

Alborada. P° Condesa de Sagasta, 24. T. 987 221 912. *www.restaurantealborada.es*
Cierra domingo cena, lunes y primera quincena de julio. Alubias de La Bañeza, ancas de rana, paleta de chocolates. Menú 13 €. Precio medio 35 €.

® **Alfonso V.** (H. Alfonso V). Av. Padre Isla, 1. T. 987 220 900. *www.hotelalfonsov.com* P
Cierra domingo cena. Distintas jornadas gastronómicas a lo largo del año. Comedor con decoración *art déco* en el primer piso del hotel. **Garbanzos salteados con manos de cerdo, pato a la naranja, sándwich de chocolate con helado de turrón.** Precio medio 46 €.

® **Barandal.** Don Gutierre, 9. T. 987 221 418. *www.restaurantebarandal.com*
Cierra domingo cena y lunes. Nueva ubicación para la cocina de Javier Núñez, que se ofrece en dos menús degustación que cambian a diario. Precio medio 40 €.

® **Cocinandos.** Las Campanillas, 1. T. 987 071 378. *www.cocinandos.com*
Cierra domingo, lunes, 20 días en febrero y en agosto. La calidad culinaria de Alejandro Cuenca se hace patente en este local con menú degustación (38 €) como oferta única, junto al Parador de San Marcos y el Musac.

Formela. (H. Quindós). Gran Vía San Marcos, 36. T. 987 224 534. *www.hotelquindos.com*
Cierra domingo cena, lunes y primera quincena de agosto. Cecina de León, bacalao estilo leonés, *mousse* de limón. Menú 18 €. Precio medio 30 €.

Palacio Jabalquinto. Juan de Arfe, 2. T. 987 215 322. *www.palaciojabalquinto.com*
Cierra domingo cena y lunes. Local minimalista dentro de un palacete del s. XVII. Canelón de espárrago con huevo gratinado y crema de langostinos y setas, pichón de las Landas guisado al Prieto Picudo con arroz meloso de Idiazabal, tartaleta de manzana reineta con reducción de pacharán sobre crema inglesa. Recomendable menú con tres opciones (20 €). Precio medio 35 €.

® **Rey Don Sancho de León.** (Parador de Turismo). Pl. San Marcos, 7. T. 987 237 300. *www.parador.es* P
Cocina tradicional en este precioso marco con vistas al jardín. Vinos de la zona y un goloso **arroz con leche.** Precio medio 35 €.

☼☼ **Vivaldi.** (Museo de Arte Contemporáneo). Av. Reyes Leoneses, 24. T. 987 070 270. *www.restaurantevivaldi.com*
Cierra cenas de domingo y martes y lunes. Ambiente moderno y minimalista, acorde con el entorno del Musac. Javier Fernández continúa la buena cocina de su predecesor con buenas materias primas y buenos puntos de elaboración. Los emblemáticos **garbanzos de Pico del Pardal fritos con gambas y el cochinillo confitado a baja temperatura con salsa de cítricos** son buena muestra de ello. Precio medio 40 €.

Disfraz de demonio en los carnavales de Llamas de la Ribera, León

Hoteles

***** **Parador Hostal San Marcos.** Pl. de San Marcos, 7. T. 987 237 300. *www.parador.es* P
Hab. 202: 160/200 €. Suites: 16. En un monumental edificio del Renacimiento en León. Magnífica fachada, embellecida con arabescos y demás ornamentos. Restaurante Rey Don Sancho. Cocina para paladares exigentes, autóctona, nacional e internacional.

**** **Alfonso V.** Av. Padre Isla, 1. T. 987 220 900. *www.hotelalfonsov.com* P
Hab. 62: 70/169 €. Suites: 5. Céntrico. Junto al casco antiguo. Restaurante Alfonso V.

*** **La Posada Regia.** Regidores, 9-11. T. 987 213 173. *www.regialeon.com*
Hab. 36: 55/120 €. Edificio castellano de los ss. XIV y XV. Ampliación en edificio anejo del s. XIX. En el casco histórico. Restaurante Bodega Regia, cocina tradicional.

Lepe Huelva

103 · E-1
A Huelva, 39 km
A Madrid, 632 km
Alt. 6 m · Pob. 27.230
T. 959 625 020
GPS 37° 15' 13'' N · 7° 12' 18'' O

Visitar: Situada en un emplazamiento privilegiado, destaca la **Torre del Catalán,** una atalaya del s. XVII; la iglesia de Sto. Domingo de Guzmán, la capilla de S. Cristóbal, el **ajimez mudéjar de la Casa de la Cultura,** declarado Bien de Interés Cultural, y los parques del V Centenario, de la Coronación y de la Estación. Otros lugares de interés son el recinto Romero, con la **ermita de la Virgen de la Bella** y el convento (en ruinas); el puerto pesquero y el Paraje Natural del Río Piedras y Flecha de Nueva Umbría.

Fiestas: Además de la Semana Santa, son de interés la **romería en honor de la Virgen Bella,** el segundo fin de semana de mayo; el 24 de junio, S. Juan, en la barriada de S. Roque; el 16 de julio, las **fiestas del Carmen,** en la barriada de la Antilla y la Pendola; el 25 de julio, Santiago Apóstol; el 26 de julio, la Velá de Sta. Ana; el 4 y 5 de agosto, las fiestas de la Urbanización y las Colombinas; del 14 al 16 de agosto, las patronales en honor de **Ntra. Sra. de la Bella y S. Roque.** La tercera semana de septiembre se celebra Agrocosta, la Feria Comercial Agrícola.

Alrededores: Son especialmente recomendables las **playas de Isla Cristina, La Antilla,** el puerto pesquero del Terrón, Islantilla, La Redondela, El Rompido y Punta Umbría.

Restaurantes

Coral Playa. (En La Antilla, a 5 km. Esq. paseo marítimo). Estrella del Mar, 3. T. 959 481 406. *www.coralplaya.com*

Cierra lunes excepto verano y enero. Con vistas al mar. Pescados a la plancha y a la sal, guisos y arroces marineros, tocino de cielo. Precio medio sin marisco 30 €.

El Otro Sitio. Oria Castañeda, 10. T. 619 254 478. 7

Cierra cenas de lunes a miércoles excepto verano, domingo cena, almuerzos, del 1 al 15 de mayo y segunda semana de noviembre. Antigua casa típica con patio. Torrija de tomate con *carpaccio* de presa ibérica, carrilleras al Pedro Ximénez, *crêpes* de dulce de leche. Precio medio 22 €.

Cultivo de fresas

Lepe, en Huelva, concentra una buena parte de la producción y exportación de fresa y fresón en España.

Lerma Burgos

92 · F-1
A Burgos, 38 km
A Madrid, 202 km
Alt. 844 m · Pob. 2.808
T. 947 177 002
GPS 42° 1' 30'' N · 3° 45' 32'' O

Visitar: Conjunto Histórico-Monumental del s. XVII elevado en lo alto de un pequeño cerro. Destaca el **arco de la cárcel,** restos medievales, el **Palacio Ducal** y la Colegiata de S. Pedro, con un órgano del s. XVII. Cuenta con varios conventos, galerías subterráneas y otros monumentos de interés como el mirador de los Arcos, la **tumba del Cura Merino,** el Centro de Interpretación y Museo de la Villa Ducal.

Fiestas: El 17 de enero es S. Antón; el 3 de febrero, S. Blas; y el 28 de febrero, el **Tradicional Canto de las Marzas**. De su Semana Santa destaca la **Pasión Viviente,** el Jueves Santo. Del 1 al 3 de mayo se celebra la Feria Nacional de Maquinaria Agrícola y, en agosto, el mes del Barroco. Del 4 al 13 de septiembre tiene lugar la festividad de la patrona, **Ntra. Sra. de la Natividad**.

Alrededores: Destacan los enclaves de **Covarrubias,** a 22 km; **Sto. Domingo de Silos,** a 31 km; **Villamayor de los Montes,** a 11 km, **Sta. María del Campo,** a 22 km, y el paraje natural de **La Yecla,** a 30 km.

Restaurantes

® **Asador Ojeda.** (Aparcamiento en la plaza). Pl. Mayor, s/n. T. 947 171 256. *www.grupojeda.com*

Cierra cenas de domingo a miércoles, y segunda quincena de enero. Filial del Ojeda de Burgos. **Espárragos verdes a la brasa con queso parmesano, cordero lechal asado, queso de Burgos con membrillo.** Precio medio 35 €.

Casa Brigante (asador). (Aparcamiento en la plaza). Pl. Mayor, 5. T. 947 170 594. *www.casabrigante.com*

Cierra cenas, 15 días en marzo y en noviembre. Morcilla de Burgos, lechazo asado y carnes a la brasa. En una casona del s. XIX bajo los soportales. Precio medio 30 €.

Hoteles

**** **Parador de Lerma.** Pl. Mayor, 1. T. 947 177 110. *www.parador.es*

Hab. 70: 134/180 €. Suites: 1. Instalado en el Palacio Ducal del s. XVIII. Cuenta con modernas instalaciones en las habitaciones y otras dependencias. Restaurante El Mayorazgo de los Monteros.

Leyre, Monasterio de Navarra Ver Yesa

23 · D-1

Lezama Araba/Álava Ver Amurrio

13 · A-2

Limpias Cantabria

5 · E-3
A Santander, 55 km
A Madrid, 398 km
Alt. Nivel del mar · Pob. 1.955
GPS 43° 22' 6'' N · 3° 23' 60'' O

El mar Cantábrico baña Laredo, cabeza comarcal del Bajo Asón

Visitar: Localidad con un interesante casco histórico, famosa por la figura del **Sto. Cristo** que se custodia en su iglesia. Otros sitios de interés son la **Casa-Torre de Pico** y la **Casa-Torre de Palacio,** el Museo de Espadas y el puerto fluvial que se asoma a la ría de Limpias.

Fiestas: El 15 de mayo se celebra **S. Isidro;** el 29 de junio, S. Pedro; el 8 de agosto, Sta. Isabel, y el 14 de septiembre, el **Cristo.** También son recomendables S. Pedrucu y S. Roque.

Alrededores: Destacan los pueblos de **Laredo** (8 km), **Ramales de la Victoria** (14 km), **Hoz de Marrón** (6 km) y el **Santuario de la Bien Aparecida.**

Restaurantes

® **Solana.** (En Ampuero, a 5 km). La Bien Aparecida, 11. T. 942 676 718. *www.restaurantesolana.com* ♿ ❄ P
Cierra cenas de domingo a jueves y lunes excepto verano y 15 días en noviembre. Casona montañesa en las proximidades del Monasterio de la Bien Aparecida, con grandes vistas sobre el valle, en la que los hermanos Solana ofician con maestría: Ignacio en la cocina e Inmaculada en sala. **Vieira a la parrilla sobre puré de aceite de oliva y manita de cerdo, alcachofas frescas a la plancha con carabinero y jibia de Santoña, quesada pasiega con té y orujo.** Precio medio 50 €.

Hoteles

★★★★ **Parador de Turismo.** Fuente del Amor, s/n. T. 942 628 900. *www.parador.es*
♿ ❄ P
Hab. 58: 80/161 €. Suites: 7. Ubicado en el Palacio Eguilior (s. XX), en una finca de 55.000 m². Junto al Parque Natural Collados del Asón. Restaurante Palacio de Eguilior.

Linares Jaén

90 · F-4
A Jaén, 45 km
A Madrid, 301 km
Alt. 418 m · Pob. 61.338
T. 953 607 812
GPS 38° 5' 36'' N · 3° 38' 13'' O

Visitar: Pueblo de pasado minero donde sobresalen el **Santuario de la Virgen de Linarejos,** con una fachada del s. XVI; la iglesia de S. Francisco (s. XVI); el Palacio de los Orozco; el **antiguo Palacio Zambrana;** el Palacio de los Ávalos Biedma (s. XVII), hoy convertido en Museo Arqueológico; el Palacio Zambranas; el **Palacio de los Piedrolas** y la casa solariega de Pajares Bermejal (s. XVIII). También son interesantes el antiguo convento de S. Juan de Dios (s. XVIII), la Casa de la Munición (s. XVIII), las Casas Consistoriales (s. XIX) y la iglesia de **Sta. María La Mayor** (ss. XV y XVI). Muy cerca se halla el **Parque Natural de Despeñaperros.**

Fiestas: Es de interés la Semana Santa, la **Fiestas del Voto** en honor a la Virgen de Linarejos (mayo-junio), el **Concurso Nacional de Tarantas** (julio-agosto) y a finales de este mes, las fiestas populares de S. Agustín.

Alrededores: Se puede visitar la ciudad arqueológica iberorromana de **Cástulo,** a 5 km; el **Monumento Natural El Piélago,** con un puente romano del s. III a. C.; el puente de la Quebrada (s. XVI), el **Parque Natural Sierra Morena** o **Baños de la Encina.**

Restaurantes

Canela en Rama. República Argentina, 12. T. 953 602 532. ♿ ❄
Cierra martes cena, miércoles y segunda quincena de enero. Cocina de raíz andaluza con el toque personal de Juan C. Trujillo. Habitas con *boletus,* huevo y trufa de verano; *ravioli* de rabo de toro, presa ibérica de raza con aromas de monte; fresas al jerez con yogur de cítricos. Precio medio 30 €.

Los Sentidos. Doctor, 13. T. 953 651 072. *www.restaurantelossentidos.com*
♿ ❄
Cierra domingo cena, lunes y 15 días en agosto. Casa antigua con patio interior. Almejas finas, ostras y berberechos con agua de tomate y albahaca; asado de cordero segureño con berenjenas y hierbabuena, maceta de frutos secos con lácteos y cítricos. Precio medio 32 €.

Línea de la Concepción, La Cádiz

110 · C-4
A Cádiz, 141 km
A Madrid, 692 km
Alt. 4 m · Pob. 70.071
T. 956 171 998
GPS 36° 9' 39'' N · 5° 20' 58'' O

Visitar: Localidad vecina a Gibraltar en la que destaca la **parroquia de la Inmaculada,** de estilo colonial y con altar barroco (s. XIX); el Monumento de las Tres Gracias de Rubens; el Palacio de Congresos y Exposiciones; el **Mercado Municipal;** el **monumento a Camarón** y sus 11 km de playas. Cuenta con varios interesantes museos como el de Cruz Herrera, el **Museo del Istmo** o el Taurino. También merece la pena acercarse a los búnkeres de la Segunda Guerra Mundial y las ruinas del fuerte de Sta. Bárbara.

Fiestas: La Semana Santa, de Interés Turístico Nacional; el **Domingo Rociero,** en julio; San Juan, entre el 23 y el 24 de julio; la **Velada,** a mediados de julio; y en diciembre, las fiestas patronales en honor a la Inmaculada Concepción y la **Navidad flamenca.**

Alrededores: Se puede cruzar la frontera con Gibraltar, abierta al tránsito de personas y vehículos, y visitar las fortificaciones, cuevas y laderas de **la Roca.** También es atractivo el **Parque Natural de los Alcornocales** y el **Parque Natural del Estrecho.**

Restaurantes

La Marina. P° Marítimo de la Atunara, s/n. T. 956 171 531.
www.rest-lamarina.es
Mesón típico marinero situado a pie de playa, con los pescados del Estrecho como protagonistas. Precio medio 35 €.

El Parque Natural de Los Alcornocales es el mayor alcornocal de la Península

---

Lizaso Navarra Ver Pamplona/Iruña

14 · B-3

Llafranc Girona

38 · C-1
A Girona, 43 km · Madrid, 726 km
Alt. · Pob. 316
T. 972 300 228.
GPS 41° 53' 38'' N · 3° 11' 36'' E

Visitar: Agradable localidad costera en la que se puede conocer el conjunto formado por el **faro y la ermita de S. Sebastiá,** el monte del mismo nombre y el puerto deportivo y sus playas.

Fiestas: El primer sábado de agosto tiene lugar el **Cantado de Habaneras;** el segundo sábado de agosto, el **Cocktail Rambo;** y el primer sábado de septiembre, el Mercado Loco.

Alrededores: Toda la **Costa Brava** y pueblos como **Calella de Palafrugell** son de gran interés.

Restaurantes

® **Casamar.** (H. Casamar). Nero, 3. T. 972 300 104. *www.hotelcasamar.net*
Cierra lunes cena, martes y del 1 de enero al 1 de abril. Los platos que la familia Casellas propone al frente del Casamar aúnan buen producto y modernidad en un marco elegantemente contemporáneo, discreto y actual. Menú 22 €. Precio medio 50 €.

☼ **Simpson.** P° Cipsela, 10. T. 972 301 157.
Cierra miércoles y del 15 de diciembre a finales de febrero. Maribel posee como cocinera un talento particular. Platos sabrosos y ligeros que aúnan sutileza y espontaneidad. Ella y su esposo, Félix Mozo, han hecho de esta casa un indiscutible referente de calidad. Precio medio 35 €.

El faro de St. Sebastià en Llafranc, una pedanía en plena Costa Brava

Hoteles

*** **Terramar.** P° Cipsela, 1. T. 972 300 200. *www.hterramar.com*
Hab. 53: 54/170 €. Primera línea de playa. Restaurante Terramar Terrassa.

Llagostera Girona

38 · B-1
A Girona, 23 km
A Madrid, 699 km
Alt. 60 m · Pob. 7.764
GPS 41° 49' 44'' N · 2° 53' 34'' E

Visitar: Cuenta con un interesante casco antiguo en el que destaca la **iglesia,** el **castillo** y la **muralla** del s. XII. Se puede practicar senderismo y excursionismo por los alrededores.

Fiestas: Entre mayo y junio es la fiesta Mayor; en octubre y noviembre tiene lugar la **Campaña Gastronómica de la Cocina de la Seta.**

Alrededores: Son interesantes los pueblos de **Sant Feliu de Guíxols,** a 5 km, y **Santa Cristina d'Aro,** a 10 km.

Restaurantes

☼☼ **El Tinars.** Ctra. C-65, Sant Feliu-Girona, km 7,200. T. 972 830 626.
www.elstinars.com
Cierra domingo cena, lunes y del 9 de enero al 9 de febrero. Una casa que va cada día a más. Marc Gascons en los fogones y Elena Gascons en el comedor son los dignos representantes de una familia dedicada desde hace más de 30 años a ofrecer la mejor culinaria –de raíz ampurdanesa y toques

de modernidad– a una clientela fiel y regular. **'Ravioli' de patata y gamba de Palamós a la brasa, filete de ternera con tocino, guisantes tiernos y rebozuelos, 'soufflé' frío de albaricoque.** Precio medio 55 €.

Llançà/Llansá Girona

27 · C-2
A Girona, 60 km
A Madrid, 772 km
Alt. 6 m · Pob. 5.209
T. 972 380 855
GPS 42° 21' 54'' N · 3° 9' 37'' E

Fuegos artificiales lanzados en el Correfoc, fiesta popular catalana

Visitar: Villa pesquera con interesantes monumentos románicos como las **capillas de St. Silvestre de Valleta i del Terrer** (s. XI) o la **torre de defensa de la plaza Mayor** (s. XV). También destaca la iglesia de S. Vicente (s. XVIII), el **Museu de l'Aquarel·la** y su puerto deportivo y pesquero.

Fiestas: El 22 de enero se celebran las fiestas **Mayores de St. Vicenç;** el 16 de julio, las fiestas del Carmen, con una procesión por el mar. El tercer viernes de agosto, la fiesta de Verano con el Concurso de Colles Sardanistes, Habaneras y Cremat.

Alrededores: A 1 km se halla **Port de Llançà;** a 3 km, **Balleta;** a 4 km, **Colera.**

Restaurantes

El Vaixell. (En Port de Llançà). Castellar, 62. T. 972 380 295. *www.elvaixell.com*
Cierra cenas en invierno excepto viernes y sábados, lunes excepto agosto, segunda quincena de diciembre y primera de enero. Pequeño local con 12 mesas. Fideuá y arroz marineros, pescados fritos y a la plancha, crema catalana. Menús 13 y 23 €. Precio medio 32 €.

® **Els Pescadors.** (En Port de Llançà. H. La Goleta). Pintor Torruella, 22. T. 972 380 125. *www.restaurantelspescadors.com* P
Cierra domingo cena, lunes y del 15 de enero al 15 de febrero. Esta casa ofrece el encanto de comer una excelente cocina de tradición marinera en el mismo puerto de esta bella población. Precio medio 50 €.

Miramar. Pº Maritim, 7. T. 972 380 132. *www.miramar.cat*
Cierra domingo cena y lunes. Paco Pérez elabora una particular culinaria con base en los productos del mar, que emociona a una clientela entusiasta, leal y cada vez más devota que aprecia la modernidad y el perfeccionismo técnico de su propuesta. Precio medio 90 €.

Llanes Asturias

4 · E-4
A Oviedo, 110 km
A Madrid, 455 km
Alt. 11 m · Pob. 13.950
T. 985 400 164
GPS 43° 25' 13'' N · 4° 45' 26'' O

Visitar: Precioso pueblo pesquero con un importante casco antiguo, en el que destaca la **Basílica de Sta. María,** gótica de los ss. XIII al XV, con un bello retablo plateresco; los *Cubos de la Memoria* pintados por Agustín Ibarrola en el puerto; la **Torre de Almenas** del s. XIII (en la que se ubica la Oficina de Turismo); las **murallas** (s. XIII); la Casa Municipal de Cultura (en un palacio del s. XVII) y el Aula del Mar, un centro de interpretación sobre la historia de Llanes y su vinculación a la mar. Es interesante también su puerto pesquero, el **paseo marítimo de S. Antón** o el paseo de S. Pedro.

Fiestas: El 21 y el 22 de julio tiene lugar **Sta. María Magdalena,** con la tradicional hoguera y el festival folclórico; el 26 de julio, Sta. Ana, con procesión por el mar, la tradicional **Salea;** el 16 de agosto, S. Roque, con el Festival Folclórico y **Encuentro de Gaiteros de Asturias;** y el 7 y el 8 de septiembre, Ntra. Sra. de la Guía, con la procesión nocturna de Mantillas y el Festival Folclórico. En todas ellas hay romerías y verbenas.

Alrededores: En **Porrúa** se halla el Museo Etnográfico del Oriente de Asturias. A 10 km se puede visitar el monasterio románico de S. Antolín de **Bedón** (s. XII); en **Celorio,** el Monasterio de S. Salvador (s. XI); en **Puertas de Vidiago,** a 9 km, el monumento megalítico y aula didáctica de **Peña Tú;** y a 4 km, el Campo Municipal de Golf, de 18 hoyos, y el mirador de La Boriza, sobre las playas de Ballota y Andrín. En **Poo,** a 2 km, es interesante el Centro de Artesanía; y en **Nueva**, el Palacio de los Condes de la Vega del Sella, declarado Monumento Histórico-Artístico.

Restaurantes

Barlovento. Genaro Riestra, 1. T. 985 402 562.
Cierra miércoles, enero y febrero. Cocina sin complicaciones a base de buena materia prima. *Pixín* y entrecot a la plancha, tronco frío de turrón. Precio medio 33 €.

El Puerto-Casa Seín. (En Bustio-Colombres, a 24 km). Ctra. General, s/n. T. 985 412 525. *www.elpuertodebustio.com* P

Los 'Cubos de la Memoria', obra de Agustín Ibarrola, en el puerto de Llanes

Cierra domingo cena, lunes, últimos 10 días de junio y del 12 de octubre al 5 de noviembre. A orillas de la ría de Tinamayor, cuidada oferta culinaria. Angulas en temporada, mariscos. Menú Asturias-Cantabria 22 €. Precio medio 40 €.

® **San Pelayo.** (En Niembro, a 4 km). Niembro, s/n. T. 985 407 376. *www.restaurantesanpelayo.com*

Cierra cenas de domingo a jueves y lunes excepto verano, y de mediados de enero a mediados de febrero. Cocina sin estridencias, a cargo de Miguel Naves, que ejerce en el tranquilo núcleo rural de Niembro, casi mirándose en su recoleta ría. **'Tortos' de maíz con revuelto de 'moscancia' y cebolla confitada a la sidra, 'verdinas' con marisco, arroz con leche con compota de manzana.** Precio medio 30 €.

Lleida/Lérida

36 · A-3
A Madrid, 452 km
Alt. 155 m · Pob. 135.919
T. 902 250 050
GPS 41° 36' 50'' N · 0° 37' 29'' E

Visitar: La Seu Vella, Catedral Vieja, es el principal símbolo y monumento de la ciudad; comenzó a construirse en 1203 y está declarada Monumento Nacional. También reviste interés la iglesia de **St. Llorenç,** románica con acabados góticos, que se comenzó a finales del s. XII y conserva retablos góticos de piedra. **La Paería** es el edificio civil románico más importante de las tierras catalanas, del s. XIII y sede del Ayuntamiento; en su archivo se conserva un magnífico códice del s. XIV con gráficos góticos. Otros espacios visitables son el Museu de Lleida Diocesà y Comarcal, el Museu d'Art Jaume Morera y el antiguo **Hospital de Sta. Maria,** gótico-civil de los ss. XV y XVI, sede del Institut d'Estudis Ilerdencs. La Catedral Nova, barroca, influida por el clasicismo academicista francés (1761 al 1781); el depósito del Pla de l'Aigua (s. XVIII), el Centre d'Art La Panera, el Museu de Automoció Roda, el Castell del Rei-Suda, la Ruta Lleida Secreta para visitar los restos arqueológicos y el **castillo templario de Gardeny** son otros lugares de interés.

Lleida celebra cada año, en mayo, la fiesta del Caracol

Fiestas: El 5 de enero, la cabalgata de Reyes. El 17 de enero se celebra **St. Antoni,** con el tradicional desfile de carrozas que dan tres vueltas alrededor de la antigua Creu dels Erals. En febrero, la **Fiesta de la Candelaria,** la de St. Blas y el carnaval. En Semana Santa destaca el **Viernes Santo.** En marzo tiene lugar la Mostra Internacional de Cinema d'Animació, y en abril, la de

Torre de la Seu Vella (Catedral Vieja) de Lleida

Cinema Latinoamericà. El 23 de abril es St. Jordi y, a principios de mayo, la Fira de Titelles (títeres). En mayo se celebra la Festa de Moros y Cristiàs y el **Aplec del Caragol,** fiesta tradicional gastronómica de Interés Nacional. El 11 de mayo es la fiesta Mayor de St. Anastasi; el 23 de junio, St. Joan; el 24 de julio, **Els Fanalets de St. Jaume** (los farolillos de S. Jaime) que, llevados por niños, recorren las calles de Lleida; en julio y agosto, las Nits d'Estiu, con bus turístico y actividades culturales; el 11 de septiembre, la **Diada Nacional de Catalunya;** el 29 de septiembre, la fiesta Mayor de St. Miquel; y de octubre a noviembre, el Festival Internacional de Jazz. Entre septiembre y octubre tienen lugar las Setmanas Gastronòmicas de la Fruita.

Alrededores: Destaca el **Parc Nacional de Aigüestortes y la Vall de Boí,** Patrimonio de la Humanidad. En **Avellanes,** el Monasterio de Sta. Maria y el desfiladero de Collegats; en **Bellpuig,** la iglesia parroquial con el sepulcro del almirante Cardona, el convento de franciscanos y el claustro del s. XVI; en **Cervera,** a 56 km, las iglesias de Sta. Maria, gótica del s. XIV; la de St. Pere el Gros, románica del s. XI, y St. Joan de Jerusalén. Otros espacios de interés son el Museu del Blat i la Pegesia, el Duran i St. Pere, y las estaciones de esquí de **Baqueira Beret, Boí, Tavascan, Tuixent, Aranser y Solsona.**

Restaurantes

☼☼ **Carballeira.** (A las afueras de Lleida, a 3 km). Ctra. antigua N-II, Madrid-Girona, km 457,5. T. 973 272 728. *www.carballeira.net* ♿ ❄ P
Cierra domingo cena, lunes, del 4 al 14 de enero, segunda y tercera semanas de agosto. José Ángel Rodríguez y su esposa capitanean este excelente espacio, que prosigue con firmeza un trayecto exitoso con el mejor producto de mar de Tarragona y Galicia. **Gratinado de patata violeta y gambas de Tarragona, caldereta de gambas con garbanzos pedrosillanos.** Precio medio 65 €.

® **La Dolceta.** Camí Montcada, 42. T. 973 231 364. *www.restaurantdolceta.com* ♿ ❄ P
Cierra cenas de lunes a miércoles, domingo, Semana Santa y tres semanas en agosto. Los productos de la huerta leridana, presentados de manera sencilla y tradicional y cocinados con natural exquisitez por el experimentado y buen cocinero Josep Maria Torrent. Precio medio 32 €.

La Huerta. Av. Tortosa, 7. T. 973 242 413. © ♿ ❄
Cocina de mercado y temporada; los caracoles, las setas y la escudella son muestra de ello. Pescados a la plancha y al horno. Precio medio 27 €.

Hoteles

**** **Condes de Urgel.** Av. Barcelona, 87. T. 973 202 300. *www.hcondes.com* ♿ ❄ P
Hab. 99: 60/140 €. Suites: 2. A 10 m del centro histórico y comercial. Al lado del recinto ferial. Restaurante El Sauce, cocina catalana, internacional.

25 · A-2

Llesp Lleida Ver Barruera

Llíria Valencia

76 · D-1
A Valencia, 25 km
A Madrid, 375 km
Alt. 70 m · Pob. 23.000
GPS 39° 37' 27'' N · 0° 35' 35'' O

Visitar: Son de interés varias iglesias como la de la **Sangre** (s. XIII), la de la Asunción (s. XVII) o la del Bon Pastor (s. XIV). Otros edificios de relevancia son el Monasterio de St. Miquel, la ermita de S. Vicente, los Mausoleos Romanos, la Muralla Medieval, los **baños árabes** (s. XII) y el **Palacio Municipal** (s. XVI). Se puede visitar también el Museo Arqueológico, que exhibe hallazgos de las épocas íbera y romana.

Fiestas: Destacables son la **Semana Santa** liriana; la fiesta patronal de San Vicente Ferrer, a finales de abril; S. Miguel y las fiestas de la Purísima y El Remedio, ambas a finales de agosto.

Alrededores: Merece la pena conocer el Castillo de **Benisanó** (s. XV), a 4 km; las termas romanas y la alquería árabe, a 10 km, en **Bétera;** la Cartuja de Portaceli (ss. XIII al XVI) de **Serra,** a 15 km; y el **Parque Natural de la Sierra Calderona,** ideal para la práctica de senderismo.

Restaurantes

Els Girasols. (En Bétera, a 10 km). Morvedre, 16. T. 650 300 567. © ♿ ❄
Cierra lunes, martes, una semana después de Reyes y segunda semana de septiembre. Antigua casa de labranza valenciana con cocina a tono. Pastel de

berenjena con puerro y salsa parmesana, arroz de hongos y trufa, perfecto de nueces con chocolate caliente. Precio medio 25 €.

Levante. (En Benisanó, a 4 km). Virgen del Fundamento, 27. T. 962 780 721. *www.restaurantelevante.com*
Cierra cenas, martes no festivos y del 1 al 15 de julio. Amplia cocina a la vista. Ajoarriero de *garrafó*, arroz de puchero o abanda, pastel de calabaza. La ortodoxia en la paella, ahora con dirección en Valencia: Maestro Rodrigo esquina Manuel de Falla. T. 960 651 152. Precio medio 22 €.

Hoteles

***** **La Calderona Spa Sport & Club Resort.** (En Bétera). (Urb. Torre en Conill). Botxí, 2-4. T. 961 699 400. *www.lacalderona.com*
Hab. 42: 88/280 €. Suites: 2. Club spa de 30.000 m^2. Amplia oferta lúdico-deportiva, salud y belleza.

Llodio/Laudio Araba/Álava Ver Amurrio

6 · A-4

Lloret de Mar Girona

38 · B-2
A Girona, 38 km
A Madrid, 700 km
Alt. 5 m · Pob. 39.363
T. 972 365 788
GPS 41° 41' 55'' N · 2° 50' 47'' E

Visitar: Localidad turística que tiene interesantes atractivos como los yacimientos de **poblados ibéricos de Puig de Castellet y de Montbarbat** (ss. III al II a. C.), un sepulcro romano (s. II), el **Castell de St. Joan** (s. X) o las ermitas de St. Quirze (s. XI), Las Alegries (románica del s. XI), o la de Sta. Cristina (neoclásica del s. XVIII). También destaca el antiguo **convento benedictino de St. Pere del Bosc,** de finales del s. XIX, y los monumentos modernistas del **cementerio** con obras de Puig i Cadafalch y de la escuela de Gaudí. Se pueden visitar el Museu del Mar y los jardines de Sta. Clotilde, sobre un acantilado con bellas vistas.

Fiestas: Destacan sus carnavales, el **Rally Catalunya-Costa Brava,** en abril. Ese mismo mes se celebran las Jornadas Gastronómicas de l'Arròs de l'Art. El primer domingo de mayo tiene lugar el **Aplec de la Sardana** y la segunda quincena de junio, las **Festes de Sant Quirze Aplec.** Del 24 al 26 de julio, **Sta. Cristina,** con procesión marítima a la ermita, única en todo el litoral catalán, y la primera quincena de septiembre, las fiestas de las Alegries Aplec. En octubre son las **Jornadas Gastronómicas de la Cuina de l'Art.**

Alrededores: La carretera que une Lloret con Tossa, paralela a la Costa Brava, ofrece bellos parajes, con numerosas playas como **Sa Boadella** y **Sta. Cristina,** o calas como **Trons** y **Canyelles.**

Jardines de Santa Clotilde, frente a la cala Boadella de Lloret del Mar

Restaurantes

El Túnel. Narcís Fors, 34. T. 972 364 365. *www.restauranteltunel.cat*
Cierra domingo cena y lunes. *Carpaccio* de melocotón con bogavante, arroz de setas, sepia y butifarra. Menú 10 €. Precio medio 28 €.

® **Freu.** (H. Guitart Monterrey). Av. Tossa, s/n. T. 972 369 326. *www.freurestaurant.com*
Cierra almuerzos en agosto; domingo cena, lunes, y febrero. Con 200 habitaciones. Actual, confortable y ameno, en un ambiente de elegante modernidad, Nacho Arregui y Pep Arbós proponen una cocina bien elaborada. **Gambas de Blanes con arroz 'socarrat' y emulsión del coral, taco de buey con ajo asado cremoso y patata al romero.** Precio medio 60 €.

Hoteles

***** **Rigat Park & Spa Beach Hotel.** (En playa de Fenals). Av. América, 1. T. 972 365 200. *www.rigat.com*
Hab. 79: 200/310 €. Suites: 21. Admisión de perros, consultar. Spa incluido en el precio. Sobre el mar. Restaurante Barca d'Or, de reconocido prestigio.

***** **Santa Marta.** Playa Sta. Cristina, s/n. T. 972 364 904. *www.hotelsantamarta.net*
Hab. 76: 128/303 €. Suites: 2. Frente a la playa de Sta. Cristina. Rodeado de un bosque.

Lo Pagán Murcia Ver San Pedro del Pinatar

101 · C-1

Puente de Piedra sobre el Ebro, entrada del Camino de Santiago en Logroño

22 · D-2
A Madrid, 369 km
Alt. 384 m · Pob. 152.650
T. 941 273 353
GPS 42° 27' 56'' N · 2° 27' 4'' O

Alrededores de San Millán de la Cogolla, al pie de la sierra de la Demanda

Logroño La Rioja

Visitar: El mayor de todos sus monumentos es la **Concatedral de Sta. María de la Redonda,** de la segunda mitad del s. XV, con ampliaciones en los ss. XVI al XVIII. Destaca la puerta de los Ángeles, de estilo barroco, flanqueada por dos torres gemelas. En el interior puede apreciarse el trascoro, con un retablo rococó, y el coro, con sillería tallada de estilo renacentista. Asimismo hay que resaltar una obra atribuida a Miguel Ángel y, en la capilla mayor, una tabla de Gil de Siloé. Otros monumentos de interés son las murallas del Revellín (s. XVI), la **iglesia de Santiago El Real** (ss. XVI y XVII) o la **iglesia de Sta. María del Palacio,** fundada en el s. XI, reconstruida en el s. XII y con retoques góticos. Merecen una mención especial su cimborrio, llamado **La Aguja,** que simula una corona imperial y es una de las construcciones más representativas de la ciudad, así como el monumental retablo renacentista de Arnao de Bruselas (s. XVI). De la arquitectura civil destacan el **Palacio de Espartero,** barroco y sede del Museo de la Rioja; la Escuela de Arte y el Ayuntamiento, obra de Rafael Moneo; el antiguo convento de La Merced (ss. XIV al XVI), actual Parlamento, y el mercado tradicional de S. Blas. Muy recomendable es la **iglesia de S. Bartolomé,** con cabecera románica en bóveda de horno (s. XII), una maravillosa portada gótica (s. XIII), torre de estilo mudéjar, sepulcros góticos (s. XIV) y coro (s. XVI), que está declarada Monumento Nacional. También merece una mención el **Museo Würth de Arte Contemporáneo,** en la cercana localidad de Agoncillo.

Fiestas: La Semana Santa es de Interés Turístico Regional. El 11 de junio es **S. Bernabé,** el patrón, cuyas fiestas bernabeas, recuerdo de la defensa heroica de la ciudad frente a las tropas francesas, incluyen misa solemne, procesión y reparto de pan, vino y peces bendecidos. Del 20 al 26 de septiembre, tiene lugar **S. Mateo,** fiesta de la Vendimia Riojana, de Interés Turístico Nacional.

Alrededores: Se pueden visitar numerosas bodegas próximas a la capital, los Monasterios de Yuso y Suso en **S. Millán de la Cogolla,** a 45 km; así como las localidades de **Haro,** a 45 km; **Enciso,** a 66 km, con huellas e icnitas de dinosaurios; **Sto. Domingo de la Calzada,** a 45 km, en donde destaca su Catedral (s. XII) con torre barroca exenta; **Ezcaray,** a 60 km, muy próximo a la Sierra de la Demanda y la **estación de esquí de Valdezcaray; Nájera,** a 27 km, y **Agoncillo,** a 10 km, donde se sitúa el Museo Würth.

Restaurantes

Alameda (asador). (En Fuenmayor, a 12 km). Pl. Félix Azpilicueta, 1. T. 941 450 044. *www.restaurantealameda.com*

Cierra domingo cena, lunes, agosto y 10 días en Navidades. Espectacular parrilla de **pescados y carnes.** Excelente punto en guisos, asados, verduras y postres. Esther Jiménez en sala. Merece la pena. Menú 20 €. Precio medio 50 €.

Buenos Aires. República Argentina, 11. T. 941 256 362.
Cierra cenas excepto viernes y sábado; lunes, 10 primeros días de junio y 20 días en agosto. Ambiente clásico en el centro de la ciudad. Menestra de verduras de temporada, carnes, natillas. Precio medio 25 €.

® **Cachetero.** Laurel, 3. T. 941 228 463. *www.cachetero.com*
Cierra miércoles cena, domingo, última semana de agosto y primera de septiembre. La familia Arechinolaza lleva más de cien años al frente con dedicación y buen hacer. **Caparrones de Anguiano con berza y guindilla, bacalao ajoarriero, canutillos.** Precio medio 35 €.

El Rincón del Vino. Marqués de San Nicolás, 136. T. 941 205 392. *www.rinconesdelvino.com*
Cierra domingo cena, lunes y 20 días en agosto. Antigua bodega del s. XVII, en el casco antiguo. Verduras de temporada, pescados y carnes a la brasa, hojaldre al horno con crema de chocolate caliente. Precio medio 30 €.

Iruña. Laurel, 8. T. 941 502 044. *www.restauranteiruña.com*
Cierra domingo y primera quincena de enero. Pimientos verdes con anchoas, ajoarriero, leche frita. Precio medio 30 €.

Kabanova. Guardia Civil, 9. T. 941 212 995. *www.kabanova.com*
Cierra domingo cena y lunes. Crema de patatas a la riojana con picadillo, manitas de cerdo deshuesadas, hojaldre de crema de arroz con leche. Precio medio 30 €.

Portales 24. Portales, 24. T. 941 223 327.
Cierra domingo cena, lunes y primera quincena de agosto. Ambiente moderno en el casco antiguo. Croquetas caseras de jamón ibérico, manitas de cerdo rellenas de *foie-gras*. Precio medio 40 €.

® **Tondeluna.** Muro de la Mata, 9. T. 941 236 425. *www.tondeluna.com*
Cierra domingo cena y lunes. Francis Paniego (Echaurren-Ezcaray y Marqués de Riscal-Elciego) y su esposa Luisa presentan en este local de moderno diseño una cocina desenfadada y de mercado en seis únicas mesas largas con las **legumbres, croquetas de su madre Marisa, el huevo a 65º C con pimientos del cristal caramelizados** y la **torrija tostada con helado de queso fresco.** Calidad y buen precio. Precio medio 25 €.

Venta de Moncalvillo. (En Daroca de Rioja, a 10 km). Ctra. Medrano, 6. T. 941 444 832. *www.ventamoncalvillo.com*
Cierra cenas de lunes a jueves, domingo y Navidades. Gran oferta y atención de los hermanos Echapresto, Ignacio (cocina) y Carlos (comedor). Verduras de la propia huerta. Los **pescados y las carnes al horno o a la parrilla** se complementan con **costrada riojana y helado de leche merengada.** Precio medio 50 €.

Hoteles

***** **Carlton Rioja.** Gran Vía del Rey D. Juan Carlos I, 5. T. 941 242 100. *www.hotelcarltonrioja.es*
Hab. 117: 60/162 €. Suites: 9. Ubicación privilegiada en la calle principal de Logroño. Dando un breve paseo se llega al Espolón, a la Concatedral de la Redonda y a la calle del Laurel, conocida por sus pinchos.

Incensario a los pies de un cofrade; Semana Santa de Loja (Granada)

Loja Granada

106 · D-2
A Granada, 56 km
A Madrid, 458 km
Alt. 487 m · Pob. 22.574
T. 958 323 949
GPS 37º 10' 6'' N · 4º 9' 9'' O

Visitar: Es de especial interés el recinto de la **Alcazaba,** declarado Bien de Interés Cultural (ss. XII al XIV), y el Museo Histórico, así como las **iglesias Mayor de la Encarnación** (ss. XV al XVIII), Bien de Interés Cultural, y la de S. Gabriel (s. XVI). También tiene relevancia el **Antiguo Pósito** (s. XVI), declarado Bien de Interés Cultural; las Casas Consistoriales (s. XVI), la **fuente de los 25 Caños** y **Los Infiernos,** un monumento natural formado por cascadas y edificios travertínicos. De todas ellas, la llamada Cola de Caballo es la de mayor tamaño.

Fiestas: Son de destacar sus carnavales y la **Semana Santa,** de Interés Turístico Nacional de Andalucía, con la singularidad de sus Incensarios, la Corrilla del Viernes Santo y la procesión del Cristo de las Tres Caídas, en la madrugada del Miércoles Santo. El 25 de abril tiene lugar la fiesta de S. Marcos, y el 1 de mayo, las **Romerías Campestres de la Amistad.** En junio se celebra la Feria Chica;

en julio, el Festival Internacional de Teatro de Calle y Animación y, en agosto, la **Feria Grande,** con su prestigioso concurso flamenco La Volaera.

Alrededores: En **Riofrío** destaca el paraje bañado por los ríos Salado y Riofrío. También el Coto Intensivo de Pesca, ideal para la pesca de la trucha, y el Centro de Interpretación medioambiental. Por su parte, **Sierra Martilla** tiene un bonito complejo megalítico.

Restaurantes

Flati. Av. Andalucía, 40. T. 958 323 490. *www.restauranteflati.com*

Cierra lunes y primera quincena de julio. Guisos caseros, cordero de la sierra de Loja, *mousse* de limón. Precio medio 24 €.

Hoteles

***** **Barceló La Bobadilla.** (Finca La Bobadilla). Ctra. A-333 Salinas-Villanueva de Tapia, km 65,5. T. 958 321 861. *www.barcelolabobadilla.com*

Hab. 60: 175/438 €. Suites: 10. Admisión de perros, consultar. Complejo moderno de arquitectura andaluza, en una finca de 350 hectáreas de olivar y bosque mediterráneo. Restaurantes El Cortijo, de cocina andaluza, La Finca y El Mirador, cocina de mercado.

Lorca Murcia

100 · D-2
A Murcia, 62 km
A Madrid, 449 km
Alt. 360 m · Pob. 91.906
GPS 37° 40' 25'' N · 1° 41' 52'' O

Visitar: Destaca su castillo, conocido como la **Fortaleza del Sol,** donde pueden admirarse su Torre Alfonsina, la Torre del Espolón (s. XIII) y los algibes (s. XII). En el recinto se sitúa el **Parador de Turismo,** con una excelente panorámica de la vega y el campo circundante. En la localidad también merecen visita la **excolegiata de S. Patricio** (ss. XVI al XVIII), con portada prebarroca, declarada Monumento Histórico-Artístico; así como el **conjunto monumental de Sto. Domingo (Paso Blanco),** la plaza Mayor y su entorno, la iglesia de S. Francisco y el **Palacio Guevara,** que muestra un precioso patio porticado (ss. XVII y XVIII). Asimismo, se puede visitar el centro de Artesanía y los **Museos de Arqueología y el de Bordados,** antes de relajarse en las playas de la localidad.

La iglesia de Sta. María de Luanco, de sobrio exterior, alberga retablos barrocos

Fiestas: El calendario de celebraciones se inaugura en enero, con las **fiestas de Moros y Cristianos.** Es de interés su fastuosa **Semana Santa,** con procesiones bíblico-pasionales, como la del Viernes Santo, en las que se mezcla lo sacro con lo profano. Coincidiendo con esta celebración se desarrolla un mercadillo de artesanía. El 8 de septiembre es la festividad de La Patrona de Lorca, y a mediados de este mes se celebra la **Feria Grande** y la Semana de Ganado Porcino (Sepor) y la Feria de Artesanía de la Región de Murcia (Fermamur). La cuarta semana de ese mes tienen lugar las ferias y fiestas locales. El 23 de noviembre, con motivo de la fiesta de S. Clemente, se conmemora la **Toma de la Ciudad.**

Alrededores: En **Totana,** a 21 km, se puede visitar la iglesia de Santiago (s. XVI), con un hermoso pórtico y retablo; en **Caravaca de la Cruz,** el Alcázar y el Santuario de la Stma. Vera Cruz (s. XVII); y en **Águilas,** a 35 km, el castillo y el Museo Arqueológico.

Luanco Asturias

3 · F-2
A Oviedo, 42 km
A Madrid, 491 km
Alt. Luanco 8,5 m · Gozón 133 m
Pob. 10.788
T. 985 882 644
GPS 43° 36' 52'' N · 5° 47' 41'' O

Visitar: Apacible localidad marítima con **puerto pesquero** tradicional y casco antiguo, declarado Bien de Interés Cultural. Destacan algunos monumentos como la **iglesia de Sta. María** (ss. XVIII y XIX) y las capillas de S. Juan Bautista (s. XVIII) y del Carmen, la **torre del Reloj** (s. XVIII) o el **Palacio Menéndez Pola** (ss. XVII y XVIII).

Fiestas: A primeros de febrero se celebran las **fiestas del Cristo del Socorro** y las Jornadas Gastronómicas de La Calderada. En Semana Santa destaca la **procesión de la Venia y el Festival de la Marañuela.** El primer fin de semana de julio tiene lugar el **Festival Gastronómico del Bonito;** el 16 de julio se conmemora a la Virgen del Carmen; el 26 del mismo mes, Sta. Ana, y durante los meses de julio y agosto tiene lugar el **Torneo de Tenis-Playa.**

Alrededores: Merece la pena conocer el paisaje protegido del **cabo de Peñas,** la iglesia románica de **Manzaneda** (ss. XII y XIII), el **faro de S. Juan de Nieva** o las playas de **La Ribera,** antiguo puerto ballenero, y las de **Verdicio** y **Xagó,** con bellas zonas dunares.

Restaurantes

® **Casa Néstor.** Conde del Real Agrado, 6. T. 985 880 315.
www.casanestor.com
Cierra cenas entre semana en invierno, lunes y última semana de septiembre. Guisos marineros y pescados protagonizan la oferta culinaria de este restaurante con muchos años de buen hacer. **Arroz con bonito, rey a la espalda.** Precio medio 40 €.

Robus. Ortega y Gasset, 16. T. 985 881 195. *www.laplazahotel.net*
Variedad de pescados y mariscos en recetario tradicional. Placentera terraza. Menú 18 €. Precio medio 40 €.

Luarca Asturias

3 · B-3
A Oviedo, 85 km
A Madrid, 500 km
Alt. 1 m · Pob. 14.000
T. 985 640 083
GPS 43° 32' 34'' N · 6° 32' 8'' O

Visitar: Bonito pueblo marinero, con una interesante lista de patrimonio, como la **iglesia parroquial de Sta. Eulalia,** diversas casonas de indianos, el faro, la ermita de Atalaya, o las **mesas de Mareantes y Navegantes.** En el barrio del Camaral y de la Pescadería pueden visitarse los Museos del Aula del Mar, con una llamativa exposición de calamares gigantes; el Rural Etnográfico y el de **Severo Ochoa.** También es de interés el Parque de la Vida, el **puerto pesquero,** las playas y los **miradores de la Funial y del Chano.** Se pueden realizar rutas de senderismo y a caballo.

Fiestas: A finales de julio se celebra la **boda 'vaqueira',** de Interés Turístico Internacional, en las campas de Aristébano. El 15 de agosto tiene lugar **Ntra. Sra. del Rosario,** de Interés Turístico Nacional; del 16 al 22 de agosto es la romería de S. Timoteo; el 29 de agosto, la **romería La Regalina,** de Interés Turístico Regional, en Cadavedo. El 29 de septiembre, S. Miguel, en Trevias.

Alrededores: En **Cavadeo,** a 15 km, son de interés sus playas y el mirador de la Regalina. También la Torre de **Villademoros,** el **cabo de Busto,** las playas de **Cueva** y de **Otur,** así como la **Reserva Natural Parcial de Barayo.** En **Brieves,** a 19 km, merecen una visita sus arcos. También la iglesia milenaria que se encuentra en **Trevías,** a 16 km. Destacan además el **Centro de Interpretación Hoces del Esva,** el **valle de Paredes** y las brañas *vaqueiras* de **Aristébano.**

Caza de ballenas

Una serie de azulejos sevillanos recuerda en el fortín de Luarca su larga historia marinera y de caza de ballenas.

Restaurantes

® **Casa Consuelo.** (En Otur, a 6 km, N-634 Ctra. San Sebastián-Santiago, km 511). Otur, s/n. T. 985 641 696. *www.casaconsuelo.com*
Cierra lunes y noviembre. Toda una institución culinaria en el Occidente astur. Caracterizado por la calidad y la generosidad de sus materias primas, al servicio de una fiel y asidua clientela. **Verduras con marisco, merluza a la sidra.** Extensa bodega. Precio medio 35 €.

® **Sport.** Pº Rivero, 9. T. 985 641 078.
Cierra miércoles cena en invierno; y del 8 de enero al 8 de febrero. Junto al animado puerto pesquero local, su ubicación predispone para disfrutar de una cocina en la que **pescados y mariscos** alcanzan protagonismo casi absoluto. De postre, **tarta de chocolate con helado de mandarina.** Precio medio sin marisco 25 €.

Hoteles

*** **Villa de Luarca.** Álvaro de Albornoz, 6. T. 985 470 703.
www.hotelvilladeluarca.com
Hab. 14: 50/98 €. Suites: 1. En un bello edificio indiano. A 200 m de las playas.

Luces Asturias Ver Lastres

4 · B-3

Lugo

9 · C-2
A Madrid, 511 km
Alt. 465 m · Pob. 97.635
T. 982 251 658
GPS 43° 0' 42'' N · 7° 33' 26'' O

Visitar: Ciudad rodeada por una impresionante **muralla monumental, declarada Patrimonio de la Humanidad.** Construida en el s. III, es la muestra más importante de la arquitectura militar romana en España y está reforzada a lo largo de los 2.266 m de su perímetro por torres semicirculares. Tiene 10 puertas, su adarve constituye un originalísimo paseo público y pueden conocerse todos sus detalles en el **Centro de Interpretación de la Muralla.** Destaca también la **Catedral,** un edificio románico-gótico comenzado en 1129 por Raimundo de Monforte y que ha sufrido reformas en otros estilos, la última de ellas en

La muralla romana de Lugo, con más de 2 km, rodea su casco histórico

el s. XIX. La portada, con su Pantocrátor, es una de las obras maestras de la escultura románica gallega. Destaca también un retablo renacentista de Cornelis de Holanda, la capilla mayor, que fue reconstruida por el francés Carlos de Lemaur, y la espléndida capilla de Ntra. Sra. de Los Ojos Grandes, de estilo barroco gallego, obra de Casas Novoa. El claustro es también barroco. Otros lugares de interés son la **iglesia de S. Francisco** (s. XV), con una sola nave flanqueada por un claustro con capiteles de iconografía románica; el convento gótico de las Agustinas Recoletas y la Casa Consistorial, en Barroco gallego y situada en la plaza Mayor. Además, se pueden visitar varios museos, como el Provincial, una de cuyas secciones ocupa el claustro de S. Francisco y restos del antiguo convento, el **Romano Porta Miná,** la casa dos Mosaicos-Batitales o el Centro Arqueológico S. Roque.

Fiestas: Destaca su Semana Santa y el **Corpus Christi,** con la tradicional ofrenda hecha por las siete ciudades del antiguo Reino de Galicia, de Interés Turístico Gallego. Del 4 al 12 de octubre se celebra **S. Froilán,** las fiestas patronales, declaradas de Interés Turístico Nacional.

Alrededores: Es interesante el monumento de Sta. Eulalia de Bóveda, romano tardío, y el **Castro de Viladonga.** En **Vilar de Donas** se puede visitar la iglesia románica, resto de un antiguo convento; en **Vilabade,** la iglesia parroquial; y en **Portomarín,** la románica iglesia de S. Nicolás y la de S. Pedro, con portada también románica. La **Reserva de la Biosfera Terras do Miño** comprende el 40% de la provincia de Lugo.

Restaurantes

Campos. Nova, 2-4. T. 982 229 743. *www.restaurantecampos.com*
Cierra domingo cena, lunes excepto víspera de festivos y segunda quincena de octubre. Un clásico dentro de la ciudad amurallada. Ensalada templada de bogavante y vieiras, rape en salsa de azafrán y arroz salvaje, peras al vino de Amandi. Precio medio 55 €.

® **España.** Teatro, 10. T. 982 242 717. *www.restespana.com* P
Cierra domingo cena y lunes. Se mantiene como emblema de la modernidad en la siempre buena cocina lucense. Los hermanos López van unos cuantos pasos por delante a la hora de buscar nuevas combinaciones, generalmente acertadas, sin dejar de ser por ello fieles a las demandas estacionales, caso de la **lamprea invernal.** Buen nivel, buena bodega y buena sala. Precio medio 35 €.

La Palloza. (En Muxa, a 5 km. Ctra. N-640, Vegadeo-Pontevedra, km 85,500). Sta. María de Muxa, 1. T. 982 303 032. P
Cierra domingo cena, lunes y martes. Recetas gallegas con aires modernos. *Carpaccio* de pulpo, solomillo de ternera gallega, filloas rellenas de manzana. Menú 15 €. Precio medio 25 €.

® **Mesón de Alberto.** Cruz, 4. T. 982 228 310. *www.mesondealberto.com*

Cierra martes noche y domingo. Se ha ganado a pulso el título de clásico por excelencia en la ciudad amurallada. Su cocina se basó siempre en el magnífico producto, seleccionado con exigencia. No defrauda; se sabe a qué se viene. Por ejemplo, a disfrutar de unas **carnes rojas** magníficas, de unos **quesos gallegos** perfectos... Gran bodega. Precio medio 45 €.

Verruga. (Zona monumental). Cruz, 12. T. 982 229 572. *www.verruga.es*

Cierra domingo cena, lunes y segunda quincena de noviembre. Mariscos, pescados y carnes gallegas. De postre, pudín de castañas. Precio medio 45 €.

Hoteles

*** **Balneario y Termas de Lugo.** Camino del Balneario, s/n. T. 982 221 228. *www.balneariodelugo.com* P

Hab. 64: 51/80 €. A orillas del río Miño, rodeado de naturaleza. En su interior, conjunto termal romano del s. I a. C.

Lugones Asturias Ver Oviedo 3 · F-4

27 · B-4 **Madremanya** Girona Ver Girona

Madrid

El templo de Debod, en el parque del Oeste, es un regalo de Egipto a España

53 · D-4
Alt. 646 m · Pob. 3.269.961
T. 915 881 636
GPS 40° 24' 59'' N · 3° 42' 16'' O

Visitar: La capital cuenta con una abultada agenda cultural y una valiosa lista de patrimonio. El más importante de todos sus museos es el del Prado, construido en 1785 por el arquitecto Villanueva. Dos de sus portadas son un claro ejemplo de neoclásico madrileño: por un lado destaca la fachada norte, a la que se añadió en el s. XIX una escalinata. Por otro, la del este, con un espectacular peristilo dórico formado por seis altas columnas. Fue destinado inicialmente a Gabinete de Historia Natural y convertido en Museo de Pintura en 1816, bajo la protección de Fernando VII. El Real Museo pasó a Patrimonio Nacional con el nombre de **Museo del Prado** en 1868, donde se puede contemplar la mejor colección de pinturas de la escuela española de los ss. XVI al XVIII. También conserva importantes obras de las escuelas flamenca, veneciana, francesa e inglesa.

El **Museo Nacional Centro de Arte Reina Sofía** acoge piezas de los más importantes artistas del s. XX, principalmente españoles, entre las que destaca el *Guernica,* de Picasso. Por su parte, el **Museo Thyssen-Bornemisza** alberga la colección de arte privada más importante del mundo, con cerca de mil obras que abarcan 700 años de historia de la pintura universal coleccionadas por el Barón Thyssen. El **Palacio Real** (s. XVIII) es un grandioso edificio italiano barroco que ocupa el solar del antiguo Alcázar de los Austrias. Felipe V encargó al arquitecto Juvara el proyecto del nuevo edificio. Muerto Juvara, Juan Bautista Sachetti y Ventura Rodríguez empezaron las obras en 1738. Con Carlos III, Sabatini trabajó en la escalera y los jardines, y durante el reinado de Isabel II se añadieron las dependencias de la plaza de la Armería. El interior acoge una serie de hermosos salones, como el Gasparini, el de Porcelana o el alón del Trono, con bóveda pintada al fresco por Tiépolo. Son notables también la Capilla y la Real Farmacia. El conjunto del Palacio y sus dependencias constituyen un importante museo de pinturas, tapices, esculturas, muebles, porcelanas y relojes.

Junto a este se encuentra la **Catedral de la Almudena,** comenzada en 1883 y consagrada en 1995. El **Monasterio de las Descalzas Reales** (s. XVI) fue fundado por la princesa Juana de Austria, hija de Carlos V, en 1559, y se encargó a Juan Bautista de Toledo. La iglesia, de una sola nave, fue reconstruida por Villanueva en el s. XVIII y en su interior se guarda la estatua de la fundadora, obra de Pompeyo Leoni. Parte del tesoro está abierto al público como museo. Otros monumentos de interés son el **Teatro Real,** de 1850 y declarado Monumento Nacional en 1977; la plaza Mayor (s. XVII), porticada y construida entre 1617 y 1619, con una estatua de Felipe III en el centro; la plaza de la Villa; la Basílica de S. Francisco El Grande, un conjunto conventual del s. XVIII donde se exponen colecciones de pintura de los ss. XVII al XIX; las iglesias de S. Nicolás (s. XII), S. Jerónimo el Real, S. Marcos, S. Sebastián, Sta. Bárbara, S. Cayetano o Montserrat; la Torre de S. Pedro el Viejo, el convento de la Encarnación, la capilla de S. Isidro (s. XVII) y las ermitas de S. Isidro y de S. Antonio, que cuenta con frescos de Goya, entre otros.

Otros museos de interés son el Arqueológico, Lázaro Galdiano, de América, de Historia, de Ciencias Naturales, de **Bellas Artes de S. Fernando,** Sorolla, de la Biblioteca Nacional, de Antropología, de los Orígenes, la Real Fábrica de Tapices, del Traje, del Ferrocarril... El gran pulmón de Madrid es el **parque del Retiro** (s. XVII), tras cuyas rejas se hallan los Jardines de Cecilio Rodríguez, el monumento a Alfonso XII, el estanque y los **palacios de Velázquez y de Cristal.** Otros espacios abiertos significativos son el Jardín Botánico, las fuentes de Cibeles y Neptuno y las puertas de Alcalá (s. XVIII) y Toledo (s. XIX). Destacan también el centro cultural de La Villa, o el **Teatro Fernán-Gómez.** Son apreciables también los palacios de la Arganzuela y de Cibeles, actual sede del Ayuntamiento. Otros lugares con encanto son el invernadero de puerta de Atocha, el faro de Moncloa, el Rastro, el Planetario y la Casa de Campo, donde se encuentran el **Zoo Aquarium** (con más de 20 hectáreas y de 2.000 ejemplares y especies marinas) y el **Parque de Atracciones,** con una moderna y divertida oferta de ocio, atracciones, espectáculos, gastronomía y una completa zona infantil.

Fiestas: El 5 de enero se celebra la **cabalgata de Reyes.** Durante el carnaval destacan el **desfile de Carrozas** y el **Entierro de la Sardina,** que tiene lugar el Miércoles de Ceniza. El 2 de mayo es la fiesta de la Comunidad; el 15, S. Isidro Labrador, patrón de Madrid, con actividades culturales y festivas en la pradera de la ermita del Santo. El 13 de junio tiene lugar la fiesta de **S. Antonio de la Florida,** con una popular verbena. El 15 de agosto se celebran S. Cayetano, S. Lorenzo y la Virgen de La Paloma, y el 9 de noviembre, la **Virgen de la Almudena,** patrona de Madrid.

Vestidos de chulapos, los madrileños homenajean a la Virgen de la Paloma

Alrededores: A 12 km está el **Palacio de la Zarzuela,** rodeado de bellos parajes y residencia oficial de los Reyes de España en la actualidad. En **El Pardo,** a 15 km, está el Palacio de El Pardo, en parte museo y en parte residencia oficial de jefes de Estado de otras naciones. A 33 km se encuentra la ciudad monumental de **Alcalá de Henares;** a 47 km, **Aranjuez;** a 50 km, **San Lorenzo de El Escorial;** a 15 km, en **Boadilla del Monte** se puede visitar el palacio del s. XVIII, erigido por Ventura Rodríguez; en **Colmenar Viejo,** a 31 km, destaca su casco urbano. **San Agustín de Guadalix** se encuentra a 34 km; **Chinchón,** a 45 km, y la **sierra de Madrid,** a 50 km, un bello entorno natural con estaciones de esquí. En **Aldea del Fresno,** a 22 km, se halla el safari de animales en libertad, y en **Arroyomolinos,** a 24 km, el Parque de Nieve Xanadú. En **San Martín de la Vega,** a 22 km, está el parque temático Warner Bros; a 31 km, **Alalpardo,** y a 49 km, **Miraflores de la Sierra,** donde sobresalen la iglesia (s XVI), la gruta de la Virgen de Begoña y la fuente del Cura.

Restaurantes

® **Adler.** (H. Adler). Velázquez, 33. T. 914 263 220. *www.hoteladler.es*

Grata armonía de sala y cocina. **Arroz cremoso con trufa y 'foie-gras', hamburguesa de solomillo de buey con guacamole, tarta fina de manzana.** Precio medio 65 €.

Aldaba. Av. Alberto Alcocer, 5. T. 913 597 386.

Cierra sábado almuerzo, domingo, festivos y agosto. Un trío de profesionales, Yolanda Olaizola, José Luis Pereira y Luis García de la Navarra, convierte en un valor seguro este confortable y elegante local, donde se puede probar una cocina tradicional de acento vasco-navarro con impecable producto a los que acompañan una magnífica bodega. Precio medio 65 €.

Arce. Augusto Figueroa, 32. T. 915 220 440. *www.restaurantearce.com*

Cierra domingo cena, y domingo en verano. Las **verduras, caza y setas de temporada** se complementan todo el año con los **ahumados caseros, los pescados y los postres de chocolate.** Todo en el punto y con la buena mano de Iñaki Camba. Precio medio 60 €.

Arzábal. (Aparcamiento público a 20 m). Dr. Castelo, 2. T. 915 572 691. *www.arzabal.com*

Cierra domingo, festivos y del 1 al 20 de agosto. Avda. Menéndez Pelayo, 13. T. 914 095 661. Cierra domingo y festivos. Destaca por su buena relación calidad-precio. Triunfa en poco tiempo con dos locales juntos llenos de clientes atraídos por la calidad de producto y sus atractivas opciones. **Croquetas de ibérico con leche de oveja lacha, 'steak tartar', 'tatin' de manzana.** Precio medio 30 €.

® **Asador de la Esquina.** (Estadio Santiago Bernabéu, puerta 46). Av. Concha Espina, 1. T. 914 430 675. *www.grupolamaquina.es*
Cierra domingo cena y los días de partido. Cocina tradicional madrileña y **parrillas de carnes y pescados.** De postre, **torrijas de S. Isidro.** Todo ello con vistas al campo de fútbol. Precio medio 40 €.

® **Asador Imanol.** General Díaz Porlier, 97. T. 913 090 859. *www.asadorimanol.com*
Cierra domingo cena y agosto. Destaca la calidad de la **carne de buey.** También, **pescados del Cantábrico a la brasa.** De postre, **panchineta.** Precio medio 40 €. De la misma propiedad e igual oferta, **Asador Ansorena** (Capitán Haya, 55. T. 915 796 451) y **Asador Imanol** (Avda. de Bruselas, 21. C.C. Diversia. La Moraleja. T. 916 610 982). **Imanol** *(gastrobar).* (Víctor Andrés Belaunde, 3. T. 914 577 757). Amplia selección de pinchos fríos y calientes que también se pueden encargar por teléfono y llevar a casa.

Asiana. (Aparcamiento público en calle Barceló). Travesía de S. Mateo, 4. T. 913 104 020. *www.restauranteasiana.com*
Cierra almuerzos, domingo, lunes y agosto. Un clima mágico con antigüedades, luces íntimas... y la gran cocina de Jaime Renedo, pendiente de todo, que elabora exclusivamente un menú degustación de fusión asiático-peruano (85 €). En **Asiana Nextdoor** (Travesía de S. Mateo, 4. T. 913 104 020. Cierra domingo cena, lunes y del 1 al 10 de agosto), ambiente y oferta similar pero más sencilla e informal, y a menor precio (35 €).

El Retiro, principal pulmón de Madrid, se creó en 1630 para el recreo de la Corte

® **Aynaelda.** (Por la Ctra. de Extremadura, salida Zoo). Los Yébenes, 38. T. 917 101 051 *www.aynaelda.com* P
La mejor referencia de Aluche con especialidad en arroces secos, caldosos y melosos (33 distintos), precedidos de **pulpo con papas arrugadas y mojo rojo,** y coronado con **hojaldre de 'mascarpone' con helado de tiramisú.** Precio medio 35 €.

® **Balzac.** Moreto, 7. T. 914 200 613. *www.restaurantebalzac.net*
Cierra sábado almuerzo, domingo y 15 días en agosto. Situado en una de las zonas privilegiadas de Madrid, entre el Retiro y los museos. Gonzalo Omiste prepara una cocina actual que varía en función de la temporada. **Lubina en salsa de tempranillo con puré de coliflor, 'royal' de liebre con salsa de civet.** Precio medio 40 €.

® **Bar Tomate.** Fernando el Santo, 26. T. 917 023 870. *www.grupotragaluz.com*
Cierra sábado almuerzo y domingo en agosto. Continúa estando de moda por su buena oferta de tapas y ambiente. Abierto ininterrumpidamente con posibilidad de desayunar y comer hasta las 02.30 horas de jueves a sábado. **Alcachofas fritas, 'steak tartar', tarta fina de manzana.** Precio medio 25 €.

® **Bistró Madrigal.** Arte, 14. T. 913 846 807. *www.bistromadrigal.com* P
Cierra lunes cena, domingo, festivos y Semana Santa. Merece la pena la cocina de Andrés Madrigal por su personal elaboración de buen producto. **Verduras asadas con aceite de arbequina,** sal gorda y pimentón de La Vera; **cordero salteado sobre yogur de cardamomo, tallarines de espárragos verdes, pistachos y aceite de chile amarillo; tarta de queso a la inversa con helado de frambuesa y remolacha.** Menú 25 €. Precio medio 50 €.

® **Bokado.** (Museo del Traje-Ciudad Universitaria). Av. Juan de Herrera, 2. T. 915 490 041. *www.bokadogrupo.com*
Cierra domingo y lunes. Espacio vanguardista en el Museo del Traje con jardín-terraza. Espacio *chill-out* y piano. **Vieiras asadas con crema de coliflor y patata verde, tacos de vacuno mayor y piquillos asados, sopa de naranja y 'champagne' con vainilla y chocolate.** Precio medio 50 €.

® **Botín.** Cuchilleros, 17. T. 913 664 217. *www.botin.es*
El restaurante más antiguo del mundo según el *Guinness* se encuentra en un edificio del s. XVIII con una bodega del s. XVI. **Sopa de ajo, cochinillo y cordero asados, bartolillos de Madrid.** Precio medio 35 €.

® **Café de Oriente.** Pl. de Oriente, 2. T. 915 413 974. *www.grupolezama.es*
Destacan las recetas vascas en los comedores abovedados. **Changurro a la donostiarra, paletilla de cabrito al horno, maíz tostado y puré de boniato.** Precio medio 50 €. **La Botillería del Café de Oriente,** en el nº 4 de la plaza, más informal, ofrece también raciones. Precio medio 22 €.

® **Caoba.** Pº Pintor Rosales, 76. T. 915 503 106 *www.caobarestaurant.com*
Cierra sábados almuerzo, domingos, lunes y agosto. Alta cocina de autor que rinde homenaje al estilo y los sentidos. **Carbonara de cigalas, rodaballo laqueado al Pernod, mojito en texturas**. Espectacular decoración moderna. Precio medio 70 €

® **Casa Ciriaco.** Mayor, 84. T. 915 480 620.
Cierra miércoles y agosto. La familia Chicharro continúa al frente de esta histórica taberna del viejo Madrid. El **revuelto de patatas Julio Camba, la pepitoria de gallina** o **los callos a la madrileña** son platos de referencia. Precio medio 30 €.

Casa d'a Troya. Emiliano Barral, 14. T. 914 164 455. P
Cierra cenas de lunes a jueves, domingo, festivos, Semana Santa, última semana de julio, agosto y navidades. Mantiene la calidad de producto a la gallega. **Empanadas, pescados** y **lacón con grelos.** Se pueden tomar medias raciones. Precio medio 40 €.

Casa Lucio. Cava Baja, 35. T. 913 653 252. *www.casalucio.es*
Cierra sábado almuerzo y agosto. Lucio Blázquez es el embajador de la cocina española tradicional en el mundo, con los emblemáticos **huevos estrellados, pescados y carnes** de calidad y un estupendo **arroz con leche.** Precio medio 40 €. Enfrente, **Los Huevos de Lucio** (cierra martes al mediodía y del 4 al 14 de agosto), a cargo de Javier, hijo de Lucio, con una oferta más informal y barra de tapeo. Precio medio 24 €.

® **Casa Ormaza.** Infanta María Teresa, 15. T. 913 198 848. *www.casaormaza.com* ©
Todo sigue su buena marcha en este pequeño local, donde Paloma García Lomas ofrece calidad de mercado y de cocina, con raíces asturianas y gallegas. Las **croquetas de cabrales,** el **lenguado 'a feira'** y la **tarta queña** son una buena elección. Precio medio 30 €.

® **Casa Pedro.** Ntra. Sra. de Valverde, 119. T. 917 340 201. *www.casapedro.com* P
Cierra domingo cena. Mesón centenario con **guisos madrileños, perdiz estofada, natillas.** Magnífica carta de vinos. Precio medio 36 €.

® **Castelló 9.** Castelló, 9. T. 914 359 134. *www.castello9.es*
Cierra domingo, festivos, Semana Santa y agosto. La cuidada cocina vasco-navarra de Miguel Ángel Rodríguez, orquestada en sala por su socio José Martínez, no defrauda. **Menestra de verduras, manita de cerdo rellena de mollejas de ternera, 'crêpes suzette'.** Precio medio 50 €.

® **Club 31.** Alcalá, 58. T. 915 310 092. *www.club31.net*
Cierra agosto. Inaugurado en 1969 por la familia Cortés, ha sido testigo de numerosos episodios de la vida política y financiera de Madrid. **Cocina clásica con aires franceses y modernos.** Precio medio 60 €.

® **Combarro.** Reina Mercedes, 12. T. 915 547 784. *www.combarro.com*
Cierra domingo cena, Semana Santa y agosto. Galicia en Madrid, tanto por su decoración como por los magníficos productos y sus elaboraciones gallegas. **Mariscos, empanadas, pescados del Cantábrico a la gallega o al horno.** De postre, filloas de nata y crema. Precio medio 60 €.

® **Currito.** Recinto Ferial de la Casa de Campo. Pabellón Vizcaya. Av. de las Provincias, s/n. T. 914 645 704. *www.restaurantecurrito.es*
P
Cierra domingo cena. Una buena referencia de cocina vasca. **Bacalaos, pescados del Cantábrico** y **carnes rojas a la parrilla, peras al vino.** Precio medio 45 €.

Dantxari. Ventura Rodríguez, 8. T. 915 423 524. *www.dantxari.com*
Cierra cenas de domingo y festivos; y del 5 al 25 de agosto. **Cocina vasco-navarra de calidad** y magnífica dirección en la sala de Eduardo Nava.

Entre Callao y la Gran Vía, el edificio con el luminoso más famoso de la capital

Diverxo

El joven y premiado David Muñoz ofrece en su restaurante un universo de sensaciones a veces insólitas pero siempre con impecable materia prima, de la que forman parte productos de todos los continentes. Se comprueba en alguno de los tres diferentes menús degustación (75 a 120 €). Indispensable reservar. Cierra domingo, lunes, Semana Santa y tres semanas en agosto.

Precio medio 75 €.

Pensamiento, 28. T. 915 700 766.
www.diverxo.com

Dominus. Francisco de Ricci, 15. T. 915 401 009.
www.restaurantedominus.es
Cierra sábado almuerzo y domingo. Tanto Fernado (sala) como Antonio (cocina) y Mateo (vinos) son grandes profesionales al frente de su negocio, y se nota. **Gambón glaseado sobre fideuá con verduras, rabo guisado al vino tinto, tarta capuchina con crema tostada.** Precio medio 36 €.

Doña 59. Zurbano, 59. T. 913 192 551. *www.doña59.es*
Cierra domingo cena y segunda quincena de agosto. Buena referencia de cocina mediterránea en Chamberí. **Arroces secos, a banda y caldosos.** Precio medio 35 €.

Eccola Kitchen Bar. Diego de León, 3. T. 915 632 473. *www.eccolabar.com*
Un local enfocado a la fiesta, a las reuniones informales, al picoteo nocturno y los cócteles. Distintos ambientes en un solo espacio y **gran calidad en la cocina tradicional con toques actuales.** Precio medio 30 €.

El Almirez. Maldonado, 5. T. 914 115 469. *www.restauranteelalmirez.es*
Cocina navarra tradicional con calidad de producto. **Alcachofas confitadas y fritas, lomo de buey a la sal gorda, panchineta de hojaldre.** Precio medio 40 €. Anexo, **La Taberna del Almirez,** bar de tapas.

El Bodegón. Pinar, 15. T. 915 623 137. *www.grupovips.com*
Cierra sábado almuerzo, domingo, festivos y agosto. Ambiente elegante y tranquilo donde desde hace años la profesionalidad de José Machado y el magisterio de Hilario Arbelaitz ofrecen una cocina llena de sensibilidad y buena técnica que hace de este restaurante uno de los preferidos de los financieros de la capital. Notable bodega y servicio a tono. Precio medio 65 €.

El Chaflán. (H. Aristos). Av. Pio XII, 34. T. 913 506 193. *www.elchaflan.com*
Elegancia en la oferta de Juan Pablo Felipe. Es único en el tratamiento del **atún rojo,** sin desmerecer la **presa ibérica caramelizada al oloroso** y el sensacional **'brownie' con helado de vainilla.** Gran bodega. Precio medio 40 €. Anexo, **Aris Bar** *(gastrobar),* un rincón más informal, 20 €.

El Chiscón. (Aparcamiento concertado en Príncipe de Vergara, 3). Castelló, 3. T. 915 755 662. *www.elchiscon.com*
Cierra lunes cena, domingo, festivos y agosto. La fiel elaboración de una oferta sencilla pero gustosa y la relación calidad-precio son el buque insignia de la casa. **Salmorejo con bogavante y huevo escalfado, 'roast-beef' con trufa, crema de patata y trigueros, arroz con leche en texturas.** Menú 26 €. Precio medio 40 €.

El Club Allard. (Planta entresuelo). Ferraz, 2. T. 915 590 939.
www.elclaballard.com
Cierra lunes cena, sábado almuerzo, domingo, festivos y agosto. En el entresuelo, con acceso desde el portal. Se disfruta de la personal cocina de Diego Guerrero optando exclusivamente por uno de los menús (61, 68 y 74 €) en un entorno elegante atendido por Lara. Merece la visita.

La Estación de Atocha alberga un frondoso jardín botánico de tipo tropical

El Corte Inglés. Goya, 87. P
Gourmet Experience. En su sede de Goya, es un espacio gastronómico que combina la degustación con la venta de productos *gourmet.* Reúne firmas y cocineros de prestigio en diferentes espacios: Kotobuki (Kabuki, Ricardo Sanz), Brava Brava (Ángel Palacios, La Broche), Cinco Jotas, Godiva, Ahumados Domínguez, una ostrería-champanería y la frutería de lujo By Fresh. En la sexta planta **El Txoko,** de Martín Berasategui. Además, se puede disfrutar de buenos restaurantes en Raimundo Fernández Villaverde, 79 y

Serrano, 47; así como de la especial atención a los productos de gran calidad de El Club Gourmet y *delicatessen*, cuya tónica general es ofrecer lo mejor del mercado en sus servicios alimentarios.

® **El Fogón de Trifón.** Ayala, 144. T. 914 023 794. *www.elfogondetrifon.com*
Cierra lunes cena, domingo, Semana Santa y agosto. El omnipresente Trifón se ocupa de todo. Buena cocina tradicional de mercado. **Croquetas de morcilla, rabo de toro, torrija rellena de confitura de naranja amarga.** Precio medio 40 €.

® **El Gran Barril.** Goya, 107. T. 914 312 210. *www.grupo-oter.com*
Tradición y vanguardia en la decoración y ambiente para una cocina basada principalmente en el producto del mar. **Mariscos, arroces marineros, pescados** y, para los carnívoros, **carnes a la brasa.** Precio medio 55 €.

® **El Landó.** Pl. Gabriel Miró, 8. T. 913 667 681.
Cierra domingo, Semana Santa y agosto. Castizo mesón de Lucio, con Ángel González al frente de los fogones. La **ensalada de tomate** nada más llegar precede a los **pescados** (al horno, a la plancha, fritos o cocidos) o a las buenas **carnes a la brasa.** De postre, **arroz con leche.** Precio medio 65 €.

® **El Mesón de Fuencarral.** Cambio de sentido en la salida 15. Ctra. M-607, Madrid-Colmenar Viejo, km 14,500. T. 917 341 019. *www.mesondefuencarral.com* P
Cierra 15 días en agosto. Prestigiado mesón por su atractiva cocina tradicional. **Croquetas y migas con huevo, carnes y leche frita.** Precio medio 35 €.

☼☼ **El Oso.** (Ctra. A-2, salida 12A, vía de servicio La Moraleja). Av. de Burgos, 214. T. 917 666 060. *www.restauranteeloso.com* P
Cierra domingo cena. Amplios y confortables comedores y una espléndida terraza para probar la cocina tradicional con impecable materia prima que cuida María Lorenzo. Grandes recetas asturianas: **fabada, verdinas, 'pixín' al horno** y ¡qué anchoas! De postre, **arroz con leche.** Precio medio 45 €.

☼ **El Paraguas.** Jorge Juan, 16. T. 914 315 840. *www.elparaguas.com*
Cierra domingo cena. La fidelidad a los productos asturianos en el justo punto de Sandro Silva mantiene una reconocida calidad. **Verdinas con faisán o con 'bugre' (bogavante), lubina a la pimienta verde, crema de arroz con leche.** Precio medio 65 €.

☼ **El Pescador.** José Ortega y Gasset, 75. T. 914 021 290. *www.marisqueriaelpescador.net*
Cierra domingo, Semana Santa y agosto. La calidad de pescados y mariscos es sobresaliente, como corresponde a su propietario, Evaristo (Pescaderías Coruñesas y O'Pazo). Además, la total renovación de sus instalaciones lo convierten en un acogedor templo de los productos del mar. **Mariscos, anchoas de Santoña, lenguado Evaristo, tarta de Santiago.** Precio medio 50 €.

® **El Plató** *(gastrobar)*. Pº Castellana, 36. T. 914 354 618. *www.elplato.es*
Cierra domingo y dos semanas en agosto. Bonito exponente de un nuevo concepto de comer informal y cómodamente, a base de tapas y raciones como: **arroz negro con frutos del mar, hamburguesa de ibérico, espuma de yogur y mango.** Precio medio 30 €.

® **Estado Puro-Las Tapas de Paco Roncero** *(gastrobar)*. (H. NH Pº del Prado). Pl. Cánovas del Castillo, 4. T. 913 302 400. *www.tapasenestadopuro.com*
Cierra domingo cena. Pl. del Ángel, 9. (H. Palacio de Tepa). T. 914 299 817. Paco Roncero fue pionero en montar unas tapas y raciones de calidad en los NH. Buen producto y elaboración en sintonía con su estilo habitual. Precio medio 25 €.

® **Esteban.** Cava Baja, 36. T. 913 659 091. *www.rte-esteban.com*
Cierra cenas de domingo a martes, segunda quincena de julio y primera semana de agosto. Ambiente castizo en el Madrid de los Austrias. **Callos, gallina en pepitoria, torrijas.** Menú 24 €. Precio medio 30 €.

Retrato de la angustia

Expuesto en el Museo Nacional Centro de Arte Reina Sofía, el *Guernica*, obra cumbre de Picasso, aterrizó en España en 1981.

Europa Decó. (H. Urban). Carrera de S. Jerónimo, 34. T. 917 877 770. *www.derbyhotels.com*
Cierra sábado almuerzos, domingo y agosto. El éxito de este atractivo restaurante, el **Glass-Bar** o la espléndida terraza veraniega se debe al tándem Joaquín Felipe (cocina) y Paco Patón, que cuida de todo desde el día de su inauguración. En la carta destacan los menús temáticos sobre **atún, setas, cerdo, bacalao...** Buenos **quesos, panes** y completa bodega. Precio medio 60 €.

Focolare. (Aparcamiento concertado en Ayala, 64). General Pardiñas, 40. T. 914 010 046. *www.focolare.es*
Cierra domingo, Semana Santa y agosto. Auténticos sabores andaluces de Roberto Romero, desde las **tortillitas de camarones** hasta la **urta a la roteña** y los **fresones de Huelva con sabayón de naranja** o el **queso payoyo.** Precio medio 35 €.

El edificio Metrópolis, de estilo francés, es uno de los símbolos de la Gran Vía

Goizeko Kabi'ar. Comandante Zorita, 37. T. 915 330 185. *www.goizekogaztelupe.com*
Cierra domingo. Cocina vasca de tendencia tradicional. **Chipirones rellenos de carabineros, berberechos y algas; 'steak tartar' de ternera, esponjoso de natillas con helado de galleta María.** Se sirven medias raciones. Precio medio 40 €.

Goizeko Wellington. Villanueva, 34. T. 915 770 138. *www.goizekogaztelupe.com*
Cierra sábado almuerzo en julio y agosto, y domingo. Hace ya 10 años que Jesús Santos triunfa en Madrid como lo hizo en Bilbao. Se mantienen la calidad de producto y la calidad culinaria pese al cambio en el elegante comedor. **'Sashimi' de pez mantequilla con salsa de piparras y caviar de pez volador, mero con 'txapela' de tomate, buñuelos de chocolate y helado de coco.** Precio medio 80 €.

Goya. (H. Ritz). Pl. de la Lealtad, 5. T. 917 016 767. *www.ritzmadrid.com*
Elegante comedor y terraza. Jorge González acompaña la efeméride con su buen hacer en base al producto. **Pasta fresca rellena de langostinos y crema de marisco, lomo de pez san pedro con romescu, los frutos rojos (cremoso de frutos del bosque, chocolate blanco y helado de violeta).** Precio medio 80 €.

Horcher. Alfonso XII, 6. T. 915 220 731. *www.restaurantehorcher.com*
Cierra sábado almuerzo, domingo, Semana Santa y agosto. La cuarta generacion de la familia Horcher mantiene en este venerable local frente al Retiro la alta cocina clásica centroeuropea con alguna licencia peninsular con un alto nivel. **Caza y postres** sensacionales. Buenos vinos del mundo y destilados para la sobremesa. Todo en un marco romántico anclado en el tiempo. Precio medio 95 €.

Iroco. Velázquez, 18. T. 914 317 381. *www.grupovips.com*
Atractiva terraza-jardín-comedor en primavera y verano. **Nachos de 'tartar' de atún rojo y aguacate, 'carpaccio' de solomillo Harry's Bar y ensalada de hierbas, 'New York cheesecake' con sorbete de frambuesa.** Precio medio 40 €.

Jai-Alai. (Barrio del Viso). Balbina Valverde, 2. T. 915 612 742. *www.restaurantejaialai.com*
Buena cocina vasca tradicional y unas agradables instalaciones, como su terraza en primavera-verano. **Alubias de Markina, chipirones encebollados, milhojas de crema.** Precio medio 35 €.

Jockey. Amador de los Ríos, 6. T. 913 192 435. *www.restaurantejockey.net*
Cierra festivos y agosto. Se inauguró en 1945 y su reapertura en mayo de 2011, elegantemente redecorado, supone, según su director, Miguel Ángel García, "la reinvención sin perder la esencia y los valores de la alta cocina clásica". Un equipo de cocina solvente, con Esteban Sánchez al frente, se ocupa de actualizar la cocina, la coctelería y el *brunch,* una novedad que se ofrece de 13.00 a 16.00 horas. Precio medio 80 €.

José Luis. Rafael Salgado, 11. T. 914 575 036. *www.joseluis.es*

Gracias a Madrid Río, la ribera del Manzanares es hoy un gigantesco parque

Cierra agosto. Emblemático por su buena cocina vasco-madrileña bien servida. **Bacalao al pilpil, lomo de carne roja, sorbete de mojito.** Menú 15 €. Precio medio 45 €.

® **Julián de Tolosa.** Cava Baja, 18. T. 913 658 210. ♿ ❄
Cierra lunes cena. Asador vasco de **pescados y carnes** en el emblemático Madrid de los Austrias. También **alubias rojas y natillas.** Precio medio 40 €.

® **La Ancha.** Zorrilla, 7. T. 914 298 186. *www.laancha.com* ❄
Cierra sábado, domingo y agosto. Príncipe de Vergara, 204. Cierra domingo, festivos, primera semana de enero, Semana Santa y 20 días en agosto. En ambos locales la familia Redruello ofrece una cocina gustosa tradicional. Precio medio 40 €.

® **La Barraca.** Reina, 29. T. 915 327 154. *www.labarraca.es* ❄
Avalada por la autenticidad de los **arroces valencianos** (12 variedades) en un ambiente a tono con una valiosa colección de cerámicas de toda la zona de Levante. Menú infantil 15 €. Precio medio 35 €.

☼ **La Biblioteca de Santo Mauro.** (H. AC Santo Mauro). Zurbano, 36. T. 913 196 900. *www.ac-hotels.com* ❄ P
Cierra domingo, lunes y agosto. Una armonía para los sentidos. La gran cocina de Carlos Posadas y las elegantes instalaciones completadas en verano con un agradable jardín. **Ensalada de codorniz escabechada con 'savarin' de pochas, pichón de Mont Royal con confitura de cerezas, 'babá' al ron con helado de miel.** Precio medio 85 €.

® **La Buena Vida.** Conde de Xiquena, 8. T. 915 313 149. *www.restaurantelabuenavida.com* ❄
Cierra domingo, lunes, Semana Santa y tres semanas en agosto. Manda el producto y la temporada. Carlos Torres sabe aderezarlo y Elisa ofrecerlo. **Crema de patata con huevo de pollita escalfado y trufa negra, carrillera de cerdo ibérico, helado de Pedro Ximénez.** Precio medio 55 €.

® **La Cesta de Recoletos** *(gastrobar)*. Recoletos, 10. T. 911 400 696. *www.lacesta.eu* ❄
Cierra domingo cena y agosto. El equipo formado por Pascua Ortega como decorador, Adolfo Santos (cocina) y Antonio Lima (director de sala) motiva el éxito de este *gastrobar* en el que platos tan sencillos como **tortilla de patata y cebolla, callos de ternera** y **surtido de helados y sorbetes** triunfan. Precio medio 35 €.

La plaza de Dalí, junto al Palacio de Deportes de la Comunidad de Madrid

Tesoros de palacio

El Palacio Real cobija el conjunto de cinco instrumentos (violines, viola y violonchelo) Stradivarius Palatinos, datado en 1696.

La Dorada. Orense, 66. T. 915 702 004. *www.ladorada.es*

Cierran domingo cena. Auténtica cocina andaluza con guisos marineros. **Fritura de pescado, pescados a la sal y al horno.** De postre, un celestial **tocino de cielo.** Precio medio 45 €.

® **La Favorita.** Covarrubias, 25. T. 914 483 810. *www.restaurante-lafavorita.com*

Cierra sábado almuerzo y domingo. Palacete de principios del s. XX con cocina navarra y solistas de ópera que cantan en las cenas. **Atún rojo semiasado con rollito crujiente de arroz cremoso, lomo de cordero con tirabeques y salsa de Idiazabal, peras al Pedro Ximénez.** Precio medio 45 €.

® **La Hoja.** Dr. Castelo, 48. T. 915 042 185. *www.lahoja.es*

Cierra domingo. Cocina asturiana auténtica con la **clásica fabada, merluza a la sidra y arroz con leche.** Todo ello con la profesionalidad de Paco Rodríguez. Precio medio 40 €.

La Manduca de Azagra. Sagasta, 14. T. 915 910 112. *www.lamanducadeazagra.com*

Cierra domingo, festivos y agosto. Minimalista local de los Sola donde el producto es protagonista. **Verduras naturales de Azagra, corderico en chilindrón, torrija caramelizada con helado.** Precio medio 50 €.

® **La Máquina de Lugones.** Pº de La Habana, 107. T. 913 430 538. *www.lamaquinadelugones.es*

Cierra cenas, y del primer lunes de julio al segundo lunes de septiembre. Magnífica **fabada rematada con arroz con leche** o **tabla de quesos asturianos** en menú único que en verano se completa con **ensalada de fabes y bogavante.** Precio medio 30 €.

La Paloma. Jorge Juan, 39. T. 915 768 692. *www.rtelapaloma.com*

Cierra domingo, festivos, Semana Santa y agosto. Segundo Alonso (cocina) y Mariano Ávila (comedor) son dos grandes profesionales, algo que se evidencia en los **'ravioli' rellenos de cigalas, rape al horno envuelto en panceta con tirabeques** y la **'mousse' de requesón con frutos rojos y helado de miel.** Precio medio 65 €.

® **La Sal de Serrano.** (Esquina Jorge Juan). Callejón de Puigcerdá, 8. T. 914 316 456. *www.grupoarturo.com/lasaldeserrano*

Cambio de nombre y de rumbo para este elegante local. **Milhojas de verduras, lubina a la sal gorda, 'soufflé' cremoso de chocolate con helado de chocolate.** Menú 26 €. Precio medio 40 €.

® **La Taberna de Liria.** Duque de Liria, 9. T. 915 414 519. *www.latabernadeliria.com*

Cierra lunes cena, domingo y del 26 de julio al 25 de agosto. Miguel López Castañer mantiene una atractiva cocina mediterránea en su agradable bistró. **Ajo blanco de peras, cochinillo confitado en aceite de oliva, bomba de chocolate blanco.** Precio medio 30 €.

La Tasquita de Enfrente. Ballesta, 6. T. 915 325 449. *www.latasquitadeenfrente.com*

Cierra domingo y lunes, Semana Santa y tres semanas en agosto. El sensacional producto manda. Juan José López Bedmar ofrece a su fiel clientela las primicias de temporada en su más alta expresión y elaboración: **trufa, verduras, angulas...** Siempre en carta. Indispensable para todo gastrónomo. Elegante comedor recientemente redecorado. Precio medio 50 €.

La Terraza del Casino

Marco palaciego en la entrada, decoración actual y atrevida en el comedor y una de las terrazas más prestigiadas de Madrid. Gran cocina de autor que dirige Paco Roncero marcando su profesionalidad con atrevidas propuestas de técnica perfecta. En los entrantes persiste la inspiración de Ferran Adrià. Excelente carta de vinos que cuida María José Huertas. Cierra sábado almuerzo, domingo, festivos y agosto.

Precio medio 90 €.

Alcalá, 15. T. 915 321 275. *www.casinodemadrid.es*

® **La Torcaz.** Lagasca, 81. T. 915 754 130. *www.latorcaz.com*
Cierra domingo y del 1 al 21 de agosto. La ubicación y la buena cocina bien servida merecen la visita. **Rollitos crujientes de langostinos con salsa de soja, pichón de caserío relleno y asado en costra de sal, milhojas de pera caramelizada rellena de crema.** Precio medio 50 €.

☼ **La Trainera.** Lagasca, 60. T. 915 768 035. *www.latrainera.es*
Cierra domingo y agosto. Ambiente y cocina marinera con reconocida calidad de pescados y mariscos desde el **changurro en concha de vieira** hasta el emblemático **lenguado.** De postre, **tarta de trucha o de almendras.** Precio medio sin marisco 50 €.

® **Lago de Sanabria.** Ayala, 23. T. 915 767 421.
Cierra cenas excepto viernes; domingo, y del 15 de julio al 20 de agosto. Importante referencia por la gustosa cocina y la bodega. **Pochas con verduras, zancarrón de Kobe, pudín de frutas.** Precio medio 35 €.

® **Lágrimas Negras.** (H. Puerta de América). Av. de América, 41. T. 917 445 400. *www.restaurantelagrimas.com*
P
Cierra domingo. Mandan la temporada y el cuidado de los vinos y aceites de oliva en un precioso entorno. **'Foie-gras' de pato rebozado y tatín de pera, pichón de Bresse sobre estofado de polenta, tarta de manzana y hojaldre casero con helado de especias.** Precio medio 60 €. Con el nombre de **Bistró de Lágrimas Negras,** una oferta más ligera, a base de sugerencias que cambian diariamente en un menú (35 €).

® **Las Tortillas de Gabino.** Rafael Calvo, 20. T. 913 197 505. *www.lastortillasdegabino.com*
Cierra sábado almuerzo, domingo, festivos, primera semana de enero, Semana Santa y dos semanas en agosto. Las tortillas son el timbre de gloria que atrae una clientela adicta. Además, **croquetas de 'boletus'** y un dulce final con el **goloso de chocolate.** Precio medio 30 €.

® **Lateral** *(gastrobar).* Pl. Santa Ana, 12. T. 914 201 582. *www.cadenalateral.com*
Pº de la Castellana, 132 (Tel 915 613 337), Velázquez, 57 (Tel 914 350 604), Fuencarral, 43 (Tel 915 316 877), Arturo Soria, 126 (Tel 913 003 601). Pionero en la gerencia de *gastrobares* que aúnan ambiente y calidad en las tapas caseras y mediterráneas. Precio medio 20 €.

☼ **Lavinia.** José Ortega y Gasset, 16. T. 914 260 599. *www.lavinia.com*
Cierra cenas, domingo y agosto. Espectacular tienda-bodega y bistró con posibilidad de escoger el vino a precio de tienda. Ange García hace **escabeche de 'foie-gras', 'steak tartar'** y **milhojas** con plena satisfacción de la clientela. Precio medio 60 €.

® **Le Cabrera** *(gastrobar).* Bárbara de Braganza, 2. T. 913 199 457. *www.lecabrera.com*
Cierra domingo y lunes. Ambiente y decoración vanguardista de aire *retro* en dos ambientes. Abajo, en el comedor, platillos de una cocina mediterránea preparada por Benjamín Bensoussan, y arriba, en la barra, algo para picar y múltiples cócteles y combinaciones que imagina Diego Cabrera. Todo un éxito. Precio medio 30 €. De la misma dirección, **Le Cabrera Casa América** (Pº de Recoletos, 2. T. 915 775 955); ambiente, terraza-jardín muy agradable y una oferta culinaria más elaborada de la mano de Gabriel Bonnin. Precio medio 35 €.

® **Malacatín.** Ruda, 5. T. 913 655 241. *www.malacatin.com*
Cierra cenas excepto jueves y viernes; domingo, Semana Santa y agosto. Taurino y típico mesón en el Rastro. **Tapas en la barra** y un abundante y delicioso **cocido madrileño** coronado por unas castizas **natillas.** Precio medio 25 €.

® **Maldonado 14.** Maldonado, 14. T. 914 355 045. *www.maldonado14.com*
Cierra domingo y dos semanas en agosto. Julián Barbolla y Francisco Vicente, prestigiados profesionales, han emprendido con éxito su propia andadura. **Salmorejo con huevos de codorniz** y **jamón ibérico, callos a la madrileña, tarta fina de manzana.** Precio medio 45 €.

® **Mercado de San Miguel.** Pl. S. Miguel, s/n. T. 913 077 118. **P**
Espectacular restauración. En muy poco tiempo se ha convertido en un mercado *gourmet*, punto de encuentro en el centro de Madrid,

El 23 de abril (Día del Libro), la literatura 'toma' calles, plazas y parques

Emblemas de Madrid

La osa y el madroño constituyen el centro del escudo de la ciudad y ocupan un lugar de honor en la popular Puerta del Sol.

por sus atractivas barras de degustación, donde el protagonista principal es el producto **(pescados, mariscos, bacalao, quesos, frutas, carnes europeas, frutos secos y encurtidos, librería gastronómica...).**

® **Mesón del Cid.** (Aparcamiento concertado enfrente, Fernández de la Hoz, 78). Fernández de la Hoz, 57. T. 914 420 755. *www.mesondelcid.es*
Cierra festivos cena, domingo y primera quincena de agosto. Lo mejor de Burgos en Madrid. **Alubias de Ibeas, cordero lechal asado, queso de Burgos en tres texturas.** Precio medio 32 €.

☼ **Nodo.** Velázquez, 150. T. 915 644 044. *www.restaurantenodo.es*
Alberto Chicote apuesta desde hace años por una cocina de fusión con interesantes recetas imaginativas: **'tataki' de atún con ajo blanco, 'pizzas' de cristal, bacalao negro en costra de sésamo y miel...** y muchas más con las que sigue triunfando este singular cocinero. Precio medio 45 €.

☼☼ **O'Pazo.** Reina Mercedes, 20. T. 915 532 333. *www.opazo.es*
Cierra domingo, Semana Santa y agosto. Los pescados y mariscos, sin rival, son las estrellas del restaurante de Evaristo García, muy elegante después de la espléndida renovación. **Pescados al horno, a la parrilla o guisados,** con calidad y punto admirables. Precio medio 70 €.

® **Oven 180.** Lagasca, 32. T. 914 351 898. *www.oven180.com*
Cierra domingo y agosto. El ambiente de bistró elegante y la buena cocina motivan su éxito. **Croquetas cremosas de jamón ibérico, 'tataki' de solomillo de buey, migas de pastel de chocolate con 'mousse' de chocolate blanco.** Precio medio 35 €.

® **Ox's.** Juan Ramón Jiménez, 11. T. 914 581 903. *www.restauranteox.com*
Cierra festivos cena, domingo y agosto. Irreprochable cocina vasco-navarra de José Ignacio Urdiaín en la que la **menestra de verduras,** el **chuletón de buey** y el **helado de queso** dan plena satisfacción. Su esposa, Mila, atiende la sala con profesional eficacia. Precio medio 40 €.

® **Pandelujo.** Jorge Juan, 20. T. 914 361 100. *www.pandelujo.es*
Bonito entorno de diseño con un atractivo patio jardín y una original cocina dirigida por Alberto Chicote en un comedor a tono. **Ensaladilla rusa 2012, jarrete de ternera con su jugo trufado, cremoso cuajado de chocolate con polvo de yogur.** Precio medio 40 €.

® **Paradís Madrid.** (Aparcamiento concertado). Marqués de Cubas, 14. T. 914 297 303. *www.paradis.es*
Cierra sábado almuerzo, domingo, festivos y Semana Santa. Cocina mediterránea de acento catalán. **Arroces, albóndigas de butifarra de payés, crema catalana.** Precio medio 36 €.

☼ **Pedro Larumbe.** P° Castellana, 38. T. 915 751 112. *www.larumbe.com*
Cierra domingo, del 1 al 6 de enero, Semana Santa y 15 días en agosto. Pedro Larumbe abandona sus clásicos y elegantes comedores del Centro ABC Serrano (ahora solo para eventos) y se traslada a la Castellana junto a su *gastrobar* **El Plató.** Un nuevo local espacioso y amplio con decoración moderna y actual. Magnífica oferta culinaria. **Taco de bacalao confitado con ajoarriero, torrija caramelizada de mango con sorbete de violeta.** Precio medio 50 €.

☼ **Piñera.** Rosario Pino, 12. T. 914 251 425. *www.restaurantepinera.com*
Cierra del 8 al 22 de agosto. Piñera triunfa en su primer lustro. Todo es armónico, la calidad culinaria y la dirección de la sala de Jorge Dávila. Cocina de siempre al gusto actual. **Huevo 'perigourdine' con trufa, pichón en dos cocciones, 'panna cotta' de leche de coco.** Precio medio 60 €.

® **Poncelet Cheese Bar.** (B° Chamberí). José Abascal, 61. T. 913 992 550.
Poncelet y el culto al queso es indispensable con sus 146 referencias de nueve países europeos. **Croquetas de Fourme d'Ambert, solomillo de ternera con Sainte-Maure de Touraine, tarta de queso majorero con pimentón.** Precio medio 35 €.

® **Puerta 57.** (Estadio Santiago Bernabéu, puerta 57). Padre Damián, s/n. T. 914 573 361. *www.grupolamaquina.es*
Cierra cenas de domingo y días de partido. Espectacular vista al estadio Santiago Bernabéu, con buenos **arroces,** guisos caseros, **mariscos, carnes...** Frecuentada barra-comedor para picar o comer a precios más entonados. Precio medio 50 €.

La diosa Cibeles, frente a la actual sede del Ayuntamiento de Madrid

Rafa. Narváez, 68. T. 915 731 087. *www.restauranterafa.es*
Cierra lunes cena. Los **mariscos y pescados** de calidad y el punto son los protagonistas desde hace más de 50 años en la familia Andrés. También algunas **carnes.** Precio medio sin marisco 40 €.

Ramon Freixa

Elegante y posmoderno comedor con tranquilo jardín interior y exterior para conocer la cocina creativa, ingeniosa y lúdica, con guiños a los platos catalanes, patria de Ramon Freixa, el joven cocinero que triunfa en Madrid. Lo mejor es probar los menús degustación. El pan, excelente, hecho por su padre, se trae desde Barcelona. Importante bodega. Cierra domingo, lunes, Semana Santa y agosto.

Precio medio 90 €.

(H. Único). Claudio Coello, 67. T. 917818262. *www.ramonfreixamadrid.com*

Realcafé Bernabéu. (Estadio Santiago Bernabéu, puerta 30). Concha Espina, 1. T. 914 583 667. *www.realcafebernabeu.es*
Permanece cerrado dos horas antes de cada partido y abre una hora después del mismo. A la espectacular vista al campo del estadio Santiago Bernabéu se une la profesional atención de María José Monterrubio y la satisfactoria cocina. **'Soufflé' de centollo y hongos, hamburguesa Realcafé, crema de tiramisú con frutos rojos.** Precio medio 40 €.

Rubaiyat (Baby Beef). Juan Ramón Jiménez, 37. T. 913 591 000. *www.rubaiyat.es*
Cierra domingo cena excepto verano. La mejor referencia en **carnes brasileñas, argentinas y españolas, sin olvidar la de Kobe,** a la parrilla o en horno de barro, acompañadas de una sensacional carta de vinos y rematada por la **panqueca de dulce de leche.** Precio medio 45 €. Los jueves, en invierno, *feijoãda.* **Baby Grill Rubaiyat** *(gastrobar),* detrás de la casa madre.

Sacha (Botillería y Fogón). (Entrada por el jardín). Juan Hurtado de Mendoza, 11, posterior. T. 913 455 952.
Cierra sábado almuerzo en julio, domingo, festivos, Semana Santa y 25 días en agosto. El bistró de Sacha, con la agradable terraza-jardín, la calidad de compra y sus buenas elaboraciones, atrae una fiel clientela. **Raya templada, 'tartar' de bravo, filloas.** Precio medio 45 €.

Santceloni

Tras el fallecimiento de Santi Santamaria, el restaurante sigue funcionando muy bien, con la perfecta coordinación de sus tres responsables: Óscar Velasco, Abel Valverde y David Robledo. Un lujo de instalaciones y cocina con la mejor materia prima y precios a tono. Excelentes postres, carro de quesos y completa bodega. Cierra sábado almuerzo, domingo, festivos, Semana Santa y agosto.

Precio medio 120 €.

(H. Hesperia-Madrid). Pº de la Castellana, 57. T. 912 108 840. *www.restaurantesantceloni.com*

Sanxenxo. José Ortega y Gasset, 40. T. 915 778 272. *www.sanxenxo.com.es*
Cierra domingo cena, Semana Santa y agosto. Los mejores mariscos y pescados de las costas gallegas, base de guisos, empanadas, arroz… Pero también un suculento **lacón con grelos** y, para terminar, **filloas de nata y crema.** Precio medio 60 €.

Sergi Arola Gastro

La personalidad de Sergi Arola se demuestra en una cocina en la que los sabores y las texturas, incluso en platos tradicionales, se superpone a la vanguadia, en un entorno cosmopolita, posmoderno y relajante. Gran bodega y excelente servicio que dirige Sara, su mujer. Un proyecto profesional que justifica la visita.

Precio medio 105 €.

Zurbano, 31. T. 913 102 169. *www.sergiarola.es*

Arquitectura del hierro en el Palacio de Cristal (1887), en el parque del Buen Retiro

Taberna del Alabardero. Felipe V, 6. T. 915 472 577. *www.grupolezama.es*

Taberna ilustrada vasco-madrileña, junto a la plaza de Oriente. **Menestra de verduras naturales, rabo de toro estofado con miel y canela, torrija caramelizada con helado de vainilla.** Menú 25 €. Precio medio 35 €. En la misma plaza, con una agradable terraza, **La Mar del Alabardero** (T. 915 413 333). En este local de la misma empresa, oferta marinera (arroces y pescados). Precio medio 25 €.

Taberna Gaztelupe. Comandante Zorita, 32. T. 915 349 116. *www.goizekogaztelupe.com*

Cierra domingo cena. Típica taberna vasca de Jesús Santos con cuidado servicio y gustosa cocina. **Alcachofas con habas y tuétano, villagodio, helado de Baileys con bizcocho cremoso de cacao.** Precio medio 40 €.

Támara-Lorenzo. Av. de América, 33. T. 914 155 176. *www.restaurantetamaralorenzo.com*

Cierra cenas de domingo y lunes; y agosto. La **tortilla de patatas** es plato de peregrinación para los gastrónomos. También **la menestra, los escabeches y el arroz con leche.** Precio medio 40 €.

Teatriz Kirei. Hermosilla, 15. T. 915 775 379. *www.grupovips.com*

Cierra agosto. Con motivo de su 20° aniversario, se crean cuatro espacios. El Tapas Teatriz (en el acceso); restaurante Teatriz, con oferta italo-mediterránea; restaurante Kirei, asociado con Kabuki –japonés– y Sudestada –cocina asiática–, y Pink Lounge. Espectacular y un gran acierto.

Teatro Real. (Dentro del Teatro Real). Felipe V, s/n. T. 915 160 670. *www.arturocantoblanco.com/restaurantes*

Cierra agosto. Espectacular decoración en el antiguo salón de baile, con techo estrellado como el cielo de Madrid. **Lasaña de changurro con piperrada y crema de azafrán, lomo de buey con trompeta de los muertos y tomatitos asados.** Precio medio 50 €.

Ten con Ten. Ayala, 6. T. 915 759 254.

Cierra cenas de domingo y martes. En plena moda con llenos diarios, Sandro Silva (El Paraguas) inauguró en junio de 2011 un atractivo *gastrobar* informal, de ambiente cosmopolita y cocina ecléctica con base en el producto y especial atención a sus raíces asturianas. **Tirabeques al aceite de aguacate, hamburguesa de 'pixín' o rabo de toro.** Precio medio 45 €.

Un Lugar. Mauricio Legendre, 33 Bis. T. 913 147 727. *www.unlugarmadrid.com*

Cierra domingo cena. Buenas especialidades riojanas en edificio de tres plantas con terraza. **Menestra de verduras, paletilla de cabrito, pastel de queso.** Precio medio 35 €.

Viavélez Puerto. Av. General Perón, 10. T. 915 799 539. *www.restauranteviavelez.com*

Cierra domingo cena, lunes, Semana Santa y una semana en agosto. Paco Ron hace disfrutar los sabores asturianos y otros, siempre con su buen punto. **Patatas a la importancia con almejas, chipirones encebollados con 'ravioli' de tinta y alioli ligero, torrija caramelizada con helado de leche.** Precio medio 50 €.

Viridiana. Juan de Mena, 14. T. 915 234 478. *www.restauranteviridiana.com*

Cierra domingo. Abraham García lleva muchos años preparando una cocina seria, sabrosa y muy actual con productos de la compra diaria a los que añade desde siempre algún guiño éxotico, con lo que consigue platos distintos y atractivos. Una de las mejores cartas de vinos de Madrid. Todo un lujo. Precio medio 75 €.

Zalacaín. Álvarez de Baena, 4. T. 915 614 840. *www.restaurantezalacain.com*

Cierra sábado almuerzo, domingo, festivos, Semana Santa y agosto. Un local a tener en cuenta para ocasiones especiales. Cocina de altura que se renueva con las estaciones y mantiene platos que le dieron fama. La atención profesional y relajada está dirigida por un magnífico equipo de comedor, encabezado por Carmelo Pérez. En la cocina, Juan Antonio Medina, y cuidando la extraordinaria bodega, Custodio Zamarra. Una de las mesas favoritas de la *jet* en la capital. Precio medio 80 €.

® **Zorzal.** Pº Eduardo Dato, 5. T. 914 464 548. *www.restaurantezorzal.com*
Cierra cenas de domingo y martes; lunes, Semana Santa y agosto. Moderna y elegante ambientación. **Judión del Barco con liebre, salmonete de roca con pisto, 'crumblé' de manzana.** Precio medio 35 €.

Cocina de especialidades internacionales

ALEMANA

® **Edelweiss.** Jovellanos, 7. T. 915 323 383. *www.arturocantoblanco.com*
Cierra domingo cena. Pionero de la cocina alemana en Madrid. **Ensalada de arenque, codillo, tarta Sacher.** Precio medio 22 €.

ASIÁTICA

Sudestada. (Aparcamiento en Ponzano, 89). Ponzano, 85. T. 915 334 154. *www.sudestada.eu*
Cierra domingo y 30 días entre agosto y septiembre. La interesante cocina vietnamita de Estanislao Carenzo atrae por su diversidad. **Rollitos vietnamitas, samosas crocantes de mollejas, 'curry' de carrillada.** De cara a 2012 incorporará sus especialidades en el **Teatriz.** Precio medio 45 €.

CHINA

® **Asia Gallery.** (H. Westin Palace). Pl. de las Cortes, 7. T. 913 600 049.
Cocina pekinesa y cantonesa que se disfruta en un elegante comedor. Auténtico **pato laqueado.** Recomendable menú de ambas cocinas (45 €). Precio medio 35 €.

® **China Crown.** Infanta Mercedes, 62. T. 915 721 464. *www.chinacrown.es*
Cocina china tradicional con elegante ambiente. **Sopa Wan-Ton al estilo Shanghái, pato Pekín con 'crêpes', tempura de helado.** Diferentes menús entre 11 y 35 €. Precio medio 25 €.

® **Zen Market.** (Entrada por puerta 20 del Estadio Santiago Bernabéu). Av. Concha Espina, 1. T. 914 571 873. *www.grupozenmarket.es*
Inaugurado en junio de 2011. Ignacio García Vinuesa ha hecho una espectacular decoración con auténticos elementos chinos antiguos y modernos con vistas a tono, hacia el campo del Bernabéu. Cocina china y japonesa con sensatos menús. Servicio amable y profesional. Precio medio 40 €.

FRANCESA

® **Lafayette.** Ages, s/n. T. 912 606 912. *www.restaurantelafayette.com*
Cierra lunes cena, sábado almuerzo, domingo y del 7 al 21 de agosto. La mejor cocina francesa en la capital oficiada por Vincent Huber y Sebastien Leparoux, que se ocupa de la sala y de la interesante carta de vinos franceses a precios amables. No puede faltar un buen **'foie-gras' con pistacho, presa ibérica con 'casolette spaëtzeler', cremoso de chocolate con helado de lavanda y miel.** Precio medio 40 €.

ITALIANA

Ars Vivendi. Ver Majadahonda/Restaurantes/Alrededores de Madrid.

® **Bice.** Génova, 19. T. 913 191 078. *www.grupovips.com*
Cierra agosto. Acogedoras instalaciones para una buena cocina italo-mediterránea. **Calamares, calabacines y berenjenas crujientes con salsa de tomate; 'ravioli' rellenos de ternera lechal y espinacas con salsa de 'boletus', tiramisú.** Menú 26 €. Precio medio 40 €.

Don Giovanni. Pº Reina Cristina, 23 (posterior). T. 914 348 338. *www.dongiovanni.es*
Cierra almuerzos en agosto. La gran personalidad de Andrea Tumbarello convierte su acogedor y familiar local en una atracción a la hora de probar su extensa carta de platos italianos. **Postres y vinos españoles y sicilianos y excepcionales ginebras.** Precio medio 30 €.

Manzoni. Ver La Moraleja/Restaurantes/Alrededores de Madrid.

® **Piu di Prima.** Hortaleza, 100. T. 913 083 372. *www.piudiprima.com*
P

Parque de Atracciones de Madrid, inaugurado en la Casa de Campo en 1969

Cierra domingo cena y agosto. Gianluca Faveiro, además de las excelentes pastas, ofrece una deliciosa **'burrata', 'risotto' de 'ossobuco',** todo rematado por **tiramisú.** Vinos italianos. Precio medio 40 €.

JAPONESA

☼ **99 Sushi Bar.** Ponzano, 99. T. 915 360 567. Hermosilla, 4. Tel 914 312 715.
Cierra sábado almuerzo, domingo, festivos, Semana Santa y tres semanas en agosto. Importante referencia de la cocina japonesa en la capital con asidua clientela. **Atún en 'tataki', entraña de 'wagyu' (Kobe), crema de jengibre y chocolate.** Menú 26 €. Precio medio 50 €.

® **Inari.** General Pardiñas, 43. T. 915 763 312. *www.inari.com*
Cierra domingo y primera quincena de agosto. La mejor relación calidad-precio de cocina japonesa y fusión, que atrae una numerosa clientela. **'Tartar' de atún, 'sashimi', 'susiyaki', 'teppanyaki', 'tempura' helada.** Precio medio 35 €.

☼☼ **Kabuki Wellington.** (H. Wellington). Velázquez, 6. T. 915 777 877. *www.restaurantekabuki.com*
Cocina japonesa mediterránea, así definida por su creador, Ricardo Sanz, uno de los mejores *sushimen* de Europa, que triunfa en su elegante local. Desde los platos más sofisticados y creativos hasta los más sencillos, la materia prima es magnífica, como la bodega. Precio medio 75 €. Otro local, más sencillo, **Kabuki** (Avda. Presidente Carmona, 2. Tel 914 176 415. Cierra sábado almuerzos, domingo, Semana Santa y agosto).

El Jardín Botánico de Madrid contiene 5.000 especies de árboles y plantas

® **Shikku Iakaya.** Dr. Fleming, 32. T. 913 441 664. *www.shikku.es*
Lagasca, 5. T. 914 319 308. Cierra domingo y 15 días en agosto. Ambiente minimalista para centrarse en la auténtica cocina japonesa, desde **'sushi'** hasta **'shasimi' al 'teppan-yaki' de buey 'wagyu'.** De postre, **tempura helada con salsa de naranja.** Precio medio 55 €. Inaugurado en 2011, **Sushi Spot** (Camino del Cura, 10, Alcobendas. T. 916 255 093. Cierra 15 días en agosto), con carta más reducida y ambiente más informal. Precio medio 30 €.

® **Soy.** Viriato, 58. T. 914 457 447. *www.soypedroespina.com*
Cierra sábado almuerzo y domingo. Cocina japonesa con el toque especial de Pedro Espina, experto en **'sushi', sopa de 'dobin', 'mushi'...** Precio medio 50 €.

MEXICANA

® **Entre Suspiro y Suspiro.** Caños del Peral, 3. T. 915 420 644. *www.entresuspiroysuspiro.com*
Cierra domingo y tercera semana de agosto. Buena representación de la cocina mexicana de vanguardia. **Quesadilla de 'cuitlacoche', mero en mango y jalapeño, pastel rosa mexicano.** Menú 27 €. Precio medio 45 €.

PERUANA

☼☼ **Astrid & Gastón.** Pº de la Castellana, 13. T. 917 026 262. *www.astridygastonmadrid.com*
Cierra domingo. Embajador de la cocina peruana, Gastón Acurio mantiene alto el listón en este local emblemático de una amplia cadena de ellos en Latinoamérica. **Cebiche, tiraditos, pez limón con quinoa, ají de gallina,** todo con aliños originales adaptados al gusto español. Precio medio 60 €. En el sótano, **El Huarique** ofrece pequeñas raciones, tapas y cócteles.

® **La Gorda.** Costanilla de S. Andrés, 20. T. 913 662 472. *www.restaurantelagorda.com*
Cierra almuerzos en agosto, domingo cena y lunes. Carmen Delgado continúa su buen hacer en el nuevo local frente a la iglesia de S. Andrés. Auténtica cocina peruana con platos tan genuinos como el **cebiche, tiraditos, chupe de langostinos, suspiro de limeña** y cocina chifa (chino peruana) los miércoles. Precio medio 30 €.

☼ **Nikkei 225.** (Entrada por Fernando el Santo). Pº de la Castellana, 15. T. 913 190 390. *www.nikkei225.es*
Cierra sábado almuerzo, domingo y agosto. Un japoperuano con éxito y buen ambiente. **Tiradito con salsa de naranja y boniato confitado, entraña de 'wagyu' con huevo de codorniz frito y patatas, helado de 'yuzu'.** Precio medio 50 €.

PORTUGUESA

® Tras-Os-Montes. (Entrada por Collado de Marichiva, 115.) Senda del Infante, 28. T. 913 765 727. *www.trasosomontes.es*
Cierra cenas de domingo y martes. El emprendedor José Alves y su esposa María ofrecen no solo un irreprochable **menú 'tudo bacalhau',** sino muchas especialidades lusitanas más. Precio medio 45 €.

SUECA

® Ølsen. Calle del Prado, 15. T. 914 293 659. *www.olsenmadrid.com*
Atractiva oferta escandinava. **Atún rojo con espuma de apio, limón y vodka; lomo de ciervo con costra de setas, espuma de queso 'brie' y salsa de cerezas; pudín de manzana.** Atractivos menús de 10, 15 y 38 €. Precio medio 32 €.

TAILANDESA

® Thaï Gardens. P° de La Habana, 3. T. 915 778 884. *www.thaigardensgroup.com*
Exótica y exuberante decoración tailandesa con un ambiente íntimo y acogedor a tono con la oferta. Precio medio 30 €.

Alrededores de Madrid

ALALPARDO

® El Faisán de Oro. (Ctra. A-1, Madrid-Irún, salida 26 dirección Algete). Junto a la puerta de la iglesia-zona peatonal. Extramuros, 4. T. 916 202 645. *www.elfaisandeoro.com*
Cierra domingo cena y 15 días en agosto. Sorprendente y recoleto local bajo la omnipresencia de Esther, fiel al mercado. Las **setas** y la **caza** protagonizan la oferta de su época. Se cuidan los vinos, los postres y la atención al cliente. Merece la visita. Precio medio 35 €.

ARAVACA

® Los Remos. (Ctra. A-6, Madrid-A Coruña km 12,700. Salida 12 a La Florida). Sopelana, 13. T. 913 077 230. *www.losremos.es*
Cierra cenas de domingo y festivos. La mejor cocina marinera de Aravaca en la salida 12 de la A-6. **Arroz con bogavante, besugo a la bilbaína, filloas.** Precio medio 40 €.

COLMENAR DEL ARROYO

El Mesón de Doña Filo. (Ctra. A-5 salida M-501, km 37 cruce Chapinería a 3 km). S. Juan, 3. T. 918 651 471.
Cierra cenas de miércoles y jueves; lunes, martes y 15 días en agosto. La cocina de Julio Reoyo, atenta siempre al mercado y a la calidad de la materia prima, se presenta en dos únicos menús degustación (54 y 60 €) compuestos de aperitivo, diversos platos, queso, postres y vinos seleccionados.

COLMENAR VIEJO

Madrigal. Salvadiós, 34. T. 918 464 569. *www.restaurante-sierra-madrigal.com*
Cierra cenas de domingo y martes; y lunes. Los hermanos Madrigal, Antonio en cocina y Francisco en sala, dirigen con acierto su amplio y minimalista local, donde ofrecen una correcta cocina atenta al mercado. Corazones de alcachofas con almejas, atún de almadraba a la parrilla, 'soufflé' de chocolate. Menú 18 €. Precio medio 40 €.

GUADARRAMA

Asador los Caños. Pl. los Caños, 1. T. 918 540 269.
Cierra cenas de domingo a jueves excepto verano; y de 20 de junio a 7 de julio. Cocina castellana en la sierra madrileña. Para empezar, croquetas caseras seguidas de asados de lechazo o cochinillo, y arroz con costra de azúcar para terminar. Precio medio 28 €.

HOYO DE MANZANARES

El Vagón de Beni. S. Macario, 6. T. 918 566 812. *www.elvagondebeni.es*
Cierra domingo cena, lunes, segunda quincena de febrero y primera de octubre. El escenario un antiguo vagón-restaurante de tren ubicado en una estación ferroviaria ficticia con agradable terraza en verano. Vieiras salteadas

Cada día más flexible e innovador, el Museo Reina Sofía se reordenó en 2009

El 'origen' de todo

La Puerta del Sol marca con sus campanadas el comienzo del Año Nuevo y es el kilómetro cero de las carreteras radiales de España.

Grupo escultórico en la nueva entrada al Museo del Prado

con *boletus* y crema de trufa, *tournedós* con hígado de pato y salsa de vino de Madeira, dúo de chocolates. Precio medio 45 €.

HUMANES DE MADRID

Coque. Francisco Encinas, 8. T. 916 040 202. *www.restaurantecoque.com*
Cierra cenas excepto viernes y sábado, lunes, del 16 de junio al 27 de agosto y del 24 de diciembre al 2 de enero. En otoño de 2011 Coque ha iniciado una nueva etapa basada en una renovación de sus instalaciones por Ignacio García Vinuesa y una propuesta gastronómica distinta. Será un restaurante en el que ambas permitirán que interactúe con el espacio. Se podrán adquirir los vinos de la bodega. Habrá que disfrutarlo. Precio medio 65 €.

LA MORALEJA

® **Aspen.** Pl. de La Moraleja, s/n. T. 916 252 500. *www.restauranteaspen.com*
Atractiva terraza en ambiente desenfadado y elegante. Cocina tradicional. **Tortilla de patatas, hamburguesa Aspen, tarta de manzana con helado de vainilla.** Precio medio 35 €. Al lado, **Aspen Bar,** con amplio horario ininterrumpido para tapeo, comidas rápidas y copas.

® **Hakkasan.** (Pl. Nueva). Estafeta, 2. T. 916 508 480. *www.hakkasan.es*
Cocina de fusión chino-japonesa-peruana. **'Shushis', 'makis', tallarines al 'teppanyaki', pato laqueado, helado con nueces caramelizadas.** Menú 17 €. Precio medio 30 €.

® **L'Albufera.** (Parque Empresarial La Moraleja). Av. Europa, 17. T. 916 623 893. *www.restaurantelaalbufera.com*
Cierra domingo cena. **Arroces** variados en su punto. Buenos **pescados y carnes.** De remate, **pirámide de chocolate.** Precio medio 40 €. *Brasserie* informal para comer a base de raciones a mitad de precio.

® **La Lumbre del Cacique.** (Pl. de la Fuente). Estafeta, 2. T. 916 503 728. *www.lalumbre.eu*
Cierra domingo cena. Sencilla y gustosa cocina de corte tradicional en un agradable ambiente. **Croquetas de carabineros, jarrete de ternera lechal asado, tarta dos manzanas.** Precio medio 38 €. En un local anexo, **La Barra del Cacique,** buenas tapas y raciones (15 €).

La Máquina de La Moraleja. Pl. La Moraleja, s/n. T. 916 585 297. *www.grupolamaquina.es*
Agradable, regular y con buena barra para picar. **Chipirones a la plancha, 'tartar' de atún.** Gran terraza exterior. Precio medio 45 €.

Manzoni. (Pl. de la Fuente). Estafeta, 4. T. 911 753 118. *www.grupovips.com*
Comedor espectacular del diseñador Borrione y agradabilísima terraza-comedor. Sensacionales las **'pizzas', pastas caseras, 'burrata',** la enorme **milanesa** y la **pasión de chocolate Gianduja.** Precio medio 45 €.

Abanicos, muebles, sellos, cuadros, libros, corbatas... Todo está en el Rastro

LAS ROZAS

Muñagorri. Chile, 10. T. 916 309 038
Es la referencia con acento vasco de Las Rozas. Buen producto bien tratado por Pedro Muñagorri. Sopa de pescado, pato azulón, *soufflé* de chocolate caliente. Menú 15 €. Precio medio 40 €.

MAJADAHONDA

Ars Vivendi. (Junto a la Gran Vía, calle peatonal). Del Cristo, 23. T. 916 340 287. *www.grupoarsvivendi.com*
Cierra domingo cena y lunes. Sugerente y creativa cocina italiana a cargo de María Rosa García Manso, en un acogedor y romántico local. **'Burrata' en tomate con emulsión de tomate transparente al aceite de oliva; 'tagliattele' al 'pesto genovese' y al 'pesto siciliano'; 'soufflé' de chocolate con 'toffee' y helado de caramelo.** Amplia e internacional carta de vinos, que cuida Dino Nanni. Precio medio 50 €.

® **El Toque.** (Urb. Virgen de Iciar). Ctra. El Plantío, 76. T. 913 076 170. *www.restauranteseltoque.com*
Cierra domingo cena y lunes. Una larga barra y un pequeño comedor son el marco de la cocina de Lucas de base tradicional y atenta a la temporada. Precio medio 30 €.

MIRAFLORES DE LA SIERRA

Asador la Fuente. Mayor, 12. T. 918 444 216. *www.asadorlafuente.com*

Cierra cenas de lunes a jueves, lunes y primera quincena de septiembre. Los escabeches caseros, cordero y cochinillo asados y las natillas son muestra de la cocina tradicional en un entorno castellano. Menú 15 €. Precio medio 30 €.

MORALZARZAL

El Cenador de Salvador. Av. de España, 30. T. 918 577 722. *www.elcenadordesalvador.es*

Cierra martes cena en invierno, martes almuerzo en verano, domingo cena y lunes. Con siete *suites*. Lujoso complejo en la sierra madrileña dirigido por Salvador Gallego y su familia. En la cocina mantiene platos de alta escuela que le dieron fama. En verano, deliciosa terraza ajardinada. Precio medio 75 €.

POZUELO DE ALARCÓN

® **La Española.** Av. Juan XXIII, 5. T. 917 158 785. *www.restaurantelaespanola.com*

Cierra domingo cena, y lunes. Buena remodelación reciente. Las **carnes a la parrilla** protagonizan la oferta. Además, **tempura de verduras y sorbete de limón al cava.** Precio medio 39 €.

® **La Pérfida Albión.** Oslo 1. T. 918 119 649. *www.laperfidaalbion.com*

Cierra domingo cena, lunes y agosto. Charlie ha sabido crear un *gastropub* londinense en una tranquila calle peatonal con terraza y cocina a tono. Para empezar. **'sausage rolls' (salchichas en hojaldre);** luego, las típicas **'fish and chips', solomillo de cerdo Wellington, 'mousse' de chocolate.** Pocos vinos pero bien seleccionados. Merece la visita. Menú 12 €. Precio medio 30 €.

® **Urrechu.** (C.C. Zoco de Pozuelo-Somosaguas). Barlovento, 1. T. 917 157 559. *www.urrechu.com*

Cierra domingo cena y 20 días en agosto. La mejor referencia de la zona a cargo de Iñigo Pérez Urrechu. La cocina vasca tradicional con su propia impronta atrae una fiel clientela. **Menestra de verduras, rape asado sobre changurro a la donostiarra, canutillos de chocolate rellenos de queso fluido** y **crema helada de chocolate.** Precio medio 50 €. En la barra, pinchos y raciones a precios más asequibles.

En la céntrica plaza de la Independencia, la Puerta de Alcalá sigue "viendo pasar el tiempo"

RIVAS-VACIAMADRID

Palacio del Negralejo. Ctra. M-206, San Fernando de Henares-Mejorada del Campo, km 3. T. 916 691 125. *www.negralejo.com*

Cierra cenas excepto viernes y sábado; Semana Santa, agosto y Navidades. Antigua casa de campo del s. XVIII, de elegante rusticidad, con cocina vasco-castellana. Revuelto de setas y gambas, tostón asado, tarta de chocolate blanco con salsa de frambuesa. Precio medio 45 €.

SAN AGUSTÍN DE GUADALIX

Araceli. Olivar, 8. T. 918 418 531. *www.grupoaraceli.es*

Ambiente cálido en este caserón en el centro del pueblo. Revuelto de morcilla y ajetes, cordero y cochinillo asados, tartas variadas. Precio medio 40 €. Otras filiales en Villalba y La Moraleja.

SAN SEBASTIÁN DE LOS REYES

® **Faro Norte.** (Salida 19 Ctra. A-1, Madrid-Burgos). Lanzarote, 1. T. 916 639 957. *www.restaurante-faronorte.com*

Cierra domingo cena, Semana Santa y agosto. Honrada oferta culinaria, de base tradicional con reminiscencias asturianas, de Jesús Alcalá y bien ejecutada por Luis Ortega. **Fabes con almejas, pichón de Navaz asado, hojaldre de canela** y **arroz con leche.** Se sirven medias raciones. Precio medio 30 €.

TORREJÓN DE ARDOZ

La Casa Grande. (Ctra. A-2, Madrid-Barcelona, km 18). Madrid, 2. T. 916 753 900. *www.lacasagrande.es*

Cierra domingo cena y agosto. Con habitaciones. Edificio histórico del s. XVI con museo de iconos, lagar y bodega. Morcilla frita de Burgos con pimientos

La plaza de la Armería, entre el Palacio Real y la Catedral de la Almudena

asados, solomillo de buey a la parrilla, natillas. Precio medio 30 €. En la **Taberna,** precios más asequibles y cocina más informal.

TORRELODONES

® **El Trasgu.** Cudillero, 2. T. 918 590 840 *www.restauranteeltrasgu.es*

Cierra domingo cena y lunes. Espectacular terraza que se cubre cuando el tiempo no acompaña. Cocina inteligente bien elaborada con guisos caseros: **pulpo a la brasa, pescados y carnes frescas** y una notable **torrija** para terminar. Precio medio 40 €.

VALDEMORO

Chirón. Alarcón, 27. T. 918 956 974. *www.restaurantechiron.com*

Cierra domingo cena, Semana Santa y 15 días en agosto. Magnífico tándem de los hermanos Muñoz en cocina y sala. **Arroz 'socarrat' con vieiras y alioli, rabo de toro con tuétano de queso de Chinchón, 'brioche' con helado y granizado de café.** Precio medio 40 €.

VILLANUEVA DE LA CAÑADA

® **La Partida.** Velázquez, 2. T. 918 156 890. *www.lapartida.com*

Cierra cenas de domingo y martes, lunes, y del 1 al 23 de agosto. El mejor del pueblo, en una antigua casa de labranza, con el toque personal de Víctor Partida. **Ensalada 'capresse' con tomate en blanco, 'foie-gras' frito en aceite de oliva con huevas de arenque, leche frita sobre sopa de almendras.** Menú 15 €. Precio medio 35 €.

Hoteles

★★★★★ **AC Palacio del Retiro.** Alfonso XII, 14. T. 915 237 460. *www.hotelacpalaciodelretiro.com*
Hab. 50: 220/310 €. Suites: 13. Edificio emblemático. Restaurante Índice.

★★★★★ **AC Santo Mauro.** Zurbano, 36. T. 913 196 900. *www.ac-hotels.com*
Hab. 51: 236/390 €. Suites: 17. En un antiguo palacete de estilo francés, s. XIX. Recientemente reformado. Restaurante La Biblioteca.

★★★★★ **Adler.** Velázquez, 33. T. 914 263 221. *www.hoteladler.es*
Hab. 44: 300/495 €. Suites: 7. En una de las zonas privilegiadas de Madrid. Restaurante Adler.

★★★★★ **Eurostars Madrid Tower.** Pº de la Castellana, 259 B. T. 913 342 700. *www.eurostarsmadridtower.com*
Hab. 474: 150/972 €. Suites: 24. Restaurante Volvoreta, panorámico.

★★★★★ **Gran Meliá Fénix.** Hermosilla, 2. T. 914 316 700. *www.granmeliafenix.com*
Hab. 212: 180/500 €. Suites: 12. En plena plaza de Colón. Excelentes instalaciones. Restaurante Époque.

★★★★★ **Hesperia Madrid.** Pº de la Castellana, 57. T. 912 108 800. *www.hesperia-madrid.com*
Hab. 139: 122/421 €. Suites: 32. Admisión de perros, consultar. Sofisticado hotel situado en pleno centro comercial y de negocios. Restaurantes Santceloni, de alta gastronomía; Hikari Sushi Bar (japonés) y La Manzana.

★★★★★ **Hospes Madrid.** Pl. Independencia, 3. T. 914 322 911. *www.hospes.com*
Hab. 36: 200/550 €. Suites: 5. Edificio de 1883, rehabilitado. Restaurante Senzone Puerta de Alcalá.

★★★★★ **Intercontinental Madrid.** Pº de la Castellana, 49. T. 917 700 300. *www.intercontinental.com/madrid*
Hab. 302: 119/600 €. Suites: 33. En pleno centro financiero. Próximo a los principales museos. Restaurante El Jardín del Intercontinental.

★★★★★ **Occidental Miguel Ángel & Urban Spa.** Miguel Ángel, 29-31. T. 914 420 022. *www.occidentalmiguelangel.com*
Hab. 263: 105/350 €. Suites: 19. Situado en el centro comercial y financiero. Planta ejecutiva Club Miguel Ángel, que ofrece un servicio personalizado y exclusivo. Centro spa. Restaurantes Arco y El Jardín del Miguel Ángel.

★★★★★ **Orfila.** Orfila, 6. T. 917 027 770. *www.hotelorfila.com*
Hab. 20: 210/405 €. Suites: 12. Palacete del s. XIX. Lujosa y clásica decoración. En pleno centro. Relais & Châteaux. Restaurante El Jardín de Orfila.

★★★★★ **Ritz.** Pl. de la Lealtad, 5. T. 917 016 767. *www.ritzmadrid.com*

Churros (mejor con chocolate): el desayuno castizo por excelencia

Hab. 165: 380/700 €. Suites: 30. Admisión de perros, consultar. Desde su inauguración en 1910 ha sido el hotel más elegante de Madrid. Recientemente renovado y restaurado. Ha recobrado sus tés tradicionales, desayunos políticos y el *brunch* los domingos. Restaurante Goya.

***** **Silken Puerta América.** Av. de América, 41. T. 917 445 400. *www.hotelpuertamerica.com*
Hab. 315: 150/486 €. Suites: 33. Diseño de vanguardia. Próximo al centro de la ciudad. Restaurante Lágrimas Negras y Bistró del Lágrimas Negras, con *brunch* los domingos.

***** **The Westin Palace Madrid.** Pl. de las Cortes, 7. T. 913 608 000. *www.westin.com/palacemadrid*
Hab. 417: 494/1776 €. Suites: 48. Admisión de perros, consultar. La renovación interior y exterior del hotel lo ha convertido en espacio de Interés Cultural. La bodega y el espléndido *hall* conservan el empaque y lujo de siempre. Restaurante La Rotonda (con *brunch* los domingos) y Asia Gallery.

***** **Único.** Claudio Coello, 67. T. 917 810 173. *www.unicohotelmadrid.com*
Hab. 44: 180/350 €. Suites: 1. Lujoso hotel *boutique*. Restaurante Ramon Freixa Madrid.

***** **Urban.** Carrera de S. Jerónimo, 34. T. 917 877 770. *www.derbyhotels.com*
Hab. 96: 190/500 €. Suites: 10. Museo Egipcio. Restaurantes Europa Decó y El Cielo del Urban, cenas frías de lujo en la terraza del hotel con precio y satisfacción a tono.

***** **Villa Magna.** Pº de la Castellana, 22. T. 915 871 234. *www.hotelvillamagna.com*
Hab. 100: 250/653 €. Suites: 50. Completamente renovado, combina un estilo discreto y elegante con un diseño atemporal. Ofrece la más avanzada tecnología. Servicio de mayordomo, limusina y *baby sitter*. Restaurante Tse Yang, con elegante ambiente y buena cocina china.

***** **Villa Real.** Pl. de las Cortes, 10. T. 914 203 767. *www.derbyhotels.com*
Hab. 115: 144/430 €. Suites: 19. Los salones y zonas nobles están decorados con una de las colecciones privadas más importantes de mosaicos romanos de los ss. III al V y vasos de Ampuria. Restaurante Europa East 47, cocina cuidada.

***** **Wellington.** Velázquez, 8. T. 915 754 400. *www.hotel-wellington.com*
Hab. 260: 140/439 €. Suites: 25. En pleno centro del barrio de Salamanca. Junto al Retiro y al *paseo del arte*. Restaurante Goizeko-Wellington, cocina vasca, y Kabuki-Wellington, japonesa.

Como el resto de la ciudad, la Puerta del Sol se renovó en el reinado de Carlos III

Magalofes A Coruña Ver Ferrol

1 · F-3

Majadahonda Madrid

53 · C-3

Ver Madrid/Restaurantes/Alrededores de Madrid

Málaga

111 · B-2
A Madrid, 544 km
Alt. 8 m · Pob. 566.477
T. 952 122 020
GPS 36° 43' 9'' N · 4° 25' 16'' O

Visitar: Ciudad playera y portuaria que cuenta con un interesante casco clásico, gobernado por la **Catedral,** de los ss. XVI al XVIII. Fue fundada por los Reyes Católicos y se levantó sobre la Mezquita Mayor. Desde el Castillo de Gibralfaro (s. XIV) se obtienen inmejorables panorámicas. La otra fortaleza, la **Alcazaba** (s. XI), es uno de los monumentos más importantes de la Málaga musulmana. Otras construcciones de interés son el **Teatro Romano,** la puerta de las Atarazanas, la iglesia del Sagrario (ss. XV y XVI) y la de Santiago (s. XV), la Torre Mudéjar, el Palacio Episcopal (s. XVIII), el **Santuario de la Victoria** o la plaza de toros de La Malagueta (1876). Hay varios interesantes museos, como el de las Cofradías de Semana Santa; el Taurino Antonio Ordóñez; la Casa Natal de Picasso; la **Fundación Municipal Pablo Ruiz Picasso;** el Museo Municipal de Málaga; el Museo Picasso; el Museo Carmen Thyssen o el Centro de Arte Contemporáneo. Destacan los edificios civiles de la sede de la Sociedad Económica de Amigos del País; la **Casa-Palacio del Marqués de Valdeflores** (s. XVIII); el Ayuntamiento (s. XX); el Palacio de Miramar (en la actualidad, Palacio de Justicia); el Palacio de la Aduana (s. XVIII); el Teatro Municipal Miguel de Cervantes; la Casa del Consulado (del s. XVIII) o el Antiguo Conservatorio María Cristina (ss. XVI al XIX). Se pueden visitar numerosos jardines, como el **Parque Central de Málaga,** el Pedro Luis Alonso, la puerta Oscura o los de Picasso.

La monumental Alcazaba mira al puerto de Málaga desde el monte Gibralfaro

Fiestas: Es de especial relevancia su **Semana Santa,** en la que destacan los desfiles procesionales, como el de Jesús Cautivo (Lunes Santo), el de Nuestro Padre Jesús el Rico, con el privilegio desde tiempos de Carlos III de liberar a un preso (Miércoles Santo), o el de Cristo de la Buena Muerte y Virgen de la Esperanza (Jueves Santo). En abril se celebra el **Festival de Cine,** y en agosto, la feria de Málaga, con romería al Santuario de Sta. María de la Victoria, patrona de la ciudad. En la celebración se suceden un ciclo de conciertos, un concurso de enganches, casetas, caballos o la Feria de Día, en el Centro Histórico. El 28 de diciembre es la **fiesta Mayor de Verdiales,** en la venta de S. Cayetano.

Alrededores: Merece la pena visitar el jardín botánico-histórico en la **finca de la Concepción,** el Parque Natural Montes de Málaga o, en **Cártama,** a 22 km, la ciudad mudéjar y la fortaleza árabe. En **Álora,** a 39 km, el castillo, la garganta del Chorro y el Camino del Rey.

Restaurantes

☼☼ **Café de París.** Próximo traslado a Muelle Uno, junto a la ermita. Vélez Málaga, 8. T. 952 225 043. *www.rcafedeparis.com*

Cierra cenas de domingo y lunes de mayo a octubre; lunes, domingo y del 1 al 15 de octubre. José Carlos García está ilusionado con el próximo traslado a Muelle Uno, en el puerto de la ciudad. Continúa demostrando su inquietud creadora, que satisface a todos. **Ajo blanco de anacardos con manzana verde y ciruelas, pescado con arroz de remolacha y albahaca, nido crujiente con 'toffee' de plátano y chocolate.** Buen equipo de sala capitaneado por Lourdes. Precio medio 50 €.

® **Fiesta** (escuela de hostelería). (En Churriana, a 7 km, Ctra. de Coín, km 89). Finca la Cónsula, s/n. T. 952 622 424. *www.laconsula.com*

Cierra cenas, sábado, domingo, festivos, Semana Santa, agosto y Navidades. Sede de la prestigiosa escuela de hostelería. Cuenta con una gama culinaria creativa muy bien resuelta y atractiva. **Tallarines con marisco, tomate natural y 'pesto' de albahaca, canetón asado a la miel de flores y salsa de castañas.** Precio medio 40 €.

La Cosmopolita Malagueña *(gastrobar).* Av. José Denís Belgrano, 3. T. 952 215 827. *www.lacosmopolita.com*

Este *gastro-guiso* en poco tiempo se ha significado por los sabrosos platos guisados y las tartas. Alubias con rabo de toro, tarta Sacher. Precio medio 25 €.

® **La Moraga Antonio Martín.** Pl. Malagueta, 4. T. 952 224 153. *www.lamoraga.com*

Cierra domingo cena. Dani García ha incorporado este emblemático local a sus *moragas.* Las especialidades son el **arroz caldoso de bogavante y sus variadas entradas frías y calientes.** Precio medio 25 €. **La Moraga** *(gastrobar).* Fresca, 12. T. 952 226 851 (cierra domingo).

Agosto es sinónimo de feria en Málaga, que se rinde ante Sta. María de la Victoria

® **Limonar 40.** Pº del Limonar, 40. T. 952 060 225. *www.limonar40.com*
Cierra domingo cena. Enclavada en una casa señorial con jardín, propone una cocina de mercado con platos de corte moderno en sabor y presentación, sin olvidar algún clásico de su carta. Precio medio 35 €.

Montana. Compás de la Victoria, 5. T. 952 651 244. *www.restaurantemontana.es*
Cierra cenas de martes y miércoles en otoño e invierno, domingo en primavera y verano; y lunes. En el histórico barrio de la Victoria, un palacete del s. XIX convertido en restaurante. Tacos de pulpo con patata confitada y mahonesa, presa ibérica con arroz en *risotto*, fluido de chocolate. Precio medio 40 €.

Hoteles

**** **Castillo de Santa Catalina.** Ramos Carrión, 38. T. 952 212 700. *www.castillodesantacatalina.com*
Hab. 8: 99/125 €. Suites: 2. Próximo al centro histórico.

**** **Cortijo La Reina.** Ctra. Colmenar-Málaga A-7000, km 17,8. T. 951 014 000. *www.hotelcortijolareina.com*
Hab. 36: 104/165 €. Suites: 5. En el Parque Natural de los Montes de Málaga. Escuela de hostelería. Restaurante Dama de Noche.

**** **Parador de Málaga Golf.** (Salida Coín-Aeropuerto). Autovía A-7 Málaga-Algeciras, km 231. T. 952 381 255. *www.parador.es*
Hab. 88: 100/182 €. Suites: 4. Situado entre Torremolinos y Málaga, en un lugar tranquilo, rodeado de agradable jardín al borde del mar. Ideal para descansar y gozar de la tranquilidad del entorno. Buena cocina con recetas locales.

**** **Parador de Turismo de Gibralfaro.** Castillo Gibralfaro, s/n. T. 952 221 902.
Hab. 38: 149/171 €. Espléndida visión de la ciudad, la costa y la sierra desde este parador rodeado de pinos y eucaliptos, inmediato a las ruinas de la antigua fortaleza alzada por los fenicios. Restaurante de gran calidad donde se encuentran tres *picassos*.

Malleza Asturias Ver Salas

3 · D-3

Malpica de Bergantiños A Coruña Ver A Coruña

1 · C-3

Manga del Mar Menor, La Murcia

101 · D-2
A Murcia, 75 km · Madrid, 00 km
Alt. 1 m · Pob. 1.654
T. 968 146 136
GPS 37° 46' 31'' N · 0° 45' 0'' O

Visitar: Su principal tesoro son las **playas,** sin oleaje y con una temperatura superior a la normal, típicamente mediterráneas, de arenas finas y con una amplia oferta deportiva. También destacan el **puerto deportivo de Tomás Maestre** y varios clubes de regatas y buceo.

Alrededores: Merece la pena escaparse al **cabo de Palos** o acercarse hasta Cartagena para conocer el **Espacio Natural Calblanque,** el monte de las Cenizas y la peña del Águila. En el mar Menor destaca el Espacio Natural de las Salinas de S. Pedro del Pinatar.

Restaurantes

Parador del Mar Menor. Playa del Vivero, 55. T. 968 563 873. *www.paradordelmarmenor.com*
Cierra en invierno, almuerzos de martes a jueves, domingo cena y lunes. A orillas del mar Menor. *Tartar* de salmón con mahonesa de pez volador, mújol con pisto, flan de pasión con chocolate. Precio medio 45 €.

San Remo. (Zona plaza Bohemia). Subida al Hotel Galua, s/n. T. 968 140 813. *www.arealamanga.net/sanremo*
Cierra domingo cena en invierno; y del 9 al 27 de diciembre. Berenjena rellena de verduras, lubina a la sal, *panna cotta* de fresa. Precio medio 25 €.

Hoteles

***** **La Manga Club Príncipe Felipe.** (En Cartagena-Los Belones, a 2 km). La Manga Club. T. 968 331 234. *www.lamangaclub.com*
Hab. 185: 160/325 €. Suites: 7. En el corazón del complejo turístico La Manga Club y junto al Parque Natural de Calblanque. Con vistas a dos campos de golf. Gran centro spa. Restaurante Amapola.

Viento, agua y destreza: combinación perfecta para disfrutar en el Mar Menor

☆☆☆☆ **Cavanna.** Gran Vía, s/n. T. 968 563 600. *www.izanhoteles.es*
Hab. 400: 52/184 €. Centro de estética y belleza. Escuela de vela. En primera línea de mar.

110 · D-3

Manilva Málaga Ver Estepona

Manresa Barcelona

37 · A-2
A Barcelona, 68 km
A Madrid 575 km
Alt. 238 m · Pob. 76.558
T. 938 784 090.
GPS 41° 43' 30'' N · 1° 49' 20'' E

Visitar: Ciudad industrial y comercial que cuenta con un interesante centro histórico. Tiene especial interés la **Basílica de La Seu,** gótico catalán, en la que destacan los retablos góticos de Pere Serra y el de Arnau Bassa. Merece la pena conocer su plaza Mayor y casco histórico, por donde se puede realizar una **Ruta Modernista.** Cuenta con varios museos, como el Comarcal, donde se exhibe una gran colección de cerámica; el de la Tècnica, el de la Geologia o el Centre de Interpretació del Carrer del Balç (sobre la Manresa del s. XIV). Puede visitarse, además, la **cueva de S. Ignacio de Loyola.**

Cerca de Manresa, el parque Casal Rojas, original museo al aire libre

Fiestas: En febrero se celebran la **feria medieval de L'Aixada** y la fiesta de la Misteriosa Llum (día 21), que recuerda un prodigio ocurrido en 1345 por el que los manresanos resolvieron un pleito con su obispo. En mayo es la feria de L'Ascensió; en agosto, la fiesta Mayor; en noviembre, la tradicional fiesta Mediterránea y la feria de St. Andreu.

Alrededores: A 8 km se ubican el monasterio románico de **St. Benet de Bages** y el complejo turístico Món St. Benet. A 20 km está el **Parc Natural de la Muntanya de Montserrat** y el **Parc Natural de St. Llorenç del Munt i l'Obac.** A 18 km, en **Suria,** destacan el castillo y el centro histórico.

Restaurantes

☼ **Aligué.** Ctra. de Vic, 8-10. T. 938 732 562. *www.restaurantaligue.es*
Cierra cenas de domingo a jueves. Bienvenido Aligué a los fogones y su hermano Agustín en la sala dirigen con tiento y dedicación este histórico y familiar restaurante de la Cataluña central con una oferta del mejor producto estacional. **Corona de escalivada con bacalao al pilpil de pistachos, rape asado con chalotas, ajos y tomate confitado.** Menú 12 €. Precio medio 40 €.

® **L'Angle.** (En St. Fruitós de Bages, a 6 km. H. Món St. Benet). Camí de St. Benet, s/n. T. 938 759 429. *www.restarantangle.com*
Cierra cenas excepto viernes y sábado; lunes, 15 días en enero y en agosto. La personalidad culinaria de Jordi Cruz se refleja en la elaboración de los platos de este buen restaurante del mágico complejo gastronómico cultural del Món St. Benet. Precio medio 70 €.

Manzanares Ciudad Real

82 · B-2
A Ciudad Real, 55 km
A Madrid, 171 km
Alt. 654 m · Pob. 19.186
GPS 38° 59' 46'' N · 3° 22' 28'' O

Visitar: Localidad nacida al abrigo del **Castillo de Pilas Bonas** (s. XIII), que cuenta con una amplia gama de monumentos como la **iglesia Ntra. Sra. de la Asunción** (s. XV), las ermitas de La Veracruz (s. XVIII), S. Antón y La Paz, los palacios del Marqués de Salinas (s. XVII) y los Ochoa, o el convento de los Franciscanos. Son recomendables sus rutas de senderismo y cicloturismo.

Fiestas: A finales de abril tiene lugar la celebración de **Divina Pastora;** en mayo, la romería de S. Isidro; en julio, fiestas y la Feria Regional del Campo y de Muestras Fercam. A finales de agosto se organiza el **Festival Internacional de Teatro Contemporáneo,** y el 14 de septiembre, las patronales de Ntro. Padre Jesús del Perdón. Otras fiestas de interés son las de S. Antón, S. Blas, La Paz y los carnavales.

Alrededores: En **Daimiel,** a 23 km, destaca el Parque Natural de las Tablas de Daimiel. A 35 km se encuentra el **Parque Natural Lagunas de Ruidera,** y a 33 km, **Almagro.**

Restaurantes

Castillo de Pilas Bonas. (H. Hospedería Castillo de Pilas Bonas). Pl. S. Blas, s/n. T. 926 647 196. *www.pilasbonas.com*
Con habitaciones. Cocina y vinos manchegos en un castillo medieval rehabilitado. Tortilla de rabo de toro. De postre, helado de pan.
Precio medio 30 €.

Hoteles

☆☆☆ **Parador de Turismo.** Autovía de Andalucía, km 175. T. 926 610 400. *www.parador.es*

Hab. 50: 84/128 €. Ubicado entre los hermosos paisajes del Parque Natural de las Tablas de Daimiel y las Lagunas de Ruidera, en un edificio moderno y confortable. Restaurante Azafrán.

Manzanares el Real Madrid

53 · C-2
A Madrid, 48 km
Alt. 908 m · Pob. 7.600
T. 639 179 602
GPS 40° 43' 36'' N · 3° 51' 58'' O

Visitar: El **Castillo de los Mendoza** (s. XV), declarado Monumento Histórico-Artístico, es el más valioso de sus edificios. A la entrada del pueblo se pueden apreciar los restos del castillo viejo. Destacan también la **iglesia de Ntra. Sra. de las Nieves** (s. XIV); el puente medieval; el Museo Etnológico y Arqueológico; la fuente de las Ermitas; el embalse de Santillana; el río Manzanares; la ermita de Peña Sacra (s. XVI) o el **Parque Regional de La Pedriza,** donde puede visitarse el Centro de Interpretación Medioambiental. El lugar es perfecto para la práctica de senderismo, montañismo y rutas en bici o a caballo.

Fiestas: De sus carnavales destaca el Entierro de la Sardina. El lunes de Pentecostés tiene lugar la fiesta patronal en honor a Ntra. Sra. de Peña Sacra. A primeros de agosto son las **fiestas de la Virgen de las Nieves,** con festejos taurinos y actuaciones musicales; el último día se reparten platos de toro con patatas. El 14 de septiembre se celebra el Cristo de la Nave, patrón de la villa.

Alrededores: Son de interés los parajes de **La Pedriza,** una concentración de bloques de granito incluida en la Red Mundial de Reservas de la Biosfera y enclavada en el Parque Regional de la Cuenca Alta del Manzanares.

Manzanares el Real, destino de fin de semana de muchos madrileños

Restaurantes

La Cabaña. (En Soto del Real, a 8 km). Pl. Chozas, s/n. T. 918 477 882. *www.lacabanadesoto.com*

Cierra cenas de domingo a miércoles en invierno, lunes cena y martes. Vistas a la sierra desde sus amplios ventanales y terraza veraniega. *Foie-gras* de pato en terrina, hamburguesa de buey con *fricandó* de tomate, *brownie* con crema de yogur. Menú 16 €. Precio medio 30 €.

Marbella Málaga

110 · F-2
A Málaga, 56 km
A Madrid, 600 km
Alt. 25 m · Pob. 134.623
T. 952 771 442
GPS 36° 30' 35'' N · 4° 53' 11'' O

Fiestas: El 11 de junio se celebra la feria de S. Bernabé, y el 19 de octubre, la **feria de S. Pedro de Alcántara.** Destacan también su Semana Santa, la **Subida a la Cruz de Juanar,** las fiestas de la Virgen del Carmen (fiesta marinera con procesión), el Día del Tostón o los carnavales.

Alrededores: Destacan las termas romanas del s. III en **S. Pedro de Alcántara,** los restos de la Basílica paleocristiana de Vega del Mar, del s. IV; la villa romana de Río Verde (ss. I y II), **Puerto Banús,** el Museo Ralli o las dunas de Artolas.

Restaurantes

☼☼☼

Calima

Espectacular comedor con grandes ventanales frente al mar. Dani García ofrece un menú único –19 platitos– (142 €) con creaciones de siempre y novedades. Todo ello con las esencias andaluzas en su creatividad, como el **cucurucho de toro de Barbate, la pipirrana nitro de percebes o el gazpachuelo de angulas del Guadalquivir.** De postre, **Pasión por Marbella.** Cierra almuerzos excepto viernes y sábado, domingo, lunes y del 1 de noviembre a abril.

Precio medio 142 €.

(H. Gran Meliá Don Pepe). Av. José Meliá, s/n. T. 952 764 252. *www.restaurantecalima.com*

☼ **El Lago.** Urbanización Elviria Hills. (Ctra. N-340, Cádiz-Málaga, km 192, salida Elviria). Av. las Cumbres, s/n. T. 952 832 371. *www.restauranteellago.com*

Cierra lunes excepto agosto; y primera quincena de noviembre. Diego del Río, basándose en ingredientes andaluces, elabora una cocina vanguardista con carácter propio en un luminoso comedor con vistas al campo de golf. **Tomate de terreno semiseco con queso de cabra de Archidona, paletilla**

Un puerto exclusivo

El lujo domina en las calles de Puerto Banús, sembradas de hoteles de ensueño, *boutiques* de alta gama y coches de muy elevados precios.

de chivo malagueño, Valle del Guadalhorce (naranja, limón, mandarina, pomelo y lima). Menús 25, 48 y 60 €. Precio medio 45 €.

® **La Meridiana del Alabardero.** (Las Lomas, a 1 km de la mezquita). Camino de la Cruz, s/n. T. 952 776 190. *www.grupolezama.es*
Espectacular emplazamiento, rodeado de jardín con mesas en primavera y verano. **Vieira al carbón, pez san pedro sobre 'tartar' de borraja.** Precio medio 60 €.

® **La Moraga** *(gastrobar)*. (En Puerto Banús). Ramón Areces, 1. T. 952 817 448. *www.lamoraga.com*
Tapas tradicionales con un toque creativo e innovador, y las calidades propias de Dani García. **Ensalada de diferentes lechugas con langostinos en 'tempura', mini tortilla de patatas, tarro de chocolate 'bourbon'.** Precio medio 20 €. **La Moraga Sweet** (Ramón Areces, 2. T. 952 815 652), con especialidades dulces.

® **La Tirana.** (Urb. La Merced Chica-Huerta Márquez). Sta. Ana, 13. T. 952 863 424. *www.restaurantelatirana.es*
Cierra domingo. Merece la pena cenar en la encantadora terraza-jardín de una bonita casa de los años 60 y disfrutar de la buena oferta. **'Tartar' de espadón con ensalada de mango verde, 'magret' de pato con salsa de cerezas, tarta negra con almendras y nueces.** Precio medio 35 €.

® **Marbella Club Grill.** (H. Marbella Club). Bulevar Príncipe Alfonso von Hohenlohe, s/n. T. 952 822 211. *www.marbellaclub.com*
Cierra almuerzos. La espectacular terraza-jardín y la buena cocina de Juan Gálvez merecen la pena. **'Tartar' de atún rojo con 'mousse' de aguacate y caviar iraní, lomo de lubina salvaje al aceite virgen con salteado de tomate y albahaca, 'mousse' de chocolate Marbella Club.** Precio medio 85 €.

Messina. Av. Severo Ochoa, 12. T. 952 864 895. *www.restaurantemessina.com*
Cierra almuerzos, domingo y segunda quincena de enero. Cocina italomediterránea con el cualificado buen hacer de su propietario, Mauricio Giovanini, en un ambiente moderno y acogedor. Precio medio 44 €.

® **Milmilagros** (bar y bistró). Ctra. N-340, Cádiz-Málaga, Km 199. T. 952 858 958.
Cierra domingo cena y lunes. La última creación de Dani García. Bistró andaluz desenfado. **Patatas arrugadas con una salsa brava, 'hambur-gruesa' XXL de rabo de toro guisado con queso Havarti, torrija empanada en leche de coco y chocolate blanco con menta.** Precio medio 25 €.

☼ **Roberto.** (H. Puente Romano). Ctra. N-340, Cádiz-Málaga, km 177,5. Bulevar Príncipe Alfonso von Hohenlohe, s/n. T. 952 820 900. *www.puenteromano.com*
Cierra almuerzos, y de noviembre a abril. Un buen italiano en la Milla de Oro. **'Tagliolini' de sepia al ajo dulce, 'ossobuco' a la milanesa, tiramisú.** Bodega dirigida por Francisco José Rubiales, premio Mejor Sumiller de Málaga 2011. Precio medio 55 €.

® **Santiago.** Pº Marítimo Duque de Ahumada, 5. T. 952 770 078. *www.restaurantesantiago.com*
Cierra noviembre. Visita ineludible para disfrutar de una buena cocina marinera con agradables instalaciones frente al mar. **Fritura de pescados, corvina, sopa de chocolate con granizado de sandía.** Precio medio 40 €.

☼ **Skina.** (Cerca del aparcamiento del mercado, subiendo por Jacinto Benavente). Aduar, 12. T. 952 765 277. *www.restauranteskina.com*
Cierra sábado almuerzo, domingo, lunes, del 9 de enero al 2 de febrero y del 7 al 15 de junio. Marcos Granda ha conseguido en su reducido local en el centro del pueblo ser toda una referencia basada en el menú diario como única oferta. **Puchero con 'pringá' y verduras en espagueti, chivo lechal malagueño con migas de 'brioche', caldo de ciruelas y queso de cabra.** Precio medio 80 €.

Marbella conserva intactos su encanto y estilo tradicionales

Hoteles

★★★★★ **Puente Romano.** Bulevar Príncipe Alfonso von Hohenlohe, s/n. T. 952 820 900. *www.puenteromano.com*

Hab. 204: 216/1.026 €. Suites: 81. Admisión de perros, consultar. Un oasis de 55.000 m² de jardines. Diseñado al estilo de un pueblo andaluz con pequeñas casitas de tres plantas. Pistas de tenis y pádel. Marbella Club Golf Resort y El Higueral Club de Golf, exclusivos. Restaurantes Beach Club *(buffet)*, Roberto (cocina italomediterránea) y Café Puente.

***** **Gran Meliá Don Pepe.** José Meliá, s/n. T. 952 770 300. *www.gran-melia-don-pepe.com*
Hab. 201: 160/410 €. Suites: 17. Admisión de perros, consultar. Opción de servicio de canguro. En primera línea de playa, muy próximo al centro. La mayoría de las habitaciones tienen vistas al mar. Restaurantes Calima, Dama de Noche, Palapa y El Copo.

Marchamalo Guadalajara Ver Guadalajara

53 · F-2

Marcilla Navarra Ver Olite

23 · A-3

Matadepera Barcelona Ver Terrassa

37 · B-3

Mataelpino Madrid Ver Navacerrada

53 · B-2

Matapozuelos Valladolid Ver Medina del Campo

42 · D-1

Mataró Barcelona

37 · D-3
A Barcelona, 28 km
A Madrid, 659 km
Alt. 28 m · Pob. 122.932
T. 937 582 698
GPS 41° 32' 14'' N · 2° 26' 39'' E

Visitar: Ciudad costera que todavía cuenta con vestigios de la época romana en el Museo de Mataró y la **villa romana de Torre Llauder.** Destacan también la Basílica de Sta. Maria y el conjunto dels Dolors, núcleo principal de barroco ornamentado por Antoni Viladomat, pintor del s. XVIII. Otros edificios de interés son la **Casa Coll i Regàs,** obra modernista del arquitecto Josep Puig i Cadalfalch, la nave Gaudí o la Col·lecció Bassat d'Art Contemporani de Catalunya. Merece la pena pasear por el parque forestal.

Fiestas: En febrero es la **Fira de l'Arbre, la Planta, la Flor, els Animals i el Jardí;** en marzo se celebran las procesiones de Semana Santa; en mayo y junio, la Fira d'Atraccions; en julio, la fiesta Mayor de **Les Santes;** en octubre, la Fira Ferroviaria, y en los meses de noviembre y diciembre, la Fira de Pessebres y Ornaments de Navidad.

Alrededores: En **Vilassar de Dalt** destacan el castillo del s. X y su iglesia; en la **Cabrera,** el Castillo de Burriach (s. XV), y en **Argentona,** el Museu del Càntir (botijo).

El Museu del Càntir de Argentona exhibe centenares de botijos

Restaurantes

® **Can Dimas.** Pº Marítim del Callao, 152. T. 937 903 209. *www.restaurantecandimas.com*
Cierra lunes no festivos y tres primeras semanas de febrero. Toda una institución en la misma playa de Mataró. Jordi Morist y Nuria Bosch permanecen fieles en su empeño de que el cliente se sienta feliz y como en casa. **Salpicón de mariscos, parrillada de pescado, coca de Llavaneres.** Precio medio 35 €.

® **Can Jaume.** (En St. Andreu de Llavaneres, a 3 Km). Puerto Balís, s/n. T. 937 926 960. *www.canjaume.cat*
Cierra cenas excepto viernes y sábado de mayo a septiembre; miércoles y del 25 de diciembre al 21 de enero. **Arroces marineros** y el mejor **pescado a la brasa,** en una situación excepcional, frente a la mismísima playa en el puerto Balís. Precio medio 35 €.

® **El Racó del Navegant.** (En St. Andreu de Llavaneres, a 3 km). Puerto Balís, 24-25. T. 937 928 613. *www.elracodelnavegant.com*
Cierra domingo cena, lunes y del 2 al 6 de enero. Dentro del puerto deportivo con ambiente y oferta marinera. **Fideos de mariscos, pescados de la lonja al horno, coca de Llavaneres.** Precio medio 40 €.

® **Hostal de la Plaça.** (En Cabrils, a 4 km). Pl. de l'Esglesia, 32. T. 937 531 902. *www.hostaldecabrils.cat*
Cierra domingo cena, y lunes excepto festivos. Encanto, tradición y producto de temporada en este maravilloso hostal ubicado en una masía catalana del s. XVII

en pleno corazón de esta bonita y agradable población del Maresme. **Canelones de verdura, albóndigas guisadas con 'ceps'.** Menú 23 €. Precio medio 40 €.

® **Sangiovese.** St. Josep, 31. T. 937 410 267. *www.sangioveserestaurant.com*
Cierra domingo cena, lunes y tres semanas en agosto. Local moderno y acogedor donde Pepi Sánchez en la cocina y Juan Arriaza como director de sala y sumiller presentan una personalizada propuesta de cocina de autor. **'Suquet' de habitas tiernas con gambas y almejas, virutas de ternera al aceite de romero con verduras a la parrilla.** Menú 22 €. Precio medio 40 €.

® **Tresmacarrons.** (En El Masnou, a 18 km). Av. Maresme 21. T. 935 409 266. *www.tresmacarrons.com* P
Cierra domingo cena, lunes y del 15 al 31 de agosto. Joven e inquieto, Miquel Aldana ofrece, con el inestimable apoyo de su padre, Joan, en el comedor, una cocina moderna en un agradable espacio funcional y minimalista. **Arroz seco con cigalas, liebre a la 'royal' con 'parmentier' de trufa negra y huevo escalfado,** postres elaborados en la casa. Precio medio 40 €.

104 · A-2

Mazagón Huelva Ver Palos de la Frontera

Medina de Pomar Burgos

12 · E-3
A Burgos, 80 km
A Madrid, 320 km
Alt. 600 m · Pob. 6.311
T. 947 147 042
GPS 42° 55' 50'' N · 3° 29' 18'' O

Puerta de la capilla de S. Bernabé, en el complejo kárstico de Ojo Guareña

Visitar: Casco histórico medieval de los ss. XIV y XV emplazado en Las Merindades burgalesas. Destaca su **Casa Consistorial,** del s. XIX; el Alcázar de los Condestables (s. XIV), hoy convertido en **Museo Histórico de Las Merindades;** el Monasterio de Sta. Clara (ss. XIV al XVII); la ermita de S. Millán (s. XII); el Santuario de Ntra. Sra. del Rosario (ss. XIII al XVI); las murallas medievales (ss. XIV y XV); la puerta de Oriente y la Cadena; el **Arco de la Judería** (s. XVI); el pasaje y parroquia de la Sta. Cruz (ss. XIII al XVIII); la iglesia de S. Pedro de la Misericordia (s. XVIII) o el **Centro de Interpretación del Románico.** Se pueden realizar numerosas rutas de senderismo.

Fiestas: Del 14 al 15 de mayo tienen lugar las celebraciones patronales de S. Isidro. Del 1 al 12 de octubre, **Ntra. Sra. del Rosario** y en octubre se recuerda la **Ruta de Carlos V,** el último viaje hecho por el emperador.

Alrededores: Es interesante conocer el **complejo kárstico de Ojo Guareña** o el **monte Santiago,** declarado Monumento Natural.

Restaurantes

Mesón Don Pablo. (En Villasana de Mena, a 32 km). Mercadillo, s/n. T. 947 126 663. *www.grupodonpablo.com* P
Cierra domingo cena. Situado en el Valle de Mena, comarca de Las Merindades. Pincho de morcilla de Burgos, cordero asado, torrijas. Precio medio 30 €.

Plati. (En Villarcayo, a 8 km. H. Plati). Nuño Rasura, 20. T. 947 131 015. *www.hotelplati.com* P
Cierra domingo cena, miércoles excepto julio y agosto, y del 20 de diciembre a primeros de febrero. Con 20 habitaciones. Casona de piedra a la salida de Villarcayo. Fritos variados, chuletón a la piedra, torrijas. Precio medio 30 €.

Medina de Rioseco Valladolid

31 · C-2
A Valladolid, 40 km
A Madrid, 225 km
Alt. 735 m · Pob. 4.977
T. 983 720 319
GPS 41° 52' 58'' N · 5° 2' 39'' O

Visitar: Situada en el corazón de Tierra de Campos, Conjunto Histórico-Artístico que cuenta con un importante patrimonio religioso, encabezado por la **iglesia de Sta. María de Mediavilla,** en la que destaca la capilla de los Benavente, con un retablo mayor de Juan de Juni (s. XVI). La iglesia de Santiago (ss. XVI al XVII) tiene una bella portada lateral de Espinosa, y la de S. Francisco, gótico tardío, acoge el **Museo de Arte Sacro,** con retablos platerescos de Espinosa y terracotas del martirio de S. Sebastián y S. Jerónimo Penitente, ambos de Juan de Juni. Los soportales y la **iglesia de Sta. Cruz,** de estilo herreriano, o la iglesia de Santiago, con un retablo de Churriguera del s. XVII, completan este recorrido cultural. Son interesantes, además, el **Museo de Semana Santa** de la iglesia de Sta. Cruz, el Museo Parroquial, la dársena del **Canal de Castilla,** las puertas de la antigua muralla (s. XIII), la puerta de Zamora o la **Fábrica-Museo de Harinas S. Antonio,** Bien de Interés Cultural del s. XIX.

Fiestas: La **Semana Santa** está declarada de Interés Turístico Nacional, con tallas de Juan de Juni y Gregorio Fernández, guardadas en la iglesia de la

Sta. Cruz. Destacan también el **Corpus Christi,** la feria y fiestas de S. Juan, en junio, o la **romería de la Virgen de Castilviejo,** el 8 de septiembre.

Alrededores: En **Belmonte de Campos,** a 8 km, se puede visitar la torre del homenaje de un castillo en ruinas del s. XVI; en **Torrelobatón,** a 27 km, el castillo del s. XIV, que fue la última fortaleza de los comuneros; en **Villalón de Campos,** a 28 km, el rollo del s. XVI; en **Castromonte,** la Sta. Espina y el Monasterio cisterciense del s. XIII, y en **Mayorga,** a 18 km, las iglesias mudéjares de Sta. María de Arbas, Sta. Marina, Sta. María y El Salvador.

Restaurantes

Fátima. (En Montealegre de Campos, a 14 km. H. Posada Real La Casona de Montealegre). Nicolás Rodríguez, 64. T. 983 718 092. *www.restaurantefatima.es*
Cierra cenas de domingo y martes en invierno, lunes y del 10 de enero al 10 de febrero. Con 7 habitaciones. Casona del siglo XVIII rehabilitada en plena Tierra de Campos, donde Fátima Pérez actualiza la cocina tradicional con acierto. Suculentas jornadas de setas en otoño. Buena bodega que dirige su marido, José Carlos Arroyo. Precio medio 35 €.

La Rúa. S. Juan, 25. T. 983 700 519. *www.restaurantelarua.es*
Cierra jueves cena y del 10 de septiembre al 1 de octubre. Cocina tradicional castellana junto al Canal de Castilla. Menestra de verduras, lechazo y cochinillo asados, *mousse* de limón. Menú 10 €. Precio medio 28 €.

Medina del Campo Valladolid

42 · D-2
A Valladolid, 44 km
A Madrid, 159 km,
Alt. 720 m · Pob. 21.540
T. 983 811 357
GPS 41° 18' 28'' N · 4° 55' 23'' O

Visitar: Tiene un interesante casco antiguo, bajo la atenta mirada del **Castillo de la Mota** (s. XV). La parte clásica está habitada por edificios civiles, como el plateresco **Palacio de los Dueñas** (s. XVI), el herreriano Hospital Simón Ruiz (s. XVI), la Casa Blanca, de primera mitad del s. XVI y estilo renacentista, la única que queda en Castilla de estas características; las casas consistoriales y Casa de los Arcos (s. XVII), de estilo herreriano; el Palacio Real Testamentario mudéjar (s. XIV), donde vivió y murió la reina Isabel la Católica; la Casa del Peso (s. XVII), de estilo castellano, o las Reales Carnicerías (s. XVI). Es interesante el **Museo de las Ferias** (s. XVI), situado en la antigua iglesia de S. Martín. Otros templos de interés son la iglesia de S. Miguel Arcángel (s. XVI); la Colegiata de S. Antolín (s. XVI); la iglesia de Santiago el Real, un templo jesuítico del s. XVI; el convento de S. José de Carmelitas Descalzas, de finales del s. XVI, cuya segunda fundación fue hecha por Sta. Teresa de Jesús; el **convento de la Magdalena,** mm. Agustinas, del s. XVI; el Monasterio de Sta. Clara (s. XVI), renacentista con influencias góticas; el convento de Sta. María la Real (s. XIV), con iglesia gotico-renacentista; la iglesia de la Inmaculada Concepción (pp. Carmelitas) del s. XVII, barroco con influencia herreriana; la iglesia de Sto. Tomás Apóstol, del s. XV y postherreriana, o la capilla de S. Juan de la Cruz (s. XVI). Se puede practicar también turismo enológico.

El Castillo de la Mota acoge cursos, conferencias, seminarios y exposiciones

Fiestas: **Semana Santa,** de Interés Turístico Nacional. 13 de Junio: S. Antonio. A principios de septiembre, **S. Antolín,** de Interés Turístico Regional y con competiciones de los tradicionales juegos de la calva, rana y tanga.

Alrededores: Destacan en **Las Salinas,** a 3 km, el Palacio de las Salinas, de principios del s. XX, y la capilla del Milenio; en **Olmedo,** a 27 km, las murallas y las iglesias de Sta. María del Castillo, S. Andrés y S. Miguel, del s. XIII; en **Íscar,** el Castillo e iglesias de S. Miguel y Sta. María; en **Villaverde de Medina,** la iglesia de Sta. María; en **Alaejos,** la iglesia de Sta. María y S. Pedro; en **Fresno el Viejo,** la iglesia de S. Juan, y en Nava del Rey, la iglesia de los Santos Juanes.

Restaurantes

® **El Mortero.** Pl. Segovia, 2. T. 983 803 033. *www.elmortero.es*
Cierra lunes y 15 días en noviembre. Moderno local con amplio surtido de pinchos en la barra. **Pulpo a la brasa, asados castellanos, pastel de requesón.** Menús 12 y 20 €. Precio medio 30 €.

La Botica. (En Matapozuelos, a 13 km) Pl. Mayor, 2. T. 983 832 942. *www.asadorlabotica.com* P
Cierra cenas de lunes a jueves y del 6 al 25 de enero. Una antigua casa de labranza es el escenario de la especial cocina de Miguel Ángel de la Cruz y sus originales recetas con **piñones y piñas frescas. Garbanzos de huerto con cardillos, solomillo de ternera, piñones y pinares.** Precio medio 35 €.

Medinaceli Soria

44 · D-3
A Soria, 76 km · Madrid, 154 km
Alt. 1.253 m · Pob. 813
T. 975 32 63 47
GPS 41° 10' 20'' N · 2° 26' 3'' O

Señoriales puertas dan acceso a antiguos edificios del centro de Medinaceli

Visitar: Hermosa población emplazada en lo alto de un cerro y con murallas de origen romano. El **Arco del Triunfo,** romano del s. II o III, es el único de este tipo de tres arcos que se conserva en España. En la amplia **plaza Mayor** se halla el **Palacio de los Duques de Medinaceli,** varias casas señoriales con blasones en las fachadas y la puerta Árabe, desde donde se descubre la muralla mejor conservada. Dentro de su arquitectura religiosa destacan la iglesia Colegiata (s. XVI), que encierra 14 sepulcros de los duques de Medinaceli. Se puede practicar senderismo por **Páramo de Layna.**

Fiestas: El 28 de agosto se celebran las **fiestas del beato Julián de S. Agustín** y las Noches Musicales de Medinaceli, con música medieval y renacentista. El 13 de noviembre es el Toro Jubilo, que se corre por la noche en la plaza Mayor, dentro de sus fiestas patronales de los **Cuerpos Santos,** que se celebran desde 1610.

Alrededores: En **Ambrona,** a 10 km, es de interés su Museo Paleontológico.

Restaurantes

Asador de la Villa El Granero. Yedra, 4. T. 975 326 189.
www.asadorelgranero.es

Cierra cenas de lunes a jueves en invierno; martes, del 10 al 30 de enero y del 10 al 20 de junio. Antiguo granero en el centro del conjunto histórico con cocina castellana. Migas de matanza, cordero asado, helado de mantequilla de Soria. Precio medio 25 €.

Melilla

113 · E-4
Alt. 2 m · Pob. 73.460
T. 952 976 151
GPS 35° 17' 29'' N · 2° 56' 23'' O

Visitar: La **Ciudadela,** situada en plena ladera de la montaña, con calles estrechas, irregulares y empinadas, conserva numerosas edificaciones desde el s. XV. Destacan los **Torreones de las Cabras,** de Bernal Francés y de las Pelotas, que juntos formaban parte de las murallas del s. XV. El centro de la ciudad cuenta con un **importante legado modernista,** como la mezquita y la sinagoga, obras de Enrique Nieto, discípulo de Gaudí. Cabe mencionar también la **iglesia de la Purísima Concepción,** con una imagen de la patrona del s. XVI y un retablo del Cristo de la Veracruz o de los Conquistadores, del s. XVI. Puerto deportivo, zona deportiva y lúdica.

Fiestas: Destacan las celebraciones de las diferentes comunidades religiosas, como la **Semana Santa,** el **Ramadán, Pesah** o **Diwali.** En julio tiene lugar el mercado medieval; a finales de mayo, la romería; del 28 de agosto al 5 de septiembre, las fiestas patronales; el 17 de septiembre se celebra el Día de Melilla, y el 4 de octubre, **Ntra. Sra. de la Victoria.**

Alrededores: Son muy atractivos los parajes de los **pinares de Rostrogordo,** las playas de Hípica, S. Lorenzo y de los Cárabos, el hipódromo, la laguna de Mar Chica, los **acantilados de Aguadú** o la región de Guelaia (Marruecos), donde destacan los macizos montañosos de Gurugú, Uixen y cabo Tres Forcas. A través de la frontera de Beni-Enzar se accede a las rutas de las ciudades imperiales marroquíes, **Fez, Mezquinez** y **Marrakech,** y a las puertas del desierto: **Tafilalt** y **Zagora.**

Restaurantes

La Posada de Paco Benítez. Alférez Guerrero Romero, 5. T. 952 681 629.

Cierra domingo cena, lunes, 20 días en en julio y 10 días en agosto. Cocina popular andaluza en un local rústico con vigas de madera y chimenea, recientemente reformado. Setas naturales, lenguado a la Posada, surtido de postres. Precio medio 30 €.

Hoteles

★★★ **Parador de Turismo.** Av. Cándido de Lobera, 16. T. 952 684 940. *www.parador.es*

Hab. 40: 65/125 €. En el lugar en que estuvo el antiguo fuerte, próximo al parque de Lobera y con vistas sobre el puerto y las antiguas fortificaciones. Cocina regional. Restaurante Don Pedro de Estopián.

El acueducto romano de los Milagros suministraba agua a Emerita Augusta

Mérida Badajoz

Visitar: Histórica ciudad romana que cuenta con uno de los yacimientos arqueológicos más importantes del país. La ruta por los restos de la antigua civilización latina puede comenzar en el **puente romano** sobre el Guadiana (I a. C.) y desde ahí pasar al **Templo de Diana,** incorporado en el s. XVI al Palacio del Conde de los Corbos, y continuar por el monumental **Arco de Trajano;** la Casa del Mitreo, de la segunda mitad del s. I, con pinturas murales de estilo pompeyano; el **Teatro** y el **Anfiteatro** (año 16-15 a. C.), construido en el año 8 de nuestra era. Detrás del Anfiteatro fueron excavados los restos de una casa romana de la segunda mitad del s. I a. C., llamada Casa del Anfiteatro, que conserva un magnífico pavimento de mosaico. Merece la pena acercarse al **acueducto de los Milagros,** que conducía a Mérida las aguas del embalse de Proserpina, a 5 km de la ciudad, donde actualmente se encuentra el **Centro de Interpretación del Agua.** Se trata de una de las construcciones hidráulicas romanas mejor conservadas del mundo. La **iglesia de Sta. Eulalia,** del s. XIII, cuenta con elementos de un santuario del s. I consagrado a Marte. Otros edificios de interés son el **Museo Románico-Visigótico,** la Concatedral de Sta. María la Mayor, sobre una antigua Basílica visigótica, o la iglesia barroca del convento de Sta. Clara, del s. XVII, que tiene una colección de arte visigodo. El museo más importante es el **Nacional de Arte Romano,** proyectado por Rafael Moneo. Otros museos de importancia son el Ferroviario, el de Geología de Extremadura o la Colección Comarcal de Prehistoria.

Fiestas: La **Semana Santa** está declarada fiesta de Interés Turístico Nacional. El 15 de mayo se celebran la romería junto al embalse de Proserpina y el concurso de Caldereta Extremeña. En julio y agosto tiene lugar el **Festival de Teatro Clásico;** en octubre, la feria Chica, una celebración tradicional del pueblo gitano, y el 10 de diciembre, las **patronales de Sta. Eulalia Mártir,** con la procesión de regreso a su basílica. En septiembre, del 1 al 5, son las ferias y fiestas.

Alrededores: Es de especial relevancia el **dolmen de Lácara,** en las cercanías de la ciudad, declarado Monumento Nacional. A 5 km se encuentra el **embalse romano de Proserpina,** de finales del s. I. También de interés son el **Parque Natural de Cornalvo,** el antiguo Castrum Colubri, al pie de una alta colina coronada por un castillo de origen árabe, y las termas romanas, en **Alange,** a 18 km; la iglesia de Santiago con retablo del s. XVI, en **Torremayor,** a 18 km; el Palacio de los Condes de Montijo, con una portada renacentista (s. XVI), y la iglesia de S. Pedro, en **Montijo,** a 24 km, o el castillo del S. XIII de Medellín.

Restaurantes

Ⓡ **Altair.** José Fernández López, s/n. T. 924 304 512. ♿ ❄ **P**
Cierra martes cena, domingo y del 1 al 10 de septiembre. Espectacular entorno a orillas del Guadiana junto al puente Lusitania, de Calatrava. Productos extremeños bien elaborados y presentado en lujoso servicio de mesa. Precio medio 40 €.

79 · E-2
A Badajoz, 60 km
A Madrid, 341 km
Alt. 221 m · Pob. 57.127
T. 924 330 722
GPS 38° 54' 59'' N · 6° 20' 42'' O

Viaje en el tiempo

Mérida conserva restos arqueológicos y obras de arte que trasladan al visitante a la época del Imperio Romano. Una experiencia inolvidable.

Cachicho. Av. Libertad, 51. T. 924 372 847.
Cierra domingo. Antigua casa de postas con cocina de mercado actualizada. Bacalao al pilpil con escalivada, pierna de cordero a baja temperatura, tarta de higos. Precio medio 35 €.

Tabula Calda. Romero Leal, 11. T. 924 304 950. *www.tabulacalda.com*
Cierra domingo cena, y de finales de agosto al 10 de septiembre. Cocina tradicional en una casa del s. XV. Productos ecológicos, cordero, higos con chocolate. Menú 12 €. Precio medio 30 €.

Hoteles

**** **Parador de Turismo Vía de la Plata.** Pl. de la Constitución, 3. T. 924 313 800. *www.parador.es*
Hab. 82: 118/161 €. Situado en el centro histórico, constituye uno de los edificios más emblemáticos de la ciudad por su ubicación y antigüedad, ya que data del s. XVIII. Restaurante La Concordia, cuidada cocina regional.

Mieres Asturias

3 · F-4
A Oviedo, 20 km
A Madrid, 424 km
Alt. De 160 a 1.160 m
Pob. 44.459
T. 985 450 533
GPS 43° 15' 15" N · 5° 46' 13" O

Visitar: Municipio del interior asturiano en el que destacan las iglesias de S. Juan y de Sta. Eulalia, el **Santuario de los Mártires S. Cosme y S. Damián,** la plaza de Requejo, la Casa Duró, el **Monumento Internacional al Minero** y los palacios de Arriba y de Valletu.

Fiestas: Es de interés el **Antroxu** (carnaval); en abril, la **Folixa Na Primavera;** S. Juan en junio, el Stmo. Cristo de la Paz el 15 de septiembre o los **Mártires de Valdecuna,** de Interés Turístico Nacional, el 27 de septiembre.

Alrededores: Merece la pena conocer el poblado minero de **Bustiello,** el valle de Cuna o la senda verde de Turón.

Restaurantes

El Cenador del Azul. Aller, 51-53. T. 985 461 814.
Cierra cenas de martes y miércoles; domingo, última semana de julio y dos primeras de agosto. La familia Mondelo sorprende por la calidad de su cocina de fondo tradicional y formas actuales. Bacalao al pilpil y vegetales fritos, natillas horneadas con nueces. Menú 17 €. Precio medio 38 €.

Mijas Málaga

111 · A-3
A Málaga, 30 km
A Madrid, 588 km
Alt. 428 m · Pob. 81.327
T. 952 58 90 34
GPS 36° 35' 43" N · 4° 38' 20" O

Calle del pueblo serrano de Mijas

Visitar: Pueblo típico andaluz con bellas iglesias, como la de S. Sebastián o la de la Inmaculada Concepción; ermitas, como las de Ntra. Sra. de los Remedios, de la Virgen de la Peña, del Calvario y de S. Antón, y varias **torres vigía,** como las de la Cala, Torrenueva o Calahonda. Sobresalen también la plaza de toros y el **Museo de Miniaturas.**

Fiestas: Destacan el **Festival Internacional de Mijas** y el Festival de Blues, la celebración de la **Virgen del Carmen,** la de la Virgen de La Peña (8 de septiembre), con una gran procesión, o las patronales de Santa Teresa (15 de octubre).

Alrededores: La Costa del Sol.

Restaurantes

El Mirlo Blanco. Pl. Constitución, 2. T. 952 485 700. *www.mirlo-blanco.es*
Cierra martes de noviembre a abril; y del 10 de enero al 10 de febrero. Antigua casona con cocina vasco-andaluza. Porra antequerana, *txangurro,* arroz con leche. Precio medio 35 €.

Hoteles

***** **La Cala Resort.** Urb. La Cala Golf, s/n. T. 952 669 000. *www.lacala.com*
Hab. 107: 107/214 €. Lujoso cortijo andaluz, enclavado entre sus propios campos de golf y rodeado de preciosas colinas. Caracala Spa y academia de golf David Leadbetter. Restaurante La Terraza.

Miraflores de la Sierra Madrid

53 · C-1

Ver Madrid/Restaurantes/Alrededores de Madrid

Miranda de Ebro Burgos

22 · A-1
A Burgos, 80 km
A Madrid, 318 km
Alt. 471 m · Pob. 39.264
T. 947 320 303
GPS 42° 41' 12'' N · 2° 56' 49'' O

Visitar: Situada en una encrucijada de caminos, la localidad cuenta con monumentos de importancia, como la **iglesia del Espíritu Santo,** románica del s. XIII y declarada Monumento Histórico-Artístico; el puente de Carlos III (s. XVIII), la iglesia de S. Juan Bautista (gótica del s. XIV), la de Sta. María (s. XVI) y la de S. Francisco (de los ss. XVI y XVII); el Teatro Salón Apolo, modernista; la Casa de los Urbina, la **Casa de los Condes de Berberana** o la de las Cadenas, de finales del s. XVI, el **Ayuntamiento** neoclásico (s. XVIII) o el Jardín Botánico. Por Miranda pasa una importante red de senderos, como el Camino Natural del Ebro o el Camino de Santiago desde Bayona.

Fiestas: Destacan los canavales; la **Feria del Ángel** del 1 de marzo; S. Juan del Monte, de Interés Turístico Nacional que se celebra el fin de semana y lunes siguiente al Domingo de Pentecostés; o la festividad de **Ntra. Sra. de Altamira,** la patrona, el 12 de septiembre.

Alrededores: Son de interés los **parajes naturales de Obarenes,** S. Juan del Monte y Herrán. **Haro** sobresale por sus bodegas; **Briviesca,** por su Conjunto Histórico-Artístico; **Sta. Gadea del Cid,** por los restos del castillo, declarado Conjunto Histórico-Artístico; **Sobrón,** por el paisaje natural, y **Frías,** por su casco antiguo y el castillo, declarado Conjunto Histórico-Artístico. En **Oña** se puede visitar el **Monasterio de S. Salvador,** y en **Poza de la Sal,** las antiguas salinas.

Detalle de una cruz de piedra en la villa de Oña

Restaurantes

La Vasca. Olmo, 3. T. 947 311 301. *www.restaurantelavasca.com*
Cierra domingo cena, lunes excepto festivos o vísperas de festivo, 20 días en julio y Navidades. Todo un clásico de la familia Ruiz. Setas y caza en temporada, cordero lechal asado, leche frita. Menú 23 €. Precio medio 35 €.

Hoteles

** **Hospedería El Convento.** S. Francisco, 15. T. 947 332 712.
www.hospederiaelconvento.com P
Hab. 36: 76/88 €. Suites: 1. En un convento del s. XIV. Restaurante La Española, cocina vasca y castellana.

Moaña Pontevedra Ver Vigo

17 · C-2

Mojácar Almería

108 · D-2
A Almería, 90 km
A Madrid, 518 km
Alt. 175 m · Pob. 7.745
T. 950 615 025.
GPS 37° 8' 26'' N · 1° 51' 9'' O

Visitar: Población de arquitectura árabe andaluza, colgada sobre un cerro que domina una llanura hacia el mar. Destacan monumentos como la **puerta de la Ciudad,** la iglesia de Sta María, la **Casa del Torreón,** la iglesia-fortaleza, la Fuente Mora o el mirador **Plaza Nueva.** Cuenta con 17 km de idílicas playas (10 de ellos están protegidos), jalonadas por torres vigía y baterías de defensa. En la cercana **Sierra Cabrera** se pueden realizar paseos a caballo y camello.

Fiestas: En junio son los Moros y Cristianos; en agosto, S. Agustín, y el 7 de octubre, la Virgen del Rosario.

Alrededores: A 5 km está **Garrucha. Carboneras,** a 20 km, es el portal del **Parque Natural de Cabo de Gata.** También de interés son las cuevas de Sorbas, el **Parque Natural de la Sierra María** o el desierto de Tabernas.

Restaurantes

Casablanca. (Mojácar-Playa). P° Mediterráneo, 383. T. 950 472 474.
Cierra almuerzos y domingo excepto verano. Cocina mediterránea andaluza, en un chalé frente al mar. Pichón con gurullos, semifrío de miel y naranja. Menú 30 €. Precio medio 35 €.

Hoteles

**** **Parador de Turismo.** P° del Mediterráneo, 339. T. 950 478 250. *www.parador.es*
P
Hab. 98: 106/142 €. Es uno de los más bellos lugares de la costa, entre Almería y Cartagena. Su arquitectura permite vivir casi aislado en pequeños apartamentos. Restaurante Mar de Alborán. Pescados de la zona y platos típicos.

Molina, La-Alp Girona Ver Alp-Molina, La

26 · A-2

45 · A-3

Monasterio de Piedra Zaragoza Ver Nuévalos

Monforte de Lemos Lugo

18 · C-1
A Lugo, 63 km · Madrid, 505 km
Alt. 298 m · Pob. 19.638
T. 982 404 715
GPS 42° 31' 5'' N · 7° 30' 43'' O

El cañón del río Sil, afluente del Miño

Visitar: Bella localidad monumental en la que sobresalen el vasto **colegio de Ntra. Sra. de la Antigua** (ss. XVI y XVII), la iglesia y Monasterio de S. Vicente del Pino (ss. XVI al XVIII), el **Palacio Condal,** la torre del Homenaje, el convento de Sta. Clara (s. XVII), el **puente Viejo** (s. XVI) y el río Cabe.

Fiestas: Tienen importancia el 3 de febrero (S. Blas), el **Martes de Pascua,** fiesta de gran tradición; S. Antonio (13 de junio), las patronales del 15 de agosto y S. Mateo, el 21 de septiembre, con la romería desde el río Cabe a la parroquia.

Alrededores: A 11 km está la **iglesia románica de S. Miguel de Eire** (s. XII). En **Ferreira de Pantón,** a 11 km, destacan su castillo (s. XIV), el Monasterio de Bernardas, románico rural, y la iglesia del s. XII. A 12 km merecen la pena el **cañón del Sil,** los miradores y la ruta fluvial. En **O Saviñao,** a 14 km, hay varias iglesias románicas.

Restaurantes

O Grelo. (Subida a S. Vicente). Campo de la Virgen, s/n. T. 982 404 701.
www.resgrelo.com
Antigua fortaleza con bodega excavada en la roca. *Xoubiñas* fritas con pimientos de Padrón, ternera gallega, tarta de galleta con helado de *brownie*. Menú 21 €. Precio medio 28 €.

Hoteles

**** **Parador de Turismo.** Pl. Luis de Góngora y Argote, s/n. T. 982 418 484.
www.parador.es
Hab. 44: 102/161 €. Suites: 6. En un monasterio benedictino del s. XVII. Con habitaciones distribuidas alrededor del claustro. Restaurante Don Pedro.

93 · C-1

Monóvar Alicante Ver Petrer

93 · B-4

Monteagudo Murcia Ver Murcia

31 · D-2

Montealegre de Campos Valladolid Ver Medina de Rioseco

Montilla Córdoba

98 · A-3
A Cordoba, 43 km
A Madrid, 418 km
Alt. 379 m · Pob. 24.000
T. 957 652 462
GPS 37° 35' 21'' N · 4° 38' 22'' O

Las bodegas Pérez Barquero han exportado el nombre de Montilla

Visitar: Pueblo vinatero cordobés en el que es posible realizar una ruta vinícola, visitar bodegas o conocer alguno de sus muchos monumentos. Son destacables las **iglesias de Sta. Ana** (s. XVII), **Santiago** (ss. XV al XVIII), S. Francisco Solano, S. Agustín y S. Sebastián (s. XVI) o de la Encarnación (ss. XVIII al XX). Es de interés también el **convento de Sta. Clara** (Gótico mudéjar cordobés del s. XVI), con un bello retablo barroco con artesonado mudéjar. A los pies del templo destacan dos coros; el más importante es el alto, con una interesante celosía mudéjar. Otros edificios civiles con solera son la **Casa del Inca Garcilaso** (s. XVI), la Casa-Oratorio de S. Juan de Ávila (s. XVI), el castillo, el **Palacio de los Duques de Medinaceli** (s. XV) o la Casa de las Aguas (s. XIX) que es sede del Museo Garrido y de la Biblioteca. Otros museos interesantes son el Histórico-Local y el Centro de Arte Contemporáneo.

Fiestas: A principios de mayo es la **fiesta de la Cruz;** a primeros de junio, la romería de la Virgen de la Viñas. Del 1 al 31 de julio, la feria, patronales en honor a S. Francisco Solano. A principios de septiembre es la fiesta de la Vendimia, de Interés Turístico Nacional, y en el mes de octubre, la **Virgen de la Aurora,** patronal.

Alrededores: En **Montemayor** se puede visitar el Castillo de los Duques de Frías (s. XIV); en **Fernán Núñez,** el Palacio Ducal (s. XVIII), y en **Aguilar de la Frontera,** el Centro de Interpretación del Paisaje.

Restaurantes

Las Camachas. Av. Europa, 3. T. 957 650 004.
www.restaurantelascamachas.com
Típico mesón con tienda para la venta de vinos y aceites de la zona, y oferta culinaria a tono. Alcachofas a la montillana, rabos de toro, tocino de cielo. Menú 10 €. Precio medio 27 €.

Montserrat, Monasterio de Barcelona

37 · A-3
A Barcelona, 60 km
A Madrid, 580 km
Alt. 725 m · Pob.
T. 938 777 701
GPS 41° 36' 35'' N · 1° 50' 31'' E

Visitar: Montserrat es un conjunto monumental y natural único, formado por un monasterio y un santuario. La montaña fue declarada **Parque Natural** en 1987. El **Santuari de la Verge de Montserrat,** en el que se halla el monasterio benedictino, fue fundado en el s. XI. En la **Basílica** se exhibe la talla románica de la Virgen de Montserrat, y en ella canta la Escolanía, el coro de niños más antiguo de Europa. En el **museo** hay obras del Greco, Caravaggio, Monet, Casas, Picasso y Dalí, y piezas arqueológicas.

Fiestas: A finales de abril se celebra la fiesta de la **Verge de Montserrat,** patrona de Cataluña. El 3 de febrero es la fiesta de la Dedicación de la Basílica; el 21 de marzo, el tránsito de S. Benet, y el 27 de abril, la fiesta patronal de la Virgen de Montserrat. En la víspera hay una Vetlla de Sta. Maria. El 11 de julio es la fiesta de St. Benet Abat, patrón de Europa; el 8 de septiembre, la fiesta de la **Natividad de la Virgen;** el 6 de diciembre, St. Nicolau, fiesta particular de los niños de la Escolanía, en la que se celebra la fiesta del Bisbetó, elegido en la fiesta de Sta. Cecilia; el 25 de diciembre, Navidad, con misa del gallo que va precedida por el **canto de los maitines.** También son de interés las celebraciones de Semana Santa.

Alrededores: El propio Parque Natural o la **Santa Cova,** que según la leyenda es el lugar donde fue hallada la imagen de la Virgen. El Rosari Monumental es un conjunto modernista con obras de Gaudí. También de interés para los senderistas es el **monte Sant Jeroni.**

Mora de Rubielos Teruel Ver Rubielos de Mora

65 · C-1

Moraira Alicante Ver Teulada

85 · D-3

Moraleja, La Madrid

82 · C-2

Ver Madrid/Restaurantes/Alrededores de Madrid

Moralzarzal Madrid

53 · B-2

Ver Madrid/Restaurantes/Alrededores de Madrid

Moratalla Murcia

92 · C-3
A Murcia, 84 km
A Madrid, 408 km
Alt. 681 m · Pob. 8.500
T. 968 730 208
GPS 38° 11' 10'' N · 1° 53' 30'' O

Visitar: Tienen interés el casco antiguo, la **parroquia de Ntra. Sra. de la Asunción,** el Santuario de Casa de Cristo, el **Centro de Interpretación de Arte Rupestre** y sus pinturas rupestres, el castillo-fortaleza o el Santuario de la Rogativa.

Fiestas: Destaca la **Semana Santa.** El 19 de abril es la festividad patronal de Jesucristo Aparecido. En mayo se celebran las romerías. Del 11 al 17 de julio, es el **Stmo. Cristo del Rayo** y el 29 de septiembre, S. Miguel.

Alrededores: Merece la pena conocer espacios naturales como el paraje de la Puerta.

Restaurantes

El Olivar. Caravaca, 50. T. 968 724 054. *www.moratalla.com / www.firo.es*
Cierra cenas excepto sábado y vísperas de festivos; lunes y martes. Sede de la cofradía Amigos del Aceite de Oliva Virgen, con venta de aceite. Firo Vázquez demuestra ser un enamorado del mismo en su cocina. **Arroz de Calasparra con verduras, solomillo de ibérico con montesinos y pimentón, tarta de manzana con piñones.** Menú 20 €. Precio medio 40 €.

48 · A-2

Morell, El Tarragona Ver Tarragona

Morella Castellón

Amurallada y presidida por su castillo, Morella se ubica en lo alto de un cerro

56 · D-2
A Castellón de la Plana, 105 km
A Madrid, 446 km
Alt. 985 m · Pob. 2.800
T. 964 173 032
GPS 40° 37' 7'' N · 0° 5' 56'' O

Visitar: Ciudad declarada Conjunto Histórico-Artístico de emplazamiento privilegiado y gruesas murallas protegiéndola. Su **castillo** es de origen romano y proporciona excelentes panorámicas. Destacan en su iglesia arciprestal del s. XIII, la portada y la escalera del coro, el **Real Convento de S. Francisco** (s. XIII), el acueducto (s. XIII), el barrio judío, las salas góticas del Ayuntamiento (s. XIV) y el **Museo Tiempo de Dinosaurios.**

Fiestas: El 7 de enero es S. Julián. Desde el fin de semana posterior hasta el 17 de enero se celebran las fiestas de **St. Antoni,** con hogueras y las pastas típicas, los *dimonis. Les Primes,* tortas de pan sin levadura y adornadas, se reparten una vez bendecidas. La tradición se rememora durante la primavera y en fechas diferentes; la primera es el día 25 de abril. En el **Corpus Christi** tienen lugar procesiones con personajes bíblicos del Antiguo y el Nuevo Testamento; en agosto, la **Semana de Música Barroca,** y el tercer domingo de agosto, cada seis años, se celebran las **fiestas sexenales de la Virgen de Vallivana,** que están declaradas de Interés Turístico. El segundo domingo de septiembre es la Feria Anual de Ganados.

Alrededores: En **Morella La Vella** destacan la cueva de arte prehistórico y la ermita de Ntra. Sra. de Vallivana. En **Forcall,** a 12 km, es de interés la plaza con soportales, y en **Zorita,** a 30 km, el Santuario de La Balma.

Restaurantes

® **Daluan.** Callejón Cárcel, 4. T. 964 160 071. *www.daluan.es*
Cierra cenas de domingo a jueves en invierno, jueves y segunda semana de enero. Raíces expresadas con atractiva contemporaneidad. **Trufa, huevo y 'foie-gras'; paletilla al horno, helado de 'flaó'.** Precio medio 25 €.

® **Mesón del Pastor.** Cuesta Jovaní, 7. T. 964 160 249. *www.mesondelpastor.com*
Cierra noches excepto viernes, sábado y agosto; miércoles no festivos y 10 días en julio. Deliciosa tradición con ración y buenos precios. **Croquetas morellanas y de perdiz estofada, manitas de cerdo rellenas de 'amanitas caesareas', cuajada de leche de oveja.** Menú 14 €. Precio medio 24 €.

17 · C-3

Mos Pontevedra Ver Vigo

Motilla del Palancar Cuenca

75 · D-2
A Cuenca, 70 km
A Madrid, 198 km
Alt. 830 m · Pob. 6.300
T. 969 331 057
GPS 39° 33' 54'' N · 1° 54' 50'' O

Visitar: Tienen interés la iglesia, con retablo barroco; la ermita del s. XVI, con retablo esculpido en madera de José Navarro Gabaldón, la **plaza de toros** o la **Casa de los Lujanes,** del s.XVII.

Fiestas: Destacan la **Pasión Viviente de Semana Santa,** la decoración de las calles con alfombras de serrín multicolor en el Corpus Christi. A principios de septiembre es la feria de S. Gil Abad, con fiestas populares y festejos taurinos;

el 8 de diciembre, la fiestas patronales de la Inmaculada, con subasta de andas. En Navidad tiene lugar el **concurso de belenes y villancicos.**

Alrededores: En **Alarcón,** a 18 km, puede visitarse el castillo de origen musulmán, hoy convertido en Parador de Turismo. En **S. Clemente,** a 52 km, sobresalen la plaza Mayor, el **Ayuntamiento** o la iglesia gótica del s. XV; en **Minglanilla,** las hoces del Cabriel, y en **Las Valeras,** el recinto arqueológico de la ciudad hispanorromana de Valeria y la Basílica Ntra. Sra. de Rotonda.

En otoño las flores de azafrán colorean el entorno de Motilla del Palancar

Restaurantes

® **Seto.** Ctra. de Madrid, 54. T. 969 332 118. *www.hotelrestauranteseto.com*

Con 21 habitaciones. Un buen alto en el camino en la antigua N-3, para una buena cocina manchega con interesante carta de vinos. **'Foie-gras' a las uvas con pasas y manzana, carrillada de ternera al Cabernet Sauvignon, tarta de queso manchego.** Menú 15 €. Precio medio 30 €.

Motril Granada

112 · A-2
A Granada, 70 km
A Madrid, 502 km
Alt. 39 m · Pob. 59.163
T. 958 825 481
GPS 36° 44' 39'' N · 3° 31' 4'' O

Visitar: Son de interés la **iglesia Mayor de La Encarnación,** la Casa Condesa de Torre-Isabel, el Santuario de Ntra. Sra. de la Cabeza (del s. XVII), el **Teatro Calderón de La Barca,** el parque de los Pueblos de América o la Sala de Interpretación del Mar.

Fiestas: En mayo se celebran **Las Cruces** (el Día de la Cruz, 3 de mayo); el 16 de julio, las patronales de la Virgen del Carmen. El 15 de agosto, las patronales en honor a Ntra. Sra. de la Cabeza. Destacan también los carnavales o la **Semana Verde,** entre octubre y noviembre.

Alrededores: En **Carchuna,** a 7 km, destacan el castillo y las torres árabes; **Torrenueva,** a 4 km, es un interesante pueblo costero, y **Calahonda,** a 10 km, con sus paisajes de acantilados y torres vigía históricas.

Restaurantes

Tropical. Av. Rodríguez Acosta, 23. T. 958 600 450. *www.tropicalmotril.com*

Cierra domingo y junio. Con 21 habitaciones. Cazuelita de espárragos verdes a la campera, lomo de lubina al-Ándalus, tarta helada de almendras.
Menú 13 €. Precio medio 40 €.

Mundaka/Mundaca Bizkaia

6 · C-3
A Bilbao, 38 km · Madrid, 450 km
Alt. Nivel del mar. · Pob. 1.938
T. 946 177 201
GPS 43° 24' 25'' N · 2° 41' 58'' O

Visitar: Villa de situación privilegiada junto a la desembocadura de la **ría de Urdaibai.** Sobresalen los perfiles de la **iglesia de Sta. María** (s. XI), la ermita de Sta. Catalina (s. XIX), la **Cruz del Calvario,** el Palacio de Larrínaga o la Casa de Simitur. Es famosa **la Barra,** en la desembocadura de la ría, una ola apta para la práctica del surf y considerada una de las mejores olas de izquierda del mundo. Desde los **miradores de Portuondo** y de la **Atalaya** se obtienen las mejores vistas.

Fiestas: De espacial interés son sus **canavales,** el **solsticio de verano** del 23 de junio, S. Pedro (29 de junio), el Festival Internacional del Folclore (julio), la Semana Cultural, en la última semana de agosto; el **Campeonato Mundial de Surf Billabongpro Mundaka,** en octubre, y Sta. Catalina, 25 de noviembre.

Alrededores: El espacio natural de la **Reserva de la Biosfera de Urdaibai.**

Restaurantes

Asador Portuondo. (Ctra. de Gernika-Bermeo, km 47). Portuondo Auzoa, s/n. T. 946 876 050. *www.restauranteportuondo.com*
Cierra cenas de domingo a jueves excepto verano; lunes y del 10 de diciembre al 25 de enero. Caserío reformado con vistas sobre la ría de Mundaka. Hongos *boletus* estofados con *foie-gras* fresco y espárragos verdes aromatizados con trufa, rodaballo salvaje a la brasa, canutillos rellenos de crema de chocolate caliente. Menú 18 €. Precio medio 45 €.

Asador Zaldua. (En Sukarrieta/Pedernales, a 2 km). Sabino Arana, 10. T. 946 870 871. *www.asadorzaldua.com*
Cierra cenas excepto viernes y sábado; lunes y enero. Las verdura, las carnes y los pescados de temporada a la brasa son el toque de gloria de la casa. De postre, natillas. Precio medio 30 €.

Murcia

93 · A-4
A Madrid, 388 km
Alt. 43 m · Pob. 430.000
T. 968 358 749
GPS 37° 58' 59'' N · 1° 7' 56'' O

Visitar: La **Catedral,** su principal monumento, de estilo gótico, comenzó a construirse en 1394 y fue reformada en tiempos del Barroco. Destaca su fachada, diseñada por Jaime Bort, y tiene un grandioso frontón decorado con escultura de Juan de Egea y de Dupart. Cabe mencionar la **capilla de Junterón,** renacentista, y la puerta de los Apóstoles, gótica, atribuida a Diego Sánchez de Almazán. Otros detalles de interés son la capilla de los Vélez, de transición del gótico al plateresco; la torre, erigida a partir de 1521 por el florentino Francisco Florentín y terminada en 1792, con un coronamiento clásico, obra de Ventura Rodríguez. Otros detalles son los bajorrelieves de principios de s. XVI, la girola, las rejas de la capilla Mayor; un elegante sepulcro, obra de Jerónimo Quijano, donde se conserva el corazón de Alfonso X el Sabio; la reja y la sillería del coro, y el facistol, coronado por un Cristo de Francisco Salzillo. Por otra parte, el **Museo Salzillo** está instalado en la iglesia de Nuestro Padre Jesús, cuya cúpula está decorada al fresco por Sistorí. El **Palacio Episcopal,** construido a partir de 1748, es de estilo rococó. La plaza de Sta. Eulalia, donde está la iglesia del mismo nombre, cuenta con una escultura de Salzillo y Roque López. Se puede visitar también el **Museo de Bellas Artes,** con pinturas españolas de los siglos XVI al XX, emplazado en el antiguo convento de la Trinidad, de 1910. Es interesante pasear por la **calle de Trapería,** una de las arterias más pintorescas del casco antiguo, y ver el Casino, la casa barroca del Marqués de Beniel y la Casa de Almodóvar, del s. XVIII. También conviene destacar la calle de la Platería, que conduce a la iglesia de S. Bartolomé, con la Virgen de las Angustias de Salzillo. Otras iglesias con encanto son la de S. Andrés, barroca, que encierra una capilla con la imagen de la Virgen de Arrixaca, cantada por Alfonso X el Sabio, en sus *Cantigas,* y con escultura de Salzillo; la de S. Nicolás, de 1736, con esculturas de Salzillo, Pedro de Mena y Alfonso Cano; de S. Miguel, con imaginería de Salzillo, y el **convento de Sta. Clara,** que se eleva sobre el emplazamiento del Palacio de El Seghir. Museos de interés son el de Sta. Clara o el Arqueológico, con antigüedades ibéricas, romanas, visigóticas y una colección de cerámica hispanoárabe. Merece la pena conocer el **paseo del Malecón,** en los altos de un dique construido en el s. XV contra las crecidas del Segura: se trata de un muro de contención que se adentra más de 1.500 m en la huerta murciana.

La cofradía penitencial de Los Coloraos, la más antigua de Murcia

Fiestas: La **Semana Santa** es de Interés Turístico Nacional; destaca la procesión del Viernes Santo, con pasos de Salzillo. Durante las **fiestas de Primavera,** en abril, se celebran El Bando de la Huerta, de Interés Turístico Nacional, y el Entierro de la Sardina, de Interés Turístico Internacional. Del 1 al 15 de septiembre son **Moros y Cristianos,** y la Feria Tradicional, romería de la patrona, la Virgen de la Fuensanta. Destaca el recibimiento a la patrona. En diciembre tiene lugar el **Festival de Música de Navidad.**

Alrededores: Rueda de la Nora, a 6 km, está declarado Monumento Artístico Nacional. A 5 km se encuentra el **Castillo de Monteagudo;** a 6 km, el **Santuario de La Fuensanta,** fundado a finales del s. XVII. En Guadalupe, a 7 km, está el Monasterio de los Jerónimos, de estilo barroco, denominado *El Escorial Murciano*. Destaca el espacio protegido del Parque Natural de El Valle.

Restaurantes

Acuario. Pl. Puxmarina, 1. T. 968 219 955. *www.restauranteacuario.com*
Cierra domingo. Asidua clientela fiel a la buena materia prima local y a la mesurada creatividad de José Marcos. Berenjenas con champiñones y jamón ibérico, lubina salvaje con *boletus,* crema de almendras. Menú 25 €. Precio medio 45 €.

® **Alborada.** Andrés Baquero, 15. T. 968 232 323. *www.alboradarestaurante.com*
Cierra fines de semana en julio y agosto; y domingo cena. Una buena referencia con ambiente familiar en el centro, cerca de la Universidad de la Merced. **Calamar de potera confitado en aceite de oliva virgen de la sierra de Moratalla, lomo de venado a la sal con 'chutney', nube de chocolate.** Precio medio 30 €.

Casa La Tía Roja. (En Esparragal, a 6 km). Miguel Hernández, 8. T. 968 851 297. *www.restaurantecasalatiaroja.es* P
Cierra cenas de domingo a miércoles, y segunda quincena de agosto. Casa antigua reformada. Potaje de garbanzos con gamba roja, costillar de lechal con miel de romero, crujiente de vainilla con frutos rojos. Menú 23 €. Precio medio 30 €.

® **Collados de Agridulce.** (En El Espinardo. Urb. Mirador de Agridulce. C.C.Universidad). Gabriel García Márquez, s/n. T. 968 307 123. *www.colladosdeagridulce.com*
Cierra domingo y agosto. Excelente trabajo de la familia Trujillo en su elegante local, con una creativa cocina que intercala con clásicos de la tierra. Excelentes carnes y bodega. Precio medio 35 €.

® **El Churra.** Obispo Sancho Dávila, 12. T. 968 271 522. *www.elchurra.net*
Con 97 habitaciones. Cocina de temporada con raíz local. **Alcachofa rellena de pisto, paletilla de cabrito asada a la murciana, paparajotes murcianos con azúcar y canela.** Menú 16 €. Precio medio 32 €.

® **La Cabaña de la Finca Buenavista.** (En El Palmar, a 3 km. Urb. Buenavista. Por la A-30). Finca Buenavista, s/n. T. 968 889 006. *www.restaurantelacabaña.es*
Cierra sábado, domingo, festivos, agosto y una semana en Navidad. Situada a las afueras, con singular decoración, jardines y estanques de agua. Cocina muy moderna con deconstrucción de platos de la tierra. Dispone de menús degustación de entre 55 y 70 €. Precio medio 45 €.

® **La Pequeña.** Pl. S. Juan, 7. T. 968 219 840. *www.lapequenataberna.com*
Cierra domingo cena y lunes. Ambiente agradable y decoración actual para una cocina murciana con toques de actualidad cerca de la Catedral. **Sinfonía de verduras a la plancha, lubina al ajo pescados, repostería casera.** Menú 16 €. Precio medio 28 €.

® **La Seda.** (En Sta. Cruz, a 8 km. Hostería Palacete Rural La Seda. Por la ctra. CV-916). Vereda del Catalán, s/n. T. 968 870 848. *www.palacetelaseda.com*
Cierra lunes cena, domingo, segunda y tercera semanas de agosto. Platos de diseño con técnicas muy vanguardistas que ofrecen combinaciones interesantes y gratas para el paladar. Agradables instalaciones. Menús 40 a 80 €. Precio medio 45 €.

Monteagudo. (En Monteagudo, a 4 km). Av. Constitución, 93. T. 968 850 064. *www.restaurantemonteagudo.com*
Cierra cenas de domingo y lunes. Huevos, migas y trufa, paletilla de cabrito asada, galleta de almendras con helado de café al chocolate caliente. Precio medio 40 €.

Morales. Av. Constitución, s/n. T. 968 231 026.
Cierra sábado cena, domingo y segunda quincena de agosto. Buñuelos de bacalao, morrillo de atún, milhojas con *mousse* de chocolate. Precio medio 40 €.

Pura Cepa *(gastrobar).* Pl. Cristo del Rescate, 8. T. 968 217 397. *www.puracepamurcia.com*
Cierra lunes almuerzo, domingo y última semana de agosto. Ambiente desenfadado y moderno. Berenjenas a la crema s. XXI, zarangollo con huevas de mújol, *mousse* de queso al pimentón. Precio medio 30 €.

Rincón de Pepe. Apóstoles, 34. T. 968 212 239. *www.restauranterincondepepe.com*
Cierra cenas de domingo y lunes; sábado y domingo en julio y agosto. Ambiente clásico con un jardín vertical en una de sus paredes. Habitas con huevo roto de corral y jamón, paletilla de cabrito asada, leche frita flameada al aguardiente de naranaja con helado de turrón. Precio medio 40 €.

Hoteles

**** **Arco de San Juan.** Ceballos, 3. T. 968 210 455. *www.arcosanjuan.com*
Hab. 97: 45/177 €. Antiguo palacio del s. XVIII, fachada neoclásica. En pleno centro, junto a la Catedral y al Ayuntamiento. Restaurante La Plaza de San Juan.

Riqueza marina

El Parque Natural de Cabo Cope y Puntas de Calnegre (Murcia) cuenta con 17 km de costa salvaje de notable biodiversidad.

La danza de los zancos de Anguiano, una de las fiestas más vistosas de La Rioja

Nájera La Rioja

22 · B-2
A Logroño, 26 km
A Madrid, 332 km
Alt. 485 m · Pob. 8.474
T. 941 360 041
GPS 42° 24' 57'' N · 2° 44' 8'' O

Visitar: En la villa abundan las casas blasonadas y los palacios. El monumento más notable es el **Monasterio de Santa María La Real,** construido por el rey García Sánchez III de Navarra en 1032, y unido a la orden de Cluny en 1079, con su Panteón Real, en el que enterraron a 33 reyes y personajes reales, y su claustro de los Caballeros, del s. XVI. También merecen una visita la **iglesia de La Sta. Cruz,** el **Monasterio de Sta. Elena** (s. XVI), el **Museo Arqueológico Municipal** (en el antiguo Palacio del Abad) y las **cuevas rupestres del monte Castillo.**

Fiestas: El 28 de abril se celebran las fiestas patronales de S. Prudencio. Durante los días 1 y 2 de mayo se escenifica la **Proclamación de Fernando III el Santo** y se organiza el Mercado Real. Del 24 al 29 de junio se festeja **S. Juan y S. Pedro,** con el acto tradicional de **las Vueltas.** Durante la segunda quincena de julio tienen lugar las representaciones históricas najerenses. Del 16 al 18 de septiembre son las fiestas de **S. Juan Mártir y Sta. María La Real,** con novilladas y concurso de paellas, y a primeros de octubre, las ferias de S. Miguel.

Alrededores: A 2 km se encuentra **Tricio,** donde está Ntra. Sra. de Arcos, una basílica paleocristiana (s. V), Monumento Histórico-Artístico Nacional. A 19,5 km, **S. Millán de la Cogolla,** con el **Monasterio de Yuso** (ss. XV al XVIII). Su biblioteca guarda el códice de las *Glosas Emilianenses*. Cerca, el **Monasterio de Suso,** mozárabe del s. X, está parcialmente excavado en la roca. **Anguiano,** a 20 km, es famoso por la danza de los zancos, durante las fiestas de La Magdalena. También es interesante el **Monasterio de Valvanera,** a 35 km.

Restaurantes

Los Parrales. Mayor, 52. T. 941 363 735. *www.losparrales.com*
Cierra lunes y segunda quincena de octubre. Los Villoslada regentan este pequeño local emplazado a orillas del Najerilla. Bacalao a la riojana, cordero guisado con pimientos, leche frita. Menú 11 €. Precio medio 30 €.

Hoteles

**** **Hostería del Monasterio de San Millán.** (En San Millán de La Cogolla, a 19,5 km). Monasterio de Yuso, s/n. T. 941 373 277. *www.sanmillan.com*

Hab. 25: 50/135 €. Suites: 3. Construido en un ala del Monasterio de Yuso, considerado cuna del castellano. En el valle del monte de S. Lorenzo, junto a la estación de esquí de Valdezcaray, desvío original del Camino de Santiago. Restaurante San Agustín.

Navacerrada Madrid

Visitar: Destacan la **iglesia de la Natividad de Ntra. Sra.** y el **Museo Etnográfico.** En el área recreativa del valle de la Barranca hay un Centro de Interpretación Ambiental. Se puede pasear por la Dehesa de la Golondrina, la senda de los Almorchones y el embalse.

Fiestas: Del 11 al 14 de junio son las fiestas de **S. Antonio de Padua;** y del 3 al 8 de septiembre, las de **la Natividad de Ntra. Sra.**

Alrededores: En el puerto de Navacerrada, a 1.860 m de altitud, hay una **estación de esquí.** También podemos visitar los parajes del **Parque Regional de la Cuenca Alta del Manzanares.**

53 · B-2
A Madrid, 53 km
Alt. 1.203 m · Pob. 2.889
T. 918 560 308
GPS 40° 43' 43'' N · 4° 0' 59'' O

La ardilla roja, muy abundante en el entorno de Navacerrada

Restaurantes

Azaya. (En Mataelpino, a 6 km). Muñoz Grandes, 7. T. 918 573 395.
www.restauranteazaya.com
Cierra cenas de domingo a jueves de octubre a junio; y del 19 de septiembre al 19 de octubre. Bonitas vistas del pico de La Maliciosa y al embalse de Santillana. Sopa de cebolla gratinada, bacalao a la vizcaína, helados caseros. Precio medio 40 €.

Hacienda Los Robles. Av. Madrid, 27. T. 918 560 200.
www.haciendalosrobles.com
Con 34 habitaciones. Judías de El Barco, entrecot de la sierra, leche frita. Precio medio 27 €.

Las Postas. (H. Las Postas). Ctra. M-601, Madrid-La Granja, km 10,200. T. 918 560 250. *www.hotelaspostas.com*
Con 18 habitaciones. Salmorejo, hamburguesa de Kobe con parmesano, hojaldre de queso. Precio medio 35 €.

Hoteles

*** **La Barranca.** Valle de la Barranca, s/n. T. 918 560 000. *www.hotellabarranca.com*
Hab. 40: 68/123 €. Suites: 2. En la Sierra de Guadarrama. Dentro del Parque Regional de la Cuenca Alta del Manzanares. Senderismo, montañismo. Próximo a pistas de esquí. Restaurante La Maliciosa.

Navalmoral de la Mata Cáceres

Visitar: Destacan la iglesia de **S. Andrés** (ss. XV y XVI), la ermita de las Angustias (ss. XV y XVI), la **Casa Comillas** (s. XVIII), el Museo Arqueológico, la biblioteca y las escuelas de la Fundación Concha.

Fiestas: Hacia febrero se celebran los **carnavales** más importantes de la zona. En septiembre, la feria de **S. Miguel** y la fiesta de la **Virgen de las Angustias** (el 15). El 30 de noviembre se festeja **S. Andrés.**

Alrededores: Además del **Castillo de Belvis de Monroy** (s. XV), es conveniente visitar la **comarca de La Vera,** a 30 km; la Sierra de Gredos, a 33 km; el **Parque Natural de Monfragüe,** a 20 km, y las ruinas del templo romano de **Augustóbriga,** a 15 km.

61 · C-3
A Cáceres, 120 km
A Madrid, 180 km
Alt. 291 m · Pob. 17.720
T. 927 532 328
GPS 39° 53' 31'' N · 5° 32' 40'' O

Restaurantes

La Taberna del Loco. Floridablanca, 2. T. 927 532 475.
www.latabernadelloco.com
Cierra lunes. Casa centenaria y patio antiguo con limoneros centenarios en el centro de la ciudad. Su especialidad son las carnes de cerdo ibérico y la ternera de retinto a la parrilla. De postre, tarta de limón de sus propios limoneros. Menú 12 €. Precio medio 20 €.

Navarredonda de Gredos

52 · B-4

Ávila Ver Gredos, Navarredonda de

6 · A-3

Neguri Bizkaia Ver Getxo/Guecho

Nerja Málaga

La costa de Nerja está llena de pequeñas playas; la del Salón es una de las más populares

111 · E-2
A Málaga, 52 km
A Madrid, 551 km
Alt. 21 m · Pob. 21.957
T. 952 521 531
GPS 36° 45' 30'' N · 3° 53' 17'' O

Visitar: Sus monumentos principales son la **iglesia de El Salvador** (s. XVII); la **ermita de la Virgen de las Angustias,** con frescos del s. XVII; el mirador **Balcón de Europa** y el acueducto del Águila. Las **cuevas de Nerja,** sus playas y el **parque Verano Azul,** con una réplica del barco *La Dorada,* constituyen otros puntos de referencia.

Fiestas: El 16 y 17 de enero tienen lugar las fiestas de S. Antón, en Maro. Hacia febrero llega el **carnaval.** El 15 de mayo se va en romería a la ermita de S. Isidro y el 23 de junio es la noche de S. Juan. En julio se celebran los **festivales de la cueva de Nerja** y la **festividad de Ntra. Sra. del Carmen** (el 16), cuando los pescadores hacen ofrendas, procesión marítima y quema de fuegos artificiales. El 27 de agosto es el **Día del Turista.** Del 7 al 9 de septiembre es la fiesta de Ntra. Sra. de las Maravillas, en Maro. Entre septiembre y octubre se extiende el **concurso de cante flamenco.** Del 9 al 12 de octubre tienen lugar las fiestas de Ntra. Sra. de las Angustias y S. Miguel Arcángel, con **feria** incluida. En Navidad se suceden las pastorales y el **fin de año** se remata con una gran fiesta en el Balcón de Europa.

Alrededores: **Vélez-Málaga,** con la iglesia de la Encarnación (s. XVI), el convento de S. Francisco y su notable claustro, y la Casa Consistorial (s. XVI). En el **Morro de Trajamar** hay tumbas púnicas y fenicias (s. X a. C.). El pueblo de **Frigiliana,** a solo 6 km, es un notable conjunto morisco-mudéjar. En **Tórrox** destacan la iglesia, el faro y la villa romana y las termas en Conejito. También quedan cerca el **Parque Natural de las Sierras de Tejeda, Almijara y Alhama,** y los acantilados de Maro.

Restaurantes

® **Jacky.** (Edif. Corona). Chaparil, 6. T. 952 521 138.
www.restaurantejacky.blogspot.com

Cierra almuerzos martes a viernes excepto festivos; domingo cenas y lunes excepto verano. En su nueva ubicación sigue siendo referente de la buena cocina internacional de raíz francesa. Sugestivas salsas de alta escuela. Postres y bodega de nivel. Precio medio 30 €.

Udo Heimer. (Urb. Nueva Nerja). Andalucía, 27. T. 952 520 032.
www.udoheimer.net

Cierra almuerzos, miércoles y enero. Udo Heimer y su esposa Montserrat están al frente de la buena marcha de esta casa de cocina mediterránea. Costillar asado al romero y tomillo con *ravioli* de berenjenas con sus virutas y *harissa* a la menta. Precio medio 40 €.

Hoteles

**** **Parador de Turismo.** Almuñécar, 8. T. 952 520 050. *www.parador.es*

Hab. 98: 139/211 €. Suites: 2. Habitaciones con terraza sobre el Mediterráneo. Ascensor (semipanorámico) a pie de playa. Restaurante Europa. La cocina regional brilla en la preparación de los pescados.

Niembro Asturias Ver Llanes

4 · D-3

Nigrán Pontevedra

17 · C-3
A Pontevedra, 54 km
A Madrid, 594 km
Alt. Nivel del mar · Pob. 18.021
T. 986 368 734
GPS 42° 8' 33'' N · 8° 47' 38'' O

Visitar: El pueblo alberga monumentos tan añejos como el **arco visigótico de Panxón** (s. VII), el **puente románico de S. Pedro de la Ramallosa** (s. XIII) y pazos y casas solariegas (ss. XII al XVI). Más moderno es el vistoso **Templo Votivo del Mar,** del arquitecto Antonio Palacios. La **playa América,** de 1.700 m de longitud, es uno de los mejores arenales gallegos.

Fiestas: El 1 de mayo tiene lugar la **fiesta del Caballo.** Del 23 al 25 de junio se suceden las **celebraciones de S. Juan,** mientras que el 25 y 26 de julio, las de **Santiago y Sta. Ana**. El 16 de julio son las **fiestas del Carmen.**

Alrededores: Baiona está a 5 km y, **Vigo,** a 15 km. Destacan los **miradores** de Monteferro (Panxón) y Virgen de la Roca (Baiona).

Restaurantes

Arealoura. (En Playa América). Av. Playa América, 60. T. 986 350 908.

Cierra lunes y noviembre. Vistas al mar. Arroces, pescados del Cantábrico, carnes de Galicia, tocino de cielo. Menú 12 €. Precio medio 25 €.

® **Los Abetos.** Av. Val Miñor, 89. T. 986 383 028. *www.losabetos.com*

Esta casa practica una cocina que surge de los modos de los 80, en una vuelta a los sabores nítidos, con platos como el **'carpaccio' de lubina** o el **'mi-cuit' con frutos secos.** Precio medio 35 €.

Hoteles

Pazo da Touza. Dos Pazos, 119. Parroquia Camos. T. 986 383 047. *www.pazodatouza.info*

Hab. 7: 75/108 €. Suites: 1. En un edificio del siglo XVI, con añadidos barrocos del s. XVIII. Reformado en 2009.

Torreta del Castillo de Monterreal, actual Parador de Turismo de Baiona

---

Noja Cantabria

5 · E-2
A Santander, 45 km
A Madrid, 420 km
Alt. 10 m · Pob. 2.698
T. 942 630 306
GPS 43° 28' 52'' N · 3° 31' 21'' O

Visitar: Su patrimonio monumental es notable: la **iglesia de S. Pedro** (s. XVII), gótica trasmerana; los **palacios del Marqués de Albaicín** (s. XVI), del **Marqués de Velasco** (s. XV) y de **Garnica** (s. XVII); las **ermitas de S. Juan y S. Nicolás;** la Casona-Palacio El Carmen y el puente romano de Helgueras. También ofrece parajes como la isla de S. Pedruco **y la Reserva Natural de las Marismas de Victoria y Joyel.**

Fiestas: El 23 y 24 de junio se celebran la fiesta de **S. Juan** y, el 29, la de **S. Pedro Apóstol.** El 16 de julio es la **Virgen del Carmen.** El 30 y el 31 de agosto se celebran las fiestas patronales de **S. Emeterio y S. Celedonio,** con actuaciones de los antiquísimos **grupos de danzantes** de Noja.

Alrededores: Se pueden visitar el **nacimiento del río Asón,** las **cuevas del Soplao** y los **valles pasiegos.** En **Arnuero,** municipio de la comarca de Trasmiera, a 6 km, destacan las torres medievales y el Palacio de los Condes de Isla-Fernández. El **Parque Natural de las Marismas de Santoña** merece una visita.

Restaurantes

Sambal. Campo de Golf Berceda, s/n. T. 942 631 531. *www.restaurantesambal.es*

Cierra cenas de domingo a jueves excepto verano; segunda quincena de enero y primera de noviembre. Ubicado en un campo de golf junto al mar.

Carpaccio vegetal y *foie-gras*, carrillera de cerdo ibérico estofada, torrija de sobao pasiego. Precio medio 30 €.

85 · C-4

Nucia, La Alicante Ver Benidorm

Nuévalos-Monasterio de Piedra
Zaragoza

5 · E-2
A Zaragoza, 120 km
A Madrid, 231 km
Alt. 714 m · Pob. 361
T. 976 870 727

Visitar: En el **Parque Natural del Monasterio de Piedra** se extienden densos bosques de ribera, cobijo de muchas especies de animales y plantas. El Centro de Interpretación de Fauna Piscícola explica este entorno con un audiovisual en tres dimensiones. El **Monasterio de Piedra,** conjunto cisterciense del s. XII, ofrece visitas guiadas por las dependencias de los monjes, para conocer su modo de vida, y por el Museo del Vino. También es sede del Monasterio de Piedra-Hotel.

Fiestas: El 20 de enero se celebra **S. Sebastián.** El 28 y 29 de agosto, **Ntra. Sra. de los Alvares.**

Alrededores: Interesante es la visita a los **balnearios de Jaraba,** a 17 km, y de **Alhama de Aragón,** a 25 km.

El río Piedra, que da nombre al Monasterio, crea parajes de gran belleza

Restaurantes

Río Piedra. (H. Río Piedra). Ctra. Monasterio de Piedra, 1. T. 976 849 007. *www.hotelriopiedra.com*
Cierra enero. Con 23 habitaciones. Situado en las faldas de monasterio y a pie del lago. Cocina regional evolucionada. Hongos salteados con patata trufada, cochinillo cujiente a la canela, sopa de manzana con crema de membrillo y helado de vainilla. Menú 15 €. Precio medio 35 €.

Hoteles

*** **Balneario Termas Pallares.** (En Alhama de Aragón, a 25 km). Constitución, 20. T. 902 930 938. *www.termaspallares.com*
Hab. 144: 100/185 €. Alberga un lago termal único en Europa. Restaurante El Balneario.

*** **Monasterio de Piedra.** Ctra. Monasterio de Piedra, s/n. T. 976 849 011. *www.monasteriopiedra.com*
Hab. 62: 73/136€. Situado al lado del Parque Natural, está enclavado en el antiguo monasterio cisterciense del s.XII. Las habitaciones, con todas las comodidades, son las antiguas celdas de los monjes, y cuentan con magníficas vistas. Restaurante Reyes de Aragón, cocina regional, internacional y de vanguardia.

Oiartzun/Oyarzun Gipuzkoa

Visitar: La **Casa-Torre Iturrioz** y la **iglesia de S. Esteban,** de estilo gótico mixtificado, son los edificios históricos más destacados del casco antiguo de Oiartzun. En los alrededores abundan los **monumentos megalíticos.** El antiguo trazado de un ferrocarril minero es muy interesante para conocer el pasado de la localidad, así como el **Parque Natural de Aiako Harria.**

Fiestas: El primer fin de semana de junio se celebra **Loriartzun,** un festival de flores y plantas. Del 2 al 6 de agosto son las fiestas de **S. Esteban,** y el 21 de diciembre, las de Sto. Tomás.

Alrededores: Hay que visitar la **comarca de Oarsoaldea.** En **Errentería** está el fuerte de S. Marcos, con buenas vistas, y en **Pasaia,** la Casa-Museo de Víctor Hugo.

7 · A-3
A San Sebastián, 12 km
A Madrid, 481 km
Alt. 330 m a 837 m · Pob. 9.947
T. 943 494 521
GPS 43° 17' 56'' N · 1° 51' 33'' O

Restaurantes

Mugaritz
La culinaria liderada por Andoni Luis Aduriz genera un mundo de emociones y de reencuentro con la naturaleza, con un riesgo calculado y asumido. **Cristal de almidón y azúcar manchado con praliné y corales de crustáceo, bacalao glutinoso y resina de 'mastik'.** Postres asimismo impactantes.

Servicio exquisito y singular. Cierra martes, excepto cenas de mayo a finales de septiembre, domingo cena, lunes y de mediados de diciembre al 18 de abril.

Precio medio 120 €.

En Errenteria, a 3 km. Autopista AP-8, Oiartzun-Errenteria este. Aldura Aldea, 20. T. 943 518 343. *www.mugaritz.com*

Zuberoa
La culinaria de Hilario Arbelaitz, siempre evolutiva, encandila a todos los paladares por su personalidad, sin enmascaramiento de la excelsa materia prima. **Bogavante asado al aceite de jengibre y 'ravioli' de vainilla.** Postres de igual refinamiento, como el dedicado a la naranja (tartaleta, sorbete y crema). Su terraza cubierta es otro aliciente más. Servicio impecable. Cierra domingo, miércoles, del 1 al 17 de enero, del 8 al 25 de abril y del 14 al 30 de octubre.

Precio medio 85 €.

Autopista AP-8, salida 3. Pl. Bekosoro, 1. T. 943 491 228. *www.zuberoa.com*

Oleiros A Coruña Ver A Coruña

1 · E-3

Olesa de Montserrat Barcelona Ver Terrassa

37 · A-4

Olías del Rey Toledo Ver Toledo

62 · E-3

Olite Navarra

Visitar: El **Palacio Real de Olite,** construido por el rey navarro Carlos III, se eleva sobre el casco viejo con el perfil de sus torres: la del Homenaje, la de las Tres Coronas o la de los Cuatro Vientos. El Parador Nacional, al pie de la alta Torre de las Cigüeñas, es la parte más antigua. En arquitectura religiosa destaca la **iglesia de S. Pedro,** con su claustro románico y su torre gótica, única en el género. También hay que mencionar la **iglesia gótica de Sta. María,** con su portada fastuosa, y las galerías medievales en la plaza de Carlos III. El **Museo del Vino y de la Viña,** las bodegas y la Ruta del Vino muestran la relevancia vinícola de esta zona.

Fiestas: El 20 de mayo se acude en **romería a la ermita de Sta. Brígida.** En julio y agosto se celebra el **Festival de Teatro Clásico,** y en agosto son las fiestas medievales. El 14 de septiembre llega el turno de las **fiestas patronales del Cristo de la Buena Muerte,** que arrancan la víspera con el disparo del cohete y en las que se celebran encierros de reses bravas y espectáculos taurinos todos los días.

23 · B-2
A Pamplona, 41 km
A Madrid, 336 km
Alt. 380 m · Pob. 3.754
T. 948 741 703
GPS 42° 28' 52'' N · 1° 39' 10'' O

Detalle de la portada gótica de la iglesia de Sta. María de Olite

Alrededores: Muy cerca se encuentran los pueblos de **S. Martín de Unx** y **Ujué,** el **Monasterio de La Oliva** y la **laguna de Portillas.**

Restaurantes

® **Casa Zanito.** Mayor, 10. T. 948 740 002. *www.casazanito.com*
Cierra lunes y martes, excepto julio y agosto; domingo cena y del 15 de diciembre al 15 de enero. El restaurante más notable, asentado y clásico de la capital de los reinos de Navarra. Destaca especialmente la **caza** al estilo tradicional. Buenos **quesos.** Precio medio 45 €.

Villa Marcilla. (En Marcilla, a 20 km). Estación, s/n. T. 948 713 737. *www.villamarcilla.es* P
Cierra cenas de domingo a jueves y 15 días en julio. Antigua casa de campo. Timbal de borrajas con almejas, solomillo al Pedro Ximénez, bizcocho templado de chocolate. Menú 12 €. Precio medio 35 €.

Hoteles

**** **La Joyosa Guarda.** Medios, 23. T. 948 741 303. *www.lajoyosaguarda.com* P
Hab. 21: 76/146 €. Suites: 3. Casa-palacio del s. XVIII totalmente restaurada.

*** **Parador de Turismo.** Pl. Teobaldos, 2. T. 948 740 000. *www.parador.es*
Hab. 43: 134/194 €. Ocupa, en parte, el Palacio-Castillo de Carlos III el Noble. Restaurado a principios del s. XX. Restaurante con comida típica navarra.

Olivenza Badajoz

79 · A-3
A Badajoz, 24 km
A Madrid, 427 km
Alt. 268 m · Pob. 11.906
T. 924 490 151
GPS 38° 41' 2'' N · 7° 6' 9'' O

Visitar: El paseo clásico incluye la **ciudadela medieval** y el **castillo,** la visita a las iglesias de Sta. María Magdalena y de Sta. María del Castillo, la capilla del Espíritu Santo (Santa Casa de Misericordia) y el **Ayuntamiento,** con su puerta manuelina. También es interesante el **Museo Etnográfico Extremeño.**

Fiestas: El 6 y 7 de marzo se celebra la feria taurina; entre el 23 y el 24 de junio, **las Muñecas de S. Juan,** y del 10 al 15 de agosto, las fiestas y ferias.

Alrededores: La **frontera con Portugal** está a pocos kilómetros.

Restaurantes

® **Arteaga.** (H. Palacio de Arteaga). Moreno Nieto, 5. T. 924 491 129. *www.palacioarteaga.com* P
Palacete de finales del s. XIX. **Verduras de temporada horneadas con queso de cabra, solomillo de retinto, tarta de queso.** Precio medio 30 €.

Hoteles

**** **Palacio Arteaga.** Moreno Nieto, 5. T. 924 491 129. *www.palacioarteaga.com* P
Hab. 23: 70/140 €. Suites: 1. Casa-palacio del s. XIX. Restaurante Arteaga.

Olmedo Valladolid

42 · E-2
A Valladolid, 44 km
A Madrid, 151 km
Alt. 771 m · Pob. 3.845
T. 983 623 222
GPS 41° 17' 19'' N · 4° 41' 5'' O

Visitar: El arte mudéjar es un emblema de la localidad, que cuenta con iglesias de este estilo (S. Andrés, S. Miguel y La Soterraña) y un **parque temático del mudéjar.** También se pueden visitar el **templo de Ntra. Sra. de la Merced Descalza** (actual Centro de Artes Escénicas S. Pedro), el de Sta. María del Castillo (s. XVI) y el **Museo-Palacio Caballero de Olmedo.**

Fiestas: El 5 de febrero se celebra **Sta. Águeda,** el 29 y el 30 de septiembre S. Miguel y S. Jerónimo, y el 10 de octubre la **Virgen de la Soterraña.**

Alrededores: Medina del Campo, con el Castillo de la Mota, y **Tordesillas,** con el convento de Sta. Clara, son los lugares más destacados en las proximidades.

Restaurantes

La Cueva de Fabia. Arco de la Villa, s/n. T. 983 600 940. *www.restaurantelacuevadefabia.com* P
Cierra cenas de domingo a miércoles. Bodega subterránea antigua. Cocina castellana y pinchos ganadores en varios certámenes. Lechazo asado, bol de frutas de temporada con *mousse* de queso fresco. Menú 12 €. Precio medio 25 €.

Hoteles

**** **Balneario Villa de Olmedo.** Pago de Sancti Spiritus, s/n. T. 983 600 237. *www.balneariovilladeolmedo.com*
Hab. 82: 100/173 €. Suites: 3. Claustro termal y patio mudéjar. Aguas minero-medicinales. Restaurante El Hontanar.

Olost Barcelona

37 · B-1
A Barcelona, a 85 km
A Madrid, 618 km
Alt. 669 · Pob. 1.202
T. 972 26 01 41
GPS 41° 59' 8'' N · 2° 5' 40'' E

Visitar: Sobre todo, el **castillo** y la **iglesia-catedral del Lluçanès.**

Alrededores: **Sta. Creu de Jutglar,** con la iglesia parroquial (s. XVIII).

Restaurantes

Fonda Sala. Pl. Mayor, 17. T. 938 880 106. *www.fondasala.com*
Cierra cenas de domingo y lunes, martes, del 8 al 29 de septiembre, y la semana de Navidad. Toni Sala se fundamenta en el mejor producto del entorno y de la temporada, lo que mantiene esta casa como lugar predilecto de una clientela entusiasta y fiel. **Canelones de trufa** (en temporada) **al estilo de Toni, entrecot de ternera de Nebraska.** Menú 16 €. Precio medio 55 €.

Olot Girona

26 · D-3
A Girona, 54 km
A Madrid, 661 km
Alt. 440 m · Pob. 33.589
T. 972 260 141
GPS 42° 10' 55'' N · 2° 29' 13'' E

Visitar: El parque municipal y **Jardí Botànic** alberga en su recinto el **Museu dels Volcans,** esencial para salir a conocer después el **Parc Natural de la Zona Volcànica de La Garrotxa,** uno de los más importantes de Europa. Desde el volcán Montsacopa se abre una vista panorámica de la ciudad. También se puede visitar el **Museu Comarcal de la Garrotxa,** con pinturas de la escuela de Olot y las salas Clará, Blay y la dedicada a la escultura. Otras opciones son la Casa-Museu Can Trincheria y el **Museu dels Sants.**

Fiestas: En febrero se celebran la **fiesta del trigo sarraceno** y el carnaval. En marzo, la Fira del Embutit. El primero de mayo también hay feria. El domingo después del Corpus es la tradicional **Sardana del Corpus.** En verano, el segundo domingo de julio es el Aplec de la Sardana, de Interés Turístico, y el día 16 las fiestas del Carmen, con sardanas, conciertos y el baile del Drac. El 8 de septiembre son las **fiestas patronales de la Verge del Tura.** El 18 de octubre tienen lugar la Fira de St. Lluc, certamen agrícola, industrial, ganadero y comercial, y la **Fira del Dibuix.** En Navidades se celebran el mercado de Nadal y la muestra de pesebres.

Alrededores: En el entorno de Olot se alzan varios volcanes apagados, muy interesantes para visitar. También quedan cerca los pueblos medievales de **Besalú** y **Sta. Pau** y las **fuentes** de St. Roc, Les Tries, La Moixina y Prats de la Mandra, a orillas del río Fluvià, parajes que inspiraron una importante escuela de pintura.

La Casa Gassiot es una de las paradas de la ruta modernista de Olot

Restaurantes

Les Cols. (Mas Les Cols). Ctra. de la Canya, s/n. T. 972 269 209. *www.lescols.com*
Cierra martes cena, lunes, domingo, festivos, 21 días en enero y 21 días entre julio y agosto. Fina Puigdevall, en un entorno de diseño muy moderno, ejecuta con precisión y rigor una cocina catalana de vanguardia fundamentada en el mejor producto local. **Cebolla dulce rellena de queso de oveja, berenjena quemada, café y miel.** Precio medio 80 €.

Hoteles

*** **Perla d'Olot.** Av. Sta. Coloma, 97. T. 972 262 326. *www.laperlahotels.com*
Hab. 12: 41/92 €. Suites: 6. En el Parc Natural de la Zona Volcànica de La Garrotxa. Restaurante La Perla.

Ondara Alicante Ver Dénia

85 · C-2

Ontinyent/Onteniente Valencia

84 · D-3
A Valencia, 86 km
A Madrid, 390 km
Alt. 359 m · Pob. 37.935
T. 962 916 090
GPS 38° 49' 14'' N · 0° 36' 42'' O

Visitar: El barrio medieval de La Vila fue declarado Conjunto Histórico-Artístico. Entre los monumentos sobresalen la **iglesia arciprestal de Sta. María,** iniciada en el s. XII sobre la antigua mezquita. Se trata de un templo gótico de una sola nave ojival, el más alto de la Comunidad Valenciana; el **colegio de la Concepción** y su biblioteca, con más de 11.000 ejemplares, entre ellos algunas

Fiesta de Moros y Cristianos en la localidad valenciana de Ontinyent

obras de los ss. XVII y XVIII, y los museos de Ciencias Naturales, el Fester y el Arqueológico Maova.

Fiestas: En agosto tiene lugar la celebración de **Moros y Cristianos,** declarada de Interés Turístico, en honor al Stmo. Cristo de la Agonía, en la que el momento cumbre es la entrada de los dos bandos. Con bailes tradicionales y el Bou en Corda se celebran las fiestas de **la Purísima,** entre noviembre y diciembre.

Alrededores: El paraje natural del **Pou Clar** está a solo 2 km, y la ermita de St. Esteve, a 6 km. **Bocairent,** a 9 km, conserva unas cuevas de arte rupestre y una plaza de toros tallada en la roca. La zona de **Fuente de Gamellons** está a 18 km.

Restaurantes

® **El Tinell de Calabuig.** José Melchor Gomis, 23-25. T. 962 915 048.

Cierra cenas de lunes y martes, segunda semana de agosto y de octubre. Al compás de la modernidad y de la temporada de la mano de Rafa Calabuig. **Salteado de verduras con 'sepionet', pollo campero asado con 'ceps' y legumbres, milhojas de plátano.** Menú 15 €. Precio medio 33 €.

☼ ☼ **Ferrero-Paco Morales.** (En Bocairent, a 9 km. H. Ferrero). Ctra. CV-81, Bocairent-Villena, km 16. T. 962 355 175. *www.hotelferrero.com*

P

Cierra miércoles cena en otoño-invierno, domingo cena, lunes y martes. En la cúspide de la gastronomía valenciana; avalado por galardones de prestigio. Entorno magnífico y bodega de impresión. **Guisantes escabechados en fondo de gallina, merluza asada con nabos y rábanos, leche ahumada.** Precio medio 45 €.

® **Julio.** (En Fontanars dels Alforins, a 18 km). Conde de Salvatierra, 9. T. 962 222 238. *www.juliorestaurant.es*

Cierra cenas en invierno (excepto viernes y sábado); lunes y martes no festivos, semana de Pascua y del 12 de diciembre al 3 de enero. Culinaria entre la tradición y la creación que huye de todo exceso. **Tacos de emperador con su 'marmitako', pichón de Bresse en diferentes cocciones, dulce de almendra con helado de café.** Precio medio 40 €.

Hoteles

***** **Relais & Châteux Ferrero.** (En Bocairent, a 9 km). Ctra. Ontinyent-Villena, km 16. T. 962 355 175. *www.hotelferrero.com* P SPA

Hab. 12: 250/280 €. Suites: 9. Desayuno incluido. Admisión de perros, consultar. Restaurante Ferrero by Paco Morales.

¿Un granero fortificado?

Creadas entre los ss. X y XI, las Cuevas de los Moros de Bocairent pudieron servir como despensa de grano.

Oñati/Oñate Gipuzkoa

Visitar: La **Universidad del Sancti Spiritus,** la primera del País Vasco, es un edificio renacentista del s. XVI en cuya capilla gótica destaca un **retablo plateresco.** La iglesia gótica de S. Miguel alberga la cripta de los condes de Guevara, las capillas de la Piedad y de Ntra. Sra. del Rosario, y un magnífico claustro construido sobre el río Ubao. En la localidad también se puede ver el **Monasterio de Bidaurreta** (s. XVI).

Fiestas: Alrededor de mayo y junio se celebra el **Corpus Christi,** con una procesión en la que se interpretan bailes típicos *(korpus-dantzak)*. En septiembre se celebran el Concurso Internacional de Perros Pastores y **Ntra. Sra. de Arantzazu** (el día 9), en el Santuario de Arantzazu. Durante las fiestas de S. Miguel, que se unen a las de la Virgen del Rosario, el primer domingo de octubre, hay un alarde de grupos folclóricos y actuaciones de *bertsolaris* y *txistularis*.

Alrededores: A 9 km de Oñati está el **Santuario de Ntra. Sra. de Arantzazu,** con obras de Oteiza y Chillida, que es la puerta de entrada al **Parque Natural de Aizkorri-Aratz.** También están cerca las **cuevas de Arrikrutz,** donde se halló el esqueleto de un león de las cavernas.

Restaurantes

® **Zelai-Zabal.** (En Arantzazu, a 9 km). Ctra. de Arantzazu, s/n.
T. 943 781 306. *www.zelaizabal.com*
Cierra cenas en otoño e invierno, domingo noche, lunes y del 23 de diciembre al 15 de febrero. Alberto Elorza, un cocinero de largo recorrido, ofrece en su casa familiar propuestas tradicionales puestas al día.
Terrina de 'foie-gras' con compota de manzana y pistachos. Postres muy convincentes. Precio medio 55 €.

13 · D-2
A San Sebastián, 74 km
A Madrid, 401 km
Alt. 231 m · Pob. 10.957
T. 943 783 453
GPS 43° 1' 57'' N · 2° 24' 45'' O

Detalle de la fachada del Santuario de Ntra. Sra. de Arantzazu

---

Ordizia/Ordicia Gipuzkoa

Visitar: En la **iglesia parroquial de Ntra. Sra. de la Asunción** destacan la imagen de la Virgen (Andra Mari) y un retablo de 1555. Otros monumentos relevantes son el Ayuntamiento y los **palacios** Abasia, Zabala y Barrena (este último de principios del s. XVII). Existe una escultura dedicada a Andrés de Urdaneta, cosmógrafo y marino. También se puede visitar el **Centro de Interpretación D'Elikatuz,** dedicado a la alimentación, nutrición y gastronomía.

Fiestas: En abril se celebra el **Día del Pastor,** y el 15 y 16 de mayo, la feria medieval. Del 24 al 27 de julio llega el turno de las fiestas patronales de Sta. Ana, del 5 al 12 de septiembre las fiestas vascas, con su famoso **Concurso de Queso Idiazábal** y la subasta del ejemplar ganador. El 11 y 12 de diciembre se organiza una feria de artesanía, y el 29 de ese mismo mes otra feria especial de Navidad.

Alrededores: Ordizia es un buen punto de salida para hacaer excursiones por la **comarca del Goierri,** con los parques naturales de Aralar y Aizkorri-Aratz, y pueblos con encanto, como Idiazábal, Mutiloa, Segura, Zerain y Zaldibia.

Restaurantes

Martínez. Sta. María, 10. T. 943 880 641.
Cierra lunes y primera quincena de marzo y de agosto. Ambiente rústico en el centro del pueblo con buena barra de pinchos. Revuelto de hongos salteados, carrilleras glaseadas al vino tinto, queso Idiazabal con membrillo y nueces. Menú 11 €. Precio medio 35 €.

13 · E-2
A San Sebastián, 42 km
A Madrid, 426 km
Alt. 154 m · Pob. 9.780
T. 943 882 290
GPS 43° 3' 14'' N · 2° 10' 46'' O

Oropesa Toledo

Visitar: El **castillo medieval,** que perteneció a los Álvarez de Toledo, está formado por restos del castillo árabe (s. IX) y del posterior castillo cristiano. También se conservan **restos de murallas.** La localidad alberga varios monumentos más: las iglesias de Ntra. Sra. de la Asunción y S. Bernardo, los conventos del Recuerdo, la Concepción y la Misericordia, el Palacio Viejo o de Doña Elvira y el Palacio Nuevo o Condal (ss. XIV y XVI), respectivamente.

Fiestas: Del 8 al 10 de abril se celebran las **Jornadas Medievales.** Entre el 8 y el 10 de septiembre son las fiestas patronales de Ntra. Sra. de Peñitas y el 18 y 19 de septiembre, las de S. Alonso de Orozco, patrón.

Alrededores: Famosa por su artesanía del bordado, **Lagartera** se encuentra a 2 km; **La Calzada de Oropesa,** con una iglesia parroquial que alberga frescos

61 · E-3
A Toledo, 120 km
A Madrid, 148 km
Alt. 425 m · Pob. 2.954
T. 925 430 201
GPS 39° 55' 8'' N · 5° 10' 29'' O

Cata de vino en el Parador Nacional de Oropesa (s. XV)

de Claudio Coello, a 12 km, y **El Puente del Arzobispo,** con su puente del s. XIV, a 13 km. Merecen una visita también las **gargantas naturales de Madrigal de la Vega** y de **Candeleda.**

Restaurantes

® **Llares.** (En Lagartera, a 2 km). Dr. Fleming, 7. T. 925 431 157. *www.llares.com*

Cierra cenas de domingo a jueves, lunes y primera quincena de septiembre. Casa-museo tradicional lagarterana del s. XVIII con una buena cocina. **Setas con alioli de miel, lomos de ciervo adobado y confitura de membrillo, tarta de cuajada.** Precio medio 30 €.

Tierra. (En Torrico, a 8 km. H. Valdepalacios). Ctra. CM-4100, Oropesa-Puente del Arzobispo, km 9. T. 925 457 534. *www.valdepalacios.es*

Cierra domingo cena, martes almuerzo y lunes. Sigue siendo la gran referencia de la zona, por su emplazamiento, instalaciones y el nuevo equipo de cocina y comedor. **Gamba roja de Palamós en dos servicios, lomo de cordero a 66° C.** Precio medio 75 €.

Hoteles

***** **Valdepalacios Hotel Gourmand.** (En Torrico, a 8 km). Ctra. Oropesa-Puente del Arzobispo, km 9. T. 925 457 534. *www.valdepalacios.es*

Hab. 25: 200/350 €. Suites: 2. En una dehesa de 600 hectáreas. Edificio del s. XIX. Restaurante Tierra.

**** **Parador de Turismo.** Pl. Palacio, 1. T. 925 430 000. *www.parador.es*

Hab. 48: 107/150 €. Suites: 4. Instalado en el antiguo Palacio-Castillo de Oropesa. Es uno de los más antiguos de la red. Recientemente reformados en profundidad todos los servicios y habitaciones. Restaurante El Señorío.

Orpesa/Oropesa del Mar Castellón

66 · B-2
A Castellón de la Plana, 22 km
A Madrid, 440 km
Alt. 33 m · Pob. 11.500
T. 964 312 320
GPS 40° 5' 31'' N · 0° 7' 58'' E

Visitar: Además de las **playas,** el **puerto deportivo** y el **paraje de Oropesa la Vella,** se encuentran otros monumentos que merecen una visita, como el **castillo,** las torres defensivas, la **capilla de la Virgen de la Paciencia** (s. XVI) y los museos del Hierro, del Naipe y Naturhiscope.

Fiestas: En mayo llega el Festival Internacional de Títeres. El 24 de junio se celebra S. Juan, el 25 de julio S. Jaime; en agosto el **Día del Turista** y el **festival internacional de música ORFIM.** El 5 de octubre es el día de la **Virgen de la Paciencia,** con festejos taurinos.

Alrededores: Entre los principales atractivos de la zona están las **grutas de S. José,** a 4 km; Vilafamés, a 8 km; el **Parque Natural del Desierto de Las Palmas,** a 16 km, y el **Parque Natural del Prat de Cabanes-Torreblanca,** a unos 8 km.

Marjal (zona húmeda) en el Parque Natural del Prat de Cabanes-Torreblanca

Restaurantes

Arrocería de Vicent. Goya, 36. T. 964 311 256. *www.restaurantedevicent.es*

Cierra cenas (excepto viernes y sábados de noviembre a marzo), lunes cena, martes (excepto julio y agosto) y un mes por vacaciones. Más de 14 variedades de arroces, *suquet* de rape. Jornadas gastronómicas de la alcachofa (marzo) y del arroz (junio). Menú entre semana 12 €. Precio medio 25 €.

® **Cal Paradís.** (En Vall D'Alba, a 15 km). Av. Villafranca, 30. T. 964 320 131. *www.calparadis.es*

Cierra cenas de domingo a jueves, primera semana de septiembre y segunda quincena de diciembre. Calidad y calibre en sus propuestas y acierto en sus resultados. Más que interesante. **Canelón de alcachofas con sepieta y pelota antigua, bacalao con sus callos, pastel de cerezas.** Menú 25 €. Precio medio 30 €.

Hoteles

**** **Marina d'Or.** Playa de Morro de Gos, s/n. T. 902 903 090. *www.marinador.com*

Hab. 245: 73/238 €. Hotel de diseño moderno y funcional situado en primera línea de playa con exclusivas vistas al mar.

Osuna Sevilla

105 · E-1
A Sevilla, 86 km
A Madrid, 481 km
Alt. 328 m · Pob. 17.851
T. 954 815 732
GPS 37° 14' 11'' N · 5° 6' 14'' O

Visitar: La **Colegiata** (s. XVI) alberga un Museo de Arte Sacro, con lienzos de José de Ribera, el Españoleto. También son notables la **capilla del Sepulcro** y el **panteón Ducal.** En la Universidad (s. XVI) destacan la sala de grados y el paraninfo. Los palacios de los Cepeda y del marqués de la Gomera, el **Monasterio de la Encarnación** (con cerámicas del s. XVIII); el **Museo Arqueológico,** las iglesias y las casas solariegas, fundamentalmente del s. XVIII, constituyen otras referencias de la ciudad, que también cuenta con una necrópolis íbera.

Fiestas: El 12 de enero se celebra la festividad del patrono **S. Arcadio,** y en febrero, el carnaval. La **Semana Santa** está declarada de Interés Cultural. El 16 de julio tienen lugar los fastos en honor a la Virgen del Carmen y el 8 de septiembre es el día de Ntra. Sra. de la Consolación, la patrona.

Alrededores: En **Estepa,** a 22 km, se conservan las iglesias del Carmen, de la Virgen de los Remedios, con su notable portada, la de S. Sebastián y la de la Veracruz. **Écija** está a 33 km, y Carmona, a 60 km.

Características casas andaluzas encaladas en una calle de Osuna

Restaurantes

Doña Guadalupe. Pl. de Guadalupe, 6-8. T. 954 810 558.
Cierra domingo cena, lunes y primera quincena de agosto. Cocina popular andaluza en un local con amplia barra. Perdiz de monte con arroz caldoso, rabo de toro, tocino de cielo. Precio medio 30 €.

Hoteles

**** **Palacio Marqués de la Gomera.** S. Pedro, 20. T. 954 812 223.
www.hotelpalaciodelmarques.es
Hab. 20: 68/89 €. Suites: 2. Palacio barroco (s. XVIII), enclavado en la calle catalogada por la Unesco como una de las más bellas de Europa. Restaurante La Casa del Marqués. Los nuevos propietarios continúan cuidando la oferta culinaria.

Otur Asturias Ver Luarca

3 · B-2

Ourense/Orense

18 · A-2
A Madrid, 521 km
Alt. 135 m · Pob. 108.673
T. 988 366 064
GPS 42° 20' 23'' N · 7° 51' 57'' O

Visitar: La **Catedral** románica de S. Martiño (ss. XII y XIII), consagrada a S. Martín de Tours, es el principal monumento de la ciudad. Destacan la portada sur, románica, y la norte, gótica, con elementos románicos en el interior. Dentro del templo son notables la **capilla del Sto. Cristo,** de estilo barroco gallego, y la capilla Mayor, con el cimborrio del maestro Rodrigo de Badajoz, un retablo gótico de inicios del s. XVI; los sepulcros de un obispo y del cardenal Quevedo y la sillería tallada de Diego de Solís y Juan de Angés. Estos dos maestros tallaron también el coro (s. XVI). En el altar se alza el Cristo de la Cruz, proveniente de Finisterre, y una escultura de los hermanos Sierra, de la Escuela de Gregorio Fernández. El **Museo Catedralicio** guarda una cruz de oro esmaltado de Enrique de Arfe. Entre los otros templos de la ciudad merecen una mención la **iglesia de S. Francisco,** de estilo románico-gótico (s. XIII); la antigua Catedral de Sta. María Madre, emplazada sobre la primera basílica de Ourense, que databa de época sueva y fue totalmente reconstruida en 1722, y La Trinidad, con un ábside (s. XVI). A la ciudad le dan sabor las calles de Sto. Domingo, Lepanto, Cisneros y La Corona, el parque de S. Lázaro, la plaza del Hierro, adornada con una fuente barroca que proviene del Monasterio de S. Esteban de Ribas de Sil, y la plaza Mayor, rodeada de soportales de los ss. XVII y XVIII. El **Palacio Episcopal** es una construcción de los ss. XVI y XVII, con un núcleo central del s. XII. Este Monumento Nacional alberga el Museo Arqueológico Provincial. Desde el puente que cruza la carretera de Santiago se divisan el viejo **puente romano** y el puente del Milenio. También se puede visitar el **Conjunto Arqueológico-Natural de Santomé.** Por último, conviene mencionar la abundancia de termas: Chavasqueira, Muiño da Vega, Outariz y **Las Burgas,** conocidas ya desde época romana por sus virtudes curativas.

Fiestas: Es bien conocido el carnaval, **O Entroido.** El domingo de Pasión o Lázaro, una procesión recorre el parque de S. Lázaro y se queman las *madamitas.* El 3 de mayo se celebran Os Maios, el concurso de figuras formadas por armazones de madera y cubiertas de musgo, flores y *carrabouxos.* El día del Corpus Christi se organiza una batalla de flores con bandas de música y bailes. En junio llegan las fiestas Mayores, y el 11 de noviembre, día del patrón, S. Martiño, es la **fiesta de los Magostos.**

Grupo de 'cigarrons' en una calle de Ourense, el sábado de carnaval

Alrededores: En **Ribas de Sil,** desde el Monasterio de S. Esteban, convertido en Parador Nacional, se abren unas vistas vertiginosas sobre las gargantas del río Sil. El monasterio, de fundación benedictina, tiene fachada renacentista. A su lado, una iglesia románico-gótica de tres naves, rematadas por tres ábsides románicos. A 25 km está **Celanova,** con el monumento funerario prerromano de Sta. María de Aguas Santas. Otras municipios interesantes son **Allariz** y **Ribadavia,** a 20 km, con el templo de Sto. Domingo (ss. XIV y XV); el castillo medieval de Sarmiento, las iglesias de S. Juan y Santiago, la prerrománica de S. Ginés y el barrio judío.

Restaurantes

☼ **A Rexidora.** (En Bentraces, 10 km). Ctra. N-540, Bentraces-Celanova, km 7,200. T. 988 383 078. *www.arexidora.es*
Cierra lunes y cenas de domingo y martes. Javier González sigue su camino de investigación y creatividad, dando con fórmulas inéditas bien concebidas; sus **empanadas, de masa de harina de castañas,** son diferentes. Propone excelentes combinaciones, como las **mollejas de ternera glaseadas al Mencía.** Buenos postres. Precio medio 40 €.

A Taberna. (Aparcamiento concertado). Julio Prieto Nespereira, 32. T. 988 243 332. *www.ataberna.com*
Cierra domingo cena y lunes (excepto festivos o vísperas), Semana Santa y segunda quincena de agosto. En el casco antiguo, cerca de las termas de Burgas. Grelos con marisco, pescados de la ría, gazpacho de fresas con helado de nata. Precio medio 30 €.

Adega do Emilio. Av. das Caldas, 11. T. 988 219 111. *www.adegadoemilio.com*
Cierra lunes. Casona antigua con terraza jardín. Chipirones, rape, entrecot al queso, cañas. Precio medio 25 €.

Casa Tino Fandiño. (En Allariz, a 10 km). Carcere, 7. T. 988 442 216. *www.casafandinho.com*
Cierra domingo cena, excepto agosto y septiembre. Antiguo horno de pan restaurado. Pescados, lamprea y caza en temporada. Para abrir boca, empanada, y para terminar, filloas rellenas de crema de castañas. Menú 15 €. Precio medio 30 €.

El Asador de Roa. S. Miguel, 10. T. 988 372 276. *www.elasadorderoa.com*
Cierra domingo cena. El horno de leña, para los asados, y la parrilla, para las carnes rojas, son los protagonistas de esta oferta castellano-gallega. Para empezar, zamburiñas, y de postre, *mousse* de queso y membrillo. Precio medio 28 €.

☼☼ **Galileo.** (En Sta. Baia-Pereiro de Aguiar, a 10 km). Ctra. G-536, vieja de Ponferrada, km 10,800. T. 988 380 425. *www.restaurantegalileo.com*
Cierra cenas en invierno (excepto fines de semana), domingo cena y lunes. Flavio Morganti utiliza con habilidad materias primas de la despensa local,

Cerámica sevillana

Escenas bíblicas en el zócalo del claustro (s. XVIII) del Monasterio de la Encarnación de Osuna.

con modos de cocina más universales, sobre todo mediterráneos. **Milhojas de pulpo sobre cama tibia de patatas, cocochas de merluza con clorofila de mar y lima,** magníficas **carnes rojas...** Buenos postres.
Precio medio 42 €.

® **Roupeiro.** (En A Derrasa, a 10 km). Ctra. G-536, Ourense-Pobra de Trives, km 9. T. 988 380 038.
Cierra del 10 al 30 de julio. Nada nuevo que decir de una de las casas más acreditadas de Galicia en cocina tradicional. Como novedad, las **croquetas de castañas,** pero sus triunfos siguen siendo un **cabrito asado** inmejorable y un **cocido gallego** de referencia. Precio medio 24 €.

Hoteles

**** **Parador de Santo Estevo.** (En Nogueira de Ramuín, a 25 km). Monasterio de Sto. Estevo, s/n. T. 988 010 110. *www.parador.es*
Hab. 76: 119/171 €. Suites: 1. Enclavado en un antiguo monasterio benedictino rodeado de un característico bosque caducifolio. Restaurante Dos Abades.

Oviedo Asturias

'La Regenta', de Clarín, es recordada con una estatua frente a la Catedral

3 · E-4
A Madrid, 451 km
Alt. 232 m · Pob. 226.800
T. 985 213 385
GPS 43° 21' 36'' N · 5° 50' 46'' O

Visitar: La **Catedral gótica,** erigida en 1388 sobre una basílica fundada en el s. VIII. Su **Cámara Santa,** de origen prerrománico, actual cámara de tesoros, está dividida en dos partes, una de las cuales se remonta a tiempos de Alfonso II El Casto (s.IX). Guarda las cruces originales de la Victoria (símbolo de Asturias) y de los Ángeles (símbolo de Oviedo), e importantes reliquias, como la del **Santo Sudario.** Destacan también su portada oeste, atribuida al maestro francés Pierre Bruyeres, y, en la capilla Mayor, el retablo escultórico de Giralte de Bruselas, con la colaboración de Juan de Balmaseda. Entre la riqueza monumental de la ciudad también se encuentran la **iglesia de S. Tirso,** reconstruida en el s. XVII, que conserva ventanas de tres vanos del s. IX; el convento de S. Vicente, que alberga el archivo provincial; la iglesia de Sta. María La Real de la Corte, el convento de S. Pelayo, con fachada del s. XVII; el palacio de la Rúa (s. XV); la iglesia de S. Isidoro, construida de 1578 a 1681, cuya anterior portada del s. XII se alza ahora en el **campo de S. Francisco;** el Ayuntamiento, la Universidad, construida entre 1534 y 1608 por Gonzalo de Güemes Bracamonte y Juan de Ribero; el **Palacio de los Camposagrado** (s. XVII), y los palacios de Valdecarzana y Heredia (s. XVIII), ocupados por la Audiencia. En los barrios periféricos podemos admirar las iglesias de Sta. María de la Vega, de estilo románico (s. XII), y **S. Julián de los Prados** (Santullano), de estilo prerrománico, construida del 812 al 842. La ciudad también cuenta con el Museo de las Bellas Artes y el Museo Arqueológico de Asturias. El estilo prerrománico de Oviedo es Patrimonio de la Humanidad.

Fiestas: En febrero son vistosos los **carnavales** y la fiesta de la Ascensión, de Interés Turístico Regional, donde se organiza un mercado de ganado de gran tradición y el Martes de Pentecostés *(de Campo* o **La Balesquida),** cuyo nombre procede de Doña Velasquita Giráldez, quién en 1232 fundó la cofradía de La Balesquida. El 19 de septiembre se celebra el **Día de América en Asturias,** de Interés Turístico Nacional, y el 21 de septiembre las coloridas fiestas de S. Mateo.

El Museo de Bellas Artes muestra sus fondos en tres edificios de Oviedo

Alrededores: A tan solo 4 km, en el monte Naranco, se encuentran las joyas del arte prerrománico del s. IX ovetense: **Sta. María del Naranco,** un antiguo palacio o sala de justicia, y **S. Miguel de Lillo,** cuyo ábside es posterior, porque fue reconstruido en el s. XVII. Bendones, a 6 km, tiene otra iglesia prerrománica: la de Sta. María. En cuanto a la naturaleza, es fundamental visitar el **Parque Nacional de los Picos de Europa.**

Restaurantes

® **Arlos.** (En Manjoya, a 5 km. Por la A-66, dirección León, salida 35. H. Castillo del Bosque La Zoreda). Castillo del Bosque La Zoreda, s/n. T. 985 963 333. *www.castillodelbosquelazoreda.com*
Elegante y recoleto, en un hotelito más que coqueto –cinco estrellas– y en medio de un bosque de castaños. Ofrece dos menús de buena escuela (35 y 45 €). Correcta bodega y buen servicio profesional, en el que destaca José Luis Bango, un experto en coctelería.

☼ **Casa Conrado.** Argüelles, 1. T. 985 223 919. *www.casaconrado.com*
Cierra domingo y agosto. Javier Antón, tercera generación, ha tomado el timón de su padre, Marcelo Conrado Antón, que apoya entre bastidores. Sigue la línea de cocina clásica, que se mantiene con firmeza. Una animada barra de acceso a un comedor de lleno frecuente. Precio medio 39 €.

☼☼ **Casa Fermín.** S. Francisco, 8. T. 985 216 452. *www.casafermin.com*
Cierra domingo. Amplio, elegante, con impecable servicio, cuidada carta de vinos y cocina que, sin de ser vanguardia, tampoco es convencional gracias a la profesionalidad de Luis Alberto Martínez, cocinero propietario. Su esposa, María Jesús Gil, nieta del fundador de la casa en anteriores ubicaciones, dirige la sala con mimo. Precio medio 45 €.

® **Del Arco.** Pl. América, s/n. T. 985 255 522. *www.delarco.com*
Cierra domingo. Pronto hará 30 años en el corazón del Ensanche. Está dirigido con la seriedad que caracteriza al propietario, Juan Ramón Sánchez, hijo del fundador. Cocina clásica, pero no convencional, y muy correcta. En el edificio anexo desde hace pocos años está la **Taberna del Arco,** más desenfada, con pequeña terraza a la plaza en la que se ubica. Precio medio 45 €.

☼ **Deloya.** (H. Sto. Domingo). Ronda Sur, s/n. T. 985 221 095. *www.deloyarestaurante.com*
Cierra domingo y lunes. Javier Loya, tercera generación de la familia avilesina Loya, Premio Nacional de Gastronomía, impone una línea de autor contenida en un espacio decorado a la última y servido con pulcritud. En ocasiones los banquetes cierran al público el restaurante y la información al cliente es deficiente, lo que no es de recibo a este nivel. Menú 25 €. Precio medio 45 €.

® **La Corrada del Obispo.** Canóniga, 18. T. 985 220 048. *www.lacorradadelobispo.com*
Cierra domingo cena y lunes. El tándem Luis Solís, en la propiedad, y Carlos Martínez –hermano del artífice de Casa Fermín–, en la cocina, sigue manteniendo este local de línea tradicional con un marco de resonancias antiguas. **Mero al horno con verduras salteadas, 'frixuelos' rellenos de compota de manzana.** Menú 15 €. Precio medio 42 €.

® **La Corriquera.** (En Posada de Llanera, a 8 km). Av. Oviedo, 19. T. 985 773 230. *www.lacorriquera.com*
Cierra domingo cena, lunes (excepto festivos), Semana Santa y tres últimas semanas de agosto. Más de 10 años desde su apertura con Nuria González como única propietaria y responsable de cocina. Se ha ganado un público de familias en fines de semana y de las empresas del Parque Tecnológico de Llanera a diario, en busca de platos tan sabrosos como generosos a precios razonables. Menú 18 €. Precio medio 28 €.

Senderistas en el Parque Nacional Picos de Europa

® **La Goleta.** Covadonga, 32. T. 985 213 847. *www.lagoleta.com*
Cierra domingo y julio. Es el segundo restaurante de Marcelo Conrado Antón, capitaneado por su hija menor, Laura, con vocación marisquera, por lo que, sin ser el paraíso, suele ser la mejor opción. Los **platos de pescado** completan una carta de cocina que cumple en manos del jienense José Ávila. Precio medio 40 €.

® **La Máquina de Lugones.** (En Lugones, a 6 km). Av. Conde de Sta. Bárbara, 59. T. 985 263 636. *www.lamaquinadelugones.es*
Cierra cenas, domingo, del 16 de junio al 16 de julio y tres semanas en Navidad. La Máquina sigue ofreciendo la que tal vez sea la mejor **fabada** del mundo. Excelente **arroz con leche,** de los mejores de Asturias, y bodega de tintos muy adecuados al plato estrella, casi el único de la carta. Precio medio 30 €.

® **La Taberna del Zurdo.** Cervantes, 27. T. 985 963 096. *www.latabernadelzurdo.com*
Cierra domingo en julio y agosto, y domingo cena. El cocinero propietario, Rodrigo Roza, es uno de los mejores cocineros de Asturias y se alza con buena parte de los campeonatos de tapas y pinchos. Restaurante informal, con tapas llamativas, vinos por copas y estupendo menú del día. De no perderse, el **rosbif, la ensaladilla** o **sus natillas** en versión propia. Precio medio 30 €.

® **La Venta del Jamón.** (En Pruvia-Llanera, a 12 km). Ctra. AS-2, salida Pruvia Arriba. T. 985 262 802. *www.laventadeljamon.com*
Cierra domingo cena. Amado Alonso adquirió hace pocos años el popular complejo hostelero de La Gruta. Su interés por levantarlo le está llevando más de lo previsto; sin embargo, se nota su menor presencia en esta institución centenaria, que se merece lo mejor en su apuesta por una cocina tradicional asturiana al día y cuidada. En compás de espera. Precio medio 38 €.

® **Naguar.** Av. Galicia, 14. T. 984 285 080. *www.naguar.es*
Cierra domingo cena. Es la última aventura de Pedro Martino, junto a otros socios, tras El Cabroncín y L'Alezna. Un marco de *gastrobar* con aire neoyorquino y unos platillos que agradan, aunque aún no emocionan. Su **hamburguesa de 'Pancuno'** es lo más exitoso. Precio medio 20 €.

® **Ostería 24.** Cervantes, 24. T. 984 187 070. *www.osteria24.com*
Cierra domingo en julio y agosto, y domingo cena. Frente a su **Taberna del Zurdo,** en la misma calle, Rodrigo Roza abrió hace escaso tiempo un *ristorante* que *borda* platos italianos poco usuales en un marco grato y distinguido, dentro de lo informal. La bodega es corta, y el servicio, juvenil. Precio medio 30 €.

Hoteles

☆☆☆☆☆ **AC Oviedo Forum.** Pl. de los Ferroviarios, 1. T. 985 965 488. *www.ac-hotels.com*
Hab. 155: 70/161 €. Suites: 7. Céntrico. Restaurante La Sosiega.

☆☆☆☆☆ **Castillo del Bosque La Zoreda.** (En La Manjoya, a 5,3 km). Bosque de la Zoreda, s/n. T. 985 963 333. *www.castillodelbosquelazoreda.com*
Hab. 25: 160/210 €. Suites: 1. Palacete de principios de s. XX. Restaurante Arlos.

☆☆☆☆☆ **Gran Hotel Las Caldas.** (En Las Caldas). Laguna Las Caldas, s/n. T. 985 798 787. *www.lascaldas.com*
Hab. 78: 131/275 €. Suites: 9. Balneario con manantial termal y espacio ecotermal. Restaurante Viator.

☆☆☆☆☆ **Meliá Hotel de la Reconquista.** Gil de Jaz, 16. T. 985 241 100. *www.hoteldelareconquista.com*
Hab. 142: 110/279 €. Suites: 4. Edificio del s. XVIII, antiguo hospicio y hospital del Principado de Asturias. Monumento Nacional. En la zona residencial y comercial. Restaurante Florencia.

☆☆☆☆ **Ciudad de Oviedo.** Gascona, 21. T. 985 222 224. *www.hotelciudaddeoviedo.es*
Hab. 53: 65/151 €. Situado en una zona privilegiada, a pocos pasos del casco antiguo y de la Catedral. A 10 minutos a pie del Auditorio Príncipe Felipe, principal centro de congresos de la ciudad.

☆☆☆☆ **Palacio de la Viñona.** (Colloto-Oviedo). Julián Clavería, 14. T. 985 793 399. *www.palaciovinona.com*
Hab. 15: 73/120 €. Pertenece al club de calidad de hoteles Casonas Asturianas.

S. Miguel de Lillo, magistral ejemplo del prerrománico asturiano

El arte de escanciar

Sin aditivos ni químicos, la sidra asturiana es sana y natural. El ritual exige ser escanciada.

Oviñana Asturias Ver Cudillero

3 · D-4

Oyarzun Gipuzkoa Ver Oiartzun

7 · A-3

Padrón A Coruña

8 · D-3
A La Coruña, 85 km
A Madrid, 613 km
Alt. 70 m · Pob. 8.968
T. 627 210 777
GPS 42° 44' 19'' N · 8° 39' 42'' O

Símbolos de la ruta jacobea en la iglesia de Santiago de Padrón

Visitar: En esta villa declarada de Interés Turístico se levanta la **Colegiata de Sta. María de Iria Flavia** (ss. XII al XIX) y el **cementerio de Adina,** donde fueron enterrados Rosalía de Castro y Camilo José Cela. También destacan el convento y la fuente del Carmen (de los ss. XVIII y XVI, respectivamente), el Monasterio y la iglesia románica de Herbón (s. XII) y la iglesia de **Santiago de Padrón.** Debajo de su altar mayor se encuentra O Pedrón que, según la leyenda, es la piedra en la que ataron la barca que traía el cuerpo del apóstol Santiago. Otros puntos de interés son el Palacio de Quito (s. XVII); el pazo de Retén (s. XVIII); el paseo del Espolón; la **Fundación Rosalía de Castro;** el Jardín Botánico, declarado Monumento Artístico Nacional; la **Fundación Camilo José Cela** (premio Nobel de Literatura) y, dentro de esta, el Museo Ferrocarrilero John Trulock.

Fiestas: Las celebraciones de **Semana Santa y Pascua de Resurrección** se prolongan hasta el domingo siguiente con ferias de ganados y actuaciones folclóricas. Se comen en estos días la rosca de Pascua, pulpo y lamprea. El 6 de mayo es el día de S. Juan del Rayo; el 13 de junio, la **romería de S. Antonio,** en el convento de Herbón, a orillas del río Ulla; el 25 de julio, la **romería Santiaguiño do Monte** con *gaiteiros, pandereteiras,* concurso de muñeiras y reparto de sardinas con cachelos y pimientos de Padrón; el 7 de agosto, la fiesta de Exaltación del Pimiento, en Herbón; el primer sábado de agosto, la **fiesta del Sto. Cristo de la Luz;** el 16 de agosto, S. Roque; el 24 de agosto, **Ntra. Sra. de Belén;** el 8 de septiembre, Ntra. Sra. de la Esclavitud, y el 8 de octubre, Ntra. Sra. del Rosario. También tienen un gran seguimiento popular las **fiestas Mayores.**

Alrededores: El **monte Santiaguiño** es el punto jacobeo donde se encuentran las peñas en las que, según la tradición, predicó el apóstol Santiago. En **Herbón** hay una interesante iglesia románica y un monasterio franciscano del s. XIV.

Restaurantes

A Casa dos Martínez. Longa, 7. T. 981 810 577.
www.elblogdeacasadosmartinez.blogspot.com
Cierra cenas de domingo a jueves y lunes. Reducido local de satisfactoria oferta. Sardinas de Rianxo con pimientos de Padrón, pescados del día, pasión de chocolate y mandarina. Precio medio 33 €.

® **Casa Ramallo.** (En Rois, a 3 km). Castro, 5. T. 981 804 180.
www.casaramallo.com P
Cierra cenas, lunes y del 24 de diciembre al 2 de enero. Referencia fundamental de la cocina gallega más tradicional, la de siempre, la familiar. **Mariscos,** buenos **pescados** y, a las orillas del Ulla, **lamprea en temporada.** Precio medio 30 €.

® **Chef Rivera.** Enlace Parque, 7. T. 981 810 413. *www.chefrivera.com*
P
Cierra cenas de domingo, lunes y festivos excepto agosto. Esta casa mantiene viva su tradición de dar al producto gallego tratamiento de gran cocina, y casi siempre lo consigue. Tres imprescindibles son: los **pimientos de Padrón,** fritos como nadie lo hace; la **caza...** y la **lamprea** del Ulla. Gran selección de **quesos.** Precio medio 35 €.

Palafrugell Girona

38 · C-1
A Girona, 45 km
A Madrid, 712 km
Alt. 87 m · Pob. 22.918
T. 972 300 228
GPS 41° 55' 1'' N · 3° 9' 46'' E

Visitar: Tras disfrutar en las **calas,** otras visitas interesantes son en el **Jardí Botànic de Cap Roig,** el faro de St. Sebastià, el Museu del Suro (Corcho), el Museu d'Art Contemporani Vila-Casas, la **Fundació Josep Pla** y la iglesia de St. Martí, así como el Centre d'Interpretació del Dipòsit d'Aigua.

Fiestas: Durante los primeros meses del año se suceden varios festejos, como la campaña gastronómica de **La Garoinada,** entre enero, febrero y marzo. El **Lunes de Pascua** los vecinos peregrinan a la ermita de St. Sebastià, con arrozada popular. En la Pascua de Pentecostés se celebran las fiestas de primavera, que culminan con el **Carrusel de la Costa Brava** el domingo. El sábado anterior a S. Juan llega la fiesta del Corcho. Ya en verano tienen lugar, el 29 de junio, la **fiesta Mayor de Calella de Palafrugell;** el primer sábado de julio, la cantada de habaneras de esa misma localidad, y del 20 al 22 de julio, la **fiesta de Sta. Margarida,** fiesta Mayor de Palafrugell. Julio y agosto son los meses del festival **de música Jardins de Cap Roig.** El primer sábado de agosto se celebra otra cantada de habaneras en Llafranc. Del 14 al 16 de agosto tiene lugar la fiesta Mayor de Tamariu. Del 28 al 30 de agosto es **fiesta Mayor en Llafranc.**

El tercer fin de semana de agosto, fiesta Mayor en Llofriu. El primer sábado de septiembre, cantada de habaneras de Tamariu y **Mercat Boig** (Mercado Loco) en Llafranc. El 18 y 19 de septiembre, fiesta Mayor de Sta. Rosa en Llafranc. En la primera quincena de diciembre, las **jornadas gastronómicas de El Niu.** Y en octubre se celebra un festival de *jazz*.

Alrededores: Los pueblos de la zona albergan gran variedad de monumentos, como **Pals,** con su recinto medieval; **La Bisbal,** con el Castell del Bisbe; **Vulpellac,** con iglesia y castillo, o **Peratallada** y su conjunto medieval y castillo. También se encuentran cerca las playas de **Calella, Llafranc** y **Tamariu.**

Fondos marinos de Tamariu, en la Costa Brava

Restaurantes

® **La Xicra.** St. Antoni, 17. T. 972 305 630. *www.restaurantlaxicra.com*
Cierra cenas de domingo, martes y miércoles, excepto agosto, y noviembre. Culinaria con sabor, basada en la tradición y en el mejor producto ampurdanés de temporada, en un marco con encanto. **Huevos con 'foie-gras' y trufa fresca, 'rustido de l'empordanet'.** Precio medio 40 €.

Mas de Torrent. (En Torrent, a 10 km. H. Mas de Torrent). Afores, s/n. T. 972 303 292. *www.mastorrent.com*
Cierra domingo cena y lunes, excepto festivos de octubre a Semana Santa. Sumamente elegante, esta casa es un oasis de tranquilidad y excelencia que también se refleja en una propuesta de cocina catalana y actual. **'Ravioli' de cigalas, 'carré' de cordero con humus.** Precio medio 55 €.

Tragamar. (En Calella de Palafrugell, a 3 km). Playa del Canadell, s/n. T. 972 614 336. *www.tragamar.com/www.grupotragaluz.com*
Cierra cenas entre semana en temporada baja, martes de octubre a junio, del 11 de enero al 11 de febrero y segunda quincena de noviembre. A pie de playa. Sardinas, arroz caldoso de pescado y marisco, milhojas. Precio medio 30 €.

Hoteles

***** **Mas de Torrent Hotel & Spa.** (En Torrent, a 5 km). Afores, s/n. T. 902 550 321. *www.mastorrent.com*
Suites 39: 350 €. Instalado en una bonita masía del s. XVIII, rodeada de un magnífico jardín, muy cerca de la playa. Miembro de Relais & Châteaux. En pleno corazón del Empordà, es un hotel de ensueño en el que confluyen la elegancia, el carácter, la exquisita decoración y el esmerado servicio. Un lugar de encuentro inolvidable. Admisión de perros, consultar. Restaurante Mas de Torrent.

Palamós Girona

38 · C-1
A Girona, 40 km
A Madrid, 726 km
Alt. 12 m · Pob. 18.161
T. 972 600 550
GPS 41° 50' 47'' N · 3° 7' 39'' E

Visitar: Las dos **iglesias principales** son la de **Sta. Maria del Mar,** edificada en estilo gótico-tardío, y la de **Sta. Eugènia de Vila-Romá** (s. XVIII). El Museu Parroquial, el de la Pesca y las **ruinas del Castell de Vilarromá** completan los puntos de interés, sin olvidar las estupendas playas y calas.

Fiestas: Entre febrero y marzo los **carnavales** toman la calle. En julio se celebran la **procesión marinera y el Aplec, la fiesta de la sardana** y la Virgen del Carmen. El 14 de agosto se realiza la **Mostra de l'Havanera Catalana.** Del 27 al 30 de diciembre se disputa la **regata de veleros Christmas Race.**

Alrededores: Se puede recorrer el **Castillo de Aro,** la localidad de **Palafrugell** y diversos rincones de la **Costa Brava.**

Restos del poblado ibérico de Castell, cerca de Palamós

Restaurantes

Celler de La Planassa. Vapor, 4. T. 972 316 496. *www.cellerdelaplanassa.com*
Cierra domingo cena, excepto julio y agosto, lunes, una semana en febrero y mayo, y 15 días en octubre. Antigua casa de pescadores en la zona del puerto con cocina marinera. Gambas de Palamós, rape al horno con alioli, crema catalana. Menú 20 €. Precio medio 35 €.

® **La Gamba.** Pl. St. Pere, 1. T. 972 314 633. *www.lagambapalamos.com*
Cierra cenas de domingo a jueves y miércoles de noviembre a marzo, dos semanas en febrero y dos en noviembre. Cercano a la lonja de pescadores y con vistas a la bahía de Palamós, la familia Cuadrat propone una cocina marinera tan sabrosa como auténtica y tradicional. Precio medio sin marisco 36 €.

Uno de los privilegiados pliegues costeros cercanos a Palamós

Hoteles

***** **La Malcontenta Hotel.** Paratge Torre Mirona-Platja Castell, 12. T. 972 312 330. *www.lamalcontentahotel.com*
Suites 14: 155/325 €. Suites: 14.

*** **Sant Joan.** Av. Llibertat, 79. T. 972 314 208. *www.hotelsantjoan.com*
Hab. 19: 58/112 €. Suites: 1. Masía del s. XVIII, completamente restaurada.

Palencia

31 · F-1
A Madrid, 240 km
Alt. 740 m · Pob. 82.143
T. 979 718 197
GPS 42° 0' 42'' N · 4° 32' 3'' O

Torre de la Catedral de Palencia (la 'bella desconocida'), que aglutina varios estilos artísticos

Visitar: La **Catedral** es un monumento que nace de la cripta visigótica y prerrománica, evoluciona a catedral románica y culmina en el actual edificio de origen gótico (1321) y final renacentista (1516). La puerta del Obispo, de Diego Hurtado de Mendoza, data de finales del s. XV. En el interior destacan el trascoro, con **bajorrelieves atribuidos a Gil de Siloé,** y el retablo de madera de Juan de Holanda. El Museo Catedralicio tiene una notable sala capitular, una antecámara con tapices flamencos de finales del s. XV y obras del Greco, de Felipe de Borgoña, de Juan de Villoldo y de Mateo Cerezo, y un díptico de Pedro Berruguete. En la **iglesia románica de S. Miguel** (ss. XII y XIII), se casó el Cid Campeador. El **convento de S. Pablo,** parte de un monasterio fundado en 1217 por Sto. Domingo de Guzmán, fue declarado Monumento Nacional. Otras iglesias notables son la de S. Bernardo, que muestra su fachada plateresca; la de Sta. Clara, que guarda una imagen del *Cristo Yacente* de la que se dice que es una momia hallada en aguas del Atlántico, y S. Francisco, buen ejemplo de estilo gótico. **La ermita románica de S. Juan Bautista,** el Palacio de la Diputación y la **Casa del Cordón** completan el patrimonio.

Fiestas: El **Bautizo del Niño Jesús,** el 1 de enero, es una tradición del s. XVI que fue declarada de Interés Turístico Regional. Cuatro días después, el 5 de enero, recorre las calles de la ciudad la tradicional cabalgata de Reyes. El 2 de febrero se celebra la **festividad de la Virgen de la Calle.** La Semana Santa, muy vistosa, es de Interés Turístico Regional. El domingo más cercano al 16 de abril tiene lugar la **romería de S. Toribio,** de Interés Turístico Regional. El 25 de ese mismo mes llega el turno de la romería de S. Marcos, en el Sotillo de los Canónigos. El domingo de Pentecostés se celebra la **Feria Chica,** en cuyas vísperas se expone la reliquia de S. Juan. El 2 de septiembre tienen lugar las **fiestas patronales de S. Antolín.** En octubre se puede disfrutar la Feria Gastronómica Naturpal.

Alrededores: En los **encinares y robledales del Monte Viejo,** a 6 km, abundan los ciervos. **Ampudia,** a 15 km, tiene un castillo-museo y un notable recinto urbano. En **Baños de Cerrato,** a 8 km, se halla la Basílica de S. Juan Bautista (s. VII). En **Husillos,** una abadía del s. X. En **Monzón de Campos,** a 13 km, destacan el castillo y la iglesia. En **Villamuriel de Cerrato** también merecen una visita el castillo, la iglesia y las fuentes de Valdepero. En **Dueñas,** a 10 km, se conserva la iglesia de Sta. María (s. XII). En las montañas del norte se sitúa el **Parque Natural de Fuentes Carrionas y Fuente Cobre.**

Restaurantes

Casa Damián. Ignacio Martínez de Azcoitia, 9. T. 979 744 628.

Cierra domingo cena, lunes, del 24 de julio al 24 de agosto y del 23 de diciembre al 4 de enero. Menestra, carnes rojas de Cervera, natillas. Precio medio 48 €.

Casa Lucio. Don Sancho, 2. T. 979 748 190. *www.restaurantecasalucio.com*
Cierra domingo y del 1 al 15 de julio. Verduras a la parrilla, palominos, pastel de hojaldre, en un antiguo edificio del s. XVI. Precio medio 30 €.

Casa Pepe's. Av. Manuel Rivera, 16. T. 979 100 650.
Cierra lunes y del 1 al 25 de agosto. Ambiente castellano y cocina tradicional atenta a la temporada: setas, verduras, pescados de Galicia, lechazo churro, guisos, postres caseros. Menú 20 €. Precio medio 45 €.

® **La Encina** (asador). Aparcamiento gratuito a 150 m. Casañé, 2. T. 979 710 936. *www.asadorlaencina.com* P
Cierra del 1 al 15 de agosto. El mejor asador de **carnes** y **pescados.** También, **tortilla de patata, melocotones asados rellenos de helado** y una barra con gran variedad de pinchos. Menú 22 €. Precio medio 38 €.

La Traserilla. S. Marcos, 12. T. 979 745 421. *www.latraserilla.es*
Concurrida barra en la planta baja y varios comedores en las superiores de una casa antigua del s. XIX. Corazones de alcachofas con setas y jamón ibérico, bocaditos de lechazo con reducción de miel y módena, copita de queso con membrillo y piñones. Menú 18 €. Precio medio 35 €.

Hoteles

*** **Castilla Vieja.** Av. Casado de Alisal, 26. T. 979 749 044. *www.hotelessuco.com* P
Hab. 69: 48/140 €. Suites: 6. Ubicado en pleno casco antiguo, junto a la Plaza Mayor.

Cascada de Mazobre, en el Parque Natural de Fuentes Carrionas y Fuente Cobre

Palmar, El Murcia Ver Murcia

101 · A-1

Palmones-Los Barrios Cádiz Ver Algeciras

114 · D-1

Palos de la Frontera Huelva

104 · A-1
A Huelva, 11 km
Alt. 26 m · Pob. 9.043
T. 959 530 100
GPS 37° 13' 50'' N · 6° 53' 37'' O

Visitar: El Monasterio franciscano de **Sta. María de la Rábida** tiene una iglesia gótico-mudéjar (s. XIII), con una talla del *Crucificado* del s. XIV y una capilla ante cuya Virgen de los Milagros oraron los navegantes que partieron hacia América en 1492. Se puede visitar la **Casa de los hermanos Pinzón,** codescubridores de aquel continente. En la Fontanilla (s. XIII), se abastecieron de agua las carabelas Sta. María, Pinta y Niña. Además, también es notable la **iglesia de S. Jorge,** de estilo gótico-mudéjar (s. XIV).

Fiestas: El 22 de enero se conmemora el vuelo del Plus Ultra, primer viaje aéreo entre Europa y América. En marzo llega la **Feria Medieval del Descubrimiento de América.** En este contexto, el día 15 se conmemora el regreso de las carabelas. El 23 de abril, fiestas de S. Jorge. El 3 de agosto se rememora la **salida de las Carabelas.** El 15 de agosto se festeja el día de la patrona, **Ntra. Sra. de los Milagros.** El último fin de semana de agosto es costumbre acudir en romería a La Rábida, en honor a la Virgen de los Milagros. Y el 12 de octubre se conmemora el **Día de la Hispanidad.**

Alrededores: El **Monasterio de La Rábida** está a 5 km. El pueblo de **Moguer,** cuna del premio Nobel Juan Ramón Jiménez, a 7 km, y las playas de Mazagón, a 11 km. **Mazagón,** pueblo costero cuyos principales atractivos se suceden junto al mar, como el faro del Picacho, el Vigía y la Torre del Loro, una torre de vigilancia de la Edad Media, cuenta con puerto deportivo y está a las puertas del **Parque Nacional de Doñana.**

Restaurantes

El Bodegón. Rábida, 46. T. 959 531 105.
Cierra martes. Antigua bodega. Pescados y carnes a la brasa, quesos artesanos. Precio medio 33 €.

Hoteles

*** **Parador de Turismo.** (En Mazagón). Ctra. San Juan de Puerto-Matalascañas, km 31. T. 959 536 300. *www.parador.es* P
Hab. 63: 128/185 €. Suites: 1. Próximo al Parque Nacional de Doñana y al Monasterio de la Rábida. Restaurante El Enebro.

Aztecas en Huelva

Los vínculos del Monasterio de La Rábida con el Descubrimiento de América se palpan en sus jardines.

Pals Girona

27 · C-4
A Girona, 41 km
A Madrid, 774 km
Alt. 55 m · Pob. 2.799
GPS 41° 58' 15' N · 3° 8' 51'' E

Altorrelieve en uno de los edificios civiles de Pals

Visitar: En el casco medieval amurallado se alzan la **Torre de les Hores** y la **iglesia de St. Pere,** de estilo gótico con fachada románica. Hay un Museu d'Arqueologia Submarina y **las playas** se encuentran a 3,5 km.

Fiestas: Entre el 3 y el 5 de agosto se celebra la **fiesta Mayor,** en las que se conmemora a St. Domènec. El 12 de agosto es la fiesta Mayor de la playa de Pals. El 8 y 9 de septiembre le llega el turno a la **fiesta Mayor de Masos de Pals,** coincidiendo con la onomástica de St. Fructuós. El 11 de septiembre es la Diada de Cataluña.

Alrededores: En la zona se encuentran las **ruinas de Empúries,** el poblado ibérico de **Ullastret** y los pueblos de **Peratallada** y **Begur.**

Restaurantes

Mas Roig. (H. Mas Roig). Ctra. C-31, Pals-Torroella de Montgrí, 17.
T. 972 637 363. *www.hotelmasroig.com*
Cierra martes cena y miércoles excepto julio y agosto; enero y febrero. Tiene, además, 9 habitaciones. Antigua masía del s. XVI. Terrina de pato con frutos secos, arroz a la cazuela, interpretación del *xuixo* de Girona. Menú 30 €. Precio medio 40 €.

Sa Punta. (H. Sa Punta. Urb. Sa Punta). Des Forns, 21. T. 972 667 376.
www.hotelsapunta.com
Con 30 habitaciones. Marco de excepción para degustar una cocina fundamentada en el producto y bien elaborada por Jaume Font. **Salteado de habitas a la menta y bogavante a la parrilla, pollo de payés** asado y deshuesado **con gambas de Palamós, bombón** suave **de chocolate.** Precio medio 50 €.

Pamplona/Iruña Navarra

14 · B-4
A Madrid, 424 km
Alt. 449 m · Pob. 199.209
GPS 42° 49' 4'' N · 1° 38' 44'' O

Visitar: El plan idóneo consiste en entrar por la plaza del Castillo y callejear por el **casco viejo.** Allí se encuentra la **Catedral,** reconstruida entre 1397 y 1530, que presenta una fachada neoclásica, obra de Ventura Rodríguez. Este templo cobija un sepulcro de alabastro con las figuras yacentes de Carlos III de Navarra y su esposa, Leonor de Castilla, en la nave central. El **Museo Diocesano** muestra una colección de esculturas góticas de los ss. XIII al XVI, y en la antigua cocina, los relicarios del Lignum Crucis y del Sto. Sepulcro. En el antiguo hospital jacobeo de la Misericordia se encuentra hoy el **Museo de Navarra,** con restos arqueológicos romanos, obras renacentistas, pinturas de Juan de Anchieta, murales góticos, cuadros de los ss. XV y XVI, obras de Morales y Jerónimo Cosida, esculturas de Berruguete, una interesante colección numismática y un retrato de Goya. Otros edificios relevantes son el **Palacio de la Diputación Foral** (en la sala del consejo y en el despacho presidencial se exponen obras de Federico Madrazo), el **Archivo Real y General de Navarra** (s. XII), ubicado en el edificio de capitanía y rehabilitado por Rafael Moneo, con una de las más ricas colecciones de archivos medievales, y El Baluarte, moderno palacio de congresos y auditorio. La ciudad, atravesada por el Camino de Santiago, ofrece otros rincones como los jardines de la Taconera, el parque Yamaguchi y el Planetario.

Fiestas: Con el chupinazo del 6 de julio estalla una de las fiestas más conocidas del mundo: los **Sanfermines,** que se prolongan hasta el 14 en una diversión ininterrumpida. Más sosegados son los **desfiles del Olentzero,** personaje tradicional de Navidad, y la Semana Santa.

Alrededores: Una muestra de los pequeños, aunque valiosos, monumentos de la zona son la iglesia románica de **Gazolaz** (s. XII), a 5 km; el retablo de la iglesia de **Zizur Mayor,** a 9 km; la iglesia románica rural de S. Martín, en **Artaiz,** a 25 km. Además, el Museo Oteiza guarda una colección del artista, en **Alzuza,** a 9 km.

Restaurantes

Alhambra. Francisco Bergamín, 7. T. 948 245 007.
www.restaurantealhambra.es
Cierra domingo y Semana Santa. Los Idoate, Ignacio y Esther, regentan el restaurante más social de Pamplona, imprescindible para entender y disfrutar, por todo lo alto, de la cocina navarra de temporada. Excelente también el servicio de sala, en un cálido y elegante ambiente. Precio medio 48 €.

® **Asador Zubi-Ondo.** (En Huarte, a 3 km). Av. Roncesvalles, 1.
T. 948 330 807. *www.zubiondo.net*

Con el 'txupinazo' del 6 de julio dan comienzo las fiestas de San Fermín

Cierra domingo y segunda quincena de agosto. Cercano a Pamplona, en este típico y reformado asador es donde Mikel Otxotorena hace disfrutar de buenos **pescados** y **carnes** a la brasa, acompañados de los típicos entrantes forales. Precio medio 45 €.

El Molino de Urdániz. (En Urdániz, a 19 km. Ctra. N-135, de Francia, km 16 por Zubiri). S. Miguel, s/n. T. 948 304 109. *www.elmolinourdaniz.com* P

Cierra cenas de domingo a miércoles, lunes, 15 días en febrero y una semana en septiembre. Al borde de una pintoresca carretera, en un caserón decorado con gusto, David Yarnoz *borda* una de las cocinas de vanguardia más importantes e imprescindibles del territorio. Gastronomía asentada y hasta un punto transgresora, pero con fundamento académico. Precio medio 48 €.

El Peregrino. (En Puente La Reina, a 23 km. H. El Peregrino. Ctra. N-111, Pamplona-Logroño, km 23). Irunbidea, s/n. T. 948 340 075. *www.hotelelperegrino.com* P

Cierra domingo cena, lunes y del 8 de enero al 8 de febrero. Con 13 habitaciones. Una de las grandes paradas gastronómicas del Camino de Santiago. En este Relais & Châteaux se come de una forma magnífica. Y se disfruta, en un entorno sumamente cuidado, de una cocina donde Nina Sedano mima el producto y Ángel Cambero la sala. Precio medio 55 €.

El Restaurante de Baluarte. (Palacio de Congresos de Navarra). Pl. Baluarte, s/n. T. 948 066 050. P

Cierra cenas de martes y miércoles; lunes y del 15 de julio al 15 de agosto. En el Palacio de Congresos, con vistas a la ciudadela, sencillo local donde se sirve una gastronomía moderna, navarra y de producto. Una cocina que sigue progresando notablemente. Precio medio 30 €.

Enekorri. Tudela, 14. T. 948 230 798. *www.enekorri.com*

Cierra domingo, Semana Santa y segunda quincena de agosto. Se cuida cada detalle con gran armonía y se degusta una de las cocinas más brillantes de Pamplona. Gastronomía asentada, clásica pero en movimiento y con claros toques de creatividad. Brillante labor de todo un equipo. Precio medio 57 €.

Europa. (H. Europa). Espoz y Mina, 11. T. 948 221 800. *www.hreuropa.com*

Cierra domingo. Los magníficos Idoate, en este caso con Pilar en los fogones, hacen disfrutar, en uno de los grandes clásicos de Pamplona, de una cocina asentada, serena pero al mismo tiempo con una fluida evolución y claras raíces navarras. Siempre basada en una gran materia prima y productos de temporada. Una visita que siempre vale la pena. Precio medio 54 €.

Josetxo. Pl. Príncipe de Viana, 1. T. 948 222 097. *www.restaurantejosetxo.com*

Cierra domingo y agosto. En un local espléndido y elegante, situado en pleno centro de Pamplona. De la mano de la familia Eciolaza-Oscariz, se disfruta

Estatua dedicada a Hemingway en el Café Iruña de Pamplona

Acueducto romano en las inmediaciones de la ciudad de Pamplona

de una cocina de mercado, navarra e internacional al unísono. Un clásico entre los clásicos. Precio medio 56 €.

Juan Simón. (En Arraitz, a 25 km). La Asunción, 11. T. 948 305 052. *www.restaurantejuansimon.es*
Cierra cenas en invierno excepto sábado; miércoles en verano; y del 15 de septiembre al 12 de octubre. Antiguo caserío rústico en el valle de Ulzama. Verduras frescas, rabo de ternera, canutillos. Menú 16 €. Precio medio 30 €.

Ⓡ **La Cocina de Álex Múgica.** (H. Gran Hotel La Perla). Estafeta, 24. T. 948 510 125. *www.lacocinadealexmugica.com*
Cierra lunes cena, domingo, y primera quincena de septiembre. Restaurante decorado de una forma cuidadosa e intimista, con claras referencias taurinas. Álex Múgica, con una cocina de mercado mimada, ofrece un abanico de los platos más navarros. Precio medio 40 €.

La Nuez. Taconera, 4. T. 948 228 130. *www.restaurantelanuez.com*
Cierra domingo, lunes, Semana Santa y tres semanas en agosto. Ambiente actual y cocina a tono de corte tradicional. Tarta fina de anchoa con tomate *confit* y aceituna negra, pichón al horno con *foie-gras*, *vacherin* de cerezas. Precio medio 43 €.

La Olla. Av. Roncesvalles, 2. T. 948 229 558. *www.laolla.com*
Pequeño mesón con agradable barra, bien surtida y atendida. En el comedor, hongos a la plancha, ajoarriero, torrija caramelizada. Menú 25 €. Precio medio 35 €.

La Trastienda del Colmado. Iturralde y Suit, 24. T. 948 242 199. *www.elcolmado.es*
Cierra cenas de mediados de junio a mediados de septiembre; domingo cena, lunes y 13 días en Semana Santa. Tienda bodega y restaurante con cocina sugerente. Plancha de verduras con romesco, atún rojo al carbón, torrija caramelizada. Menú 20 €. Precio medio 30 €.

Martintxo (asador-sidrería). (En Cizur Menor, a 2 km). Irunbidea, 1. T. 948 180 020. *www.martintxo.com*
Cierra domingo cena. Pescados y carnes al horno y a la brasa. Verduras de la huerta, quesos de postre. Precio medio 35 €.

Orgi. (En Lizaso, a 25 km). S. Simón, 1. T. 948 305 126.
Cierra domingo cena, lunes, primera quincena de junio y segunda de diciembre. Zona rural cerca del robledal de Orgi. Migas de pastor con trompetas negras, gorrín confitado, pastel vasco. Menú 11 €. Precio medio 30 €

☼☼ **Rodero.** Emilio Arrieta, 3. T. 948 228 035. *www.restauranterodero.com*
Cierra lunes cena y domingo. Máximo exponente de la cocina de vanguardia navarra. Koldo, secundado de forma espléndida por su familia en sala, enaltece la cocina de autor a través de unos magníficos productos de la tierra. Un imprescindible de la gastronomía navarra. Precio medio 60 €.

Ⓡ **Venta de Ulzama.** (En Arraitz, a 25 km. Puerto de Belate). Ctra. N-121 A, Pamplona-Francia, km 27, por Irun. T. 948 305 138. *www.ventadeulzama.com*
Cierra lunes y del 20 de diciembre al 20 de enero. Por entorno, naturaleza, cuidado y, cómo no, gastronomía, se debe acudir a esta venta a degustar unos grandes **fritos,** una excepcional y tradicional **caza** y su única y fantástica **cuajada.** Precio medio 35 €.

Hoteles

***** **Gran Hotel La Perla.** Plaza del Castillo, 1. T. 948 223 000. *www.granhotellaperla.com*
Hab. 44: 140/572 €. Céntrico. Próximo al Palacio de Congresos. Restaurante La Cocina de Álex Múgica.

**** **Palacio Guendulain.** Zapatería, 53. T. 948 225 522. *www.palacioguendulain.com*
Hab. 25: 134/810 €. Suites: 2. En un palacio del s. XVIII, rehabilitado.

**** **AC Zizur Mayor.** Etxesakan, 4. T. 948 287 119. *www.ac-hotels.com*
Hab. 73: 55/300 €. Suites: 2. Minibar y zona *fitness*, gratuitos.

*** **Maisonnave.** Nueva, 20. T. 948 222 600. *www.hotelmaisonnave.es*
Hab. 105: 60/112 €. Situado en el centro histórico, monumental y comercial de la ciudad. Restaurante El Mirador.

Hachas y árboles

Los deportes rurales vascos aúnan técnica y fuerza, como en las competiciones de 'aizkolaris', cortadores de troncos.

Panticosa Huesca

Visitar: El pueblo conserva las típicas casas altoaragonesas del **valle de Tena,** en pleno corazón del Pirineo, donde se mantienen la ganadería, la agricultura y los modos de vida tradicionales. La localidad conserva típicos rincones y asiste a un cada vez más pujante sector turístico, alimentado por las **actividades de montaña y los deportes invernales.**

Fiestas: Destacan el **martes de carnaval,** la **fiesta de Ntra. Sra. de la Asunción** (15 de agosto) y S. Roque, 16 de agosto.

Alrededores: Pueyo de Jaca es un pequeño pueblo de montaña situado a las orillas del embalse de Bubal. El **balneario de Panticosa,** a 8 km, ofrece sus baños termales a los pies de altas cumbres. Se puede caminar hasta los ibones (lagos de montaña) de Sabocos, Asnos y Catieras, al valle de la Ripera, a la peña de Sta. María y tantos otros rincones naturales.

15 · B-4
A Huesca, 82 km
A Madrid, 479 km
Alt. 1.184 m · Pob. 832
T. 974 487 318
GPS 42° 43' 24'' N · 0° 16' 60''

Uno de los edificios clásicos del balneario y casino de Panticosa, en el Pirineo

Restaurantes

Casa Pelentos. (En Sandiniés, a 8 km). Medio, 6. T. 974 487 500. *www.casapelentos.com*
Cierra mayo y noviembre. Con siete habitaciones. Hotelito rural en el valle de Tena. Migas y olla tensina, paletilla de lechal al horno, tarta quesada. Precio medio 30 €.

El Privilegio. (En Tramacastilla de Tena, a 8 km. H. El Privilegio). Zacalera, 1. T. 974 487 206. *www.elprivilegio.com*
Con 25 habitaciones. Ensalada de queso de cabra con frutos secos, lomo de bacalao confitado, sopas de Santa Teresa. Precio medio 35 €.

Hoteles

***** **Continental.** Ctra. del Balneario, km 10. T. 974 487 161. *www.panticosa.com*
Hab. 250: 96/241 €. Suites: 10. Una obra de Rafael Moneo dentro del balneario de Panticosa Resort.

Parcent Alicante Ver Xàbia

85 · C-3

Pasai Donibane/Pasajes de San Juan Gipuzkoa

Visitar: En este pintoresco pueblo de pescadores asomado a la bahía y al puerto se encuentran varios edificios interesantes: la **Basílica del Cristo de Bonanza** (s. XVIII), las **iglesias de S. Juan Bautista** (s. XVII) y de **S. Pedro** (s. XVIII), la ermita de Sta. Ana (s. XVIII) y la **Casa-Museo de Víctor Hugo.**

Fiestas: El gran día es el 24 de junio, **S. Juan,** que se festeja con hogueras y bailes. También se bendice el árbol de S. Juan, en la plaza de Santiago, con tradicionales *aurreskus*. En otros distritos de Pasaia se celebran también las **fiestas de S. Pedro,** el 29 de junio; los Sanfermines, el 7 de julio, con desfiles de carrozas y encierros de toros, y las fiestas patronales de **Santiago, Sta. Ana y S. Ignacio,** del 25 al 31 de julio, con traineras, *sokamuturra,* tamborrada náutica y fuegos artificiales en la bahía.

Alrededores: Además de la bahía de Pasaia, en el entorno se elevan montes costeros como **Jaizkibel** y **Ulía**. Tierra adentro, no está lejos el **Parque Natural de Aiako Harria.** El **Camino de Santiago de la costa** pasa por el pueblo.

6 · F-3
A San Sebastián, 4 km
A Madrid, 425 km
Alt. 4 m · Pob. 15.056
T. 943 341 556
GPS 43° 19' 23'' N · 1° 55' 54'' O

Restaurantes

® **Izkiña.** (En Pasai de S. Pedro). Euskadi Etorbidea, 19. T. 943 399 043. *www.restauranteizkina.com*
Cierra cenas de domingo y miércoles, lunes, semana de Pascua y última semana de agosto. Ofrece la más alta calidad de pescados y mariscos: salpicón de **langosta, cigalitas fritas, mero al horno...** Vivero propio. Importante carta de vinos, diseñada con sabiduría por el hijo de los patrones y reconocido sumiller, Aitor Olano. Precio medio 45 €.

Txulotxo. S. Juan, 71. T. 943 523 952. *www.restaurantetxulotxo.com*
Cierra cenas de domingo y martes, última semana de enero y a primeros de marzo. Espectaculares vistas al mar desde la terraza. Hongos y chipirones a

la plancha, cocochas de merluza o de bacalao con almejas, pudín de mamia. Precio medio 30 €.

Ziaboga. Donibane, 91. T. 943 510 395. *www.ziabogapasaia.com*
Cierra cenas de lunes a jueves en invierno. Los productos del mar en estado puro, la buena cocina marinera, el encanto de sus instalaciones con vistas sobre la bahía y su terraza veraniega para picotear informalmente son motivos suficientes para su visita. Menú 20 €. Precio medio 35 €.

6 · F-3

Pasai San Pedro/Pasajes de San Pedro

Gipuzkoa Ver Pasai Donibane/Pasajes de San Juan

Pastrana Guadalajara

115 · E-2
A Guadalajara, 47 km
Alt. 759 m · Pob. 1.157
T. 949 370 672
GPS 40° 25' 3'' N · 2° 55' 26'' O

La miel es uno de los manjares alcarreños más suculentos

Visitar: En el conjunto urbano medieval se encuentra la **iglesia-colegiata,** construida por la orden de Calatrava, elevada a la categoría de colegiata por los príncipes de Éboli y ampliada a principios del s. XVII por fray Pedro González de Mendoza. El retablo mayor es de Matías Jimeno (s. XVII). En el Museo de la Colegiata se expone un cuadro atribuido al Greco, otro de Juan de Borgoña y magníficos tapices flamencos (s. XV). Destacan también el **Palacio Ducal** (s. XVI) y los conventos de franciscanos y concepcionistas, fundados por Sta. Teresa.

Fiestas: En la segunda semana de marzo se organiza la feria apícola de Castilla-La Mancha; a mediados de julio, el Festival **Duques de Pastrana,** y en la primera quincena de agosto, las **fiestas populares de verano,** con encierro y lidia de novillos.

Alrededores: En **Zorita de los Canes,** a 9 km, encontramos un castillo árabe y ruinas visigodas en el Cerro de la Oliva. En **Almonacid de Zorita,** a 15 km, están el antiguo colegio de los jesuitas (s. XVII) y el Palacio de los Condes de S. Rafael. La iglesia parroquial de **Mondéjar,** a 29 km, guarda un retablo reconstruido y firmado por Alonso de Covarrubias, Nicolás de Vergara y Correa de Vivar.

Restaurantes

® **Cenador de las Monjas.** (Convento de S. José). En el extrarradio medieval. Monjas de Abajo, s/n. T. 949 370 101. *www.cenadordelasmonjas.com*
Cierra cenas de martes a jueves y lunes. Antiguo refectorio del convento de S. José (S. XVI). **Ensalada de perdices escabechadas con pochas, secreto de ibérico con gachas de pastor y 'boletus', crema de azafrán con helado de miel y chocolate caliente.** Precio medio 35 €.

Hoteles

*** **Hospedería Real de Pastrana.** (Pastrana, a 2 km). Ctra. CM-200 Pastrana-Zorita, km 1. T. 949 371 060. *www.hosteriasreales.com*
Hab. 30: 46/101 €. Consultar admisión de perros. Situado en el Convento del Carmen (Monumento Histórico-Artístico), fundado por Sta. Teresa de Jesús y S. Juan de la Cruz en 1569. Restaurante Santa Teresa de Jesús, platos típicos castellano-manchegos.

Pedraza Segovia

43 · C-3
A Segovia, 37 km
A Madrid, 126 km
Alt. 1.073 m · Pob. 473
T. 921 508 666
GPS 39° 36' 16'' N · 0° 43' 40'' O

Visitar: La villa, amurallada en el s. XI, es un conjunto monumental de palacios y casas señoriales, a menudo blasonadas (ss. XVI al XVIII). Merecen una visita la **cárcel de la villa,** la **plaza porticada,** un torreón defensivo (s. XIII) que se empleó como prisión y el **Museo Zuloaga,** en el Castillo de los Condestables (s. XVI).

Fiestas: El 3 y el 10 de julio tienen lugar los **conciertos de las velas.** Del 6 al 12 de septiembre, las **fiestas patronales en honor a Ntra. Sra. del Carrascal,** con misa, procesión, encierro y novillada en la plaza porticada.

Alrededores: En **Turégano,** a 25 km, destacan la plaza, el castillo y la iglesia de S. Miguel (s. XIII). **Sepúlveda,** a 25 km, es otra villa interesante con iglesias notables. El **Parque Natural de las Hoces del Duratón** es ideal para caminar. En **Navafría** está el Martinete.

Restaurantes

El Yantar de Pedraza. Pl. Mayor, s/n. T. 921 509 842. *www.elyantardepedraza.com*

Cierra cenas, lunes excepto vísperas y festivos, y 15 días en junio. Casona del s. XVI con mesas sobre la misma plaza. Judiones de La Granja, lechazo asado, helado. Precio medio 35 €.

Pedroñeras, Las Cuenca

74 · F-2
A Cuenca, 109 km
A Madrid, 157 km
Alt. 708 m · Pob. 7.220
GPS 39° 26' 56" N · 2° 40' 55" O

Visitar: En esta villa, capital del ajo morado, destacan la **iglesia de Ntra. Sra. de la Asunción,** el Ayuntamiento y el **Museo del Labrador,** con su colección de herramientas y objetos para trabajar el campo.

Fiestas: El 15 de mayo es la festividad de S. Isidro Labrador. La última semana de julio se celebra la **Fiesta Internacional del Ajo.** El 4 de septiembre tienen lugar las **fiestas de Jesús Nazareno y Cristo de la Humildad.**

Alrededores: Se puede visitar el **complejo lagunar,** con las lagunas de El Tari, El Huevero, Navablanca y Grande. También, el **Castillo de Santiaguillo.**

Restaurantes

☼☼☼

Las Rejas

La mejor cocina manchega con la creatividad de Manolo de la Osa. **Sopa de ajo morado de Las Pedroñeras, pichón con miel de romero, lima y polen, bizcochada manchega 2011.** Cierra cenas excepto viernes y sábado, lunes y segunda quincena de junio.

Precio medio 75 €.

(Autopista AP-36, salida 94). Gral. Borrero, 49. T. 967 161 089. *www.lasrejas.es*

Peñafiel Valladolid

32 · B-4
A Valladolid, 58 km
A Madrid, 180 km
Alt. 756 m · Pob. 5.592
T. 983 881 526
GPS 41° 35' 39" N · 4° 7' 10" O

Visitar: La villa se extiende a los pies de una colina, coronada por una impresionante **fortaleza del año 943.** El castillo fue reconstruido por el infante don Juan Manuel, y su **Torre del Homenaje,** de 34 metros, fue declarada Monumento Nacional en 1917. Entre el resto de monumentos se deben citar la **iglesia y el convento de S. Pablo;** el **Templo de S. Miguel,** renacentista de finales del s. XVI; el de Sta. María; el convento de Sta. Clara (s. XVII); la capilla funeraria plateresca de los Manuel (s. XVI); los restos de las murallas; la **plaza medieval del Coso** y la Torre del Reloj. Para completar la visita, destaca el Museo de la Radio, el Museo Provincial del Vino, el Museo-Casa de la Ribera, el Aula de Arqueología de Pintia y el **poblado Vacceo.**

Fiestas: La Semana Santa es muy destacable, con la **Bajada del Ángel en el Domingo de Resurrección,** fiesta de Interés Turístico Regional. En mayo se celebra Riberexpo, la feria de vinos de la Ribera del Duero. En ese mismo mes, durante la segunda semana, tienen lugar la fiesta de la Ascensión y la Muestra Nacional de Productos Vinícolas y Enológicos. Entre el 14 y el 18 de agosto tienen lugar las **fiestas patronales de Ntra. Señora y de S. Roque;** todos los jueves se celebra el mercado semanal. Y en octubre, la **fiesta de la Vendimia** y **Riberjoven,** con degustación de gastronomía y vinos jóvenes de la Ribera del Duero.

Alrededores: A 19 km, **Sacramenia,** con su iglesia de los ss. XII y XIII, que formaba parte de un monasterio de 1141. En **Pesquera de Duero,** a 6 km, está la iglesia de S. Juan Bautista (ss. XVII y XVIII). A 1 km, la ermita de Ntra. Sra. de Rubiales. En **Valbuena de Duero** se halla el Monasterio cisterciense de Sta. María (s. XII). En **Curiel del Duero,** a 4 km, hay restos de un castillo, y en **Olivares de Duero,** a 20 km, la iglesia de S. Pelayo (s. XV).

El Castillo de Peñafiel alberga el Museo Provincial del Vino

Restaurantes

Molino de Palacios. Av. Constitución, 16. T. 983 880 505. *www.molinodepalacios.com*

Cierra cenas de martes y jueves excepto reserva; domingo cena y lunes excepto puentes y festivos, una semana en verano y Navidades. Molino harinero (s. XVI) sobre el río Duratón. Croquetas caseras, lechazo asado en horno de leña (previo encargo), hojaldre con chocolate caliente. Precio medio 33 €.

Hoteles

**** **Convento Las Claras.** Pl. Adolfo Muñoz Alonso, s/n. T. 983 878 168. *www.hotelconventolasclaras.com*

Hab. 64: 99/130 €. Suites: 2. Situado en el centro histórico, en el antiguo convento de Sta. Clara, s. XVII. Restaurante Conde Lucanor.

Peñaranda de Bracamonte Salamanca

52 · B-1
A Salamanca, 42 km
A Madrid, 170 km
Alt. 899 m · Pob. 6.818
T. 923 540 001
GPS 40° 54' 9'' N · 5° 12' 10'' O

Visitar: Las visitas principales incluyen el **convento de las Carmelitas,** el **Museo de Pintura Barroca y Bronces Napolitanos,** el parque de El Inestal, el Teatro Calderón y el Templete. Muy destacables también son la colección de imaginería religiosa de sus iglesias, las ermitas de S. Luis y del Humilladero y la **iglesia de S. Miguel Arcángel,** así como las plazas porticadas.

Fiestas: El lunes siguiente al de Pascua se celebra la **fiesta del Lunes de Aguas.** Entre el 18 y el 23 de agosto tienen lugar la **feria y las fiestas,** con corrida de toros, partido de pelota y fuegos artificiales, y el 29 de septiembre, las **fiestas patronales de S. Miguel.**

Alrededores: En **Macotera,** a 10 km, hay una iglesia mudéjar; en **Santiago de la Puebla,** a 12 km, una iglesia del s. XV, y en **Paradinas de S. Juan,** a 11 km, un templo románico.

Restaurantes

® **Las Cabañas 'El Tostón de Oro'.** (H. Las Cabañas). Carmen, 14-16. T. 923 540 203. *www.lascabanas.es* P
Cierra lunes no festivos. Con 20 habitaciones. Los **asados de tostón y cordero** son la especialidad de este cualificado establecimiento de los hermanos Díaz. También, **bacalao confitado en aceite de oliva.** Menú 14 €. Precio medio 30 €.

Peñausende Zamora Ver Zamora

41 · E-2

Peñíscola Castellón

El castillo y el casco antiguo de Peñíscola se asoman al mar

57 · C-4
A Castellón de la Plana, 70 km
A Madrid, 494 km
Alt. Nivel del mar · Pob. 7.894
T. 964 480 208
GPS 40° 21' 36'' N · 0° 24' 6'' E

Visitar: El **casco antiguo** está declarado Conjunto Histórico-Monumental, con sus callejuelas que nos llevan hacia el **castillo** en el que vivió el Papa Luna. Podemos visitar el puerto pesquero, el **Museo del Mar,** el Bufador, la parroquia de Sta. María, las ermitas de la Ermitana y de S. Antonio, el **parque de Artillería** y, hacia el sur, el Parque Natural de la Sierra de Irta.

Fiestas: En junio se organizan unas jornadas gastronómicas, además del **Festival Internacional de Cine de Comedia de Peñíscola.** En julio, un festival de teatro clásico y otro de *jazz.* En agosto, un festival de música antigua y barroca. A partir del 7 de septiembre llegan las **fiestas en honor a la Virgen de la Ermitana,** patrona del pueblo, con danzas típicas de *Dançans i Llauradors* y batalla de Moros y Cristianos, vaquillas y fuegos artificiales. En septiembre se desarrolla el **Ciclo de Conciertos de Música Clásica.** Y en diciembre, el mercado medieval y el belén viviente.

Alrededores: S. Mateo, a 35 km, es la capital de la zona del Maestrazgo. **Morella,** a 80 km, es Monumento Histórico-Artístico. **Villafames,** a 90 km, cuenta con un Museo Popular de Arte Contemporáneo. En **Tirig,** a 36 km, encontramos las pinturas rupestres de la Valltorta.

Restaurantes

® **Casa Jaime.** Av. Papa Luna, 5. T. 964 480 030. *www.casajaime.net*

Cierra domingo cena y miércoles en invierno, y del 18 de diciembre al 18 de enero. Gozosa sensación de estar y disfrutar de los tesoros del Mediterráneo. **Ortigas de mar, 'suquet' de 'peix', tarta de naranja.** Precio medio 45 €.

Hoteles

★★★★ **Hostería del Mar.** Av. Papa Luna, 18. T. 964 480 600. *www.hosteriadelmar.net*

Hab. 78: 49/133 €. Suites: 8. En primera línea de playa. Restaurante Los Ficus.

Peramola Lleida

25 · D-4
A Lleida, 98 km
A Madrid, 559 km
Alt. 566 m · Pob. 379
GPS 42° 3' 30'' N · 1° 15' 58'' E

Visitar: Merece la pena pasear por el casco antiguo, visitar la **parroquia de S. Miquel,** acercarse a la ermita de Castell-Llebre o caminar por las **montañas de St. Honorat y del Corb.**

Fiestas: El penúltimo domingo de agosto se celebra la **fiesta Mayor.**

Alrededores: Son interesantes **Oliana,** con su pantano, y **Trago.**

Restaurantes

® **Can Boix de Peramola.** Can Boix, s/n. T. 973 470 266. *www.canboix.cat*

Cierra un mes entre enero y febrero, y algunos días entre noviembre y diciembre. Con 41 habitaciones. En un entorno rural, de gran belleza paisajística, la familia Pallarès prosigue una trayectoria de 50 años ofreciendo hospitalidad y una cocina catalana actualizada y moderna. Precio medio 57 €.

Perillo A Coruña Ver Coruña, A

1 · E-3

Petrer Alicante

93 · C-1
A Alicante, 36 km
A Madrid, 380 km
Alt. 461 m · Pob. 34.860
GPS 38° 28' 38'' N · 0° 46' 30'' O

Visitar: Las joyas del pueblo son el **castillo medieval, el acueducto** y el **Museo Dámaso Navarro,** sin olvidar las ermitas.

Fiestas: Del 30 de abril al 3 de mayo se celebra la **festividad de la Sta. Cruz,** y el 12 de junio, las hogueras de S. Antonio. También son destacables las fiestas de Moros y Cristianos, así como las fiestas patronales en honor a **Nuestra Señora del Remedio,** con los tradicionales *carasses,* durante la segunda quincena de octubre.

Alrededores: Podemos recorrer la **sierra del Cavall** y los **valles del Catí.**

Restaurantes

Elías. (En Chinorlet, a 9 km). Rosales, 7. T. 966 979 517.
Cierra segunda semana de enero y 15 días en verano. Reformado, con una propuesta de cocina primitiva, a base de cereales, que rebosa originalidad y sensibilidad. Caracoles a la brasa, gachamiga, *soufflé* de membrillo. Precio medio 25 €.

Fayago. (En Elda, a 2 km). Colón, 19. T. 965 381 013.
Cierra cenas de domingo a miércoles, lunes y tres semanas en agosto. Más de 20 arroces secos y caldosos de pescado. Tartas. Precio medio 35 €.

La Sirena. Av. de Madrid, 14. T. 965 371 718. *www.lasirena.net*
Cierra domingo cena, lunes, Semana Santa y tres últimas semanas de agosto. Tanto para quien busca producto como una suculenta creatividad. Compenetración entre María del Carmen y su hermana Lola en los postres y la necesaria complicidad de Norberto en el comedor. **Vieira asada con pesto de hortalizas y crema de ñoras, hamburguesa de solomillo de ternera y pato con salsa de 'foie-gras', tarta de manzana caliente al Calvados.** Precio medio 35 €.

Paco Gandía. (En Pinoso, a 28 km). S. Francisco, 10. T. 965 478 023.

Entrada a la residencia del Papa Luna en Peñíscola

Cierra cenas, lunes y tres semanas en agosto. El placer gastronómico se sacia con un plato concreto: **paella de conejo y caracoles.** Experiencia memorable. Precio medio 45 €.

® **Xiri.** (En Monóvar, a 9 km). Parque Alameda, s/n. T. 965 472 910. *www.restaurantexiri.com*
Cierra domingo cena, lunes, segunda semana de enero y primera quincena de julio. Reflexionada creatividad con el sello personal de José Palomares. **Guiso de sepia, conejo con moje y alcachofas, yogur y fresas.** Menú 23 €. Precio medio 27 €.

31 · D-4

Pinar de Antequera Valladolid Ver Valladolid

93 · B-1

Pinoso Alicante Ver Petrer

Plasencia Cáceres

61 · A-2
A Cáceres, 83 km
A Madrid, 237 km
Alt. 355 m · Pob. 43.761
T. 927 458 507
GPS 40° 1' 48'' N · 6° 5' 22'' O

'El Abuelo Mayorga', en lo alto del campanario del Ayuntamiento de Plasencia

Visitar: La imponente **Catedral** es producto de la fusión de dos templos: la antigua Catedral de Sta. María, de estilo románico-gótico (ss. XIII y XIV), y la actual, que nunca fue terminada. En el templo destacan el **coro,** la sillería de nogal tallada por Rodrigo Alemán a finales del s. XV, la **capilla Mayor,** decorada por Juan de Álava, Diego de Siloé y Covarrubias, con un retablo del s. XVII esculpido por Gregorio Fernández y con pinturas de Francisco Rizi. La antigua Catedral tiene un claustro comenzado en el s. XIV y una escalera de caracol de Gil de Hontañón; desde la terraza se divisa la **cúpula de S. Pablo,** conocida como *el Melón*. En el museo se exponen obras de Ribera y Morales. El **convento de Sto. Domingo,** fundado en 1474, muestra pinturas de la escuela española del s. XVI del pintor Miguel Martínez. Otros templos remarcables son las iglesias de S. Pedro (s. XIII), de Sta. Ana y de **S. Martín,** Bien de Interés Cultural, cuyo retablo plateresco está decorado con pinturas de Morales. El **acueducto,** llamado Arcos de S. Antón; los fragmentos de la muralla de finales del s. XII y la **plaza Mayor,** con soportales y con el edificio consistorial (s. XVI), merecen también una visita. En un paseo por las calles se descubren casas nobles como el **Palacio del Marqués de Mirabel,** el de los Almareces, el de los Carvajal y de las Infantas, la **Casa del Deán** (s. XVI) o la del Doctor Trujillo (s. XIV).

Fiestas: El domingo siguiente al de Pascua se celebra la **romería al santuario de la patrona, Ntra. Sra. del Puerto.** Junio es época de ferias y en agosto se desarrolla el **Martes Mayor,** fiesta de Interés Turístico Regional. El primer martes de agosto se celebra la exaltación del tradicional mercado semanal de Plasencia.

Alrededores: En **Pasarón de la Vera,** a 27 km, se visita el Museo Pecharromán. El **Valle del Jerte** queda a 15 km; el **Parque Nacional de Monfragüe,** a 20 km; el **Monasterio de Yuste,** a 35 km; **Las Hurdes,** a 35 km, y la judería de **Hervás,** a 36 km, con edificaciones del s. XV.

Restaurantes

Alfonso VIII. (H. Alfonso VIII). Av. Alfonso VIII, 34. T. 927 410 250. *www.hotelalfonsoviii.com*
En el centro histórico de la ciudad. Queso fundido de La Serena, *steak tartar* estilo Alfonso VIII, torrija de *brioche* con helado de nata y crema de vainilla. Menú 20 €. Precio medio 35 €.

Casa Juan. Arenillas, 2. T. 927 424 042. *www.restaurantecasajuan.com*
Cierra segunda quincena de enero y de junio. En la judería, cerca del Parador. Verduras frescas, rabo de buey, flan de castañas. Precio medio 25 €.

Succo. Vidrieras, 7. T. 927 412 932. *www.restaurantesucco.es*
Cierra domingo cena. *Confort* minimalista para una cocina local tradicional actualizada. Torta del Casar gratinada, presa ibérica con tuétano y cebolla roja caramelizada, semifrío de arroz con leche y sopa de vainilla. Menús 15 y 25 €. Precio medio 35 €.

Hoteles

★★★★ **Parador de Turismo.** Pl. S. Vicente, s/n. T. 927 425 870. *www.parador.es*

Hab. 66: 129/172 €. Suites: 2. Céntrico. Ubicado en el antiguo convento de Sto. Domingo (s. XV). Restaurante ubicado en el refectorio.

Platja d'Aro/Playa de Aro

Girona Ver Santa Cristina d'Aro

38 · C-1

Poblet, Monasterio de Santa María de

Tarragona Ver Espluga de Francolí, L'

47 · C-1

Pola de Siero Asturias

3 · F-4
A Oviedo, 16 km
A Madrid, 470 km
Alt. 220 m · Pob. 12.500
GPS 43° 23' 34'' N · 5° 39' 48'' O

Visitar: Los puntos de referencia son la **plaza de Les Campes y la de Abastos,** el parque Alfonso X El Sabio, la iglesia de S. Pedro, el Mercado Nacional de Ganados y el **Palacio del Marqués de Sta. Cruz de Marcenado.** También se puede visitar la ermita de Sta. Ana y seguir la **Ruta de los Palacios Reales.** Por aquí también discurre el Camino Primitivo de Santiago.

Fiestas: El jueves anterior al carnaval tienen lugar las **fiestas de Les Comadres.** El martes de Pascua es la **fiesta de los huevos pintos,** declarada de Interés Turístico. En torno al 16 de julio tienen lugar las **fiestas de Ntra. Sra. del Carmen,** seguidas de las del **Carmín,** y del 6 al 9 de agosto, S. Félix.

Alrededores: En **Aramil** está la iglesia románica y un palacio del s. XVII. En **Argüelles,** la iglesia de S. Martín (s. VI), la Casa de D. Carlos Argüelles y el palacio. En **Celles,** un palacio del s. XVII. En **Lieres,** el Palacio de Canavilles-Centí, y en **Mieres,** la iglesia y el palacio.

Trajes típicos de Asturias, recuperados durante el calendario festivo

Restaurantes

El Asador de Abel. (En Argüelles, a 5 km). La Revuelta del Coche, s/n. T. 985 740 913. *www.elasadordeabel.com* P
Cierra cenas de domingo a miércoles, 10 días a finales de febrero y 20 días en agosto. Abel Terente mantiene la calidad a base de escogidas materias, primando algunos suculentos platos de cuchara al lado de selectos **pescados y carnes rojas a la parrilla. Mantecado Angliru.** Menú 20 €. Precio medio 34 €.

® **Panduku.** (En Granda, a 5 km). Ctra. N-634, Oviedo-Santander, 52. T. 985 792 210. P
Cierra cenas de martes y domingo. Aquí se trabaja con materias primas de escogida calidad tratadas de forma correcta, sin complicaciones, como su **selección de verduras** y los solicitadísimos **callos** (en invierno). Menú 17 €. Precio medio 38 €.

Pomaluengo Cantabria Ver Puente Viesgo

5 · C-3

Ponferrada León

19 · B-1
A León, 105 km
A Madrid, 384 km
Alt. 543 m · Pob. 68.767
T. 987 424 236
GPS 42° 32' 46'' N · 6° 35' 32'' O

Visitar: El monumento más destacado es el **castillo templario** (s. XII). Otras obras notables son la **iglesia de Ntra. Sra. de la Encina** (s. XVI), que alberga un retablo escultórico policromado del s. XVII, de la escuela de Gaspar de Becerra; el Palacio Municipal (s. XVII); la **Torre del Reloj,** sobre una parte de la muralla, donde se abre la única puerta que se conserva de la ciudad; el **Palacio de los Condes de Toreno** (s. XVI), una antigua cárcel rehabilitada como museo, y el convento de las madres concepcionistas franciscanas. Entre las obras de imaginería destacan el Cristo de las Maravillas (s. XIII) y el del Descendimiento o de la Urna. La oferta de **museos** es amplia: sobresalen el de la Radio, **el del Bierzo, el del Ferrocarril** y el de las Cofradías.

Fiestas: Goza de gran tradición la Semana Santa, con su **procesión del Encuentro,** el Viernes Santo, donde salen los pasos de Jesús Nazareno, S. Juan y la Virgen. El 8 de septiembre se celebran las fiestas de la **Virgen de la Encina,** patrona de Ponferrada y del Bierzo.

Alrededores: En **Sto. Tomás de las Ollas,** a 2 km, se puede visitar una iglesia mozárabe con elementos visigóticos y portada románica del s. XII. En **Peñalba,** a 23 km, está la iglesia mozárabe de Santiago. **Compludo,** a 21 km, tiene una herrería. En el paraje de **Las Médulas,** a 25 km, los montes aparecen modelados

Acceso a la fortaleza templaria de Ponferrada

por las gigantescas explotaciones auríferas de la época romana. En **S. Pedro de los Montes** hay un monasterio del s. VII.

Restaurantes

® **Azul Montearenas.** (En San Miguel de Las Dueñas, a 9 km). Ctra. N-6, Madrid-A Coruña, km 380. T. 987 417 012. *www.azulmontearenas.com*

Cierra domingo cena. La mejor mesa de la ciudad en plena naturaleza. **Pulpo con garbanzos, lechazo al horno, teja con chocolate caliente.** Menú 15 €. Precio medio 30 €.

Casa Noval. Aceiteiras, 9. T. 987 406 000.

Cierra domingo cena, lunes y tres primeras semanas de enero. Antigua casona del s. XIX rehabilitada, situada en el casco antiguo. Rollitos de calabacín, ancas de rana, repostería casera. Precio medio 37 €.

Menta y Canela. Alonso Cano, 10. T. 987 403 289. *www.mentaycanela.com*

Cierra cenas de domingo a miércoles. Cocina de temporada de base local con el sello de Fernando Fernández. Sopa fría de pimientos asados con *tartar* de bacalao, solomillo de cerdo con hojaldre y cebolla confitada, buñuelos de pera. Precio medio 22 €.

Hoteles

**** **AC Ponferrada.** Av. Astorga, 2. T. 987 409 973. *www.ac-hoteles.com*

Hab. 60: 65/130 €. Suites: 5. En el Camino de Santiago. Próximo al casco antiguo.

Pontedeume/Puentedeume A Coruña

1 · F-3
A Coruña, 35 km
A Madrid, 601 km
Alt. 20 m · Pob. 8.457
T. 981 430 270
GPS 43° 24′ 8″ N · 8° 9′ 7″ O

Visitar: En esta villa medieval, asomada a la ría de Eume, se encuentra la **iglesia de Santiago** (ss. XIV al XVIII), y el convento de Agustinos (s. XVI). En **Nogueirosa** se alzan el **Castillo roquero de Andrade** (s. XIV), y la capilla de S. Miguel de Breamo (s. XII).

Fiestas: En mayo y septiembre se realiza la **romería de S. Miguel de Breamo.** En septiembre, las fiestas patronales en honor a **Ntra. Sra. de las Virtudes y S. Nicolás de Tolentino.**

Alrededores: La ribera del río Eume ofrece paisajes hermosos, como el **Parque Natural de las Fragas do Eume.** En los alrededores está el **Monasterio de Caaveiro** (s. XII); la **iglesia de S. Juan de Villanueva** (s. XII); la iglesia románica de **Doroña;** el **Monasterio de Monfero;** la subida al **monte Breamo,** un paisaje pintoresco, y las playas, que completan los principales puntos de interés.

Restaurantes

Brasilia. Av. La Coruña, s/n. T. 981 430 249.

Salpicón de langosta, parrillada de pescados, arroz con leche. Menú 15 €. Precio medio 35 €.

Cantina Río Covés. Esteiro-Nogueira, 9. T. 981 434 057. *www.riocoves.com*

Cierra domingo cena, lunes en invierno y del 25 de diciembre al 1 de enero. Antiguo almacén de sal en la ensenada del río Covés. Empanada de zamburiñas, rape en salsa de erizos, tartas caseras. Precio medio 33 €.

O Muiño de Trigo. (En Cabanas, a 4 km). Modias, 2. T. 981 432 185. *www.restaurantemuinodetrigo.com*

Cierra domingo cena, lunes y segunda quincena de octubre. Antiguo molino de piedra rodeado de frutales y con mesas junto al río. Huevos en patatas con vinagreta de pimentón, vaca vieja gallega a la parrilla, marquesa de chocolate. Precio medio 35 €.

Hoteles

*** **Fraga do Eume.** (En A Capela). Lugar A Estoxa, 4. T. 981 492 406. *www.hotelfragadoeume.com*

Hab. 26: 77/135 €. Suites: 2. Junto al Parque Natural Fragas do Eume y las poblaciones de Pontedeume y Cabanas. Restaurante Casa Peizás.

Uno de los rincones del pueblo marinero de Combarro

Pontevedra

17 · D-1
A Madrid, 584 km
Alt. 20 m · Pob. 81.981
T. 986 848 552
GPS 42° 25' 60" N · 8° 38' 58" O

Visitar: El casco urbano, considerado Conjunto Histórico y situado al fondo de la ría de Pontevedra, es uno de los mejores centros históricos gallegos. Entre sus calles con soportales, sus plazas y sus casas señoriales se encuentran la **Basílica de Sta. María la Mayor** (s. XVI), joya del gótico-renacimiento gallego; el santuario y la capilla de la Virgen Peregrina, barroca y neoclásica (s. XVIII); el convento de S. Francisco y las **ruinas de Sto. Domingo,** de estilo gótico (ss. XIV y XV), la iglesia barroca de S. Bartolomé (ss. XVII y XVIII). El **Museo Provincial** consta de seis edificios, tres de ellos en la Pl. de la Leña. Por su parte, la **isla de las Esculturas** es un museo al aire libre, a orillas del río Lérez, donde se muestran las obras de granito de 12 artistas de renombre internacional. Las sendas del río Lérez y Alba nos llevan por parajes frondosos, ideales para caminar, jugar al golf o pescar.

Fiestas: La **fiesta de los Mayos** se celebra el primero de ese mes; el 11 de julio tiene lugar la romería de **S. Benitiño de Lérez;** el 25 de julio, las **fiestas de** Santiaguiño del Burgo; en torno al segundo domingo de agosto tienen lugar las **fiestas de la Virgen de la Peregrina,** y en septiembre, la Feria Franca.

Alrededores: Se puede visitar el **Parque Nacional de las Islas Atlánticas.** A 3 km está el **Monasterio de S. Juan de Polo,** con iglesia (ss. XVII y XVIII) y claustro (ss. XVI y XVII). A 3,5 km destaca el **Parque Botánico,** y a 5 km, **Combarro,** un pueblo de pescadores con hórreos al borde del mar. A 14 km están el **mirador de Cotorredondo** y el **lago de Castiñeiras.** En **Soutomaior,** el castillo del s. XIII, reformado. El cruceiro de **Hío** es uno de los mejores de Galicia. Para navegar hasta la **isla de Ons,** se puede embarcar en Sanxenxo, Portonovo y Bueu.

Restaurantes

A Centoleira. (En Bueu, a 17 km). Playa de Beluso, 27. T. 986 323 481.
www.acentoleira.com P
Cierra domingo cena y lunes, excepto verano, y del 15 de octubre al 15 de noviembre. Taberna típica marinera con terraza en la playa. Empanada de maíz, pescados de roca al horno o en guiso marinero, tarta de almendras. Menú 23 €. Precio medio 38 €.

® **Alameda 10.** Alameda, 10. T. 986 857 412.
www.restaurantealameda10.com
Cierra martes cena, excepto agosto y diciembre, y domingo. Aparte de la oferta marisquera variable, de calidad, gozan de merecida fama sus **arroces marineros.** Muy buenas **empanadas.** De postre, obligatoria su **tarta fina de pera.** Precio medio 38 €.

® **Eirado da Leña.** Pl. da Leña, 3. T. 986 860 225.
www.nove.biz/ga/eirao-da-lena

Cierra cenas de lunes y martes, y domingo. Cocina joven, hecha con ilusión sobre calidad del producto. Obligatorias las **anchoas** en el aperitivo, con queso del país. **Arroz con anémonas y vieiras, sargo,** buen **atún,** tratamiento original de las **sardinas...** Aires frescos. Precio medio 35 €.

La Casa de las Cinco Puertas. Av. Sta. María, 8. T. 986 851 948. *www.5puertas.com*

Cierra domingo cena. Magnífica tortilla de patatas en una casa rehabilitada del s. XIX, situada en el centro monumental. Pescados de la ría y filloas rellenas. Precio medio 30 €.

Solla. (En San Salvador de Poio). Av. Sineiro, 7. T. 986 872 884. *www.restaurantesolla.com* P

Cierra cenas de jueves y domingo, lunes, 7 días en abril y 15 días en Navidades. Pepe Solla continúa en la cima de la cocina moderna de Galicia. Así, la **sopa de pescado** puede preceder a su **merluza en fondo marino,** un caldito con todo el sabor del mar, o la **vaca con mostaza violeta y pimiento.** Bodega atenta a las últimas novedades. Precio medio 65 €.

Hoteles

*** **Parador de Turismo.** Barón, 19. T. 986 855 800. *www.parador.es*

Hab. 47: 78/113 €. En el Pazo de Maceda, conocido como el Palacio del Barón de Casa Goda, conserva la antigua composición señorial, preciosa escalera. Pescados y mariscos como notas predominantes en su cocina.

3 · E-3

Posada de Llanera Asturias Ver Oviedo

Potes Cantabria

11 · E-1
A Santander, 117 km
A Madrid, 422 km
Alt. 291 m · Pob. 1.533
T. 942 730 787
GPS 43° 9' 11'' N · 4° 37' 26'' O

Visitar: Al pie de los Picos de Europa, en el pueblo encontramos la **iglesia gótica de S. Vicente Mártir,** el convento de S. Raimundo, la **Torre del Infantado,** la **Torre Orejón de la Lama** (s. XV), el barrio de La Solana, El Sol y S. Cayetano.

Fiestas: El 14 de septiembre tiene lugar la **fiesta de la Santa Cruz.** El segundo fin de semana de noviembre se celebra la **fiesta del orujo.**

Alrededores: En **Liébana** se encuentra el célebre **Monasterio de San Toribio,** con interesantes portadas y capillas. A 1 km, la iglesia románica de Sta. María de Piasca. A 8 km está la iglesia mozárabe de Sta. María de Lebeña, y en **Cambarco,** a 6 km, encontramos una ermita rupestre.

Restaurantes

® **Casa Cayo.** Cántabra, 6. T. 942 730 150. *www.casacayo.com*

Cierra del 24 de diciembre al 1 de marzo. El más popular de la villa con amplia balconada a los Picos de Europa. Tabla de **quesos de Liébana, callos, bizcocho al tostadillo.** Menú 18 €. Precio medio 25 €.

® **Del Oso.** (En Cosgaya, a 17 km. H. Del Oso). Cosgaya, s/n. T. 942 733 018. *www.hoteldeloso.com* P

Cierra del 1 de enero al 15 de febrero. Exquisito trato a cargo de la familia Rivas. Es un referente del buen comer en la comarca de Liébana con platos como **cocido lebaniego, menestra de verduras, rabo estofado y tartas caseras.** Precio medio 25 €.

El Bodegón. S. Roque, 4. T. 942 730 247.

Cierra miércoles y del 20 de diciembre al 10 de enero. Ambiente agradable, rústico y con toque moderno. Mollejas de lechazo, cocido lebaniego, tarta de orujo. Menú 11 €. Precio medio 25 €.

El Urogallo. (En Cosgaya, a 17 km). Barrio Areños, s/n. T. 942 733 077. *www.casonadecosgaya.com* P

Cierra del 15 al 25 de diciembre. Caza en la decoración y en el plato. Cocido lebaniego y montañés, flan de queso y chocolate. Menú 26 €. Precio medio 30 €.

Hoteles

*** **Hotel del Oso.** (En Cosgaya). Cosgaya, s/n. T. 942 733 018. *www.hoteldeloso.com* P

Hab. 49: 54/79 €. Construcción típica de la comarca de Liébana, a mitad de camino entre Potes y Fuente Dé, y en las inmediaciones del Parque Nacional de los Picos de Europa.

Decoración típica de las casas de los Picos de Europa

Pozuelo de Alarcón Madrid

53 · C-4

Ver Madrid/Restaurantes/Alrededores de Madrid

Pravia Asturias

3 · D-3
A Oviedo, 48 km
A Madrid, 479 km
Alt. 39 m · Pob. 9.180
T. 985 821 138
GPS 43° 29' 20'' N · 6° 6' 47'' O

Visitar: La **Colegiata de Sta. María la Mayor** es un conjunto del s. XVIII. Otros monumentos notables de la localidad son el **Palacio de Moutas** y las **Casas de los Canónigos,** la iglesia de Quinzanas, con frescos del s. XIII; la capilla del Valle (s. XVI); el Ayuntamiento (s. XVIII) y la **iglesia prerrománica de Santienes** (s. VIII), Monumento Nacional. Es interesante el Museo del Prerrománico. Los **miradores de Monteagudo y de La Peñona,** en Somao, ofrecen excelentes vistas.

Fiestas: El 7 de agosto se celebra la **Xiringüela,** y del 6 al 8 de septiembre, las **fiestas del Cristo y de Ntra Sra. del Valle.**

Alrededores: Destaca el pueblo de pescadores de **Cudillero. Muros de Nalón,** con la playa de Aguilar, y **S. Juan de la Arena,** con la playa de los Quebrantos, son otros dos rincones muy atractivos de la costa.

Restaurantes

El Patio de Balbona. (H. Casona del Busto) Pl. Rey Don Silo, 1.
T. 985 822 363. *www.elpatiodebalbona.es* P
Cierra domingo cena, miércoles y del 10 de enero al 10 de febrero. En el marco señorial de la Casona del Busto, David Menéndez pone al día, a través de conceptos y técnicas depuradas, recetas de profunda raigambre astur. **Tarta de bonito con aguacate y cebolla dorada, merluza a la sidra sobre manzana asada, flan con crema inglesa.** Diferentes menús 15, 35 y 50 €. Precio medio 40 €.

Hoteles

*** **Casona del Busto.** Pl. Rey Don Silo, 1. T. 985 822 771. *www.casonadelbusto.es*
C
Hab. 30: 50/120 €. Edificio histórico del s. XVI magníficamente restaurado. Restaurante El Patio de Balbona, con buena cocina asturiana.

Prendes Asturias Ver Candás

3 · F-3

Pruvia Asturias Ver Oviedo

3 · F-3

Puçol/Puzol Valencia Ver Sagunto

76 · F-1

Puebla de Sanabria Zamora

30 · A-1
A Zamora, 112 km
A Madrid, 343 km
Alt. 960 m · Pob. 1.659
T. 980 620 734
GPS 42° 3' 16'' N · 6° 38' 7'' O

Visitar: Lo más interesante es el conjunto histórico medieval, conformado por monumentos como el **castillo** del s. XV, las murallas, la **iglesia parroquial de Ntra. Sra. del Azogue** (s. XIII), la ermita de S. Cayetano o el **Museo de Gigantes y Cabezudos.**

Fiestas: Las citas más importantes son **Las Candelas** (2 de febrero), los carnavales, la Semana Santa, el **Verano Cultural y el Mercado Medieval** (agosto). Del 7 al 9 de septiembre se celebran las **fiestas patronales de Ntra. Sra. de las Victorias,** con toros de fuego, fuegos artificiales acuáticos y gigantes y cabezudos.

Alrededores: Destacan el **Parque Natural del Lago de Sanabria,** las sierras de la Culebra y de la Cabrera, el paraje Alta Sanabria y el bosque del Tejedelo.

Restaurantes

A Casa do Cura. (En Hermisende, a 33 km). Tolaco, 18. T. 980 623 405.
www.acasadocura.com
Casa antigua. Guisos de setas en temporada, gallo de corral, flan de castañas. Precio medio 18 €.

Posada de las Misas. Pl. Mayor, 13. T. 980 620 358.
www.posadadelasmisas.com
Con 15 habitaciones. Antigua casa solariega con vistas al valle del Tera. Habones y carnes sanabresas, quesos zamoranos. Setas y caza en temporada. Precio medio 30 €.

Figuras medievales de la fachada de la iglesia de Ntra. Sra. del Azogue

Hoteles

****** Parador de Turismo.** Av. Lago de Sanabria, 18. T. 980 620 001. *www.parador.es*
Hab. 42: 87/133 €. Suites: 1. Recientemente reformado. Restaurante con comida tradicional.

5 · C-3

Puente Arce Cantabria Ver Santander

31 · D-4

Puente Duero Valladolid Ver Valladolid

23 · A-1

Puente la Reina Navarra Ver Pamplona/Iruña

Puente Viesgo Cantabria

5 · B-3
A Santander, 28 km
A Madrid, 366 km
Alt. 71 m · Pob. 2.747
GPS 43° 17' 54'' N · 3° 57' 48'' O

Visitar: Además del famoso **balneario de aguas termales y mineromedicinales,** el pueblo nos ofrece monumentos como la **iglesia neorrománica de S. Miguel,** la **Casona de Fuentes Pila,** sede del Ayuntamiento y Bien de Interés Cultural; las **cuevas prehistóricas de El Castillo y Las Monedas,** con muestras de arte rupestre declaradas Patrimonio de la Humanidad por la Unesco, y la Vía Verde del Pas.

Fiestas: Las **fiestas de La Perola,** el 20 de enero, son de Interés Turístico Regional.

Alrededores: En **Castañeda,** a 5 km, hay una colegiata románica. En **Soto Iruz,** a 3 km, el convento de Ntra. Sra. del Soto, y en **Las Presillas** destaca la Ruta de los Humilladeros.

Huella prehistórica hallada en una de las cuevas del monte Castillo

Restaurantes

El Regajal de la Cruz. (En S. Felices de Buelna, a 10 km). Barrio Sovilla, 70. T. 942 815 157. *www.elregajaldelacruz.com*
Cierra cenas de lunes a jueves excepto verano, martes en verano y 10 días en febrero. En una antigua casa montañesa del s. XVII. Pastel de setas y champiñones con vinagreta templada de jerez, rodaballo salvaje con chipirones, tarta de queso horneada. Menús 30 y 40 €. Precio medio 45 €.

La Venta de Castañeda. (En Pomaluengo, a 3 km. Ctra. N-634, Torrelavega-Solares). Pomaluengo, 140. T. 942 592 140. *www.ventacastaneda.com*
Cierra cenas de lunes y martes. Cerca del parque de Cabárceno. Ensalada de jamón ibérico con virutas de *foie-gras*, carnes autóctonas, crema montañesa. Precio medio 30 €.

Hoteles

****** Gran Hotel Balneario de Puente Viesgo.** Manuel Pérez Mazo, s/n. T. 942 598 061. *www.balneariodepuenteviesgo.com*
Hab. 142: 107/172 €. Suites: 4. El Templo del Agua, circuito termolúdico. Restaurante El Jardín.

Puerto de Santa María, El Cádiz

109 · D-1
A Cádiz, 25 km
A Madrid, 644 km
Alt. 6 m · Pob. 87.696
T. 956 483 714
GPS 36° 35' 47'' N · 6° 13' 43'' O

Visitar: Los monumentos más destacados son la **iglesia mayor Prioral** (s. XV); el Monasterio de la Victoria (s. XVI); el **Castillo de S. Marcos** (s. XIII), construido sobre una mezquita; la **plaza de toros,** de 1880, y las numerosas casas-palacio. También se puede visitar el Museo Municipal y la Sala Museo Hospitalito, la Fundación Pedro Muñoz Seca; la **Fundación Rafael Alberti;** las **bodegas Osborne,** Terry, Grant, Gutiérrez Colosía, 501 y Caballero; el **yacimiento arqueológico Castillo de Doña Blanca** (s. VIII a. C.) y el casino Bahía de Cádiz. Además, destacan el puerto deportivo **Puerto Sherry,** el parque acuático y los arenales que se extienden a lo largo de 16 km, así como el **Parque Natural de la Marisma de los Toruños.**

Fiestas: Los carnavales son una fiesta grande, como la **feria de Primavera** y **la fiesta del Vino Fino,** en abril y mayo. El 16 julio, día de la Virgen del Carmen, los barcos salen en procesión por el río Guadalete. En agosto son la Semana Náutica Internacional Osborne, el **Festival de Teatro de Comedias Pedro Muñoz Seca** y la regata Juan de la Cosa; durante los fines de semana

Torres almenadas del Castillo de S. Marcos, en el Puerto de Santa María

de verano, la feria taurina. El 16 de septiembre sale la procesión de la patrona, **la Virgen de los Milagros.**

Alrededores: Podemos recorrer la **bahía de Cádiz** y la **sierra de S. Cristóbal.**

Restaurantes

☼☼ **Aponiente.** Puerto Escondido, 6. T. 956 851 870. *www.aponiente.com*

Cierra domingo cena, lunes y del 8 de enero al 15 de marzo. La técnica y la inspirada creatividad de Ángel León, sus **embutidos de pescado** (albur o mújol), el **arroz de plancton** y la cocina del mar en general lo sitúan entre los mejores jóvenes cocineros de España. La visita sorprende y deleita. Precio medio 56 €.

Bar Jamón. (Variante ctra. El Puerto-Rota). Rotonda Molino Platero, s/n. T. 956 850 513. *www.barjamon.com* P

Cierra domingo cena excepto verano. Construcción típica de cortijo andaluz. Arroz caldoso con langostinos, solomillo ibérico al Pedro Ximénez, tocino de cielo. Precio medio 30 €.

☼☼ **El Faro del Puerto.** Ctra. de Fuentebravía, km 0,500. T. 956 870 952. *www.elfarodelpuerto.com* P

Cierra domingo cena excepto agosto. Este faro *ilumina* gastronómicamente la zona. Disfrutar de la cocina de Fernando Córdoba es una fiesta, y más aún en las cenas de su terraza-jardín en verano. **Alcachofas escabechadas con ijada de atún en aceite, rubio asado con verduritas y jugo de azafrán, tartita de queso con helado de queso de cabra.** Precio medio 45 €.

® **Plato al Centro.** (C.C. Vistahermosa). Av. Juan Melgarejo, s/n. T. 956 543 176. *www.platoalcentro.com*

Lugar de moda con llenos diarios. Cocina tradicional con buen producto, entre ellos el **atún de almadraba,** y sencillas elaboraciones de Pilar Vara del Rey. **Croquetas, carne de buey, calamares Pelayo.** Precio medio 30 €.

Venta Millán. Toneleros, 12. T. 956 543 122. P

Atún de almadraba y tomate natural, urta a la roteña, tocino de cielo. Precio medio 40 €.

Hoteles

☆☆☆☆☆ **Duques de Medinaceli.** Pl. de los Jazmines, 2. T. 956 860 777. *www.jale.com/dmedinaceli* P

Hab. 28: 135/289 €. Suites: 22. Casa-palacio del s. XVIII.

☆☆☆☆ **Los Jándalos Vistahermosa.** Amparo Osborne, s/n. T. 956 873 411. *www.jandalos.com*

Hab. 42. Aptos: 45. 85/270 €. Cerca de la playa y 2.500 m² de jardines. Restaurante Altamira.

☆☆☆☆ **Monasterio S. Miguel.** Virgen de los Milagros, 27. T. 956 540 440. *www.jale.com/monasterio* P

El litoral más suave

Los terrenos próximos a las marismas gaditanas han servido de campos de cultivo para el algodón.

Hab. 165: 100/250 €. Suites: 10. Antiguo Monasterio de Capuchinas (s. XVIII). Decorado con objetos de anticuario y obras de arte. Conserva las rejas del coro, locutorio, patios, claustros y la iglesia como salón de actos culturales. Restaurante Las Bóvedas.

Puerto Lumbreras Murcia

100 · D-3
A Murcia, 85 km
A Madrid, 467 km
Alt. 462 m · Pob. 14.120
T. 968 436 153
GPS 37° 33' 43'' N · 1° 48' 41'' O

Visitar: Los restos del **castillo islámico de Nogalte** son de los ss. XI y XII. También se puede visitar la iglesia de Ntra. Sra. del Rosario, las casas-cueva, el observatorio astronómico y el museo.

Fiestas: Del 3 al 5 de mayo se organiza la Feria del Ganado. El 7 de julio se conmemora la constitución como municipio independiente. Durante los fines de semana de agosto se celebran las **fiestas de verano.** La primera semana de octubre son las **fiestas patronales en honor a Ntra. Sra. del Rosario.** El último fin de semana de noviembre tiene lugar la Feria de Ganado Equino.

Alrededores: Los parajes de **Llanos del Esparragal** y **Puerto Adentro,** y el entorno de interés ecológico del Cabezo de la Jara, a 1.246 m de altitud.

Hoteles

*** **Parador de Turismo.** Av. Juan Carlos I, 77. T. 968 402 025. *www.parador.es*
Hab. 60: 78/118 €. Estratégicamente situado entre las rutas del sur y de levante. Cocina murciana: dorada, llobarro, cordero al ajo cabañil y sorbete de higos chumbos.

109 · E-2

Puerto Real Cádiz Ver Cádiz

Punta Umbría Huelva

104 · A-1
A Huelva, 16 km
A Madrid, 655 km
Alt. 3 m · Pob. 15.190
T. 959 495 160
GPS 37° 10' 50'' N · 6° 58' 8'' O

Visitar: Esta ciudad de veraneo se extiende a lo largo de 13 km de playa, con sus puertos deportivos. Como puntos de interés, destacamos la Torre Almenara (s. XVII), la **Casa-Museo de los Ingleses,** el Jardín Botánico, el **yacimiento arqueológico de El Eucaliptal** y el Centro de Interpretación.

Fiestas: En febrero toma las calles el famoso carnaval Verdigoná. En marzo se organiza la **Muestra Nacional de la Chirla y la Coquina,** así como la Feria de Equipamiento de Playa y Mobiliario Urbano (Flepamur). En mayo se desarrolla la **romería de la Cruz de Mayo.** En junio, la Feria Nacional del Marisco y la Gamba de la Costa. El 16 de julio y el 15 de agosto, llega el turno para las **fiestas patronales de Ntra. Sra. del Carmen,** con procesiones en barco y a la playa. En ese mismo mes se celebra el Mundial de Futbolín.

Alrededores: La riqueza natural del entorno es llamativa: las **marismas del Odiel,** Reserva de la Biosfera; el paraje de **los Enebrales;** la **Reserva Natural de la Laguna de El Portil** e incluso el **Parque Nacional de Doñana,** a 68 km. A 25 km están los **lugares colombinos.**

Caprichosas formas naturales de las marismas próximas a Punta Umbría

Restaurantes

® **El Paraíso.** Ctra. Huelva-El Portil, km 11. s/n. T. 959 312 756. *www.restauranteelparaiso.com*
Un destino decorado al estilo marinero, donde la cocina del pescado de sus costas, elaborado de distintas formas, es baluarte culinario. **Gamba blanca, arroces marineros, pescados de la costa.** De postre, **meloso de chocolate.** Precio medio 30 €.

Hoteles

**** **Barceló Punta Umbría Premium.** Av. del Océano, s/n. T. 959 495 400. *www.barcelopuntaumbria.com*
Hab. 298: 82/226 €. Suites: 4. Admisión de perros, consultar. En primera línea de playa, junto al Parque Natural de los Enebrales. Restaurante Los Enebrales.

Quijas Cantabria

5 · B-3
A Santander, 30 km
A Madrid, 386 km
Pob. 724
GPS 43° 20' 58'' N · 4° 8' 5'' O

Visitar: Las **torres,** seguramente de época altomedieval, el **Palacio de los Bustamante** (s. XVII) y la **iglesia parroquial** (s. XVI) son sus principales monumentos.

Fiestas: **Los Santos Mártires,** fiesta patronal.

Alrededores: Son interesantes las **cuevas prehistóricas de la Clotilde.**

Restaurantes

Hostería de Quijas. Barrio Vinueva, s/n. T. 942 820 833.
www.hosteriadequijas.com P
Cierra cenas de domingo a miércoles, lunes y del 10 de diciembre al 1 de febrero. Con 19 habitaciones. Casona montañesa (s. XVIII) con muebles de época. Macarrones de salmón, yogur al curry y semillas de tomate; merluza con callos, crujiente de leche negra y crema barbillos. Precio medio 45 €.

Quintanar de la Orden Toledo

74 · D-2
A Toledo, 114 km
A Madrid, 124 km
Pob. 12.873
GPS 39° 35' 24'' N · 3° 2' 30'' O

Santuario de la Piedad, en la antigua judería de Quintanar de la Orden

Visitar: En la **Ruta del Quijote** encontramos varios molinos de viento. El patrimonio histórico se completa con la **iglesia parroquial de Santiago de la Espada,** las ermitas de la Virgen de la Piedad y de S. Antón, el **Rollo de Justicia,** el **Santuario de Ntra. Sra. de la Piedad** y el **palacete de los Rada** o Casa de Piedra.

Fiestas: En febrero se celebran los carnavales; el 15 de mayo, S. Isidro; y en junio, Moros y Cristianos.

Alrededores: Merece una parada **La Puebla de Almoradiel.**

Restaurantes

El Almirez. S. Juan, 9. T. 925 565 041.
Cierra domingo cena, lunes y última semana de septiembre. Tradición y toque personal de Marcelino Iniesta. Queso frito con compota de tomate y cebolla al azafrán, solomillo de buey con patatas y salsa de setas y *boletus*, *soufflé* de chocolate negro con sopa y helado de chocolate blanco. Menú 12 €. Precio medio 30 €.

® **Granero.** Av. S. Fernando, 90. T. 925 180 238.
www.restaurantegranero.com
Cierra miércoles y segunda quincena de septiembre. Buena oferta local con el sello de José Antonio Pintado. **'Tempura' de verduras, solomillo y 'boletus'.** Alfonso dirige la sala y la agrable terraza-jardín con acierto. Precio medio 35 €.

Quintanilla de Onésimo Valladolid

31 · F-4
A Valladolid, 35 km
A Madrid, 215 km
Alt. 728 m · Pob. 1.163
T. 983 681 158
GPS 41° 37' 25'' N · 4° 21' 54'' O

Visitar: Destacan la **iglesia de S. Millán,** con un retablo del s. XVI; la **ermita de S. Roque,** el puente renacentista (s. XVI), **el canal del Duero** (s. XIX), así como las bodegas.

Fiestas: El 5 de febrero se celebran **las Águedas.** Del 14 al 19 de agosto, **S. Roque.** En septiembre y octubre llega la **vendimia** y el 12 de noviembre es S. Millán.

Alrededores: **Peñafiel** es muy interesante, con el castillo, los monasterios de Sta. María de Valbuena y Sta. María de Retuerta y, también, sus bodegas.

Restaurantes

Fuente de la Aceña. Molino, s/n. T. 983 680 910. *www.fuenteacena.com*
P
Cierra domingo cenas y lunes. Con 22 habitaciones. Un antiguo molino sobre el Duero es el escenario de la buena cocina de Pedro de Rodrigo. **Lasaña de morcilla, rabo de buey al vino tinto, sorbete de tempranillo.** Precio medio 30 €.

Hoteles

***** **Arzuaga Vino Spa.** Ctra. N-122 Aranda-Valladolid, km 325. T. 983 687 004.
www.hotelarzuaga.com P
Hab. 91: 123/245 €. Suites: 5. Gran centro spa de vinoterapia. Visitas guiadas a sus bodegas, finca La Planta y viñedos. Restaurante Arzuaga.

Posada Fuente de la Aceña. Molino, s/n. T. 983 680 910. *www.fuenteacena.com*
P
Hab. 22: 73/104 €. En el corazón de la Ribera del Duero. Restaurante Fuente de la Aceña.

El puente del Perdón y, al fondo, el Monasterio de El Paular, en Rascafría

Rascafría-El Paular Madrid

53 · C-1
A Madrid, 94 km
Alt. 1.163 m · Pob. 2.083
T. 918 691 804
GPS 40° 54' 12'' N · 3° 52' 50'' O

Visitar: El **Monasterio de Sta. María de El Paular** (s. XIII) es Monumento Nacional. En el pueblo, además, se encuentran las iglesias de Ntra. Sra. de la Paz y de S. Andrés (s. XV), el **puente del Perdón,** la **Casa Vasca** (s. XVIII), el **mirador de los Robledos** y el monolito dedicado al guarda forestal. En los alrededores hay piscinas naturales y rutas para senderismo y ciclismo de montaña.

Fiestas: El 20 de enero se celebra S. Sebastián, y el 25 de abril, S. Marcos; el 3 de mayo, la Cruz de Mayo; el 15 de mayo, S. Isidro Labrador, y el 13 de junio, S. Antonio. El 15 y 16 de agosto tienen lugar las **fiestas patronales de la Virgen de Gracia y S. Roque;** a principios de octubre, la Virgen del Rosario, y el 30 de noviembre, **S. Andrés,** el patrón de la localidad.

Alrededores: El **puerto de Cotos,** con su pista de esquí de fondo, se encuentra a 15 km. En el entorno también se pueden visitar la **estación de Valdesquí,** la peña de la Mora, **Oteruelo del Valle** (con la Sala-Museo Luis Feito), el **Parque Natural de Peñalara,** las cascadas del Purgatorio y el Centro de Educación Ambiental Puente del Perdón.

Restaurantes

Los Claveles. Ctra. de Cotos, km 31. T. 918 691 601. *www.sierranorte.com/losclaveles*
Cierra cenas. En el Parque Natural de Peñalara. Judías sanabresas, carnes de la sierra, ponche segoviano. Menú 15 €. Precio medio 30 €.

Pinosaguas. (Paraje La Isla-Parque Natural de Peñalara). Ctra. M-604, Valcotos-Lozoya, km 32. T. 918 691 025. *www.sierranorte.com/pinosaguas*
Cierra cenas, martes y primera quincena de septiembre. En El Paular y la estación de esquí de Valdesquí. Croquetas de tres gustos, carnes de la sierra de Guadarrama, flan de queso. Menú 12 €. Precio medio 28 €.

Hoteles

**** **Sheraton Santa María de El Paular.** (Junto al Monasterio de El Paular). Ctra. de Cotos M-604, km 26,500. T. 918 691 011. *www.sheraton.com/paular*
Hab. 57: 110/319 €. Suites: 5. Conjunto Histórico-Artístico. Atractivo emplazamiento junto al Monasterio de Sta. María de El Paular, en el valle del Lozoya, corazón de la sierra de Guadarrama. Restaurantes Don Lope y Mesón Trastámara.

---

17 · C-2 **Raxó-Poio** Pontevedra Ver Sanxenxo

Reinosa Cantabria

Visitar: En un núcleo urbano atractivo se unen el conjunto arquitectónico de la **plaza de España;** las **casas blasonadas** (ss. XVIII y XIX); la **iglesia de S. Sebastián** (s. XVIII), con retablos barrocos y churriguerescos, declarada Bien de Interés Cultural; la **iglesia de S. Francisco,** herreriana (s. XVI); el **paseo del Quintanal** y la ribera del Ebro. Sirve de punto de partida para la **Ruta del Besaya,** del Camino de Santiago.

Fiestas: El 20 de enero, durante la fiesta de **S. Sebastián,** se organiza el concurso gastronómico de la Olla Ferroviaria. El 25 de julio llega la **feria de Santiago,** que se celebra desde 1765, con concurso de bolos y mercado. El 26 de julio es **Sta. Ana,** con misa popular y romería típica en la ermita. El primer domingo de septiembre se celebra la **fiesta de los Campanos** en Abiada, un pueblecito de Campoo de Suso. Del 21 al 29 de septiembre se festejan **S. Mateo** y el **Día de Campoo,** de Interés Turístico Nacional.

Alrededores: El entorno natural ofrece muchas posibilidades. A 5 km, en **Fontibre,** se puede visitar el nacimiento del Ebro. A 24 km está la estación de esquí de **Alto Campoo,** cerca del pico Tres Mares, y en **Valdeprado** se alza el monte Hijedo, con valiosos hayedos y robledales. También quedan cerca **Argüeso,** con el Castillo de S. Vicente y el mirador del Chivo; **Bolmir,** con su iglesia románica del s. XII; **Retortillo,** con otro templo románico del s. XII, y los restos de la ciudad romana de **Julióbriga.**

12 · B-3
A Santander, 75 km
A Madrid, 357 km
Alt. 849 m · Pob. 10.307
T. 942 755 215
GPS 43° 0' 1'' N · 4° 8' 26'' O

Fontibre, lugar donde nace el río Ebro, cerca de Reinosa

Restaurantes

® **Fuentebro.** (En Fontibre, a 4 km). S. Félix, s/n. T. 942 779 772. *www.restaurantefuentebro.com*

Cierra cenas de domingo a jueves excepto vísperas de fiesta, festivos de julio, agosto y Navidad. Casona rústica situada junto al nacimiento del río Ebro. **Emparedado de bonito y 'foie-gras' con cebolla y manzana caramelizada, carnes de Campoo, torrija de sobao pasiego con crema de orujo y helado.** Menú 20 €. Precio medio 35 €.

Rentería/Errenteria Gipuzkoa Ver Oiartzun

6 · F-3

Requena Valencia

Visitar: La villa es un Conjunto Histórico-Artístico notable: destacan la **fortaleza,** las **iglesias góticas de Sta. María** (s. XIV) y **El Salvador** (s. XV), ambas Monumento Nacional; las iglesias del Carmen y de S. Sebastián (de estilo mudéjar), las cuevas de la villa, el **Palacio del Cid,** el Museo de Arte Contemporáneo Florencio de la Fuente, el **Museo del Vino** y el monumento a la Vendimia, la **Casa-Museo de la Seda** y la plaza de toros.

Fiestas: En febrero se organiza la **Muestra del Embutido Artesano y de Calidad.** A finales de agosto, la **Feria y Fiesta de la Vendimia,** de Interés Turístico, con la recogida de la primera uva, y la pisada y bendición del primer mosto, misa en honor de la Virgen de los Dolores y procesión de ofrendas de flores y frutos. A principios de septiembre se organiza **Feverin,** la Feria Requenense del Vino. Destaca también la **Semana Santa Requenense.**

Alrededores: Se puede visitar la **Reserva Natural de Hoces de Cabriel,** el Parque Fauna Ibérica, el Museo de Sisternas y las pedanías requenenses.

76 · B-2
A Valencia, 64 km
A Madrid, 275 km
Alt. 692 m · Pob. 21.448
T. 962 303 851
GPS 39° 29' 15'' N · 1° 6' 5'' O

Restaurantes

® **La Posada de Águeda.** Antigua N-3, Madrid-Valencia, km 277. T. 962 301 418. © P

Cierra lunes y septiembre. Su encanto está en la ubicación con vistas al campo y con la única pretensión de hacer bien las cosas. **Gazpachos, carnes rojas a la brasa, 'mousse' de queso fresco.** Menú 20 €. Precio medio 30 €.

Mesón del Vino. Av. Arrabal, 11. T. 962 300 001. *www.mesondelvino.es*
P

Cierra lunes cena, martes y septiembre. Mesón castellano con cocina a tono. Gazpacho manchego, buey a la brasa, dulce de almendras. Menú 17 €. Precio medio 35 €.

Reus Tarragona

47 · D-2
A Tarragona, 14 km
A Madrid, 540 km
Alt. 120 m · Pob. 107.770
T 902 360 200
GPS 41° 9' 16'' N · 1° 6' 27'' E

Máscaras de payasos en el Festival del Circo de Reus

Visitar: En la ciudad natal de Antoni Gaudí tenemos una oportunidad excelente para visitar el **Gaudí Centre** (centro de interpretación sobre Gaudí y el Modernismo), recorrer la Ruta del Modernisme y también conocer otras obras de ese estilo, como las del arquitecto Domenèch i Montaner, entre las que destaca el conjunto del **Institut Pere Mata** (1897); las **Casas Rull,** que son Monumento Histórico-Artístico (1900); **Gasull** (1911) y la **Casa Navàs** (1901), también Monumento Histórico-Artístico. Otros ejemplos del patrimonio arquitectónico destacables son la **iglesia prioral de St. Pere** (s. XVI), el **Palacio Bofarull** (1760) y los **teatros Fortuny** (finales del s. XIX) y **Bartrina** (1905). El **Museo Salvador Vilaseca** y el **Museo de Arte e Historia** completan la visita.

Fiestas: En febrero llega el vistoso **carnaval;** en mayo, Trapezi, la **Fira del Circ de Catalunya;** en junio, la **fiesta Mayor de S. Pere,** de Interés Nacional; en julio, la feria de **St. Jaume;** en septiembre, las **fiestas de la Misericordia;** en octubre, **ExpoReus** (Feria Catalana del Consumidor); y en noviembre, la **Feria del Aceite de Oliva**.

Alrededores: La visita más apreciada por los niños será el parque de atracciones **Port Aventura,** a 13 km. **Cambrils,** a 13 km; **Salou,** a 10 km, y **La Pineda Playa,** a 15 km, merecen una parada. Tierra adentro están la zona vinícola del **Priorat,** las montañas de **Prades,** el **Castell de Escornalbou** (s. XVII) y el **parque de Samà.**

Restaurantes

® **El Pigot d'Arbolí.** (En Arbolí, a 23 km). Trinquet, 7. T. 977 816 063.

Cierra cenas excepto julio y agosto, cenas de domingo a jueves de septiembre a junio, martes y mayo. Popular y tradicional, esta casa es la referencia de una cocina basada en la buena calidad del producto y en la sencillez, cuya máxima proyección llega con los productos y en la estación de **caza.** Menú 12 €. Precio medio 30 €.

Hoteles

***** **Mas Passamaner.** (En La Selva del Camp, a 8 km). Camí de la Serra, 52. T. 977 766 333. *www.maspassamaner.com*

Hab. 19: 157/251 €. Suites: 7. Edificio modernista. Centro spa. Admisión de perros, consultar. Restaurante Gigantea, asesorado por el prestigioso chef Joaquín Koerper.

Riaza Segovia

43 · E-2
A Segovia, 74 km
A Madrid, 105 km
Alt. 1.190 m · Pob. 2.481
T. 921 550 430
GPS 41° 16' 47'' N · 3° 28' 44'' O

Estampa otoñal del hayedo de La Pedrosa, en Riaza

Visitar: Destaca la **plaza Mayor,** porticada y con un gran coso de arena. El patrimonio monumental se completa con la **iglesia parroquial de Ntra. Sra. del Manto,** renacentista, y las **ermitas de S. Juan y de S. Roque,** del s. XVI.

Fiestas: El 3 de febrero se celebra **S. Blas;** el 5 de febrero, **Sta. Águeda,** y el 9 de mayo, **S. Gregorio de Ostia.** En septiembre son las **fiestas de Ntra. Sra. del Manto** (patrona de la villa) **y Ntra. Sra. de Hontanares.** El domingo siguiente al día 8 hay romería a la ermita de Hontanares, y a partir del lunes, encierros y feria taurina.

Alrededores: La **ermita de Ntra. Sra. de Hontanares** y su parque recreativo se encuentran a 6 km. También son interesantes el mirador de Piedras Llanas. Los barrios de Riaza destacan por su arquitectura popular de tonos amarillos, rojos y negros. A 5 km están el hayedo de **La Pedrosa** y el paraje natural de **Puerto de la Quesera.** La estación de esquí y montaña de **La Pinilla,** a 8 km, tiene cañones de nieve artificial.

Restaurantes

Casaquemada (H. Casaquemada). Isidro Rodríguez, 18. T. 921 550 051. *www.segovia-sp.com/casaquemada*

Con 9 habitaciones. Sopa castellana, cordero asado, natillas. Precio medio 35 €.

La Casona (asador). Iglesia, 5. T. 921 551 082. *www.segovia-sp.com/lacasona*

Cierra miércoles y del 9 al 25 de junio. Casa solariega antigua con capilla. Sopa castellana, cordero y cabrito lechal, ponche La Casona. Precio medio 35 €.

Ribadavia Ourense

17 · F-3
A Orense, 25 km
A Madrid, 531 km
Alt. 90 m · Pob. 5.519
T. 988 471 275
GPS 42° 17' 16'' N · 8° 8' 39'' O

Visitar: En la margen derecha del río Avia, el pueblo forma un rico conjunto histórico que fue declarado Bien de Interés Cultural. Paseando por el barrio judío y las rúas medievales, con viejos pazos y casonas blasonadas, se encuentran **iglesias** como la de **Sta. María de Oliveira** (s. XII), románica, con bóveda plateresca; la de **S. Juan,** románica del s. XII, con bóveda de cañón y rica iconografía; la de **Santiago** (s. XII), muestra del románico popular gallego; la conventual de **S. Francisco** (s. XVII), el conjunto monumental de **Sto. Domingo,** con joyas del gótico mendicante gallego de los ss. XIII y XIV; el **Castillo de los Condes de Ribadavia** (s. XV), con necrópolis del s. IX; el **Museo Etnolóxico,** en el antiguo pazo del Marqués de Bahamonde (s. XVIII); el **castillo,** el **pazo Condal** (s. XIII) y el **Museo Sefardí de Galicia.** La jornada puede completarse con el paseo fluvial del Avia.

Fiestas: Del 28 de abril al 2 de mayo se celebra la **Feria do Viño do Ribeiro,** de Interés Turístico Nacional. De junio a septiembre, las **Noites do Castelo,** con actuaciones teatrales y musicales los fines de semana. La segunda quincena de julio tiene lugar la **Mostra Internacional de Teatro** de Ribadavia. El último sábado de agosto es la **Festa da Istoria,** una fiesta medieval de gran tradición y de Interés Turístico Nacional. Del 4 al 11 de septiembre son las **fiestas patronales de la Virgen del Portal.** En octubre la **Noite Meiga** rinde culto al misterio y la magia.

Alrededores: En **Leiro,** a 8 km, está el Monasterio de S. Clodio (ss. XIII, XVI y XVII). A 9 km está el **Monasterio cisterciense de Sta. María de Melón** (s. XII) y a 1 km, la **iglesia de S. Xés** (s. IX). Se puede hacer, además, la **Ruta del Vino del Ribeiro,** con visitas a las bodegas, o acercarse a las **aldeas medievales,** al cañón del río Avia o a los balnearios de **Arnoia, Prexigueiro, Berán, Laias** y **Cortegada.**

Restaurantes

Plaza (H. Plaza). Pl. Mayor, 15. T. 988 470 576. P
Con 11 habitaciones. Caldo gallego, pescados del Cantábrico y carnes gallegas, filloas. Precio medio 30 €.

Hoteles

**** **Monumento-Monasterio de S. Clodio.** (En S. Clodio-Leiro, a 9 km). S. Clodio, s/n. T. 988 485 601. *www.monasteriodesanclodio.com* P
Hab. 21: 83/151 €. Suites: 4. Monasterio cisterciense (s.XII).

Espectacular acantilado en la playa de las Catedrales de Ribadeo

---

Ribadeo Lugo

2 · F-2
A Lugo, 89 km
A Madrid, 592 km
Alt. 46 m · Pob. 9.988
T. 982 128 689
GPS 43° 32' 12'' N · 7° 2' 33'' O

Visitar: Destacan la **iglesia de Sta. María do Campo,** que formó parte del convento franciscano del s. XIII y que tiene un retablo barroco del s. XVIII, y la **capilla de la Stma. Trinidad,** del s. XII. Otros puntos dignos de mención son el **mirador de Atalaya,** la **Aduana Vieja** (s. XVIII), el **convento de Sta. Clara** (s. XIV), la **Torre de los Moreno** (s. XIX) y, por supuesto, la **ría de Ribadeo.**

Fiestas: Los carnavales de Ribadeo son famosos por sus charangas. En julio se celebra la **Virxe do Carme.** El primer domingo de agosto se realiza la **Xira a Sta. Cruz,** típica romería gallega, de Interés Turístico, en el monte de Sta. Cruz, y el día 16, las fiestas patronales de **S. Roque.** Este mismo mes también se organizan varias fiestas gastronómicas: **la Festa do Percebe en Rinlo** y **la Festa da Carne o Caldeiro en Remourelle,** y el 8 de septiembre, las de **Sta. María do Campo.**

Alrededores: Hay que acercarse hasta el **mirador de Sta. Cruz,** la isla Pancha, Peña Furada y la **capilla de Ntra. Sra. de las Virtudes** (s. XV), con frescos de los ss. XVI y XVII.

Restaurantes

La Villa. (En Vilaframil, a 4 km). Ctra. N-634, km 559. T. 982 123 001. *www.hotelrestaurantelavilla.com* P
Cierra domingo cena y Navidades. Con 10 habitaciones. Antiguo caserío gallego. Fabas de Lorenzana con pulpo, merluza de Burela con crema de queso y espinacas, copa semifría de naranja y chocolate. Menú 12 €. Precio medio 25 €.

Hoteles

**** **Parador de Turismo.** Amador Fernández, 7. T. 982 128 825. *www.parador.es*
P
Hab. 47: 106/168 €. Suites: 1. Excepcional emplazamiento sobre la ría de Ribadeo. Próximo a las playas.

Descenso del río Sella, entre Arriondas y Ribadesella

4 · C-3
A Oviedo, 84 km
A Madrid, 484 km
Alt. 3 m · Pob. 6.301
T. 985 860 038
GPS 43° 27' 40'' N · 5° 3' 38'' O

Ribadesella Asturias

Visitar: El paseo por el **casco antiguo**, la **iglesia parroquial** y el **Palacio de Prieto-Cutre** se completan con las emocionantes visitas a la **cueva de Tito Bustillo,** con pinturas prehistóricas de la época magdaleniense, descubiertas en 1968, y a la **cuevona de Ardines,** con un espectáculo audiovisual sobre la Prehistoria; las más importantes de la región asturiana. También se puede realizar la **Ruta de los Dinosaurios,** con yacimientos de huellas del Jurásico (Ribadesella, Tereñes y Vega), practicar surf y pescar en el río Sella.

Fiestas: Las celebraciones principales son el **carnaval;** la noche de **S. Juan,** el 23 de junio; las fiestas de la **Virgen de Guía,** el 7 de julio, y el **Descenso Internacional del Sella,** entre Arriondas y Ribadesella, el primer sábado de agosto, con un tren fluvial que sigue la carrera y hace paradas en varios puntos.

Alrededores: Los **acantilados del Infierno** están a 3 km, las **Cuevas del Agua,** a 8 km, y el paisaje protegido de **Entrepeñas** y la **playa de Vega,** a 9 km. En **Junco** está la iglesia románica de Sta. María. Desde el **mirador del Fito** se abre una excelente panorámica sobre los Picos de Europa. El **Museo Jurásico de Asturias** queda a 23 km. Merece la pena también acercarse hasta **Cangas de Onís,** a 25 km, y al **Santuario de Covadonga** y los **Picos de Europa,** a 35 km.

Restaurantes

La Huertona (En La Huertona, a 3 km). En la salida de la Ctra. a Cuevas. La Piconera, 2. T. 985 860 553. *www.restaurantelahuertona.com*
Cierra lunes cena y martes excepto julio y agosto, 15 días junio y 10 días de octubre. Rosa Ruisánchez y José Manuel Viejo mantienen su ideario culinario, que pasa por escoger materia prima de impecable calidad, a la que se aplican técnicas y conceptos actuales sin estridencias. **Patata 'chip' pulpo y alioli, ventresca del norte a la plancha.** Precio medio 40 €.

La Parrilla. Av. Palacio Valdés, 33. T. 985 860 288.
Cierra lunes y noviembre. Modestas instalaciones para una cocina basada en pescados y mariscos de altísima calidad, tratados fundamentalmente a la plancha. Precio medio 30 €.

Puente del Pilar. Puente del Pilar, s/n. T. 985 860 446. *www.hostalpuentedelpilar.com*
Cierra desde el 15 de octubre hasta Semana Santa. Ambiente rural para una cocina casera sin mayores pretensiones a precios ya olvidados. Sopa de pescado, rollo de bonito, tarta de queso. Precio medio 25 €.

Hoteles

**** **Gran Hotel del Sella.** Ricardo Cangas, 17. T. 985 860 150. *www.granhoteldelsella.com*
Hab. 81: 97/191 €. Suites: 6. Antiguo Palacio de los Marqueses de Argüelles, de finales del s. XIX. En primera línea de playa. Restaurante Delfa.

**** **Villa Rosario.** Pº de la Playa, s/n. T. 985 860 090. *www.hotelvillarosario.com*
Hab. 18: 60/210 €. Suites: 1. Edificio de arquitectura indiana, tipo palacete, con una reforma moderna, en primera línea de playa. Restaurante El Cenador.

Dinosaurios en la zona
Al litoral entre Gijón y Ribadesella se le llama Costa de los Dinosaurios. En Colunga está el Museo Jurásico de Asturias.

Ricote Murcia

92 · F-3
A Murcia, 36 km
A Madrid, 394 km
Alt. 293 m · Pob. 1.441
GPS 38° 9' 7'' N · 1° 22' 6'' O

Visitar: Además del **casco antiguo,** hay que prestar atención a la **parroquia de S. Sebastián,** del barroco murciano, al **Castillo Alarbona,** al Palacete de Llamas, al convento de Don Diego y a la ermita de Ntra. Sra. de las Huertas.

Fiestas: En Ricote se celebran **S. Sebastián** (del 20 al 22 de enero), fiestas patronales de la localidad, y el **Día de la Mona** (Domingo de Ramos y Lunes de Pascua).

Alrededores: La **vega morisca,** donde se pueden hacer varias rutas de parajes naturales, de árboles singulares, del agua, de los miradores y la arqueológica. También es interesante el paisaje natural de **La Bermeja** y el **Azud de Ojós.**

Restaurantes

® **El Sordo.** Alharbona, s/n. T. 968 697 150. *www.elsordo.es*
Cierra cenas de martes a jueves, lunes y julio. En el bonito valle de Ricote, a cargo de la familia Ortega, ya en su tercera generación. Guisos, platos de **caza, quesos** y **postres caseros.** Precio medio 25 €.

Rionegro del Puente Zamora

30 · C-1
A Zamora, 90 km
A Madrid, 298 km
Alt. 810 m · Pob. 345
GPS 42° 0' 22'' N · 6° 13' 43'' O

Visitar: Los monumentos que merecen una visita son el **Santuario de Ntra. Sra. de Carballada,** el **Palacio Diego de Losada,** el Museo Hispanoamericano de Pintura y el antiguo hospital de peregrinos, actual albergue.

Fiestas: Del 18 al 21 de septiembre son las fiestas de **Ntra. Sra. de la Carballeda,** con puestos de pulpo y avellanas, y una romería tradicional de la comarca.

Alrededores: Cerca están el **lago de Sanabria** y el embalse de **Valparaíso.**

Restaurantes

® **El Empalme.** (Autovía Rías Baixas, salida 49). El Empalme, s/n. T. 980 652 016. P
Cierra domingo cena, lunes, segunda quincena de agosto y del 22 de diciembre al 8 de enero. Rústica casa de 1811, merecedora de un justo renombre por la amplia variedad micológica **(garbanzos de Fuentesaúco con setas)** y la calidad de los guisos de Gloria Lucía Martín. También **caza (ciervo con frutas y trompetas de la muerte).** Delicioso **helado de 'boletus' con bizcocho de naranja.** Menú 12 €. Precio medio 35 €.

Ripoll Girona

26 · C-3
A Girona, 82 km
A Madrid, 640 km
Alt. 690 m · Pob. 11.000
T. 972 702 351
GPS 42° 12' 2'' N · 2° 11' 22'' E

Visitar: El **Monestir de Sta. Maria,** fundado en 879 por el conde Guifré el Pilós, guarda las tumbas de varios condes, como la del propio fundador o la de Ramón Berenguer III el Grande. También se pueden visitar el **Museu Etnogràfic;** la **sala Abad Senjust,** en el Ayuntamiento; la **iglesia de St. Pere** (s. IX); la **capilla modernista de St. Miquel de la Roqueta;** el **puente del Raval;** la **ermita** prerrománica **de St. Bartomeu,** que ofrece unas estupendas vistas sobre la villa; el moderno **puente** diseñado por **Santiago Calatrava;** la exposición *Scriptorium,* sobre los copistas medievales, y el **Museu de Farga Palau,** antigua fragua. También se puede seguir la **Ruta del Ferro i del Carbó.**

Fiestas: En marzo o abril se celebra la **Feria de las 40 horas,** y en mayo (el 11 y el 12) las fiestas Mayores del patrón de la villa, **St. Eudald.** El domingo siguiente es la **Festa de la Llana i Casament a Pagès,** una exaltación de los trabajos artesanales con lanas y una boda payesa, declarada de Interés Turístico. En julio y agosto tiene lugar el **Festival Internacional de Música.** El 10 y 11 de agosto se organiza el **mercado medieval del Comte Guifré,** y el 15 de octubre, la **feria de Sta. Teresa y la Fira de l'Ovella.**

Alrededores: En **St. Joan de les Abadesses,** a 11 km, hay un monasterio del s. XII, una abadía con claustro del s. XII y la iglesia de St. Pol. En **Montesquiu,** a 6 km, se puede visitar su castillo, y en **Llaers,** a 10 km, los restos de otro castillo del s. X y la arquitectura rural. En **Milany** se halla el centro de excursiones a la ermita de Calm. En **Queralbs,** a 20 km, está el santuario y la estación de montaña del **valle de Núria,** y a 30 km, la **estación de esquí Vallter 2000.**

Detalle de una puerta de Sta. Maria de Ripoll

Restaurantes

La Fonda Xesc. (En Gombrén, a 11 km). Pl. Roser, 1. T. 972 730 404. *www.fondaxesc.com*

Cierra cenas de domingo a jueves, y lunes. Rústica, acogedora y familiar, esta antigua fonda de la población de Gombrén es el referente de una sugerente cocina catalana de mercado, pensada y elaborada por ese notable cocinero que es Francesc Rovira. Precio medio 47 €.

Rivas-Vaciamadrid Madrid

63 · B-1

Ver Madrid/Restaurantes/Alrededores de Madrid

Roa de Duero Burgos

32 · C-3
A Burgos, 80 km
A Madrid, 170 km
Alt. 825 m · Pob. 2.500
GPS 41° 41' 48'' N · 3° 55' 45'' O

Visitar: El **casco urbano** está preservado como zona arqueológica. Allí se encuentran la antigua **Colegiata de Sta. María** (s. XVI), Monumento Histórico-Artístico; la **Bombarda** (s. XIV); los paños de la **muralla medieval;** la **Alhóndiga** (s. XVII); la **iglesia de S. Esteban;** la **sede del Consejo Regulador de la D.O. Ribera del Duero,** en un edificio del s. XVI; la **estatua de El Empecinado** y la plaza de toros. Un recorrido completo puede incluir el **aula arqueológica,** el **Parque Arqueológico Temático,** las **bodegas** y el **paseo del Espolón,** con panorámicas sobre el río Duero.

Fiestas: En mayo y septiembre se va en **romería a la Virgen de la Vega.** A mediados de agosto llega el turno de las fiestas patronales de **S. Roque** y de **la Asunción.**

Alrededores: Se puede recorrer el **pinar** centenario, acercarse a las **ermitas de Ntra. Sra. de la Virgen de la Vega** y de **S. Roque,** y realizar rutas de senderismo y enogastronómicas.

Restaurantes

Asados Nazareno. Puerta Palacio, 1. T. 947 540 214. ❄
Cierra cenas y segunda quincena de septiembre. El lechazo asado hecho en horno de leña es la mítica especialidad, precedido de morcilla. Imprescindible reservar. Precio medio 36 €.

Robledo de Chavela Madrid

53 · A-3

Ver San Lorenzo de El Escorial

Rocío, El Huelva

104 · C-2
A Huelva, 67 km
A Madrid, 607 km
Alt. · Pob. 1.622
T. 959 442 160
37° 7' 49'' N · 6° 29' 10'' O

Visitar: El punto de referencia es la **ermita de la Virgen del Rocío.**

Fiestas: El fin de semana del domingo de Pentecostés se celebra la **romería de la Virgen del Rocío,** una de las devociones marianas más importantes del mundo.

Alrededores: **Almonte** y las **marismas de Doñana.**

La popular romería en la aldea del Rocío, en Almonte

Restaurantes

Toruño (H. Toruño). Pl. Acebuchal, 22. T. 959 442 422. *www.toruno.es*
Con 30 habitaciones. Junto al milenario acebuche, en la explanada de El Rocío. Salmorejo, ternera mostrenca, flamenco rosado. Precio medio 25 €.

Hoteles

**** **El Cortijo de Mimbrales.** Ctra. A-483 de El Rocío, km 30. T. 959 442 237. *www.cortijomimbrales.com*
Hab. 37: 100/125 €. Suites: 1. Antiguo cortijo rehabilitado. Situado en el entorno del Parque Nacional de Doñana. Turismo ecuestre y de naturaleza. Villas de uno y dos dormitorios y jardín privado. Restaurante La Cantina de los Mimbrales, buena cocina de la zona.

Roda de Isábena Huesca

24 · F-3
A Huesca, 108 km
Alt. 907 m · Pob. 333
T. 974 544 403
GPS 42° 17' 30'' N · 0° 31' 46'' E

Visitar: La **catedral románica** (ss. XI y XII), con un retablo del s. XVI y el Museo Catedralicio, es el elemento más destacado del casco monumental, con plazas y calles medievales, y edificios nobles, como el **Palacio del Prior** (s. XVI).

Fiestas: El primer sábado de agosto se celebra la fiesta Mayor, y el día 6 del mismo mes, la **romería de S. Salvador.**

Alrededores: En **La Puebla de la Roda** se puede pasear por la calle fortificada, la ermita de Pedruy (s. XII) y el puente de piedra con arcos de medio punto. En **Serraduy** hay un puente medieval y una ermita consagrada a la Virgen de la Feixa, del s. XIII. En **Merli** se conserva un menhir.

Restaurantes

Azafrán (en Villarrobledo, a 30 km). Av. Reyes Católicos, 71. T. 967 145 298. *www.azafranvillarrobledo.com*
Arroz meloso de caza y setas, paletilla de cordero lechal con romero y patatas, bizcocho *soufflé* caliente de trufa de chocolate y azafrán. Menús 13 a 33 €. Precio medio 30 €.

Juanito (H. Juanito). Mártires, 15. T. 967 548 041. *www.hoteljuanito.com*
P
Con 31 habitaciones. Una buena parada entre la Comunidad Valenciana y Madrid. Chipirones asados con fideuá, gazpachos manchegos, tartita de manzana con sorbete de frambuesa. Menú 12 €. Precio medio 28 €.

La Catedral (H. Hospedería de Roda de Isábena). Pl. Pons Sorolla, s/n. T. 974 544 545. *www.hospederia-rdi.com* P
Cierra cenas de lunes a viernes en invierno, del 3 al 10 de enero y del 20 al 26 de diciembre. Con 10 habitaciones. En el antiguo refectorio cisterciense de la Catedral, con restos de frescos góticos del s. XII. Judías estofadas, caza, natillas. Menú 16 €. Precio medio 20 €.

Rois A Coruña Ver Padrón

1 · F-4

Ronda Málaga

110 · D-1
A Málaga, 102 km
A Madrid, 586 km
Alt. 739 m · Pob. 37.087
T. 952 187 119
GPS 36° 44' 29'' N · 5° 10' 3'' O

Visitar: El **Puente Nuevo,** tendido sobre el vertiginoso tajo del río Guadalevín e icono de la ciudad, tiene incluso un Centro de Interpretación. También está el **Puente Viejo** (s. XVI) y uno árabe (s. XI). Abundan los monumentos, como el **Palacio del Rey Moro;** el **Palacio Nazarí** (ss. XIV y XV); la **Casa de Don Bosco;** la **Casa del Gigante;** el Palacio de Mondragón (s. XVI); el **Palacio de Moctezuma;** las iglesias de Sta. María la Mayor (s. XV), que fue mezquita, y la del Espíritu Santo; la **muralla y las puertas islámicas** (s. XIII); los **baños árabes** (ss. XIII al XV) y la plaza de toros (de 1785). Hay varios **museos:** el del Bandolero, el de Caza, el temático de Lara, el Joaquín Peinado, el Municipal y el Arqueológico.

Cartel del Museo de los Bandoleros de Ronda

Fiestas: El calendario festivo comienza con los coloridos carnavales. La **Semana Santa,** también muy vistosa, se considera de Interés Turístico Andaluz. El segundo domingo de mayo se celebra la fiesta patronal de la **Virgen de la Paz.** A lo largo de ese mes tiene lugar también la **Real Feria de Mayo.** En junio, la **romería de la Virgen de la Cabeza.** En julio se organizan los **cursos de verano** de la Universidad Juan Carlos I de Ronda. En agosto se celebra el **Festival de Cante Grande y Gala Folclórica Internacional.** En septiembre, las **ferias y fiestas de Pedro Romero,** con corrida goyesca, desfile de caballistas, misa flamenca y gran cabalgata de la Alegría. En octubre llega la **Real Feria de S. Francisco,** y en noviembre, la **Semana Internacional de Cine Científico** (bienal) y las **Jornadas Gastronómicas.**

Alrededores: La **ermita** rupestre de la **Virgen de la Cabeza** es mozárabe. En **La Algaba** hay un poblado prehistórico. A 22 km están las **ruinas romanas de Acinipo,** con un teatro. En **Benaoján,** a 22 km, la cueva de la Pileta guarda pinturas rupestres. En el **Parque Natural de la Sierra de las Nieves** se puede encontrar un bosque de pinsapos. También está en la zona el **Parque Natural de la Sierra de Grazalema.**

Restaurantes

Casa Santa Pola. Cuesta de Sto. Domingo, 3. T. 952 879 208. *www.ronda.net/usuar/santapola*
Palacete árabe del s. IX *colgado* en el Tajo. Ajo blanco con huevas de arenque, dado de cochinillo lechal confitado, tocinillo de cielo. Precio medio 35 €.

Tragabuches. José Aparicio, 1. T. 952 190 291. *www.tragabuches.com*
Cierra domingo cena y lunes. Casa del s. XVIII remodelada junto a la plaza de toros. Una buena referencia en cocina, sala y vinos. **Yema a baja temperatura con aceite de trufa y corona de parmesano, pargo con**

Emblema de Ronda, el Puente Nuevo se levanta 100 m sobre el Guadalevín

gazpachuelo y 'risotto' de patata, helado de piña con sopa de lichi y gelatina rústica de maracuyá. Precio medio 65 €.

Tragatapas *(gastrobar).* Nueva, 4. T. 952 877 209.
Cierra domingo cena en invierno. Raciones y tapas saladas de corte moderno. Espárragos blancos con berros picantes y mahonesa de *wasabi, fricandó* de carrillada de ternera, tarta de queso. Precio medio 20 €.

Hoteles

**** **Husa Reina Victoria.** Jerez, 25. T. 952 871 240.
www.hotelhusareinavictoriaronda.com
Hab. 89: 70/118 €. Al borde del Tajo, rodeado de jardines. La mayoría de las habitaciones, con terraza y vistas panorámicas. Barbacoa en verano. Restaurante Rilke.

**** **Montelirio.** Tenorio, 8. T. 952 873 855. *www.hotelmontelirio.com*
Hab. 15: 108/178 €. Suites: 3. Casa-palacio del s. XVII sobre el Tajo. Restaurante Albacara, cocina tradicional de temporada.

**** **Parador de Turismo.** Pl. de España, s/n. T. 952 877 500. *www.parador.es*
Hab. 78: 151/180 €. En un lugar privilegiado, entre la plaza de toros y el Puente Nuevo y junto al famoso Tajo de Ronda.

*** **San Gabriel-Su Casa en Ronda.** Marqués de Moctezuma, 19. T. 952 190 392.
www.hotelsangabriel.com
Hab. 22: 66/98 €. Suites: 6. Casa del s. XVIII en el corazón del casco histórico. Habitaciones con decoración individual.

Roquetas de Mar Almería

113 · B-2
A Almería, 19 km
A Madrid, 553 km
Alt. 7 m · Pob. 87.500
T. 950 333 203
GPS 36° 45' 58'' N · 2° 36' 57'' O

Visitar: El municipio se asoma a 13 km de **playas** urbanas y a 2 km de playas naturales, con un **puerto deportivo,** un acuario y el parque acuático Mario Park. La visita a los monumentos pasa por la **iglesia de Ntra. Sra. del Rosario,** el **Castillo de Sta. Ana,** la **plaza de toros** y el **Museo Taurino.** Quedan cerca el **Paraje Natural** y la **Reserva Natural Punta Entinas-Sabinar.**

Fiestas: El 15 de mayo se festeja **S. Isidro;** el 23 de junio, **S. Juan;** el 26 de julio, **Sta. Ana** (de Interés Turístico Nacional), que son las fiestas patronales del Puerto; el 7 de octubre, las fiestas patronales municipales, y el 29 de diciembre, el **Día de Las Moragas.**

Alrededores: Hay un campo de golf a 4 km. **Aguadulce,** a 8 km, es una zona residencial turística. La ciudad de **Almería** está a 19 km, y el **Parque Natural del Cabo de Gata-Níjar,** a 35 km.

Restaurantes

Alejandro. (Puerto). Av. Antonio Machado, 32. T. 950 322 408.
www.restaurantealejandro.es
Cierra cenas de domingo y martes, lunes y segunda quincena de enero y de mayo. Alejandro Sánchez se consolida como una de las mejores mesas vanguardistas de Andalucía, combinando sabiamente los productos de la tierra con las más actuales técnicas en su local de diseño. **Espinacas esparragadas con gamba blanca, salmonete de roca en guiso yodado de trigo.** Buenos vinos. Precio medio 45 €.

Roses/Rosas Girona

27 · C-2
A Girona, 55 km
A Madrid, 763 km
Alt. 5 m · Pob. 20.197
T. 972 257 331
GPS 42° 15' 46'' N · 3° 10' 25'' E

Visitar: El pueblo constituye un Conjunto Histórico-Artístico. La **ciudadela** acoge un museo y la exposición *El mar de Poseidó,* vestigios de la ciudad griega de Rhode (776 a. C.), restos romanos y una gran parte del entramado de calles medievales. Son de interés también el **castro visigodo,** el **Castell de la Trinitat** (s. XV) y el **Monestir de Sta. Maria** (s. XI). Se pueden recorrer el **puerto de pescadores** y la **Ruta Megalítica,** cuyo máximo exponente es el dolmen de la Creu d'en Cobertella.

Fiestas: El **carnaval** tiene mucho arraigo. Junio es el **Mes Gastronòmic del Suquet de Peix de Roses.** Durante todo el verano y hasta mediados de septiembre todas las semanas se bailan **sardanas** y habaneras. El 23 de junio se celebra **St. Joan;** el 29 de junio, **St. Pere,** fiesta de pescadores, con el tradicional *suquet* de pescado, y en julio, el **Festival Internacional de Blues, Jazz i Gospel.** Del 10 al 17 de agosto se celebra la **fiesta Mayor,** y también en agosto, el **Festival Internacional de Guitarra.**

Alrededores: A 18 km está el **Monestir de St. Pere de Rodes,** un ejemplo notable del románico, del año 1022. En la población medieval de **Peralada** se puede

Un azul intenso caracteriza la Costa Brava, como en la cala de La Rostella, en Roses

visitar el castillo-casino. En **Figueres** están el Teatre-Museu Dalí y el Castell de St. Ferran. En **Empúries,** el impresionante yacimiento arqueológico greco-rromano que está a 25 km. Los parques naturales de **Aiguamolls de l'Empordà** y del **Cap de Creus** ofrecen vistas sobrecogedoras.

Restaurantes

Almadraba Park. (H. Almadraba Park). Platja de l'Almadraba, s/n. T. 972 256 550. *www.almadrabapark.com* ♿ ❄ P
Cierra del 16 de octubre al 5 de abril. Cocina de sabores apoyada en los productos de tierra y mar. *Rigatoni* a la crema de gorgonzola *di bufala* con morillas y acelgas, salmonetes de roca en escabeche. La manzana confitada, seca y en sorbete es un buen final. Precio medio 52 €.

Flor de Lis. Cosconillas, 47. T. 972 254 316. *www.flor-de-lis.com* ❄
Cierra almuerzos, martes excepto verano y del 12 de octubre a Semana Santa. Nikolaus y Sigrid von Obstfelder, cocina y sala respectivamente, regentan esta antigua casa en el corazón de la villa. Ensalada de bogavante y gambas con caviar de trucha, pechuga de pichón francés en salsa de Oporto añejo, carro de postres caseros. Precio medio 41 €.

☼ **La Llar.** C-260, Roses-Figueres, km 4 . T. 972 255 368. *www.restaurantlallar.com* ❄ P
Cierra miércoles cena excepto verano, jueves, primera quincena de febrero y segunda de noviembre. Antigua masía catalana restaurada en la que, desde hace más de 35 años, Joan Viñas oficia una culinaria de autor que atrae por su exquisitez, técnica e indiscutible honestidad. **'Tartar' de lubina y salmón fresco, pichón 'royal' a la miel.** Precio medio 50 €.

® **Rafa's.** St. Sebastià, 56. T. 972 254 003. ♿ ❄
Cierra lunes almuerzo en julio y agosto, domingo, lunes y diciembre. Frecuentado por una clientela asidua amante de la sencillez y del mejor producto del mar. Esta pequeña casa prosigue su particular trayecto de excelencia y calidad. Precio medio 50 €.

Hoteles

☆☆☆☆☆ **Vistabella.** Av. Díaz Pacheco. Cala Canyelles Petites, 26-30. T. 972 256 200. *www.vistabellahotel.com* ♿ ❄ P SPA
Hab. 26: 185/310 €. Suites: 8. Dispone de embarcadero, esquí acuático, paseos en barco... Restaurantes Els Brancs, Balcó de Mar, El Pirata y La Tapa.

Festival de Guitarra

Del 7 de agosto al 6 de septiembre de 2012 se celebra en Roses el Festival Internacional de Guitarra.

Rota Cádiz

109 · D-1
A Cádiz, 46 km
A Madrid, 632 km
Alt. 9 m · Pob. 28.904
T. 956 846 345
GPS 36° 37' 5'' N · 6° 21' 32'' O

Visitar: Los monumentos más destacables son la **parroquia de Ntra. Sra. de la O** (s. XVI), de estilo gótico tardío; la **capilla de S. Juan Bautista** (s. XVIII), barroca; la **capilla de S. Roque,** de mediados del s. XVII; el **Castillo de Luna** (s. XIII) y la **Torre de la Merced,** único resto del convento de La Merced, del s. XVII. También merecen una visita el **Museo Ruiz-Mateos,** el **Monumento Natural de Los Corrales** y la **playa de la Costilla.**

Artes de pesca para capturar pulpos, en Rota

Fiestas: Las grandes celebraciones de Rota son los **carnavales,** la **Semana Santa;** la **romería de S. Isidro** y la **feria de primavera,** ambas en mayo; la **Virgen del Carmen,** el 16 de julio, y las **fiestas de la Urta** en agosto (de Interés Turístico Nacional de Andalucía, con el concurso de urta a la roteña y días dedicados a temas y actuaciones diversas). Las fiestas patronales de **Ntra. Sra. del Rosario** son el 7 de octubre, con una exhibición de juegos florales.

Alrededores: La costa ofrece parajes como la **playa de Punta Candor,** de 7 km; la del **Rompidillo,** de 1 km; el complejo de ocio y turismo **Costa Ballena,** o el **pinar de Rota,** con su pasarela litoral.

Restaurantes

El Embarcadero (H. Duque de Nájera). Glorieta José María Pemán. Gravina, 2. T. 956 846 020. *www.hotelduquedenajera.com*
En el casco antiguo, frente al puerto pesquero y deportivo. Gran diversidad de tapas. Ensalada de jamón con perlas de melón y vinagreta de piñones al Pedro Ximénez, urta al estilo roteño, helado frito sobre salsa de mango y fresas. Menú 25 €. Precio medio 35 €.

Hoteles

**** **Duque de Nájera.** Gravina, 2. T. 956 846 020. *www.hotelduquedenajera.com*
Hab. 92: 65/193 €. En el centro histórico, junto al puerto pesquero y deportivo. Restaurante El Embarcadero.

---

53 · C-3

Rozas, Las Madrid

Ver Madrid/Restaurantes/Alrededores de Madrid

Rubielos de Mora Teruel

65 · D-1
A Teruel, 55 km
A Madrid, 405 km
Alt. 929 m · Pob. 780
GPS 40° 11' 23'' N · 0° 39' 9'' O

Visitar: El **conjunto urbano** recibió el premio Europa Nostra en 1983. En él sobresalen la **Casa Consistorial,** Monumento Histórico-Artístico del s. XVI; los **palacios de los Villasegura** y de los **Condes de Creixell;** las casas nobiliarias; la **iglesia excolegiata de Sta. María la Mayor** (s. XVII); los **conventos** de Carmelitas Calzados (s. XVII) y de las religiosas agustinas (s. XIV); la **iglesia del Hospitalico** y el **Museo Salvador Victoria,** contemporáneo. También es un buen punto de partida para conocer la **región Ambarina.**

Fiestas: El 16 de julio se celebra la **Virgen del Carmen;** en agosto, el **Festival Puerta al Mediterráneo;** el último fin de semana de agosto, el **Fin de Semana Medieval;** el 14 de septiembre, **la Sta. Cruz;** entre el 14 y el 16 de septiembre son las **fiestas patronales,** y el 12 de octubre, la **Virgen del Pilar.**

Alrededores: A 12 km, **Mora de Rubielos,** con un castillo del s. XII y la excolegiata de Santa Maria, de estilo gótico.

Restaurantes

El Rinconcico. (En Mora de Rubielos, a 12 km). Santa Lucía, 4. T. 978 806 063. *www.elrinconcico.com*
Cierra cenas de domingo a jueves en invierno, martes y primera quincena de julio. Junto al puente medieval. Manos de cerdo rellenas de paté y setas, lasaña de pierna de ternasco al ajo tostado, *mousse* de chocolate con sorbete de mandarina. Precio medio 30 €.

Portal del Carmen. Glorieta, 2. T. 978 804 153. *www.portaldelcarmen.com*
Cierra martes y miércoles en invierno, y del 17 al 27 de septiembre. Treinta años de vida para este restaurante de cocina tradicional situado en el antiguo convento de Carmelitas Descalzos. En verano el comedor se traslada al claustro. Ajo blanco de almendras con manzana verde, solomillo ibérico relleno de *foie-gras* y jamón de Teruel con salsa de *ceps,* melocotón de Calanda al vino. Precio medio 30 €.

---

5 · A-4

Ruente Cantabria Ver Cabezón de la Sal

Sabadell Barcelona

La Seu d'Egara, parte del conjunto monumental de las iglesias de Terrassa

37 · B-4
A Barcelona, 20 km
A Madrid, 631 km
Alt. 188,95 m · Pob. 207.338
T. 937 270 090
GPS 41° 32' 47'' N · 2° 6' 28'' E

Visitar: La Casa Ponsà acoge el **Arxiu Històric;** la Casa Turiull, el **Museu d'Art,** y la Casa Antonio Casanoves, el **Museu d'Història de la Ciutat.** Otros lugares interesantes son la Casa Duran, el Institut de Paleontologia Miquel Crusafont, el Teatre Municipal de la Faràndula y el Parc Recreatiu de St. Oleguer, el mayor parque urbano de Cataluña, con 43 hectáreas. También es interesante el **Museu de Carros i d'Eines del Camp,** situado en la Masía de Can Deu.

Fiestas: El segundo domingo de mayo se celebra el **Aplec de la Salut,** y el primer fin de semana de septiembre, la **fiesta Mayor.**

Alrededores: Están cerca **Terrassa** y el río Ripoll.

Restaurantes

® **Forrellat.** Horta Novella, 27. T. 937 257 151. *www.grupforrellat.com*

Cierra domingo cena, lunes y 15 días en agosto. Agradable y acogedor restaurante del centro de Sabadell, en el que el cocinero y propietario Josep Forrellat propone una gustosa culinaria basada en la cotidianeidad y rigurosa selección del producto de mercado. Precio medio 50 €.

Hoteles

**** **Catalonia Sabadell.** Pl. Catalunya, 10-12. T. 937 279 200.
www.hoteles-catalonia.com
Hab. 108: 49/325 €. Suites: 2. Ubicado en la plaza de Catalunya.

Sabiñánigo Huesca

24 · B-2
A Huesca, 56 km
A Madrid, 453 km
Alt. 788 m · Pob. 10.378
T. 974 484 272
GPS 42° 31' 10'' N · 0° 21' 59'' O

Visitar: El **Museo Ángel Orensanz y Artes de Serrablo** explica la etnología y la arquitectura popular de la comarca y, además, contiene una muestra de esculturas. El **castillo,** el molino Periel, el **parque Pirenarium,** en los Pirineos, y el Museo de Dibujo Julio Gavín completan la visita.

Fiestas: El 25 de julio tienen lugar las fiestas Mayores en honor al patrón **Santiago Apóstol,** con actos folclóricos y deportivos tradicionales. El 12 de octubre se homenajea con distintos festejos a **Ntra. Sra. del Pilar,** con fiestas en el barrio del Puente de Sardas.

Alrededores: El conjunto de iglesias mozárabes y románicas de **Serrablo** (ss. X y XI) son Monumento Histórico-Artístico. Entre ellas destacan las de S. Bartolomé de **Gavín, Lárrede, Lasieso** y S. Juan de Busa.

Restaurantes

Casbas. (En Senegüé, a 5 km). Ctra. Biescas, s/n. T. 974 480 149.
www.casbas.com

Cierra septiembre. Con 12 habitaciones. Arroz meloso con tinta y queso curado de Sieso, bacalao ajoarriero, torrijas con crema. Ambiente rústico en el valle de Tena. Menú 12 €. Precio medio 30 €.

S'Agaró Girona

38 · C-2
A Girona, 35 km · Madrid, 715 km
Alt. 42 m Pob. 10.600
T. 972 817 179
GPS 41° 47' 36'' N · 3° 3' 4'' E

Aguas transparentes de la cala de S'Agaró

Visitar: Se puede pasear por el núcleo urbano, a 2 km, de **Castell d'Aro,** visitar el Museu de la Nina y recorrer el camino de ronda, la villa romana Pla de Palol y el castillo medieval de Benedormiens.

Fiestas: En febrero tiene lugar el **carnaval** de Platja d'Aro. El verano está protagonizado por el **Festival Internacional de Música de S'Agaró,** la Cantada de Habaneras y el mercado medieval Castell d'Aro. En octubre llega la **Fiesta de la Cerveza.**

Alrededores: Los pueblos de **Sant Feliu de Guíxols,** a 3 km; **Sta. Cristina d'Aro,** a 6 km, y **Palamós,** a 15 km, merecen una visita. Los pueblos medievales de **Pals** y **Peratallada,** a 18 y 20 km, respectivamente, son también muy interesantes.

Restaurantes

® **Hostal de la Gavina.** (H. Hostal de La Gavina). Pl. Roserar, s/n.
T. 972 321 100. *www.lagavina.com*
Cierra del 12 de octubre a Semana Santa. Clasicismo y mediterraneidad son los referentes de una cocina que aúna notable técnica y selecto producto en un entorno profuso y elegante. **Ensalada de pasta fresca, 'ceps', parmesano y 'carpaccio' de gamba, fluido de chocolate con sorbete de frambuesa.** Precio medio 70 €.

Hoteles

***** **Hostal de la Gavina.** Pl. de la Rosaleda, s/n. T. 972 321 100. *www.lagavina.com*
Hab. 57: 230/400 €. Suites: 17. Mantiene sus elegantes instalaciones. Restaurante Candlelight.

Sagàs Barcelona Ver Berga

26 · B-4

Sagunto/Sagunt Valencia

76 · F-1
A Valencia, 25 km
A Madrid, 375 km
Alt. 5 m · Pob. 70.895
T. 962 655 859
GPS 39° 40' 47'' N · 0° 16' 46'' O

Visitar: El **castillo** es una fortaleza con dos mil años de historia situada en la última estribación de la sierra Calderona. Las **murallas** datan de diferentes épocas y estilos; hay restos íberos, romanos, árabes, medievales y modernos. Se pueden visitar el **Antiquarium Epigráfico;** el **Teatro Romano,** una de las edificaciones más notables de la Hispania Romana (ss. I y II), con capacidad para 2.000 espectadores; los **restos del muro del Templo de Diana,** (ss. V y IV a. C); la iglesia de Sta. María, edificada sobre lo que fue la mezquita de Murviedro (s. XIV), y la iglesia de S. Salvador, gótica del s. XIII, todos ellos declarados Monumento Nacional. Además, merecen una visita el conjunto urbano de la judería, el calvario, la iglesia de Ntra. Sra. de Begoña, el Museo Histórico y la Casa dels Berenguer, con restos del mikvé (baño ritual judío).

Fiestas: La Semana Santa es de Interés Turístico Nacional. Del 15 al 19 de marzo se celebran las **Fallas,** de Interés Turístico Regional. El 15 de julio, la Virgen del Carmen. Del 15 al 30 de julio, los patronos Stos. Abdón y Senén. Del 1 al 15 de agosto tienen lugar los festejos de Ntra. Sra. de Begoña. En julio y agosto se organizan los eventos de **Sagunt a Escena.** Del 1 al 10 de septiembre son las festividades en honor a la Virgen del Buen Suceso. Del 30 de septiembre al 3 de octubre todo se inunda de color gracias a la tradicional celebración de los Moros y Cristianos, y entre el 8 y el 10 de octubre, con el mercado medieval.

Alrededores: **Font de Quart** está a 7 km, el **Monasterio del Sto. Espíritu,** a 8 km; el **Monasterio de Sta. María del Puig,** a 14 km, y Vall d'Uxó, con las grutas de S. José, a 17 km.

Restaurantes

L'Armeler. Subida al Castillo, 44. T. 962 664 382. *www.larmeler.com*

Cierra cenas de domingo a miércoles, y martes. Antigua casa de estilo neorrústico en el barrio judío. Huevo *mollet* con *boletus* y *foie-gras*, caza y setas en temporada, Isla flotante. Menú 12 €. Precio medio 30 €.

Le Fou. Subida al Castillo, 49. T. 962 651 357. *www.lefou.es*
Cierra cenas de domingo a jueves excepto julio y agosto, almuerzo de sábado y domingo en julio y agosto, lunes y del 9 de enero al 12 de marzo. Junto al Teatro Romano. Semisalazón de bonito con verduritas de temporada, crujiente de pato con arroz persa, sopa de naranja con sorbete de frambuesa. Menú 13 €. Precio medio 23 €.

® **Rincón del Faro.** (En Puçol, a 10 km). Ctra. Barcelona, 49. T. 961 420 120.
Cierra cenas, domingo y del 15 de agosto al 15 de septiembre. Los sabores de la tradición, guisados con actualidad. **Croquetas** variadas, **merluza en infusión de menta, helados caseros.** Precio medio 30 €.

Salamanca

41 · F-4
A Madrid, 212 km
Alt. 800 m · Pob. 155.619
T. 923 268 571
GPS 40° 57' 53'' N · 5° 39' 52'' O

Visitar: La ciudad conserva un conjunto de monumentos sobresalientes de la Edad Media y el Renacimiento, lo que le ha valido el reconocimiento como Patrimonio de la Humanidad. En esta *Roma chica,* así nombrada porque se asienta sobre cuatro colinas, todos los estilos tienen una representación notable, desde el románico de la **Catedral Vieja** hasta el neoclásico del Colegio de Anaya, pasando por el barroquismo italiano del **Colegio de Calatrava** o la Clerecía. La **plaza Mayor,** con sus soportales, es una de las más bellas muestras del Barroco de España. Y Salamanca es, ante todo, una reliquia del arte plateresco, como se ve en la Catedral Nueva (s. XVI), en la que destacan la fachada, la Puerta del Perdón, la capilla y la sacristía. En la **Universidad** sobresalen la fachada, la escalera, el aula Fray Luis de León y la biblioteca. Otros monumentos que merecen una visita son el puente romano, el **convento de S. Esteban** (s. XVI), con claustro, retablo y museo; el convento de las Dueñas (s. XVI), con claustro; las **Escuelas Menores** y los palacios de Solís, Monterrey, Fonseca o la Casa de las Muertes, todos ellos con bellos patios góticos, en cuyos arcos se perciben resonancias musulmanas. En la Catedral Vieja (s. XII) conviene fijarse en la Torre del Gallo, el retablo, el claustro y el museo. La **Casa de las Conchas** (s. XV) destaca por su fachada y su patio. La Casa de Abarca Maldonado es del s. XV, y el **Palacio de Anaya,** del s. XVIII. La gama de museos es atractiva: el de Bellas Artes, el de Art Decó-Art Nouveau y el del Comercio. También se puede ir hasta la cueva de Salamanca.

Plaza Mayor de Salamanca, ejemplo del Barroco de mediados del s. XVIII

Fiestas: La célebre **Semana Santa** salmantina es de Interés Turístico Internacional, con sus desfiles procesionales por lugares de gran belleza. En abril tiene lugar el **Lunes de Aguas;** el 12 de junio, la festividad del patrono S. Juan de Sahagún, con cabezudos, dulzaineros y tamborileros. Del 1 al 15 de junio se celebra el Festival Internacional de las Artes y las Ciencias de Castilla y León. En septiembre son la **feria taurina** y las fiestas patronales de la Virgen de la Vega, y el 31 de octubre, la subida del Mariquelo.

Alrededores: En **Alba de Tormes,** a 22 km, se conservan los restos de Sta. Teresa de Ávila y también se pueden visitar la iglesia de S. Pedro, el convento de Carmelitas y la iglesia de S. Juan (s. XVI). **Ledesma,** a 34 km, es una villa amurallada. Desde **La Alberca,** a 80 km, se puede acceder al **valle de las Batuecas** y a la **sierra de Francia. Ciudad Rodrigo,** a 90 km, es un Conjunto Histórico-Artístico, al igual que **Candelario,** desde donde se puede subir a la estación de esquí La Covatilla-Béjar. También merece una visita el **Parque Natural de Arribes del Duero.** En la zona hay varios campos de golf, como el de Villamayor, La Valnuza y Zarapicos.

Restaurantes

Casa Paca. Pl. del Peso, 10. T. 923 218 993. *www.casapaca.com*
Junto a la plaza Mayor, con una amplia barra de tapeo. *Boletus* a la pancha con huevo trufado, paletilla de cabrito al horno, *perfecto* de turrón. Menú 29 €. Precio medio 40 €.

® **Casa Vallejo.** (H. Hostería Casa Vallejo). S. Juan de la Cruz, 3. T. 923 280 421. *www.hosteriacasavallejo.com*
Cierra domingo cena, lunes, febrero y segunda quincena de julio. Con 13 habitaciones. La buena cocina tradicional en la familia Vallejo desde hace más de 60 años. **Pasta fresca con 'boletus', ternera charra, helado de romero.** Precio medio 25 €.

Fachada de la Casa de las Conchas de Salamanca

® **El Hidalgo.** Pl. el Corrillo, 20. T. 923 211 323. *www.restaurantehidalgo.com*

Local moderno y elegante. Cocina tradicional evolucionada con buen producto y punto. **Coca de 'boletus' con tomate confitado y cecina de León, hojaldre de manzana caramelizada con helado de vainilla.** Menú 25 €. Precio medio 45 €.

El Majuelo. Pl. de la Fuente, 8. T. 923 214 711.

Cierra domingo, Semana Santa y 20 días en agosto. Pequeño local con barra de tapas y acogedor comedor. Verduras, setas, hongos y trufa en temporada, pichón asado, torrija de *brioche*. Precio medio 33 €.

® **La Hoja 21.** S. Pablo, 21. T. 923 264 028. *www.lahoja21.com*

Cierra domingo cena y lunes. Tradición y evolución conviven en la oferta de los hermanos López Oliva. **'Risotto' de hongos con vegetales y parmesano, carrillera de Morucha con salsa cremosa de patata frita, crepinetas de piña.** Precio medio 32 €.

® **Plaza 23.** Pl. Mayor, 23. T. 923 271 353. *www.restauranteplaza23.es*

Cocina tradicional con guiños de modernidad, a tono con la decoración, que combina lo antiguo con lo moderno. **Gazpacho con helado de fresas, entrecot de Morucha, torrija de 'brioche' caramelizada con crema helada de vainilla.** Precio medio 45 €.

Rivas. (En Vega de Tirados, a 12 km). Gómez Mateos, 19. T. 923 320 471. *www.restauranterivas.com*

Cierra cenas de domingo a jueves y lunes. Agradable local con decoración rústica-moderna. **Alcachofas con berberechos, pescados frescos, 'tatin' de manzana.** Precio medio 40 €.

Víctor Gutiérrez. S. Pablo, 66. T. 923 262 973. *www.restaurantevictorgutierrez.com*

Cierra domingo cena, lunes, dos semanas en enero y dos semanas en julio. Víctor Gutiérrez consolida su oferta con cuidados detalles en mesa y sala, que armonizan con su cocina, protagonizada por productos locales de temporada, como el **pichón asado con guiso de quinoa.** De postre, **oro inca** (oro líquido, helado de lúcuma y chocolate). Buenos menús 55 y 80 €. Precio medio 50 €.

Hoteles

★★★★★ **AC Palacio de San Esteban.** Arroyo de Sto. Domingo, 3. T. 923 262 296. *www.ac-hotels.com*

Hab. 48: 90/200 €. Suites: 3. Céntrico. Edificio histórico, parte de un convento (s. XVI). Restaurante El Monje.

★★★★★ **Grand Hotel Don Gregorio.** S. Pablo, 80. T. 923 217 015. *www.hoteldongregorio.com*

Hab. 17: 270/300 €. Suites: 3. Desayuno incluido. Palacio del s. XV totalmente rehabilitado en 2010. En pleno casco histórico.

★★★★★ **Hacienda Zorita.** (En Valverdón, a 10 km). Ctra. Ledesma, km 12. T. 923 129 400. *www.haciendas-espana.com*

Hab. 22: 100/214 €. Suites: 4. Con bodega de crianza.

★★★★ **Meliá Las Claras Boutique.** Marquesa de Almarza, s/n. T. 923 128 500. *www.melialasclaras.solmelia.com*

Hab. 72: 80/243 €. Suites: 7. En el centro histórico y monumental. Cocina cuidada. Restaurante Las Claras.

★★★★ **Parador de Turismo.** Teso de la Feria, 2. T. 923 192 082. *www.parador.es*

Hab. 110: 118/160 €. Suites: 7. Ofrece un servicio de canguro. Espléndidas vistas de la ciudad. Totalmente reformado. Cocina regional.

★★★★ **Rector.** Pº Rector Esperabé, 10. T. 923 218 482. *www.hotelrector.com*

Hab. 13: 130/185 €. Suites: 1. *Wifi* gratuito.

Castillo de Buen Amor. (En Topas, a 15 min. de Salamanca). Ctra. N-630, km 317,6. T. 923 355 002. *www.buenamor.net*

Hab. 27: 89/410 €. Suites: 16. Castillo (s. XI) totalmente rehabilitado. Ubicado en una dehesa privada de 116 hectáreas. Guardería bajo petición. Admisión de mascotas, consultar. Restaurante Castillo de Buen Amor (dos salones y el patio).

Convento de San Esteban

Uno de los manuscritos custodiados en el convento dominicano de S. Esteban (1524 a 1610), en Salamanca.

Salardú Lleida

16 · B-4
A Lleida, 180 km
A Madrid, 639 km
Alt. 1.268 m · Pob. 437
GPS 42° 42' 24'' N · 0° 54' 4'' E

Visitar: La **iglesia de St. Andreu** (ss. XII y XIII) tiene un campanario del s. XV, una puerta románica, ventanas góticas y la **talla románica de 'St. Crist',** de finales del s. XII. En la plaza Mayor hay una fuente ochocentista.

Fiestas: El 3 de mayo se celebra la **Sta. Creu;** el 2 de julio, la **romería Montgarri;** el 7 de octubre, la feria ganadera, y el 30 de noviembre, St. Andreu.

Alrededores: A 3 km está la importante estación de esquí de **Baqueira-Beret.** En el municipio de Naut Arn encontramos las **iglesias románicas** de Baguergue, Gessa y Tredós. En **Unha** está el Museo de la Nieve. También se pueden hacer todo tipo de excursiones por el **Valle de Arán.**

Baqueira-Beret es la estación con más superficie esquiable del país

Restaurantes

® **Casa Peru.** (En Bagergue, a 3 km). Av. S. Antonio, 4. T. 973 645 437. *www.casaperu.es*
Cierra almuerzos en invierno excepto fines de semana, miércoles en invierno y del 1 al 15 de julio. Encantadora casa en el centro de esta agradable y bella población del Valle de Arán. Hospitalidad y sabrosa propuesta de cocina local. **Tortilla de patatas, olla aranesa, 'civet' de ciervo.** Precio medio 30 €.

Gel al Foc. (En Baqueira-Beret, a 3 km. H. La Pleta). Ctra. Baqueira-Beret, cota 1.700, s/n. T. 973 645 550. *www.lapleta.com* P
Cierra almuerzos y de abril al 1 de diciembre. Vieiras con setas de temporada, costillar de cordero, tarta de la abuela. Precio medio 40 €. Como alternativa, **La Pleta Sushi** (cierra almuerzos, lunes y de abril al 1 de diciembre). Cocina japonesa. Sopa miso, *tataki* de atún. Precio medio 35 €.

® **Ticolet.** (En Baqueira-Beret, a 3 km). Edif. Biciberri, s/n. T. 973 645 477. *www.ticolet.com*
Cierra de mayo a julio y de septiembre a noviembre. La cocina tradicional de montaña con elocuentes destellos de actualidad, en un restaurante al pie de las pistas de Baqueira-Beret. Precio medio 48 €.

Hoteles

***** **AC Baqueira.** (Urb. Val de Ruda. A 4 km de Baqueira). Av. Perimetral, s/n. T. 973 645 961. www.hotelacbaqueira.com P
Hab. 96: 168/525 €. Suites: 14. A pie de pistas. Restaurante D'Oc.

***** **La Pleta By Rafael Hotels.** (En Baqueira-Beret, a 3 km). Ctra. Baqueira a Beret, s/n. Cota 1.700. T. 973 645 550. *www.rafaelhoteles.com* P
Hab. 71: 101/482 €. Suites: 9. Restaurantes Gel al Foc y La Pleta Sushi, japonés (solo cenas).

***** **Meliá Royal Tanau.** (En Baqueira, a 4 km). Ctra. Beret, s/n. T. 973 644 446. *www.solmelia.com* P
Hab. 32: 130/394 €. Se ofrece servicio de canguro. Telesilla en el mismo hotel. Restaurante Eth Cauder.

***** **Val de Neu.** Av. Perimetrau, s/n. T. 973 635 000. *www.hotelbaqueiravaldeneu.com* P
Hab. 120: 162/520 €. Suites: 20. Situado a pie de pistas. Spa con *jacuzzi* exterior con vistas al valle. Restaurantes El Bosque, La Fondue y El Bistró.

Salas Asturias

3 · C-3
A Oviedo, 45 km
A Madrid, 485 km
Alt. 239 m · Pob. 6.007
T. 985 830 988
GPS 43° 24' 32'' N · 6° 15' 42'' O

Visitar: En el casco monumental encontramos el **Palacio de Valdés-Salas,** la **Colegiata de Sta. María la Mayor** (s. XVI), la torre medieval (s. XIV) y el Museo Prerrománico de S. Martín. El Camino de Santiago y otras sendas por la zona ofrecen posibilidades de buenos paseos. Otro lugar interesante es el Monumento Natural del Tejo de Salas.

Fiestas: El 24 de abril se celebra el **Certamen del Queso Asturiano,** y entre el 23 y el 26 de abril, la **feria de Abril.** En ese mismo mes es también la **feria del Salmón,** y del 5 al 7 de julio, **La Festona.** En agosto se celebran el **Concurso Internacional de Pesca**, la romería del Viso (el 15), el **Festival Folk Celta** y la fiesta del Bollo (18 al 22).

Alrededores: En **Cornellana,** a 10 km, están el Monasterio de S. Salvador (s. XII), la Casa del Río y la Senda del Salmón. A 13 km están **Dorigia,** con el Palacio de Doriga y la iglesia de Sta. Eulalia (s. XII), y **Malleza,** donde destacan las casonas indianas y el Palacio del Conde de Toreno (s. XVI).

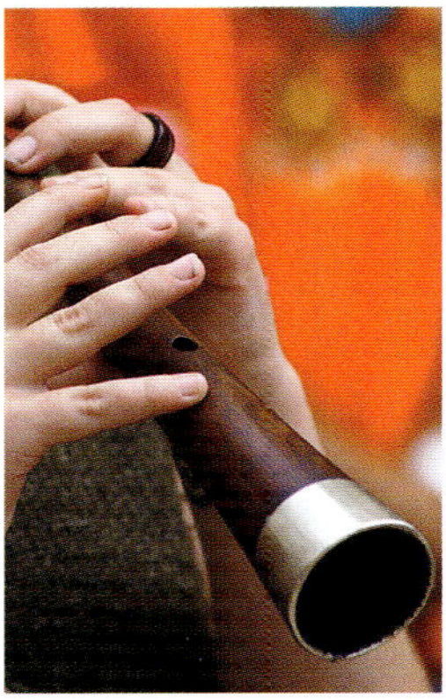

La dulzaina suena cada año en el Festival Folk Celta de Salas

Restaurantes

Al Son del Indiano. (En Malleza, a 14 km). Conde de Casares, 1. T. 985 835 844. *www.alsondelindiano.com*
Cierra cenas excepto viernes y sábados en invierno; martes y última semana de diciembre. Una cocina con ciertos toques de autor, servida en un ambiente que recuerda el pasado indiano de la casona en la que se ubica. Brocheta de langostinos con tempura de cítricos, bacalao con manos de cerdo guisadas, los tres chocolates. Precio medio 35 €.

Castillo Valdés-Salas. (H. Castillo Valdés-Salas). Pl. La Campa, s/n. T. 985 830 173. *www.castillovaldesalas.com*
Cierra domingo cena excepto verano y Navidades. Con 12 habitaciones. Ubicado en un hotel medieval. Pulpo salteado con hongos, lomo de ternera asturiana con crema de *afuega'l pitu*, arroz con leche. Menú 11 €. Precio medio 40 €.

Hoteles

*** **Palacio Conde de Toreno.** (En Malleza, a 14 km). Malleza-Salas, s/n. T. 985 835 883.
Hab. 16: 66/93 €. Suites: 1. En el antiguo Palacio de Toreno (s. XVII). Con capilla. Chef del restaurante: Eduardo del Busto.

3 · F-3

Salgar, La Asturias Ver Arriondas

3 · E-2

Salinas Asturias Ver Avilés

Sallent de Gállego Huesca

15 · B-4
A Huesca, 100 km
A Madrid, 485 km
Alt. 1.305 m · Pob. 1.480
T. 974 488 012
GPS 42° 47' 32'' N · 0° 19' 43'' O

Visitar: Este pueblo situado en el valle de Tena, en pleno Pirineo aragonés, ha mantenido sus costumbres y su **arquitectura tradicional,** incluidas las casas solariegas. Destacan la **iglesia de la Asunción** y su retablo mayor (s. XVI), el puente (s. XVI), el triple arco románico y el balneario urbano Aguas Limpias. Es punto de partida para diversos itinerarios de senderismo.

Fiestas: El 5 de agosto tienen lugar las fiestas de **Ntra. Sra. de las Nieves.** El 10 de septiembre es la Feria de Ganado, y el día 14 del mismo mes, la **Exaltación de la Sta. Cruz.**

Alrededores: A 4 km está la estación de invierno de **Formigal,** y a 20 km, el **balneario de Panticosa,** con aguas termales. También hay que acercarse al **Parque Nacional Valle d'Ossau** (Francia) y a los embalses de Búbal y Lanuza, donde se practican deportes acuáticos.

Cruz celta en la iglesia de la Asunción, Sallent de Gállego

Restaurantes

Koldo. (H. Eguzki-Lore). Urb. Formigal. Av. Huesca, s/n. T. 974 490 123. *www.hoteleguzkilore.com*
Cierra almuerzos, primavera y otoño. Buenos pescados traídos de San Sebastián y carnes rojas. Pastel ruso de postre. Menú 15 €. Precio medio 38 €.

Salou Tarragona

47 · D-3
A Tarragona, 11 km
A Madrid, 553,4 km
Alt. 2 m · Pob. 27.217
T. 977 350 102
GPS 41° 4' 35'' N · 1° 8' 34'' E

Visitar: Esta ciudad, capital de la Costa Daurada, ofrece **pequeñas calas** y playas de fina arena bordeadas de pinares. En el **paseo de Jaime I** son reseñables los edificios modernistas. Otros puntos de referencia son la Font Lluminosa, de Carles Buigas; el monumento al Pescador, la Torre Vella y el Teatre Auditori.

Fiestas: Del 4 al 6 de febrero se celebra el **Coso Blanco.** De julio a septiembre se suceden los festivales de verano, con recitales y actos culturales, deportivos y de ocio. El 15 de agosto es el Día de la Virgen, la fiesta Mayor de verano, con fuegos artificiales, sardanas y pasacalles. Del 8 al 15 de agosto se desarrollan las **Noches Doradas.** El 30 de octubre es la fiesta Mayor de invierno.

Alrededores: El parque temático de ocio **Port Aventura** y el **Caribe Aquatic Park** son grandes oportunidades para divertirse. A 10 km está el aeropuerto de Reus.

Restaurantes

® **Albatros.** (Esquina Roquer). Bruselas, s/n. T. 977 385 070.

Cierra domingo cena, lunes excepto festivos, y del 7 de enero al 1 de febrero. Un oasis de tranquilidad en una población eminentemente turística y vacacional. Cocina mediterránea elaborada por el propietario y jefe de cocina, Fernando López, en un ambiente acogedor. Precio medio 40 €.

San Agustín del Guadalix Madrid

53 · D-2

Ver Madrid/Restaurantes/Alrededores de Madrid

San Felices de Buelna

5 · B-4

Cantabria Ver Puente Viesgo

San José Almería

113 · D-2
A Almeria, 35 km
A Madrid, 582 km
Alt. 356 m · Pob. 26.126
GPS 36° 45' 27'' N · 2° 6' 39'' O

Visitar: Es espectacular el **Parque Natural de Cabo de Gata,** con la **bahía de los Genoveses** y la **playa de Mónsul.**

Alrededores: Los pueblos de **Gata** y **Las Salinas** se sitúan bajo la última cumbre de la cordillera Ibérica, que se extiende hasta el cabo donde está instalado el faro.

Restaurantes

Casa Miguel. Av. S. José, 43-45. T. 950 380 329. *www.casamiguel.com.es*

Cierran lunes y enero. **Casa Miguel Puerto** (Puerto deportivo de San José, 6-7. T. 950 380 206. Cierra martes y enero). En ambos, cocina mediterránea. Ajo blanco, arroz a banda, gurullos con conejo, flanes. Precio medio 25 €.

San Juan de la Peña, Monasterio de

23 · F-2

Huesca Ver Jaca

San Lorenzo de El Escorial Madrid

53 · A-3
A Madrid, 50 km
Alt. 900 m · Pob. 17.889
T. 918 905 313
GPS 40° 35' 29'' N · 4° 9' 1'' O

Jardín de los Frailes, en el Monasterio de El Escorial

Visitar: Fue declarado Patrimonio de la Humanidad y Bien de Interés Cultural. Una de sus principales joyas es el **Monasterio** (s. XVI), mandado construir por Felipe II. La primera piedra se colocó en abril de 1563 y la última, en septiembre de 1584. El **Palacio Real,** construido en granito gris azulado de Guadarrama, representa el mango de la parrilla de S. Lorenzo, cuyas patas están figuradas por las altas torres que se elevan en sus ángulos. Las bóvedas de las tres naves están decoradas con frescos de Luca Giordano. La **Capilla Mayor,** con retablo mayor, es una obra maestra de Juan de Herrera, y también guarda esculturas de bronce y *El Calvario,* de Leo y Pompeio Leoni. Juan de Herrera realizó el diseño y los planos del retablo; el conjunto de mármoles fue montado por Comane y Pedro Castello. Jacome de Trezzo ejecutó el tabernáculo y Federico Zuccaro pintó los cuadros. El **Panteón de los Reyes de España** es una cámara octogonal con paredes revestidas de jaspes y mármoles preciosos. Un cuadro de Claudio Coello forma el retablo. En el Panteón de los Infantes reposa don Juan de Austria. La sillería del coro fue ejecutada por Juan de Herrera. *El Cristo en la Cruz,* de mármol blanco, obra de Benvenuto Cellini, está en un altar. En las galerías del claustro que rodea el patio de los Evangelistas hay frescos de Pellegrino Tibaldi y del genovés Luca Cambiaso, así como *El Martirio de S. Lorenzo,* de Tiziano. El palacio cuenta con 830 tapices españoles y flamencos. Hay museos en el palacio de verano de Felipe II. También son destacables el jardín de los Frailes, la **Casita del Príncipe, o 'de Abajo', y la Casita del Infante, o 'de Arriba',** ambas obra de Juan de Villanueva. El **coliseo de Carlos III,** obra de Jaime Marquet, reformado en 1792 y 1793 por Villanueva, fue el primer teatro cubierto de España.

Fiestas: Además de la notable Semana Santa, de gran interés, del 9 al 15 de agosto se celebran las **fiestas patronales de S. Lorenzo,** con una misa solemne en la Basílica y fuegos artificiales en la lonja del monasterio. El 12 de septiembre es la romería de la Virgen de Gracia, de Interés Turístico Nacional, que se inicia con el rosario de la Aurora (a las seis de la mañana) y continúa con un desfile de carretas engalanadas hasta la ermita de la Virgen (en la finca de La Herrería),

La construcción del Monasterio de El Escorial duró más de cos décadas

que salen a las 10 horas y regresan al atardecer (consultar programación). En Navidad se instala el Belén Monumental.

Alrededores: En **La Herrería** se halla la Silla de Felipe II, un maravilloso observatorio desde donde el emperador se sentaba a ver las obras. En las cercanías hay un club de golf, y a 8 km, el **valle de los Caídos,** con su cruz de 150 m de altura y 46 de brazo. En el interior cobija una cripta, construida en los años 40 por Pedro de Muguruza. La basílica, de dimensiones realmente colosales, se consagró en el año 1959. En **Abantos** está el arboreto Luis Ceballos.

Restaurantes

® **Charolés.** (Aparcamiento concertado). Floridablanca, 24. T. 918 905 975.
La mejor referencia en carnes (el **villagodio** o el **charolés de buey**) son su especialidad. **Cocido madrileño** todos los lunes, miércoles y viernes. De postre, **leche frita 'al Machaquito'.** Precio medio 46 €.

Garnacha. (En Galapagar, a 9 km). Ctra. M-505, Las Rozas-El Escorial, km 16,12. T. 918 583 324. *www.restaurantegarnacha.com*
Cierra domingo cena, lunes y noviembre. Lasaña de calamares encebollados, solomillo de buey con *foie-gras* y tempura de verduras, cítricos con chocolate y su hojaldre. Precio medio 43 €.

Horizontal. Camino Horizontal, s/n. T. 918 903 811. *www.restaurantehorizontal.com*
Cierra cenas de lunes a miércoles en invierno. Terraza rodeada de árboles centenarios y comedor con chimenea. Menestra de verduras, lomo de buey gallego, espuma de arroz con leche. Menú 16 €. Precio medio 40 €.

® **Lavanda.** (En Robledo de Chavela, a 15 km. H. Los Cinco Enebros). Urbanización La Suiza Española. Almenara, 33, R-4. T. 918 981 562. *www.loscincoenebros.com*
Cocina de inspiración mediterránea y buen producto. **Carnes** de la sierra de Guadarrama, **carrillada ibérica, setas** de temporada, **frutos del bosque.** Todo en un entorno de árboles y tranquilidad en el hotel Los Cinco Enebros. Precio medio 40 €.

Felipe II

El Escorial fue el gran proyecto del monarca, que lo soñó como mausoleo para su padre, Carlos V, y el resto de su familia.

Hoteles

**** **Los Cinco Enebros.** (En Robledo de Chavela, a 15 Km). Almenara, 33 R4. T. 918 981 562. *www.los5enebros.com*
Hab. 14: 145/280 €. Suites: 3. En un valle entre las sierras de Guadarrama y Gredos. Magníficas vistas. Restaurante Lavanda.

*** **Miranda & Suizo.** Floridablanca, 18. T. 918 904 711. *www.hotelmirandasuizo.com*
Hab. 51: 60/100 €. Suites: 1. Edificio del s. XIX. Frente al monasterio. Para la admisión de perros, consultar. Servicio de canguro, consultar. Restaurante Arturo.

San Martín de Valdeiglesias Madrid

52 · F-4
A Madrid, 68 km
Alt. 681 m · Pob. 8.190
T 669 957 920
GPS 40° 21' 41'' N · 4° 23' 56'' O

Visitar: Merecen una visita la **iglesia parroquial de S. Martín de Tours** (s. XVI) y sus seis ermitas (de los ss. XV y XVI), el Castillo de la Coracera (s. XV), el Museo de Interpretación del Vino de C.A.M., las bodegas y el **Bosque Encantado.**

Fiestas: El **Lunes de Pascua** tiene lugar la tradicional romería; del 7 al 12 de septiembre, las fiestas patronales de la Virgen de la Nueva, y el 11 de noviembre, las del patrón, S. Martín de Tours.

Alrededores: Son dignos de mención **El Tiemblo,** a 12 km, con los Toros de Guisando; **Pelayos de la Presa,** con su monasterio cisterciense de Sta. María de Valdeiglesias, a 6 km; el **río Alberche** y el valle del Tiétar.

Restaurantes

Los Arcos de la Corredera. (H. La Corredera). Corredera Alta, 28.
T. 918 611 084. *www.arcosdelacorredera.com*
Cierra lunes. Con 14 habitaciones. Los hermanos Pérez Arcos, pendientes de sala y cocina, atenta al mercado y de base tradicional. Precio medio 35 €.

San Miguel de las Dueñas León Ver Ponferrada

19 · B-1

San Millán de la Cogolla La Rioja Ver Nájera

22 · B-3

San Pedro de Alcántara Málaga

110 · E-2
A Málaga, 66 km
A Madrid, 627 km
Alt. 16 m · Pob. 41.000
T. 952 785 252
GPS 36° 29' 11'' N · 4° 59' 30'' O

Visitar: En esta villa pintoresca al pie de la Sierra de las Nieves destacan la **plaza de la Iglesia,** la Tenencia de Alcaldía, la Torre de las Bóvedas, las **ruinas de la ciudad de Cilniana,** las **termas romanas,** los restos de la basílica paleocristiana y el Teatro del Ingenio.

Fiestas: El 19 de octubre y durante los días sucesivos se rinde homenaje al patrón, **S. Pedro de Alcántara.**

Alrededores: Benahavís, a 10 km, es un histórico pueblo de montaña vinculado al pasado árabe de la Costa del Sol. A 1 km está la urbanización Guadalmina; a 3 km, la urbanización Nueva Andalucía y el **puerto deportivo José Banús,** y a 20 km, el **Parque Natural Sierra de las Nieves.**

Museo del Aceite en Guaro, sierra de las Nieves, Málaga

Restaurantes

Albert y Simón. Urbanización Nueva Alcántara. Edificio Mirador, 4-B.
T. 952 783 714. *www.albertysimon.com*
Cierra almuerzos, domingo, segunda quincena de febrero y segunda de junio. Buena dirección y ejecución de los hermanos Benisty en sala y cocina. Milhojas de bacalao con berenjenas, lomo de lubina con pasta fresca, torrija de plátano con crema de coco y helado de yogur. Precio medio 40 €.

® **Asador Guadalmina.** (Urb. Guadalmina Alta, a 2 km). C. C. Guadalmina III.
T. 952 883 003.
Cocina vasca en un agradable local con amplia barra de pinchos y parrilla para pescados y carnes. También **tortilla de patata, merluza en salsa verde.** Precio medio 45 €.

® **Merchán.** (Zona peatonal). S. Gabriel, 8. T. 952 780 134.
Cierra lunes y 20 días en diciembre. La familia Merchán está pendiente de cocina y sala, donde ofrece una gran calidad de **pescados** (fritos, a la plancha), **coquinas y mariscos** en un sencillo local. De postre, **natillas con frambuesa.** Precio medio sin mariscos 30 €.

Víctor. (C. C. Guadalmina, local 1). Ctra. N-340, Cádiz-Málaga, km 169.
T. 952 882 280. *www.restaurante-victor.com*
Cierra domingo cena y lunes. Su plato estrella es el arroz con bogavante. Changurro, fluido de chocolate. Precio medio 40 €.

Hoteles

***** **Meliá La Quinta Golf Resort & Spa.** Nueva Andalucía. Urb. La Quinta, s/n.
T. 952 762 000. *www.melia-laquinta.com*
Hab. 166: 109/305 €. Suites: 6. Junto al campo de golf de La Quinta. Restaurantes Los Arcos, cocina mediterránea e internacional, y Kaede, japonés.

***** **Villa Padierna.** (En Benahavís). Urb. Flamingos Golf. Ctra. Cádiz, km 166.
T. 952 889 150. *www.hotelvillapadierna.com*
Hab. 129: 199/450 €. Suites: 23. Servicio de canguro bajo petición. Admisión de perros, consultar. Con piscina privada y servicio de mayordomo. Servicio personalizado. Flamingo Golf Club con dos campos de 18 hoyos. Restaurantes La Veranda, La Loggia y La Pérgola.

San Pedro del Pinatar Murcia

101 · C-1
A Murcia, 48 km
A Madrid, 441 km
Alt. 19 m · Pob. 23.272
T. 968 182 301
GPS 37° 50' 5'' N · 0° 47' 34'' O

Visitar: Los monumentos más notables son la **iglesia de S. Pedro Apóstol** (s. XVIII), hoy parroquia; la **lonja de Pescado,** el Museo del Mar y la Casa del Reloj (s. XIX). Hay que acercarse a las playas abiertas al Mediterráneo, como las del Mojón, Torre Derribada y La Llana, y a las del mar Menor, como La Mota, Villananitos y La Puntica. También se puede ir al **Parque Regional de Salinas de S. Pedro,** donde se pueden tomar baños de lodo.

Fiestas: Las procesiones de Semana Santa son de Interés Turístico Regional. El 29 de junio se celebran las fiestas patronales de **S. Pedro Apóstol,** con más de 200 años de antigüedad, y el 16 de julio, la **fiesta de la Virgen del Carmen,** de Interés Turístico Regional.

Alrededores: Merece la pena visitar **San Javier** y **Pilar de la Horadada.**

Restaurantes

Venezuela. (En Lo Pagán). Paseo marítimo de Lo Pagán. Campoamor, 1. T. 968 181 515. *www.restaurantevenezuela.com*

Cierra lunes y del 15 de octubre al 15 de noviembre. Arroces marineros, pescados frescos, tarta de turrón. Menú 20 €. Precio medio 60 €.

---

17 · C-2

San Salvador de Poio

Pontevedra Ver Pontevedra

San Sebastián/Donostia Gipuzkoa

6 · F-3
A Madrid, 469 km
Alt. 5 m · Pob. 185.506
T. 943 481 166
GPS 43° 19' 14'' N · 1° 59' 8'' O

'Construcción vacía', de Jorge Oteiza, en el paseo Nuevo de San Sebastián

Visitar: La ciudad, a los pies de los montes Igeldo, Urgull y Ulía, se asoma a la **bahía de La Concha,** uno de los anfiteatros naturales más bellos del mundo. Se extiende en cuidadas calles, avenidas y puentes de estilo parisino sobre el río Urumea, hasta las playas de arena fina y el típico puerto de pescadores. En el casco viejo, zona de bares y *pintxos,* destacan la iglesia de S. Vicente (s. XVI), gótica; la Basílica de Sta. María del Coro (s. XVIII), barroca, y el **Museo de S. Telmo** (s. XVI). Hay que nombrar también la **catedral neogótica del Buen Pastor** (s. XIX), el **Palacio de Miramar,** las casas señoriales, el **conjunto escultórico del 'Peine del Viento',** de Eduardo Chillida, y el Palacio de Congresos-Auditorium **Kursaal,** de Rafael Moneo. En el monte Urgull se alza la antigua fortaleza militar, con el Castillo de la Mota. El monte Igeldo ofrece excelentes vistas sobre la bahía de La Concha y la isla de Santa Clara, y el monte Ulía, preciosos senderos litorales. Las playas de La Concha, Ondarreta y Zurriola completan los atractivos. La oferta de museos incluye el **Aquarium,** uno de los más modernos de Europa; el Museo Naval, el Eureka! Zientzia Museoa, el Museum Cemento Rezola y el Museo Diocesano.

Fiestas: El 20 de enero es **S. Sebastián,** fiesta local con tamborradas en honor al patrón de la ciudad, donde niños y adultos van ataviados con uniformes napoleónicos. Del 22 al 27 de febrero también se celebran los carnavales. En julio llega primero el **Festival Internacional de Jazz,** y luego –el 31 de julio–, la fiesta de S. Ignacio de Loiola. En torno al 15 de agosto se celebra la **Semana Grande,** con festivales folclóricos, el Concurso Internacional de Fuegos Artificiales y el Concurso Hípico Internacional. La **Quincena Musical** tiene lugar también en agosto, una época en la que se organizan carreras de caballos en el hipódromo y los cursos de verano de la Universidad del País Vasco. Ya en septiembre le toca el turno al prestigioso **Festival Internacional de Cine,** las fiestas vascas (Euskal Jaiak) y, los dos primeros domingos, las **tradicionales regatas de traineras.** En octubre se organiza el Festival Bach de Música Barroca, y entre finales de octubre y principios de noviembre, la Semana de Cine Fantástico y de Terror. El 21 de diciembre es la feria de Sto. Tomás.

Alrededores: Es interesante acercarse a los pueblos más hermosos de la costa guipuzcoana, como **Hondarribia,** a 20 km; **Orio,** a 21 km; **Zarautz,** a 26 km, o **Getaria,** a 31 km. A 74 km está el Santuario de Arantzazu, en Oñati. Para conocer un entorno más rural es recomendable ir hasta el **Parque Natural de Pagoeta.**

Restaurantes

® **A Fuego Negro.** 31 de Agosto, 31. T. 650 135 373. *www.afuegonegro.com*

Cierra lunes y dos semanas en febrero. Edorta Lamo mantiene la máxima osadía en sus provocadoras propuestas. **Oreja de cerdo escabechada con mole helado.** Atrevimiento sin límites en sus antipostres, como el **Homenaje a la remolacha.** Es todo un espectáculo. Menú 15 €. Precio medio 25 €.

® **Abakando.** Av. Tolosa, 37. T. 943 245 490. *www.abakando.com*

Cierra lunes. Básicamente una marisquería de lujo. No solo por sus fantásticas materias primas –a precios bastante contenidos–, sino por su espectacular diseño, además, de cocina actualizada. **Salmón real noruego confitado con salsa 'tapenade', arroz con bogavante y panchineta casera.** Precio medio 40 €.

® **Agorregi.** Portuetxe, 14. T. 943 224 328. *www.agorregi.com*

Cierra cenas de martes y miércoles, domingo, segunda quincena de agosto y 10 días en Navidades. La cocina de Gorka Arzelus, sin alardes vanguardistas, resulta siempre sabrosa, refinada y actual. **Vieiras con láminas de hongos y pimentón de Ezpeleta, merluza de anzuelo y gamba roja con chacolí, sopa de melón Cantaloupe con cítricos.** Su esposa, Beatriz Bengoechea, dirige con elegancia y eficiencia el servicio. Menú 20 €. Precio medio 30 €.

Akelarre

Pedro Subijana se encuentra en un momento dulce de su ya larga carrera profesional y ha contagiado sus saberes y entusiasmo a todo su equipo, que roza la perfección. Platos de mucha técnica y más frescura aún. **'Carpaccio' de pasta, piquillo e ibérico con setas y parmesano, caja de bacalao desalado.** Postres de la mayor exquisitez: **fresón en capas con nata.** Todas las prestaciones, de lujo. Carta de vinos de enmarcar y unos sumilleres que dan sabios consejos. Increíbles vistas sobre el mar. Cierra de enero a junio, domingo cena, lunes y martes; de julio a diciembre domingo cena y lunes; febrero y primera quincena de octubre.

Precio medio 120 €.

Pº Padre Orcolaga, 56. T. 943 311 209. *www.akelarre.net*

Aquarium-Bokado. Pl. Jacques Cousteau, 1. T. 943 431 842. *www.bokadogrupo.com*

Cierra domingo cena y lunes. Un espectacular emplazamiento con vistas a La Concha y al Cantábrico es el escenario donde Mikel Santamaría desarrolla una cocina vasca actualizada. Piquillos confitados a baja temperatura, paloma torcaz asada con acelgas y polenta trufada, torrija caramelizada. Precio medio 50 €. El mismo grupo dirige el espacio gastronómico del renovado Museo de San Telmo.

Arzak

Esta casa más que centenaria apuesta año tras año por la culinaria más puntera y vanguardista, sin perder las esencias de la tierra. Este equipazo –tanto el de investigación como el de la cocina del día a día–, que gira en torno al maestro Arzak y su laureada hija Elena, explican el porqué de su pujanza ejemplar. Sus platos provocan la imaginación del comensal. **Bogavante coralino, rape marea baja.** Lo mismo que sucede con sus postres **(árbol de mora y frambuesa).** Bodega espectacular. Prestaciones y servicio, asimismo estelares. Cierra domingo, lunes, del 17 junio al 4 de julio y del 4 al 28 de noviembre.

Precio medio 155 €.

(Alto de Miracruz). Av. Alcalde José Elosegui, 273. T. 943 278 465. *www.arzak.es*

Bernardo Etxea. Puerto, 7. T. 943 422 055. *www.bernardoetxea.com*

Cierra miércoles cena, jueves y del 1 al 18 de febrero. Marisco y pescados a la parrilla en el corazón de la parte vieja. Arroz con leche de postre. Extensa barra de *pintxos*. Precio medio 50 €.

El Ayuntamiento de San Sebastián es un bello edificio de finales del s. XIX

® **Bodegón de Alejandro.** Fermín Calbetón, 4. T. 943 427 158. *www.bodegonalejandro.com*

Cierra martes cena excepto verano, domingo cena, lunes y del 22 de diciembre al 13 de enero. Esta popular e histórica bodega, dirigida por el grupo Ixo, del que forma parte Luis Andoni Aduriz, ha querido incidir en propuestas más estacionales, con pinceladas de actualidad. **Ensalada templada de changurro, jarrete de cordero asado a 68° sobre puré de patatas y berza.** Postres incitantes. Menús 16, 23 y 39 €. Precio medio 36 €.

® **Branka.** (Junto al *Peine del Viento*). P° Eduardo Chillida, 13. T. 943 317 096. *www.branka-tenis.com*

Cierra domingo y Navidad. Pablo Loureiro es uno de los cocineros que más cuidan las materias primas en lo estacional y en lo genuino. **Guisantitos lágrima, hongos a la parrilla, chipirones de anzuelo 'a lo Pelayo'.** Parrilla excelente, **mero a la brasa, 'soufflé' de queso Idiazabal.** Impresionante vista de la bahía. Precio medio 50 €.

Illarra (asador). Illarra, 97. T. 943 214 894. *www.restauranteillarra.com*

Cierra cenas de domingo a miércoles. José Antonio Eizmendi muestra un sano orgullo por su huerta de la que en gran medida se abastece. La parrilla es de categoría, no solo de pescados y carnes, sino de hortalizas. Postres naturales: brocheta de frutas asadas sobre sopa de frutos rojos. Menú degustación parrilla 45 €. Precio medio 30 €.

☼ **Kokotxa.** Campanario, 11. T. 943 421 904. *www.restaurantekokotxa.com*

Cierra martes cena de enero a mayo, domingo cena, lunes, 15 días en febrero, primera semana de junio y 15 días últimos de octubre y primeros de noviembre. Conceptos modernos de Daniel López en su coqueto local, que no enmascaran un producto sublime con presentaciones refinadas. **Chipirón a la plancha con panceta, gel de melocotón y cebolleta, bacalao con 'xixa ori', espinacas 'baby' y jugo claro de tomate.** Postres de mucha finura y ligereza. Servicio muy profesional. Menú 26 €. Precio medio 60 €.

☼☼☼

Martín Berasategui

Martín Berasategui, una de las grandes estrellas de nuestra gastronomía, logra conjugar cocina vanguardista y gusto tradicional con un perfeccionismo e impronta personal irresistible. **Lenguado a la plancha con guindilla líquida y morro de pescado ahumado.** Postres que enamoran desde su naturalidad **(almendra tostada en pastel tibio con sorbete de miel).** Servicio inmaculado a cargo de su esposa Oneka. Carta de vinos fantástica. Cierra sábado almuerzo, domingo cena, lunes, martes, y de mediados de diciembre a mediados de enero.

Precio medio 160 €.

(En Lasarte-Oria, a 7 km). Loidi, 4. T. 943 366 471. *www.martinberasategui.com*

☼☼ **Mirador de Ulía.** P° Ulía, 193. T. 943 272 707. *www.restaurantemiradordeulia.com*

Cierra lunes, martes y segunda quincena de diciembre. El cocinero Rubén Trincado está en auge. Sus perfeccionistas platos parecían no tener techo. Incontables virguerías técnicas al servicio de la pasión culinaria. **'Tatin' de 'foie-gras' con sorbete de piña y trazo de cacao, tacos de bogavante en cromatismo naranja. Postres a la misma altura.** Reforma espectacular de su terraza-sala con vistas a la ciudad. Precio medio 50 €.

☼☼ **Miramón Arbelaitz.** (Parque Tecnológico Miramón). Mikeletegi, 53. T. 943 308 220. *www.arbelaitz.com*

Cierra cenas de lunes y martes, domingo, del 1 al 10 de enero, Semana Santa, última semana de julio, primera de agosto y última de diciembre. José Mari Arbelaiz es un reflexivo cocinero que conjuga modernidad sin estridencias con unas bases técnicas y emotivas. **Merluza al vapor, maridaje de pimientos amarillos encurtidos y pilpil de cítricos.** Los postres demuestran su pasión por los dulces: **'soufflé' de chocolate y plátano con helado de chocolate blanco.** Fantásticas prestaciones, con un servicio de altura. Precio medio 65 €.

La playa de La Concha, con la isla de Santa Clara y el monte Urgull

Ⓡ **Ni Neu.** (Edificio Kursaal). Av. Zurriola, 1. T. 943 003 162. *www.restaurantenineu.com*
Cierra martes cenas y miércoles, excepto grupos, y lunes. Esta segunda marca del grupo Ixo (Andoni Luis Aduriz y Bixente Arrieta) es de primera. Tal vez porque la impronta de un gran cocinero como Mikel Gallo impide la mera clonación de platos, aprovechando las técnicas más avanzadas y a precios competitivos. **Arroz cremoso de chipirón tostado en la sartén. Repostería refinada y moderna.** Precio medio 30 €.

Pasaleku. Illunbe, 11. T. 943 461 665. *www.pasaleku.com*
Cierra martes excepto verano, 15 días en febrero y 10 en noviembre. Cocina tradicional. Estupenda parrilla de pescados y carnes, y marisquería de calidad. Sopa de pescado, pudín de queso. Precio medio 35 €. Su propietario, Ander Murua, ha reabierto asimismo el mítico restaurante **Trapos,** de la Parte Vieja (31 de Agosto, 28. T. 943 42 57 58).

Ⓡ **Rekondo.** Pº de Igueldo, 57. T. 943 212 907. *www.rekondo.com*
P
Cierra martes cena, miércoles, 14 días en junio y 24 días en noviembre. Gira en torno a su mítica bodega, a precios a veces irrisorios. Cocina tradicional, bien resuelta, y una parrilla certera. **'Carpaccio' de cigalas, alcachofas naturales con 'foie-gras'.** Postres muy resultones. La terraza veraniega es todo un plus. Precio medio 50 €.

Txuleta. 31 de Agosto, 40. T. 943 441 007. *www.txuletarestaurante.com*
Cierra lunes cena, martes, última semana de marzo y primera de abril, y tres semanas en noviembre. Cocina popular con producto estelar y parrilla destacada, tanto de pescados como carnes. Revuelto de ajoarriero, callos y morros. La leche frita es la estrella de los postres. Tiene bar con buenos pinchos. Precio medio 45 €.

Urepel. Pº Salamanca, 3. T. 943 424 040.
Cierra domingo, Semana Santa y Navidad. Esta casa sigue fiel a su propio estilo culinario: un clasicismo puesto al día. **Cigalas con calabacín y salsa de ostras, pichón asado con arroz trufado y gel de cerveza negra.** Postres de alta nota, como el **'savarin' borracho de ron y naranja.** Servicio profesional y acogedor. Precio medio 60 €.

Urkiola (sidrería). Igara Bidea, 37. T. 943 210 168.
Cierra cenas de festivos, y domingo. Auténtica sidrería (elabora su propia sidra) realmente excepcional. Alta calidad de las materias primas y de sus elaboraciones, sencillas pero satisfactorias. Lomos de bacalao con salsas de cebolla confitada de espinacas y piquillos. Parrilla magnífica. Sus chuletas, exclusivamente de vaca vieja gallega. Postres artesanos. Menú sidrería 30 €. Precio medio 35 €.

Xarma. Av. Tolosa, 123. T. 943 317 162. *www.xarmajatetxea.com*
Cierra cenas de domingo y martes, y lunes. El nombre lo dice todo: *encanto,* propio de la culinaria de dos grandes creadores: Xabier Díez y su

El Kursaal

Obra de Rafael Moneo, este moderno Palacio de Congresos se ha convertido en un referente cultural y arquitectónico.

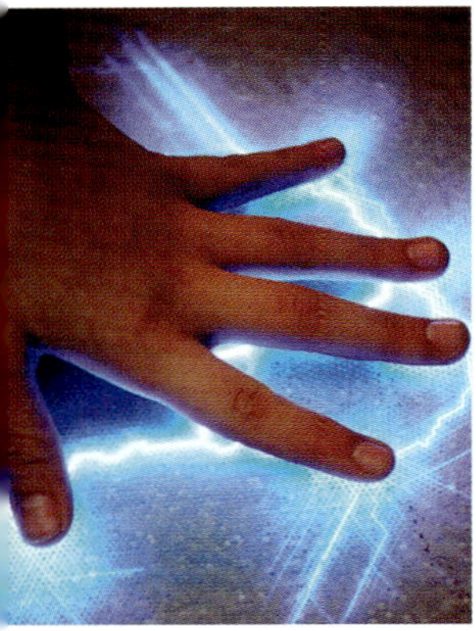

Experimento eléctrico en el Eureka! Zientzia Museoa de San Sebastián

esposa, Aizpea Oihaneder. **Mosaico de sardina marinada, toques de lima y romesco; merluza a la plancha con emulsión de cigalas y gamba roja.** Postres tan divertidos como **'Leche, cacao, avellanas y azúcar'.** Servicio sin tacha. Menús 25 y 65 €. Precio medio 60 €.

Zelai Txiki. Travesía del Rodil, 79. T. 943 274 622. *www.restaurantezelaitxiki.com* P
Cierra cenas de domingo y martes, lunes, segunda quincena de enero y de septiembre. Todo lo que hacen lo bordan. Particularmente los asados en horno de leña de lechazos y gorriones estilo castellano. Postres atractivos, como el *brownie* con *mousse* de chocolate y frambuesa. Encantadora terraza cubierta. Menú 15 €. Precio medio 40 €.

Hoteles

☆☆☆☆☆ **María Cristina.** Oquendo, 1. T. 943 437 600. *www.mariacristina.es/esp/*
Hab. 135: 170/690 €. Suites: 28. Construido en 1912 en estilo Belle Époque. Habitaciones confortables y lujosas. Admisión de perros, consultar. Restaurante Café Saigón, cocina vietnamita.

☆☆☆☆ **Hotel de Londres y de Inglaterra.** Zubieta, 2. T. 943 440 770. *www.hlondres.com* P
Hab. 136: 110/399 €. Suites: 12. Preciosas vistas a la bahía de La Concha. Restaurante La Brasserie Mari Galant.

☆☆☆☆ **Palacio de Aiete.** Goiko Galtzara Berri, 27. T. 943 210 071. *www.hotelpalaciodeaiete.com* P
Hab. 75: 70/184 €. Suites: 3. De diseño vanguardista, ubicado en una zona tranquila. Restaurante Bera-Bera, a cargo de Asier Abal.

53 · D-3

San Sebastián de los Reyes Madrid

Ver Madrid/Restaurantes/Alrededores de Madrid

San Vicente de la Barquera Cantabria

4 · F-4
A Santander, 62 km
A Madrid, 440 km
Alt. 5 m · Pob. 4.546
GPS 43° 23' 0'' N · 4° 24' 19'' O

Visitar: La **iglesia de Ntra. Sra. de los Ángeles** (ss. XIII y XVI) guarda un interesante retablo. Otros monumentos son la tumba del Rey (s. XV), las ruinas góticas del convento de S. Luis, el **Santuario de la Virgen de la Barquera,** el castillo, las murallas, el palacio del Inquisidor y la Puebla Vieja. También se puede visitar el **Parque Natural de Oyambre.**

Fiestas: El 21 y 22 de enero se celebran la feria ganadera y el mercado en honor al santo patrón. En el primer o segundo domingo siguiente al de Pascua, tiene lugar **La Folia,** fiesta de Interés Turístico Nacional, con una pintoresca procesión marítima. El 15 y 16 de julio, las fiestas de Ntra. Sra. del Carmen, patrona de los marineros. Del 6 al 8 de julio es el Certamen de la Canción Marinera. Del 7 al 9 de septiembre se celebran la fiesta de la Barquera y el *Mozucu,* en honor a la patrona del municipio, cuyo santuario se levanta en un lugar muy pintoresco, cerca del puerto.

Alrededores: En la zona se puede disfrutar de bellas panorámicas, así como de varios kilómetros de playas espléndidas.

Procesión marinera de la Virgen del Carmen en San Vicente de la Barquera

Restaurantes

Annua. Pº La Barquera, s/n. T. 942 715 050. *www.annuagastro.com* P
Cierra cenas de domingo a miércoles excepto verano, lunes, enero y febrero. Ubicado en un bello marco sobre la bahía. Su joven jefe de cocina, Óscar Calleja, recibió en 2010 importantes galardones locales y nacionales. Su peculiar creatividad se evidencia en **ostra coco, salmón ahumado 'in situ', bosque cántabro de corzo.** Menús a 65 y 70 €. Precio medio 45 €.

Boga-Boga. José Antonio, 9. T. 942 710 150.
Cierra lunes cena y martes. Con 18 habitaciones. Rabas de calamar fresco, marmita de patatas con bogavante, budín de flan. Precio medio 42 €.

Las Redes. Av. Generalísimo, 24. T. 942 712 542. *www.restaurantelasredes.com*
Cierra martes cena y miércoles excepto agosto y festivos, y enero. Pescados y mariscos a la plancha, carnes de vaca autóctona, quesada pasiega. Menú 20 €. Precio medio 36 €.

San Vicente de la Sonsierra La Rioja

22 · B-2
A Logroño, 35 km
Alt. 528 m · Pob. 1.150
T. 941 334 006
GPS 42° 33' 44'' N · 2° 45' 38 ' O

Visitar: La población está edificada en torno a un **castillo medieval** (s. X). En ella hallamos la iglesia parroquial de Sta. María la Mayor, gótica del s. XVI (Monumento Nacional) y la **Basílica de Ntra. Sra. de los Remedios** (s. XVIII), con la talla de la patrona (s. XIII). También se pueden ver las ermitas de Orzales, S. Martín de la Sonsierra y S. Juan; las necrópolis medievales de Sta. María, S. Andrés y S. Pablo; el puente medieval, las **guardaviñas** y los **lagares rupestres.**

Fiestas: El 22 y 23 de enero se celebran las fiestas patronales de S. Vicente. En Semana Santa destacan los **Picaos,** en las procesiones del Jueves y el Viernes Santo, de Interés Turístico Nacional. El 10 de agosto es la noche de S. Lorenzo. Del 7 al 12 de septiembre es la Virgen de los Remedios, mes en el que se celebra la Cruz de Septiembre, también con Vía Crucis y Picaos.

Alrededores: A 3 km, en **Peciña,** está la ermita de Sta. María de la Piscina (s. XII), Monumento Nacional, así como la necrópolis (s. X), los restos de un poblado medieval, el dolmen neolítico de La Cascada y el menhir de Peñalacita.

Restaurantes

Casa Toni. Zumalacárregui, 27. T. 941 334 001. *www.casatoni.es*

Cierra cenas excepto verano, domingo cena, lunes y Navidades. Jesús y Mariola Sáez ofrecen una cocina riojana puesta al día, como sus intalaciones. Son emblemáticas la **crema de patatas a la riojana con espuma de piquillos y el helado de vino tinto con reducción de zurracapote.** Menú 15 €. Precio medio 39 €.

Sancti Petri Cádiz Ver Chiclana

109 · E-3

Sandiniés Huesca Ver Panticosa

15 · B-4

Sangenjo Pontevedra Ver Sanxenxo

17 · C-2

Sangüesa Navarra

23 · C-1
A Pamplona, 45 km
A Madrid, 422 km
Alt. 404 m · Pob. 5.248
T. 948 871 411
GPS 42° 34' 30'' N · 1° 17' 3'' O

Visitar: Destaca la **iglesia de Sta. María La Real** (s. XII), con una de las más sobresalientes portadas del Románico español. También se pueden ver los conventos del Carmen y de S. Francisco, con claustros góticos; las iglesias de Santiago (ss. XII y XIII) y de S. Salvador (s. XIII), el **Palacio-Castillo del Príncipe de Viana** (ss. XII y XIII), el Palacio de Vallesantoro, actual Casa Municipal de Cultura (barroco), con un espectacular alero de madera, la **plaza de las Arcadas** y las casas blasonadas.

Fiestas: El 6 de enero se celebra el **Misterio de Reyes.** El 20 de enero es la festividad de S. Sebastián. Del 11 al 17 de septiembre son las fiestas patronales en honor a S. Sebastián.

Alrededores: A 8 km está el **Castillo de Javier,** donde nació S. Francisco Javier en 1506. Fue restaurado a finales del s. XIX y consta de una muralla poligonal almenada del s. XIII, contra la que fue erigido el palacio nuevo a principios del s. XVI, la **iglesia de Sta. María** y la capilla de S. Miguel, la parroquia del s. XV donde se encuentra la pila bautismal de S. Francisco Javier. Es escenario en marzo de marchas de peregrinos denominadas *javieradas.* A 16 km está la **abadía de Leyre,** cisterciense con cripta prerrománica, de los ss. XI y XII. A 14 km está **Lumbier,** con su Foz imponente, y a 13 km, **Sos del Rey Católico.**

Figuras románicas en la iglesia de Sta. María La Real, en Sangüesa

Restaurantes

Venta de Juan Pito. (En Isaba, a 48 km). Puerto de Belagua, s/n. T. 948 893 222. © P

Cierra de mediados de septiembre a junio, excepto festivos, puentes, fines de semana, carnavales, Semana Santa y Navidades. Rústica venta de montaña en el puerto de Belagua con cocina a tono. Alubias rojas, jarrete de cordero, queso del Roncal. Menú 11 €. Precio medio 25 €.

Xabier. (En Javier, a 8 km). H. Xabier. Pl. del Santo, s/n. T. 948 884 006.
www.hotelxabier.com
Cierra del 22 de diciembre al 10 de febrero. Con 46 habitaciones. Frente al Castillo de Javier. Ensalada de bogavante, delicias de solomillo rellenas de *foie-gras,* Alpargata Xabier. Menú 18 €. Precio medio 35 €.

Sanlúcar de Barrameda Cádiz

104 · D-4
A Cádiz, 54 km · Madrid, 640 km
Alt. 8 m · Pob. 68.805
T. 956 366 110
GPS 36° 46' 42" N · 6° 21' 19" O

Flamencos en el río Guadalquivir, cerca de Sanlúcar de Barrameda

Visitar: Destacan el edificio de **Las Covachas** (s. XV) y el relieve de la fachada del anejo **Palacio de Medina Sidonia,** de estilo gótico flamígero tardío. También son relevantes el **Auditorio de la Merced** (s. XVII), antiguo convento barroco; el neomudéjar **Palacio de Orléans y Borbón** (s. XIX), actual Ayuntamiento, con patio de columnas y bellos jardines; la **parroquia de Ntra. Sra. de la O** (s. XIV), con artesonado mudéjar de Interés Histórico-Artístico; el convento de las Carmelitas Descalzas, con una exposición permanente de arte sacro; el **Palacio Ducal de Medina Sidonia** (s. XV), con forja de estilo manuelino y el importante archivo de la casa; el Castillo de Santiago (s. XV), gótico; la Torre del Homenaje; la iglesia de Sto. Domingo (s. XVI), construida totalmente de cantería; y la Basílica manierista de la patrona, Ntra. Sra. de la Caridad (s. XVII). Además, se pueden visitar el Centro de Fábrica de Hielo, el Centro de Interpretación Cádiz Mitológica y la playas de la **Costa de la Luz.**

Fiestas: El 5 de enero se celebra la cabalgata de Reyes, y en febrero, el carnaval. También son fiestas destacadas la Semana Santa y, en mayo, la **romería del Rocío** y la **Feria de la Manzanilla,** homenaje al afamado vino sanluqueño, en el paseo de la Calzada, frente a Doñana. En junio es la salida de la Hermandad de Sanlúcar hacia la aldea del Rocío, de gran tipismo, y en julio, el certamen de flamenco Noches de Bajo Guía. En agosto se celebran el festival de música clásica **A Orillas del Guadalquivir** y, aprovechando la bajamar, las **carreras de caballos en la playa,** de Interés Turístico Internacional, que se organizan desde 1845. En agosto son también las fiestas patronales de Ntra. Sra. de la Caridad, en las que se confecciona en la calle una alfombra de serrín; la Muestra de Anticuarios de Andalucía y la Fiesta de Exaltación del Río Guadalquivir, de Interés Turístico Nacional. El 18 de octubre tiene lugar la fiesta del patrón S. Lucas, y también en el mismo mes, la **Feria de la Tapa.**

Alrededores: Son muy recomendables el itinerario fluvial Sanlúcar-Guadalquivir-Doñana, a bordo del buque fluvial Real Fernando, y las visitas al **Parque Nacional de Doñana.** Otros planes pueden llevar al pinar de la Algaida, las marismas de Bonanza (a 1 km), el puerto pesquero de Bonanza y el típico barrio marinero de **Bajo de Guía,** con su entorno gastronómico.

Restaurantes

Avante Claro. Bajo de Guía, s/n. T. 956 380 915.
www.restauranteavanteclaro.com
Cierra del 8 de diciembre al 2 de enero. Genuina cocina marinera donde el Guadalquivir desemboca en el Atlántico. Los pescados a la sal son su especialidad, sin olvidar las coquinas, acedías, langostinos... De postre, flan de queso. Precio medio 35 €.

Bajo de Guía.
Comer o cenar en Bajo de Guía es la meta de todos los aficionados a la cocina marinera auténtica, basada en los magníficos productos del mar vecino. Varios restaurantes están alineados mirando al Guadalquivir en su desembocadura. Comedores con ventanales sobre este y terrazas con mesas sobre el paseo que da a la playa son sus características. Como recomendable denominador común: **arroz marinero, coquinas al ajillo, langostinos, gambas, fritura de pescado y tocinillo de cielo** de postre. Los mejores son: **Casa Bigote, Casa Juan, Joselito Huerta y Avante Claro.** De similares características pero con su propia impronta. Se disfruta en ellos de la deliciosa manzanilla de Sanlúcar y de los vinos blancos de la zona.

Bar Litri. (En Trebujena, a 22 km). Larga, 27. T. 956 395 134.
Sencillo local prestigiado por las angulas del Guadalquivir, solas o con huevos de corral, fritura y tocino de cielo. Precio medio 30 €.

Casa Balbino. (Autoservicio en la terraza). Pl. del Cabildo, 14. T. 956 360 513.
www.casabalbino.com
Cierra segunda quincena de enero. Concurrido bar de tapas y raciones de guisos marineros, pescados y mariscos servidos en autoservicio.

Detalle de la fachada de la Fábrica de Hielo de Sanlúcar

Mesas en la plaza. Las tortillitas de camarones son sensacionales. No admiten reservas. Precio medio 25 €.

Casa Bigote. Pórtico de Bajo de Guía, 10. T. 956 362 696. *www.restaurantecasabigote.com*
Cierra domingo y noviembre. La más famosa referencia de Bajo de Guía. Langostinos, pescado de roca a la sal, al horno o a la plancha; pudín de pasas al Pedro Ximénez como dulce final. Precio medio 35 €.

Casa Juan. Bajo de Guía, 26. T. 956 362 695.
Uno de los puntales de Bajo de Guía. Coquinas, acedías y arroz a la marinera. Precio medio sin marisco: 30 €.

® **El Veranillo.** (Prolongación Cerro Falón). Manuel Barrios Masero, 6. T. 956 362 719. P

Cierra cenas de domingo a jueves en temporada baja y lunes excepto festivos y puentes. Se caracteriza por los **guisos** de temporada, tanto de **pescado** como de **caza** (pato salvaje, perdiz, tórtola...). De postre, **manjar celeste.** Manzanilla de cosecha propia. Juana de los Santos es el alma de su agradable casita junto a la playa. Menú 20 €. Precio medio 25 €.

Joselito Huerta. Bajo de Guía, 30. T. 956 362 694.
Cierra cenas en invierno, y noviembre. La vistas al Guadalquivir y al Parque Nacional de Doñana acompañan las almejas, arroz marinero y tocino de cielo. Precio medio 30 €.

Hoteles

*** **Posada de Palacio.** Caballeros, 11-9. T. 956 364 840. *www.posadadepalacio.com*
Hab. 48: 72/157 €. Suites: 10. Admisión de perros, consultar. Casa-Palacio del s. XVIII ubicada en el casco antiguo. Ampliado y redecorado. Restaurante El Espejo. Cocina cuidada.

Hospedería Palacio Duques de Medina Sidonia. Pl. Condes de Niebla, 1. T. 956 360 161. *www.fcmedinasidonia.com* P
Hab. 6: 75/90 €. Suites: 3. Desayuno incluido. Cuidada atención en un histórico y señorial entorno. Restaurante Guzmán el Bueno. Buenas tapas y dulces artesanos.

Carreras de caballos

Los certámenes hípicos tienen lugar en las playas de Sanlúcar de Barrameda durante dos semanas de agosto.

Sanlúcar La Mayor Sevilla

96 · E-4
A Sevilla, 18 km · Madrid, 550 km
Alt. 148 m · Pob. 13.016
GPS 37° 23' 11'' N · 6° 12' 0'' O

Visitar: Lo monumentos principales son las iglesias de S. Pedro (s. XIII), de Sta. María (s. XIV) y de S. Eustaquio (ss. XIII y XIV), el **convento de S. José** (s. XVIII), la Casa Cilla del Cabildo (s. XVIII), las **murallas del barrio de S. Pedro** (s. XIII) y S. Miguel de Mercadante (s. XV).

Fiestas: La **Semana Santa** y la **feria de Mayo** están reconocidas como de Interés Turístico. El 29 de junio se celebra S. Pedro con una procesión. Del 16 al 26 de julio son las fiestas de Ntra. Sra. del Carmen, también con procesión. El 25 de julio se celebra Santiago, y el 20 de septiembre, S. Eustaquio.

Alrededores: Hay que acercarse hasta el **corredor verde de Guadiamar.**

Restaurantes

Alhucemas. Av. Polideportivo, 4. T. 955 700 929. *www.restaurantealhucemas.es*
Cierra cenas de octubre a mayo excepto viernes, domingo cena, lunes y septiembre. Excepcionales **pescados de Huelva a la plancha y arroces, tocino de cielo.** Reformado en 2010. Precio medio 30 €.

Sant Andreu de Llavaneres

Barcelona Ver Mataró

37 · D-3

Sant Carles de la Ràpita/San Carlos de la Rápita Tarragona

57 · D-2
A Tarragona, 92 km
A Madrid, 540 km
Alt. Nivel del mar · Pob. 15.511
T. 977 740 100
GPS 40° 37' 12'' N · 0° 35' 30'' E

Visitar: La ciudad está situada al sur del delta del Ebro, en la bahía natural de Los Alfaques, ideal para la práctica de los deportes náuticos. Entre sus monumentos merecen mención la **iglesia de la Stma. Trinitat,** el edificio de la Església Nova, proyectado por Carlos III en el s.XVIII, y la plaza de Carlos III, de la misma

Surf sobre ruedas en el delta del Ebro, junto a Sant Carles de la Ràpita

época. También es destacable la **Torre de la Guardiola,** con unas magníficas vistas a la bahía y al delta.

Fiestas: Del 2 al 20 de junio se celebran la jornada gastronómica Tastamar y la Ruta del Tast. El 16 de julio, la Virgen del Carmen, fiesta marinera con ofrenda de flores, regatas y toros en la playa, y del 23 de julio al 1 de agosto, las fiestas Mayores en honor a St. Jaume. El 8 de septiembre son los festejos de **Ntra. Sra. de la Ràpita,** con ofrenda de flores y capeas en la playa, y también el pistoletazo de salida para la **Setmana Cultural.** En septiembre comienzan también las Diadas Culturales y la Feria Alternativa, y en noviembre (del 17 al 24), la Jornada del Langostino.

Alrededores: El **Parc Natural del Delta de l'Ebre** es una valiosa reserva de aves y una sucesión de parajes espectaculares, con playas, dunas, lagunas y la desembocadura del río. Hay también un Museu Ornitologic. En la **sierra del Montsià** existen interesantes parajes de la fuente del Burgar, Mataredona y La Foradada. En **Tortosa** hay que visitar los puertos de Beseit y de Mont Caro, reserva de la cabra hispánica. A 30 km está **Peñíscola,** con el Castillo del Papa Luna.

Restaurantes

Miami Can Pons. (H. Miami Mar). Pº Maritim, 18-20. T. 977 740 551. *www.miamicanpons.com*
Cierra segunda quincena de enero. Con 30 habitaciones. Frente al mar, con nueva decoración interior. Sepietas de la costa con setas, arroces del delta, mantecado con chocolate caliente. Menú 21 €. Precio medio 35 €.

® **Taller de Cuina Carmen Guillemot.** (En Alcanar, a 10 km). Colón, 26. T. 977 730 323. *www.carmenguillemot.net*
Cierra domingo cena, lunes, martes y Navidades. Arte, intimidad y una personal propuesta de cocina de autor en este pequeño taller de cocina de Philippe –en el comedor– y Carmen, en la cocina. Menú 19 €. Precio medio 30 €.

Sant Celoni/San Celoní Barcelona

37 · D-2
A Barcelona, 49 km
A Madrid, 662 km
Alt. 152 m · Pob. 16.905
T. 938 670 171
GPS 41° 41' 24'' N · 2° 29' 26'' E

Visitar: Encontramos templos de diferentes épocas y estilos: la **iglesia de S. Martí de Pertagas** (s. XI); la de S. Pons, románica (ss. XVII al XVIII); la **Rectoría Vella,** edificio gótico (s. XV), con un parque interesante; y la iglesia parroquial de S. Martí (s. XVIII).

Fiestas: En los carnavales se realiza el famoso **Ball de Gitanes.** El 8 de septiembre son fiestas Mayores, y en noviembre, la de St. Martí, la fiesta Mayor.

Alrededores: Se puede practicar senderismo por los bosques de la zona y por la **sierras de Montseny y Montnegre,** que la separa del litoral.

Restaurantes

☼☼ **Can Fabes.** St. Joan, 6. T. 938 672 851. *www.canfabes.com*
Cierra domingo cena, lunes, martes. El repentino fallecimiento de Santi Santamaria no es fácilmente superable, pero la vida sigue, y ahí están Àngels Serra y sus hijos Pau y Regina para afrontar y seguir el proyecto familiar. Y junto a ellos, un cocinero de excepción, Xavier Pellicer. Juan Carlos Ibáñez (sumiller) y Rubén González (sala) conforman un equipo que mantiene con brillantez la trayectoria de la casa. Precio medio 195 €.

37 · B-4

Sant Cugat del Vallès Barcelona Ver Barcelona

Sant Feliu de Guíxols/San Felíu de Guixols Girona

38 · C-2
A Girona, 33 km
A Madrid, 702 km
Alt. Nivel del mar · Pob. 22.038
T. 972 820 051
GPS 41° 46' 50'' N · 3° 1' 46'' E

Visitar: El **monasterio benedictino** (ss. X al XVIII), la **ermita de St. Elm** (s. XVIII) y Porta Ferrada (ss. IX al X). Destacan los museos del Salvament Marítim, de la Història del Joguet, de Historia de la Ciutat y de las **Plaques de Cava i Champagne y Via Mar.** Es interesante el camino de ronda a St. Pol. En la Punta dels Guíxols hay restos del puerto medieval, de finales del s. XV, y del Fortim (s. XVIII). El edificio del Salvament (1889-1890) es otro punto de referencia. No hay que olvidar las bonitas casas modernistas de la playa de St. Pol.

Fiestas: En enero se celebra **St. Antoni Abad.** Luego llegan los **carnavales,** la Semana Santa y el mercado del Brunyol. En abril es el concurso de pasteles caseros y Sant Jordi. En mayo, mes de *peix blau,* tienen lugar el concurso-exposición de flores y plantas y el Festival de Encaje de Bolillos. En junio se organiza el Festival del Mar y, en julio, audiciones semanales de sardanas y cantadas de habaneras. En agosto tiene lugar la fiesta Mayor. En julio y septiembre es el **Festival Internacional de Porta Ferrada,** de música y teatro, y en octubre, el **Aplec de la Mar del Bon Vitage.**

Alrededores: A 5 km está **Sta. Cristina d'Aro** y a 6 km, **Platja d'Aro.**

Restaurantes

Cau del Pescador. St. Domènec, 11. T. 972 324 052. *www.caudelpescador.com* ❄ Cierra lunes cena y martes en invierno y del 2 al 19 de enero. En una antigua casa de pescadores; oferta a tono. Picapica de pescados y mariscos, arroces marineros, pastelería del día. Menús 20 y 32 €. Precio medio 45 €.

Sant Fruitós de Bages Barcelona Ver Manresa

37 · A-2

Sant Pere de Ribes Barcelona Ver Sitges

48 · C-2

Sant Pol de Mar/San Pol de Mar Barcelona

38 · A-3
A Barcelona, 49,700 km
A Madrid, 664 km
Alt. 15 m · Pob. 5.100
T. 937 604 547
GPS 41° 35' 59'' N · 2° 37' 12'' E

Visitar: La **ermita de St. Pau** (s. XI) alberga una nave visigótica del s. VI. La iglesia de St. Jaume es gótica (s. XVI). También hay edificios y casas modernistas de Ignasi Mas Morell. Merece la pena pasear por el caserío escalonado frente al mar y por el paseo de la Punta, así como visitar el Museu de Pintura Municipal.

Fiestas: El 25 de enero tiene lugar la **feria de St. Pau**. El 25 de julio es **St. Jaume,** fiesta Mayor. En agosto son la Fira Alternativa, Firamar y el Festival de Habaneras. La Fira de la Maduixa (la Fresa) y las Jornadas Gastronómicas de la Maduixa son otros momentos interesantes.

Alrededores: Playas y el Parc del Litoral.

Restaurantes

☼☼☼
Carme Ruscalleda-Sant Pau
El talento de Carme Ruscalleda ha hecho que el Sant Pau se encuentre en un gran momento, y la personalidad de ella frente a los fogones sigue maravillando con unas propuestas llenas de sabor que nacen, en esencia, del paisaje, el mar y la huerta del Maresme. Antoni Balam en la sala y Joan Lluis Gómez como sumiller completan un equipo ganador. Cierra jueves almuerzo, lunes, domingo, tres semanas en mayo y en noviembre.

Precio medio 120 €.

Nou, 10. T. 937 600 662. *www.ruscalleda.cat*
❄ P

Hoteles

☆☆☆ **Gran Sol.** Ctra. N II, Km 664. T. 937 600 051. *www.hotelgransol.info*
♿ ❄ P
Hab. 44: 45/119 €. Habitaciones con vistas al mar. Restaurante Gran Sol.

Santa Baia Ourense Ver Ourense

18 · A-2

Santa Coloma de Farners Girona

38 · A-1
A Girona, a 20 km
A Madrid, 694 km
Alt. 142 m · Pob. 11.948
T. 972 840 977
GPS 41° 51' 37'' N · 2° 40' 1'' E

Visitar: Los puntos más importantes son la iglesia parroquial y la plaza, el **Castell de Farners,** el parque de St. Salvadó, el **Museu Trias de la Galeta** y el centro lúdico y termal Magma.

Fiestas: El año festivo comienza el 20 de enero con la fiesta del **Pelegrí de Tossa,** cuando el peregrino viene desde Tossa de Mar a la iglesia de St. Sebastià de Sta. Coloma de Farners para dar cumplimiento a un voto centenario. El martes de Pascua de Resurrección es la **Festa del Cor de Farners** (Fiesta del Coro), en la que los *cantaires* interpretan las típicas *caramelles* y se realiza una romería a la ermita de Farners. En mayo se celebra la Fira de la Planta y la Flor, y del 1 al 15 de mayo tiene lugar el *aplec* de la ermita de Farners. El 7 de junio se organiza la Feria del Pa amb Tomàquet. El 24 de septiembre llega la fiesta Mayor, con actividades de carácter lúdico-recreativo y cultural.Los días 7 y 8 de noviembre llega la fiesta de la Ratafia, lícor típico de la zona.

Alrededores: A 9 km está el **Monestir de St. Pere Cercada** (s. XIII), y a 5 km, **Farners,** con el castillo y la ermita de Sta. Victoria.

Restaurantes

® **Les Magnolies.** (En Arbúcies, a 12 km). Pº Mossén Antón Serres, 7. T. 972 860 879. *www.lesmagnolies.com*
Cierra cenas de domingo a jueves, lunes, martes y enero. Cocina catalana de autor bien elaborada y con la calidad que aportan los productos de proximidad de la comarca y del litoral mediterráneo, en una casa señorial entre magnolios centenarios. Menú 27 €. Precio medio 45 €.

Mas Solà. Ctra. C-253, Santa Coloma-Sils, km 12 . T. 972 840 848. *www.massola.com*
Masía del s. XVI con cocina de mercado. Coca de *recapte,* rape de costa a la catalana. Precio medio 40 €.

---

8 · B-1

Santa Comba A Coruña Ver Santiago de Compostela

Santa Cristina d'Aro Girona

38 · C-2
A Girona, 28 km
A Madrid, 712 km
Alt. 30 m · Pob. 5.067
GPS 41° 48' 56' N · 3° 0' 7'' E

La cala Canyet, un espacio casi virgen de Santa Cristina d'Aro

Visitar: La historia ha dejado testimonios como el **Castell de Solius,** el poblado ibérico de Plana Basarda; una capilla paleocristiana (s. VI); las iglesias de Sta. Agnes y de Bell-Lloc, las iglesias prerrománicas de Sta. Cristina d'Aro y de St. Martí de Romanya; el Monasterio de Solius; los **menhires neolíticos de la Murtra** y el dolmen de la Cova d'en Daina. También se puede visitar el **Museo de la Casa Màgica.**

Fiestas: Se celebran los **carnavales,** la fiesta de la Sta. Cruz, el 1 de mayo, y la fiesta Mayor, el 24 y 25 de julio.

Alrededores: Es posible acercarse al dolmen, a las **playas de Canyet** y a las calas del **Sr. Ramòn** y **Vallpresona.**

Restaurantes

Les Panolles. Ctra. Girona-Sant Feliu de Guixols, km 27. T. 972 837 011. *www.lespanolles.com*
Cierra lunes cena y martes excepto verano, y dos semanas en noviembre. Ensalada de temporada, pescados a la brasa, mini *xuxo* con requesón de cabra, en una masía catalana del s. XVII. Menú 20 €. Precio medio 35 €.

Mas Torrellas. (H. Mas Torrellas). Ctra. Santa Cristina d'Aro-Castell d'Aro, km 1,713. T. 972 837 526. *www.mastorrellas.com*
Cierra del 1 de octubre al 20 de marzo. Con 17 habitaciones. Masía del s. XVIII entre el mar y la montaña. Habitas finas con calamar, rape a la crema de *girgolas,* canelones de piña con crema catalana. Precio medio 25 €.

Hoteles

***** **Sallés Hotel & Spa Cala del Pi.** (En Platja d'Aro). Av. Cavall Bernat, 160. T. 972 828 429. *www.salleshotels.com*
Hab. 44: 140/340 €. Suites: 8. En primera línea de playa. Restaurante Rosa dels Vents.

---

93 · B-4

Santa Cruz Murcia Ver Murcia

Santa Cruz de Mudela Ciudad Real

82 · B-4
A Ciudad Real, 65 km
A Madrid, 216 km
Alt. 719 m · Pob. 4.614
GPS 38° 38' 40'' N · 3° 28' 8'' O

Visitar: La **ermita** (s. XIII), la **iglesia de Ntra. Sra. de la Asunción** (s. XVI) y la casas de la Inquisición y de Dña. Rosario Laguna, ambas del s. XVI, son los monumentos principales.

Fiestas: El 25 de abril se celebra S. Marcos, y el 4 de agosto, la feria. En S. Roque (16 de agosto) son la subida a la ermita y la degustación, y el tercer fin de semana de ese mismo mes, la **romería de la Virgen de las Virtudes,** con festejos taurinos. A principios de septiembre tienen lugar la Semana Cultural y la fiesta patronal de Santa Cruz de Mudela (el día 8). La **Feria del Dulce de San Sebastián** y **Feria del Dulce de S. Blas** son otros de los momentos más coloridos de la agenda de Santa Cruz de Mudela.

Alrededores: Quedan cerca las **sierras de Acebuche** y **Aljibe.**

Santa Pola Alicante

93 · D-3
A Alicante, 18 km
A Madrid, 446 km
Alt. 6 m · Pob. 31.760
T. 966 692 276
GPS 38° 11' 31'' N · 0° 33' 23'' O

Visitar: El **castillo-fortaleza** (s. XVI) guarda en su interior el Museo del Mar. También se pueden visitar los **Museos de la Sal y de la Pesca,** el Acuario, la capilla de la Virgen de Loreto, el yacimiento ibero (s. IV. a. C.) o los restos romanos con una casa (s. IV) en **El Palmeral-Portus Illicitanus.** En la localidad se alzan varias torres vigías (s. XVI) como las del Tamarit, Atalayola y Escaletes, así como el faro del cabo de Sta. Pola. Es posible acercarse al **Parque Natural Las Salinas.**

Fiestas: Se celebra la Semana Santa. El 19 de junio se realiza la **Romería del Cap;** el 16 de julio es la fiesta de la Virgen del Carmen; del 31 de agosto al 8 de septiembre, las fiestas de la **Virgen de Loreto,** patronales con Moros y Cristianos. El 10 de diciembre es la venida de la Virgen de Loreto.

Alrededores: La **isla de Tabarca** es un conjunto histórico con construcciones de la época de Carlos III y, además, está declarada reserva marina. A 13 km está **Elche,** y a 18 km, **Alicante.**

Restaurantes

Mar de Cristal. Puerto Deportivo 2. Muelle Norte, s/n. T. 966 110 099.
www.rmardecristal.com
Cierra lunes invierno. En el Club Náutico, con privilegiadas vistas de la bahía. Calamar de potera, arroces, coca de manzana y nueces. Precio medio 26 €.

Santander Cantabria

5 · C-2
A Madrid, 398 Km
Alt. nivel del mar · Pob. 182.700
T. 942 310 708
GPS 43° 27' 38'' N · 3° 48' 33'' O

Visitar: Los monumentos principales de la ciudad son la **iglesia del Stmo. Cristo** (s. XIII), la Catedral (s. XIII), la Biblioteca y la **Casa-Museo de Menéndez Pelayo.** Se puede visitar el Museo Municipal de Bellas Artes, el Regional de Prehistoria y Arqueología y el Marítimo del Cantábrico. En la península de la Magdalena se halla el **Palacio Real,** un mini-zoo y los galeones de Vital Alsar. Otros puntos destacados son el parque de Las Llamas, el **Centro de Interpretación de los Antiguos Muelles** y las playas y el casino de El Sardinero.

Fiestas: En mayo se celebra la **fiesta de la Virgen Mar.** En julio, los Baños de Ola en el Sardinero. En verano también se festejan la Semana Grande y el día de Santiago (25 de julio) con la **Feria Taurina del Norte,** que consta de cinco o siete corridas de toros; el **Festival Internacional de Música y Danza** (agosto) y la fiesta de los Stos. Mártires, el 30 de agosto.

Alrededores: A 18 km, en **Peña Cabarga,** está el monumento al Indiano y se disfruta de bellas vistas panorámicas. En **Muriedas,** a 7 km, destaca el Museo Etnográfico Cántabro. En **Santillana del Mar,** a 31 km: la Colegiata, el Museo de Arte Religioso y la cueva de Altamira, Patrimonio de la Humanidad. En **Puente Viesgo,** a 28 km, están las cuevas prehistóricas de El Castillo y La Pasiega. A 17 km, el **Parque de la Naturaleza de Cabárceno.** Y en **Castañeda,** a 27 km, una colegiata románica.

'La Sirena', escultura a modo de mascarón de proa, situada en Santander

Restaurantes

® **Bodega Cigaleña.** Daoiz y Velarde, 19. T. 942 213 062.
Cierra lunes almuerzo y domingo. La bodega es un Museo del Vino con más de 1.200 referencias. Cocina sencilla sobre la base de un buen producto. Las **carnes y pescados** son sus especialidades. **Arroz con leche.**
Precio medio 35 €.

Bodega del Riojano. Río de la Pila, 5. T. 942 216 750.
www.bodegadelriojano.com
Cierra domingo cena. Típico establecimiento conocido como el *museo redondo* por estar decorado con cubas pintadas por artistas de diferentes épocas. Alubias rojas, pimientos rellenos de carne y torrija de sobao pasiego.
Menú 21 €. Precio medio 30 €.

☼☼ **Cañadío.** (Plaza de Cañadío). Gómez Oreña, 15. T. 942 314 149.
www.restaurantecanadio.com

El Palacio de la Magdalena, en Santander, regalo de la ciudad a Alfonso XIII

Cierra domingo. Propuestas creativas de Paco Quirós, apoyadas en cocina tradicional, con las que disfruta un público cosmopolita, que encuentra, además, una atractiva barra de pinchos. Su mujer, Teresa, se encarga de la bodega. **Anchoas del Cantábrico con pimientos asados y helado de pimiento, jarrete de ternera lechal con puré trufado.** Precio medio 45 €.

Casona del Judío. Repuente, 20. T. 942 342 726. *www.casonadeljudio.es*
Cierra domingo cena y lunes, excepto julio y agosto. Atractivo local en el que se deja ver la mano de Jesús Sánchez (El Cenador de Amós, en Villaverde de Pontones), uno de sus propietarios. Alcachofas fritas a la judía, albóndigas de vacuno y presa ibérica con crema trufada de patata, flan de queso con salsa de arándanos. Precio medio 30 €.

® **Chiqui.** Av. García Lago, 9. T. 942 282 700. *www.hotelchiqui.com*
Cierra domingo cena excepto verano, y del 8 de enero al 8 de febrero. Al final de la segunda playa del Sardinero, con preciosas vistas al abra santanderina y con la península de la Magdalena al fondo. Destaca en su carta el **timbal del Cantábrico, lubina a la sal con vinagreta de tomate y trufa y la espuma de 'gin-tonic' en deconstrucción.** Precio medio 45 €.

Del Puerto. Hernán Cortés, 63. T. 942 213 001. *www.bardelpuerto.com*
Cierra domingo cenas y lunes. Clásico y prestigioso establecimiento especializado en pescados y mariscos de la zona de Puertochico. **Pescados del Cantábrico, maganos encebollados, marmita de bonito, leche frita.** Precio medio 60 €.

El Nuevo Molino. (En Puente Arce, a 14 km. Ctra. N-611, Santander-Torrelavega, km 13). Barrio Monseñor, 18. T. 942 575 055. *www.elnuevomolino.es*
Cierra domingo cena y martes. Asentado en las instalaciones de un viejo molino (s. XVII) con capilla, hórreo y jardines, a la orilla del río Pas. José Antonio González muestra sus habilidades con platos como **pulpo a la sartén, patata violeta y pimentón; lomo de merluza frito con caldo de algas; postre naranja.** Precio medio 38 €.

El Serbal. Andrés del Río, 7. T. 942 222 515. *www.elserbal.com*
Cierra domingo cena y lunes. Fernando Sainz de la Maza es una regencia en cocina creativa, con productos de temporada y base cántabra. Una cuidada puesta en escena para especialidades como **ensalada de queso con anchoas del Cantábrico, cebolla en tempura y texturas de tomate, bacalao confitado con uvas y crema de apio con patata, borracho de sobao pasiego.** Precio medio 38 €.

La Bombi. Casimiro Sainz, 15. T. 942 213 028. *www.restaurantelabombi.com*
Cierra domingo. Pescados frescos en distintos aderezos. Para empezar, almejas a la sartén, y para terminar, leche frita. Precio medio 42 €.

Laury. Av. Pedro S. Martín, 4. T. 942 330 109.
Cierra lunes cena, domingo, última semana de agosto y primera de septiembre. Pescados y mariscos del Cantábrico, carnes a la parrilla, flan de naranja. Menú 32 €. Precio medio sin marisco 48 €.

Puerta 23. (Parking subterráneo en la puerta del restaurante). Tetuán, 23. T. 942 310 573. *www.puerta23.com*
Cierra cenas de domingo y miércoles excepto julio y agosto, y 10 días en enero. Cocina tradicional con algún guiño de modernidad. *Carpaccio* de atún rojo, paletilla de lechazo asada a baja temperatura, fresas a la pimienta con helado de yogur. Precio medio sin marisco 27 €.

Zacarías. Hernán Cortes, 38. T. 942 212 333. *www.restaurantezacarias.com*
Cocina cántabra marinera. *Maganos* encebollados, guiso de pescadores. También carnes de Cantabria. De postre, tarta de Garmillas. Menú 22 €. Precio medio 38 €.

Florida decoración en una ventana de Santillana del Mar

Hoteles

***** **Real.** Pº Pérez Galdós, 28. T. 942 272 550. *www.hotelreal.es*
Hab. 123: 105/290 €. Suites: 9. Lujoso hotel situado entre la playa y el casco histórico. Magníficas vistas a la bahía.

☆☆☆☆ **Gran Hotel Victoria.** María Luisa Pelayo, 38. T. 942 291 100. *www.granhotelvictoria.com*
Hab. 70: 75/250 €. Suites: 6. Frente a la playa del Sardinero. Vivero de marisco propio.

☆☆☆☆ **Hoyuela.** Av. de los Hoteles, 7. T. 942 282 628. *www.hotelhoyuela.es*
Hab. 55: 130/245 €. Dentro del conjunto histórico de El Sardinero, a escasos metros de la playa y del Gran Casino y a 400 m del Palacio de la Magdalena.

☆☆☆☆ **Suite Hotel Palacio del Mar.** Av. de Cantabria, 5. T. 942 392 400. *www.hotel-palaciodelmar.com*
Hab. 20: 95/230 €. Suites: 47. A 200 m de la playa de El Sardinero. Restaurante Neptuno.

Santiago de Compostela A Coruña

8 · D-2
A Coruña, 67 km
A Madrid, 588 km
Alt. 260 m · Pob. 95.092
T. 981 555 129
GPS 42° 52' 48'' N · 8° 32' 49'' O

Visitar: La ciudad atesora tanta historia como títulos: es Patrimonio de la Humanidad, final del **Camino de Santiago** y Primer Itinerario Cultural Europeo. El cogollo lo constituye la **Catedral,** comenzada hacia 1075 sobre las ruinas de otra (s. X). Representa el ejemplo más valioso y significativo del Románico español, en el que armonizan también los estilos renacentista, barroco y plateresco. Sus cuatro fachadas abren a distintas plazas. En la de Quintana está la puerta Santa, que solo se abre en años jubilares. Tras la imponente fachada barroca del **Obradoiro** se alza el Pórtico de la Gloria, considerado el más notable monumento iconográfico del arte cristiano (s. XII), obra del maestro Mateo. Se puede contemplar el vuelo del botafumeiro en fechas señaladas, y la cripta que guarda el sepulcro del Apóstol y sus discípulos. En la Catedral destacan el **Museo de Tapices** –réplicas de obras de Goya–, el **Museo Arqueológico** y la Catedral Vieja. En la ciudad abundan los conventos y monasterios románicos y barrocos, con sus notables iglesias. También los edificios nobles: el **Palacio Arzobispal** o de Xelmírez (s. XII); el **Hostal de los Reyes Católicos** (s. XVI), hoy Parador; el Colegio de Fonseca de la Universidad (s. XVI), el Pazo de Raxoi, sede del Ayuntamiento (s. XVIII); el Monasterio de S. Martín Pinario (s. XVII), la iglesia de Sta. María de Salomé (s. XII), la Colegiata y el claustro de Sta. María del Sar (s. XII); Sto. Domingo de Bonaval, sede del Museo do Pobo Galego; el **Museo de las Peregrinaciones,** el Centro Galego da Arte Contemporánea, el colegio de S. Xerome, hoy rectorado; y los **parques de La Alameda** (s. XIX) y **de Bonaval**.

Fiestas: Tienen tradición los carnavales y la Semana Santa. En mayo se celebra la **Ascensión.** Del 15 al 31 de julio, las **fiestas del Apóstol.** El 25 de julio es, además, el **Día Nacional de Galicia,** celebración de Interés Turístico Internacional, en la que se quema la fachada gótica con fuegos artificiales. También hay actuaciones de música clásica, pop-rock, *jazz* y folclore gallego, misa y ofrenda nacional al Apóstol. En mayo se celebra la Ascensión.

Alrededores: Cerca de la ciudad están las **Rías Baixas,** Noia, Portosón, Muros... En **Lesperón** se puede practicar senderismo.

Los recuerdos jacobeos proliferan en las tiendas de Santigo de Compostela

Restaurantes

® **Acio.** Galeras, 28. T. 981 577 003. *www.acio.es*
Cierra martes cena y domingo. Iago Castrillón sigue en su línea de cocina creativa de mercado y del producto, para el que busca caminos no trillados. Como ejemplo valgan el **bonito con macadamia, pimientos de Padrón y sopa de pan y tomate**, o los **guisantes con navajas, callos de bacalao y menta.** Espectacular vista de la Catedral. Precio medio 35 €.

☼ **Ana.** Olvido, 2. T. 981 570 792.
Cierra domingo cena y del 15 al 31 de agosto. Cocina sencilla, muy comprensible, con toques personales de buen gusto y originalidad. Buen tratamiento de verduras y pasta, y un plato estrella: los **lomos de bacalao confitado con crema de coliflor.** Precio medio 30 €.

☼☼ **Casa Marcelo.** Hortas, 1. T. 981 558 580. *www.casamarcelo.net*
Cierra domingo y lunes. Marcelo Tejedor fue el revulsivo que necesitaba la cocina gallega. Su original concepto con la sala como prolongación de la cocina y el menú único (45 o 75 €) crearon escuela. Él sigue con una cocina de temporada, de la despensa gallega, de cuyos productos saca el máximo partido, tanto a unas **sardinas** o un **lomo de vaca vieja,** como a una **merluza de anzuelo.** Hay que dejarse sorprender.

☼ **Dos Reis.** (Parador de Turismo). Pl. Obradoiro, 1. T. 981 582 200. *www.parador.es*

El botafumeiro, gran incensario de la Catedral de Santiago de Compostela

La cocina, gallega, con cierta elegancia. Buena oferta de **mariscos y pescados** y notable selección de **carnes de vacuno del país.** Marco señorial. Precio medio 50 €.

® **El Mercadito.** Galeras, 18. T. 981 574 239. *www.elmercadito.es*
Cierra domingo cena y lunes. Ya es una realidad dentro de la cocina gallega joven, creativa, con toques mediterráneos incluso. **Huevo cremoso con centolla y merluza con pilpil de percebes** son algunos de los ejemplos de la línea que se sigue. Precio medio 40 €.

☼ **Fogón Retiro da Costiña.** (En Santa Comba, a 32 km). Av. Santiago, 12. T. 981 880 244. *www.retirodacostina.com* P
Cierra domingo cena, miércoles y primera quincena de octubre. La familia García cultiva la elegancia y la excelencia, empezando por el ambiente. Destaca la **sarda (caballa) marinada sobre crujiente de pan de maíz y mermelada de tomate** y la **lubina con crema de calabaza.** Gran bodega. Precio medio 40 €.

® **La Tacita de Juan.** Hórreo, 31. T. 981 562 041. *www.latacita.com*
Cierra domingo. La mejor referencia compostelana para la cocina gallega más típica, tópica y tradicional. Buen **marisco,** excelentes **empanadas** y un **cocido mayestático.** Precio medio 40 €.

® **Roberto.** (En Vedra, a 6 km). Av. S. Xulián de Sales, 17. T. 981 511 769. *www.restauranteroberto.es* P
Cierra domingo cena y lunes. En un entorno privilegiado, una casa de indiano perfectamente restaurada, se ofrece cocina cuidada con materia prima de primera calidad para propuestas como el **rodaballo con verduritas.** Precio medio 35 €.

Hoteles

***** **AC Palacio del Carmen.** Oblatas, s/n. T. 981 552 444. *www.ac-hotels.com*
P
Hab. 74: 100/214 €. Suites: 4. Antiguo convento restaurado. Restaurante El Camelio.

***** **Araguaney.** Alfredo Brañas, 5. T. 981 559 600. *www.araguaney.com*
P
Hab. 81: 96/160 €. Suites: 5. En pleno centro comercial, próximo a la zona monumental. Restaurante Caney.

***** **NH Obradoiro.** Av. Burgo das Nacions, s/n. T. 981 558 070. *www.nh-hotels.com* P
Hab. 159: 99/265 €. Suites: 8. Servicio de canguro bajo petición. Frente al auditorio. Rodeado de extensos jardines. Restaurante Azabache.

***** **Parador Hostal de los Reyes Católicos.** Pl. Obradoiro, 1. T. 981 582 200. *www.paradores.es* P
Hab. 137: 186/246 €. Suites: 6. Nació como Hospital Real en 1499, bajo el mandato de los Reyes Católicos, para dar albergue a los numerosos grupos de peregrinos que se acercaban a Santiago. El Parador combina lo antiguo y lo nuevo en sus instalaciones, sin perder esa aureola de misticismo que le caracteriza. Restaurantes Enxebre y Dos Reis.

**** **Relais & Châteaux A Quinta da Auga.** (Urb. Brandia, Vidan). Pº de Amaia, 23 B. T. 981 534 636. *www.aquintadaauga.com* P
Hab. 45: 114/250 €. Suites: 3. En las afueras de Santiago, instalado en un antiguo molino papelero (s. XVIII) rehabilitado. Cuidado al detalle, tanto las habitaciones como los salones, en un paraje próximo al río Sar, de frondosa vegetación. Cuenta con un completísimo spa. Restaurante Filigrana.

Santillana del Mar Cantabria

5 · B-3
A Santander, 30 km
A Madrid, 439 km
Alt. 91 m · Pob. 4.040
T. 942 818 812
GPS 43º 23' 22" N · 4º 6' 36" O

Visitar: Constituye uno de los conjuntos urbanos más bellos y mejor conservados de España, declarado Monumento Histórico-Artístico. En él destacan la **Casona de Tagle** (s. XVIII); el Palacio de Peredo de Barreda (s. XVIII); la Casa de los Villa (s. XVIII); el Palacio de Bustamante (s. XVIII); la Casa-Torre de Velarde (s. XV); la Casa de los Valdivieso (s. XVIII); la Casa de los Villa; los Hombrones (s. XVII); las Casas de Quevedo y Cossío (s. XVIII); la Casa de la Archiduquesa Margarita de Austria; la **Colegiata y el claustro de Sta. Juliana** (s. XII) y el Palacio de Velarde (s. XVI). En torno a la plaza del Mercado se levantaron las torres del Merino (s. XIV) y de Don Borja (s. XV). También son notables las casas del Águila y de la Parra (ss. XVI y XVII), el Palacio de los Barreda-Bracho (s. XVII), hoy Parador Nacional; y muy especialmente el **Museo y la Cueva de Altamira,** llamada la *capilla sixtina* del arte rupestre, Patrimonio de la Humanidad.

Fiestas: El 5 de enero se celebran el **Auto Sacramental** y la cabalgata de los Reyes Magos. El 28 de junio, **Sta. Juliana;** y el 16 de agosto, S. Roque.

Alrededores: En **Ubiarco,** a 5 km, está la playa de Sta. Justa.

Restaurantes

Los Blasones. Pl. de la Gándara, 1. T. 942 818 070.
Cierra lunes excepto de mayo a octubre, y de primeros de noviembre a primeros de abril. Anchoas de Santoña con pimientos de la casa, merluza del Cantábrico rellena de mariscos, quesada pasiega. Menú 28 €.
Precio medio 40 €.

Hoteles

***** **Casa del Marqués.** 24. T. 942 818 888. *www.turismosantillanadelmar.com*
Hab. 13: 108/200 €. Suites: 1. Desayuno incluido. Casona (s. XIV) en el casco histórico de la villa, residencia del primer marqués de Santillana.

**** **Parador Gil Blas.** Pl. Mayor, 11. T. 942 028 028. *www.parador.es*
Hab. 28: 134/180 €. Instalado en la bella casona de los Barreda-Bracho, junto a otros edificios artísticos, en la plaza de Santillana del Mar. Decoración y cocina tradicionales. Restaurante Jardín de Gil Blas.

*** **Parador de Turismo.** Pl. Mayor, s/n. T. 942 818 000. *www.parador.es*
Hab. 28: 115/156 €. Sobre los restos de un edificio antiguo se erigió, de nueva planta, una casona, basada en la construcción rural cántabra. Integrada perfectamente en el entorno histórico-artístico de la villa.

Cuevas de Altamira

En el Museo de Altamira se reproducen fielmente las pinturas rupestres halladas en la cueva original, no visitable.

Santo Domingo de la Calzada La Rioja

22 · A-2
A Logroño, 45 km
A Madrid, 307 km
Alt. 638 m · Pob. 6.770
T. 941 340 004
GPS 42° 26' 30'' N · 2° 57' 15'' O

Visitar: En la **Catedral,** románico-gótica (s. XIII) con una notable torre exenta, está enterrado Sto. Domingo. Otros monumentos son el **convento de S. Francisco;** el de las Bernardas (s. XV); el Hospital del Santo y las murallas (s. XIV). Merece una visita el **Centro de Interpretación del Camino de Santiago.**

Fiestas: El 25 de abril salen la gaita y el tamboril. El 1 de mayo se hace el **reparto del Pan del Santo.** Del 10 al 15 de mayo se celebran las fiestas patronales, de Interés Turístico. El 24 de junio, la **Dulce Sanjuanada.** El 18 y 19 de septiembre, la **fiesta de Gracias y S. Jerónimo Hermosilla.** Del 6 al 8 de diciembre, las ferias de la Concepción, con mercados temáticos.

Alrededores: En **Bañares,** a 5 km, están las iglesias de Sta. Cruz (s. XII) y la de Sta. María la Antigua. En **S. Millán de la Cogolla,** a 18 km, sus monasterios. En **Ezcaray,** a 15 km, destacan los soportales y las casas señoriales de los ss. XVII y XVIII y la iglesia parroquial (s. XVI) con aires de fortaleza. En **Leiva,** a 12 km, hay castillos del s. XV, y en **Cañas,** un monasterio cisterciense del s. XII.

Restaurantes

El Rincón de Emilio. Pl. Bonifacio Gil, 7. T. 941 340 990.
www.rincondeemilio.com
Cocina tradicional riojana. Menestra de verduras, bacalao o callos a la riojana, crema de arroz templada con helado de caramelo. Menús 15 a 36 €.
Precio medio 30 €.

Los Caballeros. Mayor, 56-58. T. 941 342 789.
www.restauranteloscaballeros.com
Cierra domingo cena excepto festivos y agosto, y primera quincena de enero. Junto al ábside románico de la Catedral. Revuelto de morcilla con piñones, cochinillo confitado a baja temperatura, flan de naranja. Precio medio 35 €.

Hoteles

**** **Parador de Turismo.** Pl. S. Francisco, 3. T. 941 340 300.
Hab. 61: 125/168 €. El Parador se levantó sobre los restos de un palacio de los reyes de Navarra-Nájera, cedido en el s. XII a Santo Domingo para convertirlo en hospital de peregrinos. Céntrico. Restaurante Las Doce Vueltas, cocina riojana.

*** **Parador Bernardo de Fresneda.** Pl. Cantón, 1. T. 941 341 150. *www.parador.es*
Hab. 47: 80/138 €. Convento franciscano del s.XVI. Restaurante Río Cabado.

Participante en la fiesta de las Doncellas, en Santo Domingo de la Calzada

Santo Domingo de Silos Burgos

32 · E-2
A Burgos, 58 km
A Madrid, 203 km
Alt. 1.006 m · Pob. 340
T. 947 390 070
GPS 41° 57' 45'' N · 3° 25' 13'' O

Detalle de un relieve de Sto. Tomás en el claustro de Sto. Domingo de Silos

Visitar: El **Monasterio benedictino de Sto. Domingo de Silos** (s. X) es Monumento Histórico-Artístico. Su claustro (ss. XI y XII) constituye uno de los más destacados logros del arte románico. Los techos mudéjares (s. XIV) están decorados con pinturas profanas. En la galería norte hay un monumento funerario de Sto Domingo (s. XIV). En el Museo destaca un grupo románico que representa a Sta. Ana, la Virgen y el Niño (s. XII). Existe un fondo bibliográfico de más de 200.000 ejemplares. **La Botica** (s. XVIII) tiene un botamen de 376 tarros de Talavera de la Reina. También se pueden visitar el convento de S. Francisco de Silos y el **Museo de Sonidos de la Tierra.**

Fiestas: El 30 y el 31 de enero tiene lugar la **fiesta de los Jefes,** de Interés Turístico Regional. El 8 y 9 de mayo, la **fiesta de la Cruz.** El 2 de julio, Sta. Isabel, con danzas tradicionales. Y el 20 de diciembre, **Sto. Domingo.**

Alrededores: Merece una parada la **ermita mozárabe de Sta. Cecilia** (s. X). A 3 km está el **desfiladero de La Yecla.** En **Hacinas** hay árboles fosilizados de la Era Secundaria. En **Salas de los Infantes,** la iglesia de Sta. María. Y en **S. Pedro de Arlanza,** las ruinas del primer monasterio de Castilla.

Restaurantes

Casa Emeterio. (H. Tres Coronas de Silos). Pl. Mayor, 6. T. 947 390 047.
www.hoteltrescoronasdesilos.com
Cierra Navidad. Con 16 habitaciones. Cocina regional en un edificio (s. XVIII). Verduras naturales, cabrito asado, tabla de cinco queso regionales.
Menú 18 €. Precio medio 35 €.

Hoteles

*** **Santo Domingo de Silos.** Santo Domingo, 10-22. T. 947 390 053.
www.hotelsantodomingodesilos.com
Hab. 59: 39/72 €. Suites: 2. Bañera de hidromasaje en algunas habitaciones.
Restaurante Santo Domingo de Silos.

Santoña Cantabria

5 · E-3
A Santander, 48km
A Madrid, 463 km
Alt. 5 m · Pob. 11.600
T. 942 660 066
GPS 43° 27' 8'' N · 3° 26' 58'' O

Visitar: Las visitas principales incluyen la **iglesia de Sta. María del Puerto** (ss. IX al XII); los faros del Caballo y del Pescador; el Museo Faro Pescador; los **monumentos de Juan de la Cosa** y la Virgen del Puerto; el Palacio de Manzanedo; los fuertes de S. Martín y S. Carlos; el mirador de las Marismas; el Parque Cultural Monte Buciero; la playa de Berria y el **Parque Natural de las Marismas de Santoña.**

Fiestas: Los **carnavales,** de Interés Turístico Nacional, incluyen desfiles, concursos, murgas, el Juicio en el fondo del mar y el Entierro del Besugo. En septiembre se celebran las fiestas patronales de la **Virgen del Puerto.**

Alrededores: Muy cerca se halla el **valle del Asón** y el **Parque de la Naturaleza de Cabárceno.**

Restaurantes

El Restaurante de Pilar. (Edif. Mirador de las Marismas). Puerto Pesquero, s/n. T. 942 626 448. *www.elrestaurantedepilar.com*
Cierra cenas de domingo a jueves excepto vísperas de festivo y verano, martes, y del 24 de diciembre al 5 de enero. Moderno edificio en el puerto pesquero con espectaculares vistas. Arroz con bogavante, cazuela de bonito, tarta de canela. Menú 15 €. Precio medio 36 €.

La Marisma. Manzanedo, 19. T. 942 660 606.
Cierra cenas. Cocina y ambiente marinero. Pescados al horno y a la parrilla, tartas variadas. Precio medio 40 €.

Santurtzi/Santurce Bizkaia

6 · A-3
A Bilbao, 14 km · Madrid, 413 km
Alt. 6 m · Pob. 47.101
T. 944 839 494
GPS 43° 19' 42'' N · 3° 1' 59'' O

Visitar: Los puntos destacados son la **iglesia de S. Jorge,** el Palacio de Oriol, de 1902; la Casa Consistorial, el Palacio Marqués de Casa Torre (s. XVIII), el templo parroquial de la Virgen del Mar, y los monumentos a la Virgen del Carmen, a las Sardineras y a Cristóbal Murrieta. También es interesante el **Museo de Esculturas** al aire libre, el puerto pesquero y la cofradía de pescadores, así como el monte Serantes.

Fiestas: El 23 de abril se celebra la fiesta de **S. Jorge.** El 24 de junio, S. Juan, y el 23, en la víspera, se encienden fogatas en todos los barrios. El 29 de junio es

S. Pedro. El 9 de julio, el **Día de la Sardina.** El 16 de julio, tiene lugar la procesión marítima de la **Virgen del Carmen** por el abra, con ofrenda foral.

Alrededores: En **Avellaneda** se puede visitar la Casa de Juntas. En **Muskiz,** la ferrería de El Pobal, el Castillo de Muñatones y la playa de La Arena. En el **Valle de Trápaga,** el barrio de La Arboleda y el funicular de La Reineta. En **Portugalete,** a 2 km, destaca el puente Bizkaia, Patrimonio de la Humanidad. Bilbao se encuentra a 18 km.

Restaurantes

Currito. Av. Murrieta, 21. T. 944 937 308.
Cierra cenas de domingo y miércoles. Cocina marinera vizcaína sobre el puerto. Bacalao al pilpil o a la vizcaína, tostada de crema. Precio medio 50 €.

Hoteles

**** **NH Palacio de Oriol.** Av. Santo Domingo, 27. T. 944 934 100.
www.nh-hotels.com P
Hab. 88: 65/198 €. Suites: 2. Palacio de 1902, con vistas a la bahía. Restaurante El Palacio.

Sanxenxo/Sangenjo Pontevedra

17 · C-2
A Pontevedra, 19 km
A Madrid, 630 km
Alt. 16 m · Pob. 17.500
T. 986 720 285
GPS 42° 23' 57'' N · 8° 48' 30'' O

Visitar: Notorias son la **iglesia de S. Xinés** (s. XVII), **la ermita de Ntra. Sra. de la Lanzada** (s. XII) y los pazos de los Duques de Patiño (s. XVI) y del Virrey (s. XVIII). Son famosos el **istmo de la Lanzada,** y los puertos deportivo y pesquero.

Fiestas: El 13 de junio se festeja **S. Antonio;** el 24 y 25 de junio, S. Juan y Sta. Ana; el 28 y 29 de junio, S. Pedro y S. Antonio; el 24 y 25 de agosto, la fiesta de S. Ginés, el **Día del Turista,** y del 3 al 5 de septiembre, Sta. Rosalía y la Virgen del Carmen.

Alrededores: En **Poio** está el Monasterio de S. Juan. Cerca, la comarca del Salnes y el **Parque Nacional de las Islas Atlánticas:** Ons, Cíes, Sálvora y Cortegada.

Redes y aperos en el puerto pesquero de Sanxenxo

Restaurantes

Don Camilo. Poetas Galegos, 9-B. T. 986 691 124.
www.doncamilorestaurante.com
Cierra miércoles de septiembre a julio, y noviembre. Empanada de *xoubas* (sardinillas) y de bacalao con pasas, rodaballo guisado, filloas rellenas. Menú 12 €. Precio medio sin marisco 35 €.

® **La Taberna de Rotilio.** (H. Rotilio). Av. del Puerto, 7-9. T. 986 720 200.
www.hotelrotilio.com
Cierra domingo cena y lunes excepto julio y agosto, y del 15 de diciembre al 15 de enero. Cambio radical. De templo del marisco y la cocina tradicional a una atractiva terraza en la que disfrutar de los *tapiplatos* que salen de la excelente cocina de Manicha. Ahí sigue su fabulosa **empanada.** Valen la pena los **fideos con almejas, los callos con garbanzos, las 'xoubas' en escabeche...** Excelente ambiente. Todo entre 9 y 12 €.

Pepe Vieira-Camiño da Serpe. (En Raxó-Poio, a 4 km). Camiño da Serpe, s/n. T. 986 741 378. *www.pepevieira.com* P
Cierra cenas de martes a jueves en invierno y lunes. Los hermanos T. Cannas, Xosé en cocina y Xoan en sala, han conseguido que su restaurante sea, seguramente, el de más carácter y personalidad de Galicia. En un entorno paradisíaco, se propone una cocina de mercado. Xosé tiene el don de la elegancia y la sabiduría al combinar sabores en el plato: sorprende su tratamiento, de lujo, de pescaditos como **sardinas, caballas, jureles...** Xoan dirige una sala impecable y una bodega excepcional. Precio medio 55 €.

Hoteles

**** **Gran Talaso Hotel Sanxenxo.** Pº Cristobal Murrieta, 3. T. 986 691 111.
www.hotelsanxenxo.com P
Hab. 92: 60/220 €. Suites: 5. En primera línea de playa. Restaurante A Madama.

Sardón de Duero Valladolid Ver Valladolid

31 · F-4

Sarvisé Huesca Ver Torla

24 · C-1

Segorbe Castellón

65 · E-4
A Castellón, 60 km
A Madrid, 365 km
Alt. 394 m · Pob. 9.244
T. 964 713 254
GPS 39° 51' 5'' N · 0° 29' 23'' O

Fuente de los 50 caños, cerca de Segorbe

Visitar: La ciudad, declarada Bien de Interés Cultural, guarda monumentos como las **torres de la Cárcel y del Verdugo;** el Ayuntamiento, que es un antiguo Palacio Ducal (s. XVI), la **Catedral-Basílica,** con su Museo Catedralicio (s. XIII); la fuente de los 50 caños, el acueducto y la muralla medieval. Hay un **Museo Municipal de Arqueología,** otro del Aceite y un Centro de Interpretación de la Entrada de Toros y Caballos.

Fiestas: En agosto se celebra la **fiesta del Ángel Custodio.** Del 25 de agosto al 2 de septiembre, las fiestas patronales, de Interés Turístico Nacional. En septiembre, del 3 al 9, es la **Semana Taurina,** de Interés Turístico Internacional. El 6 de octubre, hay romería a la Santa Cueva.

Alrededores: Se puede recorrer la **Vía Verde Ojos Negros** y el **Parque Natural Sierra Calderona.** En **Altura** están la Cartuja de Vall de Cristo y el Santuario de la Cueva Santa. En **Jérica,** la torre de las Campanas, Monumento Nacional. En **Viver,** el parque de la Floresta, los jardines y las cuevas del Sargal. En **El Toro,** la ermita de S. Roque y el Ayuntamiento (s. XVI).

Restaurantes

® **Thalassa.** (En Viver, a 12 km). Cazadores, 3. T. 964 141 258. *www.restaurantethalassa.com*

Cierra cenas de domingo a jueves, lunes y del 15 de enero al 15 de marzo. Gratificante para los paladares ligados a la zona y convincente para el resto. **Lasaña de verduras, cabrito de lechal al horno, helado de queso de guirra.** Menú 26 €. Precio medio 35 €.

Hoteles

*** **María de Luna.** Praia de Silgar, 2. T. 964 711 313. *www.mariadeluna.com*
P

Hab. 44: 39/70 €. Cerca del centro histórico. A 30 minutos de la playa. Restaurante María de Luna, buena cocina típica.

Segovia

43 · B-4
A Madrid, 87 km
Alt. 1.005 m · Pob. 56.660
T. 921 460 334
GPS 40° 56' 53'' N · 4° 7' 8'' O

El Alcázar de Segovia, construido en el s. XII

Visitar: Segovia, declarada Patrimonio de la Humanidad, tiene como icono el **Acueducto,** romano de dos mil años. Utilizado para llevar agua a la ciudad, se extendía durante 16 km y alcanzaba una altura máxima de 29 m, con 166 arcos. Sus grandes sillares de granito están unidos sin ningún tipo de argamasa ni cemento. El **Alcázar,** otro símbolo bien conocido, es una fortaleza-palacio con origen en el s. XII y en el que se mezclan los estilos románico, gótico, mudéjar y renacentista, con notables artesonados. A la **Catedral** (s. XVI) se la conoce como la *dama de las catedrales españolas.* En las murallas se encuentran **las puertas de S. Andrés, S. Cebrián y Santiago.** En la judería hay un centro didáctico; la antigua Sinagoga Mayor, hoy convento del Corpus Christi y el Museo de Segovia. Son de interés también el Monasterio del Parral (s. XV); la **iglesia templaria de la Vera Cruz** (s. XIII); la de S. Antonio el Real (s. XV); el Santuario de la Virgen de la Fuencisla; la Casa de Antonio Machado; el convento de las Carmelitas; el Palacio Episcopal; la Casa de los Picos; el barrio de los Caballeros (con ricas casonas blasonadas y palacios nobiliarios) y las **iglesias románicas** de S. Martín, S. Millán, S. Andrés, S. Esteban, S. Quirce, La Trinidad, S. Nicolás, S. Justo y S. Lorenzo.

Fiestas: En febrero se celebran el carnaval y la **fiesta de las Águedas,** de Interés Nacional. En marzo, la **Semana de Música y Polifanía Sacra.** La Semana Santa es de Interés Turístico Regional. En mayo, el Festival Internacional de Títeres Titirimundi. En junio, las ferias y fiestas de S. Juan y S. Pedro. En julio, el **Festival de Folclore Agapito Marazuela,** la Semana de Música de Cámara y el Festival Folclórico Internacional La Esteva. En julio y agosto, el **Festival Internacional de Música y Danza.** En septiembre, la **Muestra de Cine Europeo.** El 25 de octubre, la fiesta patronal de S. Frutos. En diciembre, los ciclos de Adviento y Navidad.

Alrededores: A 2 km está el **mirador del Terminillo,** con magníficas vistas sobre Segovia. También se pueden visitar la **ermita románica de S. Frutos,** las ruinas del Monasterio franciscano de Ntra. Sra. de la Hoz y la reserva de aves rapaces. A 12 km, **La Granja de S. Ildefonso.** A 10 km, el palacio neoclásico de **Riofrío** (s. XVII), con el Museo de Caza en su interior. A 30 km, **S. Rafael.** A 40 km, **Pedraza.** A 50 km, **Coca,** con su interesante castillo de ladrillo, joya del mudéjar (s. XV). **Maderuelo,** a 105 km, está rodeado de murallas, tiene una sola puerta y se asoma al pantano de Linares, cuya presa limita con las **Hoces del Río Riaza,** reserva de aves rapaces. En **Ayllón,** a 94 km, hay casonas nobles y palacios. Entre Sepúlveda y Cantalejo está el **Parque Nacional de las Hoces del Río Duratón.**

Restaurantes

® **Di Vino.** Valdeláguila, 7. T. 921 461 650. *www.restaurantedivino.com*
Cierra martes no festivos. Dos ambientes para disfrutar. En la bodeguita a base de tapas y raciones, más informal y a menor precio. En el comedor principal, Lucio del Campo armoniza los vinos con platos como las **virutas de 'foie-gras' con reducción de mistela negra, lomo de cabrito deshuesado o sopa de piña colada con helado de coco y gelatina de ron.** Menú 18 €. Precio medio 36 €.

Duque. Cervantes, 12. T. 921 462 487. *www.restauranteduque.es*
Centenario mesón de ambiente familiar muy cuidado, con estupendos asados de cochinillo y cordero. Los **judiones de La Granja** y los **postres caseros** mantienen con éxito la última generación de la familia Duque. Precio medio 36 €.

El Soto. (En Anaya, a 18 km. Hotel Rural Solaz del Moros). Iglesia, 11. T. 921 490 123. *www.solazdelmoros.com*
Cierra cenas de martes a jueves excepto festivos, y lunes. Jornadas gastronómicas de setas y caza. Patatas a lo pobre con lomo de la olla, solomillo de añojo tierno con reducción de Ribera del Duero y lascas de queso zamorano, fluido de chocolate. Precio medio 25 €.

José María. (Junto a la plaza Mayor). Cronista Lecea, 11. T. 921 461 111. *www.rtejosemaria.com*
El **cochinillo asado** de José María es imbatible. Si se precede por unas **ancas de rana al ajillo con cebolletas pochadas** y se remata con **crema de piña con chocolate blanco, galleta crujiente y agua de coco** y se acompaña con el Pago de Carraovejas, es una comida inolvidable. Precio medio 35 €.

La Cocina de Segovia. (H. Los Arcos). Av. Ezequiel González, 26. T. 921 437 462. *www.lacocinadesegovia.es*
Cierra domingo cena. Ambiente castellano actual. Dados de bacalao con almejas y chipirones, *ravioli* de rabo de buey con manzana y *foie-gras*, bizcocho fluido de almendra y avellana. Precio medio 40 €.

La Concepción. Pl. Mayor, 15. T. 921 460 930. *www.restaurantelaconcepcion.com*
Comedor abovedado para tomar **'carpaccio' de atún toro con ensalada de judías verdes y vinagreta de frutos secos, venado braseado con piñones, y helado de queso con salsa de frambuesa.** Menú 17 €. Precio medio 43 €. Agradable terraza sobre la plaza para tapear.

Maracaibo-Casa Silvano. Av. Ezequiel González, 25. T. 921 461 475. *www.restaurantemaracaibo.com*
Cierra lunes y 20 días en julio. Óscar Hernando está omnipresente en cocina, comedor y bodega con profesionalidad y buen hacer. **Merluza a baja temperatura, trigo y verduras del Carracillo con crema de sopa castellana; careta de cochinillo con jugo de zanahorias y trufa; helado de vino tinto de Valtiendas con gelatina de blanco de Rueda y yogur de leche de oveja.** Precio medio 40 €.

Mesón de Cándido. Pl. del Azoguejo, 5. T. 921 425 911. *www.mesondecandido.es*
Cocina tradicional y contundente en este mesón que es la historia viva de la gastronomía castellana. Platos de cuchara y espléndido **cochinillo asado.** Amplia y completa carta de vinos y las mejores vistas del acueducto romano, emblema de la ciudad. Precio medio 35 €.

® **Mesón Riscal.** (En Carbonero el Mayor, a 22 km. Por la ctra. CL-601, Segovia-Arévalo). Ctra. de Segovia, 31. T. 921 560 289. *www.elriscal.com*
Cierra viernes cena excepto verano, y la primera quincena de julio. La magnífica carne de buey (Certificada Cabu) protagoniza la carta, precedida de **cardos con jamón y piñones. Postres caseros.** Menú 11 €. Precio medio 35 €.

Alfonso VI en Segovia
Vidriera de Alfonso VI, rey de León, Castilla y Galicia conocido como *el Bravo*, emplazada en el Alcázar de Segovia.

Villena. Pl. Mayor, 10. T. 921 461 742. *www.restaurante-villena.com*

Cierra cenas de domingo y martes, y lunes. Julio Reoyo (Mesón de Doña Filo, de Colmenar de Arroyo) presenta aquí una alternativa diferente a la clásica oferta segoviana. Ha sustituido la carta por tres menús diferentes: exprés (38 €), gastronómico (54 €) y degustación (62 €). Buen servicio.

Hoteles

**** **Palacio de S. Facundo.** Pl. Isabel la Católica, 4. T. 921 463 061. *www.hotelpalaciosanfacundo.com* P

Hab. 29: 100/190 €. Suites: 3. Céntrico. Entre la Catedral y el Acueducto.

**** **Parador de Turismo.** Ctra. S. Facundo, s/n. T. 921 443 737. *www.parador.es* P

Hab. 113: 122/166 €. Suites: 7. A 2 km del Acueducto. Situado en una loma de la antigua finca El Terminillo, moderno y acogedor. Magnífica panorámica sobre la ciudad y Sierra de Guadarrama. Lugar ideal para el reposo y punto de partida para las diversas alternativas de visitas a la ciudad y provincia.

**** **San Antonio El Real.** Valladolid, s/n. T. 921 413 455. *www.sanantonioelreal.es* P

Hab. 51: 90/400 €. Céntrico. Forma parte del monasterio, Patrimonio Nacional. Restaurante Claustro de S. Antonio El Real.

*** **La Casa Mudéjar.** (Semiesquina plaza Mayor). Comunidad Valenciana, 8. T. 921 466 250. *www.lacasamudejar.com* P SPA

Hab. 42: 55/170 €. Suites: 6. Situado en un palacete mudéjar (s. XV) de alto valor histórico-artístico y en pleno centro. Restaurante El Fogón Sefardí.

24 · B-1

Senegüé Huesca Ver Sabiñánigo

Sepúlveda Segovia

Cerca de Sepúlveda, el río Duratón esculpe unas impresionantes hoces

43 · C-2
A Segovia, 63 km
A Madrid, 124 km
Alt. 1.114 m · Pob. 1.300
T. 921 540 237
GPS 41° 17' 50'' N · 3° 45' 1'' O

Visitar: Conocida como la Villa de las Siete Puertas, entre las que destacan la del Azogue o la Fuerza, y considerada Conjunto Histórico-Artístico, se sitúa sobre una enorme peña que asoma al río Duratón. Se pueden ver restos del castillo, la **Casa de los Proaño,** o las iglesias de El Salvador (ss. XI y XII), Stos. Justo y Pastor (Museos de los Fueros), S. Bartolomé y el Santuario de Ntra. Sra. de la Virgen de la Peña.

Fiestas: En mayo tiene lugar la **fiesta de la Comunidad de Villa y Tierra.** Del 16 al 17 de julio, la fiesta de los Fueros. El 15 de agosto, la **Virgen de las Pucherillas.** El 23 de agosto, el Diablillo. Del 25 al 29 de agosto, las fiestas de los toros. El 29 de septiembre, la Virgen de la Peña; el 30 de septiembre, los Remates; el último fin de semana de agosto hay toros; en junio se celebran el mercado medieval y la **Feria de Artesanía** y el 29 de septiembre, S. Miguel.

Alrededores: Se puede conocer el **Parque Natural de las Hoces de río Duratón,** con su Centro de Interpretación de la Naturaleza. En el propio Duratón, a 5 km, hay una iglesia románica, al igual que en Sotillo. En **Prádena de la Sierra** está la cueva de Enebralejos. Y en S. Pedro de Gaillos, el **Museo del Paloteo.**

El río Duratón es un paraíso para el avistamiento de aves rapaces

Restaurantes

Cristóbal (asador). Conde de Sepúlveda, 9. T. 921 540 100.
www.restaurantecristobal.com
Cierra lunes cena, martes, del 1 al 15 de septiembre y del 15 al 30 de diciembre. Cocina clásica castellana. Revuelto de morcilla y piñones, manitas de cerdo lechal guisadas, ponche segoviano. Precio medio 35 €.

Figón Zute el Mayor, Tinín. Lope Tablada, 6. T. 921 540 165.
www.figondetinin.com
Cierra cenas, martes y primera quincena de septiembre. Ensalada, cordero asado y tarta de la casa es la oferta de este local bajo los soportales de la plaza Mayor. Precio medio 25 €.

Figón Zute el Menor. Subida a la Picota, 26. T. 921 540 265.
Cierra cenas; lunes a viernes excepto festivos; y del 10 de junio al 10 de julio. El cordero asado es la especialidad acompañado por una ensalada y rematado con natillas. Menú y precio medio 30 €.

Hoteles

★★★ **Vado del Duratón.** S. Antonio El Real, 10. T. 921 540 813.
www.vadodelduraton.com
Hab. 21: 55/88 €. Suites: 1. Aparcamiento, *wifi* y minibar gratuito. Menús para celíacos y vegetarianos bajo petición. Próximo al Parque Natural de las Hoces del Duratón. Restaurante Fogón del Azogue.

Seu d'Urgell, La/Seo de Urgel Lleida

25 · E-2
A Lleida, 133 km
A Madrid, 597 km
Alt. 690 m · Pob. 13.060
T. 973 351 511
GPS 42° 21' 23'' N · 1° 27' 31'' E

Visitar: Es notable el conjunto urbano medieval con la calle dels Canonges; la calle Major, donde aún se ven las medidas del grano (s. XIV); la **Catedral de Sta. Maria d'Urgell** (s. XII), el Museu Diocesà y sus códices; la **iglesia de St. Miquel** (s. XI), el claustro del Valira, contemporáneo, con capiteles esculpidos con los mitos del s. XX y materiales modernos. En el **Parc Olímpic del Segre** se celebran pruebas de eslalon de aguas bravas.

Fiestas: El 17 de enero, **St. Antoni,** se organiza una calderada tradicional. El 20 de enero es St. Sebastià. El primer fin de semana de julio, el mercado medieval. El 7 de julio, Sant Ot. El último fin de semana de agosto, tiene lugar el **Ball Cerdà** en la Festa Major, y el 16 y 17 de octubre, la feria de Sant Ermengol.

Alrededores: Quedan a mano las áreas de esquí de **Aranser,** Lles, Sant Joan de l'Erm y Tuixént, así como los **parques naturales del Cadí Moixeró y Alt Pirineu,** donde se practica senderismo.

Restaurantes

Tàpies. (H. El Castell de Ciutat). Ctra. N-260 de Sort a Puigcerdà, km 229. T. 973 350 000. *www.hotel-castell-ciutat.com*
Cierra lunes, martes, del 9 al 24 de enero y del 5 al 20 de noviembre. La incorporación del cocinero Xavier Franquet evidencia la apuesta ilusionada de la familia Tàpies por seguir en la cima de la gran restauración. Cocina rigurosamente estacional, cabal selección del producto y un equipo de sala y vinos con una profesionalidad indiscutible hacen de Tàpies un gran restaurante. Precio medio 67 €.

Hoteles

★★★★ **El Castell de Ciutat.** Ctra. N-260 de Sort a Puigcerdà, km 229. T. 973 350 000.
www.hotelelcastell.com
Hab. 42: 130/285 €. Suites: 6. Admisión de perros, consultar. Ubicación privilegiada en lo alto de una loma, a los pies del castillo que da nombre al complejo, desde donde se domina el valle. Se disfruta de un elegante confort en un emplazamiento tranquilo. Perteneciente a Relais & Châteaux. Restaurante Tàpies.

★★★ **Parador de Turismo.** St. Domènec, 6. T. 973 352 000. *www.parador.es*
Hab. 78: 130/163 €. El edificio, de construcción moderna, gira alrededor de un espectacular claustro renacentista, vestigio del antiguo convento de dominicos. Restaurante Alt Urgell, cocina tradicional.

Estancia interior de estilo mudéjar en los Reales Alcázares de Sevilla

96 · F-4
A Madrid, 538 km
Alt. 12 m · Pob. 704.198
T. 954 221 714
GPS 37° 23' 17'' N 5° 59' 49'' O

Sevilla

Visitar: Uno de los iconos de la ciudad es la **Giralda,** Patrimonio de la Humanidad, el alminar de 97,5 m de altura de la mezquita que fue construida a finales del s. XII y destruida en el XV para levantar la actual Catedral. De la antigua mezquita solo queda el patio de los Naranjos, la puerta del Perdón y la Giralda, en cuyo interior, una rampa suave permite llegar a la plataforma de la torre islámica, con una increíble vista sobre la Catedral y toda Sevilla. El actual campanario renacentista que corona la torre y sirve de base a la estatua de la Fe se construyó en el s. XVI. La **Catedral,** Patrimonio de la Humanidad, tiene cinco naves que ocupan el emplazamiento de la mezquita. Las vidrieras, de origen flamenco, son de los ss. XVI al XIX. Es de estilo gótico y posteriormente renacentista. La capilla Real alberga las sepulturas de Alfonso X el Sabio y Fernando III el Santo. La sala capitular, renacentista, guarda una *Inmaculada Concepción* de Murillo. En la sacristía de los Cálices se exponen telas de Goya, Morales y Valdés Leal, y la escultura *Cristo en la Cruz*, de Martínez Montañés. Entre las numerosas capillas destacan el altar del Sto. Ángel, con el lienzo de Murillo *El Ángel de la Guarda;* la de S. Antonio, con un *S. Antonio de Padua,* de Murillo, y las de la Antigua y S. Hermenegildo, con sepulcros plateresco y gótico. El Patio de los Naranjos formaba parte de la mezquita y el pilón de la fuente procede de la aún más antigua catedral visigoda. En uno de sus costados está la puerta del Perdón. Junto a la Catedral está el **Palacio Arzobispal,** con bella fachada barroca y notable colección de cuadros. La Casa Lonja alberga el **Archivo de Indias** (Patrimonio de la Humanidad, junto a todo su entorno). Al **Alcázar,** edificado a comienzos del s. X, se entra por la puerta del León, abierta en la muralla almohade, que da paso al Patio del León y al Patio de la Montería. Aquí comienza el **Palacio de Pedro el Cruel,** máximo exponente de la arquitectura mudéjar y el edificio más espectacular del Alcázar, construido a mediados del s. XIV y reformado en tiempos de los Reyes Católicos. El Patio de las Doncellas es un espacio rodeado de galerías de arquerías, reformado en el s. XVI. Destacan los techos de madera, el Salón de Embajadores, con una alta cúpula de 1427 y restaurada en los ss. XVI al XIX, así como el Patio de las Muñecas, con columnas de la época califal de Córdoba. Otros monumentos notables son el **Ayuntamiento,** con portentosa fachada plateresca del s. XVI; la **Universidad,** ubicada en la antigua fábrica de tabacos, un edificio del s. XVIII donde se sitúa la acción de la ópera *Carmen;* la **iglesia del Salvador** (s. XVII), de arquitectura barroca, con esculturas de Montañés, y la iglesia de la Magdalena, barroca, con elementos góticos del oratorio del convento de S. Pablo y decorada con óleos de Zurbarán, esculturas de Martínez Montañés y Roldán. Otro edificio islámico es la Torre del Oro, construida a la orilla del Guadalquivir en 1220. La **Casa de Pilatos,** propiedad del duque de Medinaceli, es un suntuoso palacio (s. XVI) que combina el mudéjar, el gótico flamígero y el estilo renacentista. En el barrio de Sta. Cruz se encuentra la iglesia de los Venerables y la plaza de la Sta. Cruz. El **barrio de la Macarena** da nombre a la célebre puerta, reconstruida

Cartel de la Feria de Abril

a finales del s. XVIII. La famosa *Esperanza Macarena,* una talla anónima del s. XVII, está en una iglesia contigua a la de S. Gil (s. XIII), ambas junto a la iglesia de la Macarena y el Hospital de las Cinco Llagas, con fachada del s. XVII. El barrio de Triana está al otro lado del Guadalquivir, y a él se arriba por el puente de Isabel II. El de S. Telmo, a su vez, llega al barrio de los Remedios, importante zona comercial. La alameda de Hércules, creada en el s. XVI, tiene una serie de columnas romanas. Otras visitas interesantes son el **Museo Provincial de Bellas Artes,** en el antiguo convento de la Merced; los jardines de Murillo; el **parque de María Luisa,** en el que se encuentran la plaza de España, el Museo Arqueológico y el parque del Alamillo.

Fiestas: El 28 de febrero es el **Día de Andalucía.** La **Semana Santa** es de Interés Turístico Internacional. Dependiendo de las fechas de la Semana Santa, tiene lugar la célebre **Feria de Abril,** de Interés Turístico Nacional e Internacional. El 23 de junio, la procesión del Corpus Christi, con el baile de los Seises, una de las notas más características, junto a la solemne procesión con la custodia de Juan de Arfe. En mayo son los **Musicales Hispalenses,** con corridas de toros todos los domingos del mes. En septiembre y octubre es la Bienal de Arte Flamenco, que se celebra en los años pares.

Alrededores: En **Castilleja de Guzmán,** a 7 km, está la cueva de la Pastora, dolmen neolítico con una cámara funeraria circular accesible por un largo corredor. En **Santiponce,** el convento de S. Isidro del Campo y las ruinas romanas de **Itálica,** ciudad fundada por Escipión el Africano en el año 205 a. C. Se conservan numerosos edificios públicos, entre los que destaca el bien conservado anfiteatro. A 25 km está **Sanlúcar la Mayor.** En Alcalá de Guadaira destacan un castillo de origen romano, con posterior reconstrucción árabe, y las iglesias de Santiago y S. Sebastián. En **Dos Hermanas,** a 15 km, están la iglesia de Sta. María Magdalena (s. XVIII) y el convento de Sta. Ana (s. XIV). En **Mairena del Alcor,** a 15 km, merece la pena el castillo y el Museo Arqueológico. En Galdul destaca la necrópolis de los alcores. Y en **Olivares,** el Palacio del Conde Duque, la Colegiata de Ntra. Sra. de las Nieves (s. XVI) y el casco urbano.

Restaurantes

Abantal. Alcalde José de la Bandera, 7. T. 954 540 000. *www.abantalrestaurante.es*
Cierra domingo, lunes, semana de feria y agosto. Gran satisfacción por la armonía de instalaciones, el servicio de mesa, el aceite de oliva virgen, el vino y naturalmente por la irreprochable cocina de Julio Fernández Quintero. **Berberechos y patatas en salsa verde con espárragos verdes, urta sobre espinacas con garbanzos y piñones, crema de calabaza con 'brioche' caramelizado, sorbete de limón y Pedro Ximénez.** Precio medio 60 €.

Alcuza. Campamento, 29. T. 954 542 477. *www.alcuza.es*
Cierra lunes cena, domingo, y agosto. Barra de tapeo y una cocina basada en productos andaluces. Mariscos y pescados frescos preparados al gusto, solomillo de retinto de Vejer con salsa de Pedro Ximénez, postres y helados caseros. Precio medio 50 €.

® **Az-Zait.** Pl. S. Lorenzo, 1. T. 954 906 475. *www.az-zaitrestaurantes.com*
Cierra domingo, excepto Semana Santa y diciembre (que abre los almuerzos) y agosto. Antonio Conejero dirige con tino su restaurante. **Lomos de bacalao con espinacas y garbanzos, arroz con 'cookies' y helado de vainilla.** Precio medio 37 €.

® **Bajo Guía.** (Edif. V Centenario). Polonia, 3. T. 954 097 452.
Cierra agosto. La mejor oferta sanluqueña. Los **langostinos,** la **tortillita de camarones** y los **guisos marineros** lo avalan. Precio medio 30 €.

Becerrita. Recadero, 9. T. 954 412 057. *www.becerrita.com*
Cierra domingo cena. Buena muestra de la cocina andaluza, tanto en su concurrida barra como en la mesa. Pimientos asados con colitas de cigalas fritas, presa ibérica de bellota con mostaza crujiente, lasaña de hojaldre y frambuesa. Precio medio 36 €.

Casa Robles. Álvarez Quintero, 58. T. 954 213 150. *www.roblesrestaurantes.com*
Decoración tradicional sevillana a los pies de la Giralda. Chacinas y mariscos de Huelva, entrecot de ternera al estilo sevillano, sabor de Sevilla. Precio medio 36 €.

Azulejos sevillanos

En la plaza de España, edificada para la Exposición de 1929, los azulejos son el adorno característico.

Una de las dos torres, de 74 m de altura, de la Plaza de España de Sevilla

Egaña-Oriza. (Aparcamiento concertado en plaza de Roma). S. Fernando, 41. T. 954 227 254. *www.restauranteoriza.com*

Cierra domingo y tres semanas en agosto. Elegante renovación en el comedor de este gran referente gastronómico. Se ha vuelto a inaugurar el bar **España** con mesas en la calle para comer de noche más informal. José Mari Egaña prepara con sabiduría **pescados y caza** en temporada. El **zumo de aceite de oliva virgen extra con naranja es un refrescante colofón.** Precio medio 55 €.

Enrique Becerra. Gamazo, 2. T. 954 213 049. *www.enriquebecerra.com*

Cierra domingo y segunda quincena de agosto. Guisos caseros, cordero asado a la miel, tocinillo de cielo, en una casa antigua en el centro. Precio medio 30 €.

Modesto. Cano y Cueto, 5. T. 954 416 811. *www.modestorestaurantes.com*

Cocina popular en la linde del barrio de Sta. Cruz con los jardines de Murillo. Frito variado, cola de toro a la sevillana, macedonia de frutas. Menú 15 €. Precio medio 35 €. **La Judería** (Cano y Cueto 13. *T.* 954 426 456. Cierra martes y primera quincena de agosto), también cocina popular en el barrio judío.

® **Nuevo Gastromium** *(gastrobar)*. Av. Ramón Carande, 12. T. 954 625 555. *www.gastromiun.com*

El joven tándem de José Carabias (cocina) y Miguel Díaz (sala) cambia su Gastromium inicial, simplificando y bajando precios con la fórmula de *gastrobar* pero manteniendo la calidad. **Canelón de cola de toro, presa ibérica en mojo rojo de achiote, 'tatin' de manzana.** Precio medio 25 €.

® **Poncio.** Av. Charles Darwin, 4. T. 954 460 717. *www.ponciorestaurantes.com*

Cierra domingo y festivos. La interesante cocina de Willy Moya es todo un referente en su refrescante local de Isla de la Cartuja. **Albóndigas, pescados de Huelva y carnes ibéricas, tarta de manzana caliente.** Menú 10 €. Precio medio 35 €.

® **Salvador Rojo.** Av. Manuel Siurot, 33. T. 954 229 725. *www.salvadorrojo.com*

Cierra domingo y agosto. La nueva ubicación armoniza con la calidad culinaria de Salvador Rojo. **Polenta con gambas y cebolla caramelizada, pichón de Bresse con guiso de trigo tierno, morcilla y canela, cremoso de dos chocolates con sopa de vainilla y pan de especias.** Precio medio 47 €. También tienen un espacio para tapas, **Tapas 33,** a mitad de precio.

Santo-Martín Berasategui. (H. Eme Catedral). Argote de Molina, 6. T. 954 561 020. *www.santorestaurante.com*

Cierra domingo, lunes y agosto. Baltasar Díaz Corbacho se ha ganado un justificado hueco en la alta cocina de la ciudad, asesorado por Martín Berasategui, con platos de temporada. **Verduras naturales, crema de guisantes y 'foie-gras mi-cuit', pichón asado con guiso de trigo, espinacas y compota de cerezas, granizado de vainilla y helado a la miel.** Todo ello frente a la Catedral. Precio medio 75 €.

® **Taberna del Alabardero.** (H. Alabardero). Zaragoza, 20. T. 954 502 721. *www.tabernadelalabardero.es*

Cierra agosto. Con 7 habitaciones. Bonita ubicación en una casa-palacio (s. XIX), sede de la Escuela Superior de Hostelería. **Ajo blanco con macedonia de frutas y sorbete de mango, corvina con compota de tomate y espárragos verdes, pionono con crujiente de chocolate.** Precio medio 50 €.

Hoteles

***** **Alfonso XIII.** Castelar, 2. T. 954 917 000. *www.luxurycollection.com/alfonsoxiii*

Hab. 151: 675/775 €. Suites: 20. Hotel aristocrático y de gran tradición. Su arquitectura mudéjar es un símbolo de la ciudad, con instalaciones actualizadas que conservan todo el encanto y el lujo de los grandes hoteles de principio de siglo. Es el foro de los acontecimientos de la vida social sevillana. Restaurante San Fernando.

***** **Gran Meliá Colón.** S. Fernando, 1. T. 954 505 599. *www.solmelia.com*

Hab. 189: 135/800 €. Suites: 26. Admisión de perros, consultar. Servicio de canguro, consultar. Hotel taurino.

**** **Doña María.** Santiago, 19. T. 954 224 990. *www.hdmaria.com*

Hab. 64: 100/275 €. Suites: 1. Frente a la Catedral. Antigua casa-palacio del s. XIV. Amueblado con esmero y buen gusto, cuidado hasta el último detalle. Ambiente confortable.

**** **Las Casas de la Judería.** D. Remondo, 5. T. 954 415 150. *www.casasypalacios.com*

Hab. 112: 180/360 €. Suites: 12. En el barrio de Sta. Cruz. Este hotel ha recuperado las antiguas casas de la judería que formaban un conjunto de aposentos al servicio del duque de Béjar. Restaurante Emporión.

**** **Las Casas del Rey de Baeza.** Pl. Sta. María La Blanca, 2. T. 954 561 496. *www.fuenso.com*

Hab. 41: 140/320 €. Suites: 5. Admisión de perros, consultar. Corral de vecinos del s. XVIII. Restaurante Senzone.

**** **Petit Palace Marqués Santa Ana.** Jesús de la Redención, 9-11. T. 954 221 812. *www.hthoteles.com*

Hab. 57: 85/562 €. Todas las habitaciones con ordenador portátil e internet gratuitos. Junto a la Catedral.

**** **San Gil.** Jimios, 28. T. 954 906 811. *www.hotelsangil.com*

Hab. 84: 70/320 €. Antigua casa-palacio sevillana. Restaurante La Calesera.

**** **Vincci La Rábida.** Parras, 24. T. 954 501 280. *www.vinccihoteles.com*

Hab. 79: 125/330 €. Suites: 2. Admisión de perros, consultar. Casa-palacio del s. XVIII. En el casco histórico. Vistas a la Catedral. Restaurantes El Mirador de Sevilla y Los Patios.

*** **Monte Carmelo.** Virgen de la Victoria, 7. T. 954 279 000. *www.hotelesmonte.com*

Hab. 68: 52/220 €. Situado en el barrio Los Remedios, próximo al centro.

*** **Monte Triana.** Virgen de la Victoria, 24. T. 954 343 111. *www.hotelesmonte.com*

Hab. 116: 52/160 €. Situado en el popular barrio de Triana. Próximo al casco histórico y al Parque Isla Mágica. Reformado en 2011.

*** **Palacio de Villapanés-Almasevilla.** Clara de Jesús Montero, 31. T. 954 502 063. *www.almasevilla.com*

Hab. 48: 169/409 €. Suites: 5. Admisión de perros, consultar. Céntrico. Ubicado en una casa-palacio del s. XVIII totalmente remodelada. Próximo a la Giralda y la Catedral. Restaurante Villapanés.

Escultura del sevillano jardín de la Casa de Pilatos

Sierra Nevada-Monachil Granada

107 · B-2
A Granada, 6 km
A Madrid, 461 km
Alt. 740-3.394 m · Pob. 7.294
T. 958 480 464
GPS 37° 7' 54" N · 3° 32' 26" O

Visitar: La **estación de esquí de Sierra Nevada** es la más meridional de Europa y por ello la que ofrece más horas de luz. La sierra está protegida como Parque Nacional. Merecen un paseo los jardines botánicos de La Cortijuela y el de La Hoya de Pedraza; la **iglesia de la Encarnación** (s. XVI), la Casa del Molino (s. XVI), el convento de los Agustinos Recoletos (s. XIX), el radiotelescopio y el observatorio.

Fiestas: El 17 de enero es **S. Antón,** fiesta gastronómica, en Monachil. El 5 de agosto, la **Virgen de las Nieves,** en Sierra Nevada. Y el 25 de agosto, la Virgen del Rosario.

Alrededores: Se puede bajar a **Granada** y visitar la Alhambra, a 6 km.

Restaurantes

Ruta del Veleta. (Estación de esquí Pradollano). Edificio Bulgaria, s/n. T. 958 481 201. *www.rutadelveleta.com*

Cierra domingo cena y de mayo a noviembre. Cocina tradicional de los hermanos Pedraza en Sierra Nevada. Cazuela de espárragos trigueros con huevo escalfado, solomillo de ternera sobre jugo trufado de *boletus edulis*, piononos de Santa Fe con helado de vainilla y nueces de macadamia. Precio medio 40 €.

Hoteles

***** **Vincci Selección Rumaykiyya.** Pradollano, s/n. T. 958 482 508. *www.vinccihoteles.com*

Hab. 50: 77/219 €. Suites: 7. A pie de pistas. Restaurante La Alquería.

**** **Meliá Sierra Nevada.** Pl. Canalejas, s/n. T. 958 480 400. *www.melia-sierra-nevada.com*

Hab. 221: 65/360 €. Suites: 4. En el centro comercial y de ocio de la estación de esquí. Cocina cuidada. Restaurante La Tinaja de la Sierra.

76 · C-2

Siete Aguas Valencia Ver Chiva

Sigüenza Guadalajara

44 · C-4
A Guadalajara, 70 km
A Madrid, 130 km
Alt. 968 m · Pob. 5.043
T. 949 347 007
GPS 41° 4' 7'' N 2° 38' 37'' O

Visitar: La **Catedral,** comenzada en el s. XII por maestros franceses, se acabó a finales del s. XIII. La portada está flanqueada por dos torres (ss. XIV al XVI). En el interior destacan las capillas de la Inmaculada y del Doncel, en la que se encuentra el sepulcro de D. Martín Vázquez de Arce. En la sacristía hay un relieve de alabastro de la escuela inglesa de Nottingham; y en el crucero, el retablo de Ntra. Sra. de la Leche. El altar de Sta. Librada es un conjunto renacentista diseñado por Covarrubias y en la Girola está la magnífica sacristía de las Cabezas, también de Covarrubias. El **Museo Diocesano** alberga colecciones de esculturas románicas, góticas, renacentistas y barrocas, entre las que destacan la imagen del profeta Elías, atribuida a Salzillo. Otros puntos interesantes son la **plaza Mayor,** rodeada de soportales (s. XV); el **Ayuntamiento,** renacentista de 1511; la portada románica de la iglesia de Santiago; la Casa del Doncel (s. XV), sede del Archivo Histórico Municipal; la iglesia de S. Vicente, de estilo románico; la **plazuela de la Cárcel,** con el antiguo Ayuntamiento, y la Posada del Sol; el Portal Mayor y el castillo (s. XII), reconstruido en los ss. XIV y XV.

El Doncel y su sepulcro de mármol son el símbolo de la ciudad de Sigüenza

Fiestas: El 22 de enero se celebra **S. Vicente,** con las tradicionales hogueras, una fiesta declarada de Interés Turístico. La **Semana Santa** también es de Interés Turístico Provincial. El 9 de mayo tiene lugar la romería al Santuario de la Virgen de la Salud, en Barbatona. El 23 de junio se levantan los típicos arcos de S. Juan y la rondalla seguntina interpreta las sanjuaneras, coplas tradicionales. El 16 de agosto son las fiestas de **S. Roque,** patronales.

Alrededores: Merece la pena visitar el **Castillo de Pelegrina** (s. XII), el de Guijosa y el **Parque Natural del Río Dulce.** En **Palazuelos,** la muralla es Bien de Interés Cultural. En **Cubillas del Pinar,** a 15 km, hay una iglesia románica, al igual que en **Carabias,** a 9 km. Las **Salinas de Imón** son Bien de Interés Cultural.

Restaurantes

Calle Mayor. Mayor, 21. T. 949 391 748. *www.restaurantecallemayor.com*
Cierra lunes. Casona antigua de los hermanos Canfrán. Croquetas de ajoarriero, albóndigas de cordero, *soufflé* de chocolate. Menú 15 €. Precio medio 30 €.

El Doncel. (H. El Doncel). P° de la Alameda, 3. T. 949 390 001. *www.eldoncel.com*
Cierra Navidades. Con 18 habitaciones. Todo sigue igual, igual de bien con la atención de los hermanos Pérez en cocina y sala. **Patata trufada y huevo de corral, costillar de cordero rustido; arena de chocolate y 'mousse' de coco.** Precio medio 45 €.

La Casa. Pl. S. Vicente, s/n. T. 949 390 310. *www.restaurantelacasa.com*
Cierra cenas en invierno, lunes y enero. En la Casa-Palacio del Doncel de Sigüenza. Pimientos del piquillo con brandada de bacalao, carrillera de ternera estofada, helado de queso con miel de la Alcarria. Menú 15 €. Precio medio 30 €.

Hoteles

**** **Parador de Turismo.** Pl. Urb. Sol y Nieve, s/n. T. 949 390 100. *www.parador.es*
Hab. 81: 80 €. Suites: 2. Castillo visigótico, transformado sucesivamente en alcazaba árabe y Palacio Episcopal (s. XI). Cocina tradicional. Restaurante Parador de Sigüenza.

Sitges Barcelona

48 · C-2
A Barcelona, 36 km
A Madrid, 597 km
Alt. 10 m · Pob. 28.130
T. 938 109 340
GPS 41° 14' 4'' N · 1° 48' 36'' E

Visitar: Un paseo por el casco antiguo y por el paseo marítimo, con mansiones señoriales, puede completarse con visitas a la iglesia parroquial, el **Baluard,** el Palau Maricel, el **Museu Cau-Ferrat,** el Museu Romàntic, el Museu Maricel de Mar y, por supuesto, a las **playas.**

Fiestas: Destaca el Corpus Christi y el carnaval. En marzo se celebra el **Rally Internacional de Coches de Época.** A finales de agosto es la Festa Major de

St. Bartomeu. En septiembre, la fiesta de la Vendimia, en Sta. Tecla. Y en octubre, el **Festival Internacional de Cinema de Catalunya.**

Alrededores: Se pueden conocer los **parques naturales del Garraf, del Foix y la Serra de Montserrat.** También hay cerca un monasterio budista.

® **El Velero de Sitges.** Pº de la Ribera, 38. T. 938 942 051. *www.restaurantevelero.com*
Cierra domingo cena, lunes excepto festivos, y 15 días en enero. Elegancia y familiaridad en primera línea de mar y una culinaria primordialmente marinera elaborada por el cocinero y propietario Florencio Martínez, conforman la recomendable oferta de esta casa. Menú 25 €. Precio medio 45 €.

® **Fragata.** Pº de la Ribera, 1. T. 938 941 086. *www.restaurantefragata.com*
Una cocina de matices mediterráneos, un interior con elegante diseño y una situación de privilegio avalan esta casa como una de las opciones más agradables del litoral. Precio medio 37 €.

® **Ibai.** (En Sant Pere de Ribes, a 4 km. Ctra. de Canyelles). Les Perellades, s/n. T. 938 965 490. *www.ibaiosteria.com* P
Hospitalidad en la atención y buena cocina basada en una selectiva compra de buenos productos del entorno. **Sopa de pescado, colita de rape con jugo de zarzuela y mejillones.** Precio medio 50 €.

® **Maricel.** Pº de la Ribera, 6. T. 938 942 054. *www.maricel.es*
Cierra segunda quincena de noviembre. Situado en primera línea de mar, la agradable terraza y el selecto clasicismo interior complementan una oferta culinaria mediterránea, sabrosa y actual. Precio medio 50 €.

Hoteles

***** **Dolce Sitges.** Av. Port d'Aiguadolç, 12. T. 938 109 000. *www.dolcesitges.com*
P
Hab. 260: 199/457 €. Suites: 3. Vistas al mar y al campo de golf. Restaurantes Esmarris, Verema y La Punta.

**** **Estela Barcelona.** Av. del Castell, 8. T. 938 114 545. *www.hotelestela.com*
P
Hab. 64: 100/220 €. Suites: 12. Situado en el puerto deportivo, frente a la playa de Aiguadolç. Habitaciones pintadas y decoradas por artistas, con vistas al mar. Restaurante Iris Gallery, cocina mediterránea.

Detalle de las vidrieras del Museu Cau-Ferrat de Sitges

Solares Cantabria

5 · D-3
A Santander, 17 km
A Madrid, 399 km
Alt. 50 m · Pob. 7.703
T. 630 119 026
GPS 43° 23' 4'' N · 3° 44' 21'' O

Visitar: Esta villa destaca por su tradición termal y su riqueza arquitectónica, como se ve en la **Fábrica del Agua.** Otros puntos de interés son la iglesia de Sta. María (s. XVI); la fortaleza del Pico Castillo (ss. VIII al XI), Bien de Interés Cultural; la ermita de S. Pedruco; los Palacios de Valbuena y de Rubalcaba (s. XVII) y la finca de Marqués de Valdecilla. Por aquí pasa el Camino de Santiago. Es posible acercarse al **embalse de Heras.**

Fiestas: El 29 de enero es **S. Vicente;** el 24 de junio, S. Juan; el 29 de junio, S. Pedro. Agosto está plagado de fiestas: el 6 es S. Justo; el 15, **Sta. María de Cudeyo;** el 16, S. Roque; y el 19, S. Joaquín.

Alrededores: A 4 km está el monumento a la Marina de Castilla, en **Peña Cabarga,** con panorámica de la bahía de Santander. En **Liérganes,** a 7 km, merecen una visita el puente romano y el casco antiguo. En **Bareyo,** a 10 km, la iglesia de Sta. María (s. XII). A 18 km se ubica el **Parque de la Naturaleza de Cabárceno.** La costa y las playas están a 12 km.

Restaurantes

Casa Enrique. (H. Casa Enrique). Pº de la Estación, 16. T. 942 520 073. *www.restaurantecasaenrique.es* P
Cierra domingo cena y del 2 al 15 de octubre. Con 16 habitaciones. Buena referencia. Menestra de verduras, bacalao en diferentes preparaciones, tarta de queso sobre base de sobao pasiego. Precio medio 30 €.

Hoteles

**** **Balneario Solares.** Av. Camí de Miralpeix, 13. T. 942 521 313. *www.hotelbalneariosolares.es* P
Hab. 113: 90/180 €. Suites: 5. 5.000 m² de espacio termal. Restaurante El Manantial.

Osos en el Parque de la Naturaleza de Cabárceno

Soria

33 · D-3
A Madrid, 226 km
Alt. 1.055 m · Pob. 40.300
T. 975 220 511
GPS 41° 45' 56" N · 2° 28' 18" O

Visitar: En esta ciudad monumental destacan la **iglesia de Sto. Domingo,** románica (s. XII). En la actualidad es un convento de clarisas, con tres naves y un altar (s. XVI). También es de interés la iglesia de S. Juan de Rabanera (s. XII), con una portada notable y un ábside de dos ventanas; la **Concatedral de S. Pedro,** románica en origen y transformada en el s. XVI; el **Monasterio de S. Juan de Duero** (s. XIII); el Museo Numantino, con su excepcional colección de objetos celtíberos de Numancia, Uxama y Tiermes; el Palacio de los Condes de Gómara (s. XVI) y su monumental fachada con motivos decorativos geométricos, la doble galería con columnas y la robusta torre; el **Palacio de los Ríos y Salcedo** (s. XVI) con decoración plateresca en la puerta y una curiosa ventana, actual Archivo Histórico Provincial; y la **Aduana Vieja,** una calle nobiliaria con palacios renacentistas como el de los Castejones, el de Don Diego de Solier y el de S. Clemente. La plaza Mayor muestra edificios destacables como el **Palacio de la Audiencia,** juzgado, cárcel y actualmente centro cultural; el **Palacio de los Doce Linajes,** actual Ayuntamiento; y la iglesia de la Mayor, de origen románico. Junto al río Duero está la **ermita de S. Saturio,** construida sobre la gruta natural en la que vivió el anacoreta patrón de la ciudad, con excelentes frescos en la capilla del pintor soriano Juan Zapata Ferrer. Merece la pena dar un paseo por el **parque de la Alameda de Cervantes** y el del castillo, con preciosas panorámicas.

La Laguna Negra es un paraje de especial belleza en los montes de Urbión

Fiestas: La **Semana Santa** es de Interés Turístico Regional, del 1 al 8 de abril. Las **fiestas de S. Juan** o de la Madre de Dios, de Interés Turístico, se extienden durante cinco días (del 17 de junio al 2 de julio), cada uno con su propio significado. Destaca el **Día de la Saca,** el Lunes de Bailas, la romería en la pradera de S. Polo, a orillas del Duero o el **Adiós S. Juan.** Del 1 al 5 de octubre, fiestas patronales en honor a S. Saturio, con función religiosa y procesión de las reliquias del Santo.

Alrededores: A 6 km está el monte **Valonsadero,** zona natural de esparcimiento y estación rupestre con pinturas prehistóricas. A 8,5 km, la ciudad celtíbero-romana de Numancia. A 25 km, la villa tardo-romana de las **Cuevas de Soria.** A 28 km, el **valle del Razón.** A 30 km, la playa Pita, en el embalse de la **Cuerda del Pozo.** A 41,5 km, la ruta de las icnitas. A 50 km, Ágreda. A 18 km, el **Parque Natural del Cañón del Río Lobos.** A 51 km, el **Parque Natural de la Laguna Negra.**

Restaurantes

Baluarte. Caballeros, 14. T. 975 213 658. *www.baluarte.info*

Cierra domingo cena, lunes, segunda quincena de enero y primera de septiembre. La mejor referencia de Soria. **Arroz con setas de cardo, paletilla de lechal, patatas panedera y brotes tiernos, canutillos de chocolate.** Precio medio 35 €.

Fogón de Salvador. P° del Salvador, 1. T. 975 230 194. *www.fogonsalvador.com*

Asador castellano. Setas y verduras de temporada, carnes rojas y pescados a la brasa, costrada soriana. Menú 22 €. Precio medio 30 €.

Iruña Plaza. Pl. Ramón Benito Aceña, 2. T. 975 226 831. *www.iruñaplaza.com*

Barra de tapas. Pisto con arroz y chipirones, rape al horno, leche al horno. Menú 12 €. Precio medio 30 €.

Rincón de S. Juan. Diputación, 1. T. 975 215 036. *www.rincondesanjuan.com*

Cierra cenas entre semana, domingo, del 6 al 21 de febrero y del 2 al 6 de julio. Sopa de setas con trufa negra de Soria, cochinilla frita, tarta de queso. Menú 16 €. Precio medio 35 €.

Hoteles

★★★★ **Parador de Turismo.** Calvo Sotelo, s/n. T. 975 240 800. *www.parador.es*

Hab. 67: 77/168 €. Situado en el parque del castillo, con hermosas vistas a la ciudad, el Duero y la sierra. Todas las habitaciones son exteriores. Restaurante Parador de Soria, cocina castellana innovadora.

Sort Lleida

25 · C-2
A Lleida, 125 km
A Madrid, 592 km
Alt. 692 m · Pob. 2.387
T. 973 621 062
GPS 42° 24' 36'' N · 1° 7' 39'' E

Visitar: Los lugares más destacados son el **Castell dels Comtes de Pallars** (ss. XI al XV), la iglesia parroquial de St. Feliu, la **plaza Mayor,** el parque del Rivet, el observatorio meteorológico y la **Presó-Museu El Camí de la Libertat.**

Fiestas: Las celebraciones principales son el carnaval; el 24 de junio, la esquilada de ovejas y feria artesanal; en julio, el **Rally Internacional de la Noguera Pallaresa;** del 31 de julio al 2 de agosto, la fiesta Mayor; y el 7 y 8 de noviembre, la feria de Otoño.

Alrededores: Cerca hay varios lugares atractivos como el Museu de les Papallanes (Mariposas) de Catalunya, el **Parc Natural de l'Alt Pirineu,** el **Parc Nacional de Aigüestortes i Estany de St. Maurici,** el Monestir de Gerri de la Sal, el valle de Àssua, el Museu dels Pastors y la estación de esquí de **Port-Ainé.**

Restaurantes

Fogony. Av. Generalitat, 45. T. 973 621 225. *www.fogony.com*
Cierra domingo cena, lunes, martes y del 7 al 22 de enero. Tradición y modernidad realzadas por el buen hacer de Zaraida Cotonat en los fogones de este pequeño Fogony que requiere reserva imprescindible. **Canelón de faisán, jugo de asado, piñones y manzana; lingote de chocolate, granizado de mojito y plátano.** Precio medio 60 €.

Pessets. (H. Pessets. Ctra. de La Seu d'Urgell). Diputació, 3. T. 973 620 000. *www.hotelpessets.com* P
Cierra noviembre. Con 72 habitaciones. Junto al río Noguera Pallaresa, con bonitas vistas a la montaña. *Ravioli* de setas de temporada con *foie-gras* y trufa, solomillo al oporto con sales y especias, brazo de gitano con piña colada. Menú 21 €. Precio medio 50 €.

Sos del Rey Católico Zaragoza

23 · D-2
A Zaragoza, 124 km
A Madrid, 421 km
Alt. 652 m · Pob. 690
T. 948 888 524
GPS 42° 29' 49'' N · 1° 12' 59'' O

Visitar: La villa está situada en un alto entre los puertos de Sos y Cuatro Caminos. Siete puertas con troneras dan acceso al barrio monumental, en el que destacan la **iglesia de S. Esteban** y su cripta (ss. XI y XII), a la que se llega por el **túnel El Rechelao** o La Claustra, con capiteles románicos (s. XI). El templo fue construido en estilo románico, ampliado en gótico en el s. XVI, con una portada románica de finales del XII, y guarda las tallas del Cristo del Perdón (s. XII) y la Virgen del Perdón (s. XIII). En la iglesia subterránea destaca la decoración de los ábsides y las pinturas murales (ss. XIII y XIV), bien conservadas. Otras visitas interesantes son el **Museo Parroquial;** la ermita de Sta. Lucía, románica cisterciense (s. XIII); el **Santuario de Valentuñana,** barroco de los ss. XVII y XVIII; el Palacio de Sada, donde nació Fernando el Católico, y las Casas Consistoriales de los ss. XIII al XVI.

El turismo micológico es uno de los alicientes del entorno de Sos del Rey Católico

Fiestas: El domingo y lunes de Pentecostés se realiza la **romería al Santuario de Ntra. Sra. de Valentuñana,** patrona de la comarca y de la villa. En agosto llegan las fiestas Mayores de la Cruz, con gigantes y cabezudos, fuegos artificiales, becerradas y actuaciones de cuadros joteros. El 13 de diciembre, con motivo de Sta. Lucía, hay celebraciones en la ermita de la santa, decorada con originales pinturas murales. El 26 de diciembre es la fiesta religiosa en honor a **S. Esteban,** protomártir, titular de la parroquia

Alrededores: A 22 km, **Uncastillo** forma un soberbio conjunto histórico monumental, con una ingente cantidad de palacios y de iglesias, tanto románicas como renacentistas. La **sierra de Sto. Domingo** es un enclave montañoso con pequeñas localidades pintorescas y edificios de interés. El **embalse de Yesa,** a 20 km, es conocido como el mar del Pirineo.

Restaurantes

La Cocina del Principal. Fernando el Católico, 13. T. 948 888 348. *www.lacocinadelprincipal.com*
Cierra domingo cena, lunes no festivos, y enero. En las cuadras y bodega de un caserón (s. XVI). Migas con setas y lechezuelas, bacalao al chilindrón, flan de manzana. Precio medio 30 €.

Hoteles

**** **Parador de Turismo.** Parque del Castillo, 1. T. 948 888 011. *www.parador.es*
P

Hab. 66: 103/139 €. Suites: 5. Sitio ideal para la realización de excursiones. Ubicado en el extremo de la muralla medieval. Especialidades gastronómicas regionales. Restaurante Cinco Villas.

53 · C-2

Soto del Real Madrid Ver Manzanares el Real

Sotogrande-Guadiaro Cádiz

114 · E-1
A Cádiz, 145 km
A Madrid, 672 km
Alt. 109 m · Pob. 29.588
T. 956 694 005
GPS 36° 18' 2'' N · 5° 18' 10'' O

Visitar: Esta bella zona residencial y turística, perteneciente al municipio de S. Roque, se sitúa en la linde de las provincias de Cádiz y Málaga. Es el comienzo occidental de la Costa del Sol. Aquí se encuentran el **Club de Golf Valderrama,** de prestigio internacional y un notable **puerto deportivo.**

Fiestas: La **Semana Santa** es de Interés Turístico Nacional. En agosto tiene lugar la **Feria Real de S. Roque,** y en julio y agosto, el Torneo de Verano de Polo.

Alrededores: A 16 km está el **peñón de Gibraltar,** y en la misma zona, el **Parque Natural de los Alcornocales,** los parajes naturales del estuario y la laguna Torreguadiaro.

Restaurantes

Midas. (Edif. Club Marítimo). Puerto Deportivo de Sotogrande. Pº del Puerto, s/n. T. 956 790 121. *www.restaurantemidas.com*
Cierra domingo cena en invierno y primera quincena de febrero. Agradable terraza-comedor con vistas al puerto deportivo. Crema de alubias de Tolosa con colitas de cigalas, carrillera de ternera guisada, sorbete de *gin-tonic.* Menú 10 €. Precio medio 30 €.

Hoteles

**** **Club Marítimo de Sotogrande.** (En San Roque). Puerto Deportivo Sotogrande, s/n. T. 956 790 200. *www.clubmaritimodesotogrande.com*
Hab. 41: 138/255 €. Suites: 8. Admisión de perros, consultar. Se ofrece servicio de canguro. En primera línea de playa. Restaurante El Marítimo.

Sotosalbos Segovia

43 · B-4
A Segovia, 18 km
A Madrid, 108 km
Alt. 1.161 m · Pob. 131
T. 921 403 119
GPS 41° 2' 5'' N · 3° 56' 37'' O

Detalle de arco de la iglesia románica de S. Miguel (s. XII), en Sotosalbos

Visitar: La **iglesia de S. Miguel** (s. XII) y el Museo Parroquial, con tallas románicas, son los puntos más interesantes.

Fiestas: El domingo de Pentecostés se celebra **Sta. María de la Sierra.** El 3 de agosto, **María Magdalena.** Y el 29 de septiembre, **S. Miguel Arcángel.**

Alrededores: En **Pelayos del Arroyo,** a 2 km, está la iglesia de S. Vicente Mártir. También a 2 km, Collado Hermoso.

Restaurantes

El Portón (Las Casillas). Eras, 1-3. T. 921 403 125. *www.elportondesotosalbos.com*
Cierra domingo cena; y de lunes a jueves. Bonita casa antigua con cocina castellana. Revuelto de morcilla con piñoncitos, cochifrito, flan de queso. Precio medio 28 €.

® **La Finca de Duque.** Ctra. Soria, N-110, km 172. T. 921 403 013. *www.lafincadeduque.es*
Cierra cenas desde el 15 de septiembre al 1 de julio y lunes. Con 12 habitaciones. Elegante casa rural con la cualificada cocina de Duque (restaurante de Segovia). **Judiones, cordero y cochinillo asados, ponche segoviano.** Precio medio 30 €.

® **La Matita.** (En Collado Hermoso, a 2 km). Ctra. N-110, Soria-Plasencia, km 162. T. 921 403 377. *www.restaurantelamatita.com*
Profesionalidad y buen hacer en cocina, comedor y vinos a cargo de los hermanos Martín. Buenos **platos de setas en temporada, judiones de La Granja, perdiz estofada, ponche segoviano.** Precio medio 25 €.

Hoteles

La Finca de Duque. Ctra. Arquitecto Sainz de Vicuña, . T. 921 403 013. *www.lafincadeduque.es*
Hab. 10: 80/110 €. Suites: 2. Desayuno incluido.

6 · C-3

Sukarrieta/Pedernales Bizkaia Ver Mundaka

Tafalla Navarra

Visitar: La **parroquia de Sta. María** tiene un notable retablo mayor y un *Cristo del Miserere* de Juan de Ancheta. Otros monumentos destacados son el **Palacio del Marqués de Feria,** la Casa de los Mencos, el **convento de Recoletas,** la parroquia de S. Pedro, las ermitas de S. Gregorio y S. José, la Casa de Cultura y el **Palacio de los Mariscales,** actual sede de la biblioteca.

Fiestas: El 20 de enero es el día del patrón, **S. Sebastián.** El 30 de abril, a las 12 de la noche, se realiza la **romería a Ujué de la hermandad de los Doce Apóstoles,** desde la iglesia de Sta. María. El domingo más próximo al 9 de mayo tiene lugar la romería a la ermita de S. Gregorio. Del 14 al 20 de agosto son las **fiestas de Ntra. Sra. de la Asunción y S. Sebastián,** con encierros, corridas de toros y bailes regionales.

Alrededores: En **Ujué,** a 18 km, hay una imponente iglesia fortaleza. En **Olite,** a 5 km, está el Castillo de los Reyes de Navarra. Y en el **Señorío de Berritz** hay un atractivo Parque Natural.

23 · B-2
A Pamplona, 35 km
A Madrid, 365 km
Alt. 421 m · Pob. 11.413
T. 948 702 011
GPS 42° 31' 48'' N · 1° 40' 32'' O

Campos de secano en las inmediaciones de Tafalla

Restaurantes

☼☼ **Túbal.** Pl. de Navarra, 4. T. 948 700 852. *www.restaurantetubal.com*

Cierra cenas de domingo y martes, lunes, del 21 de enero al 3 de febrero y del 21 de agosto al 5 de septiembre. Es obligatorio si se va a Navarra disfrutar de la magnífica restauración del Túbal. Atxen, matrícula de honor en sala, y su excelente alumno, hijo y cocinero Nicolás deleitan con una cocina navarra excepcionalmente mimada. Un lujo para los sentidos. Precio medio 50 €.

Hoteles

*** **Beratxa.** Escuelas Pías, 7. T. 948 704 046. *www.hotelberatxa.com*

Hab. 15: 63/125 €. Céntrico. Restaurante asador, cocina tradicional y regional. Conexión gratuita a Internet y *wifi*. Restaurante Beratxa.

Talavera de la Reina Toledo

Visitar: Abundan los monumentos, como la **iglesia de Sta. María La Mayor,** nombrada colegial en 1211, de estilo mudéjar, con un claustro gótico construido en el s. XV; la **Basílica de Ntra. Sra. del Prado,** denominada *reina de las ermitas;* la iglesia de Santiago el Nuevo, mudéjar, de principios del s. XIV; la iglesia del Salvador (ss. XII al XVI), con ábside mudéjar; el convento de S. Prudencio (ss. XIV al XVI), S. Agustín el Viejo (s. XVII) y S. Bernardo, barroco, de 1610. También destacan los **jardines del Prado,** con cerámica de Ruiz de Luna; la Puerta de Sevilla, de 1579, junto a las **murallas árabes,** consideradas Monumento Nacional, así como los museos Ruiz de Luna, con piezas mudéjares y retablo de Ruiz de Luna, y el Etnográfico.

Fiestas: El sábado siguiente al Domingo de Resurrección se celebran las **Mondas,** fiesta de Interés Turístico Nacional. Del 15 al 18 de mayo, la feria de S. Isidro. El 8 de septiembre es la **fiesta de la patrona,** Ntra. Sra. del Prado. Del 21 al 23 de septiembre, la feria de S. Mateo.

Alrededores: Resultan muy interesantes las localidades de **Castillo de Bayuela** y **Oropesa,** así como la **Sierra de S. Vicente** y la **comarca de la Jara.**

62 · A-3
A Toledo, 80 km
A Madrid, 110 km
Alt. 371 m · Pob. 88.986
GPS 39° 57' 34'' N · 4° 50' 8'' O

Cerámica de Talavera en la plaza del Pan de la localidad manchega

Restaurantes

® **Ruiz de Luna.** Av. Constitución, 7. T. 925 818 995. *www.restauranteruizdeluna.es*

Una buena referencia basada en los productos locales y de temporada. **'Tempura' de verduras, perdiz rellena en su propio escabeche, torrijas caramelizadas.** Menú 25 €. Precio medio 35 €.

Taberna Mingote. Pl. Federico García Lorca, 5. T. 925 825 633.
Cierra martes cena, miércoles y segunda quincena de julio. Mesón decorado con viñetas de Antonio Mingote. Migas con huevos fritos, cochinillo al horno, sapitos en leche. Del mismo propietario, **El Esturión** (Miguel Hernández, 7. T. 925 824 570. Cierra domingo cena, lunes y primera quincena de julio). Decoración y oferta marinera. Precio medio 32 €.

Tanos Cantabria Ver Torrelavega

5 · B-3

Taramundi Asturias

2 · E-4
A Oviedo, 158 km
A Madrid, 530 km
Alt. 277 m · Pob. 975
T. 985 646 877
GPS 43° 21' 41'' N · 7° 6' 45'' O

Visitar: El concejo cuenta con una notable colección de elementos de patrimonio arqueológico y etnográfico, donde destaca el **poblado protohistórico de Os Castros.** La iglesia parroquial de S. Martín (s. XVIII) conserva un retablo mayor barroco. Muy llamativa es la tradicional arquitectura de pizarra, así como la indiana, de la que hay una buena muestra en la **escuela de Bres.**

Fiestas: Las más destacadas son las de S. José y **S. Martín,** en honor al patrón.

Alrededores: Muy llamativo es el conjunto etnográfico de **Teixois:** antigua maquinaria de la industria cuchillera. En **Ouria,** a 10 km, hay un reloj solar de 1770.

Restaurantes

Los Arándanos. Almallos, s/n. T. 985 552 014. *www.losarandanos.com*

Cierra lunes a viernes excepto verano, y de Navidades a Semana Santa. Ambiente acogedor y rústica elegancia en la Reserva de la Biosfera Oscos-Eo Terras de Burón. Cocina tradicional asturiana puesta al día. Parrillada de verduras, *pitu* de Caleya, *mousse* de arroz con leche. Precio medio 30 €.

Hoteles

**** **Arcea Hotel La Rectoral.** Cuesta de La Rectoral, s/n. T. 985 646 760. *www.arceahoteles.com*

Hab. 18: 55/129 €. Se trata del primer núcleo de turismo rural en España, desde donde realizar varias rutas de senderismo. Restaurante La Rectoral.

Tarancón Cuenca

63 · D-3
A Cuenca, 81 km
A Madrid, 81 km
Alt. 808 m · Pob. 15.732
T. 969 321 016
GPS 40° 0' 37'' N · 3° 0' 28'' O

Visitar: Los monumentos más destacados son la **iglesia parroquial de Ntra. Sra. de la Asunción** (s. XVI), el **convento de los Franciscanos,** el Palacio del Duque de Riansares (s. XIX), la Casa Parada (s. XVII), el **Museo de Arte Contemporáneo,** los restos celtibéricos-romanos y la **muralla medieval.**

Fiestas: En el carnaval sobresalen el desfile del **Domingo de Piñata** y la fiesta de los años 60. En Semana Santa tiene lugar la **Pasión Viviente,** de Interés Regional. Del 7 al 13 de septiembre son las fiestas patronales de la Virgen de Riansares.

Alrededores: A 20 km se encuentra el **Monasterio de Uclés** (ss. XVI al XVIII), en el que destacan la fachada, la portada norte, el patio con doble claustro del s. XVI y la sala capitular. En **Saelices,** a 15 km, hay importantes restos romanos y visigodos. También muy próxima está la ciudad romana de **Segóbriga.**

Restaurantes

Bodega La Viña. Av. Juan Carlos I, 7. T. 969 320 705. *www.restaurantelaviñatarancon.es*

Cierra cenas de domingo y miércoles. Cocina manchega actualizada. Queso manchego a la plancha con confitura, paletilla de cordero lechal al horno, crema frita al azafrán con helado de romero. Menú 11 €. Precio medio 34 €.

Hospedería Finca La Estacada. (H. Hospedería Finca La Estacada). Ctra. N-400, Toledo-Cuenca, km 103. T. 902 760 663. *www.fincalaestacada.com*

Amplios ventanales sobre los viñedos de la bodega homónima. Terrina de *foie-gras* caramelizada sobre rúcula, carrillada de ternera al vino tinto, sopa ácida (mango, maracuyá y naranja) con fruta y helado de vainilla. Solo sirven los vinos de su bodega. Menú 16 €. Precio medio 35 €.

Tarifa cuenta con kilómetros de playas de arena blanca y fina

Tarifa Cádiz

114 · C-2
A Cádiz, 101 km
A Madrid, 719 km
Alt. 22 m · Pob. 17.793
T. 956 680 993
GPS 40° 0' 37'' N · 3° 0' 28'' O

Visitar: Merecen visita las murallas árabes, el **Castillo de Guzmán el Bueno,** las iglesias de S. Mateo y S. Francisco (s. XVI), y la **ermita de Ntra. Sra. de la Luz.** El panorama se completa con el puerto, las playas y las rutas de senderismo.

Fiestas: Son notables los carnavales y la Semana Santa. En mayo se celebra el **Festival de Cine Africano.** En julio tiene lugar el **Campeonato del Mundo de Kitesurf.** El 16 de ese mes, la Virgen del Carmen sale en procesión. Del 2 al 12 de septiembre son la **feria y fiestas en honor de Ntra. Sra. de la Luz,** con romería y Cabalgata Agrícola.

Alrededores: Las playas son ideales para la pesca submarina y la práctica de *windsurf* y *kitesurf.* También hay observatorios ornitológicos. A 21 km están las ruinas de Baelo

Claudia, antigua ciudad romana hoy conocida como **Bolonia.** También resultan atractivos el **Parque Natural de los Alcornocales** y del **Estrecho de Gibraltar.**

Restaurantes

® **Hurricane.** (H. Hurricane). Ctra. N-340, Cádiz-Málaga, km 78. T. 956 684 919. *www.hurricanehotel.com*

Cierra almuerzos. Con habitaciones. Acogedor y romántico, con jardines subtropicales. **'Carpaccio' de pez limón, pescados frescos del Estrecho, tarta de chocolate.** Precio medio 35 €.

La Codorniz. Ctra. N-340, Cádiz-Málaga, km 79. T. 956 684 744. *www.lacodorniz.com*

Con 35 habitaciones. Todo un clásico en la zona tarifeña. Fideos con almejas, perdiz encebollada, sorbete de limón. Menú 18 €. Precio medio 35 €.

Tarragona

Del s. I a. C., el acueducto de les Ferreres, también llamado puente del Diablo

48 · A-3
A Madrid, 576 km
Alt. 70 m · Pob. 136.990
T. 977 233 415
GPS 41° 7' 7'' N · 1° 14' 39'' E.

Visitar: Ciudad declarada Patrimonio de la Humanidad, cuya **Catedral,** en la parte alta, se empezó a edificar en 1171 y se consagró en 1331, en el emplazamiento del gran templo romano de culto imperial. Esta iglesia, de tres naves, tiene planta de cruz latina, que alcanza en el brazo mayor 104 m de longitud y 53 m en el menor. El cimborrio se eleva 36 m. Es de estilos románico-gótico, con gran belleza e interés por sus 211 capiteles escultóricos de mármol. En el interior destacan la capilla de los Sastres, muestra primeriza del Gótico flamígero (s. XIV), y el sepulcro del infante Joan d'Aragó, verdadera obra maestra de la escultura funeraria gótica. Lo más interesante es el altar mayor, ejecutado entre 1426 y 1433 por el escultor Pere Johan y dedicado a Sta. Tecla y la Virgen. Otros puntos imprescindibles de la ciudad son el **Museu Nacional Arqueològic,** que reúne piezas importantes del mundo antiguo; el pretorio romano, también llamado Palacio de Augusto; el **circo romano,** donde se realizaban las carreras de cuadrigas y bigas; el Museo y la Necrópolis Paleocristiana, lugar de enterramiento de época tardorromana, (ss. IV y VI); la Casa-Museu Castellarnau, con sus orígenes en el s. XIV; el **Museu d'Art Modern,** instalado en la Casa Martí a mediados del s. XIX; el Museu Diocesà, fundado en 1915 por el arzobispo López y Peláez; el **paseo arqueológico** por las murallas romanas, las más antiguas de Hispania, de las que se conserva más de un kilómetro, y el anfiteatro romano, para los espectáculos de lucha de gladiadores y de fieras. Todo este conjunto arqueológico de la ciudad romana de Tarraco fue declarado Patrimonio Mundial. Otros lugares de interés son el barrio judío, el foro provincial, los porches góticos de la calle Mercería, la plaza del Pallol, el **portal del Roser y el portal de Sant Antoni**, el foro local romano y el **Teatro Romano.**

La huerta mediterránea

El Delta del Ebro es una gran lengua de tierra extraordinariamente fértil, con cultivos de arroz y árboles frutales.

Fiestas: En Semana Santa destaca la **procesión del Viernes Santo,** de Interés Nacional. En la segunda quincena de mayo se celebra **Tarraco Viva.** A principios de julio, el Concurso Internacional de Focs Artificials. En julio y agosto, el Festival d'Estiu. El 19 de agosto, las fiestas de St. Magí, con la participación de las *colles castelleres*. El 23 de septiembre tiene lugar la **fiesta Mayor de Sta. Tecla,** de Interés Nacional, con actuación del Seguici Popular, amalgama de danza, animales fantásticos, entremeses medievales y diálogos teatralizados.

Alrededores: Son dignas de visitar la **pedrera del Mèdol;** el **Arco de Berà;** el Castell de **Tamarit;** el mausoleo de Centcelles, en **Constanti;** la Torre de los Escipiones, el acueducto romano, conocido como el **puente del Diablo,** y la **villa romana dels Munts.** En la zona está el **Monestir de Santes Creus,** el de **Poblet** y los **parques naturales del Delta del'Ebre** y **del Montsant.**

Restaurantes

☼ **Aq.** Les Coques, 7. T. 977 215 954. *www.aq-restaurant.com*
Cierra domingo, lunes, 15 días en julio y Navidades. La cocina de vanguardia que elabora Ana Ruiz se caracteriza por la audacia de sus combinaciones y sabores. **Falso 'ravioli' de gamba de Tarragona al ajillo, asado de tira de 'wagyu'.** Quintín Quinsac ejerce de sumiller y dirige la sala con eficacia. Menú 18 €. Precio medio 43 €.

® **Barquet.** Gasómetre, 16. T. 977 240 023. *www.restauantbarquet.com*
Cierra lunes cena, domingo, festivos, primera semana de enero, Semana Santa y del 15 de agosto al 15 de septiembre. En un agradable ambiente moderno, en el que predomina el diseño, David Solé propone una cocina de mercado de referencias netamente locales. **Arroz con sepia, longaniza y 'foie-gras', atún con cebolla, piñones y azafrán.** Le complementa su hermano Fidel en el comedor. Precio medio 28 €.

® **Espai Fortuny (La Boella).** (H. Mas La Boella. En La Canonja, a 7 km). Ctra. Autovía T-11, Reus-Tarragona, km 12. T. 977 771 515. *www.laboella.com*
P
Cierra primera quincena de enero. En el afable espacio del Espai Fortuny, el jefe de cocina Manuel Ramírez ejecuta una propuesta gastronómica mediterránea de marcado carácter creativo. Precio medio 60 €.

® **La Grava.** (H. La Grava. En El Morell, a 10 km). Pareteta, 4-6. T. 977 842 555. *www.lagrava.com* P
Cierra domingo cena, lunes y una semana en Navidad. El tándem formado por los hermanos Ribal, Gerson en la cocina y Noemí en la sala (cuarta generación en esta casa centenaria), aprovecha su aprendizaje y conocimientos para ofrecer una cocina de raíz tradicional conceptualmente renovada. Precio medio 40 €.

® **Les Coques.** St. Llorenç, 15. T. 977 228 300. *www.les-coques.com*
Cierra domingo. En el casco antiguo de la ciudad, junto a la Catedral, la propuesta culinaria de Les Coques moviliza la atención de una clientela conocedora y entusiasta. Precio medio 50 €.

Hoteles

**** **Ciutat de Tarragona.** Pl. Imperial Tarraco, 5. T. 977 250 999. *www.hotelciutatdetarragonacoms* SPA
Hab. 168: 64/150 €. Suites: 12. Hotel moderno y céntrico.

25 · B-1

Taüll/Tahull Lleida Ver Barruera

4 · B-3

Tazones Asturias Ver Villaviciosa

Terrassa/Tarrasa Barcelona

37 · B-3
A Barcelona, 28 km
A Madrid, 614 km
Alt. 180 m · Pob. 212.724
T. 937 397 019
GPS 41° 33' 40" N · 2° 0' 32" E

Visitar: Es muy valioso el conjunto monumental formado por las **iglesias de St. Pere, Sta. Maria y St. Miquel** (ss. V al XIII), con pinturas murales prerrománicas, románicas y retablos góticos. El **Centre de Documentació i Museu Textil** es uno de los más importantes del mundo en su especialidad. El Castell de Vallparadís, edificio del s. XII transformado en cartuja en los ss. XIV y XV, es la sede del Museu de Terrassa y cuenta con restos arqueológicos, pinturas, tallas, cerámicas y esculturas. Otros puntos de referencia son la **Casa Alegre de Sagrera,**

de estilo ochocentista; el **Museu de la Ciència y la Tècnica de Catalunya,** con una gran muestra de la arquitectura industrial modernista, y otros ejemplos del mismo movimiento, como la Masía Freixa, el Ayuntamiento, la Casa Baumann, el parque de Desinfecció, la sala Muncunill y el **parque Vallparadís.**

Fiestas: De febrero a marzo tiene lugar el **Festival Internacional de Jazz.** En mayo, la Fira Modernista, y el domingo siguiente a St. Pere (junio) se celebra la fiesta Mayor. También son muy destacables las **diadas de la Calla Castellers y la Calla Minyons.**

Alrededores: A 12 km están **Sant Llorenç del Munt** y la **Serra de l'Obac,** un parque natural de 10.000 hectáreas con un monasterio benedictino situado en la cumbre de La Mola (1.104 m). En **Cerdanyola del Vallès** está el Parc Tecnològic del Vallés.

Restaurantes

® **Cal Tallón.** (En Olesa de Montserrat, a 5 km). Jaume de Viver, 15. T. 937 780 847.
Cierra cenas de domingo a miércoles y dos semanas en agosto. Recomendable cocina tradicional elaborada con ingredientes de excelente calidad por José Manuel Tallón. Precio medio 35 €.

® **Can Bondia.** Ctra. Castellar, s/n. T. 937 870 326. *www.canbondia.es*
Cierra cenas de domingo y martes, lunes y agosto. La experiencia de Jacint Verdaguer al frente de esta masía se refleja en la propuesta de una cocina catalana de mercado inspirada en la tradición. Precio medio 45 €.

® **Capritx.** Padre Millán, 140. T. 937 358 039. *www.capritx.com*
Cierra domingo, lunes, Semana Santa, segunda y tercera semanas de agosto, y Navidad. Un restaurante pequeño, un cocinero con personalidad, una propuesta gastronómica de producto cercano y un concepto culinario que apuesta por la sencillez y modernidad. **Carbonara vegetal, bacalao negro con berenjena asada, leche fresca frita con helado de especias.** Precio medio 25 €.

El Celler de Matadepera. (En Matadepera, a 6 km). Gaudí, 2. T. 937 870 857. *www.elcellerdematadepera.com*
Cierra cenas de domingo a martes, y miércoles. Modernidad a partir de la tradición aplicada con sencillez y fundamentada en una materia prima de notable calidad. **'Parmentier' de bogavante, presa ibérica con verduras en escabeche.** Precio medio 45 €.

El Cingle. (En Vacarisses, a 6 km). Pl. Mayor, s/n. T. 938 280 233. *www.elcingle.com*
Cierra cenas de domingos a miércoles, lunes, primera semana de enero y Semana Santa. Ubicado en el centro de Vacarisses, este restaurante posee el carácter y personalidad de Montse Estruch, una cocinera vocacional que interpreta sus platos a partir de una evidente mediterraneidad y una rigurosa estacionalidad. Precio medio 50 €.

Curiosas formaciones rocosas en St. Llorenç del Munt y Serra de l'Obac

Teruel

55 · E-4
A Madrid, 302 km
Alt. 915 m · Pob. 36.426
T. 978 624 105
GPS 40° 20' 42'' N · 1° 6' 26'' O

Visitar: El conjunto mudéjar de Teruel está declarado Patrimonio de la Humanidad y consta de las **cuatro torres mudéjares de las iglesias de S. Pedro, el Salvador, S. Martín y la Catedral,** así como el artesonado de esta última. Otros lugares importantes son la citada iglesia de S. Pedro, con su ándito y claustro mudéjar; la iglesia de los Franciscanos; el Museo de Arte Sacro; la **plaza del Torico** y los **edificios modernistas;** el conjunto de Los Amantes, sede del mausoleo de los célebres Amantes de Teruel; el acueducto-viaducto de Los Arcos; la **escalinata neomudéjar del Paseo del Óvalo;** la Casa de la Comunidad (Museo Provincial); los aljibes medievales de Fondero y Somer; y **Dinópolis,** conjunto lúdico-cultural dedicado a los dinosaurios.

Fiestas: Del 17 al 20 de febrero se celebran las **Bodas de Isabel de Segura,** de Interés Turístico Regional. La Semana Santa es de Interés Turístico Nacional. Del 26 de junio al 9 de julio se celebran las fiestas del Ángel. A finales de agosto es la **Muestra Internacional de Folclore,** y en septiembre, la **Feria del Jamón.**

Alrededores: En **Cella,** a 20 km, destacan la fuente del s. XVIII, la iglesia de la Inmaculada y el Ayuntamiento. **Albarracín,** a 39 km, es un emplazamiento de belleza excepcional, a la entrada de unas profundas gargantas por las que corre el río Guadalaviar, rodeado de impresionantes murallas de los ss. X al XIII. La Catedral alberga un retablo escultórico de S. Pedro, un museo y unos

Uno de los muchos detalles mudéjares que se pueden ver en Teruel

tapices flamencos. En **Mora de Rubielos** sobresalen la colegiata y el castillo (s. XII). Por su parte, el conjunto urbano de **Rubielos de Mora** recibió el premio Europa Nostra en 1983.

Restaurantes

El Milagro. Ctra. N-234, Sagunto-Burgos, km 123. T. 978 603 095. *www.restauranteelmilagro.com*
Cierra cenas de domingo a jueves. Croquetas de caldereta de bogavante, costillar de ternasco, crema helada con melocotón de Calanda. Menú 12 €. Precio medio 35 €.

La Menta. Bartolomé Esteban, 10. T. 948 605 804. *www.restaurantelamenta.com*
Cierra lunes cena, domingo, 15 días en enero y en julio. Es todo un clásico. Alcachofas salteadas con harina de *brioche* y jamón de la D. O. Teruel, solomillo de ternera con puré de apio-nabo, *parfait* de *praliné* con salsa de chocolate. Precio medio 38 €.

Mesón Óvalo. P.º del Óvalo, 2. T. 978 618 235. *www.mesonovalo.es*
Cierra domingo cena, lunes excepto festivos y del 6 de enero al 6 de febrero. Cocina aragonesa atenta a la temporada. Sefardí con piñones y pasas a la miel, secreto de Teruel con rulo de cabra y orejones de Calanda, torrija de *brioche* con helado de leche merengada. Menú 13 €. Precio medio 32 €.

® **Yain.** Pl. Judería, 9. T. 978 624 076. *www.yain.es*
Cierra cenas de domingo y martes, y lunes. Buena referencia gastronómica en una bodega judía del s. XIV reformada, atendida por Iñaki Cubas en cocina y por Raúl Igual en sala y vinos (mejor sumiller 2010 en la Semana Gastronómica de San Sebastián). **Croquetas de pintada con trompetas negras, bacalao con salsa de cebolla al azafrán.** Para adictos al chocolate. Menú 17 €. Precio medio 35 €.

Hoteles

**** **Palacio de Allepuz.** (En Allepuz, a 40 km). Caja Grande, s/n. T. 978 724 437. *www.palaciodelmaestrazgo.es*
Hab. 18: 70/128 €. Suites: 1. Casa-palacio del s. XVI. Próximo a la estación de esquí de Valdelinares. Restaurante Camino Real.

*** **Parador de Turismo.** Ctra. Sagunto-Burgos, N-234, km 122,5. T. 978 601 800. *www.parador.es*
Hab. 60: 83/127 €. Suites: 2. Palacete de inspiración mudéjar. A 5 km de Dinópolis. Cocina tradicional.

Teulada-Moraira Alicante

85 · D-3
A Alicante, 75 km
A Madrid, 483 km
Alt. 185 m · Pob. 15.200
T. 965 745 168
GPS 38° 43' 42'' N · 0° 6' 9'' E

Visitar: Los monumentos más significativos son las **iglesias de Sta. Catalina** y **de la Virgen de los Desamparados,** así como las ermitas de St. Vicent Ferrer, la Divina Pastora y la Font Santa. También merecen una visita la sala Jurats i Justicies, el **Castillo de Moraira** y la torre vigía Cap d'Or. Cuenta con unas atractivas playas y calas.

Fiestas: Del 12 al 22 de abril se celebran las **fiestas patronales de S. Vicente Ferrer.** En junio, los Moros y Cristianos toman las calles de la localidad. Del 14 al 22 de julio se festejan la Virgen de los Desamparados y la del Carmen. El fin de semana anterior al 15 de agosto se celebran la **feria y la fiesta medieval,** y el primer sábado de septiembre, la Fiesta del Moscatel.

Alrededores: En **Calpe** se encuentra el vistoso Peñón de Ifach; en **Benissa**, la iglesia parroquial y la Sierra de Bernia, y en **Xàbia ,** también la iglesia parroquial. Además, cerca están los **cabos de la Nao** y **S. Antonio.**

Restaurantes

☼ **La Sort.** (En Moraira). Av. Madrid, 1. T. 965 745 135. *www.lasort.com*
Cierra Navidades. Larga trayectoria. Continúa siendo el prestigioso referente de esta encantadora villa de pescadores. Siempre atentos, los hermanos Moll. **'Sashimi' de bonito, raviolón de rabo de toro, 'soufflé' de chocolate.** Precio medio 58 €.

® **Le Dauphin.** (En Moraira. Local 38 B). Puerto Lápice, 18. T. 966 490 432. *www.ledauphin.com*

Cierra lunes, enero y diciembre. Refinada cocina cosmopolita en espectacular escenario natural. **Bombón de 'foie-gras', lomo de cordero laquedo, crema de mascarpone y 'toffe'.** Menú 34 €. Precio medio 70 €.

Hoteles

**** **Swiss Moraira.** (En Moraira. Urb. Club Moraira). La Haya, 175. T. 965 747 104
www.swisshotelmoraira.com
Hab. 33: 90/240 €. Suites: 1. Tranquilo. Restaurante Al Punt.

Titulcia Madrid Ver Chinchón

63 · A-2

Toledo

Panorámica de la ciudad de Toledo, bañada por el río Tajo

62 · E-4
A Madrid, 71 km
Alt. 548 m · Pob. 82.489
T. 925 220 843
GPS 39° 51' 23" N · 4° 1' 32" O

Visitar: Toledo está considerada ciudad Patrimonio de la Humanidad. La **Catedral,** fundada en el s. VI por el rey visigodo Recaredo y por S. Eugenio, primer obispo de Toledo, fue convertida en mezquita durante la dominación musulmana. En 1226 Fernando III el Santo, inició los cimientos del nuevo templo. La fachada principal consta de tres puertas: la del Perdón, en el centro; la del Infierno o de la Torre, a la izquierda, y la de Escribanos o del Juicio, a la derecha. Tiene bellas puertas de bronce de 1545. Las galerías inferiores están decoradas con frescos de Francisco Bayeu y Salvador Maella. El sepulcro del cardenal Tenorio está en la capilla de S. Blas. Las vidrieras son obra de Jacob Dolfin, Joachim de Utrecht y Alberto de Holanda. El coro está cerrado por una reja plateresca de Domingo de Céspedes y en tres de sus lados guarda sillería tallada, obra de Rodrigo Alemán, de Felipe de Borgoña y de Berruguete. La capilla mayor está cerrada por una bella reja plateresca, coronada por un Cristo de Francisco de Villalpando. En el sagrario o capilla de la Virgen del Sagrario hay una imagen de plata del s. XIII, con un manto cubierto de perlas. La sacristía, amplia sala pintada al fresco por Luca Giordano, es un verdadero museo cuya principal obra es *El Expolio,* del Greco. También son notables *Los Doce Apóstoles,* repartidos alrededor de la sala, y *El Arrepentimiento de S. Pedro,* del Greco; *La Sagrada Familia,* de Van Dyck, y *El Prendimiento de Jesús,* una obra realizada por Goya. La capilla de los Reyes Nuevos, construida de 1531 a 1534 por Alonso de Covarrubias en estilo plateresco, guarda los restos del rey Enrique II. En la capilla de S. Ildefonso está el sepulcro del fundador, el cardenal Albornoz. Detrás de la capilla mayor está *El Transparente,* de estilo churrigueresco, realizado por Narciso Tomé. Otras capillas son la mozárabe, construida por Enrique de Egás en 1504 para el cardenal Cisneros, y la capilla de S. Juan o de la Torre, que alberga el rico tesoro de la Catedral, donde destaca su Custodia, obra de Enrique de Arfe, de 1524. También son muy significativos el **Ayuntamiento,** terminado en el s. XVII por Jorge Manuel Theotocópuli, hijo del Greco; la **plaza de Zocodover,** sobre el emplazamiento de un antiguo mercado árabe; la **Puerta del Sol,** obra maestra de la arquitectura militar mudéjar; la iglesia de Santiago del Arrabal, bella muestra de la arquitectura mudéjar toledana del s. XIII; la **Puerta de Bisagra,** reconstruida en 1550; la **mezquita del Cristo de la Luz,** que data del año 999, y muy cerca están las iglesias de S. Vicente, S. Clemente, S. Pedro Mártir,

T

Durante la festividad del Corpus Christi, Toledo se viste de gala

S. Ildefonso, Padres Jesuitas, barroca y la de S. Román, erigida en 1221 y que conserva el pequeño Museo de Arte Visigótico. Por su parte, la **iglesia de S. Juan de los Reyes** y el barrio de la Judería son dos bellas muestras del viejo Toledo. El templo formaba parte de un convento fundado por los Reyes Católicos. En la Judería, **Sta. María la Blanca** fue la sinagoga más antigua de Toledo, edificada en 1180. La otra sinagoga (del Tránsito) fue construida entre 1360 y 1366. En la misma calle que esta se encuentra la **Casa del Greco,** donde se hallan varias de sus obras. Una de las más importantes, *El entierro del Señor de Orgaz,* se expone en la **iglesia de Sto. Tomé.** El Museo de Sta. Cruz está instalado en el antiguo hospital del mismo nombre, construido de 1504 a 1514. El **Alcázar** se alza en el punto más elevado de la ciudad, fundado por Alfonso VI después de la Reconquista, sobre el emplazamiento de un campamento romano del s. III. El Cid fue su primer gobernador. En él se encuentra el Museo del Ejército. El **Hospital** de S. Juan Bautista, también conocido como **Tavera,** o de Afuera, obra de Alonso de Covarrubias, alberga cuadros de Carreño, Claudio Coello, Tiziano, Luca Giordano, Tintoretto y Caravaggio. La ciudad está flanqueada por el río Tajo y tiene dos accesos principales: por el oeste, el puente de S. Martín, y por el este, el puente de Alcántara. Desde el **Castillo de S. Servando** (s. XI) se divisa una bella panorámica de Toledo.

Fiestas: El 23 de enero es la **fiesta patronal de S. Ildefonso.** En la Semana Santa destaca la procesión del Silencio, con una hermosa talla del s. XVII. El 18 de mayo se celebra el **Corpus Christi,** de Interés Turístico Internacional, en cuya procesión se muestra la maravillosa Custodia de oro de Enrique de Arfe. Del 15 al 22 de agosto son las fiestas patronales de la **Virgen del Sagrario,** imagen románico-bizantina del s. XIII. Entre agosto y septiembre se organiza la XII Jornada Judía, y en agosto, el Festival de Música de las Tres Culturas. A caballo entre octubre y noviembre tienen lugar el Festival Internacional de Jazz y el **Festival Internacional de Órgano.**

Alrededores: El Castillo de **Guadamur,** a 12 km, es una fortaleza construida por Pedro López de Ayala. En **Torrijos,** a 27 km, abundan los edificios histórico-artísticos, muchos de ellos Monumento Nacional. En **Orgaz,** a 33 km, está el castillo (ss. XIV y XV), con el boceto de *El Expolio,* del Greco, así como el puente romano y el de los Cinco Ojos, mandado construir por Carlos III, y las puertas de Toledo y Yébenes. **Tembleque,** a 55 km, es un pueblo típico manchego, en el que destacan la plaza Mayor, con soportales; la iglesia (s. XVI), con un retablo vistoso; el Palacio de Fernández Alejo, barroco, y la ermita del Stmo. Cristo de la Palma, con una portada barroca.

Restaurantes

☼☼ **Adolfo.** (Aparcamiento concertado). Hombre de Palo, 7. T. 925 227 321. *www.adolforestaurante.com*

Cierra domingo cena. Con nueve apartamentos. Comer en Adolfo, la gran cocina de su propietario, es un disfrute de los sentidos en una sala con artesonado del s. XV. **Setas estofadas con huevo escalfado y crujiente de jamón, perdiz roja en dos texturas con trufa negra; mazapán, helado de hierbabuena y crema fría de almendras.** Espectacular bodega que puede visitarse. Precio medio 87 €.

Adolfo-Colección 1924 *(gastrobar).* Nuncio Viejo, 1. T. 925 224 244. *www.grupoadolfo.com*

Ambiente informal frente a la Catedral, con cocina tradicional y tapas. Chipirones y pisto manchego, pluma ibérica con batata, cúpula de dos chocolates y helado de hierbabuena. Menú 15 €. Precio medio 25 €.

® **As de Espadas.** Pº de la Rosa, 64. T. 925 212 707.

Cierra cenas de lunes a miércoles, domingo y agosto. Referencia en la ciudad. Los hermanos Torres se reparten con acierto cocina, sala y vinos. Recetas de corte tradicional actualizadas. Precio medio 45 €.

® **Asador Palencia de Lara.** Nuncio Viejo, 6. T. 925 256 746. *www.asadorpalenciadelara.es*

Cierra domingo cena y lunes. Varios ambientes en los diferentes comedores. Abovedado de ladrillo, patio toledano del s. XX y barra. **Ensalada de perdiz con 'boletus', asados** como especialidad, **caza, pastel caliente de chocolate y mazapán.** Precio medio 38 €.

Casa Aurelio. Pl. del Ayuntamiento, 4. T. 925 227 716. *www.casa-aurelio.com* P

Cierra cenas, martes y julio. Sinagoga, 6. T. 925 222 097. Cierra miércoles y julio. Sinagoga, 1. T. 925 221 392. Cierra lunes y agosto. Similar oferta en los tres resturantes. Ensalada de perdiz, cochinillo asado, tarta de mazapán toledano. Precio medio 30 €.

Las espadas y las armaduras, recuerdos típicamente toledanos

Casa del Carmen. (En Olías del Rey, a 7 km). Ctra. A-42, Madrid-Toledo, km 61,200. T. 925 490 759.
Cierra cenas de domingo a jueves, lunes y 15 días en agosto. Cocina tradicional con el sello de Pepe Rodríguez Rey *(El Bohío)* en un antiguo mesón. Croquetas caseras, callos, queso, miel y manzana verde. Precio medio 35 €.

Casa Parrilla. (En Las Ventas con Peña Aguilera, a 32 Km). Av. de Toledo, 3. T. 925 418 207. *www.casaparrilla.es*
Cierra cenas de domingo a jueves, miércoles excepto festivos, segunda semana de enero, primera quincena de julio y primera semana de septiembre. Ejemplar restaurante familiar, con sobresaliente carta de vinos, aceites y quesos. **Setas silvestres estofadas y mollejas de cordero lechal, solomillo de jabalí sobre gachas manchegas, sopa fría de azafrán.** Precio medio 42 €.

Hierbabuena. Callejón de S. José, 17. T. 925 223 924. *www.restaurantehierbabuena.com*
Cierra domingo en verano, domingo cena y agosto. Antigua casa toledana en el casco antiguo. Cebollas asadas rellenas de morcilla, hamburguesa de presa ibérica, nido de manzana con *toffee* y helado de queso. Menú 29 €. Precio medio 40 €.

Locum. Locum, 6. T. 925 223 235. *www.locum.es*
Cierra lunes cena, martes y segunda quincena de agosto. Antiguo patio toledano del s. XVII, con atractiva cocina a cargo de Víctor Sánchez-Beato. **El cocido, el rabo de toro** y **el pastel de mazapán** son una buena muestra de ello. Precio medio 40 €.

Los Cuatro Tiempos. Sixto Ramón Parro, 5. T. 925 223 782. *www.restauranteloscuatrotiempos.com*
Cierra domingo cena. Edificio del s. XVI en el casco histórico. Bombón de acelga relleno de queso y piñones, secreto ibérico a la parrilla con *chutney* de pera, *mousse* de almendras con mazapán. Menú 19 €. Precio medio 30 €.

Parador de Toledo. (Parador de Turismo). Cerro del Emperador, s/n. T. 925 221 850. *www.parador.es*
Panorámica inigualable sobre Toledo. Buen producto bien elaborado. **Migas pastoriles, lomo de ciervo de los montes de Toledo, natillas de las clarisas con flor manchega.** Menú 30 €. Precio medio 40 €.

Hoteles

***** **Fontecruz Toledo.** Pl. del Juego de Pelota, 7. T. 925 274 690. *www.fontecruzhoteles.com*
Hab. 37: 79/245 €. Suites: 3. Antiguo palacio de la emperatriz Eugenia de Montijo, esposa de Napoleón III. En pleno casco histórico. Restaurante Belvis, de cocina tradicional puesta al día, bajo la dirección de Adolfo Muñoz.

***** **Hilton Buenavista Toledo.** Concilios de Toledo, 1. T. 925 289 800. *www.hoteltoledobuenavista.es*
Hab. 110: 110/300 €. Suites: 7. Restaurantes Quixote, Toledana y El Tajo River Club.

**** **AC Ciudad de Toledo.** Ctra. Circunvalación, 15. T. 925 285 125. *www.hotelacciudaddetoledo.com*
Hab. 49: 68/167 €. Suites: 3. Zona de Los Cigarrales. Vistas panorámicas. Restaurante El Balcón de Toledo.

**** **Parador de Turismo.** Cerro del Emperador, s/n. T. 925 221 850. *www.parador.es*
Hab. 79: 80/156 €. Suites: 3. En el Cerro del Emperador, junto a un meandro del río Tajo. Ofrece una panorámica inigualable del perfil monumental de Toledo. Restaurante Parador de Toledo, comida típica regional.

**** **S. Juan de los Reyes.** Reyes Católicos, 5. T. 925 283 535. *www.hotelsanjuandelosreyes.com*
Hab. 38: 90/170 €. Suites: 1. Inaugurado en 2003. Ubicado en una antigua fábrica neomudéjar de harina del s. XIX. Bien de Interés Cultural.

*** **María Cristina.** Marqués de Mendigorría, 1. T. 925 213 202. *www.hotelesmayoral.com*
Hab. 64: 49/119 €. Suites: 4. Próximo a la Puerta de Bisagra, edificio del s. XV. Restaurante El Ábside.

Dulce para todo el año

El mazapán de Toledo goza de gran fama. Elaborado con almendras y azúcar, fue introducido en España por los árabes.

Tolosa Gipuzkoa

Visitar: Los monumentos más notables son las **iglesias de Sta. María** (s. XVII) y de **S. Francisco** (s. XVI), así como los palacios Idiáquez (s. XVII), de estilo barroco, y Aramburu (s. XVII). También merecen una visita la **Puerta de Castilla** (s. XVIII), el Museo de Confitería Gorrotxategi y **Topic, Centro Internacional del Títere.**

6 · F-4
A San Sebastián, 25 km
A Madrid, 438 km
Alt. 75 m · Pob. 18.095
GPS 43° 8' 12'' N · 2° 4' 31'' O

Fiestas: Son muy conocidos sus carnavales. El 24 de junio se celebra la **fiesta patronal de S. Juan.** En octubre se desarrollan los certámenes gastronómicos Tolosa Goxua, con la Fiesta del Dulce y la de la Chuleta, y Tolosa Gourmet. A finales de octubre tiene lugar el Festival Internacional de Masas Corales. A mediados de noviembre, la Fiesta de la Alubia de Tolosa. Y a finales de ese mismo mes, el **Festival Internacional de Marionetas.**

Alrededores: En las afueras está el **Santuario de Ntra. Sra. de Izaskun.** También quedan cerca **Larraul** y su Museo Etnográfico, el **Parque Natural de Aralar** y los **valles de Berastegi y Bidania.**

El carnaval de Tolosa es uno de los más vistosos del País Vasco

Restaurantes

Casa Julián (asador). Sta. Clara, 6. T. 943 671 417.
www.casajuliandetolosa.com
Cierra domingo. Representa el nacimiento y evolución del arte parrillero en este lugar que mantiene sus vetustas y típicas instalaciones. Su propietario, Matías Gorrotxategi, ha alcanzado una merecida fama en el perfeccionismo del asado de carnes rojas. Menú elemental pero con productos de categoría, entre los que destacan los pimientos del piquillo *eternamente* confitados. Gran bodega. Precio medio 40 €.

® **Frontón.** Piso 1°. P.° S. Francisco, 4. T. 943 652 941.
www.restaurantefronton.com
Cierra cenas de domingo y martes, lunes y del 24 de diciembre al 6 de enero. Roberto Ruiz es un consumado maestro en la difícil sencillez y la naturalidad: todo parece ser lo que es. El buque insignia es el **cocido de alubias de Tolosa.** Pero también **revuelto de 'xixas' con huevo de caserío.** Postres de gran autenticidad. Menú 22 €. Precio medio 45 €.

Hoteles

**** **Iriarte Jauregia.** (En Bidegoian-Bidania, a 9 km). Eliz Bailara, 8. T. 943 681 234.
www.iriartejauregia.com
Hab. 19: 85/170 €. Suites: 1. Admisión de perros, consultar. Palacio del s. XVII reconvertido en un lujoso y confortable hotel. Cocina popular vasca para los clientes.

Tordesillas Valladolid

42 · C-1
A Valladolid, 29 km
A Madrid, 182 km
Alt. 704 m · Pob. 9.067
T. 983 771 067
GPS 41° 30' 5'' N · 5° 0' 1'' O

Visitar: Entre los monasterios más destacables figura el de **Sta. Clara,** en un antiguo palacio construido hacia 1340. El Museo de S. Antolín, de arte sacro, está en un edificio del s. XVI. También se pueden visitar el Museo del Encaje, el del Tratado, ubicado en las **Casas del Tratado,** con documentos y mapas históricos, y el de la Radio.

Fiestas: El tercer fin de semana de enero se produce la concentración motera Motauros. El 5 de marzo se conmemora la llegada de la reina Juana I. La Semana Santa es de Interés Turístico. El 4 de junio se celebra el **Día del Tratado de Tordesillas.** El 11 y 12 de ese mes, la Feria de Intercambio con el Nuevo Mundo. Del 8 al 15 de septiembre tienen lugar los festejos patronales, con las **ferias y fiestas de la Peña.** El 1 y 2 de octubre, el mercado de la Edad Media.

Réplica de La Pinta en el Museo del Tratado de Tordesillas

Alrededores: A menos de 10 km están las iglesias parroquiales de **S. Miguel del Pino, Villavieja del Cerro, Velilla** y **Matilla de los Caños.** A 28 km, el espacio natural de las **Riberas de Castronuño-Vega Duero.** En **S. Cebrián de Mazote** hay una iglesia mozárabe, mientras que el **Monasterio de la Sta. Espina** es cisterciense. **Urueña,** *villa del libro,* alberga el Centro E-Lea, la Fundación Joaquín Díaz, unas murallas, los restos de un castillo y la ermita de Ntra. Sra. de Anunciada. **Rueda,** a 12 km, es núcleo fundamental del turismo enológico.

Restaurantes

Mesón Valderrey. Empedrado, 1. T. 983 771 172.
Cierra cenas de lunes y martes. Mesón de cocina, asados y vinos de Castilla con tartas caseras de postre. Menú 14 €. Precio medio 22 €.

Hoteles

**** **Parador de Turismo.** Ctra. de Salamanca, 5. T. 983 770 051. *www.parador.es*
Hab. 68: 104/165 €. Área de juegos para niños. En un bosque de pinares. Amplio y cuidado jardín. Tranquilidad y placidez propias de los espacios verdes. Cocina castellana.

54 · A-2

Torija Guadalajara Ver Brihuega

Torla Huesca

Visitar: Hay que pasear por el casco antiguo y conocer la **plaza Mayor** (s. XIII), la iglesia del Salvador y el **Museo Etnológico.**

Fiestas: El segundo lunes de Pascua se celebra **Sta. Elena;** del 12 al 14 de octubre, las **fiestas Mayores.**

Alrededores: A 2 km, el **Parque Nacional de Ordesa,** con el valle de Bujaruelo y el puente de La Glera. En **Linás de Broto** destaca la iglesia de S. Miguel.

24 · C-1
A Huesca, 92 km
A Madrid, 487 km
Alt. 1.033 m · Pob. 328
T. 974 486 378
GPS 42° 37' 40'' N · 0° 6' 43'' O

Restaurantes

® **Casa Frauca.** (En Sarvisé, a 6 km). Ctra. Iglesia, 2. T. 974 486 353. *www.casafrauca.com*
Cierra domingo cena, lunes y del 8 de enero al 2 de marzo. Con 12 habitaciones. Oasis gastronómico en el valle del Ara, con los mejores productos aragoneses de temporada. La familia Villacampa trabaja **verduras, carnes y postres** ya olvidados, como los **crespillos de borrajas.** Menú 20 €. Precio medio 35 €.

Toro Zamora

Visitar: La ciudad está considerada Conjunto Histórico-Artístico. Destacan el **Palacio de las Leyes,** del que solo se conserva su fachada (s. XV); la iglesia de **Sta. María La Mayor,** colegiata de estilos románico y gótico; la de la Virgen de la Mosca, con una tabla flamenca del s. XVI; la de S. Lorenzo El Real, románico mudéjar del s. XII, con un retablo atribuido a Fernando Gallego; la de S. Julián de los Caballeros, de Rodrigo Gil de Hontañón, gótico final; la de Sto. Tomás Cantauriense, la del Sto. Sepulcro, románico mudéjar, de los ss. XII y XIII; la iglesia de S. Salvador (s. XII), que perteneció a los templarios; la de la **Stma. Trinidad,** con un interesante retablo del s. XVI atribuido a Lorenzo de Ávila, y la de S. Sebastián de los Caballeros, con pinturas murales góticas de Domingo Pérez. El **Monasterio del Sancti Spiritus** alberga el Museo Comarcal de Arte Sacro. También hay una plaza de toros del s. XIX, construida íntegramente en madera.

Fiestas: Los **carnavales** y **la Semana Santa** son de Interés Turístico Regional. La última semana de agosto se celebran la feria y las fiestas de S. Agustín. El 8 de septiembre, la Virgen del Canto, y del 12 al 15 de octubre, las **fiestas de la Vendimia,** de Interés Turístico Regional.

Alrededores: A 2 km, en **Sta. María de la Vega,** está la ermita del Cristo de las Batallas, de estilo románico mudéjar (s. XIII). En **S. Román de Hornija,** a 11 km, hay restos de una construcción del s. VII que cobija en su iglesia sepulturas de reyes visigodos. Y en **Villalonso,** a 13 km, hay un castillo del s. XV.

31 · A-4
A Zamora, 33 km
A Madrid, 212 km
Alt. 745 m · Pob. 9.748
T. 980 694 747
GPS 41° 31' 34'' N · 5° 23' 45'' O

Detalle románico de la Colegiata de Sta. María La Mayor, en Toro

Restaurantes

La Viuda Rica. Rejadorada, 7. T. 980 691 581. *www.laviudarica.com*
Cierra domingo cena, lunes, del 10 al 25 de enero y del 2 al 16 de julio. Local moderno con cocina vista. Ensalada de pulpo y langostinos, lechazo ecológico asado, crema de arroz con leche y helado de nata. Menú 16 €. Precio medio 30 €.

Torrecaballeros Segovia

Visitar: En esta localidad destacan la **iglesia románica de S. Nicolás de Bari** (s. XII), los barrios de la Aldehuela y Cabanillas del Monte, con notable arquitectura popular, la ermita de S. Miguel y la antigua **Casa de Esquileo.** Además, en la sierra del Guadarrama se puede hacer senderismo.

Fiestas: Del 31 de agosto al 3 de septiembre se celebran las **fiestas patronales** en honor a la Virgen.

Alrededores: En **Sotosalbos,** a 10 km, hay una iglesia románica. **Pedraza,** a 25 km, es un bonito pueblo medieval. En **San Ildefonso,** a 10 km, está el palacio y jardines de La Granja, declarados Bien de Interés Cultural.

43 · B-4
A Segovia, 10 km
A Madrid, 101 km
Alt. 1.152 m · Pob. 1.206
GPS 40° 59' 29'' N · 4° 1' 34'' O

Restaurantes

® **El Rancho de la Aldegüela.** (H. El Hotel del Rancho). Pl. Marqués de Lozoya, 3. T. 921 401 060. *www.el-rancho.com*

Cierra domingo cena. Meca gastronómica de segovianos y turistas con diversos ambientes. Los Giráldez han sabido hacerlo. **Migas de pastor, cordero** y **cochinillo asados, ponche segoviano.** Precio medio 35 €.

® **La Portada del Mediodía** (horno de asar). S. Nicolás de Bari, 31. T. 921 401 011. *www.laportadademediodia.com* P
Cierra domingo cena y lunes. Antigua casa de postas. Verduras fritas, asados castellanos, volcán de chocolate caliente. Precio medio 33 €.

53 · E-4

Torrejón de Ardoz Madrid

Ver Madrid/Restaurantes/Alrededores de Madrid

Torrelavega Cantabria

5 · B-3
A Santander, 26 km
A Madrid, 398 km
Alt. 25 m · Pob. 55.888
T. 942 812 100
GPS 43° 21' 4'' N · 4° 2' 54'' O

Bailes típicos durante las fiestas de Torrelavega

Visitar: Las principales visitas son a las iglesias de la Virgen Grande, modernista; de la Asunción, neogótica, y de **Ntra. Sra. de la Paz,** con fachada de Subirachs; al **conjunto monumental de Viérnoles,** al Mercado Nacional de Ganados, al bulevar Ronda y al **Centro Nacional de Fotografía.**

Fiestas: En enero y febrero se celebra el Festival de Invierno; en mayo, el **Festival Internacional de Cortometrajes,** y en julio, el Festival de Teatro de Calle. Del 1 al 30 de agosto son las **fiestas patronales de la Virgen Grande.** Un día después se celebra la **Gala Floral,** declarada de Interés Turístico. El 16 de septiembre se festeja S. Cipriano, y en julio se desarrolla el Festival de Teatro.

Alrededores: A 17 km están el **Palacio de Toñanes** (s. XVIII) y **Sta. María de Cayón,** iglesia románica (s. XII). En **Puente Viesgo,** a 14 km, hay cuevas prehistóricas, y en **Santillana del Mar,** a 9 km, las famosas Cuevas de Altamira. En **Cartes,** a 10 km, se conservan torreones del s. XII. A 6 km, en **Sta. María de Yermo,** hay una iglesia románica del s. XIII. Riocorvo, a 4,5 km, es un Conjunto Histórico-Artístico, y **Suances,** a 9,5 km, es una villa turística y marinera. **Quijas** está a 4 km.

Restaurantes

Jesús de Diego-Los Avellanos. (En Tanos, a 2 km). Av. Joaquín Fernández Vallejo, 122. T. 942 881 225. *www.losavellanos.com* P
Cierra cenas de domingo a miércoles, excepto julio y agosto, lunes y 20 días entre septiembre y octubre. Casa del s. XVIII con 800 referencias en cuidada bodega visitable. **Arroz meloso de azafrán y regaliz, pichón ligeramente ahumado, torrija caramelizada.** Precio medio 50 €.

Villa de Santillana. Julián Ceballos, 11. T. 942 883 073. *www.villasantillana.com*
Cierra domingo cena, lunes, 10 últimos días de febrero y del 24 de junio al 15 de julio. Tabla de *quesucos* de Cantabria, *jargo* a la plancha o al horno, solomillo con salsa de queso. Menús 15 y 22 €. Precio medio 30 €.

53 · B-3

Torrelodones Madrid

Ver Madrid/Restaurantes/Alrededores de Madrid

Torremolinos Málaga

111 · B-2
A Málaga, 14 km
A Madrid, 558 km
Alt. 47 m · Pob. 65.000
T. 952 379 512
GPS 36° 37' 17'' N · 4° 30' 4'' O

Visitar: En este notable enclave turístico, en plena Costa del Sol, se puede visitar la **Torre de Pimentel,** el Jardín Botánico, el molino de Inca, el parque de la Batería y el **paseo marítimo del Bajondillo,** con los restaurantes y chiringuitos de pescaíto frito. El paseo conecta en su parte occidental con el de **La Carihuela** y, más adelante, con Puerto Marina, en Benalmádena Costa.

Fiestas: Son notorios los carnavales. El 2 de junio es el Día del Pescaíto; el 16 de julio se celebra la **procesión en honor a la Virgen del Carmen,** en La Carihuela. El 1 de septiembre se celebra el Día del Turista, y a finales de ese mismo mes, las **fiestas y romerías en honor a S. Miguel.**

Alrededores: Benalmádena y **Mijas** son pueblos típicos y muy pintorescos. A **Málaga** conviene ir a ver el Castillo de Gibralfaro, la Catedral y los museos.

Restaurantes

Figón de Montemar. Av. Carlota Alexandri, 89. T. 952 372 688.

Cierra lunes cena, domingo y del 10 de enero al 10 de febrero. Cocina tradicional cerca de la playa. Fideos con almejas y gambas, chipirones en su tinta, arroz con leche. Precio medio 24 €.

® **Frutos.** (Urb. Los Álamos). Av. de la Riviera, 80. T. 952 381 450. *www.restaurantefrutos.es*
Cierra domingo cena. Un clásico de la Costa del Sol con una amplia terraza. **Jamón ibérico, pescados del Estrecho al horno, 'brownie' de chocolate caliente.** Barra y taberna de tapas como complemento, con una extraordinaria **ensaladilla rusa.** Precio medio 45 €.

Juan. (Acceso por el paseo marítimo). Mar, 9. T. 952 385 656. *www.restaurantejuan.es*
Cierra del 22 de diciembre al 22 de enero. Un pionero de La Carihuela con cocina marinera. Coquinas, fritura malagueña, tocino de cielo. Precio medio 33 €.

Torrent Girona Ver Palafrugell

38 · C-1

Torrico Toledo Ver Oropesa

61 · E-4

Torrijos Toledo

62 · D-3
A Toledo, 29 km
Alt. 529 m · Pob. 13.117
T. 925 770 801
GPS 39° 58' 51'' N · 4° 17' 8'' O

Visitar: A destacar la **Colegiata del Stmo. Sacramento,** con la portada, la sacristía y el coro. Otros lugares atractivos son la capilla del Cristo de la Sangre y el **Palacio de Pedro I de Castilla,** con claustro y un notable artesonado.

Fiestas: El 19 de mayo se celebra el Sto. Cristo de la Sangre y el 5 y 6 de junio, **las Crónicas del Rey D. Pedro I.** El 1 septiembre se conmemora a S. Gil, y a finales de ese mes son las **ferias de La Sementera.**

Alrededores: En **Barcience,** a 5 km, hay un castillo del s. XV; en **Escalona,** un castillo y un convento. En **Maqueda** se conservan también el castillo y la iglesia de Sta. María; en **Erustes,** la iglesia de La Asunción; en **Novés,** el Castillo de S. Silvestre, y en **La Puebla de Montalbán,** la plaza Mayor.

En Torrijos abundan los olivares, que comparten terreno con cereales y viñas

Restaurantes

La Calesa. (H. El Mesón). Puente, 19. T. 902 889 636. *www.hotelelmeson.es*
Con 44 habitaciones. Arroz ciego, carne roja a la parrilla, flan de chocolate blanco. Menú 12 €. Precio medio 30 €.

Tortosa Tarragona

57 · C-1
A Tarragona, 88 km
A Madrid, 486 km
Alt. 12 m · Pob. 36.393
T. 977 442 005
GPS 40° 48' 39'' N · 0° 31' 11'' E

Visitar: En la **catedral gótica de Sta. María** se puede ver la exposición permanente *Sta. María Dertosae.* El **Castell de la Zuda** está ocupado en parte por el Parador de Turismo. Otros lugares interesantes son los **Reials Col·legis,** edificio renacentista; el Centre de' Interpretació de la Festa del Renaixement, la Judería, en el barrio de Remolinos; el Palacio Episcopal y los palacios de Oliver de Boteller, Despuig, Oriol y Capmany; la **lonja** (s. XIV); el portal del Romeu; las ermitas del Coll de l'Alba, de La Petja y de Mig-Camí, construcciones modernistas como el mercado y el **antiguo matadero;** el parque municipal; las casas Matheu, Brunet y Bau; los jardines del Príncep, el paseo de las Fortificacions, la Torre de Compredó y la Font de Quinto, construcción del s. XIV.

Fiestas: Son notables la Semana Santa y el **Festival de Música Sacra.** A finales de abril se organiza la Feria Multisectorial de las Terres de l'Ebre, y en junio y julio, la Mostra de Jazz. Del 11 al 17 de julio se celebra el Festival de Música Felip Pedrell, y del 21 al 24 de julio, la **Festa del Renaixement.** Del 2 al 10 de septiembre son las fiestas patronales en honor a Ntra. Sra. de la Cinta.

Alrededores: El río Ebro ofrece muchas posibilidades de turismo fluvial. La Via Verde del **Val de Zafán** también resulta muy atractiva. A 10 km está el **Parc Natural de Los Ports de Tortosa-Beseit,** y a 13 km, el **Delta de l'Ebre.** A 12 km se halla **L'Assut de Xerta y Tivenys,** y a 29 km, en **Benifallet,** las cuevas Meravelles.

Restaurantes

® **Torreó de l'Indià.** (H. Villa Retiro. En Xerta, a 12 km). Molins, 2. T. 977 473 003. *www.hotelvillaretiro.com*

Cierra domingo cena, lunes y enero. Una mansión indiana del s. XIX es el selecto escenario de la culinaria de autor que el joven Fran López elabora con una técnica que hace evidente su experiencia y formación. Precio medio 55 €.

Hoteles

**** **Parador de Turismo.** Castell de la Zuda, s/n. T. 977 444 450. *www.parador.es*

Hab. 72: 106/142 €. Castillo árabe del s. XII, situado en una fortaleza desde donde se divisan el valle del Ebro y las montañas de Beceite. Esmerada cocina mediterránea.

Tossa de Mar Girona

38 · B-2
A Girona, 40 km
A Madrid, 700 km
Alt. 5 m · Pob. 6.245
T. 972 340 108
GPS 41° 43' 12" N · 2° 55' 52" E

La ciudad fortificada de Tossa de Mar, integrada en el paisaje mediterráneo

Visitar: La Vila Vella, recinto amurallado (ss. XII al XIV), es Monumento Histórico-Artístico Nacional. Muy recomendable es la visita al Museu Municipal d'Art Modern, la iglesia de S. Vicenç, la capilla de la Verge del Socorro, la **villa romana** (ss. I a.C. al VI d.C.), las playas y las calas. También se puede hacer senderismo y deportes de aventura.

Fiestas: El 22 de enero es la **fiesta Mayor de Sant Vicenç.** Del 29 de junio al 1 de julio, la fiesta Mayor de St. Pere. El 2 de julio, la curiosa fiesta **Tòque a Córrer ses Nou Sardanes.** El último domingo de agosto se celebra el Concurs Internacional de Pintura Ràpid.

Alrededores: La **Costa Brava** depara al visitante parajes y pueblos muy atractivos.

Restaurantes

® **Bahía.** P.º del Mar, 19. T. 972 340 322. *www.restaurantbahiatossa.com*

Cierra cenas del 15 de octubre al 1 de abril. Encantador restaurante frente a la bahía. Es un referente de la reputada gastronomía local. **Brandada de bacalao, 'cimi-tomba', helados.** Menú 16 €. Precio medio 30 €. De la misma propiedad, **La Masía del Bahía** (Ctra. de Lloret, km 3. T.972 343 157. Cierra cenas de octubre a marzo). En la montaña, con guisos de temporada y carnes a la brasa.

La Cuina de Can Simón. Portal, 24. T. 972 341 269. *www.lacuinadecansimon.es* P

Cierra domingo cena, lunes y martes, excepto festivos y verano, y del 10 de enero al 3 de febrero. Los hermanos Lores Xavier, en la cocina, y Josep Maria, en la sala, gestionan de forma atractiva y eficiente este pequeño restaurante familiar, en el que el comensal gozará de una sabrosa culinaria que condensa tradición y modernidad. **'Rossejat' de fideos con cigalas de Blanes, alioli negro y salsa romesco; 'steak tartar' de solomillo de ternera con huevo de codorniz y cremoso de aceite de oliva,** un gusto intenso de chocolate. Precio medio 65 €.

Totana Murcia

100 · E-2
A Murcia, 42 km
A Madrid, 444 km
Alt. 225 m · Pob. 32.000
GPS 37° 46' 15" N · 1° 30' 8" O

Visitar: Los monumentos principales son la **parroquia de las Tres Avemarías** (ss. XVII y XIX) y el **Templo de Santiago** (s. XVI), con el retablo barroco del altar mayor, el magnífico artesonado mudéjar de Esteban Riberón y la portada de estilo barroco tardío. También merecen una visita la capilla de La Milagrosa, la Casa de las Contribuciones, modernista; el **centro sociocultural La Cárcel** (s. XIX); el patrimonio arqueológico de La Bastida; el Parque Natural de Sierra Espuña, la fuente Juan de Uzeta y la Vía Verde Totana-Mazarrón.

Fiestas: El 7 de enero tiene lugar la **romería de La Santa.** Es notable la Semana Santa. Del 10 al 27 de julio se celebra la **fiesta de Santiago Apóstol,** el patrón y del 8 al 10 de diciembre, las fiestas patronales en honor a Sta. Eulalia de Mérida.

Alrededores: Son interesantes el **paraje de La Santa,** a los pies de Sierra Espuña; la **ermita de Sta. Eulalia de Mérida** (s. XVI), Bien de Interés Cultural y decorada con pinturas del s. XVII. A 11 km, **Aledo** es una villa medieval que conserva la Torre de la Calahorra, obras de Salzillo en la iglesia de Sta. María la Real y que es famosa por la puesta en escena del auto sacramental *Los Reyes Magos* (s. XVII). **Alhama de Murcia** está a solo 12 km.

Restaurantes

El Chaleco. (En Alhama de Murcia, a 12 km). Av. Almirante Bastarreche, 9. T. 968 630 104. *www.restauranteelchaleco.es*

Cierra domingo cena en julio, lunes, primera y segunda semana de agosto. Alcachofas en salsa de rape, guisos de la zona, bizcocho de almendras con chocolate caliente y helado. Menú 16 €. Precio medio 35 €.

Hoteles

**** **Monasterio de Santa Eulalia.** (En Paraje de La Santa). Ctra. A-7 Totana-Aledo, salida 620. T. 968 487 004. *www.monasteriosantaeulalia.com*

Hab. 35: 50/150 €. Suites: 6. Junto a la ermita de Sta. Eulalia, conjunto del s. XVI declarado Bien de Interés Cultural. En plena Sierra Espuña. Restaurante La Santa.

Toxa, Illa da/Toja, Isla de la

Pontevedra Ver Grove, O/Grove, El

8 · E-2

Tramacastilla Teruel Ver Albarracín

55 · B-4

Tramacastilla de Tena Huesca Ver Panticosa

15 · B-4

Trebujena Cádiz Ver Sanlúcar de Barrameda

104 · E-3

Trevélez Granada

107 · B-3
A Granada, 94 km
A Madrid, 515 km
Alt. 1.476 m · Pob. 842
T. 958 858 501
GPS 37° 0' 7'' N · 3° 16' 5'' O

Visitar: Nada mejor que pasear por los barrios típicos alpujarreños, con su rincones y *tinaos*, como el **lavadero** situado en el Barrio Alto, y completar la visita en la **iglesia y la ermita de S. Antonio.**

Fiestas: El 13 y 14 de junio son las fiestas de S. Antonio; el 11 de julio, S. Benito; el 5 de agosto, la **romería al Mulhacén de la Virgen de Las Nieves;** y el 19 y 20 de octubre, la Feria del Ganado.

Alrededores: Merecen una visita tanto el **Parque Nacional de Sierra Nevada** como la comarca de **Las Alpujarras,** a sus pies.

Restaurantes

Mesón Joaquín. Ctra. Láujar-Orgiva, km 22. T. 958 858 514.
Cierra cenas excepto verano y 15 días después de Reyes. Cocina serrana. Migas alpujarreñas, codillo de cerdo al horno, crema de almendras. Precio medio 20 €.

Hoteles

**** **Alcazaba de Busquistar.** (En Busquistar). Ctra. Orgiva-Láujar, km 37. T. 958 858 687. *www.hotelalcazaba.com*
Hab. 22: 74/104 €. Suites: 3. Restaurante Mulhacén.

Corte de un jamón de Trevélez, en Las Alpujarras

Trujillo Cáceres

72 · A-2
A Cáceres, 46 km
A Madrid, 250 km
Alt. 517 m · Pob. 10.320
T. 927 322 677
GPS 39° 27' 29'' N · 5° 52' 58'' O

Visitar: La ciudad está considerada Conjunto Monumental Histórico-Artístico y declarada Bien de Interés Cultural. A la antigua villa se accedía por siete puertas fortificadas, de las que se conservan cinco. Allí se pueden contemplar el **Palacio de Luis Chaves,** donde residieron los Reyes Católicos, y los de Altamirano, Bejarano, Escobar, Vargas-Carvajal y Pizarro. En la imponente **plaza Mayor,** el Palacio del Marqués de la Conquista (s. XVI) tiene un balcón de esquinas con escudo concedido por el emperador a Francisco Pizarro tras la conquista del Perú. También son muy notables el **castillo** y las torres de Sta. María, Santiago, Chaves y Alfiler; el Palacio de los Duques de S. Carlos (s. XVI); la iglesia de S. Martín (s. XV); el **Palacio de Piedras Albas** (s. XVI), con galería porticada de influencia florentina y crestería gótica; el **Palacio de Orellana-Pizarro,** con patio plateresco; el castillo del s. X, fortaleza defensiva con una puerta árabe y aljibes, flanqueado por ocho torres cuadrangulares; la **iglesia de Sta. María La Mayor,** de estilo románico (s. XIII), que encierra el monumento funerario de Diego García de Paredes y un retablo flamenco pintado por Fernando Gallego; las casas solariegas de los Rol-Zárate-Zúñiga y Orellana (casa donde nació el descubridor del Amazonas, Francisco de Orellana), la **Casa-Museo de Pizarro** y el Museo del Queso y del Vino.

Fiestas: El domingo de Resurrección se celebra **El Chirivi.** En abril y mayo, la Feria Nacional del Queso. En la segunda quincena de agosto se suceden los

En la plaza Mayor de Trujillo se encuentra la estatua de bronce de Francisco Pizarro

festivales de música, teatro y danza en el patio del castillo. Las **fiestas patronales de la Stma. Virgen de la Victoria** incluyen una *capea de las mujeres,* desfiles, procesión cívica, puja de objetos donados a la Virgen y traslado de su imagen a la ermita del castillo, de donde se baja a finales de agosto. En noviembre tiene lugar la Feria Agroganadera y del Caballo.

Alrededores: A 30 km está **Jaraicejo,** con una iglesia del s. XVI, y a 45 km, el **Parque Natural de Monfragüe.** En **Zorita** se puede admirar la ermita de la Virgen Santa; en **Sta. Cruz de la Sierra,** un convento templario. Por último, está **Guadalupe** y su famoso monasterio.

Restaurantes

® **Corral del Rey.** (Junto a la plaza Mayor). Plazuela Corral del Rey, 2. T. 927 321 780. *www.corraldelreytrujillo.com*
Cierra cenas de domingo y miércoles, y primera quincena de julio. El mejor de la ciudad, en las antiguas dependencias del Palacio de Piedras Albas (s. XVI). **Criadillas de tierra con gambón al ajillo, rabo de toro retinto estofado con 'boletus'.** Menú 19 €. Precio medio 36 €.

Pizarro. Pl. Mayor, 13. T. 927 320 255.
Cierra cenas. Las hermanas Carrasco atienden personalmente su popular casa de comidas, con la gallina trufada como especialidad. También *frité* de cordero y *técula mécula*. Menú 15 €. Precio medio 28 €.

Hoteles

**** **Izán Trujillo.** Pl. del Campillo, 1. T. 927 458 900. *www.izanhoteles.es*
Hab. 77: 70/200 €. Ubicado en el antiguo convento de S. Antonio, barroco, de finales del s. XVI. Restaurante El Refectorio.

**** **NH Palacio de Santa Marta.** Ballesteros, 6. T. 927 659 190. *www.nh-hotels.com*
Hab. 50: 55/260 €. Admisión de perros, consultar. Junto a la plaza Mayor. Palacio del s. XVI rehabilitado.

**** **Parador de Turismo.** Sta. Beatriz de Silva, 1. T. 927 321 350. *www.parador.es*
Hab. 50: 124/168 €. Suites: 3. Convento del s. XVI. Claustro renacentista, arquería de medio punto sobre pilares cuadrados, montadas por galerías adinteladas con columnas toscanas. Cocina regional. Restaurante El Dorado.

Aroma a frescura

Con la primavera y el verano, el Parque Nacional de Monfragüe se impregna del aroma de las lavandas.

Tudela Navarra

34 · B-1
A Pamplona, 94 km
A Madrid, 263,5 km
Alt. 263 m Pob. 35.268
T. 948 848 058
GPS 42° 3' 49'' N · 1° 36' 25'' O

Visitar: El casco antiguo está reconocido como Bien de Interés Cultural. La **Catedral,** de estilo Románico de transición, tiene tres puertas, entre las que destaca la del Juicio Final. El interior recuerda la iglesia del Monasterio de Oliva. En ella merecen mención varios retablos, como el del altar mayor (s. XV), de Pedro Díaz de Oviedo, y el de Sta. Catalina (s. XIV). Es muy interesante el sepulcro de mosén Francés de Villaespesa. En la **iglesia de la Magdalena**

(s. XII) destaca su pantocrátor, en un retablo de 1551. La iglesia de S. Nicolás, de un románico primitivo y reedificada en el s. XVIII, también cuenta con un pantocrátor románico sobre su acceso principal. Otros edificios notables son el Palacio Decanal, el **Museo de Tudela,** el Palacio Marqués de S. Adrián (s. XVI), el Palacio Marqués de Huarte (s. XVIII), el Centro Cultural Castel Ruiz, con claustro (s. XVII), el Museo Muñoz Sola y la **plaza de los Fueros.**

Fiestas: La Semana Santa tudelana es muy conocida, con actos tan particulares como El Volatín, el Sábado Santo y, durante la celebración de la Pascua de Resurrección, la **Bajada del Ángel,** cuando un niño, descendiendo con una maroma, retira el velo que cubre el rostro de la Virgen. En abril y mayo se celebran las **Jornadas de Exaltación de la Verdura.** El 24 de junio, S. Juan, y del 27 al 29 de junio, S. Pedro. Del 24 al 30 de julio son las **fiestas patronales de Sta. Ana,** de Interés Turístico, y el primer domingo de septiembre, el Día Europeo de la Cultura Judía.

Alrededores: En **El Bocal** nace el Canal Imperial de Aragón. En **Fitero** está el primer monasterio cisterciense construido en España, el de Sta. María la Real, de finales del s. XII. Entre sus tesoros destaca una arqueta hispano-arábiga del s. X. Las **Bardenas Reales** son un paraje semidesértico con formas geológicas asombrosas, único en Europa. En **Tulebras** está el Monasterio de Sta. María de la Caridad, primer cenobio cisterciense femenino de España (s. XIII). Y notable es el Museo Diocesano. También se puede visitar el **parque Sendaviva.**

Restaurantes

Senda de los Olivos. (H. Pago de Cirsus. En Ablitas, a 15 km). Ctra. NA-3020, Ablitas-Ribaforada, km 5. T. 948 386 212.
www.pagodecirsus.com
Cierra domingo cena y lunes. Con 10 habitaciones. En una torre-fortaleza medieval con vistas a la bodega y a los viñedos. Ñoquis de patata con alcachofas y setas de temporada, paletilla de cordero lechal en dos cocciones con puré de patata, leche frita con sopita de frutas y moscatel. Precio medio 50 €.

Treintaitrés. Pablo Sarasate, 7. T. 948 827 606. *www.restaurante33.com*
Cierra cenas de lunes y martes, domingo y del 1 al 15 de agosto. Máximo exponente tudelano de la huerta de la mejana. Ricardo Gil y Marisol Pastor se afanan diariamente por convertirlo en un imprescindible de la gastronomía de la Ribera. Y, efectivamente, lo consiguen a través de una cocina de autor, basada en una materia prima de categoría. Precio medio 40 €.

Hoteles

★★★★ **AC Hotel Ciudad de Tudela by Marriott.** Misericordia, s/n. T. 948 402 440.
www.ac-hotels.com
Hab. 40: 108/130 €. Suites: 1. Antigua casona del s. XVIII rehabilitada en el centro histórico-artístico. Restaurante La Alcazaba, cocina tradicional.

★★★★ **Aire de Bardenas.** Ctra. Ejea de los Caballeros NA-125, km 1,5. T. 948 116 666.
www.airedebardenas.com
Hab. 22: 165/225 €. Suites: 4. En Bardenas Reales, Parque Natural y Reserva de la Biosfera. Restaurante Aire.

La célebre formación Castildetierra en el desierto de las Bardenas Reales

Tudela de Duero Valladolid Ver Valladolid

31 · E-4

Tui/Tuy Pontevedra

17 · C-4
A Pontevedra, 55 km
A Madrid, 591 km
Alt. 44 m · Pob. 17.236
T. 986 607 026
GPS 42° 2' 45'' N · 8° 38' 42'' O

Visitar: La ciudad está declarada Conjunto de Interés Histórico-Artístico y Municipio de Interés Turístico. En su casco medieval alberga monumentos como la **Catedral-Fortaleza de Sta. María,** románica y gótica, de los ss. XII y XIII, con un pórtico y claustro muy interesantes, así como la capilla de San Telmo, de estilo barroco portugués. Otros edificios de referencia son la iglesia de S. Bartolomé (s. XI) y la de Sto. Domingo (s. XIV), el **Palacio Episcopal,** el Parador de S. Telmo, los archivos históricos y bibliotecas, y el Museo Diocesano (s. XVIII). También es recomendable la visita al convento de Santa Clara, donde las monjas elaboran los típicos *pececitos* de almendra. Por último, el **puente internacional de S. Telmo** une Tui y Portugal.

Fiestas: El fin de semana siguiente al domingo de Pascua se celebran las **fiestas patronales de S. Telmo** y **de la Angula.** A mediados de mayo tiene lugar la Feria de Artesanía. El 1 de julio, la **romería de la Virgen de las Angustias.** En agosto, el Descenso Internacional del Miño en piragua. A finales de ese mes

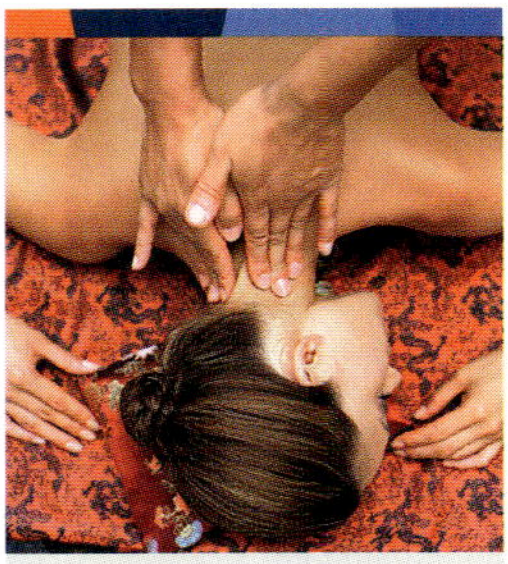

Aguas que curan

En Caldelas de Tui se encuentra uno de los balnearios centenarios de Galicia, orillado al río Miño.

se celebra la romería de la Virgen da Rocha. Y el último fin de semana de cada mes, la feria de antigüedades.

Alrededores: A 7 km está el **Parque Natural Monte Aloia;** a 16 km, **Salvatierra do Miño;** a 25 km se encuentra **A Guarda,** con el monte de Sta. Tecla y la desembocadura del Miño. A 30 km está **Ponteareas,** donde puede admirarse el castro de Troña, y a 23 km, **Baiona,** con el monte de la Virgen de la Roca y sus vistas. A 29 km, **Valença do Minho** (Portugal) está bañada por el río Miño, donde pueden realizarse diferentes deportes náuticos.

Restaurantes

O Novo Cabalo Furado. Pl. do Concello, 3. T. 986 602 263. *www.onovocabalofurado.com*

Cierra domingo cena y lunes de octubre a junio, domingo en verano, 15 días en invierno y segunda quincena en junio. Casa de comidas tradicional junto a la Catedral. Calamares encebollados, pescados de la ría y carnes gallegas, cañitas rellenas. Precio medio 30 €.

® **Silabario.** (H. Colón Tuy). Colón, 11. T. 986 607 000. *www.restaurantesilabario.com* P

Cierra domingo, lunes y del 21 de diciembre al 5 de enero. Cocina de base gallega puesta al día. Lo mejor, atenerse a las recomendaciones del día: **pescado del mercado, pichón asado...** Buena bodega. Precio medio 40 €.

Hoteles

**** **Parador de Turismo.** Av. de Portugal, s/n. T. 986 600 300. *www.parador.es*
P

Hab. 32: 100/274 €. Suites: 3. En la margen derecha del Miño, fronterizo con Portugal. Realizado en piedra de granito y madera de castaño, reproduce fielmente un pazo gallego. Cocina regional.

Turégano Segovia

43 · B-3
A Segovia, 34 km
A Madrid, 129 km
Alt. 935 m · Pob. 1.150
T. 921 500 000
GPS 41° 9' 17'' N · 4° 0' 31'' O

Visitar: Destacan el **castillo-iglesia y el castro circundante,** además de la iglesia de Santiago, con su retablo románico; la plaza porticada, las **fachadas del Palacio Episcopal,** el Palacio de Miñano, el pilón de 1782, el Museo Forestal y el de Los Ángeles.

Fiestas: En Viernes Santo se celebra la **procesión de las Velas.** El 1 y 2 de julio, la Fiesta de la Juventud, y el 2 y 3 de septiembre, el **Dulce Nombre de María.** El 25 y 26 de noviembre es la feria de S. Andrés.

Alrededores: Merece la pena conocer el Románico del **Pirón** y las iglesias de **La Cuesta, Tenzuela** y **Torreiglesias.** También los parajes y molinos de La Cuesta.

Restaurantes

El Zaguán. (H. El Zaguán). Pl. España, 16. T. 921 501 165. *www.el-zaguan.com*

Con 15 habitaciones. Cocina castellana actualizada en un ambiente rústico elegante. Huevos escalfados con *boletus,* cordero y cochinillo asados, tarta de chocolate caliente. Precio medio 28 €.

El castillo-iglesia de Turégano, una amalgama de estilos y materiales

Úbeda Jaén

Iglesia renacentista del Salvador en Úbeda, obra de Andrés de Vandelvira

Visitar: La ciudad es Patrimonio de la Humanidad. En la plaza de Vázquez Molina se encuentran el **Palacio del Deán Ortega** (s. XVI); el Palacio de Juan Vázquez Molina (s. XVI), actual Ayuntamiento; el **antiguo Pósito** (s. XVIII) y el Palacio del Marqués de Mancera (s. XVII). También son monumentos notables la cárcel del Obispo (s. XVI); la **Real Colegiata-Iglesia de Sta. María de los Reales Alcázares** (ss. XIII al XX), en la que destacan sus portadas; la **Sacra Capilla del Salvador** (s. XVI) y las capillas del Deán Ortega, la de Siloé y la de Vandelvira. Otros edificios religiosos de interés son la iglesia de S. Pablo (ss. XIV al XVIII), gótica; la de S. Nicolás (ss. XV y XVI); el templo barroco de la Stma. Trinidad (s. XVIII); S. Pedro (ss. XIII al XVI); el convento de Sta. Clara (ss. XIII al XVIII), mudéjar, gótico y barroco; el Monasterio de la Concepción (s. XVIII); S. Millán (ss. XIII al XVI); S. Lorenzo (s. XVI); Sto. Domingo (ss. XV y XVI), con artesonado mudéjar; S. Isidoro (ss. XV al XVII); el **Museo y Oratorio de S. Juan de la Cruz** (ss. XVI al XIX); el **Hospital de Santiago** (s. XVI), obra de Juan de Vandelvira, en el que destacan el patio, la original capilla en forma de H, la sacristía y la espectacular escalera, todo decorado con impresionantes frescos; el Palacio del Marqués de la Rambla (s. XVI); el **Palacio de Vela de los Cobos** (s. XVI), con una interesante colección de obras de arte y biblioteca; el de los Marqueses Bussianos (s. XVII); el de los Condes de Guadiana (s. XVII), con torre manierista; la **Casa de las Torres** (s. XVI), plateresca; las antiguas Casas Consistoriales (s. XVI); la **Casa Mudéjar** (s. XIV), actual Museo Arqueológico; el Palacio de Anguís Medinilla (s. XVI); el Palacio de los Medinillas (s. XVII); el Palacio de Don Luis de la Cueva (ss. XV al XVIII); la Torre del Reloj (ss. XIII al XVI); el Palacio del Obispo Canastero (s. XVII) y el Palacio de los Orozco (s. XIX). También se conserva la mayor parte de la muralla árabe, en la que destacan la **Puerta de Granada** (s. XV), la Puerta del Losal, mudéjar (s. XIV) y la **torre albarrana de la Corredera de S. Fernando** (s. XV). Otras visitas recomendables son la sinagoga del Agua y el barrio Alfarero.

Fiestas: La Semana Santa muestra una gran riqueza artística, cultural y religiosa, donde destaca la procesión General de la noche del Viernes Santo. El 1 de mayo se celebra la **romería de la patrona Stma. Virgen de Guadalupe y del Gavellar.** Dentro del amplio panorama cultural anual, en primavera tienen lugar el Festival Internacional de Música y Danza Ciudad de Úbeda y la **Bienal de Anticuarios y Exposiciones de Arte Contemporáneo.** En julio, el **Festival Internacional de**

91 · B-4
A Jaén, 56 km
A Madrid, 303 km
Alt. 756 m · Pob. 36.630
T. 953 779 204
GPS 38° 0' 28'' N · 3° 22' 11'' O

Música de Cine y la fiesta del Renacimiento. A finales de septiembre, la feria y las fiestas de S. Miguel, con feria taurina y actividades infantiles y culturales, y que abre la Muestra de Teatro de Otoño. Por último, en noviembre y diciembre se celebra el Festival de Música Antigua.

Alrededores: Son muy recomendables las excursiones por el **Parque Natural de las Sierras de Cazorla, Segura y Las Villas.** En **Canena**, a 12 km, hay un castillo de la Edad Media, declarado Monumento Nacional, transformado en palacio en el s. XV, y también un balneario. En **Sabiote,** a 9 km, quedan restos de murallas árabes, un castillo medieval, iglesias, conventos y casas renacentistas. En **Torreperogil,** a 9 km, se alzan las Torres Oscuras (s. XIII) y la iglesia de Sta. María (s. XVI). A 12 km está **Ibros,** con las murallas ciclópeas de la época romana. En **Valdecanales,** a 17 km, hay un oratorio visigodo excavado en la roca, único en Andalucía. En **Úbeda la Vieja,** a 15 km, quedan restos de la época de la Roma imperial. **Baeza,** a 9 km, es también Patrimonio de la Humanidad.

Arquitectura muy noble
Detalle exterior del Palacio de Jabalquinto en Baeza –ciudad Patrimonio de la Humanidad–, ejemplo de estilo gótico-isabelino (s. XV).

Restaurantes

Amaranto. Hortelanos, 6. T. 953 752 100.
Cierra cenas excepto viernes y sábado en invierno, domingo cena en verano, lunes y del 9 al 19 de enero. Casa antigua reformada con patio interior. *Ravioli* de rabo de toro con puré de castañas, bacalao confitado con espinacas a la jienense, natillas espumosas de aceite de oliva con pestiños. Precio medio 30 €.

Cantina La Estación. Cuesta Rodadera, 1. T. 687 777 230.
Cierra martes cena, miércoles y segunda quincena de septiembre. Berenjenas con bechamel y queso parmesano, corvina con fideuá, espuma de vino tinto. Precio medio 32 €.

El Porche. Redonda de Santiago, 7. T. 953 757 287.
Distintos ambientes, chimenea en invierno y terraza en verano en un acogedor local. Revuelto de morcilla en caldera, rabo de toro, leche frita. Menú 15 €. Precio medio 30 €.

Zeitum. S. Juan de la Cruz, 10. T. 953 755 800. *www.zeitum.com*
Cierra domingo cena, lunes no festivos y primera quincena de julio. Casona del s. XVI en el casco antiguo. Lomo de esturión, cabrito, mojito cubano. Precio medio 40 €.

Hoteles

**** **Álvar Fáñez.** Juan Pasquau, 5. T. 953 796 043. *www.alvarfanez.com*
Hab. 11: 60/128 €. Suites: 3. Palacete rehabilitado. Cantinas abovedadas (s. XVI). En el centro histórico. Restaurante Álvar Fáñez.

**** **Parador de Turismo.** Pl. Vázquez de Molina, s/n. T. 953 750 345. *www.parador.es*
Hab. 34: 134/180 €. Suites: 2. Palacio renacentista del s. XVI, en el centro histórico. Restaurante especializado en cocina típica. Acceso por las avenidas de la Constitución y de Antonio Muñoz Molina, evitando el centro de la ciudad.

*** **María de Molina.** Pl. del Ayuntamiento, s/n. T. 953 795 356. *www.hotelmariademolina.es*
Hab. 27: 53/100 €. En el centro histórico. Antiguo palacio del s. XVI. Restaurante El Marqués.

Palacio de la Rambla. Pl. del Marqués, 1. T. 953 750 196. *www.palaciodelarambla.com*
Hab. 6: 90/120 €. Suites: 2. Antiguo palacio del s. XVI, construido por Vandelvira. Encanto especial.

Ulldecona Tarragona

57 · C-2
A Tarragona, 105 km
A Madrid, 510 km
Alt. 133 m · Pob. 7.355
T. 977 573 394
GPS 40° 35' 53'' N · 0° 26' 51'' E

Visitar: En el casco antiguo encontramos un **castillo de la Edad Media,** reconocido como Bien de Interés Cultural; la iglesia de St. Lluc, la Casa de la Encomienda, el **convento de las Carmelitas Descalzas,** la Casa de la Feligresa y el **Orfeó.**

Fiestas: Del 1 al 15 de septiembre tienen lugar las **fiestas Quinquenales,** y el 17 y 18 de octubre, las de St. Lluc.

Alrededores: Se pueden visitar la balsa de **Montsià,** las pinturas rupestres del poblado de **Castellets** y la **ermita de la Virgen de la Piedad.**

Restaurantes

Les Moles. Ctra. La Sénia, km 2. T. 977 573 224. *www.lesmoles.com*

Cierra cenas de domingo y martes, lunes y noviembre. La selección de un producto de primerísima calidad es la base de la culinaria ejecutada con criterio y devoción por el buen cocinero Jeromi Castell. **Piruleta de aceite de olivos milenarios y sal del delta del Ebro, hamburguesa de 'cap i pota'.** Menú 16 €. Precio medio 42 €.

Urdániz/Urdaitz Navarra Ver Pamplona

14 · B-3

Urrunaga Araba/Álava Ver Vitoria/Gasteiz

13 · C-3

Utrera Sevilla

105 · A-2
A Sevilla, 27 km
A Madrid, 566 km
Alt. 49 m · Pob. 51.177
T. 954 733 387
GPS 37° 10' 59'' N · 5° 46' 57'' O

Visitar: Los principales lugares de interés son el **convento de las Hermanas de la Cruz** (s. XVIII), el de las Carmelitas (s. XVI), el de la Consolación, el **castillo,** el **Hospital de la Sta. Resurrección,** la **parroquia de Santiago** (s. XIV), la de Sta. María, las iglesias de S. Francisco, del Carmen y la Trinidad, y el teatro.

Fiestas: Son de interés la Semana Santa, la noche de S. Juan, el **festival flamenco Potaje Gitano** (en junio) y, en septiembre, la **feria de la Consolación.**

Alrededores: A 27 km, en **Morón de la Frontera,** destacan la iglesia de S. Miguel, con sus rejas, y las ruinas del castillo árabe. En **Palmar de Troya,** a 14 km, hay un complejo endorreico de lagunas que muestran una gran variedad de flora y fauna.

Placa de una asociación flamenca de la localidad sevillana de Utrera

Restaurantes

Besana *(gastrobar)*. Callejón Niño Perdido, 1. T. 955 863 804. *www.besanatapas.com*

Cierra domingo cena y lunes. *Gastrobar* en una antigua sinagoga de la judería con buenísimas tapas. Hamburguesa con núcleo de gorgonzola y patatas paja, chipirones rellenos de butifarra sobre alioli de pera, galletas María con helado de leche merengada. Precio medio 20 €.

La Brasa. Rubén Darío, 9. T. 954 860 033. *www.restaurantelabrasa.es*

Cierra domingo cena, lunes y primera quincena de agosto. Croquetas caseras, pescados y carnes, flan. Precio medio 20 €.

Hoteles

***** **Cortijo Soto Real.** (En Cabezas de San Juan). Ctra. de las Cabezas de S. Juan-Villamartín, km 13. T. 955 869 200. *www.hotelcortijosotoreal.com*

Hab. 22: 252/350 €. Suites: 5. Antiguo palacio. Restaurantes Al-Andalus y El Bistrot de Jardín.

Alguaciles Bajos. Ctra. SE-445, km 22,6. T. 690 717 754. *www.alguaciles.com*

Suites: 7. 48/60 €. Todo alimentado por energía solar. Cortijo de labranza del s. XVII con acogedoras instalaciones.

37 · A-3

Vacarisses Barcelona Ver Terrassa

63 · A-1

Valdemoro Madrid

Ver Madrid/Restaurantes/Alrededores de Madrid

Valdepeñas Ciudad Real

82 · B-3
A Ciudad Real, 61 km
A Madrid, 200 km
Alt. 720 m · Pob. 32.000
T. 926 312 552
GPS 38° 45' 36'' N · 3° 23' 7'' O

Interior de una bodega de Valdepeñas, Ciudad Real

Visitar: Las visitas más recomendables son la **iglesia de la Asunción,** gótica-isabelina (s. XV); los museos de los Molinos de Gregorio Prieto, el Municipal y el del Vino; el auditorio Francisco Nieva, las bodegas, el convento de los Trinitarios, de 1615, y el **yacimiento arqueológico Cerro de las Cabezas** (ss. VII al III a. C.), con su Centro de Interpretación.

Fiestas: La primera semana de agosto se celebra la **feria de agosto** y, a principios de septiembre, las **fiestas del Vino,** de Interés Turístico Nacional.

Alrededores: A 7 km, en **Baños del Peral,** está el Centro de Interpretación del Agua. En **San Carlos del Valle,** a 13 km, está la ermita de Ntra. Sra. de las Virtudes (s. XVI), y a 21 km, la plaza de toros cuadrada de Las Virtudes. A 33 km, **Villanueva de los Infantes,** que está declarado Conjunto Histórico-Artístico.

Restaurantes

® **La Aguzadera.** Autovía A-4, Madrid-Cádiz, km 197,400. T. 926 323 208. *www.laaguzadera.com*
Cierra cenas lunes y martes. Caza, cocina, quesos y vinos manchegos. **Pisto, cabrito lechal frito con ajos y vino blanco, flor de sartén sobre natillas y helado de miel.** Menú 25 €. Precio medio 38 €.

® **La Fonda de Alberto.** Cristo, 67. T. 926 316 176. *www.lafondadealberto.com*
Cierra domingo cena. Cocina manchega con productos de la zona. **Paté de perdiz casero con piñones, jarrete de ternera lechal con alcachofas, 'crêpes suzette' con helado artesanal.** Menú 25 €. Precio medio 32 €.

Sucot. Av. Primero de Julio, 97. T. 926 312 932. *www.restaurantsucot.es*
Cierra lunes. *Sucot* es la fiesta hebrea de la presentación a Dios de los primeros frutos. Migas de pastor, chuletón de buey, torrijas a la miel. Menú 16 €. Precio medio 25 €.

Hoteles

*** **Hospedería Real de Quevedo.** (En Villanueva de los Infantes, a 33,4 km). Frailes, 1. T. 926 361 788. *www.hosteriasreales.com*
Hab. 24: 43/80 €. Ubicado en el convento de los Dominicos, del s. XVI. Conserva la celda donde falleció Francisco de Quevedo. Servicio de canguro. Restaurante Santo Tomás de Villanueva.

22 · A-4

Valdezcaray La Rioja Estación de esquí - Ver Ezcaray

Valencia

76 · E-2
A Madrid, 352 km
Alt. 15 m · Pob. 814.208
T. 963 986 422
GPS 39° 28' 12'' N · 0° 22' 41'' O

Visitar: La **Catedral** (s. XIII) tiene tres puertas notables: la del Palau (románica), la de los Apóstoles (s. XIII), donde todos los jueves tiene lugar el Tribunal de las Aguas, y la principal, de los Hierros, barroca (s. XVIII). Junto a esta se levanta el **Miguelete** o *Micalet,* torre de las campanas de marcado estilo gótico. El edificio de **la Lonja** (s. XV) es Patrimonio de la Humanidad. Otros puntos de interés son el **Palacio de la Generalitat,** gótico (s. XV); el Palau de Benicarló, sede de las Cortes Valencianas, el colegio del Patriarca (s. XVI) y el **Palacio del Marqués de Dos Aguas,** que tiene una portada de alabastro y es la actual sede del Museo Nacional de Cerámica González Martí. También son remarcables las torres del Quart (s. XV) y las de Serranos (s. XIV); el convento de Sto. Domingo (ss. XIV y XV); los jardines del Real; el **Museo de Bellas Artes;** la marina del **Port America's Cup** y la **Ciudad de las Artes y las Ciencias,** complejo lúdico de difusión científica y cultural que incluye el Umbracle, el Oceanogràfic, el Museo de las Ciencias Príncipe Felipe y el Hemisfèric.

Ciudad de las Artes y las Ciencias, obra de Santiago Calatrava, en Valencia

Fiestas: El 22 de enero es la fiesta patronal de **S. Vicente Mártir.** Del 15 al 19 de marzo se celebran las **Fallas,** gran fiesta de Interés Turístico Internacional, con la *cremá,* en la que arden más de 300 de estas efímeras obras. Destacan también la Semana Santa Marinera, de Interés Turístico, el segundo lunes de Pascua; S. Vicente Ferrer, con la representación de los Miracles, y la fiesta patronal de la Virgen de los Desamparados, el 10 de mayo. La procesión del Corpus Christi es una de las más coloridas de España. La **feria de Julio** culmina con la Batalla de Flores, y el 4 de agosto tiene lugar la **romería del Cristo de la Salud.**

Alrededores: Son de visita obligatoria el **Parque Natural de La Albufera** y la **playa del Saler,** a 15 km. El **Monasterio de Sta. María del Puig** está a 10 km. En **Sagunto,** a 28 km, hay un castillo romano. A 23 km está **Benisano;** a 5 km, **Alfafar,** con su iglesia (s. XVIII) y su Virgen del Don (s. XIII), el Museo Parroquial y los edificios modernistas.

Restaurantes

☼☼☼
Arrop
Ricard está tan inspirado como siempre, e incluso más. Una creatividad que crea adicción. **Menestra de verduras con 'velouté', raya al aceite de oliva y alcachofa, bizcocho aireado de avellana, 'gianduja' y limón.** Cierra domingo y lunes.

Menú 30 € (solo mediodía). Precio medio 52 €.

(H. Palacio del Marqués de Caro). Almirante, 14. T. 963 155 287. *www.arrop.com*

☼ **Askua.** Felip María Garín, 4. T. 963 375 536. *www.askuarestaurante.com*

Cierra sábado almuerzo, domingo, festivos, tres semanas en agosto y una en Navidad. Cocina de producto y gran gusto. También en vinos. **Angulas, carnes del valle del Esla, selección de quesos.** Precio medio 55 €.

☼☼ **Ca Sento.** Méndez Núñez, 17. T. 963 301 775. *www.casento.net*

Cierra domingo, lunes, segunda quincena de marzo y primera de agosto. La sensibilidad y buena mano de Raúl Aleixandre para el tratamiento de los productos del mar supera con creces lo habitual. Fiel a su línea de nivel, el festín está asegurado. **Cigala en costra de sal, arroz a la plancha con gamba de Dénia, torrija con helado de café.** Precio medio 60 €.

Figura griega de la Victoria de Samotracia, a punto de arder en una falla

El Alto de Colón. (En el Mercado de Colón). Jorge Juan, 19. T. 963 530 900. *www.grupoelalto.com*
Cierra sábado almuerzo, domingo, Semana Santa y agosto. Espléndido espacio donde Quique Barella cuida al detalle una carta de contemporánea mediterraneidad. **Arroz de anguilas, caballa en escabeche, coca en llanda.** Precio medio 50 €. También supervisa **Bambo** (T. 963 530 337), en la planta baja, con un menú al mediodía de 20 €.

El Bressol. Salamanca, 26. T. 963 747 522. P
Cierra sábado almuerzo, domingo, Semana Santa y agosto. Céntrico, con sugerente carta mediterránea y cuidando todos los detalles. **Arroz de pato salvaje y setas, cordero siete horas, fluido de chocolate.** Especial atención a la bodega. Gran experiencia. Precio medio 50 €.

Entrevins. Reina Doña María, 3. T. 963 333 523. *www.entrevins.es*
Cierra domingo y lunes. Sabores y vinos de calidad, y un sumiller campeón nacional, Guillaume Glories. Buñuelos de bacalao, corvina de playa con *bullit* valenciano, calabaza en texturas. Menú 16 €. Precio medio 36 €.

® **Kailuze.** Erudito Gregorio Mayans, 5. T. 963 743 999. *www.kailuze.com*
Cierra sábado almuerzo, domingo, festivos y agosto. Coqueto reducto de la cocina vasco-navarra con el aval de la familia Oyarbide. **Huevo a baja temperatura sobre picadillo de chistorra, salmonete al tomillo, canutillos rellenos.** Precio medio 45 €.

® **Kaymus.** Av. Maestro Rodrigo, 44. T. 963 486 666. *www.kaymus.es*
Cierra lunes cena. Nacho Romero cumple a rajatabla su ideario de dar con abundancia de comer; le secunda un eficaz y joven equipo. **Sopa de cebolla, caldereta marinera, horchata con 'fartons'.** Menú 28 €. Precio medio 30 €.

® **La Sequieta.** (En Alaquás, a 7 km). Av. Camí Vell de Torrent, 28. T. 961 500 027. *www.lasequieta.com*
Cierra domingo y dos semanas en agosto. Sebastián Romero realiza una cocina actual con gran sentido y mimo. La novedad es un espacio para tapas. **Alcachofa confitada, fideos marineros, helado de leche merengada.** Menú 22 €. Precio medio 30 €.

La Sucursal. (Instituto Valenciano de Arte Moderno). Guillem de Castro, 118. T. 963 746 665. *www.restaurantelasucursal.com*
Cierra sábado almuerzo, domingo y segunda quincena de agosto. Impecable trayectoria de la familia Andrés Salvador. Sus contemporáneas propuestas se elaboran con las mejores materias primas, siempre con un toque de innovación pero sin perder el rumbo. **Arroz meloso de ostras, pluma de ibérico con 'salsifís' y quinoa; naranja, almendra y azafrán.** Precio medio 50 €.

Morgado. Reina Doña Germana, 4. T. 963 733 508. *www.restaurantemorgado.com*
Cierra sábado almuerzo, domingo, Semana Santa y del 20 de agosto al 20 de septiembre. Está en casa de un maestro, Juan Morgado, que siempre consigue que todos salgan felices. **Bacalao al horno con tomate natural, rabo de toro estofado, fresitas flambeadas con helado de avellana.** Precio medio 38 €.

Oleo. Pl. Juan Antonio Benlliure, 9. T. 963 675 865. *www.restauranteoleo.com*
Cierra cenas de lunes y martes, domingo y segunda quincena de agosto. La moderna cocina marinera de Vicente Patiño transmite agradables sensaciones por sus logradas combinaciones. **Tomates, 'garum' de sardina de bota y fuet; salmonete con sopa de ajo, 'sepionet', cebolla y cacao, 'janduja' de avellana y pomelo.** También barra. Menús 15 y 22 €. Precio medio 42 €.

Rías Gallegas. Cirilo Amorós, 4. T. 963 512 125. *www.riasgallegas.es*
Cierra lunes cena, domingo, Semana Santa y 21 días en agosto. Lo mejor del mar y la tierra, servido en un entorno muy conseguido. **Pulpo a la gallega, rodaballo a la plancha, sorbete al calvados.** Precio medio 45 €.

Riff. Conde de Altea, 18. T. 963 335 353. *www.restaurante-riff.com*
Cierra domingo, lunes, semana de Pascua y agosto. Bernd H. Knöller ejerce con sabiduría y determinación. **'Tartar' de bonito con mostaza, arroz 'brut', caramelo salado y fresones.** Menú 29 €. Precio medio 60 €.

Submarino. (Oceanogràfic). Junta de Murs i Valls, s/n. T. 961 975 565. *www.grupo-jbl.com*
El aliciente de una sugerente carta mediterránea tan bien realizada como concebida por José Manuel Miguel. En su currículum, el Bristol de París. *Bloody Mary* con ostra, lubina con tallarines de calabacín, *chiboust* de galletas María con helado de carajillo. Menú 30 €. Precio medio 45 €.

® **Tastem.** Ernesto Ferrer, 14. T. 963 696 851. *www.tastem.com*
Cierra lunes. Cocina japonesa de confianza y rigor. Precio medio 40 €.

® **Trattoria Napoletana da Carlo.** Dr. Manuel Candela, 79. T. 963 935 562. *www.menjariviure.com*
Cierra martes. La agradable sensación de estar en Italia y donde la familia d'Anna complace en todo. **'Pizza' margarita, 'panna cotta'.** Precio medio 30 €.

® **Trenca Dish-Raúl Aleixandre** *(gastrobar)*. Padre Tosca, 3. T. 963 911 861. *www.trencadish.com*
Cierra domingo. De principio a fin, sin desperdicio, también su ambientación. Raúl Aleixandre y equipo lo han conseguido. **Alcachofas en salsa romesco y larga lista de tapas.** Precio medio 28 €.

☼☼ **Vertical.** Luis García Berlanga, 19. T. 963 303 800. *www.restaurantevertical.com*
Cierra domingo. Cocina actual desde las alturas que se propone solo en menús (50 y 63 €) y que cuenta con el sólido aval de la familia Andrés Salvador. La novedad, una magnífica terraza.

☼ **Vuelve Carolina.** Correos, 8. T. 963 218 686. *www.vuelvecarolina.com*
Cierra domingo. Las propuestas vanguardistas de Quique Dacosta, en un atractivo marco de diseño y precios, con el honor de ser atendido por Manuela Romeralo, Premio Nacional de Gastronomía. Menú 17 €. Precio medio 20 €. Con mayor informalidad pero sin bajar la calidad, **Mercatbar** (Joaquín Costa, 27. T. 963 748 558).

Hoteles

***** **Hospes Palau de la Mar.** Av. Navarro Reverter, 14. T. 963 162 884. *www.hospes.es/hotel-valencia-palau-mar*
Hab. 66: 100/415 €. Edificio del s. XIX rehabilitado. Restaurante Senzone.

***** **Las Arenas Balneario Resort.** Eugenia Viñes, 22-24. T. 963 120 600. *www.hotel-lasarenas.com*
Hab. 243: 147/627 €. Suites: 10. En la playa de Las Arenas, frente al mar. Próximo al centro. Restaurante Sorolla.

***** **SH Valencia Palace.** P.º Alameda, 32. T. 963 375 037. *www.sh-hoteles.com*
Hab. 223: 100/395 €. Suites: 15. En pleno centro cultural, entre el Palau de la Música y la Ciudad de las Artes y las Ciencias. Restaurante Albufera by Alejandro.

***** **Sidi Saler.** (Playa de El Saler). Gola del Puchol, s/n. T. 961 610 411. *www.hotelessidi.es*
Hab. 272: 167/314 €. Suites: 16. En primera línea de playa. Habitaciones con vistas al mar. Servicio de canguro y admisión de perros, consultar. Servicio de minibús gratuito a la ciudad. Restaurante Les Dunes, cocina mediterránea e internacional.

***** **The Westin Valencia.** Amadeo de Saboya, 16. T. 963 625 900. *www.westinvalencia.com*
Hab. 135: 140/560 €. Suites: 11. Céntrico. Consultar admisión de perros. Edificio histórico. Restaurante Rosmarino, cocina mediterránea.

**** **Eurostars Gran Valencia.** Valle de Ayora, 3. T. 963 050 800. *www.eurostarshotels.com*
Hab. 110: 59/999 €. Suites: 4. Próximo al Palacio de Congresos. Restaurante Arnadí.

**** **Husa Reina Victoria.** Barcas, 4. T. 963 520 487. *www.husareinavictoria.com*
Hab. 97: 70/350 €. Edificio de principios del s. XX. Céntrico.

**** **Meliá Valencia Palacio de Congresos.** Av. Cortes Valencianas, 52. T. 963 030 000. *www.es.solmelia.com/hotelmelia-valencia*
Hab. 304: 69/300 €. Suites: 35. En el edificio más alto de Valencia, con impresionantes vistas desde sus habitaciones. Restaurante Acqua.

**** **Parador de Turismo.** (Playa de El Saler). Av. de los Pinares, 151. T. 961 611 186. *www.parador.es*
Hab. 64: 224/259 €. Suites: 2. Un blanco y luminoso edificio entre pinares y a orillas del mar, aislado, tranquilo y confortable. Totalmente reformado. Restaurante L'Embarcador. Los distintos arroces son el mayor aliciente de su cocina.

**** **Tryp Oceanic.** Pintor Maella, 35. T. 963 350 300. *www.trypoceanic.solmelia.com*

Cimborrio gótico y capilla del Santo Cáliz en la Catedral de Valencia

Zapatos de fallera forrados de brocado

Hab. 195: 92/781 €. Suites: 2. Frente al Oceanogràfic y la Ciudad de las Artes y las Ciencias. Próximo al puerto y a la playa de la Malvarrosa. Restaurante Aqua.

**** **Valencia Center.** Av. de Francia, 33. T. 963 350 700. *www.hotelescenter.com*
Hab. 124: 50/864 €. Suites: 16. Junto a la Ciudad de las Artes y las Ciencias. Restaurante La Magrana.

*** **Ad Hoc Monumental.** Boix, 4. T. 963 919 140. *www.adhochoteles.com*
Hab. 28: 76/219 €. Edificio del s. XIX. En pleno centro histórico. Restaurante Adhoc, moderna cocina mediterránea.

66 · A-1

Vall d'Alba Castellón Ver Orpesa/Oropesa del Mar

Vall de Bianya, La Girona

26 · D-3
A Girona, 60 km
A Madrid, 706 km
Alt. 400 m · Pob. 1.330
GPS 42° 13' 43" N · 2° 26' 7" E

Visitar: Además de las iglesias románicas, el Museu dels Sants y la **vía romana de Capsacosta,** el entorno nos ofrece excursiones estupendas por el **Parc Natural de la Zona Volcànica de la Garrotxa,** ideal para el senderismo y el cicloturismo, y el Museu dels Volcans. Es interesante también el Centre d'Interpretació *La Vall dels Sentits.*

Fiestas: La fiesta del Farro se celebra el primer fin de semana de febrero; del 21 al 24 de mayo tiene lugar la fiesta de **St. Isidre,** fiesta Mayor; en septiembre, las fiestas del Tura, y en octubre, la **Fira Internacional de Bruixeria.** Otra festividad a tener en cuenta es la de St. Salvadó, la otra fiesta Mayor.

Alrededores: La localidad de **Olot** se encuentra a 10 km.

Capiteles románicos de la iglesia de St. Pere de Besalú, Girona

Restaurantes

Ca l'Enric. (Ctra. N-260, km 90,900). Ctra. Camprodon, s/n. T. 972 290 015. *www.calenric.net*
Cierra cenas de martes y miércoles, lunes y primera quincena de enero y de julio. El riguroso y entusiasta trabajo de los hermanos Juncà al frente de Ca l'Enric merece admiración. La excelencia del producto, la firme creatividad de Jordi e Isabel y la maravillosa bodega, que gestiona Joan, hacen de esta casa un lugar de obligatoria visita. **Verduras 'baby' en 'cocotte' con jamón, paletilla de cabrito confitada.** Precio medio 80 €.

Valladolid

31 · E-3
A Madrid, 211 km
Alt. 695 m Pob. 315.522
T. 983 219 310
GPS 41° 39' 9" N · 4° 43' 47" O

Visitar: El **colegio de S. Gregorio,** de finales del s. XV, prerrenacentista y con una fachada con un bello retablo gótico isabelino. Desde 1933 alberga el **Museo Nacional de Escultura Policromada,** que contiene un conjunto extraordinario de imaginería castellana de grandes maestros. Entre ellos sobresalen Berruguete, con los maravillosos retablos de *La Mejorada de Olmedo* (de 1525) y el de *S. Benito de Valladolid*, con tallas extraordinarias, como la de S. Sebastián; Gregorio Fernández, con sus espléndidos Cristos yacentes y los pasos de la Semana Santa; Juan de Juni, con *El Entierro*, y otros como Pompeyo Leoni, Gaspar de Tordesillas, Pedro de Mena y Felipe Bigarny. En la **Catedral** son muy notables el retablo y el museo. En la **iglesia de S. Pablo,** fundada en el s. XIII por doña Violante, esposa de Alfonso X, y renovada en el XV por Torquemada y Alonso de Burgos, llama la atención la fachada, a modo de un retablo cuajado de esculturas de estilo gótico florido, atribuido a Gil de Siloé y Simón de Colonia. Del templo de **Sta. María La Antigua,** fundada por el conde Ansúrez en el s. XI, solo quedan la torre y el pórtico. Fue casi completamente renovada en el s. XIV. Otros monumentos religiosos son la **torre del s. XIII,** La Magdalena (s. XVI); las iglesias de S. Benito, de las Angustias, de la Vera Cruz, de S. Miguel, de Santiago y de S. Martín, y los conventos de las Descalzas Reales, de Sta. Ana, de Sta. María La Real de Huelgas, de Sta. Clara y de Sta. Isabel. También destacan la **Universidad** (s. XVIII), el **colegio de Sta. Cruz** (s. XV), el **Palacio de los Pimentel** (s. XVI), el **Palacio de los Vivero,** con su patio; el **Palacio Real** (s. XVII), la Casa de Colón y la de Zorrilla, el Palacio de Villena, la Casa de Cervantes, el **Palacio de Fabio Nelly,** el colegio de los Agustinos y el de Ventura Rodríguez, y la Casa de la India. Hay una buena gama de museos: el de Valladolid; el Oriental, con la mejor colección de arte chino, filipino y japonés; el **Museo Patio Herreriano de Arte Contemporáneo Español;** el de la Ciencia, en la Casa del Río, y el del Pan de Mayorga. Una visita imprescindible es, por supuesto, la bonita **plaza Mayor.**

Sala con sillería en el Museo de Escultura S. Gregorio de Valladolid

Fiestas: La **Semana Santa** es de Interés Turístico Internacional. El Viernes Santo tiene lugar el sermón de *Las Siete Palabras*, ante el paso de *El Señor entre los ladrones*. En mayo se organiza el Festival Internacional de Teatro de Calle. El 13 de mayo se celebran las fiestas patronales de **S. Pedro Regalado,** mientras que las de Ntra. Sra. de S. Lorenzo son el 8 septiembre. El 21 de septiembre es S. Mateo, y en octubre, la **Semana Internacional de Cine (Seminci).**

Alrededores: A 11 km está la villa de **Simancas,** con su castillo, hoy Archivo Histórico Nacional, y su plaza Mayor. En **Fuensaldaña,** a 6 km, se halla el Castillo de los Vivero (s. XV). En **Wamba,** a 20 km, es célebre la iglesia de Sta. María (s. XIII), con un oratorio mozárabe del s. X. En **Sardón de Duero** se puede ver el Monasterio de Sta. María de Retuerta, y en **Boecillo,** a 12 km, el casino. En **Peñafiel** destaca el Museo Provincial del Vino, y en **Almenara-Puras,** la villa romana y el museo.

Restaurantes

Ángela. Dr. Cazalla, 1. T. 983 350 623. *www.angelarestaurante.com*
Cierra lunes y semana del 15 de agosto. Legumbres castellanas, guiso de lechazo, leche frita. Menú 17 €. Precio medio 25 €.

® **Dámaso.** (En Puente Duero, a 14 km). Real, 14. T. 983 405 372.
P
Cierra domingo cena y lunes. Dámaso Vergara, propietario y jefe de cocina, ejecuta una cocina de base tradicional con pinceladas modernas, en un reducido local. Precio medio 45 €.

® **Gabino.** Angustias, 3. Piso 1°. T. 983 140 190. *www.restaurantegabino.com*
Cierra domingo cena y agosto. Los guisos tradicionales de Gabino atraen una fiel clientela. Buenas carnes de Salamanca, **brocheta de cecina de Astorga, ajoarriero con desmigado de centollo, chuletillas de lechazo churro a la parrilla con patatas fritas y pimientos.** Precio medio 30 €.

La Abadía. Guadamacileros, 5. T. 983 330 299. *www.laabadiarestaurante.com*
Cierra lunes. Estilo castellano simulando una antigua abadía cisterciense. Ensalada de caza escabechada, carrillada de ternera al vino tinto de la Ribera, pastel de manzana reineta del Bierzo. Menú 19 €. Precio medio 35 €.

® **La Criolla.** Calixto Fernández de la Torre, 2. T. 983 373 822. *www.restaurantelacriolla.com*
Cierra lunes. Acreditado por su cocina tradicional actualizada. **Milhojas de rape con langostinos, lechazo confitado en su propio jugo.**

Museo de la Ciencia

Obra de Rafael Moneo y Enrique de Teresa, el original edificio que alberga este centro se encuentra junto al cauce del río Pisuerga.

Cofrade con capirote en la Semana Santa de Valladolid

La Mina. Correos, 7. T. 983 333 008. Cierra martes. Es famosa por sus tapas. Precio medio 30 €.

® **Los Jerónimos.** (En Arroyo de la Encomienda, a 3 km. H. AC Palacio de Santa Ana). Sta. Ana, s/n. T. 983 409 920. *www.hotelacpalaciodesantaana.com*
Merece la pena el emplazamiento en el antiguo Monasterio de los Jerónimos (s. XVIII) y disfrutar de su cocina. **Salteado de setas y hongos en temporada con 'mi-cuit' de oca, chuleta de ternera de Aliste y patatas con cebolla fruta y pimentón, sopa de pan de Valladolid con nueces caramelizadas y juliana de naranja.** Precio medio: 38 €.

☼ **Llantén.** (En Pinar de Antequera, a 3 km). Encina, 11. T. 983 244 227. *www.restaurantellanten.com*
Cierra domingo cena y lunes. Cocina con base en el producto local en un cortijo menorquín. **Huevos de corral con trufa negra, perdiz roja estofada con 'calçots', 'mousse' de cava con fresones.** Precio medio 42 €.

® **Mesón 2,39.** (En Tudela de Duero, a 15 km). Antonio Machado, 39. T. 983 520 239.
Cierra cenas de domingo a jueves, lunes y segunda quincena de agosto. Destaca la calidad del producto elaborado por María Ángeles. **Verduras, pescados y carnes.** Postres caseros. Menú 10 €. Precio medio 30 €.

Mesón de Ángel Cuadrado. Marina Escobar, 1. T. 983 301 673. *www.mesonangelcuadrado.com*
Cierran domingo cena y domingo en julio y agosto. Tradicional mesón con oferta a tono. Platos de cuchara entre semana, pichones estofados, peras al vino tinto. Precio medio 40 €.

® **Paco Espinosa.** P.° Obregón, 16. T. 983 330 988.
Cierra domingo cena, lunes y 15 días en agosto. Los mejores **mariscos y pescados al horno o a la plancha** preparados por Paco Espinosa. De postre, **flan de queso.** Precio medio sin marisco 48 €.

☼☼ **Ramiro's.** Av. Monasterio de Ntra. Sra. del Prado, 2. T. 983 384 812. *www.ramiros.es*
Cierra domingo cena. En el Centro Cultural Miguel Delibes, de Ricardo Bofill, Jesús Ramiro afirma su profesionalidad y buen hacer en el nuevo local. **Gazpacho tibio de calabaza con queso fresco de Burgos, lomo de corzo con tierra de miel y pinar, pastel caliente de avellana con fruta de la pasión.** Precio medio 60 €.

Refectorio. (En Sardón de Duero, a 29 km. H. Le Domaine Abadía Retuerta). Ctra. N-122, Valladolid-Soria, km 332,500 T. 983 680 368. *www.ledomaine.es*
Ubicado en el antiguo refectorio de la abadía de Sta. María de Retuerta (s. XII). Gazpacho helado con queso fresco y pan crujiente, pluma ibérica con verduras y galleta de sémola, cilindro de chocolate de Madagascar con helado de *créme brulée* y café. Precio medio 70 €.

☼ **Trigo.** Los Tintes, 8. T. 983 115 500. *www.restaurantetrigo.com*
Cierra 15 días en agosto. Gustosa cocina basada en el producto bien seleccionado y elaborado por Víctor Martín. **'Socarrat' de mar y montaña, silla de cabrito con polenta de queso zamorano, crema castellana con piñones de Pedrajas.** Menú 25 €. Precio medio 38 €.

Villa Paramesa (bar de tapas). Calixto Fernández de la Torre, 5. T. 619 137 758.
Cierra lunes almuerzos. Las mejores tapas. Pulpo frito con alioli de pimiento de Padrón, buñuelos de manitas de lechazo, quesos artesanos. Precio medio 20 €.

Zurita. (En Tudela de Duero, a 15 km). Emiliano Martín, 4. T. 983 522 172.
Cierra cenas lunes a miércoles. Ibéricos de Guijuelo, chuletón, tarta de manzana, en una antigua bodega con ambiente moderno. Precio medio 45 €.

Hoteles

***** **AC Hotel Palacio de Santa Ana.** (En Arroyo de la Encomienda, a 3 km). Santa Ana, s/n. T. 983 409 920. *www.hotelacpalaciodesantaana.com*
Hab. 98: 70/185 €. Suites: 5. Construido sobre las ruinas del Monasterio de los Jerónimos del s. XVIII. Restaurante Los Jerónimos.

*** **Zenit Imperial.** Peso, 4. T. 983 330 300. *www.himperial.com*
Hab. 63: 54/195 €. Suites: 1. Situado en una casa-palacio del s. XVI. A 10 m de la plaza Mayor. Restaurante Casa de los Gallo.

El faro de Trafalgar

Levantado en 1860 y con cerca de 34 m de altura, este monumental faro se alza cerca de Caños de Meca, en Cádiz.

Vallter 2000 Girona Estación de esquí - Ver Camprodón

26 · C-2

Valsaín Segovia Ver Granja de San Ildefonso, La

53 · B-1

Vedra A Coruña Ver Santiago de Compostela

8 · E-3

Vega de Tirados Salamanca Ver Salamanca

41 · E-4

Vejer de la Frontera Cádiz

114 · A-1
A Cádiz, 45 km
A Madrid, 625 km
Alt. 190 m · Pob. 12.991
T. 956 451 736
GPS 36° 15' 10'' N · 5° 57' 51'' O

Visitar: Esta localidad, declarada Conjunto Histórico-Artístico, recibió el Premio Nacional de Embellecimiento de Pueblos. Es una localidad de casas blancas, ubicada sobre una colina y asomada al río Barbate. Destacan los restos de un **castillo árabe;** la **iglesia del Divino Salvador,** edificada sobre una antigua mezquita; los molinos de viento; el convento de monjas Concepcionistas y el **Centro de Interpretación del Patrimonio Histórico-Cultural.**

Fiestas: El carnaval y la Semana Santa tienen mucho arraigo. En la Pascua de Resurrección se celebra la **fiesta del Toro Embolado.** En abril tiene lugar la feria de Primavera, con un concurso de ganado selecto y caballar, y el 7 de mayo la romería al santuario de la patrona, la Virgen de la Oliva, a 5 km. La **Candelá** de S. Juan es el 23 de junio, con hogueras. En agosto se celebran la Velada en honor a la patrona (del 10 al 24), con bailes y espectáculos en la plaza de España, y la **Noche Flamenca,** de Interés Turístico Nacional, en torno al recinto de las murallas de la Segur.

Alrededores: La playa de Vejer Costa, El Palmar, se encuentran a solo 9 km. A 5 km está la ermita de **Ntra. Sra. de La Oliva;** a 14 km, el cabo de Trafalgar, y a 23 km, Zahara de los Atunes, en cuyas inmediaciones se halla el **Parque Natural de La Breña y las Marismas de Barbate.** Caños de Meca se encuentra a 15 km, y Bolonia, a 30 km, con la pedanía de Sta. Lucía y el acueducto romano. La **dehesa Montenmedio** está a 6 km. Es interesante por su Golf Country Club, los circuitos hípicos y el Museo de Arte Contemporáneo.

Vejer de la Frontera se caracteriza por sus estrechas y empinadas calles

Restaurantes

® **Castillería.** (Ctra. N-340, Cádiz-Málaga, km 35,900. Barrio de Sta. Lucía). Ctra. Pago Sta. Lucía, s/n. T. 956 451 497. *www.restaurantecastilleria.com*
Cierra cenas de marzo a mayo, viernes almuerzo de mayo a septiembre, y de octubre a marzo. Su especial microclima permite comer al aire libre en pleno verano con fresco natural. Magníficas **carnes de ovino, vacuno y porcino,** bien cortadas y con buen punto, elaboradas por Juan Valdés y Ana Lucía Melero. Imprescindible reservar. Precio medio 30 €.

El Jardín del Califa. (H. La Casa del Califa). Pl. de España, 16. T. 956 447 730. *www.lacasadelcalifa.com*
Cierra del 13 de diciembre al 3 de febrero. Con 18 habitaciones. Cocina árabe en ambiente arábigo andalusí. *Tagines, cous-cous, pastela,* repostería árabe. Precio medio 23 €.

Venta Pinto. La Barca de Vejer, s/n. T. 956 450 877. *www.ventapinto.com*
Antigua Casa de Postas en la falda del pueblo. Setas silvestres salteadas con gambones y almejas, arroz meloso con alcachofas y bacalao, piña horneada con helado de mango. Menú 21 €. Precio medio 35 €.

Hoteles

*** **Convento de San Francisco.** Plazuela, s/n. T. 956 451 001. *www.tugasa.com*
Hab. 25: 47/67 €. En un antiguo convento del s. XVII. Restaurante El Refectorio, cocina tradicional y creativa.

Ventas con Peña Aguilera, Las Toledo Ver Toledo

73 · D-1

Vera Almería

108 · D-1
A Almería, 93 Km
A Madrid, 510 km
Alt. 95 m · Pob. 15.116
T. 950 393 142
GPS 37° 14' 47'' N · 1° 52' 10'' O

Visitar: Los puntos más interesantes son la **plaza Mayor,** la **iglesia-fortaleza de Ntra. Sra. de la Encarnación** (s. XVI), el convento de la Victoria (s. XVII), la **plaza de toros,** el Museo Taurino, el Ayuntamiento (s. XIX), el Museo Histórico Municipal, el complejo hidráulico Cuatro Caños (s. XVII), el Museo del Agua y el mirador y el cerro del Espíritu Santo (s. XV). La glorieta y la ermita de S. Ramón (s. XVIII) y el Museo de los Fósiles Marinos también merecen una visita.

Fiestas: Se celebran la Semana Santa; las fiesta patronales de **Ntra. Sra. de las Angustias,** el 10 de junio; S. Cleofás, el 25 de septiembre, y la romería en honor a la Virgen de las Huertas, el primer fin de semana de septiembre.

Alrededores: Son interesantes el **paseo Rambla** y **La Algarrobina.**

Ventana de una casa encalada de Vera, Almería

Restaurantes

® **Juan Moreno.** Ctra. de Ronda, 3. T. 950 393 051. *www.restaurantejuanmoreno.es*

Cierra lunes cena excepto verano y domingo. La familia Moreno, al frente de cocina y comedor. Guisos regionales diarios. También **carrillada de cerdo ibérico en salsa de setas, pasión de chocolate y mango.** Precio medio 35 €.

☼ **Terraza Carmona.** (H. Terraza Carmona). Calle del Mar, 1. T. 950 390 760. *www.terrazacarmona.com* P

Cierra lunes y del 10 al 24 de enero. La familia Carmona dirige con esmero su afamado negocio hostelero. Excelentes materias primas de la comarca con pescados y platos tradicionales. **Guiso de pelotas, gurullos con conejo y setas.** Bodega visitable a tono. Precio medio 34 €.

Verín Ourense

29 · C-1
A Ourense, 70 km
A Madrid, 433 km
Alt. 383 m · Pob. 14.663
T. 988 411 614
GPS 41° 56' 24'' N · 7° 26' 26'' O

Visitar: Los monumentos principales son la **iglesia de Sta. María La Mayor,** la iglesia-convento de los Mercedarios, el **Santuario de los Remedios,** la capilla de S. Lorenzo, la Casa del Escudo y la de los Acevedo. Son famosos los **manantiales mineromedicinales** de Sousas, Fontenova y Cabreiroá. Por aquí pasan la Vía de la Plata y el Camino de Santiago.

Fiestas: El 17 de enero se celebra la **romería de S. Antón.** Los **carnavales** son de Interés Turístico Nacional. Hacia marzo y abril tienen lugar las fiestas de S. Lázaro y el certamen gastronómico. Del 7 al 9 de agosto son las fiestas patronales de Sta. María La Mayor y las fiestas de verano. El 8 de septiembre, la **romería de los Remedios** es muy popular entre sus habitantes.

Alrededores: En Castrelo do Val (a 7 km) están el **Parque Natural do Invernadeiro** y el Museo Etnográfico. **Mixós** (a 4 km) tiene una bonita iglesia prerrománica. **Saceda** está a 24 km, con su castro, y **Monterrei,** a 5 km, donde hay que visitar la iglesia de Sta. María de Gracia y el castillo.

Restaurantes

Gallego. (En Albarellos de Monterrei). H. Gallego. Ctra. N-525, Orense-Benavente, km 171,700. T. 988 418 202. *www.hotelgallego.com*
P

Con 40 habitaciones. Ventanales con vistas al Castillo de Monterrei. Milhojas de grelos con vieiras gratinadas, filetes de lenguado en salsa de zamburiñas, cañitas fritas. Menú 12 €. Precio medio 30 €.

Hoteles

*** **Parador de Turismo.** Subida a Monterrei, s/n. T. 988 410 075. *www.parador.es*
P

Hab. 23. 102/192 €. Frente al castillo y la iglesia de los antiguos Condes de Monterrei, en un hermoso y verde paisaje. Rutas naturales y monumentales.

Viana Navarra

22 · D-2
A Pamplona, 81 km
A Madrid, 342 km
Alt. 469 m · Pob. 4.019
T. 948 446 302
GPS 42° 30' 53'' N · 2° 22' 22'' O

Visitar: En esta ciudad amurallada del s. XIII merecen una visita la **iglesia de Sta. María** (s. XIII), con ampliaciones realizadas entre los ss. XVI y XVIII; la **tumba de César Borgia;** el Ayuntamiento; el **Balcón de Toros,** barroco; las ruinas góticas de la iglesia de S. Pedro y la **Casa de Cultura,** en un antiguo hospital de peregrinos del s. XV.

Fiestas: A principios de febrero se festejan la fundación de la ciudad y **S. Felices,** y del 22 al 25 de julio, la festividad de María Magdalena y la de Santiago. El domingo siguiente al 8 de septiembre se celebra la **Virgen de Nieva.**

Alrededores: Hay que acercarse al **hipogeo del Longar,** en el alto de los Bojes, y a la **laguna de las Cañas.**

Restaurantes

Borgia. Serapio Urra, 1. T. 948 645 781.
Cierra cenas de lunes a jueves y 15 días en agosto. Casona antigua de los Sabando desde hace más de 50 años. Tempura de borraja sobre hojaldre, silla de cordero asada en salsa de ginebra, ciruela roja confitada y granizado de vino. Precio medio 40 €.

Vic Barcelona

37 · C-1
A Barcelona, 65 km
A Madrid, 686 km
Alt. 485 m · Pob. 40.422
T. 938 862 091
GPS 41° 55' 48'' N · 2° 15' 12'' E

Visitar: La **Catedral** entremezcla diversos estilos. De la época románica destacan la cripta, el campanario y los restos del claustro inferior. De la época gótica es el retablo mayor de Pere Oller, realizado en alabastro entre los años 1420 y 1427. Del barroco sobresale la capilla dedicada a **St. Bernat Calbó.** La nueva Catedral es obra del arquitecto Josep Morató i Codina, con pinturas murales de Josep Mª Sert. El conjunto, formado por el templo romano, de principios del s. II, y los restos del Castillo de los Montcada, constituye uno de los núcleos de la ciudad. La **plaza Mayor** es un conjunto porticado, donde se halla el Ayuntamiento, que tiene como base el edificio gótico construido de 1388, formado por la Llotja, con arcos en la planta baja, y un recinto superior, conocido como sala de la Columna. Destaca también la sala del Consistorio. El arquitecto Josep Mª Pericas realizó entre 1922 y 1931 el cierre de los pórticos de la antigua lonja. Son notables la galería de Vigatans Il·lustres y el Arxiu Municipal. También merecen una visita la iglesia barroca de Sta. Teresa y la del Carmen, el **hospital de la Sta. Creu,** del s. XIV pero reconstruido en el XVI; el **puente románico** (s. XI), el **Museu Episcopal,** de Interés Nacional, con una interesante colección de arte medieval y de artes decorativas, y el Museu d'Art de la Pell, en el antiguo convento del Carmen. Existe un Centre BTT (Bicicletas Todo Terreno) en la Plana de Vic.

'Castellers' de Vic formando la tradicional torre humana de varias alturas

Fiestas: En marzo y abril se celebra el **Mercat del Ram.** Del 5 al 12 de julio es la **fiesta Mayor de St. Miquel dels Sants,** con una duración de 10 días, en los que se trasladan las reliquias del santo desde su casa natal hasta la Catedral y se suceden oficios y fiestas populares. Del 15 al 18 de septiembre es el mercado de música, y del 6 al 8 de diciembre, el mercado medieval.

Alrededores: En **Tavernoles,** a 8 km, hay una iglesia románica consagrada en 1069. En **Sabassona,** a 10 km, está la iglesia románica de S. Pedro (s. XI), al pie de un castillo medieval reformado a finales del s. XVIII. A 15 km está el **pantano de Sau,** con una vista espléndida desde los acantilados, y a 19 km, el **Monestir de St. Pere de Casserres** y su iglesia románica (s. XI), con claustro románico reformado en el s. XV. A 3 km, en **Sta. Eugenia de Berga,** hay una iglesia románica del s. XII, y a 20 km está **Seva.**

Restaurantes

Boccatti. Mossén Josep Gudiol, 21. T. 938 895 644. *www.boccatti.es*
Cierra cenas de miércoles y domingo, jueves y segunda quincena de abril y de agosto. Boccatti es el feliz resultado del aprecio, respeto y dedicación que Josep Girabent y su esposa, Maribel, sienten por aquella cocina cuya única referencia es la extrema calidad del producto. **Sopa de pescadores con arroz, solomillo asado al estilo Boccatti.** Precio medio 50 €.

Can Jubany. (En Calldetenes, a 3 km). Ctra. St. Hilari, s/n. T. 938 891 023. *www.canjubany.com* P
Cierra domingo cena, lunes, martes, dos primeras semanas de enero y segunda y tercera semana de agosto. La solidez culinaria de Nandu Jubany va a más. En un espacio maravillosamente reformado –cálido, muy actual y elegantemente familiar–, el buen trabajo de Nandu y su esposa, Anna, conducirá pronto esta casa a las altas cimas de nuestra restauración. **Canelones tradicionales trufados, ventresca de atún a la brasa con cerezas y sal de bacalao, tarta 'tatin' de manzana 2011.** Precio medio 70 €.

® **L'Estanyol.** (En El Brull, a 15 km). Masía L'Estanyol-Golf Montanya, s/n. T. 938 840 354. *www.restaurantestanyol.com* P

Cierra cenas excepto viernes y sábado de septiembre a junio, y cenas excepto domingo y lunes en julio y agosto. Familiar y acogedor restaurante ubicado en la falda del Montseny, en el que Joan Font propone unos platos elaborados con destreza, entusiasmo, madurez y notable esplendor. **Tacos de pulpo con puré de patatas y romesco, lomo de lubina a la sal con mahonesa de piñones y 'humus' de garbanzos.** Menú 18 €. Precio medio 45 €.

Hoteles

**** **Parador de Turismo.** Paratge el Bac de Sau, s/n. T. 938 122 323. *www.parador.es*

Hab. 6: 144 €. Entre bosques de pinos sobre el agua azul del embalse de Sau, en una situación excepcional. Tranquila residencia. Excelente cocina con tradicionales y sabrosos platos catalanes.

Vielha/Viella Lleida

16 · B-4
A Lleida, 165 km
A Madrid, 650 km
Alt. 974 m · Pob. 5.710
T. 973 640 110
GPS 42° 42' 5'' N · 0° 47' 40'' E

Fresco de la parroquia de St. Miquel, en Vielha, Lleida

Visitar: Destacan la **iglesia de St. Miquéu,** con una torre del s. XIV, portada y Cristo románicos; las casas señoriales, el **Museu Etnològic,** el Palai de Gèu y la **Fábrica Dera Lan.**

Fiestas: Del 7 al 11 de septiembre son las **fiestas Mayores,** y el 8 de octubre, la feria ganadera.

Alrededores: Hay **iglesias románicas** en Betrén, Betlán, Montcorbau, Casarilh, Mont, Aubert, Vila Arròs, Casau, Gausac y Vilac. También está cerca la **estación de esquí de Baqueira-Beret.**

Restaurantes

® **El Portalet.** (En Bossost, a 16 km). St. Jaume, 32. T. 973 648 200.
Cierra domingo cena, lunes, 15 días en junio y en octubre. En una antigua masía aranesa reformada, Josep Gregorio elabora una personal proposición de cocina de autor, que goza de un amplio reconocimiento popular. Precio medio 42 €.

® **Era Mola (Gustavo-María José).** Marrec, 14. T. 973 642 419.
Cierra almuerzos de lunes a viernes en invierno, miércoles, del 1 de mayo al 10 de julio y del 25 de septiembre al 1 de diciembre. Emplazado en el casco antiguo de la población, Mireia Díaz prosigue la trayectoria familiar. Platos sabrosos en un marco cálido y rústico. **'Foie-gras' con pistachos, 'civet' de jabalí.** Precio medio 35 €.

Hoteles

**** **Parador de Turismo.** Ctra. del Túnel, s/n. T. 973 640 100. *www.parador.es*

Hab. 116: 60/173 €. Suites: 2. Un mirador sobre los pueblos del valle de Arán. Espectaculares vistas. Restaurante Val d'Aran, cocina regional e internacional.

Vigo Pontevedra

17 · C-3
A Pontevedra, 24 km
A Madrid, 626 km
Alt. 31 m · Pob. 298.648
T. 986 224 757
GPS 42° 14' 8'' N · 8° 43' 44'' O

Visitar: El **Castro,** un pequeño monte ajardinado situado en el corazón de la ciudad, guarda restos prerromanos, parte de las murallas defensivas y un mirador sobre Vigo y su ría. A su derecha, el **monte de La Guía,** coronado por la ermita de la Virgen de las Nieves, es otro mirador con magníficas vistas. Enfrente se ven Cangas, Moaña y toda la península del Morrazo. A la izquierda está la salida de la ría, protegida por las **islas Cíes,** pertenecientes al **Parque Nacional de las Islas Atlánticas,** donde se encuentra, según el diario británico *The Guardian,* la playa más bonita del mundo: **la de Rodas.** Destacan el **Berbés,** barrio típico de pescadores, la **Colegiata** y el casco antiguo, declarado Bien de Interés Cultural. El Museo Quiñones de León, en el parque de Castrelos, tiene la más completa colección de pintura y escultura gallegas. Otros museos a destacar son el de Arte Contemporáneo, el Etnográfico Liste, el Verbum o Casa de las Palabras y el del Mar de Galicia. No hay que olvidarse del **parque zoológico de A Madroa,** las playas de Samil, Canido y O Vao, ni del gran repertorio de edificios modernistas integrados en el paisaje urbano.

Fiestas: A finales de marzo se celebra la **Reconquista.** En julio y agosto tiene lugar el festival en el auditorio al aire libre del parque de Castrelos. A mediados de julio, en Bouzas, es la fiesta del **Stmo. Cristo de los Afligidos;** a principios de agosto, la del Stmo. Cristo de la Victoria, y a mediados, la fiesta local de S. Roque.

Martiño, una de las tres Islas Cíes, en el Parque Nacional de las Islas Atlánticas

Alrededores: Hay parajes muy hermosos en la **ría de Vigo,** en los parques forestales del monte Alba y del monte do Pozo de Valladares, O Vixiador, S. Andrés de Comesaña, en las playas y en la península de O Morrazo. Baiona es una villa característica de las Rías Baixas; también son interesantes Tui y A Guarda.

Restaurantes

Bitadorna Vigo. Ecuador, 56. T. 986 136 951. *www.bitadorna.com*
Cierra domingo y 15 días en carnaval. La sucursal de Chus Castro en Vigo. Chocos en tinta en dos texturas con *risotto*, albondigón de ternera con almendras y oporto, *carpaccio* de mango con helado del mismo. Precio medio 35 €.

Casa Alfredo. (En Mos-La Rans, a 8 km). Autovía Vigo-Porriño, salida 660. Tameiga, 87. T. 986 338 540. *www.casaalfredo.es*
Cierra cenas de domingo y martes, lunes y segunda quincena de enero. Una cocina segura a cargo de Lourdes Fernández, que es ejemplo de sensibilidad. Sus **escabeches suaves** –de **jurel,** de **salmonete...**– son ya míticos. Pero la gran especialidad de la casa es la **caza,** junto con la enología, la gran afición del propietario, Alfredo Álvarez. El otoño se completa con la espléndida oferta de **setas.** Buenos **pescados** y cuidada selección de **carnes.** Precio medio 35 €.

Cíes. (En Canido). Playa de Canido, 195. T. 986 490 101. *www.restaurantecies.es* P
Cierra domingo cena y lunes excepto verano, y del 23 de diciembre al 23 de enero. Empanadas, pescados y mariscos de la ría, congrio con fideos, cañitas. Precio medio 35 €.

El Mosquito. Pl. da Pedra, 4. T. 986 433 570. *www.elmosquitovigo.com*
Cierra domingo y de primeros de agosto a primeros de septiembre. Las empanadas, el lenguado y las cañitas rellenas son la especialidad de la familia Roel. Precio medio sin marisco 55 €.

® **El Timón Playa.** Ctra. de la Costa. Canido, 8. T. 986 490 815. *www.restaurantetimonplaya.ws* P
Cierra domingo y Navidades. Junto a la playa de Canido, con una cocina gallega sabiamente evolucionada. Merecen la pena sus **empanadas** y el **arroz de bogavante.** Hay que consultar la siempre impecable oferta de **mariscos.** Precio medio 35 €.

La Oca. Av. Purificación Saavedra, 8. T. 986 371 255.
Cierra cenas de lunes a jueves, sábado, domingo, Semana Santa y segunda quincena de julio. Todo un clásico de la nueva cocina evolucionada, con dedicación a la materia prima de la región. Destacan su **arroz negro con choquitos, el gallo de corral de Mos estofado al vino blanco** y, en temporada, una espectacular **ensalada de lamprea.** Precio medio 28 €.

Museo Etnográfico

El Museo Liste de Vigo difunde el patrimonio etnográfico gallego, como estos zuecos tradicionales de madera.

'O Sireno', escultura de Francisco Leiro, en Vigo, Pontevedra

® **Laurel.** (En Vilaboa, a 10 km). Fondeadero de S. Adrián, s/n. T. 986 672 581. *www.restaurantelaurel.com*
Cierra domingo cena y lunes. Desembarco de Toñi Vicente en la ría de Vigo, justo sobre el mar. Ofrece una carta sencilla, con su sello de elegancia y buen gusto. Imprescindible su eterna **ensalada de lubina** marinada para empezar. Luego, **pescado a la gallega** o en otra fórmula, como la excelente **merluza al romero.** Precio medio 25 €.

Maruja Limón. Victoria, 4. T. 986 473 406. *www.nove.biz/marujalimon*
Cierra domingo, lunes y segunda quincena de septiembre. Cocina cuidada, imaginativa sin excesos, con acento en los sabores y elegancia en las presentaciones. Delicioso el **'tartare' de ternera gallega y queso de Arzúa curado;** notable la **brandada de centolla.** Magnífico trato a los **pescados** y un capricho: su **molleja de ternera con uvas.** Precio medio 46 €.

O Caranguexo. (En Moaña, a 15 km). Muelle de Domaio. Palmás, 57. T. 986 326 031.
Cierra domingo y cuatro semanas en Navidades. Terraza y comedor al borde del mar. Empanada de zamburiñas, guisos de pescado, tetilla de leche cruda con membrillo. Precio medio 38 €.

® **Soriano** (asador). (En Bembrive, a 5 km). Subida a Chans, 2. T. 986 481 373. *www.asadorsoriano.com*
Cierra domingo cena. Ya es un clásico con público fidelizado. Situación privilegiada, con vistas sobre la ría. Cocina sencilla, con buen manejo de las **parrillas,** tanto para los **mariscos** o los **pescados** como para las **carnes.** Precio medio 30 €.

Hoteles

***** **Pazo Los Escudos.** Av. Atlántida, 106. T. 986 820 820. *www.pazolosescudos.com*
Hab. 54: 112/327 €. Suites: 6. En una antiguo pazo restaurado. Acceso directo a la playa de Carril. Restaurante Alcabre.

**** **Bahía de Vigo.** Cánovas del Castillo, 24. T. 986 226 700. *www.hotelbahiadevigo.es*
Hab. 91: 65/232 €. Céntrico. Frente al Club Náutico y al muelle de barcos que van a las islas Cíes. Restaurante Marisquería Bahía.

Vila Joiosa, La/Villajoyosa Alicante

93 · F-1
A Alicante, 35 km
A Madrid, 450 km
Alt. 10 m · Pob. 34.344
T. 966 851 371
GPS 38° 30' 27'' N · 0° 14' 1'' O

Visitar: En el Conjunto Histórico-Artístico de la villa destacan las **murallas renacentistas;** el **casco histórico marinero;** la iglesia, singular joya del gótico catalán; el puerto pesquero y deportivo y las playas. En cuanto a museos, son recomendables el Arqueológico y Etnográfico, en la Casa de la Cultura, el del Chocolate y la Casa-Museo de La Barbera dels Aragonès.

Fiestas: El 8 de mayo es la fiesta de **Las Lágrimas de Sta. Marta** y del 24 al 31 de julio, las fiestas de **Moros y Cristianos,** de Interés Turístico Internacional. El 16 de julio se homenajea a la patrona, la Virgen del Carmen, con una procesión marítima, y el 29 de septiembre, al patrón, S. Miguel. El 28 de julio es el **Desembarco Único.**

Alrededores: Se puede pasear por la zona del río y el **pantano de Amadorio.**

Casas pintadas en el centro urbanc de La Vila Joiosa, Alicante

Restaurantes

® **Emperador.** (H. El Montíboli). Partida Montíboli, s/n. T. 965 890 250. *www.montiboli.es*
Ineludible referente en la restauración hotelera. Sin carta, únicamente dos menús degustación (50 €). Muestra de ello: **alcachofas y calamares fritos con alioli, paletilla de cabrito al carbón de cacao, cremoso de chocolate Valor.** Una oferta más económica: el bufé (36 €).

Hogar del Pescador. Av. País Valencià, 33. T. 965 890 021. *www.hogardelpescador.com*
Cierra cenas de domingo a jueves, y del 25 al 28 de julio. En un local con más de cinco décadas de vida, recientemente remodelado. Gamba confitada con ciruela pasa, *suquet* de gallina, helado de turrón. Precio medio 30 €.

Hoteles

***** **Montíboli.** Partida Montíboli, s/n. T. 965 890 250. *www.montiboli.es*

Hab. 85: 82/215 €. Suites: 1. Sobre un acantilado y dominando el mar Mediterráneo, en las afueras de este pueblo pesquero, ofrece un entorno único entre mar, playas y colinas. Restaurante Emperador.

Vila-Real/Villarreal Castellón

40 · B-1
A Castellón de la Plana, 7 km
A Madrid, 416 km
Alt. 42 m · Pob. 51.205
T. 964 500 219
GPS 39° 56' 14" N · 0° 6' 10" O

Visitar: En esta villa, capital de la Plana Baixa, destacan el **eremitorio de la Virgen de Gracia,** el Museo Etnológico, la basílica menor y el convento de las Clarisas de S. Pascual, y la **iglesia arciprestal,** Bien de Interés Cultural Regional. Otros monumentos a resaltar son la **iglesia de la Sangre** (s. XVI), la plaza porticada, las murallas y las casas de l'Oli y de Polo, esta convertida en Museo de la Ciudad.

Fiestas: El 16 de enero se celebra S. Antonio, y el 20 de febrero, la **fundación de la ciudad.** Del 14 al 23 de mayo es S. Pascual. Del 4 al 13 de septiembre tiene lugar la festividad de la Virgen de la Gracia, y el 29 de noviembre, la feria de Sta. Catalina.

Alrededores: Merece la pena pasear por el paisaje protegido de **Calduch,** con su senda botánica, así como conocer los restos neolíticos, ibéricos y romanos.

Sala del Museo de la Ciudad Casa Polo de Vila-Real, Castellón

Restaurantes

Espliego. Escultor Fuster, s/n. T. 964 530 305. *www.espliegorestaurante.com*
Cierra domingo cena y primera quincena de agosto. Cocina mediterránea con toques de modernidad en un local a tono. Precio medio 30 €.

® **La Regentamar.** (En Burriana, a 4 km). Marina de Burriananova. Final Escollera de Poniente, s/n. T. 964 586 731. *www.laregenta.es* P
Cierra domingo cena del 16 de abril al 14 de septiembre, cenas de lunes a viernes, domingo y festivos del 15 de septiembre al 15 de abril. Lograda culinaria por la destreza que manifiesta Raúl Barruger en la integración de sabores. **'Espardenyes' con crema de brócoli, mero a la parrilla con pesto rojo, macedonia de frutas con espuma de 'gin-tonic'.** Menú 25 €. Precio medio 38 €.

Vilaframil Lugo Ver Ribadeo

2 · E-2

Vilafranca del Penedès Barcelona

48 · C-1
A Barcelona, 47 km
Alt. 223 m · Pob. 39.000
T. 938 920 358
GPS 41° 20' 41" N · 1° 41' 55" E

Visitar: Un plan interesante consiste en visitar el **Vinseum,** el Museo de les Cultures del Vi de Catalunya, seguir la **Ruta del Vino** y del Cava, y conocer las bodegas. Además, hay monumentos notorios, como la **Basílica de Sta. María,** gótica, y la **iglesia de St. Joan,** de transición del Románico al Gótico. También destacan la iglesia y el claustro de St. Françesc, con portal románico y claustro renacentista; el Museu de Vilafranca y el Palau Reial (ambos, Monumento Histórico-Artístico), y la Casa de la Festa Major, que guarda las piezas del folclore local. También se puede seguir la Ruta del Modernisme.

Fiestas: En enero es vistosa la cabalgata del día 5; del 7 al 23 son las fiestas de St. Raimon, y el 23 se celebra la fiesta del **Xató.** También es muy popular la Rua de carnaval. En abril llegan la fiesta del Graller y la de St. Jordi. En mayo, la feria y las fiestas de los enamorados. Entre el 2 y el 4 de julio, el **Caixa Penedés Vijazz.** Del 29 de agosto al 2 de septiembre, la **fiesta Mayor,** de Interés Turístico Nacional. El 1 de noviembre se desarrolla la Jornada Castellera, y en diciembre, el mercado de Navidad y la **Fira del Gall.**

Alrededores: Además de hacer la **Ruta de la Memoria Histórica,** otras visitas interesantes son el **Museu Arqueològic de Catalunya** y el conjunto monumental y artístico de St. Martí Sarroca.

Restaurantes

® **Cal Ton.** Casal, 8. T. 938 903 741. *www.restaurantcalton.com*
Cierra cenas de martes, domingo y festivos, lunes, Semana Santa y agosto. Céntrico y muy agradable, no lejos de la Rambla. Constituye una cita muy recomendable para degustar una cocina catalana puesta al día con mucho acierto por el cocinero Ton Mata. Precio medio 42 €.

Casa Joan. Pl. de l'Estació, 8. T. 938 903 171. P
Cierra cenas, domingo, festivos, Semana Santa, segunda quincena de agosto y

semana de Navidad. Cocina de temporada en un local modernista. Caracoles a la borgoñesa, rodaballo al horno, *tatin* de pera. Precio medio 40 €.

Vilagarcía de Arousa/Villagarcía de Arosa Pontevedra

17 · C-1
A Pontevedra, 45 km
A Madrid, 250 km
Alt. 10 m · Pob. 37.329
T. 986 501 227
GPS 42° 35' 37'' N · 8° 46' 3'' O

Visitar: El **pazo de Vista Alegre** (s. XVII) es Monumento Histórico-Artístico, y el de Rial data de 1699. También son destacables la iglesia parroquial de Sta. Eulalia y el **conjunto histórico de Vista Alegre;** el Museo del Ferrocarril y el mirador del monte Lobeira, con ruinas de un castillo medieval. Existen varias rutas culturales y senderistas y se puede pasear por el parque fluvial del río Con, por el parque de Compostela y por la **ría de Arousa.** Hay playas y un puerto deportivo.

Fiestas: El 1 de mayo tiene lugar el **concurso de Maios,** con composiciones florales. El 22 de mayo es la fiesta de Sta. Rita de Casia. A finales de junio se organiza la Feria Agrícola e Industrial (Fexdega), con una duración de ocho días. El 16 de julio se celebra el Carmen y el 25 de julio, el Día del Apóstol. El 16 de agosto, coincidiendo con las fiestas patronales, se celebra la multitudinaria **Festa da Auga.** La última semana de agosto es la Fira das Tapas, y a mediados de noviembre, la **Festa do Cogumelos.**

Alrededores: A 7 km está la **Illa de Arousa;** a 9 km, **Catóira,** con las torres del Oeste en ruinas y una capilla románica, y a 4 km, el **pazo de Rubianes,** con una portada del s. XVI. **Cambados,** con el pazo de Fefiñanes y otras casas señoriales, está a 10 km; Vilanova de Arousa, a 5 km, y Carril y Vilajuán, a 2 km. Hasta **Santiago de Compostela** hay 45 km.

Escultura frente a la Casa do Concello, en Vilagarcía de Arousa

Restaurantes

Casa Bóveda. (En Carril, a 2 km). La Marina, 2. T. 986 511 204. *www.restaurantecasaboveda.com*
Cierra domingo cena, lunes y del 20 de diciembre al 20 de enero. Merecedor del sol por la calidad de su producto, especialmente sus **mariscos,** siempre impecables e impresionantes de aspecto y sabor. Además, **buenos pescados** de toda la gama, del **rodaballo** al **cabracho.** Una institución. Precio medio 50 €.

Plácido. (En Carril, a 2 km. H. Carril). Lucena, 18. T. 986 511 507. *www.hotelcarril.com*
Con 28 habitaciones. Con vistas a la ría. *Raxos* de pulpo a la plancha con espuma de patata, bacalao confitado con crema de coliflor y ajada, bomba de chocolate con helado de yogur. Menú 15 €. Precio medio 28 €.

Hoteles

**** **Pazo La Buzaca.** (En Moraña, a 23 km). Lugar S. Lorenzo, 36. T. 986 553 684. *www.pazolabuzaca.com*
Hab. 13: 88/200 €. Suites: 2. Próximo al Parque Arqueológico del Arte Rupestre de Campo Lameiro.

**** **Pazo O Rial.** O Rial, 1. T. 986 507 011. *www.pazorial.com*
Hab. 55: 58/138 €. Suites: 4. Pazo del s. XVII. Desayuno incluido.

Vilalba/Villalba Lugo

2 · C-4
A Lugo, 36 km
A Madrid, 525 km
Alt. 484 m · Pob. 15.925
T. 982 510 305
GPS 43° 17' 42'' N · 7° 41' 9'' O

Visitar: Es la capital de la Terra Chá, la tierra llana de Lugo, en la que quedan **restos de megalitos,** un típico cementerio con *cruceiros,* el **Museo Arqueológico,** el **Castillo de los Condes de Andrade** (con torre octogonal, única en España) y un Parador.

Fiestas: Dos eventos gastronómicos marcan la agenda festiva de la localidad: en febrero, la Feria de la Patata de Terra Chá, y el primer fin de semana de abril, la Feria del Queso de S. Simón. En marzo es el **Festival Independiente,** y en julio, la Feria Medieval. Entre la última semana de agosto y la primera de septiembre, las fiestas de S. Ramón y Sta. María. El 21 de diciembre es la **Feria do Capón.**

Alrededores: Es interesante conocer el **valle de Mondoñedo,** la charca do Alligal, la playa fluvial, la laguna de **Cospeito** y las escuelas habaneras.

Restaurantes

Montero. (Ctra. N-634, Santiago-San Sebastián). La Casilla, 12. T. 982 511 252. *www.restaurantemontero.com*

Cierra martes y Navidades. Platos típicos de la zona, pescados, carnes y, de postre, tarta de Mondoñedo. Menú 15 €. Precio medio 30 €.

Hoteles

**** **Parador de Turismo.** Valeriano Valdesuso, s/n. T. 982 510 011. *www.parador.es*

Hab. 48: 102/138 €. Consta de dos edificios: un impresionante torreón medieval y otro de estilo pazo regional. Restaurante Fernando de Andrade o Boo.

Vilanova i la Geltrú/Villanueva y la Geltrú Barcelona

48 · C-2
A Barcelona, 42 km
A Madrid, 589 km
Alt. 22 m · Pob. 66.532
T. 938 154 517
GPS 41° 13' 10" N · 1° 43' 13" E

Visitar: Destacan las iglesias de **Sta. Maria de la Geltrú** (s. XIV) y St. Antoni Abat, así como el **barrio medieval de la Geltrú,** el Museu Romàntic Can Papiol, la masía d'en Cabanyes, Terra XIX y la Biblioteca-Museu Víctor Balaguer. Fuera del casco urbano se puede dar una vuelta por el paseo marítimo, el puerto deportivo y las playas.

Fiestas: El 17 de enero, coincidiendo con el día de **St. Antoni Abat,** se celebra la fiesta dels Tres Tombs. El carnaval es también una celebración muy colorida, sobre todo el domingo, cuando desfilan las comparsas. Del 16 al 30 de junio tienen lugar St. Pere y la Setmana del Mar. En julio se organiza el Festival Internacional de la Música Popular y Tradicional (FIMPT). A principios de agosto, en honor a la **Verge de les Neus,** es la fiesta Major, y el 15 es la fiesta Major de la Geltrú, en el barrio medieval. En septiembre, Galáctica, la feria de los inventos. El **Festival Eduard Toldrá** es en octubre, y la feria, el segundo domingo de noviembre.

Alrededores: Muy cerca se encuentra el **Parc Natural del Garraf.**

Monasterio budista de Sakya Tashi Ling en el Parque Natural del Garraf

Restaurantes

® **La Fitorra.** (H. César). Isaac Peral, 4-8. T. 938 151 125. *www.lafitorra.com*

Cierra domingo cena, lunes y enero. Esther y Mayte Nolla son el alma de esta legendaria casa que aúna encanto y amenidad. En los fogones, Alberto Escuder elabora la tradicional cocina de Vilanova con evidentes trazos de mediterraneidad. Menú 20 €. Precio medio 30 €.

® **Peixerot.** P.° Marìtim, 56. T. 938 150 625. *www.peixerot.com*

Cierra domingo cena, excepto julio y agosto. Una sabrosa cocina marinera tradicional a lo largo de más de 90 años de exitosa dedicación hace evidente el aprecio y respeto que la leal clientela de Peixerot siente por esta entrañable casa. Menú 20 €. Precio medio 40 €.

Villacarriedo Cantabria

5 · C-4
A Santander, 33 km
A Madrid, 379 km
Pob. 1.765
GPS 43° 13' 47" N · 3° 48' 25" O

Visitar: Los lugares más interesantes son el **Palacio de Soñanes,** el **molino harinero de Santibáñez,** el colegio de los Escolapios, la Cajigona y la bolera de Sta. Ana, la más antigua de Cantabria.

Fiestas: El 26 de junio tiene lugar el **Festival de Villacarriedo,** y el 27 y 28 de agosto, las **fiestas del Santo Padre.**

Alrededores: Como destino para excursiones cercanas destacan el **río Pisueña, Selaya, Soro y Villafufre.**

Restaurantes

® **Las Piscinas.** Parque de las Piscinas, s/n. T. 942 590 214.

Cierra noviembre. Punto de referencia culinario en la zona en un local con decoración rústica rodeada de un robledal. Cocina tradicional con **asados castellanos.** Precio medio 30 €.

Hoteles

**** **Abba Palacio de Soñanes.** B.° Camino, 1. T. 942 590 600. *www.abbapalaciodesonaneshotel.com*

Hab. 28: 70/185 €. Suites: 2. Palacio barroco del s. XVIII, rehabilitado en pleno valle de Carriedo. Restaurante Iniro, de cocina moderna.

Villafranca del Bierzo León

19 · A-1
A León, 130 km
A Madrid, 410 km
Alt. 500 m · Pob. 4.000
T. 987 540 028
GPS 42° 36' 26" N · 6° 48' 33" O

Visitar: La ciudad, situada en el corazón del Bierzo, es fin de etapa del Camino de Santiago y, desde 1965, un Conjunto Histórico-Artístico plagado de monumentos: el **Castillo-Palacio de los Marqueses de Villafranca** (s. XV); la **Colegiata de Sta. María** (ss. XVI al XVIII), las iglesias de Santiago (s. XII, con portada del Perdón), de S. Nicolás (s. XVII), de S. Juan (s. XII, románica) y de S. Francisco (ss. XIII al XV) y los conventos de la Anunciada (s. XVII), de S. José (s. XVII) y de la Concepción (s. XVI). Se puede pasear por el **jardín de la Alameda** (s. XIX) y por la histórica **calle del Agua.**

Fiestas: El 28 de enero se celebra la fiesta de **Sto. Tirso,** con gaiteros y bandas. De gran tradición son los carnavales y la **Semana Santa,** la de mayor relevancia en el Bierzo, con procesiones e imaginería. El 1 de mayo se celebra la Festa dos Maios. A finales de primavera, la fiesta de la Poesía. El 13 de junio es S. Antonio. El 25 de julio son los fastos de Santiago, y el mismo mes, también el evento cultural y musical **Fiestizaje.** En agosto se organiza la Feria del Camino de Santiago. El 14 de septiembre, y durante cuatro días, se homenajea al patrón, el Stmo. Cristo de la Esperanza, y el 1 de noviembre se celebra el Magosto.

Alrededores: Hay excursiones atractivas por **la Leitosa,** explotación aurífera romana, y por el **Espacio Natural de la Sierra de Ancares,** Reserva de la Biosfera.

Tradicional tejado de pizarra de las casas de la Sierra de Ancares, en León

Restaurantes

Moncloa de San Lázaro. (En Cacabelos, a 5 km). Cimadevilla, 97.
T. 987 546 101. *www.moncloadesanlazaro.com*
Con ocho habitaciones. Casa del s. XVII. Cocina y vinos del Bierzo. Tortilla guisada, pollo de corral de Los Ancares, tarta de queso y frambuesa. Precio medio 25 €.

® **Palacio de Canedo.** (En Canedo, a 9 km. H. Palacio de Canedo).
La Iglesia, s/n. T. 987 563 366. *www.pradaatope.es*
Cierra domingo cena. Palacio del s. XVIII rodeado de viñedos de la bodega Prada a Tope. Cocina tradicional de base leonesa. **Botillo con garbanzos, repollo y cachelos, tarta de castañas.** Precio medio 30 €.

Hoteles

*** **Parador de Turismo.** Av. Calvo Sotelo, 28. T. 987 540 175. *www.parador.es*
Hab. 39: 89/137 €. Sana rivalidad la que promueve el Parador, que goza al norte de los paisajes de la sierra de Ancares, con la belleza de su entrada ajardinada, pródiga en flores, arbustos y parra silvestre abrazada a la fachada. Restaurante Mencía. Cocina típica.

Villagordo de Cabriel Valencia Ver Utiel

75 · F-2

Villalcázar de Sirga Palencia

20 · F-3

Ver Carrión de los Condes

Villamartín Cádiz

105 · B-4
A Cádiz, 86 km
A Madrid, 560 km
Alt. 20 m · Pob. 12.570
T. 956 733 555
GPS 36° 51' 39" N · 5° 38' 35" O

Visitar: Los monumentos destacados son las **casas-palacio de los Topete y de los Ríos** y las iglesias de **Sta. María de las Virtudes** (s. XVI), de Ntra. Sra. de las Angustias (s. XVIII) y de S. Francisco (s. XVII).

Fiestas: El 8 de septiembre se celebra la romería al Santuario de Ntra. Sra. de las Montañas. Del 20 al 24 de septiembre, la feria y las **fiestas de S. Mateo.**

Alrededores: Están cerca el dolmen de Alberite y el **Castillo de Matrera.**

Restaurantes

☼ **Hacienda El Rosalejo-El Jardín.** Ctra. A-373, Villamartín-Ubrique, km 6,600.
T. 956 231 000. *www.elrosalejo.com*
Cierra cenas excepto viernes y sábado, lunes y del 7 de enero al 7 de febrero. Con habitaciones. El espectacular emplazamiento, una hacienda del s. XVIII, sirve de marco a Pablo Vicuña para elaborar una cocina con buenas materias primas y buenos resultados. **'Foie-gras' de pato con manzana y cebolla al vino, pichón en dos cocciones, crema de Nocilla con limón.** Precio medio 35 €.

Villanueva de la Cañada Madrid

Ver Madrid/Restaurantes/Alrededores de Madrid

53 · B-4

Villarcayo Burgos Ver Medina de Pomar

12 · D-3

Villasana de Mena Burgos Ver Medina de Pomar

12 · F-2

Villaverde de Pontones Cantabria

Visitar: Las iglesias, la **Casa-Palacio de los Mazarrasa,** la Torre Corina, sus jardines y su parque son las visitas más recomendables, así como el municipio de **Ribamontán al Monte.**

Fiestas: El 13 de junio se celebra **S. Antonio,** y el 3 de julio, **Sto. Tomás.**

Alrededores: Se recomienda hacer excursiones tanto al **balneario de Solares** como al río Pontones.

5 · D-3
A Santander, 14 km
A Madrid, 387 km
Pob. 334
GPS 43° 24' 43'' N · 3° 42' 12'' O

Restaurantes

Cenador de Amós. Pl. del Sol, s/n. T. 942 508 243.
www.cenadordeamos.com
Cierra cenas de martes y miércoles en invierno, domingo cena, lunes y del 23 de diciembre al 20 de enero. Jesús Sánchez sigue deleitando y sorprendiendo a los clientes en un exclusivo restaurante ubicado en una casona del S. XVIII. Su esposa, Marian, supervisa la cuidada escena de los comedores. **Crema de queso parmesano con caviar de albahaca y anchoas, taco de bacalao con berberechos, helado de pepino, ginebra y bergamota.** Precio medio 50 €.

Villaviciosa Asturias

Visitar: Un amplio y valioso patrimonio religioso marca la visita a la localidad: La **iglesia de Sta. María de Villaviciosa** (ss. XII y XIII) constituye el tránsito entre el Románico y el Gótico, y fue declarada Monumento Histórico-Artístico. Otros templos notables son **S. Salvador de Valdediós,** más conocido como El Conventín (s. IX); S. Juan de Amandi, de la primera mitad del s. XII; S. Andrés de Bedriñana (s. IX); S. Salvador de Fuentes (s. XI); S. Salvador de Priesca, de la primera mitad del s. X, con pinturas murales; Sta. María de Valdediós, con un hermoso claustro de los ss. XVI y XVII; Sta. Eulalia de la Lloraza (s. XII); Sta. María de Sariegomuerto; Sta. Eulalia de Selorio; S. Andrés de Valdebarzana; S. Juan de Camoca (s. IX) y reformada en el XVIII; Sto. Tomás de Coro (s. XII) y Sta. María de Lugas. También destacan las iglesias de Sta. María de Arbazal (s. XVII); Sta. María de Sebrayo; Sta. María Magdalena de los Pandos y S. Emeterio de Sietes, construida en 1555. Además, son parajes atractivos la **ría de Villaviciosa,** Reserva Natural y refugio de aves acuáticas, con un Centro de Interpretación, y sus playas. Se puede completar la visita acercándose al puerto deportivo o emprendiendo rutas enológicas.

Fiestas: Del 12 al 15 de septiembre se celebran las **fiestas de Ntra. Sra. del Portal,** y el mismo mes, el Festival de la Manzana.

Alrededores: Se pueden visitar las **rasas de Selorio** y **Les Mariñes.**

4 · A-3
A Oviedo, 44 km
A Madrid, 477 km
Alt. Nivel del mar · Pob. 15.000
T. 985 891 759
GPS 43° 28' 48'' N · 5° 26' 9'' O

Casas con miradores acristalados de Villaviciosa, en Asturias

Restaurantes

La Nansa. (En Tazones, a 10 km). Barrio S. Roque, 20. T. 985 897 038.
Cierra jueves y de diciembre a marzo. Pescados y mariscos del recoleto puerto local surten la cocina de esta casa. Fritos de rape, lubina al horno, tarta de almendras. Precio medio 35 €.

La Playa. (En Tazones, a 10 km). Barrio de S. Miguel, 7. T. 985 897 002.
Cierra cenas en invierno excepto fines de semana, lunes excepto festivos, y diciembre. Antiguo edificio junto a la playa. Arroces, pescados y mariscos definen la oferta culinaria. Precio medio 30 €.

® **Rompeolas.** (En Tazones, a 10 km). S. Roque, 21. T. 985 897 013.
Cierra martes, segunda quincena de junio y del 24 de diciembre al 10 de

enero. Profunda vocación por la cocina marinera. **Los fritos de 'pixín' (rape) resultan deliciosos.** Cuidada bodega. Precio medio 50 €.

Hoteles

*** **Palacio de Cutre.** (En Villamayor-Piloña). La Goleta, s/n. T. 985 708 072. *www.palaciodecutre.com* P
Hab. 15: 65/195 €. Suites: 3. Palacio del s. XVI situado a medio camino entre el mar y la montaña. Admisión de perros, consultar. Prestigioso restaurante Palacio de Cutre.

La Casona de La Roza. La Roza, s/n. T. 984 100 204. *www.lacasonadelaroza.com*
P
Hab. 10: 89/177 €. Suites: 2. Casa rural con encanto, distribuida en 10 apartamentos. En el centro de Asturias, en plena Comarca de la Sidra.

20 · E-4

Villoldo Palencia Ver Carrión de los Condes

Vinaròs/Vinaroz Castellón

57 · C-3
A Castellón de la Plana, 80 km
A Madrid, 496 km
Alt. 8 m · Pob. 30.000
T. 964 453 334
GPS 40° 28' 14" N · 0° 28' 25" E

Luna llena sobre palmeras del paseo marítimo de Vinaròs, Castellón

Visitar: Tienen especial interés la **iglesia arciprestal de Ntra. Sra. de la Asunción** (s. XVI), cuya fachada es Patrimonio Histórico-Artístico; la plaza de toros, el palmeral, el Santuario de Ntra. Sra. de la Misericordia y el poblado íbero del Puig. Son también remarcables el paseo marítimo y el mirador del Mediterráneo, el puerto pesquero y la lonja.

Fiestas: El 17 de enero se homenajea a S. Antonio y el 20 de enero a **S. Sebastián,** con una romería a la ermita, misa y reparto de paella. En febrero son los **carnavales,** de Interés Turístico Autonómico. En Semana Santa tienen lugar interesantes procesiones, tanto el Jueves como el **Viernes Santo,** cuando salen doce cofradías con importantísimas tallas. En junio son las ferias y las fiestas de S. Juan y S. Pedro, además de la Feria de Maquinaria Agrícola e Industrial. El 16 de julio se celebra la Virgen del Carmen. En agosto tiene lugar la **Feria del Langostino,** con degustaciones.

Alrededores: Merece la pena conocer el río Cenia y **Peñíscola,** a 12 km.

Restaurantes

El Langostino de Oro. S. Francisco, 31. T. 964 451 204.
Cierra lunes. Cocina del mar, con los langostinos como protagonistas: en almendrado, a la piedra, a la trufa... También arroces y, de postre, helado de aceituna negra. Menú 25 €. Precio medio 35 €.

Viso del Marqués, El Ciudad Real

91 · A-1
A Ciudad Real, 68 km
A Madrid, 237 km
Alt. 778 m · Pob. 2.811
T. 926 336 815
GPS 38° 31' 22" N · 3° 33' 50" O

Visitar: En este Conjunto Histórico-Artístico destacan la **plaza del Pradillo,** la **iglesia de Ntra. Sra. de la Asunción** (s. XV), el Palacio del Marqués de Sta. Cruz (s. XVI), el archivo Don Álvaro de Bazán, Monumento Nacional del s. XVI; el **Museo Etnológico y Etnográfico,** el Museo de Ciencias Naturales y el Parque Forestal de Valle de los Perales.

Fiestas: El 25 de abril se celebra S. Marcos. Del 11 al 13 de mayo es la romería en honor de S. Andrés. A finales de julio son la feria y las fiestas de Santiago. A principios de agosto se organiza la Semana Cultural, y el día 15 se festeja la patrona, la **Virgen del Valle.** El 30 de noviembre es S. Andrés.

Alrededores: En **Aldea del Rey** se halla el **Sacro Castillo-Convento de Calatrava la Nueva,** mientras que en Santa Cruz de Mudela están el santuario y la plaza de toros.

Restaurantes

La Almazara del Marqués. (H. Hospedería La Almazara del Marqués). Almagro, s/n. T. 926 337 154. *www.hospederialaalmazara.com* P
Cierra lunes y marzo. Con 26 habitaciones. Almazara de aceite de finales del s. XVIII. Perdiz de tiro escabechada en ensalada, bacalao asado sobre puré de patata, torrija con espuma de plátano y helado de queso. Menú 15 €. Precio medio 33 €.

13 · C-4
A Madrid, 332 km
Alt. 508 m · Pob. 240.580
T. 945 161 598
GPS 42° 50' 47" N · 2° 40' 22" O

Vitoria/Gasteiz Araba/Álava

Visitar: Es muy recomendable pasear por el casco histórico, elevado sobre una colina, que conserva restos de murallas navarras de los ss. XII y XIII. Las calles

El Edificio Vital de Vitoria representa el código genético de un organismo vivo

estrechas, en un trazado ojival, rodean el cogollo de la ciudad vieja, a la que se accede por escaleras transversales, cuestas o rampas mecánicas. Una visita que no debe faltar es la de la **Catedral de Sta. María,** gótica (s. XIV), en obras de restauración que pueden ser contempladas. También destacan el palacio renacentista de **Escoriaza-Esquíbel** (s. XVI), con su impresionante portada; el **Palacio de Villa Suso,** con su patio interior plateresco, la **Casa del Cordón** y las iglesias de S. Vicente (ss. XIV y XV), S. Pedro y S. Miguel; el **Palacio de Montehermoso** (s. XVI), actual Centro Cultural, y los museos de Bellas Artes, de Armería, de Arqueología, de Ciencias Naturales, de Naipes y el Diocesano de Arte Sacro, en la Catedral. Otro punto de interés es **Artium,** Museo de Arte Contemporáneo.

Fiestas: El 28 de abril se celebran las fiestas de **S. Prudencio,** con una romería al pueblo de Armentia. Del 19 al 28 de junio se celebra el Festival Internacional de Juegos de Calle, y a mediados de julio, el **Festival de Jazz Vitoria-Gasteiz.** El 25 de julio son el **Día del Blusa** y la Feria del Ajo. Del 4 al 9 de agosto son las fiestas de la Virgen Blanca, que comienzan con la **Bajada del Celedón.** El lunes después de la Virgen tiene lugar la romería de Olarizu. En septiembre es la Semana Coral Internacional (del 1 al 7) y el Congreso Internacional de Magia (del 17 al 21). En diciembre se puede ver un **belén monumental** en el parque de La Florida y se celebra el desfile del Olentzero (carbonero que anuncia el nacimiento de Jesús).

Alrededores: En las afueras de la ciudad hay parques muy atractivos, como el de **Salburua** (con un Centro de Interpretación de la Naturaleza), **Zabalgana, Armentia** y **Olarizu.** La Ruta del Románico nos lleva a la **Basílica de Armentia,** al **Santuario de Estíbaliz** y a la ermita de S. Martín de Tours, en Gazeo, con sus impresionantes pinturas góticas. A 13 km, en Trespuentes, está la Torre de Mendoza, y en Marquínez, a 29 km, una ermita románica del s. XIII. En Hueto Abajo, a 10 km, se conserva otra iglesia románica, con capilla del s. XVI. Iruña de Oca está a 12 km; Eguilaz, a 20 km; Arrizala, a 21 km, y **Laguardia**, a 60 km. El enclave natural más vistoso está en el **Parque Natural de Gorbeia,** a 30 km.

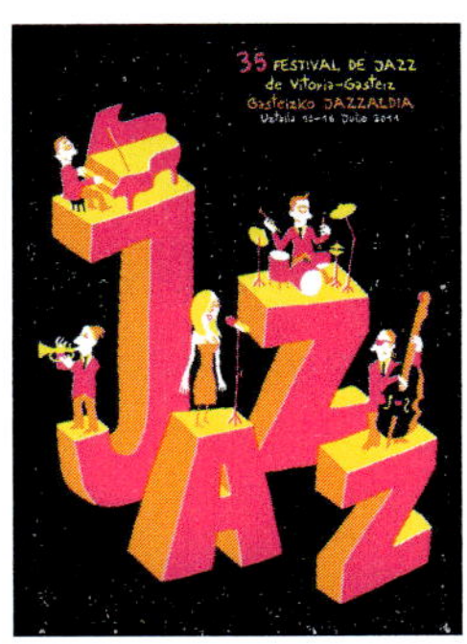

Cartel de Mauro Entrialgo para la edición de 2011 del Festival de Jazz de Vitoria

Restaurantes

Ⓡ **Andere.** Gorbea, 8 T. 945 214 930 *www.restauranteandere.com*
♿ ❄ P

Cierra domingo cena, lunes y 15 días en agosto. El mercado manda en este céntrico local con agradable terraza-jardín. **Alcachofas fritas con papada y cigala, guiso tradicional de morros y callos, irlandés a cuchara.**
Precio medio 55 €.

Ⓡ **Arkupe.** Mateo de Moraza, 13. T. 945 230 080 *www.restaurantearkupe.com*
♿ ❄

Escaleras mecánicas para salvar uno de los desniveles del casco antiguo de Vitoria

En un céntrico edificio del s. XVIII, los hermanos Ortiz de Zárate –Alberto en cocina y Marta en sala y vinos– se encargan de que todo funcione bien. **'Wok' de verduritas con salsa de soja, chipirones en su tinta, helado de queso con 'intxaursalsa'.** Precio medio 36 €.

Dolomiti. Ramón y Cajal, 1. T. 945 233 426
Cierra lunes, 15 días en febrero y 20 en agosto. La buena pasta y las *pizzas* se complementan con la fidelidad al mercado; *panna cotta*. Menú 14 €. Precio medio 25 €.

Dos Hermanas. Madre Vedruna, 10. T. 945 132 934 *www.restaurantedoshermanas.com*
Cierra domingo cena. Un clásico de la ciudad. Cocochas de merluza al pilpil, morros de ternera a la riojana, bizcocho de almendra con *bavarois* de vainilla. Menú 19 €. Precio medio 37 €.

® **El Clarete.** Cercas Bajas, 18. T. 945 263 874 *www.elclareterestaurante.com*
Cierra noches de lunes a miércoles; domingo, Semana Santa y del 10 al 31 de agosto. Los Fernández de Retana atienden con profesionalidad cocina y comedor. Precio medio 40 €.

El Portalón. Correría, 151. T. 945 142 755 *www.restauranteelportalon.com*
Cierra domingo cena. Antigua posada del s. XV en el casco antiguo de la ciudad. Changurro, rodaballo salvaje al horno, espuma de leche merengada. Precio medio 40 €.

Ikea. Av. Portal de Castilla, 27. T. 945 144 747 *www.restauranteikea.com*
Cierra domingo cena, lunes y del 10 de agosto al 4 de septiembre. Iñaki Moya, fiel compañero de Berriozabal, toma el mando de la cocina que, con ligeras novedades, va ascendiendo en calidad y creatividad. **Tortilla de bacalao sobre sopa de cebolla caramelizada, 'magret' de cordero con puré de brócoli y orejones salteados, flan de calabaza y vainilla con helado de zanahoria.** Precio medio 65 €.

Izaga. Beato Tomás de Zumárraga, 2. T. 945 138 200 *www.restauranteizaga.com*
Cierra domingo cena, lunes, Semana Santa y del 10 de agosto al 1 de septiembre. Las croquetas de mejillón con pimientos, delicias de solomillo con queso de cabra y la tartita de cuajada quemada con helado de manzana reineta son una muestra de la cocina de base tradicional actualizada de Fernando Suárez en el centro de la ciudad. Precio medio 38 €.

Olarizu. Beato Tomás de Zumárraga, 54. T. 945 217 500 *www.olarizu.com*
Cierra cenas de martes a jueves, lunes y Semana Santa. Cocina tradicional con toques de modernidad, en un local totalmente reformado. *Foie-gras* caramelizado con salsa de mango, brocheta de rape y langostinos con cebolleta, *goxua*. Menús 15 a 32 €. Precio medio 30 €.

Urtegi-Alde (asador). (En Urrunaga-Legutiano, a 12 km. Por la autovía de Villarreal). Calle Krutziaga, 5. T. 945 465 701
Cierra cenas de domingo a jueves. Caserío antiguo. Almejas a la plancha, pescados y carnes a la brasa, *goxua*. Precio medio 30 €.

Zaldiaran. Av. Gasteiz, 21. T. 945 134 822 *www.restaurantezaldiaran.com*
Cierra cenas de domingo y lunes, y martes. La excelente cocina de Patxi Eceiza y de Víctor Vindel, bajo la dirección de Gonzalo Antón, aparece en la nueva carta, que avanza en distintas creaciones, con imaginación, técnica y sabor. Su respeto a la memoria se manifiesta en los platos ya tradicionales, como las **milhojas de patata con 'foie-gras',** el excelente **pichón** o la **yema de huevo con trufa negra.** Precio medio 45 €.

Hoteles

***** **Gran Hotel Lakua.** Tarragona, 8. T. 945 181 000 *www.granhotelakua.com*
Hab. 142: 110/250 €. Suites: 5. Centro spa. Restaurante Margoa, cocina vasca con toques de autor.

**** **Parador de Turismo de Argomaniz.** (En Argomaniz, a 13 km). Ctra. N-1, km 363. T. 945 293 200 *www.parador.es*

A Rapa das Bestas

En junio de cada año se celebra en Candaoso (Viveiro) la Rapa das Bestas: corte de las crines de los caballos salvajes.

Hab. 53: 80/163 €. Suites: 1. El que fue palacio de la familia Larrea domina, desde una pequeña elevación, parte de la gran llanura alavesa. A 12 km de Vitoria. Lugar ideal para el descanso. Platos típicos de la cocina vasca.

Viveiro/Vivero Lugo

2 · C-3
A Lugo, 96 km
A Madrid, 606 km
Alt. 18 m · Pob. 16.211
T. 982 560 879
GPS 43° 39' 40'' N · 7° 35' 45'' O

Visitar: La localidad está declarada Conjunto Histórico-Artístico. De las seis **puertas del viejo recinto amurallado** se conservan tres: la de Carlos V, la puerta de la Villa y la del Valado. Destacan, además, la **iglesia de Sta. María del Campo** (s. XII), los **conventos de Valdeflores** y de las Concepcionistas, la gruta de Lourdes, los museos de la Cerámica y de la Piel, y la iglesia de S. Francisco (ss. XIII y XIV). Para dar paseos son recomendables el **paraje Souto de Retorta,** declarado Monumento-Natural, el paseo del río Landro o el mirador del monte de S. Roque.

Fiestas: La Semana Santa es de Interés Turístico Nacional. El 2 y 3 de julio tiene lugar la **Rapa das Bestas;** del 23 al 27 de julio, las fiestas del mar, en Celeiro, y el 30 y 31 de julio es el Festival Canción do Landro. Del 14 al 17 de agosto son las fiestas de S. Roque y Ntra. Señora, y entre el 26 y el 30 de agosto, la **romería de Naseiro,** de Interés Turístico.

Alrededores: Merecen una visita la iglesia de S. Pedro (s. X), **Estaca de Bares,** a 24 km, con restos de un puerto fenicio, y **Sargadelos,** a 23 km, con una fábrica de cerámica del s. XVIII.

Desde 1947 la fábrica de Sargadelos elabora artesanalmente su cerámica

Restaurantes

Boa Vista. (En O Celeiro, a 2 km). Ctra. Casa Nova, 32. T. 982 562 290. *www.boavistahotel.com*
Cierra domingo cena excepto julio y agosto. Recientemente renovado. Sopa de marisco, merluza a la gallega, filloas con helado de turrón. Menú 10 €. Precio medio sin marisco 28 €.

Nito. (H. Ego). Playa de Area, 1. T. 982 560 987. *www.hotelego.es*
Con 45 habitaciones. La mejor opción de la costa lucense, asomada a la ría de Viveiro. Todo un clásico que basa su oferta en la calidad del producto, como el marisco. La **merluza a la gallega** es ejemplar, y el **bonito en rollo,** plato de la zona, merece la prueba, como los **calamares de la ría en su tinta.** Precio medio 50 €.

Viver Castellón Ver Segorbe

65 · D-3

El cabo de Sant Martí y la isla de Portitxol, en el privilegiado litoral de Xàbia

85 · D-3
A Alicante, 90 km
A Madrid, 456 km
Alt. Nivel del mar · Pob. 31.909
T. 965 794 356
GPS 38° 47' 18'' N · 0° 9' 55'' E

Xàbia/Jávea Alicante

Visitar: Merece la pena pasear por el casco histórico y acercarse a las iglesias de S. Bartolomé (ss. XV y XVI) y de Ntra. Sra. de Loreto, de 1967; al **Museo Arqueológico y Etnográfico** y a los **molinos de la Plana.** Se pueden realizar rutas de senderismo y buceo.

Fiestas: Del 28 de abril al 3 de mayo son las **fiestas de Jesús Nazareno.** Del 9 al 24 de junio se celebra S. Juan, con sus hogueras. Del 14 al 22 de julio tienen lugar la fiestas de **Moros y Cristianos.** El 28 de julio se celebra un ajedrez viviente, y del 27 de agosto al 8 de septiembre, los fastos de Ntra. Sra. de Loreto, en Aduanas de Mar.

Alrededores: Quedan cerca interesantes enclaves naturales, como los **cabos de la Nao** y de S. Antonio, con su reserva marina; el **Parque Natural de Montgó,** la cala Granadella y muchas otras calas y playas. Se pueden realizar también el itinerario de los miradores y varias rutas ecológicas.

Restaurantes

Casa Julia. (En Parcent, a 17 km). Av. Constitución, 30. T. 966 405 050.
www.hotelcasajulia.com
Cierra miércoles. Con 8 habitaciones. Los arroces y los pescados de la bahía son la especialidad de esta casa modernista en un entorno rural. Menú 14 €. Precio medio 24 €.

El Rodat. (H. El Rodat). La Murciana, 9. T. 966 470 710. *www.elrodat.com*
Cierra domingo y lunes. Iván Grau es un talentoso artesano en la armonía de productos y creatividad. Bodega y servicio de nivel, y una agradable terraza en verano. **Ajo blanco de altramuces y helado de 'amaretto', lubina en emulsión de olivas 'xafades', zanahoria, aceite de oliva y cítricos.** Precio medio 50 €.

® **Los Remos La Nao.** Av. Libertad, 21. T. 966 470 776.
www.losremoslanao.com
Cierra almuerzos de lunes a miércoles en julio y agosto, y martes excepto verano. Cocina mediterránea. **Arroces, carnes gallegas y extremeñas** en un local con terraza sobre la playa. Precio medio 35 €.

**** **Parador de Turismo.** (Playa del Arenal). Av. Mediterráneo, 233. T. 965 790 200.
www.parador.es
Hab. 70: 100/207 €. Suites: 1. Lugar ideal para una tranquila estancia junto al mar. Restaurante Costa Blanca, cocina mediterránea y de temporada.

Xàtiva/Játiva Valencia

85 · A-1
A Valencia, 57 km
A Madrid, 380 km
Alt. 110 m · Pob. 29.386
T. 962 273 346
GPS 38° 59' 19'' N · 0° 31' 0'' O

Visitar: El **castillo** conserva restos de fortificaciones de todas las épocas y está reconocido como Monumento Nacional. También son notables la **Seo,** la **Colegiata-Basílica de Sta. María,** Monumento Nacional, y el **Museo del Almodí** (s. XVI), Monumento Nacional, con importantes piezas en las secciones de arqueología y pintura, entre las que destaca el célebre cuadro de Felipe V, colgado boca abajo. Para completar la visita, el antiguo hospital (ss. XV y XVI) y la **iglesia de S. Feliu** (s. XIII), ambos declarados Monumento Nacional, y la calle Moncada, con sus fuentes, palacios y casas blasonadas.

Fiestas: Del 15 al 19 de marzo se celebran las **Fallas.** En Corpus Christi salen a las calles las coloridas representaciones de los gigantes y cabezudos. Del 1 al 5 de agosto llegan las fiestas de **St. Feliu y la Mare de Déu,** y el mismo mes, del 15 al 20, la feria.

Alrededores: Los parajes más atractivos son la **Serra Grossa** y los ríos Albaida y Cáñoles.

Bajorrelieve de inspiración árabe en Xàtiva

Restaurantes

Casa la Abuela. Reina, 17. T. 962 281 085. *www.casalaabuela.es*
Cierra cenas de domingo y miércoles. Arroz caldoso de rape y cigalitas con almejas del terreno y verduras, lubina al horno con ajitos tiernos de Xátiva, *arnadí* de Xátiva. Precio medio 22 €.

® **Portal Fosc.** Portal de Valencia, 22. T. 962 288 237. *www.portalfosc.com*
Cierra cenas de domingo a miércoles y lunes. Jordi Garrido desarrolla una actualización de la cocina valenciana cautivadora y fundamentalmente ecológica. **Guiso de acelga roja, arroz de verduras, 'arnadí' y naranja.** *Gastrobar* en la planta superior. Menú 22 €. Precio medio 30 €.

Hoteles

**** **Mont-Sant.** Ctra. del Castillo, s/n. T. 962 275 081. *www.mont-sant.com*
Hab. 16: 78/135 €. Suites:1. Admisión de perros, consultar. Atractivo emplazamiento en el antiguo Monasterio de Bernardos y rodeado de las murallas del castillo. Cuidada cocina.

Xerta Tarragona Ver Tortosa

47 · A-4

Yecla Murcia

84 · B-4
A Murcia, 96 km
A Madrid, 350 km
Alt. 600 m · Pob. 35.000
T. 968 754 104
GPS 38° 36' 54" N · 1° 7' 9" O

Restos del recinto fortificado del antiguo poblado árabe de Yecla

Visitar: Son muy interesantes la **plaza Mayor** porticada y el **Ayuntamiento** (ss. XVI y XVII). También se pueden visitar otros monumentos, como la **Basílica de la Purísima** (ss. XVIII y XIX); la iglesia de la Asunción (s. XVI); la iglesia de S. Francisco (s. XVI); la capilla de las Angustias (s. XVIII); el **Palacio de los Alarcos** (s. XVI y XVII); la Casa-Palacio de los Ortega (s. XVIII), que alberga la casa de cultura; el Museo Arqueológico; el Museo de Réplicas del Greco y el casino primitivo (s. XVIII), hoy sede de la Escuela Municipal de Música.

Fiestas: Las celebraciones principales son la Semana Santa, San Isidro, del 13 al 15 de mayo, y las fiestas patronales de la **Purísima Concepción,** del 5 al 8 y el 18 de diciembre.

Alrededores: En el entorno son reseñables el cerro del Castillo, con el Santuario de la Virgen del Castillo; el **monte Arabí,** con las pinturas rupestres de los Cantos de la Visera y de la cueva del Mediodía, declaradas Patrimonio de la Humanidad, y la **sierra de Salinas,** Espacio Natural Protegido.

Restaurantes

Ródenas. (H. La Paz). Av. la Paz, 180. T. 968 751 350. *www.lapaz-hotel.com*
Cierra domingo y dos semanas centrales de agosto. Con 31 habitaciones. Gamba de Santa Pola con jugo de mar, gazpacho yeclano, texturas de chocolate. Precio medio 45 €.

Señorío de Barahonda. (Finca La Castañona). Ctra. Pinoso, km 3. T. 968 718 696. *www.barahonda.com*
Cierra cenas excepto viernes y sábado, lunes y agosto. En la bodega de Barahonda, rodeado de viñedos. Ajo blanco con brocheta, gallo pedro, semifrío de fresas. Precio medio 30 €.

Yuste, Monasterio de Cáceres

61 · B-2

Ver Jarandilla de la Vera

Zafra Badajoz

88 · D-1
A Badajoz, 73 km
A Madrid, 403 km
Alt. 508 m · Pob. 16.433
T. 924 551 036
GPS 38° 25' 31'' N · 6° 25' 4'' O

Visitar: Los monumentos más notables son el **Alcázar de los Duques de Feria** (s. XV) con su patio renacentista, y el **convento de Sta. Clara** (s. XV), considerado Monumento Nacional y que alberga un museo. También merecen visita el Hospital de Santiago (s. XV), la iglesia del Rosario (s. XVI), las plazas porticadas (s. XV y XVI) y los **arcos de la muralla** (s. XV). Además, se pueden visitar las bodegas Medina.

Fiestas: En marzo se celebra el Festival de la Tapa. El fin de semana más cercano al 15 de mayo, **S. Isidro.** En junio, la **fiesta de la Luna al Fuego** (del Siglo de Oro). Y a finales de septiembre tiene lugar la Feria Internacional Ganadera.

Alrededores: Tenemos cerca los conjuntos históricos de **Feria, Burguillos del Cerro** y **Fuente del Maestre.** En **Llerena,** a 40 km, destacan la plaza Mayor y la iglesia de la Granada. En **Reina,** a 53 km, la Alcazaba y las ruinas del Teatro Romano. En **Tentudía,** a 50 km, un monasterio del s. XIII. En **Calzadilla de los Barrios,** la iglesia con su retablo gótico-mudéjar. En **Jerez de los Caballeros,** a 38 km, las torres barrocas y el castillo. También son interesantes **Fregenal de la Sierra** y **Fuente de Cantos,** con la Casa de Zurbarán.

Restaurantes

Barbacana. (H. Huerta Honda). Av. López Asme, 30. T. 924 554 100. *www.hotelhuertahonda.com*
Cierra domingo cena y lunes. Un referente gastronómico, en la antigua barbacana de la muralla del Alcázar de los Duques de Feria, pese a los frecuentes cambios culinarios. **Cabrito extremeño relleno al modo de Alcántara en su punto,** rematado por **cremoso de chocolate.** Precio medio 35 €.

Josefina. Av. López Asme, 1. T. 924 551 701.
Cierra domingo cena y lunes. Muy próximo al casco antiguo de la localidad. Mollejas de cordero, perdiz estofada, crema de pistachos con chocolate. Menú 16 €. Precio medio 30 €.

La Rebotica. Boticas, 12. T. 924 554 289. *www.lareboticadezafra.com*
Cierra domingo cena, lunes, primera quincena de agosto y feria de Zafra en octubre. Antigua casa con arquitectura mudéjar y detalles modernos en el interior. Alcachofas rellenas de *boletus*, rabo de retinto estofado. Los postres de chocolate son la especialidad. Precio medio 33 €.

Hoteles

**** **Casa Palacio Conde de la Corte.** Pl. del Pilar Redondo, 2. T. 924 563 311. *www.condedelacorte.com*
Hab. 15: 95/173 €. Suites: 1. Casa-palacio con encanto y elegante ambientación.

**** **Parador de Turismo.** Pl. Corazón de María, 7. T. 924 554 540. *www.parador.es*
Hab. 49: 129/161 €. Suites: 2. Fue alcázar-palacio de los Duques de Feria. Ocho torres almenadas y la Torre del Homenaje guardan un soberbio patio de mármol. Cocina con especialidades extremeñas. Restaurante Parador de Zafra.

*** **Hospedería Convento de la Parra.** (En La Parra, a 25 km). Sta. María, 16. T. 924 682 692. *www.laparra.net*
Hab. 21: 56/122 €. Suites: 2. Antiguo convento de clausura rehabilitado. Resulta ideal para un descanso total.

*** **Huerta Honda.** López Asme, 30. T. 924 554 100. *www.hotelhuertahonda.com*
Hab. 48: 65/140 €. Suites: 3. Edificio de estilo isabelino. Céntrico. Junto al Palacio de los Duques de Feria. Restaurante Barbacana. Arco del s. XV.

El faro de Camarinal, en Zahara de los Atunes, se construyó sobre una torre almenara del s. XVI

Zahara de los Atunes Cádiz

114 · B-1
A Cádiz, 75 km
A Madrid, 687 km
Alt. 10 m · Pob. 1.698
T. 956 929 059
GPS 36° 8' 11'' N · 5° 50' 52'' O

Visitar: Los edificios más destacados son la **iglesia parroquial de Ntra. Sra. del Carmen** (s. XV), el **Palacio Jadraza,** del s. XVI (que fue residencia de los duques de Medina Sidonia y donde Miguel de Cervantes escribió *La ilustre fregona)* y la Torre de Poniente. Son curiosas las **almadrabas** para la pesca del atún que se instalan en la playa.

Fiestas: Zahara disfruta de un carnaval interesante. A finales de mayo tiene lugar la **Ruta Gastronómica del Atún,** y del 16 al 18 de julio, la Velada del Carmen. En agosto se celebra un reconocido **Festival Flamenco**, mientras que a lo largo de julio y agosto tienen lugar las **fiestas de verano.**

Alrededores: A 3 km está la urbanización **Atlanterra,** con hermosas calas de arenas doradas, además del faro de **punta Camarinal.**

Restaurantes

Antonio. (H. Antonio. Bahía de la Plata). Ctra. Atlanterra, km 1. T. 956 439 141. *www.antoniohoteles.com*
Cierra diciembre y enero. Con 38 habitaciones. En primera línea de playa, con vistas al mar. Arroz de carabineros o de calamares de potera, ventresca de atún de almadraba encebollada, huevos soplados. Menú 22 €. Precio medio 40 €.

Hoteles

**** **Doña Lola Zahara.** Pl. Thomson, 1. T. 956 439 009. *www.hotelesdonalola.com*
Hab. 26: 70/180 €. Suites: 1. Edificio histórico de principios del s. XX. Restaurantes La Casona y Patio La Plazoleta.

Zamora

El castillo de Zamora alberga el Centro de Arte del escultor Baltasar Lobo

41 · E-1
A Madrid, 252 km
Alt. 652 m · Pob. 67.000
T. 980 533 694
GPS 41° 30' 11'' N · 5° 44' 52'' O

Visitar: La ciudad acoge monumentos sobresalientes, como la **muralla y el castillo medieval** (s. XI); la **Catedral,** en la que destaca la sillería del coro, y el Museo Catedralicio, con una colección de tapices flamencos; las iglesias de la Magdalena (s. XII); de S. Cipriano (s. XI); de S. Ildefonso (s. XII); de S. Pedro (s. XII); de **S. Juan de Puerta Nueva,** del s. XIII, con la puerta de Doña Urraca; Sta. María la Nueva (s. XII); Santiago de los Caballeros (s. XI) y las de Santiago el Viejo, S. Vicente y S. Claudio de Olivares (s. XII). También es recomendable visitar el **Palacio de los Momos** (s. XVI), así como los edificios modernistas. Y muy interesantes resultan los **museos Provincial y el Etnográfico de Castilla y León.** Por último, las riberas del Duero ofrecen paseos deliciosos.

Fiestas: Las celebraciones de **Semana Santa,** de Interés Turístico Internacional, se remontan al s. XIII y mantienen procesiones muy vistosas. El domingo siguiente al lunes de Pascua tiene lugar la romería del Stmo. Cristo de Valderrey. El 9 de mayo, la **Romería del Cristo de Morales.** El lunes de Pentecostés, la romería de la Hiniesta. Del 25 al 30 de junio, las **ferias y fiestas de S. Pedro** (de la Cerámica y del Ajo). Y el 8 de septiembre, la Virgen de la Concha.

Alrededores: En **Arcenillas,** a 7 km, hay una iglesia con tablas flamencas. En **La Hiniesta,** a 7 km, está la iglesia de Ntra. Sra. de la Asunción. En **Campillo,** a 20 km, merece visita la iglesia visigoda de S. Pedro de la Nave, del s. VII, al igual que la Colegiata de Sta. María la Mayor, en **Toro,** a 32 km. En **Granja de Moreruela,** a 36 km, se sitúa el Monasterio de Sta. María. En **Tabara,** a 47 km, la iglesia románica de Sta. María y el antiguo *scriptorium.*

Restaurantes

☼ **El Rincón de Antonio.** Los Francos, 6. T. 980 535 370.
www.elrincondeantonio.com
Cierra domingo cena. Antonio continúa liderando la buena oferta local. **Pulpo, melón, jamón, panceta ibérica adobada y pasteurizada con trufa de verano; tacos de bacalao al pilpil de sus pieles, navaja frita, hierbas de limón y pan de Zamora; crema de bollo coscarón, granizado de leche merengada, rebojo zamorano de almendra y cacao.** Precio medio 42 €.

La Becera. (En Peñausende, a 20 km). Castillo, 1. T. 980 577 160.
www.la-becera.com P
Cierra domingo cena en invierno. Con 20 habitaciones. Cocina tradicional con las carnes como especialidad. Surtido de quesos zamoranos, crema de limón. Precio medio 30 €.

☼ **La Oronja.** Pl. Maestro Haedo, 4. T. 980 534 038.
www.restaurantelaoronja.com
Cierra domingo cena, lunes, segunda quincena de enero y de septiembre. La familia Campos lleva personalmente su coqueto restaurante. Oferta culinaria cuidada y atractiva. **Salteado de tres arroces y setas silvestres, jarretes de lechazo estofados con sus mollejas a baja temperatura, bizcocho de avellana con helado de haba 'tonka'.** Precio medio 35 €.

☼ **Los Caprichos de Meneses.** Pl. S. Miguel, 3. T. 980 530 143.
www.loscaprichosdemeneses.com
Cierra miércoles, 15 días en enero y en septiembre. Los Meneses, pendientes de sala y cocina con profesionalidad y acierto. **Bacalao pochado en jabugo con helado de pimentón, lechón confitado, bombón de chocolate con crujiente napado de merengue.** Precio medio 35 €.

Sancho 2-La Marina. Pl. de la Marina Española, s/n. T. 980 526 054.
www.restaurantesancho2.com
Pulpo a la mostaza antigua, ternera de Aliste, cañas zamoranas. Menú 11 €. Precio medio 38 €. De la misma propiedad, **Asador Casa Mariano** (Av. de Portugal, 28. T. 980 534 487). Cierra domingo cena y lunes. Oferta regional con los asados castellanos como protagonistas.

Artesanía, cerámica y casticismo castellano en las calles de Zamora

Hoteles

**** **Horus Zamora.** Pl. del Mercado, 20. T. 980 508 283.
www.hotelhorus.com/zamora P SPA
Hab. 45: 60/220 €. Suites: 7. Antiguo palacete enclavado en pleno centro. Restaurante La Bóveda, con cocina zamorana.

**** **NH Palacio del Duero.** Pl. de la Horta, 1. T. 980 508 262. *www.nh-hotels.com*
P
Hab. 49: 60/190 €. Situado en el antiguo convento de S. Juan de Jerusalén (ss. XIV y XV). Céntrico. Restaurante La Vinícola, buena cocina.

**** **Parador de Turismo.** Pl. Viriato, 5. T. 980 514 497. *www.parador.es*
P
Hab. 52: 124/186 €. Suites: 6. Palacio del s. XV, situado en el centro histórico. Restaurante de Los Condes.

*** **Hostería Real de Zamora.** Cuesta del Pizarro, 7. T. 980 534 545.
www.hosteriasreales.com P
Hab. 24: 49/122 €. Antiguo palacio declarado Monumento Histórico-Artístico, con claustro y baño judío del s. XV. Junto al puente románico. Restaurante Pizarro, excelente cocina típica.

Zamudio Bizkaia Ver Bilbao

13 · B-1

Zaragoza

34 · F-3
A Madrid, 312 km
Alt. 200 m · Pob. 698.186
T. 902 142 008
GPS 41° 39' 22" N · 0° 52' 40" O

Visitar: La **Catedral de La Seo** es un templo gótico con decoración plateresca y barroca, construido en el s. XIV. Destacan el retablo, el ábside mudéjar (s. XV), los sepulcros y el Museo de Tapices. El retablo mayor, del s. XV, presenta magníficos altorrelieves. Las numerosas capillas son un verdadero museo: la de don Lope de Luna, unida a la Catedral, tiene una rica fachada mudéjar de lacerías con ladrillos y azulejos, obra de artistas sevillanos y realizada en el s. XIV. Es notable también el sepulcro de don Lope. La torre de La Seo es barroca. Por su parte, la **Lonja,** del s. XVI, es una muestra notoria del Renacimiento. También lo es la **Basílica del Pilar,** con su fachada principal, barroca, y sus cúpulas decoradas, además de notables pinturas al fresco de Goya y Bayeu. Asimismo,

Vista de la Basílica, del Ayuntamiento y de la Lonja de Zaragoza

destacan las iglesias de S. Pablo (s. XIV), en especial su torre; Sta. Engracia, con su portada; la Magdalena (s. XIV), con su ábside poligonal; S. Fernando, Santiago, de los Escolapios y S. Gil, de estilo gótico-mudéjar. Otros edificios significativos son la **Audiencia** (s. XVI); los palacios de los Condes de Argillo y de los Luna; la Real Maestranza de Caballería; la **Puerta del Carmen** (s. XVIII); el Torreón de la Zuda (s. XIV) y la **Aljafería,** palacio de los monarcas musulmanes de Zaragoza que conserva los artesonados, el *mihrab* y el salón del trono. Quedan también partes de las murallas romanas. La oferta de museos es muy variada: el de Zaragoza; el de **Pablo Gargallo,** en el palacio renacentista de Argillo; el de **Pablo Serrano;** el Camón Aznar, en el palacio renacentista de los Pardo; el del Foro de Caesaraugusta; el de las Termas de Caesaraugusta; el del Puerto Fluvial de Caesaraugusta; el del Teatro Caesaraugusta y el **Centro de Historia de Zaragoza.** De la nueva arquitectura destacan la Torre del Agua, el **pabellón Puente,** el **puente del Tercer Milenio,** el Parque Metropolitano del Agua y el **Acuario Fluvial,** el más grande de Europa.

Fiestas: El 29 de enero se celebran las **fiestas patronales de S. Valero.** La **Semana Santa** es de Interés Turístico Nacional. El 5 de marzo tiene lugar la Cincomarzada. El 23 de abril, S. Jorge, es el Día de Aragón. Y el 12 de octubre, las **fiestas de la Virgen del Pilar,** de Interés Turístico Nacional.

Alrededores: En **Pinares de Venecia** hay un parque de atracciones con una variada oferta de ocio y gastronomía. En la **Cartuja de Aula Dei,** a 14 km, la iglesia tiene pinturas de Goya. También las tiene la iglesia de **Remolinos,** a 9 km. En **La Muela** están los museos del Aceite y del Viento. En **Alfajarín,** a 17 km, la iglesia destaca por su fachada. En **Utebo** está la iglesia de Sta. María, con su torre. En **Muel,** a 27 km, se sitúa la ermita de Ntra. Sra. de la Fuente, con frescos de Goya. **Pedrola,** a 33 km, alberga un interesante conjunto de palacio e iglesias. En **Fuendetodos,** a 44 km, están la casa natal de Goya y el Museo del Grabado. A 79 km tenemos el monasterio cisterciense de **Veruela.** A 74 km, el **Monasterio de Rueda.** También son interesantes el **Monasterio de Piedra** y su Parque Natural, la Ruta de las **Cinco Villas, S. Martín del Moncayo** con su Centro de Micología, y la Ruta de **Calatayud.**

'El alma del Ebro', una escultura de Jaume Plensa, en el recinto de la Expo

Restaurantes

Bal d'Onsera. Blasón Aragonés, 6. T. 976 203 936. *www.baldonsera.com*

Cierra domingo y lunes. En el centro de la Zaragoza histórica, un nuevo local con cocina a tono. Decoración minimalista y carta atenta a los productos de temporada, con toques de autor. Merece la pena. Precio medio 65 €.

El Cachirulo. Autovía de Aragón, km 1,500. T. 976 460 146. *www.elcachirulo.es*

Cierra domingo cena, lunes, segunda semana de enero, Semana Santa y primera quincena de agosto. La visita a este actualizado complejo de la familia Acín es inevitable para conocer la mejor cocina de Aragón e incluso los aires de jota. No faltan las **borrajas,** el **ternasco** y la **fruta de la tierra.** Una institución. Precio medio 40 €.

El Chalet. (Zona Universidad). Santa Teresa de Jesús, 25. T. 976 569 104. *www.elchaletrestaurante.es*
Cierra lunes, almuerzo y domingo en julio y agosto, domingo cena, lunes, Semana Santa y segunda quincena de agosto. Chalé clásico con jardín-comedor y una cocina a cargo de Ángel Conde no exenta de innovación. *Ravioli* de hongos, setas y cigalas, crepineta de ternasco y berenjena, cochifrito y cuajada de ajo, milhojas de frutas exóticas con canela y helado de mango. Precio medio 45 €.

® **Entrebastidores.** Pl. Antonio Beltrán, 1. T. 976 093 789. *www.entrebastidores.net* P
Cierra lunes, Semana Santa y 15 días en agosto. Pequeño restaurante, grande por su entusiasmo e inventiva. **Sopa de guisantes con 'ravioli' de beicon, cochinillo con 'carpaccio' de cítricos, coco, mojito escarchado y crema de jengibre.** Menú 17 €. Precio medio 40 €.

® **Gayarre.** Ctra. del Aeropuerto, 370. T. 976 344 386. *www.restaurantegayarre.com* P
Cierra cenas de domingo y miércoles, lunes, martes, Semana Santa y segunda quincena de agosto. Bonito chalé de cuidada decoración camino del aeropuerto. Miguel Ángel Revuelto presenta con éxito una cocina asentada en recetas vasco-aragonesas. Precio medio 35 €.

® **La Bastilla.** Coso, 177. T. 976 298 449. *www.labastilla.com*
Cierra cenas de domingo y martes, lunes y segunda y tercera semana de agosto. Histórico local en lo que fue la antigua muralla. Platos tradicionales puestos al día. **Escarola de buñuelos de bacalao, ternasco con migas crujientes** y **longaniza de Graus.** Precio medio 30 €.

La Granada. S. Ignacio de Loyola, 14. T. 976 223 903. P
Cierra lunes cena y domingo. Carmelo Bosque, creador del Lillas Pastia oscense, trae a Zaragoza su oficio y entusiasmo por la cocina imaginativa. **Cuajo de parmesano, sardinas y trufa de verano, 'tatin' de albaricoque.** Precio medio 40 €.

La Matilde. Predicadores, 7. T. 976 433 443. *www.lamatilde.com*
Cierra domingo, festivos, Semana Santa y puente de la Inmaculada. Cuidada cocina ecléctica. *Crêpes* de pintada escabechada, solomillo de ciervo con manzana asada y Pedro Ximénez, *ravioli* dulce de leche y canela. Precio medio 33 €.

® **La Ontina.** (H. NH Gran Hotel). Joaquín Costa, 5. T. 976 221 901. P
Cierra domingo y agosto. Enrique Martínez supo dar al Gran Hotel el restaurante que Zaragoza merecía. Excelente cocina de temporada basada en los mejores productos. Atención especial a las **verduras.** Precio medio 40 €.

La Prensa. José Nebra, 3. T. 976 381 637. *www.restaurantelaprensa.com*
Cierra domingo cena, lunes, Semana Santa y 15 días en agosto. Local con decoración moderna a tono con la cocina. Cigala y *carpaccio* de manitas con aceite de piñones y trufa, bacalao con pilpil de morrones y tierra de aceituna, croquetas crujientes de albaricoque al vino. Precio medio 44 €.

La Rinconada de Lorenzo. La Salle, 3. T. 976 555 108. *www.larinconadadelorenzo.com*
Cierra lunes en verano y domingo cena. Borrajas con almejas, huevos al salmorejo, melocotón al vino. Menú 17 €. Precio medio 27 €.

Novodabo. Juan II de Aragón, 5. T. 976 567 846. *www.novodabo.com* P
Cierra cenas de domingo y lunes, Semana Santa y segunda semana de agosto. Una de las mejores pruebas de la renovación de la gastronomía zaragozana. Bonito comedor y cocina imaginativa acorde con las mejores ofertas de la estación. Buen trabajo de los hermanos Boldoba, David en la cocina y Alejandro en la sala. Precio medio 45 €.

Txalupa. Pº Fernando el Católico, 62. T. 976 566 170. *www.txalupazaragoza.com*
Cierra cenas de domingo a martes y Semana Santa. El dúo María Jesús Escamilla (cocina) y Javier Vila (Sala) ejerce con profesionalidad y buen hacer sus funciones. Ensalada de anchoas con *tapenade* de pimientos de piquillo,

Baile de la jota aragonesa durante las fiestas del Pilar

Vanguardia en la orilla

Celebrada en 2008 y dedicada al agua, la Expo Internacional de Zaragoza renovó buena parte de las riberas del Ebro.

lomos de merluza con patatas y champiñones, torrija de *brioche* sobre sopa de manzana ácida. Precio medio 35 €.

Hoteles

***** **Boston.** Camino de las Torres, 28. T. 976 599 192. *www.hotelboston.es*

Hab. 297: 75/200 €. Suites: 16. Moderno, con una ubicación privilegiada en el centro de la ciudad. Restaurante Amaranto.

***** **Meliá Zaragoza.** Av. César Augusto, 13. T. 976 430 100. *www.meliazaragoza.solmelia.com*

Hab. 247: 54/324 €. Suites: 45. Céntrico. Restaurante Bearn, especialidades regionales y cocina de mercado.

***** **Palafox.** Marqués de Casa Jiménez, s/n. T. 976 237 700. *www.palafoxhoteles.com*

Hab. 179: 85/220 €. Suites: 5. Situado en el centro comercial e histórico de la ciudad. Restaurante Aragonia Palafox.

***** **Reina Petronila.** Av. Alcalde Ramón Sainz de Baranda, 2. T. 876 541 136. *www.palafoxhoteles.com*

Hab. 185: 85/214 €. Suites: 23. Situado en el nuevo centro cultural y administrativo.

**** **NH Gran Hotel.** Joaquín Costa, 5. T. 976 221 901. *www.nh-hotels.com*

Hab. 133: 70/196 €. Suites: 19. Edificio histórico inaugurado en 1929 por Su Majestad Alfonso XIII. Céntrico, en la zona comercial y cultural. Admisión de perros, consultar. Restaurante La Ontina.

*** **Hesperia Zaragoza.** Conde de Aranda, 48. T. 976 284 500. *www.nh-hotels.es*

Hab. 86: 49/500 €. En pleno centro histórico. Reformado recientemente. Restaurante Al Punto, buena gastronomía de la mano del *chef* Mario Cabello.

Zarautz/Zarauz Gipuzkoa

34 · F-3
A San Sebastián, 26 km
A Madrid, 482 km
Alt. 6 m · Pob. 22.323
T. 943 830 990
GPS 43° 16' 48'' N · 2° 10' 22'' O

Zarautz cuenta con la playa más extensa de la provincia de Gipuzkoa

Visitar: En esta localidad, considerada Conjunto Arqueológico-Monumental, destacan la **Torre Luzea** (s. XV), de estilo gótico civil; el Palacio de Narros (s. XVI); el **convento-iglesia de S. Juan Bautista,** con un tríptico religioso de Flandes, del s. XVI; la **iglesia parroquial de Sta. María la Real** (s. XVI); la Casa Portu, del s. XVI, actual sede del Ayuntamiento, y el **Museo de la Fotografía.**

Fiestas: Del 25 al 28 de junio se celebran las **fiestas de S. Pelaio.** Del 14 al 16 de agosto se conmemora a la Virgen. Y del 1 al 9 de septiembre tiene lugar la **Semana Vasca.**

Alrededores: El **Parque Natural de Pagoeta** depara muy buenos paseos, igual que los recorridos litorales, como el que une Zarautz y **Getaria** a lo largo de 3,5 km.

Restaurantes

® **Gure Txokoa** (asador). Guipuzkoa, 22. T. 943 835 959. *www.restauranteguretxokoa.es*
Cierra domingo cena, lunes, 15 días en febrero y en noviembre. El cocinero José Mari Mitxelena y su socia Elena Aizpurua ofrecen una cambiante carta donde priman el dominio de la parrilla y los mejores géneros de temporada. **Postres** de pura artesanía. Amplia carta de vinos. Servicio impecable. Menú 18 €. Precio medio 55 €.

Karlos Arguiñano. (H. Karlos Arguiñano). Mendilauta, 13. T. 943 130 000. *www.hotelka.com*
Cierra cenas de lunes a jueves en invierno, domingo cena, miércoles, enero y Navidades. Con 12 habitaciones. Sigue el joven Zigor Arguiñano al frente de la casa familiar con una cocina que resulta atractiva. **Canelones fritos de vieira, gamba y puerro, pichón asado con 'chop-suey' de verduras.** Los postres son una de sus señas de identidad, como la **copa de Eva** (frutas, natillas, espuma de queso fresco). Precio medio 40 €.

Kirkilla Enea. Santa María, 12. T. 943 131 982. *www.kirkilla.com*
Cierra domingo cena, lunes y febrero. Es una antigua casa donde vivió de niña su propietaria, Romero Ameztoy, que conserva el cálido sabor hogareño. La cocina, a la vista del público. De mucha personalidad, como sus platos: populares y refinados a la vez. Postres delicados. Menú 18 €. Precio medio 30 €.

El 'flysch' (estratos rocosos) de Zumaia, al atardecer

Zumaia/Zumaya Gipuzkoa

6 · E-3
A San Sebastián, 32 km
A Madrid, 459 km
Alt. Nivel del mar · Pob. 9.099
T. 943 143 396
GPS 43° 17' 49'' N · 2° 15' 29'' O

Visitar: Destacan la **parroquia de S. Pedro,** con retablo del s. XVI de Juan de Antxieta, y los **museos** dedicados al escultor Julio Beobide y al **pintor Zuloaga,** en el que también se exponen cuadros de Zurbarán, el Greco y Goya, entre otros. Es muy recomendable visitar el Centro de Interpretación Algorri antes de visitar los acantilados y el *flysch.*

Fiestas: Del 13 al 15 de abril es S. Telmo, fiesta de los marineros. Del 28 al 30 de junio, las **fiestas patronales de S. Pedro.** El 10 de agosto tiene lugar la Fiesta Vasca, con regatas y torneos de pelota. En agosto se celebra el **Festival Internacional de Música,** y el 15 de septiembre, el Día del Pulpo.

Alrededores: La **ermita de Ntra. Sra. de Arritokieta** y la de **S. Telmo,** *colgada* sobre la playa y los acantilados, del Cretácico inferior y con un enorme valor geológico. También es muy vistosa la rasa mareal.

Restaurantes

® **Asador Bedua.** (Ctra. Zumaia-Meagas). Barrio Bedua, 1. T. 943 860 551.
www.bedua.es
En esta casa-lonja medieval, al borde del estuario del Urola, la familia Iriondo ofrece la cocina del producto más superlativo, comenzando por las **verduras** de su propia huerta, así como **pescados y carnes,** y un manejo magistral de la parrilla. Su **tortilla de patatas** es ya mítica. Postres hogareños. Precio medio 30 €.

® **Marina-Berri.** Puerto Deportivo de Zumaia, s/n. T. 943 865 617.
www.marinaberri.com
Cierra cenas de lunes a viernes de noviembre a junio, lunes, martes y Navidad. Mikel Bermejo es un cocinero curtido en mil batallas que conjuga a la perfección los saberes tradicionales con la modernidad más descarada. **Gazpacho de cerezas con langostinos y espuma de queso.** Postres seductores. Menú 10 €. Precio medio 35 €.

Zumarraga Gipuzkoa

13 · D-2
A San Sebastián, 53 km
A Madrid, 410 km
Alt. 357 m · Pob. 10.045
T. 943 729 022
GPS 43° 5' 25'' N · 2° 18' 52'' O

Visitar: Es muy conocida la **ermita de Sta. María la Antigua,** con un estilo románico y de transición entre el Románico y el Gótico. También son notables la **iglesia parroquial de Sta. María de la Asunción,** del s. XVI, estilo gótico vasco con portada barroca; la **Casa-Torre Legazpi,** declarada Monumento Histórico-Artístico Nacional; la plaza de Euskadi, con el Ayuntamiento, de mediados del s. XIX; la Casa Itarte, la Casa Uzcanga, la estatua de Don Miguel López de Legazpi y la **necrópolis,** con cripta subterránea.

Fiesta de Sta. Isabel junto a la ermita de la Antigua, en Zumarraga

Fiestas: El lunes de Pascua se celebra la **romería a la ermita de Sta. María de la Antigua.** El 2 de julio, la **Visitación de Ntra. Sra.** con *ezpatadantza* ante la imagen de Sta. María de Zumarraga. El 13 de diciembre, la Feria de Ganado Caballar y Agrícola, con concursos. Todos los sábados de septiembre se celebra el **Ciclo de Música de la Antigua.**

Alrededores: Es muy recomendable planificar alguna excursión por el **Parque Natural de Aizkorri.**

Restaurantes

® **Etxeberri.** (H. Etxeberri). Barrio Etxeberri, s/n. T. 943 721 211. *www.etxeberri.com*
Cierra domingo cena. Con 35 habitaciones. En esta histórica casa hay un pálpito de modernidad, sin perder su magnífica tradición culinaria. **'Gibelurdiñas' y hongos al horno, pato a la naranja.** Postres deliciosos con frecuentes novedades. Servicio profesional y a la vez cálido. Precio medio 55 €.

Kabia. Legazpi, 5. T. 943 726 274. *www.restaurantekabia.com*
Cierra cenas de domingo a jueves, lunes y una semana en agosto. La mejor referencia de la cocina de autor de la zona. Gracias a Juanma Hurtado, profeta en su tierra, que sorprende y convence. **Rape confitado en aceite de chipirón ahumado, crema de calabaza y naranja.** Postres de gran personalidad, como **cremoso de arroz Venere con helado de cardamomo.** En sala manda, persuasiva y certeramente, su esposa, Jaione Garmendia. Menú 18 €. Precio medio 35 €.

Islas Baleares
Islas Canarias

MALLORCA

Alcúdia-Port d'Alcúdia Mallorca

Visitar: Ciudad fundada en el año 123 a. C. que cuenta con ricos vestigios romanos, como el **foro** o el **teatro** (s. I d. C). Destacan también la **muralla medieval** (s. XIV), las puertas d'es Moll y de St. Sebastià, la iglesia parroquial de St. Jaume, la ermita de la Victoria (s. XVI) y la **cueva-capilla paleocristiana de St. Martí.** Son de interés los museos Parroquial y Arqueològic.

Fiestas: El 16 y 17 enero se celebra **St. Antoni Abad,** y del 20 al 29 de junio, St. Pere. El 1 y 2 de julio es la fiesta de la **Mare de Déu de la Victoria,** y del 18 al 25 de julio, las fiestas de St. Jaume. El 25 de julio tiene lugar **Santiago Apóstol,** y el 26, el **Trienal Stmo. Cristo,** y el 24 de agosto, la fiesta de las Linternas. El 5 de septiembre es Sta. Anna, y el 2 y 3 de octubre, la feria de Alcúdia.

Alrededores: A 2 km se encuentra la amplia **bahía de Alcúdia.** A 5 km destaca la playa de Muro; a 8 km, la bahía y el puerto de **Pollença,** y a 15 km, en Pollença, el mirador del Colomer. A 15 km se hallan las cuevas de Campane, y a 17 km, la **playa de Formentor.**

67 · D-1
A Palma de Mallorca, 52 km
Alt. 15 m · Pob. 20.000
T. 971 549 022
GPS 39° 51' 7'' N · 3° 7' 15'' E

Vasijas de época romana, expuestas en el Museu Arqueològic de Alcúdia

Restaurantes

® **Jardín.** (En Port d'Alcúdia, a 1 km). Tritons, s/n. T. 971 892 391. *www.restaurantejardin.com*
Cierra miércoles y jueves en invierno, lunes, martes y del 1 de enero al 20 de marzo. Atractivo menú degustación (70 €) que cambia cada 15 días como oferta única de la familia de Castro en su agradable local.

Miramar. (En Port d'Alcúdia, a 1 km). P.° Marítim, 2. T. 971 545 293. *www.restaurantmiramar.es*
Restaurante centenario con terraza en el puerto deportivo y vistas al mar. Arroces y paellas, caldereta de langosta, surtido de repostería. Precio medio 30 €.

Hoteles

***** **Grand Oasis Palace de Muro.** (En la playa de Muro, a 5 km). Ctra. Alcúdia-Artà, s/n. T. 971 894 224. *www.hotelesoasis.com*
Hab. 109: 138/430 €. Suites: 83. En primera línea de playa. Próximo al Parc Natural de l'Albufera. Restaurantes Hoshi, Agora, Vesta y Olimpus.

***** **Grupotel Parc Natural.** (En la playa de Muro, a 5 km). Ctra. Alcúdia-Artà, s/n. T. 971 892 017. *www.grupotelparcnatural.com*
Hab. 108: 87/324 €. Suites: 36. En primera línea de playa. Restaurantes Paraíso y Bistró Mar Blau.

Artà Mallorca Ver Cala Ratjada-Capdepera

67 · E-2

Cala d'Or Mallorca Ver Santanyí

67 · E-4

Cala Ratjada-Capdepera Mallorca

Visitar: Los puntos más destacables son el **Castell de Capdepera** (s. XIII), con su capilla (s. XIV); la Torre de Canyamel, las **cuevas de Artà,** la iglesia de St. Bartomeu (1840) y la **iglesia de Ntra Sra. del Carme,** en Cala Ratjada.

Fiestas: Del 17 al 21 de enero se celebra St. Antoni, en Capdepera; el tercer fin de semana de mayo, la feria medieval; del 10 al 17 de julio, Ntra. Sra. del Carme, en Cala Ratjada; el 16 de agosto, St. Roc, en Cala Ratjada; el 24 de agosto, St. Bartomeu, en Capdepera. El 10 de diciembre es la Mostra de la Llampuga, y el 18 de ese mismo mes, L'Esperança-Festa del Castell, en Capdepera.

Alrededores: A 3 km están la **playa de Canyamel** y la **cala Mesquida.** En Font de Sa Cala, a 3 km, destacan las calas de Agulla, Son Moll y Gat. En el **Parc Natural del Llevant** se pueden practicar senderismo y cicloturismo. En Cala Ratjada destacan las playas, el puerto y las panorámicas.

67 · F-2
A Palma de Mallorca, 80 km
Alt. 90 · Pob. 12.857
T. 971 563 033
GPS 39° 42' 40'' N · 3° 27' 43'' E

Restaurantes

Finca es Serral. (En Artà, a 9 km. Polígono 18, parcela 43). Camino playa de Cala Torta, km 1. T. 971 835 336. *www.fincaesserral.com*

Cierra domingo almuerzo, lunes y del 1 de noviembre al 28 de febrero. Cocina tradicional mallorquina, con los productos de la finca. Sopas mallorquinas, lomo con col, *greixonera*. Menú vegetariano 14 €. Precio medio 25 €.

Hoteles

***** **Serrano Palace.** Playa Son Mol, s/n. T. 971 56 33 50. *www.serranohotels.com*

Hab. 146: 200/256 €. Suites: 5. Primera línea de playa. Restaurante del Sol.

67 · C-2

Caimari Mallorca Ver Inca

Campos del Port Mallorca

67 · D-4
A Palma de Mallorca, 40 km
Pob. 9.784
GPS 39° 25' 37'' N · 3° 1' 15'' E

Visitar: Destacan su **plaza Mayor,** el **Ayuntamiento,** la iglesia de St. Julià y el Museo Parroquial. También tienen interés el convento de St. Francesc, el **Auditórium,** las cruces de término y las torres de defensa.

Restaurantes

Ca'n Calent. Ronda Estació, 44. T. 971 651 445. *www.cancalent.com*

Cierra lunes y febrero. Profesionalidad y buen hacer de los hermanos Vicens en cocina, sala y vinos. **Patatas de pobre con yema de huevo y trufa negra, lechona deshuesada al horno confitada con boniatos, sorpresa de chocolate.** Precio medio 30 €.

® **Sal de Cocó.** (En Colonia Sant Jordi, a 13 km). Carrero, 47. T. 971 655 225. *www.restaurantsaldecoco.com*

Cierra domingo cena, lunes y martes excepto verano, enero y febrero. Marta Roselló, pese a su juventud, es la mejor cocinera de la zona. **'Tartar' de salmón, cabrito con su ensalada, helado frito.** Menú 25 €. Precio medio 28 €.

67 · D-4

Colònia Sant Jordi Mallorca Ver Campos del Port

Deià/Deyá Mallorca

67 · B-2
A Palma de Mallorca, 27 km
Alt. 545 m · Pob. 773
GPS 39° 44' 53'' N · 2° 38' 53'' E

Visitar: La oferta de **museos** es muy variada, desde el Arqueològic hasta el Parroquial, pasando por el Son Marroig y el de Homenatge al pintor Norman Yanikun.

Fiestas: El 24 de junio se celebra **St. Juan Bautista.**

Alrededores: Las playas, la **Serra de Tramuntana** y los pueblos de **Sóller, Llucalcari** y **Bunyola** son los lugares más atractivos.

Bella panorámica del pueblo de Llucalcari, en la Serra de Tramuntana

Restaurantes

El Olivo. (H. La Residencia). Son Canals, s/n. T. 971 639 011. *www.laresidencia.com*

Cierra lunes y martes, excepto de mayo a septiembre; almuerzos, enero y febrero. En una antigua almazara en señorial entorno con el buen hacer de Guillermo Méndez. **Pasta fresca con bogavante en salsa de naranja, lechón mallorquín confitado en salsa de trufas, crema quemada de manzana y canela.** Precio medio 70 €.

Es Racó des Teix-Josef Sauerschell. Vinya Veia, 6. T. 971 639 501. *www.esracodesteix.es*

Cierra lunes, martes y del 15 de noviembre al primer fin de semana de febrero. La profesionalidad de Josef Sauerschell se evidencia en su cocina integrada en la isla. **Salmonetes y pulpo con tomates y puerro, lechona mallorquina en salsa de romero, perfecto de naranja con ruibarbo.** Está secundado en la sala por su esposa, Leonor. Precio medio 85 €.

Jaume. Arxiduc Lluis Salvador, 22. T. 971 639 029. *www.restaurantejaume-deia.com*

Cierra jueves y febrero. Bonitas vistas a la Serra de Tramuntana desde la terraza. *Risotto* de arroz *brut*, lechona de *porc negre*, *gató* con helado de almendra. Precio medio 48 €.

Hoteles

**** **La Residencia.** Camí Son Canals, s/n. T. 971 639 011.
www.hotel-laresidencia.com
Hab. 64: 225/685 €. Suites: 8. Siguiendo el estilo arquitectónico de las islas, este hotel está situado en un maravilloso emplazamiento de la montaña. Suites Tramuntana con terraza y minipiscina. Restaurantes El Olivo, de cocina mediterránea, y Son Moragues.

Esporles Mallorca

67 · B-2
A Palma de Mallorca, 13 km
Alt. 833 m · Pob. 4.900
GPS 39° 40' 9'' N · 2° 34' 41'' E

Visitar: Se pueden visitar las iglesias de St. Pere y de s'Esgleieta, la **ermita de Maristella,** la Granja-Museo Sa Granja, Son Tugores, Canet y **Cor de Jesús.**

Fiestas: Del 23 al 30 de junio son las fiestas de **St. Pere,** y el último domingo de agosto, la fiesta de la Ermita.

Alrededores: Merece la pena acercarse a **Ses Rotgetes de Canet,** Es Verger y la **Serra de Tramuntana.**

Restaurantes

Can Toni Moreno. (En Port des Canonge-Banyalbufar, a 4 km).
Av. Port des Canonge, 2. T. 971 610 426.
Cierra lunes y del 20 de diciembre al 31 de enero. Se llega por una carretera de montaña o, mejor aún, en barco. Los Ferragut se ocupan de una cocina basada en un fresquísimo **pescado y arroces marineros. Tarta de naranja** para terminar. Gran acogida. Menú y precio medio 25 €.

Formentor Mallorca Ver Pollença

67 · D-1

Inca Mallorca

67 · C-2
A Palma de Mallorca, 28 km
Alt. 120 m · Pob. 29.321
T. 971 880 150
GPS 39° 43' 6'' N · 2° 54' 52'' E

Visitar: Los puntos más interesantes son **Sta. María la Major,** el claustro de St. Domènec, el **Monestir de St. Bartomeu,** Cellers, el Centre Bit Raiguer y la casa señorial de Can Ripoll.

Fiestas: El 30 de julio es fiesta patronal de **St. Abdón y St. Senén.** En noviembre se organiza la feria Dijous Bo.

Alrededores: A 4 km está **Puig de Sta. Magdalena;** a 12 km, las cuevas de Campanet; a 5 km, la **iglesia de St. Lorenzo** y el calvario.

Molino de viento en Es Pont d'Inca, en la comarca del Raiguer

Restaurantes

Ca na Toneta. (En Caimari, a 7 km). Horitzó, 21. T. 971 515 226.
www.canatoneta.com
Cierra de lunes a jueves en invierno, almuerzos en verano y segunda quincena de junio. Pequeña casa de comidas a los pies de la Serra de Tramuntana. Único menú degustación (28 €) basado en la temporada y el recetario tradicional balear.

® **Santi Taura.** (En Lloseta, a 10 km). Juan Carlos I, 48. T. 971 514 622.
www.restaurantsantitaura.com
Cierra domingo cena, lunes almuerzo, martes, primera semana de enero y agosto. Santi Taura goza de una fiel clientela por el atractivo menú de cinco platos y postre que cambia semanalmente (30 €), con recetas como el **pastel de sopas mallorquinas, lomo de 'porc negre' con albaricoques, espuma caliente de chocolate y helado de café.**

Lloseta Mallorca Ver Inca

67 · C-2

Llucmajor Mallorca

67 · C-3
A Palma de Mallorca, 25 km
Pob. 32.300
T. 971 660 050
GPS 39° 29' 8'' N · 2° 53' 38'' E

Visitar: Los monumentos más destacados son la **iglesia parroquial de St. Miquel** y el convento de St. Bonaventura, donde merece la pena conocer la iglesia y el claustro. Otros lugares de interés son el **Santuari de Gràcia** y el poblado talayótico de Capocorp Vell.

Fiestas: Son atractivos los carnavales y las festividades de **Sta. Cándida** o St. Miquel, en septiembre, con ferias y la **muestra de pinchos Rutapa.**

Alrededores: Merece la pena conocer la **cala Pi** o la playa de s'Estanyol.

Restaurantes

☼☼ **Zaranda Sa Torre.** (H. Hilton Sa Torre Mallorca). Camí de Sa Torre, 8,7. T. 971 101 450. *www.zaranda.es*
Cierra almuerzos en julio y agosto; lunes, enero y diciembre. Inagurado en junio de 2010, se ha convertido en uno de los mejores de la isla. El marco: una antigua casa señorial donde Fernando Pérez Arellano ejerce con gran profesionalidad y moderada creatividad. **Cuajada de espárragos verdes y esponjado de los blancos con huevo escalfado, pichón asado al punto de sangre, bizcocho financiero de oliva con crema de hierbaluisa.** Precio medio 65 €.

Hoteles

***** **Hilton Sa Torre Mallorca.** Camí Sa Torre, 8-7. T. 871 963 700. *www.satorre-mallorca.hilton.com*
Hab. 90: 115/490 €. Admisión de perros, consultar. Posee un campo de fútbol profesional. Restaurantes Arxiduo y Zaranda.

Manacor Mallorca

67 · E-3
A Palma de Mallorca, 50 km
Alt. 125 m Pob. 42.126
T. 971 847 241
GPS 39° 34' 27'' N · 3° 12' 1'' E

Visitar: Son interesantes el **Museu d'Història,** en la Torre del los Enagistes; la Torre del Palau, la de Ses Puntes, la parroquia de Ntra. Sra. dels Dolors, el **claustro de St. Vicente Ferrer,** declarado Monumento Nacional, y las **cuevas de los Hams y del Drach.**

Fiestas: El 5 de enero se celebra la cabalgata de Reyes. El 16 y 17 de enero, **Foguerons y Beneïdes de St. Antoni.** Tienen mucha tradición los carnavales y la Semana Santa. El primer domingo después de Pascua tienen lugar la *Berena* y la romería en la ermita de Sta. Lucía. A finales de mayo y principios de junio son las ferias y fiestas de Primavera. El 16 de julio se celebran las **fiestas de la Mare de Déu del Carme en Porto Cristo;** el 25 de julio, las fiestas patronales de St. Jaume, y en septiembre, la **feria de St. Jaume.**

Alrededores: En la zona se pueden visitar el **poblado talayótico de s'Hospitalet Vell,** de 1800 a. C.; el de s'Illot, la **basílica paleocristiana de Son Peretó**, el **Área Natural de Especial Interés entre s'Estany d'en Mas** y Cala Antena, con calas vírgenes.

Manacor es conocida por la fabricación de las perlas artificiales Majórica

Restaurantes

® **Can March.** València, 7. T. 971 550 002. *www.canmarch.com*
Cierra cenas en julio y agosto, lunes y tres últimas semanas de agosto. Buena atención y cocina de los hermanos Gelabert. **Siete arroces distintos, pescado de la lonja con crema de naranja, zanahoria y endibias, helado de sobrasada con albaricoque y ensaimada.** Menú 13 €. Precio medio 30 €.

Hoteles

***** **La Reserva Rotana.** Camí de Bendris, km 3. T. 971 845 581. *www.reservarotana.com*
Hab. 35: 200/345 €. Suites: 2. Campo de golf privado para los clientes. Pistas de tenis y de petanca. Restaurantes Sa Rotana y Rotana Grill (solo en verano).

Palma de Mallorca Mallorca

67 · B-3
Alt. 34 m · Pob. 404.681
T. 902 102 365
GPS 39° 34' 9'' N · 2° 38' 56'' E

Visitar: La **Catedral** está declarada Monumento Nacional y fue construida entre los ss. XIII al XVI. En ella destacan las puertas de l'Almudaina y del Mirador, el museo, los retablos, los tapices, el coro con decoración de Gaudí y la capilla de St. Pere, obra de Miquel Barceló. La Lonja (s. XV), gótica de gran belleza, es hoy sala de exposiciones. Otros monumentos son el **Castell de Bellver** (s. XIV); la iglesia de St. Francesc (s. XIII), con notables portada y claustro; el Ayuntamiento (s. XVII), el **Palau de l'Almudaina,** Patrimonio Nacional; los baños árabes, la totalidad del barrio antiguo; el Casal Solleric, Ses Voltes y el Casal Balaguer. La gama de museos es amplia: el de Història de la Ciutat, el de Art Espanyol Contemporani, el **Palau March Museu,** la Fundació Bartomeu March, el **Museu d'Art Modern i Contemporani Es Baluard** y la Fundació Pilar i Joan Miró.

Fiestas: El 5 de enero desfila la cabalgata de Reyes. El 17 de enero son las fiestas de Beneïdes de St. Antoni, una cabalgata para poner bajo la protección del santo a todos los animales. El 19 de enero es la **Revetla de St. Sebastiá,** celebración con los típicos *foguerons,* cantos, bailes y degustación de los productos de la tierra. También tienen interés el Domingo de Ramos o, en Semana Santa, procesiones como la del Crist de la Sang, el Jueves Santo. El domingo siguiente

La Catedral gótica de Palma, visible desde el puerto de la capital

se celebra el **Diumenge de l'Àngel,** que antiguamente consistía en la bendición del pan para los necesitados y hoy es una comida campestre. El 23 de junio es la **Revetla de St. Joan;** a principios de septiembre, las fiestas de la **Mare de Déu de la Salut;** en octubre, la cabalgata y carro triunfal en conmemoración de Sta. Catalina Thomas. El 24 de diciembre tiene lugar el **Cant de la Sibil·la,** canto de origen medieval interpretado por un niño durante la misa del gallo. El 30 de diciembre es la **Revetla de la Conquesta,** y el 31, la **Festa de l'Estendard,** en conmemoración de la conquista de Mallorca por el rey Jaume I, en 1229.

Alrededores: Una línea de **12 km de playas** se extiende por las zonas de Levante –C'an Pere Antoni, Ciutat Jardí, cala Estància, playa de Palma– y Poniente, como cala Major. Merecen una visita el **parque del Mar,** el mirador Na Burguesa y las **cuevas de Génova.**

Restaurantes

® **Bens d'Avall Club de Mar.** Moll de Pelaires, s/n. T. 971 403 611. *www.bensdavall.com*
Cierra lunes y enero. Bistró con gustosa cocina mediterránea. **Fideuá de calamar de potera, merluza con olivas picantes y 'tumbet' crujiente, 'brioche' de aceite de oliva con limón y frutos rojos.** Comedor y terraza con vistas al puerto. Menú 18 €. Precio medio 35 €.

Bld. (Museu Es Baluard). Pl. Porta Sta. Catalina, 9. T. 971908 199. *www.bld-restaurant.com*
Cierra cenas en invierno y lunes. Cocina mediterránea con toques asiáticos en un ambiente desenfadado con vistas a la bahía. Tempura de verduras y setas, fideos *udon* con pollo o *tofu*. Menú 18 €. Precio medio 25 €.

Ca'n Jordi (marisquería). Illa de Xipre, 12. T. 971 491 978. *www.restaurantecanjordi.es*
Pescados y mariscos del día a la plancha que se eligen en el mostrador. También, tarta de arándanos. Precio medio 55 €.

Ca'n Manolo. Federico García Lorca, 4. T. 971 912 591. *www.restaurantecanmanolo.com*
Cierra domingo cena, lunes excepto festivos y agosto. Una fiel clientela avala la buena cocina de pescados y arroces marineros, precedidos por buñuelos de escarola con bacalao y coronados con *carpaccio* de piña a la catalana. Manolo Muñoz y sus hijos se ocupan de cocina y comedor. Precio medio 35 €.

® **Es Ví.** (En Son Vida, a 6 km. H. Castillo Hotel Son Vida. Urb. Son Vida). Raixa, 2. T. 971 606 136. *www.hotelsonvida.com*
Cierra almuerzos, de domingo a martes y de noviembre a marzo. Elegante y actual, con preciosas vistas desde la terraza-jardín. Cocina mediterránea *neobalear* de Cati Pieras. **Buey de mar con manzana y almendra tierna, negrete al horno, 'sablé' de chocolate caliente con aromas del bosque.** Precio medio 70 €.

'Art nouveau' balear

El espacio de CaixaFòrum Palma se ubica en el edificio modernista del Gran Hotel, joya arquitectónica del s. XX.

Flanigan-Único. (En Puerto Portals, a 8 km). Puerto Portals, s/n. T. 971 679 191. *www.flanigan.es*
Cocina de producto. Destacan el **lenguado a la plancha** y el **solomillo de Galicia.** De postre, **tarta de manzana.** Visita obligatoria para ver y ser visto. Precio medio 40 €. **Único** (cierra almuerzos en primavera y verano, y cenas en otoño, invierno y lunes). Inaugurado en mayo de 2011, en la planta superior, con especialidad en **mariscos** y **pescados** de gran calidad. No hay carta, la propone Richard Gastón. Precio medio 60 €.

Molí des Torrent. (En Santa Maria del Camí, a 16 km). Ctra. Bunyola, 75. T. 971 140 503. *www.molidestorrent.de* P
Cierra almuerzos en julio y agosto, miércoles, jueves, una semana en agosto y tres semanas en diciembre. Antiguo molino restaurado. Terrina de *foie-gras* de oca con ensalada, silla de cordero en costra de hierba, variado de chocolate. Menú 22 €. Precio medio 40 €.

Nàutic. (Real Club Náutico de Palma, piso 1°). Moll de St. Pere, 1. T. 971 726 383. *www.nautic-restaurant.com*
Cierra lunes cena y domingo. Elegantes y luminosas instalaciones en el puerto de Palma, con vistas a la bahía. Cocina con base en el mar y recetario tradicional. Arroz seco de bogavante, pescados de la lonja a la plancha con verduras de temporada, *gató* de chocolate y avellanas con helado de nata. Menú 25 €. Precio medio 40 €.

Paladar. Miguel Arcas, 2. T. 971 296 016. *www.restaurantepaladar.com*
Cierra domingo en verano, lunes excepto verano y segunda quincena de julio. Cocina de base mediterránea. Gambas de Sóller, arroces, tarta de chocolate. Precio medio 25 €.

® **Simply Fosh.** (H. Convent de la Missió). Missió, 7-A. T. 971 720 114. *www.simplyfosh.com*
Cierra domingo. Cocina mediterránea con el toque personal del gran profesional Marc Fosh. **Terrina de pato y 'foie-gras' con puré de cerezas, lomo y paletilla de cordero lechal con 'couscous' de azafrán, 'panna cotta' de leche de cabra y lavanda.** Precio medio 65 €.

Tristán. (En Puerto Portals, a 8 km). Edif. de Capitanía, local 1. T. 971 675 547. *www.grupotristan.com*
Cierra domingo excepto julio y agosto, almuerzos, lunes y de noviembre a mediados de marzo. Gerhard Schwaiger lleva 25 años al frente de los fogones en este atractivo local, de satisfacción tan alta como el precio. Excelente oferta, el menú de tapas (129 €). Precio medio 140 €. En el adjunto **Bistró del Tristán** se encuentra la versión ligera de la casa.

Los Correfocs de Mallorca, fiesta de carreras, bailes y fuegos artificiales

Hoteles

***** **Castillo Hotel Son Vida.** (Urb. Son Vida). Raixa, 2. T. 971 493 493. *www.luxurycollection.com/castillo* P
Hab. 165: 250/1100 €. Totalmente renovado. Restaurantes Es Castell y Es Ví.

***** **Gran Meliá Victoria.** Av. Joan Miró, 21. T. 971 732 542. *www.granmeliavictoria.melia.com* P
Hab. 171: 208/385 €. Suites: 6. Restaurantes Terraza del Victoria y Marivent.

***** **Grupotel Valparaíso Palace & Spa.** (En La Bonanova). Francisco Vidal Sureda, 23. T. 971 400 300. *www.grupotelvalparaiso.com* P
Hab. 156: 188/369 €. Suites: 18. Lujosas instalaciones. Frente a la bahía, con magníficas vistas. A cinco minutos del centro. Habitaciones para no fumadores. Restaurante Paraíso.

***** **Hospes Maricel.** (En Cas Català-Calvià). Ctra. de Andratx, 11. T. 971 707 744. *www.hospes.es* P
Hab. 52: 250/620 €. Suites: 5. Pantalán privado. Acceso en barco. Restaurante Senzone Maricel.

***** **Meliá de Mar.** (En Calvià). P.° d'Illetes, 7. T. 971 402 511. *www.melia-demar.com* P
Hab. 133: 187/480 €. Suites: 11. Admisión de perros, consultar. Todas las habitaciones, con vistas al mar. Restaurantes Q4 Cuatre, buena cocina que armoniza la tradición con los aires modernos, y Ó Grille.

***** **Nixe Palace.** Av. Joan Miró, 269. T. 971 700 888. *www.hotelnixepalace.com*
P
Hab. 133: 135/444 €. Suites: 7. A cinco minutos del centro de la ciudad y acceso directo a la playa. Próximo al campo de golf Benidinat. Restaurantes Agumar y A Popa.

***** **Palacio Ca Sa Galesa.** Miramar, 8. T. 971 715 400. *www.palaciocasagalesa.com*
P

Hab. 12: 274/348 €. Suites: 6. Palacio del s. XVII. Renovado completamente. Servicio personalizado. Vistas al mar.

★★★★★ **Port Adriano Marina Golf & Spa.** (En El Toro, Port Adriano). Ses Penyes Rotges, s/n. T. 971 237 323. *www.hotelportadriano.com*
Hab. 68: 179/381 €. Suites: 11. Sobre la marina de Port Adriano. Rodeado de campos de golf. Restaurante Splendor.

★★★★★ **St. Regis Mardavall Mallorca Resort.** (En Costa d'en Blanes). Passeig Calvià, s/n. T. 971 629 629. *www.stregismardavall.com*
Hab. 133: 300/1250 €. Suites: 9. Servicio de mayordomo. En primera línea de playa. Restaurantes Es Fum y Aqua.

★★★★ **Catalonia Majórica.** Garita, 3. T. 971 400 261. *www.hoteles-catalonia.com*
Hab. 168: 77/220 €. Suites: 1. Magníficas vistas del paseo marítimo y la bahía.

★★★★ **Convent de la Missió.** Missió, 7-A. T. 971 227 347. *www.conventdelamissio.com*
Hab. 14: 165/265 €. Suites: 3. En un antiguo convento del s. XVII. Restaurante Simply Fosh.

★★★★ **L'Hermitage.** (En Orient, a 30 km). Ctra. de Alaró a Bunyola, km 12. T. 971 180 303. *www.hermitage-hotel.com*
Hab. 20: 110/225 €. Piscina climatizada. En el interior de la isla, este antiguo convento, convertido en hotel, se encuentra rodeado de naturaleza y apartado del bullicio de la costa. Restaurante Sa Tafona.

★★★★ **Read's Hotel & Spa.** (En Santa Maria del Camí). Ctra. Vieja de Alaró-Santa Maria, km 2,5. T. 971 140 261. *www.readshotel.com*
Hab. 8: 250/910 €. Suites: 15. A tan solo 15 minutos de Palma y al pie de las montañas de la Serra de Tramuntana. Rodeado de 20.000 m² de maravillosos jardines y con un viñedo propio, la tranquilidad convierte a esta posesión en un hotel único. Los espectaculares frescos de sus interiores son de ensueño. Restaurantes Bacchus y Bistro 33, con cocina internacional.

★★★★ **Riu Palace Bonanza Playa.** (En Illetes-Calvià). P.° d'Illetes, 21-22. T. 971 401 112. *www.hotelesbonanza.com*
Hab. 294: 110/270 €. Suites: 16. Todas las habitaciones, con vistas al mar. Moll para pequeñas embarcaciones. Escuela de buceo.

★★★★ **San Lorenzo.** San Lorenzo, 14. T. 971 728 200. *www.hotelsanlorenzo.com*
Hab. 6: 156/257 €. Suites: 3. Palacete del s. XVII convertido en hotel acogedor.

Bustos del Museo Romano del Castell de Bellver, en Palma de Mallorca

Peguera-Cala Fornells Mallorca

67 · A-3
A Palma de Mallorca, 25 km
Alt. 3 a 50 m · Pob. 3.500
T. 971 687 083
GPS 39° 32' 17'' N · 2° 26' 24'' E

Visitar: Hay **playas** admirables como, por ejemplo, las de Turá, Romana, Palmira y Cala Fornells.

Fiestas: El 24 de junio es la **fiesta patronal de St. Juan,** y a finales de julio, las fiestas populares.

Restaurantes

® **La Gran Tortuga.** (Aldea de Cala Fornells). Ctra. Cala Fornells, 37. T. 971 686 023. *www.lagrantortuga.net*
Cierra lunes de enero a abril y de noviembre a enero. Terraza sobre la bahía con espectaculares vistas. **Sardinas marinadas con frambuesas y queso de Mahón, lomo de bacalao gratinado con alioli de miel, cremoso de chocolate.** Precio medio 35 €.

Hoteles

★★★★★ **Petit Cala Fornells.** Ctra. Cala Fornells, 78. T. 971 685 405. *www.petitcalafornells.com*
Hab. 24: 95/230 €. Suites: 1. Admisión de perros, consultar. Vistas al mar y montaña. Restaurante La Estación.

Pollença-Port de Pollença Mallorca

67 · D-1
A Palma de Mallorca, 52 km
Alt. 334 m · Pob. 17.000
T. 971 535 077
GPS 39° 52' 39'' N · 3° 0' 58'' E

Visitar: Los puntos más interesantes son el Calvari, el Pont Romà; el Puig de María; el **convento de St. Domènec,** declarado Monumento Nacional; los **jardines Joan March,** la plaza Mayor; la iglesia de St. Jordi y la parroquia de Ntra. Sra. dels Àngels. Merece la pena conocer los **museos** de Martí Vicenç, Dionis Bennassar y el Municipal.

Fiestas: El 16 de enero se celebran los **'Foguerones';** el 17 de enero, con motivo de **St. Antoni,** tiene lugar la Pujada al Pi; el 20 de enero, por St. Sebastià, el **Estandard i Ball dels Cavallets.** En Viernes Santo se celebra el Devallament,

En el mercado de Pollença se venden todo tipo de productos de la huerta

y en el Corpus Christi, St. Joan Pelós i Les Àguiles. En abril tiene lugar la **Fira del Ví,** y en junio, la del Mar. El 2 de agosto son las fiestas de la patrona, los Moros y Cristianos y la **Dansa dels Cossiers.** A lo largo de los meses de julio, agosto y septiembre se organiza el Festival Internacional de Música Clásica. El segundo domingo de noviembre es la **Fira d'Artesania.**

Alrededores: Están próximos **Port de Pollença, Cala Sant Vicenç,** así como **Formentor.**

Restaurantes

® **Stay.** (En Port dePollença, a 5 km). Moll Nuevo, s/n. T. 971 864 013. *www.stayrestaurant.com*

Productos del mar servidos frente a la bahía. **Pulpo y calamar a la mallorquina, vieiras y langostinos a la marsellesa con salsa de azafrán.** También, **carnes** y de postre, **helado de vainilla casero con frambuesas calientes.** Menú 17 €. Precio medio 36 €.

Hoteles

***** **Barceló Formentor.** (En Port de Pollença). Platja de Formentor, 3. T. 971 899 100. *www.hotelformentor.net*

Hab. 127: 157/502 €. Suites: 21. Situado en el romántico y famoso cabo de Formentor. Magníficas vistas de la bahía. Playa a pie de hotel. Restaurantes El Pi, Platjamar y El Colomer.

***** **La Moraleja.** (En Cala Sant Vicenç). Urb. Los Encinares, s/n. T. 971 534 010. *www.lamoraleja.net*

Hab. 17: 285/360 €. Tranquilo. Muebles de época. Gran pinacoteca. Colección y exposición de coches cabrio clásicos. Restaurantes Cristal y Snack en la terraza de la piscina.

***** **Son Brull Hotel & Spa.** Ctra. PM-220, Palma-Pollença, km 50. T. 971 535 353. *www.sonbrull.com*

Hab. 17: 210/488 €. Suites: 6. Hotel de diseño en un convento del s. XVIII, a los pies de la Serra de Tramuntana. Explotación agrícola ecológica. Restaurante 3\65, fiel a la cocina balear y sus productos.

Port d'Andratx/Puerto Andraitx Mallorca

67 · A-3
A Palma de Mal orca, 27 km
Alt. 121 m · Pob. 11.682
T. 971 628 000
GPS 39° 32' 41'' N · 2° 23' 21'' E

Port d'Andratx, situado en el suroeste de la isla

Visitar: En Andratx se pueden visitar **Son Mas,** la iglesia de Sta. Maria d'Andratx, Es Pantaleu y Molins de Sa Planeta. En Port d'Andratx, el **puerto deportivo,** Es Saluet, la Llotja, la iglesia Verge del Carme y la torre de defensa de St. Carles. En St. Elm, la **isla Dragonera.** También es interesante el **Monestir de la Trapa** o, para deportistas, el campo de golf.

Fiestas: El 19 de enero es **St. Antoni,** y el 29 de junio, St. Pere. El 16 de julio se celebra la Verge del Carme, y del 3 al 5 de agosto, las fiestas de St. Elm. El 28 de agosto tienen lugar St. Agustín y **S'Arrico,** con Moros y Cristianos en St. Elm. El 7 de septiembre es la **Mare de Déu de Trapa.**

Alrededores: Hay **playas deliciosas,** como las de Camp de Mar, St. Elm y St. Eloi, y calas como las de Egos, Marmaseu, Blanca, Basset, Es Conills y Fonoll.

Restaurantes

Layn. Almirall Riera Alemany, 20. T. 971 671 855. *www.layn.net*

Cierra lunes, noviembre y diciembre. Casa mallorquina frente al mar. *Raolas* de bacalao, langosta con huevos fritos, tarta de chocolate. Precio medio 29 €.

Hoteles

***** **Dorint Royal Golf Resort & Spa.** (En Camp de Mar). Taula, 2. T. 971 136 565. *www.dorint.com/mallorca*

Hab. 165: 230/590 €. Suites: 2. Junto a la playa y campo de golf. Spa de 1.400 m². Restaurante El Mallorquín.

**** **Mont Port.** (En Cala d'Egos). Finca La Noria, s/n. T. 971 238 623. *www.hotelmonport.com*

Hab. 111: 60/112 €. Suites: 8. Recientemente inaugurado.

**** **Villa Italia.** Camí de St. Carles, 13. T. 971 674 011. *www.hotelvillaitalia.com*

Hab. 10: 294/348 €. Suites: 6. Admisión de perros, consultar. En la bahía de Andratx.

Port des Canonge-Banyalbufar

67 · B-2

Mallorca Ver Esporles

Portocolom Mallorca Ver Santanyí-Cala d'Or

67 · E-4

Puerto Portals-Portals Nous Mallorca Ver Palma de Mallorca

67 · B-3

Sa Coma Mallorca Ver Son Servera

67 · F-3

Santa Maria del Camí Mallorca Ver Palma de Mallorca

67 · C-3

Santanyí-Cala d'Or Mallorca

67 · E-4
A Palma de Mallorca, 50 km
Alt. 70 m · Pob. 12.823
T. 971 657 463
GPS 39° 22' 41'' N · 3° 14' 2'' E

Visitar: Pueblo típico mallorquín. Cuenta con un valioso patrimonio histórico, como el **Santuari de la Consolació** (s. XVI); la iglesia del Roser, gótica del s. XIV; la Porta Murada (s. XVI) y diversos núcleos talayóticos, como el poblado de Ca'n Jordi. En las zonas costeras se levantan varias **torres fortificadas,** como la de'n Beu, en Cala Figuera, la de Porto Petro y la Torre Nova en Cala Santanyí. También es notable **Es Fortí,** en Cala Egos (s. XVIII).

Fiestas: El 15 de agosto se celebra **Sta. María del Mar,** en Cala d'Or. El 25 de julio, St. Jaume, en Santanyí. El 30 de noviembre, las fiestas patronales de **St. Andreu,** en Santanyí.

Alrededores: Hay estupendas **calas, playas y puertos naturales,** con pinares que llegan hasta el borde de las aguas cristalinas, como Llombards, S'Almonia, Santanyí, Figuera, d'Or, Egos, Ferrera, Barca Trencada o Porto Petro. Destacan también el **Parc Natural de Mondragó** y el **yacimiento de Son Danús,** declarado Monumento Histórico-Artístico.

Paraje rural típico próximo a Santanyí, con sus característicos muros de piedra seca

Restaurantes

H.P.C. (En Portocolom, a 11 km). Cristòfol Colom, 5. T. 971 825 323.
www.hostalportocolom.com P
Cierra jueves en invierno. Cocina mediterránea con espectacular terraza frente al mar. *Carpaccio* de pulpo, paella marinera. Precio medio 30 €.

® **Port Petit.** (En Cala d'Or, a 10 km. Puerto deportivo Marina de Cala d'Or). Av. Cala Llonga, s/n. T. 971 643 039. *www.portpetit.com*
Cierra martes excepto julio y agosto, y de noviembre a Semana Santa. Elegante local frente al puerto. Cocina mediterránea con sugestivos menús (22 a 65 €). **Sopa de pescado mediterránea, pescados del día con verduritas y emulsión al tomillo, queso manchego a la parrilla con tomate, cereza y nueces.** Precio medio 40 €.

Hoteles

***** **Blau Porto Petro.** (En Porto Petro). Carrer des Far, 16. T. 971 648 282.
www.blauportopetro.com P SPA
Hab. 319: 176/350 €. Suites: 51. Dispone de 10 villas con piscina o *jacuzzi* privado y servicio de mayordomo. Dos calas privadas. Restaurantes Ran de Mar, Galani y Midori.

***** **Meliá Cala d'Or Boutique Hotel.** (En Cala d'Or). Portinatx, 16-18.
T. 971 648 181. *www.meliacalador.solmelia.com* P SPA
Hab. 49: 260/320 €. Suites: 31. Dotado de modernas instalaciones. Restaurantes Es Llaüt y Sa Pastera by Night.

Sóller-Port de Sóller Mallorca

67 · B-2
A Palma de Mallorca, 26 km
Alt. 41 m · Pob. 14.756
T. 971 638 008
GPS 39° 45' 56'' N · 2° 42' 47'' E

Visitar: La **iglesia parroquial de St. Bartomeu** tiene una fachada de Joan Rubió, discípulo de Gaudí. También es digna de mención la fachada del antiguo Banco de Sóller. Otros puntos de interés son el **Museu Balear de Ciències Naturals,** el de la Mar, **Can Prunera,** el **Museu Modernista,** el Camp d'en Prohom, la Casa de Cultura, el Carrer de Sa Mar, la Asociació Sollérica de Cultura Popular, Can Dulce y la calle de la Gran Vía.

Fiestas: El segundo domingo de mayo se celebran la feria y las fiestas de mayo, con **batalla de Moros y Cristianos.** En julio, la **Mostra Internacional Folclórica.** Y el 24 de agosto, las fiestas patronales de St. Bartomeu.

Alrededores: Se pueden hacer excursiones marítimas a **Cala Tuent** y Calobra-Torrent de Pareis, y rutas por tierra al Camí des Barranc, los escalones de piedra hasta el pico de l'Ofre y el antiguo sendero hacia el **Monestir de Lluc.** En la zona también están la Torre Picada (s. XVII), Sa Capellet, el mirador de Ses Barques, las aldeas de Binibassí y Fornalutx y el entorno de Ses Tres Creus.

Restaurantes

Bens d'Avall. (Urb. Costa Deià). Ctra. Sóller-Deià, s/n. T. 971 632 381. *www.bensdavall.com*
Cierra martes en julio y agosto, cenas de domingo y martes, lunes y de noviembre a marzo. Ante unas espectaculares vistas sobre el acantilado de la costa norte, Benet Vicens exhibe su buena cocina en dos menús cambiantes de 59 y 69 €. La repostería y la heladería son de elaboración propia. Su mujer, Catalina, se encarga de sala y vinos.

Ca's Xorc. (H. agroturismo Ca's Xorc). Ctra. MA-10, de Deià, km 56,100. T. 971 638 280. *www.casxorc.com*
Cierra martes y de noviembre a marzo. Con 12 habitaciones. Antiguo molino de aceite en un bucólico paraje de la sierra de Tramuntana. Al mediodía se ofrece una pequeña selección de *bistró* (33 €). Por la noche, platos más elaborados, estilo mediterráneo con sabores mallorquines. Precio medio 40 €.

Es Canyis. (En Port de Sóller, a 3 km). P.º Platja d'en Repic, 21. T. 971 631 406. *www.escanyis.es*
Cierra domingo cena, lunes, enero y febrero. Cuarta generación de los Perrotte al frente del negocio familiar, en primera línea de mar. **'Carpaccio' de gamba de Sóller, paella de marisco, isla flotante.** Precio medio 30 €.

Las Olas. (En Port de Sóller, a 3 km). Aparcamiento gratuito a 50 m. P.º Es Través, s/n. T. 971 632 515.
Cierra cenas en invierno, martes y del 15 de febrero al 15 de marzo. Sabrosos arroces marineros y pescados frescos frente a la bahía. Crema catalana. Menú 15 €. Precio medio 30 €.

Randemar. (En Port de Sóller, a 3 km). P.º Es Través, 16. T. 971 634 578. *www.randemar.com*
Cierra del 1 de noviembre al 1 de marzo. Arroces marineros, pastas, *pizzas,* pollo campero al horno de leña con pisto y tarta de queso con salsa de frutos del bosque, en una antigua casa mallorquina con terraza frente al mar. Precio medio 24 €.

Hoteles

***** **Gran Hotel Sóller.** Romaguera, 18. T. 971 638 686. *www.granhotelsoller.com*
Hab. 38: 140/315 €. Suites: 5. En un palacete del s. XIX. Céntrico. Restaurante Can Blau, cocina mediterránea y de autor.

El ferrocarril de Sóller recorre desde 1912 el trayecto entre esta ciudad y Palma

Son Servera Mallorca

67 · E-3
A Palma de Mallorca, 64 km
Alt. 91 m · Pob. 12.286
GPS 39° 37' 26'' N · 3° 21' 20'' E

Visitar: En el pueblo están las **iglesias Nova y de St. Joan Baptista.** Es posible asomarse al mirador y disfrutar de las playas de Cala Millor, Cala Bona, Costa dels Pins, Port Vell y Port Nou. También merece una visita el **Puig de Sa Font.**

Fiestas: El 16 y 17 de enero es **St. Antoni.** Del 20 al 29 de junio, fiestas de **St. Joan Baptista.**

Restaurantes

Es Molí d'en Bou. (En Sa Coma, a 5 km. H. Protur Sa Coma Playa). Liles, s/n. T. 971 569 663. *www.esmolidenbou.es*
Cierra cenas de martes a jueves de noviembre a marzo, domingo cena, lunes, enero y diciembre. Buena cocina mallorquina con la personal creatividad de Bartomeu Caldentey, fiel al mercado. **Canelón 2001, pescado del día con leche y cebolla, helado de queso mahonés con contrastres.** Tres menús diferentes: 40, 55 y 78 €.

Hoteles

☆☆☆☆☆ **Hipocampo Palace.** (En Cala Millor). S'Estanyol, 13. T. 971 587 002.
www.hipotels.com
Hab. 201: 73/250 €. Suites: 2. Rodeado por grandes jardines.

Son Vida Mallorca Ver Palma de Mallorca

67 · B-3

Valldemossa/Valdemosa Mallorca

67 · B-2
A Palma de Mallorca, 17 km
Alt. 430 m · Pob. 2.037
T. 971 612 019
GPS 39° 42' 41'' N · 2° 37' 17'' E

Visitar: La **Cartuja** data del s. XIV, aunque los edificios actualmente visibles son de los ss. XVII y XVIII. Se pueden apreciar también la iglesia, el museo, la celda de Chopin y la farmacia de los cartujos. El **Museu Municipal** alberga una colección de pinturas. También son interesantes el **Centro Cultural Costa Nord** y la casa natal de Sta. Catalina Thomas.

Fiestas: El 28 de julio tiene lugar la **procesión de la Beata,** y el 15 de agosto, la fiesta patronal de **St. Bartomeu.**

Alrededores: A 7 km, por la carretera de Deià, se puede disfrutar de unas impresionantes visitas y del **Castell de Miramar.** Otro punto notable es el **mirador de Som Marroig.**

Piano de Chopin en la cartuja de Valldemossa donde vivió el músico

Restaurantes

Ca'n Costa. Ctra. MA-10, Valldemossa-Deià, km 2,500 T. 971 612 263.
www.cancostavalldemossa.com
Cierra cenas del 1 de noviembre al 1 de marzo y martes. Antigua almazara del s. XVI en la Serra de Tramuntana. Frito mallorquín, lechona asada al horno, *gató* de almendras. Menú 14 €. Precio medio 28 €.

® **Valldemossa.** (H. Valldemossa). Ctra. Vieja de Valldemossa, s/n.
T. 971 612 626. *www.valldemossahotel.com*
Cocina mediterránea en preciosas instalaciones. **Gambas de Sóller en 'carpaccio' con ensaladita de escarola y rúcula, lechona a baja temperatura con puré de apio-nabo, 'couscous' y teja de aceituna, peras al cava.** Precio medio 60 €.

Hoteles

☆☆☆☆☆ **Valldemossa.** Ctra. Vieja de Valldemossa, s/n. T. 971 612 626.
www.valldemossahotel.com
Hab. 3: 195/355 €. Suites: 9. Desayuno incluido.

MENORCA

Ciutadella/Ciudadela Menorca

66 · D-1
A Maó, 44 km
Pob. 29.247
T. 971 381 050
GPS 40° 0' 7'' N · 3° 50' 17'' E

Visitar: Ciudad declarada Monumento Histórico-Artístico en su totalidad, en la que destacan su recinto antiguo, con palacios e iglesias de indudable valor arquitectónico. Lo más granado es el Palau del Bisbe, la **Catedral-Basílica** (s. XIV), construida sobre una mezquita; la iglesia y el antiguo convento de St. Agustí (s. XVII); la iglesia del Rosari (s. XVII), con influencias barrocas y platerescas; la capilla del Sto. Cristo, (1667); los palacios del barón de Lluriach y de la familia Martorrell (s. XVII); Ca'n Squella; Ca'n Saura (s. XVIII), de estilo barroco; el **Palau del Comte de Torre Saura** (s. XIX); el **Ayuntamiento,** con una fachada del s. XIX, erigido sobre un antiguo alcázar; la torre de vigilancia, el **Castell de St. Nicolau;** la finca de Es Molí des Comte; el **Museu Diocesà del Seminari** y el Museu Municipal.

Fiestas: El 17 de enero es **St. Antoni Abat,** con la procesión de los Tres Tocs, en conmemoración de la reconquista de la ciudad. El 23 y 24 de junio y el domingo anterior se celebran las **fiestas ecuestres medievales de St. Joan.** Ese mismo domingo una comitiva recorre las calles invitando a la fiesta, con **S'Homo des Be,** un payés descalzo y cubierto de pieles que representa a St. Joan Bautista. Destacan los juegos caballerescos de los días 23 y 24. El 9 de julio es la **Festa Patriótica,** en la que se conmemora la resistencia de la ciudad ante el asalto de tropas turcas en 1558.

Alrededores: La bahía está rodeada de urbanizaciones con acceso a **playas públicas,** como Caleta-Santandrià, Cala Blanca, Cala Bosch, Cala Blanes y Cala Forcat. El municipio posee una costa virgen con numerosas playas naturales, como **Cala Turqueta, Macarella y la del Vall,** así como restos arqueológicos de la Edad de Bronce y los **poblados megalíticos de Son Catlar y Torre Llafuda.** También son

La Catedral-Basílica, en el punto más alto de Ciutadella

notables las torres de defensa de St. Nicolau (s. XVII) y Es Castellà, en Sa Caleta, construida por los ingleses en el s. XVIII.

Restaurantes

® **Café Balear.** Plá de Sant Joan, 15. T. 971 380 005. *www.cafe-balear.com*
Cierra noviembre. Junto al mar, especializado en frutos marinos. **Frito marinero, caldereta de langosta, hojaldre relleno de melón y cabello de ángel.** Menú 19 €. Precio medio 30 €.

Hoteles

***** **La Quinta Resort & Spa.** (En Urb. Son Xoriguer). Av. Son Xoriguer, s/n. T. 971 055 000. *www.laquintamenorca.com*
Hab. 76: 187/337 €. Suites: 6. De arquitectura colonial y una cuidada decoración, basada en materiales tradicionales. Restaurante Son Xoriguer.

Fornells Menorca

66 · E-1
A Maó, 25 km
Pob. 906
T. 971 375 002
GPS 40° 3' 21'' N · 4° 7' 50'' O

Visitar: Merece la pena visitar el **faro de Cavallería,** la torre de defensa (ss. XVII al XIX), el Castell de St. Antoni y la **Cova dels Anglesos,** y hacer una ruta espeleológica por la **Cova de Na Polida.**

Fiestas: El 24 y 25 de julio son las fiestas patronales, y el 16 de julio, la **Verge del Carme,** con procesión marinera.

Alrededores: Muy cerca se hallan algunos parajes llamativos, como la **isla de Sargantanas,** Ses Salines, Sa Nitja, la bahía des Guix, los **paisajes del cabo de Cavallería** o la farinera de S'Arangi.

Restaurantes

Es Cranc. Escoles, 31. T. 971 376 442.
Cierra miércoles excepto agosto, enero y febrero. Decoración rústica y trato familiar en el centro de pueblo. Albóndigas de pulpo, zarzuela de pescado, crema catalana. Menú 18 €. Precio medio 45 €.

® **Es Plá.** Pasaje Es Plá, s/n. T. 971 376 655.
Cierra cenas de febrero y marzo, enero y diciembre. Todo un referente en la isla, situado al borde del mar, con la **caldereta de langosta** como especialidad. También, **calamar relleno a la menorquina, pudín de frutas.** Menú 25 €. Precio medio 50 €.

Maó/Mahón Menorca

66 · F-2
Alt. 63 m · Pob. 29.125
T. 971 157 000
GPS 39° 53' 22'' N · 4° 15' 47'' E

Visitar: Destacan el arco de **St. Roc,** las murallas del s. XIV; el templo de St. Antoni, gótico con fachada neoclásica; el convento-iglesia de St. Francesc, barroco tardío; el **Museu de Menorca,** en un claustro del s. XVIII; la iglesia de la Concepció, de estilo gótico y fachada del s. XIX; el **conjunto religioso del Carme,** construido de 1749 a 1808; el mercado, el Centre Cultural Municipal y el Museu Hernández

Sanz y Hernández Mora; la **iglesia de Sta. Maria,** con su monumental órgano; el Ayuntamiento, un conjunto de edificios neoclásicos del s. XVIII, como el Principal de Guardia y S'Hort Nou; el Can Mercadal y la **Casa del Poble,** modernista.

Fiestas: El 17 de enero se celebra St. Antoni, **Diada de Menorca.** Los carnavales y la Semana Santa tienen mucho arraigo. El 1 de abril es del **día d'Enganyar,** con inocentadas y bromas. El 23 de abril, el Día del Libro. El 24 de junio, St. Joan, Canyes verdes, con hogueras y *bujots* en la noche. El 29 de junio tiene lugar **St. Pere,** con verbena marinera en el puerto, y el 16 de julio, la Verge del Carme, fiesta de los pescadores con procesión marítima. Del 7 al 9 de septiembre son las **fiestas patronales de Gràcia,** con Qualcada y Jaleos, y el 1 de noviembre, Todos los Santos, visitas al cementerio, con *bunyols* y *panellets.*

Alrededores: En **Trepuco** hay yacimientos arqueológicos megalíticos, declarados Monumento Histórico-Artístico. Otros puntos de interés son el camino de Gràcia, **Sa Torreta de Tramontana,** en la carretera de Fornells; Talati, Curnia y Torelló, en la carretera de Sant Climent; el poblado prehistórico Talaiot y Taula (s. II a. C.), **Binidali Nou** y **Es Fornas de Torelló,** en la carretera de Sant Climent, con basílica paleocristiana y mosaico del s. V. También Forma Vell, S'Argossam y la torre de defensa medieval. A 3 km, **Es Castell.** A 4,5 km, **Sant Lluís.** A 4 km, el **Parc Natural de s'Albufera.**

Restaurantes

Es Molí de Foc. (En Sant Climent, a 6 km). Sant Llorenç, 65. T. 971 153 222. *www.esmolidefoc.es*
Cierra domingo cena, lunes y enero. Antiguo molino de grano en el centro del pueblo con decoración modernista. Coca de sardina con pisto de setas, conejo con higos, helado de queso de la isla. Precio medio 37 €.

Jágaro. (Port de Maó). Moll de Llevant, 334. T. 971 362 390.
Cierra cenas de domingo y lunes en invierno y febrero. Arroces y pescados, en guisos o a la plancha, en una antigua casa menorquina en el mismo puerto. Menú 22 €. Precio medio 40 €.

La Caraba. (En Sant Lluís, a 6 km). Camí d'es Baliacs, 1. T. 971 150 682.
P
Cierra domingo en junio, julio y septiembre, almuerzos y de octubre a mayo. Típica casa de campo con agradable terraza-jardín. Coca de sardinas marinadas con crema de tomates secos y oliva negra, presa ibérica de bellota con manzana, leche frita con helado de galleta María. Precio medio 30 €.

® **Sa Parereta d'en Doro.** (En Sant Lluís, a 6 km). Camí de Binisafuet, s/n. T. 971 150 353. P
Cierra domingo y lunes excepto temporada alta, almuerzos y de octubre a Semana Santa. Casa de campo típica menorquina. **Hojaldre de butifarra frita, 'tartar' de lubina, bizcocho borracho de almendras.** Precio medio 38 €.

Hoteles

***** **Insotel Punta Prima Prestige.** (En Sant Lluís). Mitjera, s/n. T. 971 195 161. *www.insotel.com*
Aptos. 479: 219/1.100 €. Suites: 52. En primera línea de playa. Restaurantes Isla del Aire y Espalmador.

**** **Agamenón.** (En Es Castell). Agamenón, 16. T. 971 362 150. *www.sethotels.com*
P
Hab. 75: 80/300 €. Suites: 5. Sobre el puerto de Maó. Todas las habitaciones con vistas al puerto.

La Torre d'en Penjat vigila la entrada al puerto de Maó, capital de Menorca

Sant Climent Menorca Ver Maó/Mahón 66 · F-2

Sant Lluís Menorca Ver Maó/Mahón 67 · E-2

IBIZA

Cala Tarida Ibiza Ver Sant Antoni de Portmany 68 · C-2

Cala Vadella Ibiza Ver Eivissa/Ibiza 68 · C-2

Vista de los islotes de Es Vedrá y Es Vedranell desde Sant Josep de sa Talaia

68 · D-2
Alt. 99 m · Pob. 48.684
T. 971 194 393
GPS 38° 54' 31'' N · 1° 25' 53'' E

Eivissa/Ibiza

Visitar: Dalt Vila es Patrimonio de la Humanidad, con las murallas renacentistas, la necrópolis fenicia Puig des Molins y las praderas de posidonia. También se pueden conocer el **Museu d'Art Contemporani,** la iglesia de St. Domènec (s. XVI), el Museu Diocesà, la **Catedral,** con un campanario del s. XIII y nave posterior del s. XVII; el Portal de las Tablas, puerta principal de la muralla, y el **Museu Arqueològic.**

Fiestas: En marzo se celebran la **Semana Gastronómica** y una feria medieval. El 23 de junio, quema de hogueras. El 16 de julio es la fiesta de la **Mare de Déu del Carme.** El 5 de agosto, las fiestas patronales de la Verge de les Neus y el copatrón, **St. Ciriac,** cuya festividad es el día 8.

Alrededores: Están cerca las **playas d'en Bossa, Figueretes y Talamanca,** el puerto deportivo Marina Botafoch, el **poblado fenicio de Sa Caleta,** el Parc Natural de Ses Salines y el paseo Joan Carles I.

Trabajando el esparto

La tradición artesana en Ibiza se remonta a la época romana. Esta fibra vegetal tiene numerosos usos.

Restaurantes

Ama Lur. (En Santa Gertrudis, a 11 km). Ctra. Sant Miquel, km 2,300. T. 971 314 554. *www.restauranteamalur.com* P
Cierra miércoles de abril a junio, almuerzos y de noviembre a Semana Santa. Casa payesa antigua con cocina de acento vasco. **Flor de calabacín rellena de changurro, lomo de merluza con almejas en salsa verde, queso con gelatina de frutos rojos.** Precio medio 55 €.

Ca n'Alfredo. P.° Vara del Rey, 16. T. 971 311 274.
Cierra domingo cena, lunes no festivos, segunda quincena de mayo y de noviembre. *Bistró* modernista en un edificio colonial. **Canapés de 'peix sec' con mermelada de pimientos asados, gallo san pedro al horno, pudín de higos.** Precio medio 40 €.

® **Can Pau.** (En Santa Gertrudis, a 11 km). Ctra. Sant Miquel, km 2,900. T. 971 197 007. P
Cierra almuerzos en verano, martes almuerzos, y lunes. Cocina mediterránea en una casa ibicenca en el campo. Comedores con chimenea en invierno y terraza con espectaculares vistas en verano. **Caracoles Lolita, cabrito lechal al horno, sorbete de frutas naturales.** Precio medio 55 €.

Cana Sofía. (En Cala Vadella, a 17 km). Castelldefels, 10. T. 971 808 273. *www.canasofia.com*
Situado frente al mar, en la preciosa cala Vadella. Ensalada de costras al estilo ibicenco con *peix sec* de Formentera, merluza de Celeiros sobre *bisque* de cigalas con fideos de arroz fritos. Menú 15 €. Precio medio 50 €.

Es Xarcu. (En Porroig, a 7 km). Cala Es Xarcu, entre Porroig y Cala Joncal. Ctra. PM-803, Eivissa-Sant Josep de sa Talaia, km 8, s/n. T. 971 187 867. *www.esxarcu.com*
Cierra de finales de octubre a Semana Santa. Oferta marinera de la familia Torres frente al mar, con excelentes **pescados al horno** y **arroces.** De postre, **'greixonera'.** Servicio de zódiac para trasladar a los clientes al barco. Precio medio 60 €.

Nanking. Mar, 8. T. 971 190 951.
Cierra jueves almuerzo, miércoles, febrero y 18 días en junio. Cocina chino-cantonesa en la marina del puerto. Rollos de primavera, costillas fritas, pastel de jengibre. Precio medio 20 €.

® **Trattoria del Mar.** Puerto Deportivo Marina de Botafoch, local 219. T. 971 193 934. *www.trattoriadelmaribiza.com*
Cierra domingo de octubre a mayo. Una moderna *trattoria* en el puerto deportivo con la cocina italiana de los hermanos d'Ambrosio. **'Parmigiana' de berenjenas, 'pappardelle' al bogavante, tiramisú.** Menú 18 €. Precio medio 35 €.

Trattoria del Sole. (En Sant Josep de sa Talaia, a 10 km). Ctra. Eivissa-Sant Josep, km 7,500 T. 971 800 006. *www.trattoriadelsole.com*
Cierra almuerzos y de noviembre a Semana Santa. Cocina italiana en una casa payesa. **'Pizzas' y pastas caseras con mariscos, 'cassata' de almendras.** Precio medio 45 €.

Hoteles

***** **Ibiza Gran Hotel.** P.º Joan Carles I, 17. T. 971 806 806. *www.ibizagranhotel.com*
Hab. 157: 275/750 €. Restaurante Jack Pot.

**** **Las Brisas de Ibiza.** (En Porroig). Apartado de Correos, 83. T. 971 802 193. *www.lasbrisasibiza.com*
Hab. 6: 250/660 €. Suites: 3. Consultar admisión de perros. Hotel preciosamente decorado, con agradable patio y jardín. Vistas al mar.

**** **Royal Plaza.** Pedro Francés, 27-29. T. 971 310 000. *www.royalplaza.es*
Hab. 117: 86/235 €. Suites: 5. Situado en el centro de la ciudad. Habitaciones totalmente equipadas. Restaurante Le Relais.

Traje típico local en las fiestas de Sant Miquel de Balansat

Porroig Ibiza Ver Eivissa/Ibiza

68 · C-3

Sant Antoni de Portmany/San Antonio Abad Ibiza

68 · C-2
A Ibiza, 15 km
Pob. 22.136
T. 971 343 363
GPS 38° 58' 47'' N · 1° 18' 18'' E

Visitar: Destacan las **iglesias parroquiales** de St. Antoni, St. Rafael, Sta. Agnès y St. Mateu; la **Cova de ses Llagostes,** el Acuari, **Sa Punta des Molí,** con su jardín, molino, noria, almazara y sala de exposiciones, y las playas de s'Arenal, Es Pouet, Caló des Moro, Cala Gració y Cala Salada.

Fiestas: El 17 de enero es **St. Antoni,** y el 21 de enero se celebra Sta. Agnès. El 24 de agosto se celebran las fiestas patronales de St. Bartomeu, y el 21 de septiembre, **St. Mateu.** El 24 de octubre tiene lugar St. Rafael, y el 8 de diciembre, **Buscastell.**

Alrededores: A 1,2 km está la **capilla subterránea de Sta. Agnès.** En **Ses Fontanelles,** a 5 km, hay pinturas rupestres. **St. Rafael** está a 7 km, **Sta. Agnès de Corona,** a 8 km y **St. Mateu,** a 12 km.

Restaurantes

Cas Mila. (En Cala Tarida, a 2 km) Ctra. Eivissa-Sant Antoni, s/n. T. 971 806 193. *www.restaurantecasmila.com*
Cierra cenas y de lunes a viernes excepto festivos de noviembre a abril. La especialidad de Toni y Montse Segarra son los guisos de pescados: arroz a la marinera, *bullit de peix* con arroz a banda y la cazuela de langosta. Buenas carnes. Repostería original ibicenca. Precio medio 40 €.

Es Tancó. (En Sant Rafael de sa Creu, a 5 km). Av. Isidoro Macabich, 9. T. 971 198 599. *www.es-tanco.com*
Cierra lunes. *Pizzas*, paellas o cordero a la miel en una casa payesa que ha sido restaurada. Precio medio 30 €.

Las Dos Lunas. (En Sant Rafael de sa Creu, a 5 km). Ctra. de Eivissa-Sant Antoni, km 5,400 T. 971 198 102. *www.lasdoslunas.com*

Monumento en recuerdo a Cristóbal Colón, en el centro de Sant Antoni

Cierra almuerzos y de octubre a Semana Santa. Maximo Luccarini es el mejor exponente de la cocina italiana de la isla. Destacan la **pasta fresca,** las **carnes del valle del Esla** y los **helados caseros.** Precio medio 70 €.

68 · D-1

Sant Carles de Peralta

Ibiza Ver Santa Eulària des Riu

68 · C-2

Sant Josep de sa Talaia/San José

Ibiza Ver Eivissa/Ibiza

68 · D-2

Sant Llorenç de Balàfia

Ibiza Ver Sant Miquel de Balansat

Sant Miquel de Balansat Ibiza

68 · D-1
A Ibiza, 22 km
Alt. 290 m · Pob. 5.000
T. 971 333 003
GPS 39° 3' 18'' N · 1° 26' 11'' E

Visitar: Los puntos más notables son la **iglesia de St. Miquel** (s. XIV), las cuevas de Can Marça, las torres de Portinatx y de Balazia y el molino de harina.

Fiestas: El 5 de abril se celebra **St. Vicent Ferrer,** y el 24 de junio, St. Joan. El 10 de agosto es St. Llorenç, y el 29 de septiembre, **St. Miquel.**

Alrededores: En la zona hay numerosas playas con la bandera azul otorgada por la Unión Europea, como las de **cala Sant Vicent, Portinatx** y **Port de Sant Miquel.** También se encuentran calas vírgenes, como las de **Benirras, Xarraca, Xucla o Den Serra.**

Restaurantes

Balàfia. (En Sant Llorenç de Balàfia, a 2 km). Ctra. de Eivissa-Sant Joan, km 15,4. T. 971 325 019.
Cierra almuerzos en verano, cenas y lunes en invierno, domingo y de mediados de diciembre a febrero. Casa típica ibicenca. Carnes a la brasa con patatas fritas y alioli caseros. De postre, *greixonera.* Precio medio 30 €.

Hoteles

***** **Hacienda Na Xamena.** Urb. Na Xamena, s/n. T. 971 334 500.
www.hotelhacienda-ibiza.com
Hab. 61: 191/585 €. Suites: 9. Primer cinco estrellas inaugurado en la isla. Acceso directo a una cala. Todas las habitaciones con vistas al mar. Dentro de un parque natural preservado. Restaurantes Eden, Sueño de Estrellas, Chill-Out y Las Cascadas.

Santa Eulària des Riu/Santa Eulalia del Río Ibiza

68 · D-2
A Ibiza, 15 km
Pob. 32.637
T. 971 330 728
GPS 38° 58' 56'' N · 1° 31' 45'' E

Detalle de la iglesia de Puig de Missa, cerca de Santa Eulària des Riu

Visitar: Los templos principales son la **iglesia de Jesús,** con su interesante retablo; la de Sta. Eulària, la de Es Canar y la de Cala Llonga. En el núcleo de **Puig de Missa** hay una iglesia fortificada del s. XVI. Otras visitas interesantes nos llevan al **Museu Etnològic de las Pitiüses,** el Museu Barrau, el Palau de Congressos, el paseo marítimo, el puerto deportivo y, por supuesto, las playas.

Fiestas: El 12 de febrero se celebra la fiesta patronal de **Sta. Eulària.** El 2 de mayo es Vila de Sta. Eulària. El 16 de mayo tiene lugar la **fiesta Puig d'en Valls;** el 8 de septiembre, las fiestas de Jesús; el 4 de noviembre, las de St. Carles de Peralta, y el 16 de noviembre, Sta. Gertrudis.

Alrededores: Lo mejor del muncipio son sus **pintorescas playas:** s'Aigua Blanca, Es Figueral, Cala Boix, Cala Mastella, Cala Nova o Cala des Pou des Lleó. En St. Carles está el **mercadillo de las Dalias.** Y en **Es Canar,** el mercadillo *hippie* de Punta Arabí.

Restaurantes

® **Atzaró.** (H. Atzaró agroturismo). Ctra. C-733, Eivissa-Sant Joan, km 15. T. 971 338 838. *www.atzaro.com*
Cierra del 7 de noviembre a 16 de marzo. Con 23 habitaciones. En el corazón de la isla, una casa payesa rodeada de naranjos con una decoración asiática

e ibicenca. Cocina de base mediterránea de la mano de Marta Luquín tanto en **La Veranda** para los almuerzos como en el gastronómico para las cenas. Precio medio 60 €.

® **Can Curreu.** (En Sant Carles de Peralta, a 10 km. H. Rural Can Curreu). Ctra. Sant Carles, km 12. T. 971 335 280. *www.cancurreu.com*
♿ P
Con habitaciones. En el campo ibicenco, junto a un olivo milenario con bonitas vistas al mar. **Gallo al horno al estilo ibicenco con patatas, tomates y cebolla; solomillo de ternera con patatas en sartén, tarta fina de manzana con helado de vainilla.** Precio medio 40 €.

Santa Gertrudis Ibiza Ver Eivissa/Ibiza

68 · D-2

FORMENTERA

Sant Francesc de Formentera/ San Francisco Javier Formentera

68 · D-4
Pob. 9.837
T. 971 322 057
GPS 38° 42' 26'' N · 1° 25' 50'' E

Visitar: Los mayores atractivos son la **iglesia de St. Francesc,** fortificación del s. XVII; la capilla de Sa Tanca Vella (s. XIV); el Museu Etnològic de St. Francesc, los molinos de Sa Miranda y las torres de defensa, como la de Punta Gavina (ss. XVI y XVII).

Fiestas: El 30 de mayo se celebra **St. Ferran** y el 16 de julio, Ntra. Sra. del Carme. El 25 de julio son las fiestas **patronales de St. Jaume;** el 5 de agosto, las de Sta. Maria, y el 12 de octubre, Ntra. Sra. del Pilar.

Alrededores: Merece la pena acercarse a las **iglesias del Pilar de la Mola** y de **St. Ferran,** al mirador panorámico de La Mola, a la playa del **Parc Natural de Ses Salines,** a **Cala Saona,** al dolmen prehistórico de Cana Costa, a la fortificación romana de Can Pins y al **faro des Cap de Barbaria.**

Las tres cruces de la iglesia de St. Francesc, en Formentera

Restaurantes

Es Molí de Sal. (En Platja d'Illetes). Cavall d'en Borràs, s/n. T. 971 187 491. *www.esmolidesal.es* ♿ P
Cierra de noviembre a mayo. Cocina mediterránea con buenos **arroces y pescados** en un antiguo molino de sal en la playa de Illetes. De postre, **tortino de chocolate.** Precio medio 60 €.

® **Juan y Andrea.** Playa de Illetas, s/n. T. 971 187 130. *www.juanyandrea.com*
♿ P
Situado en un parque natural a pie de playa. **Paella de pescado, caldereta de langosta, tarta casera de ciruelas.** Precio medio 50 €.

Pequeña Isla. (En Pilar de la Mola, a 14 km). Av. la Mola, 105. T. 971 327 068. *www.pequenaisla.com* ♿ ❄ P
Cierra lunes excepto verano y del 1 de noviembre al 30 de abril. En un tranquilo emplazamiento rural. Ensalada templada de queso de Formentera, frito de palomos de corral, *mousse* de Toblerone blanco. Precio medio 35 €.

Tanga. Platja de Llevant, s/n. T. 971 187 905. ♿ P
Cierra de noviembre a abril. Buenos arroces, pescados y gambas de Formentera frente al mar. Precio medio 40 €.

Vogamari. Ctra. de la Mola, km 9,500. T. 971 329 053. *www.vogamari.es*
♿ P
Cierra de noviembre a mayo. Un elegante chiringuito sobre la playa. Arroces, caldereta de bogavante, flan de queso. Precio medio 35 €.

Hoteles

**** **Insotel Club Formentera Playa.** Platja de Migjorn, s/n. T. 971 328 000. *www.insotelhotelgroup.com* ♿ ❄ P SPA
Hab. 333: 168/561 €. En plena playa de Migjorn. Luminosas habitaciones totalmente redecoradas y con vistas al Mediterráneo.

GRAN CANARIA

Agüimes Gran Canaria

117 · D-3
A Las Palmas, 29 km
Alt. 300 m · Pob. 29.431
T. 928 124 183
GPS 27° 54' 8'' N · 15° 26' 43'' O

Visitar: El casco histórico es notable, incluso cuenta con un recomendable Centro de Interpretación. Allí se pueden visitar la **iglesia de S. Sebastián,** Monumento Nacional Histórico-Artístico; el Museo de Historia; el **Palacio Episcopal** y, por supuesto, la **playa de Arinaga.**

Fiestas: En enero se celebra S. Sebastián; luego llegan los carnavales; en mayo, S. José; en septiembre, Ntra. Sra. del Pino y en octubre, las **fiestas de Ntra. Sra. del Rosario,** de Interés Turístico Nacional.

Alrededores: Se pueden hacer salidas interesantes por el **barranco de Guayadeque** y su Centro de Interpretación. También por la **Reserva Natural Especial de los Marteles,** el **faro de Arinaga** y los hornos de cal.

'Los enamorados', escultura en bronce en Agüimes

Restaurantes

El Oroval. (H. Rural Casa de los Camellos). El Progreso, 12. T. 928 785 003. *www.hecansa.com*

Cierra lunes y martes en julio y agosto. Con 12 habitaciones. En un antiguo granero, cocina isleña tradicional. Potaje de berros, lomo de bacalao conventual; de postre, Príncipe Alberto. Precio medio 20 €.

Nelson. (En Playa de Arinaga, a 5 km). Av. Polizón, 47. T. 928 180 860. *www.restaurantenelson.com*

Cierra lunes cena, domingo y primera quincena de septiembre. Frente a la bahía de Arinaga, con espléndidas vistas. Destaca por sus mariscos y el cuidado en el trato a los pescados locales. **Queso herreño ahumado a la plancha, arroz con bogavante, tarta de gofio.** Precio medio 45 €.

Arucas Gran Canaria

117 · D-1
A Las Palmas, 12 km
Alt. 600 m · Pob. 37.972
GPS 28° 7' 3'' N · 15° 31' 33'' O

Visitar: En el precioso casco antiguo encontramos la **iglesia de S. Juan Bautista,** neogótica, hecha con piedra azul de la cantería local; la **Casa de la Cultura,** edificio tradicional del s. XVII; el Museo Municipal y el parque municipal, con una gran diversidad de flora autóctona y de otros países. También merecen un paseo el jardín de la Marquesa, la **montaña de Arucas,** que ofrece excelentes vistas, y la fábrica del ron Arehucas.

Fiestas: Los carnavales son muy populares. También es notoria la **fiesta de las alfombras del Corpus Christi.** El 24 de junio se celebra la **fiesta patronal de S. Juan Bautista.**

Alrededores: La isla ofrece muchas posibilidades para practicar golf y senderismo, sobre todo en aquellos parajes que le han valido el reconocimiento de **Reserva de la Biosfera.**

Olas de arenas en el Espacio Natural de las Dunas de Maspalomas

Restaurantes

Casa Brito. (En Visvique, a 4 km. Ctra. GC-43, Arucas-Teror, km 1,300). Pasaje de Ter, 3. T. 928 622 323. *www.casabrito.com*

Cierra lunes, martes, Semana Santa y primera quincena de septiembre. Buena materia prima y excelente servicio. **Carnes** con los cortes más nobles en parrilla de leña y platos tradicionales isleños. Cuidada atención al vino. Precio medio 35 €.

Hoteles

Hotel Rural La Hacienda del Buen Suceso. Ctra. GC-813, Arucas a Bañaderos, km 1. T. 928 622 945. *www.haciendabuensuceso.com*

Hab. 13: 84/135 €. Suites: 5. Entrada gratuita al Jardín de la Marquesa.

Maspalomas Gran Canaria

117 · C-4
A Las Palmas, 54 km
Alt. 850 · Pob. 45.312
T. 928 728 409
GPS 27° 45' 44'' N · 15° 34' 42'' O

Visitar: Muy recomendable resulta adentrarse en la **Reserva Natural Especial de las Dunas de Maspalomas,** visitar el faro de Maspalomas (1890) y las playas.

Fiestas: Las celebraciones principales son el carnaval, **Santiago Apóstol,** el 25 de julio, y **S.Bartolomé,** el 24 de agosto.

Alrededores: Quedan cerca **Fataga, Tunte** (con su iglesia y sus vistas a la caldera de Tirajana), los **parques de ocio** Aquasur, Sioux City y Palmitos Park, así como dos campos de golf y un casino.

Restaurantes

Compostela. Marcial Franco, 14. T. 928 763 344.
La cocina gallega manda en el ambiente náutico del local. Pulpo a la gallega, rape a la marinera, tarta de Santiago. Precio medio sin marisco 25 €.

El Senador. Pº del Faro, s/n. T. 928 140 496.
www.restauranteelsenador.com
Privilegiada situación en primera línea de playa. **Paellas** y **pescados.** Precio medio 30 €.

Hoteles

***** **Palm Beach.** Av. Oasis, s/n. T. 928 721 032. *www.hotel-palm-beach.com*
Hab. 328: 211/366 €. Precio por persona. Centro de salud. Animación. Restaurante L'Orangerie.

***** **Riu Grand Palace Maspalomas Oasis.** Playa de Maspalomas. T. 928 141 448. *www.riugrandpalacemaspalomasoasis.com*
Hab. 332: 180/750 €. En un oasis natural de 65.000 m². En primera línea de playa. Animación niños. Restaurante Le Jardín.

***** **Seaside Grand Hotel Residencia.** Av. del Oasis, 32. T. 928 723 100. *www.grand-hotel-residencia.com*
Hab. 94: 274/464 €. Suites: 21. Precio por persona. Situado en un palmeral, próximo a las dunas de Maspalomas y a la playa.

Mogán-Puerto de Mogán Gran Canaria

117 · C-3
A Las Palmas, 85 km
Alt. 1.450 m · Pob. 23.140
T. 928 158 804
GPS 27° 52' 57'' N · 15° 43' 26'' O

Visitar: El pueblo tiene cuatro **puertos deportivos:** Arguineguín, **Mogán,** Puerto Rico y Anfi del Mar; **playas,** como las de **Patalavaca,** Amadores, Puerto Rico y Taurito, y **calas vírgenes,** como las de Medio Almud y **Tiritaña.**

Fiestas: El 13 de junio se celebra S. Antonio de Padua. Y el 16 de julio, la procesión de la **Virgen del Carmen.**

Alrededores: Es bonita la subida al pinar (por la carretera de las presas), y se pueden visitar los restos arqueológicos de **Tauro Alto** y la zona de **Veneguera.**

Casa de arquitectura típica colonial en el Puerto de Mogán

Restaurantes

La Aquarela. (En Patalavaca, a 21 km). Apartamentos Aquamarina, s/n. T. 928 735 891. *www.restaurantelaaquarela.com*
Cierra almuerzos de abril a octubre, lunes y el mes de junio. Tradición y modernidad bajo las directrices de su propietario, Gregorio Fernández. *Tartar* de atún rojo, cabrito lechal, marquesa de chocolate. Ambiente muy agradable. Precio medio 40 €.

® **Los Guayres.** (En Puerto de Mogán, a 10 km. H. Cordial Mogán Playa). Av. de los Marrero, 2. T. 928 724 100. *www.cordialcanarias.com*
Cierra almuerzos, domingo y lunes. Alexis Álvarez representa la vanguardia gastronómica insular. Demuestra su dominio de la técnica y creatividad a partir, sobre todo, de la despensa local. **'Carpaccio' de atún con vinagreta de piñones, lomo de cordero con jugo de salmorejo, sopa de gofio con sorbete de fresas.** Precio medio 35 €.

® **Montsemar.** (En la playa de Arguineguín, a 21 km. Edif. Montemarina, 3ª planta. Ctra. GC-500, Mogán-Arguineguín). Aquamarina, 3. T. 928 151 057. *www.montsemar.com*
Cierra almuerzos, miércoles y del 1 de mayo al 1 de octubre. Máximo respeto al producto de calidad. Recetario clásico italiano y propuestas de mercado. **'Fettuccini' con salsa a la trufa negra, 'ossobuco' a la milanesa y arroz con azafrán, tiramisú.** Precio medio 35 €.

Palmas de Gran Canaria, Las Gran Canaria

117 · E-1
Alt. 15 m · Pob. 383.308
T. 928 219 600
GPS 28° 6' 36'' N · 15° 25' 11'' O

Visitar: Es muy destacable el conjunto histórico artístico del **barrio de Vegueta.** Por su parte, la **Catedral de Sta. Ana** fue construida con basalto gris a partir de 1497, aunque la fachada se terminó a finales del s. XIX. En el crucero hay esculturas de Luján Pérez, y en la capilla de S. José, un cuadro de la escuela

El auditorio Alfredo Kraus flanquea la playa de Las Canteras, en Las Palmas

ítalo-flamenca (s. XV). En el tesoro, un portapaz atribuido a Cellini. En la plaza de Sta. Ana se alza el Ayuntamiento, neoclásico. La **Casa de Colón** (s. XV) fue residencia de los primeros gobernadores militares de la isla y hoy es un museo en el que se exponen cuadros de Luis de Morales, Veronés, Pereda y Guido Reni. Otras visitas interesantes son el Centro Atlántico de Arte Moderno; el **Museo Canario** y sus colecciones arqueológicas y antropológicas; el Museo de Pérez Galdós; el Museo Elder de la Ciencia y la Tecnología; el Museo Néstor; el Museo Marítimo, el **parque de S. Telmo;** la calle Mayor de Triana; la **playa de las Canteras;** el **auditorio Alfredo Kraus** y los campos de golf.

Fiestas: El 5 de enero llega la cabalgata de Reyes Magos. Son muy notables el carnaval, la Semana Santa y el Corpus Christi, con sus alfombras de flores, de gran belleza. El 23 y 24 de junio son las **fiestas Fundacionales.** El 26 de julio, se conmemora la **Solemnidad de Sta. Ana** en la Catedral. El 9 y 10 de agosto es la fiesta de S. Lorenzo. Y en septiembre, en el barrio de Vegueta, tiene lugar la **fiesta de Ntra. Sra. del Rosario,** con una romería de gran tipismo.

Alrededores: Muy próximos están el **Jardín Botánico Viera y Clavijo, Arucas,** con su iglesia y su montaña; la **caldera de Bandama,** a 33 km, interesante enclave del vulcanismo canario; **Teror,** con la Basílica del Pino y la finca de Osorio, y **Gáldar,** con la cueva pintada y el parque arqueológico.

Mirando al pasado

El Museo Canario de Las Palmas tiene las colecciones arqueológicas prehispánicas más ricas del archipiélago.

Restaurantes

® **Amaiur.** Av. Pérez Galdós, 2. T. 928 370 717.
Cierra domingo y agosto. Respeto al recetario clásico vasco. Jornadas del **bacalao, bonito** y la **caza.** Precio medio 35 €.

® **Benkei of Tokio.** Rafael Almeida, 34. T. 928 472 513. *www.benkei.es*
Cierra domingo cena. Tomazaku Sakuraoka (premio Mejor Joven Chef de Sushi-Tokio) y Sonomi Tsuchiya, diplomados y especialistas en cocina japonesa, parten de la fidelidad a los principios gastronómicos de esa culinaria y le incorporan nuevas tendencias de fusión. Precio medio 30 €.

☼☼ **Deliciosa Marta.** (Calle peatonal). Pérez Galdós, 23. T. 928 370 882.
Cierra martes cena, domingo, 15 días en abril y 20 días en agosto. Oferta de mercado con influencias mediterráneas. **Tomates ecológicos con**

'mozzarella' de búfala y salmorejo, alcachofas salteadas con papada de cochino negro, sopa de fresas, melocotón y limón. Bodega con interesantes novedades del panorama nacional. Conviene reservar. Precio medio 35 €.

El Churrasco. Olof Palme, 33. T. 928 272 077. *www.elchurrasco.com.es*

Amplias instalaciones y servicio eficiente para amantes de la carne. Helado de vainilla con nueces y whisky. Precio medio 30 €.

El Novillo Precoz. Portugal, 9. T. 928 221 659. *www.novilloprecoz.es*
P

Carnes de Argentina y Uruguay a la parrilla, precedidas de ensalada de palmitos. De postre, polvito uruguayo. Precio medio 30 €.

Enoteca El Zarcillo. Ctra. del Centro, 83. T. 928 354 534. *www.enotecaelzarcillo.com*

Cierra domingo, lunes, Semana Santa y verano. Tasca informal donde se ofrece una selección de vinos para acompañar el picoteo. Papas bonitas con mojo rojo, conejo en salmorejo, huevos mole. Precio medio 25 €.

Gambrinus. (Calle peatonal). Secretario Artiles, 34. T. 928 222 725.

Cierra domingo cena. En la zona del puerto, pescados frescos, empanadas y carnes gallegas, torrijas. Menú 17 €. Precio medio 30 €.

La Terraza. (H. Santa Catalina). León y Castillo, 227. T. 928 243 040. *www.hotelsantacatalina.com* P

José Rojano aporta el sello de distinción con sus propuestas, entre la más innovadora cocina de autor del archipiélago. **Gazpacho de mango, manzana, huevas de trucha y helado, pimiento, albóndigas de cochino negro con salsa de trufa, sorbete de tuno indio y espuma de coco.** Menú 29 €. Precio medio 40 €.

Mamma Tina. Jesús Ferrer Jimeno, 10. T. 928 274 691.

Cierra domingo cena, lunes, martes y primera quincena de octubre. Cocina cosmopolita, apetitosa y equilibrada. Berenjena asada, merluza con aceite de oliva, helado de caramelo. Menú 16 €. Precio medio 25 €.

Rías Bajas. Simón Bolívar, 3. T. 928 271 316.

Su éxito se debe a la calidad de la materia prima, traída directamente de Galicia, y a lo tradicional de sus propuestas bien resueltas. Empanada gallega, chuleta de ternera gallega, sorbetes naturales. Precio medio 30 €.

® **Ribera del Río Miño.** Olof Palme, 21. T. 928 264 431. *www.riberadelriomino.com* P

El acreditado Casa de Galicia ha cambiado de ubicación, con unas instalaciones que lo convierten en el más glamuroso de la capital. Iguales productos y mejorada cocina. **Rodaballo a la gallega, tarta de Santiago.** Precio medio 36 €.

® **Thomas algo?** (taberna). Francisco Gourié, 41. T. 928 382 818.

Cierra domingo y festivos. Propuesta informal en un pequeño local con innovadoras recomendaciones de Thomas Leeb. **Hamburguesa de atún rojo con confitura de cebolla y mahonesa de 'wasabi', capuchino de papaya helado.** Menús 10, 15 y 35 €. Precio medio 25 €.

Detalle de la balconada de la Casa-Museo de Colón en Las Palmas

Hoteles

***** **Cristina Las Palmas.** Gomera, 6. T. 928 267 600. *www.hotelcristinalaspalmas.com* P

Hab. 312: 100/160 €. En primera línea de playa y en pleno centro comercial. Próximo al casco antiguo. Restaurante Antinoó.

***** **Santa Catalina.** León y Castillo, 227. T. 928 243 040. *www.hotelsantacatalina.com* P SPA
Hab. 202: 195/305 €. Suites: 16. Estilo colonial inglés, construido en 1890. Monumento Histórico-Artístico. Restaurante La Terraza.

Patalavaca Gran Canaria Ver Mogán

117 · C-4

117 · C-4

Playa de Arguineguín, La

Gran Canaria: Ver Mogán

117 · E-3

Playa de Arinaga Gran Canaria Ver Agüimes

Playa del Águila Gran Canaria

117 · D-4
A Las Palmas, 47 km
Perteneciente al municipio de San Bartolome de Tirajana.
GPS 27° 46' 2'' N · 15° 33' 18'' O

Restaurantes

Bamira. Los Pinos, 11. T. 928 767 666.
Cierra almuerzos, miércoles, del 5 de junio al 16 de septiembre y del 15 al 25 de diciembre. Herbert Eder, cocinero vocacional y artista plástico en sus ratos de ocio, no deja a nadie indiferente con los exóticos y sugerentes platos nacidos de sus continuos viajes. **Rodaballo sobre ensalada coreana y mantequilla de mango picante, plátano flameado con helado de Baileys.** Precio medio 45 €.

Santa Brígida Gran Canaria

117 · D-2
A Las Palmas, 14 km
Alt. 505 m · Pob. 20.000
T. 928 648 181
GPS 28° 1' 48'' N · 15° 29' 33'' O

Visitar: Además del casco histórico y la **iglesia de Sta. Brígida,** merecen visita el monumento natural de Bandama, las cuevas aborígenes de la Angostura, el **Parque Rural Comarcal Guiniguada,** el palmeral de Satautejo, la **Casa-Museo del Vino,** la sala de exposiciones y el parque municipal. Hay muchas posibilidades para practicar cicloturismo y senderismo.

Fiestas: El 13 de junio es S. Antonio de Padua. Del 3 al 11 de julio se festeja a S. Pedro. El 10 de julio tiene lugar la **fiesta del Barro.** El primer domingo de agosto, Sta. Brígida. Y el 31 de octubre, la **fiesta de los Finaos.**

Alrededores: Están muy cerca el **Centro Locero de La Atalaya,** la caldera volcánica apagada de **Bandama** y el campo de golf, el paisaje protegido de **Pino Santo** y el drago de **Barranco Alonso.**

Los parajes que rodean Santa Brígida son ideales para el ciclismo de montaña

Restaurantes

Bodegón Vandama. Ctra. Bandama, 116. T. 928 352 754. *www.bodegonvandama.com*
Cierra domingo cena, lunes y martes. Situado cerca de la caldera de Bandama y el pico del mismo nombre, en una casona antigua rehabilitada. Especialidad en carnes a la parrilla. Quesos y postres caseros. Precio medio 30 €.

Satautey. (En Monte Lentiscal, a 12 km. H. Escuela Sta. Brígida). Real de Coello, 2. T. 928 418 400. *www.hecansa.com*
El bello hotel-escuela (s. XIX) sorprende por una cuidada cocina canaria acertadamente puesta al día, amén de elaboraciones vanguardiastas a cargo del inquieto cocinero-profesor Samuel López. Menú 19 €. Precio medio 30 €.

Valleseco Gran Canaria

117 · D-2
A Las Palmas, 27 km
Alt. 1.000 m · Pob. 4.022
T. 928 618 740
GPS 28° 2' 50'' N · 15° 34' 30'' O

Visitar: Merecen visita la **iglesia de S. Vicente Ferrer,** con su órgano del s. XVII; el molino de gofio; el **Centro de Interpretación de la Manzana y el Gofio;** la iglesia de Ntra. Sra. del Carmen y la ermita de S. Luis Gonzaga, ambas del s. XX. También el **Balcón de Zamora,** además de una interesante red de senderos.

Fiestas: En febrero se celebran la **fiesta del Almendro en Flor** y los carnavales; entre mayo y junio, la **fiesta patronal de S. Vicente Ferrer;** en septiembre se rinde devoción a la Virgen del Socorro y en octubre, a Ntra. Sra. de la Encarnación. El 7 de octubre es la **fiesta de la Manzana.**

Alrededores: Se puede visitar el **pozo de las Nieves,** el **pico de Osorio,** el **Montañón Negro,** el **barranco de la Virgen** y el área recreativa de **La Laguna.** Hay numerosos senderos señalizados por la zona.

Restaurantes

Arcos de La Laguna. Ctra. GC-21, cruce de la Laguna-Valleseco, 4. T. 928 618 279. *www.grupohnosrogelio.com* P

Cierra martes y miércoles excepto vísperas y festivos, y del 21 de junio al 6 de julio. En el Espacio Natural Protegido Pico de Osorio, local del grupo Hermanos Rogelio. Combina cocina canaria y segoviana. Jornadas gastronómicas dedicadas a Segovia, al cerdo y las legumbres. Precio medio 28 €.

Vega de San Mateo Gran Canaria

117 · D-2
A Las Palmas, 22 km
Alt. 850 m · Pob. 7.800
T. 928 661 350
GPS 28° 0' 33'' N · 15° 31' 56'' O

Visitar: Son notables la sala de exposiciones, la iglesia S. Mateo, la **alameda de Sta. Ana,** el barrio de las Lagunetas y la ermita de Lourdes. Para amantes del senderismo merece la pena la **Ruta de las Siete Fuentes.** También son recomendables las bodegas de la zona vinícola y el **parque protegido Las Cumbres.**

Fiestas: La semana del 13 de mayo se celebra la Virgen de Fátima. El primer fin de semana de julio, la **fiesta del Agricultor.** Del 1 al 25 de septiembre, las **fiestas patronales de S. Mateo.** El 31 de octubre, la de los Finaos.

Alrededores: Resulta muy recomendable la visita al área de **Camaretas,** la **Cueva Grande,** el **mirador del Montañón y la Cruz,** el **pozo y Pico de las Nieves** y el **barranco de la Mina.**

Hoteles

**** **Parador de Turismo.** (En Tejeda). Cruz de Tejeda, s/n. T. 928 012 500.
www.parador.es
Hab. 43: 70/145 €. Suites: 1. Construcción típica canaria con impresionantes vistas. Restaurante Roque Nublo.

Visvique Gran Canaria Ver Arucas

117 · D-2

LANZAROTE

Arrecife Lanzarote

119 · C-4
Pob. 58.551
T. 928 813 174
GPS 28° 57' 29'' N · 13° 32' 53'' O

Visitar: Es notable el casco antiguo, donde se puede admirar la iglesia de S. Ginés; el puente de las Bolas y los **castillos de S. Gabriel** (s. XVI), Monumento Nacional, y de **S. José,** que alberga el interesante Museo Internacional de Arte Contemporáneo. También son recomendables la **Casa de los Arroyo,** la Recova, el charco de S. Ginés y la playa.

Fiestas: Las celebraciones más importantes son el carnaval, el **Corpus Christi** y, del 13 al 25 de agosto, **S. Ginés.**

Alrededores: A 17 km está la **comarca La Geria.** Hay enclaves espectaculares en el **Parque Nacional de Timanfaya,** la **Cueva de los Verdes,** los **Jameos del Agua,** el **Mirador del Río** y las **Montañas del Fuego.** Otros puntos atractivos son **El Golfo, Los Hervideros,** con el Jardín de Cactus y la Fundación César Manrique. A 30 km, desde **Orzola,** sale el barco hacia el islote de La Graciosa. Y a 30 km, en **Playa Blanca,** el barco hacia Fuerteventura.

Algunos de los curiosos ejemplares del Jardín de Cactus de Lanzarote

Restaurantes

Aguaviva. (En Playa Honda, a 3 km). Mástil, 31. T. 928 821 505.
www.restauranteaguaviva.com
Cierra domingo cena, lunes y 10 días en octubre. Propuestas originales y agradable trato, junto a la playa de Guacimela. **Empanadillas vegetales s. XXI, atún con salsa 'teriyaki'.** Postre: **'gin-tonic'.** Precio medio 36 €.

Hoteles

***** **Arrecife Gran Hotel.** Parque Islas Canarias, s/n. T. 928 800 000.
www.arrecifehoteles.com
Hab. 160: 75/173 €. Suites: 104. Céntrico. En primera línea de la playa del Reducto. Restaurante Altamar.

Playa Blanca Lanzarote

119 · B-4
A Arrecife, 38 km
Pob. 983
T. 928 519 238.
GPS 28° 51' 41'' N · 13° 49' 47'' O

Visitar: Entre los lugares más significativos está el faro de Pechiquera, la **Torre del Águila** y el **Castillo de Las Coloradas.**

Fiestas: El 16 de julio tiene lugar la fiesta de **Ntra. Sra. del Carmen.**

Alrededores: Merece la pena visitar la **punta y playas del Papagayo.**

Restaurantes

Aromas de Yaiza. La Laja, 1. T. 928 349 691. *www.restaurantearomasyaiza.com*
Cierra domingo. Cocina de mercado con raíces canarias, recomendables propuestas de menús (20 y 32 €). Espárragos verdes con jamón y queso en pasta crujiente, solomillo con salsa de oporto, *soufflé* de chocolate. Precio medio 25 €.

Isla de Lobos. (H. Princesa Yaiza). Av. Papagayo, 22. T. 928 519 222. *www.princesayaiza.com*
Cierra almuerzos, lunes, domingo y segunda semana de diciembre. Cocina mediterránea de autor con productos ecológicos. *Mi-cuit* sobre crujiente de maíz, cochino negro, fluido de chocolate. Precio medio 50 €. En el mismo hotel, **Don Giovanni** (no cierra), con oferta italiana y a menor precio (35 €).

Hoteles

***** **Hotel Volcán Lanzarote.** El Castillo, 1. T. 928 519 185. *www.hotelvolcanlanzarote.com*
Hab. 255: 215/300 €. Suites: 16. Desayuno incluido. Servicio Real. Vistas sobre la isla de Lobos y las playas del Papagayo. Restaurantes Yaiza, Kazán, japonés, y La Florida, *buffet*.

***** **Princesa Yaiza Suite Hotel Resort.** Av. Papagayo, 22. T. 928 519 222. *www.princesayaiza.com*
Hab. 44: 190/307 €. Suites: 230. En primera línea de playa. Restaurante Isla de Lobos.

101 · D-3

Playa Honda Lanzarote Ver Arrecife

Puerto del Carmen-Costa de Tías Lanzarote

119 · B-4
A Arrecife, 16 km
Pob. 19.487
T. 928 513 351
GPS 28° 55' 11'' N · 13° 40' 10'' O

Visitar: Destacan **Varadero** y el centro cultural, en el casco antiguo. También el centro cívico El Fondeadero y la avenida de las Playas. Hay playas magníficas como las de **Guacimeta,** Matagorda, Barranquillo, **Playa Grande,** Pila de la Barrilla y la de los Pocillos.

Fiestas: En enero y febrero se celebran la Candelaria y S. Blas. En febrero tiene lugar la **Prueba Internacional de Triatlón Ironman.** Muy animados son los carnavales, así como la fiesta de S. Patricio, en marzo. En mayo son S. José Obrero y el Día de Canarias. En junio, S. Pedro y S. Antonio y el **Corpus Christi,** con sus alfombras de flores. En julio, La Magdalena, el Sagrado Corazón de Jesús y **Ntra. Sra. del Carmen.** En agosto, la Semana de la Artesanía. Y en octubre, el **Festival de Música y Arte.** Por último, en diciembre, el certamen Tías Canta a la Navidad.

El color blanco predomina en la arquitectura de Puerto del Carmen

Alrededores: En **Tías** se pueden visitar el teatro, la iglesia y la Casa del Señor Justo. En **Conil,** la ermita. En **La Geria,** los viñedos y bodegas. Es más que recomendable conocer el **Parque Nacional de Timanfaya.**

Restaurantes

La Cañada. (En Tías, a 3 km). César Manrique, 3. T. 928 510 415.
Cocina tradicional española. Pescado a la sal, cordero lechal, ponche conejero. Menú 18 €. Precio medio 35 €.

Rías Gallegas. Reina Sofía, 22. T. 928 515 745.
Cierra lunes y del 15 de mayo al 15 de junio. Cocina gallega en un local con vistas al puerto marinero. Pescados y ternera gallega, filloas. Precio medio sin marisco 45 €.

Teguise-Costa Teguise Lanzarote

119 · C-3
A Arrecife, 11 km
Pob. 20.000
T. 928 845 001/72/74
GPS 29° 3' 25'' N · 13° 33' 5'' O

Visitar: La antigua capital de la isla es Conjunto Histórico-Artístico, donde destacan la **iglesia de S. Francisco** (s. XVI), el **Palacio Spínola,** antigua casa señorial convertida en sede de la Presidencia del Gobierno de Canarias, y que actualmente también alberga el Museo del Timple; el Castillo de Sta. Bárbara (s. XVI); la iglesia de Ntra. Sra. de Guadalupe (s. XV); la de Sto. Domingo (s. XVII) y el **Palacio Herrera,** actual escuela-taller de Teguise. Es también muy destacable la **Fundación César Manrique,** en Tahiche, y en Tiagua, el Museo Agrícola El Patio.

Fiestas: El 16 de julio tiene lugar la fiesta del Ntra. Sra. del Carmen; el 5 de agosto, la de **Ntra. Sra. de las Nieves.**

Alrededores: Es recomendable vistar el yacimiento prehispánico de **Zonzamas,** las aldeas y playas. En **Guatiza,** el Jardín de Cactus, obra de César Manrique.

Máscaras y campanillas en el Festival de Diabletes de la villa de Teguise

Restaurantes

Neptuno. (Apartamentos Neptuno). Av. Jablillo, 26. T. 928 590 378.
Cierra domingo. Queso rebozado con mermelada de higos, pescados al gusto, leche asada. Precio medio 25 €.

Yaiza Lanzarote

119 · B-3
A Arrecife, 22 km
Alt. 192 m · Pob. 14.471
T. 928 518 150
GPS 28° 57' 3'' N · 13° 45' 48'' O

Visitar: La **iglesia de Ntra. Sra. de los Remedios** es Bien de Interés Cultural. También sobresalen la Casa Benito Pérez Armas; el paisaje protegido de **La Geria,** las salinas de Janubio, de Interés Científico; el monumento natural de Los Ajaches y sus **playas del Papagayo;** el Parque Natural de los Volcanes, con los enclaves de El Golfo, Charco de los Chicos y **Los Hervideros,** así como el imprescindible **Parque Nacional de Timanfaya,** además del Castillo de las Coloradas.

Fiestas: El 15 de mayo, en Uga, se celebra **S. Isidro.** El 21 de junio, S. Luis Gonzaga, en Las Breñas. El 7 de julio, S. Marcial de Rubicón, en Femés. El 16 de julio, Ntra. Sra. del Carmen. Y el 15 de agosto, **Ntra. Sra. de la Caridad.**

Alrededores: Es muy atractivo el centro turístico de **Montañas del Fuego,** con el islote de Hilario y la Ruta de los Volcanes.

La característica forma de cultivo de La Geria, a salvo de los elementos

Restaurantes

Amura. (En Puerto Calero). Av. Marítima, s/n. T. 928 513 181.
www.restauranteamura.com P
Cierra lunes. Atractivo y señorial, con imponentes vistas a la marina y una gastronomía a la altura. **Cherne ahumado, puré de calabaza y vainilla con pan de pasas; pichón semideshuesado sobre 'risotto' de setas y parmesano, texturas del café.** Precio medio 35 €.

La Casona de Yaiza. El Rincón, 11. T. 928 836 262. *www.casonadeyaiza.com*
Cierra viernes almuerzo, jueves, 20 días entre junio y julio, y 10 días en septiembre. Con ocho habitaciones. Antigua casona donde el lagar y la bodega se han habilitado como comedor. Pulpo con papas, cochinillo al horno, *mousse* de plátano. Precio medio 25 €.

FUERTEVENTURA

Antigua Fuerteventura

118 · D-2
A Puerto del Rosario, 22 km
Alt. 200 · Pob. 10.458
T. 928 163 286
GPS 28° 25' 12'' N · 14° 0' 43'' O

Visitar: En esta pequeña población, al pie del macizo de Betancuria, merecen una visita la **iglesia de Ntra. Sra. de Antigua** (s. XVII) y el molino.

Fiestas: Del 1 al 13 de septiembre se celebra **Ntra. Sra. de Antigua.** Del 12 al 18 de octubre, la Virgen de la Peña del Mar.

Alrededores: Merece la pena la torre-fortaleza de **Caleta de Fuste** (s. XVIII).

Hoteles

***** **Elba Palace Golf.** (En Caleta de Fuste, a 15 km). Urb. Fuerteventura Golf Resort Club, s/n. T. 928 163 922. *www.elbapalacegolf.com*

Hab. 51: 295/462 €. Suites: 10. Admisión de perros, consultar. Situado en un campo de golf de 18 hoyos. Restaurantes Hoyo 19 y St. Andrews.

***** **Sheraton Fuerteventura Beach.** (Urb. Fuerteventura Golf Resort). Ctra. FV-2, km 11. T. 928 495 100. *www.sheratonfuerteventura.com*
Hab. 215: 88/473 €. Suites: 51. En primera línea de playa. Restaurantes Los Arcos, *buffet*; La Veranda, italiano; El Faro, brasería mediterránea; y Wok-N-Zen, panasiático.

Corralejo Fuerteventura

118 · E-1
A Puerto del Rosario, 35 km
Pob. 21.354
T. 928 866 235
GPS 28° 44' 20'' N · 13° 52' 5'' O

La playa de Bajo Negro, cerca de Corralejo, es perfecta para el 'kitesurf'

Visitar: El **Parque Natural de las Dunas de Corralejo** ofrece playas de arena dorada y aguas transparentes, ideales para la práctica de deportes marinos.

Fiestas: Las celebraciones principales son el **Carnaval de Carnavales** y las fiestas de Ntra. Sra. del Carmen, el 16 de julio.

Alrededores: En **Cotillo** está el Castillo del Tostón, y en **La Oliva,** una iglesia de gran interés.

Restaurantes

La Cúpula de Carles Gaig. (Gran Hotel Atlantis Bahía Real). Av. Grandes Playas, s/n. T. 928 536 444. *www.atlantishotels.com*
Cierra almuerzos. Ambiente refinado y elegante, asesorado por Carles Gaig. Vieiras a la parrilla con *boletus* y espárragos, solomillo con *foie-gras* y trufa, fluido de chocolate. Precio medio 50 €.

Hoteles

***** **Gran Hotel Atlantis Bahía Real.** Av. Grandes Playas, s/n. T. 928 536 444. *www.atlantishotels.com*
Hab. 165: 199/477 €. Suites: 72. Desayuno incluido. En primera línea de playa, junto a las suaves dunas e infinitas playas de fina arena blanca. Restaurantes Alacena Real, Beach Club Las Palmeras, La Cúpula de Carles Gaig, Yamatori y Las Columnas.

Lajares Fuerteventura Ver Oliva, La

118 · E-1

Morro Jable Fuerteventura

118 · B-4
A Puerto del Rosario, 85 km
Pob. 2.422
GPS 28° 2' 56'' N · 14° 21' 10'' O

Visitar: Además del Centro de Información del Aloe Vera, destacan las extensas **playas** del municipio, ideales para el submarinismo, además del puerto y el **faro.**

Restaurantes

Marabú. (En Urb. Esquinzo-Butihondo, a 8 km). Ctra. FV-2, dirección Morro Jable, salida 79. Fuente de Hija, 2. T. 928 544 098. *www.marabu-online.com*
Cierra domingo, segunda y tercera semanas de enero y julio. Cocina de fusión a cargo de su propietario, Ralf Johmman. Queso a la plancha con miel y jengibre, *steak* de pez espada en costra de pimientos, higos secos al jerez con helado de ron y pasas. Terraza en el jardín. Precio medio 40 €.

Oliva, La Fuerteventura

118 · B-4
A Puerto del Rosario, 23 km
Alt. 219 m Pob. 23.660
T 928 866 235
GPS 28° 36' 35'' N · 13° 55' 42'' O

Visitar: Los puntos más destacados son la **iglesia de Ntra. Sra. de la Candelaria,** la Casa de los Coroneles, el castillo y el faro de El Tostón, el Museo del Grano y el **Centro de Arte Casa Mane.**

Fiestas: El 2 de febrero es la fiesta de **Ntra. Sra. de la Candelaria.** Muy celebrados son los carnavales. El 16 de julio se celebra Ntra. Sra. del Carmen, y a lo largo de julio, el certamen **Fuerteventura en Música.**

Alrededores: En la zona se encuentran los parques naturales de **Isla de Lobos** y **Dunas de Corralejo,** el paisaje protegido de **Vallebrón** y el monumento natural de **Tindaya,** con la ermita de Ntra. Sra. de la Caridad, Bien de Interés Cultural.

Restaurantes

El Horno. (En Villaverde, a 3 km). Ctra. Centro Villaverde, 91. T. 928 868 671.
Cierra domingo cena, lunes y junio. Amplio comedor de estilo rústico donde destacan las especialidades al horno, como el cabrito, que conviene encargar previamente. Croquetas caseras, fluido de chocolate. Precio medio 25 €.

El Patio de Lajares. (En Lajares, a 15 km. Ctra. Antigua a El Cotillo). La Cerca, 9. T. 928 861 535. *www.patio-lajares.com*
Cierra lunes, martes y 14 días en enero. Con seis habitaciones. Luminoso local con bodega climatizada. Crema de papa estilo alemán, *chateaubriand* con salsa estragón, *parfait* de amapolas. Menú 25 €. Precio medio 36 €.

Villaverde Fuerteventura Ver Oliva, La

118 · E-1

TENERIFE

Acantilados de los Gigantes Tenerife Ver Santiago del Teide

116 · B-3

Adeje-Arona-Playa de las Américas Tenerife

116 · B-3
A Santa Cruz de Tenerife, 80 km
Alt. 340 m · Pob. 45.000
GPS 28° 7' 16'' N · 16° 43' 33'' O

Visitar: Destacan la **iglesia de Sta. Úrsula,** Bien de Interés Cultural; el Museo de Arte Sacro, el Archivo Histórico, el **barranco del Infierno,** el parque temático del Agua y las playas. Además, es un lugar idóneo para amantes del senderismo.

Fiestas: El 19 y 20 de enero se celebra **S. Sebastián,** con una procesión. También son significativas la Semana Santa y el **Corpus Christi.** En octubre llegan las fiestas de Sta. Úrsula y de la Encarnación.

Mirador de madera en la Casa de los Coroneles de La Oliva

Restaurantes

El Torito. (En Caleta, a 3 km. Urb. El Beril). La Herradura, s/n. T. 922 715 566. *www.restaurantesdeadeje.com*
Cierra miércoles. Decoración taurina, con cocina y parrilla a la vista del comensal. También, queso canario a la parrilla con compota de tomate, arroces, peras al vino tinto. Precio medio 30 €.

Las Aguas. (H. Gran Hotel Bahía del Duque Resort). Av. Bruselas, s/n. T. 922 746 900. *www.bahia-duque.com*
Cierra almuerzos, domingo, lunes, segunda quincena de junio y de septiembre. Se ha consolidado por su alta cocina canaria, de la mano de Braulio Simancas, uno de los valores locales. **Papas negras y degustación de mojos, medregal en marinera con almeja fina y batata, cabrito cocinado a 70° C con terrina de verduras y papas de color.** Amplia representación de vinos de las islas. Precio medio 55 €.

Caleta, La Tenerife Ver Adeje/Arona/Playa de las Américas

116 · B-4

Candelaria Tenerife

116 · D-2
A Santa Cruz de Tenerife, 15 km
Alt. de 0 a 2.000 m · Pob. 23.319
T. 922 032 230
GPS 28° 21' 7'' N · 16° 22' 17'' O

Visitar: La **plaza y la Basílica de Ntra. Sra. de Candelaria** constituyen el núcleo monumental de la localidad. También merecen una visita la iglesia de Sta. Ana, la cueva de S. Blas, el **conjunto escultórico de Los Menceyes** (los reyes guanches) y el centro alfarero Casa Las Miquelas.

Fiestas: El 2 de febrero se celebra la fiesta litúrgica de la Virgen de Candelaria. Luego llegan los carnavales. El 16 de julio es la fiesta de la Virgen del Carmen. El 26 de julio, **Sta. Ana,** la patrona, cuyas fiestas duran una semana. El 14 de agosto tiene lugar la **ceremonia de los Guanches,** en la que se evoca el hallazgo histórico de una imagen de la Virgen; el día siguiente hay una ofrenda floral a la Virgen de Candelaria. El 13 de octubre se conmemora la **Coronación** de esa misma imagen que, además, es la patrona de Canarias.

Alrededores: Es recomendable conocer **Igueste,** donde está el caserío de La Jiménez. También **Barranco Hondo, Araya, Cuevecitas, Malpaís** y **Las Caletillas.** En **Güímar,** a 5 km, el **camino viejo** que conecta La Laguna con Candelaria está declarado Bien de Interés Cultural.

Hoteles

Hotel Rural Finca Salamanca. (En Güímar). Ctra. El Puertito, 2. T. 922 514 530. *www.hotel-fincasalamanca.com*

Hab. 20: 53/148 €. Suites: 4. En una finca de aguacates de 50.000 m² de extensión. Restaurante Finca Salamanca.

116 · C-2

Cañadas del Teide, Las Tenerife Ver Orotava, La

Granadilla de Abona Tenerife

116 · C-4
A Santa Cruz de Tenerife, 68 km
Alt. 670 m · Pob. 40.862
GPS 28° 7' 11'' N 16° 34' 40'' O

Visitar: En el interesante casco histórico se hallan el antiguo **convento franciscano** y el **Museo de Historia.**

Fiestas: Los eventos principales son el carnaval, las **fiestas Mayores** de mayo o junio, y la Feria de Artesanía de junio.

Alrededores: Son muy imponentes las formaciones volcánicas de **Montaña Guajara, Iferfe, las Chozas, el Lugar, Acojeja, Chiñama, Montaña Gorda y Yaco;** así como el parque de la Corona Forestal.

Restaurantes

El Templete. (En Médano, a 6 km). C.C. El Médano. Mencey de Abona, 2. T. 922 176 079. P
Cierra domingo cena y lunes. De ambiente popular, cuenta con pescadores locales que le suministran **pescado** fresco, que el cliente escoge para su elaboración inmediata o elige de una carta de elaboraciones y guisos marineros. Buenos entrantes. Precio medio 25 €.

Guía de Isora Tenerife

116 · B-3
A Santa Cruz de Tenerife, 95 km
Alt. 580 m · Pob. 21.267
GPS 28° 12' 33'' N · 16° 46' 49'' O

Visitar: El casco histórico está declarado Bien de Interés Cultural. En él se puede visitar la **iglesia de Ntra. Sra. de la Luz,** la sala de exposición permanente y los **yacimientos** con grabados rupestres y cuevas sepulcrales.

Fiestas: En agosto se celebran **S. Juan** y **Ntra. Sra. de la Paz.** El primer domingo de agosto, S. Juan Bautista y Ntra. Sra. del Carmen. El segundo y tercer domingo de septiembre, las fiestas de Ntra. Sra. de la Luz. El 17 y 18 de noviembre, las **fiestas del Volcán.**

Alrededores: Muy próximos a la localidad están **Aripe, Chirche** y el **Parque Nacional de Las Cañadas del Teide.**

Restaurantes

Kabuki Abama. (H. Abama). Ctra. General TF-47, km 9. T. 922 126 000. www.abamahotelresort.com P
Cierra almuerzo, martes y septiembre. La base de su éxito está en la calidad del **pescado** del océano Atlántico y en la frescura de los **vegetales,** recogidos solo unas horas antes en las inmediatas fincas de cultivo, junto a la técnica depurada que Ricardo Sanz sabe trasladar a los equipos de todos sus restaurantes. Precio medio 75 €.

M. B. (H. Abama). Ctra. general TF-47, km 9. T. 922 126 000. www.abamahotelresort.com P
Cierra almuerzos, domingo, lunes y del 17 de junio al 18 de julio. Martín Berasategui tiene en Tenerife uno de sus mejores restaurantes, de la mano de Erlantz Gorostiza en la cocina y Roberto Castro en la dirección de sala. Un marco singular, elegante y abierto al paisaje, un servicio de lujo y una bodega de grandes vinos europeos lo sitúan entre lo mejor de Canarias. Precio medio 95 €.

Hoteles

***** **Abama Golf & Spa Resort.** Ctra. Gral. TF-47, km 9. T. 922 126 000. www.abamahotelresort.com P
Hab. 471: 350/900 €. Suites en villas. Rodeado de 12.000 m² de jardines. Restaurantes Kabuki, M. B. y El Mirador.

***** **Gran Meliá Palacio de Isora.** Av. de los Océanos, s/n. T. 922 869 000. www.granmeliapalaciodeisora.com P
Hab. 579: 179/538 €. En primera línea de mar con vistas espectaculares a la isla de La Gomera y al Teide. Cuenta con seis villas. Restaurantes Nami, Gastrobar Tántalus, Market Grill, Club Ocean, Oasis, Pangea y Red Level.

Calles de colores
Durante el Corpus Christi, La Orotava viste tupidas alfombras de pétalos de flores y cenizas del Teide.

116 · C-4

Médano Tenerife Ver Granadilla de Abona

Naranjeros, Los Tenerife Ver Tacoronte

116 · D-1

Orotava, La Tenerife

116 · C-2
A Santa Cruz de Tenerife, 38 km
Alt. 500 m · Pob. 41.171
GPS 28° 23' 25'' N · 16° 31' 29'' O

Visitar: El **casco antiguo** está declarado de Interés Histórico Nacional, como reconocimiento a la monumentalidad de esta villa.

Fiestas: En junio tienen lugar las **fiestas patronales,** declaradas de Interés Turístico Nacional, y el **Corpus Christi,** cuando las calles de la localidad se tapizan con las tierras del Teide y pétalos de flores. En mayo se celebra la romería de S. Isidro Labrador.

Alrededores: Desde aquí se puede acceder al **Parque Nacional de Las Cañadas del Teide** y al **mirador de Humboldt.** También a playas tan atractivas como **Bollullo, El Ancón** y **Los Patos,** así como a parques temáticos y museos como el de Artesanía, de Arte Sacro y Etnográfico de **Pinolere.**

El tajinaste rojo es una de las plantas icónicas de Las Cañadas del Teide, Tenerife

Restaurantes

® **Humboldt.** Ctra. TF-21, El Pinito, s/n. T. 681 092 267.
www.miradordehumboldt.com
Cierra domingo cena y lunes. Pedro Rodríguez Dios, el cocinero que lanzó La Gañanía, dirige este nuevo establecimiento, que nace con la garantía de su cocina y el añadido de una vista espectacular sobre el valle de La Orotava, desde el mismo mirador de Humboldt. Precio medio 35 €.

☼ **Lucas Maes.** (Autopista La Orotava-Puerto de la Cruz, salida 32). Dehesa Baja. Barranco de la Arena, 53. T. 922 321 159.
www.lucasmaes-restaurante.com
Cierra domingo, lunes, Semana Santa, última semana de agosto y dos primeras de septiembre. Tiene la mejor cocina centroeuropea, en un ambiente de gran nivel, cerca del turístico Puerto de la Cruz. Su terraza con vistas es ideal para un aperitivo o para la copa después de cenar. Precio medio 30 €.

Hoteles

** **Parador de Turismo Las Cañadas del Teide.** (La Orotava) Parque Nacional de Las Cañadas del Teide. Ctra. TF-21, km 46,5. T. 922 374 015. *www.parador.es*
Hab. 37: 125/156 €. Situado en el cráter de Las Cañadas, en el Parque Nacional de Las Cañadas del Teide, a más de 2.000 m sobre el nivel del mar, regala impresionantes panorámicas del volcán. Declarado Patrimonio de la Humanidad. Restaurante Teide.

Puerto de la Cruz Tenerife

116 · C-2
A Santa Cruz de Tenerife, 39 km
Alt. 134 m · Pob. 32.571
T. 922 386 000
GPS 28° 24' 46'' N · 16° 32' 47'' O

Visitar: El **Jardín Botánico** es un maravilloso muestrario de flores, plantas y árboles tropicales y subtropicales de todo el mundo. También destacables son la **iglesia de Ntra. Sra. de La Peña de Francia;** el **Castillo de S. Felipe,** considerado Monumento Histórico-Artístico; la iglesia de S. Francisco; el parque Taoro; el **acantilado Martiánez,** con el lago y la playa-jardín diseñados por el artista César Manrique; el paseo de S. Telmo; el jardín Sitio Litre; la plaza del Charco; **Loro Parque** y los museos Arqueológico y de Arte Moderno. También Buenavista Golf, a 30 km.

Fiestas: En febrero se celebran los carnavales; el 3 de mayo, las **fiestas Fundacionales;** el 23 de junio, la de S. Juan. En julio tienen lugar las fiestas patronales en honor a la **Virgen del Carmen** y el Gran Poder de Dios. El 29 de noviembre se conmemora S. Andrés. Después, y cargada de cerveza, viene la Semana Bávara.

Alrededores: A 8 km se sitúan las localidades de **Los Realejos** y **La Orotava.** A 35 km, el **Parque Nacional de Las Cañadas del Teide.**

Torre de la iglesia de Ntra. Sra. de la Peña de Francia, en el Puerto de La Cruz

Restaurantes

☼☼ **El Duende.** La Higuerita, 41. T. 922 374 517. *www.el-duende.es*
Cierra lunes y martes. Uno de los primeros restaurantes de Tenerife en desarrollar una cocina moderna actualizando el recetario regional canario, manteniendo sus sabores y señas de identidad. Situado en una vieja casona a las afueras del Puerto de la Cruz. Precio medio 30 €.

Régulo. Pérez Zamora, 16. T. 922 384 506. *www.restauranteregulo.com*

Cierra lunes almuerzo, domingo y julio. Antigua casa canaria con patio central en el casco histórico. *Carpaccio* de pulpo, pescado fresco del día con papas *arrugás*, quesillo canario. Precio medio 25 €.

Hoteles

★★★★★ **Botánico.** Richard J. Yeoward, 1. T. 922 381 400. *www.hotelbotanico.com*

Hab. 200: 163/410 €. Suites: 52. Admisión de perros, consultar. The Oriental Spa Garden es uno de los mejores de Europa. Próximo al club de golf El Peñón Tacoronte. Miembro de la cadena The Leading Hotels of the World. Impresionantes jardines. Programas de adelgazamiento con cocina saludable. Restaurantes Il Pappagallo, The Oriental, La Parrilla y Al Fresco.

San Cristóbal de La Laguna Tenerife

116 · E-1
A Santa Cruz de Tenerife, 10 km
Alt. de 0 a 550 m · Pob. 152.222
T. 922 631 194
GPS 28° 29' 14" N · 16° 18' 57" O

Visitar: Conjunto Histórico declarado Bien de Interés Cultural y Patrimonio de la Humanidad. Entre sus monumentos, destacan el **Ayuntamiento,** el **Palacio Episcopal,** la Casa de Alvarado Bracamonte (s. XVII), el Real Santuario del Cristo de La Laguna, la Casa Montañes (s. XVIII), la iglesia y el antiguo **Convento de Sto. Domingo de Guzmán** (s. XVI), la iglesia de la Concepción (s. XVI) y su torre y el **Convento de S. Agustín.** No hay que perderse la **playa del Arenal.**

Fiestas: Son destacables las celebraciones de Semana Santa. En junio tiene lugar el Corpus Christi; en julio, la **romería de S. Benito Abad,** de Interés Turístico Nacional; en agosto, los **Corazones de Tejina,** Bien de Interés Cultural. En septiembre se conmemora el **Stmo. Cristo de La Laguna,** y en octubre, La Librea.

Alrededores: Muy próximo está el monte de Las Mercedes, en el **Parque Rural de Anaga,** donde practicar senderismo; merece la pena acercarse a los miradores de **La Cruz del Carmen,** del **Pico del Inglés, Aguere** y de la **Mesa Mota.**

Paseo con marea baja
Las playas cercanas al Puerto de la Cruz se caracterizan por sus arenas negras, de origen volcánico.

Restaurantes

® **Chez Stéphane.** Ascanio y Nieves, 7. T. 922 253 584.
Cierra domingo cena, lunes, martes y del 15 de julio al 15 de agosto. Restaurante *bistró*. Especialidades regionales francesas de corte clásico, muy bien elaboradas. Carta de vinos un poco corta. Menús 11, 23 y 38 €. Precio medio 25 €.

® **Silbo Gomero.** Volcán Helena, 9. T. 922 310 355. *www.silbogomerorestaurante.com*
Cierra cenas de lunes a miércoles, domingo, 15 días en carnavales y segunda quincena de agosto. Mantiene una cocina canaria de calidad y la visita es recomendable, aunque actualmente se dirige más hacia un estilo con menos nivel y más bajos precios. Precio medio 35 €.

Santa Cruz de Tenerife Tenerife

116 · E-1
Pob. 229.274
T. 922 299 749
GPS 28° 28' 10" N · 16° 15' 10" O

Visitar: Merece la pena acercarse a las **iglesias de La Concepción** (s. XV), reconstruida en 1653, de S. Francisco (s. XVII) y de S. Jorge; la ermita de Ntra. Sra. de Regla; el **Castillo de S. Juan Bautista,** o Castillo Negro, Patrimonio Histórico; la Casa de la Pólvora; el Museo Municipal de Bellas Artes, el de la Naturaleza y El Hombre, el Militar Regional o **TEA, Tenerife Espacio de Artes.** También, la Biblioteca Municipal; el mercado de Ntra. Sra. de África; el parque García Sanabria; el **Auditorio y Centro Internacional de Ferias y Congresos,** obra del arquitecto Santiago Calatrava; el puerto, uno de los más importantes de España, el parque marítimo César Manrique y el Teatro Ángel Guimerá.

Fiestas: El 5 de enero tiene lugar la cabalgata de Reyes Magos. En cuanto al **carnaval,** está considerado de Interés Turístico Internacional, con actos como la gran gala de elección de la Reina, la cabalgata anunciadora y el coso apoteósico de comparsas, murgas, rondallas y agrupaciones musicales. Las **fiestas de mayo** conmemoran la fundación de la ciudad, con un concurso de cruces de flores naturales, el baile de los Magos, una exhibición de deportes autóctonos en el paseo Romero, una gran romería y la Feria de Ganado. Por su parte, en la **fiesta del Carmen,** el 16 de julio, se embarca a la Virgen con su séquito para recorrer el puerto de la ciudad.

Alrededores: Muy cerca está el parque rural de **Anaga.** También las playas de **Las Teresitas, Benijo, Almáciga, Las Gaviotas** y **Roque de las Bodegas.** No hay que perderse el **Parque Nacional de Las Cañadas del Teide.**

El moderno Auditorio de Tenerife, diseñado por Santiago Calatrava

Restaurantes

® **Bistró de Víctor Cruz.** Doctor Guigou, s/n. T. 922 281 509. *www.victorcruzrestaurantes.com*
Cierra domingo. Nueva ubicación y nuevo nombre para las creaciones de Víctor Cruz. Cocina de fusión y especialidades regionales en un buen ambiente. **Lacón y queso de cabra caliente con ensalada de espinacas y mermelada de tomate; láminas de solomillo costradas con setas, caramelo, 'foie-gras' y salsa de vino.** Menú 14 €. Precio medio 30 €.

El Coto de Antonio. Perdón, 13. T. 922 272 105.
Cierra domingo cena y primera quincena de septiembre. Un clásico en Santa Cruz, de cocina burguesa canaria, con numerosas recomendaciones de mercado, especialmente en **pescados.** Precio medio 35 €.

El Gusto por el Vino. Emilio Calzadilla, 6. T. 922 277 110.
Cierra domingo y agosto. Su cocinero, danés aunque afincado desde hace años en España, combina un estilo clásico con técnicas modernas. Como su propio nombre indica, uno de los aspectos más notables es la bodega, con grandes vinos, tanto españoles como franceses y canarios. Precio medio 35 €.

Gom. Doctor Guigou, 26. T. 922 276 058. *www.gom.es* P
Cierra lunes, domingo y agosto. Ofrece una cocina actual y muy bien realizada, europea y con algunos guiños a la gastronomía venezolana. Buen ambiente y próximo a una zona de varios hoteles. Menú 15 €. Precio medio 30 €.

Kazan. (Edif. Hamilton, local 4). Pº Milicias de Garachico, 1. T. 922 245 598. *www.restaurantekazan.com*
Cierra lunes cena, domingo y carnavales. Cocina japonesa de autor con buena materia prima y ambiente *zen*. Precio medio 35 €.

Los Troncos. El Perdón, 17. T. 922 284 152.
Cierra miércoles y del 15 de agosto al 15 de septiembre. Cocina casera isleña. Potaje de berros, conejo en salmorejo, bienmesabe canario. Precio medio 25 €.

Mesón Clavijo 38. (Cerca del Ayuntamiento). Viera y Clavijo, 38. T. 922 271 065. *www.mesonclavijo.com*
Cierra domingo. Ensalada templada de cigalas y hongos, cochinillo asado, milhojas de crema y nata. Precio medio 30 €.

® **Taberna Ramón.** Rambla de Santa Cruz, 56. T. 922 241 367.
Cierra domingo y del 20 de agosto al 20 de septiembre. Una taberna de constante éxito desde hace años, con buena cocina de mercado, embutidos, vinos... Precio medio 20 €.

Hoteles

**** **Hotel Escuela Santa Cruz.** Av. San Sebastián, 152. T. 922 847 500. *www.hecansa.com* P
Hab. 65: 77/126 €. Suites: 8. Situado en el corazón de la ciudad, frente al estadio de fútbol.

Santiago del Teide-Puerto de Santiago

Tenerife

116 · B-2
A Santa Cruz de Tenerife, 100 km
Alt. 936 m · Pob. 12.610
GPS 28° 17' 43" N 16° 48' 57" O

La iglesia de Santiago del Teide, construida con rocas volcánicas encaladas

Visitar: En este pueblo pesquero destaca la **iglesia parroquial** (s. XVII). Muy pintoresco resulta el **acantilado de los Gigantes,** desde donde avistar el paso de cetáceos, y el muelle deportivo homónimo. Capítulo especial merecen los **paisajes volcánicos** contrastados con la flora autóctona, igual que el de almendros en flor durante febrero. También se encuentran la **Reserva Natural Especial del Chinyero** y las cuevas de Sámara. En **Arguayo** se sitúan el Centro Alfarero y el Museo Etnográfico. En **Puerto Santiago** destacan las playas de La Arena (con la bandera azul más premiada de Canarias) e imponentes acantilados.

Fiestas: En mayo tiene lugar la **fiesta de El Cristo,** en recuerdo a la erupción del Chinyero. En julio son las fiestas de Ntra. Sra. del Carmen, en Puerto de Santiago, con la procesión marinera y fuegos artificiales sobre el mar.

Restaurantes

El Rincón de Juan Carlos. (En Acantilado de Los Gigantes, a 1 km). Pasaje Jacaranda, 2. T. 922 868 040. *www.elrincondejuancarlos.es*
Cierra almuerzos de lunes a jueves, y domingo. Próximo al impresionante paisaje del acantilado de los Gigantes, ofrece una cocina atractiva, de corte muy actual, con los productos de las islas, especialmente del mar. **Canelón de caballa con caldo de piel ahumada.** Precio medio 40 €.

Pancho. (En Puerto de Santiago, a 12 km. Playa de la Arena). Av. Marítima, s/n. T. 922 861 323.
Cierra lunes y junio. Continúa siendo un restaurante de referencia en el sur de Tenerife. Conviene prestar atención a las recomendaciones del día. Atractiva ubicación junto a una playa de arena negra. Precio medio 40 €.

Hoteles

**** **Barceló Santiago.** (En Puerto de Santiago). La Hondura, 8. T. 922 860 912. *www.barcelosantiago.com*
Hab. 400: 80/200 €. Suites: 23. Situado en una zona de gran belleza paisajística. Impresionantes vistas a La Gomera y a los acantilados de los Gigantes. Restaurante *buffet* de cocina internacional.

---

116 · D-1

Sauzal, El Tenerife Ver Tacoronte

Tacoronte Tenerife

116 · D-1
A Santa Cruz de Tenerife, 20 km
Alt. 510 m · Pob. 23.800
T. 922 570 015
GPS 28° 28' 51" N · 16° 24' 48" O

Visitar: Hay varios monumentos considerados Bien de Interés Cultural, como el antiguo **convento de S. Agustín;** la parroquia de Sta. Catalina Mártir de Alejandría (s. XVI); el **Santuario del Stmo. Cristo de los Dolores** (s. XVII); la Alhóndiga (s. XVII) y el Calvario (s. XVII). Además, merecen la visita el bosque de Agua García, con su centro de información patrimonial, los jardines de Hamilton y los **acantilados,** también declarados Bien de Interés Cultural.

Fiestas: En enero se celebra S. Antonio Abad. En carnavales destaca la **Piñata Chica.** En junio, el Corpus Christi y la **romería de S. Isidro.** En septiembre, el Stmo. Cristo de los Dolores. Y el 25 de noviembre, Sta. Catalina Mártir de Alejandría.

Alrededores: Merecen una visita el mercadillo del Agricultor y el **barrio de S. Juan,** con productos típicos y artesanía.

Restaurantes

Amaranto. (En El Sauzal, a 3 km). Autopista Tenerife Norte, salida 23. Urb. Puntillo del Sol. Av. Roma, 24. T. 922 575 047. *www.amarantococina.com*
Cierra domingo cena, lunes y última semana de enero. Situado en un agradable chalé, está dirigido por el hispano-mexicano Armando Saldanha, que ha consolidado una cocina elegante y de fusión, de estilo europeo, con señas de identidad mexicana y productos canarios. Este cocinero ha ganado tanto el concurso de bocadillos como el de tapas en Madrid Fusión. Precio medio 30 €.

La Sabina (tasca restaurante). En La Victoria de Acentejo, a 7 km. Sto. Domingo, s/n. T. 922 581 847.
Cierra domingo cena. Dos ambientes. Tasca popular y restaurante con recetas más elaboradas. Pulpo con batata y mojo verde, solomillo de cordero a la miel, *biscuit* de avellanas con chocolate caliente. Precio medio 25 €.

® **Los Limoneros.** (En Los Naranjeros, a 2 km). Ctra. General del Norte, km 5,500 T. 922 636 637.
Cierra domingo cena. Restaurante al que acude mucha gente de negocios y una clientela local fiel. Estilo clásico en decoración y cocina, con un excelente servicio. Precio medio 50 €.

Victoria del Acentejo Tenerife Ver Tacoronte

116 · D-2

EL HIERRO

Guarazoca El Hierro Ver Valverde

115 · E-3

Valverde El Hierro

115 · F-3
Alt. 600 m · Pob. 5.090
T. 922 550 302
GPS 27° 48' 33" N · 17° 54' 54" O

Visitar: Esta localidad es la capital de El Hierro y en ella destaca la **iglesia de Ntra. Sra. de la Concepción.**

Fiestas: La celebración principal es la **romería de la Virgen de los Reyes,** patrona de la isla, cada cuatro años.

Alrededores: Sobresalen los conjuntos históricos de las **cuevas de la Pólvora** y de **La Albarraba,** además del puerto de la Estaca. También las pintorescas localidades de **Tiñor, Pozo de las Calcosas** y **Echedo,** a menos de 10 km.

La lucha canaria goza de gran popularidad en Valverde, El Hierro

Restaurantes

Mirador de la Peña. (En Guarazoca, a 8 km). Ctra. General del Norte, 40. T. 922 550 300. *www.el-meridiano.com*
Casa rural, obra de César Manrique, con espectaculares vistas al mar. Croquetas de morcilla con almendras e higos al vino dulce, cabrito frito, crema helada de plátano ecológico con caramelo. Menú 12 €. Precio medio 25 €.

Hoteles

*** **Parador de Turismo.** Ctra. general Las Playas, s/n. T. 922 558 036. *www.parador.es*
Hab. 47: 80/167 €. Al borde del mar y rodeado de vegetación. Es un lugar ideal para el descanso gracias al maravilloso clima de la isla. Restaurante Parador de El Hierro.

LA GOMERA

San Sebastián de La Gomera La Gomera

115 · F-2
Pob. 9.092
T. 922 140 103
GPS 28° 5' 29" N · 17° 6' 47" O

Visitar: Los lugares más interesantes son la **Torre del Conde;** la **Casa-Museo de Colón;** el pozo de la Aguada, en la casa homónima; la **ermita de Puntallana de la Virgen de Guadalupe,** patrona de La Gomera, y el puerto.

Fiestas: El 20 de enero es la fiesta de S. Sebastián. La primera semana de septiembre tienen lugar las fiestas colombinas. En Puntallana, en medio de un bello paraje natural, el primer lunes de octubre se celebra la **romería de Ntra. Sra. de Guadalupe,** que, además, tiene su *bajada* a la capital de la isla cada cinco años.

Alrededores: En el **Parque Nacional de Garajonay** destaca el monumento natural de Los Roques. También merecen una visita la **Reserva Natural Bencijigua,** el monumento natural del **Barranco del Cabrito** y el **Parque Natural de Majona.**

El faro de San Cristóbal, en la Gomera, conocida como la isla colombina

Hoteles

**** **Jardín Tecina.** (Playa de Santiago). Lomada de Tecina, s/n. T. 922 145 850. *www.jardin-tecina.com*
Hab. 434: 110/290 €. Suites: 16. Incluida media pensión. Tecina Golf, 18 hoyos. Restaurantes Principal, Internacional, Barbacoa, Laurel y Club Laurel.

**** **Parador de Turismo.** Cerro de la Horca, s/n. T. 922 871 100. *www.parador.es*
Hab. 60: 90/157 €. De estilo típico canario. Situado sobre un acantilado a 60 m sobre el nivel del mar. Vistas al Teide. Restaurante Conde de Niebla, cocina regional y nacional.

LA PALMA

Breña Baja-Breña Alta La Palma

115 · C-3
A Santa Cruz de La Palma, 5 km
Alt. 400 m · Pob. 5.577
T. 922 181 354
GPS 28° 38' 36'' N · 17° 46' 32'' O

Visitar: En Breña Baja están las **iglesias de S. José:** la antigua, ahora sin culto, y la nueva. Muy recomendable es la playa de Los Canjacos, con arena negra y lava. En Breña Alta merecen visita la **finca tabaquera El Sitio,** el zoológico y la ermita del Socorro, con una interesante fachada.

Fiestas: En Breña Alta, el 2 de mayo se celebra la **fiesta de la Santa Cruz;** el 15 de mayo es S. Isidro y el 29 de junio, S. Pedro; en julio, las **fiestas copatronales de Santiago y Santa Ana;** y el 15 de agosto, la fiesta de la Concepción. En Breña Baja, el último lunes de agosto tienen lugar las **fiestas de Ntra. Sra. del Socorro.**

Alrededores: La villa de **Mazo,** la localidad de **El Paso** y la **montaña de La Breña.**

Escultura 'Lo D vino, alma y voz de la Navidad palmera (1947-97)', en Santa Cruz

Restaurantes

Las 3 Chimeneas. (En Breña Alta, a 5 km). Ctra. Gral. de la Cumbre, 29. T. 922 429 470.
Cierra lunes cena y martes. Antigua casa de piedra con chimenea y terraza. Pulpo frito, solomillo o entrecot, quesillo. Precio medio 20 €.

Hoteles

**** **Parador de la Palma.** Ctra. El Zumacal, s/n. T. 922 435 828. *www.parador.es*
Hab. 78: 102/145 €. Arquitectura tradicional con vistas al Atlántico. Lugar tranquilo. Restaurante El Zumacal. Buena gastronomía local.

Llanos de Aridane, Los La Palma

115 · B-3
A Sta. Cruz de La Palma, 32 km
Alt. 350 m Pob. 21.500
T. 922 402 583
GPS 28° 39' 20'' N · 17° 54' 45'' O

Visitar: Además de pasear por el bello casco histórico, es recomendable la visita al **CEMFAC, Ciudad en el Museo, Foro de Arte Contemporáneo;** la **Casa-Museo del Vino;** la plaza de la Glorieta; el Llano de Argual, el parque de Antonio Gómez Felipe; el Museo Arqueológico y darse un baño por las playas de Puerto Naos y Charco Verde. Hay muchas opciones para practicar senderismo.

Fiestas: Tienen mucha tradición los **carnavales.** En mayo llega el Open Mundial de Pesca. Del 15 de junio al 2 de julio se celebran las **fiestas patronales.** Del 1 al 15 de julio, el **Festival Internacional de Jazz.**

Alrededores: Muy próximo al municipio está el impresionante **Parque Nacional de la Caldera de Taburiente,** donde se sitúan el observatorio astrofísico del **Roque de los Muchachos** y el **mirador La Cumbrecita.**

Restaurantes

Carmen. (En El Paso, a 4 km). Urbanización Celtas, 1. T. 922 402 618. *www.restcarmen.com*
Cierra lunes almuerzo y domingo. Langostinos en salsa de queso palmero, costilla de cerdo confitado, en un chalé rodeado de jardín. Precio medio 26 €.

Paso, El La Palma Ver Llanos de Aridane, Los

115 · B-3

Santa Cruz de La Palma La Palma

115 · C-3
Alt. 15 m · Pob. 17.828
T. 922 420 007
GPS 28° 40' 57'' N · 17° 45' 55'' O

Visitar: Destacan la **parroquia del Salvador** (1585); la iglesia de Candelaria; el **Santuario de Ntra. Sra. de las Nieves** (s. XVI); el Ayuntamiento (s. XVI); las casas señoriales de Salazar, Pinto de Guisla, Monteverde, Fierro y Massieu-Sotomayor; el **Castillo Sta. Catalina,** Monumento Histórico-Artístico; el Barco de la Virgen; el Museo Naval; el antiguo **convento de la Inmaculada Concepción (Museo Insular);** las iglesias de S. Francisco, Sto. Domingo, La Luz y S. Sebastián; el Teatro Chico y las plazas de S. Fernando, La Alameda, España y S. Francisco.

Fiestas: Las principales son los carnavales; el 3 de mayo, la **Sta. Cruz** (la conquista de la isla); en julio, cada cinco años, la **Bajada de la Virgen** (la próxima, en 2015), con la romería de la Bajada del Trono, la Danza de los Enanos y la Loa de la Llegada. El 5 de agosto, los palmeros se reúnen en torno a la Virgen desde 1531.

Alrededores: Es recomendable la visita a **Puntallana,** al mirador de la Concepción en **Breña Alta,** a **El Paso** y al **Parque Nacional de la Caldera de Taburiente.**

Andorra
Sur de Francia
Portugal

La carrera Pirena de trineos tirados por perros, a su paso por Andorra

Andorra La Vella

Visitar: Situada en el fondo de un valle abierto, a los pies de los picos de Carroi (2.334 m) y d'Enclar (2.382 m), es la capital más alta de Europa. Entre sus monumentos destacan la **Casa de la Vall,** de 1530, sede del Consell General; la **iglesia parroquial de St. Esteve,** antigua iglesia románica del s. XII, transformada por el arquitecto Puig i Cadafalch; la Creu Grossa, cruz de término, el conjunto monumental de Enclar y el Museu Roques al Carrer.

Fiestas: El 24 de junio se celebra la **fiesta del Poble.** Del 2 al 4 de agosto es el momento de la **fiesta Mayor.** El 8 de septiembre se festeja a la Verge de Meritxell. Y el 26 de diciembre, a St. Esteve.

Alrededores: A 4 km, en **Sta. Coloma,** hay una iglesia prerrománica de los s. IX y X. En la zona hay estaciones de esquí, el balneario de **Caldea** y la posibilidad de organizar múltiples excursiones.

25 · E-1
A Madrid, 618 km
Alt. 1.050 m · Pob. 23.505
T. 376 827 117
Prefijo internacional: 00-376
GPS 42° 30' 27''N-1° 31' 13''E

Restaurantes

Borda Estevet. Ctra. de la Comella, 2. T. 376 864 026. *www.bordaestevet.com*
Antigua borda con chimenea. *Trinxat* de la borda con panceta, pies de cerdo con setas, pastel de milhojas con crema pastelera y almendras. Precio medio 40 €.

Can Benet. Antic Carrer Major, 9. T. 376 828 922. *www.restaurant-canbenet.com*
Cierra lunes excepto festivos, y segunda quincena de junio. Siete tipos de croquetas diferentes, pato confitado con alubias, flan de carmelo, en una antigua borda. Precio medio 35 €.

Celler d'en Toni. Carrer Verge del Pilar, 4. T. 376 821 252. *www.cellerdentoni.com*
Cierra domingo cena y primera quincena de julio. Ambiente familiar en un rústico local con pinceladas de diseño. Coca crujiente de tres quesos, carnes *(angus, kobe...)*, postres de autor a cargo de Guillem Cervera. Precio medio 35 €.

Hoteles

★★★★★ **Andorra Park Hotel.** Les Canals, 24. T. 376 877 777. *www.parkhotelandorra.com*
Hab. 77: 105/300 €. Suites: 13. En el centro comercial. Rodeado de 15.000 m² de jardines. Restaurantes Es Andorra y Racó del Park.

★★★★★ **Carlton Plaza.** Av. Meritxell, 23-25. T. 376 872 999. *www.plazandorra.com*
Suites: 66: 98/265 €. En el centro comercial y administrativo. Restaurante Mezza Luna, cocina de mercado.

★★★★★ **Holiday Inn Andorra.** Prat de la Creu, 88. T. 376 874 444. *www.plazandorra.com*

Andorra la Vella se caracteriza por una animada vida comercial

Hab. 133: 98/265 €. Habitaciones temáticas. Para niños, sala de juegos infantiles. Restaurante El Gran Café, *buffet* y *show cooking*.

***** **Plaza.** Anna Maria Pla, 19-21. T. 376 879 444. *www.plazandorra.com*

Hab. 45: 109/276 €. Suites: 45. Céntrico y con un lujoso spa. Restaurantes La Cúpula y Plaza, gastronómico.

Escaldes-Engordany

25 · E-1
A Andorra la Vella, 1 km
Alt. 1.105 m · Pob. 16.428
T. 376 820 963
Prefijo internacional: 00-376
GPS 42° 30' 32''N-1° 32' 32"E

Visitar: La iglesia de **St. Pere Màrtir,** de construcción moderna, guarda en su interior un retablo barroco y otro procedente de la iglesia de St. Romà dels Vilars. También son dignos de mención los templos de St. Jaume d'Engordany y **St. Miquel d'Engolasters.** Y merece una visita extensa el **CAEE,** centro de arte con colecciones de Josep Viladomat y maquetas de arte románico. En esta ciudad termal, conocida por sus hoteles-balneario, algunos de la época romana, destaca el **centro termolúdico Caldea,** el más importante de Europa.

Pinturas románicas (s. XI) de la iglesia de St. Serni, en Sant Julià de Loira

Fiestas: El 8 de mayo se celebra **St. Miquel d'Engolasters.** El 14 de junio, la fiesta de la Parròquia. En julio, el Festival Internacional de Jazz y la Escola d'Estiu, y el 25 y 26, **Sta. Anna y St. Jaume, fiesta Mayor.** Y del 1 al 24 de diciembre se realiza un original calendario artístico de Adviento.

Alrededores: Es recomendable acercarse al **lago de Engolasters** y a la iglesia de St. Miquel d'Engolasters, románica lombarda (s. XII). En **Els Vilars** está la iglesia prerrománica de St. Romà. El **Parc Natural de la Vall del Madriu-Perafita-Claror** está considerado Patrimonio de la Humanidad. Además, se puede practicar senderismo y recorrer un circuito deportivo de naturaleza.

Restaurantes

® **Casa Canut.** (H. Casa Canut). Av. Carlemany, 107. T. 376 739 900. *www.casacanuthotel.com*
La mejor referencia de la ciudad con barra de mariscos. **'Ceps' de temporada salteados, varios arroces, tarta de vainilla.** Menú 35 €. Precio medio 75 €.

Hoteles

***** **Casa Canut.** Av. Carlemany, 107. T. 376 739 900. *www.casacanuthotel.com*
Hab. 33: 120/200 €. Suites: 9.

***** **Roc de Caldes.** Ctra. d'Engolasters, s/n. T. 376 874 555. *www.rocdecaldes.com*
Hab. 45: 100/220 €. Piscina climatizada panorámica. Programas de relax y gastronomía. Restaurante Els Jardins de Hoste.

Massana, La

25 · E-1
A Andorra la Vella, 5 km
Alt. 1.241 m · Pob. 9.357
T. 376 835 693
Prefijo internacional: 00-376
42° 32' 43''N-1° 30' 54"E

Visitar: Situada en la confluencia de los río Arinsal y Valira del Nod, en un nudo de comunicaciones, esta localidad alberga las iglesias de **St. Iscle y Sta. Victòria,** esta con restos románicos y una torre campanario con reloj. También merece la visita el **puente románico de St. Antoni,** de un solo arco.

Fiestas: El 17 de enero se celebra la **fiesta de St. Antoni Abat.** El 15 y 16 de agosto, la Asunción de la Virgen.

Alrededores: En **Anyós** está la iglesia de St. Cristòfol, románica del s. XI, en cuyo interior se conservan restos de pinturas románicas. A pocos kilómetros, en **Pal,** está la iglesia románica de St. Climent (s. XII), con una nave de bóveda de medio cañón. En el Coll de la Botella está la estación de esquí de Pal-Arinsal Vallnord.

Restaurantes

Borda Raubert. Ctra. de Arinsal, km 1. T. 376 835 420. *www.bordaraubert.com*
Cierra lunes cena, martes y del 10 de junio al 10 de julio. Borda andorrana en un entorno de montaña. *Trinxat,* carnes a la brasa, requesón con miel. Precio medio 35 €.

El Rusc. Ctra. general La Massana-Arinsal, km 1,500 4. T. 376 838 200.
Cierra domingo cena, lunes y del 15 de junio al 15 de julio. Pablo Urcelay, punto de referencia en la gastronomía andorrana, mantiene calidades y buen hacer. **Ensalada de bogavante, solomillo de buey gratinado con queso Idiazabal, 'brownie' con sorbete de limón.** Precio medio 50 €.

Ainhoa

Visitar: Es uno de los pueblos más bellos de los caminos que van a Santiago, con sus **casas de los ss. XVI al XVIII,** las iglesias de los ss. XIII al XVII y la **capilla de Ntra. Sra. de Arantzazu.**

Fiestas: El lunes de Pentecostés se lleva a cabo la **procesión a Ntra. Sra. de Arantzazu.** En torno al 15 de agosto son las **fiestas patronales** y el 14 es el día de las fiestas sardineras. En octubre se celebra la fiesta de la Paloma.

Alrededores: En **Urdax** se pueden visitar las cuevas, y en la villa termal de **Cambo-les-Bains,** la Villa Arnaga, sede del Museo Edmond Rostand.

Restaurantes

Ithurria. (H. Ithurria). Pl. du Frontón, s/n. T. 559 299 211.
www.ithurria.com P
Cierra jueves almuerzo y miércoles, excepto verano, y del 1 de noviembre al 1 de abril. Con 26 habitaciones. En una antigua posada, monumento histórico. Excelentes productos vasco-franceses en este precioso pueblo. **'Foie-gras' de pato, pichón asado y salmón del Adour,** con **pastel vasco** de postre. Menú 38 €. Precio medio 57 €.

7 · B-3
A Bayonne, 26 km
Alt. 120 m · Pob. 650
GPS 43° 18' 25''N-1° 29' 56"O

Arcangues Ver Biarritz

7 · B-2

Bayonne/Bayona

Visitar: La ciudad, fundada en la época romana, alcanzó su apogeo en el s. XVIII. Su riqueza histórica se plasma en la ciudad vieja, las murallas, la **Catedral de Sta. María,** declarada Patrimonio de la Humanidad, con sus imponentes campanario y claustro; la plaza de la Libertad, el puerto... Otras visitas atractivas son el Museo Bonnat, el **Museo Vasco de Etnografía** y el **taller de fabricación de chocolate Andrieu.**

Fiestas: En una ciudad tan gastronómica, no podía faltar, en abril, el Festival del Jamón; y, en mayo, los **Días del Chocolate.** El 21 de junio tiene lugar la fiesta de la Música. En agosto, las **fiestas tradicionales,** con corridas de toros, festivales folclóricos, toro de fuego y pelota vasca. El 19 y 20 de septiembre son los Días del Patrimonio. Y en octubre, el **Festival de Teatro.**

Alrededores: Muy cerca se encuentran **la cruz de Mouguerre** y la **desembocadura del río Adour.** También se puede seguir la **Ruta Imperial de las Cimas.** En la zona está la aristocrática **Biarritz,** con los palacios y los museos del Mar y de Arte Oriental; la hermosa villa costera de **Saint-Jean-de-Luz** y, tierra adentro, las **cuevas de Sara, Isturiz** y **Oxocelhaya.**

Restaurantes

François Miura. (En Petit Bayonne). Marengo, 24. T. 559 594 989.
Cierra domingo cena, miércoles, marzo y Navidades. Ensalada variada con *foie-gras* de pato, pichón relleno, *soufflé* al aguardiente de pera. Menús 21 y 32 €. Precio medio 45 €.

® **Le Cheval Blanc.** Bourgneuf, 68. T. 559 590 133. P
Cierra domingo cena, sábado almuerzo, lunes, dos semanas en febrero, primera semana de julio y agosto. La familia Tellechea lleva 50 años sirviendo los mejores productos de las Landas. **'Foie-gras' de pato con mango y pan de maíz, pichón asado rosa en su jugo, 'soufflé' al Grand Marnier.** Menús 30, 46 y 82 €. Precio medio 60 €.

7 · B-2
A San Sebastián, 54 km
Pob. 45.000
T. 05 59 46 01 41
Prefijo internacional: 00-33
GPS 43° 29' 39''N-1° 28' 29"O

Desfile de gigantes en las fiestas de Bayona

Biarritz

Visitar: Las visitas a esta bella localidad deben pasar por la **Roca de la Virgen,** las playas, los paseos costeros, el puerto de pescadores, el legendario **Casino,** los balnearios de alto *standing,* el golf de Biarritz y el centro de entrenamiento, la capilla Imperial, el **faro y el puente de S. Martín** y los museos del Mar, del Chocolate, el Histórico y el de Arte Oriental Asiático.

Fiestas: En enero tiene lugar el **Festival Internacional de Programas Audiovisuales.** En mayo, el de Fotografía de Viajes y las fiestas musicales. En julio, el **Campeonato de Surf Roxy Jam.** En septiembre, las danzas en Temps d'Aimer. En octubre, el **Festival de Cine y Cultura de América Latina La Cita.**

7 · B-2
A San Sebastián, 50 km
Pob. 30.055
T. 559 223 700
Prefijo internacional: 00-33
GPS 43° 28' 56''N-1° 33' 39"O

Cesta punta
Esta modalidad de frontón, al igual que otras tradiciones vascas, tiene gran aceptación en la zona francesa y en ciudades como Biarritz.

Alrededores: A 4 km está **Anglet,** meca para amantes de las playas y el *surf,* entre las ciudades de Bayona y Biarritz.

Restaurantes

® **Campagne et Gourmandise.** Av. Alan Seeger, 52. T. 559 411 011. *www.campagneetgourmandise.com*
Cierra lunes almuerzo y miércoles. Cocina de las Landas en una granja del s. XVIII en plena naturaleza. **'Foie-gras' de pato caliente, pescados de temporada, tarta de hojaldre con frutas de estación.** Precio medio 48 €.

Le Moulin d'Alotz. (En Arcangues). Chemin Alotz Errota, s/n. T. 559 430 454.
Cierra miércoles almuerzo en julio y agosto, martes, así como del 4 al 26 de enero y del 22 al 30 de junio. Un antiguo molino convertido en atractivo restaurante. *Foie-gras,* pichón de granja asado, *soufflé* de chocolate negro. Precio medio 50 €.

® **Sissionou.** Av. Foch, 5. T. 559 225 150.
Cierra domingo, lunes y noviembre. Luminoso y reducido local en pleno centro. Cocina gustosa moderna y tradicional a la vez. Menú-carta a elegir entre cinco entradas, cinco platos y cinco postres. Buen punto de los platos. Merece la pena. Precio medio 50 €.

® **Vila Eugénie-La Rotonde.** (H. du Palais). Av. de L'Impératrice, 1. T. 559 416 400. *www.hotel-du-palais.com*
Cierra febrero. Jean-Marie Gautier es fiel a la temporada y a los productos del mar y de las Landas en este marco elegante y espectacular con vistas al Cantábrico desde La Rotonde. **Vieira con costra de avellana, 'soufflé' caliente de chocolate amargo.** Precio medio 140 €.

Hoteles

☆☆☆☆☆ **Château de Brindos.** (En Anglet). Allée du Château, 1. T. 33 559 238 980.
Hab. 22: 175/335 €. Suites: 5. Romántico emplazamiento en un castillo de los años 20, con preciosas vistas al lago Brindos. Antoine Antunes, jefe de cocina del equipo de Serge Blanco se apoya en la cocina de temporada. Golf en las proximidades. Relais et Châteaux.

☆☆☆☆☆ **Hotel du Palais.** Av. de L'Impératrice, 1. T. 559 416 400. *www.hotel-du-palais.com*
Hab. 133: 325/625 €. Suites: 21. Admisión de perros, consultar. Lujoso y antiguo palacio de verano de Napoleón III y la Emperatriz Eugenia. Excelente ubicación en el centro de Biarritz, frente al mar y con piscina de agua de mar. Excelente servicio. Restaurantes La Vila Eugénie, La Rotonde e Hippocampe.

7 · B-2

Bidart-Guéthary Ver Saint-Jean-de-Luz

7 · B-3

Ciboure Ver Saint-Jean-de-Luz

Eugénie-les-Bains

A San Sebastián, 175 km
Alt. 120 m · Pob. 516
T. 558 511 537
Prefijo internacional: 00-33
GPS 43° 41' 42''N-0° 22' 45''O

Visitar: Los dos principales atractivos de esta localidad son las termas y los **jardines d'Eugénie.**

Fiestas: El 14 de julio se celebra la **fiesta del Deporte.** Y en agosto tienen lugar las fiestas patronales.

Restaurantes

® **Auberge de la Ferme aux Grives.** Eugénie-les-Bains T. 558 050 607. *www.michelguerard.com*
Cierra martes cena y miércoles, excepto festivos, vísperas, del 12 de julio al 30 de agosto y del 3 de enero al 9 de febrero. Histórica posada de rústica elegancia con cuatro refinados apartamentos. Chocolatería y confitería. Productos artesanos de la región. Carta-menú 48 €.

☼☼ **Michel Guérard-Le Prés d'Eugénie.** Eugénie-les-Bains T. 558 050 607. *www.michelguerard.com*
Cierra almuerzos y lunes cena, excepto fines de semana, festivos, vísperas, del 10 de julio al 28 de agosto, y del 3 de enero al 8 de marzo. Casa histórica fundada por la Emperatriz Eugenia de Montijo, ahora gran mesa gastronómica en el balneario de Michel Guérard, creador de la alta y refinada cocina *minceur* que convive con la *gourmande.* Enaltece los mejores

productos de la zona con un magnífico servicio de sala, mesa y vinos. Alta satisfacción, con precios a tono. Precio medio 140 €.

Hoteles

**** **Michel Guérard-Les Prés d' Eugénie et Le Couvent des Herbes.** Pl. de l'Impératrice. T. 558 050 607. *www.michelguerard.com*

Hab. 29: 300/970 €. Michel y Christine Guérard han hecho de este antiguo hotel termal una de las residencias más exquisitas del mundo. Cada una de las habitaciones de los diferentes pabellones tiene una decoración diferente, con muebles antiguos y muy cuidados. Se complementa con un edificio en el mismo parque, preciosamente decorado: Le Couvent des Herbes, antigua casa del s. XVIII, con 8 habitaciones. *Forfait* de cura termal, esbeltez, gimnasio, sauna, salón de belleza. Relais & Châteaux. Restaurante Michel Guérard Les Prés d'Eugénie.

Lourdes

15 · C-2
A San Sebastián, 220 km
Alt. 420 m · Pob. 15.797
T. 562 427 740
Prefijo internacional: 00-33
GPS 43° 5' 57"N-0° 2' 43"O

Visitar: Meta de peregrinaciones desde 1858, la ciudad acoge la **Gruta de las Apariciones, el Santuario,** la Basílica del Rosario, la subterránea de S. Pío X, el camino del Calvario, el **Museo de Arte Sacro,** el **molino de Boly y Cachot** (casa de Bernardette) y el itinerario Tras las Huellas de Bernardette. Además, se pueden ver la iglesia de Ste. Bernardette y el Castillo-Museo Pirenaico, además de tomar el tren turístico y el funicular del Pic du Jer.

Fiestas: El 11 de febrero, día de la Aparición de la Virgen, es **Ntra. Sra. de Lourdes,** y el 18 de febrero, Ste. Bernardette. Se vive con mucha pasión la Semana Santa y, asociada a ella, el **Festival de Música Sacra.** El 24 de mayo, la **Ciudad de la Paz** y, en ese mismo mes, la Peregrinación Militar Internacional. Del 1 al 14 de julio tienen lugar la **feria y fiesta patronal.** Y el 8 de diciembre, la Inmaculada Concepción.

Alrededores: En las cercanías de la ciudad están las **grutas de Betharram y de Medous,** el circo glacial de **Gavarnie,** Pont d'Espagne, en **Cauterets;** el **pico del Midi,** el **Parque Nacional de los Pirineos** y la **Reserva Natural del Pibeste.**

Desde 1854, Lourdes es el principal lugar de peregrinación en Francia

Restaurantes

Chalet de Biscaye. Chemin du Lac, 26. T. 562 941 226.
Cierra lunes cena, martes y del 4 al 20 de enero. *Foie-gras mi-cuit, magret* de pichón con setas, *crêpes* rellenas de frambuesa. Menús 20 y 22 €. Precio medio 30 €.

Magescq

A Bayonne, 42 km
Pob. 1.378
GPS 43° 46' 52"N-1° 13' 1"O

Restaurantes

Relais de la Poste. Av. de Maremne, 24. T. 558 477 025. *www.relaisposte.com*
Cierra lunes, martes y del 12 de noviembre al 18 de diciembre. Con 12 habitaciones. Meca obligada para la gran cocina de las Landas a cargo de la familia Coussau. El **'foie-gras',** el **pichón asado** y los **quesos artesanos** lo avalan. De postre, el **pistacho** de varios modos. Menús 81 a 110 €. Precio medio 100 €.

Molitg-les-Bains Ver Perpignan/Perpiñán

Perpignan/Perpiñán

A Barcelona, 187 km
Alt. 30 m · Pob. 117.000
T. 468 663 030
Prefijo internacional: 00-33
GPS 42° 42' 6"N-2° 53' 39"E

Visitar: Los monumentos principales son el **Palacio de los Reyes de Mallorca** (ss. XIII y XIV); el Castillet-Casa Païral y el Musée d'Arts et Traditions (s. XIV); la Loge du Mer; la estatua de Maillol; el Palacio de la Diputación; la **Catedral de St. Jean** (s. XIV), en la que destacan la nave central y las capillas, con retablos de los ss. XVI al XVII; el **Castillo Serrat d'en Vaquer;** la Casa Xanxo; la Casa Pairal; la **iglesia de Santiago,** la de Nôtre-Dame des Anges y la iglesia de St. Vicent. También están los **museos de Rigaud, Puig, el Numismático y el de Historia Natural.**

Fiestas: El Viernes Santo se celebra la **procesión de la Sanch.** El 23 de abril, St. Jordi. El 23 de junio se encienden los **fuegos de St. Jean** y, a finales de ese mes, la **fiesta Mayor de St. Jean.** En julio y agosto, los Jueves de Perpignan y, en septiembre, el Festival Internacional de Fotorreportaje, que coincide en ese mes con el Festival Visa pour l'Image.

Alrededores: A 15 km está **Salses;** a 17 km, **Castellnou;** a 27 km, **Collioure,** con la tumba de Antonio Machado; a 48 km, **Villefranche de Conflent.** También se puede ir a la ciudad de **Carcassonne,** Patrimonio de la Humanidad.

Restaurantes

® **Château de Riell.** (En Molitg-le-Bains, a 50 km). T. 468 050 440. *www.chateauderiell.com*
Cierra almuerzos entre semana, lunes, excepto festivos, y del 2 de noviembre al 1 de abril. Con 19 habitaciones. Lujoso entorno para una cocina mediterránea dirigida por el equipo de Michel Guérard. **Caracoles en dos texturas con crema verde de hierbas aromáticas, salmonete de roca con alioli azafranado, buñuelos rellenos de chocolate caliente.** Precio medio 75 €.

Saint-Jean-de-Luz/San Juan de Luz

7 · B-3
A Bayonne, 21 km
Pob. 14.074
T. 559 260 316
Prefijo internacional: 00-33
GPS 43° 23' 17''N-1° 39' 36''O

Las casas y calles de Saint-Jean-de-Luz mantienen su fisonomía típica vasca

Visitar: Esta villa vasco-francesa es una elegante estación balnearia, además de una localidad pesquera y marinera con calles típicas. Fue escenario del matrimonio de Luis XIV con la infanta española María Teresa. Destacan la **iglesia de S. Juan Bautista,** la **Casa de Luis XIV,** con su notable fachada, y la Casa de la Infanta, gracioso edificio de piedra. También cuenta con el club de golf Chantaco.

Fiestas: En Pentecostés se celebra el Festival Andalou. Del 21 al 25 de junio tiene lugar la **fiesta patronal de St. Jean.** En julio y agosto, el Torneo Internacional de Cesta Punta. Del 1 al 15 de septiembre se celebra el certamen Música en la Costa Vasca. Además, del 7 al 11 de octubre, se puede asistir al **Festival Internacional de Jóvenes Realizadores.**

Alrededores: Merece la pena acercarse a los pueblos de **Bidart** o **Guéthary.**

Restaurantes

Chez Maya *(petit grill basque)*. Saint Jacques, 2. T. 559 268 076.
Cierra almuerzos de lunes y jueves, miércoles y del 20 de diciembre al 20 de enero. Cocina y ambiente familiar. La familia de Gregorio lleva ya tres generaciones al frente. Magnífica sopa de pescado (toro), *foie-gras* casero y buenos *soufflés* de Grand Marnier y chocolate. Trato amable y casero. Precio medio 30 €.

® **La Table de Frères Ibarboure.** (En Bidart-Guéthary, a 6 km). Chemin de Ttalienea. T. 559 548 164. *www.freresibarboure.com*
Cierra miércoles, del 3 al 20 de enero y del 15 de noviembre al 3 de diciembre. Con 8 habitaciones. Casa vasca del s. XVIII con un magnífico parque, donde los hermanos Ibarboure ofrecen cocina de temporada y de la región en varios atractivos menús. Se destacan los **quesos,** el **'foie-gras'** y los **postres de chocolate.** Precio medio 70 €.

® **L'Auberge Basque.** (En Saint-Pee-Sur-Nivelle). D307, Vielle Route de Saint-Jean-de-Luz T. 559 517 000. *www.aubergebasque.com*
Cierra lunes y martes almuerzo, y del 2 al 20 de enero. Un precioso paraje entre montañas rodea este antiguo caserío con habitaciones de Cédric Bèchade, discípulo de Alain Ducasse. La **piperrada,** la **merluza de anzuelo** y la **tarta Amatxi** merecen la pena. Menús 36 y 86 €. Precio medio 36 €.

Le Kaïku. (Calle peatonal). République, 17. T. 559 261 320.
Cierra martes, miércoles y del 15 al 30 de noviembre. Edificio del s. XVII en una calle peatonal cerca de la playa. Chipirones salteados, cerdo con champiñones, milhojas al Grand Marnier. Menú 30 €. Precio medio 40 €.

Mattin. (En Ciboure, a 3 km). Baignole, 63. T. 559 471 952.
Cierra lunes cena, domingo y del 25 de enero al 10 de marzo. Casa rústica familiar en el centro histórico. Chipirones, *confit* de pato casero, *macarons* de pistacho y fresa. Precio medio 35 €.

® **Zoko Moko.** Mazarin, 6. T. 559 080 123. *www.zokomoko.com*
Cierra lunes y 15 días en marzo. Zoko Moko (rincón tranquilo) hace honor a su nombre. Stéphane Poulin se basa en la cocina vasca de mercado con atractivos menús (12 a 65 €.). **'Foie-gras mi-cuit' de pato, degustación de cordero con ñoquis de patata, 'soufflé' de mango y sorbete de piña.** Precio medio 41 €.

Hoteles

**** **Grand Hotel.** Bd. Thiers, 43. T. 559 263 536.
Hab. 48: 228/413 €. Suites: 2. Legendario edificio levantado en 1909. En primera línea de playa. Restaurante Rosewood.

Saint-Jean-Pied-de-Port

14 · D-4
A San Sebastián, 100 km
Pob. 1.743
T. 559 370 357
Prefijo internacional: 00-33
GPS 43° 9' 47"N-1° 14' 16"O

Visitar: Es la capital de la Baja Navarra, última etapa del Camino de Santiago en tierras francesas. Son notables la **iglesia gótica de Nôtre Dame,** las murallas, la ciudadela, la Cárcel de los Obispos, la **puerta de Santiago,** declarada Patrimonio Mundial, y la calle de España, muy comercial. También notables son las casas Mansart y Arcanzola, el puente de Eyheraberry y la arquitectura típica vasca.

Fiestas: En julio y agosto tienen lugar las **fiestas tradicionales** con folclore, cantos, corridas de vacas, partidos de pelota vasca, demostración de juegos de fuerza y ferias alimentarias.

Saint-Jean-Pied-de-Port es un punto histórico del Camino de Santiago

Restaurantes

Les Pyrénées. (H. Les Pyrénées). Pl. Géneral de Gaulle, 19. T. 559 370 101. *www.hotel-les-pyrenees.com*
Cierra lunes cena, de noviembre a marzo, martes del 10 de septiembre al 30 de junio, del 5 al 28 de enero y del 20 de noviembre al 22 de diciembre. Philippe Arrambide continúa la buena cocina de su padre basada en la oferta de las Landas. **Lasaña de 'foie-gras' con trufas, pichón asado con guisantes y crema.** De postre, **'soufflé' de fruta de la pasión.** Todo un festín. Menús 42 a 105 €. Precio medio 80 €.

Hoteles

*** **Les Pyrénées.** Pl. Général de Gaulle, 19. T. 559 370 101. *www.hotel-les-pyrenees.com*
Hab. 14: 105/260 €. Bonitas y confortables habitaciones. Muy buen servicio en este atractivo Relais & Châteaux. Restaurante Les Pyrénées.

Saint-Pee-Sur-Nivelle Ver Saint-Jean-de-Luz

7 · B-3

Albufeira

102 · F-2
A Lisboa, 270 km
Pob. 19.500
37° 5' 14"N-8° 15' 21"O

Visitar: Atractivo pueblo del Algarve, en el que destacan el **Parque Lúdico,** el centro cosmopolita internacional y la industria pesquera.

Fiestas: El 14 de agosto se celebra **Ntra. Sra. de Orada.**

Alrededores: Se puede ir a **Faro,** a visitar su casco antiguo y sus museos; a **Guía,** a 6 km, y a **Paderne,** a 12 km.

Restaurantes

Vila Joya. (En Praia da Galé, a 6 km). Estrada da Praia da Galé, s/n. T. 289 591 795. *www.vilajoya.com*
Uno de los grandes tesoros de la cocina del Algarve, custodiado por la creatividad de Dieter Koschina. Atención a su **'panaché de peixe marinado' o al 'peixe galo' salteado con 'ravioli' de pepino,** así como el postre de **'rolinhos crocantes'.** Comedor lujoso decorado con acierto. Precio medio 89 €.

Hoteles

***** **Sheraton Algarve Hotel & Resort.** Praia de Falésia. Apdo. 644. T. 289 500 100. *www.sheraton-algarve.com*
Hab. 215: 152/592 €. Suites: 33. Acceso privado a la playa. Restaurantes Além Mar Pescador, Aldar, Beach Club, Porto Alegre y Piri Piri.

Almansil/Almancil

103 · A-2
A Lisboa, 305 km
Pob. 10.000
37° 5' 13"N-8° 1' 55"O

Visitar: Son notables la iglesia de **S. Lourenço,** cubierta con azulejos; el **Centro Zefa** de arte contemporáneo, el centro cultural **S. Lourenço,** la ría Formosa y las playas de **Quinta do Lago** y **Ançao.**

Fiestas: En agosto tienen lugar las fiestas de **S. Lourenço** y en octubre, la **Semana Gastronómica.**

Alrededores: Cerca se encuentra la ciudad de **Faro,** el **Vale do Lobo,** a 5 km; **Quinta do Lago,** a 8,5 km, y la **Reserva Natural de Ría Formosa.**

Playa de Vale do Lobo, Faro, agreste paisaje costa del Algarve

Restaurantes

Casa Velha. (6ª Rotunda). Quinta do Lago. T. 289 394 983. *www.restaurante-casavelha.com*
Cierra almuerzos, domingo y del 15 de noviembre al 5 de febrero. Yanick Guichhoua prestigia la alta cocina de la casa con tanta originalidad como acierto. **'Sapateira al azeite', 'carré de borrego assado' y 'opus de chocolate com gelado'.** Servicio impecable. Precio medio 60 €.

São Gabriel. Estrada Quinta do Lago-Vale do Lobo, km 4. T. 289 394 521. *www.sao-gabriel.com*
Cierra almuerzos, lunes y de diciembre al 15 de marzo. En un delicioso marco de comedor con terraza adjunta, el alemán Torsten Schulz presenta su panoplia internacional. **'Peito de pato assado', 'vazia de vitela com alcachofras'.** Precio medio 55 €.

Hoteles

***** **Dona Filipa & San Lorenzo Golf Resort.** Vale do Lobo. T. 289 357 200. *www.donafilipahotel.com*
Hab. 154: 135/290 €. Suites: 22. Frente a la playa, con área reservada a clientes. Campo S. Lorenzo Golf Course. Restaurantes Primavera y Dom Duarte.

***** **Quinta do Lago.** (En Quinta do Lago). T. 289 350 350. *www.quintadolagohotel.com*
Hab. 121: 188/569 €. Suites: 20. Centro spa. Restaurantes Brisa do Mar y Cá d'Oro.

Altura Ver Tavira

Amarante

Visitar: Merece la pena pasear por el casco antiguo y ver el convento, la iglesia puente de S. Gonçalo; la **iglesia de S. Domingos,** la de S. Pedro y la de ricordia; el **Museu Amadeo Souza Cardoso,** el convento de Sta. Clara eo de Arte Sacro. Se puede disfrutar del campo de golf, de la playa e las rutas por los alrededores.

Fiestas: El primer fin de semana de junio, en honor a **S. Gonçalo,** patrono de las *casamenteiras,* se comen los bollos del santo.

Alrededores: A 18 km está la **sierra del Marao.** También se pueden visitar las iglesias **Velha de Real** y Gondar, y los **Monasterios de Freixo** y de Travanco.

Restaurantes

Largo do Paço. (H. Casa da Calçada). Largo do Paço, 6. T. 255 410 830. *www.casadacalcada.com*
Cierra del 3 al 25 de enero. Mansión-cuartel general durante la guerra contra Napoleón, hoy convertido en alojamiento de lujo. Alta cocina internacional de inspiración francesa. **'Foie-gras' de las Landas, 'cherne' confitado en aceite cremoso, 'crêpes suzette com sabayón'.** Precio medio 45 €.

Barcelos

28 · C-3
A Lisboa, 366 km
Pob. 10.000
T. 253 811 882
Prefijo internacional: 00-351
41° 32' 3"N-8° 36' 58"O

Cerámica tradicional en el mercado de Barcelos

Visitar: Enclavada junto al río Cávado, la ciudad alberga palacios notables e iglesias, algunas tan importantes como la del **Terço,** cubierta de azulejos. La ciudad está unida a la leyenda del romero que peregrinaba a Santiago y, acusado de robo, fue condenado a la horca, siendo salvado por la oportuna resurrección de un gallo ya guisado. El gallo, desde entonces, se ha convertido en símbolo de Portugal. En el **Espaço Rural,** la feria de los jueves, la más grande de Portugal, se puede comprar artesanía variada, en especial alfarería y tejidos.

Fiestas: El 3 de mayo tienen lugar las fiestas de **las Cruces** y, entre julio y agosto, la **muestra de artesanía y cerámica.**

Alrededores: Son lugares interesantes **Manhente,** con una iglesia y una torre románica; **Abade de Neiva,** con su iglesia románica; **Pereira,** con el Castillo y el Castro de Faria; **Balugães,** con el Santuario de Nossa Senhora Aparecida, y **Areias de Vilar,** con la iglesia de Chafariz.

Restaurantes

Bagoeira. Av. Dr. Sidónio Pais, 495. T. 253 809 500. *www.bagoeira.com*
Decir Barcelos es recordar su tradicional feria de los jueves y la centenaria pensión Bagoeira. Todas las especialidades de la cocina portuguesa del norte, a buen precio. Precio medio 30 €.

Pedra Furada. (En Pedra Furada). Estrada N-306, freguesia de Pedra Furada. Sta. Leocádia, 1415. T. 252 951 144. *www.restaurantepedrafurada.com*
Cierra lunes cena y última semana de agosto. Su historia es simple. Doña María Antonieta supo elevar su tasca rural a reputado restaurante de gran cocina portuguesa, encabezada por los *bacalhaus*. Precio medio 25 €.

Braga

28 · D-3
A Lisboa, 360 km
Alt. 190 m · Pob. 173.946
T. 253 262 550.
Prefijo internacional: 00-351
41° 32' 51''N-8° 25' 49"O

Imágenes pétreas en la escalinata del Santuario de Bom Jesus, en Braga

Visitar: Los monumentos más conocidos son la **Catedral** (s. XII), con una imagen de *Nossa Senhora da Leite,* retablos, órganos y el Tesoro; y la capilla de la Gloria y la de dos Coímbras, con esculturas. También es interesante el **Museo D. Diego de Sousa.**

Fiestas: En marzo se celebra **Bragajazz;** del 25 al 17 de mayo es la fiesta de Braga Romana; en junio, el 23 y 24, **S. João,** y en julio, el **Festival de Teatro.**

Alrededores: Es posible acercarse hasta **Bom Jesús do Monte,** con bellas panorámicas; al **monte Sameiro,** a 18 km; a la ciudad medieval de **Guimarães,** a 22 km, con el Paço dos Duques, el castillo, la iglesia de S. Francisco y el Museo Alberto Sampaio.

Restaurantes

Inácio. Campo das Hortas, 4. T. 253 613 235.
Cierra martes y 15 días en septiembre. Inácio hizo famosas sus *papas a sarrabulho,* que siguen en lugar de honor junto a otras especialidades como el *bacalhau* y el *cabritinho.* Popular y simpático. Precio medio 25 €.

S. Gião. (En Moreira de Cónegos, a 33 km). Lugar de Vinhas. Av. Comendador Joachim Almeida Freitas, 56. T. 253 561 853.
Cierra domingo cena, lunes y agosto. Entre Braga y Guimarães surge esta sorpresa de buena gastronomía creada por Pedro do Amaral. Gran cocina portuguesa en un comedor asomado a cómplices viñedos. **'Peito de pato fumado', 'raia ala manteiga negra', 'pudim do senhor Abade'.** Precio medio 35 €.

Bragança

30 · A-2
A Lisboa, 521 km
Alt. 660 m · Pob. 35.319
T. 273 381 273
Prefijo internacional: 00-351
1° 48' 18''N-5° 45' 51''O

Visitar: La ciudad antigua, amurallada y dominada por la torre del castillo medieval, alberga el **Domus Municipalis,** de finales del s. XV, un edificio pentagonal románico y el ayuntamiento más antiguo de Portugal. También es notable la **iglesia de Sta. María.**

Fiestas: El 12 de agosto se celebra **Nossa Senhora das Graças.** Del 30 de agosto al 8 de septiembre llegan las fiestas de Nossa Senhora da Serra. Otra de las festividades más celebradas es la de S. Bartolomé.

Alrededores: Son enclaves atractivos el **Parque Natural de Montesinho,** el mirador de S. Bartolomeu, el **Monasterio de Castro de Avelãs** y el **Castillo de Outeiro.**

Restaurantes

Solar Bragançano. (Aparcamiento concertado). Praça da Sé, 34. Piso 1°. T. 273 323 875. *www.solarbragancano.com*
Cierra lunes en invierno. Solar Bragançano celebra sus bodas de plata resaltando su filosofía: bonita instalación en el comedor y en el jardín, así como atmósfera literaria y musical. Platos canónicos: **'bacalhau à Solar', 'naco de vitela mirandesa', sopa de 'cerejas'.** La zona de Tras-os-Montes debe gratitud a António y a su esposa Ana María. Precio medio 25 €.

Caminha

28 · B-1
A Lisboa, 411 km
Alt. 7 m · Pob. 17.069
41° 52' 33''N-8° 50' 25''O

'Monumento a Viana do Castelo', escultura símbolo de la ciudad

Visitar: Los puntos más interesantes son la **praça Conselheiro Silva Torres, Chafariz,** la **Casa dos Pitas,** las iglesias de la Misericordia y Matriz, los fuertes de Insula y Lagarteira, la **Torre do Relogio** y los **Paços do Concelho.**

Fiestas: Los días 10 y 11 de junio tiene lugar la feria de S. Benito y el segundo domingo de agosto, Sta. Rita de Cássia. El primer domingo de septiembre tiene lugar la feria das Solhas, y el segundo la de **Nossa Senhora da Bonança.**

Alrededores: Se puede admirar la *foz* del Miño, visitar **Viana do Castelo** y **Valença,** que están a 25 km. **Moledo, Vila Praia de Âncora, Seixas, Lanhelas, Ponte Vilar de Mouros** y la **Serra d'Arga** son otros sitios cercanos de interés. Para conseguir buenas vistas hay que acercarse a los miradores de Fraga, del monte Sto. António, del Calvario y de Nossa Senhora das Neves.

Restaurantes

Duque de Caminha. Rua Ricardo Joaquim de Sousa, 111. T. 258 722 046.
Cierra domingo cena, lunes y 15 días en diciembre. Uno de los últimos *retornados* de Francia volvió a su tierra natal para entregarse a la cocina portuguesa, firmada por su esposa doña Olimpia. Comedor de aire rústico. Precio medio 30 €.

® **Primavera.** Pl. Conçelheiro Silva Torres, 99-101. T. 258 921 306.
Cierra lunes, primera quincena de mayo y segunda de junio. Primavera hace honor a su nombre haciendo florecer una magnífica cocina de todo Portugal. **'Pataniscas ou sonhos bacalhau', 'feijoada de marisco', 'doce do ovos com amêndoa'.** Precio medio 40 €.

Solar do Pescado. Visconde Sousa Rêgo, 85. T. 258 922 794. *www.solardopescado.com* P
Cierra domingo cena y lunes, desde noviembre al 1 de julio; así como la segunda quincena de mayo y de noviembre. Comedores con azulejos, buen servicio y cocina *minhota* centrada en pescados y mariscos, dirigida por don Arsénio, el patrón. Precio medio sin marisco 35 €.

Cascais

77 · A-2
A Lisboa, 30 km
Pob. 33.000
T. 214 868 204
Prefijo internacional: 00-351
38° 41' 48''N-9° 25' 23''O

Visitar: Este pequeña villa, ciudad de pescadores y reyes, tiene una hermosa **bahía,** buenas **playas** y un campo de golf en Quinta da Marinha. La **Catedral** (s. XVII) y el **Museo del Mar** completan la visita.

Fiestas: En el mes de junio se suceden varias fiestas en la localidad: el 13 se celebra **Sto. António,** el 24, **S. João,** y el 29, **S. Pedro,** con animadas verbenas.

Alrededores: Son lugares muy recomendables la localidad turística internacional de **Estoril,** la inolvidable villa de **Sintra,** y la playa salvaje y el **Parque Natural de Guincho.**

Restaurantes

Fortaleza do Guincho. (En Praia do Guincho, a 9 km. H. Fortaleza do Guincho). Estrada do Guincho, s/n. T. 214 870 491. *www.guinchotel.pt*
Antigua fortaleza costera, ahora uno de los alojamientos de lujo de los alrededores de Lisboa. Vincent Farge desarrolla su alta cocina francesa. **'Foie-gras', 'refoga de cogumelos salvajes', 'creme queimada'.** Vistas espectaculares sobre la playa de Guincho y sus surfistas. Precio medio 60 €.

Porto Santa María. (En Praia do Guincho, a 9 km). Estrada do Guincho-Praia da Cresmina, s/n. T. 214 870 240.
Es el sueño dorado de los amantes de pescados y mariscos, exhibidos en sus vitrinas refrigeradoras. La especialidad clásica sigue siendo el **pescado 'assado', 'ao sal'** o **'ao pão'.** El mar se puede apreciar desde la ventana. Precio medio 45 €.

Visconde da Luz. Jardím Visconde da Luz, s/n. T. 214 847 410. *www.viscondedaluz.com*
Cierra lunes. En Cascais no todo es mar, hay también hermosos jardines, como el que rodea esta veterana casa de acreditada cocina portuguesa e internacional, especializada, eso sí, en productos del mar. Precio medio 40 €.

Hoteles

***** **Estalagem Villa Albatroz.** Rua Fernandes Tomas, 1. T. 214 863 410.
Hab. 11: 138/308 €. En la bahía de Cascais, al lado de la playa de Pescadores. Restaurante Vin Rouge.

***** **Fortaleza do Guincho.** (En Praia do Guincho, a 9 km). Estrada do Guincho. T. 214 870 491. *www.guinchotel.pt*
Hab. 24: 180/440 €. Suites: 3. Antigua fortaleza (s. XVII) con bonitas vistas al mar. Restaurante Fortaleza do Guincho. Con vistas panorámicas.

Entrada al centro de arte Casa das Histórias Paula Rego, en Cascais

Chaves

29 · C-2
A Lisboa, 473
Alt. 350 m · Pob. 19.300
T. 276 340 661
Prefijo internacional: 00-351
41° 44' 28''N-7° 28' 24''O

Visitar: En Chaves, la *Aquae Flaviae* romana, se encuentran **torres, murallas,** un puente medieval de origen romano y la **iglesia matriz de la Misericordia.** Otros puntos de interés son los museos Militar y de la Región Flaviense, además del balneario y el parque termal.

Fiestas: Del 29 de octubre al 1 de noviembre tiene lugar la **feria dos Santos.**

Restaurantes

® **A Talha.** Rua Comendador Pereira da Silva 6-8. T. 276 342 191.
Cierra sábado. La fronteriza Chaves es un emporio gastronómico. Esta Talha (o tinaja), repite sin un fallo las mejores especialidades trasmontanas. Precio medio 25 €.

Carvalho. Largo das Caldas, s/n. T. 276 321 727.
Cierra domingo cena, lunes y Navidad. En plena zona de las termas romanas. Comedor clásico y cocina tradicional, apreciada por una clientela fiel. Precio medio 20 €.

Coimbra

59 · A-1
A Lisboa, 200 km
Alt. 75 m · Pob. 150.000
T. 239 834 038
Prefijo internacional: 00-351
40° 12' 27''N-8° 25' 47''O

Visitar: La célebre **Universidad,** fundada en 1290, alberga la **capilla de S. Miguel** y la **sala dos Capelos.** En el casco antiguo, con callejuelas retorcidas y casas escalonadas, se encuentran la **Catedral Vieja** (s. XII), la **Catedral Nueva** (ss. XVII y XVIII), el Monasterio de Sta. Cruz (ss. XII, XV y XVII), el **jardín temático Portugal dos Pequenitos,** con reproducciones en tamaño reducido de los monumentos más famosos de Portugal, el **convento de Sta. Clara-a-Velha** (s. XII), el de Sta. Clara-la-Nova (s. XVII) y la **Quinta das Lágrimas.**

Fiestas: En mayo tiene lugar la **Queima das Fitas.** El 31 de octubre es la fiesta de recepción a los estudiantes, y el 4 de julio, las **fiestas da Cidade.** Todos los años pares, en julio, se celebra la fiesta **Da Rainha Santa.**

Alrededores: En las ruinas de **Conímbriga** se conservan valiosos mosaicos. En la **sierra de Buçaco** se puede pasear por un hermoso bosque centenario.

La guitarra portuguesa es el instrumento por antonomasia en el fado

Restaurantes

A Taberna. Rua dos Combatentes Grande Guerra, 86. T. 239 716 265. *www.restauranteataberna.com*
Cierra lunes y primera quincena de agosto. Su nombre es escaso para sus merecimientos. Honrada cocina portuguesa rematada por algún dulce típico como la **'barriga de Freira'.** Precio medio 30 €.

Arcadas. (H. Quinta das Lágrimas). Rua António Augusto Gonçalves, s/n. T. 239 802 380.
Cierra almuerzos. Con 53 habitaciones. Joachim Koerper creó en esta histórica Quinta das Lágrimas un refinado emporio gastronómico servido en un marco de lujo. **'Salada de vieira', 'filete de pregado com cebolha vermelha', 'leite creme queimado com gelado de tominho'.** Surtida bodega internacional. Precio medio 48 €.

Hoteles

***** **Palace Hotel do Bussaco.** (En Luso-Beiras). Mata do Bussaco. T. 351231 937 970. *www.almeidahotels.com*
Hab. 60: 80/250 €. Suites: 4. Lujosas instalaciones en un imponente palacio de estilo manuelino en el corazón de un magnífico bosque. Bello comedor y cocina tradicional. Restaurante João Vaz.

Estoril

77 · A-2
A Lisboa, 28 km · Sintra, 13 km
Pob. 30.000
T. 214 663 813
Prefijo internacional: 00-351
38° 42' 21''N-9° 23' 57''O

Visitar: En este gran centro de turismo de la riviera portuguesa se encuentran soberbios palacios e iglesias, además de hoteles de lujo, *quintas*, playas y el famoso casino.

Fiestas: Los eventos más llamativos son el **carnaval,** el **Open de Tenis,** entre abril y mayo; **Arte Estoril,** del 28 de abril al 5 de mayo; **Moda Cascais** en julio, y la feria de artesanía, entre julio y agosto. La fiesta de verano es el 15 de agosto.

Alrededores: Hay salidas interesantes como **Cascais,** pueblo de pescadores; **Guincho,** con su gran playa de arena fina en estado salvaje; **Carcavelos,** con otro hermoso arenal; **Sintra,** con su paisaje cultural, y el **cabo da Roca,** el punto más occidental del continente europeo, con vistas espléndidas.

La azulejería es una decoración habitual en las casas portuguesas

Restaurantes

® **Cimas** *(english bar)*. (Monte Estoril). Av. de Sabóia, 9. T. 214 681 254. *www.cimas.com.pt*
Cierra domingo, segunda y tercera semanas de agosto. La familia gallega Cima creó hace ya muchos años este lujoso restaurante marinero, frecuentado por ilustres personajes. **Pescados y mariscos** irreprochables. Precio medio 40 €.

Four Seasons *(grill)*. (H. Palacio Estoril). Particular, s/n. T. 214 648 000. *www.Palacioestorilhotel.com*
Cierra almuerzos. La cocina y el decorado cambian al compás de las cuatro estaciones. *Crêpes recheados com três queijos, foie-gras* de pato salteado, *profiteroles com gelado de natas.* Idea original, muy apreciada por la fiel clientela. Precio medio 60 €.

Hoteles

***** **Palácio Estoril Hotel Golf & Spa.** 2769-504 Rua Particular, s/n. T. 214 648 000. *www.palacioestorilhotel.com*
Hab. 128: 340/400 €. Suites: 32. Privilegios en la utilización de campos de golf para huéspedes. Restaurantes Grill Four Seasons y Bougainvillea Terrace.

Évora

78 · C-4
A Lisboa, 140 km
Alt. 301 m · Pob. 55.000
T. 266 777 071.
Prefijo internacional: 00-351
38° 34' 14''N-7° 54' 40''O

Visitar: En la ciudad, de origen romano y clasificada como Patrimonio Mundial, destacan el **convento dos Lóios,** el **templo romano** (s. I d. C.); la **Catedral** (s. XIII); el **Palacio de dom Manuel** (s. XVI); el **Museo de Évora;** la capilla de los Huesos, en la iglesia de S. Francisco; la Universidad; la plaza de Giraldo; la puerta de Moura y el **acueducto de Agua da Prata.**

Fiestas: Del 20 al 30 de junio se celebran las **fiestas de S. João.**

Alrededores: Es recomendable visitar el **convento de Espinheiro** y diversos **monumentos megalíticos.**

Restaurantes

Fialho. Travessa dos Mascarenhas, 16. T. 266 703 079. *www.restaurantefialho.com*

Cierra lunes, las tres primeras semanas de septiembre, y del 24 de diciembre al 2 de enero. Fue y es un restaurante de obligatoria visita en Évora. Cocina alentejana en todo su esplendor. **'Empadas de galinha', 'perdiz à convento da Cartuxa'; 'à Fialho', 'torrão real de Évora'.** Precio medio 36€.

Guião. Rua da República, 81. T. 266 703 071. *www.oguiao.com*

Cierra domingo cena, lunes y enero. Próximo a cumplir cien años, Guião sigue fiel a sus platos *á alentejana* más alguno que escapa a la regla, como el **'bacalhau que nunca chêga'.** Precio medio 30 €.

Faro

Visitar: Destacan el **Arco de Vila,** la **Catedral,** el pazo y el **Seminario Episcopal;** los **palacios** de Belmarço, Fialho, Casa das Açafatas y Estoi; las **iglesias** de S. Francisco, antiguo convento de Sto. António, de S. Luis, de Carmo (con la capela dos Osos) y de S. Pedro, y los **museos:** Arqueológico, Etnográfico y de la Marina.

Fiestas: En junio se celebran las fiestas de S. António, que conmemoran el **Día de la Ciudad.** Entre junio y julio son también las fiestas de **Santos Populares** y en julio es el festival **Dos Povos do Mediterráneo.** En agosto y septiembre se suceden distintos actos culturales y, entre el 6 y el 7 de septiembre, se organizan espectáculos en conmemoración del Día de la Ciudad.

Alrededores: A 8 km está **Olhão,** ciudad pintoresca por sus casitas de apariencia cubista y su puerto de pesca. También se encuentran cerca el **Parque Natural de Ría Formosa-Marim;** la **playa de Faro**, a 7 km; la estación arqueológica romana de **Estoi,** a 10 km; las playas de **Albufeira**, a 40 km; y de **Portimão** y la ciudad histórica de **Silves,** con su castillo, a 60 km.

Restaurantes

® **Camané.** (En Praia do Faro, a 9 km). Av. Nascente, s/n. T. 289 817 539.

Cierra almuerzos en agosto, lunes y 15 días en mayo. Camané es sinónimo de los mejores **pescados** y **mariscos** del Algarve. Se sirven según fórmulas tradicionales en un comedor marinero. Precio medio sin marisco 35 €.

103 · B-2
A Lisboa, 298 km
Pob. 58.698
T. 289 803 604
Prefijo internacional: 00-351
37° 0' 57"N-7° 56' 11"O

El faro de Ponta do Pargo, situado al oeste de Madeira

Fátima

Visitar: El punto central es la **Basílica,** con la **capilla de las Apariciones.** También se puede visitar el **Museo de las Apariciones de 1917,** y el de Arte Sacro, de Etnología, de Cera y la Casa-Museo Aljustrel.

Fiestas: El 11 de junio es la fiesta de Sto. António y Sta. Fátima. La **fiesta de la Virgen** es el 13 de mayo, y también se celebra todos los días 13 de cada mes, hasta octubre. El 5 y el 6 de agosto son los fastos en honor del **Sagrado Corazón de Jesús.**

Alrededores: Los **Monasterios de Alcobaça y Batalha** están reconocidos como Patrimonio de la Humanidad por la Unesco. También quedan cerca el **Santuario de Ortiga,** los **castillos** de Leiria, Ourém, Pombal y Porto de Mós; las **playas** de Nazaré y São Martinho do Porto, São Pedro de Moel, Vieira y Pedrogão; y las **cuevas** de Sto. António, Alvados, Mira de Aire y S. Mamede.

Restaurantes

A Tasquinha. Rua dos Monfartinos 18. T. 249 533 446. *www.tasquinhafatima.com*

Acogedor y simpático local a dos pasos del santuario. Platos tradicionales rematados por postres caseros. Precio medio 20 €.

® **Tía Alice.** Rua do Adro, 152. T. 249 531 737. *www.tiaalice.com*

Cierra lunes y del 10 al 20 de julio. Los peregrinos que acuden a Fátima tienen ocasión de conocer en este local las mejores especialidades portuguesas. Precio medio 30 €.

58 · E-4
A Lisboa, 135 km
Alt. 346 m · Pob. 15.000
T. 249 531 139
Prefijo internacional: 00-351
39° 37' 17"N-8° 39' 54"O

Mosaico en la Basílica de Ntra. Sra. de Fátima

Guarda

28 · B-1
A Lisboa, 361 km
Alt. 1.056 m · Pob. 24.000
T. 271 205 530
Prefijo internacional: 00-351
40° 32' 15''N-7° 16' 18''O

Visitar: En un entorno de montaña, a 1.056 m, es la capital más elevada de Portugal. Su **Catedral** tiene aire de fortaleza, y también sobresalen las iglesias da Misericordia y S. Vicente, la **Torre de Menagem** y la **judería.**

Fiestas: El 24 de junio tiene lugar la **feria de S. João,** y el 27 de noviembre, **el Día da Cidade.**

Alrededores: En la zona está el **Parque Natural da Serra da Estrada** y varias aldeas históricas.

Lisboa

La Torre de Belém, un baluarte defensivo que se construyó en el s. XVI

77 · B-2
A Madrid, 648 km
Alt. 111 m · Pob. 564.477
T. 210 312 700
Prefijo internacional: 00-351
38° 42' 24''N-9° 8' 15''O

Visitar: Extendida sobre siete colinas y asomada al estuario del Tajo, esta ciudad cosmopolita ofrece una fascinante combinación de lo viejo y lo nuevo. Destacan el **barrio de Alfama,** el **Bairro Alto, el Rossio,** la **Catedral,** el **Monasterio de los Jerónimos,** el **Castillo de S. Jorge,** la **Torre de Belém,** la plaza del Comerço, con el monumento al rey José I; los puentes 25 de abril y Vasco da Gama, la Avenida de la Libertad, los parques de Eduardo VII y de las Nações y sus numerosos museos, calles y plazas.

Fiestas: El 1 de enero se celebra el **Día Mundial de la Paz.** También son fiestas renombradas el **Viernes Santo,** el Domingo de Pascua y el **Día da Liberdade,** el 25 de abril. El **Día de Portugal** y Corpo Santo son el 10 de junio y, tres días depués, las fiestas de la ciudad, coincidiendo con S. António. La Asunción de Nossa Senhora es el 15 de agosto, y la Implantación de la República, el 5 de octubre. El Día de la Restauración y de la Independencia es el 1 de diciembre.

Alrededores: En las proximidades de la ciudad está **Setúbal,** con su activo puerto pesquero; **Sesimbra,** villa pesquera con playas; **Azeitao,** donde probar sus moscateles; el moderno centro turístico de **Tróia,** el **cabo Espichel,** con su iglesia barroca y sus espléndidas vistas; **Vila Franca de Xira,** con su feria del artesanado; **Cascais,** con un puerto pesquero y playas; **Sintra,** donde hay que visitar los palacios da Pena y da Vila; y **Mafra,** con su famoso convento.

Restaurantes

100 Maneiras. Rua do Teixeira, 35. T. 910 307 575.
www.restaurante100maneiras.com
Cierra almuerzos y domingo. El serbio Stanisic comenzó su carrera en Cascais. En vista del éxito se mudó al Bairro Alto lisboeta. Cocina de hoy, con menú degustación de nueve platos más un *limpia paladares* (35 €).

Casa da Comida. Travessa das Amoreiras, 1. T. 213 860 889. *www.casadacomida.pt*
Cierra almuerzos de sábado y lunes; y domingo. Ambiente exquisito para la clientela elegante de Amoreiras. En un refrescante patio con flores y fuentes, y una cocina de autor de índole portuguesa a cargo de Bruno Silvano. Pequeño y grato bar. Precio medio 40 €.

Eleven. (En el jardín Amália Rodrigues). Rua Marqués de Fronteira, s/n. T. 213 862 211. *www.restauranteleven.com*
Cierra domingo. Joachim Koerper demuestra una vez más su fecunda inventiva. Cocina de autor de raíz mediterránea. **'Canneloni de abacate com sapateira', 'lavagante', 'soufflé de maracujá com gelado de banana'.** Vistas panorámicas desde el parque Eduardo VII hasta el río. Precio medio 70 €.

Farta Brutos. Travessa da Espera, 20. T. 213 426 756.
Cierra domingo. Cerca del lujoso Tavares se halla esta casa conocida como *Tavares pobre*. La mejor cocina *alfacinha* del Bairro Alto en un ambiente con antiguas fotografías y recuerdos literarios. Precio medio 30 €.

Gambrinus. Rua das Portas de Santo Antão, 23-25. T. 213 421 466.
Durante muchos años fue el restaurante obligado de la alta burguesía lisboeta. Su excelente cocina portuguesa y sus vinos se hicieron famosos. Con bar. Precio medio 70 €.

Largo. Rua Serpa Pinto, 10. T. 213 477 225. *www.largo.pt*
Cierra domingo. El gran cocinero Miguel Silva dejó Oporto para venirse a este Largo lisboeta en un antiguo convento. Especialidades portuguesas e internacionales. Miguel sueña con crear un *Oporto gastronómico*. Precio medio 30 €.

O Polícia. Av. Conde Valbom, 127. T. 217 963 505. *www.restauranteopolicia.com*
Cierra sábado cena y domingo. Local ya centenario fundado por un expolicía municipal. La más auténtica cocina portuguesa. En la vecindad de la Fundación Gulbenkian. Precio medio 35 €.

Tágide. Largo da Academia Nacional de Belas Artes, 18-20. T. 213 404 010. *www.restaurantetagide.com*
Cierra domingo, lunes y agosto. Tágide fue mansión de un diplomático y, después, club nocturno. Ahora se vuelve a disfrutar de sus antiguos azulejos y de las vistas sobre el Tajo como santo y seña de una rica cocina portuguesa e internacional. Precio medio 30 €.

Tasca da Esquina. Domingos Sequeira, 41-C. T. 210 993 939. *www.tascadaesquina.pt*
Cierra lunes almuerzo y domingo. El incansable Vítor Sobral abrió recientemente en el Campo de Ourique esta taberna de amplio repertorio gastronómico para todo tipo de clientes. Una creación imitada dentro y fuera de Portugal. Precio medio 25 €.

Tavares. Da Misericordia, 37. T. 213 421 112. *www.restaurantetavares.pt*
Cierra lunes y domingo. Cocina portuguesa en un soberbio decorado del s. XIX. Calificación provisional por cambio culinario. Precio medio 50 €.

Varanda. (H. Four Seasons Ritz). Rua Rodrigo da Fomseca, 88. T. 213 811 400. *www.fourseasons.com/lisbon*
El Ritz lisboeta fue en los años 40 uno de los grandes hoteles de Europa. Su restaurante, bajo un cocinero francés, sigue ofreciendo cocina de altura y lujo refinado. Precio medio 65 €.

Hoteles

★★★★★ **Altis.** Rua Castilho, 11. T. 213 106 000. *www.altishotels.com*
Hab. 303: 120/350 €. Suites: 13. Céntrico. Restaurante Grill Dom Fernando.

★★★★★ **Avenida Palace.** 1º Dezembro, 123. T. 213 218 100. *www.hotelavenidapalace.pt*
Hab. 82: 175/200 €. En pleno centro, cuenta con más de un siglo de historia. Completamente reformado.

★★★★★ **Four Seasons Hotel Ritz Lisbon.** Rodrigo da Fonseca, 88. T. 213 811 400. *www.fourseasons.com/lisbon*
Hab. 242: 390/520 €. Suites: 40. Admisión de perros, consultar. Restaurante Varanda.

El tranvía 12 asciende hasta la Praça da Figueira, en el barrio lisboeta de Alfama

Oceanario de Lisboa

Inaugurado con la Exposición Mundial de 1998, es un auténtico museo vivo de biología marina, situado en el Parque das Nações.

Motivos mitológicos en el Palacio de los Marqueses de Fronteira, en Lisboa

***** **Olissippo Lapa Palace.** Rua do Pau de Bandeira, 4. T. 213 949 494. *www.olissippohotels.com*
Hab. 101: 370/775 €. Suites: 8. Admisión de perros, consultar. Restaurante Lapa.

***** **Pestana Palace Hotel.** Jau, 54. T. 213 615 600. *www.pestana.com*
Hab. 174: 241/339 €. Suites: 17. Palacio del s. XIX, con jardines declarados Monumento Nacional. Restaurante Valle-Flor, con gran cocina internacional.

***** **Tivoli Lisboa.** Av. da Liberdade, 185. T. 213 198 900.
Hab. 329: 230/424 €. Legendario hotel, fundado en 1933. Céntrico. Restaurantes Zodiaco y Grill Terraço.

**** **As Janelas Verdes-Alber Garia.** Rua das Janelas Verdes, 47. T. 213 968 143. *www.heritage.pt*
Hab. 29: 143/298 €. Palacete del s. XVIII, junto al Museo de Arte Antiguo. Biblioteca con vistas al río Tajo.

**** **York House.** Rua das Janelas Verdes, 32. T. 213 962 544. *www.yorkhouselisboa.com*
Hab. 32: 130/260 €. Instalado en un convento del s. XVII. Restaurante Confraria.

*** **Metropole.** Rossio, 30. T. 213 219 030. *www.almeidahotels.com*
Hab. 36: 120/170 €. Situado en el centro histórico, en la famosa plaza del Rossio.

39 · C-2

Matosinhos Ver Porto

39 · E-1

Moreira de Cónegos Ver Braga

28 · D-1

Paredes de Coura Ver Valença do Minho

28 · C-4

Pedra Furada Ver Barcelos

Porto/Oporto

39 · C-2
A Lisboa, 314 km
Alt. 158 m · Pob. 222.000
T. 223 393 470
Prefijo internacional: 00-351
41° 8' 58"N-8° 36' 41"O

Visitar: La segunda gran ciudad portuguesa y cuna del vino de su nombre, declarada Patrimonio Mundial y Capital Europea de la Cultura en 2001, tiene entre sus monumentos más relevantes la **Catedral;** la **Torre de los Clérigos;** el **Palacio de la Bolsa;** el **Museo Nacional Soares dos Reis,** las iglesias de Sta. Clara, S. Lourenço y S. Francisco; la Fundação Casa de Serralves y el Museo de Arte Contemporáneo. En general, tiene mucho encanto todo el núcleo de calles, paseos y puentes antiguos y modernos.

Fiestas: El 24 de junio se celebran **S. João** y las **fiestas Mayores.**

Alrededores: En **Vila Nova de Gaia** están las **bodegas** de vino Oporto, que ofrecen visitas guiadas y degustación de vinos. En **Leça do Bailio** destaca la iglesia del Monasterio, a 8 km. **Gondomar** es la ciudad de las filigranas y artesanías.

Restaurantes

Casa Aleixo. Rua da Estaçao, 216. T. 225 370 462.
Cierra domingo, una semana en enero y tres en agosto. Frente a la estación de Campanhã. Antigua tasca regida por gallegos y hoy acogedor local de impecable cocina portuense. Precio medio 30 €.

O Chanquinhas. (En Matosinhos, a 8 km). de Santana, 243. T. 229 951 884. *www.chanquinhas.com*
Cierra domingo y 15 días en agosto. La familia Silva comenzó su carrera con una tasca frecuentada por trabajadores portuarios, y hoy es restaurante de lujo instalado en un palacete. **'Pastel de camarão', 'peixe do dia', 'cabidela de galo'.** Menú 25 €. Precio medio sin marisco 30 €.

Portucale. Da Alegría, 598. Edificio de los Pedreiros, piso 14. T. 225 370 717. *www.miradouro-portucale.com*
Gastronomía inspirada en las mejores recetas del Norte de Portugal de la mano de António Gonçalves. Desde el comedor (planta 14 del edificio de los Pedreiros) se divisan maravillosas vistas de la ciudad. Excelente bodega de vinos portugueses. Precio medio 37 €.

Escalera de la librería Lello e Irmão, de las más bonitas de Europa, en Oporto

Hoteles

***** **HF Ipanema Park.** Rua Serralves, 124. T. 226 194 100. *www.hfhotels.com*

Hab. 281: 90/360 €. Suites: 18. Especial para familias. Lujoso y cómodo. Restaurante Jardim de Inverno.

☆☆☆☆☆ **Infante de Sagres.** Pl. Dona Filipa de Lencastre, 62. T. 223 398 500.
www.hotelinfantesagres.pt
Hab. 70: 193/825 €. Suites: 8. Hotel histórico con decoración neobarroca portuguesa. Restaurantes Boca do Lobo.

☆☆☆☆☆ **Porto Palacio.** Av. Da Boavista, 1269. T. 226 086 600.
www.hotelportopalacio.com
Hab. 234: 170/185 €. Suites: 16. Gimnasio. Totalmente remodelado. Restaurante Madruga.

Praia da Galé-Galé Ver Albufeira

102 · E-2

Praia do Faro Ver Faro

103 · B-2

Praia do Gincho Ver Cascais

77 · A-2

Queluz Ver Sintra

77 · B-2

Santa Marta de Portuzelo Ver Viana do Castelo

28 · C-2

Sintra

El Palacio Nacional da Pena, en Sintra, fue construido en el s. XIX

77 · A-2
A Lisboa, 27 km
Alt. 200 m · Pob. 27.000
T. 219 231 157
Prefijo internacional 00-351
38° 47' 53''N-9° 23' 22''O

Visitar: En esta villa, declarada Patrimonio Mundial de la Humanidad y Paisaje Cultural, se encuentra el **Palacio Real** (ss. XIV al XVI), de la época en la que los monarcas portugueses residían aquí. También sobresalen el **Castillo Moro** (s. VIII); el Palacio y el parque da Pena (s. XIX); el Palacio y la **Quinta de Monserrate,** con más de 3.000 especies de árboles y arbustos; el Palacio y **Quinta da Regaleira** (s. XX); el **convento de los Capuchos** (s. XVI); y los museos de Arte Moderno, do Brinquedo, de Anjos Teixeira y de Ferreira de Castro. También hay club de golf.

Fiestas: El 29 de junio se celebra **S. Pedro.**

Alrededores: En **Queluz,** a 15 km, está el Palacio rococó (s. XVIII), llamado el *Versalles portugués,* con jardines, fuentes y estatuas. El **cabo da Roca,** a 20 km,

En Barcelos (Baixo Minho) surgió el conocido símbolo del gallo portugués

es el punto más occidental del continente europeo. A 8 km está **Colares,** pequeña villa famosa por sus vinos, y a 13 km, la playa das Maças, unida a Sintra por un pintoresco tranvía. También se puede disfrutar de la **playa Grande.**

Restaurantes

Arola. (H. Penha Longa). Estrada de Lagoa Azul, s/n. T. 219 249 028. *www.penhalonga.com*
Cierra cenas de lunes y martes. El incansable Sergi Arola también se ha establecido en Portugal. Cerca de Lisboa, en el exclusivo golf de Penha Longa. Comedor certeramente diseñado y cocina característica del maestro, servida *entre luzes brancas y tons metálicos.* Precio medio 35 €.

® **Cantinho de São Pedro.** Praça D. Fernando II, 18. T. 219 230 267. *www.cantinhosaopedro.com*
Cierra del 20 al 30 de junio. En Sintra y en el campo de la feria de S. Pedro (segundo y cuarto domingo de mes). Una auténtica joya de la cocina portuguesa. Sus fundadores trajeron de Francia la inspiración y la han desarrollado al modo lusitano. Precio medio 20 €.

® **Cozinha Velha.** (En Queluz, a 16 km. Pousada D. María I). Largo Palacio Nacional Queluz. T. 214 356 158. *www.pousadas.pt*
Vale la pena visitarlo, aunque solo sea por conocer la antigua cocina del Palacio Real, con su chimenea y sus peroles relucientes. Cocina internacional. Precio medio 40 €.

Hoteles

***** **Penha Longa Hotel, Spa & Golf Resort.** Estrada da Lagoa Azul, Quinta da Penha Longa, s/n. T. 219 249 011. *www.penhalonga.com*
Hab. 194: 350/2400 €. Suites: 17. En un monasterio del s. XIV. Dentro del Parque Natural de Sintra. Restaurantes Assa Massa, Midori, Arola y Serra Bar.

***** **Tivoli Palácio de Seteais.** Barbosa do Bocage, 8. T. 219 233 200. *www.tivolipalacioseteais.com*
Hab. 30: 160/680 €. Suites: 1. El maravilloso Palácio de Seteais (s. XVIII), con su jardín, convertido en hotel, y un restaurante de lujo de la cadena Tívoli. Restaurante Seteais.

Tavira

103 · C-2
A Lisboa, 300 km
Alt. 25 m · Pob. 25.248
37° 7' 41"N-7° 39' 17"O

Visitar: Es interesante acercarse hasta su **castillo,** a orillas del Sèqua, por el que se conoce a la ciudad como *La Venecia del Algarve.* También hay que visitar el **Palacio da Galería,** el **Museo Municipal,** el **puente Antiga** y las iglesias de Sta. María del Castillo, la Misericordia, Sta. Ana, S. Sebastián y Santiago.

Fiestas: Durante los días 14 y 15 de agosto se celebran las fiestas de **Sta. Margarida.**

Alrededores: Cerca de Tavira destacan el **Parque Natural de Ría Formosa,** el precioso paraje de Pego do Inferno, las salinas y las playas da Ilha, Cabanas, do Barril y Terra Estreita.

Restaurantes

® **A Chaminé.** (En Altura, a 13 km de Tavira y a 8 km de Ayamonte). Av. 24 de Junho, s/n. T. 281 957 438.
Cierra martes y segunda quincena de octubre. Restaurante medularmente algarvío, sin concesiones al cosmopolitismo. Cocina tan tradicional como los **mariscos en 'cataplana', arroz de tamboril, 'mousse' de mango y chocolate.** Precios asequibles. Precio medio 20 €.

Valença do Minho

17 · C-4
A Lisboa, 445 km
Alt. 72 m · Pob. 3.500
T. 251 823 374
Prefijo internacional: 00-351
42° 1' 25"N-8° 38' 15"O

Visitar: La **fortaleza Vauban** (s. XVIII) es imponente: un perímetro de murallas de cinco kilómetros vigila la frontera fluvial con España. En su interior se encuentra el centro comercial e histórico-cultural, al aire libre. Los miércoles se celebra la **Gran Feria.**

Alrededores: Es posible acercarse a los **parques Monte do Faro** y **Senhora da Cabeça** y a los **conventos** de Sanfins, Ganfei, Portões dos Castro y Ecopista.

Restaurantes

® **Conselheiro.** (En Paredes de Coura, a 25 km). Largo Vizconde de Moselos. T. 251 782 610.

Cierra domingo cena, lunes y octubre. El escritor Aquilino Ribeiro vivió por estos pagos y siempre defendió la cocina tradicional portuguesa. Hoy la sigue practicando el entusiasta *conselheiro* Manuel Vilaça, desde las **'pataniscas'** hasta los **'formigos'.** Precio medio 40 €.

Fortaleza. Rua Apolinário Fonseca, 5. T. 251 823 146.
Cierra lunes excepto verano; y del 15 de enero al 15 de febrero. A orillas del Miño y dentro de las murallas de la fortaleza. Local tradicional de tipo popular. Precio medio 30 €.

Viana do Castelo

28 · B-2
A Lisboa, 388 km
Pob. 40.000
41° 41' 33''N-8° 50' 18''O

Visitar: Es muy recomendable asistir a las exhibiciones veraniegas del mejor folclore *minhoto,* en el que participan muchachas ataviadas con joyas típicas y trajes multicolores. La ciudad acoge muestras valiosas de arquitectura gótica, barroca, renacentista y manuelina. Se pueden visitar la **Catedral,** el **navío Gil Eanes** y los museos de Arte y Arqueología y del Traje.

Fiestas: El 20 agosto se celebra **Nossa Sra. d'Agonia,** la mayor romería de Portugal, con una procesión marinera, muestra de trajes típicos, actos etnográficos y fuegos artificiales.

Alrededores: En el **monte de Sta. Luzia,** a 3 km, se encuentra un templo votivo, un parque, ruinas galaico-romanas y espléndidas vistas sobre la *foz* del Lima. En **Nogueira** se alza la iglesia románica de S. Cláudio. En las **playas de Afife-Bico** y **Darque-Cabedelo** se pueden practicar deportes náuticos *(windsurf, bodyboard, surf, kitesurf).* En **Geraz de Lima** se pueden visitar los museos de Arqueología y de Carruajes.

Preparada para las fiestas de Ntra. Sra. de la Agonía, en Viana do Castelo

Restaurantes

® **Camelo.** (En Santa Marta de Portuzelo, a 4 km). Rua de Sta. Marta, 119. T. 258 839 090. *www.camelorestaurantes.com*
Cierra lunes. Mesas de granito bajo las parras y comedor clásico. Cocina *minhota* presidida por el **'galo de pe descalço criado en la casa'.** Una segunda casa centrada en productos del mar, en la playa de Apulia. Nuevas aperturas en Viana do Castelo y Ponte de Lima. Precio medio 30 €.

® **Cozinha das Malheiras.** Gago Coutinho, 19. T. 258 823 680.
Cierra martes y una semana antes de Navidad. En una antigua dependencia del barroco Palacio de los Malheira, un precioso comedor y cocina a tono con el ambiente, sea portuguesa o foránea. **'Bacalhau', 'roast-beef'.** Menú 18 €. Precio medio 30 €.

Viseu

50 · A-2
A Lisboa, 330 km
Alt. 494 m · Pob. 93.501
40° 39' 35''N-7° 54' 44''O

Visitar: Los puntos más notables son la **Catedral** (s. XI), la **iglesia de la Misericordia** (s. XVIII), la **plaza D. Duarte,** el edificio dos Paços do Concelho y su panel de azulejos, la iglesia dos Terceiros, la iglesia do Carmo, el parque Aquilino Ribeiro, el Museo de Arte Sacro, la Casa-Museo Almeida Moreira, las casas Amarela y da Ribeira, el **parque do Fontelo,** el solar do Vinho do Dão y la muralla romana.

Fiestas: El 17 de junio se celebran las **Cavalhadas de Teivas** y el 21 de septiembre, la **feria de S. Mateus.**

Alrededores: A 15 km está el **Palacio dos Condes de Anadia;** a 3 km, la **Senhora do Castro;** a 25 km, las **termas de Carvalhal;** a 55 km, la **Serra de Estrela** y a 20 km, las **termas de S. Gemil Tondela.**

Restaurantes

Cortiço. Augusto Hilário, 45. T. 232 423 853. *www.restaurantecortico.com*
Las recetas anotadas por D. Ceferino en su libreta aún hacen las delicias de los clientes, que dejan testimonios de su gratitud prendidos en las paredes. Precio medio 25 €.

Farol rococó sobre la fachada de la iglesia de la Misericordia, en Viseu

Grandes cadenas hoteleras

La selección de hoteles ofrecida en esta Guía turística se ha realizado teniendo en cuenta su emplazamiento o arquitectura singular. Adicionalmente, en estas páginas podrá ampliar nuestra propuesta de alojamientos con la relación de los grupos hoteleros con presencia nacional e internacional más destacados.
Tanto en *www.guiarepsol.com* como en esta publicación, ponemos a disposición de viajeros e internautas toda la información necesaria para consultar, localizar y reservar el hotel que mejor se adapte a sus necesidades o preferencias. Podrá elegir entre un amplio abanico de posibilidades, desde los hoteles más modernos y funcionales a aquellos de mayor lujo y confort; en definitiva, el que mejor se ajuste a su forma de viajar.

AC Hotels

Nº de hoteles: 87
Tel. 916 260 700
www.ac-hotels.com

Barceló Hotels & Resorts

Nº de hoteles: 162
Tel. 971 771 700
www.barcelo.com

Eurostars Hotels

Nº de hoteles: 24
Tel. 902 270 127
www.eurostarshotels.com

Fiesta Hotel Group

Nº de hoteles: 50
Tel. 902 424 252
www.fiestahotelgroup.com

Husa Hoteles

Nº de hoteles: 160
Tel. 935 101 300
www.husa.es

Iberostar Hotels & Resorts

Nº de hoteles: 100
Tel. 971 077 000
www.iberostar.com

Meliá Hotels International

Nº de hoteles: 350
Tel. 971 224 400
www.melia.com

NH Hoteles

Nº de hoteles: 400
Tel. 914 519 718
www.nh-hotels.com

Occidental Hotels & Resorts

Nº de hoteles: 30
Tel. 900 100 149
www.occidental-hoteles.com

Paradores de Turismo de España

Nº de hoteles: 93
Tel. 915 166 700
www.parador.es

Riu Hotels

Nº de hoteles: 100
Tel. 971 743 030
www.riu.com

Sercotel Hoteles

Nº de hoteles: 135
Tel. 933 636 363
www.sercotel.com

Silken Hoteles

Nº de hoteles: 30
Tel. 932 802 988
www.hoteles-silken.com

Otras cadenas hoteleras

Abba Hoteles
Nº de hoteles: 18
Tel. 933 632 330
www.abbahoteles.com

Aparthotels Caledonia
Nº de hoteles: 9
Tel. 942 370 650
www.a-caledonia.com

Best Hotels, S.L.
Nº de hoteles: 23
Tel. 977 351 505
www.besthotels.es

Catalonia Hoteles
Nº de hoteles: 53
Tel. 932 360 000
www.hoteles-catalonia.com

Celuisma Grupo Hotelero
Nº de hoteles: 25
Tel. 985 343 805
www.celuisma.com

Confortel Hoteles
Nº de hoteles: 13
Tel. 913 839 494
www.confortelhoteles.com

Domus Hoteles
Nº de hoteles: 24
Tel. 902 366 874
www.domus-hoteles.es

Dunas Hotels & Resorts
Nº de hoteles: 12
Tel. 928 445 301
www.dunashotels.com

Elba Hoteles
Nº de hoteles: 11
Tel. 914 320 111
www.hoteleselba.com

Expo Hoteles & Resorts
Nº de hoteles: 10
Tel. 936 003 030
www.expogrupo.com

Garden Hotels
Nº de hoteles: 13
Tel. 971 888 400
www.gardenhotels.com

GHT Hotels
Nº de hoteles: 9
Tel. 937 662 072
www.ghthotels.com

Grupo Hotelero Gargallo
Nº de hoteles: 17
Tel. 932 689 060
www.gargallohotels.es

Grupotel
Nº de hoteles: 34
Tel. 971 850 061
www.grupotel.com

Guitart Hotels
Nº de hoteles: 11
Tel. 972 347 000
www.guitarthotels.com

H10 Hotels
Nº de hoteles: 34
Tel. 934 304 147
www.h10hotels.com

HG Hoteles y Gestión
Nº de hoteles: 11
Tel. 932 541 390
www.grupohg.com

High Tech Hotels & Resorts
Nº de hoteles: 34
Tel. 915 159 450
www.hthoteles.com

Hipotels
Nº de hoteles: 23
Tel. 971 587 512
www.hipotels.com

HLG Hoteles
Nº de hoteles: 18
Tel. 936 020 140
www.hot-hlghotels.com

Hospes
Nº de hoteles: 6
Tel. 932 388 310
www.hospes.es

Insotel Hotel Group
Nº de hoteles: 9
Tel. 971 390 068
www.insotel.com

Jale Monasterio Hoteles
Nº de hoteles: 9
Tel. 956 540 440
www.hotelesjale.com

Lopesan Hotel Goup
Nº de hoteles: 27
Tel. 902 450 010
www.lopesanhotels.com

Monarque Hoteles
Nº de hoteles: 10
Tel. 913 084 610
www.monarquehoteles.com

Oasis Hotels & Resorts
Nº de hoteles: 10
Tel. 971 178 487
www.hotelesoasis.com

Grupo Hoteles Playa, S.A.
Nº de hoteles: 25
Tel. 950 627 010
www.playasenator.com

Princess Hotels
Nº de hoteles: 19
Tel. 902 406 306
www.princess-hotels.com

Relais & Châteaux
Nº de hoteles: 475
Tel. 00 800 2000 00 02
www.relaischateaux.com

Roc Hotels
Nº de hoteles: 14
Tel. 902 337 722
www.roc-hotels.com

Hoteles Saint Michel
Nº de hoteles: 20
Tel. 971 274 822
www.saintmichel.net

Servigroup Hoteles
Nº de hoteles: 18
Tel. 902 105 910
www.servigroup.es

Sirenis Hotels Resorts
Nº de hoteles: 10
Tel. 971 312 512
www.sirenishotels.com

Solvasa Hoteles
Nº de hoteles: 14
Tel. 902 500 838
www.solvasa.com

Stil Hotels & Resorts
Nº de hoteles: 13
Tel. 971 207 114
www.stilhotels.com

Summa Hoteles
Nº de hoteles: 19
Tel. 952 058 676
www.summahoteles.com

THB Hoteles
Nº de hoteles: 16
Tel. 971 850 535
www.thbhotels.com

Vime Hotels & Resorts
Nº de hoteles: 20
Tel. 952 829 977
www.vimehoteles.com

Vincci Hoteles
Nº de hoteles: 17
Tel. 914 902 650
www.vinccihoteles.com

Viva Hotels & Resorts
Nº de hoteles: 14
Tel. 971 897 006
www.hotelsviva.com

Zenit Hoteles
Nº de hoteles: 21
Tel. 902 474 902
www.zenithotels.com

Edita
Repsol YPF, S. A.

Realización
G y J España Ediciones S. L., S. en C.

Diseño, Maquetación y Producción
Manuel Estrada Design
G y J España Ediciones S. L., S. en C.

Tratamiento de la Información
Central de Producción, S.A.

Impresión
Dédalo Offset S.L.

ISBN
978-84-87980-31-2

Depósito legal
M-41437-2011

NOTA:

Los datos de esta Guía están actualizados a 30 de septiembre de 2011.

Salvo posibles errores tipográficos, la información sobre los establecimientos se obtiene directamente de los propietarios de los mismos. **La inserción en esta Guía es totalmente gratuita,** por lo que REPSOL declina cualquier responsabilidad al respecto.

Los precios de hoteles que aparecen en la presente edición son aproximados, ya que al cierre de la misma aún no se contaba con la información oficial de algunas tarifas.

Para cualquier aclaración o comentario sobre el contenido de esta Guía, puede acudir a nuestro Servicio de Atención al Cliente (901 101 101), a la web *guiarepsol.com* o *repsol.com*.

No está permitida la reproducción total o parcial de esta Guía ni su tratamiento informático, ni la transmisión de ninguna forma o por cualquier medio, ya sea electrónico, mecánico, fotoquímico, magnético, electroóptico, por fotocopia, por registro u otros medios sin el permiso previo y por escrito de los titulares del copyright.

Guía Repsol 2012

1

Mapa de carreteras de España, Andorra, sur de Francia y Portugal

Mapa de distribución

22 Número de página

Cartografía 1:300.000

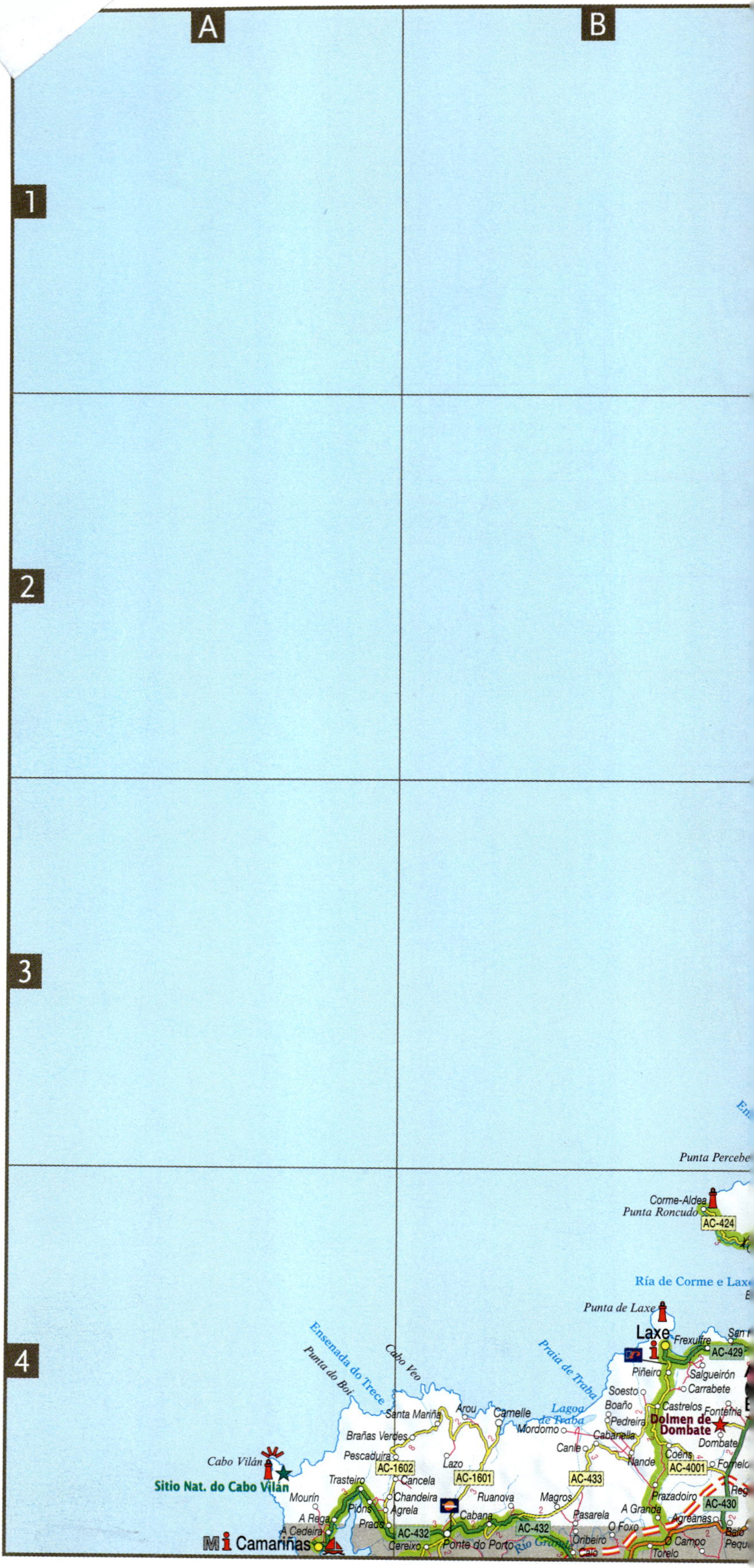

A
B
1
2
3
4
Punta Corme-Aldea
Punta Roncudo
AC-424
Ría de Corme e Laxe
Punta de Laxe
Laxe
Frexulfre
AC-429
Piñeiro
Salgueirón
Carrabete
Soesto
Boaño
Castrelos
Fonteíria
Pedreira
Dolmen de Dombate
Dombate
Cabanella
Canle
Nande
Coéns
AC-4001
Prazadoiro
AC-430
A Granda
Agreanas
O Foxo
O Campo
Torelo
Praia de Traba
Lagoa de Traba
Mordomo
Camelle
Arou
Cabo Veo
Ensenada do Trece
Punta do Boi
Santa Mariña
Brañas Verdes
Pescaduira
AC-1602
Lazo
AC-1601
AC-433
Cancela
Chandeira
Agrela
Ruanova
Magros
Pasarela
Oribeiro
Calo
Cabana
AC-432
Ponte do Porto
Cereixo
Río Grande
Cabo Vilán
Sitio Nat. do Cabo Vilán
Trasteiro
Mourín
Pions
Prado
A Rega
A Cedeira
Camariñas

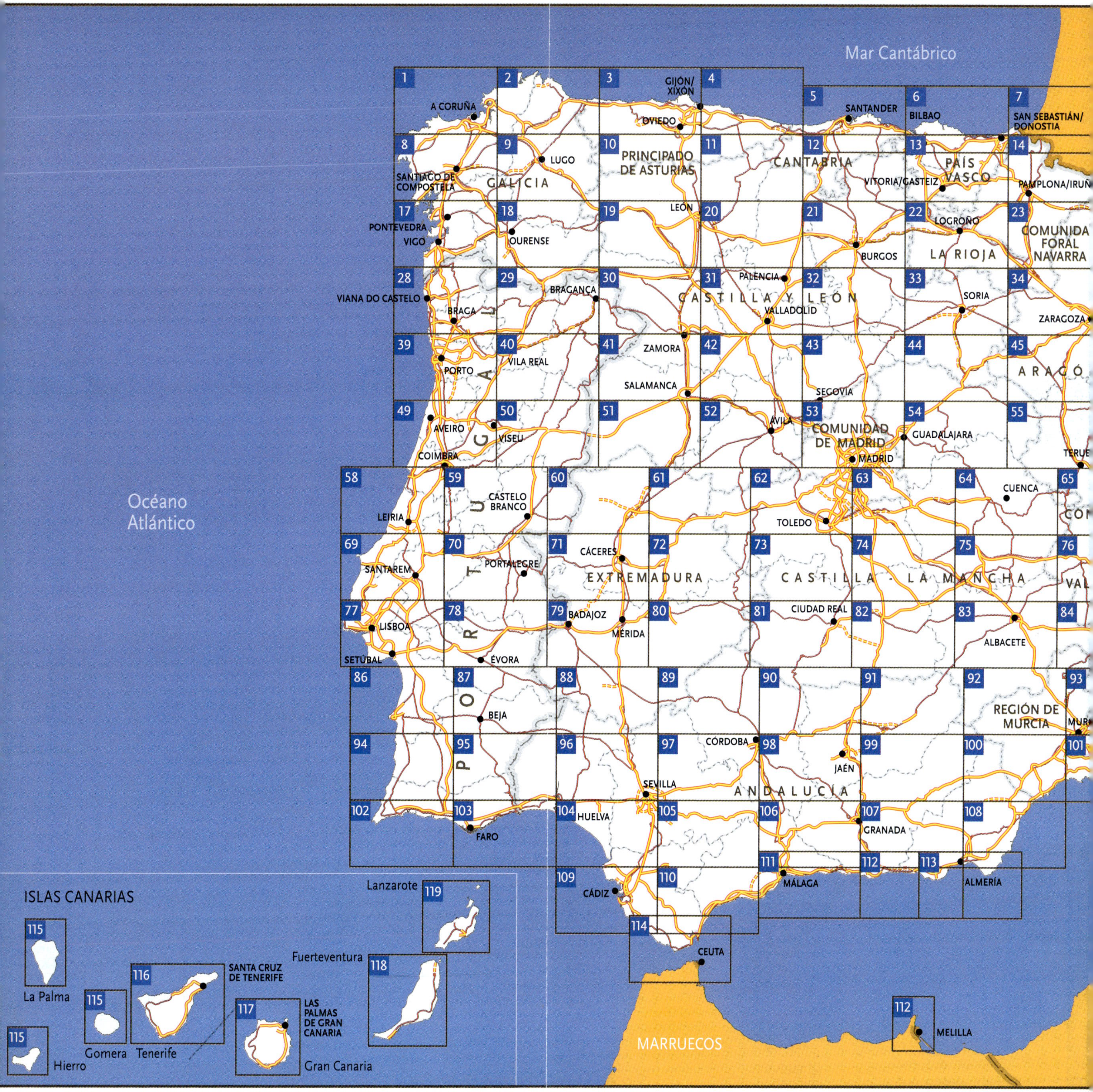
Mar Cantábrico
Océano Atlántico
A CORUÑA
GIJÓN/ XIXÓN
OVIEDO
SANTANDER
BILBAO
SAN SEBASTIÁN/ DONOSTIA
LUGO
PRINCIPADO DE ASTURIAS
CANTABRIA
VITORIA/GASTEIZ
PAÍS VASCO
PAMPLONA/IRUÑ
SANTIAGO DE COMPOSTELA
GALICIA
LEÓN
LOGROÑO
COMUNIDA FORAL NAVARRA
PONTEVEDRA
VIGO
OURENSE
BURGOS
LA RIOJA
PALENCIA
VIANA DO CASTELO
BRAGANÇA
CASTILLA Y LEÓN
SORIA
BRAGA
VALLADOLID
ZARAGOZA
ZAMORA
PORTO
VILA REAL
ARAGÓ
SALAMANCA
SEGOVIA
AVEIRO
VISEU
ÁVILA
COMUNIDAD DE MADRID
GUADALAJARA
COIMBRA
MADRID
TERUE
CASTELO BRANCO
CUENCA
LEIRIA
TOLEDO
CÁCERES
SANTARÉM
PORTALEGRE
EXTREMADURA
CASTILLA - LA MANCHA
VAL
BADAJOZ
CIUDAD REAL
LISBOA
MÉRIDA
ALBACETE
SETÚBAL
ÉVORA
PORTUGAL
REGIÓN DE MURCIA
MUR
BEJA
CÓRDOBA
JAÉN
SEVILLA
ANDALUCÍA
HUELVA
FARO
GRANADA
MÁLAGA
ALMERÍA
CÁDIZ
CEUTA
MELILLA
MARRUECOS
ISLAS CANARIAS
Lanzarote
Fuerteventura
La Palma
SANTA CRUZ DE TENERIFE
LAS PALMAS DE GRAN CANARIA
Gomera
Tenerife
Gran Canaria
Hierro

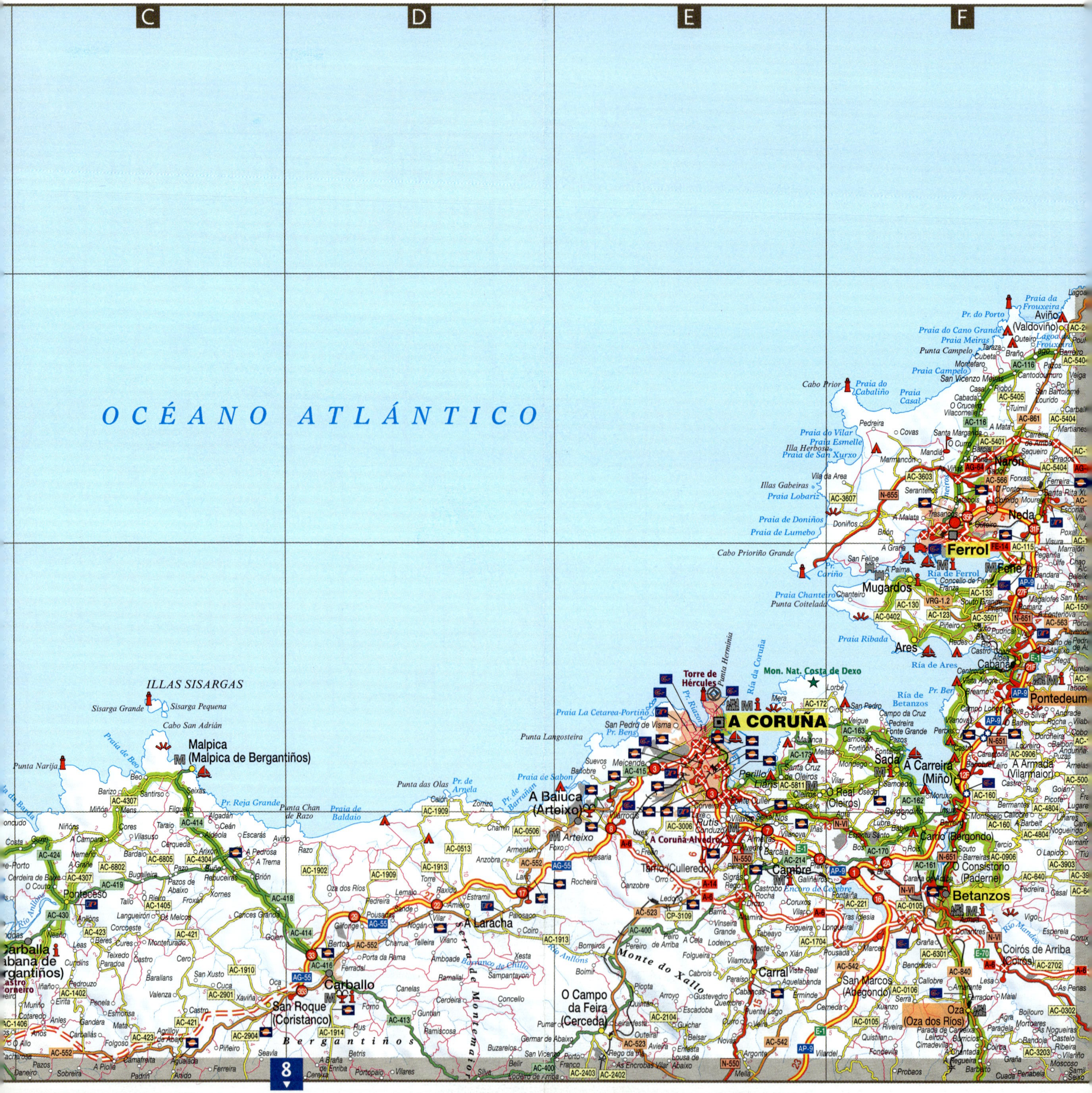
C
D
E
F
OCÉANO ATLÁNTICO
ILLAS SISARGAS
Malpica (Malpica de Bergantiños)
A Coruña
Torre de Hércules
Mon. Nat. Costa de Dexo
Ría da Coruña
Ferrol
Ría de Ferrol
Narón
Neda
Fene
Mugardos
Ares
Ría de Ares
Cabanas
Pontedeume
Aviño (Valdoviño)
Cabo Prior
Cabo Prioriño Grande
Sada
A Carreira (Miño)
Betanzos
Cambre
Carral
Oleiros
A Baiuca (Arteixo)
Arteixo
A Laracha
Carballo
San Roque (Coristanco)
Ponteceso
O Campo da Feira (Cerceda)
Monte do Xallo
Serra de Montemaior
Bergantiños
San Marcos (Abegondo)
Oza (Oza dos Ríos)
Coirós de Arriba
8

E
F
1
2
3
4
MAR CANTÁBRICO
Golfo da Masma
de Fazouro
Praia de Llas
Ría de Foz
Praia de San Cosme
Punta do Gabito
Monumento Natural As Catedrais
Praia das Catedrais
Porto de Rinlo
Punta Corveira
Ría de Ribadeo
Playa de Peñarronda
Tapia de Casariego
Punta del Arenal
Punta Atalaya
Foz
San Bartolo
Mañente
Vilar
Agolada
LU-0603
LU-0602
Reinante
Meirengos
Rato
Piñeira
Vilaselán
San Román
Santa Gadea
Entreplayas
San Antonio
Rapalcuarto
Lavandera
N-634
San Cosme (Barreiros)
Eiras
Souto
Cruz
E-70
Rochela
A Devesa
LU-5201
Vilagúiz
Vilandriz
A-8
Ribadeo
Figueras
Penedo
Tesouro
Roda
Cabo
de Villa
Navalín
Bustelo
Villargomil
Brul
Castropol
Obeso
Ove
AS-31
AS-32
Fuente
La Roda
Pelorga
El Pico
TC-4
AS-23
Portella
Carballo Branco
LU-0608
Noceda
LU-5207
Reserva Natural Ría del Eo
Castro
Pruida
Las Campas
El Tombín
TC-5
El Ferrol
Bouza
Villarín
Acevedo
LU-133
Remourelle
Vilela
San Vicente
Rilleira
Cubelas
Arante
LU-5204
Anzas
Aldeanova
Tabugo
Bourio
Reiriz
San Julián
AS-24
Río de Porcía
LU-0609
Vilamartín Grande
San Xusto de Cabarcos
Cedofeita
LU-6103
Fórnea
Vilosende
LU-5203
LU-5205
Granda
Lantoira
Villavedelle
Casteñeirua
Penadecabras
Valle de San Agustín
Castrovaselle
Alfonsares
Ludeiros
Villarín de la Braña
Vidal
Porto de Abaixo
Couxela
Seares
La Casía
Grandallana
Momean
La Barrosa
La Braña
Candaosa
Pousadoiro
645
Muria
Chao das Trabas
Lagar
Romaelle
Santa Colombia
Murolas
LU-132
Vesedo
Arguiol
Clavelinas
Armeiro
Lavandal
Santella
A Veiga
Vegadeo
AS-21
Villamartide
Samagan
AS-22
Pereiral
Requejo
Murias
Vior
Barreira
Carroceiro
Trevé
Trabada
de Lourenzá
Adrao de Lourenzá
Sante
N-640
LU-6101
Vilarbotote
Fuente Louteiro
Grandamea
Refojos
Cobre
San Martín
Estelo
Montouto
CP-4
Xaraz
Meredo
Añides
Penzol
Balmonte
Castro
Obanza
Niseiros
Sela de Obanza
Cabanada
Brañalibel
AS-22
San Sebastián
Salcido
VE-2
Solmayor
La Graña
Guiar
La Coba
AS-11
Lamisquera
Azoreiras
Vinjoy
Brañatuille
Vilapena
Vilaformán
San Andrés
El Llano (San Tirso de Abres)
Eilale
Gole
Ouria
El Castro
Castromourán
Nafarea
Molejón
Brañavara
Río Eo
Vilaouruz
Espasande
Abraido
Villarede
AS-21
Villar de San Pedro
Trasdacorda
Arredondas
O Piñeiro da Igrexa
Entorcisa
La Espina
Silvarelle
El Palo
LU-4803
LU-4808
Figueirúa
Loutima
AS-26
Restrepo
Sierra de la Bobia
Bobia 1.202
Sant Estevo
LU-4805
Taramundi
Aguil
Arrojo
Freije
Bres
AS-11
Mousende
Valín
Silvallana
LU-704
Conforto
Río Turja
Calvín
Conj. Etnográfico de Teixois
Busdemouros
La Garganta 905
Rececende
A Pontenova
Nio
Lestón
Bratarámundi
La Penacoba
Carbayal
Rodrigas
LU-124
Vilamea
Viloudrid
Travesas da Treita
Navallo
Teixois
Fonte
Santuario de Pastor
Entrerríos
Cimadevilla
Liñeiras
LU-741
Las Veigas
Santa Marina
Bustapena
AS-13
Sierra de San Isidro
Illano
Capela de San Francisco
Elvillar
Montaña
LU-4802
Vilaimil
Ferrería de Bogo
Bogo
Turja
Salgueiras
Posarón
Vilanova (Villanueva de Oscos)
AS-12
Vilaboa
Sanxés
Xudán
Vilarxuvín
LU-741
Posadoiro
AS-27
Regodeseves
Pacios
Brañavieja
N-640
Vilarmide
Río Eo, Oscos y Terras de Burón
AS-33
Lougedo
Villamañe
Orrea
Galegos
LU-4606
Salcedo
Revoqueira
LU-5505
LU-4802
Logares
Murias
Teijeira
Martull
Samartín (San Martín de Oscos)
Argul
Pesoz
LU-1904
Santalla (Santa Eulalia de Oscos)
Serán
SE-2
AS-13
Pezós/Pesoz
LU-751
A Veiga de Logares
Ventoso
Villamarzo
LU-1909
Vilar d'Amba
Sanzo
SE-1
AS-12
LU-4606
LU-741
LU-4806
Río de Sabugo
LU-1905
Bruicedo
Sarceda
Villarquille
Santa María
Seixosmil
AS-14

A
B
1
2
3
4
M A R
Punta del Arenal
Punta Atalaya
Cabo San Agustín
Ría de Navia
Puerto de Vega
Reserva Natural de Brayo
Playa de Otur
Playa de Salinas
Lavandera
Viavelez
Villalocay
Ortiguera
Rabeirón
Vigo
Soirana
Bárzana
Tox
Sabugo
Canedo
La Calea
Longara
San Cristobal
Vega de Pindolas
Medal
Andes
Cortinas
Teifaros
Villapedre
Carbayal
Prendones
A Caridá (El Franco)
Villargomil
Jonte
Navia
Villalonga
La Colorada
El Carreiron
Otur
Luarca (Valdés)
Barcia
Almuña
La Ronda
Aldín
Fontoria
Castro de Coaña
Jarrio
San Esteban
Estreita
Coaña
Cabanella
Seijo
Villabona
Somorto
Boronas
Las Cabornas
El Rellón
Neñín
Sueiro
Godella
Ansilán
Abranedo
Hervedeiras
Cerredo
San Julián
Arancedo
Veiral
Valentín
Tarrebarre
Tarrén
Armental
Anleo
Murias
Busmargalí
Cutruyus
Constancios
La Artosa
Setienes
Salientes
Grandavil
Busantiane
Vidural
Puñil
Cepeda
Sante
Ludeiros
Villarín de la Braña
Grandamarina
Andina
Nadóu
Villarda
Busnovo
Sabanz
Cacabellos
Enjamenes
San Pelayo
Trelles
Arbón
Villar
Sequeiro
Vivedro
La Ronda
Lebredo
Mendones
La Braña
Romaelle
Chao das Trabas
Riocabo
Carroceiro
Peñadecabras
Brañamayor
Coba
Cabanas
Villar de Serandinas
Serandinas
Zorera
Oneta
La Folguerosa
Martintorín
Villartorey
Las Cercenadas
Brauñas
La Degollada
Siñeriz
Linera
Piñero
El Peneu
Rebollares
Belén
La Montaña
Paladeperre
Modreros
Candanosa
El Barriu La Noguera
La Figal
Ablanedo
San Pelayo
Menudero
Godón
Cerezal
Carboniella
Río Negro
Trevé
Gumio
Boal
Los Mazos
Santa Eulalia
Viñas
Villayón
Granas
El Mazo
Candanedo
Escardén
Caborno
Longrey
Leiriella
Aristébano
Alto de Aristébano 561
Oviedes
Bustiello
Embalse de Arbón
Mezana
Arroyo Gio
Carrio
Herías
El Barrio
Masenga
Nera
Monterizo
Sierra de Busecó
Armal
Rozas
Serredo
Villanueva
Brañadesella
Illaso
Busmente
El Sellón
La Bobia 1.003
Colobredo
Barzanallana
Foyedo
Villar de Navelgas
Valles
Folgueras de Muñalén
Llaneces
Muñalén
Prelo
Río Navia
Vidural
Trabada
Parlero
Loredo
Villar de San Pedro
Muñón
Piñeira
Doiras
Castrillón
Lendiglesia
Ponticiella
Valle
Lendequintana
Burgazal
Parada de Cameixa
Conto
Navelgas
Froseira
Sampol
Solares
Valdedo
Berrugas
Rellanos
Zardín
Santa Eulalia de Miño
Embalse de Doiras
Silvón
Sarceda
Reigoto
Las Mestas
Cedemonio
Baboreira
Lombatín
Villar de Bullaso
Fuentes
Cabadas
Pojos
El Couz
Aguamaroza
Bustantigo
Río Navelgas
Sierra de Ablaniego
Alto de Forcayao 500
Yerbo
Collada
La Fajera
Villerino del Monte
La Cebedal
Riocastiello
San Vicente
Vallapró
Hervederas
Bustiello
Villaluz
La Oteda
Luciernas
Ordiales
Bustecha
Gio
Bullaso
Cimadevilla
Castanedo
Carondio 1.221
Paisaje Protegido Sierra de Carondio y Valledor
La Folgueriza
Lantero
Illano
Río Navia
Sarzol
Montaña
Navedo
El Rebollo
Besapie
Santiago de Cerredo
Lavandera
Borres
Fresno
La Fayona
Villajuan
Pelontre
Orrea
Sebran
La Porquedad
La Braña de Santa Comba
Colinas de Arriba
La Mortera
Herrías
Muriellos
Riodecoba
Cernías
Bendon
Morión
Cabral
Santa Coloma
Vellinadesa
Porciles
Colinas de Abajo
Arroyo
Sobrado
Magarín
Gera
Tamagordas
Estela
Is
El Sellón
Alto de Lavadoira 810
Carcediel
Pena
Tejero
Valentín
Perluces
Argul
Pelorde
Beveraso
Bustel
Abeyales
Fontalba
Villameana
Villacín
Santa Marina
Pozón
Llaneces
El Caleyo
Colobredo
Ferroy
Corcolina
Mallayo
La Quintana
Bojo
El Castro
Castanedo
Puerto del Palo 1.146
El Mazo
Pola de Allande (Allande)
Albaneda
Cerviago
San Facundo
Agoveda
Villarmou
Pezós
Pesoz
Seran
Ema
Villadecabo
Corondeno
Buslavín
San Pedro
Tellopico
Montefurado
Tamallanes
Fresneu
Cereceda
Piñera de San Felix
Aguera de Arganza
Carriles
San Emiliano
Sanzo
Murias
Trapa
Baldedo
Tejedo
Castello
Lago
Carcedo de Lago
Sierra de los Lagos
Valbona
Figueras
Riovena
Villavaser
Santa María
La Figuerina
Berducedo
Armenande
Santuyanu
Prada
Pradiella
Carbayéu
Celín
Celón
Arganza
Moure
Tebongo
N-634
FR-3
TC-4
FR-5
FR-2
CN-4
E-70
A-8
NV-5
NV-6
AS-37
AS-36
AS-24
FR-1
CN-2
CN-2
VY-4
AS-25
AS-36
AS-35
AS-219
AS-22
BO-5
AS-12
VY-3
VY-2
BO-1
VY-5
BO-3
ALL-5
ALL-4
AS-14
AS-350
TI-3
TI-5
TI-6
AS-217

A
B
C
D
MAR CANTÁBRIC
Playa de San Lorenzo
Playa de la Ñora
Punta de la Escalera
Playa de España
Playa de Merón
Punta Coín
Punta l'Oliva
Ría de Villaviciosa
Punta Rodiles
Cabo Lastres
Punta Misiera
Carbayera del Tragamón
Cueva del Llovín
Valdedios
Reserva Nat. Ría de Villaviciosa
Tazones
Villaviciosa
Lastres
Playa de Lastres
Playa de la Griega-La Cabaña del Mar
Playa de la Isla
Punta L'Atalaya
Playa de Vega-Berbes
Punta la Sierra
Playa de Arra
Playa de Guadamía
Playa de Villanueva
Punta de San Antonio
Playa de San Antolín
Cabo Prieto
Playa de Barro
Colunga
La Isla
Prado (Caravia)
Ribadesella/Ribadeseya
Tito Bustillo
Sierra del Sueve
Pienzu 1.159
Paisaje Protegido Sierra del Sueve
El Fito
Cueva Rosa
Monfrecho 897
La Vega (Sariego)
Santolaya (Cabranes)
Les Arriondes (Parres)
Cueva del Sidrón
Nava
L'Infiestu (Piloña)
Sierra de Ques
Cangues d'Onís/Cangas de Onís
Río Sella
Martimporra (Bimenes)
Cordal de Peña Mayor
Sierra de Faces
San Martín del Rey Aurelio
Santuario de Covadonga
Sierra de Covadonga
PARQUE NACIONAL PICOS DE EUROPA
Benia de Onís (Onís)
Carreña (Cabrales)
Covadonga
Alto de Ortiguero
Sierra
Collado de Mohandi
Alto de Buenos Aires 170
Alto de la Campa 1.683
Alto de Igena
N-632
N-634
N-625
A-8
A-64
E-70
AS-113
AS-114
AS-115
AS-255
AS-256
AS-257
AS-258
AS-260
AS-262
AS-263
AS-330
AS-331
AS-332
AS-335
AS-339
AS-340
AS-341
AS-342
II

C
D
E
F
MAR CANTÁBRICO
SANTANDER
Muriedas (Camargo)
El Astillero
Santoña
Laredo
Colindres
Castro-Urdiales
Noja
Ajo (Bareyo)
Argoños
Escalante
Limpias
Ampuero
Liérganes
Solórzano
Entrambasaguas
La Cavada (Riotuerto)
Renedo (Piélagos)
Parque Nat. Macizo de Peña Cabarga
Parque Natural de Armañón
Parque Natural Collados del Asón
Ramales de la Victoria
Riba
Arredondo
Sierra del Hornijo
Sierra de la Matanza
Valle de Carriedo
Valle de Pas
Selaya
Villacarriedo
San Roque de Riomiera
Vega de Pas
Valnera 1.718
Estación de Esquí de Lunada
Veguilla (Soba)
Lanestosa
Concha (Valle de Carranza)
Balmaseda
Muskiz
Montes de Ordunte
Ordunte 1.341
Burgueño 1.043
Brena de Corrios 1.251
Peñas Rocías 1.270
Armañón 855
Ventoso 731
Cerredo 643
Sarón
Santa María de Cayón
Puente Viesgo
Pomaluengo (Castañeda)
La Concha (Villaescusa)
Penagos
Valdecilla (Medio Cudeyo)
Hoz de Anero (Ribamontán al Monte)
Beranga (Hazas de Cesto)
Gama (Bárcena de Cicero)
Hazas (Liendo)
Rasines
Bádames (Voto)
El Puente (Guriezo)
La Iglesia (Trucíos-Turtzioz)
San Miguel de Linares (Artzentales)
Mercadillo (Sopuerta)
La Matanza (Valle de Villaverde)
San Martín (Villafufre)
Santiurde de Toranzo
12

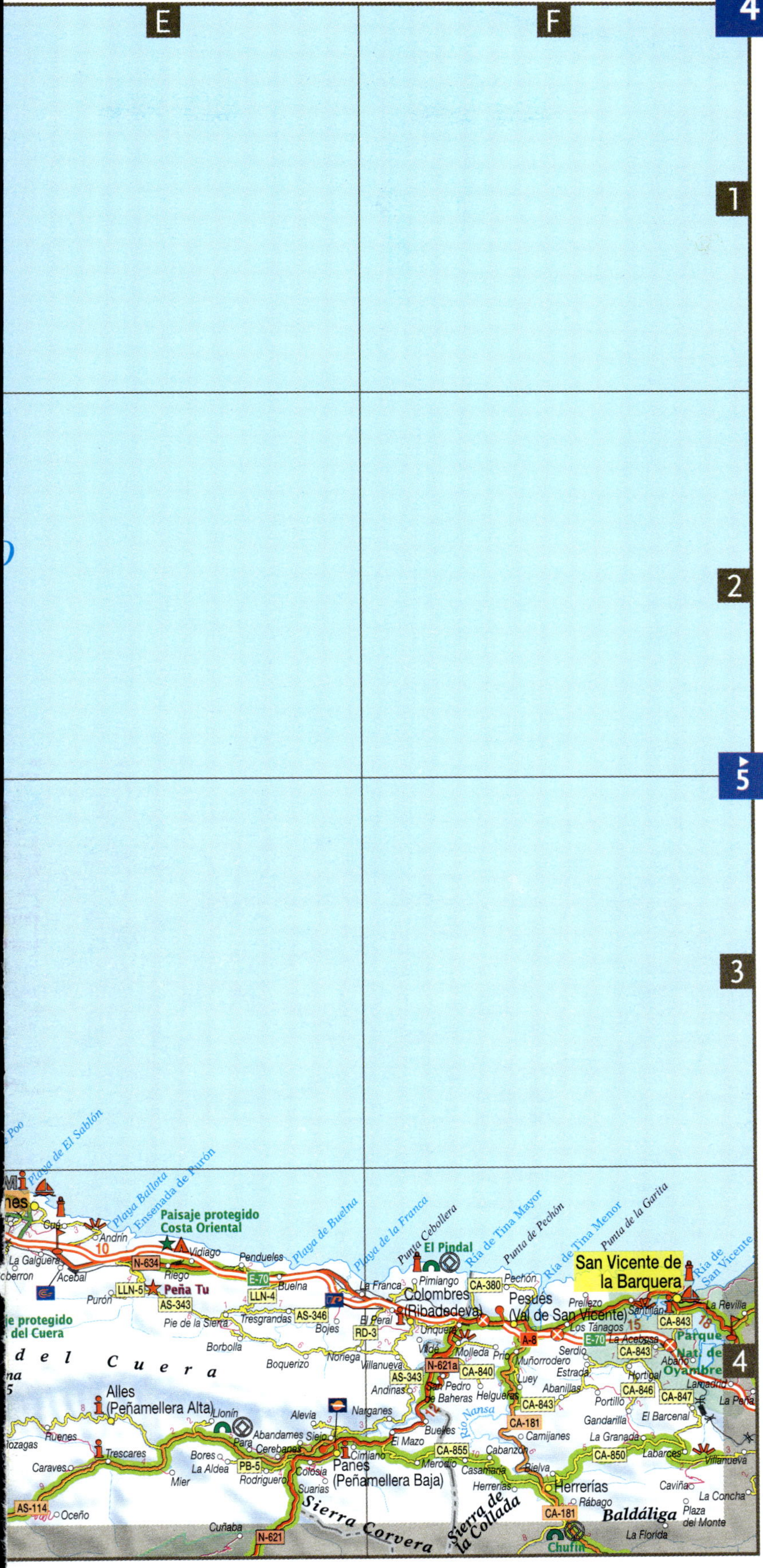
E
F
1
2
5
3
4
Playa de El Sablón
Playa Ballota
Ensenada de Purón
Paisaje protegido Costa Oriental
Playa de Buelna
Playa de la Franca
Punta Cebollera
El Pindal
Ría de Tina Mayor
Punta de Pechón
Ría de Tina Menor
Punta de la Garita
San Vicente de la Barquera
Ría de San Vicente
Cué
Andrín
Vidiago
Pendueles
La Galguera
Acebal
Purón
Peña Tu
Riego
Buelna
La Franca
Pimiango
Pechón
Colombres (Ribadedeva)
Pesués (Val de San Vicente)
Prellezo
Santillán
La Revilla
Parque Nat. de Oyambre
Pie de la Sierra
Tresgrandas
Bojes
El Peral
Unquera
Los Tánagos
La Acebosa
Borbolla
Boquerizo
Noriega
Villanueva
Vilde
Molleda
Prío
Muñorrodero
Serdio
Estrada
Hortigal
Abaño
Lamadrid
La Peña
Cuera
Alles (Peñamellera Alta)
Llonín
Alevia
Nargánes
Andinas
San Pedro de Baheras
Helgueras
Luey
Abanillas
Portillo
El Barcenal
Gandarilla
La Granada
Buelles
El Mazo
Cabanzón
Camijanes
Labarces
Villanueva
Ruenes
Trescares
Bores
Para
Abandames
Siejo
Cerebanes
Cimiano
Merodio
Casamaria
Caraves
La Aldea
Mier
Rodriguero
Colosía
Suarias
Panes (Peñamellera Baja)
Herrerías
Bielva
Herrerías
Rábago
Caviña
La Concha
Plaza del Monte
Baldáliga
La Florida
Oceño
Cuñaba
Sierra Corvera
Sierra de la Collada
Chufín
Río Nansa
N-634
E-70
LLN-5
LLN-4
AS-343
AS-346
RD-3
CA-380
A-8
CA-843
CA-846
CA-847
N-621a
CA-840
CA-181
CA-855
CA-850
PB-5
AS-114
N-621

A
B
1
2
3
4
Ría de San Vicente
Cabo de Oyambre
Playa de Oyambre
Parque Nat. de Oyambre
Punta de la Moira
Playa de Comillas
Playa de Luaña-Cóbreces
Punta de la Sartén
Playa de El Sable
Playa Santa Justa
Punta Ballota
Playa Los Locos
Punta del Dichoso
Ría de Suances
Playa Cuchia
Cuchia
Suances
Tagle
Ubiarco
Torriente
Bárcena
Arroyo
Cóbreces
Cigüenza
Toñanes
Caborredondo
Viallán
Oreña
Trasierra
Sierra
Llandres
Casasola
Comillas
Santillana del Mar
Novales
La Iglesia (Alfoz de Lloredo)
Ermita de San Millán
Ermita de San Roque
Cuevas de Altamira
Puente San Miguel (Reocín)
Queveda
Viveda
Requejada
Polanco
Rinconeda
Posadillo
Barreda
Torrelavega
Campuzano
Tanos
Viérnoles
La Montaña
Cartes
Riocorvo
Balneario de las Caldas de Besaya
Rivero (San Felices de Buelna)
Barros
Mata
Tarriba
Hornos de la Peña
Los Corrales de Buelna
Somahoz
Lobado
Collado
Villayuso (Cieza)
Villasuso
Bostronizo
Calga
San Vicente (Corvera de Toranzo)
Cotillo
San Cristóbal
Los Llares
Arenas de Iguña
San Vicente de León
Molledo
Silió
Pando
Pujayo
Cortiguera
Hinojedo
Cudón
Mar
Mies
Los Llaos
La Revilla
Ceceño
Cara
Sel de Arriba
El Tejo
La Rabia
Rubárcena
Santa Ana
Araos
Barrio de la Iglesia (Ruiloba)
Rioturbio
Ruiseñada
Sel de Abajo
Molino
Canales
La Ayuela
Hoyo de Pilugo
Pumalverde (Udías)
Cobijón
Duña
El Llano
La Virgen
San Salvador
Duio
Barcenal
La Peña
Caviedes
Roiz (Valdáliga)
Vallines
San Pedro
Villanueva
La Cocina
El Mazo
Treceño
Requejo
Guayes
La Herrería
Caviña
La Concha
La Sierra
Cabezón de la Sal
Ontoria
Vernejo
Carrejo
Luzmela-Mazcuerras
Luzmela (Mazcuerras)
Cos
Santibáñez
Bustriguado
Birrueza
San Vicente del Monte
Sierra del Escudo de Cabuérniga
Fresnedo
Lloredo
La Busta
Barcenaciones
Casar de Periedo
Golbardo
Caranceja
Periedo
Villanueva de la Peña
Ibio
Sierra de Ibio
Herrera de Ibio
Quijas
Rudaguera
Cerrazo
Valles
Villapresente
Helguera
Torres
Santiago de Cartes
Sierra Elsa
Bedicó
Mercadal
Yermo
San Miguel
Corral
Cóo
Santuario de la Virgen de las Lindes
Ruente
Ucieda de Abajo
Ucieda de Arriba
Montes de Ucieda
Carmona
San Pedro
Collada de Carmona 611
Río Saja
Barcenillas
La Miña
Sopeña
Rozadío
Valle (Cabuérniga)
Terán
Selores
Villanueva
Renedo
Valle de Cabuérniga
Parque Natural Saja-Besaya
Sarceda
Viaña
Llendemozo
Correpoco (Los Tojos)
Fresneda
Peña del Cuervo 986
Santotís (Tudanca)
Embalse de la Lastra
La Lastra
Tudanca
El Tojo
Saja
Colsa
Molino
Los Tojos
Sierra de Bárcena Mayor
Bárcena Mayor
Besaya
E-70
A-8
A-67
N-634
N-611
CA-131
CA-132
CA-135
CA-170
CA-180
CA-182
CA-232
CA-271
CA-280
CA-281
CA-283
CA-300
CA-325
CA-326
CA-328
CA-340
CA-341
CA-351
CA-354
CA-363
CA-375
CA-376
CA-703
CA-706
CA-710
CA-751
CA-800
CA-803
CA-805
CA-810
CA-812
CA-815
CA-816
CA-817
CA-819
CA-851
CA-852
S-474
13
14
18
16
9
31

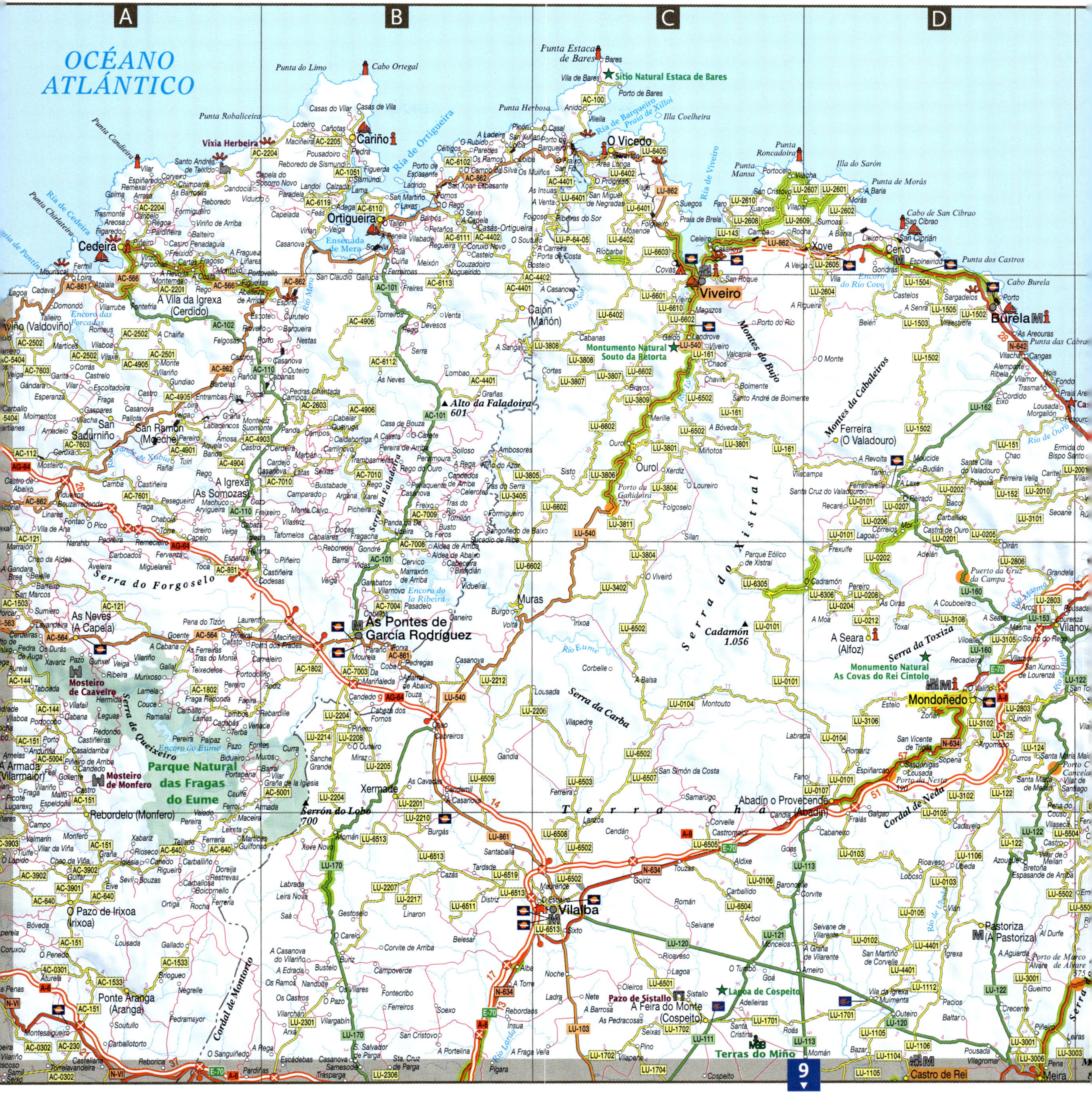
A
B
C
D
OCÉANO ATLÁNTICO
Punta do Limo
Cabo Ortegal
Punta Estaca de Bares
Bares
Sitio Natural Estaca de Bares
Porto de Bares
Illa Coelheira
Punta Robaliceira
Punta Candieira
Punta Chirlateira
Vixía Herbeira
Cariño
Ría de Ortigueira
Ría de Barqueiro
O Vicedo
Punta Herbosa
Ría de Cedeira
Cedeira
Ortigueira
Ensenada de Mera
Ría de Viveiro
Punta Roncadoira
Punta Mansa
Illa do Sarón
Punta de Morás
Cabo de San Cibrao
San Ciprián
Punta dos Castros
Cabo Burela
Burela
Xove
Cervo
Viveiro
Encoro do Rio Covo
Montes do Buio
Montumento Natural Souto da Retorta
A Vila da Igrexa (Cerdido)
Caión (Mañón)
Alto da Faladoira 601
Serra da Faladoira
Montes da Cabaleiros
Ferreira (O Valadouro)
Ourol
Porto da Gañidoira 720
Serra do Xistral
Parque Eólico de Xistral
San Sadurniño
San Ramón (Moeche)
A Igrexa (As Somozas)
Serra do Forgoselo
As Neves (A Capela)
As Pontes de García Rodríguez
Encoro da Ribeira
Muras
Cadamón 1.056
Puerto da Cruz da Campa
A Seara (Alfoz)
Serra da Toxiza
Monumento Natural As Covas do Rei Cintolo
Mondoñedo
Mosteiro de Caaveiro
Serra de Queixeiro
Encoro do Eume
Parque Natural das Fragas do Eume
Mosteiro de Monfero
Serra da Carba
Xermade
Serrón do Lobo 700
Terra Chá
Abadín o Provecende (Abadín)
Cordal de Neda
Rebordelo (Monfero)
O Pazo de Irixoa (Irixoa)
Vilalba
Pastoriza (A Pastoriza)
Pazo de Sistallo
A Feira do Monte (Cospeito)
Lagoa de Cospeito
Terras do Miño
Ponte Aranga (Aranga)
Cordal de Montouto
Castro de Rei
Meira
9

C
D
E
F
C A N T Á B R I C O
Cabo Peñas
Faro de Peñas
Cabo de la Narvata
Punta de la Vaca de Luanco
Paisaje Protegido Cabo Peñas
Cabo Negro
Playa de Xago
Ría de Avilés
Playa de Salinas
Punta Vidrias
Ría de Pravia
Cabo Vidio
Cabo Busto
Paisaje Protegido Costa Occidental
Punta Formigosa
Playa de el Tablizo
Playa Calabón
El Cabo
Playa de Concha de Artedo
Playa de las Rubias
Cudillero
Muros (Muros de Nalón)
Soto del Barco
Aeropuerto de Asturias
Piedras Blancas (Castrillón)
Salinas
San Martín de Laspra
Avilés
Embalse de la Granda
Luanco/Luanco (Gozón)
Candás (Carreño)
Playa de la Palmera
Ría de Aboño
Parque Arqueológico y Natural Campa Torres
Gijón/Xixón
Pravia
Sierra del Pumar
Sierra de Pedroso
Callezuela (Illas)
Nubledo Nubleu
Posada (Llanera)
Santullano (Las Regueras)
Grullos (Candamo)
La Peña de Candamo
Salas
Grau/Grado
Santa María del Naranco y San Miguel de Lillo
OVIEDO
Lugones
Noreña
La Pola Siero (Sierc
Tineo
Paisaje Protegido cuenca del Esva
Embalse de la Barca
Embalse de la Florida
Belmonte/Balmonte (Belmonte de Miranda)
Villabre (Yernes y Tameza)
Villanueva (Santo Adriano)
Las Caldas de Oviedo
Cueva de las Caldas
Soto Ribera (Ribera de Arriba)
Santa Marta
Llangréu/Langreo
San Martín del Rey Aurelio
Alto de la Madera 312
Embalse San Andrés de los Tacones
Carbayín
Entregu/El Entrego
10

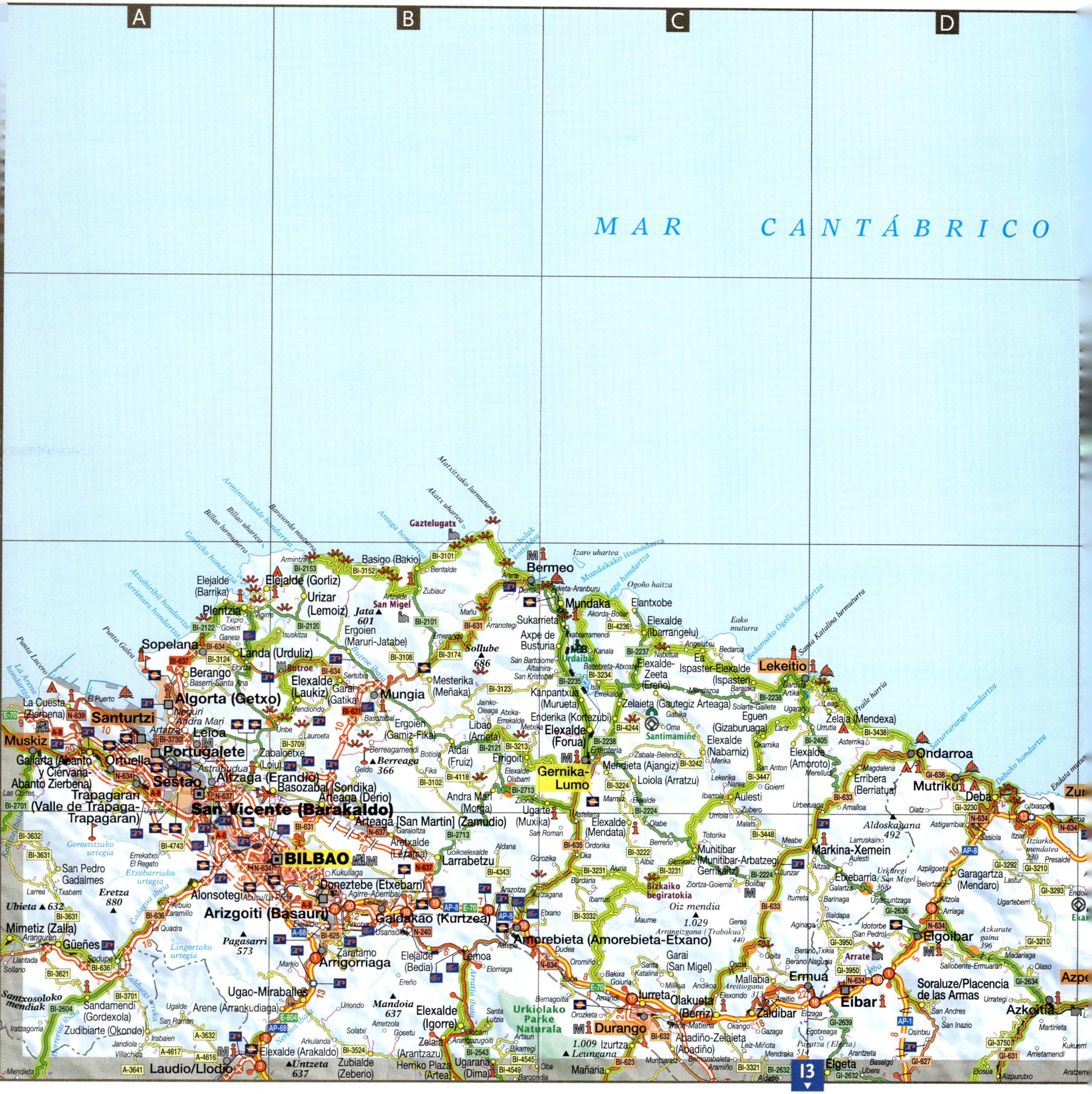

A
B
C
D
MAR CANTÁBRICO
Gaztelugatx
Bermeo
Mundaka
Elantxobe
Bakio
Basigo (Bakio)
Armintza
Elejalde (Gorliz)
Elejalde (Barrika)
Plentzia
Urizar (Lemoiz)
Jata 601
San Migel
Sopelana
Landa (Urduliz)
Berango
Algorta (Getxo)
Santurtzi
Muskiz
La Cuesta (Zierbena)
Portugalete
Leioa
Ortuella
Sestao
Altzaga (Erandio)
Trapagaran (Valle de Trapaga-Trapagaran)
San Vicente (Barakaldo)
BILBAO
Basozabal (Sondika)
Arteaga (Derio)
Arteaga [San Martin] (Zamudio)
Elexalde (Laukiz)
Garai (Gatika)
Mungia
Ergoien (Maruri-Jatabe)
Mesterika (Meñaka)
Sollube 686
Sukarrieta
Axpe de Busturia
Kanpantxua (Murueta)
Enderika (Kortezubi)
Elexalde (Forua)
Gernika-Lumo
Elexalde (Ibarrangelu)
Ea
Ispaster-Elexalde (Ispaster)
Lekeitio
Elexalde-Zeeta (Ereño)
Zelaieta (Gautegiz Arteaga)
Santimamiñe
Eguen (Gizaburuaga)
Elexalde (Nabarniz)
Elexalde (Amoroto)
Mendieta (Ajangiz)
Loiola (Arratzu)
Aulesti
Zelaia (Mendexa)
Ondarroa
Erribera (Berriatua)
Mutriku
Deba
Markina-Xemein
Munitibar (Munitibar-Arbatzegi Gerrikaitz)
Etxebarria (San Migel)
Garagartza (Mendaro)
Elgoibar
Aldoskagana 492
Bizkaiko begiratokia
Oiz mendia 1.029
Garai (San Miguel)
Ermua
Mallabia
Eibar
Soraluze/Placencia de las Armas
Azkoitia
Zaldibar
Olakueta (Berriz)
Iurreta
Durango
Abadiño-Zelaieta (Abadiño)
Elgeta
Amorebieta (Amorebieta-Etxano)
Larrabetzu
Aretxalde (Lezama)
Ugarte (Muxika)
Elexalde (Mendata)
Andra Mari (Morga)
Aldai (Fruiz)
Libao (Arrieta)
Errigoiti
Ergoien (Gamiz-Fika)
Berreaga 366
Zabaloetxe (Loiu)
Galdakao (Kurtzea)
Doneztebe (Etxebarri)
Arizgoiti (Basauri)
Alonsotegi
Arrigorriaga
Pagasarri 573
Eretza 880
Ubieta 632
Mimetiz (Zalla)
Güeñes
San Pedro Gadalmes
Gallarta (Abanto y Ciervana-Abanto Zierbena)
Ugao-Miraballes
Arene (Arrankudiaga)
Sandamendi (Gordexola)
Zudibiarte (Okondo)
Santxosoloko mendiak
Laudio/Llodio
Elexalde (Arakaldo)
Untzeta 637
Zubialde (Zeberio)
Mandoia 637
Elexalde (Igorre)
Zelaia (Arantzazu)
Elejalde (Bedia)
Lemoa
Zaratamo
Urkiolako Parke Naturala
Izurtza
Leungana
Mañaria
Dima
Ugarana
Artea
Urdaibai
Arrate
13

C
D
E
F
FRANCIA
Saint-Paul-lès-Dax
Dax
Saint-Vincent-de-Xaintes
Narrosse
Hinx
Montfort-en-Chalosse
Tosse
Seignosse
Soorts-Hossegor
Saint-Geours-de-Maremne
Rivière-Saas-et-Gourby
Tercis-les-Bains
Oeyreluy
Saugnac-et-Cambran
Saint-Vincent-de-Tyrosse
Angresse
Bénesse-Maremne
Mimbaste
Pomarez
Heugas
Saint-Jean-de-Marsacq
Saubrigues
Saint-Lon-les-Mines
Pouillon
Amou
Saint-Martin-de-Hinx
Habas
Labatut
Peyrehorade
Sainte-Marie-de-Gosse
Saint-André-de-Seignanx
Saint-Martin-de-Seignanx
Puyoô
Bayonne
Urt
Urcuit
Bidache
Orthez
Salies-de-Béarn
Bardos
Briscous
Mouguerre
Lahonce
Villefranque
Sauveterre-de-Béarn
Hasparren
Cambo-les-Bains
Espelette
Itxassou
Saint-Palais
Navarrenx
Lagor
Arthez-de-Béarn
Mauléon-Licharre
Chéraute
Saint-Jean-Pied-de-Port
Saint-Etienne-de-Baïgorry
Ledeuix
Baztan
Reserva Natural Peñas de Itxusi y Irubetakaskoa
Gorramendi 1.071
Dólmenes de Izpegi
Cascada de Xorroxin
Puerto de Izpegi
Adour
La Nive
14

E
F
1
2
3
4
Golfo de Bizkaia
DONOSTIA/
SAN SEBASTIÁN
Pasai Donibane (Pasaia)
Pasai San Pedro
Pasai Antxo
Pasaiako bokalea
Lezo
Gaintxurizketa
Irun
Errenteria
Astigarraga
Hernani
Urnieta
Andoain
Lasarte-Oria
Usurbil
Orio
Zarautz
Getaria
Zestoa
Aizarnazabal
Igeldo
Muntoaundi lurmuturra
Iruarriandieta kostaldea
Zarauzko hondartza
Landarbaso
Aiako Harria Parke Naturala
Pagoetako Parke Naturala
Añarbeko urtegia
Adarra 811
Villabona
Zizurkil
Aduna
Asteasu
Larraul
Alkiza
Errezil
Bidaniko mendatea 532
Hernialde
Anoeta
Irura
Tolosa
Berrobi
Elduain
Belauntza
Ibarra
Bidania (Bidegoian)
Albiztur
Beizama
Arano
Goizueta
Urepel 1.046
Leitzaranerreka
Urola ibaia
AP-8
A-8
A-1
A-15
E-80/E-5
E-70
N-634
GI-3440
GI-131
GI-2132
GI-3811
GI-2633
GI-3162
GI-2631
GI-3710
GI-631
GI-3410
GI-3630
GI-3740
GI-2634
GI-2635
GI-3182
GI-3720
GI-2130

7

A
B
1
2
3
4
6
Golfo de Bizkaia
Plage
Labenne-O
Ondres-Plage
Tarnos-Plage
Tarr
Bouca
Pointe St-Martin
Biarritz
Anglet
Bidart
Les Embruns
Arbonne
Arcangues
Bassus
Axurrne
Alotz
Plage de Parlementia
Guéthary
Ahetze
Pointe de Santa Barbe
Socoa
Saint-Jean-de-Luz
Chantaco
Ciboure
Urrugne
Serres
Higer lurmuturra
Txingudi
Turruia muturra
Gornutz
Akartegi
Portua
Hondarribia
Hendaye
Jaitzubia
Kosta
Jaizkibel 545
Behobia
Campobaïta
Dorréa
Helbarron
Ibarron
Saint-Pée-sur-Ni
Olha
Etchenika
Ascain
Amotz
Amespétou
Herboure
Olhette
Irun
Biriatou
Bidasoa
Gaintxurizketa
Gaztaintxabal
Cherchebruit
Sare
Lehenbiscaye
Istilharte
Aiako harria 837
Oiartzun
Pikoketa
Gurutze
Ugalde
Altzibar-Karrika
Ergoien
Endarlatsa
Elzaurdia
Kaule
Collado de Lizuniaga 212
Dantxarinea
Ainh
Arditurri
Auzoberri
Zalain Zoko
Alkaiaga
Zalain
Bera
Zia
Garaitarreta
Cuevas de Zugarramurdi
Zugarramurdi
Cuevas de Ikaburua
Urdax
Alkerdi
Leorlaz
Landibar
Emb. de San Antón
Endara
Zala
Katazpegi
Collado de Zizdieta
Aiako Harria Parke Naturala
Añarbeko urtegia
Nabaz
Otsango Auzoa
Gorosurreta
Lurriztiederra
Lakain-Apezborro
Puerto de Otsondo 574
Biurrana
Embalse Domiko
Izotzaldea
Lesaka
Berrizaun
Urritzokieta
Etxalar
Larrapil-Sarriku
Igantzi
Unanua
Artikutza
Emb. de Artikutza
Eguzkialdea
Arantza
Bordalarrea
Azkilarrea
Río Bidasoa
Parque Natural del Señorío de Bértiz
Zuaztoi
Azpilkueta
Apaioa
Valle
Baztan Ibaia
Latse
Urumea Ibaia
Aitasemegi
Aientsa
Espidealdea
Goizueta
Tartazu
Ekaitza 1.046
Embalse de Mendaur
Sunbilla
Elgorriaga
Narbarte (Bertizarana)
Legasa
Oieregi
Mardea
Arraioz
Lekaroz
Elbete
Elizondo
Oharitz
Irurita
Ariztegi
Etxerri
Mendrasa
Aurtitz
Doneztebe
Latsaga
Ituren
Nivelle
D932
D5
D85
D308
D405
D260
D910
D203
N263
D911
N10
A63
D3
D255
D755
D913
D912
D918
D4
D20
D406
N-I
E-80/E-5
GI-3440
GI-2134
GI-2132
GI-3420
N-121A
NA-1310
NA-4410
NA-4401
NA-4000
NA-4400
NA-4020
N-121a
N-121
N-121b
NA-4453
NA-4150
NA-170

A
B
C
D
E
F
1
Bergantiños
1
2
3
4
9
17
OCÉANO
ATLÁNTICO
Camariñas
Muxía
Vimianzo
Cabo Touriñan
Ría de Camariñas
Ría de Lires
Dumbria
Cee
Corcubión
Fisterra
Cabo Fisterra
Monte Pindo 627
Carnota
Muros
Ría de Muros e Noia
Porto do Son
Noia
Serra de Outes (Outes)
Negreira
Bertamiráns (Ames)
Santiago de Compostela
Aeropuerto de Santiago - Lavacolla
Sigüeiro (Oroso)
Santa Cataliña de Armada (Santa Comba)
Bembibre (Val do Dubra)
A Pontepedra (Tordoia)
Ordes
Viaño Pequeno (Trazo)
A Picota (Mazaricos)
Castelo da Pobra
A Pobra (Mesía)
Cimadevila (Frades)
Cesuras
A Gándara (Boimorto)
Arzúa
O Pedrouzo (O Pino)
Fonte Díaz (Touro)
O Forte (Boqueixón)
Os Dices (Rois)
Padrón
A Estrada
Silleda
Lalín
Vila de Cruces
Pazo de Oca
Castro de Baroña
Serra do Barbanza
Ribeira
Santa Uxía de Ribeira (Ribeira)
Boiro de Arriba (Boiro)
Rianxo
A Pobra do Caramiñal
Parque Natural de Corrubedo
Arousa (A Illa de Arousa)
Vilagarcía (Vilagarcía de Arousa)
Vilanova de Arousa
Ría de Arousa
Monte Xiabre 646
Caldas de Reis
Cuntis
Santa Lucía de Moraña (Moraña)
Arte Rupestre de Campo Lameiro
Santa Marta de Ariteiro
Serra do Candán
San Benito 1.014
Santuario de A Escravitude
Iria Flavia
Fervenza da Férveda

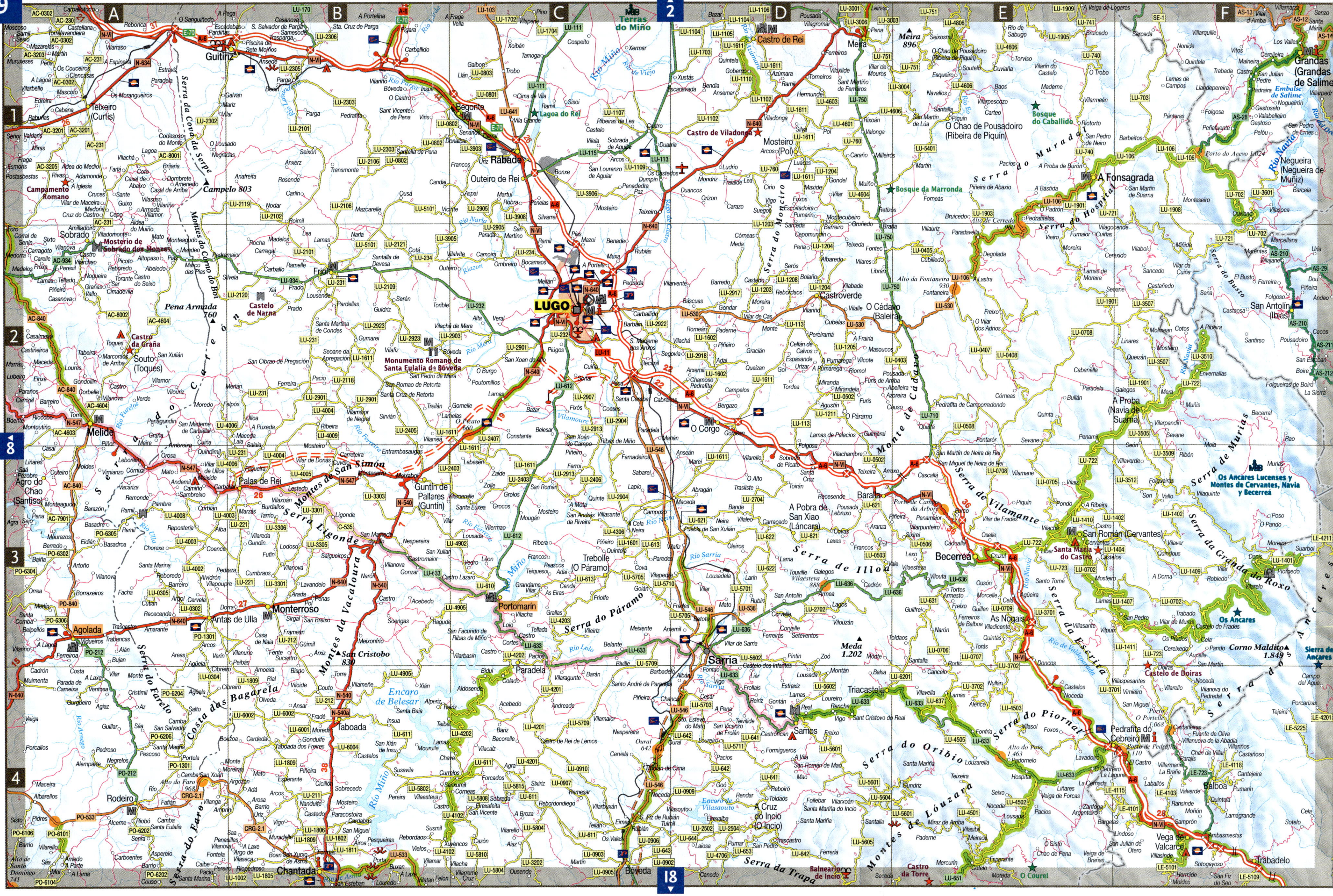
A
B
C
D
E
F
2
18
8
1
2
3
4
LUGO
Guitiriz
Teixeiro (Curtis)
Begonte
Rábade
Outeiro de Rei
Castro de Rei
Meira
Meira 896
Castro de Viladonga
Mosteiro (Pol)
O Chao de Pousadoiro (Ribeira de Piquín)
Bosque do Caballido
Bosque da Marronda
A Fonsagrada
Negueira (Negueira de Muñiz)
Grandas (Grandas de Salime)
Embalse de Salime
Terras do Miño
Lagoa do Rei
Sobrado
Mosteiro de Sobrado dos Monxes
Campamento Romano
Campelo 803
Serra da Cova da Serpe
Montes do Corno do Boi
Friol
Castro de Narna
Pena Armada 760
Castro da Graña
Souto (Toques)
Monumento Romano de Santa Eulalia de Bóveda
Castroverde
O Cádavo (Baleira)
San Antolín (Ibias)
Melide
Palas de Rei
Montes de San Simón
Serra Ligonde
Guntín de Pallares (Guntín)
O Corgo
Baralla
Serra de Vilamante
Monte de Cádavo
A Proba (Navia de Suarna)
Os Ancares Lucenses y Montes de Cervantes, Navia y Becerreá
Serra do Hospital
Serra do Murado
Serra de Muras
Agro do Chao (Santiso)
A Pobra de San Xiao (Láncara)
San Román (Cervantes)
Santa María do Castro
Becerreá
Serra da Granda do Roxo
Serra de Illoa
Trebolle (O Páramo)
Serra do Páramo
Portomarín
Monterroso
Antas de Ulla
Agolada
Serra da Vacaloura
San Cristobo 830
As Nogais
Os Ancares
Corno Maldito 1.849
Sierra de Ancares
Serra da Escrita
Castelo de Doiras
Sarria
Meda 1.202
Paradela
Encoro de Belesar
Serra do Farelo
Costa das Bagarela
Taboada
Triacastela
Samos
Serra do Oribio
Serra do Piornal
Pedrafita do Cebreiro
Rodeiro
Serra do Faro
Chantada
Bóveda
A Cruz do Incio (O Incio)
Montes de Louzara
Serra da Trapa
Balneario de Incio
Castro da Torre
O Courel
Vega de Valcarce
Trabadelo
Río Miño
Río Sarria
Río Lóuzara

Cangas del Narcea
Mieres del Camino/ Mieres del Camín (Mieres)
La Pola (Lena)
Cabañaquinta/ Cabañaquinta (Aller)
Grandas de Salime
Villablino
Cabrillanes
San Emiliano
Sena de Luna
Los Barrios de Luna
La Pola de Gordón
La Robla
Villamanín
Proaza
Bárzana (Quirós)
La Plaza (Teverga)
Pola de Somiedo (Somiedo)
Degaña
Palacios del Sil
Páramo del Sil
Fabero
Vega de Espinareda
Toreno
Igüeña
Riello
Soto y Amío
Carrocera
Rioseco de Tapia
Santa María de Ordás
Murias de Paredes
Noceda del Bierzo
Peranzanes
Candín
Sancedo
Las Omañas
Quintana del Castillo
Cuadros
Parque Natural de las Fuentes del Narcea, Degaña e Ibias
Parque Natural de Somiedo
Parque Natural Peña Ubiña-La Mesa
Sierra de Degaña
Sierra de la Filera
Sierra de las Vallas
Sierra del Gistreo
Monte de la Granda
MONTES DE LEÓN
Sierra de Casomera
Sierra de Carroceda
Cordal de la Mesa
Sierra de Ancares
Sierra del Pando
El Bierzo
Sierra de los Lagos
Sierra de Valledor
Sierra de Aramo
Peña Ubiña 2.417
Tres Concejos 2.020
Cornón 2.194
Peña Chana 2.073
Nevadín 2.082
Catoute 2.111
Miravalles 1.969
Gubia del Partillón 1.934
Teso Mular 1.884
Machacao 1.948
Pozo Fierro 1.524
Robledo de las Traviesas 1.755
Pico l'Orru 1.527
Gamoniteiru 1.786
Mocayal 1.333
Peña Palanca 1.113
Monasterio de Hermo
Monasterio del Coto
Reserva Natural de Muniellos
Paisaje Protegido Pico Caldoveiro
Paisaje Protegido Sierra del Aramo
Paisaje Protegido Cuencas Mineras
Desfiladero del Teverga
Santa Cristina de Lena
Valle de Laciana
Valle de San Emiliano
Los Valles de Omaña y Luna
Los Ancares Leoneses
Alto de Bernesga

3
19
11

11
10
20
4
A
B
C
D
E
F
1
2
3
4
PICOS DE EUROPA
PARQUE NACIONAL PICOS DE EUROPA
Parque Regional de los Picos de Europa
Parque Natural de Redes
Parque Natural de Ponga
Reserva Natural de Peloño
Parque Natural de Fuentes Carrionas y Fuente Cobre-Montaña Palentina
Sierra de Aves
Sierra de Covadonga
Sierra Corvera
Sierra de la Collada
Sierra de Peña Sagra
Sierra de Peña Labra
Sierra de Orpiñas
Sierra de Riaño
Sierra de Albas
Sierra del Brezo
Sierra de la Cuerna
Picos del Mampodre
Cordal de Caso y Ponga
Picos de Cornión
Sajambre
Puertos de Era
Valle de Cereceda
La Liébana
La Ojeda
Valle Grande
Valle
Porma
Cuerna
La Pola de Llaviana/ Pola de Laviana (Laviana)
San Martín del Rey Aurelio
Cabañaquinta/ Cabañaquinta (Aller)
El Campu (Caso)
Rusecu/Rioseco (Sobrescobio)
Beleño (Ponga)
Sames (Amieva)
Oseja de Sajambre
Posada de Valdeón
Potes
Camaleño
La Vega (Vega de Liébana)
Tama (Cillorigo de Liébana)
Cabezón de Liébana
Linares (Peñarrubia)
Sobrelapeña (Lamasón)
Puentenansa (Rionansa)
Santotis (Tudanca)
Lombraña (Polaciones)
Pesaguero
Riaño
Boca de Huérgano
Burón
Acebedo
Maraña
Puebla de Lillo
Lugueros (Valdelugueros)
Cármenes
Vegacervera
Valdepiélago
Boñar
La Vecilla
Robles de la Valcueva (Matallana de Torío)
Vegaquemada
La Ercina
Cistierna
Sabero
Crémenes
Prioro
Valderrueda
Prado de la Guzpeña
Velilla del Río Carrión
Guardo
Santa Colomba de Curueño
Garrafe de Torío
Vegas del Condado
Cebanico
Mantinos
Villalba de Guardo
Respenda de la Peña
Santibáñez de la Peña
Castrejón de la Peña
Congosto de Valdavia
Dehesa de Montejo
Payo de Ojeda
Olmos de Ojeda
Micieces de Ojeda
Santibáñez de Ecla
San Andrés del Arroyo
Salinas de Pisuerga
Cervera de Pisuerga
Mudá
San Cebrián de Mudá
Polentinos
Triollo
San Salvador de Cantamuda (La Pernía)
Embalse de Riaño
Embalse del Porma
Embalse de Aguilar de Campoo
Peña Corada 1.822
Peña Santa 2.594
Torrecerredo 2.648
Urriellu (Naranjo de Bulnes) 2.519
Pico Tesorero 2.570
Peña Vieja 2.613
Jultayo 1.940
Cabezo Lleroso 1.794
Obesón 1.415
Pico Pierzo 1.552
Tiatordos 1.951
Raso 1.612
Retriñón 1.862
Peña de Ten 2.142
Peña del Viento 2.060
Torres 2.100
Nogales 2.076
Machacao 1.948
Peña de la Cruz 2.190
Coriscao 2.234
Peña Prieta 2.538
Bistruey 2.001
Curavacas 2.520
Espiguete 2.450
Pico de Tres Mares 2.179
El Cucillón 2.222
Sierra del Cordel
Alto Campoo
Desfiladero de los Beyos
Desfiladero de la Hermida
Garganta del Cares
Funicular de Bulnes
Teleférico
Refugio de Aliva
Hoces de Vegacervera
Cueva de Valporquero
Cueva Teresa
Virgen del Brezo
San Isidro
Los Argüellos
Chufín
Baldáliga
Santuario de la Virgen de las Lindes

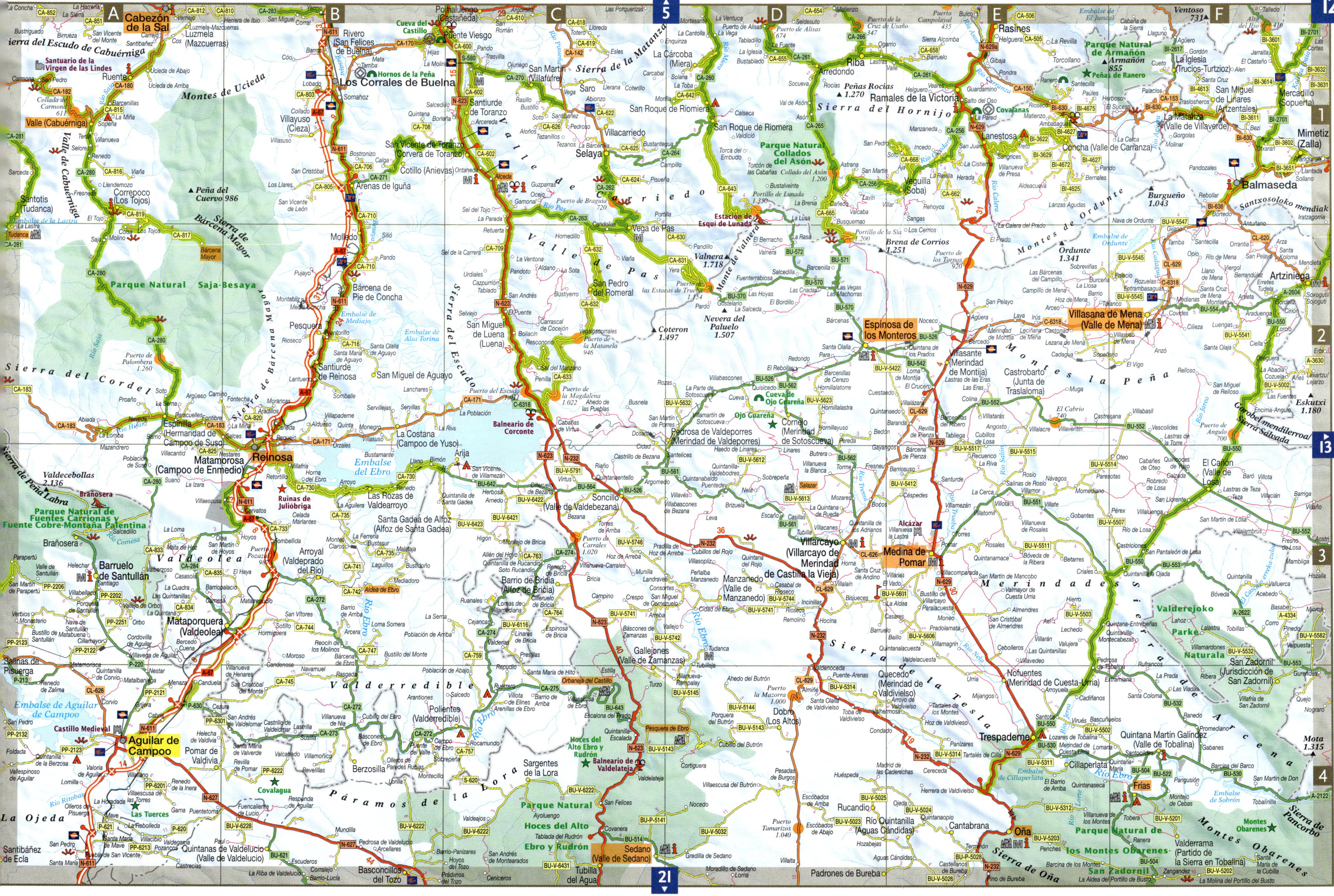
Cabezón de la Sal
Los Corrales de Buelna
Reinosa
Matamorosa (Campoo de Enmedio)
Embalse del Ebro
Arija
Aguilar de Campoo
Barruelo de Santullán
Mataporquera (Valdeolea)
Espinosa de los Monteros
Villasana de Mena (Valle de Mena)
Medina de Pomar
Villarcayo (Villarcayo de Merindad de Castilla la Vieja)
Trespaderne
Oña
Frías
Balmaseda
Sedano (Valle de Sedano)
Ramales de la Victoria
Rasines
Arredondo
Selaya
Vega de Pas
Artziniega
Parque Natural Saja-Besaya
Parque Natural Collados del Asón
Parque Natural de los Montes Obarenes - San Zadornil
Parque Natural de Armañón
Parque Natural Hoces del Alto Ebro y Rudrón
Parque Natural de Fuentes Carrionas y Fuente Cobre-Montaña Palentina
Valderejoko Parke Naturala
Montes de Ucieda
Sierra del Cordel
Sierra del Escudo
Sierra del Hornijo
Sierra de la Tesla
Montes de la Peña
Merindades
Valderredible
Páramos de la Lora
Valdeolea
La Ojeda
Sierra de Oña
Montes Obarenes

13
6
12
22
A
B
C
D
E
F
1
2
3
4
BILBAO
San Vicente (Barakaldo)
Sestao
Portugalete
Ortuella
Trapagaran (Valle de Trápaga-Trapagaran)
Getxo
Basauri
Arizgoiti (Basauri)
Galdakao (Kurtzea)
Amorebieta (Amorebieta-Etxano)
Gernika-Lumo
Durango
Elorrio
Ermua
Eibar
Elgoibar
Mutriku
Deba
Zumaia
Getaria
Zarautz
Orio
Usurbil
Lasarte-Oria
Hernani
Errenteria
Astigarraga
Urnieta
Andoain
Villabona
Tolosa
Ibarra
Azpeitia
Azkoitia
Zestoa
Bergara
Arrasate/Mondragón
Aretxabaleta
Eskoriatza
Oñati
Legazpi
Urretxu
Zumarraga
Beasain
Ordizia
Lazkao
Zaldibia
Idiazabal
Segura
Zegama
Altsasu/Alsasua
Olazagutia (Olazti)
Etxarri-Aranatz
Arbizu
Lakuntza
Leitza
Berastegi
VITORIA-GASTEIZ
Agurain/Salvatierra
Legutio
Ugao-Miraballes
Arrigorriaga
Laudio/Llodio
Amurrio
Artziniega
Orduña
Urduña/Orduña
Murgia (Zuia)
Nanclares de la Oca
Langraiz Oka/Nanclares de la Oca
La Puebla de Arganzón
Treviño (Condado de Treviño)
Sierra de Urbasa
Parque Natural de las Sierras de Urbasa y Andía
Sierra de Andía
Valle de la Burunda
Aralar mendikatea/Cordillera Aralar
Aizkorri-Aratz Parke Naturala
Elgea mendilerroa
Urkilla mendilerroa
Gorbeia mendigunea/Macizo de Gorbeia
Gorbeiako Parke Naturala
Urkiolako Parke Naturala
Arkamu mendilerroa
Gibillo mendilerroa
Sierra Salvada
Gorobel mendilerroa
Iturrietako mendiak
Gasteizko mendiak
Condado de Treviño
Sierra de Lokiz
Izkiko Parke Naturala
Parque Natural de los Montes Obarenes
Sierra de Pancorbo
San Zadornil
Aiako Harria Parke Naturala
Pagoeta Parke Naturala
Gorbeia 1.481
Aizkorri 1.528
Gorosteta 1.261
Oiz mendia 1.029
Murumendi 859
Txindoki 1.346
Irumugarrieta 1.431
Beriain 1.493
Urbasa 1.154
Oteros 1.038
Arrato 898
Aratz 1.443
Iruña-Veleia aztarnategi arkeologikoa (Ruinas Romanas)
Sorginetxe (dolmen)
Santa Teodosia
Barrako Andra Maria komentua
Oroko Andra Maria santutegia
Santuario de Estíbaliz
Parque Provincial de Garaio
Arantzazu
Arrate
Ekain
Bizkaiko Begiratokia
Supelegor
Monasterio de Iranzu
Barranco de Basaura
Zudaire
Lezáun
Cuevas de Mendukilo
San Miguel de Aralar

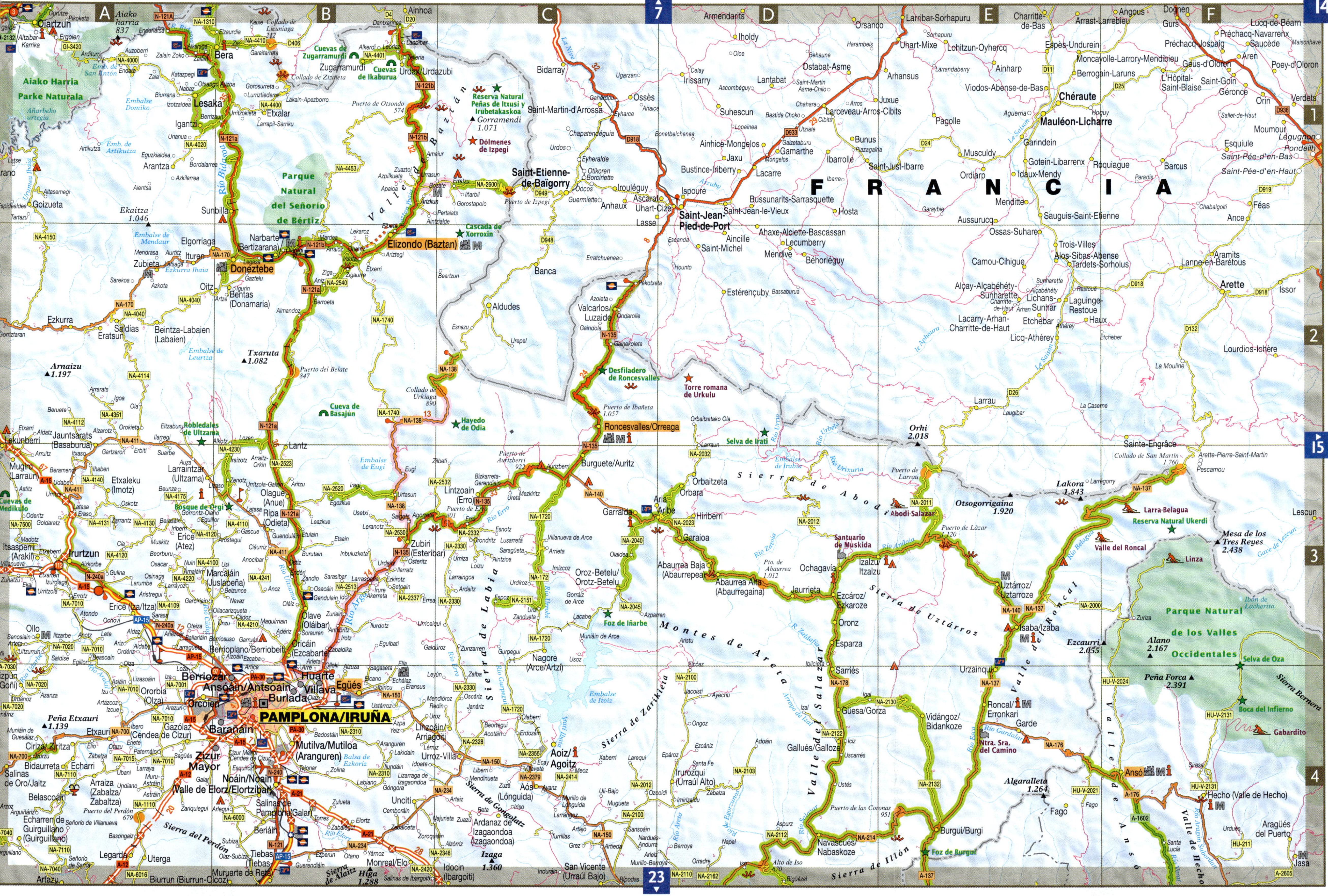
A
B
C
D
E
F
7
23
15
1
2
3
4
FRANCIA
PAMPLONA/IRUÑA
Oiartzun
Bera
Lesaka
Igantzi
Arantza
Goizueta
Sunbilla
Doneztebe
Elgorriaga
Ituren
Zubieta
Oitz
Ezkurra
Eratsun
Saldias
Beintza-Labaien (Labaien)
Bentas (Donamaria)
Aiako Harria Parke Naturala
Parque Natural del Señorío de Bértiz
Elizondo (Baztan)
Narbarte (Bertizarana)
Cascada de Xorroxin
Urdax/Urdazubi
Zugarramurdi
Cuevas de Zugarramurdi
Cuevas de Ikaburua
Reserva Natural Peñas de Itxusi y Irubetakaskoa
Gorramendi 1.071
Dólmenes de Izpegi
Saint-Etienne-de-Baïgorry
Saint-Martin-d'Arrossa
Bidarray
Ossès
Irissarry
Lantabat
Ostabat-Asme
Iholdy
Armendarits
Orsanco
Larribar-Sorhapuru
Uhart-Mixe
Lohitzun-Oyhercq
Charritte-de-Bas
Arrast-Larrebieu
Angous
Dognen
Gurs
Lucq-de-Béarn
Préchacq-Navarrenx
Préchacq-Josbaig
Saucède
Poey-d'Oloron
Espès-Undurein
Moncayolle-Larrory-Mendibieu
Berrogain-Laruns
Gaüs-d'Oloron
L'Hôpital-Saint-Blaise
Saint-Goin
Géronce
Orin
Verdets
Chéraute
Mauléon-Licharre
Viodos-Abense-de-Bas
Ainharp
Arhansus
Juxue
Larceveau-Arros-Cibits
Pagolle
Suhescun
Aïnhice-Mongelos
Garindein
Musculdy
Gotein-Libarrenx
Roquiague
Barcus
Moumour
Esquiule
Lédugnon
Saint-Pée-d'en-Bas
Saint-Pée-d'en-Haut
Féas
Ance
Ordiarp
Idaux-Mendy
Menditte
Sauguis-Saint-Etienne
Aussurucq
Ossas-Suhare
Trois-Villes
Alos-Sibas-Abense
Tardets-Sorholus
Aramits
Lanne-en-Barétous
Arette
Issor
Camou-Cihigue
Alçay-Alçabéhéty-Sunharette
Lichans-Sunhar
Laguinge-Restoue
Haux
Lacarry-Arhan-Charritte-de-Haut
Etchebar
Licq-Athérey
Lourdios-Ichère
Saint-Jean-Pied-de-Port
Saint-Jean-le-Vieux
Bussunarits-Sarrasquette
Hosta
Ahaxe-Alciette-Bascassan
Lecumberry
Mendive
Béhorléguy
Aincille
Saint-Michel
Estérençuby
Ispoure
Ascarat
Uhart-Cize
Lasse
Anhaux
Irouléguy
Bustince-Iriberry
Lacarre
Jaxu
Gamarthe
Ibarrolle
Bunus
Saint-Just-Ibarre
Banca
Aldudes
Valcarlos/Luzaide
Desfiladero de Roncesvalles
Torre romana de Urkulu
Roncesvalles/Orreaga
Puerto de Ibañeta 1.057
Selva de Irati
Orhi 2.018
Larrau
Sainte-Engrâce
Lakora 1.843
Otsogorrigaina 1.920
Larra-Belagua
Reserva Natural Ukerdi
Valle del Roncal
Linza
Mesa de los Tres Reyes 2.438
Lescun
Parque Natural de los Valles Occidentales
Selva de Oza
Boca del Infierno
Gabardito
Peña Forca 2.391
Alano 2.167
Escaurri 2.055
Sierra Bernera
Hecho (Valle de Hecho)
Aragüés del Puerto
Jasa
Ansó
Fago
Algarralleta 1.264
Valle de Ansó
Valle de Hecho
Garde
Roncal/Erronkari
Ntra. Sra. del Camino
Isaba/Izaba
Urzainqui
Uztárroz/Uztarroze
Sierra de Uztárroz
Valle de Roncal
Vidángoz/Bidankoze
Burgui/Burgi
Foz de Burgui
Sierra de Illón
Navascués/Nabaskoze
Güesa/Gorza
Gallués/Galloze
Valle del Salazar
Sarriés
Esparza
Oronz
Ezcároz/Ezkaroze
Jaurrieta
Izalzu/Itzaltzu
Santuario de Muskilda
Ochagavía
Abodi-Salazar
Sierra de Abodi
Abaurrea Baja (Abaurrepea)
Abaurrea Alta (Abaurregaina)
Garaioa
Hiriberri
Garralda
Aria
Aribe
Orbaitzeta
Orbara
Burguete/Auritz
Oroz-Betelu/Orotz-Betelu
Foz de Iñarbe
Montes de Areta
Sierra de Zariquieta
Nagore (Arce/Artzi)
Aoiz/Agoitz
Sierra de Labia
Zubiri (Esterribar)
Lintzoain (Erro)
Hayedo de Odia
Cueva de Basajún
Robledales de Ultzama
Bosque de Orgi
Larraintzar (Ultzama)
Lantz
Olague (Anue)
Ripa (Odieta)
Txaruta 1.082
Arnaizu 1.197
Lekunberri
Jauntsarats (Basaburua)
Etxaleku (Imotz)
Erice (Atez)
Marcalain (Juslapeña)
Irurtzun
Cuevas de Mediku
Mugiro (Larraun)
Itsasperri (Arakil)
Erice (Iza/Itza)
Olave (Olaibar)
Oricáin (Ezcabarte)
Berrioplano/Berriobeiti
Berrioza
Ansoáin/Antsoain
Huarte
Villava
Egüés
Burlada
Orcoien
Barañáin
Orrorbia (Olza)
Aizpun (Goñi)
Peña Etxauri 1.139
Etxauri
Gazólaz (Cendea de Cizur)
Zizur Mayor
Noáin/Noain
Valle de Elorz/Elortzibar
Mutilva/Mutiloa (Aranguren)
Salinas de Pamplona/Galar
Beriáin
Tiebas
Muruarte de Reta
Biurrun (Biurrun-Olcoz)
Sierra del Perdón
Legarda
Uterga
Echarren de Guirguillano (Guirguillano)
Arraiza (Zabalza/Zabaltza)
Belascoáin
Salinas de Oro/Jaitz
Ciriza/Ziritza
Bidaurreta
Echarri
Artazu
Unciti
Linzoáin/Arriasgoiti
Urroz-Villa
Aós (Lónguida)
Ardanaz de Izagaondoa (Izagaondoa)
Izaga 1.360
Idocin (Ibargoiti)
Monreal/Elo
Higa 1.288
Sierra de Alaitz
Sierra de Gongolatz
Irurozqui (Urraúl Alto)
San Vicente (Urraúl Bajo)
Alto de Iso
Embalse de Itoiz
Embalse de Eugi
Ekaitza 1.046
Rio Bidasoa
Valle de Baztán
Collado de Urkiaga 890
Puerto del Belate 847
Puerto de Lázar 1.120
Puerto de Larrau
Collado de San Martín 1.760

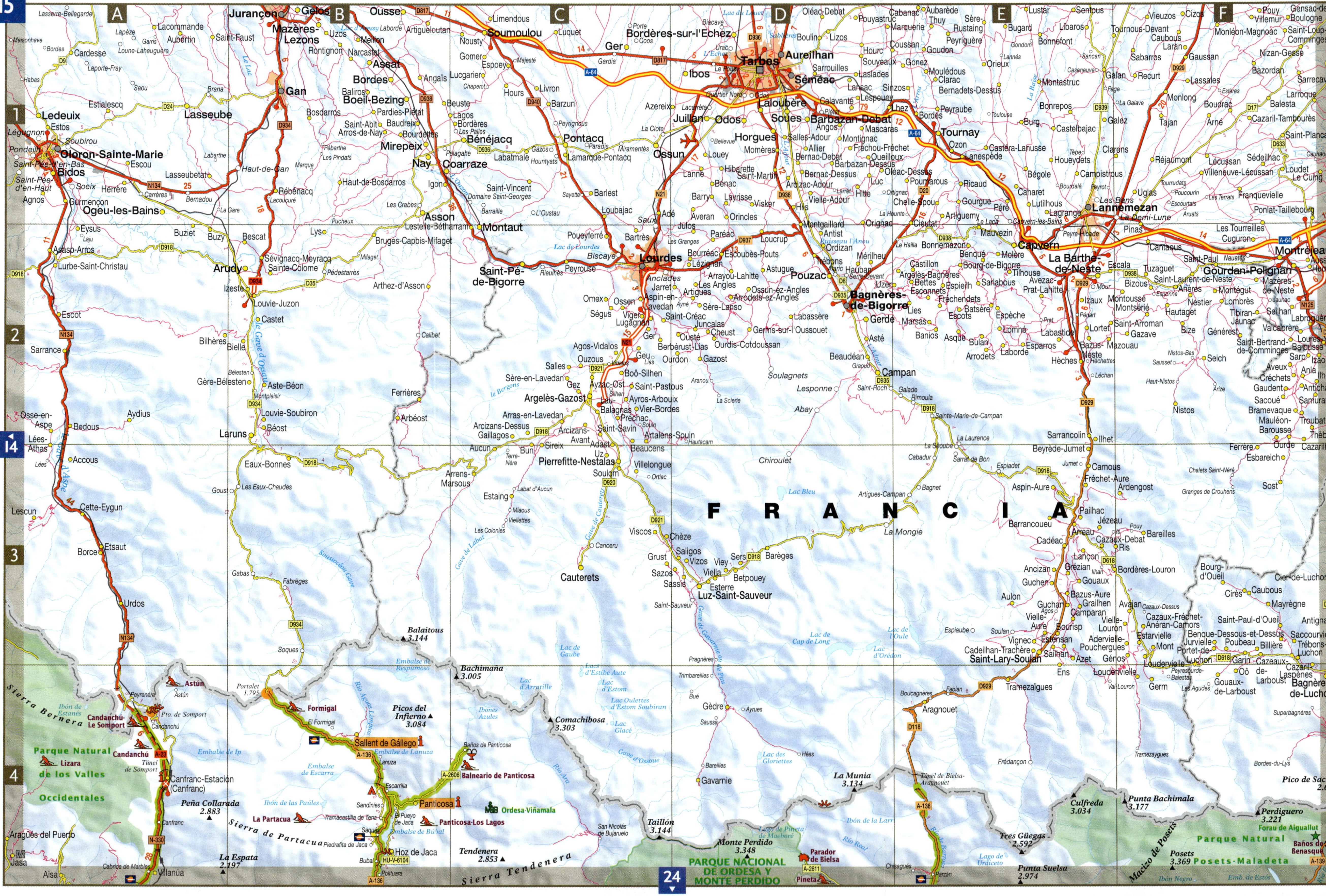
A
B
C
D
E
F
1
2
3
4
14
24
F R A N C I A
Oloron-Sainte-Marie
Bidos
Ledeuix
Lasseube
Gan
Jurançon
Gelos
Mazères-Lezons
Ousse
Soumoulou
Bordères-sur-l'Echez
Tarbes
Aureilhan
Séméac
Ibos
Laloubère
Odos
Juillan
Soues
Barbazan-Debat
Tournay
Horgues
Ossun
Pontacq
Bénéjacq
Mirepeix
Nay
Coarraze
Boeil-Bezing
Bordes
Assat
Asson
Montaut
Lourdes
Saint-Pé-de-Bigorre
Argelès-Gazost
Pierrefitte-Nestalas
Bagnères-de-Bigorre
Pouzac
Campan
Capvern
Lannemezan
La Barthe-de-Neste
Montréjeau
Gourdan-Polignan
Ogeu-les-Bains
Arudy
Laruns
Eaux-Bonnes
Cauterets
Luz-Saint-Sauveur
Barèges
La Mongie
Saint-Lary-Soulan
Bagnères-de-Luchon
Aragnouet
Urdos
Etsaut
Borce
Cette-Eygun
Accous
Bedous
Canfranc-Estación (Canfranc)
Candanchú
Formigal
Sallent de Gállego
Panticosa
Balneario de Panticosa
Ordesa-Viñamala
Panticosa-Los Lagos
Hoz de Jaca
Biescas
Jaca
Aisa
Villanúa
Aragüés del Puerto
Parque Natural de los Valles Occidentales
Parque Natural Posets-Maladeta
PARQUE NACIONAL DE ORDESA Y MONTE PERDIDO
Sierra Bernera
Sierra de Partacua
Sierra Tendenera
Balaitous 3.144
Bachimana 3.005
Picos del Infierno 3.084
Comachibosa 3.303
Taillón 3.144
Monte Perdido 3.348
La Munia 3.134
Tres Güegas 2.592
Culfreda 3.034
Punta Bachimala 3.177
Punta Suelsa 2.974
Perdiguero 3.221
Posets 3.369
Pico de Sacrús 2.676
Peña Collarada 2.883
Tendenera 2.853
La Espata 2.197
Macizo de Posets
A-64
N134
N21
D918
D929
D934

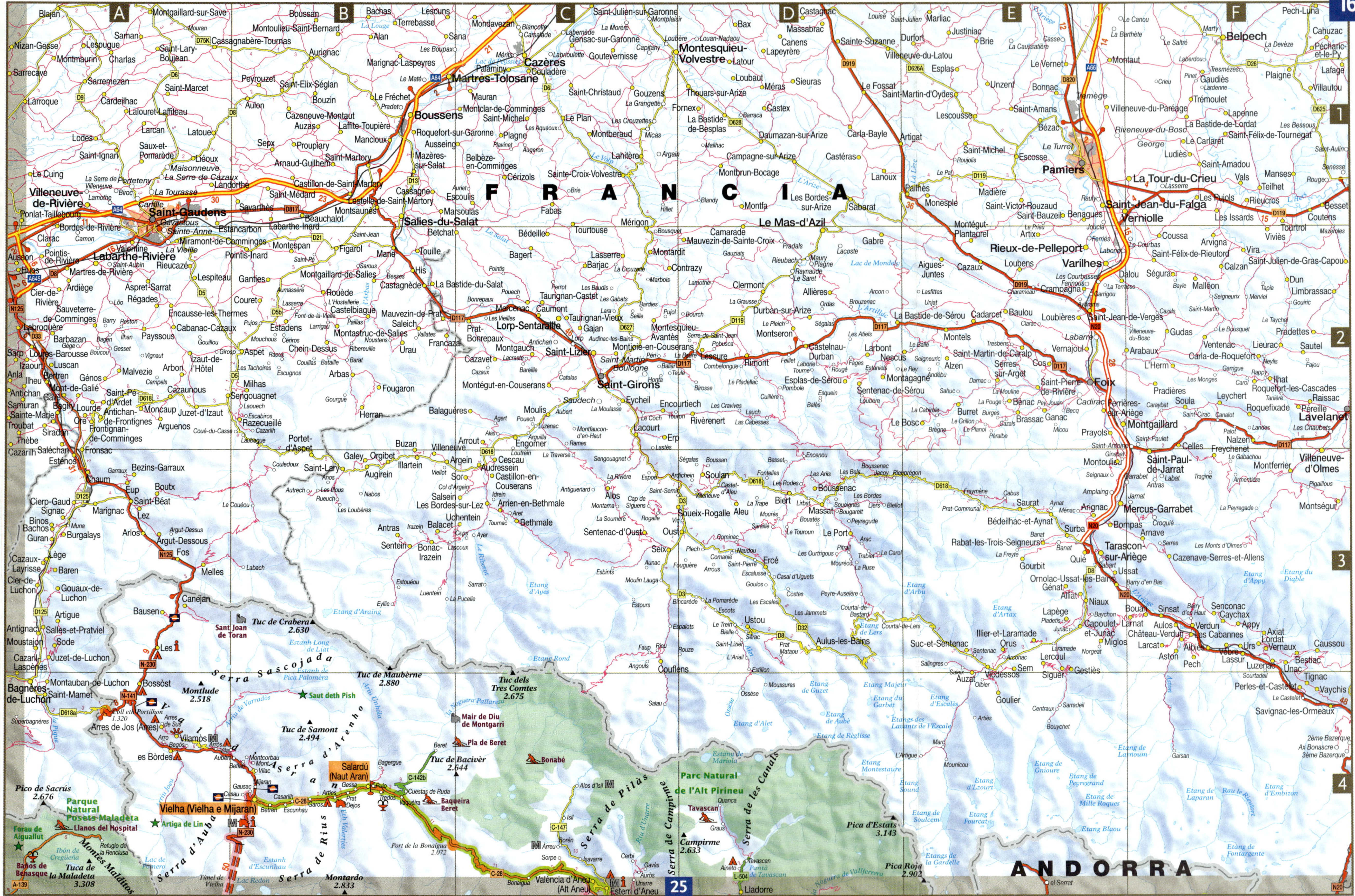

A
B
C
D
E
F
1
2
3
4
FRANCIA
ANDORRA
Saint-Gaudens
Villeneuve-de-Rivière
Labarthe-Rivière
Martres-Tolosane
Cazères
Boussens
Salies-du-Salat
Montesquieu-Volvestre
Le Mas-d'Azil
Pamiers
Saint-Jean-du-Falga
Verniolle
La Tour-du-Crieu
Rieux-de-Pelleport
Varilhes
Foix
Saint-Girons
Saint-Lizier
Lorp-Sentaraille
Montgaillard
Lavelanet
Saint-Paul-de-Jarrat
Mercus-Garrabet
Tarascon-sur-Ariège
Bagnères-de-Luchon
Vielha (Vielha e Mijaran)
Salardú (Naut Aran)
Belpech
Parc Natural de l'Alt Pirineu
Parque Natural Posets-Maladeta
Serra Sascojada
Serra de Pilàs
Serra de Campirme
Serra de les Canals
Serra d'Arenho
Serra de Rius
Serra d'Auba
Montes Malditos
Val d'Aran
Tuc de Crabera 2.630
Tuc de Maubèrne 2.880
Tuc dels Tres Comtes 2.675
Tuc de Samont 2.494
Tuc de Bacivèr 2.644
Montlude 2.518
Campirme 2.633
Pica d'Estats 3.143
Pica Roja 2.902
Montardo 2.833
Pico de Sacrús 2.676
Tuca de la Maladeta 3.308
25

OCÉANO
ATLÁNTICO
PARQUE
NACIONAL
DE LAS ISLAS
ATLÁNTICAS
DE GALICIA
Parque Natural de Corrubedo
Santa Uxía de Ribeira (Ribeira)
Arousa (A Illa de Arousa)
Vilanova de Arousa
Cambados
O Grove
A Escusa (Ribadumia)
O Mosteiro (Meis)
O Convento (Poio)
PONTEVEDRA
Sanxenxo
Marín
Ría de Pontevedra
Península do Morrazo
Bueu
Moaña
Cangas
Vigo
Ría de Vigo
Redondela
O Porriño
Nigrán
Baiona
Gondomar
Cabo Silleiro
Monumento Entre Dos Mundos
O Baixo
Miño
Tui
Valença
Monção
Melgaço
Parque Natural Monte Aloia
O Condado
Ponteareas
Mondariz
A Cañiza
Ribadavia
O Carballiño
Boborás
Ponte Caldelas
Serra do Suido
Montes de Paradanta
Serra do Faro de Avión
Parque Nacional da Peneda-Gerês
A Vila (Lobeira)
Ría de Arousa
Santo Antoniño (Barro)
A Lagoa (Campo Lameiro)
Arte Rupestre de Campo Lameiro
Cerdedo
Beariz
Avión
Cortegada
Melón
O Picouto
Carballeda de Avia
Castro de Troña

OURENSE
Monforte de Lemos
Chantada
Xinzo de Limia
Celanova
Villafranca del Bierzo
O Barco (O Barco de Valdeorras)
A Rúa de Valdeorras (A Rúa)
A Pobra de Trives
Viana do Bolo
Quiroga
Maceda
Allariz
Parque Natural do Invernadeiro
Parque Natural del Lago de Sanabria
Parque Natural da Serra da Enciña da Lastra
Serra de San Mamede
Montes do Invernadeiro
Serra da Queixa
Serra do Courel
Serra dos Cabalos
Serra do Eixe
Serra Calva
Serra Segundera
Terra de Trives
Valdeorras
Monte Montouto
A Limia
Pena Veidosa
Serra do Faro
Cañón do Sil
9
29
19

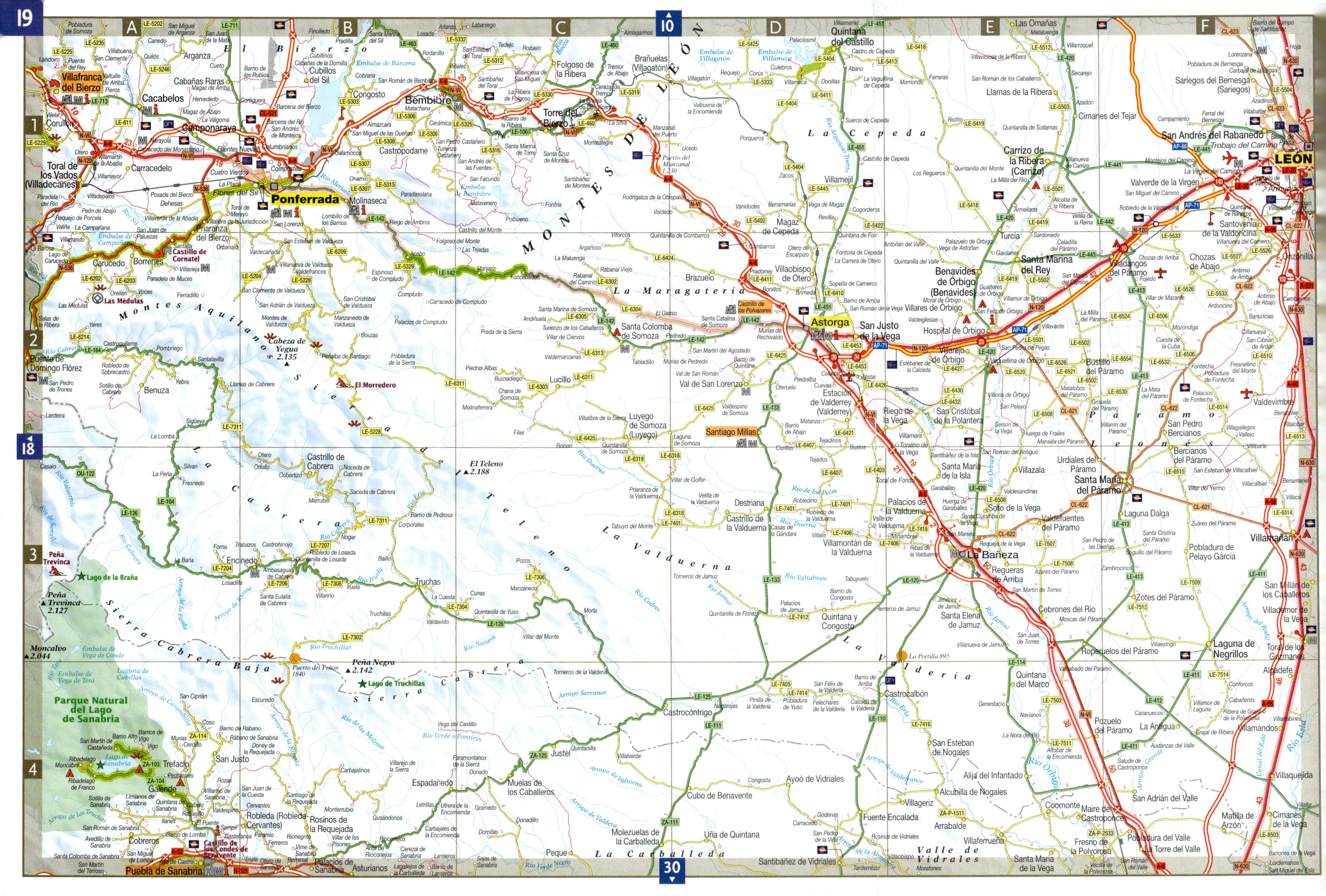
19
10
18
30
A
B
C
D
E
F
1
2
3
4
Villafranca del Bierzo
Ponferrada
Bembibre
Torre del Bierzo
Astorga
San Justo de la Vega
La Bañeza
LEÓN
Toral de los Vados (Villadecanes)
Cacabelos
Camponaraya
Carracedelo
Molinaseca
Congosto
Castropodame
Folgoso de la Ribera
Brañuelas (Villagatón)
Quintana del Castillo
Carrizo de la Ribera (Carrizo)
San Andrés del Rabanedo
Trobajo del Camino
Valverde de la Virgen
Santovenia de la Valdoncina
Onzonilla
Chozas de Abajo
Villadangos del Páramo
Santa Marina del Rey
Benavides de Órbigo (Benavides)
Villares de Órbigo
Hospital de Órbigo
Villarejo de Órbigo
Turcia
Llamas de la Ribera
Cimanes del Tejar
Sariegos del Bernesga (Sariegos)
Villamejil
Magaz de Cepeda
Villaobispo de Otero
Brazuelo
Santa Colomba de Somoza
Lucillo
Luyego de Somoza (Luyego)
Val de San Lorenzo
Santiago Millas
Estación de Valderrey (Valderrey)
Riego de la Vega
San Cristóbal de la Polantera
Santa María de la Isla
Villazala
Urdiales del Páramo
Santa María del Páramo
Bustillo del Páramo
Valdevimbre
Villamañán
Pobladura de Pelayo García
Laguna Dalga
Valdefuentes del Páramo
Soto de la Vega
Palacios de la Valduerna
Destriana
Castrillo de la Valduerna
Villamontán de la Valduerna
Regueras de Arriba
Zotes del Páramo
Cebrones del Río
Roperuelos del Páramo
Laguna de Negrillos
San Millán de los Caballeros
Villademor de la Vega
Toral de los Guzmanes
Algadefe
Santa Elena de Jamuz
Quintana y Congosto
Castrocalbón
Quintana del Marco
Pozuelo del Páramo
La Antigua
Villamandos
Villaquejida
San Esteban de Nogales
Alija del Infantado
Alcubilla de Nogales
Villageriz
Coomonte
Maire de Castroponce
San Adrián del Valle
Matilla de Arzón
Cimanes de la Vega
Pobladura del Valle
La Torre del Valle
Fresno de la Polvorosa
Santa María de la Vega
Villaferrueña
Arrabalde
Fuente Encalada
Ayoó de Vidriales
Cubo de Benavente
Uña de Quintana
Molezuelas de la Carballeda
Peque
Santibáñez de Vidriales
Castrocontrigo
Truchas
Encinedo
Castrillo de Cabrera
Benuza
Puente de Domingo Flórez
Carucedo
Borrenes
Priaranza del Bierzo
Corullón
Las Médulas
Castillo de Cornatel
Justel
Muelas de los Caballeros
Espadañedo
Rosinos de la Requejada
Robleda (Robleda-Cervantes)
San Justo
Trefacio
Galende
Cobreros
Puebla de Sanabria
Palacios de Sanabria
Asturianos
Castillo de los Condes de Benavente
Parque Natural del Lago de Sanabria
Lago de la Braña
Lago de Truchillas
Peña Trevinca 2.127
Moncalvo 2.044
Peña Negra 2.142
El Teleno 2.188
Cabeza de Yegua 2.135
El Morredero
Puerto del Peñón 1840
La Portilla 895
El Bierzo
Montes de León
La Maragatería
La Cepeda
Montes Aquilanos
Sierra del Teleno
La Cabrera
Sierra Cabrera Baja
Sierra de la Cabrera
La Valduerna
La Valdería
Valle de Vidriales
La Carballeda
Páramo Leonés
Embalse de Bárcena
Embalse de Villameca
Embalse de Villagatón
Río Órbigo
Río Esla
Río Eria
Río Duerna

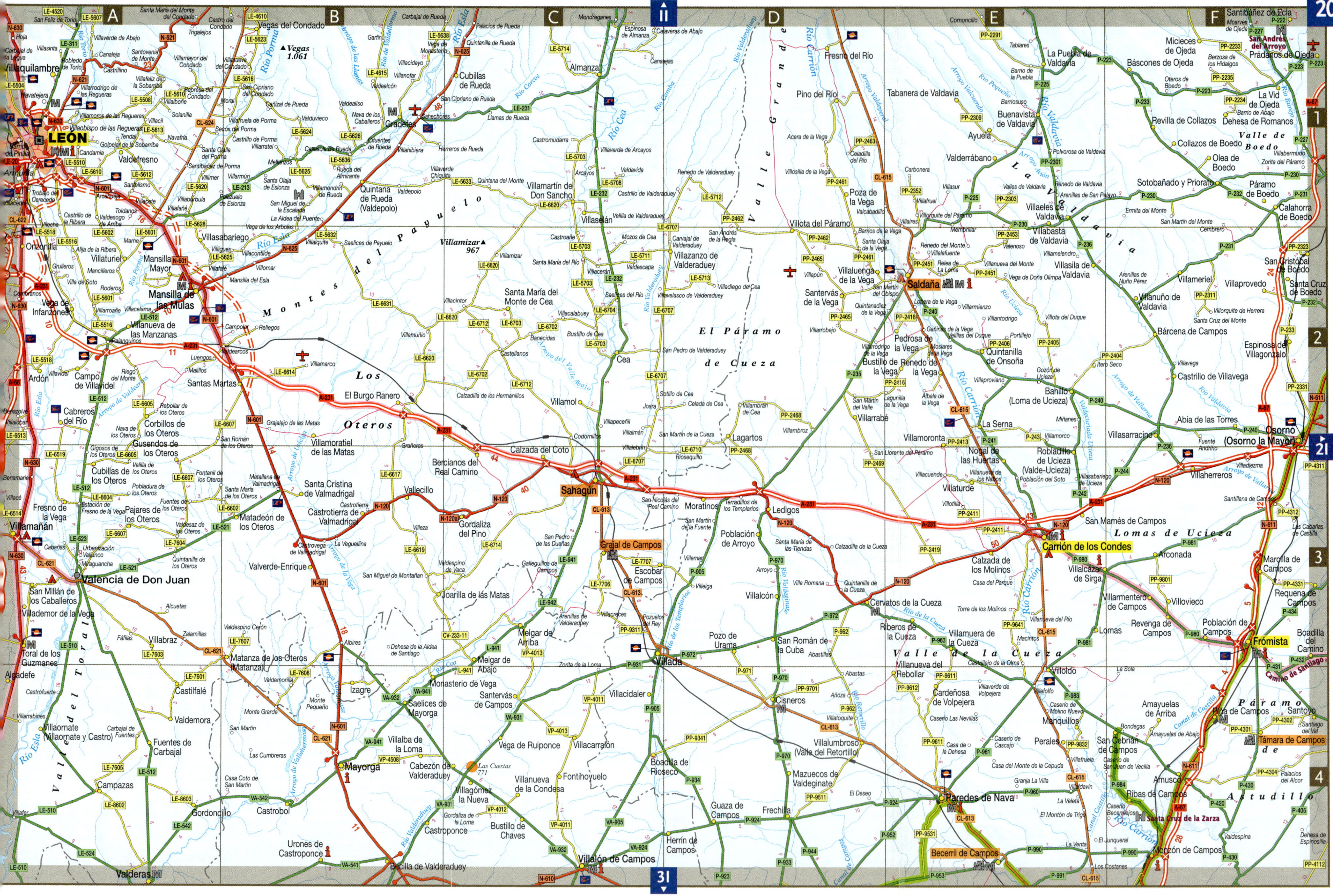

A
B
C
D
E
F
11
31
21
1
2
3
4
León
Villaquilambre
Valdefresno
Vegas del Condado
Vegas 1.061
Cubillas de Rueda
Almanza
Gradefes
Fresno del Río
Pino del Río
Tabanera de Valdavia
Buenavista de Valdavia
Ayuela
La Puebla de Valdavia
Báscones de Ojeda
Micieces de Ojeda
Prádanos de Ojeda
San Andrés del Arroyo
Santibáñez de Ecla
La Vid de Ojeda
Dehesa de Romanos
Revilla de Collazos
Collazos de Boedo
Valle de Boedo
Olea de Boedo
Sotobañado y Priorato
Páramo de Boedo
Calahorra de Boedo
Valderrábano
La Valdavia
Villaeles de Valdavia
Villabasta de Valdavia
Villasila de Valdavia
Villameriel
Villaprovedo
San Cristóbal de Boedo
Santa Cruz de Boedo
Villanuño de Valdavia
Bárcena de Campos
Espinosa de Villagonzalo
Castrillo de Villavega
Abia de las Torres
Villasarracino
Osorno (Osorno la Mayor)
Villaherreros
San Mamés de Campos
Lomas de Ucieza
Carrión de los Condes
Arconada
Marcilla de Campos
Requena de Campos
Villalcázar de Sirga
Villarmentero de Campos
Villovieco
Población de Campos
Revenga de Campos
Lomas
Frómista
Boadilla del Camino
Camino de Santiago
Páramo
Santoyo
Piña de Campos
Támara de Campos
Astudillo
Amusco
Ribas de Campos
Santa Cruz de la Zarza
Monzón de Campos
Becerril de Campos
Paredes de Nava
Perales
San Cebrián de Campos
Manquillos
Amayuelas de Arriba
Villoldo
Cardeñosa de Volpejera
Villanueva del Rebollar
Valle de la Cueza
Villamuera de la Cueza
Riberos de la Cueza
Cervatos de la Cueza
Calzada de los Molinos
San Román de la Cuba
Pozo de Urama
Villada
Cisneros
Villalumbroso (Valle del Retortillo)
Mazuecos de Valdeginate
Frechilla
Guaza de Campos
Herrín de Campos
Villalón de Campos
Boadilla de Rioseco
Fontihoyuelo
Villanueva de la Condesa
Villacarralón
Vega de Ruiponce
Villacidaler
Villalba de la Loma
Cabezón de Valderaduey
Villagómez la Nueva
Castroponce
Bustillo de Chaves
Las Cuestas 771
Mayorga
Saelices de Mayorga
Santervás de Campos
Monasterio de Vega
Melgar de Abajo
Melgar de Arriba
Izagre
Matanza de los Oteros (Matanza)
Urones de Castroponce
Becilla de Valderaduey
Castrobol
Gordoncillo
Valderas
Campazas
Fuentes de Carbajal
Villaornate (Villaornate y Castro)
Valdemora
Castilfalé
Villabraz
Toral de los Guzmanes
Algadefe
Valle del Toral
Valencia de Don Juan
San Millán de los Caballeros
Villademor de la Vega
Valverde-Enrique
Joarilla de las Matas
Gordaliza del Pino
Vallecillo
Castrotierra de Valmadrigal
Santa Cristina de Valmadrigal
Matadeón de los Oteros
Villamañán
Fresno de la Vega
Pajares de los Oteros
Cubillas de los Oteros
Gusendos de los Oteros
Corbillos de los Oteros
Cabreros del Río
Campo de Villavidel
Ardón
Santas Martas
Villamoratiel de las Matas
Los Oteros
El Burgo Ranero
Bercianos del Real Camino
Calzada del Coto
Sahagún
Grajal de Campos
Escobar de Campos
Villamol
Cea
Moratinos
Población de Arroyo
Ledigos
Villalcón
Lagartos
El Páramo de Cueza
Santa María del Monte de Cea
Villamartín de Don Sancho
Villaselán
Villazanzo de Valderaduey
Villota del Páramo
Poza de la Vega
Valle Grande
Villaluenga de la Vega
Santervás de la Vega
Saldaña
Pedrosa de la Vega
Bustillo de la Vega
Renedo de la Vega
Quintanilla de Onsoña
Bahillo (Loma de Ucieza)
La Serna
Nogal de las Huertas
Robladillo de Ucieza (Valde-Ucieza)
Villaturde
Villamoronta
Villarrabé
Montes del Payuelo
Villamizar 967
Quintana de Rueda (Valdepolo)
Villasabariego
Mansilla Mayor
Villaturiel
Mansilla de las Mulas
Villanueva de las Manzanas
Vega de Infanzones
Onzonilla

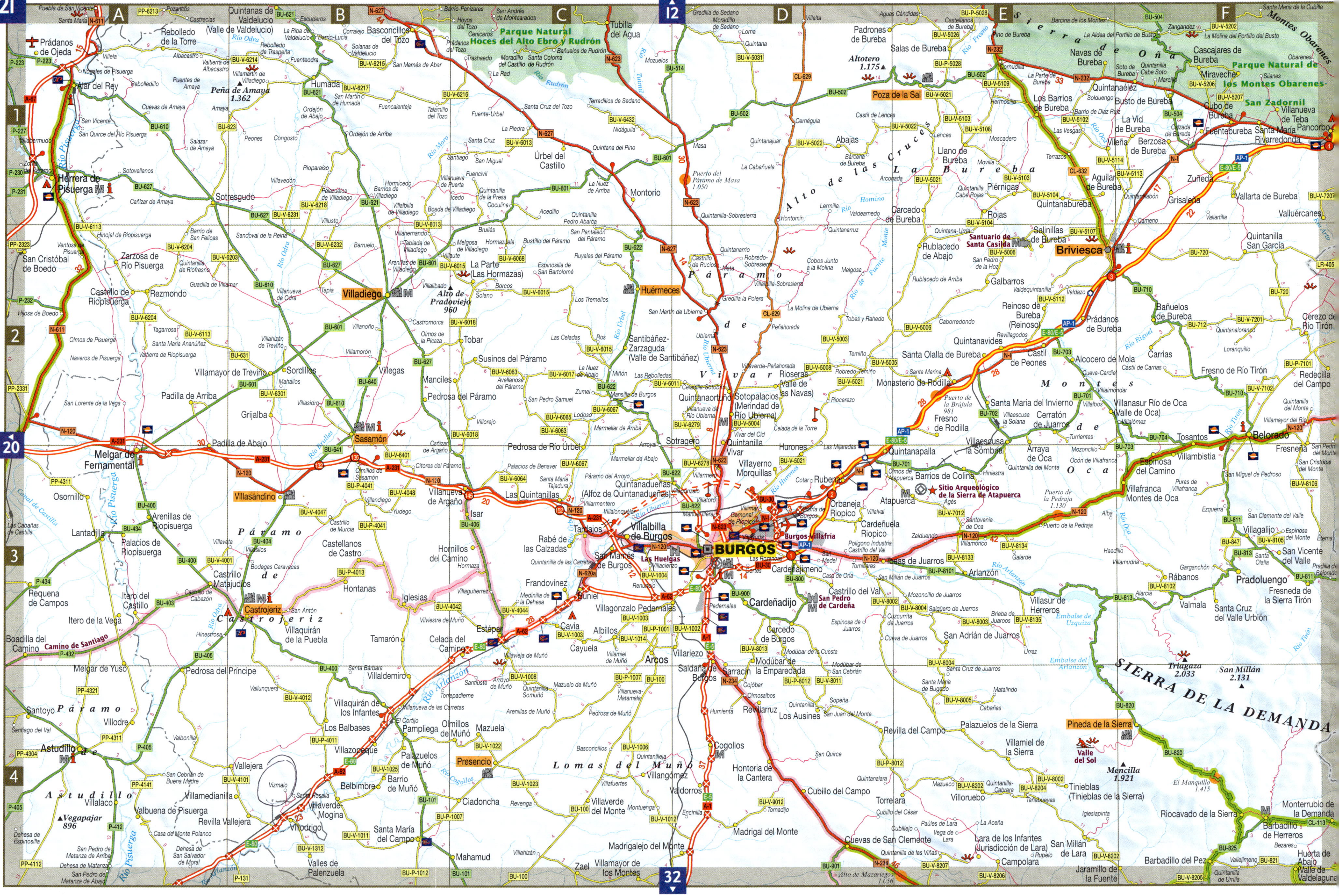

12
32
20
A
B
C
D
E
F
1
2
3
4
BURGOS
Burgos-Villafría
Villalbilla de Burgos
Las Huelgas
Tardajos
Rabé de las Calzadas
San Mamés de Burgos
Frandovínez
Buniel
Villagonzalo Pedernales
Cardeñadijo
San Pedro de Cardeña
Carcedo de Burgos
Modúbar de la Emparedada
Saldaña de Burgos
Sarracín
Arcos
Villariezo
Revillarruz
Los Ausines
Cogollos
Hontoria de la Cantera
Villangómez
Valdorros
Madrigalejo del Monte
Madrigal del Monte
Villamayor de los Montes
Zael
Cubillo del Campo
Torrelara
Cuevas de San Clemente
Lara de los Infantes (Jurisdicción de Lara)
San Millán de Lara
Campolara
Jaramillo de la Fuente
Barbadillo del Pez
Huerta de Abajo
Valle de Valdelaguna
Monterrubio de la Demanda
Barbadillo de Herreros
Riocavado de la Sierra
Tinieblas (Tinieblas de la Sierra)
Villoruebo
Mencilla 1.921
Valle del Sol
Pineda de la Sierra
Villamiel de la Sierra
Palazuelos de la Sierra
Revilla del Campo
SIERRA DE LA DEMANDA
Trigaza 2.033
San Millán 2.131
Embalse del Arlanzón
Embalse de Uzquiza
San Adrián de Juarros
Villasur de Herreros
Ibeas de Juarros
Arlanzón
Rábanos
Pradoluengo
Fresneda de la Sierra Tirón
Santa Cruz del Valle Urbión
Valmala
San Vicente del Valle
Villagalijo
Belorado
Tosantos
Villambistia
Espinosa del Camino
Villafranca Montes de Oca
Fresneña
Redecilla del Campo
Fresno de Río Tirón
Cerezo de Río Tirón
Carrias
Alcocero de Mola
Villanasur Río de Oca (Valle de Oca)
Cerratón de Juarros
Arraya de Oca
Santa María del Invierno
Fresno de Rodilla
Villaescusa la Sombría
Monasterio de Rodilla
Quintanapalla
Barrios de Colina
Atapuerca
Sitio Arqueológico de la Sierra de Atapuerca
Orbaneja Riopico
Cardeñuela Riopico
Rubena
Cardeñajimeno
Castrillo del Val
Puerto de la Pedraja 1.130
Montes de Oca
Santa Olalla de Bureba
Castil de Peones
Quintanavides
Prádanos de Bureba
Reinoso de Bureba (Reinoso)
Bañuelos de Bureba
Galbarros
Briviesca
Rublacedo de Abajo
Santuario de Santa Casilda
Salinillas de Bureba
Quintanilla San García
Valluércanes
Vallarta de Bureba
Grisaleña
Zuñeda
Quintanabureba
Rojas
Carcedo de Bureba
Piérnigas
Aguilar de Bureba
La Bureba
Alto de las Cruces
Abajas
Llano de Bureba
Berzosa de Bureba
La Vid de Bureba
Los Barrios de Bureba
Busto de Bureba
Quintanaélez
Navas de Bureba
Cascajares de Bureba
Miraveche
Cubo de Bureba
Villanueva de Teba
Fuentebureba
Santa María Rivarredonda
Pancorbo
Parque Natural de los Montes Obarenes-San Zadornil
Montes Obarenes
Sierra de Oña
Poza de la Sal
Altotero 1.175
Salas de Bureba
Padrones de Bureba
Tubilla del Agua
Parque Natural Hoces del Alto Ebro y Rudrón
Basconcillos del Tozo
Quintanas de Valdelucio (Valle de Valdelucio)
Rebolledo de la Torre
Prádanos de Ojeda
Alar del Rey
Peña de Amaya 1.362
Humada
Úrbel del Castillo
Montorio
Puerto del Páramo de Masa 1.050
Páramo de Masa
Huérmeces
Santibáñez-Zarzaguda (Valle de Santibáñez)
Quintanaortuño
Sotopalacios (Merindad de Río Ubierna)
Sotragero
Quintanilla Vivar
Villayerno Morquillas
Hurones
Riocerezo
Rioseras (Valle de las Navas)
Páramo de Vivar
La Parte (Las Hormazas)
Alto de Pradoviejo 960
Tobar
Susinos del Páramo
Villadiego
Sotresgudo
Herrera de Pisuerga
San Cristóbal de Boedo
Zarzosa de Río Pisuerga
Castrillo de Riopisuerga
Rezmondo
Villamayor de Treviño
Sordillos
Villegas
Manciles
Pedrosa del Páramo
Padilla de Arriba
Grijalba
Sasamón
Padilla de Abajo
Melgar de Fernamental
Villasandino
Villanueva de Argaño
Isar
Las Quintanillas
Quintanadueñas (Alfoz de Quintanadueñas)
Pedrosa de Río Úrbel
Osornillo
Lantadilla
Arenillas de Riopisuerga
Palacios de Riopisuerga
Castellanos de Castro
Hornillos del Camino
Páramo de Castrojeriz
Castrillo Matajudíos
Castrojeriz
Hontanas
Iglesias
Estépar
Cavia
Albillos
Cayuela
Celada del Camino
Tamarón
Villaquirán de la Puebla
Requena de Campos
Itero del Castillo
Itero de la Vega
Boadilla del Camino
Camino de Santiago
Melgar de Yuso
Pedrosa del Príncipe
Villaldemiro
Villaquirán de los Infantes
Los Balbases
Pampliega
Olmillos de Muñó
Mazuela
Villazopeque
Palazuelos de Muñó
Presencio
Barrio de Muñó
Belbimbre
Villaverde-Mogina
Villodrigo
Ciadoncha
Villaverde del Monte
Lomas del Muñó
Santa María del Campo
Mahamud
Valles de Palenzuela
Santoyo
Páramo de Astudillo
Villodre
Astudillo
Vallejera
Villamedianilla
Valbuena de Pisuerga
Villalaco
Revilla Vallejera
Vegapajar 896
Río Pisuerga
Río Arlanzón
Río Ubierna
Río Úrbel
Río Odra
Río Brullés
Río Hurones
Río Oca
Río Tirón
Río Rudrón

13
33
23
A
B
C
D
E
F
1
2
3
4
LOGROÑO
Miranda de Ebro
Haro
Santo Domingo de la Calzada
Nájera
Navarrete
Laguardia
Viana
Estella-Lizarra
Calahorra
San Adrián
Arnedo
Ezcaray
San Millán de la Cogolla
Casalarreina
Elciego/Eltziego
Fuenmayor
Cenicero
Lardero
Villamediana de Iregua
Alberite
Albelda de Iregua
Nalda
Mendavia
Lodosa
Sartaguda
Andosilla
Azagra
Pradejón
Ausejo
Autol
Quel
Aldeanueva de Ebro
Lerín
Sesma
Allo
Los Arcos
Torres del Río
Sierra de la Demanda
Sierra de Cantabria
Izki Parke Naturala
Montes Obarenes
Altos de Peralta
Sierra de Yerga
Sierra del Hayedo de Santiago
Camero Nuevo
Camero Viejo
Sierra de Pradilla
Sierra de San Lorenzo
Cumbres del Serradero
Sierra de la Hez
Kodes mendilerroa/Sierra de Kodes
Toloño mendilerroa
San Lorenzo 2.260
Otero 2.043
Pancrudo 2.070
Serradero 1.495
Cabi Monteros 1.388
Peña Isasa 1.472
Yerga 1.101
Toloño 1.264
Palomares 1.452
Joar 1.418
Montejurra 1.044
Cerro 900
Foncea 981
Valdeguardia 584
San Bartolomé 520
Puerto de Peña Hincada 1.412
Collado de Sancho Leza 1.391
La Rasa 1.200
Monasterio de Suso
Monasterio de Yuso
Monasterio de Valvanera
Basílica de Nuestra Señora de la Vega
Yacimiento arqueológico de la Hoya
Chabola de la Hechicera
Puente romano de Mantible
Acueducto Romano de Lodosa
Aeropuerto de Logroño-Agoncillo
Nuestra Señora de Vico
Ermita de la Concepción
Valles del Jubera, Leza, Cidacos y Alhama
Ermita de las Vírgenes
Reserva Nat. Peñalabeja
Yesos de la Ribera Estellesa
Las Gobas
Ortigosa de Cameros
Torralba del Río
Canales de la Sierra
Río Ebro
Río Ega
Río Iregua
Río Najerilla
Río Oja
Río Tirón
Río Cidacos
AP-68
A-12
N-232
N-111
N-120
N-124
LR-113
LR-115
LR-123
LR-250
E-804
AP-1

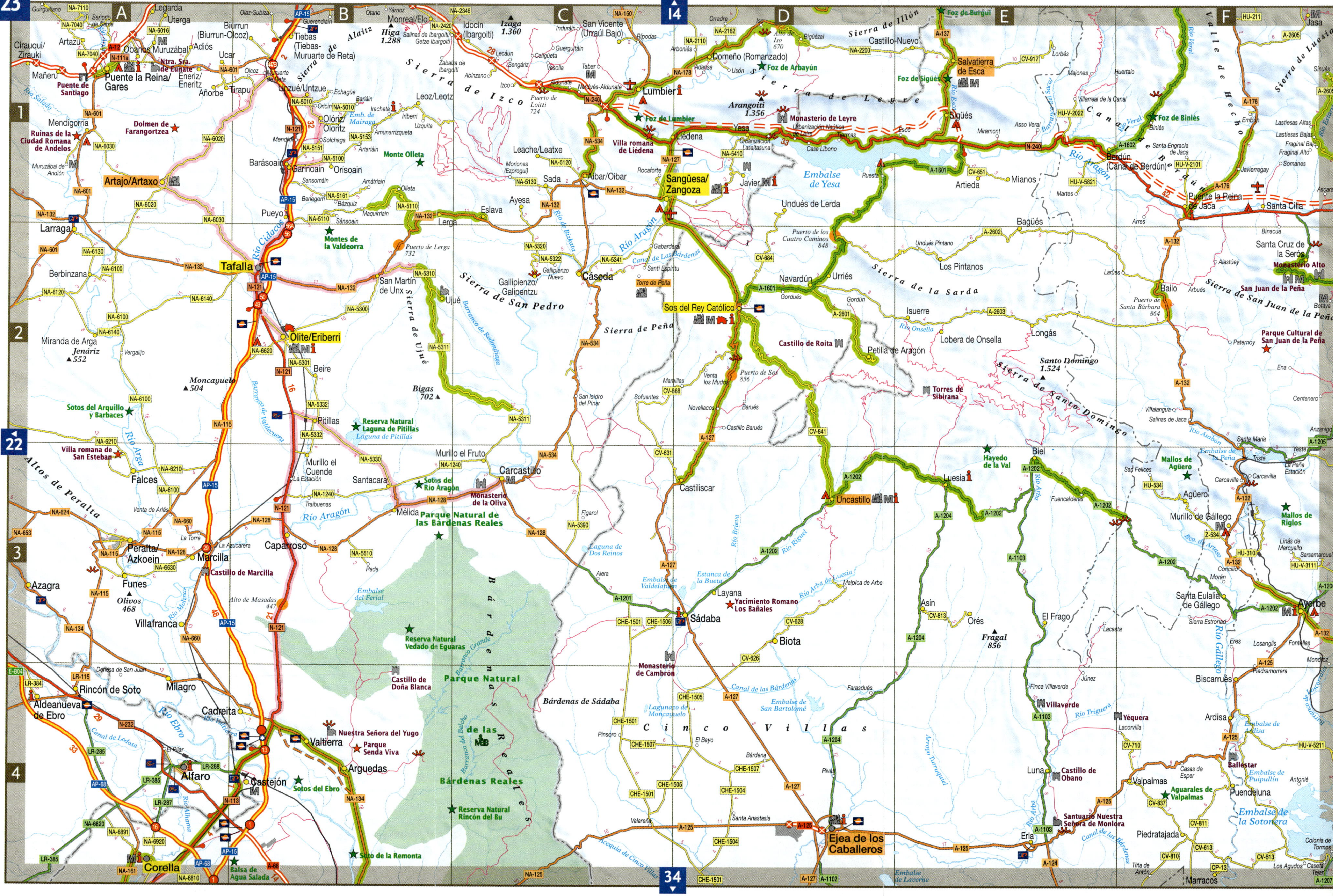
14
34
22
A
B
C
D
E
F
1
2
3
4
Legarda
Uterga
Puente la Reina/
Gares
Tiebas
(Tiebas-
Muruarte de Reta)
Monreal/Elo
Idocin
(Ibargoiti)
Izaga
1.360
Higa
1.288
San Vicente
(Urraúl Bajo)
Sierra de Illón
Castillo-Nuevo
Foz de Burgui
Jasa
Valle de Hecho
Sierra de Luesia
Sierra de Alaitz
Sierra de Izco
Lumbier
Domeño (Romanzado)
Foz de Arbayún
Salvatierra
de Esca
Foz de Sigüés
Sigüés
Foz de Lumbier
Arangoiti
1.356
Monasterio de Leyre
Sierra de Leyre
Yesa
Liédena
Villa romana
de Liédena
Embalse
de Yesa
Canal de Berdún
Foz de Biniés
Berdún
(Canal de Berdún)
Río Aragón
Puente la Reina
de Jaca
Santa Cilia
Mendigorría
Ruinas de la
Ciudad Romana
de Andelos
Dolmen de
Farangortzea
Artajo/Artaxo
Barásoain
Garínoain
Orisoain
Monte Olleta
Leache/Leatxe
Sada
Aibar/Oibar
Sangüesa/
Zangoza
Javier
Artieda
Mianos
Undués de Lerda
Bagüés
Larraga
Pueyo
Ayesa
Eslava
Lerga
Montes de
la Valdeorra
Tafalla
Río Cidacos
San Martín
de Unx
Sierra de San Pedro
Gallipienzo/
Galipentzu
Cáseda
Los Pintanos
Sierra de la Sarda
Santa Cruz de
la Serós
Monasterio Alto
Bailo
Sierra de San Juan de la Peña
San Juan de la Peña
Berbinzana
Olite/Erriberri
Ujué
Sierra de Ujué
Sos del Rey Católico
Sierra de Peña
Navardún
Urriés
Isuerre
Lobera de Onsella
Longás
Castillo de Roita
Petilla de Aragón
Parque Cultural de
San Juan de la Peña
Miranda de Arga
Jenáriz
552
Beire
Moncayuelo
504
Bigas
702
Santo Domingo
1.524
Sierra de Santo Domingo
Torres de
Sibirana
Sotos del Arquillo
y Barbaces
Pitillas
Reserva Natural
Laguna de Pitillas
Villa romana de
San Esteban
Falces
Murillo el Fruto
Murillo el
Cuende
Santacara
Sotos del
Río Aragón
Carcastillo
Monasterio
de la Oliva
Castiliscar
Luesia
Hayedo
de la Val
Biel
Uncastillo
Mallos de
Agüero
Agüero
Murillo de Gállego
Mallos de
Riglos
Altos de Peralta
Mélida
Parque Natural de
las Bárdenas Reales
Río Aragón
Peralta/
Azkoien
Marcilla
Caparroso
Castillo de Marcilla
Azagra
Funes
Olivos
468
Villafranca
Bárdenas
Sádaba
Yacimiento Romano
Los Bañales
Layana
Biota
Orés
Fragal
856
El Frago
Asín
Santa Eulalia
de Gállego
Ayerbe
Río Gállego
Reserva Natural
Vedado de Eguaras
Monasterio
de Cambrón
Biscarrués
Rincón de Soto
Milagro
Aldeanueva
de Ebro
Cadreita
Castillo de
Doña Blanca
Parque Natural
Bárdenas de Sádaba
Cinco Villas
Villaverde
Yéquera
Ardisa
Río Ebro
Valtierra
Nuestra Señora del Yugo
Parque
Senda Viva
Arguedas
de las
Bárdenas Reales
Alfaro
Castejón
Sotos del Ebro
Reserva Natural
Rincón del Bu
Luna
Castillo de
Obano
Valpalmas
Aguarales de
Valpalmas
Ballestar
Puendeluna
Santuario Nuestra
Señora de Monlora
Erla
Ejea de los
Caballeros
Piedratajada
Embalse de
la Sotonera
Corella
Balsa de
Agua Salada
Soto de la Remonta
Marracos

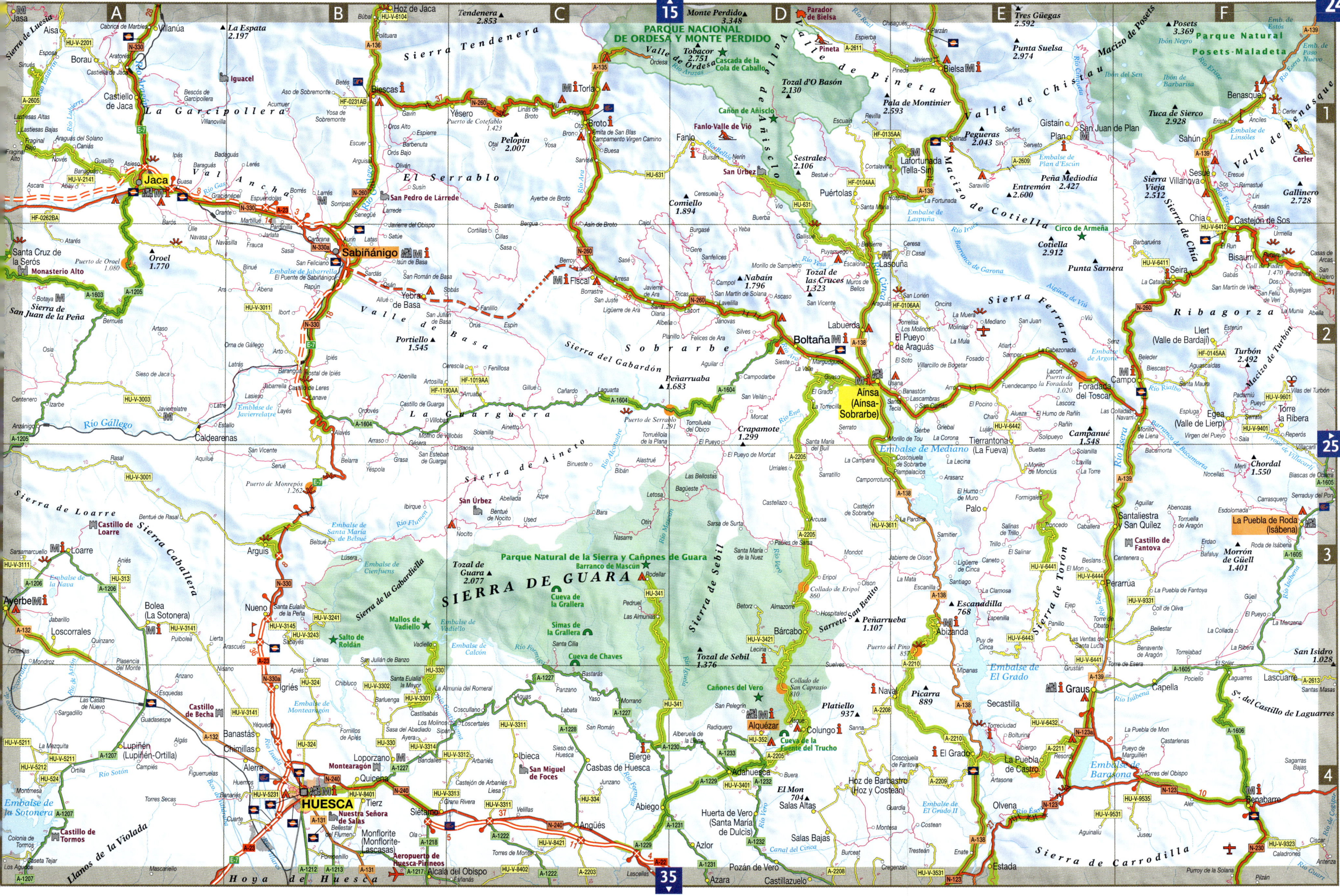
15
25
35
A
B
C
D
E
F
1
2
3
4
Parque Nacional de Ordesa y Monte Perdido
Parque Natural Posets-Maladeta
Parque Natural de la Sierra y Cañones de Guara
SIERRA DE GUARA
Jaca
Sabiñánigo
HUESCA
Aínsa (Aínsa-Sobrarbe)
Boltaña
Graus
Benabarre
Benasque
Bielsa
Broto
Biescas
Torla
Ayerbe
Alquézar
La Puebla de Roda (Isábena)
Castejón de Sos
Campo
Foradada del Toscar
Monte Perdido 3.348
Posets 3.369
Tres Güegas 2.592
Tendenera 2.853
La Espata 2.197
Oroel 1.770
Sierra Tendenera
La Garcipollera
Val Ancha
El Serrablo
Valle de Basa
Sobrarbe
Sierra del Gabardón
La Guarguera
Sierra de Aineto
Sierra de Loarre
Sierra Caballera
Sierra de Sebil
Sierra Ferrera
Ribagorza
Valle de Chistau
Valle de Pineta
Valle de Benasque
Macizo de Cotiella
Macizo de Posets
Sierra de Carrodilla
Hoya de Huesca
Llanos de la Violada
Embalse de Mediano
Embalse de El Grado
Embalse de Barasona
Río Gállego
Parador de Bielsa
Monasterio Alto
Castillo de Loarre
San Úrbez
Cañón de Añisclo
Tozal de Guara 2.077
Cotiella 2.912
Turbón 2.492
Peñarruba 1.683
Crapamote 1.299
Tozal de Sebil 1.376
San Isidro 1.028
N-330
N-260
N-240
N-123
A-23
A-22
A-138
A-1604
E-7

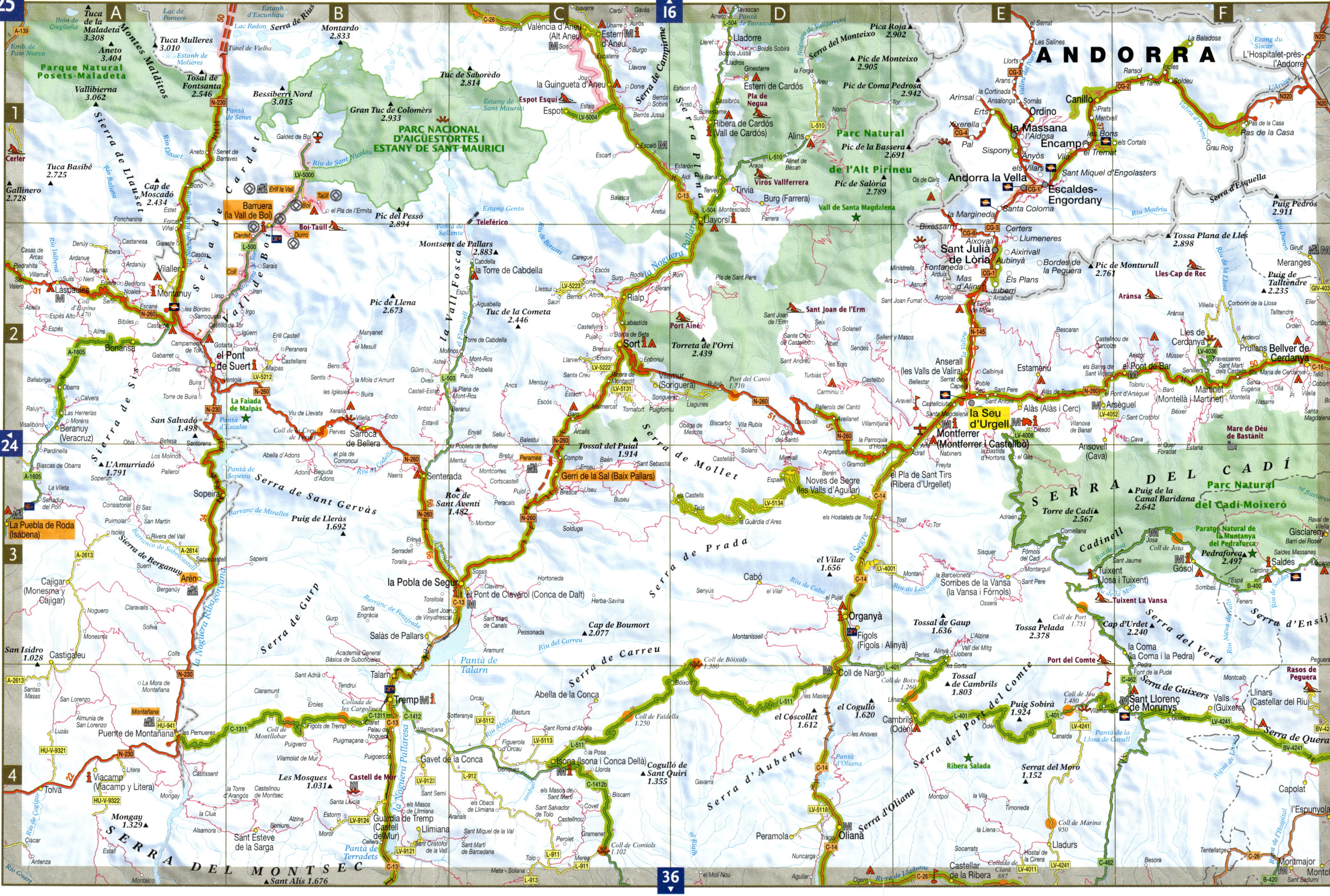
A
B
C
D
E
F
1
2
3
4
16
24
36
ANDORRA
Andorra la Vella
Escaldes-Engordany
Sant Julià de Lòria
la Massana
Encamp
Canillo
Ordino
L'Hospitalet-près-l'Andorre
la Seu d'Urgell
Montferrer (Montferrer i Castellbò)
Organyà
Oliana
Tremp
la Pobla de Segur
Sort
el Pont de Suert
Barruera (la Vall de Boí)
Gerri de la Sal (Baix Pallars)
La Puebla de Roda (Isábena)
Puente de Montañana
Bellver de Cerdanya
Sant Llorenç de Morunys
SERRA DEL CADÍ
SERRA DEL MONTSEC
PARC NACIONAL D'AIGÜESTORTES I ESTANY DE SANT MAURICI
Parc Natural de l'Alt Pirineu
Parc Natural del Cadí-Moixeró
Parque Natural Posets-Maladeta
Montes Malditos
Serra de Prada
Serra de Mollet
Serra de Carreu
Serra de Sant Gervàs
Serra de Gurp
Serra del Port del Comte
Serra d'Aubenç
Serra d'Oliana
Serra del Verd
Serra de Cadí
Serra de Boumort
Sierra de Sis
Sierra de Llauset
Pica Roja 2.902
Pic de Monteixo 2.905
Pic de Coma Pedrosa 2.942
Pic de la Bassera 2.691
Pic de Salòria 2.789
Tuca de la Maladeta 3.308
Aneto 3.404
Vallibierna 3.062
Tuca Mulleres 3.010
Tosal de Fontsanta 2.546
Bessiberri Nord 3.015
Gran Tuc de Colomèrs 2.933
Tuc de Saboredo 2.814
Montardo 2.833
Pic del Pessó 2.894
Montsent de Pallars 2.883
Pic de Llena 2.673
Tuc de la Cometa 2.446
Torreta de l'Orri 2.439
Tossal del Puial 1.914
Roc de Sant Aventí 1.482
Puig de Lleràs 1.692
Cap de Boumort 2.077
el Vilar 1.656
Tossal de Gaup 1.636
Tossa Pelada 2.378
Cap d'Urdet 2.240
Torre de Cadí 2.567
Puig de la Canal Baridana 2.642
Pedraforca 2.497
Tossal de Cambrils 1.803
Puig Sobirà 1.924
el Cogulló 1.620
el Coscollet 1.612
Cogulló de Sant Quirí 1.355
Serrat del Moro 1.152
Les Mosques 1.031
Mongay 1.329
Sant Alís 1.676
Tossa Plana de Lles 2.898
Pic de Monturull 2.761
Puig de Tallendre 2.235
Puig Pedrós 2.911
Gallinero 2.728
Tuca Basibé 2.725
Cap de Moscadó 2.434
San Salvadó 1.498
L'Amurriadó 1.791
San Isidro 1.028

A
B
C
D
E
F
1
2
3
4
FRANCIA
SERRA DEL CADÍ
Parc Natural del Cadí-Moixeró
Parc Natural de la Zona Volcànica de la Garrotxa
Serra de Finestres
Serra Cavallera
Serra de Mogrony
Serra de Picancel
Collsacabra
Serra de l'Albera
L'Hospitalet-près-l'Andorre
Porté-Puymorens
Porta
Font-Romeu-Odeillo-Via
Bolquère
Mont-Louis
La Cabanasse
Saint-Pierre-dels-Forcats
Angoustrine-Villeneuve-des-Escaldes
Latour-de-Carol
Enveitg
Guils de Cerdanya
Puigcerdà
Bourg-Madame
Ossèja
Llívia
Saillagouse
Err
Sainte-Léocadie
Nahuja
Palau-de-Cerdagne
Valcebollère
Bellver de Cerdanya
Alp
Das
Urus
Fontanals de Cerdanya
La Molina
Toses
Planoles
Ribes de Freser
Queralbs
Vall de Núria
Pardines
Campelles
Castellar de n'Hug
La Pobla de Lillet
Bagà
Guardiola de Berguedà
Gisclareny
Gombrèn
Campdevànol
Ripoll
Sant Joan de les Abadesses
Camprodon
Llanars
Vallfogona de Ripollès
Olot
Sant Joan les Fonts
Castellfollit de la Roca
Besalú
Banyoles
Figueres
Vilafant
Llers
Peralada
Cabanes
Navata
Vilamalla
Girona
Salt
Sarrià de Ter
Celrà
Bordils
Flaçà
Berga
Avià
Gironella
Casserres
Olvan
Sagàs
Vilada
Borredà
Cercs
Figols
La Nou de Berguedà
Sant Quirze de Besora
Montesquiu
Torelló
Manlleu
Sant Hipòlit de Voltregà
Santa Maria de Corcó
Les Planes d'Hostoles
Amer
Sant Esteve d'en Bas (la Vall d'en Bas)
Les Preses
Santa Pau
Mieres
Crespià
Esponellà
Serinyà
Mata (Porqueres)
Camós
La Jonquera
Agullana
Capmany
Darnius
Maçanet de Cabrenys
Espolla
Le Perthus
Maureillas-las-Illas
Céret
Amélie-les-Bains-Palalda
Arles-sur-Tech
Prats-de-Mollo-la-Preste
Saint-Laurent-de-Cerdans
Coustouges
Lamanère
Le Boulou
Saint-Jean-Pla-de-Corts
Banyuls-dels-Aspres
Argelès-sur-Mer
Saint-Génis-des-Fontaines
Sorède
Laroque-des-Albères
Vernet-les-Bains
Corneilla-de-Conflent
Villefranche-de-Conflent
Olette
Sahorre
Castell
Mantet
Py
Montbolo
Reynès
Corsavy
Montferrer
Le Tech
Serralongue
Pic de la Dona 2.702
Pic de Costabonne 2.465
Puig de Finestrelles 2.829
Pic de la Vache 2.826
Puigmal 2.913
Pic de Dòria 2.539
Puig de Balandrau 2.585
Puig de les Agudes 1.978
Pic del Moixer 1.443
Puig Neulós 1.256
Pic del Moixeró 2.078
Roca d'Auró 1.989
Pedró de Tubau 1.542
Puig del Catllar 1.122
Puig de Bassegoda 1.373
Puigsacalm 1.515
Rocacorba 992
Rocallarga 1.187
El Far 1.112
Vallter 2.000
37
27

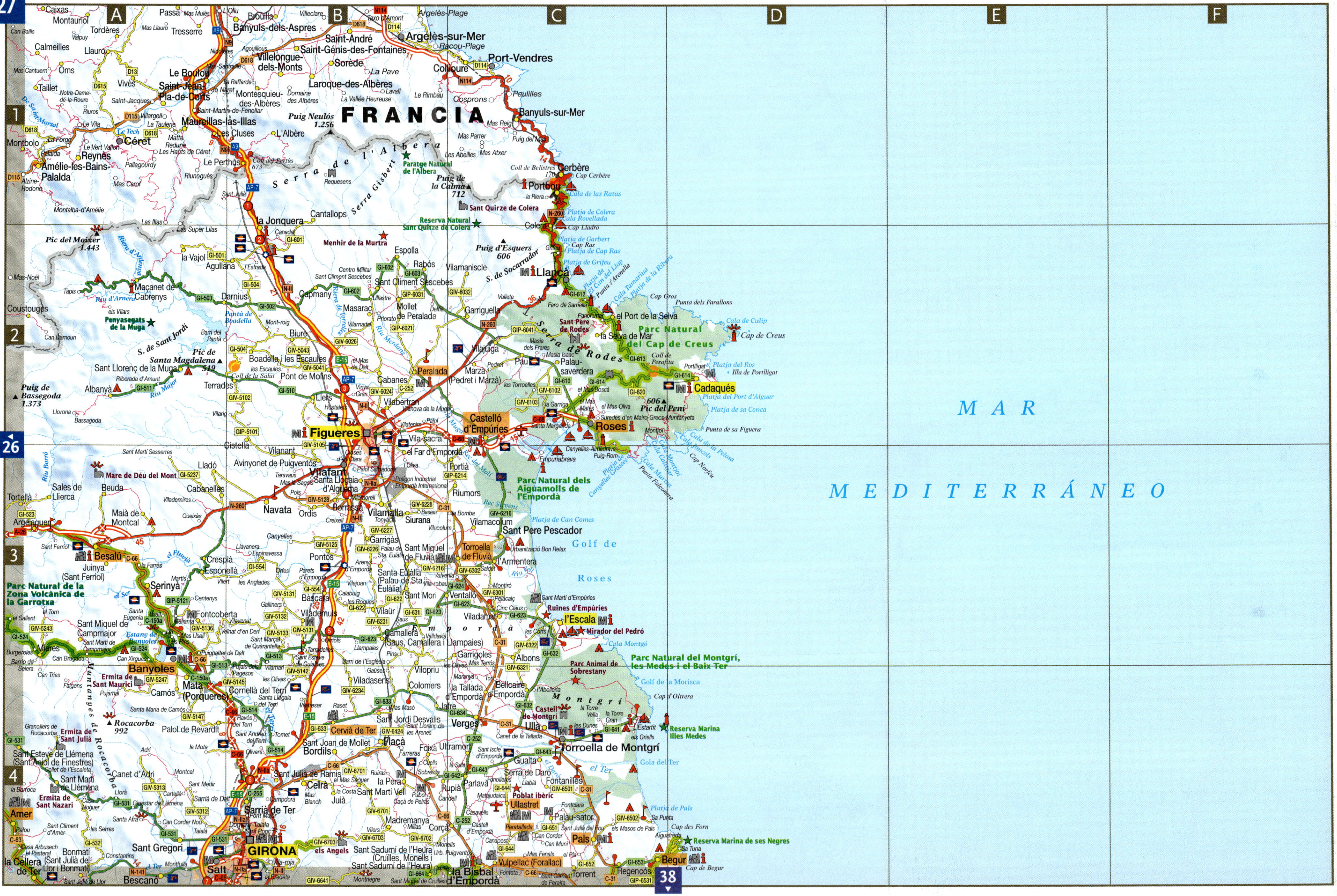
A
B
C
D
E
F
1
2
3
4
26
38
FRANCIA
MAR
MEDITERRÁNEO
Golf de Roses
Argelès-sur-Mer
Port-Vendres
Collioure
Banyuls-sur-Mer
Cerbère
Portbou
Colera
Llançà
El Port de la Selva
Parc Natural del Cap de Creus
Cap de Creus
Cadaqués
Roses
Castelló d'Empúries
Figueres
Vilafant
Peralada
Sant Pere Pescador
Parc Natural dels Aiguamolls de l'Empordà
L'Escala
Parc Natural del Montgrí, les Medes i el Baix Ter
Torroella de Montgrí
Reserva Marina Illes Medes
Verges
Pals
Begur
Reserva Marina de ses Negres
La Bisbal d'Empordà
Girona
Salt
Banyoles
Besalú
Serinyà
Parc Natural de la Zona Volcànica de la Garrotxa
Amer
Sant Gregori
Bescanó
La Jonquera
Le Perthus
Céret
Amélie-les-Bains-Palalda
Reynès
Maureillas-las-Illas
Le Boulou
Saint-Jean-Pla-de-Corts
Saint-André
Saint-Génis-des-Fontaines
Villelongue-dels-Monts
Sorède
Laroque-des-Albères
Banyuls-dels-Aspres
Serra de l'Albera
Puig Neulós 1.256
Pic del Moixer 1.443
Puig de Bassegoda 1.373
Navata
Vilamalla
Bàscara
Orriols
Viladamat
Ventalló
Albons
Bellcaire d'Empordà
Ullastret
Palafrugell
Cervià de Ter
Sarrià de Ter
Celrà
Bordils
Flaçà
Rocacorba 992
Mata (Porqueres)
Crespià
Esponellà
Llers
Darnius
Maçanet de Cabrenys
Agullana
La Vajol
Capmany
Espolla
Rabós
Vilajuïga
Pau
Palau-saverdera
Garriguella
Mollet de Peralada
Cabanes
Vila-sacra
Empuriabrava
Fortià
Riumors
Torroella de Fluvià
Sant Miquel de Fluvià
Pontós
Garrigàs
Vilamacolum
Llançà
Vilamaniscle

A
B
C
D
E
F
17
39
29
1
2
3
4
OCÉANO
ATLÁNTICO
VIANA DO CASTELO
BRAGA
Guimarães
Barcelos
Póvoa de Varzim
Vila Nova de Famalicão
Esposende
Ponte de Lima
Ponte da Barca
Arcos de Valdevez
Vila Verde
Póvoa de Lanhoso
Vieira do Minho
Fafe
Amares
Paredes de Coura
Vila Nova de Cerveira
Caminha
A Guarda
Parque Natural do Litoral Norte
PARQUE NACIONAL DA PENEDA-GERÊS
Parque Natural da Baixa Limia-Serra do Xurés
Serra da Peneda
Serra Amarela
Serra do Gerês
Serra da Cabreira
Serra de Arga
S. do Soajo
S. do Xurés
Peneda 1.347
Cruz do Touro 1.231
P. da Nevosa 1.539
Cabreira 1.262
Tourreiras 1.190
Penha 617
Santa Luzia 550
São Paio 638
Oural 722
Rio Minho
Rio Lima
Fondevila (Lobios)
A Terrachá (Entrimo)
Monte de Santa Trega
Forte da Lagarteira
Forte do Cão
Mondim de Basto
Cabeceiras de Basto
Senhora da Peneda
Citânia de Briteiros
Santuário do Bom Jesus do Monte
Mosteiro de São Martinho de Tibães
Lagoa de Bertiandos e São Pedro de Arcos
Corno do Bico
Calçada romana
Xacemento romano Baños de Rio Caldo
Vila Termal de Lobios

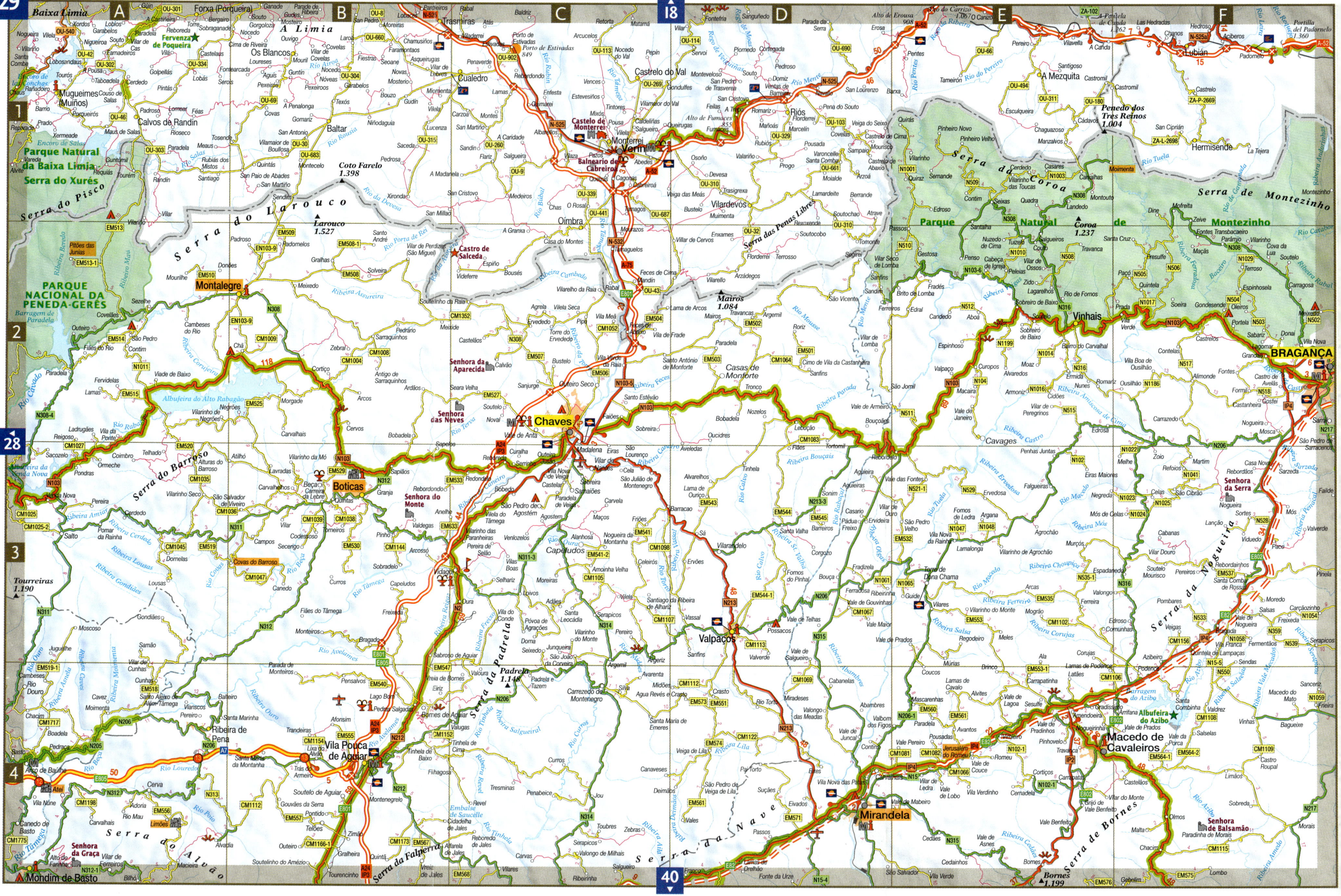
18
40
28
A
B
C
D
E
F
1
2
3
4
Baixa Limia
A Limia
Forxa (Porqueira)
Trasmiras
Os Blancos
Cualedro
Castrelo do Val
Verín
Monterrei
Castelo de Monterrei
Balneario de Cabreiroá
Oimbra
Vilardevos
A Mezquita
Hermisende
Lubián
Riós
Calvos de Randín
Baltar
Mugueimes (Muíños)
Parque Natural da Baixa Limia Serra do Xurés
Serra do Pisco
Serra do Larouco
Larouco 1.527
Coto Farelo 1.398
Serra das Penas Libres
Penedo dos Tres Reinos 1.004
Serra da Coroa
Coroa 1.237
Parque Natural de Montezinho
Serra de Montezinho
PARQUE NACIONAL DA PENEDA-GERÊS
Montalegre
Castro de Salceda
Mairos 1.084
Senhora da Aparecida
Senhora das Neves
Senhora do Monte
Chaves
Casas de Monforte
Vinhais
BRAGANÇA
Senhora da Serra
Serra da Nogueira
Boticas
Serra do Barroso
Albufeira do Alto Rabagão
Capeludos
Valpaços
Cavages
Vidago
Serra da Padrela
Padrela 1.148
Tourreiras 1.190
Vila Pouca de Aguiar
Ribeira de Pena
Mirandela
Macedo de Cavaleiros
Albufeira do Azibo
Serra da Nave
Serra de Bornes
Bornes 1.199
Senhora de Balsamão
Serra do Alvão
Senhora da Graça
Mondim de Basto
Serra da Falperra

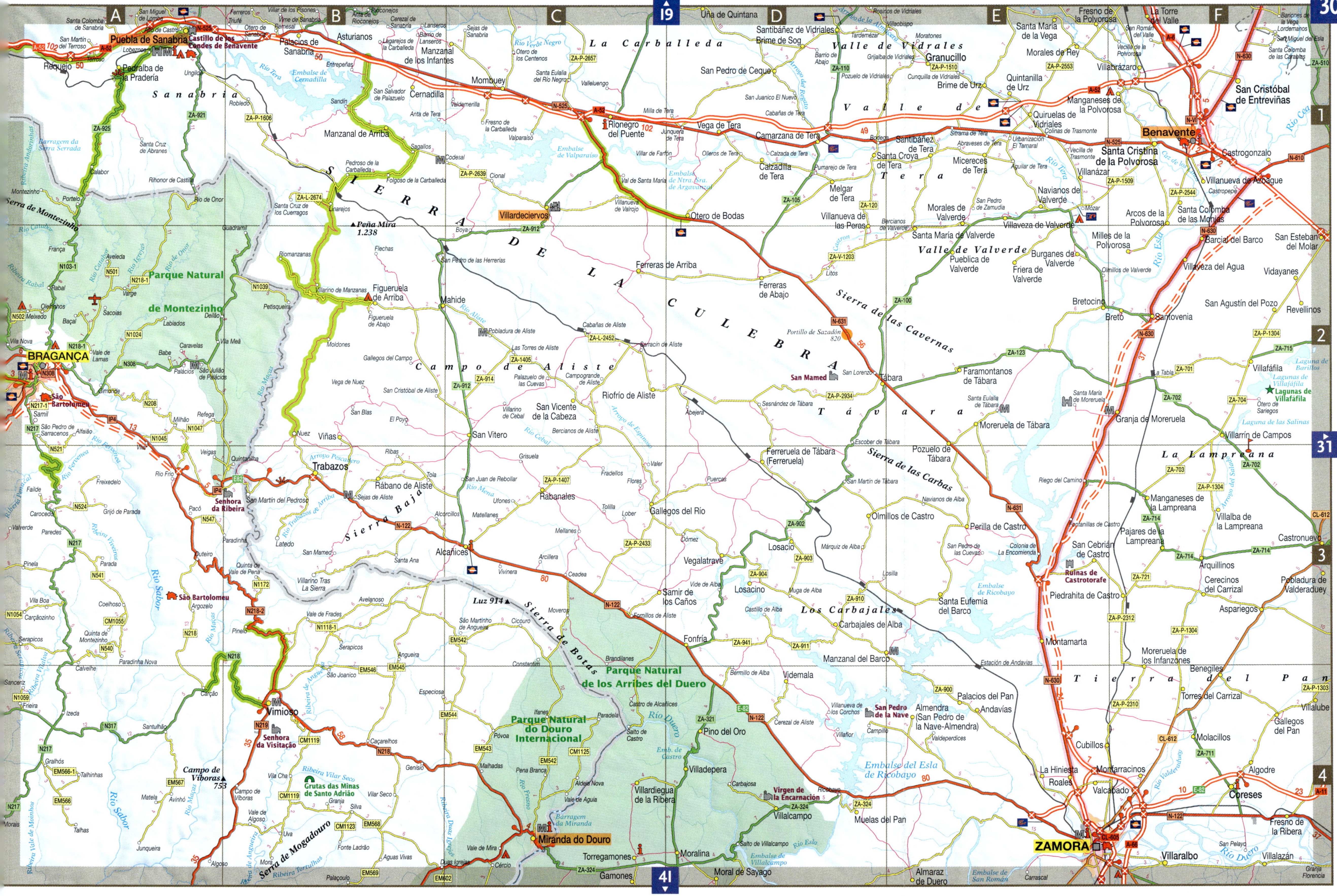
19
41
31
A
B
C
D
E
F
1
2
3
4
Puebla de Sanabria
Castillo de los Condes de Benavente
Requejo
Pedralba de la Pradería
Sanabria
Palacios de Sanabria
Asturianos
Manzanal de los Infantes
Mombuey
Cernadilla
Manzanal de Arriba
La Carballeda
Valle de Vidrales
Santibáñez de Vidriales
Brime de Sog
Granucillo
Uña de Quintana
San Pedro de Ceque
Rionegro del Puente
Vega de Tera
Camarzana de Tera
Santibáñez de Tera
Santa Croya de Tera
Calzadilla de Tera
Micereces de Tera
Melgar de Tera
Tera
Valle de
Santa María de la Vega
Morales de Rey
Quintanilla de Urz
Brime de Urz
Villabrázaro
Manganeses de la Polvorosa
Quiruelas de Vidriales
Fresno de la Polvorosa
La Torre del Valle
San Cristóbal de Entreviñas
Benavente
Santa Cristina de la Polvorosa
Castrogonzalo
Villanueva de Azoague
Villanázar
Navianos de Valverde
Arcos de la Polvorosa
Santa Colomba de las Monjas
Morales de Valverde
Villanueva de las Peras
Villaveza de Valverde
Santa María de Valverde
Valle de Valverde
Milles de la Polvorosa
Barcial del Barco
San Esteban del Molar
Burganes de Valverde
Pueblica de Valverde
Friera de Valverde
Villaveza del Agua
Vidayanes
Sierra de la Culebra
Villardeciervos
Peña Mira 1.238
Otero de Bodas
Ferreras de Arriba
Ferreras de Abajo
Sierra de las Cavernas
Portillo de Sazadón 820
Bretocino
Breto
Santovenia
San Agustín del Pozo
Revellinos
Figueruela de Arriba
Mahide
Campo de Aliste
San Mamed
Tábara
Faramontanos de Tábara
Villafáfila
Lagunas de Villafáfila
Riofrío de Aliste
San Vicente de la Cabeza
Granja de Moreruela
Moreruela de Tábara
Táva ra
San Vitero
Viñas
Trabazos
Rábano de Aliste
Sierra Baja
Ferreruela de Tábara (Ferreruela)
Pozuelo de Tábara
Sierra de las Carbas
Villarrín de Campos
La Lampreana
Manganeses de la Lampreana
Villalba de la Lampreana
Rabanales
Gallegos del Río
Olmillos de Castro
Perilla de Castro
Castronuevo
Alcañices
Losacio
Vegalatrave
San Cebrián de Castro
Pajares de la Lampreana
Arquillinos
Cerecinos del Carrizal
Pobladura de Valderaduey
Ruinas de Castrotorafe
Piedrahita de Castro
Santa Eufemia del Barco
Losacino
Samir de los Caños
Los Carbajales
Carbajales de Alba
Aspariegos
Luz 914
Sierra de Botas
Fonfría
Manzanal del Barco
Montamarta
Moreruela de los Infanzones
Benegiles
Tierra del Pan
Torres del Carrizal
Parque Natural de los Arribes del Duero
Videmala
Palacios del Pan
Andavías
Almendra (San Pedro de la Nave-Almendra)
San Pedro de la Nave
Pino del Oro
Parque Natural do Douro Internacional
Villadepera
Embalse del Esla de Ricobayo
Cubillos
Molacillos
Gallegos del Pan
Villalube
La Hiniesta
Roales
Monfarracinos
Valcabado
Algodre
Coreses
Villardiegua de la Ribera
Virgen de la Encarnación
Villalcampo
Muelas del Pan
Fresno de la Ribera
ZAMORA
Villaralbo
Villalazán
Moralina
Torregamones
Gamones
Moral de Sayago
Almaraz de Duero
Miranda do Douro
Parque Natural de Montezinho
BRAGANÇA
São Bartolomeu
Senhora da Ribeira
Sierra de Montezinho
Vimioso
Senhora da Visitação
Grutas das Minas de Santo Adrião
Campo de Víboras 753
Serra de Mogadouro
Rio Sabor
Rio Duero
Rio Esla

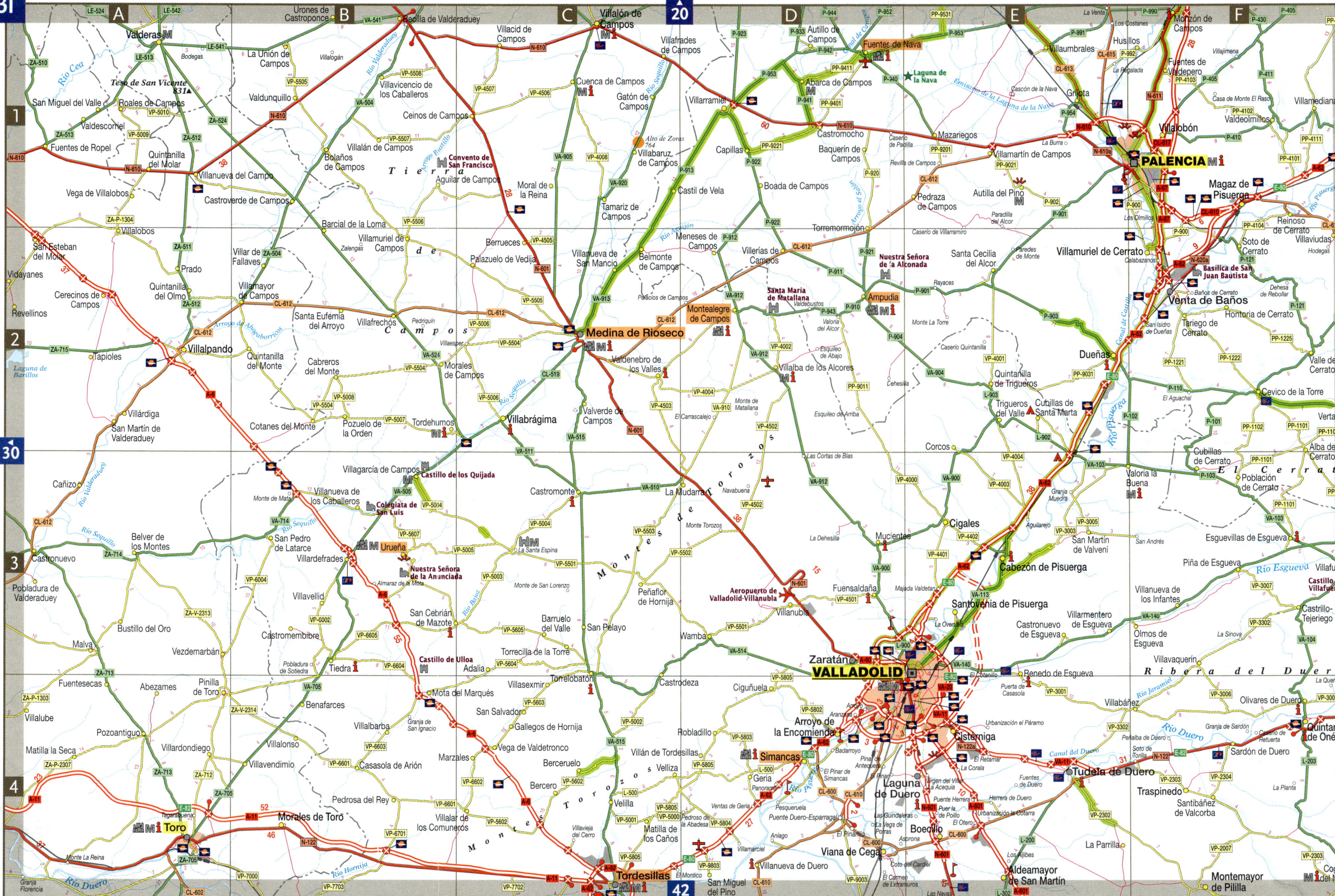
20
42
30
A
B
C
D
E
F
1
2
3
4
VALLADOLID
PALENCIA
Medina de Rioseco
Tordesillas
Toro
Simancas
Fuentes de Nava
Montealegre de Campos
Ampudia
Urueña
Villalón de Campos
Valderas
Villalpando
Morales de Toro
Laguna de Duero
Tudela de Duero
Cigales
Cabezón de Pisuerga
Santovenia de Pisuerga
Dueñas
Venta de Baños
Villamuriel de Cerrato
Magaz de Pisuerga
Monzón de Campos
Villabrágima
Castromonte
Mota del Marqués
Villardefrades
Zaratán
Arroyo de la Encomienda
Cistérniga
Boecillo
Viana de Cega
Aldeamayor de San Martín
Montemayor de Pililla
Quintanilla de Onésimo
Sardón de Duero
Traspinedo
Castroponce
Becilla de Valderaduey
Mazariegos
Villarramiel
Castromocho
Villalobón
Villaumbrales
Husillos
Grijota
Montes de Torozos
Tierra de Campos
Ribera del Duero
El Cerrato
Río Duero
Río Pisuerga
Río Esgueva
Río Sequillo
Río Cea
Río Valderaduey
Canal de Castilla
Aeropuerto de Valladolid-Villanubla
Castillo de los Quijada
Colegiata de San Luis
Nuestra Señora de la Anunciada
Castillo de Ulloa
Convento de San Francisco
Nuestra Señora de la Alconada
Santa María de Matallana
Basílica de San Juan Bautista
Castillo de Villafuerte
Laguna de la Nava
Teso de San Vicente 831
Alto de Zoras 764
N-601
N-610
N-620
N-122
A-6
A-62
A-11
CL-612
CL-610

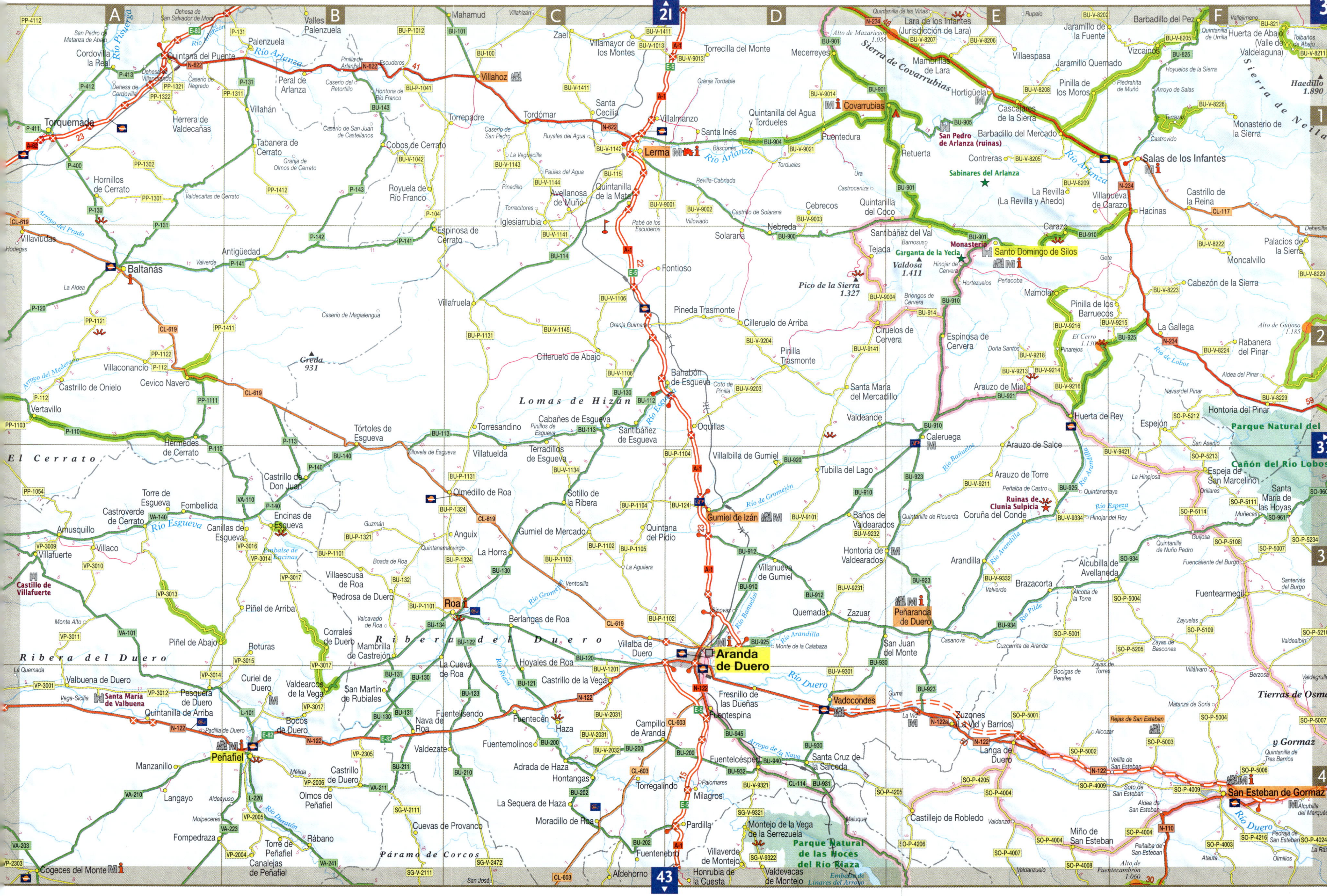
A
B
C
D
E
F
21
43
33
1
2
3
4
Aranda de Duero
Lerma
Roa
Peñafiel
Peñaranda de Duero
Gumiel de Izán
Santo Domingo de Silos
Covarrubias
Salas de los Infantes
San Esteban de Gormaz
Vadocondes
Baltanás
Torquemada
Villahoz
Quintana del Puente
Palenzuela
Tordómar
Santa Cecilia
Villalmanzo
Santa Inés
Puentedura
Retuerta
Contreras
Cebrecos
Nebreda
Solarana
Fontioso
Pineda Trasmonte
Cilleruelo de Arriba
Cilleruelo de Abajo
Villafruela
Bahabón de Esgueva
Pinilla Trasmonte
Santa María del Mercadillo
Huerta de Rey
Espejón
Caleruega
Arauzo de Miel
Arauzo de Salce
Arauzo de Torre
Coruña del Conde
Ruinas de Clunia Sulpicia
Baños de Valdearados
Quintana del Pidio
Gumiel de Mercado
Villanueva de Gumiel
Quemada
Zazuar
Berlangas de Roa
Hoyales de Roa
Castrillo de la Vega
Fresnillo de las Dueñas
Fuentespina
Campillo de Aranda
Fuentelcésped
Santa Cruz de la Salceda
Milagros
Torregalindo
Pardilla
Fuentenebro
Aldehorno
Moradillo de Roa
La Sequera de Haza
Hontangas
Adrada de Haza
Fuentemolinos
Haza
Fuentecén
Nava de Roa
Valdezate
Castrillo de Duero
Olmos de Peñafiel
Cuevas de Provanco
Rábano
Torre de Peñafiel
Canalejas de Peñafiel
Fompedraza
Langayo
Manzanillo
Bocos de Duero
Quintanilla de Arriba
Pesquera de Duero
Curiel de Duero
Valbuena de Duero
Santa María de Valbuena
Valdearcos de la Vega
San Martín de Rubiales
La Cueva de Roa
Mambrilla de Castrejón
Corrales de Duero
Roturas
Piñel de Abajo
Piñel de Arriba
Pedrosa de Duero
Villaescusa de Roa
La Horra
Anguix
Olmedillo de Roa
Sotillo de la Ribera
Terradillos de Esgueva
Villatuelda
Tórtoles de Esgueva
Torresandino
Cabañes de Esgueva
Santibáñez de Esgueva
Oquillas
Villalbilla de Gumiel
Tubilla del Lago
Encinas de Esgueva
Canillas de Esgueva
Castrillo de Don Juan
Fombellida
Torre de Esgueva
Castroverde de Cerrato
Amusquillo
Villaco
Villafuerte
Castillo de Villafuerte
Hérmedes de Cerrato
Vertavillo
Castrillo de Onielo
Cevico Navero
Villaconancio
Antigüedad
Villaviudas
Espinosa de Cerrato
Iglesiarrubia
Quintanilla de la Mata
Avellanosa de Muñó
Royuela de Río Franco
Cobos de Cerrato
Tabanera de Cerrato
Hornillos de Cerrato
Villahán
Herrera de Valdecañas
Peral de Arlanza
Cordovilla la Real
Torrecilla del Monte
Villamayor de los Montes
Zael
Mecerreyes
Mambrillas de Lara
Hortigüela
Cascajares de la Sierra
Barbadillo del Mercado
San Pedro de Arlanza (ruinas)
Sabinares del Arlanza
La Revilla (La Revilla y Ahedo)
Villanueva de Carazo
Hacinas
Carazo
Castrillo de la Reina
Quintanilla del Coco
Santibáñez del Val
Tejada
Monasterio
Garganta de la Yecla
Valdosa 1.411
Pico de la Sierra 1.327
Ciruelos de Cervera
Espinosa de Cervera
Mamolar
Pinilla de los Barruecos
La Gallega
Rabanera del Pinar
Cabezón de la Sierra
Moncalvillo
Palacios de la Sierra
Monasterio de la Sierra
Vizcaínos
Jaramillo de la Fuente
Jaramillo Quemado
Villaespasa
Pinilla de los Moros
Barbadillo del Pez
Huerta de Abajo (Valle de Valdelaguna)
Lara de los Infantes (Jurisdicción de Lara)
Haedillo 1.890
Sierra de Neila
Sierra de Covarrubias
Hontoria del Pinar
Parque Natural del Cañón del Río Lobos
Espeja de San Marcelino
Santa María de las Hoyas
Fuentearmegil
Alcubilla de Avellaneda
Brazacorta
Arandilla
Hontoria de Valdearados
San Juan del Monte
Langa de Duero
Zuzones
(La Vid y Barrios)
Castillejo de Robledo
Miño de San Esteban
Montejo de la Vega de la Serrezuela
Villaverde de Montejo
Honrubia de la Cuesta
Valdevacas de Montejo
Parque Natural de las Hoces del Río Riaza
Tierras de Osma
y Gormaz
Lomas de Hizán
El Cerrato
Ribera del Duero
Páramo de Corcos
Greda 931
Río Duero
Río Arlanza
Río Esgueva
Río Riaza
Río Pisuerga
Río Arandilla
Río Gromejón
Río Bañuelos
Río Pilde
Río Lobos
Río Espeza
Río Duratón
Arroyo del Prado
Arroyo de la Nava
Arroyo del Madero
Embalse de Encinas
N-122
N-622
N-234
A-1
A-62
E-5
CL-619
CL-603
BU-901
BU-910
BU-900
BU-904
BU-905
BU-925
BU-930
BU-945
BU-130
BU-113
BU-114
BU-140
BU-120
BU-121
BU-122
BU-123
BU-124
BU-910
BU-912
BU-923
BU-934
P-141
P-142
P-140
P-131
P-130
P-110
P-112
P-113
VA-101
VA-110
VA-140
VA-210
VA-211
VA-223
VA-241
SG-V-2111
SG-V-2472
SG-V-9321
SG-V-9322
SO-P-4004
SO-P-4008
SO-P-4009
SO-P-5001
SO-P-5004
SO-P-5005
SO-P-5002
SO-P-5003
SO-P-5006
SO-P-5007

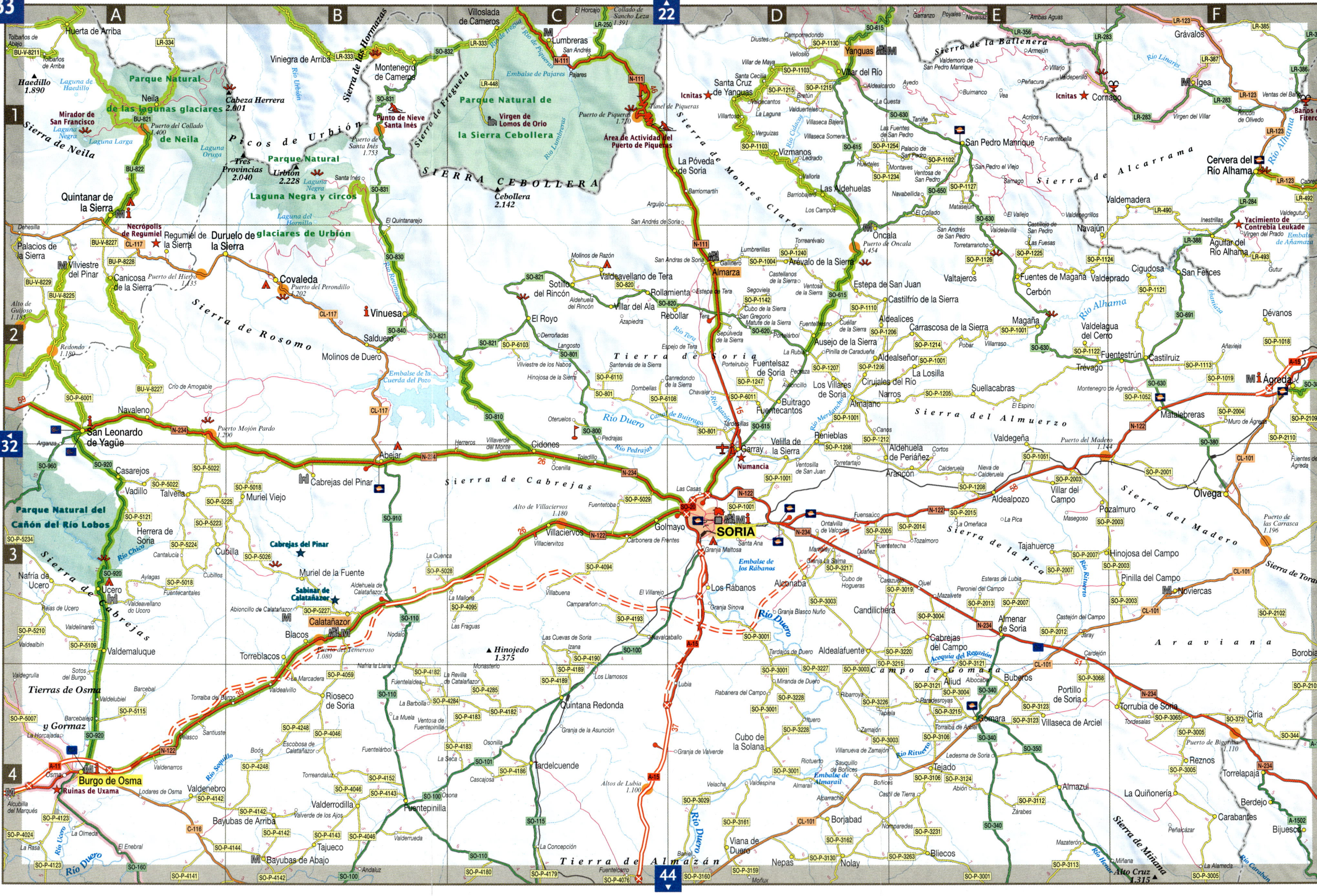
22
44
32
A
B
C
D
E
F
1
2
3
4
SORIA
Burgo de Osma
Ruinas de Uxama
San Leonardo de Yagüe
Calatañazor
Almazán
Almarza
Garray
Numancia
Golmayo
Villaciervos
Cidones
Abejar
Cabrejas del Pinar
Muriel Viejo
Muriel de la Fuente
Vinuesa
Covaleda
Duruelo de la Sierra
Quintanar de la Sierra
Salduero
Molinos de Duero
Navaleno
Ucero
Nafría de Ucero
Herrera de Soria
Casarejos
Vadillo
Talveila
Cubilla
Blacos
Torreblacos
Rioseco de Soria
Quintana Redonda
Tardelcuende
Fuentepinilla
Valderrodilla
Bayubas de Arriba
Bayubas de Abajo
Tajueco
Valdenebro
Valdemaluque
Ágreda
Ólvega
Matalebreras
Trévago
Castilruiz
Fuentestrún
Noviercas
Hinojosa del Campo
Pinilla del Campo
Almenar de Soria
Tajahuerce
Aldealpozo
Villar del Campo
Pozalmuro
Borobia
Ciria
Reznos
Torrelapaja
Berdejo
Carabantes
Bijuesca
La Quiñonería
Almazul
Gómara
Villaseca de Arciel
Torrubia de Soria
Portillo de Soria
Buberos
Aliud
Cabrejas del Campo
Aldealafuente
Candilichera
Alconaba
Los Rábanos
Cubo de la Solana
Tejado
Borjabad
Viana de Duero
Nepas
Nolay
Bliecos
Yanguas
Villar del Río
Santa Cruz de Yanguas
Vizmanos
Las Aldehuelas
San Pedro Manrique
Oncala
Arévalo de la Sierra
Estepa de San Juan
Castilfrío de la Sierra
Valtajeros
Fuentes de Magaña
Cerbón
Magaña
Carrascosa de la Sierra
Aldealices
Ausejo de la Sierra
Aldealseñor
La Losilla
Cirujales del Río
Suellacabras
Narros
Almajano
Los Villares de Soria
Fuentelsaz de Soria
Buitrago
Fuentecantos
Renieblas
Velilla de la Sierra
Aldehuela de Periáñez
Arancón
Valdegeña
Rebollar
Rollamienta
Villar del Ala
Valdeavellano de Tera
Sotillo del Rincón
El Royo
La Póveda de Soria
Lumbreras
Villoslada de Cameros
Montenegro de Cameros
Viniegra de Arriba
Huerta de Arriba
Neila
Palacios de la Sierra
Vilviestre del Pinar
Canicosa de la Sierra
Regumiel de la Sierra
Necrópolis de Regumiel
Cervera del Río Alhama
Aguilar del Río Alhama
Cigudosa
San Felices
Valdeprado
Valdelagua del Cerro
Dévanos
Navajún
Valdemadera
Igea
Cornago
Grávalos
Baños de Fitero
Yacimiento de Contrebia Leukade
Icnitas
Parque Natural de la Sierra Cebollera
Virgen de Lomos de Orio
Área de Actividad del Puerto de Piqueras
Parque Natural del Cañón del Río Lobos
Parque Natural de las lagunas glaciares de Neila
Parque Natural Laguna Negra y circos glaciares de Urbión
Sabinar de Calatañazor
Cabrejas del Pinar
Mirador de San Francisco
Punto de Nieve Santa Inés
Sierra Cebollera
Cebollera 2.142
Picos de Urbión
Urbión 2.228
Tres Provincias 2.040
Cabeza Herrera 2.001
Haedillo 1.890
Sierra de Neila
Sierra de Rosomo
Sierra de Cabrejas
Tierra de Soria
Tierra de Almazán
Tierras de Osma
y Gormaz
Hinojedo 1.375
Sierra del Almuerzo
Sierra del Madero
Sierra de la Pica
Sierra de Toranzo
Aravíana
Campo de Gómara
Sierra de Alcarrama
Sierra de la Ballenera
Sierra de Montes Claros
Sierra de las Hormazas
Sierra de Fréguela
Sierra de Miñana
Alto Cruz 1.315
Río Duero
Río Alhama
Río Ucero
Embalse de la Cuerda del Pozo
Embalse de los Rábanos
Embalse de Pajares
N-122
N-234
N-111
A-15
A-11
CL-101
CL-117
SO-920
SO-615
SO-630

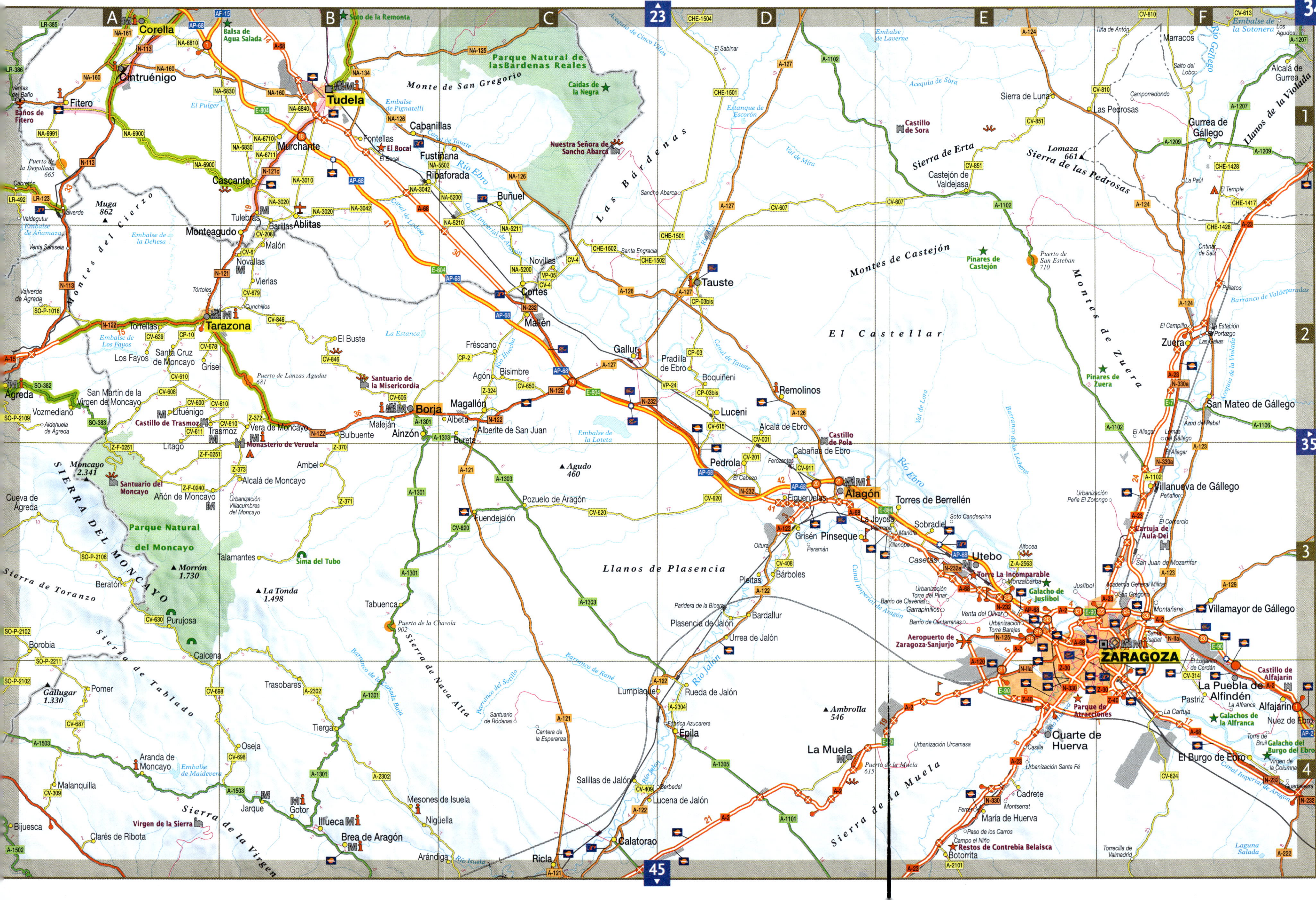
23
45
35
A
B
C
D
E
F
1
2
3
4
Corella
Cintruénigo
Fitero
Tudela
Cabanillas
Fontellas
Fustiñana
Ribaforada
Buñuel
Murchante
Cascante
Tulebras
Barillas
Ablitas
Monteagudo
Malón
Novallas
Vierlas
Tarazona
Torrellas
Los Fayos
Santa Cruz de Moncayo
Grisel
El Buste
Agreda
Vozmediano
San Martín de la Virgen de Moncayo
Litago
Trasmoz
Vera de Moncayo
Borja
Maleján
Ainzón
Bulbuente
Albeta
Magallón
Alberite de San Juan
Bureta
Agón
Bisimbre
Fréscano
Mallén
Cortes
Novillas
Gallur
Pradilla de Ebro
Boquiñeni
Luceni
Remolinos
Alcalá de Ebro
Cabañas de Ebro
Pedrola
Figueruelas
Alagón
Torres de Berrellén
Sobradiel
Grisén
Pinseque
La Joyosa
Utebo
Casetas
Tauste
Zuera
San Mateo de Gállego
Villanueva de Gállego
Villamayor de Gállego
ZARAGOZA
La Puebla de Alfindén
Alfajarín
Pastriz
Nuez de Ebro
El Burgo de Ebro
Cuarte de Huerva
Cadrete
María de Huerva
Botorrita
La Muela
Épila
Lumpiaque
Rueda de Jalón
Urrea de Jalón
Plasencia de Jalón
Bardallur
Pleitas
Bárboles
Salillas de Jalón
Lucena de Jalón
Calatorao
Ricla
Arándiga
Brea de Aragón
Illueca
Mesones de Isuela
Nigüella
Gotor
Jarque
Tierga
Trasobares
Tabuenca
Fuendejalón
Pozuelo de Aragón
Talamantes
Beratón
Purujosa
Calcena
Borobia
Pomer
Oseja
Aranda de Moncayo
Malanquilla
Bijuesca
Clarés de Ribota
Alcalá de Moncayo
Añón de Moncayo
Ambel
Cueva de Agreda
Sierra de Luna
Las Pedrosas
Gurrea de Gállego
Alcalá de Gurrea
Marracos
Castejón de Valdejasa
Parque Natural de las Bárdenas Reales
Parque Natural del Moncayo
SIERRA DEL MONCAYO
Montes del Cierzo
Monte de San Gregorio
Las Bárdenas
Montes de Castejón
El Castellar
Montes de Zuera
Llanos de Plasencia
Sierra de Nava Alta
Sierra de la Muela
Sierra de Erta
Sierra de las Pedrosas
Sierra de Tablado
Sierra de la Virgen
Sierra de Toranzo
Llanos de la Violada
Moncayo 2.341
Morrón 1.730
La Tonda 1.498
Agudo 460
Ambrolla 546
Muga 862
Gallugar 1.330
Lomaza 661
Aeropuerto de Zaragoza-Sanjurjo
Monasterio de Veruela
Santuario de la Misericordia
Santuario del Moncayo
Nuestra Señora de Sancho Abarca
Castillo de Sora
Castillo de Pola
Castillo de Trasmoz
Castillo de Alfajarín
Torre La Incomparable
Galacho de Juslibol
Galachos de la Alfranca
Galacho del Burgo del Ebro
Restos de Contrebia Belaiska
Cartuja de Aula-Dei
Parque de Atracciones
Pinares de Zuera
Pinares de Castejón
Caídas de la Negra
Balsa de Agua Salada
Sima del Tubo
Río Ebro
Río Jalón
Río Gállego

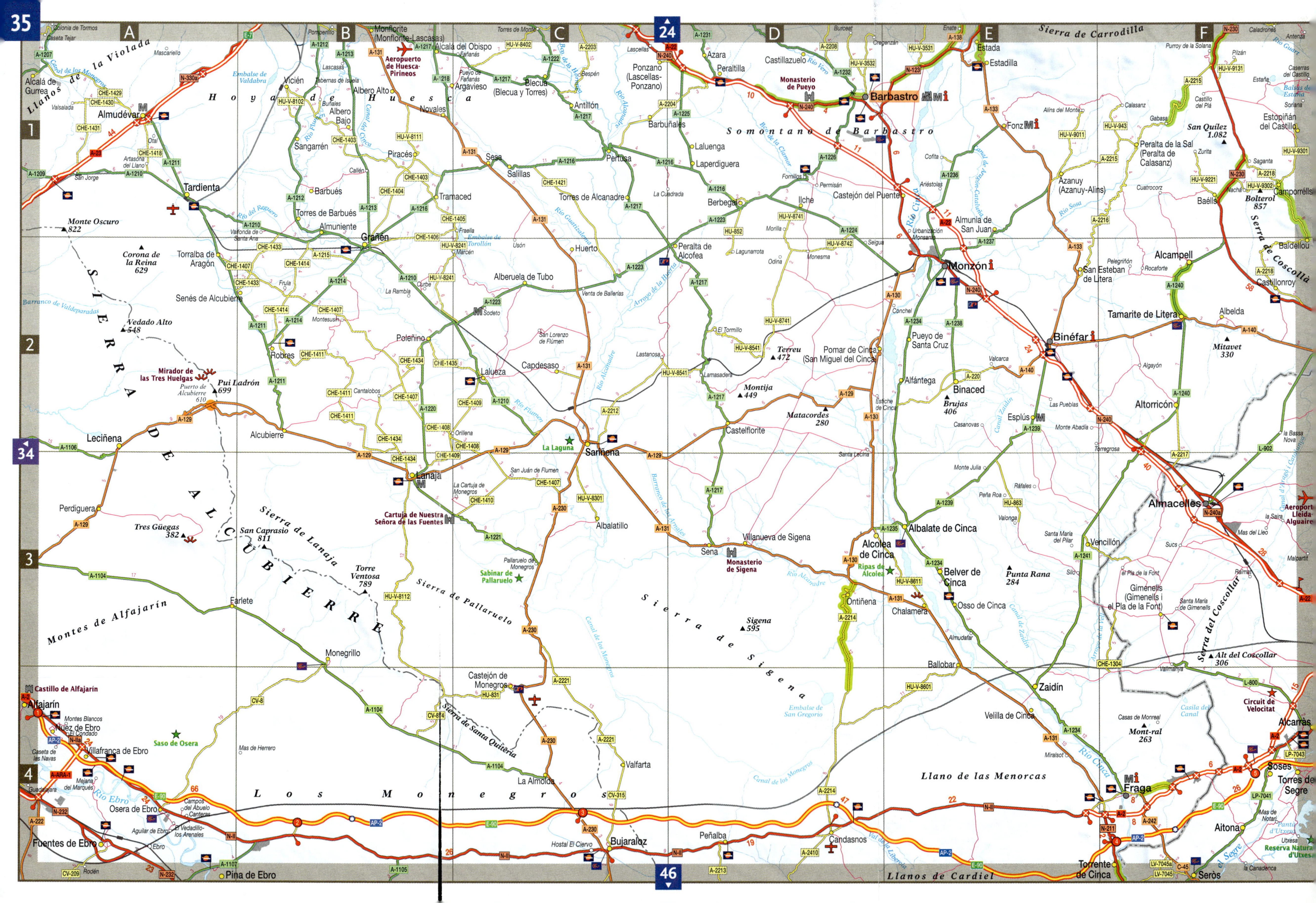
35
24
46
34
A
B
C
D
E
F
1
2
3
4
Llanos de la Violada
Hoya de Huesca
Somontano de Barbastro
Sierra de Carrodilla
Serra de Coscolla
Sierra de Alcubierre
Sierra de Lanaja
Sierra de Pallaruelo
Sierra de Sigena
Montes de Alfajarín
Los Monegros
Llano de las Menorcas
Llanos de Cardiel
Serra del Coscollar
Sierra de Santa Quiteria
Alcalá de Gurrea
Almudévar
Tardienta
Monte Oscuro 822
Corona de la Reina 629
Torralba de Aragón
Senés de Alcubierre
Vedado Alto 548
Mirador de las Tres Huelgas
Pui Ladrón 699
Puerto de Alcubierre 610
Leciñena
Alcubierre
Perdiguera
Tres Güegas 382
San Caprasio 811
Torre Ventosa 789
Farlete
Monegrillo
Castillo de Alfajarín
Alfajarín
Nuez de Ebro
Villafranca de Ebro
Saso de Osera
Osera de Ebro
Fuentes de Ebro
Pina de Ebro
Monflorite (Monflorite-Lascasas)
Aeropuerto de Huesca-Pirineos
Alcalá del Obispo
Vicién
Albero Alto
Albero Bajo
Novales
Sangarrén
Piracés
Barbués
Tramaced
Torres de Barbués
Almuniente
Grañén
Robres
Poleñino
Lalueza
Capdesaso
Lanaja
Cartuja de Nuestra Señora de las Fuentes
Sabinar de Pallaruelo
Castejón de Monegros
La Almolda
Bujaraloz
Peñalba
Candasnos
Argavieso
Blecua (Blecua y Torres)
Antillón
Sesa
Salillas
Pertusa
Torres de Alcanadre
Huerto
Alberuela de Tubo
Sariñena
La Laguna
Albalatillo
Valfarta
Azara
Peraltilla
Ponzano (Lascellas-Ponzano)
Barbuñales
Laluenga
Laperdiguera
Berbegal
Peralta de Alcofea
Castejón del Puente
Ilche
Terreu 472
Montija 449
Matacordes 280
Castelflorite
Villanueva de Sigena
Sena
Monasterio de Sigena
Sigena 595
Castillazuelo
Monasterio de Pueyo
Barbastro
Fonz
Almunia de San Juan
Monzón
Pueyo de Santa Cruz
Pomar de Cinca (San Miguel del Cinca)
Alfántega
Binaced
Brujas 406
Alcolea de Cinca
Ripas de Alcolea
Albalate de Cinca
Belver de Cinca
Osso de Cinca
Ontiñena
Chalamera
Ballobar
Punta Rana 284
Zaidín
Velilla de Cinca
Estada
Estadilla
Azanuy (Azanuy-Alins)
Peralta de la Sal (Peralta de Calasanz)
San Quílez 1.082
Estopiñán del Castillo
Camporrélls
Bolterol 857
Baells
Baldellou
Alcampell
San Esteban de Litera
Castillonroy
Tamarite de Litera
Albelda
Binéfar
Mitavet 330
Esplús
Altorricón
Almacelles
Aeropuert Lleida-Alguaire
Vencillón
Gimenells (Gimenells i el Pla de la Font)
Alt del Coscollar 306
Circuit de Velocitat
Mont-ral 263
Alcarràs
Soses
Torres de Segre
Fraga
Aitona
Reserva Natural d'Utxesa
Torrente de Cinca
Seròs
Río Ebro
Río Cinca
Río Flumen
Río Alcanadre
Embalse de San Gregorio
Canal de los Monegros
A-23
A-22
A-2
AP-2
E-90
N-II
N-240
N-230
A-129
A-131
A-130
A-230
A-1104
A-1210
A-1211
A-1216
A-1217
A-1223
A-1239
A-140
A-133

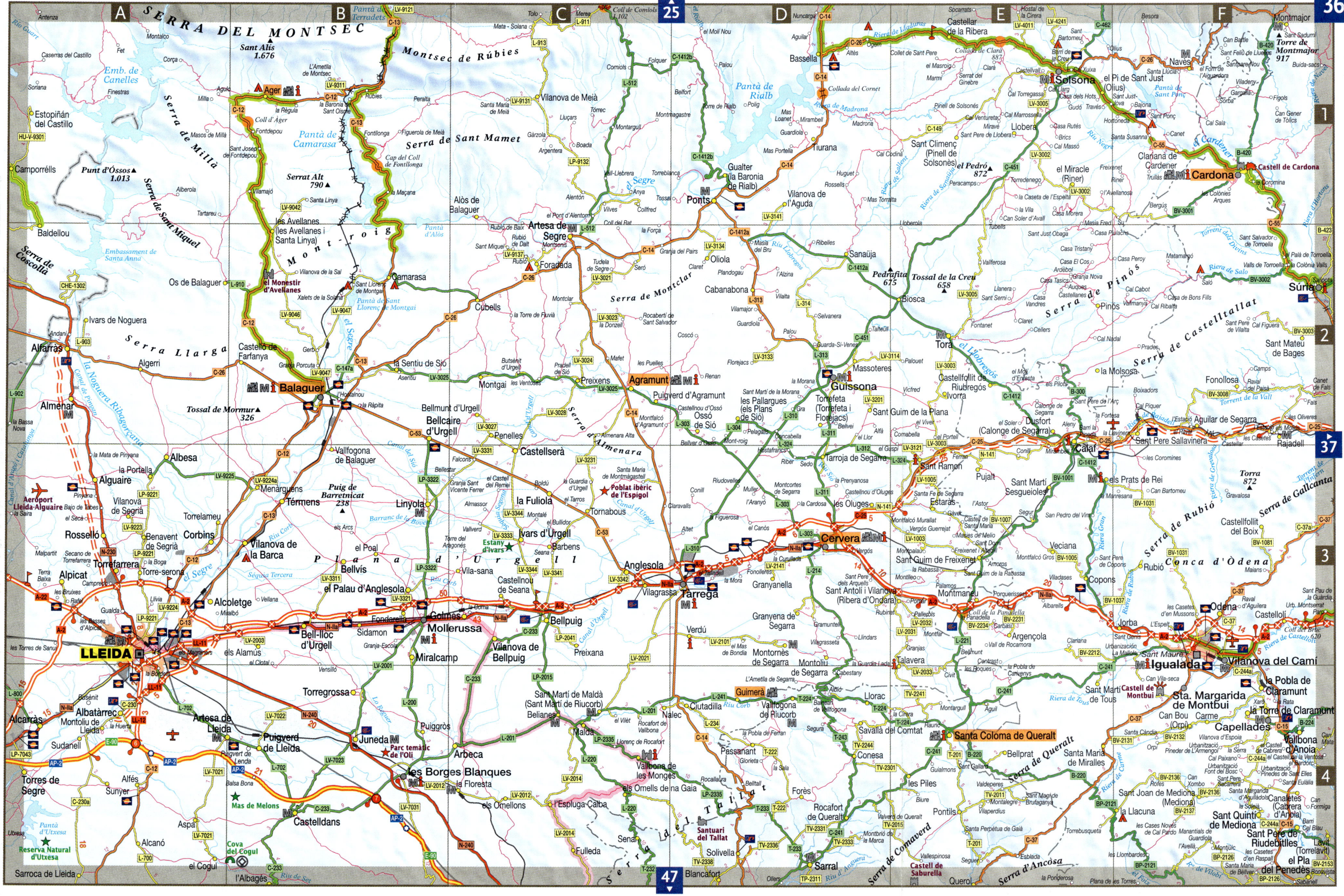
A
B
C
D
E
F
25
47
37
1
2
3
4
SERRA DEL MONTSEC
Montsec de Rúbies
Sant Alís 1.676
Ager
Serra de Millà
Pantà de Camarasa
Serra de Sant Mamet
Vilanova de Meià
Pantà de Rialb
Bassella
Castellar de la Ribera
Solsona
el Pi de Sant Just (Olius)
Navès
Torre de Montmajor 917
Montmajor
Estopiñán del Castillo
Emb. de Canelles
Camporrélls
Punt d'Óssos 1.013
Serrat Alt 790
les Avellanes (les Avellanes i Santa Linya)
Mont-roig
Serra de Sant Miquel
Baldellou
Alòs de Balaguer
Artesa de Segre
Ponts
Gualter (la Baronia de Rialb)
Vilanova de l'Aguda
Tiurana
Sant Climenç (Pinell de Solsonès)
el Pedró 872
el Miracle (Riner)
Clariana de Cardener
Cardona
Castell de Cardona
Serra de Coscolla
Os de Balaguer
el Monestir d'Avellanes
Camarasa
Foradada
Oliola
Cabanabona
Serra de Montclar
Sanaüja
Pedrafita 675
Tossal de la Creu 658
Biosca
Serra de Pinós
Pinós
Súria
Ivars de Noguera
Cubells
Serra Llarga
Alfarràs
Castelló de Farfanya
Algerri
la Sentiu de Sió
Tora
Serra de Castelltallat
Sant Mateu de Bages
Balaguer
Montgai
Preixens
Agramunt
Puigverd d'Agramunt
Guissona
Massoteres
Castellfollit de Riubregós
la Molsosa
Fonollosa
Almenar
Tossal de Mormur 326
Bellmunt d'Urgell
Bellcaire d'Urgell
Penelles
Ossó de Sió
Sant Guim de la Plana
Calaf
Aguilar de Segarra
Sant Pere Sallavinera
Rajadell
Albesa
Vallfogona de Balaguer
Castellserà
Serra d'Almenara
Tarroja de Segarra
Sant Ramon
Pujalt
Sant Martí Sesgueioles
els Prats de Rei
Torra 872
Alguaire
Menàrguens
Térmens
Puig de Barretnicat 238
Linyola
la Fuliola
Poblat ibèric de l'Espígol
Tornabous
les Oluges
Estaràs
Serra de Rubió
Serra de Gallcanta
Aeroport Lleida-Alguaire
Vilanova de Segrià
Torrelameu
Corbins
Rosselló
Benavent de Segrià
Vilanova de la Barca
Ivars d'Urgell
Barbens
Estany d'Ivars
el Poal
Plana d'Urgell
Cervera
Castellfollit del Boix
Veciana
Sant Guim de Freixenet
Conca d'Òdena
Rubió
Copons
Alpicat
Torrefarrera
Torre-serona
Bellvís
Vila-sana
Castellnou de Seana
Anglesola
Tàrrega
Granyanella
Sant Antolí i Vilanova (Ribera d'Ondara)
Montmaneu
Alcoletge
el Palau d'Anglesola
Golmés
Mollerussa
Bellpuig
Vilagrassa
Granyena de Segarra
Argençola
Jorba
Òdena
Castellolí
LLEIDA
els Alamús
Bell-lloc d'Urgell
Sidamon
Miralcamp
Vilanova de Bellpuig
Preixana
Verdú
Montornès de Segarra
Montoliu de Segarra
Talavera
Igualada
Vilanova del Camí
Torregrossa
Sant Martí de Maldà (Sant Martí de Riucorb)
Belianes
Guimerà
Ciutadilla
Vallfogona de Riucorb
Llorac
Sant Martí de Tous
Castell de Montbui
Sta. Margarida de Montbui
la Pobla de Claramunt
la Torre de Claramunt
Alcarràs
Albatàrrec
Montoliu de Lleida
Artesa de Lleida
Puigverd de Lleida
Juneda
Parc temàtic de l'Oli
Arbeca
Puiggròs
Maldà
Nalec
Savallà del Comtat
Santa Coloma de Queralt
Can Bou (Orpí)
Carme
Capellades
Vallbona d'Anoia
Sudanell
Torres de Segre
Alfés
Sunyer
Les Borges Blanques
la Floresta
Vallbona de les Monges
els Omells de na Gaia
Passanant
Conesa
Bellprat
Serra de Queralt
Santa Maria de Miralles
Mas de Melons
Castelldans
els Omellons
l'Espluga Calba
Serra del Tallat
Forès
les Piles
Rocafort de Queralt
Pontils
Sant Joan de Mediona (Mediona)
la Llacuna
Sant Quintí de Mediona
Canaletes (Cabrera d'Anoia)
Sant Pere de Riudebitlles
Reserva Natural d'Utxesa
Aspa
Alcanó
Cova del Cogul
el Cogul
Sarroca de Lleida
l'Albagés
Fulleda
Sena
Blancafort
Santuari del Tallat
Solivella
Sarral
Serra de Comaverd
Castell de Saburella
Querol
Serra d'Ancosa
el Pla del Penedès

26
48
36
A
B
C
D
E
F
1
2
3
4
MAR
MEDITERRÁNEO
GIRONA
BARCELONA
Manlleu
Prats de Lluçanès
Olost
Vic
Roda de Ter
Tavertet
Anglès
Bescanó
Vilablareix
Salt
Quart
Cassà de la Selva
Llagostera
Caldes de Malavella
Sant Hilari Sacalm
Santa Coloma de Farners
Riudarenes
Sils
Vidreres
Maçanet de la Selva
Hostalric
Breda
Tossa de Mar
Lloret de Mar
Blanes
Tordera
Palafolls
Malgrat de Mar
Pineda de Mar
Calella
Sant Pol de Mar
Canet de Mar
Arenys de Mar
Caldes d'Estrac
Mataró
Vilassar de Mar
Premià de Mar
el Masnou
Montgat
Badalona
Santa Coloma de Gramenet
Sant Adrià de Besòs
Manresa
Sallent
Súria
Navàs
Puig-reig
Artés
Calders
Moià
Centelles
Tona
Seva
Viladrau
Arbúcies
Sant Celoni
Cardedeu
Granollers
Llinars del Vallès
Mollet del Vallès
Sabadell
Terrassa
Rubí
Sant Cugat del Vallès
Cerdanyola del Vallès
Martorell
Sant Andreu de la Barca
Molins de Rei
Monistrol de Montserrat
Parc Natural del Montseny
Parc Natural de Montserrat
Parc Natural del Montnegre-Corredor
Parc Natural de Sant Llorenç del Munt i Serra de l'Obac

A
B
C
D
E
F
1
2
3
4
27
GIRONA
Salt
Bescanó
la Cellera de Ter
Anglès
Vilablareix
Quart
Fornells de la Selva
Llambilles
Aiguaviva
la Bisbal d'Empordà
Vulpellac (Forallac)
Sant Sadurní de l'Heura (Cruïlles, Monells i Sant Sadurní de l'Heura)
Torrent
Regencós
Palafrugell
Mont-ras
Vall-llobrega
les Gavarres
Puig d'Arques 530
Cassà de la Selva
Campllong
Riudellots de la Selva
Sant Andreu Salou
Vilobí d'Onyar
Brunyola
Girona-Costa Brava
Santa Coloma de Farners
Termes Orion
Calonge
Sant Joan de Palamós
Palamós
Platja de la Fosca
Badia de Palamós
Cap de Sant Sebastià
Jardí Botànic
Dolmen Cova d'en Daina
Llagostera
Caldes de Malavella
Sta. Cristina d'Aro
Platja d'Aro (Castell-Platja d'Aro)
Parque Acuático Aquadiver
Riudarenes
Sils
Vidreres
Sant Pere Cercada
Sant Feliu de Buixalleu
Maçanet de la Selva
Massanes
Reserva Natural d'Arbúcies-Hostalric
Circuit de la Selva
Hostalric
Puig Ventós 421
Massís de les Cadiretes
Puig de Cadiretes 518
Sant Feliu de Guíxols
Platja de Sa Conca
Platja de Sant Pol
Tossa de Mar
Cala de Giverola
Cap de Tossa
Cap de sa Boquera
Platja de Canyelles
Castell d'en Plaja
Lloret de Mar
Fogars de la Selva
Tordera
Parc de Montnegre-Corredor
Santa Maria de Montnegre
Jardí Botànic de Mar i Murtra
Blanes
Palafolls
Platja de Sabanell
Punta de la Tordera
Malgrat de Mar
Pineda de Mar
Santa Susanna
Sant Iscle de Vallalta
Sant Cebrià de Vallalta
Calella
Sant Pol de Mar
Canet de Mar
Roques Blanques
Cap de Begur
MAR
MEDITERRÁNEO

A
B
C
D
E
F
1
2
3
4
28
49
OCÉANO
ATLÁNTICO
Póvoa de Varzim
Vila do Conde
Capela de Nossa Senhora da Guia
Santo Tirso
Trofa
Felgueiras
Mondim de Basto
Celorico de Basto
Maia
Matosinhos
PORTO
Vila Nova de Gaia
Gondomar
Valongo
Paredes
Penafiel
Paços de Ferreira
Lousada
Amarante
Marco de Canaveses
Castelo de Paiva
Cinfães
Resende
Baião
Espinho
Santa Maria da Feira
São João da Madeira
Arouca
Vale de Cambra
Oliveira de Azeméis
Ovar
Castro Daire
Serra da Freita
Serra de Montemuro
Serra de Arada
Serra de Bigorne
Citânia de Sanfins
Ermida do Senhor da Pedra
Aeroporto F. Sá Carneiro
Castelo do Queijo
Foz do Douro
Rio Douro
Luzim
536

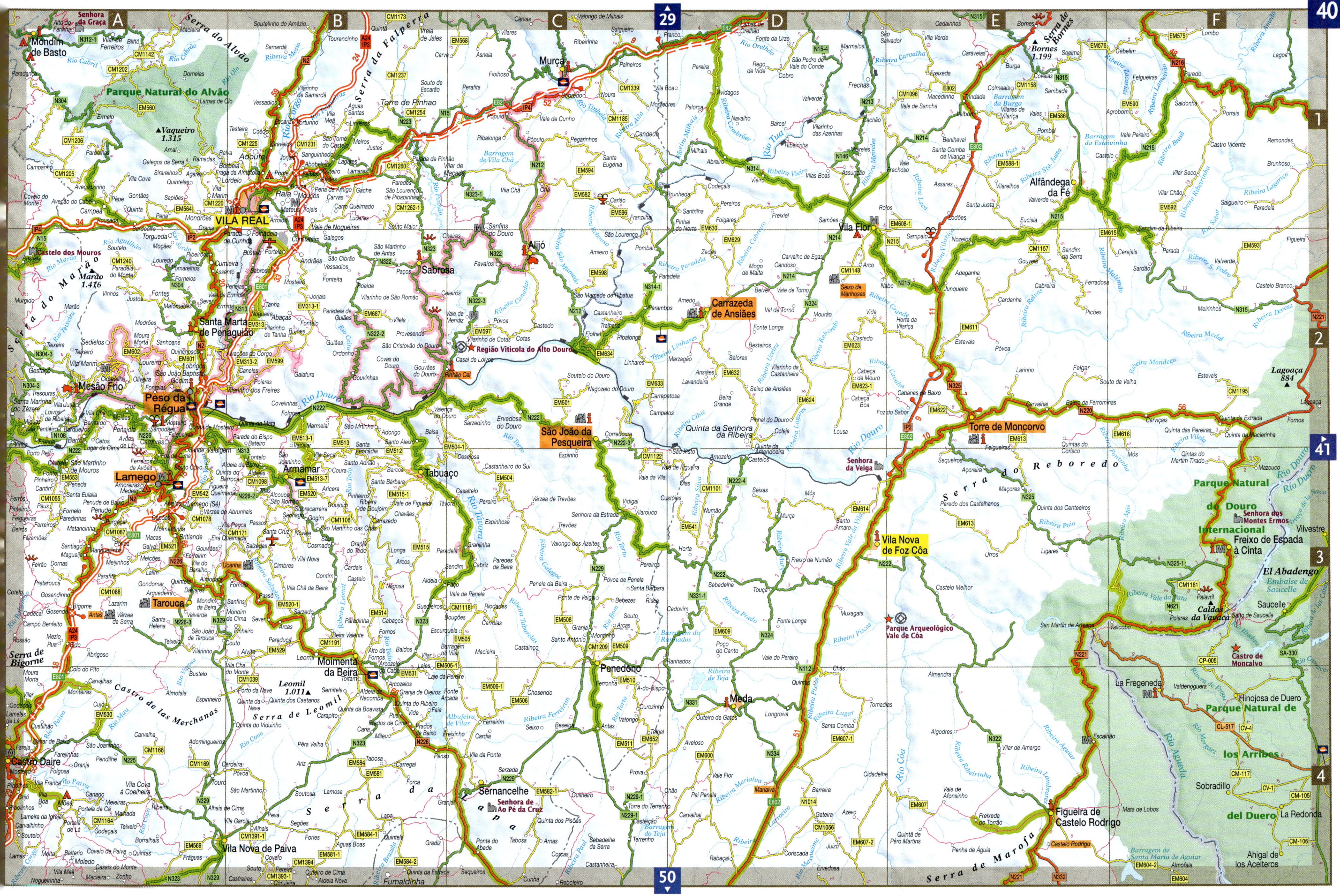

29
50
41
A
B
C
D
E
F
1
2
3
4
Vila Real
Peso da Régua
Lamego
Mesão Frio
Santa Marta de Penaguião
Armamar
Tarouca
Moimenta da Beira
Sernancelhe
Vila Nova de Paiva
Castro Daire
Mondim de Basto
Murça
Alijó
Sabrosa
Tabuaço
São João da Pesqueira
Carrazeda de Ansiães
Vila Flor
Alfândega da Fé
Torre de Moncorvo
Vila Nova de Foz Côa
Penedono
Meda
Figueira de Castelo Rodrigo
Freixo de Espada à Cinta
Parque Natural do Alvão
Parque Natural do Douro Internacional
Parque Natural de los Arribes del Duero
Região Vitícola do Alto Douro
Parque Arqueológico Vale de Côa
Serra do Marão
Serra de Leomil
Serra da Lapa
Serra do Reboredo
Serra de Marofa
Serra do Alvão
Serra da Falperra
Castro de las Merchanas
Rio Douro
Rio Tua
Rio Côa
Vaquerio 1.315
Marão 1.416
Leomil 1.011
Bornes 1.199
Lagoaça 884

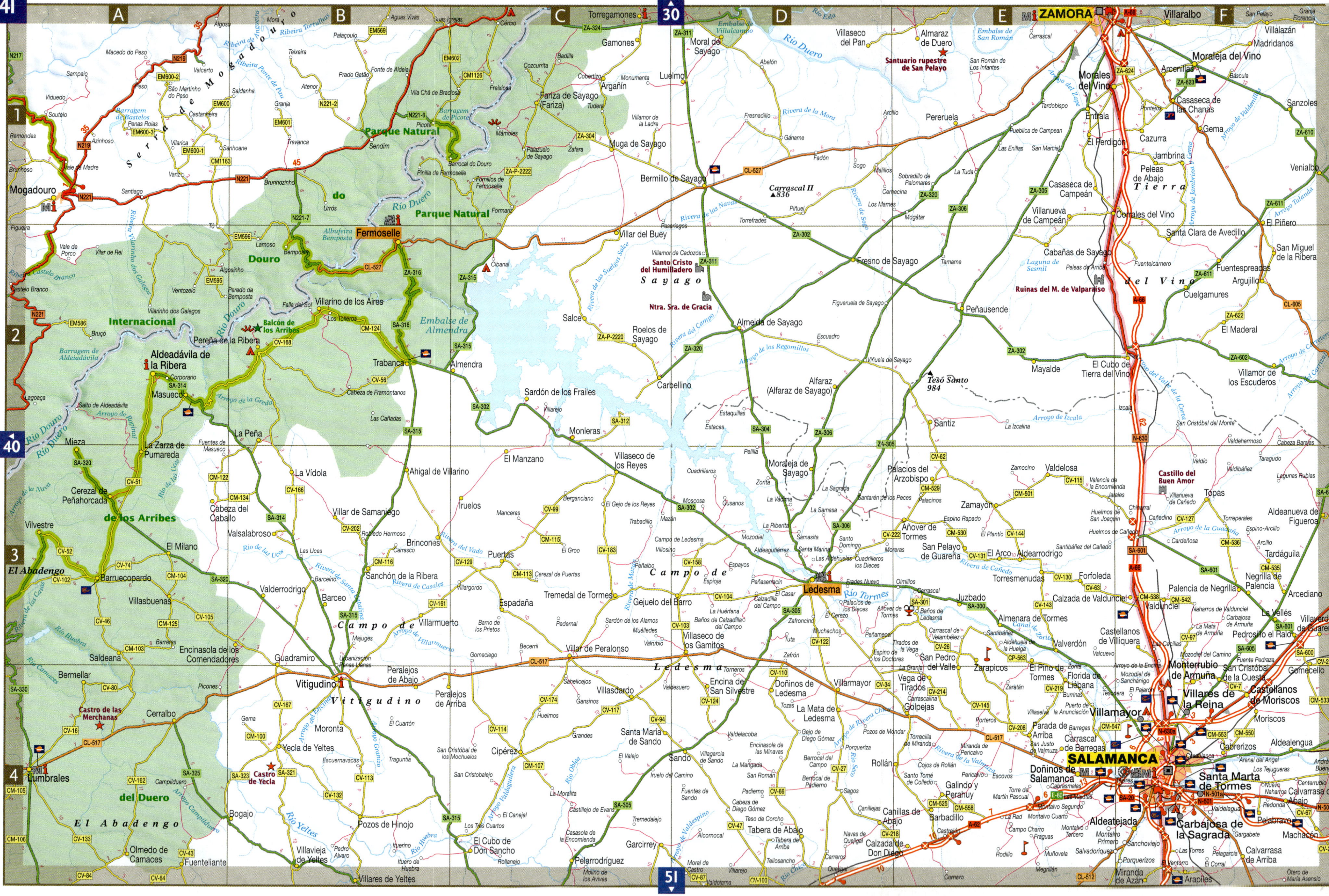
ZAMORA
SALAMANCA
Ledesma
Fermoselle
Vitigudino
Lumbrales
Mogadouro
Villaralbo
Moraleja del Vino
Morales del Vino
Arcenillas
Casaseca de las Chanas
Gema
Sanzoles
Entrala
El Perdigón
Cazurra
Jambrina
Peleas de Abajo
Casaseca de Campeán
Villanueva de Campeán
Corrales del Vino
Santa Clara de Avedillo
El Piñero
San Miguel de la Ribera
Fuentespreadas
Arguijillo
Cuelgamures
El Maderal
El Cubo de Tierra del Vino
Villamor de los Escuderos
Mayalde
Tierra del Vino
Ruinas del M. de Valparaíso
Cabañas de Sayago
Fresno de Sayago
Peñausende
Almeida de Sayago
Alfaraz (Alfaraz de Sayago)
Teso Santo 984
Santiz
Bermillo de Sayago
Carrascal II 836
Villar del Buey
Muga de Sayago
Fariza de Sayago (Fariza)
Argañín
Luelmo
Moral de Sayago
Gamones
Torregamones
Villaseco del Pan
Almaraz de Duero
Santuario rupestre de San Pelayo
Pereruela
Santo Cristo del Humilladero
Sayago
Ntra. Sra. de Gracia
Salce
Roelos de Sayago
Carbellino
Sardón de los Frailes
Monleras
Villaseco de los Reyes
Moraleja de Sayago
Palacios del Arzobispo
Zamayón
Añover de Tormes
San Pelayo de Guareña
El Arco
Aldearrodrigo
Torresmenudas
Forfoleda
Calzada de Valdunciel
Valdunciel
Castillo del Buen Amor
Topas
Valdelosa
Aldeanueva de Figueroa
Palencia de Negrilla
Negrilla de Palencia
Tardáguila
Arcediano
La Vellés
Villaverde de Guareña
Pedrosillo el Ralo
Castellanos de Villiquera
Almenara de Tormes
Valverdón
Juzbado
El Pino de Tormes
Florida de Liébana
Monterrubio de Armuña
San Cristóbal de la Cuesta
Castellanos de Moriscos
Gomecello
Villares de la Reina
Villamayor
Moriscos
Aldealengua
Cabrerizos
Santa Marta de Tormes
Carbajosa de la Sagrada
Calvarrasa de Abajo
Calvarrasa de Arriba
Machacón
Pelabravo
Doñinos de Salamanca
Aldeatejeda
Arapiles
Miranda de Azán
Parada de Arriba
Carrascal de Barregas
Zarapicos
San Pedro del Valle
Vega de Tirados
Golpejas
La Mata de Ledesma
Doñinos de Ledesma
Encina de San Silvestre
Villarmayor
Rollán
Galindo y Perahuy
Barbadillo
Canillas de Abajo
Calzada de Don Diego
Tabera de Abajo
Garcirrey
El Cubo de Don Sancho
Pelarrodríguez
Villares de Yeltes
Villavieja de Yeltes
Pozos de Hinojo
Bogajo
Castro de Yecla
Yecla de Yeltes
Moronta
Cerralbo
Castro de las Merchanas
Olmedo de Camaces
Fuenteliante
El Abadengo
del Duero
Bermellar
Saldeana
Encinasola de los Comendadores
Guadramiro
Peralejos de Abajo
Peralejos de Arriba
Villar de Peralonso
Villaseco de los Gamitos
Cipérez
Santa María de Sando
Sando
Villasdardo
Ledesma
Gejuelo del Barro
Tremedal de Tormes
Espadaña
Campo de Ledesma
Villarmuerto
Barceo
Valderrodrigo
Sanchón de la Ribera
Brinconés
Puertas
Iruelos
Villar de Samaniego
Ahigal de Villarino
El Manzano
La Vídola
Cabeza del Caballo
Valsalabroso
El Milano
Barruecopardo
Villasbuenas
Vilvestre
Cerezal de Peñahorcada
de los Arribes
Mieza
La Zarza de Pumareda
La Peña
Masueco
Aldeadávila de la Ribera
Pereña de la Ribera
Balcón de los Arribes
Trabanca
Almendra
Villarino de los Aires
Embalse de Almendra
Internacional
Douro
Parque Natural
Río Duero
Río Tormes
Río Yeltes
Serra de Mogadouro

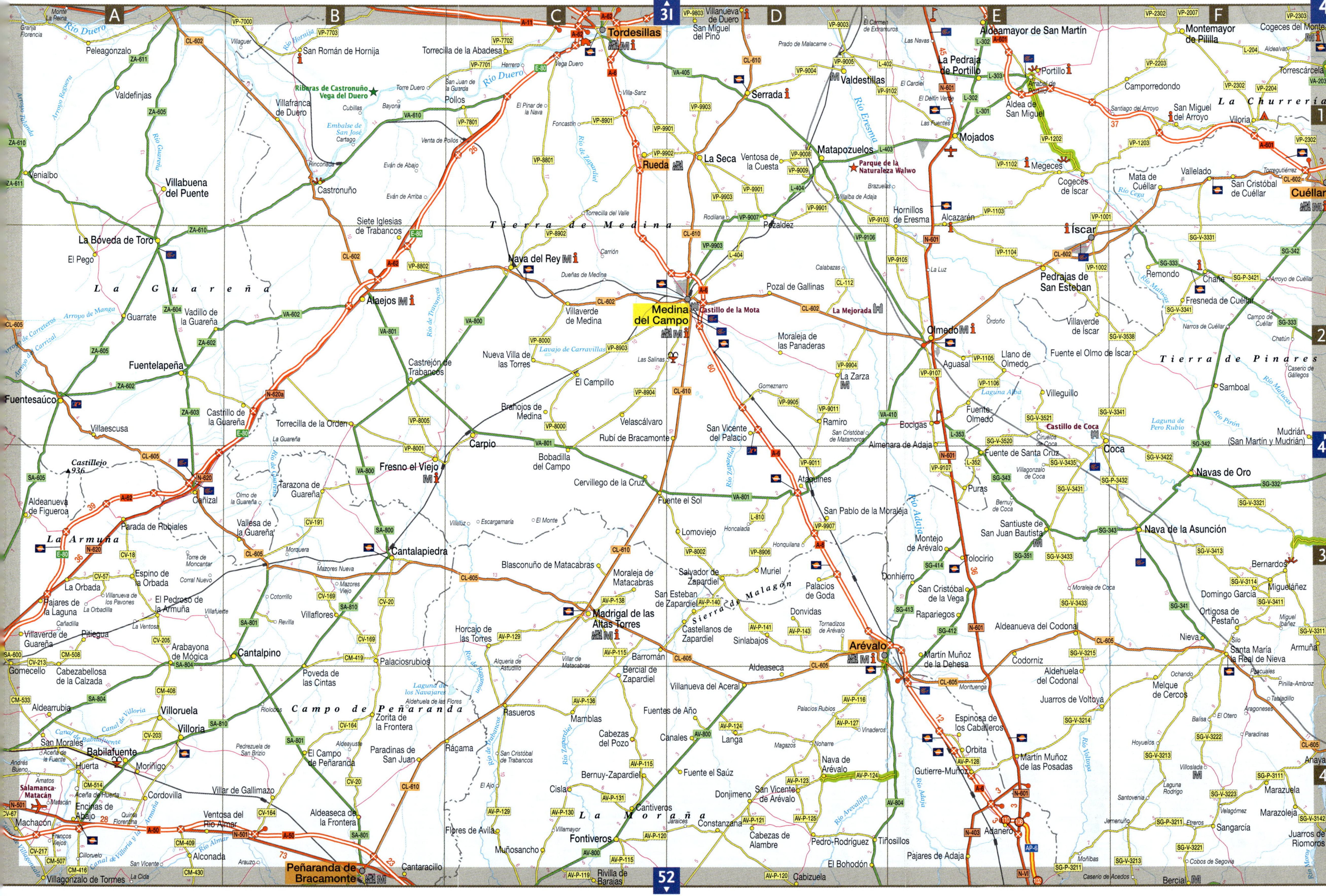
Tordesillas
Medina del Campo
Arévalo
Peñaranda de Bracamonte
Cuéllar
Íscar
Olmedo
Coca
Rueda
La Seca
Serrada
Mojados
Matapozuelos
Valdestillas
Alaejos
Nava del Rey
Madrigal de las Altas Torres
Cantalapiedra
Fuentesaúco
Fuentelapeña
Castronuño
Villafranca de Duero
Villabuena del Puente
Aldeamayor de San Martín
Montemayor de Pililla
Navas de Oro
Nava de la Asunción
Santa María la Real de Nieva
Carpio
Fresno el Viejo
Cantalpino
Babilafuente
Villoria
Pedrajas de San Esteban
Tierra de Medina
Tierra de Pinares
La Guareña
La Armuña
La Moraña
Campo de Peñaranda
La Churrería
Sierra de Malagón
Río Duero
Río Eresma
Río Adaja
Río Zapardiel
Castillo de la Mota
Castillo de Coca
Parque de la Naturaleza Walwo
Riberas de Castronuño Vega del Duero
A
B
C
D
E
F
1
2
3
4
31
43
52

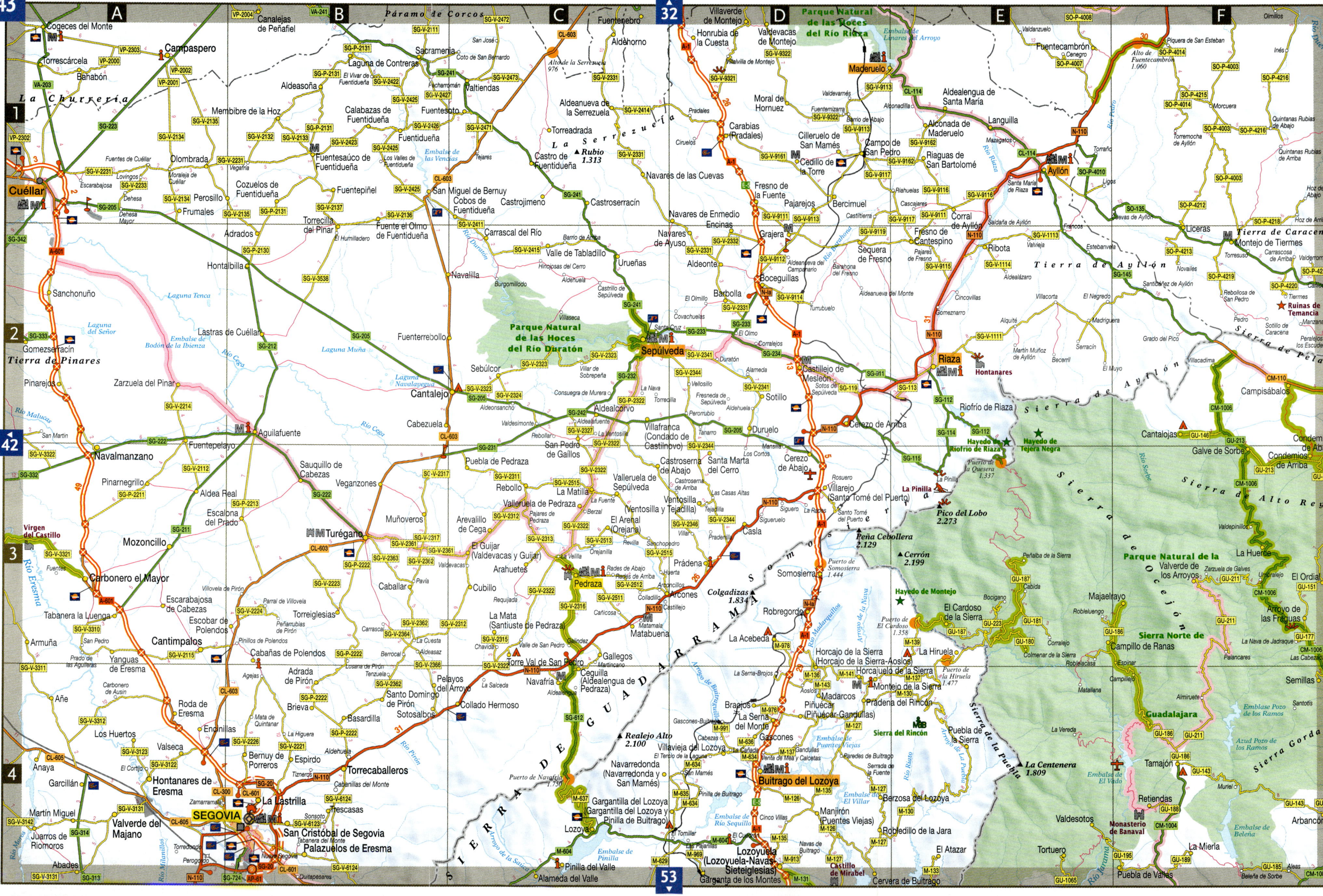
32
42
53
A
B
C
D
E
F
1
2
3
4
Páramo de Corcos
La Churrería
Tierra de Pinares
La Serrezuela
Sierra de Guadarrama
Somosierra
Sierra de Ayllón
Sierra de Pela
Sierra de Alto Rey
Sierra de Ocejón
Sierra de la Puebla
Sierra Gorda
Tierra de Ayllón
Tierra de Caracena
Parque Natural de las Hoces del Río Riaza
Parque Natural de las Hoces del Río Duratón
Parque Natural de la Sierra Norte de Guadalajara
Hayedo de Riofrío de Riaza
Hayedo de Tejera Negra
Hayedo de Montejo
Sierra del Rincón
Coceces del Monte
Canalejas de Peñafiel
Campaspero
Torrescárcela
Bahabón
Sacramenia
Laguna de Contreras
Aldeasoña
Valtiendas
Membibre de la Hoz
Calabazas de Fuentidueña
Fuentesoto
Fuentidueña
Fuentesaúco de Fuentidueña
Olombrada
Cuéllar
Perosillo
Frumales
Cozuelos de Fuentidueña
Fuentepiñel
San Miguel de Bernuy
Cobos de Fuentidueña
Castrojimeno
Torrecilla del Pinar
Fuente el Olmo de Fuentidueña
Adrados
Carrascal del Río
Hontalbilla
Valle de Tabladillo
Navalilla
Sanchonuño
Lastras de Cuéllar
Fuenterrebollo
Gomezserracín
Sebúlcor
Pinarejos
Zarzuela del Pinar
Cantalejo
Cabezuela
Aguilafuente
Fuentepelayo
Navalmanzano
Sauquillo de Cabezas
Veganzones
Pinarnegrillo
Aldea Real
Escalona del Prado
Muñoveros
Turégano
Mozoncillo
Carbonero el Mayor
Escarabajosa de Cabezas
Escobar de Polendos
Tabanera la Luenga
Armuña
Cantimpalos
Yanguas de Eresma
Cabañas de Polendos
Añe
Roda de Eresma
Encinillas
Los Huertos
Valseca
Anaya
Garcillán
Hontanares de Eresma
Martín Miguel
Valverde del Majano
Juarros de Riomoros
Abades
SEGOVIA
La Lastrilla
San Cristóbal de Segovia
Palazuelos de Eresma
Trescasas
Torrecaballeros
Espirdo
Bernuy de Porreros
Brieva
Basardilla
Santo Domingo de Pirón
Sotosalbos
Collado Hermoso
Adrada de Pirón
Pelayos del Arroyo
Navafría
Torre Val de San Pedro
Ceguilla (Aldealengua de Pedraza)
Gallegos
La Mata (Santiuste de Pedraza)
Matabuena
Arcones
Torreiglesias
Caballar
Cubillo
Arahuetes
El Guijar (Valdevacas y Guijar)
Arevalillo de Cega
Pedraza
Valleruela de Pedraza
Rebollo
La Matilla
Puebla de Pedraza
San Pedro de Gaillos
Valleruela de Sepúlveda
Ventosilla y Tejadilla
El Arenal (Orejana)
Prádena
Casla
Castroserna de Abajo
Santa Marta del Cerro
Villafranca (Condado de Castilnovo)
Aldealcorvo
Sepúlveda
Duruelo
Sotillo
Cerezo de Abajo
Cerezo de Arriba
Castillejo de Mesleón
Villarejo (Santo Tomé del Puerto)
Riaza
Riofrío de Riaza
Hontanares
Urueñas
Barbolla
Boceguillas
Aldeonte
Navares de Ayuso
Navares de Enmedio
Encinas
Navares de las Cuevas
Castroserracín
Grajera
Pajarejos
Bercimuel
Fresno de la Fuente
Cilleruelo de San Mamés
Cedillo de la Torre
Campo de San Pedro
Riaguas de San Bartolomé
Fresno de Cantespino
Corral de Ayllón
Sequera de Fresno
Ribota
Ayllón
Languilla
Alconada de Maderuelo
Aldealengua de Santa María
Maderuelo
Moral de Hornuez
Carabias (Pradales)
Villaverde de Montejo
Honrubia de la Cuesta
Valdevacas de Montejo
Fuentenebro
Aldehorno
Aldeanueva de la Serrezuela
Torreadrada
Castro de Fuentidueña
Rubio 1.313
Fuentecambrón
Liceras
Montejo de Tiermes
Ruinas de Termancia
Campisábalos
Cantalojas
Galve de Sorbe
Condemios de Abajo
Condemios de Arriba
La Huerce
Valverde de los Arroyos
El Ordial
Arroyo de las Fraguas
Majaelrayo
El Cardoso de la Sierra
Campillo de Ranas
Semillas
Guadalajara
Tamajón
Retiendas
Valdesotos
Monasterio de Bonaval
Tortuero
La Mierla
Puebla de Valles
Arbancón
Pico del Lobo 2.273
Peña Cebollera 2.129
Cerrón 2.199
Colgadizas 1.834
Realejo Alto 2.100
La Centenera 1.809
La Pinilla
Somosierra
Robregordo
La Acebeda
Horcajo de la Sierra (Horcajo de la Sierra-Aoslos)
Horcajuelo de la Sierra
Montejo de la Sierra
La Hiruela
Prádena del Rincón
Madarcos
Piñuécar (Piñuécar-Gandullas)
Braojos
La Serna del Monte
Gascones
Villavieja del Lozoya
Buitrago del Lozoya
Puebla de la Sierra
Navarredonda (Navarredonda y San Mamés)
Gargantilla del Lozoya (Gargantilla del Lozoya y Pinilla de Buitrago)
Lozoya
Pinilla del Valle
Alameda del Valle
Lozoyuela (Lozoyuela-Navas-Sieteiglesias)
Garganta de los Montes
Manjirón (Puentes Viejas)
Berzosa del Lozoya
Robledillo de la Jara
El Atazar
Cervera de Buitrago
Castillo de Mirabel
Virgen del Castillo

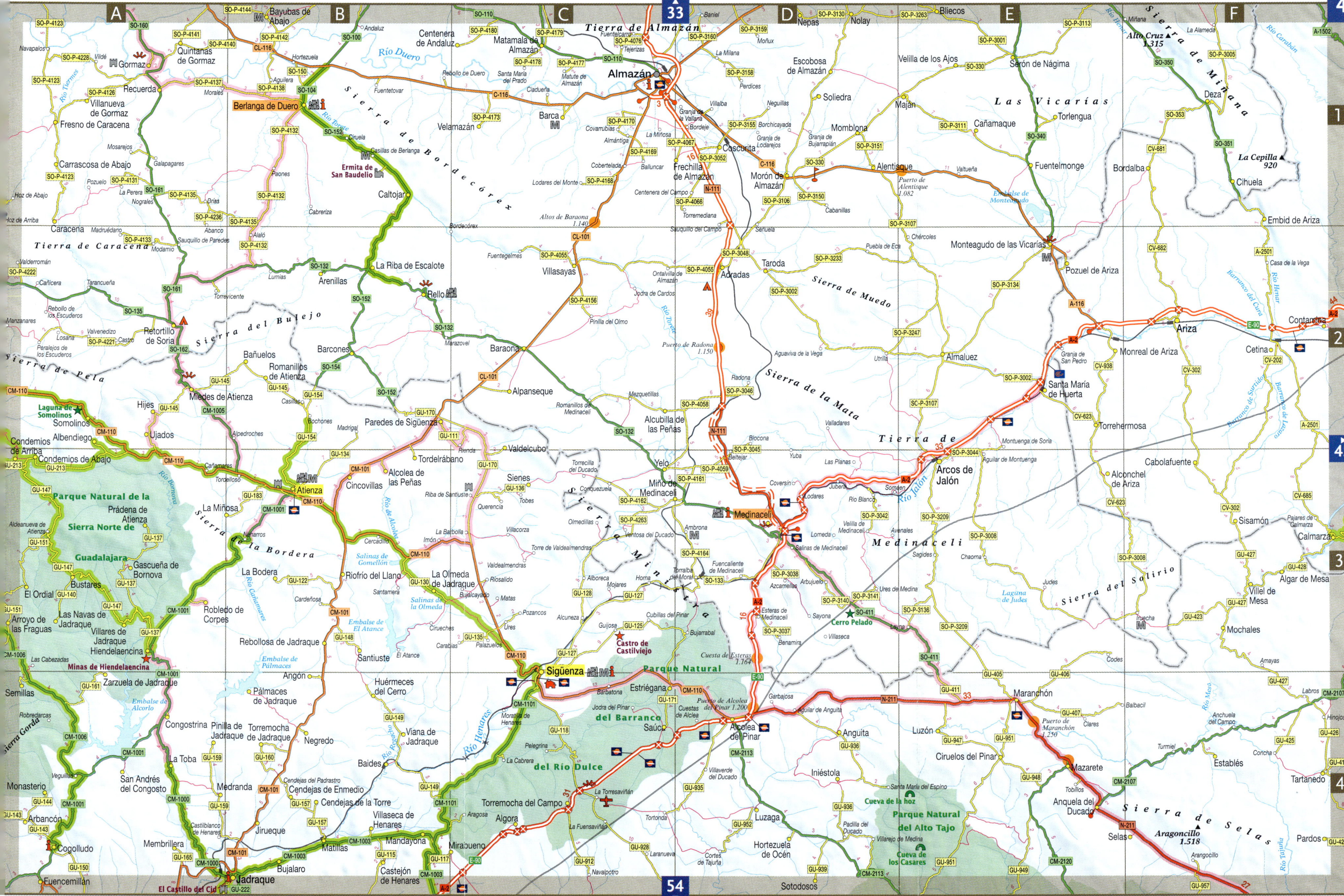

33
54
45
A
B
C
D
E
F
1
2
3
4
Tierra de Almazán
Almazán
Berlanga de Duero
Bayubas de Abajo
Quintanas de Gormaz
Gormaz
Recuerda
Villanueva de Gormaz
Fresno de Caracena
Carrascosa de Abajo
Caracena
Tierra de Caracena
Río Duero
Centenera de Andaluz
Matamala de Almazán
Velamazán
Barca
Sierra de Bordecórex
Ermita de San Baudelio
Caltojar
Altos de Baraona 1.140
Escobosa de Almazán
Soliedra
Velilla de los Ajos
Serón de Nágima
Nepas
Nolay
Bliecos
Las Vicarías
Torlengua
Majan
Momblona
Cañamaque
Cascurita
Frechilla de Almazán
Morón de Almazán
Alentisque
Puerto de Alentisque 1.082
Fuentelmonge
Bordalba
Deza
Sierra de Miñana
Alto Cruz 1.315
La Cepilla 920
Cihuela
Embid de Ariza
Monteagudo de las Vicarías
Pozuel de Ariza
Taroda
Adradas
Sierra de Muedo
Villasayas
La Riba de Escalote
Arenillas
Rello
Retortillo de Soria
Sierra del Bulejo
Sierra de Pela
Bañuelos
Romanillos de Atienza
Barcones
Baraona
Puerto de Radona 1.150
Almaluez
Ariza
Contamina
Cetina
Monreal de Ariza
Santa María de Huerta
Sierra de la Mata
Alpanseque
Miedes de Atienza
Hijes
Laguna de Somolinos
Somolinos
Albendiego
Ujados
Condemios de Arriba
Condemios de Abajo
Paredes de Sigüenza
Tordelrábano
Valdelcubo
Alcubilla de las Peñas
Tierra de
Torrehermosa
Cabolafuente
Alconchel de Ariza
Arcos de Jalón
Río Jalón
Atienza
Cincovillas
Alcolea de las Peñas
Sienes
Yelo
Miño de Medinaceli
Medinaceli
Parque Natural de la Sierra Norte de Guadalajara
Prádena de Atienza
La Miñosa
Sierra de la Bordera
Sierra Ministra
Medinaceli
Sisamón
Calmarza
Gascueña de Bornova
Bustares
El Ordial
La Bodera
Riofrío del Llano
La Olmeda de Jadraque
Sierra del Solirio
Villel de Mesa
Algar de Mesa
Las Navas de Jadraque
Arroyo de las Fraguas
Robledo de Corpes
Villares de Jadraque
Hiendelaencina
Minas de Hiendelaencina
Rebollosa de Jadraque
Santiuste
Castro de Castilviejo
Cerro Pelado
Mochales
Sigüenza
Parque Natural del Barranco del Río Dulce
Angón
Huérmeces del Cerro
Estriégana
Zarzuela de Jadraque
Semillas
Pálmaces de Jadraque
Congostrina
Pinilla de Jadraque
Torremocha de Jadraque
Negredo
Viana de Jadraque
Saúca
Alcolea del Pinar
Anguita
Luzón
Maranchón
Puerto de Maranchón 1.250
Ciruelos del Pinar
Iniéstola
Mazarete
Establés
Tartanedo
Anquela del Ducado
Sierra de Selas
Aragoncillo 1.518
Selas
Pardos
Río Henares
Baides
La Toba
San Andrés del Congosto
Medranda
Cendejas de Enmedio
Cendejas de la Torre
Torremocha del Campo
Algora
Villaseca de Henares
Mandayona
Matillas
Jirueque
Membrillera
Monasterio
Arbancón
Cogolludo
Jadraque
Bujalaro
El Castillo del Cid
Fuencemillán
Castejón de Henares
Mirabueno
Hortezuela de Océn
Luzaga
Sotodosos
Parque Natural del Alto Tajo
Cueva de la hoz
Cueva de los Casares

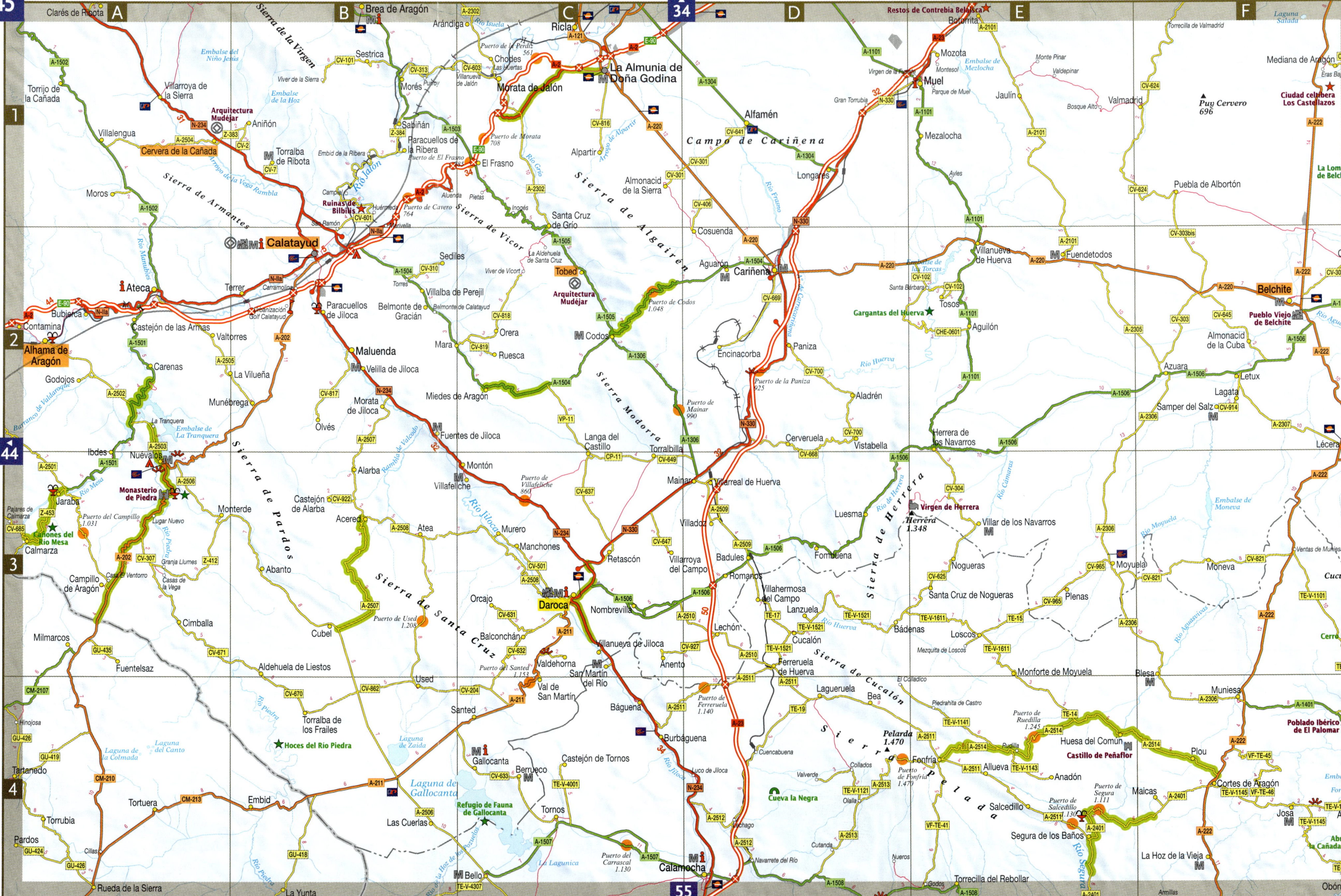

Calatayud
La Almunia de Doña Godina
Morata de Jalón
Ricla
Brea de Aragón
Arándiga
Sestrica
Clarés de Ribota
Torrijo de la Cañada
Villarroya de la Sierra
Villalengua
Cervera de la Cañada
Aniñón
Torralba de Ribota
Moros
Ateca
Bubierca
Contamina
Alhama de Aragón
Castejón de las Armas
Valtorres
Terrer
Paracuellos de Jiloca
Belmonte de Gracián
Maluenda
Velilla de Jiloca
Morata de Jiloca
Fuentes de Jiloca
Montón
Villafeliche
Daroca
Calamocha
Cariñena
Alfamén
Longares
Muel
Mozota
Botorrita
Mezalocha
Jaulín
Valmadrid
Belchite
Fuendetodos
Villanueva de Huerva
Tosos
Aguilón
Azuara
Letux
Lagata
Samper del Salz
Lécera
Moneva
Moyuela
Plenas
Blesa
Muniesa
Huesa del Común
Plou
Cortes de Aragón
Maicas
Segura de los Baños
Salcedillo
La Hoz de la Vieja
Josa
Alcaine
Obón
Fonfría
Allueva
Anadón
Torrecilla del Rebollar
Badenas
Loscos
Monforte de Moyuela
Santa Cruz de Nogueras
Nogueras
Villar de los Navarros
Herrera de los Navarros
Luesma
Fombuena
Badules
Villarroya del Campo
Villadoz
Mainar
Villarreal de Huerva
Cerveruela
Vistabella
Aladrén
Paniza
Encinacorba
Aguarón
Cosuenda
Almonacid de la Sierra
Alpartir
El Frasno
Codos
Tobed
Santa Cruz de Grío
Sediles
Villalba de Perejil
Orera
Ruesca
Mara
Miedes de Aragón
Langa del Castillo
Torralbilla
Retascón
Nombrevilla
Romanos
Villahermosa del Campo
Lanzuela
Cucalón
Lechón
Anento
Ferreruela de Huerva
Lagueruela
Bea
Villanueva de Jiloca
Báguena
Burbáguena
Valdehorna
San Martín del Río
Val de San Martín
Balconchán
Orcajo
Manchones
Murero
Atea
Acered
Alarba
Castejón de Alarba
Abanto
Cubel
Used
Santed
Gallocanta
Berrueco
Castejón de Tornos
Tornos
Las Cuerlas
Bello
Embid
Tortuera
Torralba de los Frailes
Aldehuela de Liestos
Fuentelsaz
Milmarcos
Cimballa
Campillo de Aragón
Calmarza
Jaraba
Monterde
Nuévalos
Ibdes
Munébrega
La Vilueña
Carenas
Godojos
Tartanedo
Torrubia
Pardos
Rueda de la Sierra
La Yunta
Mediana de Aragón
Puebla de Albortón
Almonacid de la Cuba
Sierra de la Virgen
Sierra de Armantes
Sierra de Vicor
Sierra de Algairén
Campo de Cariñena
Sierra Modorra
Sierra de Pardos
Sierra de Santa Cruz
Sierra de Herrera
Sierra de Cucalón
Sierra Pelada
Río Jalón
Río Jiloca
Río Huerva
Río Segura
Río Piedra
Laguna de Gallocanta
Refugio de Fauna de Gallocanta
Hoces del Río Piedra
Monasterio de Piedra
Cañones del Río Mesa
Embalse de La Tranquera
Arquitectura Mudéjar
Ruinas de Bílbilis
Castillo de Peñaflor
Cueva la Negra
Virgen de Herrera
Herrera 1.348
Pelarda 1.470
Puy Cervero 696
Cucutas 989
Gargantas del Huerva
Pueblo Viejo de Belchite
Ciudad celtíbera Los Castellazos
La Lomaza de Belchite
Poblado Ibérico de El Palomar
Cerro Felío
Restos de Contrebia Belaisca

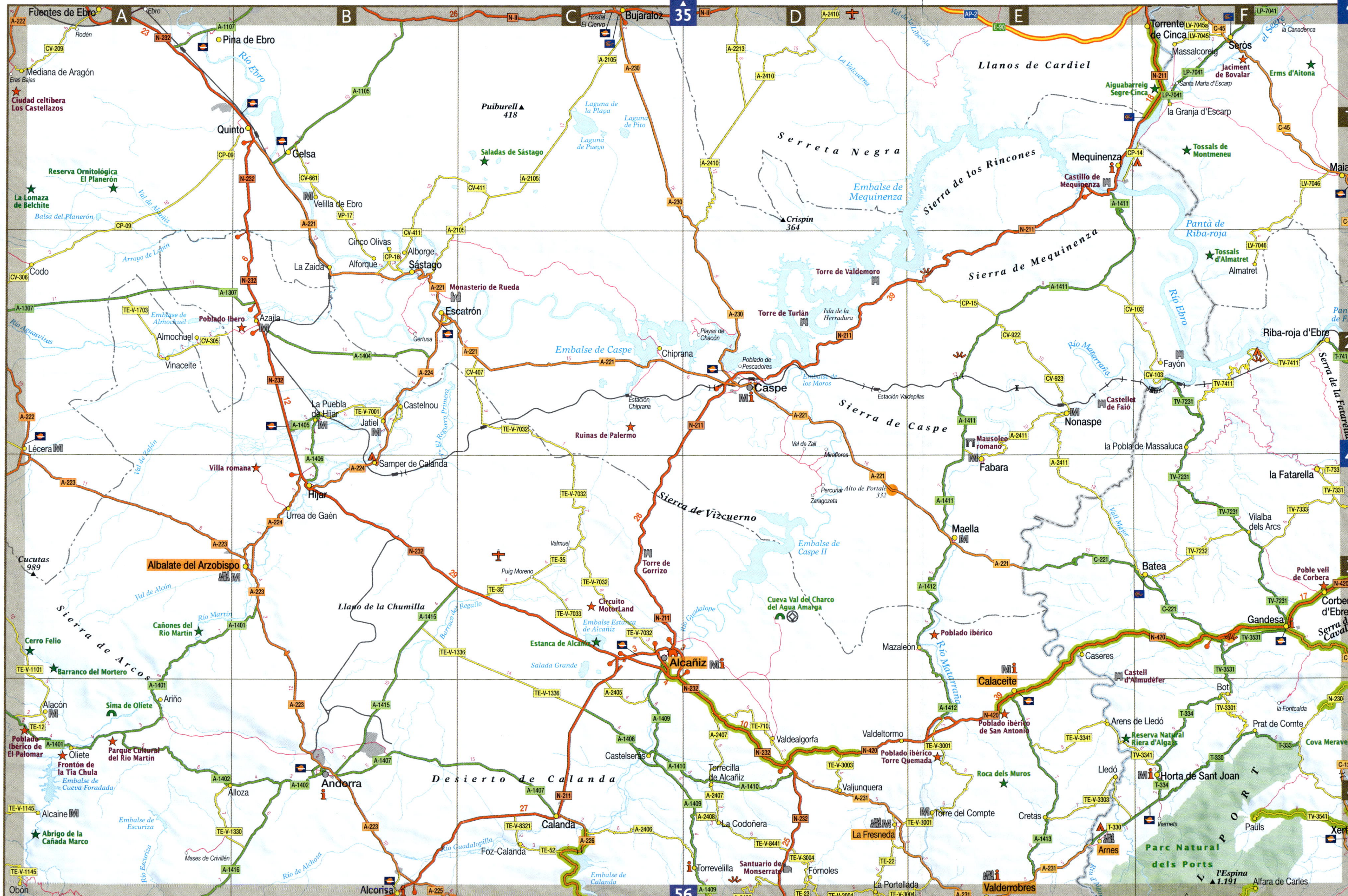
Fuentes de Ebro
Pina de Ebro
Río Ebro
Mediana de Aragón
Ciudad celtíbera Los Castellazos
Bujaraloz
Hostal El Ciervo
Llanos de Cardiel
Torrente de Cinca
Serós
Massalcoreig
Jaciment de Bovalar
Erms d'Aitona
Aiguabarreig Segre-Cinca
la Granja d'Escarp
Puiburell 418
Quinto
Gelsa
Laguna de la Playa
Laguna de Pito
Saladas de Sástago
Serreta Negra
Sierra de los Rincones
Embalse de Mequinenza
Mequinenza
Castillo de Mequinenza
Tossals de Montmeneu
Maials
Reserva Ornitológica El Planerón
La Lomaza de Belchite
Velilla de Ebro
Crispín 364
Pantà de Riba-roja
Tossals d'Almatret
Almatret
Cinco Olivas
Alborge
Alforque
Sástago
La Zaida
Codo
Torre de Valdemoro
Sierra de Mequinenza
Monasterio de Rueda
Escatrón
Azaila
Poblado Ibero
Almochuel
Vinaceite
Torre de Turlán
Isla de la Herradura
Embalse de Caspe
Chiprana
Riba-roja d'Ebre
Pantà de Flix
Fayón
Río Ebro
Caspe
Sierra de Caspe
Castellet de Faió
Nonaspe
La Puebla de Híjar
Jatiel
Castelnou
Lécera
Ruinas de Palermo
la Pobla de Massaluca
Mausoleo romano
Fabara
la Fatarella
Serra de la Fatarella
Villa romana
Samper de Calanda
Híjar
Urrea de Gaén
Sierra de Vizcuerno
Alto de Portalet 332
Maella
Vilalba dels Arcs
Cucutas 989
Albalate del Arzobispo
Torre de Gorrizo
Embalse de Caspe II
Batea
Poble vell de Corbera
Corbera d'Ebre
Llano de la Chumilla
Circuito MotorLand
Cueva Val del Charco del Agua Amarga
Gandesa
Serra de Cavalls
Sierra de Arcos
Cañones del Río Martín
Cerro Felio
Barranco del Mortero
Estanca de Alcañiz
Alcañiz
Poblado ibérico
Mazaleón
Río Matarraña
Caseres
Castell d'Almudéfer
Calaceite
Alacón
Sima de Olifete
Ariño
Bot
Poblado ibérico de El Palomar
Oliete
Parque Cultural del Río Martín
Frontón de la Tía Chula
Valdealgorfa
Valdeltormo
Poblado ibérico de San Antonio
Arens de Lledó
Prat de Comte
Reserva Natural Riera d'Algars
Cova Meravelles
Castelserás
Torrecilla de Alcañiz
Poblado ibérico Torre Quemada
Andorra
Desierto de Calanda
Alloza
Valjunquera
Roca dels Muros
Lledó
Horta de Sant Joan
Alcaine
Abrigo de la Cañada Marco
Calanda
La Codoñera
Torre del Compte
Cretas
Paüls
Xerta
Parc Natural dels Ports
Foz-Calanda
Torrevelilla
Santuario de Monserrate
Fórnoles
La Fresneda
Arnes
l'Espina 1.191
Alfara de Carles
Alcorisa
La Portellada
Valderrobres
Obón

36
57
46
MAR
MEDITERRÁNEO
TARRAGONA
Reus
Valls
Cambrils
Salou
Montblanc
Vilafranca del Penedès
Vilanova i la Geltrú
Cornudella de Montsant
Prades
Falset
Móra la Nova
Móra d'Ebre
Flix
Ascó
Tivissa
Vandellòs (Vandellòs i l'Hospitalet de l'Infant)
l'Ametlla de Mar
el Perelló
Xerta
Calafell
Cunit
Cubelles
el Vendrell
Torredembarra
Altafulla
Vila-seca
la Canonja
Constantí
Riudoms
Alcover
Vila-rodona
l'Espluga de Francolí
Vimbodí i Poblet
l'Arboç
Banyeres del Penedès
la Bisbal del Penedès
Roda de Barà
Creixell
Calafell
Serra del Montsant
Parc Natural del Montsant
Muntanyes de Prades
Serra de la Mussara
Serra de Llaberia
Serra de Tivissa
Serra de Cardó
Serra de Cavalls
Serra del Tormo
Serra del Rovelló
Serra de Vallfenoses
Serra de la Fatarella
Serra del Tallat
Serra de Comaverd
Serra d'Ancosa
el Montmell
Serra de Molló
Serra de la Talaia
Serra del Boix
Monestir de Poblet
Universal Studios Port Aventura
Aeroport de Reus
Montagut 964
la Mola 537

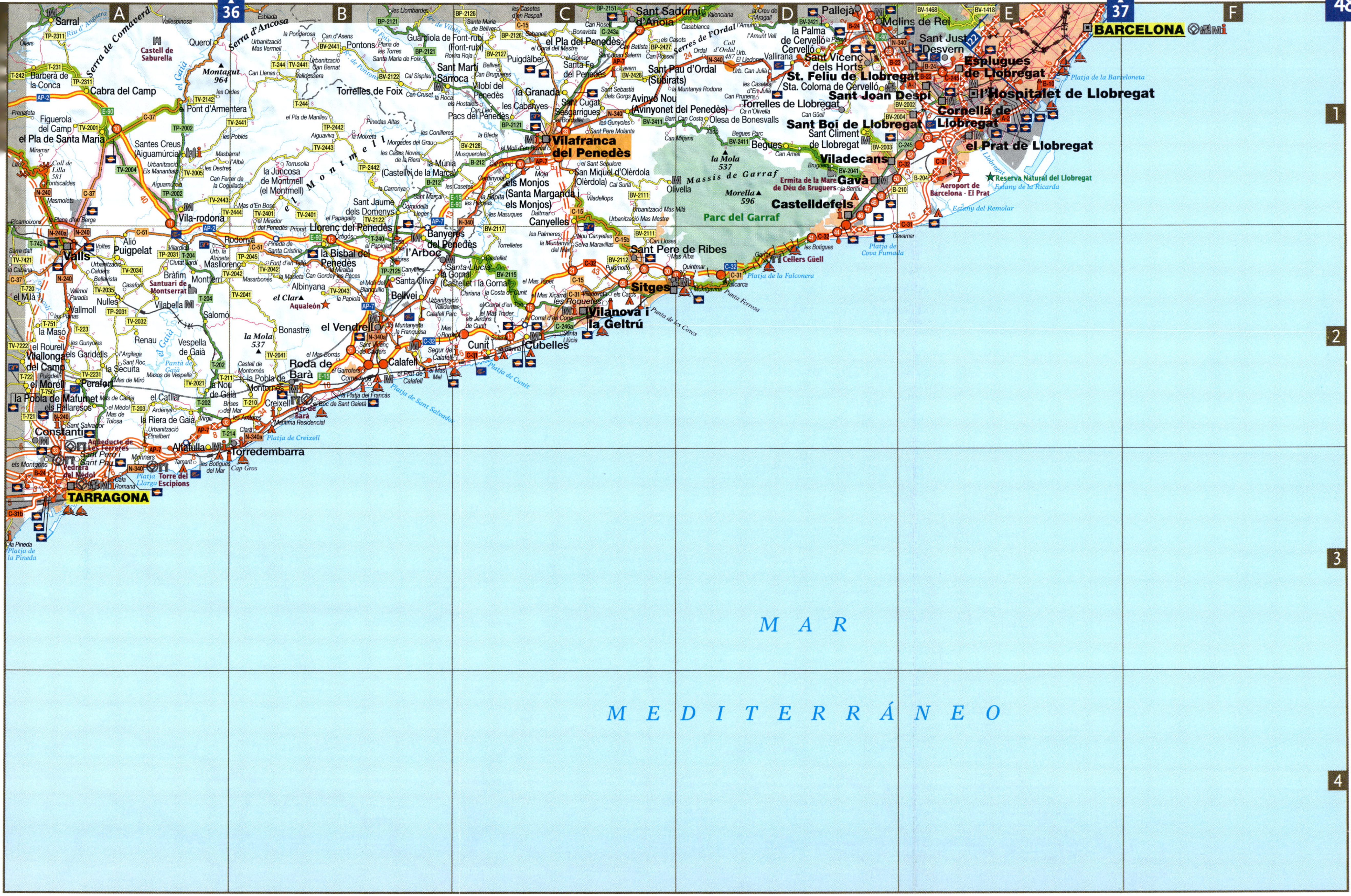
A
36
B
C
D
E
37
F
1
2
3
4
MAR
MEDITERRÁNEO
BARCELONA
TARRAGONA
Vilafranca del Penedès
l'Hospitalet de Llobregat
el Prat de Llobregat
Cornellà de Llobregat
Esplugues de Llobregat
Sant Joan Despí
St. Feliu de Llobregat
Sant Boi de Llobregat
Viladecans
Gavà
Castelldefels
Sitges
Vilanova i la Geltrú
Sant Pere de Ribes
Cubelles
Cunit
Calafell
el Vendrell
Roda de Barà
Torredembarra
Altafulla
Constantí
Valls
Vila-rodona
Sant Sadurní d'Anoia
Molins de Rei
Pallejà
Sant Just Desvern
Parc del Garraf
Massís de Garraf
Aeroport de Barcelona - El Prat
Reserva Natural del Llobregat
Serra de Comaverd
Serra d'Ancosa
Serres de l'Ordal
el Montmell
Montagut 964
la Mola 537
Morella 596
Castell de Saburella
Sarral
Querol
Pontons
Torrelles de Foix
Sant Martí Sarroca
la Granada
Sant Cugat Sesgarrigues
Avinyó Nou (Avinyonet del Penedès)
Sant Pau d'Ordal (Subirats)
Torrelles de Llobregat
Sta. Coloma de Cervelló
Sant Climent de Llobregat
Begues
Olivella
Canyelles
els Monjos (Santa Margarida i els Monjos)
Sant Miquel d'Olèrdola (Olèrdola)
Banyeres del Penedès
l'Arboç
Llorenç del Penedès
la Bisbal del Penedès
Bellvei
Santa Oliva
Albinyana
Bonastre
Rodonyà
Puigpelat
Alió
Bràfim
Montferri
Vilabella
Salomó
Vespella de Gaià
Renau
la Secuita
Perafort
el Morell
Vallmoll
la Masó
el Milà
Vallgonga del Camp
el Rourell
la Pobla de Mafumet
els Pallaresos
la Riera de Gaià
el Catllar
la Nou de Gaià
la Pobla de Montornès
Creixell
Figuerola del Camp
el Pla de Santa Maria
Cabra del Camp
Barberà de la Conca
Santes Creus (Aiguamúrcia)
el Pont d'Armentera
la Juncosa de Montmell (el Montmell)
Sant Jaume dels Domenys
la Múnia (Castellví de la Marca)
Puigdàlber
Santa Fe del Penedès
el Pla del Penedès
Guardiola de Font-rubí (Font-rubí)
la Palma de Cervelló
Cervelló
Vallirana
Sant Vicenç dels Horts
Cellers Güell
Platja de la Falconera
Platja de Cunit
Platja de Sant Salvador
Platja de Creixell
Platja de la Barceloneta
Torre dels Escipions
Aqüeducte de les Ferreres
Pedrera del Mèdol
Ermita de la Mare de Déu de Bruguers
Santuari de Montserrat
Aqualeón
el Clar

A
B
C
D
E
F
1
2
3
4
39
58
59
OCÉANO
ATLÁNTICO
AVEIRO
VISEU
COIMBRA
Estarreja
Murtosa
Albergaria-a-Velha
Sever do Vouga
Oliveira de Frades
Vouzela
São Pedro do Sul
Ílhavo
Vagos
Águeda
Oliveira do Bairro
Anadia
Mealhada
Cantanhede
Mira
Tondela
Santa Comba Dão
Mortágua
Penacova
Vila Nova de Poiares
Tábua
Carregal do Sal
Serra do Caramulo
Caramulo 1.075
Cabeço da Neve 995
Serra de Arestal
Serra do Buçaco
Mata Nacional do Buçaco
Termas da Curia
Dunas de Mira
Dunas de Cantanhede
Dunas de Quiaios
Serra de Buarcos
Cabo Mondego
Reserva Natural das Dunas de S. Jacinto
Pousada da Ria
Gafanha da Nazaré
Praia de Mira
Praia da Tocha
Rio Vouga
Rio Mondego
Ria de Aveiro
Caldas de São Gemil
Senhora da Esperança
São Miguel de Mides
Paisagem Protegida da Serra do Açor
Nossa Senhora da Taude
859 Junqueira

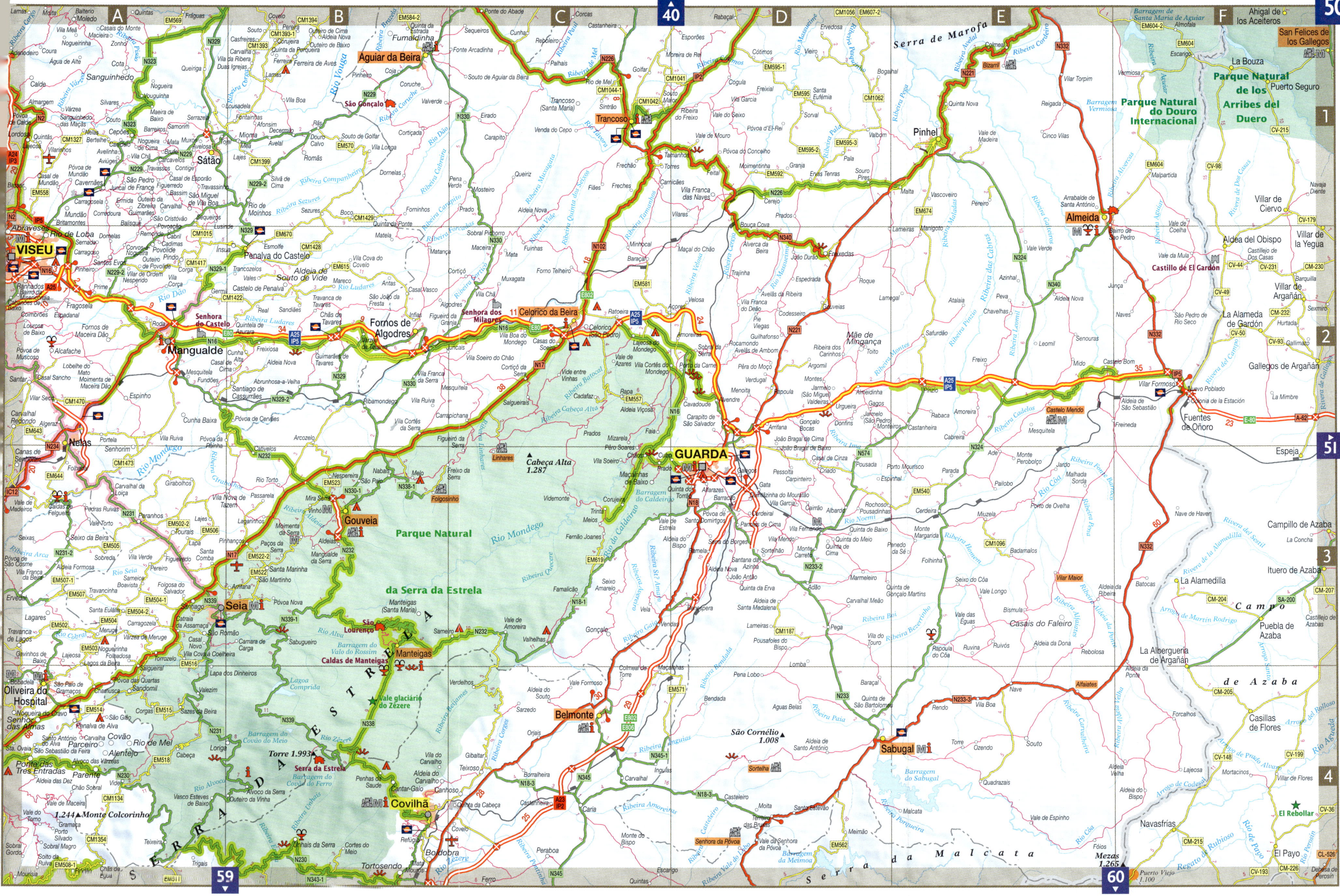

VISEU
GUARDA
Covilhã
Seia
Gouveia
Manteigas
Belmonte
Sabugal
Almeida
Pinhel
Trancoso
Celorico da Beira
Fornos de Algodres
Mangualde
Nelas
Sátão
Aguiar da Beira
Penalva do Castelo
Oliveira do Hospital
Fuentes de Oñoro
Parque Natural da Serra da Estrela
S E R R A   D A   E S T R E L A
Parque Natural do Douro Internacional
Parque Natural de los Arribes del Duero
Serra de Marofa
Serra da Malcata
Campo de Azaba
Rio Mondego
Rio Dão
Rio Côa
Rio Vouga
Torre 1.993
Cabeça Alta 1.287
São Cornélio 1.008
Monte Colcorinho 1.244
Mezas 1.265
Caldas de Manteigas
Vale glaciário do Zêzere
Senhora da Estrela
Castillo de El Gardón
El Rebollar
Ciudad Rodrigo
Villar de Ciervo
Aldea del Obispo
Gallegos de Argañán
Campillo de Azaba
La Alberguería de Argañán
Navasfrías
El Payo
Espeja
A
B
C
D
E
F
1
2
3
4
40
51
59
60

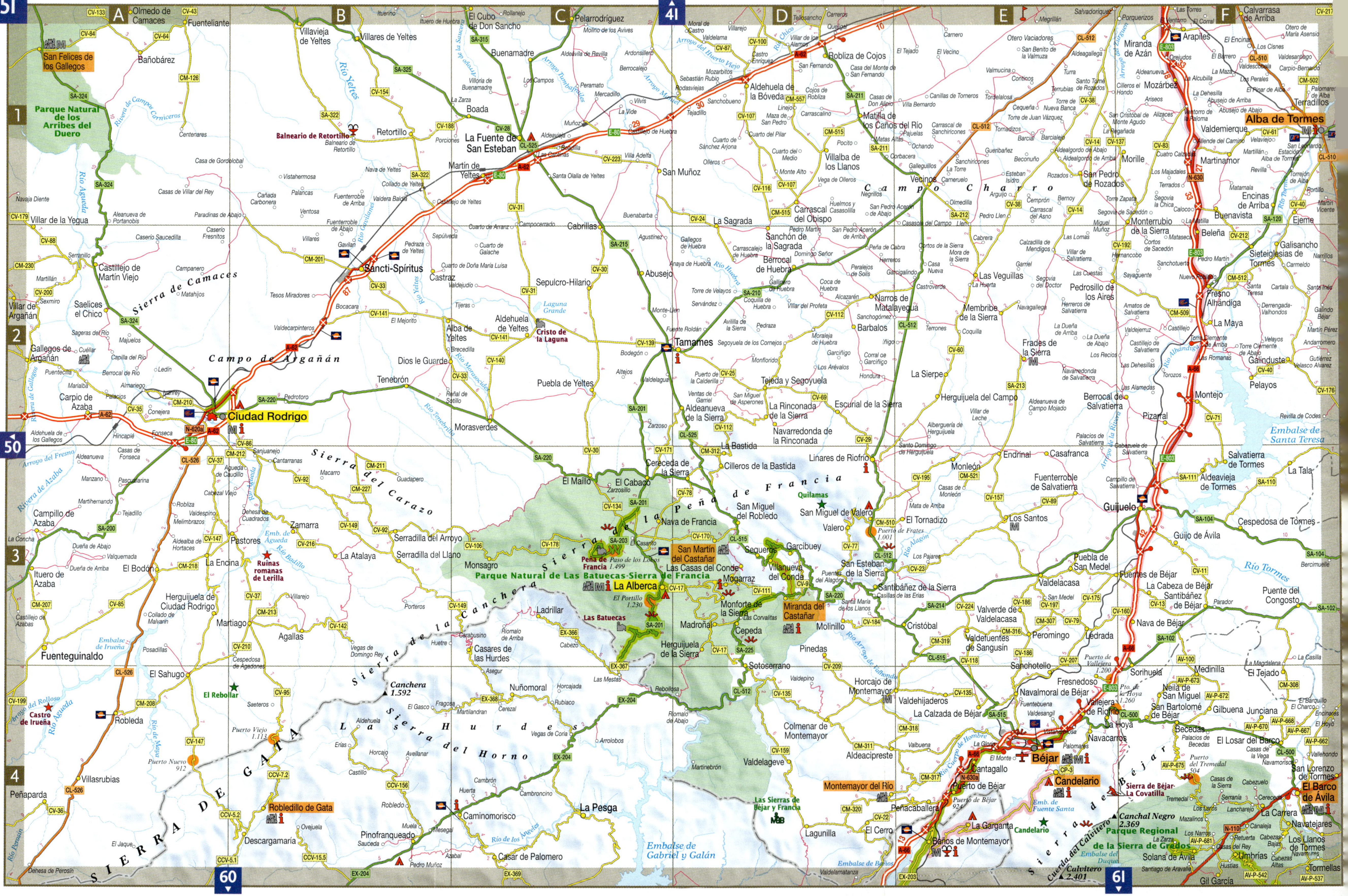
41
50
60
61
A
B
C
D
E
F
1
2
3
4
Olmedo de Camaces
Fuenteliante
Villavieja de Yeltes
Villares de Yeltes
El Cubo de Don Sancho
Pelarrodríguez
Buenamadre
Robliza de Cojos
Aldehuela de la Bóveda
Matilla de los Caños del Río
Miranda de Azán
Arapiles
Calvarrasa de Arriba
Mozárbez
Terradillos
Alba de Tormes
Valdemierque
Martinamor
San Felices de los Gallegos
Bañobárez
Parque Natural de los Arribes del Duero
Balneario de Retortillo
Retortillo
Boada
La Fuente de San Esteban
Martín de Yeltes
San Muñoz
Villalba de los Llanos
Vecinos
Campo Charro
Morille
San Pedro de Rozados
Encinas de Arriba
Buenavista
Villar de la Yegua
Carrascal del Obispo
La Sagrada
Sanchón de la Sagrada
Berrocal de Huebra
Cabrillas
Monterrubio de la Sierra
Beleña
Galisancho
Sieteiglesias de Tormes
Castillejo de Martín Viejo
Sierra de Camaces
Sancti-Spíritus
Castraz
Abusejo
Sepulcro-Hilario
Las Veguillas
Pedrosillo de los Aires
Fresno Alhándiga
Villar de Argañán
Saelices el Chico
Alba de Yeltes
Aldehuela de Yeltes
Cristo de la Laguna
Narros de Matalayegua
Membribe de la Sierra
La Maya
Gallegos de Argañán
Campo de Argañán
Dios le Guarde
Tamames
Barbalos
Frades de la Sierra
Galinduste
Tenebrón
Puebla de Yeltes
Tejeda y Segoyuela
La Sierpe
Herguijuela del Campo
Berrocal de Salvatierra
Montejo
Pelayos
Carpio de Azaba
Ciudad Rodrigo
Morasverdes
Aldeanueva de la Sierra
La Rinconada de la Sierra
Escurial de la Sierra
Pizarral
Navarredonda de la Rinconada
Embalse de Santa Teresa
La Bastida
Linares de Riofrío
Endrinal
Casafranca
Salvatierra de Tormes
La Tala
Sierra del Carazo
El Maíllo
El Cabaco
Cereceda de la Sierra
Cilleros de la Bastida
Peña de Francia
Monleón
Fuenterroble de Salvatierra
Aldeavieja de Tormes
Quilamas
San Miguel del Robledo
San Miguel de Valero
Guijuelo
Campillo de Azaba
Zamarra
Nava de Francia
Valero
El Tornadizo
Los Santos
Cespedosa de Tormes
Pastores
Serradilla del Arroyo
San Martín del Castañar
Garcibuey
Guijo de Ávila
Ruinas romanas de Lerilla
La Atalaya
Serradilla del Llano
Monsagro
Peña de Francia 1.499
Parque Natural de Las Batuecas-Sierra de Francia
Las Casas del Conde
Sequeros
Villanueva del Conde
San Esteban de la Sierra
Puebla de San Medel
Fuentes de Béjar
Ituero de Azaba
La Encina
El Bodón
Mogarraz
Santibáñez de la Sierra
Valdelacasa
La Cabeza de Béjar
Santibáñez de Béjar
Puente del Congosto
Herguijuela de Ciudad Rodrigo
Martiago
La Alberca
El Portillo 1.230
Monforte de la Sierra
Miranda del Castañar
Valverde de Valdelacasa
Río Tormes
Ladrillar
Las Batuecas
Madroñal
Cepeda
Molinillo
Cristóbal
Nava de Béjar
Agallas
Casares de las Hurdes
Herguijuela de la Sierra
Valdefuentes de Sangusín
Peromingo
Ledrada
Fuenteguinaldo
Sotoserrano
Pinedas
Sanchotello
Medinilla
El Tejado
El Sahugo
El Rebollar
Cancha 1.592
Nuñomoral
Horcajo de Montemayor
Valdehijaderos
Fresnedoso
Navalmoral de Béjar
Vallejera de Riofrío
Sorihuela
Neila de San Miguel
San Bartolomé de Béjar
Gilbuena
Junciana
Castro de Irueña
Robleda
La Sierra de las Hurdes
Sierra del Horno
Colmenar de Montemayor
La Calzada de Béjar
La Hoya
Becedas
El Losar del Barco
Navacarros
Béjar
Aldeacipreste
Valdelagueve
Cantagallo
Candelario
Puerto de Béjar
Sierra de Béjar
Peñaparda
Villasrubias
Sierra de Gata
Robledillo de Gata
Montemayor del Río
Las Sierras de Béjar y Francia
Peñacaballera
La Garganta
Sierra de Béjar-La Covatilla
Canchal Negro 2.369
San Lorenzo de Tormes
El Barco de Ávila
La Pesga
Caminomorisco
Lagunilla
El Cerro
Baños de Montemayor
Parque Regional de la Sierra de Gredos
Navatejares
La Carrera
Los Llanos de Tormes
Descargamaría
Pinofranqueado
Embalse de Gabriel y Galán
Umbrías
Solana de Ávila
Casar de Palomero
Calvitero 2.401
Tormellas
Gil García

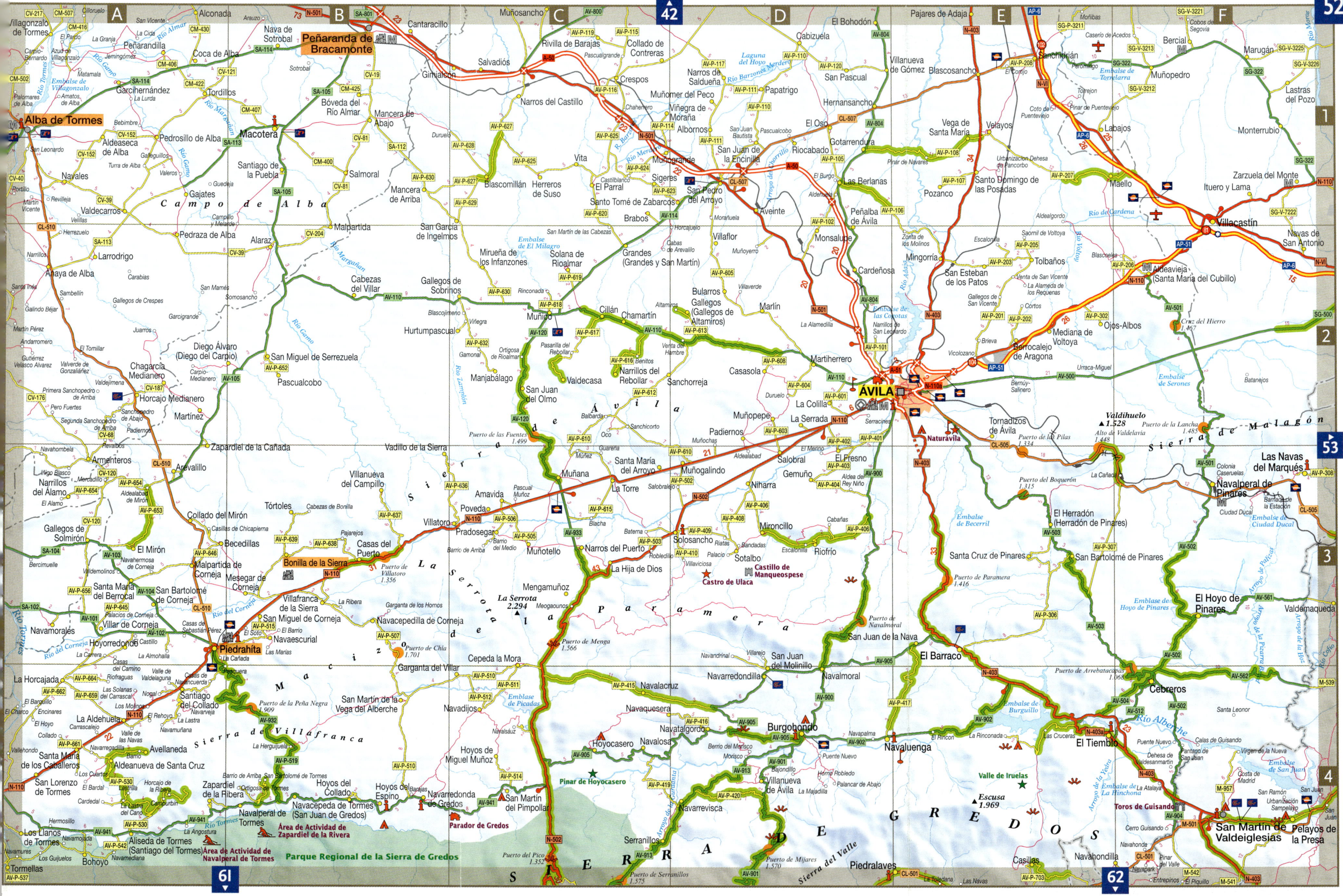
42
53
61
62
Peñaranda de Bracamonte
Alba de Tormes
Macotera
Piedrahíta
Bonilla de la Sierra
ÁVILA
Villacastín
Las Navas del Marqués
Navalperal de Pinares
San Martín de Valdeiglesias
Pelayos de la Presa
El Tiemblo
Cebreros
Burgohondo
Navaluenga
El Barraco
El Hoyo de Pinares
Santa Cruz de Pinares
San Bartolomé de Pinares
El Herradón (Herradón de Pinares)
Sanchidrián
Maello
Muñopedro
Marugán
Labajos
Villanueva de Gómez
Blascosancho
Cabizuela
Crespos
Gimialcón
Salvadiós
Cantaracillo
Muñosancho
Rivilla de Barajas
Collado de Contreras
Narros del Castillo
Muñogrande
Sigeres
San Pedro del Arroyo
Aveinte
Monsalupe
Cardeñosa
Mingorría
Tolbaños
Ojos-Albos
Mediana de Voltoya
Berrocalejo de Aragona
Martiherrero
Casasola
Sanchorreja
La Colilla
La Serrada
Muñopepe
Tornadizos de Ávila
Salobral
Gemuño
Niharra
El Fresno
Muñogalindo
Santa María del Arroyo
La Torre
Muñana
Vadillo de la Sierra
Amavida
Poveda
Villatoro
Pradosegar
Muñotello
Narros del Puerto
La Hija de Dios
Solosancho
Sotalbo
Mironcillo
Riofrío
Castillo de Manqueospese
Castro de Ulaca
Mengamuñoz
La Serrota 2.294
San Juan de la Nava
San Juan del Molinillo
Navarredondilla
Navalmoral
Navalacruz
Navaquesera
Navatalgordo
Navalosa
Hoyocasero
Serranillos
Navarrevisca
Villanueva de Ávila
San Martín del Pimpollar
Navarredonda de Gredos
Hoyos del Espino
Hoyos del Collado
Navacepeda de Tormes (San Juan de Gredos)
Navalperal de Tormes
Zapardiel de la Ribera
Aliseda de Tormes (Santiago del Tormes)
Bohoyo
Los Llanos de Tormes
Tormellas
San Lorenzo de Tormes
Aldeanueva de Santa Cruz
Avellaneda
Santa María de los Caballeros
La Aldehuela
Santiago del Collado
La Horcajada
Hoyorredondo
Navamorales
Villar de Corneja
San Bartolomé de Corneja
Santa María del Berrocal
Malpartida de Corneja
Mesegar de Corneja
Villafranca de la Sierra
San Miguel de Corneja
Navacepedilla de Corneja
Navaescurial
Gargantа del Villar
Cepeda la Mora
Navadijos
San Martín de la Vega del Alberche
Hoyos de Miguel Muñoz
El Mirón
Gallegos de Solmirón
Collado del Mirón
Bercedillas
Tórtoles
Casas del Puerto
Villanueva del Campillo
Narrillos del Álamo
Armenteros
Arevalillo
Zapardiel de la Cañada
Horcajo Medianero
Chagarcía Medianero
Martínez
Diego Álvaro (Diego del Carpio)
San Miguel de Serrezuela
Pascualcobo
Manjabálago
San Juan del Olmo
Valdecasa
Narrillos del Rebollar
Hurtumpascual
Muñico
Cillán
Chamartín
Bularros
Gallegos de Altamiros (Gallegos de Altamiros)
Marlín
Gallegos de Sobrinos
Cabezas del Villar
Solana de Rioalmar
Grandes (Grandes y San Martín)
Villaflor
Mirueña de los Infanzones
San García de Ingelmos
Malpartida
Mancera de Arriba
Mancera de Abajo
Salmoral
Santiago de la Puebla
Pedraza de Alba
Alaraz
Larrodrigo
Anaya de Alba
Valdecarros
Navales
Gajates
Aldeaseca de Alba
Pedrosillo de Alba
Garcihernández
Tordillos
Coca de Alba
Peñarandilla
Nava de Sotrobal
Villagonzalo de Tormes
Bóveda del Río Almar
Blascomillán
Herreros de Suso
El Parral
Santo Tomé de Zabarcos
Brabos
Vita
Albornos
San Juan de la Encinilla
Riocabado
Gotarrendura
Hernansancho
El Oso
Papatrigo
Muñomer del Peco
Viñegra de Moraña
Narros de Saldueña
San Pascual
Vega de Santa María
Velayos
Santo Domingo de las Posadas
Pozanco
Las Berlanas
Peñalba de Ávila
San Esteban de los Patos
Aldeavieja (Santa María del Cubillo)
Navas de San Antonio
Zarzuela del Monte
Iturero y Lama
Monterrubio
Lastras del Pozo
Bercial
Valdemaqueda
Campo de Alba
Sierra de Malagón
Sierra de Ávila
La Paramera
La Serrota
Macizo de la Serrota
Sierra de Villafranca
Sierra de Gredos
Sierra del Valle
Parque Regional de la Sierra de Gredos
Parador de Gredos
Pinar de Hoyocasero
Valle de Iruelas
Toros de Guisando
Área de Actividad de Zapardiel de la Rivera
Área de Actividad de Navalperal de Tormes
Embalse de Burguillo
Embalse de Becerril
Embalse de Serones
Embalse de Hoyo de Pinares
Embalse de San Juan
Embalse de Villagonzalo
Embalse de Torrelara
Río Tormes
Río Alberche
Río Adaja
Río Corneja
Puerto de Menga 1.566
Puerto de Chía 1.701
Puerto de la Peña Negra 1.909
Puerto del Pico 1.352
Puerto de Serranillos 1.575
Puerto de Mijares 1.570
Puerto de las Fuentes 1.499
Puerto de Villatoro 1.356
Puerto de Paramera 1.416
Puerto del Boquerón 1.315
Puerto de Arrebatacapas 1.068
Puerto de la Lancha 1.485
Valdihuelo 1.528
Escusa 1.969
Naturávila

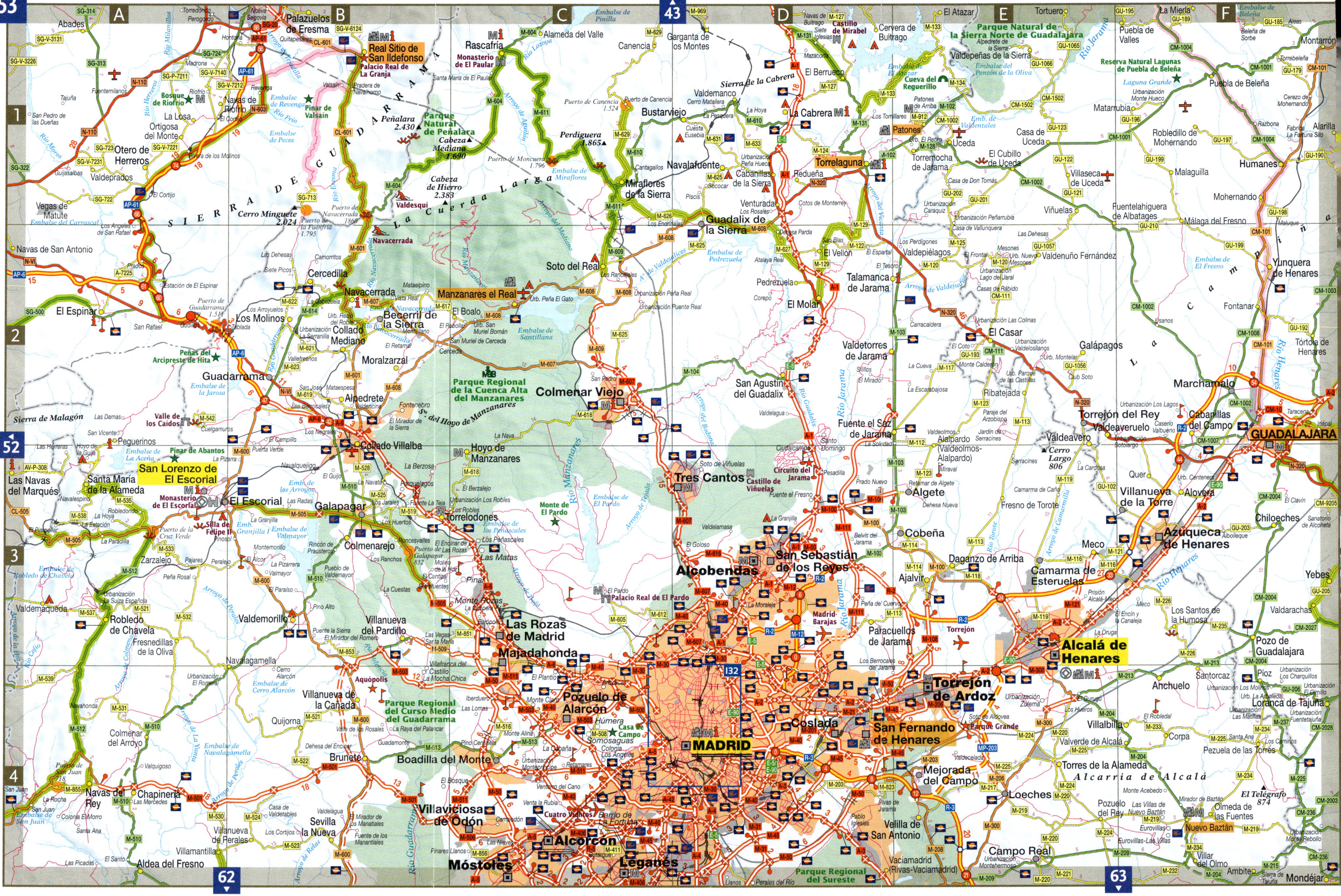
A
B
C
D
E
F
1
2
3
4
43
52
62
63
Palazuelos de Eresma
Real Sitio de San Ildefonso
Palacio Real de La Granja
Rascafría
Monasterio de El Paular
Alameda del Valle
Canencia
Garganta de los Montes
Cervera de Buitrago
Castillo de Mirabel
El Atazar
Tortuero
Puebla de Valles
La Mierla
Montarrón
Parque Natural de la Sierra Norte de Guadalajara
Valdepeñas de la Sierra
Reserva Natural Lagunas de Puebla de Beleña
Puebla de Beleña
Abades
Navas de Riofrío
La Losa
Ortigosa del Monte
Otero de Herreros
Valdeprados
Vegas de Matute
Bosque de Riofrío
Pinar de Valsaín
S I E R R A   D E   G U A D A R R A M A
Peñalara 2.430
Parque Natural de Peñalara
Cabeza Mediana 1.690
Cabeza de Hierro 2.383
Cerro Minguete 2.024
Valdesquí
Navacerrada
La Cuerda Larga
Perdiguera 1.865
Bustarviejo
Valdemanco
Sierra de la Cabrera
La Cabrera
El Berrueco
Patones
Uceda
Torrelaguna
Miraflores de la Sierra
Navalafuente
Cabanillas de la Sierra
Redueña
Venturada
Guadalix de la Sierra
Soto del Real
Manzanares el Real
Navas de San Antonio
Cercedilla
El Espinar
Los Molinos
Becerril de la Sierra
Collado Mediano
El Boalo
Moralzarzal
Guadarrama
Peñas del Arcipreste de Hita
Alpedrete
Parque Regional de la Cuenca Alta del Manzanares
Colmenar Viejo
Sierra de Malagón
Valle de los Caídos
Collado Villalba
Hoyo de Manzanares
Pinar de Abantos
San Lorenzo de El Escorial
Las Navas del Marqués
Santa María de la Alameda
Monasterio de El Escorial
El Escorial
Galapagar
Torrelodones
Monte de El Pardo
Tres Cantos
Circuito del Jarama
Castillo de Viñuelas
Colmenarejo
Zarzalejo
Las Matas
Valdemorillo
Robledo de Chavela
Fresnedillas de la Oliva
Valdemaqueda
Navalagamella
Villanueva del Pardillo
Las Rozas de Madrid
Palacio Real de El Pardo
Majadahonda
Villanueva de la Cañada
Parque Regional del Curso Medio del Guadarrama
Aquópolis
Quijorna
Colmenar del Arroyo
Brunete
Boadilla del Monte
Pozuelo de Alarcón
Húmera
Casa de Campo
Somosaguas
Navas del Rey
Chapinería
Villanueva de Perales
Villamantilla
Aldea del Fresno
Sevilla la Nueva
Villaviciosa de Odón
Alcorcón
Móstoles
Leganés
MADRID
Alcobendas
San Sebastián de los Reyes
Madrid-Barajas
Coslada
San Fernando de Henares
Torrejón de Ardoz
Mejorada del Campo
Velilla de San Antonio
Vaciamadrid (Rivas-Vaciamadrid)
Parque Regional del Sureste
Loeches
Campo Real
Nuevo Baztán
Pozuelo del Rey
Villar del Olmo
Ambite
Mondéjar
Olmeda de las Fuentes
El Telégrafo 874
Torres de la Alameda
Alcarria de Alcalá
Villalbilla
Corpa
Pezuela de las Torres
Valverde de Alcalá
Alcalá de Henares
Anchuelo
Santorcaz
Pioz
Loranca de Tajuña
Pozo de Guadalajara
Los Santos de la Humosa
Valdarachas
Yebes
Meco
Camarma de Esteruelas
Azuqueca de Henares
Chiloeches
Alovera
Villanueva de la Torre
Quer
Daganzo de Arriba
Fresno de Torote
Ajalvir
Paracuellos de Jarama
Cobeña
Algete
Valdeolmos-Alalpardo
Fuente el Saz de Jarama
Torrejón del Rey
Valdeaveruelo
Cabanillas del Campo
GUADALAJARA
Valdeavero
Cerro Largo 806
Marchamalo
Galápagos
El Casar
Valdetorres de Jarama
San Agustín del Guadalix
El Molar
Pedrezuela
Talamanca de Jarama
Valdepiélagos
El Vellón
Valdenuño Fernández
Yunquera de Henares
Fontanar
Tórtola de Henares
La Campiña
Málaga del Fresno
Fuentelahiguera de Albatages
Viñuelas
Mohernando
Humanes
Malaguilla
Robledillo de Mohernando
Alarilla
Villaseca de Uceda
El Cubillo de Uceda
Casa de Uceda
Torremocha de Jarama
Matarrubia
Laguna Grande
Cerezo de Mohernando

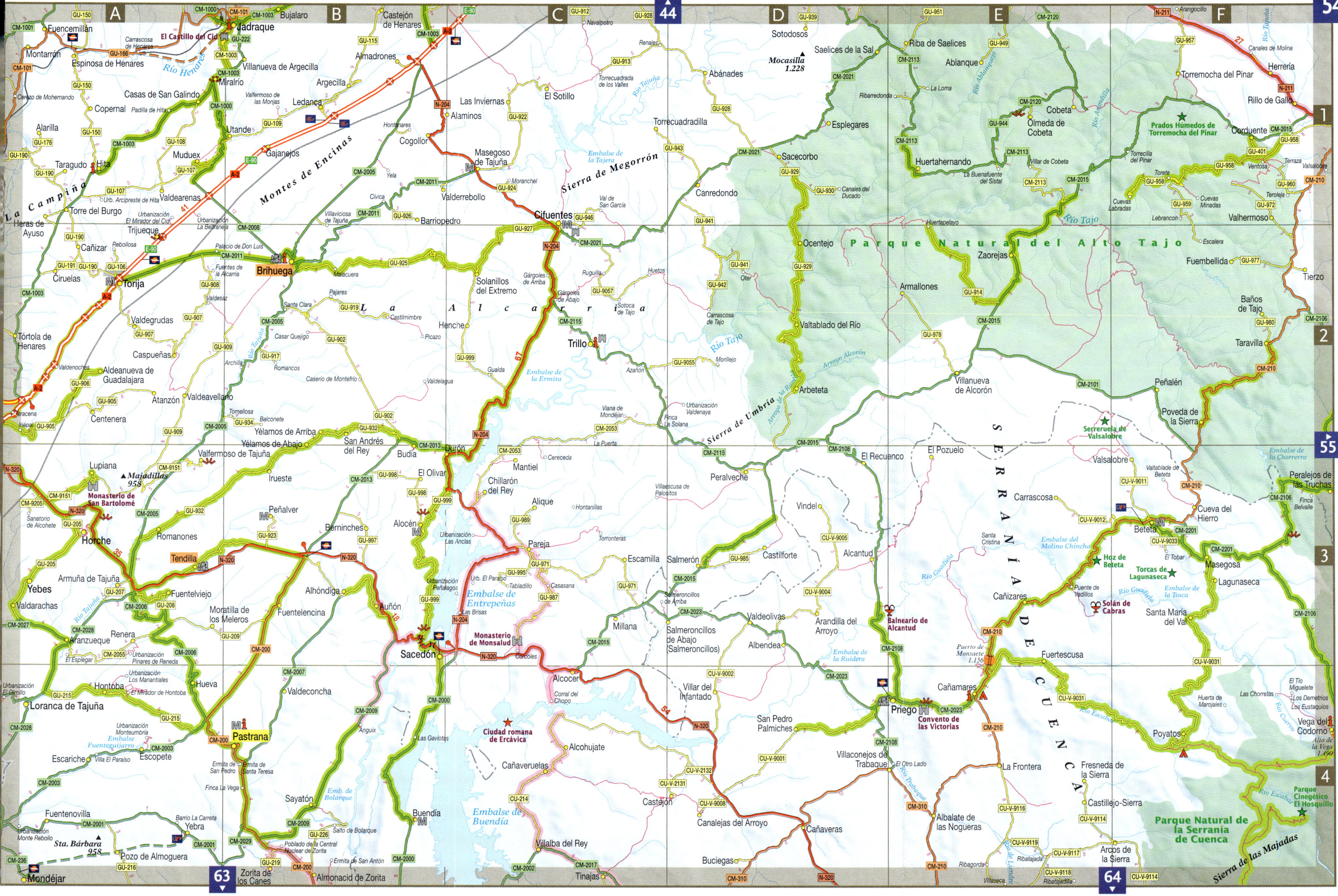
44
55
63
64
A
B
C
D
E
F
1
2
3
4
Jadraque
El Castillo del Cid
Bujalaro
Castejón de Henares
Fuencemillán
Montarrón
Espinosa de Henares
Río Henares
Villanueva de Argecilla
Almadrones
Argecilla
Miralrio
Casas de San Galindo
Copernal
Ledanca
Las Invernas
Alaminos
El Sotillo
Abánades
Sotodosos
Mocasilla 1.228
Saelices de la Sal
Riba de Saelices
Ablanque
Torremocha del Pinar
Herrería
Rillo de Gallo
Alarilla
Utande
Gajanejos
Montes de Encinas
Cogollor
Masegoso de Tajuña
Torrecuadradilla
Esplegares
Cobeta
Olmeda de Cobeta
Prados Húmedos de Torremocha del Pinar
Corduente
Taragudo
Hita
Muduex
Valdearenas
Torre del Burgo
Heras de Ayuso
La Campiña
Trijueque
Sierra de Megorrón
Sacecorbo
Huertahernando
Valderrebollo
Cifuentes
Barriopedro
Canredondo
Valhermoso
Cañizar
Ciruelas
Torija
Brihuega
Solanillos del Extremo
Ocentejo
Parque Natural del Alto Tajo
Zaorejas
Fuembellida
Tierzo
La Alcarria
Henche
Armallones
Baños de Tajo
Valdegrudas
Trillo
Valtablado del Río
Río Tajo
Tórtola de Henares
Caspueñas
Taravilla
Aldeanueva de Guadalajara
Atanzón
Valdeavellano
Embalse de la Ermita
Arbeteta
Villanueva de Alcorón
Peñalén
Centenera
Sierra de Umbría
Poveda de la Sierra
Yélamos de Arriba
Yélamos de Abajo
San Andrés del Rey
Budia
Durón
Mantiel
El Recuenco
El Pozuelo
Serrezuela de Valsalobre
Valsalobre
Lupiana
Majadillas 958
Valfermoso de Tajuña
Irueste
El Olivar
Chillarón del Rey
Peralveche
Serranía de Cuenca
Peralejos de las Truchas
Monasterio de San Bartolomé
Peñalver
Alique
Vindel
Carrascosa
Cueva del Hierro
Horche
Romanones
Berninches
Alocén
Pareja
Beteta
Tendilla
Escamilla
Salmerón
Castilforte
Alcantud
Hoz de Beteta
Torcas de Lagunaseca
Masegosa
Lagunaseca
Yebes
Armuña de Tajuña
Fuentelviejo
Alhóndiga
Embalse de Entrepeñas
Cañizares
Solán de Cabras
Valdarachas
Moratilla de los Meleros
Fuentelencina
Auñón
Valdeolivas
Arandilla del Arroyo
Balneario de Alcantud
Santa María del Val
Aranzueque
Renera
Millana
Salmeroncillos de Abajo (Salmeroncillos)
Albendea
Sacedón
Monasterio de Monsalud
Fuertescusa
Hontoba
Hueva
Valdeconcha
Alcocer
Villar del Infantado
Cañamares
Loranca de Tajuña
Pastrana
Ciudad romana de Ercávica
San Pedro Palmiches
Priego
Convento de las Victorias
Poyatos
Vega del Codorno
Escariche
Escopete
Alcohujate
Cañaveruelas
Villaconejos de Trabaque
La Frontera
Fresneda de la Sierra
Sayatón
Castejón
Castillejo-Sierra
Parque Cinegético El Hosquillo
Fuentenovilla
Yebra
Buendía
Embalse de Buendía
Canalejas del Arroyo
Albalate de las Nogueras
Cañaveras
Parque Natural de la Serranía de Cuenca
Sta. Bárbara 958
Pozo de Almoguera
Villalba del Rey
Arcos de la Sierra
Mondéjar
Zorita de los Canes
Almonacid de Zorita
Tinajas
Buciegas
Sierra de las Majadas

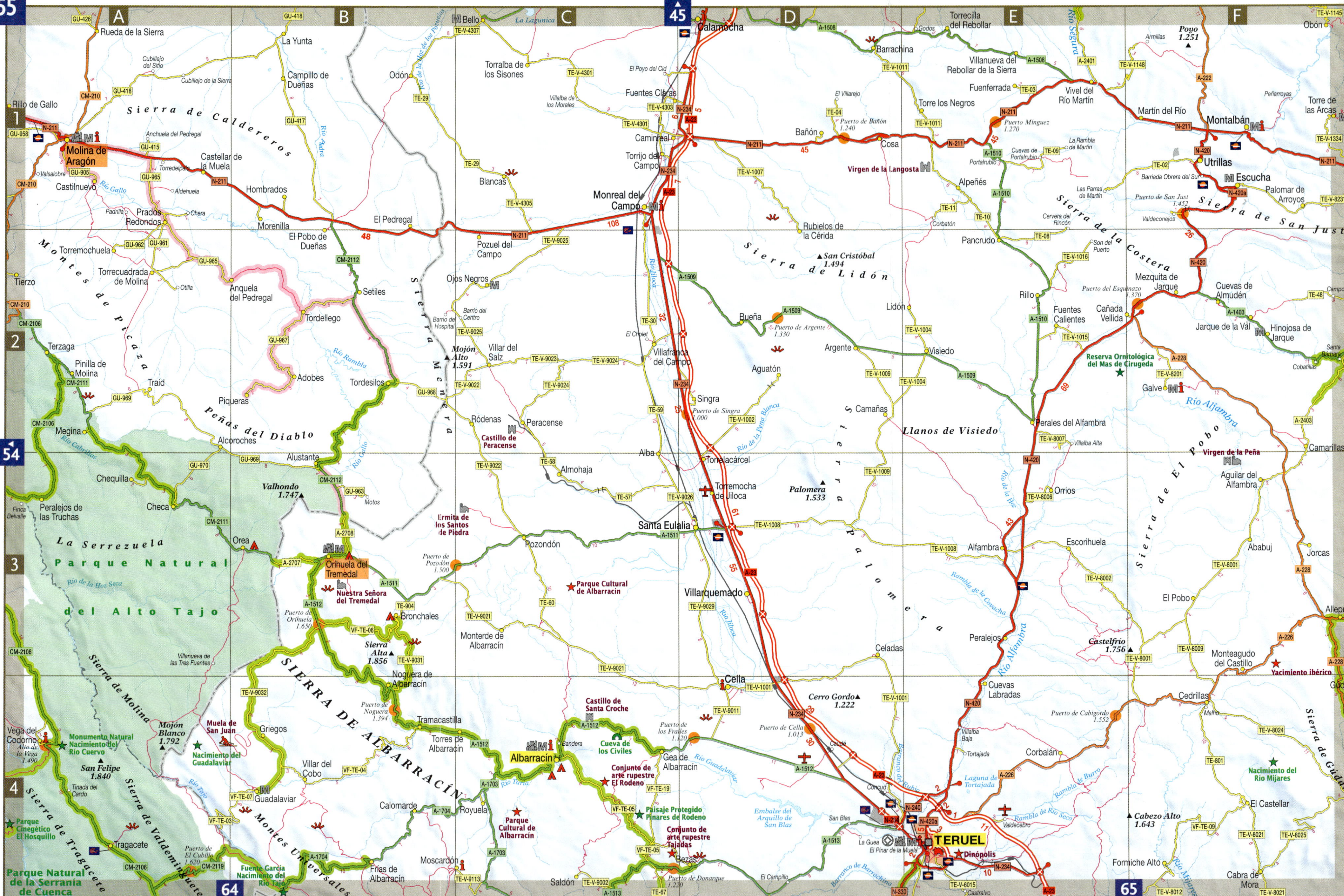

55
45
64
65
54
A
B
C
D
E
F
1
2
3
4
Molina de Aragón
Rueda de la Sierra
La Yunta
Campillo de Dueñas
Odón
Bello
Torralba de los Sisones
Calamocha
Torrecilla del Rebollar
Barrachina
Villanueva del Rebollar de la Sierra
Fuenferrada
Vivel del Río Martín
Torre los Negros
Martín del Río
Montalbán
Utrillas
Escucha
Palomar de Arroyos
Torre de las Arcas
Obón
Pozo 1.251
Rillo de Gallo
Sierra de Caldereros
Castellar de la Muela
Hombrados
Castilnuevo
Prados Redondos
Morenilla
El Pedregal
El Pobo de Dueñas
Pozuel del Campo
Blancas
Monreal del Campo
Caminreal
Torrijo del Campo
Fuentes Claras
Bañón
Cosa
Virgen de la Langosta
Alpeñés
Rubielos de la Cérida
Pancrudo
Sierra de San Just
Sierra de la Costera
Montes de Picaza
Torremochuela
Torrecuadrada de Molina
Tierzo
Anquela del Pedregal
Setiles
Tordellego
Sierra Menera
Ojos Negros
Villar del Salz
Mojón Alto 1.591
Villafranca del Campo
Bueña
Argente
Visiedo
Lidón
Sierra de Lidón
San Cristóbal 1.494
Rillo
Fuentes Calientes
Cañada Vellida
Mezquita de Jarque
Cuevas de Almudén
Jarque de la Val
Hinojosa de Jarque
Reserva Ornitológica del Mas de Cirugeda
Terzaga
Pinilla de Molina
Traíd
Adobes
Tordesilos
Piqueras
Peñas del Diablo
Alcoroches
Alustante
Megina
Chequilla
Checa
Peralejos de las Truchas
Valhondo 1.747
Aguatón
Singra
Ródenas
Peracense
Castillo de Peracense
Almohaja
Alba
Torrelacárcel
Torremocha de Jiloca
Camañas
Llanos de Visiedo
Palomera 1.533
Sierra Palomera
Perales del Alfambra
Galve
Río Alfambra
Sierra de El Pobo
Virgen de la Peña
Aguilar del Alfambra
Orrios
Camarillas
La Serrezuela
Parque Natural del Alto Tajo
Orea
Orihuela del Tremedal
Nuestra Señora del Tremedal
Ermita de los Santos de Piedra
Pozondón
Santa Eulalia
Parque Cultural de Albarracín
Villarquemado
Alfambra
Escorihuela
Ababuj
Jorcas
El Pobo
Allepuz
Bronchales
Sierra Alta 1.856
Noguera de Albarracín
Monterde de Albarracín
Celadas
Peralejos
Castelfrío 1.756
Monteagudo del Castillo
Yacimiento ibérico
Sierra de Molina
Sierra de Albarracín
Cella
Cerro Gordo 1.222
Cuevas Labradas
Cedrillas
Gúdar
Sierra de Gúdar
Vega del Codorno
Monumento Natural Nacimiento del Río Cuervo
Mojón Blanco 1.792
Muela de San Juan
Nacimiento del Guadalaviar
San Felipe 1.840
Griegos
Tramacastilla
Torres de Albarracín
Albarracín
Castillo de Santa Croche
Cueva de los Civiles
Gea de Albarracín
Conjunto de arte rupestre El Rodeno
Villar del Cobo
Guadalaviar
Calomarde
Royuela
Parque Cultural de Albarracín
Paisaje Protegido Pinares de Rodeno
Conjunto de arte rupestre Tajadas
Bezas
Corbalán
Nacimiento del Río Mijares
El Castellar
Cabezo Alto 1.643
Teruel
Dinópolis
Formiche Alto
Cabra de Mora
Sierra de Tragacete
Sierra de Valdeminguete
Montes Universales
Tragacete
Parque Cinegético El Hosquillo
Parque Natural de la Serranía de Cuenca
Fuente García Nacimiento del Río Tajo
Frías de Albarracín
Moscardón
Saldón
N-211
N-234
A-23
N-420
N-330
A-1512
A-1511
A-1509
A-1508
A-2401
A-228
A-226
CM-2106
CM-2111
CM-2112

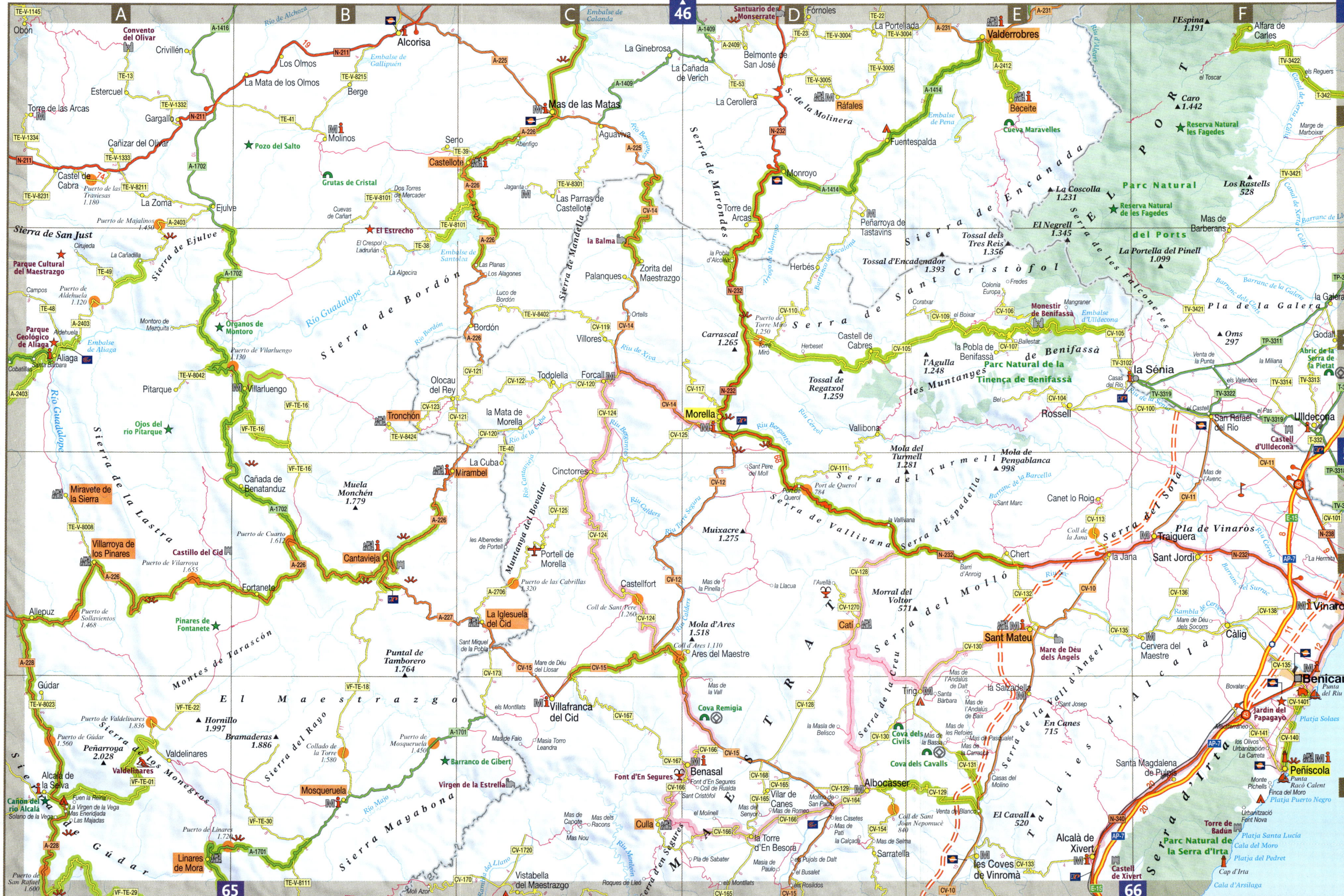
A
B
C
D
E
F
1
2
3
4
46
57
65
66
Obón
Convento del Olivar
Crivillén
Alcorisa
Los Olmos
La Mata de los Olmos
Estercuel
Torre de las Arcas
Gargallo
Berge
Molinos
Cañizar del Olivar
Pozo del Salto
Castel de Cabra
Grutas de Cristal
Seno
Castellote
Aguaviva
Mas de las Matas
La Ginebrosa
La Cañada de Verich
Belmonte de San José
La Cerollera
Ráfales
S. de la Molinera
Fuentespalda
Beceite
Valderrobres
La Portellada
Fórnoles
Santuario de Monserrate
Cueva Maravelles
Reserva Natural les Fagedes
Caro
1.442
Parc Natural
Los Rastells
528
La Coscolla
1.231
El Negrell
1.345
Reserva Natural de les Fagedes
del Ports
Mas de Barberans
La Portella del Pinell
1.099
Tossal dels Tres Reis
1.356
Tossal d'Encadenador
1.393
Monroyo
Torre de Arcas
Peñarroya de Tastavins
Las Parras de Castellote
La Zoma
Ejulve
Sierra de San Just
El Estrecho
Parque Cultural del Maestrazgo
Sierra de Ejulve
la Balma
Zorita del Maestrazgo
Palanques
Sierra de Bordón
Bordón
Río Guadalope
Órganos de Montoro
Parque Geológico de Aliaga
Aliaga
Villores
Forcall
Todolella
Olocau del Rey
Tronchón
la Mata de Morella
Morella
Carrascal
1.265
Serra de Sant Cristòfol
Castell de Cabres
la Pobla de Benifassà
Parc Natural de la Tinença de Benifassà
les Muntanyes
Tossal de Regatxol
1.259
l'Aguila
1.248
Monestir de Benifassà
Oms
297
Pla de la Galera
la Galera
Godall
la Sénia
Rossell
Vallibona
Ulldecona
Castell d'Ulldecona
San Rafael del Río
Pitarque
Villarluengo
Ojos del río Pitarque
Cañada de Benatanduz
Cincorres
La Cuba
Mirambel
Muela Monchén
1.779
Miravete de la Sierra
Sierra de la Lastra
Villarroya de los Pinares
Castillo del Cid
Cantavieja
Fortanete
Portell de Morella
Muntanya del Bovalar
Castellfort
Mola del Turmell
1.281
Mola de Penyablanca
998
Serra de Vallivana
Muixacre
1.275
Canet lo Roig
Serra del Turmell
Traiguera
Pla de Vinaròs
Sant Jordi
la Jana
Chert
Serra d'Espadella
Serra del Solà
Vinaròs
Allepuz
Pinares de Fontanete
La Iglesuela del Cid
Mola d'Ares
1.518
Ares del Maestre
Morral del Voltor
571
Serra del Molló
Cati
Sant Mateu
Mare de Déu dels Angels
Cervera del Maestre
Càlig
Benicarló
Puntal de Tamborero
1.764
Montes de Tarascón
Gúdar
El Maestrazgo
Hornillo
1.997
Bramaderas
1.886
Peñarroya
2.028
Valdelinares
Sierra de los Monegros
Sierra del Rayo
Villafranca del Cid
Cova Remigia
Tirig
la Salzadella
Serra de la Creu
Serra de la Vall d'Àngel
En Canes
715
Jardín del Papagayo
Alcalá de la Selva
Cañón del río Alcalá
Sierra de Gúdar
Mosqueruela
Barranco de Gibert
Virgen de la Estrella
Sierra Mayabona
Linares de Mora
Font d'En Segures
Benasal
Culla
Vilar de Canes
la Torre d'En Besora
Albocàsser
Cova dels Civils
Cova dels Cavalls
El Cavall
520
Talaies d'Alcalà
Santa Magdalena de Pulpis
Peñíscola
Alcalà de Xivert
Castell de Xivert
Parc Natural de la Serra d'Irta
Serra d'Irta
les Coves de Vinromà
Sarratella
Vistabella del Maestrazgo
Serra d'en Segures
MAESTRAT

A
B
C
D
E
F
1
2
3
4
46
47
56
66
MAR
MEDITERRÁNEO
Valderrobres
Beceite
Ráfales
Fuentespalda
Monroyo
Peñarroya de Tastavins
Herbés
Castell de Cabres
la Pobla de Benifassà
Parc Natural de la Tinença de Benifassà
Monestir de Benifassà
Rossell
la Sénia
Vallibona
Canet lo Roig
Chert
la Jana
Traiguera
Sant Jordi
Catí
Sant Mateu
Cervera del Maestre
Càlig
Vinaròs
Benicarló
Peníscola
Alcalà de Xivert
les Coves de Vinromà
Albocàsser
Sarratella
Tírig
la Salzadella
Santa Magdalena de Pulpis
Parc Natural de la Serra d'Irta
Serra d'Irta
Alcanar
Ulldecona
Sant Carles de la Ràpita
Amposta
Deltebre
Sant Jaume d'Enveja
Parc Natural del Delta de l'Ebre
Delta de l'Ebre
Camarles
l'Aldea
l'Ampolla
Golf de Sant Jordi
el Perelló
Tortosa
Roquetes
Santa Bàrbara
Masdenverge
la Galera
Godall
Freginals
Alfara de Carles
Aldover
Parc Natural del Ports
Serra del Boix
Pla de Vinaròs
Pla de la Galera
Serra de Sant Cristòfol
Serra de Vallivana
Serra del Turmell
Serra del Molló
Serra d'Encanada
Serra de les Falconeres
Port dels Alfacs
Port del Fangar
Cap de Tortosa
La Banya
Barra del Trabucador

OCÉANO ATLÁNTICO
Figueira da Foz
Fortaleza de Buarcos
Buarcos
Cabo Mondego
Tavarede
Montemor-o-Velho
Reserva Natural do Paul de Arzila
Rio Mondego
Condeixa-a-Nova
Soure
Louriçal
Pombal
Sicó 563
Serra de Sicó
Reguengo
Vieira de Leiria
Talhoes de Leiria
Pinhal de Leiria
Marinha Grande
LEIRIA
Marrazes
Pousos
Pataias 138
Pataias
Alva
Maceira
Batalha
Mosteiro da Batalha
Porto de Mós
Nazaré
Pedra do Guilhim
Ourém
Santuário de Nossa Senhora de Fátima
Fátima
Gruta de São Mamede
Tomar
Convento de Cristo
Pinhel
Furadouro
Casal Julião
Praia da Tamargueira
Praia da Cova Gaia
Praia de Costa de Lavos
Praia do Osso da Baleia
Praia do Casal Ventoso
Praia de Pedrogão
Praia Liz Norte
Praia de Vieira
Praia do Fausto
Praia das Pedras Negras
Praia Velha
Praia de Pedra Lisa
Praia de Pedra do Ouro
Praia Polveira
Praia da Légua
Praia do Norte
Praia da Nazaré
Praia de São Gião
A B C D E F
1 2 3 4
49
59
69

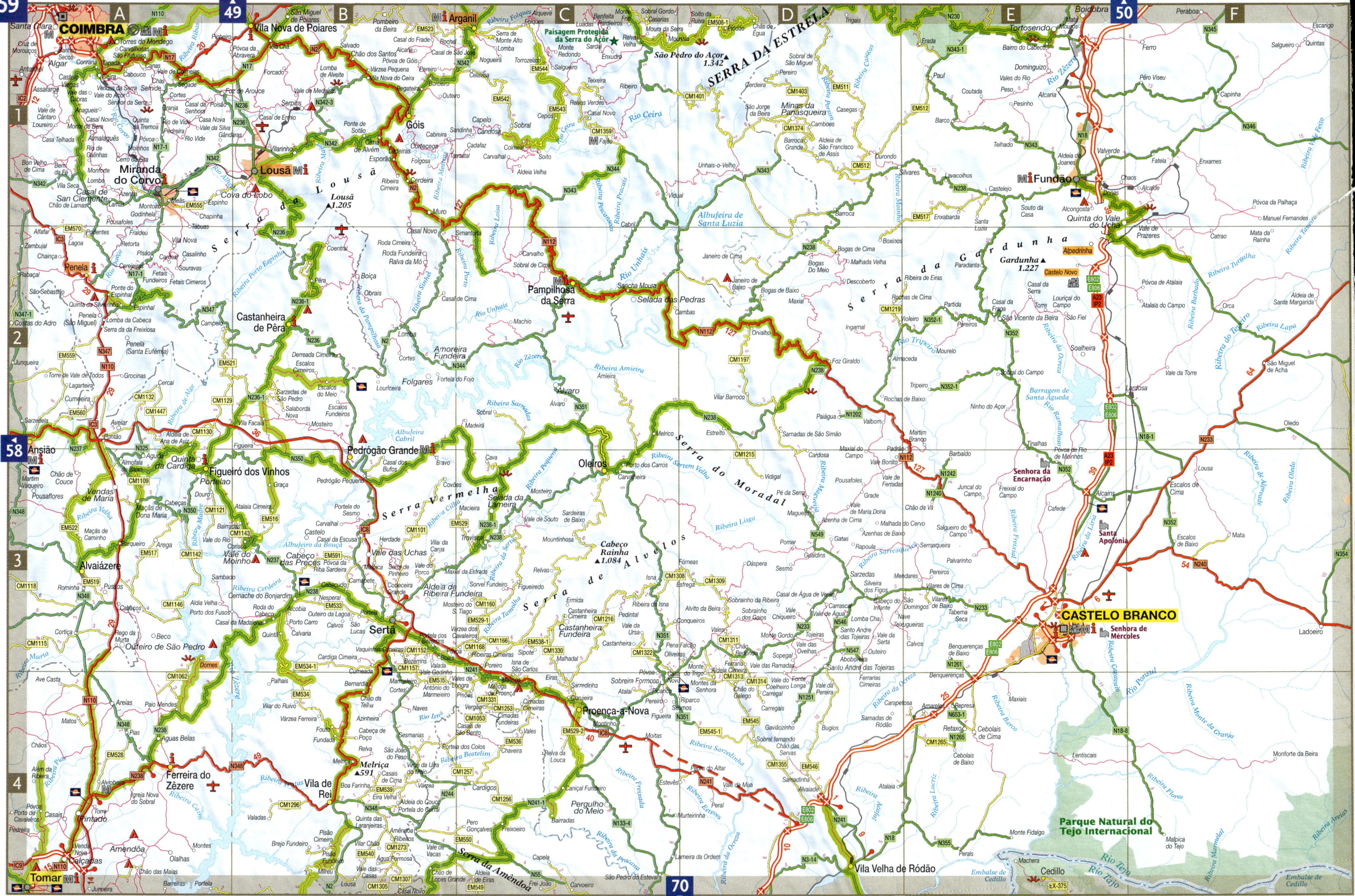

49
50
58
70
A
B
C
D
E
F
1
2
3
4
COIMBRA
Vila Nova de Poiares
Arganil
Paisagem Protegida da Serra do Açor
São Pedro do Açor 1.342
SERRA DA ESTRELA
Tortosendo
Boidobra
Miranda do Corvo
Lousã
Lousã 1.205
Serra da Lousã
Góis
Minas da Panasqueira
Fundão
Quinta do Vale do Ucha
Albufeira de Santa Luzia
Penela
Pampilhosa da Serra
Selada das Pedras
Serra da Gardunha
Gardunha 1.227
Alpedrinha
Castelo Novo
Castanheira de Pêra
Amoreira Fundeira
Folgares
Álvaro
Ansião
Pedrógão Grande
Albufeira Cabril
Figueiró dos Vinhos
Oleiros
Serra do Moradal
Serra Vermelha
Senhora da Encarnação
Alvaiázere
Vale das Uchas
Cabeço Rainha 1.084
Serra de Alvelos
Aldeia de Ribeira Fundeira
Sertã
Castanheira Fundeira
CASTELO BRANCO
Senhora de Mércoles
Santa Apolónia
Outeiro de São Pedro
Proença-a-Nova
Ferreira do Zêzere
Vila de Rei
Melriça 591
Pergulho do Meio
Parque Natural do Tejo Internacional
Tomar
Serra da Amêndoa
Vila Velha de Ródão
Cedillo
Rio Tejo

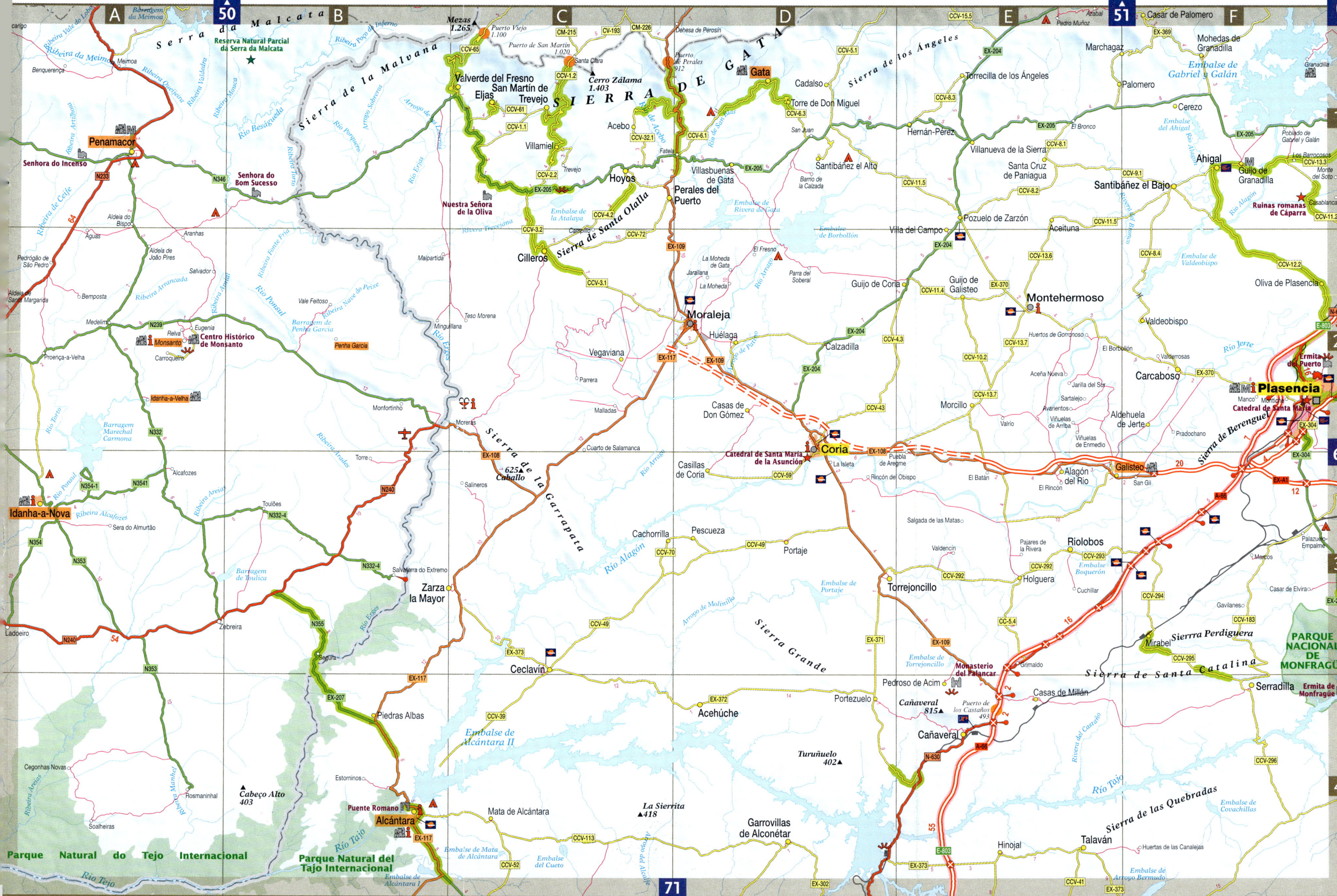
Serra da Malcata
Reserva Natural Parcial da Serra da Malcata
Sierra de la Malvana
Sierra de Gata
Sierra de los Ángeles
Sierra de Santa Olalla
Sierra de la Garrapata
Sierra Grande
Sierra de Santa Catalina
Sierra de las Quebradas
Sierra de Berenguel
Sierrra Perdiguera
PARQUE NACIONAL DE MONFRAGÜE
Ermita de Monfragüe
Parque Natural do Tejo Internacional
Parque Natural del Tajo Internacional
Río Tajo
Río Alagón
Río Jerte
Embalse de Alcántara II
Embalse de Gabriel y Galán
Embalse de Borbollón
Embalse de Valdeobispo
Penamacor
Senhora do Incenso
Senhora do Bom Sucesso
Idanha-a-Nova
Idanha-a-Velha
Monsanto
Centro Histórico de Monsanto
Zebreira
Ladoeiro
Medelim
Proença-a-Velha
Valverde del Fresno
San Martín de Trevejo
Eljas
Villamiel
Acebo
Hoyos
Perales del Puerto
Villasbuenas de Gata
Gata
Cadalso
Torre de Don Miguel
Cilleros
Nuestra Señora de la Oliva
Moraleja
Vegaviana
Huélaga
Calzadilla
Casas de Don Gómez
Coria
Catedral de Santa María de la Asunción
Casillas de Coria
Cachorrilla
Pescueza
Portaje
Torrejoncillo
Zarza la Mayor
Ceclavín
Piedras Albas
Alcántara
Puente Romano
Mata de Alcántara
Garrovillas de Alconétar
Acehúche
Portezuelo
Pedroso de Acim
Monasterio del Palancar
Cañaveral
Casas de Millán
Serradilla
Mirabel
Holguera
Riolobos
Galisteo
Alagón del Río
Montehermoso
Guijo de Coria
Guijo de Galisteo
Morcillo
Aldehuela de Jerte
Carcaboso
Plasencia
Catedral de Santa María
Ermita del Puerto
Valdeobispo
Oliva de Plasencia
Villa del Campo
Pozuelo de Zarzón
Aceituna
Santibáñez el Alto
Hernán-Pérez
Villanueva de la Sierra
Santa Cruz de Paniagua
Santibáñez el Bajo
Ahigal
Guijo de Granadilla
Ruinas romanas de Cáparra
Torrecilla de los Ángeles
Marchagaz
Palomero
Cerezo
Mohedas de Granadilla
Casar de Palomero
Talaván
Hinojal
Mezas 1.265
Cerro Zálama 1.403
Turuñuelo 402
La Sierrita 418
Cabeço Alto 403
Caballo 625
Cañaveral 815

50
51
61
71

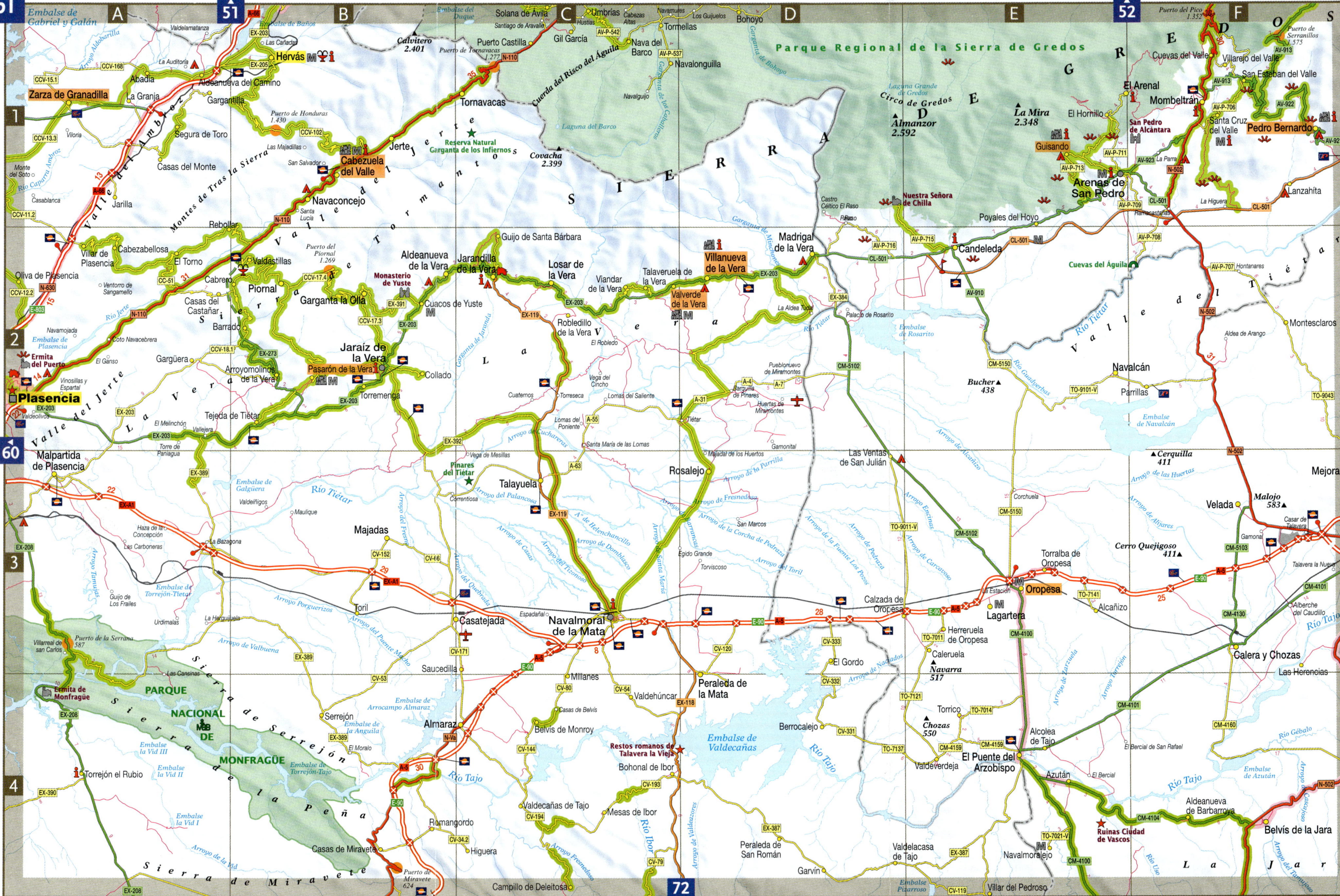
Parque Regional de la Sierra de Gredos
Sierra de Gredos
Valle del Ambroz
Valle del Jerte
Montes de Tras la Sierra
Valle de Tormantos
La Vera
Valle del Tiétar
La Jara
Sierra de Serrejón
Sierra de la Peña
Sierra de Miravete
Parque Nacional de Monfragüe
Reserva Natural Garganta de los Infiernos
Circo de Gredos
Almanzor 2.592
La Mira 2.348
Covacha 2.399
Calvitero 2.401
Cuerda del Risco del Águila
Embalse de Gabriel y Galán
Embalse de Valdecañas
Embalse de Rosarito
Embalse de Navalcán
Río Tiétar
Río Tajo
Plasencia
Malpartida de Plasencia
Zarza de Granadilla
Hervás
Abadía
La Granja
Aldeanueva del Camino
Gargantilla
Segura de Toro
Casas del Monte
Jarilla
Oliva de Plasencia
Villar de Plasencia
Cabezabellosa
El Torno
Rebollar
Navaconcejo
Cabezuela del Valle
Jerte
Tornavacas
Puerto Castilla
Solana de Ávila
Umbrías
Gil García
Tormellas
Nava del Barco
Navalonguilla
Bohoyo
Valdastillas
Cabrero
Piornal
Casas del Castañar
Barrado
Garganta la Olla
Cuacos de Yuste
Aldeanueva de la Vera
Jarandilla de la Vera
Guijo de Santa Bárbara
Losar de la Vera
Viandar de la Vera
Talaveruela de la Vera
Valverde de la Vera
Villanueva de la Vera
Madrigal de la Vera
Candeleda
Poyales del Hoyo
Arenas de San Pedro
Guisando
El Hornillo
El Arenal
Mombeltrán
Cuevas del Valle
Villarejo del Valle
San Esteban del Valle
Santa Cruz del Valle
Pedro Bernardo
Lanzahíta
Jaraíz de la Vera
Pasarón de la Vera
Arroyomolinos de la Vera
Torremenga
Collado
Tejeda de Tiétar
Robledillo de la Vera
Gargüera
Talayuela
Rosalejo
Majadas
Toril
Casatejada
Navalmoral de la Mata
Saucedilla
Millanes
Valdehúncar
Peraleda de la Mata
Serrejón
Almaraz
Belvís de Monroy
Bohonal de Ibor
Mesas de Ibor
Valdecañas de Tajo
Romangordo
Higuera
Casas de Miravete
Campillo de Deleitosa
Peraleda de San Román
Garvín
Valdelacasa de Tajo
Villar del Pedroso
Navalmoralejo
Las Ventas de San Julián
Calzada de Oropesa
Oropesa
Lagartera
Torralba de Oropesa
Alcañizo
Herreruela de Oropesa
Caleruela
El Gordo
Berrocalejo
Torrico
Valdeverdeja
El Puente del Arzobispo
Alcolea de Tajo
Azután
Aldeanueva de Barbarroya
Belvís de la Jara
Calera y Chozas
Las Herencias
Velada
Mejorada
Navalcán
Parrillas
Montesclaros
Torrejón el Rubio
Ermita de Monfragüe
Restos romanos de Talavera la Vieja
Ruinas Ciudad de Vascos
Cuevas del Águila
Nuestra Señora de Chilla
Monasterio de Yuste
Pinares del Tiétar

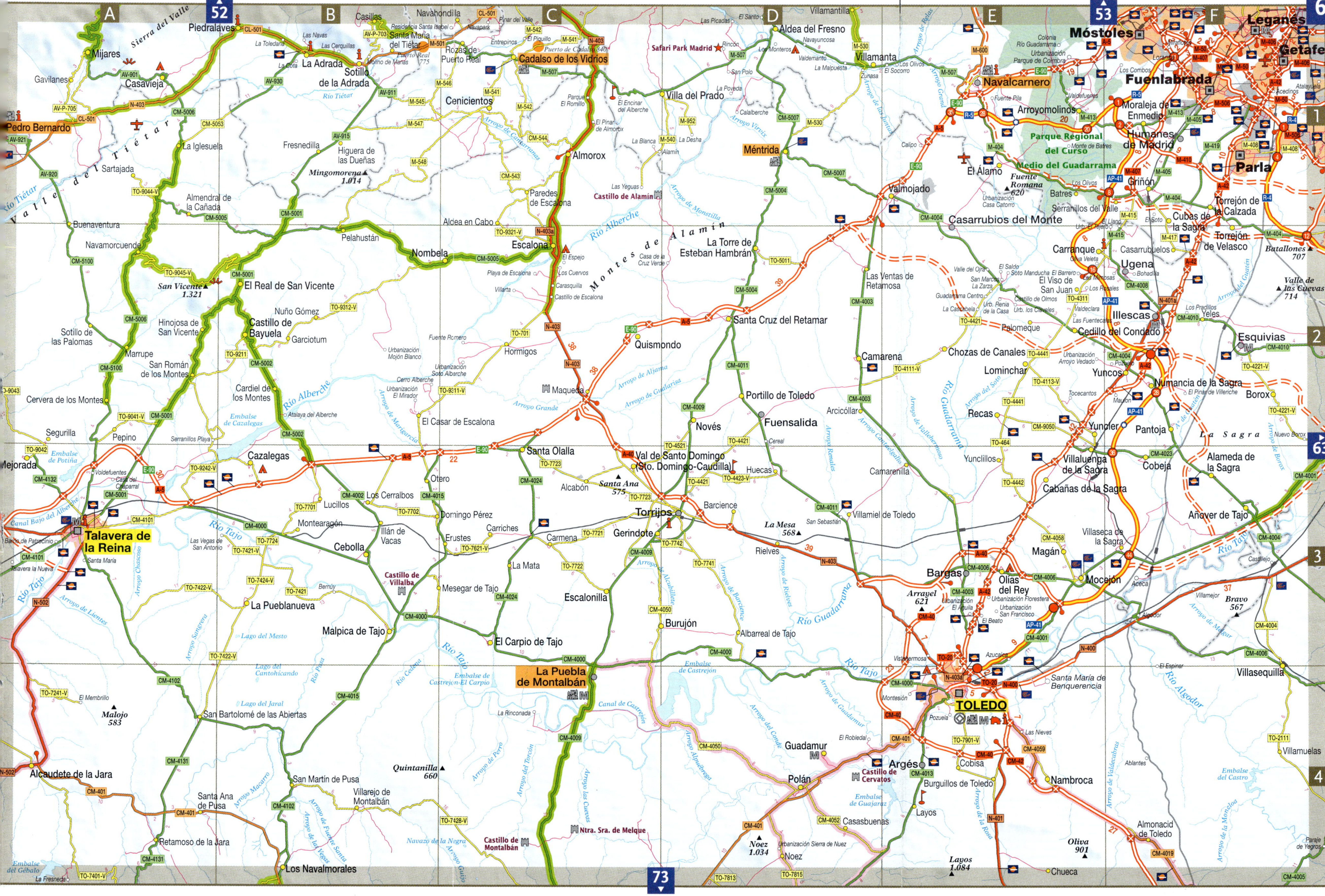

52
53
73
63
A
B
C
D
E
F
1
2
3
4
Piedralaves
Mijares
Gavilanes
Casavieja
Pedro Bernardo
La Iglesuela
Sartajada
Almendral de la Cañada
Buenaventura
Navamorcuende
Sierra del Valle
Valle del Tiétar
Casillas
Navahondilla
Santa María del Tiétar
La Adrada
Sotillo de la Adrada
Rozas de Puerto Real
Cadalso de los Vidrios
Cenicientos
Fresnedilla
Higuera de las Dueñas
Mingomorena 1.014
Almorox
Paredes de Escalona
Castillo de Alamín
Aldea en Cabo
Pelahustán
Nombela
Escalona
El Real de San Vicente
San Vicente 1.321
Nuño Gómez
Castillo de Bayuela
Hinojosa de San Vicente
Garciotum
Sotillo de las Palomas
Marrupe
San Román de los Montes
Cardiel de los Montes
Cervera de los Montes
Segurilla
Pepino
Mejorada
Cazalegas
Talavera de la Reina
Montearagón
Cebolla
Illán de Vacas
Lucillos
Los Cerralbos
Otero
Domingo Pérez
Erustes
Carriches
La Pueblanueva
Malpica de Tajo
Mesegar de Tajo
Castillo de Villalba
La Mata
Escalonilla
El Carpio de Tajo
La Puebla de Montalbán
San Bartolomé de las Abiertas
Malojo 583
Alcaudete de la Jara
Santa Ana de Pusa
San Martín de Pusa
Villarejo de Montalbán
Quintanilla 660
Retamoso de la Jara
Los Navalmorales
Castillo de Montalbán
Ntra. Sra. de Melque
Aldea del Fresno
Villamantilla
Villamanta
Safari Park Madrid
Villa del Prado
Méntrida
Casarrubios del Monte
Valmojado
La Torre de Esteban Hambrán
Montes de Alamín
Las Ventas de Retamosa
Santa Cruz del Retamar
Quismondo
Hormigos
Maqueda
Portillo de Toledo
Fuensalida
Novés
El Casar de Escalona
Santa Olalla
Val de Santo Domingo (Sto. Domingo-Caudilla)
Alcabón
Santa Ana 575
Huecas
Torrijos
Gerindote
Carmena
Barcience
Rielves
La Mesa 568
Villamiel de Toledo
Burujón
Albarreal de Tajo
Camarena
Chozas de Canales
Lominchar
Arcicóllar
Recas
Camarenilla
Yunclillos
Guadamur
Polán
Argés
Castillo de Cervatos
Cobisa
Burguillos de Toledo
Nambroca
Layos
Casasbuenas
Noez 1.034
Layos 1.084
Chueca
Oliva 901
Almonacid de Toledo
Villamuelas
TOLEDO
Santa María de Benquerencia
Bargas
Olías del Rey
Magán
Mocejón
Villaseca de la Sagra
Añover de Tajo
Cabañas de la Sagra
Villaluenga de la Sagra
Cobeja
Alameda de la Sagra
Pantoja
Yuncler
Yuncos
Numancia de la Sagra
Borox
Esquivias
Illescas
Cedillo del Condado
Ugena
Carranque
Casarrubuelos
Cubas de la Sagra
Torrejón de la Calzada
Torrejón de Velasco
Batallones 707
Valle de las Cuevas 714
Griñón
Serranillos del Valle
Batres
El Álamo
Navalcarnero
Arroyomolinos
Moraleja de Enmedio
Humanes de Madrid
Parque Regional del Curso Medio del Guadarrama
Parla
Fuenlabrada
Móstoles
Leganés
Getafe
Río Tajo
Río Alberche
Río Guadarrama
Río Tiétar
Río Algodor
La Sagra
Bravo 567
Arrayel 621
Fuente Romana 620

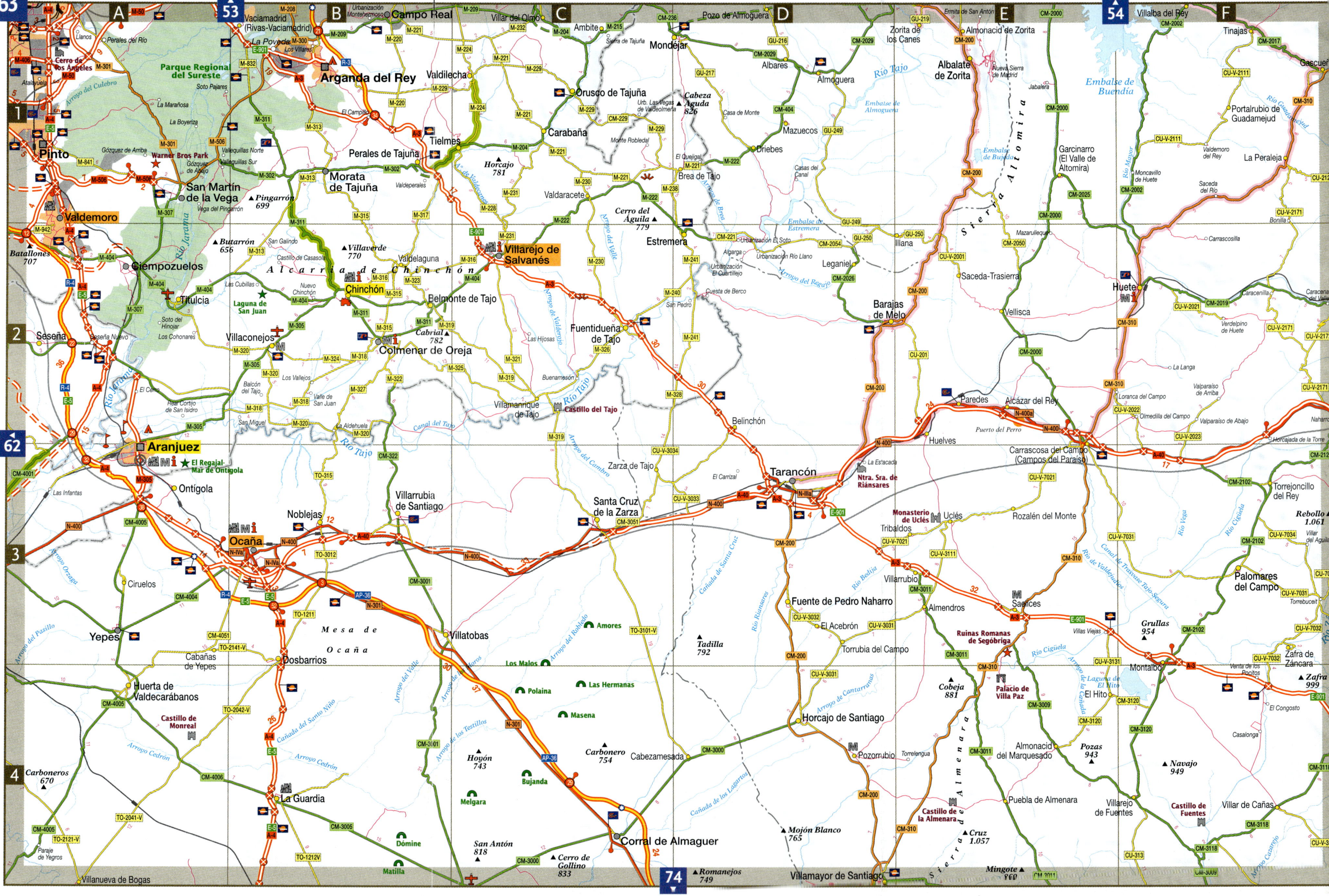
53
54
62
74
A
B
C
D
E
F
1
2
3
4
Pinto
Valdemoro
Parque Regional del Sureste
Vaciamadrid (Rivas-Vaciamadrid)
La Poveda
Campo Real
Arganda del Rey
Valdilecha
Villar del Olmo
Ambite
Pozo de Almoguera
Mondéjar
Orusco de Tajuña
Carabaña
Tielmes
Perales de Tajuña
Morata de Tajuña
San Martín de la Vega
Ciempozuelos
Titulcia
Chinchón
Villarejo de Salvanés
Belmonte de Tajo
Colmenar de Oreja
Villaconejos
Seseña
Aranjuez
Ontígola
Noblejas
Villarrubia de Santiago
Ocaña
Ciruelos
Yepes
Dosbarrios
Villatobas
Huerta de Valdecarábanos
La Guardia
Corral de Almaguer
Villamayor de Santiago
Horcajo de Santiago
Cabezamesada
Santa Cruz de la Zarza
Zarza de Tajo
Tarancón
Belinchón
Fuentidueña de Tajo
Estremera
Valdaracete
Brea de Tajo
Driebes
Mazuecos
Almoguera
Albares
Zorita de los Canes
Almonacid de Zorita
Albalate de Zorita
Illana
Leganiel
Barajas de Melo
Saceda-Trasierra
Vellisca
Huete
Garcinarro (El Valle de Altomira)
Tinajas
Villalba del Rey
Gascueña
Portalrubio de Guadamejud
La Peraleja
Alcázar del Rey
Paredes
Huelves
Carrascosa del Campo (Campos del Paraíso)
Torrejoncillo del Rey
Uclés
Tribaldos
Rozalén del Monte
Fuente de Pedro Naharro
Villarrubio
Almendros
Saelices
El Acebrón
Torrubia del Campo
Palomares del Campo
Montalbo
Zafra de Záncara
El Hito
Almonacid del Marquesado
Pozorrubio
Puebla de Almenara
Villarejo de Fuentes
Villar de Cañas
Villanueva de Bogas
Ruinas Romanas de Segóbriga
Castillo del Tajo
Monasterio de Uclés
Ntra. Sra. de Riánsares
Mesa de Ocaña
Alcarria de Chinchón
Sierra de Altomira
Sierra de Almenara
Río Tajo
Embalse de Buendía
Embalse de Estremera
Embalse de Almoguera
Embalse de Bujeda

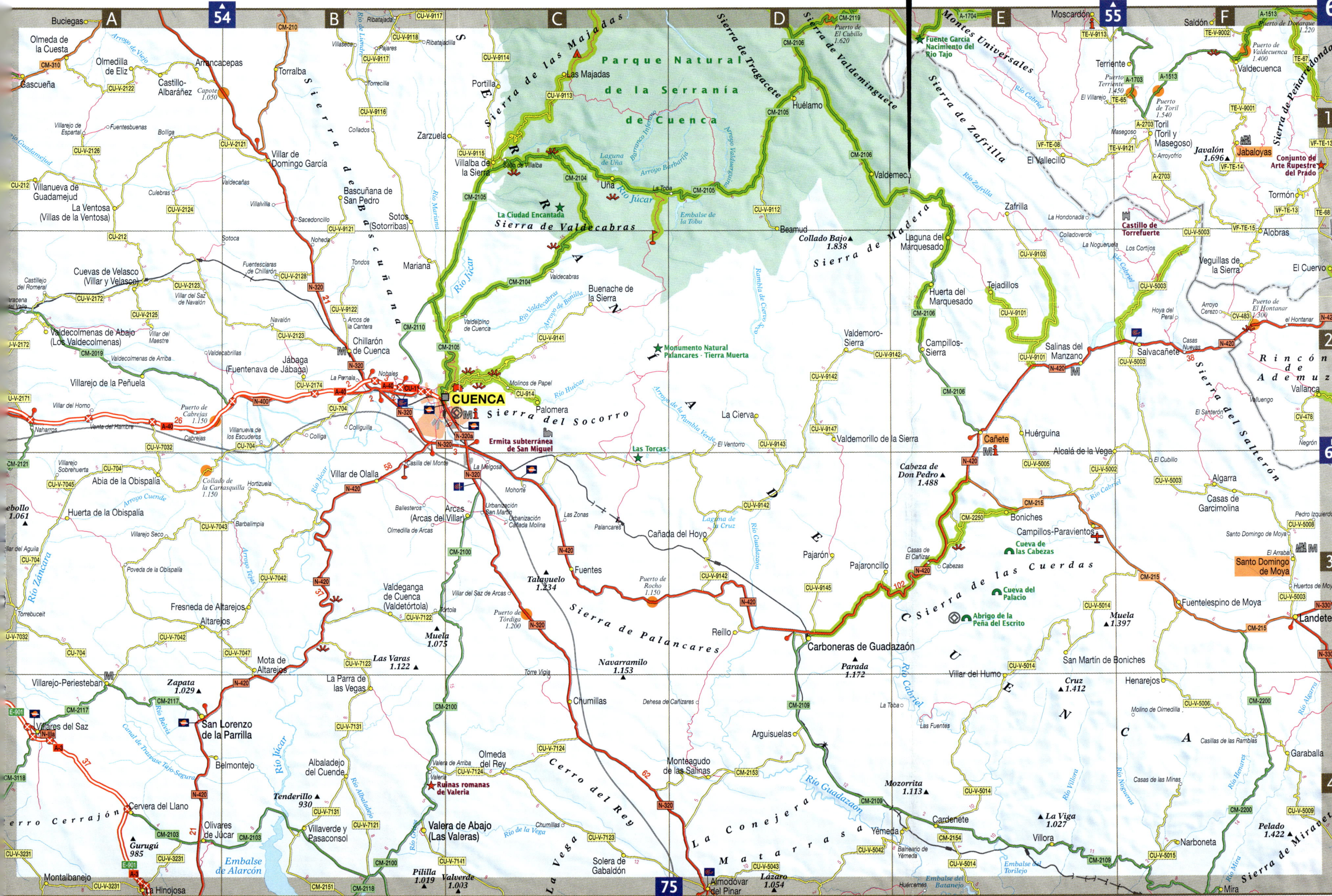

CUENCA
Parque Natural de la Serranía de Cuenca
Sierra de las Majadas
Sierra de Tragacete
Sierra de Valdemingüete
Montes Universales
Sierra de Zafrilla
Sierra de Peñarredonda
Sierra de Bascuñana
Sierra de Valdecabras
Sierra de Madera
Sierra del Socorro
Sierra del Salterón
Rincón de Ademuz
Sierra de las Cuerdas
Sierra de Palancares
Cerro del Rey
La Vega
La Conejera
Matarrasa
Sierra de Mirahuete
Cerro Cerrajón
SERRANÍA DE CUENCA
Fuente García Nacimiento del Río Tajo
La Ciudad Encantada
Monumento Natural Palancares - Tierra Muerta
Las Torcas
Ermita subterránea de San Miguel
Ruinas romanas de Valeria
Cueva de las Cabezas
Cueva del Palacio
Abrigo de la Peña del Escrito
Castillo de Torrefuerte
Conjunto de Arte Rupestre del Prado
Santo Domingo de Moya
Jabaloyas
Cañete
Embalse de Alarcón
Embalse de la Toba
Río Júcar
Río Cabriel
Río Guadazaón
Buciegas
Olmeda de la Cuesta
Gascueña
Olmedilla de Eliz
Arrancacepas
Castillo-Albaráñez
Torralba
Portilla
Las Majadas
Huélamo
Zarzuela
Villar de Domingo García
Villalba de la Sierra
Una
Valdemeca
Bascuñana de San Pedro
Sotos (Sotorribas)
Mariana
Beamud
Laguna del Marquesado
Collado Bajo 1.838
Huerta del Marquesado
Tejadillos
Zafrilla
El Vallecillo
Tragacete
Terriente
Valdecuenca
Toril (Toril y Masegoso)
Javalón 1.696
Tormón
Alobras
Veguillas de la Sierra
El Cuervo
Villanueva de Guadamejud
La Ventosa (Villas de la Ventosa)
Cuevas de Velasco (Villar y Velasco)
Valdecolmenas de Abajo (Los Valdecolmenas)
Chillarón de Cuenca
Buenache de la Sierra
Valdemoro-Sierra
Campillos-Sierra
Salinas del Manzano
Salvacañete
Vallanca
Jábaga (Fuentenava de Jábaga)
Villarejo de la Peñuela
Palomera
La Cierva
Valdemorillo de la Sierra
Huérguina
Alcalá de la Vega
Algarra
Casas de Garcimolina
Boniches
Campillos-Paravientos
Villar de Olalla
Abia de la Obispalía
Huerta de la Obispalía
Arcas (Arcas del Villar)
Cañada del Hoyo
Pajarón
Pajaroncillo
Cabeza de Don Pedro 1.488
Fuentes
Valdeganga de Cuenca (Valdetórtola)
Fresneda de Altarejos
Altarejos
Mota de Altarejos
Talayuelo 1.234
Reíllo
Carboneras de Guadazaón
Fuentelespino de Moya
Landete
Muela 1.397
San Martín de Boniches
Villar del Humo
Henarejos
Muela 1.075
Las Varas 1.122
Navarramilo 1.153
Parada 1.172
Cruz 1.412
Villarejo-Periesteban
Zapata 1.029
La Parra de las Vegas
Chumillas
Arguisuelas
Villares del Saz
San Lorenzo de la Parrilla
Belmontejo
Albaladejo del Cuende
Olmeda del Rey
Monteagudo de las Salinas
Mozorrita 1.113
Cardenete
Garaballa
Tenderillo 930
Cervera del Llano
Olivares de Júcar
Villaverde y Pasaconsol
Valera de Abajo (Las Valeras)
Yémeda
Villora
Narboneta
La Viga 1.027
Pelado 1.422
Gurugú 985
Montalbanejo
La Hinojosa
Pililla 1.019
Valverde 1.003
Solera de Gabaldón
Almodóvar del Pinar
Lázaro 1.054
Mira
A-40
N-320
N-420
N-400
CM-2105
CM-2104
CM-2106
CM-215
A-3
E-901
54
55
65
75

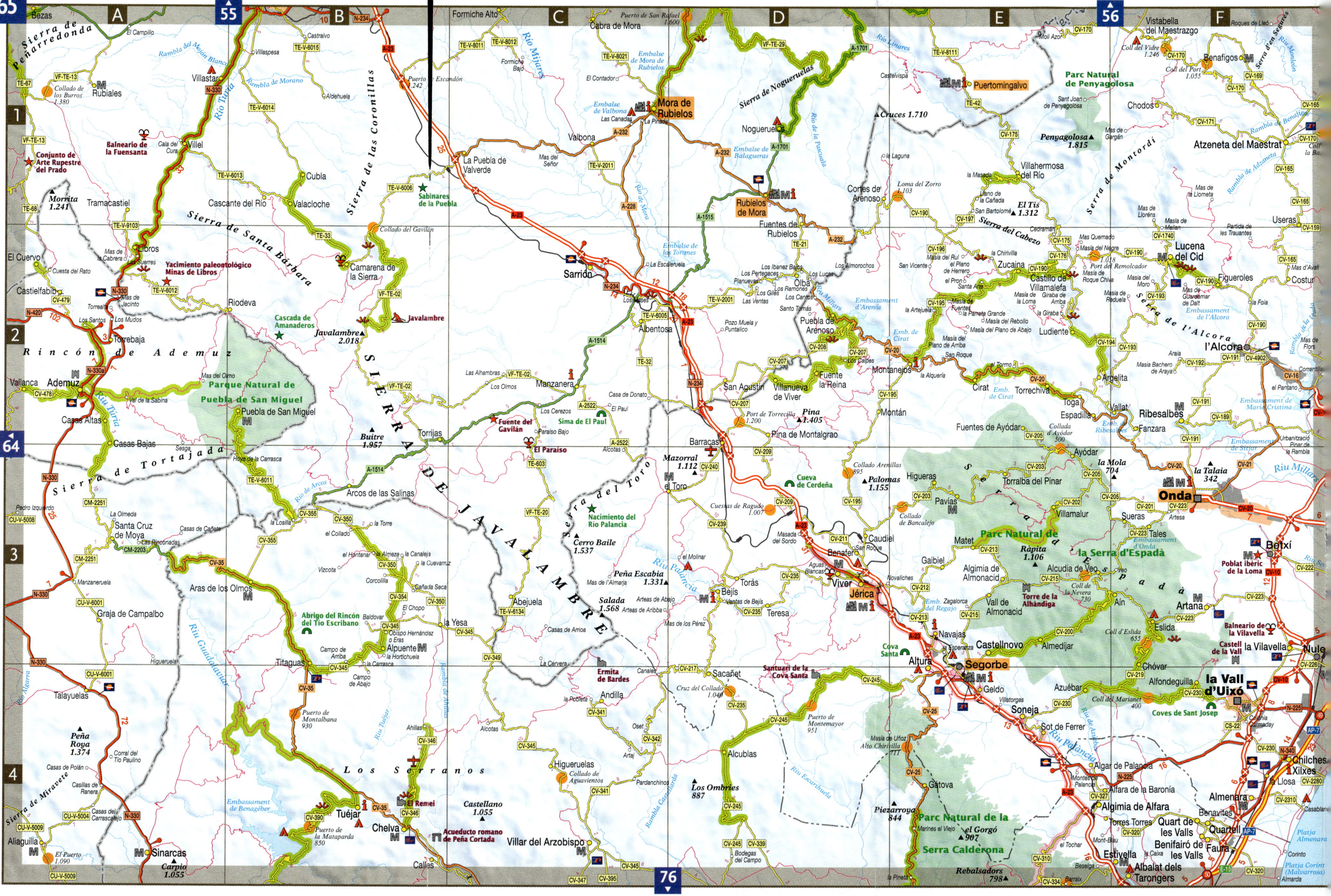
55
56
64
76
A
B
C
D
E
F
1
2
3
4
Sierra de Peñarredonda
Bezas
Formiche Alto
Cabra de Mora
Vistabella del Maestrazgo
Villastar
Rubiales
Villel
Cubla
Cascante del Río
Valacloche
Tramacastiel
Libros
El Cuervo
Castielfabib
Torrebaja
Riodeva
Camarena de la Sierra
Javalambre
Javalambre 2.018
Sierra de las Coronillas
Sierra de Santa Bárbara
La Puebla de Valverde
Sabinares de la Puebla
Valbona
Mora de Rubielos
Rubielos de Mora
Fuentes de Rubielos
Nogueruelas
Sierra de Nogueruelas
Cruces 1.710
Puertomingalvo
Parc Natural de Penyagolosa
Penyagolosa 1.815
Villahermosa del Río
Chodos
Benafigos
Atzeneta del Maestrat
Sarrión
Albentosa
Manzanera
Olba
Puebla de Arenoso
Zucaina
Castillo de Villamalefa
Ludiente
Lucena del Cid
Figueroles
Costur
l'Alcora
Rincón de Ademuz
Ademuz
Vallanca
Casas Altas
Casas Bajas
Parque Natural de Puebla de San Miguel
Puebla de San Miguel
Sierra de Tortajada
SIERRA DE JAVALAMBRE
Buitre 1.957
Torrijas
Arcos de las Salinas
Fuente del Gavilán
El Paraíso
Sima de El Paul
San Agustín
Villanueva de Viver
Fuente la Reina
Montanejos
Cirat
Torrechiva
Toga
Espadilla
Vallat
Argelita
Ribesalbes
Fanzara
Fuentes de Ayódar
Ayódar
Barracas
Pina
Pina de Montalgrao
Montán
Mazorral 1.112
El Toro
Sierra del Toro
Cueva de Cerdeña
Palomas 1.155
Higueras
Pavías
Torralba del Pinar
Villamalur
La Mola 704
La Talaia 342
Onda
Betxí
Santa Cruz de Moya
Nacimiento del Río Palancia
Cerro Baile 1.537
Caudiel
Matet
Gaibiel
Benafer
Viver
Jérica
Parc Natural de la Serra d'Espadà
Rápita 1.106
Sueras
Tales
Alcudia de Veo
Algimia de Almonacid
Vall de Almonacid
Torre de la Alhándiga
Aín
Artana
Eslida
Poblat ibèric de la Loma
Aras de los Olmos
Graja de Campalbo
Peña Escabia 1.331
Salada 1.568
Torás
Bejís
Teresa
Abejuela
Abrigo del Rincón del Tío Escribano
La Yesa
Alpuente
Titaguas
Navajas
Castellnovo
Almedíjar
Chóvar
Alfondeguilla
la Vall d'Uixó
la Vilavella
Nules
Balneario de la Vilavella
Castell de la Vall
Segorbe
Altura
Cova Santa
Geldo
Soneja
Azuébar
Sot de Ferrer
Ermita de Bardes
Santuari de la Cova Santa
Sacañet
Andilla
Talayuelas
Peña Roya 1.374
Los Serranos
Higueruelas
Alcublas
Los Ombríos 887
Algar de Palancia
Alfara de la Baronía
Algimia de Alfara
Torres Torres
Quart de les Valls
Quartell
Benifairó de les Valls
Faura
Benavites
Almenara
Chilches
Xilxes
la Llosa
Tuéjar
Chelva
El Remei
Castellano 1.055
Acueducto romano de Peña Cortada
Villar del Arzobispo
Piezarroya 844
Parc Natural de la Serra Calderona
el Gorgo 907
Gátova
Estivella
Albalat dels Tarongers
Rebalsadors 798
Aliaguilla
Sinarcas
Carpio 1.055
Calles
Moya
Yacimiento paleontológico Minas de Libros
Balneario de la Fuensanta
Conjunto de Arte Rupestre del Prado
Morrita 1.241
Cascada de Amanaderos
Coves de Sant Josep

CASTELLÓN DE LA PLANA/
CASTELLÓ DE LA PLANA
Vila-real
Almazora/
Almassora
Burriana
Nules
Moncofa
Benicasim
Benicàssim
Oropesa del Mar (Orpesa)
Torreblanca
Cabanes
Vall d'Alba
Vilafamés
la Pobla Tornesa
Borriol
Sant Joan de Moró
Benlloch
Vilanova d'Alcolea
Torre Endoménech
Sierra Engarcerán
Useras
Aeroport de Castelló
Parc Natural del Prat de Cabanes-Torreblanca
Parc Natural de la Serra d'Irta
Paratge Natural Desert de les Palmes
Arc de Cabanes
Castell de Miravet
La Penya 726
el Grau de Castelló
Alqueríes del Niño Perdido
MENORCA
Ciutadella (Ciutadella de Menorca)
Maó
Es Castell
Sant Lluís
Alaior
Es Mercadal
Ferreries
Es Migjorn Gran
el Toro 350
la Mola 537
sa Muntanya Mala 207
Naveta des Tudons
Castell de Santa Agueda
Parc Natural de s'Albufera des Grau
Cova d'en Xoroi
Islas Columbretes
Reserva marina de las Islas Columbretes
MAR MEDITERRÁNEO
MAR MEDITERRÁNEO

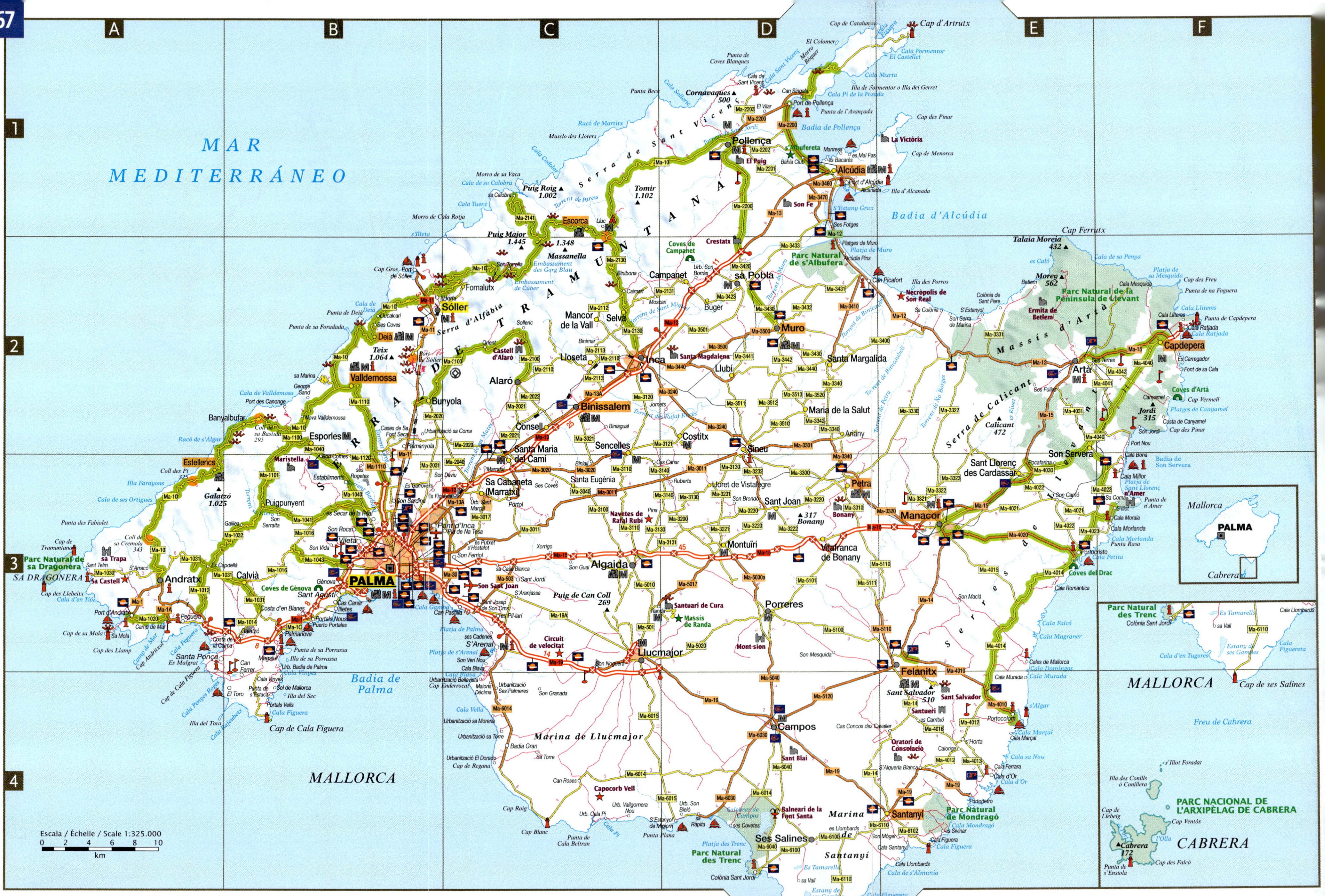

A
B
C
D
E
F
1
2
3
4
MAR MEDITERRÁNEO
MALLORCA
Badia de Palma
Badia d'Alcúdia
Badia de Pollença
Serra de Tramuntana
Serra de Sant Vicenç
Serra d'Alfàbia
Serres de Llevant
Serra de Calicant
Massís d'Artà
Marina de Llucmajor
Marina de Santanyí
Cap de Formentor
Cap d'Artrutx
Cap Ferrutx
Cap Blanc
Cap de Cala Figuera
PALMA
Andratx
Calvià
Sóller
Deià
Valldemossa
Estellencs
Banyalbufar
Esporles
Puigpunyent
Bunyola
Alaró
Pollença
Alcúdia
sa Pobla
Muro
Inca
Binissalem
Santa Maria del Camí
Sa Cabaneta (Marratxí)
Consell
Lloseta
Selva
Mancor de la Vall
Campanet
Búger
Llubí
Sencelles
Costitx
Sineu
Santa Margalida
Maria de la Salut
Ariany
Petra
Sant Joan
Montuïri
Vilafranca de Bonany
Algaida
Llucmajor
Porreres
Manacor
Sant Llorenç des Cardassar
Son Servera
Artà
Capdepera
Felanitx
Campos
Ses Salines
Santanyí
Escorca
Fornalutx
Parc Natural de sa Dragonera
SA DRAGONERA
Parc Natural de s'Albufera
Parc Natural de la Península de Llevant
Parc Natural de Mondragó
Parc Natural des Trenc
Puig Major 1.445
Massanella 1.348
Puig Roig 1.002
Tomir 1.102
Teix 1.064
Galatzó 1.025
Cornavaques 500
Talaia Moreia 432
Morey 562
Calicant 472
Jordi 315
Puig de Can Coll 269
317 Bonany
Sant Salvador 510
Coves de Gènova
Coves del Drac
Coves d'Artà
Coves de Campanet
Circuit de velocitat
Santuari de Cura
Massís de Randa
Capocorb Vell
Escala / Échelle / Scale 1:325.000
0 2 4 6 8 10
km
Mallorca
PALMA
Cabrera
MALLORCA
Freu de Cabrera
Cap de ses Salines
PARC NACIONAL DE L'ARXIPÈLAG DE CABRERA
CABRERA
Cabrera 172

A
B
C
D
E
F
1
2
3
4
EIVISSA/IBIZA
FORMENTERA
MAR MEDITERRANEO
Eivissa
Sant Antoni de Portmany
Santa Eulària des Riu
Sant Joan de Labritja
Sant Josep de sa Talaia
Sant Francesc de Formentera
Serra de Mala Costa
Serra de ses Fontanelles
Serra Grossa
Serra de Sant Josep
Parc Natural de Cala d'Hort, Cap Llentrisca i sa Talaia
Parc Natural de ses Salines
Aquarium Cap Blanc
Cova des Vi
Cova des Culleram
Massís de Sant Carles
Aeroport d'Eivissa
Es Camp Vell 400
Furnás 409
Talaia de Sant Llorenç 277
sa Talaia 475
Palau 232
414 Puig de Llentrisca
Ferrer 136
Restes romanes de Can Blai
Jaciment de Cap de Barbaria
Cap de Barbaria
Cap Llentrisca
Punta de Portes
Tagomago
Cap Roig
Punta Grossa
Platja de Santa Eulària
Cala Blanca
Cap Llibrell
Sant Jordi
Platja d'en Bossa
sa Revista
Platja des Cavallet
Punta Roma
Freu Petit
Illes des Penjats
Illetes Negres
Freu Gros
sa Torreta
Illes des Porc
s'Espardell
s'Espalmador
Ses Salines
Punta de sa Pedrera
Punta Prima
Platja des Pujols
Sant Ferran de ses Roques
Platja de Tramuntana
Punta de sa Creu
Punta Rasa
Platja de Migjorn
Punta de l'Anguila
Far de la Mola
Punta Rotja
Cap Nonó
Cap Negret
Escull de Tramuntana
sa Conillera
ses Bledes
Illa des Bosc
Illa des Frare
es Vedrà
es Vendranell
Cap d'Albarca
Punta de sa Creu
Illa Murada
C-733
C-731
E-20
PM-810
PM-811
PM-812
PM-803
PM-804
PM-802
PM-820
PM-V-810-1
PM-V-812-2
PM-V-804-1
PM-V-803-1
PM-V-820-1
PM-V-820-2

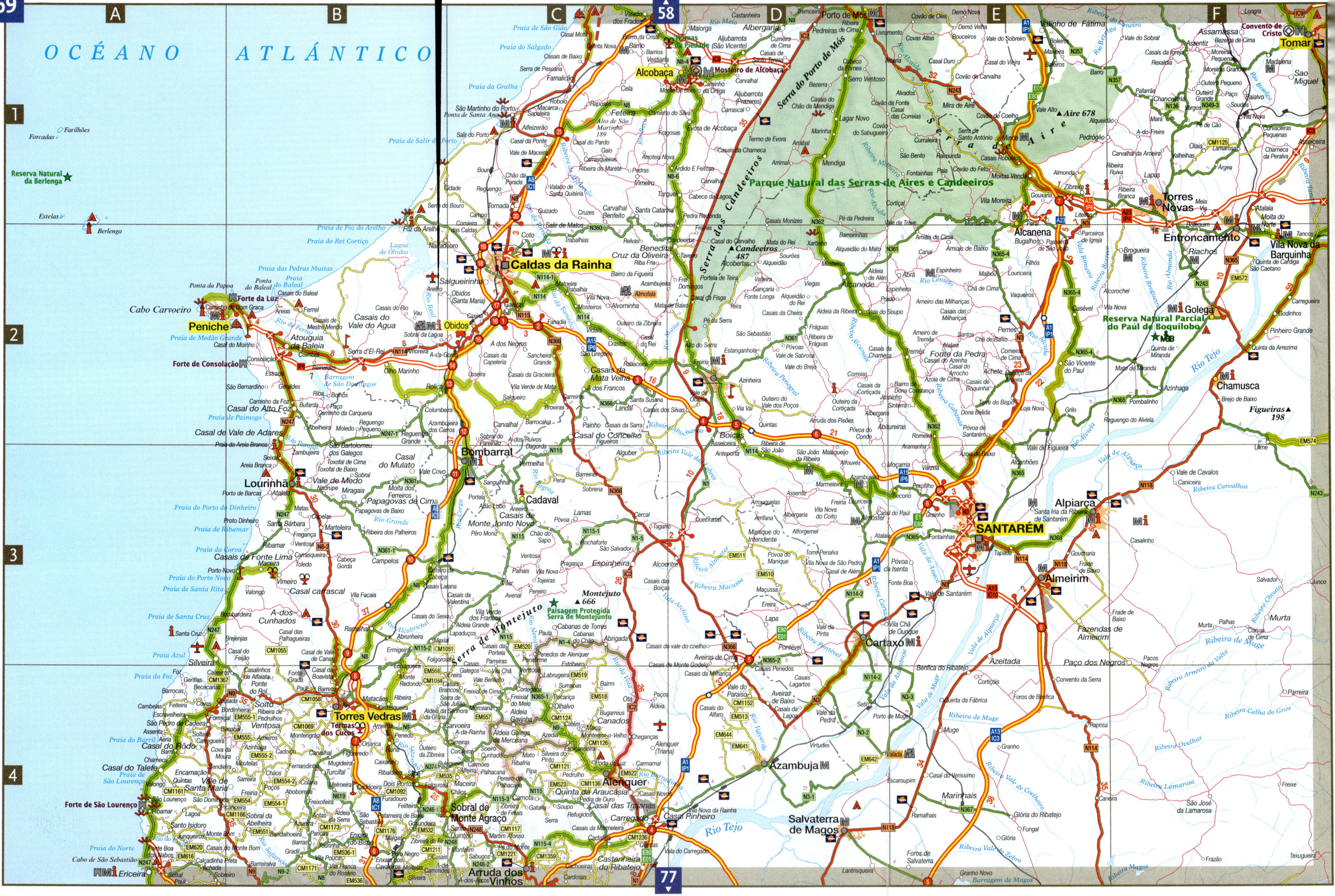
OCÉANO ATLÁNTICO
58
77
A
B
C
D
E
F
1
2
3
4
Caldas da Rainha
Peniche
Torres Vedras
Santarém
Alcobaça
Tomar
Torres Novas
Entroncamento
Vila Nova da Barquinha
Golegã
Chamusca
Alpiarça
Almeirim
Cartaxo
Azambuja
Alenquer
Salvaterra de Magos
Sobral de Monte Agraço
Arruda dos Vinhos
Lourinhã
Bombarral
Cadaval
Óbidos
Ericeira
Alcanena
Porto de Mós
Cabo Carvoeiro
Forte da Luz
Forte de Consolação
Forte de São Lourenço
Reserva Natural da Berlenga
Berlenga
Estelas
Forcadas
Farilhões
Parque Natural das Serras de Aires e Candeeiros
Serra dos Candeeiros
Serra do Porto de Mós
Serra de Aire
Aire 678
Candeeiros 487
Serra de Montejunto
Montejunto 666
Paisagem Protegida Serra de Montejunto
Reserva Natural Parcial do Paúl de Boquilobo
Figueiras 198
Rio Tejo
Mosteiro de Alcobaça
Convento de Cristo

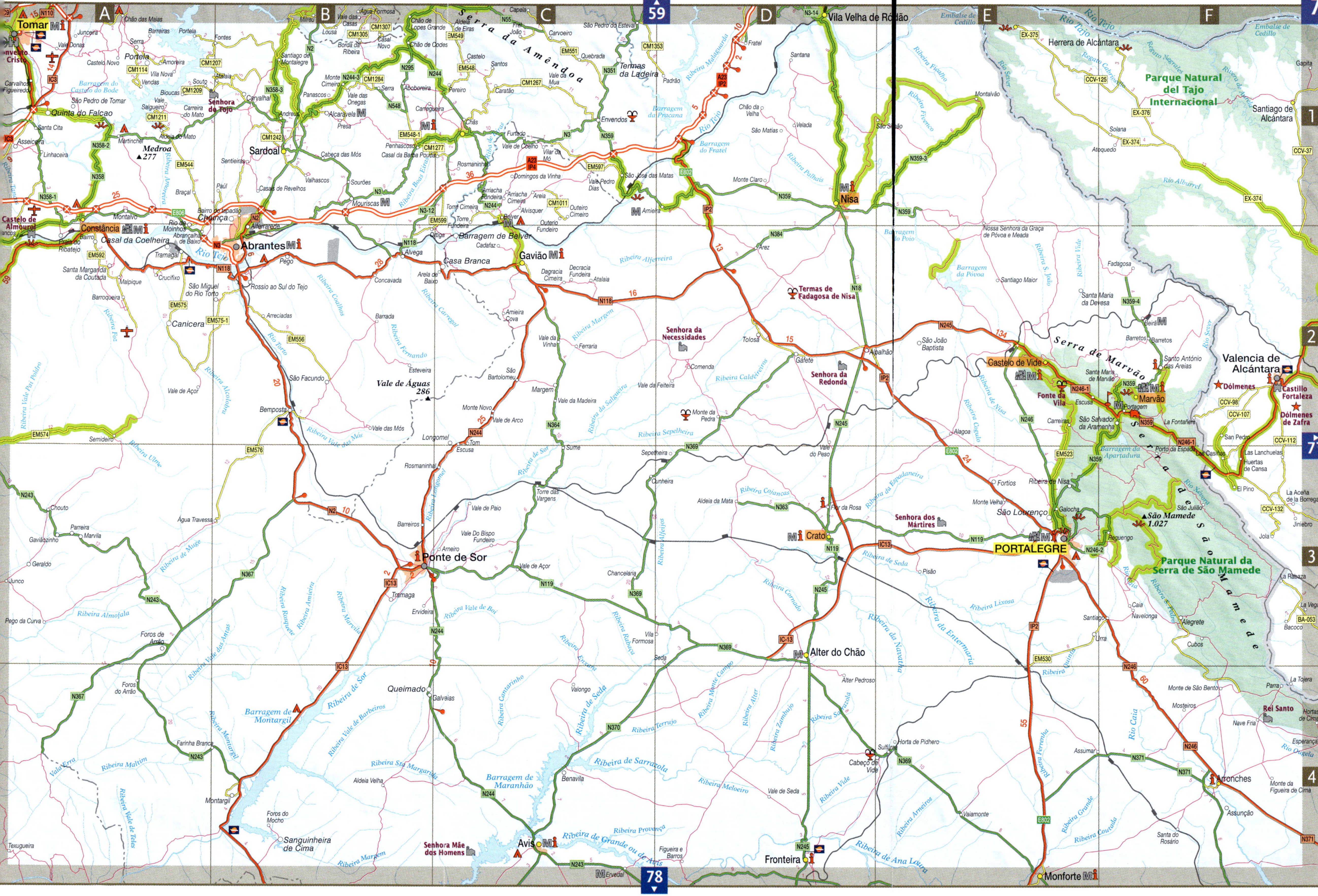
59
78
71
A
B
C
D
E
F
1
2
3
4
Tomar
Sardoal
Abrantes
Constância
Casal da Coelheira
Chamusca
Barragem de Belver
Gavião
Casa Branca
Ponte de Sor
Vale de Águas
286
Medroa
277
Canicera
Bemposta
Nisa
Vila Velha de Ródão
Termas da Ladeira
Serra da Amêndoa
Termas de Fadagosa de Nisa
Senhora da Necessidades
Senhora da Redonda
Senhora dos Mártires
Crato
Alter do Chão
PORTALEGRE
Castelo de Vide
Marvão
Serra de Marvão
Serra de São Mamede
São Mamede
1.027
Parque Natural da Serra de São Mamede
Parque Natural del Tajo Internacional
Herrera de Alcántara
Santiago de Alcántara
Valencia de Alcántara
Castillo Fortaleza
Dólmenes de Zafra
Dólmenes
Arronches
Monforte
Fronteira
Avis
Senhora Mãe dos Homens
Barragem de Maranhão
Barragem de Montargil
Sanguinheira de Cima
Queimado
Quinta do Falcão
Senhora do Tojo
Rio Tejo
Rio Caia
Rio Sever

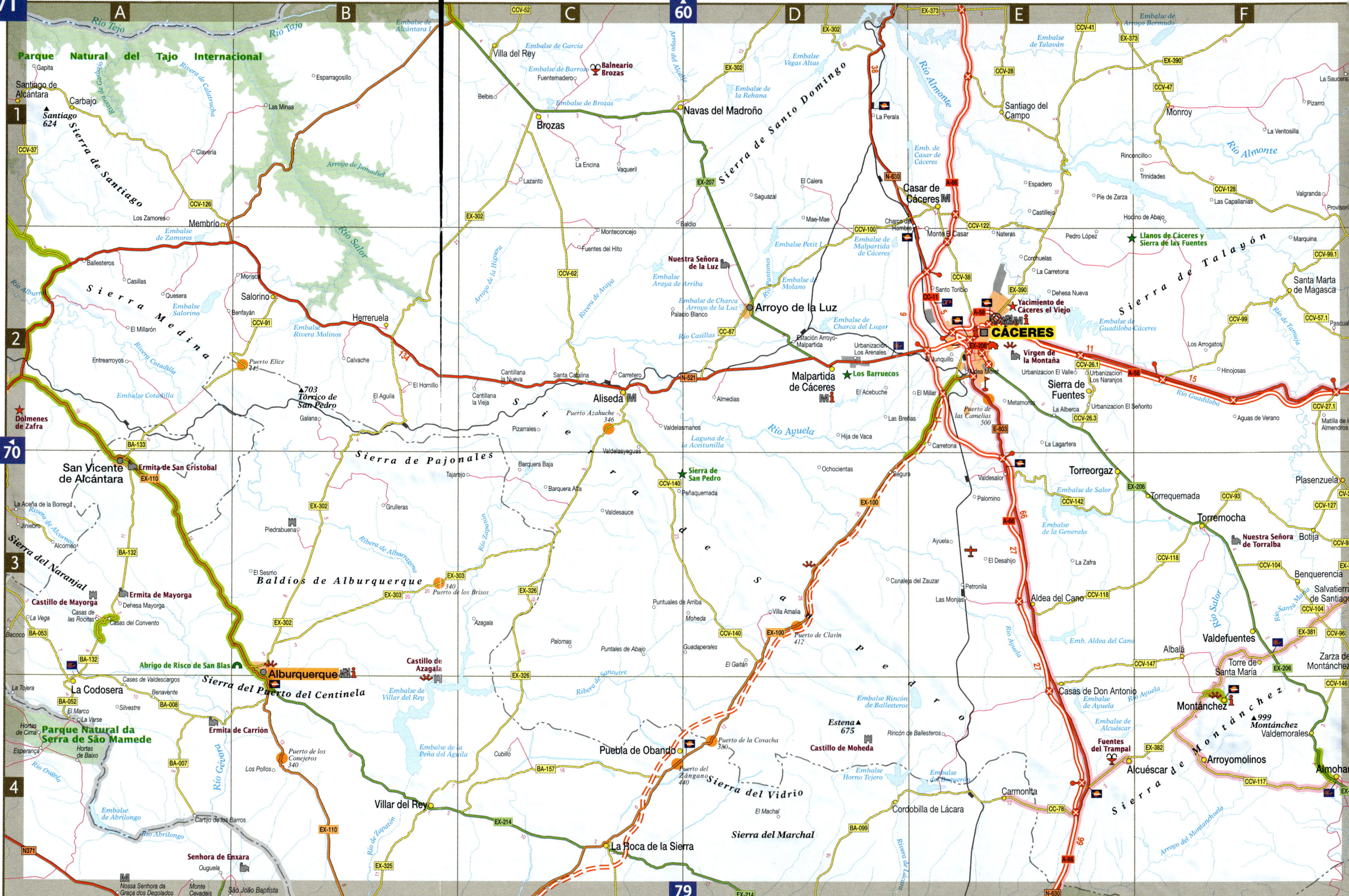
60
70
79
A
B
C
D
E
F
1
2
3
4
Parque Natural del Tajo Internacional
Río Tajo
Santiago de Alcántara
Carbajo
Santiago 624
Sierra de Santiago
Membrío
Los Zamores
Embalse de Zamores
Salorino
Sierra Medina
Herreruela
Puerto Elice 445
703 Torrico de San Pedro
Dolmenes de Zafra
San Vicente de Alcántara
Ermita de San Cristobal
Sierra de Pajonales
Baldíos de Alburquerque
Puerto de los Brisos 340
Sierra del Naranjal
Castillo de Mayorga
Ermita de Mayorga
Abrigo de Risco de San Blas
Alburquerque
Castillo de Azagala
Sierra del Puerto del Centinela
La Codosera
Ermita de Carrión
Parque Natural da Serra de São Mamede
Puerto de los Conejeros 340
Río Gévora
Villar del Rey
Senhora de Enxara
La Roca de la Sierra
Puebla de Obando
Puerto de la Covacha 380
Puerto del Zángano 440
Sierra del Vidrio
Sierra del Marchal
Estena 675
Castillo de Moheda
Cordobilla de Lácara
Carmonita
Sierra de San Pedro
Puerto de Clavín 412
Aliseda
Puerto Azahuche 346
Sierra de San Pedro
Villa del Rey
Balneario Brozas
Brozas
Navas del Madroño
Sierra de Santo Domingo
Arroyo de la Luz
Nuestra Señora de la Luz
Malpartida de Cáceres
Los Barruecos
Río Ayuela
Río Salor
Río Almonte
Casar de Cáceres
CÁCERES
Yacimiento de Cáceres el Viejo
Virgen de la Montaña
Llanos de Cáceres y Sierra de las Fuentes
Sierra de Talayón
Sierra de Fuentes
Puerto de las Camelias 500
Santiago del Campo
Monroy
Torreorgaz
Torrequemada
Torremocha
Nuestra Señora de Torralba
Botija
Plasenzuela
Aldea del Cano
Benquerencia
Salvatierra de Santiago
Valdefuentes
Albalá
Torre de Santa María
Zarza de Montánchez
Casas de Don Antonio
Montánchez
999 Montánchez
Valdemorales
Sierra de Montánchez
Fuentes del Trampal
Alcuéscar
Arroyomolinos
Almoharín
Santa Marta de Magasca
A-66
A-58
N-521
N-630
EX-100
EX-110
EX-214
EX-302
EX-303
EX-326
EX-207
EX-206

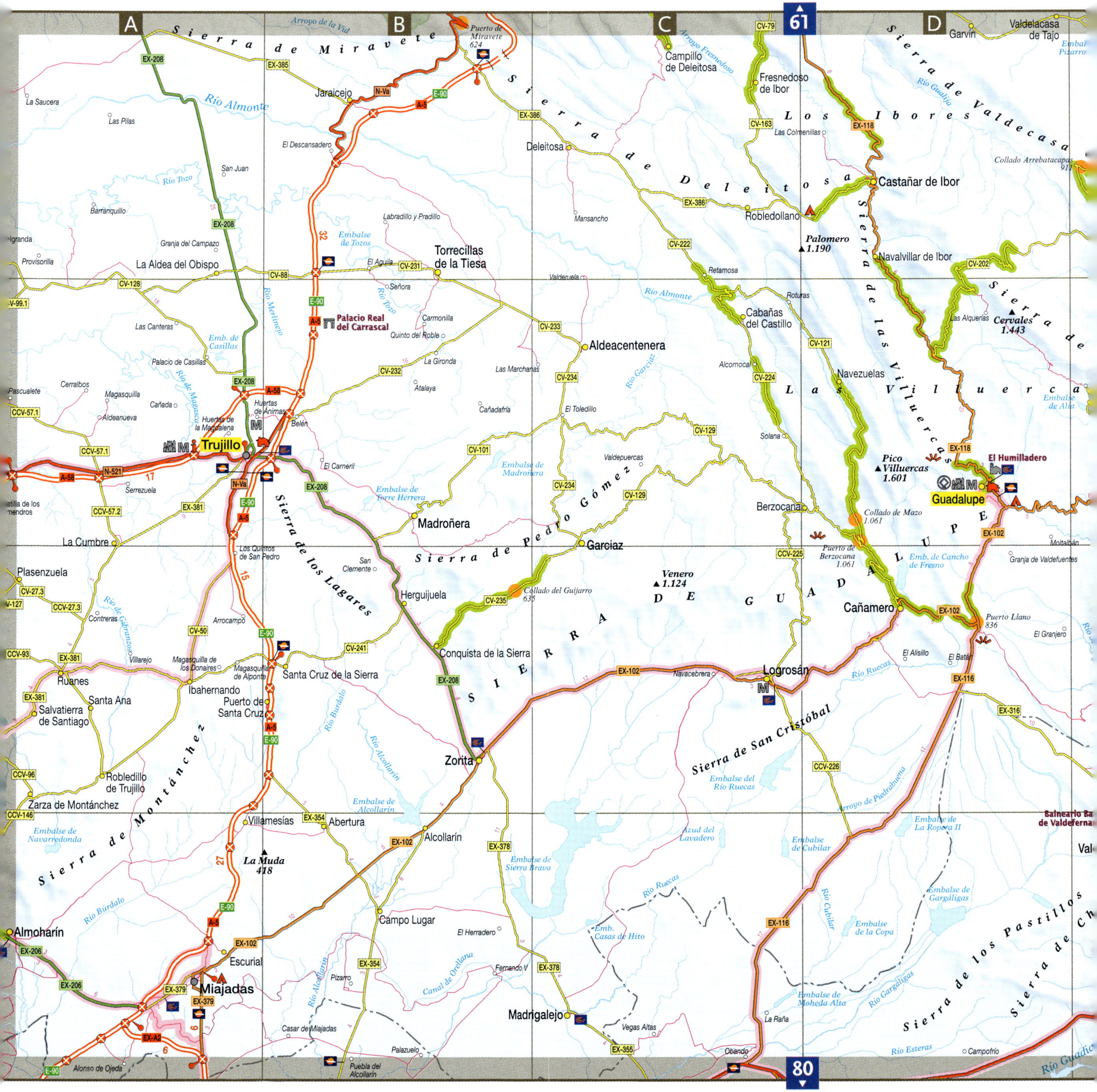
61
80
A
B
C
D
Sierra de Miravete
Sierra de Deleitosa
Los Ibores
Sierra de Valdecasa
Sierra de las Villuercas
Las Villuercas
Sierra de Guadalupe
Sierra de Pedro Gómez
Sierra de los Lagares
Sierra de Montánchez
Sierra de San Cristóbal
Sierra de los Pastillos
Jaraicejo
Deleitosa
Campillo de Deleitosa
Fresnedoso de Ibor
Castañar de Ibor
Robledollano
Navalvillar de Ibor
Garvín
Valdelacasa de Tajo
Torrecillas de la Tiesa
La Aldea del Obispo
Aldeacentenera
Trujillo
Palacio Real del Carrascal
Madroñera
Garciaz
Herguijuela
Conquista de la Sierra
Berzocana
Navezuelas
Cabañas del Castillo
Guadalupe
El Humilladero
Pico Villuercas 1.601
Palomero 1.190
Cervales 1.443
Venero 1.124
Cañamero
Logrosán
Zorita
Alcollarín
Abertura
Villamesías
La Muda 418
Campo Lugar
Madrigalejo
Miajadas
Escurial
Almoharín
Zarza de Montánchez
Robledillo de Trujillo
Salvatierra de Santiago
Santa Ana
Ruanes
Ibahernando
Puerto de Santa Cruz
Santa Cruz de la Sierra
Plasenzuela
La Cumbre
Río Almonte
Puerto de Miravete 624
Puerto Llano 836
Collado de Mazo 1.061
Puerto de Berzocana 1.061
Collado del Guijarro 635
Balneario Baños de Valdefernando

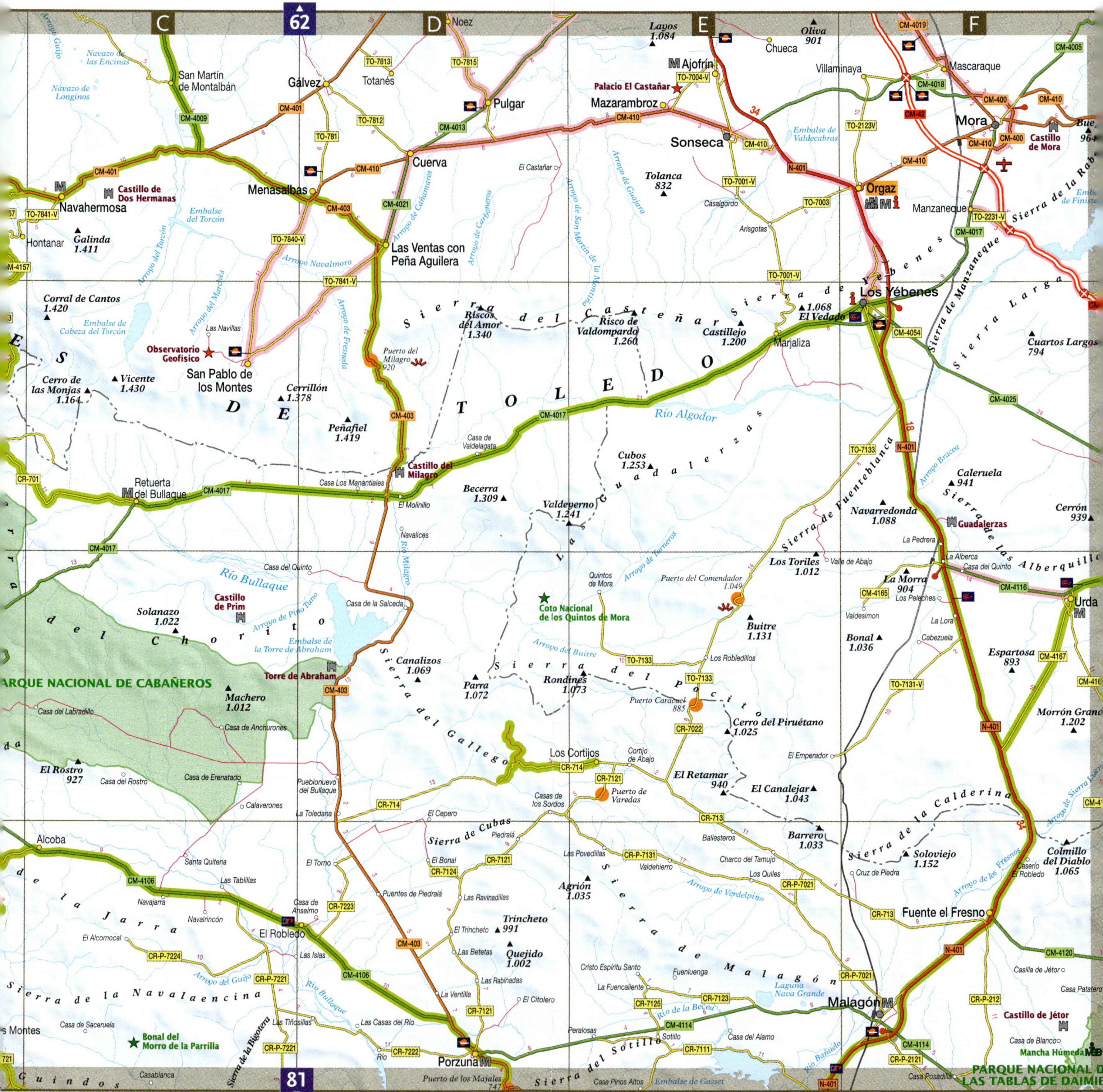
C
62
D
Noez
E
F
Navazo de las Encinas
Navazo de Longinos
Arroyo Guijo
San Martín de Montalbán
Gálvez
Totanes
TO-7813
TO-7815
Pulgar
Layos 1.084
Chueca
Oliva 901
Ajofrín
TO-7004-V
Palacio El Castañar
Mazarambroz
Villaminaya
Mascaraque
CM-4019
CM-4005
CM-4018
CM-42
CM-400
CM-410
Mora
Castillo de Mora
Embalse de Valdecabras
Sonseca
CM-410
TO-2123V
N-401
34
CM-4009
CM-401
TO-7812
TO-781
CM-4013
Cuerva
El Castañar
Tolanca 832
TO-7001-V
Casalgordo
Orgaz
TO-7003
Arisgotas
Manzaneque
TO-2231-V
CM-4017
Sierra de la Rabera
Embalse de Finisterre
Navahermosa
Castillo de Dos Hermanas
Menasalbas
CM-4021
CM-403
TO-7841-V
Hontanar
Galinda 1.411
Embalse del Torcón
Arroyo del Torcón
TO-7840-V
Arroyo Navalmoro
Las Ventas con Peña Aguilera
Arroyo de Cañamares
Arroyo de Carboneros
Arroyo de San Martín de la Montiña
Arroyo de Guajaraz
Los Yébenes
El Vedado
1.068
Sierra de Yébenes
Sierra de Manzaneque
Sierra Larga
CM-4054
Cuartos Largos 794
Corral de Cantos 1.420
Embalse de Cabeza del Torcón
Arroyo del Marchés
Las Navillas
Observatorio Geofísico
San Pablo de los Montes
Arroyo de Fresneda
Puerto del Milagro 920
Sierra del Castañar
Riscos del Amor 1.340
Risco de Valdompardo 1.260
Castillejo 1.200
Marjaliza
Cerro de las Monjas 1.164
Vicente 1.430
Cerrillón 1.378
Peñafiel 1.419
DE TOLEDO
Río Algodor
CM-4025
Casa de Valdelagata
Castillo del Milagro
Casa Los Manantiales
Cubos 1.253
Sierra de Guadalerzas
TO-7133
Sierra de Fuenteblanca
Caleruela 941
Navarredonda 1.088
Guadalerzas
Cerrón 939
Retuerta del Bullaque
CR-701
CM-4017
El Molinillo
Becerra 1.309
Valdeyerno 1.241
Navalices
Río Milagro
Arroyo Bracea
La Pedrera
La Alberca
Casa del Quinto
Sierra de las Alberquillas
Los Toriles 1.012
Valle de Abajo
Puerto del Comendador 1.049
Arroyo de Torneros
Quintos de Mora
Coto Nacional de los Quintos de Mora
La Morra 904
CM-4165
Los Peleches
CM-4116
Urda
Valdesimón
La Lora
Río Bullaque
Casa del Quinto
Castillo de Prim
Solanazo 1.022
Arroyo de Pino Tuno
Casa de la Salceda
Embalse de la Torre de Abraham
Sierra del Chorito
Buitre 1.131
Bonal 1.036
Cabezuela
Espartosa 893
CM-4167
Arroyo del Buitre
Los Robledillos
Canalizos 1.069
Parra 1.072
Sierra del Pocito
Rondines 1.073
Torre de Abraham
PARQUE NACIONAL DE CABAÑEROS
Machero 1.012
Casa del Labradillo
Casa de Anchurones
Puerto Caracuel 885
Cerro del Piruétano 1.025
TO-7131-V
Morrón Grande 1.202
Sierra del Gallego
Los Cortijos
CR-714
Cortijo de Abajo
CR-7121
CR-7022
El Emperador
El Rostro 927
Casa del Rostro
Casa de Erenatado
Pueblonuevo del Bullaque
Calaverones
La Toledana
Casas de los Sordos
Puerto de Varedas
El Retamar 940
El Canalejar 1.043
CR-713
Sierra de la Calderina
El Cepero
Ballesteros
Barrero 1.033
Soloviejo 1.152
Colmillo del Diablo 1.065
Caserío El Robledo
Arroyo de los Fresnos
Arroyo de Sierra Luenga
Alcoba
CM-4106
Santa Quiteria
El Torno
Sierra de Cubas
Piedralá
El Bonal
CR-7124
Las Povedillas
CR-P-7131
Valdehierro
Charco del Tamujo
Los Quiles
Cruz de Piedra
Las Tablillas
Navajarra
Navalrincón
Casa de Anselmo
CR-7223
Puentes de Piedralá
Las Ravinadillas
Agrión 1.035
Sierra de Malagón
Arroyo de Verdelpino
CR-P-7021
Fuente el Fresno
Sierra de la Jarra
El Alcornocal
CR-P-7224
El Robledo
Las Islas
Arroyo del Guijo
CR-P-7221
El Trincheto
Trincheto 991
Quejido 1.002
Las Beletas
Cristo Espíritu Santo
Fuenluenga
N-401
CM-4120
Casilla de Jétor
Casa Patatero
Sierra de la Navalaencina
Río Bullaque
Las Rabinadas
La Ventilla
El Citolero
La Fuencaliente
CR-7125
CR-7123
Laguna Nava Grande
Malagón
Río de la Becea
CM-4114
CR-P-212
Castillo de Jétor
Montes
Casa de Saceruela
Bonal del Morro de la Parrilla
Las Tiñosillas
Sierra de la Bigotera
Las Casas del Río
Peralosas
Sotillo
Casa del Álamo
Río Bañuelo
Casa de Blanco
Mancha Húmeda
Río
CR-7222
Porzuna
CR-7111
Sierra del Sotillo
Guindos
Casablanca
81
Puerto de los Majales 747
Casa Pinos Altos
Embalse de Gasset
CR-P-2121
Casa Posadilla
PARQUE NACIONAL DE LAS TABLAS DE DAIMIEL

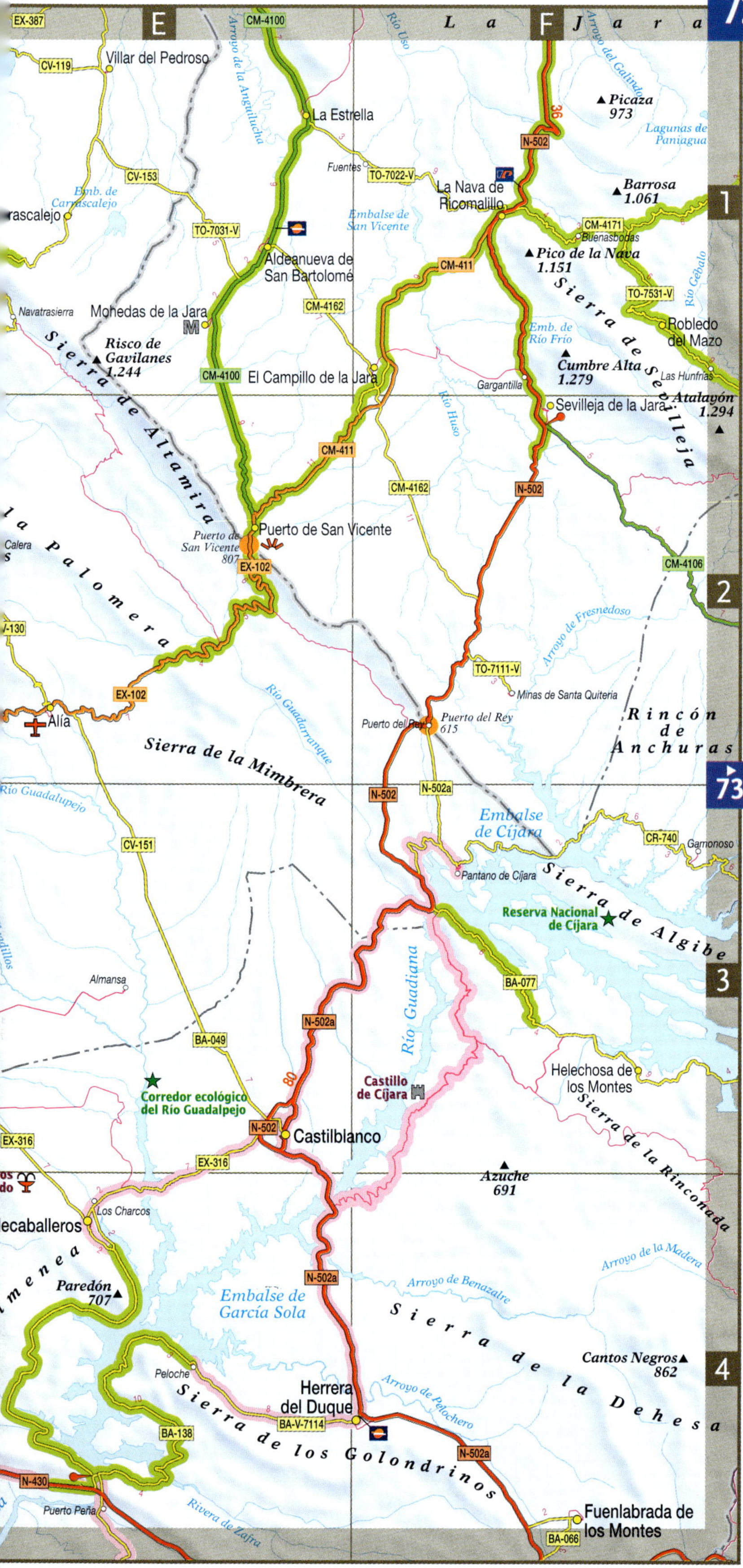

E
F
La Jara
Villar del Pedroso
La Estrella
Fuentes
La Nava de Ricomalillo
Picaza 973
Lagunas de Paniagua
Barrosa 1.061
Emb. de Carrascalejo
Embalse de San Vicente
Aldeanueva de San Bartolomé
Pico de la Nava 1.151
Buenasbodas
Sierra de Sevilleja
Robledo del Mazo
Río Gébalo
Navatrasierra
Mohedas de la Jara
Risco de Gavilanes 1.244
El Campillo de la Jara
Emb. de Río Frío
Cumbre Alta 1.279
Las Hunfrías
Gargantilla
Sevilleja de la Jara
Atalayón 1.294
Río Huso
Sierra de Altamira
Puerto de San Vicente
Puerto de San Vicente 807
la Palomera
Calera
Arroyo de Fresnedoso
Minas de Santa Quiteria
Rincón de Anchuras
Alía
Río Guadarranque
Puerto del Rey
Puerto del Rey 615
Sierra de la Mimbrera
Río Guadalupejo
Embalse de Cíjara
Gamonoso
Pantano de Cíjara
Sierra de Algibe
Reserva Nacional de Cíjara
Almansa
Río Guadiana
Castillo de Cíjara
Helechosa de los Montes
Sierra de la Rinconada
Corredor ecológico del Río Guadalpejo
Castilblanco
Azuche 691
Los Charcos
Arroyo de la Madera
Arroyo de Benazalre
Paredón 707
Embalse de García Sola
Sierra de la Dehesa
Cantos Negros 862
Peloche
Herrera del Duque
Arroyo de Pelochero
Sierra de los Golondrinos
Puerto Peña
Rivera de Zafra
Fuenlabrada de los Montes
Arroyo de la Anguilucha
Arroyo del Galindo
Río Uso
EX-387
CM-4100
CV-119
N-502
TO-7022-V
CV-153
TO-7031-V
CM-4171
CM-411
CM-4162
TO-7531-V
CM-411
CM-4162
CM-4106
EX-102
TO-7111-V
N-502a
CR-740
CV-151
BA-077
BA-049
EX-316
N-430
BA-138
BA-V-7114
BA-066
1
2
3
4
73

La Jara
A
B
1
2
3
4
72
Embalse del Gébalo
La Fresneda
TO-7401-V
CM-4131
Torrecilla de la Jara
Lagunas de Paniagua
CM-4171
Los Navalmorales
CM-401
Nevada
869
CM-4155
Los Navalucillos
Espinoso del Rey
Sierra del Horno
Sierra de las Particiones
Río Cedena
Castillo de Malamoneda
Río Gébalo
Sierra del Castillazo
Carquesales
1.186
Robledillo
1.186
El Mazo
Río Pusa
Risco del Barrero
1.114
Las Hunfrías
TO-7532-V
Las Becerras
MONT
Portillo
1.230
Atalayón
1.294
Navaltoril
TO-7531
Robledo del Buey
Sierra de la Hiruela
TO-7533-V
Moradas
1.378
Piedraescrita
Enjambre
Río Estenilla
Arroyo del Chorro
Río Estena
Sierra Fría
Rocigalgo
1.447
Sierra Cigüñuela
Encinacaída
CM-4106
Anchuras
Alares
CM-4157
Navas de Estena
Rincón de Anchuras
Río Estomila
Las Huertas del Sauceral
Avellanar
Río Frío
Castillejos
Valdeazores
Gamonoso
CR-740
EX-357
Sierra de Valdefuertes
Casa de Cabañeros
Sierra de Algibe
BA-028
Bohonal
Arroyo del Rubial
CM-4017
Horcajo de los Montes
Sierra de la Cela
BA-077
Reserva Nacional del Cíjara
Embalse de Cíjara
Casa Los Rasos
Casa Navalonguilla
Caserío del Hornillo
BA-158
Sierra de la Rinconada
Baños de Navalpino
Sierra
CM-4103
CR-P-7212
Navalpino
Fontanarejo
Río de Valdehornos
Villarta de los Montes
Río Guadiana
Arroyo de Valtriguero
Sierra de los Bueyes
Sierra de los
Arroba de l

64

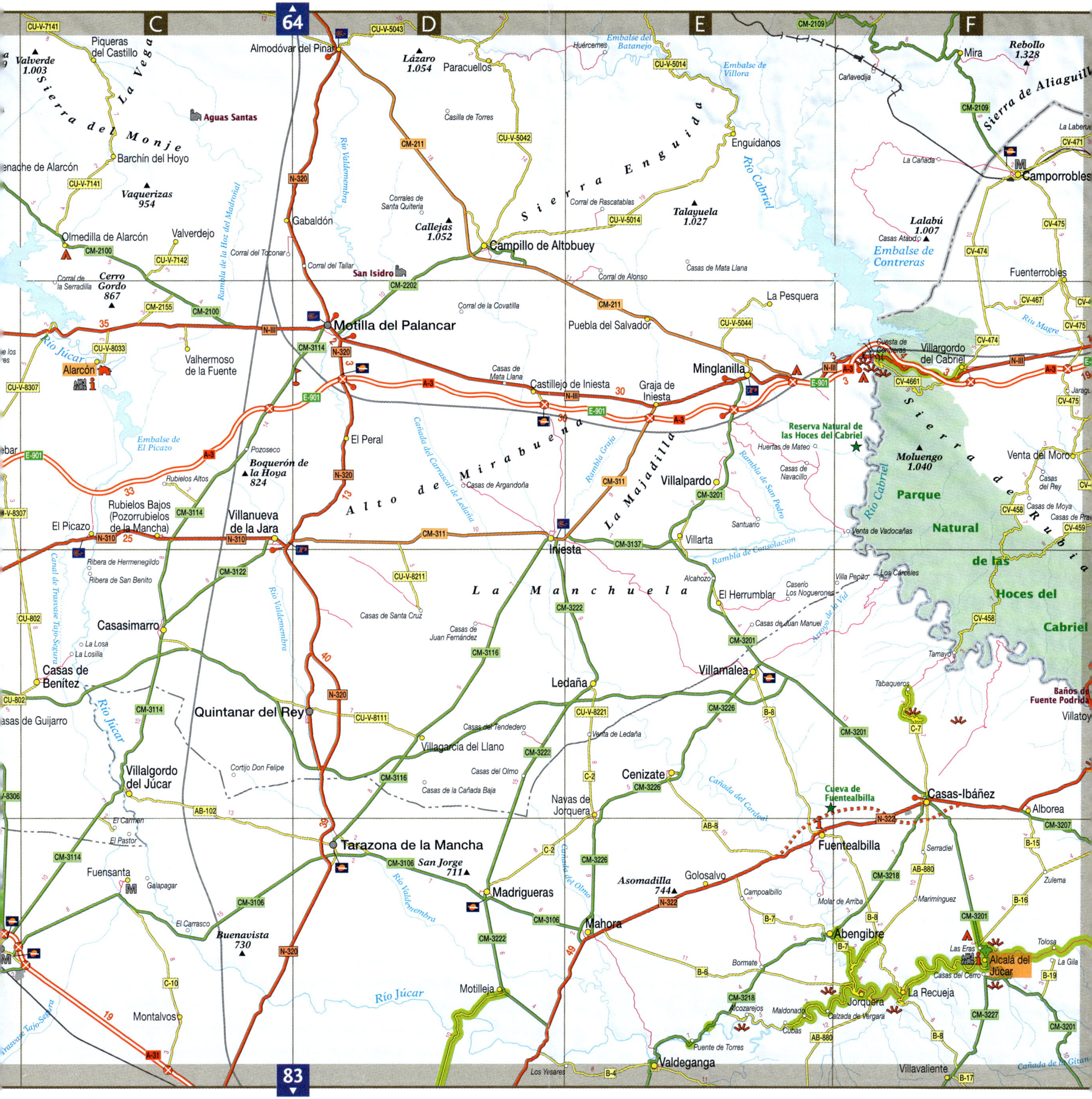
C
D
E
F
Piqueras del Castillo
Valverde 1.003
Sierra del Monje
La Vega
Almodóvar del Pinar
Lázaro 1.054
Paracuellos
Huércemes
Embalse del Batanejo
Embalse de Villora
Cañavedija
Mira
Rebollo 1.328
Sierra de Aliaguilla
Aguas Santas
Casilla de Torres
Sierra Enguida
Enguídanos
Río Cabriel
La Laberue
La Cañada
Camporrobles
Barchín del Hoyo
Alarcón
Vaquerizas 954
Río Valdemembra
Corrales de Santa Quiteria
Corral de Rascatablas
Talayuela 1.027
Lalabú 1.007
Casas Ataud
Embalse de Contreras
Olmedilla de Alarcón
Valverdejo
Rambla de la Hoz del Madroñal
Corral del Toconar
Corral del Tallar
Callejas 1.052
Campillo de Altobuey
San Isidro
Casas de Mata Llana
Fuenterrobles
Corral de la Serradilla
Cerro Gordo 867
Corral de Alonso
Corral de la Covatilla
La Pesquera
Motilla del Palancar
Puebla del Salvador
Riu Magre
Río Júcar
Valhermoso de la Fuente
Alarcón
Casas de Mata Llana
Castillejo de Iniesta
Graja de Iniesta
Minglanilla
Cuesta de Contreras
Villargordo del Cabriel
Embalse de El Picazo
Pozoseco
Boquerón de la Hoya 824
El Peral
Alto de Mirabuena
Cañada del Carrascal de Ledaña
Rambla Graja
La Majadilla
Reserva Natural de las Hoces del Cabriel
Huertas de Mateo
Casas de Navacillo
Rambla de San Pedro
Moluengo 1.040
Sierra de Rubial
Venta del Moro
Casas del Rey
Casas de Moya
Casas de Prado
Rubielos Altos
Rubielos Bajos (Pozorrubielos de la Mancha)
Casas de Argandoña
Villalpardo
Parque Natural de las Hoces del Cabriel
El Picazo
Villanueva de la Jara
Iniesta
Santuario
Villarta
Venta de Vadocañas
Rambla de Consolación
Ribera de Hermenegildo
Ribera de San Benito
Canal de Trasvase Tajo-Segura
Alcahozo
Villa Pepito
Los Cárceles
Caserío Los Nogueroncs
El Herrumblar
La Manchuela
Casas de Santa Cruz
Casasimarro
Casas de Juan Fernández
Casas de Juan Manuel
Arroyo de la Vid
La Losa
La Losilla
Tamayo
Casas de Benítez
Ledaña
Villamalea
Tabaqueros
Baños de Fuente Podrida
Villatoya
Río Júcar
Quintanar del Rey
Casas del Tendedero
Villagarcía del Llano
Venta de Ledaña
Cortijo Don Felipe
Casas del Olmo
Casas de la Cañada Baja
Cenizate
Cañada del Cardeal
Cueva de Fuentealbilla
Casas-Ibáñez
Alborea
Villalgordo del Júcar
Navas de Jorquera
El Carmen
El Pastor
Tarazona de la Mancha
Fuentealbilla
Serradiel
San Jorge 711
Asomadilla 744
Golosalvo
Fuensanta
Galapagar
Campoalbillo
Molar de Arriba
Zulema
Marimínguez
Madrigueras
Cañada del Olmo
El Carrasco
Buenavista 730
Mahora
Abengibre
Las Eras
Tolosa
La Gila
Alcalá del Júcar
Casas del Cerro
Bormate
Río Júcar
Motilleja
La Recueja
Jorquera
Alcozarejos
Maldonado
Calzada de Vergara
Cubas
Montalvos
Trasvase Tajo-Segura
Puente de Torres
Valdeganga
Los Yesares
Villavaliente
Cañada de la Gitana
Jaraguas
Venta de Vadocañas
CU-V-7141
CU-V-5043
CM-2109
CU-V-5014
CM-211
CU-V-5042
N-320
CM-2100
CU-V-7142
CM-2202
CM-2155
N-III
CU-V-8033
CM-3114
A-3
E-901
CU-V-8307
CU-V-5044
CV-474
CV-475
CV-467
CV-471
CV-4661
CM-311
N-310
CM-3137
CM-3201
CM-3122
CU-V-8211
CU-802
CM-3222
CM-3116
CM-3226
CU-V-8111
CU-V-8221
C-2
C-7
AB-102
AB-8
N-322
CM-3207
B-15
B-16
AB-880
CM-3218
CM-3106
C-10
A-31
B-7
B-8
B-6
CM-3227
B-19
B-17
B-4
CV-458
CV-459
CM-3201

83

63

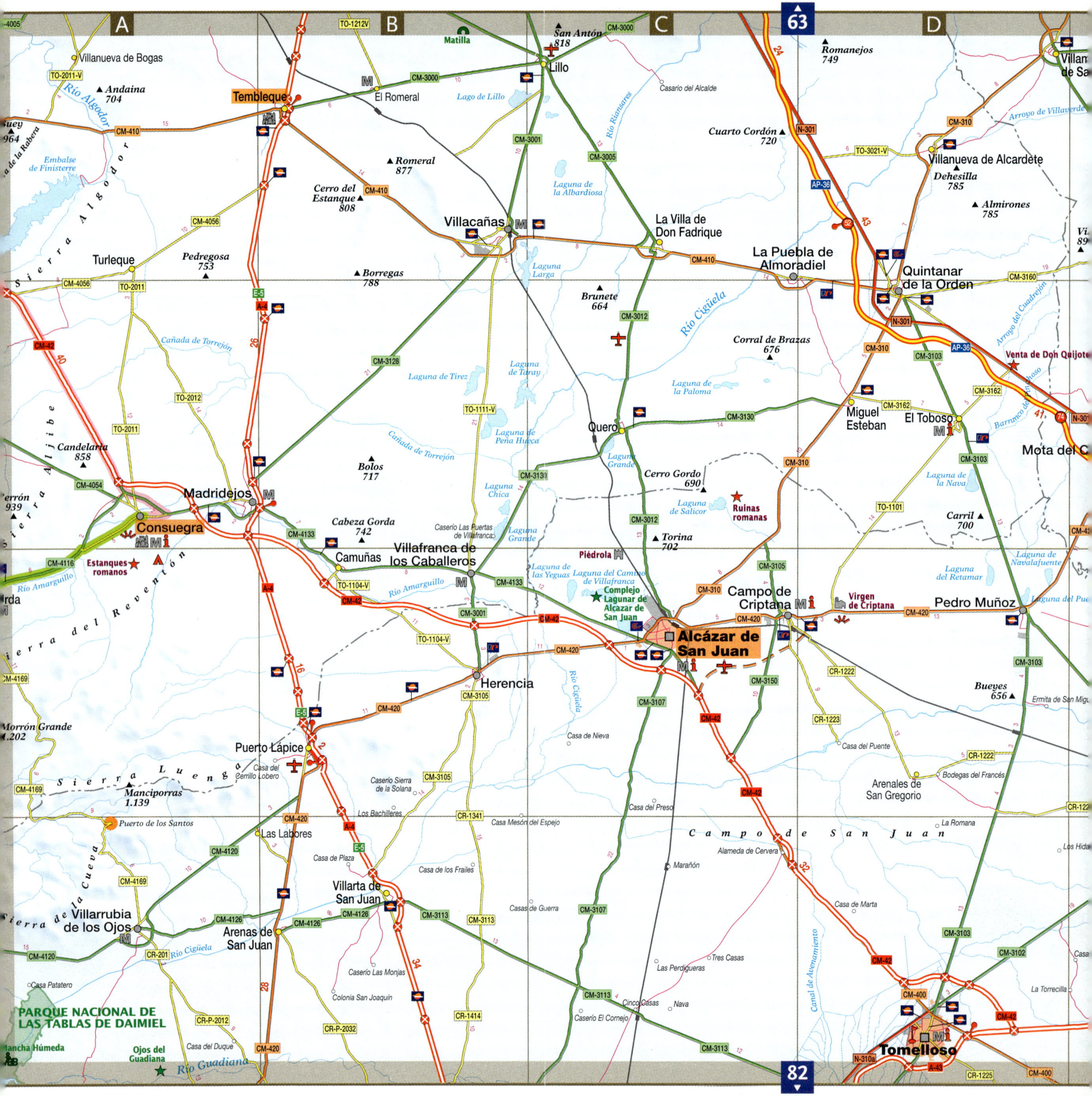
A
B
C
D
Villanueva de Bogas
Andaina 704
Río Algodor
Tembleque
El Romeral
Matilla
San Antón 818
Lillo
Lago de Lillo
Casario del Alcalde
Romanejos 749
Cuarto Cordón 720
Villanueva de Alcardete
Dehesilla 785
Almirones 785
Embalse de Finisterre
Romeral 877
Cerro del Estanque 808
Villacañas
Laguna de la Albardiosa
La Villa de Don Fadrique
La Puebla de Almoradiel
Quintanar de la Orden
Turleque
Pedregosa 753
Borregas 788
Laguna Larga
Brunete 664
Río Cigüela
Sierra Algodor
Cañada de Torrejón
Laguna de Tirez
Laguna de Taray
Corral de Brazas 676
Laguna de la Paloma
Venta de Don Quijote
Miguel Esteban
El Toboso
Mota del C
Quero
Laguna de Peña Hueca
Candelaria 858
Bolos 717
Laguna Grande
Cerro Gordo 690
Laguna Chica
Laguna de Salicor
Ruinas romanas
Laguna de la Nava
Carril 700
Madridejos
Consuegra
Cabeza Gorda 742
Caserío Las Puertas de Villafranca
Torina 702
Estanques romanos
Camuñas
Villafranca de los Caballeros
Piédrola
Laguna de las Yeguas
Laguna del Camino de Villafranca
Complejo Lagunar de Alcázar de San Juan
Campo de Criptana
Virgen de Criptana
Pedro Muñoz
Laguna del Retamar
Laguna de Navalafuente
Laguna del Pue
Sierra del Reventón
Río Amarguillo
Alcázar de San Juan
Herencia
Bueyes 656
Ermita de San Migu
Morrón Grande 1.202
Casa de Nieva
Río Cigüela
Casa del Puente
Puerto Lápice
Casa del Cerrillo Lobero
Sierra Luenga
Manciporras 1.139
Caserío Sierra de la Solana
Arenales de San Gregorio
Bodegas del Francés
Puerto de los Santos
Las Labores
Los Bachilleres
Casa Mesón del Espejo
Casa del Preso
La Romana
Campo de San Juan
Alameda de Cervera
Marañón
Los Hida
Sierra de la Cueva
Casa de Plaza
Casa de los Frailes
Villarta de San Juan
Casas de Guerra
Casa de Marta
Villarrubia de los Ojos
Arenas de San Juan
Río Cigüela
Tres Casas
Las Perdigueras
Caserío Las Monjas
Colonia San Joaquín
Canal de Avenamiento
Casa Patatero
Cinco Casas
Nava
Caserío El Cornejo
La Torrecilla
PARQUE NACIONAL DE LAS TABLAS DE DAIMIEL
Casa del Duque
Ojos del Guadiana
Río Guadiana
Mancha Húmeda
Tomelloso
CM-410
CM-3000
CM-3001
CM-3005
CM-4056
CM-4054
CM-4116
CM-4133
CM-3128
CM-3012
CM-3130
CM-3162
CM-3103
CM-310
CM-3160
CM-42
CM-420
CM-3105
CM-3107
CM-3150
CM-4120
CM-4126
CM-3113
CM-4169
CM-400
CM-3102
A-4
E-5
AP-36
N-301
N-310a
A-43
TO-2011-V
TO-2011
TO-2012
TO-1212V
TO-1111-V
TO-1104-V
TO-3021-V
TO-1101
CR-1222
CR-1223
CR-1341
CR-1414
CR-201
CR-P-2012
CR-P-2032
CR-1225

82

E
F
1
2
3
4
75
Mingote 869
Hontanaya
Tresjuncos
CM-3011
CM-3101
CU-313
CM-3009
Río Záncara
Alconchel de la Estrella
CU-330
Fuentelespino de Haro
Sierra de Haro
CM-3108
CM-3013
Osa de la Vega
Castillo de Haro
Cerro Santo 893
Villa 900
Villar de la Encina
N-420
CU-V-8344
CM-831
Río Monreal
Los Hinojosos
Villaescusa de Haro
Carrascosa de Haro
Sierra Nevada 888
CU-V-3011
Monreal del Llano
Belmonte
CM-3109
Rada de Haro
San Benito 782
Castillo de Belmonte
Virgencico 863
La Encomienda
Cerro Cártamo
Batán de Bonilla
N-301
Santa María de los Llanos
El Pedernoso
CM-3110
Pajarilla 774
Río Saona
Laguna del Paso de la Muela
Las Pedroñeras
AP-36
Río Záncara
CU-V-1001
Laguna de Sánchez-Gómez
Laguna del Huevero
Laguna Grande
Laguna de la Dehesilla
Manjavacas
CM-3102
Laguna de Manjavacas
Laguna del Taray
Laguna del Pozo de Pablico
Laguna de Melgarejo
Quintería de Alcahozo
Las Mesas
Sancho 703
El Provencio
Pantano Muleteros
Río de las Ánimas
CU-V-1401
Bodega de Serrano
Becejate
CM-3111
El Calaverón
La Hijosa
Río Záncara
CM-3163
CV-C-4
N-310
Socuéllamos
Villarrobledo
CM-3121
Casa del Bombo
Castellanos
A-43
CM-3123
CM-3119
El Picazo
Río Valdelobos
Casa de Gregorio
Cosme
Casa de Nicolás
El Blanco
El Cuartón
Río Córcoles
Casa de las Rejas
La Urbina
Venta de las Madres
Los Muneras

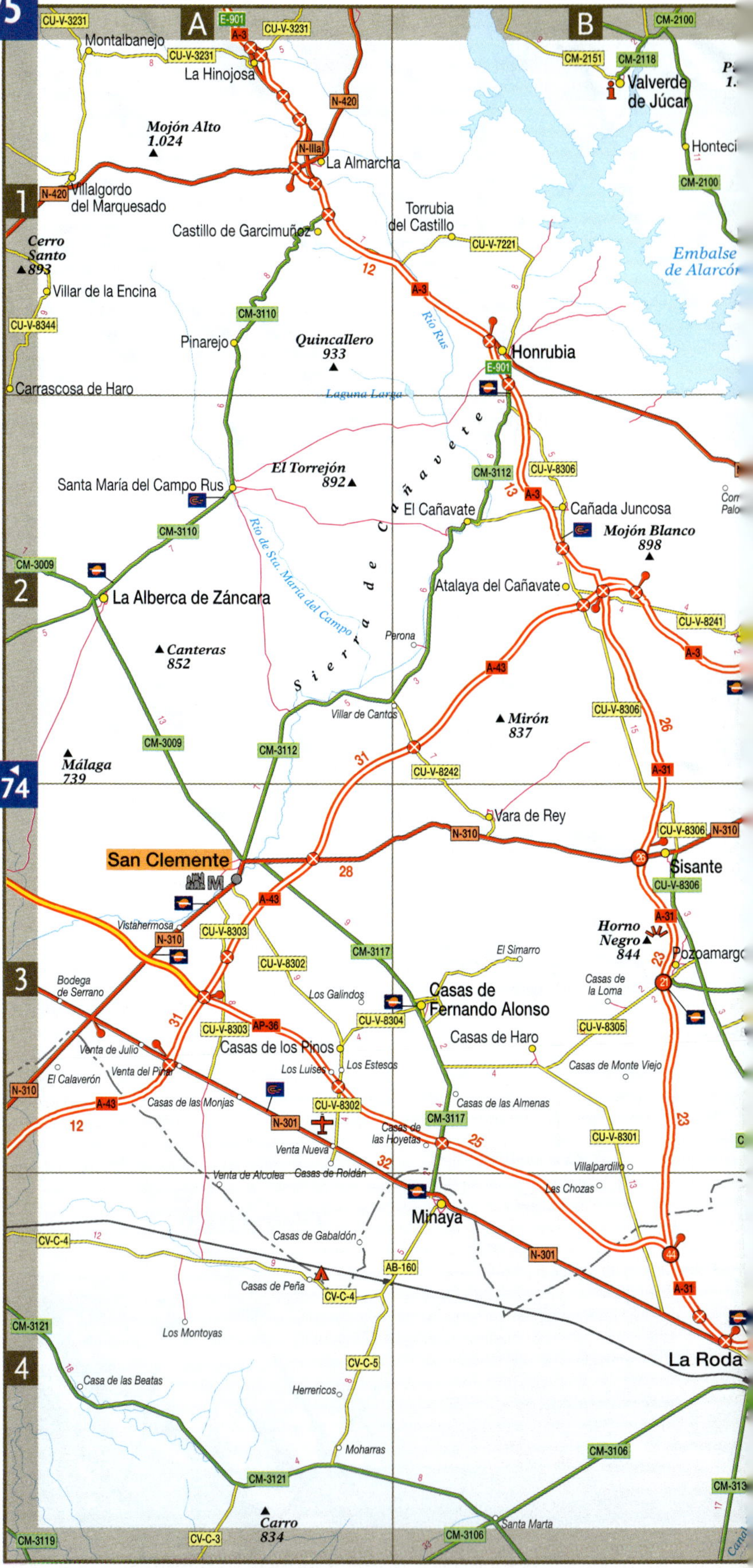
A
B
1
2
3
4
74
Montalbanejo
La Hinojosa
Mojón Alto
1.024
La Almarcha
Villalgordo
del Marquesado
Castillo de Garcimuñoz
Torrubia
del Castillo
Cerro
Santo
893
Villar de la Encina
Pinarejo
Quincallero
933
Carrascosa de Haro
Laguna Larga
Honrubia
Valverde
de Júcar
Honteci
Embalse
de Alarcón
Río Rus
El Torrejón
892
Santa María del Campo Rus
El Cañavate
Cañada Juncosa
Mojón Blanco
898
Sierra de Cañavete
Río de Sta. María del Campo
La Alberca de Záncara
Atalaya del Cañavate
Perona
Canteras
852
Villar de Cantos
Mirón
837
Málaga
739
Vara de Rey
San Clemente
Sisante
Vistahermosa
Horno
Negro
844
Pozoamargo
Bodega
de Serrano
El Simarro
Los Galindos
Casas de
Fernando Alonso
Casas de
la Loma
Casas de Haro
Venta de Julio
Casas de los Pinos
Los Luises
Los Estesos
Casas de Monte Viejo
El Calaverón
Venta del Pinar
Casas de las Monjas
Casas de las Almenas
Casas de
las Hoyetas
Venta Nueva
Villalpardillo
Venta de Alcolea
Casas de Roldán
Las Chozas
Minaya
Casas de Gabaldón
Casas de Peña
Los Montoyas
La Roda
Casa de las Beatas
Herrericos
Moharras
Carro
834
Santa Marta
CU-V-3231
E-901
A-3
N-420
N-IIIa
CU-V-7221
CM-3110
CM-2151
CM-2118
CM-2100
CM-3112
CU-V-8306
CM-3009
CU-V-8241
A-43
A-31
CU-V-8242
N-310
CU-V-8303
CU-V-8302
CM-3117
CU-V-8304
CU-V-8305
AP-36
N-301
CU-V-8301
CU-V-8344
AB-160
CV-C-4
CV-C-5
CM-3121
CM-3106
CM-3119
CV-C-3

E
F
1
2
3
4
Rebalsadors 798
Olocau
Parc Natural de la Serra Calderona
Serra
Porta Coeli
Estivella
Beselga
la Caixa
Barraix
Albalat dels Tarongers
Petrés
Sagunto/Sagunt
Canet d'En Berenguer
Corinto
Almarda
el Baladre
Segart
Sancti Spiritus
Gilet
Monteamor
Urbanización El Pecual
Náquera
el Pantanet
la Lloma
Trasermita
l'Horta Nova
el Progreso
San Miguel
Pedravilla
Urbanització els Pinars
Brucar
Bon-sol
las Lomas
Bonanza
Urbanització els Monestirs
Urbanización Alfinach
Puçol
Grau Vell
Gola Colomer
la Malla
la Malladeta
Platja de Puçol
Pobla Vallbona
Bétera
la Providència
Rafelbunyol
Puig
el Puig
Platja del Puig
Cloxka del Sec
Vall de Flors
la Pobla de Farnals
Camino Paterna
Massamagrell
Masías
Mas d'Elies
Museros
Massalfassar
Platja de la Pobla de Farnals
San Antonio de Benagéber
Alfara del Patriarca
Emperador
Moncada
Albuixech
Cumbres de San Antonio
Rocafort
Vinalesa
Albalat dels Sorells
Foios
Platja de Albuixech
la Canyada
Godella
Bonrepòs i Mirambell
Meliana
Almàssera
Riu Túria
Burjassot
Tavernes Blanques
Manises
Paterna
Alboraya
Golf de València
Aeropuerto de Valencia-Manises
Quart de Poblet
Platja de la Patacona
Mislata
VALENCIA
Aldaia
Xirivella
Alaquàs
Torrent
Picanya
el Mas del Jutge
Alfafar
Paiporta
Sedaví
Pinedo
Llocnou de la Corona
Benetússer
Massanassa
Platja del Pinedo
Urbanització Monte-real
Urbanització Vila Carme
Catarroja
Albal
Loma de la Virgen
Urbanització Altero de Monpol
Beniparrell
el Saler
Platja del Saler
la Pedrera
Alcàsser
Platja de la Devesa
el Port de Silla
les Gavines
Picassent
Silla
Sidi Saler
Gola del Pujol
Urbanització el Pinar
el Pinar
Parc Natural de l'Albufera
l'Albufera
Canal Xúquer - Túria
Urbanització La Coma
Parador de El Saler
el Palmar
el Perellonet
Urbanització Serramar
Colònia de Sant Pere
la Chivana
Almussafes
Sollana
el Perelló
Benifaió
Sant Patrici
Platja les Palmeretes
Alginet
les Palmeres
Urbanització Ausiàs March
Riu Magre
Platja del Mareny de Barraquetes
Bega de Mar
Mareny Blau
Carlet
Mareny Sant Llorenç
Albalat de la Ribera
Sueca
Aquopolis Cullera
el Dossel
l'Alcúdia
Polinyà de Xúquer
Riola
Algemesí
Cap de Cullera
el Faro
Guadassuar
Benicull de Xúquer
Fortaleny
el Racó
Cullera
Sant Antoni
Pla del Rosal
Riu Xúquer
Alzira
Corbera
Llauri
Massalavés
Urbanización San Bernado
l'Illa
l'Estany Gran
l'Estany
La Murta
Serra de la Murta
Benimuslem
Favara
el Brosquil
el Silencio
Serra de les Agulles
Carcaixent
Alberic
Platja El Dorado

A
B
1
2
3
4
Ericeira
Praia do Sul
Foz do Falcão
Praia de Vide
Mafra
Tapada de Mafra
Praia de Magoito
São João das Lampas
Magoito
Sacário
Parque Natural
Sintra-Cascais
Praia da Aguda
Bico da Messa
Praia das Maçãs
Praia Grande
Colares
Praia da Adraga
Cabo da Roca
Enseada da Assentiz
Espinhaço
Sintra
Serra de Sintra
Ponta da Abelheira
Forte do Guincho
Praia do Guincho
Aldeia de Juso
Forte da Cresmina
Cabo Raso
Forte de Oitavos
Boca do Inferno
Autódromo do Estoril
Alcabideche
Estoril
Cascais
Palácio de Manique
São Domingos de Rana
Carcavelos
Forte de São Julião da Barra
Oeiras
Paço de Arcos
Algés
Campo de Lapiás dos Serrões
Campo de Lapiás da Granja de Negrais
Almargem do Bispo
Agualva
Cacém
Rio de Mouro
Queluz
Amadora
Odivelas
Pontinha
Benfica
Carnide
Caneças
Barcarena
Carnaxide
Linda-a-Velha
Queijas
Porto Salvo
M. dos Jerónimos
Torre de Belém
Trafaria
Caparica
Cova do Vapor
Costa da Caparica
Praia da Caparica
Sobreda
Corroios
Pinhal do Vidal
Praia da Saúde
Charneca de Caparica
Praia Terminus
Paisagem Protegida da Arriba Fossil da Costa da Caparica
Praia da Fonta da Telha
Fonte da Telha
OCÉANO
ATLÁNTICO
Lagoa de Albufeira
Praia da Lagoa de Albufeira
Moinho de Baixo
Aldeia do Meco
Praia da Tramagueira
Alfarim
Zambujal
Praia dos Lagosteiros
Azóia
Forte da Baralha
Cabo Espichel
A21
A5
A9
A16
A37
IC19
IC16
IC30
A38
IC20
N6
N9
N247
N377
N379

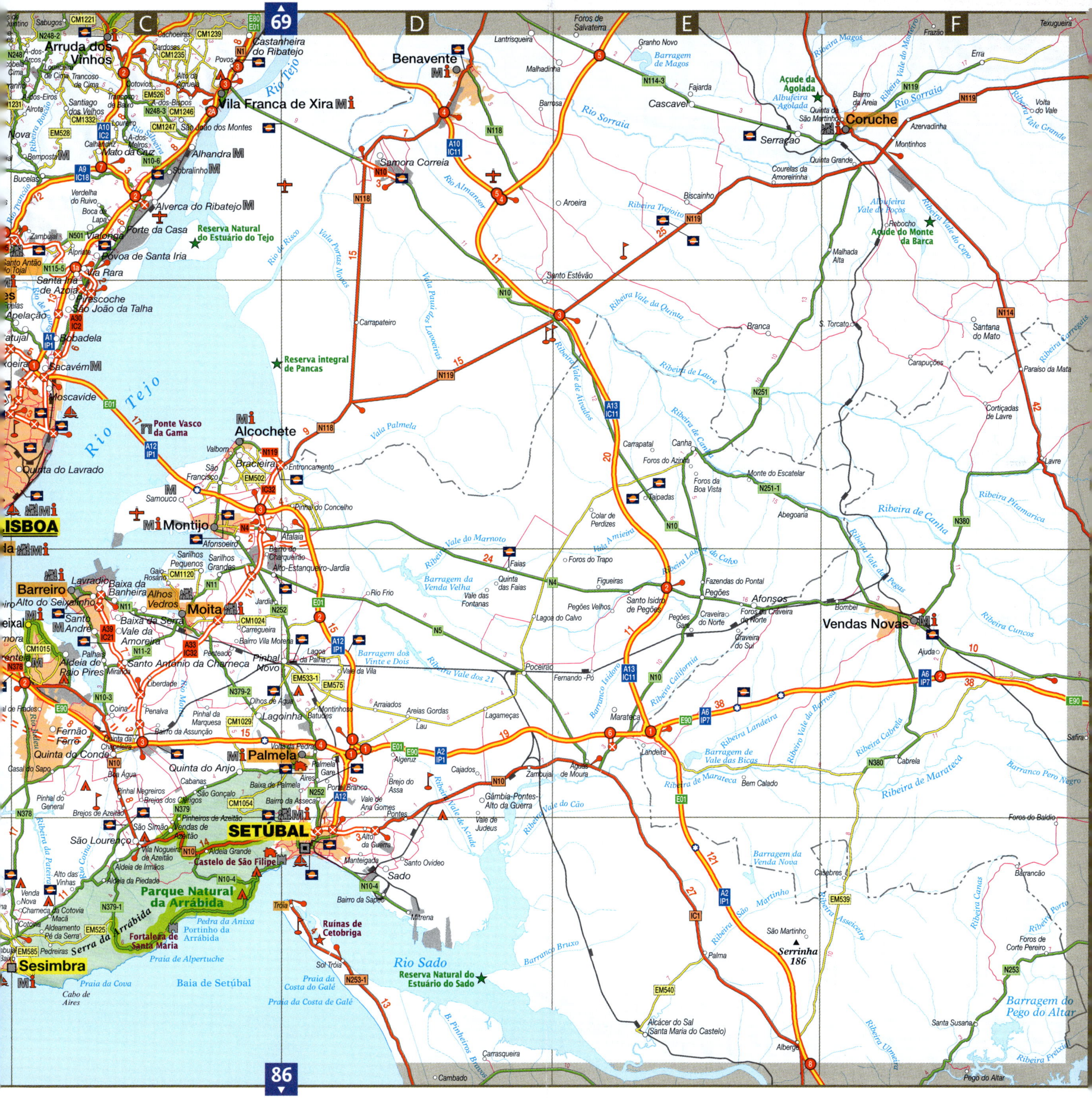

C
D
E
F
Arruda dos Vinhos
Castanheira do Ribatejo
Vila Franca de Xira
Benavente
Samora Correia
Rio Tejo
Rio Sorraia
Barragem de Magos
Açude da Agolada
Albufeira Agolada
Coruche
Cascavel
Fajarda
Granho Novo
Foros de Salvaterra
Lantrisqueira
Malhadinha
Barrosa
Erra
Volta do Vale
Azervadinha
Montinhos
Quinta Grande
Serração
Couelas da Amoreirinha
Biscainho
Ribeira Trejoito
Aroeira
Rio Almansor
Alverca do Ribatejo
Alhandra
Sobralinho
Forte da Casa
Póvoa de Santa Iria
Vialonga
Via Rara
Santa Iria de Azoia
São João da Talha
Bobadela
Sacavém
Moscavide
Reserva Natural do Estuário do Tejo
Reserva integral de Pancas
Albufeira Vale de Boços
Rebocho
Açude do Monte da Barca
Malhada Alta
Santo Estêvão
Carrapateiro
Vala Portas Novas
Vala Paúl das Lavoeiras
Ribeira Vale da Quinta
Branca
S. Torcato
Santana do Mato
Carapuções
Paraíso da Mata
Ribeira de Lavre
Ribeira Vale de Atrudos
Ribeira de Canha
Corticadas de Lavre
Lavre
Ponte Vasco da Gama
Alcochete
Vala Palmela
Entroncamento
Valbom
Bracieira
São Francisco
Samouco
Quinta do Lavrado
LISBOA
Montijo
Afonsoeiro
Pinhal do Concelho
Atalaia
Carrapatal
Canha
Foros do Azinha
Foros da Boa Vista
Monte do Escatelar
Taipadas
Abegoaria
Colar de Perdizes
Ribeira Pitamarica
Ribeira Vale do Marnoto
Faias
Foros do Trapo
Vala Amieira
Barragem da Venda Velha
Quinta das Faias
Vale das Fontanas
Figueiras
Fazendas do Pontal
Pegões
Afonsos
Foros da Craveira do Norte
Bombel
Vendas Novas
Ribeira Vale de Pegas
Ribeira Cuncos
Ajuda
Santo Isidro de Pegões
Pegões Velhos
Lagoa do Calvo
Pegões Gare
Craveira do Norte
Craveira do Sul
Barreiro
Lavradio
Baixa da Banheira
Alhos Vedros
Moita
Alto do Seixalinho
Santo André
Vale da Amoreira
Sarilhos Pequenos
Sarilhos Grandes
Alto-Estanqueiro-Jardia
Rio Frio
Carregueira
Bairro Vila Morena
Palhais
Aldeia de Paio Pires
Santo António da Charneca
Pinhal Novo
Lagoa da Palha
Vale da Vila
Barragem dos Vinte e Dois
Ribeira Vale dos 21
Poceirão
Fernando -Pó
Barranco Isidoro
Ribeira Califórnia
Marateca
Ribeira Landeira
Ribeira Vale da Barrosa
Ribeira Cabrela
Safira
Penteado
Liberdade
Coina
Penalva
Pinhal da Marquesa
Olhos de Água
Lagoinha
Montinhoso
Batudes
Arraiados
Areias Gordas
Lau
Lagameças
Landeira
Barragem de Vale das Bicas
Cabrela
Ribeira de Marateca
Barranco Pero Negro
Bem Calado
Fernão Ferro
Quinta do Conde
Casal do Sapo
Quinta do Anjo
Palmela
Volta da Pedra
Palmela Gare
Algeruz
Cajados
Zambujal
Águas de Moura
Brejo do Assa
Vale de Ana Gomes
Pontes
Gâmbia-Pontes-Alto da Guerra
Vale de Judeus
Ribeira Vale de Cão
Ribeira Vale de Achide
Foros do Baldio
Cabanas
Baixa de Palmela
Bairro da Asseca
São Gonçalo
Brejos dos Clérigos
Pinhal Negreiros
Boa Água
Pinhal do General
Brejos de Azeitão
Pinheiros de Azeitão
Vendas de Azeitão
São Simão
Vila Nogueira de Azeitão
Aldeia Grande
Aldeia de Irmãos
Aldeia da Piedade
São Lourenço
Alto das Vinhas
SETÚBAL
Castelo de São Filipe
Alto da Guerra
Manteigada
Santo Ovideo
Sado
Bairro da Sapec
Mitrena
Barragem da Venda Nova
Casebres
Barrancão
Ribeira São Martinho
Parque Natural da Arrábida
Serra da Arrábida
Fortaleza de Santa Maria
Pedra da Anixa
Portinho da Arrábida
Tróia
Ruínas de Cetobriga
São Martinho
Serrinha 186
Ribeira Asseiceira
Ribeira Canas
Ribeira Porto
Foros de Corte Pereiro
Venda Nova
Charneca da Cotovia
Macã
Cotovia
Aldeamento Pé da Serra
Pedreiras
Sesimbra
Praia de Alpertuche
Praia da Cova
Baía de Setúbal
Cabo de Aires
Sol Tróia
Praia da Costa do Galé
Praia da Costa de Galé
Rio Sado
Reserva Natural do Estuário do Sado
Barranco Bruxo
Palma
Alcácer do Sal (Santa Maria do Castelo)
Alberga
B. Pinheiros Bravos
Carrasqueira
Cambado
Ribeira Ulmeira
Santa Susana
Barragem do Pego do Altar
Ribeira Freixial
Pego do Altar
Texugueira
Frazão

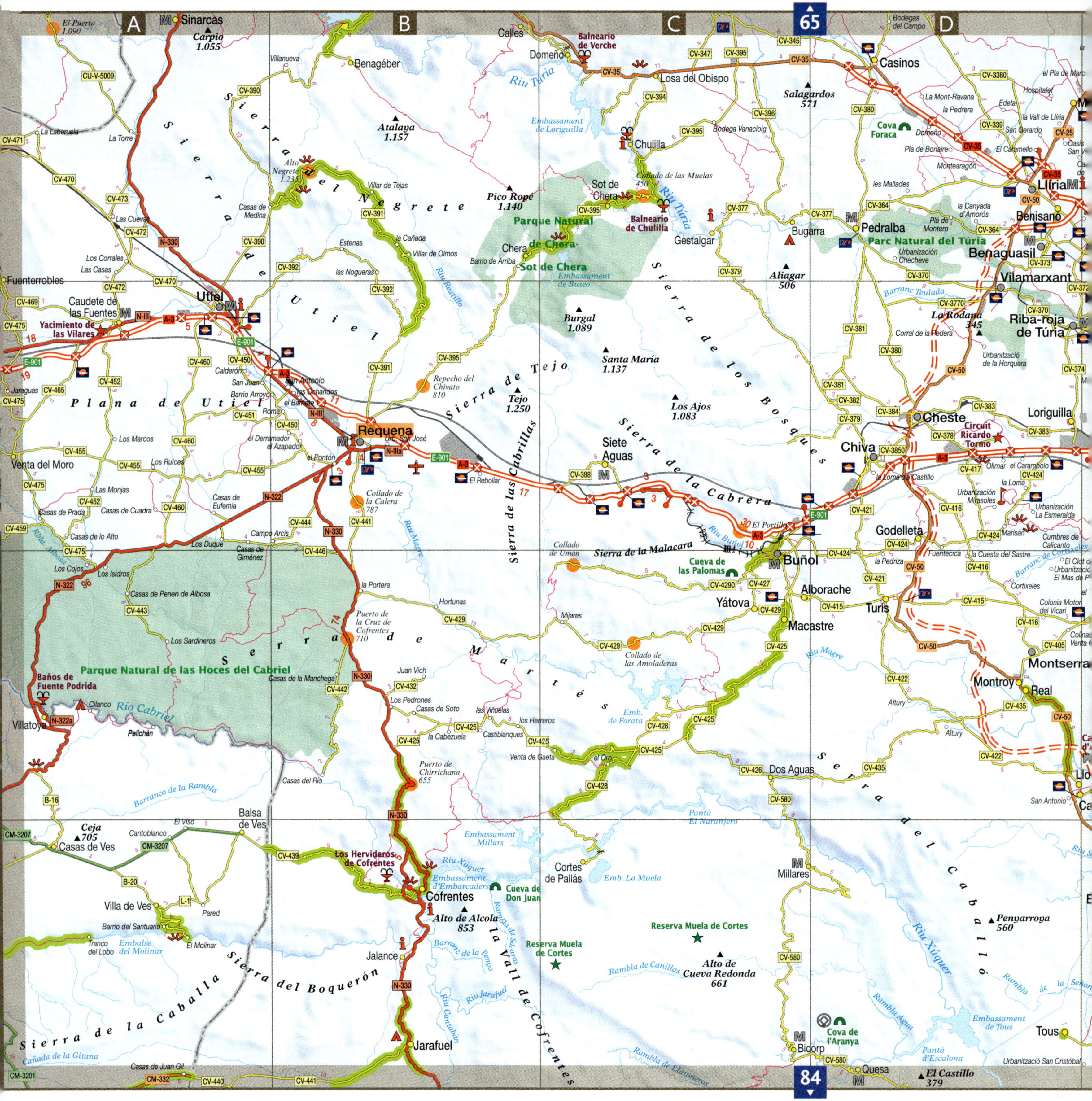

A
B
C
D
65
84
Sinarcas
Carpio 1.055
El Puerto 1.090
Benagéber
Calles
Domeño
Balneario de Verche
Losa del Obispo
Casinos
Riu Túria
Embassament de Loriguilla
Salagardos 571
Atalaya 1.157
Chulilla
Collado de las Muelas 450
Sot de Chera
Balneario de Chulilla
Gestalgar
Bugarra
Pedralba
Parc Natural del Túria
Benaguasil
Vilamarxant
Llíria
Benisanó
Riba-roja de Túria
La Rodana 345
Cova Foraca
Pico Ropé 1.140
Parque Natural de Chera
Chera
Sot de Chera
Embassament de Buseo
Aliagar 506
Sierra del Negrete
Alto Negrete 1.235
Villar de Tejas
Villar de Olmos
Estenas
Sierra de Utiel
Sierra de los Bosques
Burgal 1.089
Santa María 1.137
Los Ajos 1.083
Sierra de Tejo
Tejo 1.250
Sierra de las Cabrillas
Sierra de la Cabrera
Utiel
Caudete de las Fuentes
Yacimiento de las Villares
Fuenterrobles
Plana de Utiel
Requena
Repecho del Chivato 810
Collado de la Calera 787
Siete Aguas
El Rebollar
El Portillo
Buñol
Cheste
Chiva
Circuit Ricardo Tormo
Loriguilla
Godelleta
Venta del Moro
Los Isidros
Collado de Umán
Sierra de la Malacara
Cueva de las Palomas
Yátova
Alborache
Macastre
Turís
Montserrat
Montroy
Real
Parque Natural de las Hoces del Cabriel
Baños de Fuente Podrida
Río Cabriel
Villatoya
Sierra de Martés
Puerto de la Cruz de Cofrentes 710
Collado de las Amoladeras
Emb. de Forata
Dos Aguas
Sierra del Caballón
Puerto de Chirrichana 655
Balsa de Ves
Ceja 705
Casas de Ves
Villa de Ves
Los Hervideros de Cofrentes
Embassament d'Embarcaders
Cofrentes
Cueva de Don Juan
Alto de Alcola 853
Cortes de Pallás
Emb. La Muela
Millares
Reserva Muela de Cortes
Alto de Cueva Redonda 661
Penyarroya 560
Jalance
Sierra del Boquerón
Sierra de la Caballa
Vall de Cofrentes
Jarafuel
Cova de l'Aranya
Bicorp
Quesa
El Castillo 379
Tous
Embassament de Tous
Riu Xúquer
Riu Magre
Embalse del Molinar
Cañada de la Gitana

E
F
1
2
3
4
79
Monforte
Ribeira de Ana Loura
N243
Vale de Maceira
Ribeira Algale
Algalé
N246
Albufeira Caia
Santa Eulália
Prazeres
Ribeira do Almuro
Ribeira Pereira
Veiros
Barbacena
São Vicente e Ventosa
São Bento de Ana Loura
Ribeira Colonia
N243-1
IP2
Ribeira Hortas
Ribeira Valeda
Santo Aleixo
N372
Freixial
Vila Fernando
São Lourenço de Mamporcão
E90
Aqueduto das Amoreiras
São Domingos de Ana Loura
Orada
Ribeira Alcaraviça
Calçadinha
43
A6 IP7
N4
Vila Boim
Varche
São Brás e São Lourenço
Arcos
Terrugem
Ribeira Mures
Rego 475
Nave
Borba
Ribeira Asseca
Ciladas
N373
N255
São Bartolomeu
Barro Branco
Vila Viçosa
Rio de Moinhos
Castro da Brioa
Ciladas (São Romão)
Ribeira Pero Lobo
83
Bencatel
Fonte Soeiro
Pardais
Juromenha (Nossa Senhora do Loreto)
Serra
Ossa
Ribeira Castelo
Ribeira Bencatel
Villareal
El Cabra
BA-104
N254
Ribeira Pericoto
Alandroal
Ribeira Pardais
São Brás dos Matos (Mina do Bugalho)
El Lobato
Ribeira Alcalate
Ribeiro Provincios
Los Arrifes
Redondo
Ribeira de Lucefecit
Barragem de Lucefecit
Alandroal (Nossa Senhora da Conceição)
Foros da Fonte Seca
Terena (São Pedro)
Senhora da Boa Hora
Hortinhas
Orvalhos
Ribeira Barrancos
Barragem de Alqueva
Aldeia de Faleiros
Aldeia de Ferreiras
EX-315
Capelins (Santo António)
La Balsa
Santiago Maior
Venda
Casas Novas de Marés
Cabeça de Carneiro
Monte Juntos
Ribeira Peral
Ribeira Lobo
Seixo
Ribeira Azevel
Cheles
EX-314
BA-057
Arroyo de los Cabriles
Baldio
Ribeira Banhas
Galacho
Aldeia do Outeiro
Arroyo de Fuente Rumbrosa
Martín Vaca
Ribeira Pega
Carrapatelo
Motrinos
Barrada
Arroyo de Friegamuñoz
Ribeira Alamo

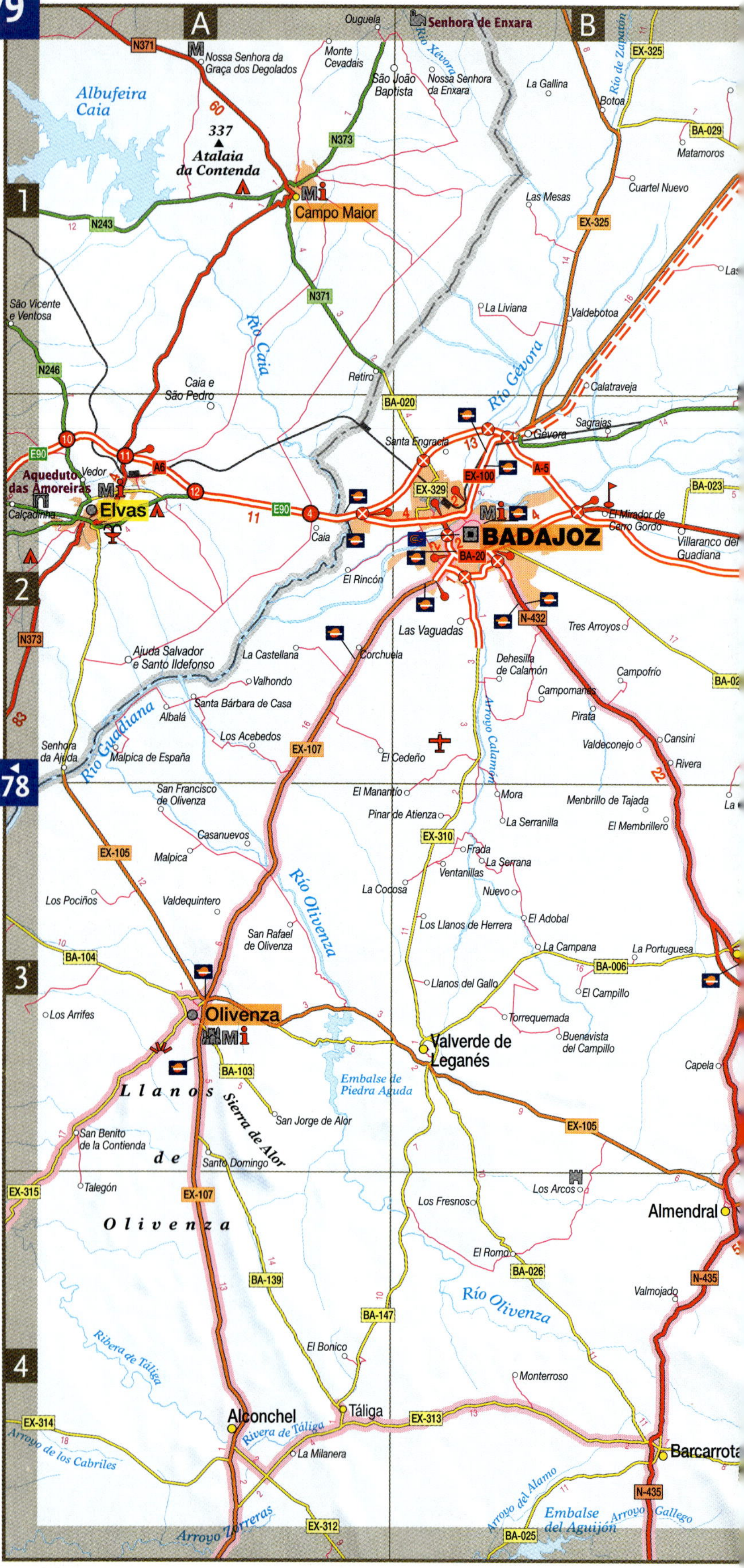
A
B
1
2
3
4
78
Senhora de Enxara
Ouguela
Monte Cevadais
São João Baptista
Nossa Senhora da Enxara
Nossa Senhora da Graça dos Degolados
Albufeira Caia
337
Atalaia da Contenda
Campo Maior
N371
N373
N243
N246
N373
La Gallina
Botoa
Río de Zapatón
EX-325
BA-029
Matamoros
Cuartel Nuevo
Las Mesas
La Liviana
Valdebotoa
Calatraveja
Río Gévora
Sagrajas
Gévora
São Vicente e Ventosa
Río Caia
Retiro
Caia e São Pedro
BA-020
Santa Engracia
Aqueduto das Amoreiras
Vedor
Elvas
Calçadinha
A6
E90
EX-329
EX-100
A-5
BADAJOZ
BA-20
BA-023
El Mirador de Cerro Gordo
Villaranco del Guadiana
Caia
El Rincón
Las Vaguadas
N-432
Tres Arroyos
Ajuda Salvador e Santo Ildefonso
La Castellana
Corchuela
Valhondo
Santa Bárbara de Casa
Albalá
Los Acebedos
EX-107
Dehesilla de Calamón
Campomanes
Campofrío
Pirata
Valdeconejo
Cansini
Rivera
Senhora da Ajuda
Malpica de España
Río Guadiana
El Cedeño
Arroyo Calamón
El Manantío
Pinar de Atienza
Mora
La Serranilla
Menbrillo de Tajada
El Membrillero
San Francisco de Olivenza
Casanuevos
Malpica
EX-105
EX-310
Frada
La Serrana
Ventanillas
La Cocosa
Nuevo
Los Pociños
Valdequintero
Río Olivenza
El Adobal
Los Llanos de Herrera
San Rafael de Olivenza
La Campana
La Portuguesa
BA-104
BA-006
El Campillo
Llanos del Gallo
Los Arrifes
Olivenza
Torrequemada
Buenavista del Campillo
Valverde de Leganés
BA-103
Embalse de Piedra Aguda
Capela
Llanos de Olivenza
Sierra de Alor
San Jorge de Alor
San Benito de la Contienda
Santo Domingo
EX-105
EX-315
Talegón
EX-107
Los Arcos
Los Fresnos
Almendral
El Romo
BA-026
N-435
Valmojado
BA-139
BA-147
Río Olivenza
Ribera de Táliga
El Bonico
Monterroso
Alconchel
Táliga
EX-313
Barcarrota
EX-314
Arroyo de los Cabriles
Rivera de Táliga
La Milanera
N-435
Arroyo del Alamo
Embalse del Aguijón
Arroyo Gallego
Arroyo Zorreras
EX-312
BA-025

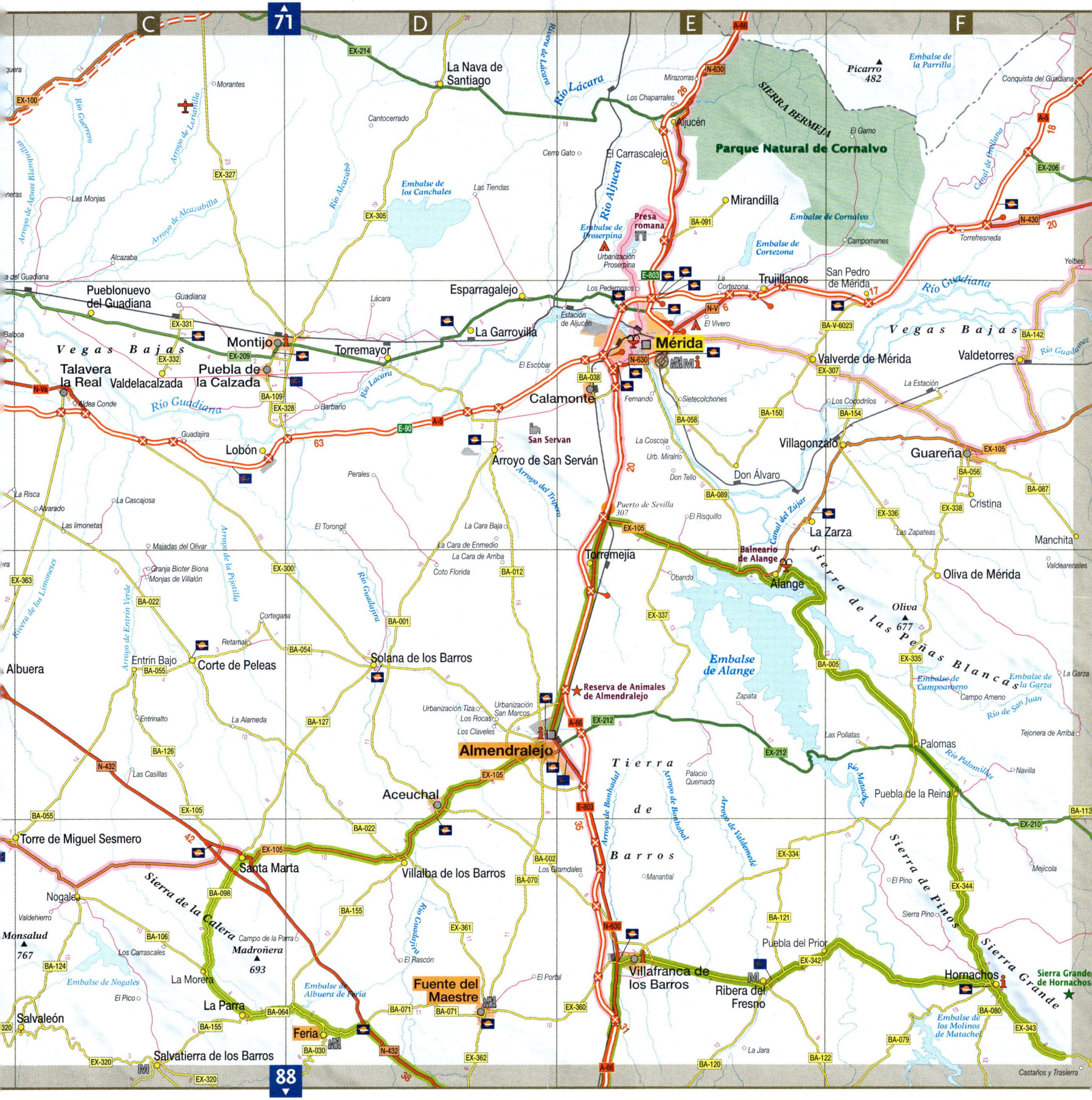

71
88
C
D
E
F
La Nava de Santiago
Morantes
Cantocerrado
Río Lácara
Ribera de Lácara
Los Chaparrales
Mirazorras
Aljucén
SIERRA BERMEJA
El Gamo
Parque Natural de Cornalvo
Picarro 482
Embalse de la Parrilla
Conquista del Guadiana
Río Guerrero
Arroyo de Lorianilla
Arroyo de Aguas Blanquillas
Cerro Gato
El Carrascalejo
Río Aljucén
Mirandilla
Embalse de los Canchales
Las Tiendas
Río Alcazaba
Las Monjas
Arroyo de Alcazabilla
Embalse de Proserpina
Presa romana
Urbanización Proserpina
Embalse de Cortezona
Embalse de Cornalvo
Campomanes
Torrefresneda
Canal de Orellana
Alcazaba
Pueblonuevo del Guadiana
Guadiana
Lácara
Esparragalejo
Los Pedernosos
La Cortezona
Trujillanos
San Pedro de Mérida
Río Guadiana
Yelbes
Estación de Aljucén
El Vivero
La Garrovilla
Vegas Bajas
Montijo
Torremayor
Mérida
Valverde de Mérida
Valdetorres
Talavera la Real
Valdelacalzada
Puebla de la Calzada
Aldea Conde
Río Guadiana
Barbaño
Río Lácara
El Escobar
Calamonte
Fernando
Sietecolchones
La Estación
Los Cocodrilos
Guadajira
Lobón
Arroyo de San Serván
San Servan
Arroyo del Tripero
La Coscoja
Urb. Miralrío
Don Tello
Don Álvaro
Villagonzalo
Guareña
Cristina
Perales
Puerto de Sevilla 307
El Risquillo
Canal del Zújar
La Zarza
Las Zapateas
Manchita
La Risca
Alvarado
La Cascajosa
Las limonetas
El Torongil
La Cara Baja
La Cara de Enmedio
La Cara de Arriba
Coto Florida
Torremejía
Balneario de Alange
Alange
Obando
Oliva de Mérida
Valdearenales
Majadas del Olivar
Granja Bioter Biona
Monjas de Villalón
Arroyo de la Pijotilla
Rivera de los Limonetes
Arroyo de Entrín Verde
Río Guadajira
Sierra de las Peñas Blancas
Oliva 677
Cortegana
Retamal
Entrín Bajo
Corte de Peleas
Solana de los Barros
Albuera
Embalse de Alange
Embalse de Campoameno
Campo Ameno
Embalse de la Garza
La Garza
Río de San Juan
Reserva de Animales de Almendralejo
Zapata
Entrinalto
La Alameda
Urbanización Tiza
Urbanización San Marcos
Los Rocas
Los Claveles
Almendralejo
Las Pollatas
Tejonera de Arriba
Palomas
Río Palomillas
Navilla
Las Casillas
Tierra de Barros
Palacio Quemado
Arroyo de Bonhabal
Arroyo de Valdemedé
Río Matachel
Puebla de la Reina
Aceuchal
Torre de Miguel Sesmero
Santa Marta
Villalba de los Barros
Los Gramdales
Manantial
Sierra de Pinos
Mejicola
Sierra de la Calera
El Pino
Sierra Pino
Nogales
Valdehierro
Monsalud 767
Campo de la Parra
Madroñera 693
Río Guadajira
El Rascón
Los Carrascales
La Morera
Puebla del Prior
Sierra Grande
Embalse de Nogales
El Pico
Embalse de Albuera de Feria
El Portal
Villafranca de los Barros
Ribera del Fresno
Hornachos
Sierra Grande de Hornachos
Fuente del Maestre
La Parra
Salvaleón
Feria
Embalse de los Molinos de Matachel
La Jara
Salvatierra de los Barros
Castaños y Trasierra
EX-100
EX-214
EX-327
EX-305
A-66
N-630
A-5
EX-206
N-430
BA-091
E-803
N-V
BA-V-6023
BA-142
EX-331
EX-209
EX-332
N-Va
BA-109
EX-328
E-90
BA-038
BA-058
BA-150
BA-154
EX-307
EX-105
BA-056
BA-087
BA-089
EX-338
EX-336
EX-300
BA-012
BA-022
BA-001
EX-337
BA-054
BA-055
BA-127
BA-005
EX-335
EX-212
BA-126
N-432
BA-113
EX-210
BA-022
BA-002
BA-070
EX-334
BA-098
BA-155
EX-361
BA-121
EX-344
BA-106
BA-124
EX-342
BA-064
BA-071
EX-360
BA-080
BA-030
EX-362
EX-343
BA-079
EX-320
BA-120
BA-122

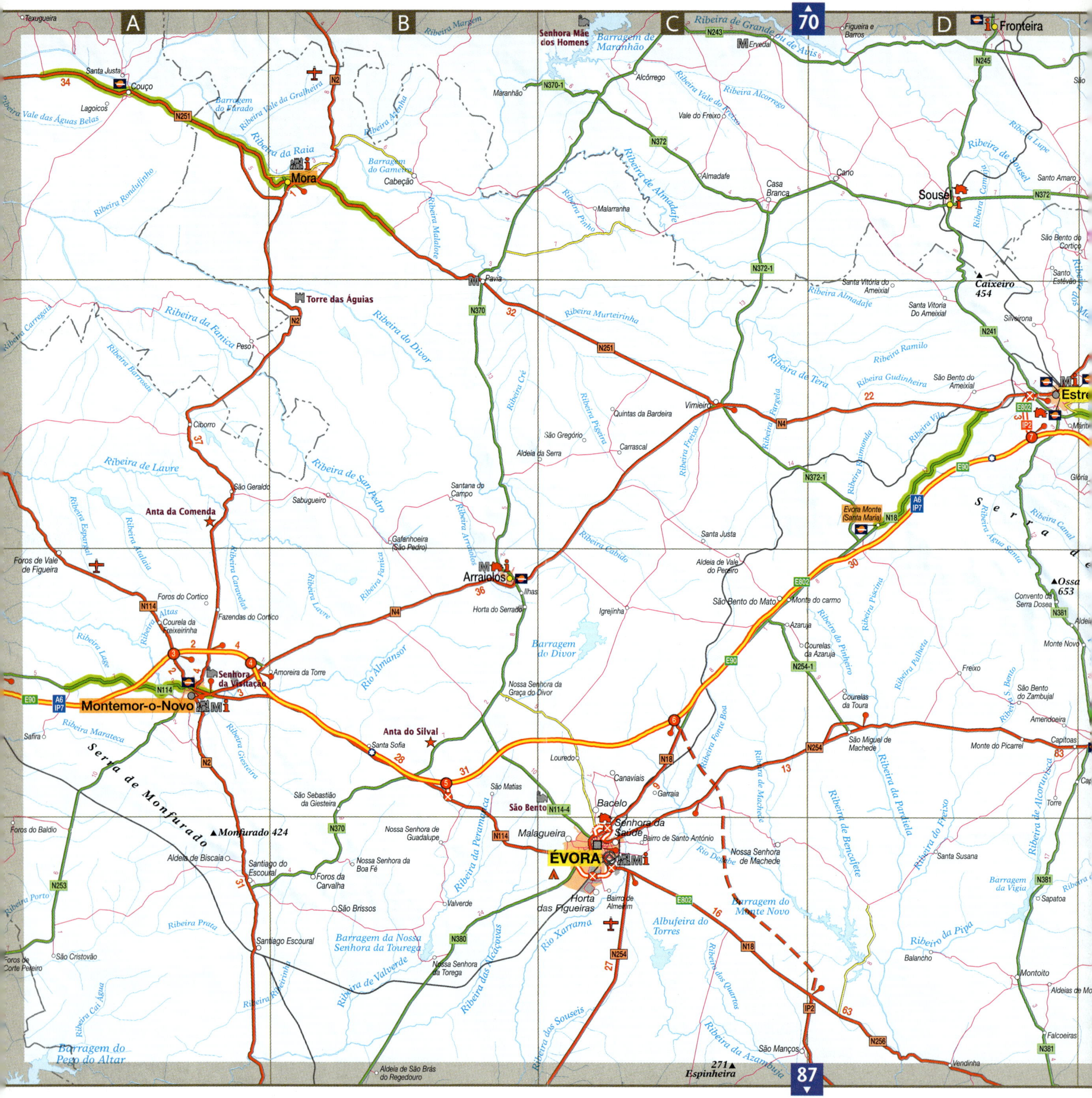

A
B
C
D
70
87
Texugueira
Santa Justa
Couço
Lagoicos
Ribeira Vale das Águas Belas
Barragem do Furado
Ribeira Vale da Gralheira
Ribeira da Raia
N251
N2
34
Mora
Ribeira Rondufinho
Barragem do Gameiro
Cabeção
Ribeira Azinha
Ribeira Margem
Senhora Mãe dos Homens
Barragem de Maranhão
Maranhão
N370-1
Alcôrrego
N243
Ribeira de Grande ou de Avis
Erveda
Figueira e Barros
Fronteira
N245
Ribeira Vale do Freixo
Ribeira Alcorrego
Vale do Freixo
N372
Ribeira de Almadafe
Almadafe
Casa Branca
Cano
Sousel
Ribeira de Sousel
Ribeira Lupe
Santo Amaro
N372
Malarranha
Ribeira Pinho
Ribeira Maialote
Pavia
N370
N372-1
São Bento do Cortiço
Caixeiro 454
Santo Estêvão
Santa Vitória do Ameixial
Ribeira Almadafe
Santa Vitoria Do Ameixial
Silveirona
N241
Torre das Águias
Ribeira da Fanica
Ribeira Carregais
Ribeira Barrosas
Peso
Ribeira do Divor
32
N251
Ribeira Murteirinha
Ribeira de Tera
Ribeira Ramilo
Ribeira Gudinheira
São Bento do Ameixial
Estre
Ciborro
37
Ribeira Cré
Ribeira Pigeira
Quintas da Bardeira
São Gregório
Aldeia da Serra
Carrascal
Vimieiro
N4
22
Ribeira Fargela
Ribeira Freixo
Ribeira Vila
E802
IP2
7
Márti
Ribeira de Lavre
Ribeira de San Pedro
São Geraldo
Sabugueiro
Santana do Campo
Ribeira Arraiolos
N372-1
Ribeira Raimonda
E90
Glória
Anta da Comenda
Ribeira Espargal
Ribeira Atalaia
Ribeira Caravelas
Gafanhoeira (São Pedro)
Ribeira Fanica
Ribeira Cabido
Santa Justa
Évora Monte (Santa Maria)
N18
A6 IP7
Serra de
Ribeira Água Santa
Ribeira Canal
Foros de Vale de Figueira
Foros do Cortiço
N114
Fazendas do Cortiço
Ribeira Lavre
Arraiolos
36
Ilhas
N4
Horta do Serrado
Igrejinha
Aldeia de Vale do Pereiro
30
E802
São Bento do Mato
Monte do carmo
Ribeira Piscina
Ossa 653
Convento da Serra Dosea
N381
Aldei
Ribeira Altas
Courela da Freixeirinha
Ribeira Lage
2
4
3
Senhora da Visitação
Amoreira da Torre
Rio Almansor
Barragem do Divor
Azaruja
Courelas da Azaruja
Ribeira do Pinheiro
N254-1
Ribeira Palheta
Monte Novo
Freixo
E90
A6 IP7
Montemor-o-Novo
N114
Ribeira Marateca
Safira
Serra de Monfurado
Nossa Senhora da Graça do Divor
Courelas da Toura
São Bento do Zambujal
Ribeira S. Bento
Amendoeira
Anta do Silval
Santa Sofia
28
N2
Ribeira Giesteira
6
N18
Loure do
Canaviais
Ribeira Fonte Boa
São Miguel de Machede
N254
Monte do Picarrel
Capitoas
83
13
São Sebastião da Giesteira
5
31
São Matias
São Bento
N114-4
Bacelo
Garraia
Ribeira de Machede
Ribeira da Pardiela
Ribeira de Alcorrovisca
Torre
Foros do Baldio
Monfurado 424
N370
Nossa Senhora de Guadalupe
N114
Malagueira
Senhora da Saúde
Bairro de Santo António
Ribeira da Peramanca
Ribeira de Bencafete
Ribeira do Freixo
Aldeia de Biscaia
Santiago do Escoural
Nossa Senhora da Boa Fé
Foros da Carvalha
ÉVORA
Rio Degebe
Nossa Senhora de Machede
Santa Susana
N253
Ribeira Porto
31
São Brissos
Valverde
Horta das Figueiras
Bairro de Almeirim
E802
Barragem do Monte Novo
Barragem da Vigia
Sapatoa
Ribeira Prata
Santiago Escoural
Barragem da Nossa Senhora da Tourega
N380
Rio Xarrama
Albufeira do Torres
16
Ribeira da Pipa
Balancho
São Cristovão
Foros de Corte Peleiro
Ribeira de Valverde
Nossa Senhora da Torega
Ribeira das Alcáçovas
N254
27
Ribeira dos Quartos
N18
Montoito
Aldeias de Mo
Ribeira Cai Água
Ribeira Ribeirinha
IP2
63
Ribeira dos Souseis
Ribeira da Azambuja
Falcoeiras
Barragem do Pego do Altar
São Manços
N256
N381
Aldeia de São Brás do Regedouro
271 Espinheira
Vendinha

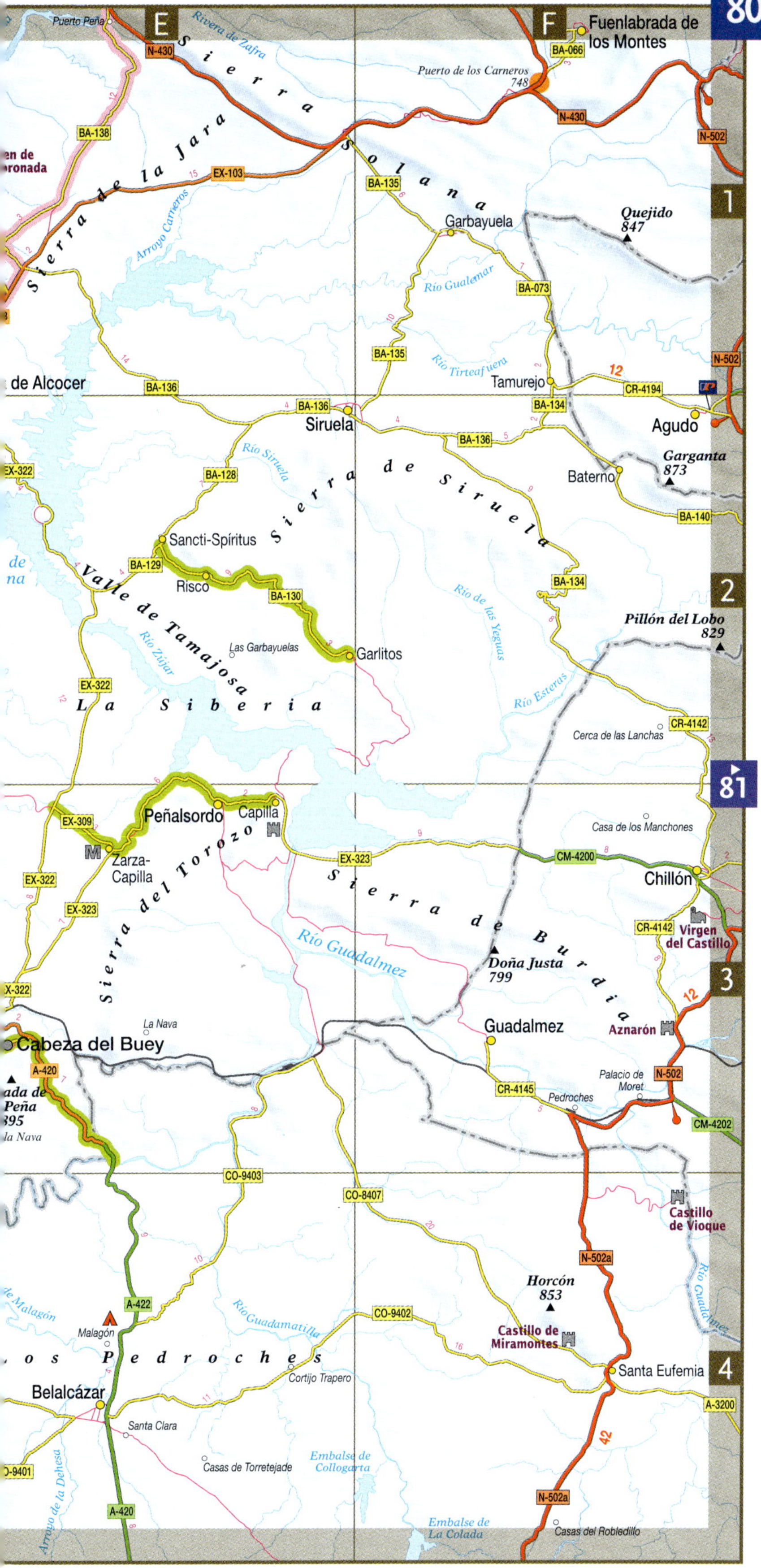
E
F
Puerto Peña
Rivera de Zafra
N-430
Sierra
Fuenlabrada de los Montes
BA-066
Puerto de los Carneros 748
N-430
N-502
BA-138
Sierra de la Jara
EX-103
Solana
BA-135
Arroyo Carneros
1
Garbayuela
Quejido 847
Río Gualemar
BA-073
BA-135
Río Tirteafuera
de Alcocer
BA-136
Tamurejo
12
CR-4194
N-502
BA-134
BA-136
Siruela
BA-136
Agudo
Garganta 873
Baterno
EX-322
Río Siruela
BA-128
Sierra de Siruela
BA-140
Sancti-Spíritus
BA-129
Valle de Tamajosa
Risco
BA-130
BA-134
2
Río de las Yeguas
Pillón del Lobo 829
Las Garbayuelas
Garlitos
Río Zújar
EX-322
La Siberia
Río Esteras
CR-4142
Cerca de las Lanchas
81
EX-309
Peñalsordo
Capilla
Casa de los Manchones
Zarza-Capilla
Sierra del Torozo
EX-323
CM-4200
Chillón
EX-322
EX-323
Sierra de Burdia
Río Guadalmez
CR-4142
Virgen del Castillo
Doña Justa 799
Sierra
EX-322
3
12
La Nava
Guadalmez
Aznarón
Cabeza del Buey
A-420
Palacio de Moret
N-502
CR-4145
Pedroches
CM-4202
la Nava
CO-9403
CO-8407
Castillo de Vioque
N-502a
Horcón 853
A-422
Río Guadamatilla
CO-9402
Castillo de Miramontes
Malagón
Los Pedroches
Cortijo Trapero
Santa Eufemia
4
Belalcázar
A-3200
Santa Clara
42
CO-9401
Casas de Torretejade
Embalse de Collogarta
Arroyo de la Dehesa
A-420
Embalse de La Colada
N-502a
Casas del Robledillo

A
B
1
2
3
4
80
Sierra de los Bueyes
Sierra de
Ancares
867
Bonal del Barranco del Chorro
Cortijo de Río Frío
Bonales de
Puebla de Don Rodrigo
Puebla de
Don Rodrigo
CM-4103
Sierra de Puerto Qu
N-430
26
18
N-502
Sierra de Saceruela
Castilnegro
Río Ayudo
CM-4103
Casas del Romeral
CM-415
Agudo
Río Esteras
Valdemanco
del Esteras
BA-140
Cortijo de Santa Clara
Saceruela
CM-4110
Sierra del P
CM-415
Sierra de la Osa
Sierra de los Canalizos
Pillón
del Lobo
829
Puerto del Rayo
610
30
N-502
Puerto del Manzano
Embalse del
Quejigo Gordo
Casa de los Pilones
CR-4142
Emb. de
Los Álamos
Navalmedio de
Puerto Grande
615
Cortijo de la Dehesa
del Campo
CM-415
Morro del Águila
866
Casa de las Gallegas
Gargantiel
Casa de
la Cañada Moren
Casa del Torreón
Chillón
CR-P-4192
CR-
Virgen
del Castillo
Almadén
Casa de las Navas
Casa del Vivero
Río Valdeazogues
Fontanosas
Sierra
Embalse
de Castilserás
CR-424
CR-424
Casas
N-502
CR-4162
Almadenejos
Casa del
Quintillo
Casa del Encinarejo
Embalse de
Entredicho
Casa de la
Celadilla
Sierra de la Solana
Casa de las Zorreras
CM-4202
Casa
Capellanías
Valle de Alcudia
Río Alcudia
Casa Vilaneras
Castillo
de Vioque
Alamillo
Casa Baja de la Perdiz
Los Castillejos
de la Bienvenida
Parque Natural Valle de Alcudia y
Sierra Madrona
Bienvenida
Casa de la Quesera
Cortijo Cabeza de Toro
CM-4202
Cortijo de los Bonales
Venta del Hato
de la Loma
Casas de las Perdigueras
CM-4201
CR-4131
Venta del Zarzoso
Río Guadalmez
Arroyo de Santa María
San Benito
Mochuelo
Sierra de la Umbría de Alcu
A-3200
Virgen de
las Cruces
CO-7100
Casa de San Jua
CM-4201
Ermita de la Virgen
de las Veredas

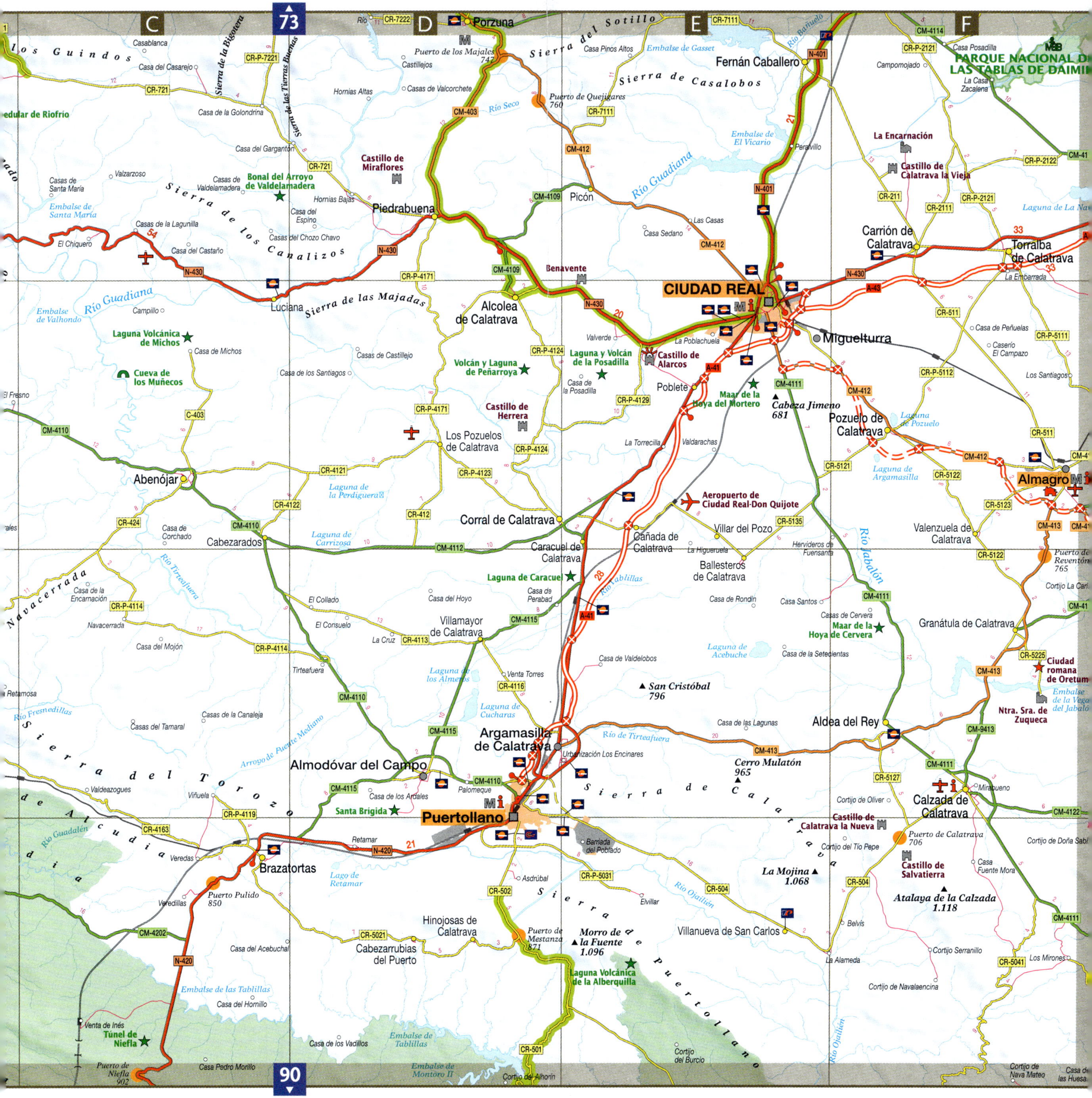

C
D
E
F
73
90
Porzuna
Río
CR-7222
CR-7111
Sierra del Sotillo
Sierra de Casalobos
Casablanca
los Guindos
Casa del Casarejo
Sierra de la Bigotera
Sierra de las Tierras Buenas
CR-P-7221
CR-721
Puerto de los Majales 747
Castillejos
Hornias Altas
Casas de Valcorchete
Puerto de Quejigares 760
CR-7111
CM-403
Río Seco
Casa Pinos Altos
Embalse de Gasset
Fernán Caballero
N-401
Río Bañuelo
CM-4114
Casa Posadilla
CR-P-2121
Campomojado
PARQUE NACIONAL DE LAS TABLAS DE DAIMIEL
La Casa Zacalena
edular de Riofrío
Casa de la Golondrina
Casa del Gargantón
CR-721
Castillo de Miraflores
CM-412
Embalse de El Vicario
Peralvillo
La Encarnación
Castillo de Calatrava la Vieja
CR-P-2122
CM-41
Casas de Santa María
Valzarzoso
Casas de Valdelamadera
Bonal del Arroyo de Valdelamadera
Hornias Bajas
Casa del Espino
Piedrabuena
CM-4109
Picón
Río Guadiana
N-401
CR-211
CR-2111
CR-P-2121
Laguna de La Nava
Embalse de Santa María
Sierra de los Canalizos
Casas de la Lagunilla
Casas del Chozo Chavo
Las Casas
Casa Sedano
CM-412
Carrión de Calatrava
Torralba de Calatrava
El Chiquero
Casa del Castaño
N-430
N-430
CM-4109
Benavente
N-430
A-43
La Embarrada
CIUDAD REAL
Luciana
Sierra de las Majadas
CR-P-4171
Alcolea de Calatrava
Embalse de Valhondo
Río Guadiana
Campillo
N-430
CR-511
Casa de Peñuelas
Miguelturra
Laguna Volcánica de Michos
Casa de Michos
Casas de Castillejo
Valverde
La Poblachuela
CR-P-4124
Laguna y Volcán de la Posadilla
Castillo de Alarcos
Caserío El Campazo
CR-P-5111
Cueva de los Muñecos
Casa de los Santiagos
Volcán y Laguna de Peñarroya
Casa de la Posadilla
A-41
Poblete
Maar de la Hoya del Mortero
CM-4111
CR-P-5112
Los Santiagos
El Fresno
C-403
CR-P-4171
Castillo de Herrera
CR-P-4129
Cabeza Jimeno 681
CM-412
Pozuelo de Calatrava
Laguna de Pozuelo
CM-4110
Los Pozuelos de Calatrava
La Torrecilla
Valdarachas
CR-511
CR-P-4124
CM-412
CM-41
Laguna de Argamasilla
CR-5121
CR-5122
Almagro
Abenójar
CR-4121
CR-P-4123
Laguna de la Perdiguera
Aeropuerto de Ciudad Real-Don Quijote
CR-4122
CR-412
CR-5123
CR-424
Casa de Corchado
CM-4110
Cabezarados
Corral de Calatrava
Laguna de Carrizosa
CM-4112
Caracuel de Calatrava
Cañada de Calatrava
Villar del Pozo
CR-5135
Hervideros de Fuensanta
Río Jabalón
Valenzuela de Calatrava
CM-413
La Higueruela
Ballesteros de Calatrava
CR-5122
Puerto de Reventón 765
Río Tirteafuera
Navacerrada
Casa de la Encarnación
CR-P-4114
Laguna de Caracuel
Casa de Perabad
Río Tablillas
Cortijo La Cari
El Collado
Casa del Hoyo
Casa de Rondín
Casa Santos
CM-4111
CM-41
Navacerrada
El Consuelo
Villamayor de Calatrava
CM-4115
A-41
Casas de Cervera
Maar de la Hoya de Cervera
Granátula de Calatrava
La Cruz
CR-4113
Casa del Mojón
CR-P-4114
Tirteafuera
Laguna de los Almeros
Venta Torres
Laguna de Acebuche
Casa de Valdelobos
Casa de la Setecientas
CR-5225
CM-413
Ciudad romana de Oretum
Retamosa
CM-4110
CR-4116
San Cristóbal 796
Embalse de la Vega del Jabalón
Río Fresnedillas
Casas de la Canaleja
Casas del Tamaral
Laguna de Cucharas
Ntra. Sra. de Zuqueca
Sierra del Torozo
Arroyo de Fuente Mediano
CM-4115
Argamasilla de Calatrava
Río de Tirteafuera
Casa de las Lagunas
Aldea del Rey
CM-9413
CM-413
Urbanización Los Encinares
Almodóvar del Campo
CM-4110
Cerro Mulatón 965
CR-5127
CM-4111
Valdeazogues
Viñuela
CM-4115
Casa de los Ardales
Palomeque
Sierra de Calatrava
Mirabueno
Cortijo de Oliver
Calzada de Calatrava
CR-P-4119
Santa Brígida
Puertollano
Castillo de Calatrava la Nueva
CM-4122
Sierra de Alcudia
Río Guadalén
CR-4163
Retamar
N-420
Barriada del Poblado
Puerto de Calatrava 706
Cortijo de Doña Sabi
Veredas
Brazatortas
Cortijo del Tío Pepe
Castillo de Salvatierra
Casa Fuente Mora
Lago de Retamar
Asdrúbal
CR-P-5031
La Mojina 1.068
CR-504
Puerto Pulido 850
Veredillas
CR-502
Sierra de Puertollano
Elvillar
Río Ojailén
CR-504
Atalaya de la Calzada 1.118
CM-4202
Hinojosas de Calatrava
CR-5021
Puerto de Mestanza 871
Morro de la Fuente 1.096
Villanueva de San Carlos
Belvís
CM-4111
N-420
Casa del Acebuchal
Cabezarrubias del Puerto
La Alameda
Cortijo Serranillo
CR-5041
Los Mirones
Laguna Volcánica de la Alberquilla
Embalse de las Tablillas
Casa del Hornillo
Cortijo de Navalaencina
Venta de Inés
Túnel de Niefla
Casa de los Vadillos
Embalse de Tablillas
Río Ojailén
CR-501
Cortijo del Burcio
Puerto de Niefla 902
Casa Pedro Morillo
Embalse de Montoro II
Cortijo del Alhorín
Cortijo de Nava Mateo
Casa de las Huesas

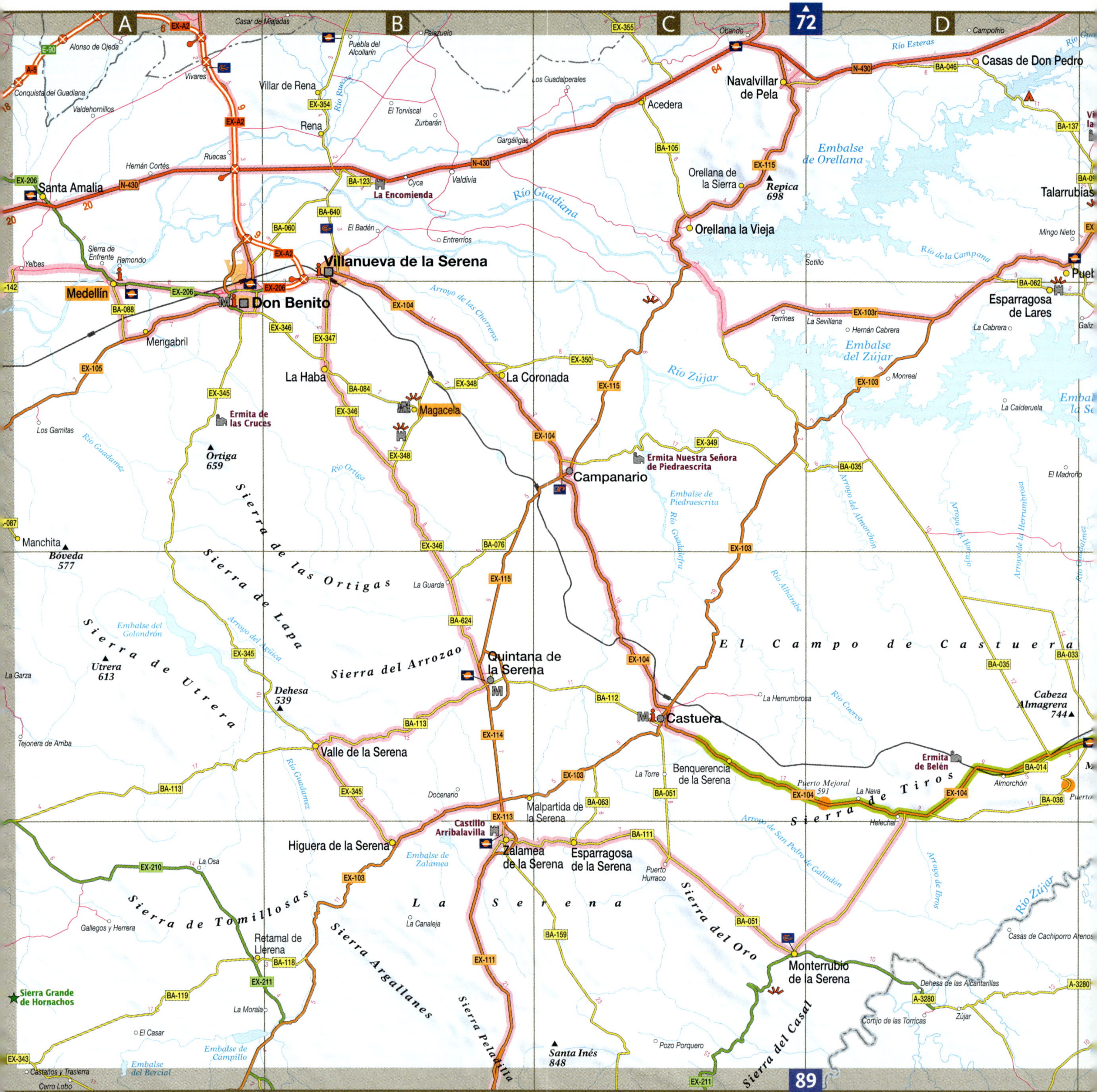
A
B
C
D
Casar de Miajadas
Palazuelo
EX-355
Obando
Campofrío
Río Esteras
Alonso de Ojeda
E-90
A-5
EX-A2
Puebla del Alcollarín
Vivares
Conquista del Guadiana
Valdehornillos
Villar de Rena
EX-354
Río Ruecas
El Torviscal
Zurbarán
Los Guadalperales
Acedera
Navalvillar de Pela
N-430
BA-046
Casas de Don Pedro
Rena
Gargáligas
BA-105
BA-137
Hernán Cortés
Ruecas
Embalse de Orellana
EX-115
Orellana de la Sierra
Repica 698
EX-206
Santa Amalia
N-430
BA-123
Cyca
Valdivia
La Encomienda
Río Guadiana
Talarrubias
BA-640
BA-060
El Badén
Entrerríos
Orellana la Vieja
Mingo Nieto
Sierra de Enfrente
Remondo
Yelbes
Villanueva de la Serena
Sotillo
Río de la Campana
Medellín
EX-206
Don Benito
EX-104
Arroyo de las Chorreras
BA-062
Esparragosa de Lares
BA-088
Mengabril
EX-346
EX-347
Terrines
La Sevillana
EX-103
Hernán Cabrera
La Cabrera
Galiz
EX-105
La Haba
EX-350
La Coronada
Embalse del Zújar
Río Zújar
EX-348
BA-084
EX-115
Magacela
EX-103
Monreal
EX-345
Ermita de las Cruces
EX-346
La Calderuela
Los Gamitas
Río Guadámez
Ortiga 659
EX-348
EX-104
EX-349
Ermita Nuestra Señora de Piedraescrita
BA-035
Río Ortiga
Campanario
Embalse de Piedraescrita
El Madroño
Río Guadalefra
Arroyo del Almorchón
Arroyo del Horcajo
Arroyo de la Herrumbrosa
Río Guadámez
Manchita
Bóveda 577
EX-346
BA-076
EX-103
Sierra de las Ortigas
Sierra de Lapa
La Guarda
EX-115
Río Alhárabe
Embalse del Golondrón
Sierra de Utrera
Arroyo del Agüica
BA-624
El Campo de Castuera
BA-033
Utrera 613
EX-345
Sierra del Arrozao
Quintana de la Serena
EX-104
BA-035
La Garza
Dehesa 539
BA-112
La Herrumbrosa
Río Cuervo
Cabeza Almagrera 744
BA-113
Castuera
Tejonera de Arriba
EX-114
Valle de la Serena
BA-113
Ermita de Belén
Río Guadámez
EX-103
La Torre
Benquerencia de la Serena
Puerto Mejoral 591
BA-014
Almorchón
EX-345
Docenario
BA-051
EX-104
La Nava
Sierra de Tiros
EX-104
BA-036
Puerto
Malpartida de la Serena
BA-063
EX-113
Helechal
Castillo Arribalavilla
Arroyo de San Pedro de Galindón
BA-111
Higuera de la Serena
Zalamea de la Serena
Esparragosa de la Serena
Embalse de Zalamea
EX-210
La Osa
Puerto Hurraco
Arroyo de Ilbros
EX-103
Sierra de Tomillosas
La Serena
Sierra del Oro
Río Zújar
La Canaleja
Gallegos y Herrera
Sierra Argallanes
BA-051
Casas de Cachiporro
Arenos
Retamal de Llerena
BA-159
BA-118
Monterrubio de la Serena
Dehesa de las Alcantarillas
A-3280
EX-211
EX-111
A-3280
Sierra Grande de Hornachos
BA-119
La Morala
Sierra Peladilla
Sierra del Casal
Cortijo de las Torricas
Zújar
El Casar
Pozo Porquero
Santa Inés 848
Embalse de Campillo
EX-343
Embalse del Bercial
Castaños y Traslerra
Cerro Lobo
EX-211
72
89

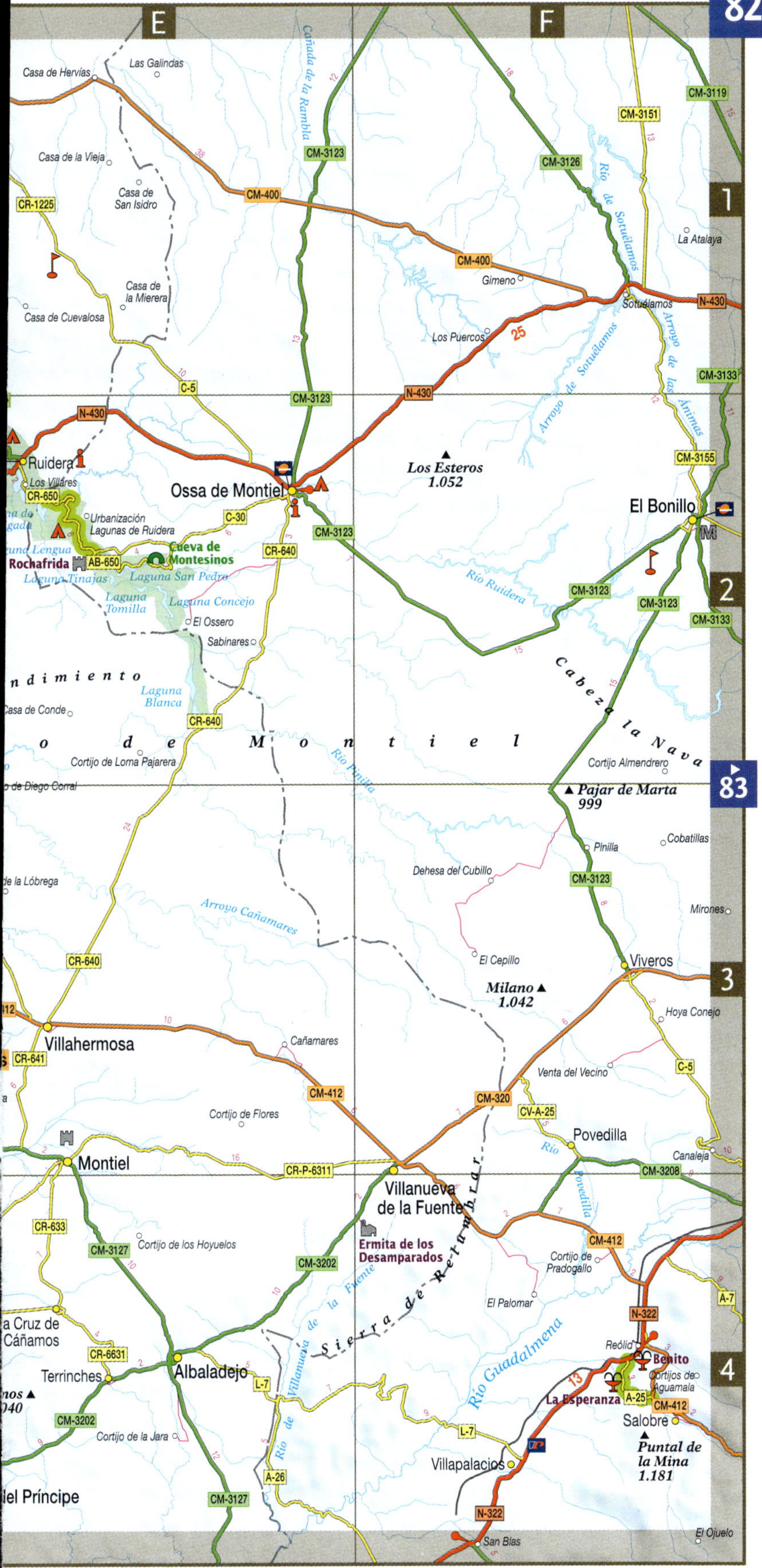
E
F
1
2
3
4
83
Casa de Hervías
Las Galindas
Cañada de la Rambla
Casa de la Vieja
Casa de San Isidro
CR-1225
CM-400
CM-3123
CM-3126
CM-3151
CM-3119
Río de Sotuélamos
La Atalaya
Casa de la Mierera
Casa de Cuevalosa
Gimeno
Sotuélamos
N-430
Arroyo de las Ánimas
Los Puercos
25
Arroyo de Sotuélamos
C-5
CM-3133
Ruidera
Los Villares
CR-650
Urbanización Lagunas de Ruidera
Ossa de Montiel
C-30
Los Esteros
1.052
CM-3155
El Bonillo
Laguna Lengua
Rochafrida
AB-650
Cueva de Montesinos
CR-640
Laguna Tinajas
Laguna San Pedro
Laguna Tomilla
Laguna Concejo
El Ossero
Río Ruidera
Sabinares
ndimiento
Laguna Blanca
Casa de Conde
Cabeza la Nava
o de Montiel
Cortijo de Loma Pajarera
Río Pinilla
Cortijo Almendrero
de Diego Corral
Pajar de Marta
999
Pinilla
Cobatillas
de la Lóbrega
Dehesa del Cubillo
Arroyo Cañamares
Mirones
El Cepillo
Viveros
Milano
1.042
Hoya Conejo
Villahermosa
Cañamares
CR-641
Venta del Vecino
CM-412
CM-320
CV-A-25
Cortijo de Flores
Río Povedilla
Povedilla
Canaleja
Montiel
CR-P-6311
CM-3208
Villanueva de la Fuente
CR-633
Cortijo de los Hoyuelos
CM-3127
CM-3202
Ermita de los Desamparados
Sierra de Relumbrar
Cortijo de Pradogallo
A-7
Sierra de Villanueva de la Fuente
El Palomar
N-322
La Cruz de Cáñamos
Reólid
CR-6631
Río Guadalmena
Benito
Terrinches
Albaladejo
L-7
Cortijos de Aguamala
La Esperanza
A-25
1.040
Salobre
Río de Villanueva
Cortijo de la Jara
Puntal de la Mina
1.181
Villapalacios
A-26
del Príncipe
El Ojuelo
San Blas

A
B
1
2
3
4
82
Carro 834
Santa Marta
CM-3106
CM-313
CV-C-3
CM-3119
Cerro Zamanco
CM-3121
La Atalaya
San Antonio
CM-3106
Munera
N-430
Barrax
Cuarto de Maribáñez
N-430
CM-3133
CM-313
El Lituero
Cerro de la Moneda 1.013
Los Paredazos
L-4
CM-3155
Los Barreros 1.107
Pardales
Loma
El Bonillo
Laguna de Navalcudía
Lezuza
CM-3152
CM-3152
CM-313
Los Cu
Valdelaras de
C-12
Valdelaras de Arriba
Nava Redonda
La Yunquera
CM-3133
Arroyo Jituero
Cantacucos 1.059
Navajo de Perivanchez
CM-3251
Tiriez
Pradorredondo
Nava Conchel
Mingote
La Beata
N-322
Cabeza de Villaverde 1.038
Sierra Caracolane
Cabeza la Nava
El Ballestero
Pontezuelas
CM-313
San Pedro
CM-3133
CL-2
Laguna Ojos de Villaverde
El Jardín
Río de Montemayor
Villaverde
Río de Masegoso
Mirones
La Monja
El Cubillo
Los Chospes
Villalgordo
Casas de Lázaro
Cañada Junco
CM-320
A-19
El Batán
Cucharal
Robledo
Puerto de los Pocicos 1.058
Cerroblanco 1.109
Ituero
Peña del
1.329
A-20
Peñarrubia
El Horcajo
A-19
Cerroblanco
Berro
N-322
Masegoso
Cerro Isabela 1.355
Cencerro
Cilleruelo
Montemayor
Navalengua
A-20
Canaleja
C-5
Solanilla
Zorio
A-4
La Hoz
Pesebre
Batanes
El Pu
CM-3208
Alcaraz
Peñascosa
Arteaga de Abajo
Arteaga de Arriba
Fuenla
CM-3216
Río de Cortes
A-7
Sierra de Alcaraz
Los Catalmerejos
El Altico
Vianos
Ríomencal
La Dehesa del Val
El Prado del Caño
Río del Escorial
La Mesta
Cañada
Haches de A
Casas de Haches
Las Mohedas
CM-3216
A-7
Puerto el Barrancazo 1.030
CM-3216
Cerro Pelado 1.421
Paterna del Madera
El Barrancazo 1.030
CM-412
El Escorial
CM-3216
El Puerto
Ríomadera
Bogarra
Las Parideras
Cortijo de Tortas
Masegosillo
C-415
Batán del Puerto
Las Hoyas del Pino
Sierra del Agua
Sierra Atalaya
Zapateros
El Encebrico
C-415
Yeguarizas
Almenara 1.790
El Ojuelo
Vegallera
Espineras del León
CV-A-31
Río Mur

74

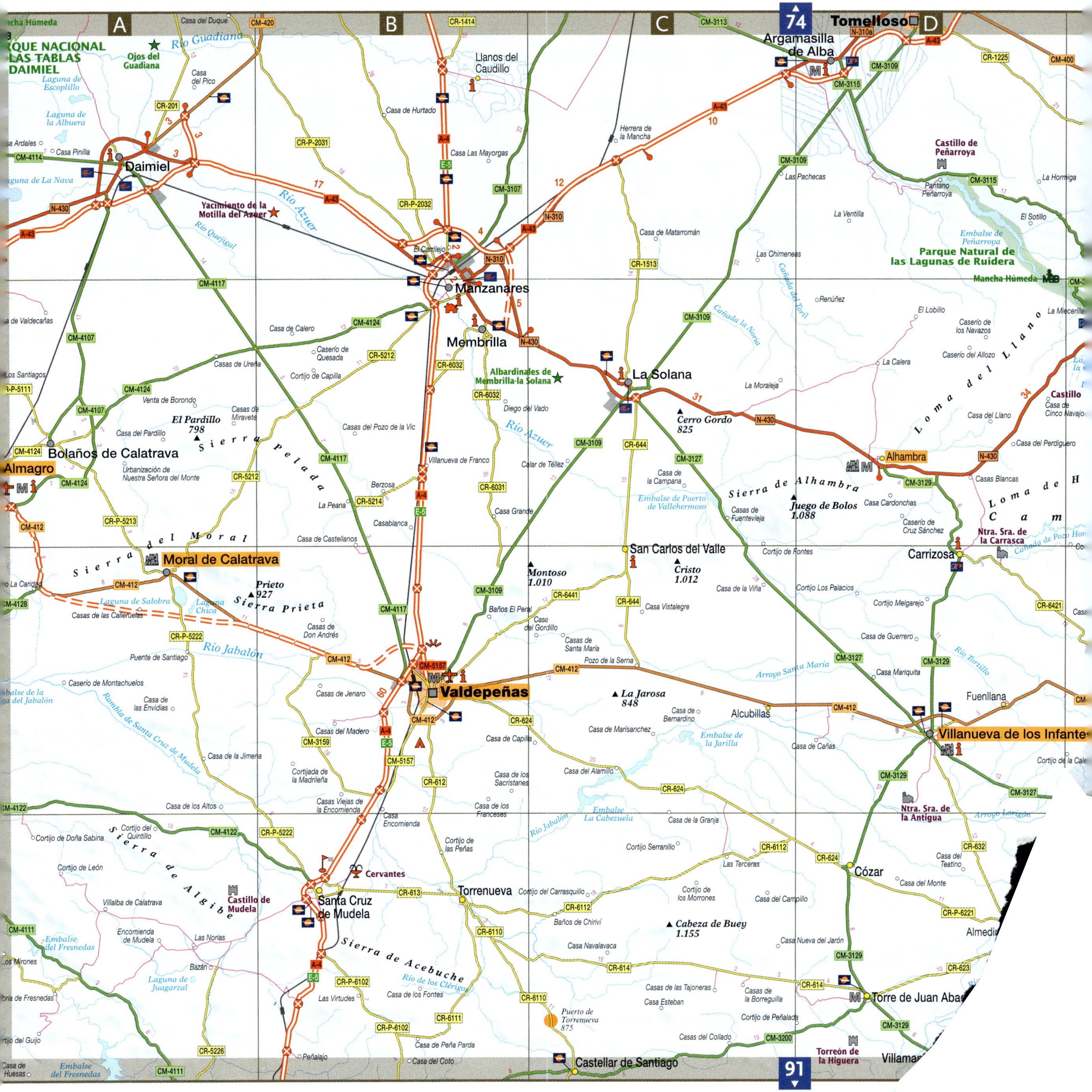
A
B
C
D
Tomelloso
Argamasilla de Alba
Llanos del Caudillo
Daimiel
Manzanares
Membrilla
La Solana
Alhambra
Carrizosa
Bolaños de Calatrava
Almagro
Moral de Calatrava
Valdepeñas
San Carlos del Valle
Villanueva de los Infantes
Fuenllana
Alcubillas
Santa Cruz de Mudela
Torrenueva
Cózar
Torre de Juan Abad
Castellar de Santiago
Parque Nacional Las Tablas de Daimiel
Ojos del Guadiana
Río Guadiana
Laguna de Escoplillo
Laguna de la Albuera
Laguna de La Nava
Yacimiento de la Motilla del Azuer
Río Azuer
Río Quejigal
Albardinales de Membrilla-la Solana
Castillo de Peñarroya
Pantano Peñarroya
Embalse de Peñarroya
Parque Natural de las Lagunas de Ruidera
Mancha Húmeda
El Pardillo 798
Sierra Pelada
Cerro Gordo 825
Sierra de Alhambra
Juego de Bolos 1.088
Loma del Llano
Montoso 1.010
Cristo 1.012
Prieto 927
Sierra Prieta
Sierra del Moral
Laguna de Salobra
Laguna Chica
Río Jabalón
Rambla de Santa Cruz de Mudela
La Jarosa 848
Embalse de la Jarilla
Embalse La Cabezuela
Arroyo Santa María
Río Tortillo
Ntra. Sra. de la Carrasca
Ntra. Sra. de la Antigua
Sierra de Algibe
Castillo de Mudela
Cervantes
Sierra de Acebuche
Río de los Clérigos
Cabeza de Buey 1.155
Puerto de Torrenueva 875
Embalse del Fresnedas
Laguna de Juagarzal
Torreón de la Higuera
Embalse de Puerto de Vallehermoso
Cañada la Noria
Cañada del Toril
A-4
A-43
E-5
N-310
N-430
CM-3109
CM-3127
CM-3129
CM-4117
CM-4124
CM-4107
CM-412
CM-4122
CM-5157
CR-644
CR-624
CR-614
CR-613
CR-6112
CR-6110
CR-6111
CR-612
CR-1513
CR-6032
CR-6031
CR-5212
CR-5214
CR-P-5213
CR-P-5222
CR-P-2031
CR-P-2032
CR-P-6102
CR-P-6221
CR-632
CR-623
CR-6421
CR-5226
CM-3159
CM-4111
CM-3200
CM-3113
CM-3115
CM-400
CR-1225
CR-1414
CM-420
CR-201
CM-4114
CM-4128
CR-P-5111
CR-6441

91

75

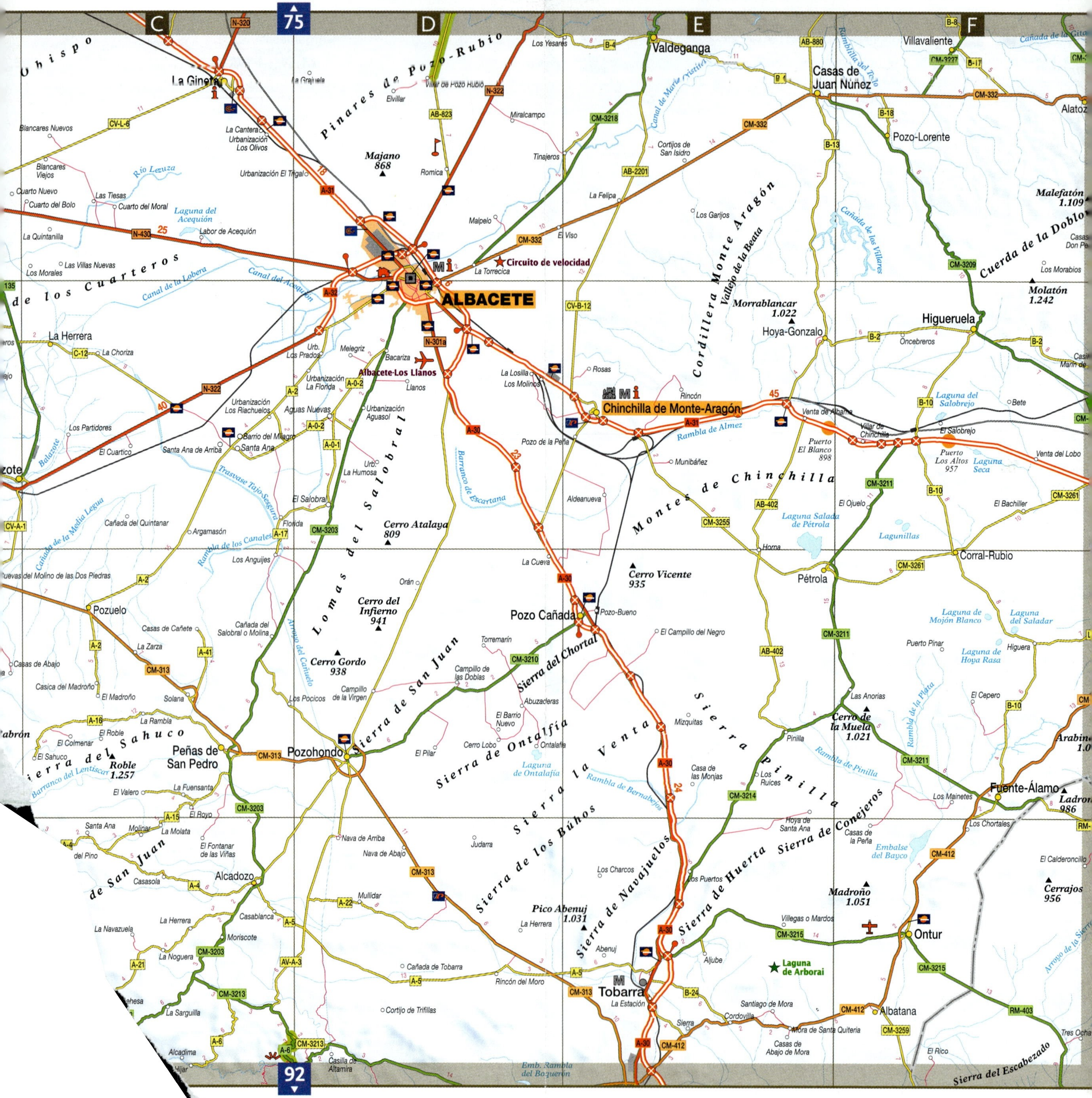
C
D
E
F
ALBACETE
La Gineta
Valdeganga
Casas de Juan Núñez
Villavaliente
Alatoz
Pozo-Lorente
Los Yesares
La Grajuela
Villar de Pozo Rubio
Elvillar
Miralcampo
Tinajeros
Cortijos de San Isidro
Pinares de Pozo-Rubio
Majano 868
Romica
La Cantera
Urbanización Los Olivos
Urbanización El Trigal
Blancares Nuevos
Blancares Viejos
Río Lezuza
Cuarto Nuevo
Cuarto del Bolo
Las Tiesas
Cuarto del Moral
Laguna del Acequión
Labor de Acequión
La Quintanilla
Las Villas Nuevas
Los Morales
de los Cuarteros
Canal de la Lobera
Canal del Acequión
Malpelo
El Viso
La Felipa
La Torrecica
Circuito de velocidad
Los Garijos
Cordillera Monte Aragón
Vallejo de la Beata
Morrablancar 1.022
Hoya-Gonzalo
Malefatón 1.109
Cuerda de la Doblón
Los Morabios
Molatón 1.242
Higueruela
Oncebreros
La Herrera
La Choriza
Urb. Los Prados
Melegriz
Bacariza
Albacete-Los Llanos
Urbanización La Florida
Llanos
La Losilla
Los Molinos
Rosas
Rincón
Chinchilla de Monte-Aragón
Rambla de Almez
Venta de Albarra
Puerto El Blanco 898
Villar de Chinchilla
El Salobrejo
Puerto Los Altos 957
Laguna Seca
Laguna del Salobrejo
Bete
Venta del Lobo
Urbanización Los Riachuelos
Aguas Nuevas
Urbanización Aguasol
Los Partidores
El Cuartico
Barrio del Milagro
Santa Ana
Santa Ana de Arriba
Balazote
Trasvase Tajo-Segura
Urb. La Humosa
Pozo de la Peña
Munibáñez
Montes de Chinchilla
Barranco de Escartana
El Salobral
Lomas del Salobral
Aldeanueva
El Ojuelo
El Bachiller
Laguna Salada de Pétrola
Lagunillas
Cañada del Quintanar
Argamasón
Florida
Rambla de los Canales
Cañada de la Media Legua
Cerro Atalaya 809
Horna
Pétrola
Corral-Rubio
Los Anguijes
La Cueva
Cerro Vicente 935
Cuevas del Molino de las Dos Piedras
Orán
Pozuelo
Cerro del Infierno 941
Pozo Cañada
Pozo-Bueno
El Campillo del Negro
Laguna de Mojón Blanco
Laguna del Saladar
Casas de Cañete
Cañada del Salobral o Molina
Arroyo del Cañuelo
La Zarza
Torremarín
Sierra del Chortal
Puerto Pinar
Laguna de Hoya Rasa
Higuera
Casas de Abajo
Cerro Gordo 938
Casica del Madroño
El Madroño
Solana
Los Pocicos
Campillo de la Virgen
Campillo de las Doblas
Sierra de San Juan
Abuzaderas
El Barrio Nuevo
Sierra
Las Anorías
Cerro de la Muela 1.021
El Cepero
Rambla de la Plata
Arabinejo
Rabrón
La Rambla
El Roble
El Colmenar
Sierra del Sahuco
Peñas de San Pedro
El Sahuco
Roble 1.257
Barranco del Lentiscar
Pozohondo
Mizquitas
El Pilar
Cerro Lobo
Sierra de Ontalfía
Ontalafia
Laguna de Ontalafia
Sierra la Venta
Rambla de Bernabejos
Casa de las Monjas
Pinilla
Rambla de Pinilla
Los Ruices
Sierra Pinilla
Fuente-Álamo
Los Mainetes
Ladrón 986
El Valero
La Fuensanta
El Royo
Santa Ana
Molinar
La Molata
El Fontanar de las Viñas
del Pino
de San Juan
Nava de Arriba
Nava de Abajo
Judarra
Sierra de los Búhos
Hoya de Santa Ana
Casas de la Peña
Sierra de Conejeros
Embalse del Bayco
Los Chortales
El Calderoncillo
Casasola
Alcadozo
Los Charcos
Sierra de Navajuelos
Los Puertos
Sierra de Huerta
Madroño 1.051
Cerrajos 956
Mullidar
Casablanca
La Navazuela
La Herrera
Moriscote
La Noguera
Pico Abenuj 1.031
Villegas o Mardos
Ontur
Aljube
Abenuj
Laguna de Arborai
Cañada de Tobarra
Rincón del Moro
Tobarra
La Estación
Cortijo de Trifillas
La Sarguilla
Dehesa
Santiago de Mora
Cordovilla
Sierra
Mora de Santa Quiteria
Casas de Abajo de Mora
Albatana
Tres Ocha
El Rico
Sierra del Escabezado
Arroyo de la Sierra
Alcadima
Hijar
Casilla de Altamira
Emb. Rambla del Boquerón
Cañada de la Gita
Rambla del Tejo
Canal de María Cristina
Cañada de los Villares
A-31
A-30
A-32
N-320
N-322
N-430
N-301a
CM-332
CM-3218
CM-3209
CM-3203
CM-3210
CM-313
CM-3211
CM-3214
CM-3215
CM-3213
CM-3255
CM-3261
CM-3259
CM-412
CM-3227
AB-823
AB-880
AB-2201
AB-402
RM-403
CV-L-6
CV-B-12
CV-A-1
B-4
B-8
B-17
B-18
B-13
B-2
B-10
B-24
C-12
A-2
A-0-2
A-0-1
A-17
A-41
A-16
A-15
A-4
A-22
A-5
A-21
A-6
AV-A-3

92

76

A
B
C
D
E
F
1
2
3
4
Carcelén
Alatoz
Teresa de Cofrentes
Zarra
Ayora
Cerro del Toro 893
Caroch 1.126
Malefatón 1.109
Palomeras 1.260
Sierra Palomera
Cuerda de la Doblona
Rincón del Peñón del Moro
Cueva de Tortosilla
Cueva de la Vieja
Cueva del Sordo
Peñón de los Machos 1.092
Tintorero 762
Serra d'Enguera
Castellar de Meca
Alpera
Cerro Sima
Sierra del Mugrón
Pico de Águila 1.078
Alto de los Arenales 1.019
Bonete
Almansa
Embalse de Almansa
Cerro Chinar 1.086
Puerto de Almansa 692
Escuder 858
Cerro El Cegarrón
Montealegre del Castillo
Sierra de la Oliva
La Oliva 1.153
Arabinejo 1.015
Cerro de los Santos
Arabí 1.063
Abrigos de Monte Arabí
Ladrones 986
Caudete
Serra Solana
El Morrón 912
l'Ascensió 1.004
Villena
Sierra de los Gavilanes
Morrón del Puerto 1.029
Yecla
Sierra de Enmedio
Sierra del Buey
Sierra del Collado
Cabrera 869
Caire 1.047
Salinas
Sax
Peñón de la Peñarrubia 934
Serra del Frare 1.042
Biar
Cañada
Campo de Mirra
Beneixama
Banyeres de Mariola
Serra de la Fontanella
Serra de Onil
Alt de Biscoi 1.056
Onil
Castalla
Ibi
Tibi
Serra de Maigmó
1.260 el Despenyador
Jijona/Xixona
Cabezón de Oro 1.205
Quarter 1.035
Torremanzanas
Serra de la Grana
Relleu
Orxeta
Finestrat
Villajoyosa/ la Vila Joiosa
Puig Campana 1.410
Sella
Castell de Santa Bàrbara
Aitana 1.558
la Vall de Guadalest
el Castell de Guadalest
Safari Aitana
Benifallim
Penàguila
Alcoleja
Confrides
Benifato
Beniardá
Benimantell
Parc Natural del Carrascar de la Font Roja
el Menejador 1.352
Serra del Menejador
Alcoy/Alcoi
Cocentaina
Parc Natural de la Serra de Mariola
Serra Mariola
Cova del Vinalopó
Muro de Alcoy
Alcocer de Planes
Gaianes
Beniarrés
Benimarfull
l'Alqueria d'Asnar
Benilloba
Gorga
Millena
Balones
Benimassot
Quatretondeta
Fageca
Famorca
la Mallada del Llop 1.361
Alfaro 1.166
Serra d'Alfaro
Tollos
Planes
Alcalà de la Jovada (la Vall d'Alcalà)
Almudaina
Benillup
Ontinyent
Agullent
Bocairent
Covetes dels Moros
Alfafara
Agres
Serra dels Caragols
Alt de la Creu 955
Fontanars dels Alforins
Ermita de Morera
la Font de la Figuera
Serra Grossa
Mogente (Moixent)
Vallada
Montesa
Enguera
l'Alcúdia de Crespins
Canals
Aielo de Malferit
l'Olleria
Albaida
Atzeneta d'Albaida
Bufali
Montaverner
Benisuera
Alfarrasí
Guadasequies
Sempere
Benigánim
Bèlgida
Otos
Carricola
Beniatjar
Salem
Castelló de Rugat
Rugat
Aielo de Rugat
Montixelvo/Montichelvo
Terrateig
Llutxent
Quatretonda
Pinet
Benicolet
la Pobla del Duc
Xàtiva
Genovés
Serra de la Creu
Novelé (Novetlè)
Llanera de Ranes
Rotglà i Corbera
la Llosa de Ranes
Estubeny
Anna
Chella
Bolbaite
Navarrés
Quesa
Sumacàrcer
El Castillo 379
Antella
Gavarda
Alberic
Carcaixent
Villanueva de Castellón
la Pobla Llarga
Manuel
Rafelguaraf
Senyera
Sellent
Cotes
Càrcer
Alcàntera de Xúquer
Beneixida
Barxeta
Llocnou d'En Fenollet
Serra de les Agulles
Serra de la Murta
Tavernes de la Valldigna
Benifairó de la Valldigna
Simat de la Valldigna
Barx
Cova del Parpalló
Xeraco
Xeresa
Gandia
Benirredrà
Real de Gandia
Beniarjó
Benifla
Palma de Gandia
Rótova
Alfauir
Ador
Almiserà
Castellonet de la Conquesta
Llocnou de Sant Jeroni
Potries
Villalonga
la Safor 1.013
Serra de la Safor
Serra del Buixcarró
Serra de Gandia
Lorcha
Beniali (Vall de Gallinera)
Serra del Serpis
Embassament de Beniarrés
Platja El Dorado
Aigües Vives
Bayren

85

93

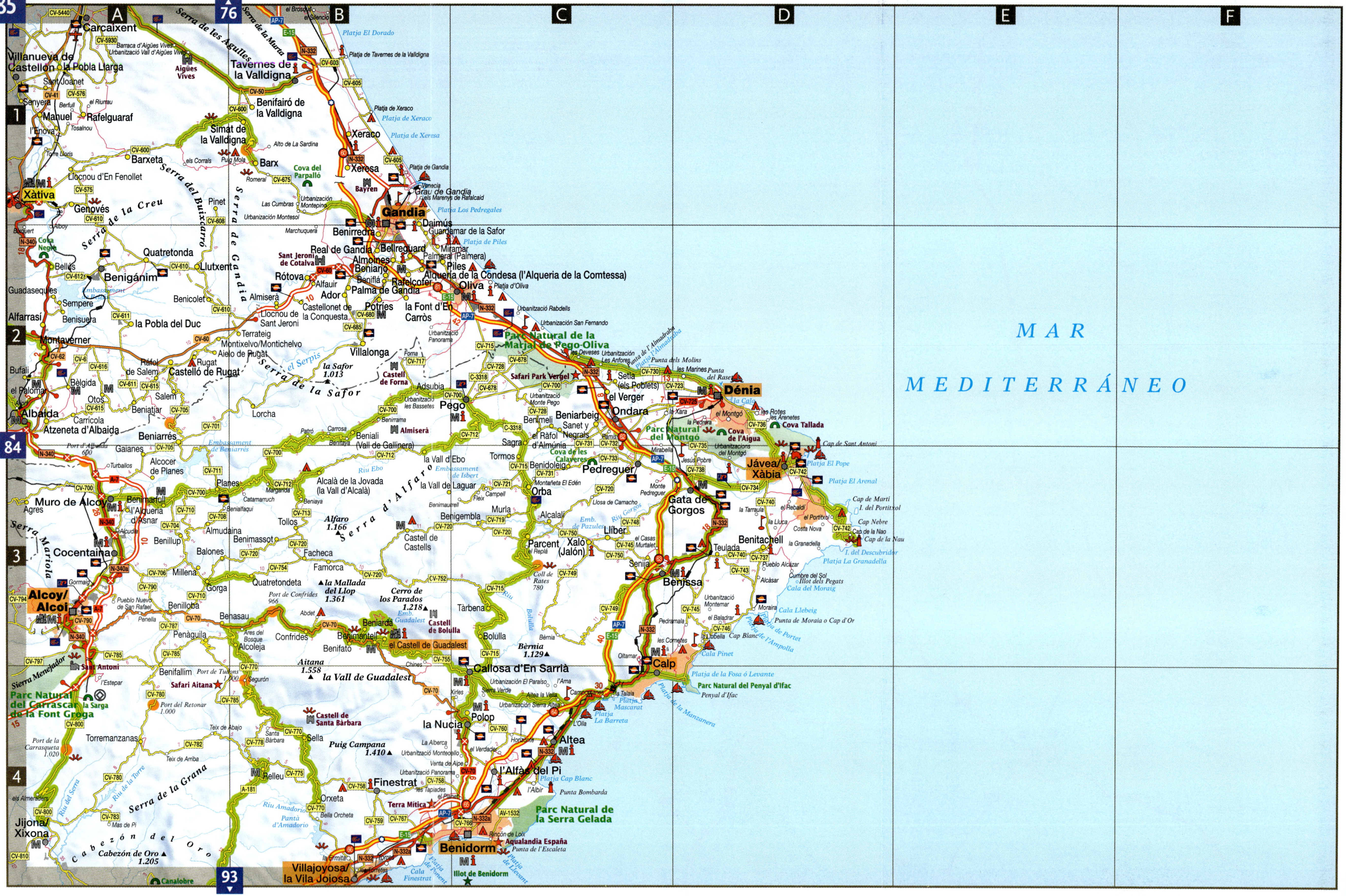
76
84
93
A
B
C
D
E
F
1
2
3
4
MAR
MEDITERRÁNEO
Carcaixent
Villanueva de Castellón
la Pobla Llarga
Tavernes de la Valldigna
Benifairó de la Valldigna
Simat de la Valldigna
Barx
Xeraco
Xeresa
Xàtiva
Genovés
Barxeta
Llocnou d'En Fenollet
Rafelguaraf
Manuel
Serra de les Agulles
Serra de la Creu
Serra del Buixcarró
Serra de Gandia
Gandia
Grau de Gandia
Daimús
Guardamar de la Safor
Miramar
Piles
Benirredrà
Real de Gandia
Bellreguard
Almoines
Beniarjó
Rafelcofer
Palma de Gandia
Alqueria de la Condesa (l'Alqueria de la Comtessa)
Oliva
Potries
la Font d'En Carròs
Rótova
Ador
Almiserà
Castellonet de la Conquesta
Llocnou de Sant Jeroni
Villalonga
Quatretonda
Llutxent
Benigánim
Benicolet
la Pobla del Duc
Guadasequies
Sempere
Alfarrasí
Benisuera
Montaverner
Bufali
el Palomar
Albaida
Atzeneta d'Albaida
Carrícola
Otos
Bèlgida
Salem
Beniatjar
Rugat
Castelló de Rugat
Ràfol de Salem
Aielo de Rugat
Montixelvo/Montichelvo
Terrateig
Serra de la Safor
la Safor 1.013
Lorcha
Beniarrés
Gaianes
Alcocer de Planes
Planes
Muro de Alcoy
Benimarfull
l'Alqueria d'Asnar
Agres
Serra Mariola
Cocentaina
Alcoy/Alcoi
Millena
Gorga
Balones
Benillup
Almudaina
Benimassot
Tollos
Facheca
Famorca
Quatretondeta
la Mallada del Llop 1.361
Alfaro 1.166
Serra d'Alfaro
Alcalà de la Jovada (la Vall d'Alcalà)
la Vall d'Ebo
la Vall de Laguar
Castell de Castells
Benigembla
Cerro de los Parados 1.218
Benasau
Penàguila
Benilloba
Alcoleja
Confrides
Benifato
Beniardá
Benimantell
el Castell de Guadalest
Aitana 1.558
la Vall de Guadalest
Benifallim
Safari Aitana
Sella
Puig Campana 1.410
Castell de Santa Bàrbara
Torremanzanas
Relleu
Orxeta
Finestrat
Terra Mítica
Serra de la Grana
Jijona/Xixona
Cabezón de Oro 1.205
Villajoyosa/la Vila Joiosa
Benidorm
Aqualandia España
Illot de Benidorm
Parc Natural de la Serra Gelada
l'Alfàs del Pi
Altea
la Nucia
Polop
Callosa d'En Sarrià
Bolulla
Tàrbena
Castell de Bolulla
Bèrnia 1.129
Parcent
Xaló (Jalón)
Alcalalí
Llíber
Murla
Orba
Benidoleig
Pedreguer
el Ràfol d'Almúnia
Sanet y Negrals
Beniarbeig
Benimeli
Sagra
Tormos
Pego
Adsubia
Beniali (Vall de Gallinera)
Parc Natural de la Marjal de Pego-Oliva
Safari Park Vergel
el Verger
Ondara
Setla (els Poblets)
Dénia
Parc Natural del Montgó
Cova de l'Aigua
Cova Tallada
Jávea/Xàbia
Gata de Gorgos
Teulada
Benitachell
Senija
Benissa
Calp
Parc Natural del Penyal d'Ifac
Cap de Sant Antoni
Cap de la Nau
Cap Blanc
Punta de Moraira o Cap d'Or
Cala Pinet
Platja de la Fosa ó Levante
Sierra Menejador
Parc Natural del Carrascar de la Font Groga
Sant Antoni
Canalobre
Platja de Xeraco
Platja de Xeresa
Platja de Piles
Platja El Arenal
Platja La Granadella
Platja Cap Blanc
Punta Bombarda
Platja de Poniente
Platja de Llevant

A
B
C
D
E
F
1
2
3
4
77
87
94
OCÉANO
ATLÁNTICO
Rio Sado
Alcácer do Sal
Santiago
Barrozinha
Cachopos
Montevil
Batalha
Bairro do São João Quimadro
Monte do Olival
Pego do Altar
Barragem do Pego do Altar
Ribeira das Alcáçovas
Cambado
Praia da Comporta
Comporta
Torre
Brejo de Cima
Brejos da Carregueira
Carvalhal
Praia do Carvalhal
Lagoa Travessa
Lagoa Formosa
Praia de Pego
Muda
Pinheiro da Cruz
Bicas
Foros de Albergaria
Albergaria
Castelo Ventoso
Arez
Vale de Guiso
Monte de São Bento
Monte de Casa Branca
Monte da Herdade de Frades
Torrão
Praia da Raposa
Ribeiro do Arcão
Vale do Gaio
Carrascais 106
Barragem Engenheiro Trigo de Morais
Aldeia de São Romão
Aldeia do Pico
Outeiro do Marco
Monte Novo das Ferrarias
Malha Branca
Ameiras de Baixo
Bairro da Tirana
Bairro da Linha
Silha do Pascoal
Água Derramada
Monte da Palhota
Bairro das Amoreiras
Bairro da Liberdade
Aldeia do Futuro
Monte de Batão
Moinho
Barranco Brejo Largo
Fontainhas
Mortaisinhos
Atalaia de Grândola 325
Grândola
Bairro Novo dos Cado Ços
Bairro dos Cadoços
Montinho
Cilha do Centeio
Caveira
Saibreira
Melides
Samoca
Moinho do Vau
Sancha
Praia da Lagoa de Melides
Lagoa de Melides
Praia da Lagoa
Sesmarias
Paio
Lagoa de Santo André
Foros dos Pinheiros
Aldeia de Brescos
Foros da Canada
Vale Figueira
Cascalheira Grande
Santa Margarida da Serra
Canal Caveira
Mina da Caveira
Rio Sado
Santa Margarida do Sado
Figueira dos Cavaleiros
Praia do Monte Velho
Praia das Areias Brancas
São Francisco da Serra
Foros da Quinta
Ademas
João Mendes
Deixa-o-Resto
Foros da Zambujeira
Azinhal
Roncão
Santo André
Reserva Natural das Lagoas de Santo André e da Sancha
Praia da Fonte Cortiço
Cabeço
Santa Cruz
Serra de Grândola
Mulinheta
Vale de Arveolas
Azinheira dos Barros e São Mamede do Sádão
Vale da Eira
Barragem da Tapada
Minas do Lousal
Lagoa da Sancha
Praia da Sancha
Escatelares
Vale da Rainha
Santiago do Cacém
Bairro da Carapinha
São Bartolomeu da Serra
Moinho da Moita
Outeiro do Lobo
Canhestros
Aldeia de Ruins
Olhas
Relvas Verdes
Vale Verde
Bairro da Formiga
Ruínas de Miróbriga
Quinta da Ortiga
Abela
Cova do Gato
Arealão
Ermidas-Sado
Ermidas Aldeia
Fortes Velhas
Gasparões
Aldeia do Ronquenho
Ribeira de Moinhos
Praia do Norte
Barbuda
Aldeia dos Chãos
Valões
Cabo de Sines
Sines
Praia Vasco da Gama
Paiol
São Torpes
Praia de São Torpes
Albufeira Morgável
Barragem de Morgavel
São Domingos
Vale de Água
Foros de Casanova
Mimosa
Alvalade
Aldeia Nova
Jungeiros
Praia de Morgavel
Vale das Éguas
Albufeira Fonte Serne
Bo Benatelar
Monte dos Alhos
Albufeira Daroeira
Rio de Moinhos
Praia do Burrinho
Sonega
Fonte Nova
Ponta da Gaivota
Ilha do Pessegueiro
Porto Covo
Barragem de Campilhas
Foros do Locário
Foros da Caiada
Fornalhas Velhas
Parque Natural do Sudoeste Alentejano e Costa Vicentina
Foros da Pouca Farinha
Praia dos Aivados
Torre Vã
Bicos
Messejana
N253
N261
N261-1
N261-2
N261-3
N382
N5
N5-2
N2
N120
N121
N383
N390
N262
N264
N530
N521
IC1
IC4
IC33
IP8
A2 IP1
E01
CM1071
CM1117
CM1076
CM1077
CM1085
CM1099
CM1144
CM1075
CM1139
CM1079-1
CM1074
CM1040
CM1043
CM1044
EM543
EM545
EM544
EM548
EM553
EM554
EM525
EM526
EM526-1
EM527-1
EM530

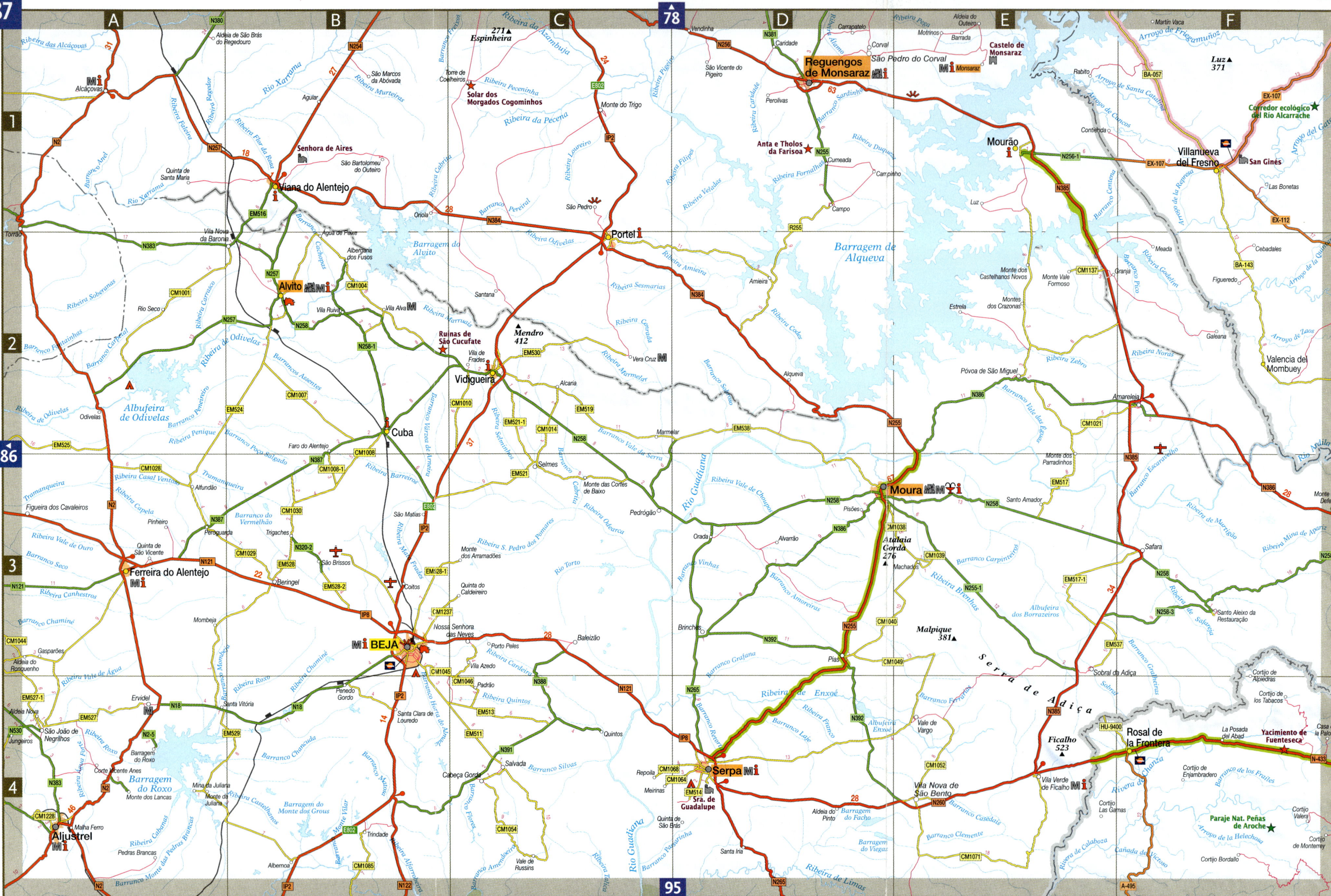
78
86
95
A
B
C
D
E
F
1
2
3
4
Alcáçovas
Aldeia de São Brás do Regedouro
Viana do Alentejo
Senhora de Aires
São Bartolomeu do Outeiro
São Marcos da Abóvada
Aguiar
Torre de Coelheiros
Solar dos Morgados Cogominhos
Espinheira 271
Monte do Trigo
Reguengos de Monsaraz
Caridade
São Pedro do Corval
Corval
Carrapatelo
Vendinha
São Vicente do Pigeiro
Perolivas
Castelo de Monsaraz
Monsaraz
Motrinos
Barrada
Aldeia do Outeiro
Anta e Tholos da Farisoa
Cumeada
Carrapinho
Campo
Mourão
Luz
Villanueva del Fresno
San Ginés
Las Bonetas
Corredor ecológico del Río Alcarrache
Luz 371
Martín Vaca
Rabito
Contienda
Quinta de Santa Maria
Torrão
Vila Nova da Baronia
Oriola
Portel
São Pedro
Barragem do Alvito
Água de Peixe
Albergaria dos Fusos
Alvito
Vila Ruiva
Vila Alva
Santana
Barragem de Alqueva
Amieira
Rio Seco
Ruínas de São Cucufate
Vila de Frades
Vidigueira
Mendro 412
Vera Cruz
Alqueva
Alcaria
Monte dos Castelhanos Novos
Monte Vale Formoso
Montes dos Crazonas
Estrela
Granja
Meada
Cebadales
Figueredo
Galeana
Valencia del Mombuey
Póvoa de São Miguel
Amareleja
Albufeira de Odivelas
Odivelas
Cuba
Faro do Alentejo
Marmelar
Selmes
Monte das Cortes de Baixo
Pedrógão
Monte dos Parradinhos
Moura
Santo Amador
Monte da Defesa
Alfundão
Figueira dos Cavaleiros
Pinheiro
Peroguarda
Trigaches
São Matias
Quinta de São Vicente
Ferreira do Alentejo
Beringel
São Brissos
Coitos
Monte dos Arramadões
Quinta do Caldeireiro
Orada
Alvarrão
Pisões
Atalaia Gorda 276
Machados
Safara
Santo Aleixo da Restauração
Mombeja
Nossa Senhora das Neves
Beja
Porto Peles
Baleizão
Vila Azedo
Padrão
Brinches
Pias
Malpique 381
Serra de Adiça
Sobral da Adiça
Cortijo de Alpiedras
Cortijo de los Tabacos
Gasparões
Aldeia do Ronquenho
Ervidel
Aldeia Nova
São João de Negrilhos
Jungeiros
Santa Vitória
Penedo Gordo
Santa Clara de Louredo
Quintos
Vale de Vargo
Albufeira Enxoé
Ficalho 523
Rosal de la Frontera
La Posada del Abad
Yacimiento de Fuentesecas
Casa de la Paloma
Barragem do Roxo
Monte Vicente Anes
Barragem do Roxo
Monte Lancas
Mina da Juliana
Monte da Juliana
Barragem do Monte dos Grous
Salvada
Cabeça Gorda
Repolia
Meirinas
Serpa
Sra. de Guadalupe
Quinta de São Brás
Aldeia do Pinto
Barragem do Facho
Vila Nova de São Bento
Vila Verde de Ficalho
Cortijo de Enjambradero
Cortijo Las Gamas
Paraje Nat. Peñas de Aroche
Cortijo Valera
Cortijo de Monterrey
Cortijo Bordallo
Aljustrel
Malha Ferro
Pedras Brancas
Albernoa
Trindade
Vale de Russins
Santa Iria
Barragem do Viegas
Rio Guadiana
Ribeira de Limas
Ribeira de Enxoé
Rio Ardila
Rio Xarrama
Ribeira de Odivelas
Ribeira do Azambuja
Ribeira da Pecena
Ribeira de Odearca
Ribeira Vale de Ouro
Ribeira Canhestros
Rio Torto
Albufeira dos Borrazeiros
Arroyo de Friegamuñoz
Arroyo de Santa Catalina
Rivera de Chanza
Rivera de Calaboza

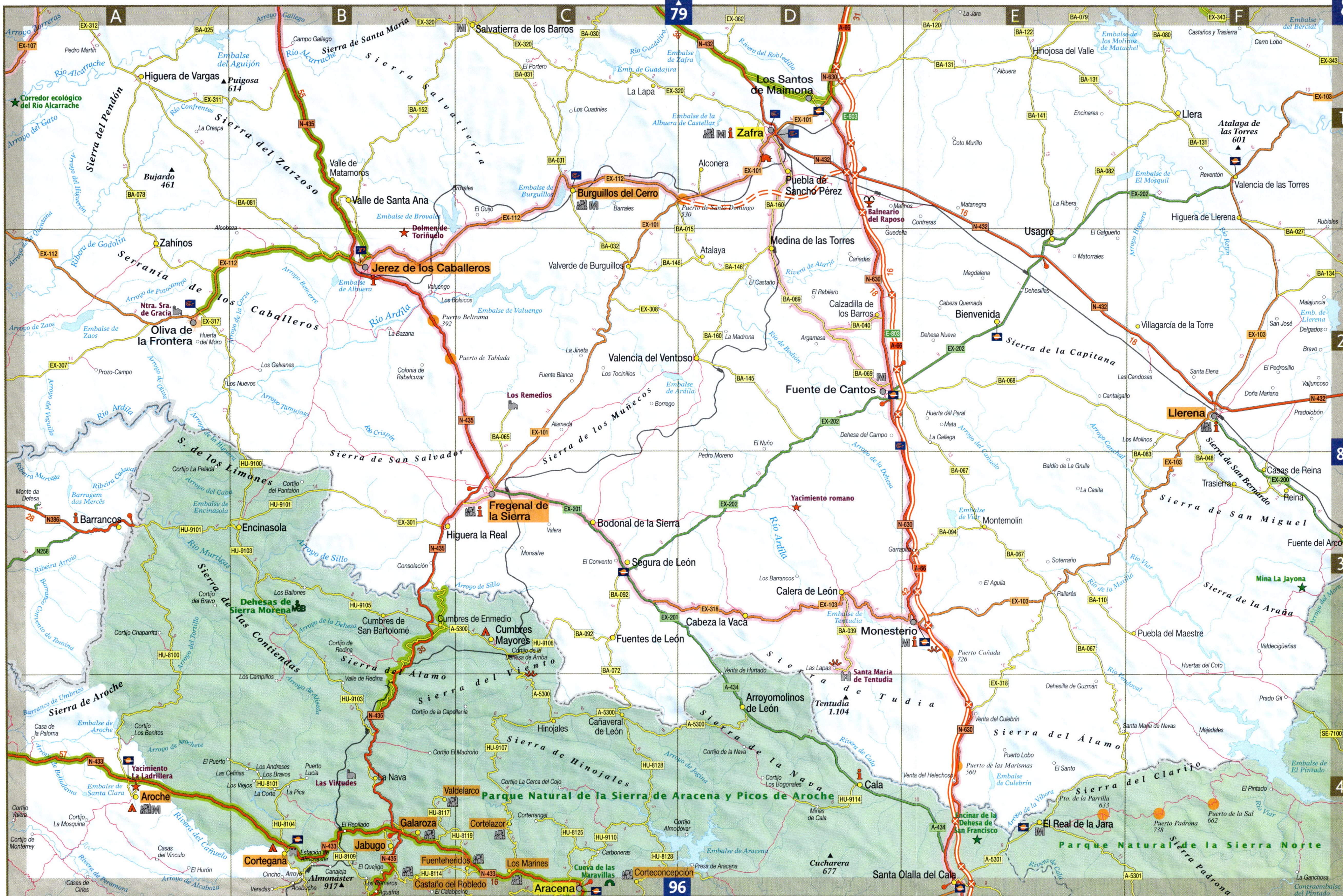
A
B
C
D
E
F
79
89
96
1
2
3
4
Salvatierra de los Barros
Sierra de Santa María
Sierra Salvatierra
Higuera de Vargas
Puigosa 614
Corredor ecológico del Río Alcarrache
Río Alcarrache
Embalse del Aguijón
Sierra del Pendón
Sierra del Zarzoso
Bujardo 461
Valle de Matamoros
Valle de Santa Ana
Embalse de Brovales
Dolmen de Toriñuelo
Zahínos
Serranía de los Caballeros
Jerez de los Caballeros
Embalse de Albuera
Río Ardila
Ntra. Sra. de Gracia
Oliva de la Frontera
Embalse de Zaos
Puerto Beltrama 392
Puerto de Tablada
Embalse de Valuengo
Burguillos del Cerro
Embalse de Burguillos
Puerto de Santo Domingo 530
Alconera
Zafra
Los Santos de Maimona
Emb. de Guadajira
Embalse de Zafra
Embalse de la Albuera de Castellar
La Lapa
Puebla de Sancho Pérez
Balneario del Raposo
Medina de las Torres
Atalaya
Valverde de Burguillos
Calzadilla de los Barros
Valencia del Ventoso
Embalse de Ardila
Los Remedios
Sierra de los Muñecos
Sierra de San Salvador
Fuente de Cantos
Hinojosa del Valle
Llera
Atalaya de las Torres 601
Valencia de las Torres
Higuera de Llerena
Usagre
Bienvenida
Sierra de la Capitana
Villagarcía de la Torre
Llerena
Sierra de San Bernardo
Casas de Reina
Trasierra
Reina
Sierra de San Miguel
Fuente del Arco
Mina La Jayona
Sierra de la Araña
Puebla del Maestre
Montemolín
Yacimiento romano
Río Ardila
Fregenal de la Sierra
Higuera la Real
Bodonal de la Sierra
Segura de León
Calera de León
Cabeza la Vaca
Fuentes de León
Monesterio
Puerto Cañada 726
Santa María de Tentudía
Tentudía 1.104
Sierra de Tudía
Arroyomolinos de León
S. de los Limones
Barrancos
Encinasola
Sierra de las Contiendas
Dehesas de Sierra Morena
Cumbres de San Bartolomé
Cumbres de Enmedio
Cumbres Mayores
Sierra del Álamo
Sierra del Viento
Sierra de Aroche
Yacimiento La Ladrillera
Aroche
Las Viñuelas
La Nava
Hinojales
Cañaveral de León
Sierra de Hinojales
Sierra de la Nava
Cala
Parque Natural de la Sierra de Aracena y Picos de Aroche
Valdelarco
Galaroza
Cortelazor
Jabugo
Cortegana
Almonaster
Fuenteheridos
Los Marines
Cueva de las Maravillas
Corteconcepción
Castaño del Robledo
Aracena
Embalse de Aracena
Cucharera 677
Santa Olalla del Cala
Encinar de la Dehesa de San Francisco
El Real de la Jara
Sierra del Álamo
Sierra del Clarijo
Parque Natural de la Sierra Norte
Sierra Padrona
Puerto de las Marismas 560
Embalse de Culebrín
Embalse de El Pintado

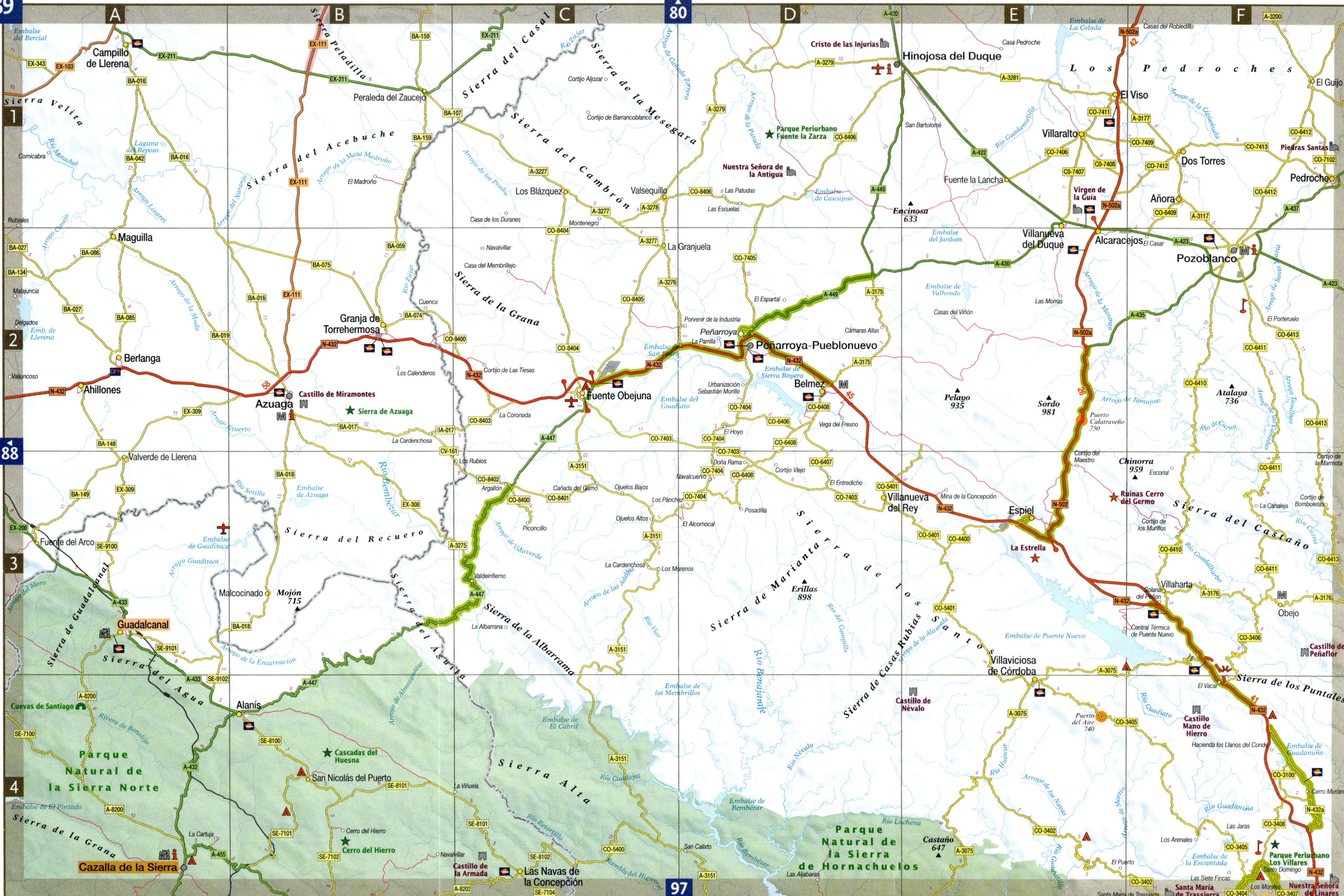

A
B
C
D
E
F
1
2
3
4
80
88
97
Campillo de Llerena
Peraleda del Zaucejo
Hinojosa del Duque
Cristo de las Injurias
Casa Pedroche
Casas del Robledillo
El Guijo
Los Pedroches
El Viso
Villaralto
Dos Torres
Piedras Santas
Pedroche
Añora
Fuente la Lancha
Virgen de la Guía
Villanueva del Duque
Alcaracejos
Pozoblanco
El Casar
Embalse del Bercial
Sierra Velita
Cornicabra
Laguna del Reposo
Sierra del Acebuche
Sierra Peladilla
Sierra del Casal
Sierra de la Mesegara
Sierra del Cambrón
Cortijo Aljozar
Cortijo de Barrancoblanco
Parque Periurbano Fuente la Zarza
Nuestra Señora de la Antigua
San Bartolomé
El Madroño
Los Blázquez
Valsequillo
Las Patudas
Las Escuelas
Embalse de Cascajoso
Encinosa 633
Embalse del Jardoso
Montenegro
Casa de los Durantes
Rubiales
Maguilla
Navalvillar
Casa del Membrillejo
La Granjuela
Malajuncia
Delgados
Emb. de Llerena
Granja de Torrehermosa
Cuenca
Sierra de la Grana
El Espartal
Porvenir de la Industria
Peñarroya
La Parrilla
Peñarroya-Pueblonuevo
Cámaras Altas
Casas del Viñón
Embalse de Valhondo
Las Morras
El Porteruelo
Berlanga
Valjuncoso
Ahillones
Azuaga
Castillo de Miramontes
Sierra de Azuaga
Los Calenderos
Cortijo de Las Tiesas
Fuente Obejuna
La Coronada
Embalse de San Rafael
Embalse de Sierra Boyera
Urbanización Sebastián Morillo
Belmez
Embalse del Guadiato
Pelayo 935
Sordo 981
Puerto Calatraveño 750
Atalaya 736
La Cardenchosa
El Hoyo
Vega del Fresno
Valverde de Llerena
Los Rubios
Doña Rama
Cortijo Viejo
Cortijo del Maestro
Chinorra 959
Escorial
Cortijo de la Marmota
Argallón
Cañada del Gamo
Ojuelos Bajos
Navalcuervo
El Entredicho
Mina de la Concepción
Ruinas Cerro del Germo
Cortijo de Bomboletas
La Canaleja
Embalse de Azuaga
Los Pánchez
Posadilla
Villanueva del Rey
Espiel
Sierra del Castaño
Fuente del Arco
Sierra del Recuero
Embalse de Guaditoca
Piconcillo
Ojuelos Altos
El Alcornocal
Cortijo de los Murillos
La Estrella
Valdeinfierno
Sierra de Marianta
Sierra de los Santos
Los Morenos
Erillas 898
Mojón 715
Malcocinado
Sierra de Guadalcanal
Sierra del Águila
Sierra de la Albarrama
La Albarrana
Solana del Peñón
Villaharta
Obejo
Central Térmica de Puente Nuevo
Embalse de Puente Nuevo
Castillo de Peñaflor
Guadalcanal
Sierra del Agua
Sierra de Casas Rubias
Villaviciosa de Córdoba
El Vacar
Sierra de los Puntales
Cuevas de Santiago
Alanís
Embalse de los Membrillos
Castillo de Névalo
Puerto del Aire 740
Castillo Mano de Hierro
Hacienda los Llanos del Conde
Embalse de El Cabril
Cascadas del Huesna
Embalse de Guadanuño
Parque Natural de la Sierra Norte
San Nicolás del Puerto
Sierra Alta
La Viñuela
Cerro Muriano
Embalse de El Pintado
Embalse de Bembézar
Sierra de la Grana
La Cartuja
Cerro del Hierro
Parque Natural de la Sierra de Hornachuelos
Castaño 647
Los Arenales
Las Jaras
Cazalla de la Sierra
Navalvillar
Castillo de la Armada
Las Navas de la Concepción
San Calixto
Las Aljabaras
El Puerto
Embalse de la Encantada
Las Siete Fincas
Parque Periurbano Los Villares
Santo Domingo
Santa María de Trassierra
Los Morales
Nuestra Señora de Linares
Río Zújar
Río Guadiato
Río Bembézar
Río Viar
Río Névalo
Río Guadalbarbo
Río Guadanuño
Río Cuzna
Río Guadalmellato
Río Retortillo
Río Huéznar
Río Benalija
Río Sotillo
Río Guadalora
Río Guadiatillo
Río Lucheña
Río Guadiamellato
N-432
N-502
N-502a
N-432a
A-447
A-449
A-430
A-423
A-435
A-420
A-422
A-433
A-432
A-455
A-3075
A-3076
A-3151
A-3175
A-3176
A-3177
A-3275
A-3276
A-3277
A-3278
A-3279
A-3281
A-3200
A-3117
A-437
EX-103
EX-111
EX-200
EX-211
EX-308
EX-309
EX-343
BA-016
BA-017
BA-018
BA-019
BA-027
BA-042
BA-059
BA-074
BA-075
BA-085
BA-086
BA-107
BA-134
BA-148
BA-149
BA-159
SE-7100
SE-7101
SE-7102
SE-8100
SE-8101
SE-8102
SE-9100
SE-9101
SE-9102
SE-7104
A-8200
A-8202
A-8100
CO-3402
CO-3404
CO-3405
CO-3406
CO-3407
CO-3408
CO-3100
CO-4400
CO-5400
CO-5401
CO-6406
CO-6407
CO-6408
CO-6409
CO-6410
CO-6411
CO-6412
CO-6413
CO-7102
CO-7403
CO-7404
CO-7405
CO-7406
CO-7407
CO-7408
CO-7409
CO-7411
CO-7412
CO-7413
CO-8400
CO-8401
CO-8402
CO-8403
CO-8404
CO-8405
CO-8406
CO-9400
CV-161

81
91
98
A
B
C
D
E
F
1
2
3
4
Virgen de las Cruces
Ermita de la Virgen de las Veredas
Túnel de Niefla
Puerto de Niefla 902
Sierra de la Umbría de Alcudia
Sierra de Valdoro
Sierra de Puertollano
Embalse de Montoro II
Embalse del Fresnedas
Torrecampo
Piedras Santas
Pedroche
Navagrande
Conquista
Sierra de la Garganta
Peñarrodrigo 1.266
Puerto de Valderrepisa 860
Puerto de los Rehoyos 981
Parque Natural Valle de Alcudia y Sierra Madrona
Solana del Pino
San Lorenzo de Calatrava
Sierra de San Andrés
Jalvegada 1.161
Rebollera 1.157
Sierra Madrona
Fuencaliente
Cueva de Peña Escrita
Sierra de Quintana
Sierra de los Calderones
Estrella 1.298
Parque Natural de Despeñaperros
Embalse de Saucedillas
Embalse de Buenas Hierbas
Villanueva de Córdoba
Santuario Nuestra Señora de Luna
Parque Natural de la Sierra de Andújar
Cuerda del Enjambradero
Ladronera 823
Cardeña
Algibillo 837
Cereceda 812
Embalse del Jándula
Río Jándula
La Carolina
Colorado 760
La Cigüeñela
Parque Natural de las Sierras de Cardeña y Montoro
Laguna de la Corcovada
Alto de Españares 724
Venta del Puerto 751
Puerto Carbaillón 740
Santuario Virgen de la Cabeza
Ermita de San José
Mosquila 762
Carboneros
Virgen de la Encina
Baños de la Encina
Guarromán
Ruinas del Castillo
Linares
Colodro 705
Embalse del Yeguas
Embalse de Martín Gonzalo
Embalse del Guadalmellato
Bailén
Marmolejo
Andújar
Montoro
Adamuz
Espeluy
Jabalquinto
Río Guadalquivir
Villanueva de la Reina
Cazalilla
Torreblascopedro
Villafranca de Córdoba
Pedro Abad
Villa del Río
Arjonilla
Lahiguera
Mengíbar
Embalse de San Rafael de Navallana
Nuestra Señora de Linares
El Carpio
Lopera
Arjona
Villargordo (Villatorres)
Embalse de El Carpio
N-420
A-4
E-5
A-423
A-421
A-420
A-3100
A-3200
A-6177
A-44
A-32

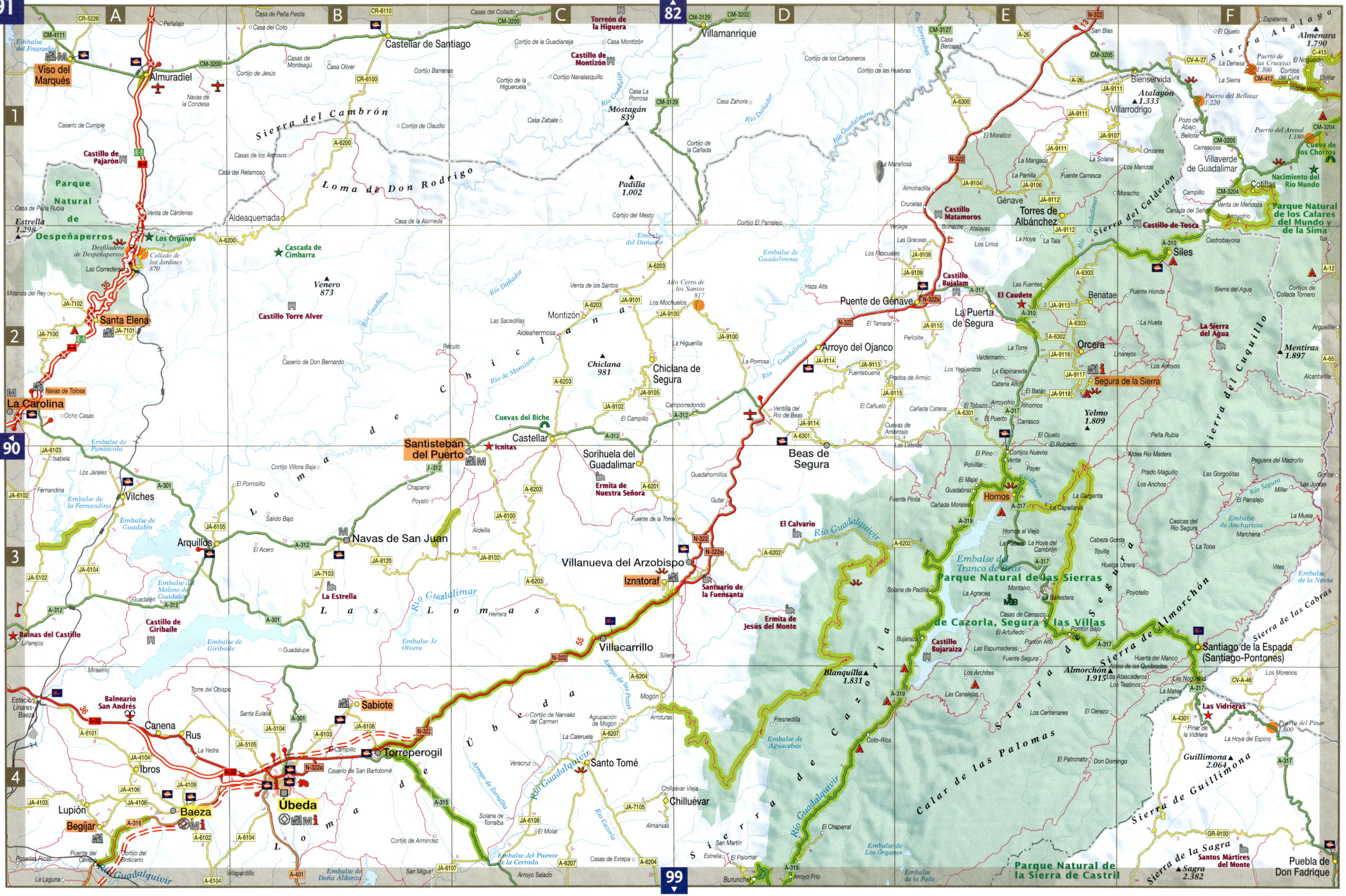
82
90
99
A
B
C
D
E
F
1
2
3
4
Viso del Marqués
Almuradiel
Castellar de Santiago
Torreón de la Higuera
Villamanrique
Castillo de Montizón
Sierra del Cambrón
Loma de Don Rodrigo
Mostagán 839
Padilla 1.002
Castillo de Pajarón
Parque Natural de Despeñaperros
Estrella 1.298
Los Órganos
Desfiladero de Despeñaperros
Collado de los Jardines 870
Aldeaquemada
Cascada de Cimbarra
Venero 873
Castillo Torre Alver
Santa Elena
Navas de Tolosa
La Carolina
Montizón
Chiclana 981
Chiclana de Segura
Alto Cerro de los Santos 817
Cuevas del Biche
Santisteban del Puerto
Icnitas
Castellar
Sorihuela del Guadalimar
Ermita de Nuestra Señora
Loma de Chiclana
Vilches
Embalse de la Fernandina
Embalse de Guadalén
Arquillos
Navas de San Juan
Villanueva del Arzobispo
Iznatoraf
Santuario de la Fuensanta
Ermita de Jesús del Monte
La Estrella
Las Lomas
Río Guadalimar
Castillo de Giribaile
Embalse de Giribaile
Ruinas del Castillo
Villacarrillo
Balneario San Andrés
Canena
Rus
Ibros
Sabiote
Torreperogil
Úbeda
Baeza
Lupión
Begíjar
Santo Tomé
Chilluévar
Loma de Úbeda
Río Guadalquivir
Puente de Génave
La Puerta de Segura
Arroyo del Ojanco
Beas de Segura
El Calvario
Castillo Matamoros
Génave
Torres de Albánchez
Villarrodrigo
Bienservida
Atalayón 1.333
Sierra Atalaya
Almenara 1.790
Puerto del Bellotar 1.220
Villaverde de Guadalimar
Cotillas
Cueva de los Chorros
Nacimiento del Río Mundo
Parque Natural de los Calares del Mundo y de la Sima
Castillo de Tosca
Sierra del Calderón
Siles
Castillo Bujalam
El Caudete
Benatae
Orcera
Segura de la Sierra
La Sierra del Agua
Sierra del Cuquillo
Mentiras 1.897
Yelmo 1.809
Hornos
Embalse del Tranco de Beas
Parque Natural de las Sierras de Cazorla, Segura y las Villas
Castillo Bujaraiza
Blanquilla 1.831
Sierra de Cazorla
Sierra de Segura
Sierra de Almorchón
Almorchón 1.915
Santiago de la Espada (Santiago-Pontones)
Sierra de las Cabras
Las Vidrieras
Puerto del Pinar 1.600
Guillimona 2.064
Sierra de Guillimona
Calar de las Palomas
Sierra de la Sagra
Sagra 2.382
Santos Mártires del Monte
Puebla de Don Fadrique
Parque Natural de la Sierra de Castril
N-322
A-4
A-32
A-316
A-319
A-317
A-310
A-312
A-301
A-6203
A-6201

A
B
C
D
E
F
1
2
3
4
81
91
98
Virgen de las Cruces
Ermita de la Virgen de las Veredas
Torrecampo
Piedras Santas
Pedroche
Navagrande
Conquista
Emb. de las Rozuelas
Villanueva de Córdoba
Santuario Nuestra Señora de Luna
Colorado 760
La Cigüeñela
Venta del Puerto 751
Puerto Carbollón 740
Embalse del Guadalmellato
Embalse de San Rafael de Navallana
Nuestra Señora de Linares
Adamuz
Villafranca de Córdoba
Pedro Abad
El Carpio
Montoro
Villa del Río
Lopera
Marmolejo
Andújar
Arjonilla
Arjona
Lahiguera
Villanueva de la Reina
Espeluy
Cazalilla
Mengíbar
Villargordo (Villatorres)
Jabalquinto
Torreblascopedro
Bailén
Linares
Guarromán
Baños de la Encina
Virgen de la Encina
Carboneros
La Carolina
Ruinas del Castillo
Sierra de la Umbría de Alcudia
Túnel de Niefla
Puerto de Niefla 902
Sierra de Valdoro
Sierra de la Garganta
Peñarrodrigo 1.266
Puerto de Valderrepisa 860
Fuencaliente
Cueva de Peña Escrita
Sierra Madrona
Sierra de Quintana
Sierra de los Calderones
Parque Natural Valle de Alcudia y Sierra Madrona
Solana del Pino
Puerto de los Rehoyos 981
Rebollera 1.157
Jalvegada 1.161
San Lorenzo de Calatrava
Sierra de Puertollano
Sierra de San Andrés
Estrella 1.298
Parque Natural de Despeñaperros
Parque Natural de la Sierra de Andújar
Algibillo 837
Cereceda 812
Ladronera 823
Cardeña
Parque Natural de Cardeña y Montoro
Alto de Españares 724
Santuario Virgen de la Cabeza
Ermita de San José
Colodro 705
Mosquila 762
Embalse del Jándula
Embalse del Yeguas
Cuerda del Enjambradero
Río Guadalquivir
Río Jándula

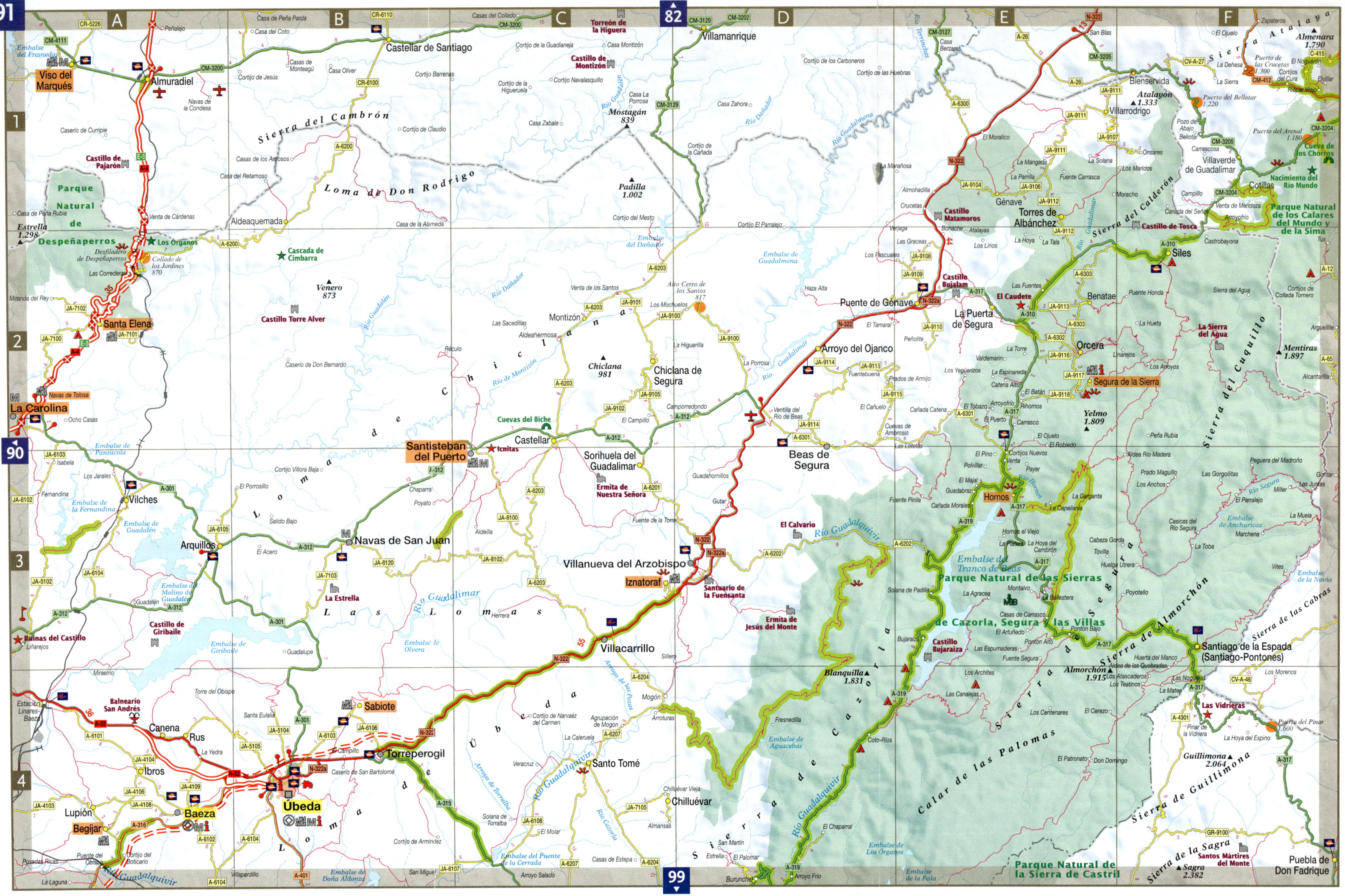
82
90
99
A
B
C
D
E
F
1
2
3
4
Viso del Marqués
Almuradiel
Castellar de Santiago
Villamanrique
Torreón de la Higuera
Castillo de Montizón
Sierra del Cambrón
Mostagán 839
Loma de Don Rodrigo
Padilla 1.002
Castillo de Pajarón
Parque Natural de Despeñaperros
Estrella 1.298
Los Órganos
Desfiladero de Despeñaperros
Collado de los Jardines 870
Aldeaquemada
Cascada de Cimbarra
Venero 873
Castillo Torre Alver
Santa Elena
Navas de Tolosa
La Carolina
Embalse del Dañador
Embalse de Guadalmena
Alto Cerro de los Santos 817
Montizón
Chiclana 981
Chiclana de Segura
Arroyo del Ojanco
Puente de Génave
Castillo Bujalam
La Puerta de Segura
El Caudete
Génave
Torres de Albánchez
Castillo Matamoros
Castillo de Tosca
Bienservida
Atalayón 1.333
Villarrodrigo
Puerto del Bellotar 1.220
Sierra Atalaya
Almenara 1.790
Puerto de las Crucetas 1.300
Villaverde de Guadalimar
Cotillas
Cueva de los Chorros
Nacimiento del Río Mundo
Parque Natural de los Calares del Mundo y de la Sima
Sierra del Calderón
Siles
Benatae
Orcera
La Sierra del Agua
Mentiras 1.897
Sierra del Cuquillo
Segura de la Sierra
Yelmo 1.809
Cuevas del Biche
Castellar
Santisteban del Puerto
Icnitas
Sorihuela del Guadalimar
Ermita de Nuestra Señora
Beas de Segura
Hornos
Embalse de Panzacola
Vilches
Embalse de la Fernandina
Embalse de Guadalén
Arquillos
Navas de San Juan
La Estrella
Villanueva del Arzobispo
Iznatoraf
Santuario de la Fuensanta
El Calvario
Río Guadalquivir
Embalse del Tranco de Beas
Parque Natural de las Sierras de Cazorla, Segura y las Villas
Embalse del Molino de Guadalén
Castillo de Giribaile
Embalse de Giribaile
Ruinas del Castillo
Las Lomas
Embalse de Olvera
Ermita de Jesús del Monte
Villacarrillo
Castillo Bujaraiza
Blanquilla 1.831
Almorchón 1.915
Sierra de Almorchón
Santiago de la Espada (Santiago-Pontones)
Sierra de las Cabras
Las Vidrieras
Puerto del Pinar 1.600
Balneario San Andrés
Canena
Rus
Sabiote
Torreperogil
Ibros
Lupión
Baeza
Begíjar
Úbeda
Loma de Úbeda
Santo Tomé
Chilluévar
Sierra de Cazorla
Calar de las Palomas
Sierra de Segura
Guillimona 2.064
Sierra de Guillimona
Sierra de la Sagra
Sagra 2.382
Santos Mártires del Monte
Puebla de Don Fadrique
Parque Natural de la Sierra de Castril
Embalse de Aguacebas
Embalse de Los Órganos
Embalse del Puente de la Cerrada
Embalse de Doña Aldonza
Río Guadalquivir

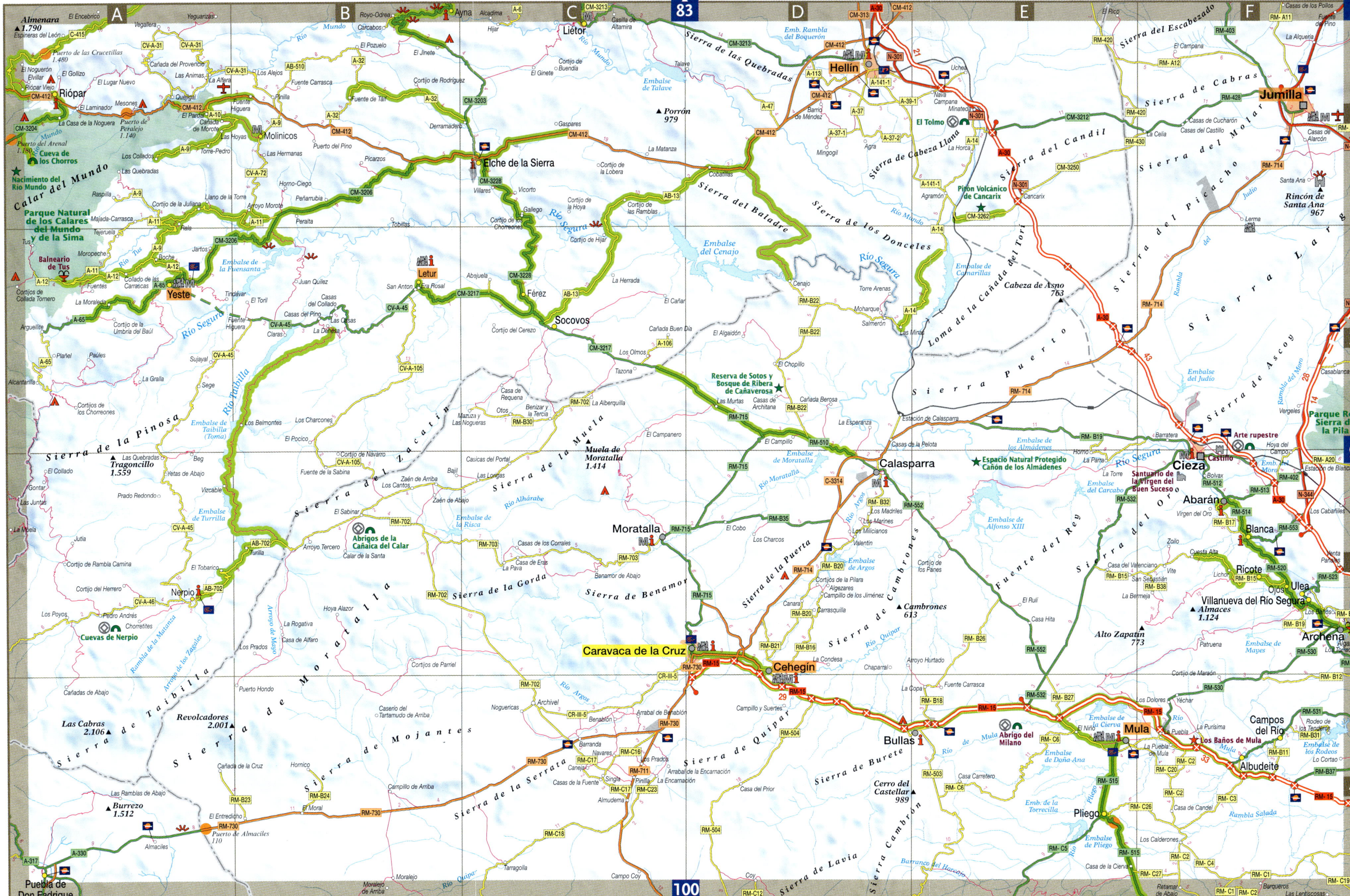
A
B
C
D
E
F
1
2
3
4
Almenara
1.790
Riópar
Yeste
Letur
Molinicos
Elche de la Sierra
Liétor
Ayna
Hellín
Jumilla
Férez
Socovos
Calasparra
Cieza
Abarán
Blanca
Ricote
Ulea
Villanueva del Río Segura
Archena
Moratalla
Caravaca de la Cruz
Cehegín
Bullas
Mula
Albudeite
Campos del Río
Pliego
Nerpio
Puebla de Don Fadrique
Calar del Mundo
Parque Natural de los Calares del Mundo y de la Sima
Nacimiento del Río Mundo
Cueva de los Chorros
Balneario de Tus
Sierra de las Quebradas
Sierra del Baladre
Sierra de los Donceles
Sierra de Cabeza Llana
Sierra del Candil
Sierra de Cabras
Sierra del Escabezado
Sierra del Molar
Sierra del Picacho
Sierra Larga
Sierra de Ascoy
Sierra del Puerto
Loma de la Cañada del Tori
Cabeza de Asno
763
Porrón
979
Pitón Volcánico de Cancarix
El Tolmo
Reserva de Sotos y Bosque de Ribera de Cañaverosa
Espacio Natural Protegido Cañón de los Almadenes
Arte rupestre
Castillo
Santuario de la Virgen del Buen Suceso
Parque Reg. Sierra de la Pila
Rincón de Santa Ana
967
Sierra de la Pinosa
Tragoncillo
1.559
Sierra del Zacatín
Sierra de la Muela
Muela de Moratalla
1.414
Abrigos de la Cañaica del Calar
Cuevas de Nerpio
Sierra de la Gorda
Sierra de Benamor
Sierra de la Puerta
Sierra de Cambrones
Cambrones
613
Sierra del Oro
Fuente del Rey
Alto Zapatín
773
Almaces
1.124
Sierra de Moratalla
Sierra de Taibilla
Las Cabras
2.106
Revolcadores
2.001
Burrezo
1.512
Sierra de Mojantes
Sierra de la Serrata
Sierra de Quipar
Sierra de Burete
Cerro del Castellar
989
Sierra de Lavia
Sierra de Cambrón
Abrigo del Milano
Los Baños de Mula
Río Mundo
Río Segura
Río Taibilla
Río Tus
Río Moratalla
Río Argos
Río Quípar
Río Mula
Río Alhárabe
Embalse de Talave
Embalse del Cenajo
Embalse de la Fuensanta
Embalse de Taibilla (Toma)
Embalse de Camarillas
Embalse del Judío
Embalse de los Almadenes
Embalse de Moratalla
Embalse de la Risca
Embalse de Argos
Embalse de Alfonso XIII
Embalse de la Cierva
Embalse de Doña Ana
Embalse de Pliego
Emb. Rambla del Boquerón
Puerto de Almaciles
110
CM-412
CM-3203
CM-3206
CM-3217
CM-3228
A-30
N-301
N-344
RM-714
RM-715
RM-702
RM-703
RM-730
RM-15
RM-552
A-33
C-415

83
93
100

84
85
92
101
A
B
C
D
E
F
1
2
3
4
Sierra del Buey
Buey 1.088
Sierra del Carche
Parque Regional de la Sierra del Carche
Carche 1.371
Ibáñez 690
Casa Castilla
La Capilla 1.239
Sierra del Collado
Caire 1.047
Espacio Natural Protegido Sierra Salinas
Cabrera 869
Salinas
Laguna de Salinas
Sax
Elda
Petrer
Penya del Cid 1.127
Serra del Cid
Monóvar
Castillo de la Mola
Novelda
Monforte del Cid
Aspe
el Pinós/ Pinoso
Sierra de las Pedrizas
la Romana
Serra del Reclot
Algueña
Serra d'Algaiat
el Fondó de les Neus/ Hondón de las Nieves
Hondón de los Frailes
Emb. D. Francisco Mira Canovas
Serra de Crevillent
Crevillent 835
Monte Alto 682
Crevillent
Sierra Solana de los Ruices
Sierra de Quibas
Parque Regional Sierra de la Pila
Sierra de la Pila
Caramucel 1.025
Sierra de Abanilla
Abanilla
Ermita de Santa Ana
Balneario de Fortuna
Fortuna
Sierra de la Espada
Paisaje Protegido del Humedal del Ajauque-Rambla Salada
Embalse de Santomera
Archena
Lorquí
Ceutí
Molina de Segura
Alguazas
Las Torres de Cotillas
Alcantarilla
MURCIA
Santomera
Beniel
Orihuela
Redován
Benferri
Albatera
Granja de Rocamora
Cox
Callosa de Segura
San Isidro
Catral
Dolores
Almoradí
Rafal
Algorfa
Benejúzar
Bigastro
Jacarilla
Escotera 217
Sierra de Pujálvarez
Pujálvarez 341
Sierra de Escalona
Sierra de Columbrares
La Peña del Águila 141
San Miguel de Salinas
Embassament de la Pedrera
Daya Nueva
Daya Vieja
Rojales
Formentera del Segura
Benijófar
San Fulgencio
Guardamar del Segura
Castillo de Guardamar
Los Montesinos
Parque Natural de las Lagunas de la Mata y Torrevieja
Torrevieja
Torre del Moro
Antigua Torre Vigía
Parc Natural del Fondo
Parc Natural de les Salines de Santa Pola
Santa Pola
Santa Pola del Este
Golf de Santa Pola
Illa Plana o Nova Tabarca
Río Safari Elche
Ruïnes de Ilici
Elx/Elche
Aeropuerto de Alicante-El Altet
ALACANT/ALICANTE
Golf d'Alacant
Sant Vicent del Raspeig
Sant Joan d'Alacant
Mutxamel
el Campello
Agost
Maigmó 1.296
Serra del Maigmó
Martínez 447
Serra de Fontcalent
Tibi
Embassament de Tibi
1.260 el Despenyador
Aigües
Canalobre
Villajoyosa/ la Vila Joiosa
Illot de Benidorm
MAR MEDITERRÁNEO

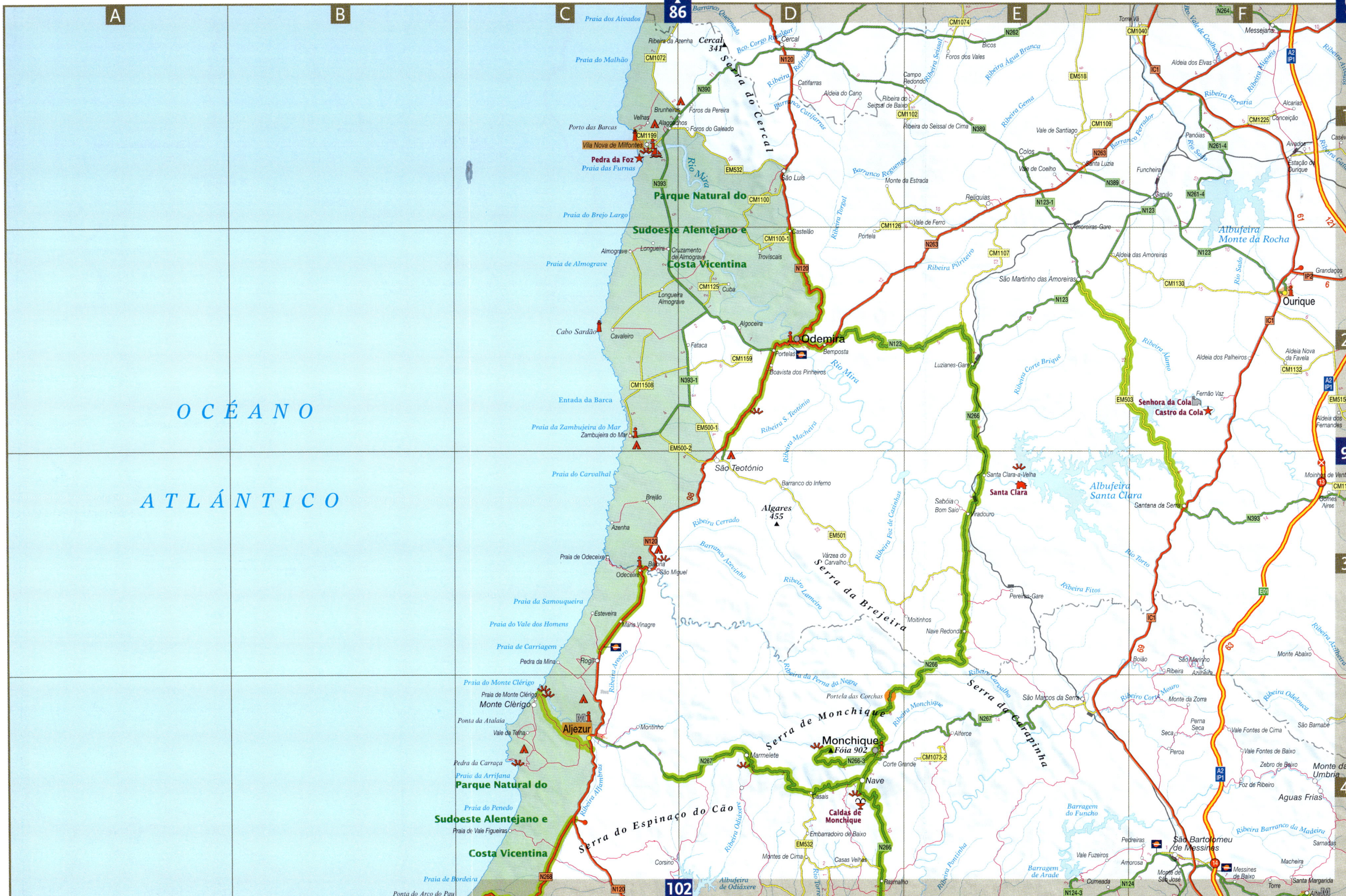
A
B
C
D
E
F
86
102
95
1
2
3
4
OCÉANO
ATLÁNTICO
Parque Natural do
Sudoeste Alentejano e
Costa Vicentina
Praia dos Aivados
Praia do Malhão
Ribeira da Azenha
Cercal
341
Serra do Cercal
Porto das Barcas
Vila Nova de Milfontes
Pedra da Foz
Praia das Furnas
Brunheiras
Foros da Pereira
Foros do Galeado
Rio Mira
São Luís
Praia do Brejo Largo
Almograve
Longueira
Cruzamento de Almograve
Praia de Almograve
Castelão
Troviscais
Cuba
Longueira Almograve
Algoceira
Cabo Sardão
Cavaleiro
Odemira
Bemposta
Portelas
Boavista dos Pinheiros
Fataca
Entada da Barca
Praia da Zambujeira do Mar
Zambujeira do Mar
São Teotónio
Praia do Carvalhal
Brejão
Azenha
Praia de Odeceixe
Odeceixe
São Miguel
Praia da Samouqueira
Esteveira
Praia do Vale dos Homens
Maria Vinagre
Praia de Carriagem
Pedra da Mina
Rogil
Praia do Monte Clérigo
Praia de Monte Clérigo
Monte Clérigo
Ponta da Atalaia
Vale da Telha
Aljezur
Pedra da Carraça
Praia da Arrifana
Praia do Penedo
Praia de Vale Figueiras
Praia de Bordeira
Ponta do Arco do Pau
Serra do Espinaço do Cão
Marmelete
Monchique
Fóia 902
Nave
Caldas de Monchique
Casais
Embarradoiro de Baixo
Montes de Cima
Casas Velhas
Rasmalho
Corsino
Albufeira de Odiáxere
Serra de Monchique
Portela das Corchas
Corte Grande
Alferce
Serra da Carapinha
Algares
455
Barranco do Inferno
Várzea do Carvalho
Serra da Brejeira
Moitinhos
Nave Redonda
Catifarras
Aldeia do Cano
Campo Redondo
Ribeira do Seissal de Baixo
Ribeira do Seissal de Cima
Foros dos Vales
Bicos
Monte da Estrada
Vale de Ferro
Portela
Reliquias
Colos
Vale de Coelho
Vale de Santiago
Santa Luzia
Funcheira
Garvão
Amoreiras-Gare
Aldeia das Amoreiras
São Martinho das Amoreiras
Luzianes-Gare
Santa Clara-a-Velha
Santa Clara
Albufeira Santa Clara
Sabóia
Bom Saio
Viradouro
Pereiras-Gare
Senhora da Cola
Castro da Cola
Fernão Vaz
Santana da Serra
Aldeia dos Palheiros
Albufeira Monte da Rocha
Ourique
Grandaços
Aldeia Nova da Favela
Aldeia dos Fernandes
Moinho de Vento
Gomes Aires
Messejana
Torre Vã
Aldeia dos Elvas
Alcarias
Conceição
Panóias
Aivados
Estação de Ourique
Casével
São Marcos da Serra
Monte da Zorra
Perna Seca
Seca
Peroa
Vale Fontes de Cima
Vale Fontes de Baixo
Zebro de Baixo
Foz de Ribeiro
Aguas Frias
Monte da Umbria
São Barnabé
Monte Abaixo
Boião
São Marinho
Ribeira
Azinhal
Barragem do Funcho
Barragem de Arade
Pedreiras
Vale Fuzeiros
Amorosa
São Bartolomeu de Messines
Monte de São José
Messines de Baixo
Cumeada
Sarnadas
Macheira
Santa Margarida
Torre
Alte
Ribeira Barranco da Madeira
Ribeira Odelouca
Ribeira Fitos
Rio Torto
Ribeira Álamo
Ribeira Corte Brique
Ribeira Pilriteiro
Ribeira Torgal
Ribeira S. Teotónio
Ribeira Macheira
Ribeira Cerrado
Barranco Azevinho
Ribeira Lameiro
Ribeira Foz de Casinhas
Ribeira Monchique
Ribeira Aljezur
Ribeira Odiáxere
Ribeira Portinha
Ribeira Água Branca
Ribeira Gema
Ribeira Ferraria
Rio Sado
N120
N123
N263
N266
N267
N389
N393
N124
N268
N264
N262
IC1
A2 IP1
IP2
EM501
EM503
EM515
EM518
EM532
CM1072
CM1074
CM1040
CM1100
CM1102
CM1107
CM1109
CM1125
CM1126
CM1130
CM1132
CM1159
CM1199
CM1225
CM11508

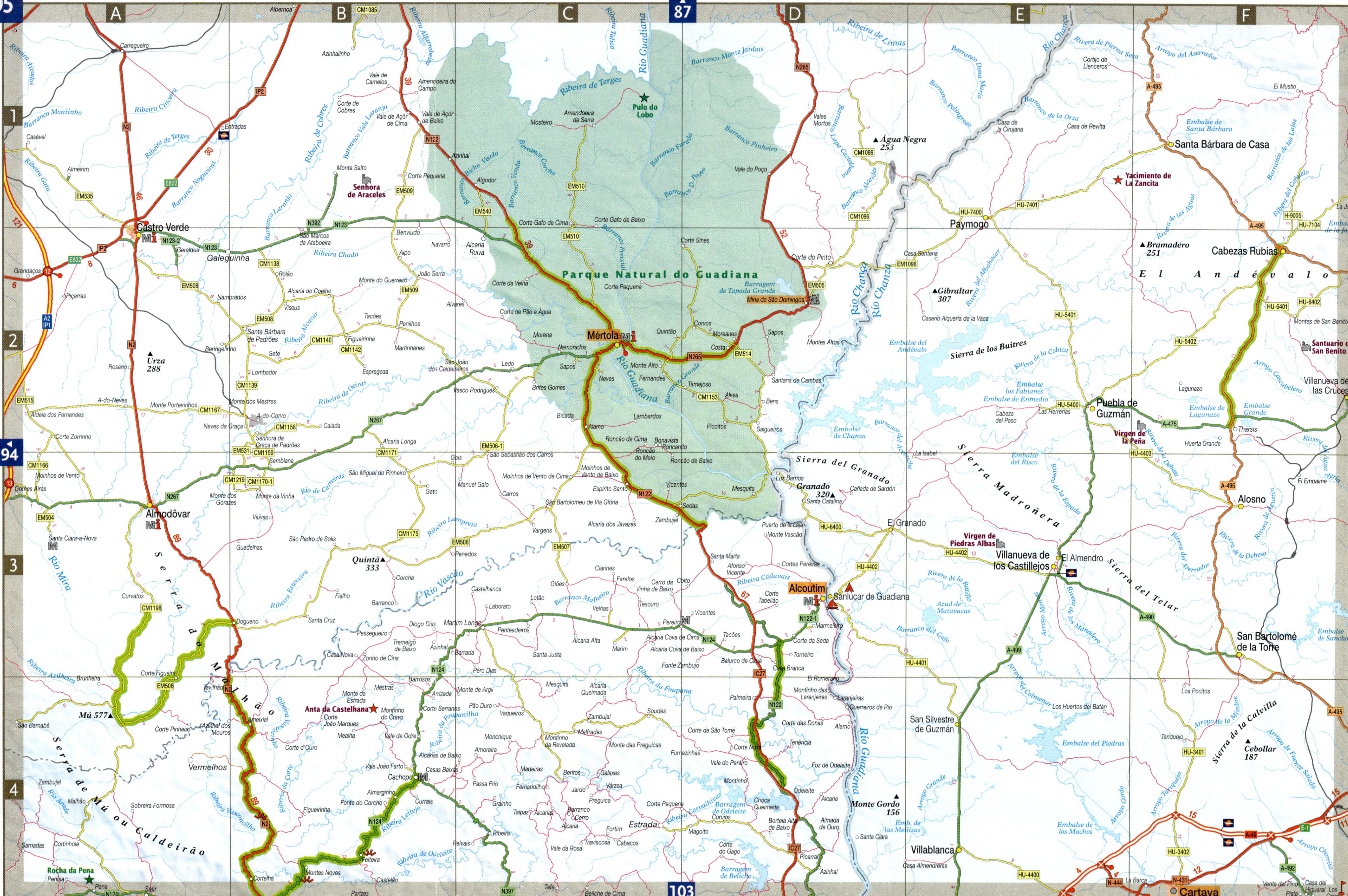
A
B
C
D
E
F
1
2
3
4
Parque Natural do Guadiana
Castro Verde
Almodôvar
Mértola
Alcoutim
Sanlúcar de Guadiana
Paymogo
Cabezas Rubias
Santa Bárbara de Casa
Puebla de Guzmán
Villanueva de los Castillejos
El Almendro
El Granado
Alosno
San Bartolomé de la Torre
San Silvestre de Guzmán
Villablanca
Cartaya
Villanueva de las Cruces
Tharsis
Galeguinha
Pulo do Lobo
Senhora de Araceles
Mina de São Domingos
Barragem de Tapada Grande
Anta da Castelhana
Rocha da Pena
Yacimiento de La Zancita
Santuario de San Benito
Virgen de la Peña
Virgen de Piedras Albas
Água Negra 253
Bramadero 251
Gibraltar 307
Urza 288
Quintã 333
Mú 577
Granado 320
Monte Gordo 156
Cebollar 187
El Andévalo
Sierra de los Buitres
Sierra del Granado
Sierra Madroñera
Sierra del Telar
Serra do Malhão
Serra de Mú ou Caldeirão
Sierra de la Calvilla
Rio Guadiana
Rio Chança
Rio Vascão
Rio Mira
Ribeira de Terges
Ribeira de Oeiras
Ribeira de Carreiras
Ribeira Cadavais
Ribeira da Foupana
Ribeira de Odeleite
Ribeira do Vascão
Embalse del Andévalo
Embalse de Chanza
Embalse del Risco
Embalse de Lagunazo
Embalse Grande
Embalse de Santa Bárbara
Embalse de Sancho
Embalse del Piedras
Embalse de los Machos
Embalse de los Fabianes
Embalse de Enmedio
Azud de Matavacas
Emb. de las Mellizas
Barragem de Odeleite
Barragem de Beliche
Vermelhos
Estrada
Martim Longo
Giões
Vaqueiros
Cachopo
Dogueno
Santa Cruz
Sapos
Mesquita
Corte Gafo de Cima
Alcaria Ruiva
Benviudo
Namorados
Santa Bárbara de Padrões
Monte Gordo
Santa Catalina
Lagunazo
Huerta Grande
El Empalme
Los Pocitos
Tariquejo
Los Huertos del Batán
La Barca
Casa Almendreras
Santa Clara
N2
N122
N123
N124
N265
N267
N397
IP2
IC27
A2
A-49
A-495
A-499
A-490
A-475
A-492
N-431
N-444
HU-7400
HU-7401
HU-5401
HU-5402
HU-5400
HU-4403
HU-4402
HU-4401
HU-4400
HU-6400
HU-6401
HU-6402
HU-3401
HU-3402
H-9005
HU-7104
CM1096
EM1096
EM505
EM514
EM510
EM509
EM540
EM506
EM507
EM508
EM535
EM515
EM504
EM531
CM1138
CM1140
CM1142
CM1139
CM1158
CM1159
CM1166
CM1167
CM1171
CM1175
CM1198
CM1219
CM1170-1
CM1085
EM506-1
N122-1

87
94
103

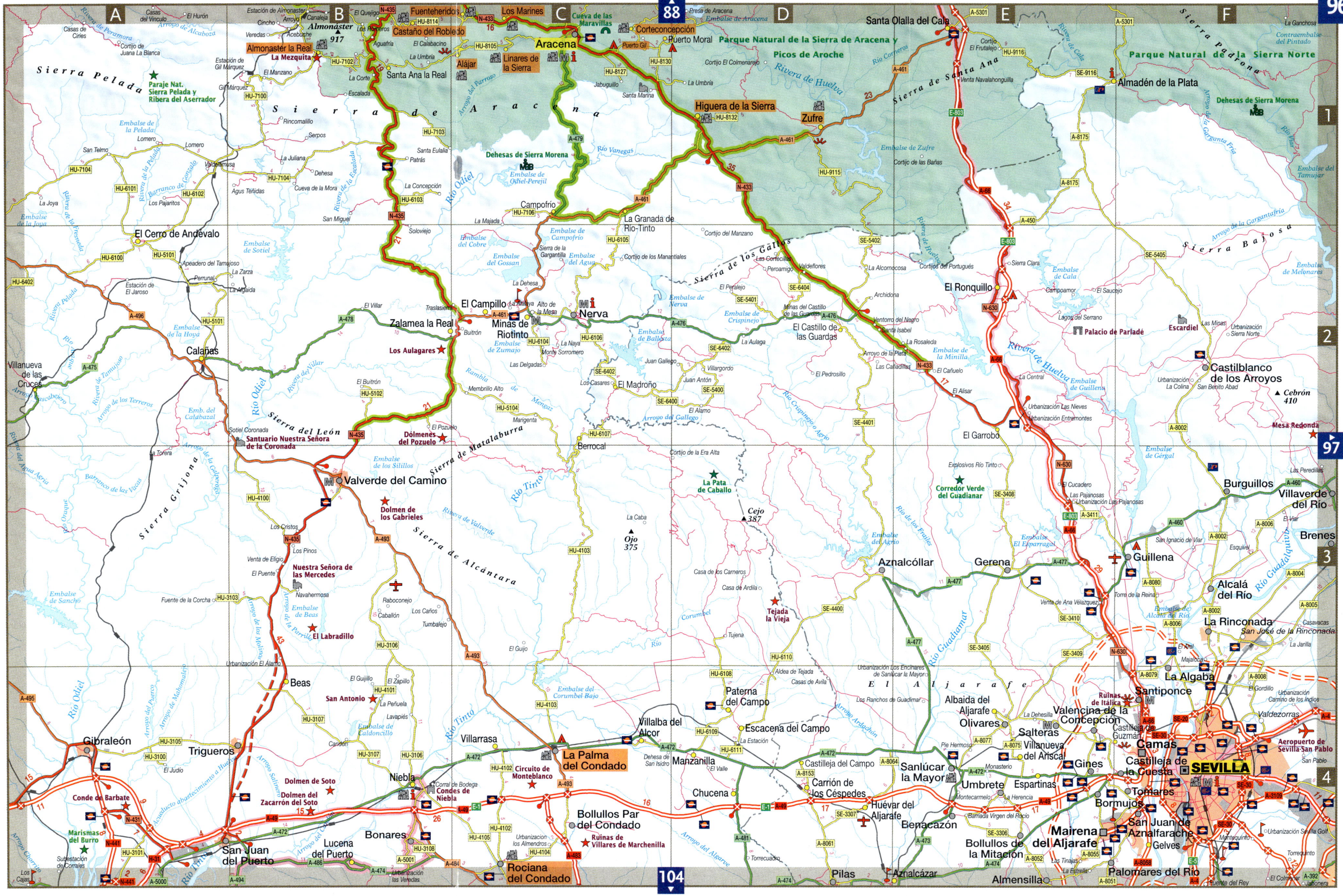
88
97
104
Parque Natural de la Sierra de Aracena y Picos de Aroche
Parque Natural de la Sierra Norte
Sierra Pelada
Sierra de Aracena
Sierra Padrona
Sierra de Santa Ana
Sierra Bajosa
Sierra de los Gallos
Sierra del León
Sierra de Matalaburra
Sierra de Alcántara
Sierra Grijona
El Aljarafe
Paraje Nat. Sierra Pelada y Ribera del Aserrador
Dehesas de Sierra Morena
Almonaster
Almonaster la Real
La Mezquita
Fuenteheridos
Los Marines
Castaño del Robledo
Cueva de las Maravillas
Corteconcepción
Aracena
Alájar
Linares de la Sierra
Santa Ana la Real
Puerto Moral
Santa Olalla del Cala
Almadén de la Plata
Higuera de la Sierra
Zufre
Campofrío
La Granada de Río-Tinto
El Cerro de Andévalo
El Campillo
Zalamea la Real
Minas de Riotinto
Nerva
Los Aulagares
Calañas
Villanueva de las Cruces
El Castillo de las Guardas
El Madroño
El Ronquillo
Palacio de Parladé
Escardiel
Castilblanco de los Arroyos
Cebrón 410
Mesa Redonda
El Garrobo
Santuario Nuestra Señora de la Coronada
Dólmenes del Pozuelo
Valverde del Camino
Dolmen de los Gabrieles
Berrocal
La Pata de Caballo
Cejo 387
Ojo 375
Corredor Verde del Guadiamar
Burguillos
Villaverde del Río
Brenes
Guillena
Aznalcóllar
Gerena
Nuestra Señora de las Mercedes
El Labradillo
Tejada la Vieja
Alcalá del Río
La Rinconada
San José de la Rinconada
La Algaba
Santiponce
Ruinas de Itálica
Beas
San Antonio
Paterna del Campo
Escacena del Campo
Albaida del Aljarafe
Olivares
Valencina de la Concepción
Salteras
Villanueva del Ariscal
Gibraleón
Trigueros
Villarrasa
La Palma del Condado
Villalba del Alcor
Manzanilla
Camas
Gines
Castilleja de la Cuesta
SEVILLA
Aeropuerto de Sevilla-San Pablo
Conde de Barbate
Dolmen de Soto
Dolmen del Zacarrón del Soto
Niebla
Condes de Niebla
Circuito de Monteblanco
Chucena
Carrión de los Céspedes
Sanlúcar la Mayor
Umbrete
Espartinas
Tomares
Bormujos
Huévar del Aljarafe
Benacazón
Marismas del Burro
San Juan del Puerto
Lucena del Puerto
Bonares
Bollullos Par del Condado
Ruinas de Villares de Marchenilla
Rociana del Condado
Pilas
Aznalcázar
Almensilla
Bollullos de la Mitación
Mairena del Aljarafe
San Juan de Aznalfarache
Gelves
Palomares del Río

89
96
105

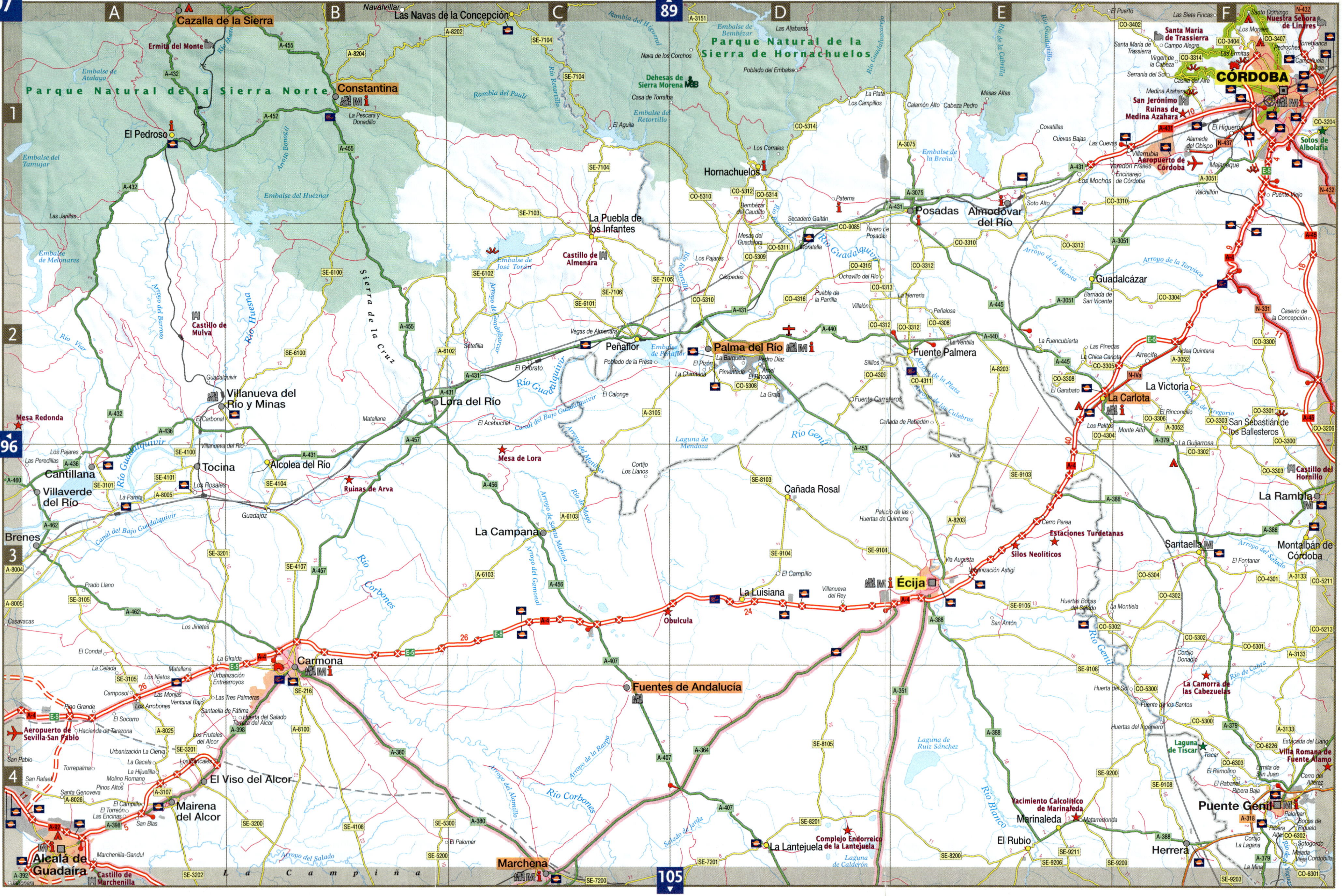
A
B
C
D
E
F
1
2
3
4
Cazalla de la Sierra
Las Navas de la Concepción
Navalvillar
Ermita del Monte
Parque Natural de la Sierra Norte
Constantina
El Pedroso
Embalse de Atalaya
Embalse del Tamujar
Embalse del Huéznar
Las Jarillas
Embalse de Melonares
Parque Natural de la Sierra de Hornachuelos
Dehesas de Sierra Morena
Hornachuelos
La Puebla de los Infantes
Castillo de Almenara
Embalse de José Torán
Sierra de la Cruz
Castillo de Mulva
Villanueva del Río y Minas
Lora del Río
Peñaflor
Palma del Río
Posadas
Almodóvar del Río
Guadalcázar
Fuente Palmera
La Carlota
La Victoria
San Sebastián de los Ballesteros
Santa María de Trassierra
Nuestra Señora de Linares
CÓRDOBA
San Jerónimo
Ruinas de Medina Azahara
Aeropuerto de Córdoba
Sotos de Albolafia
Mesa Redonda
Cantillana
Villaverde del Río
Tocina
Alcolea del Río
Ruinas de Arva
Mesa de Lora
Brenes
La Campana
Cañada Rosal
Río Guadalquivir
Río Genil
Écija
La Luisiana
Obulcula
Silos Neolíticos
Estaciones Turdetanas
Castillo del Hornillo
La Rambla
Santaella
Montalbán de Córdoba
Carmona
Fuentes de Andalucía
Aeropuerto de Sevilla-San Pablo
El Viso del Alcor
Mairena del Alcor
Alcalá de Guadaira
Castillo de Marchenilla
Marchena
La Campiña
La Lantejuela
Complejo Endorreico de la Lantejuela
Yacimiento Calcolítico de Marinaleda
Marinaleda
El Rubio
Herrera
Puente Genil
Laguna de Tíscar
La Camorra de las Cabezuelas
Villa Romana de Fuente Álamo
Laguna de Ruiz Sánchez
Laguna de Calderón
Río Corbones
Río Blanco

2

72 planos
de las principales
ciudades

90

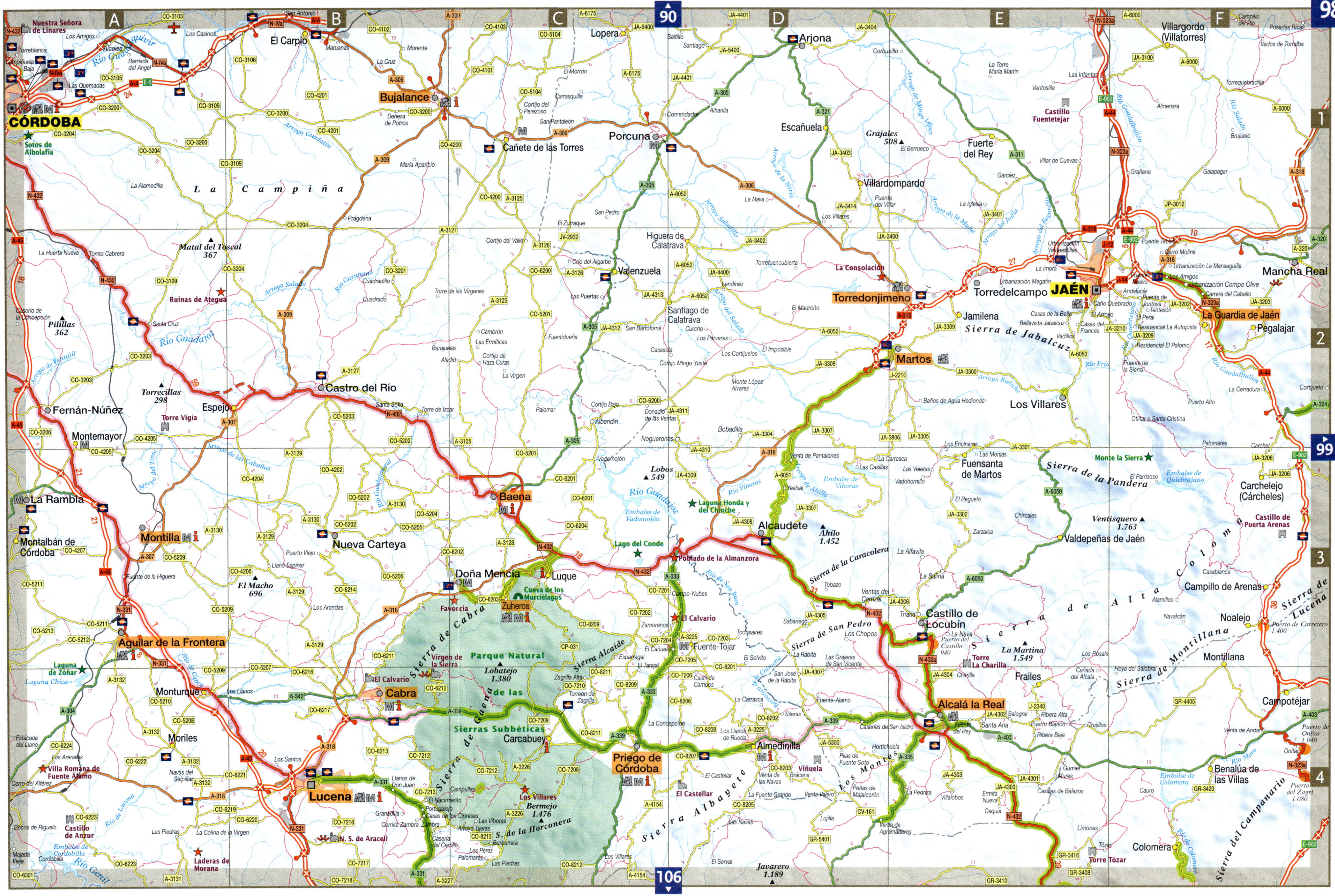
A
B
C
D
E
F
1
2
3
4
CÓRDOBA
Sotos de Albolafia
Nuestra Señora de Linares
Los Amigos
Alcolea
Los Casinos
Río Guadalquivir
El Carpio
Maruanas
Morente
Bujalance
Lopera
Arjona
Villargordo (Villatorres)
Cañete de las Torres
Porcuna
Escañuela
Grajales 508
Fuerte del Rey
Castillo Fuentetejar
Villardompardo
La Campiña
Matal del Toscal 367
Ruinas de Ategua
Pilillas 362
Río Guadajoz
Valenzuela
Higuera de Calatrava
Santiago de Calatrava
La Consolación
Torredonjimeno
Torredelcampo
JAÉN
Mancha Real
La Guardia de Jaén
Pegalajar
Jamilena
Sierra de Jabalcuz
Martos
Los Villares
Castro del Río
Espejo
Fernán-Núñez
Torrecillas 298
Torre Vigía
Montemayor
La Rambla
Montilla
Montalbán de Córdoba
Baena
Nueva Carteya
Doña Mencía
Luque
Zuheros
Cueva de los Murciélagos
Lobos 549
Laguna Honda y del Chinche
Lago del Conde
Poblado de la Almanzora
Alcaudete
Ahílo 1.452
Sierra de la Caracolera
Fuensanta de Martos
Monte la Sierra
Sierra de la Pandera
Ventisquero 1.763
Valdepeñas de Jaén
Carchelejo (Cárcheles)
Castillo de Puerta Arenas
Campillo de Arenas
Sierra de Alta Coloma
Noalejo
Puerto de Carretero 1.400
Sierra de Lucena
El Macho 696
Aguilar de la Frontera
Laguna de Zóñar
Laguna Chica
Monturque
Moriles
Cabra
Parque Natural de las Sierras Subbéticas
Sierra de Cabra
Virgen de la Sierra
Lobatejo 1.380
Sierra Alcaide
Carcabuey
El Calvario
Fuente-Tójar
Sierra de San Pedro
Castillo de Locubín
La Martina 1.549
Torre La Charilla
Frailes
Sierra de Montillana
Montillana
Campotéjar
Alcalá la Real
Priego de Córdoba
Almedinilla
Viñuela
Los Montes
Sierra Albayate
El Castellar
Benalúa de las Villas
Colomera
Sierra del Campanario
Torre Tózar
Villa Romana de Fuente Álamo
Castillo de Anzur
Lucena
N. S. de Araceli
Laderas de Morana
Embalse de Cordobilla
Río Genil
Los Villares
Bermejo 1.476
S. de la Horconera
Javarero 1.189

99

106

A
B
C
D
E
F
1
2
3
4
91
98
107
Río Guadalquivir
Laguna Grande
La Laguna
Puente del Obispo
Villapardillo
Embalse de Doña Aldonza
San Miguel
Embalse del Puente de la Cerrada
Arroyo Salado
Casas de Estepa
Estrella
El Palomar
Embalse de Los Órganos
Embalse de la Fecha
Tornajuelos 2.138
Sierra de la Sagra
Sagra 2.382
Santos Mártires del Monte
Puebla de Don Fadrique
Embalse de Pedro Marín
Donadio
Casas de la Vega
Paraje Natural del Alto Guadalquivir
Peal de Becerro
La Almedina
Los Peralejos
Burunchel
Arroyo Frío
Puerto de las Palomas 1.290
La Iruela
Cazorla
Parador de Cazorla
Castillo Cinco Esquinas
Castillo de la Yedra
Linarejos
Calarilla 1.736
Vadillo Castril
Nava de Pablo
Sierra Seca
Cueva de la Granja
Torreón de Fiqué
Jarafe
Garcíez
Las Escuelas
Hornos
Toya
Cerro Hernando 935
Cortijo de los Propios de Guadiana
San José de los Propios
Sierra de la Toya
El Chorro
Nava de San Pedro
Sierra de Pozo
Sierra de Castril
Parque Natural de la Sierra de Castril
Buitre 2.013
San Clemente
Embalse de San Clemente
El Cerro
Sierra Montilla
Castillo Recena
Jimena
Jódar
Quesada
Parque Natural de las Sierras de Cazorla, Segura y las Villas
Cortijo de Caniles
Cueva de la Graja
Bedmar (Bedmar y Garcíez)
Nacimiento del Guadalquivir
Cabañas 2.036
Embalse del Portillo
Fátima
Puente Duda
Cubo 1.369
Huéscar
Albanchez de Mágina
Torres
Mancha Real
Ermita de Cuadros
Salón
Cortijuelo
Collejares
Los Rosales
Higueral
Puerto del Tíscar 1.183
Las Cañadas
Martín
Castril
Los Cortijillos
Los Pozos
El Cerrillo
Huesa
Cueva del Agua
Tíscar
Belerda
Larva
Embalse de La Bolera
La Bolera
Cebas
Almontaras
Sierra Mágina
Parque Natural de Sierra Mágina
El Almadén
Bélmez de la Moraleda
Mágina 2.157
Arroyomolinos
Cuenca
Campocámara
Fuente-Vera
Galera
Necrópolis Ibérica de Tútugi
El Castellón Alto
El Cura
Cerro de la Virgen
Orce
Castilléjar
La Alquería
Estación de Huesa
Ceal
Hinojares
Atalayuela
Pozo Alcón
Cabra del Santo Cristo
Aulabar
Cortijuelo
Cortijo de la Cabrita
Mata Bejid
Peña Cambrón 1.183
Río Guadiana Menor
Los Laneros
Olivar
Cambil
Solera
Fontanar
La Teja
Almorcaza
Los Carriones
Santa María
Huelma
Los Nacimientos
Ayozo
Cortes de Baza
Sierra de Orce
El Margen
Fuente Leiva
Canalejas
Rambla de los Lobos
La Colonia
Carramaiza
Hoya de Baza
Arbuniel
Ruiz Cerezo
Zamora
Villacampo del Moral
Cherrín
Cortijo Grande
Las Cucharetas
Cuevas de San Marcos
Benamaurel
Cuevas de Puente Arriba
Puerto de los Gallardos 1.180
Alicún de Ortega
Cuevas de Juan y Pedro
Tarahal
Río de Guadahortuna
Cuevas del Campo
Cuevas de Puente Abajo
Barrio Nuevo
Los Oqueales
El Peñón
Dehesas de Guadix
Zona Arqueológica La Terrera del Reloj
Cuevas de Luna
Río de Cúllar
Rambla de Nures
Cúllar
La Umbría
Montejícar
El Fuerte
Estación de Alamedilla Guadahortuna
Alamedilla
Nuestra Señora de la Cabeza
Jabalcón 1.494
Puntal
Venta Quemada
Sierra de Lucena
Guadahortuna
Fuente Caldera
Villanueva de las Torres
Embalse del Negratín
Cañada de Amarguilla
Venta del Peral
Charcón-Bajo
Llano del Abad
Matián
Puerto de Torre-Cardela 1.220
Doña Marina
Olivar
Bácor Olivar
Zújar
Freila
El Navazuelo
Cotilfar Bajo
Balneario de Alicún de las Torres
El Baico
Rambla de la Hinojosa
Torre-Cardela
Pedro Martínez
Mencal 1.449
Hinojora 1.443
Domingo Pérez
Gobernador
Gorafe
Baza
Jámula
Dehesas Viejas
Delgadillo
Poblado y Necrópolis Cerro de los Castellones
Laborcillas
El Francés
Rambla de las Carreras
Cerro de la Hinoja
Cueva de las Ventanas
Poloria
Puerto de Onitar 1.040
Piñar
Moreda (Morelábor)
Arroyo de Huélago
Los Balcones
Baúl
Caniles
Los Gallardos
Pozo del Lobo
El Perriguero
El Chaparral
Sierra de Lúcar
El Pinar
Huélago
Necrópolis Megalítica de Fonelas
Fonelas
Rambla de Valdiquín
Parque Natural de la Sierra de Baza
Sierra de Baza
Los Molineras
Balax
Jauca Alta
Jauca Baja
Casas Bajas
El Hijate
Bogarre
Bogarre 1.622
Hoya de Guadix
Santa Bárbara 2.270
Plancón
Ramil Alto
Ramil Bajo
Higueral
Iznalloz
Sierra Arana
La Solana del Zamborino
Circuito de velocidad
Zona Arqueológica Las Angosturas
Royo del Serval
Los Padillas
Los Llanos de Pajares
Los Claveros
Los Manolones
Cela
Cueva Horá
Caserío de Belerda
Cerro del Gallo
Hernán Valle
Gor
Picón de Gor 2.148
Loma de los Cortijillos
Los Pérez
Barcinas
Los Villares
Darro
Benalúa
Rejano
Los Herreros
Los Zoilos
Los Indianos
Los Porteros
Tíjola
Dalí

92
101
108
A
B
C
D
E
F
1
2
3
4
Puebla de Don Fadrique
Sierra de la Zarza
Punta del Espín 1.479
Sierra de Molares
Sierra de Lavia
Sierra Cambrón
Madroño 1.236
Perona 1.185
Sierra de España
Parque Regional de Sierra Espuña
España 1.583
Espacio Natural Protegido Barrancos de Gebas
Librilla
Alhama de Murcia
Parque Regional de Carrascoy-El Valle
Sª. de Carrascoy
Leria
Cueva Ambrosio
Aledo
Totana
Sierra Larga
Cuerda del Pino 1.207
Sierra del Gigante
Sierra de la Tercia
Manilla 989
Venta Micena 1.108
Balsain 1.324
María
Vélez-Blanco
Balneario de Fuensanta
Sierra de Umbría
Virgen de la Cabeza
Parque Natural de Sierra María-Los Vélez
Cerro Poyo 2.045
Cueva de los Letreros
Cueva Chiquita de los Treinta
Vélez-Rubio
Lorca
Río Guadalentín
Paisaje Protegido Sierra de las Moreras
Sierra de Orce
Sierra de Almenara
Cerro Lastra 1.675
El Villar
Chirivel
Sierra de las Estancias
Puerto Lumbreras
Mazarrón
Castillo de los Vélez
Sierra de las Moreras
Talayón 881
Sierra de Carrasquilla
Sierra del Contar
Cerro Pelado 1.477
El Saliente
Cueva de las Estalactitas
Parque Regional de Cabo Cope y Puntas de Calnegre
Golfo de Mazarrón
Oria
Sierra de Lúcar
Piedra Lobera
La Ermita
Taberno
Colorado 640
Pulpí
Águilas
Paisaje Protegido de Cuatro Calas
Partaloa
Albox
Huércal-Overa
Talavera 1.237
Lúcar
Somontín
Urrácal
Cantoria
Fines
Armuña de Almanzora
Tíjola
Purchena
Olula del Río
Arboleas
Zurgena
Sierra de Almagro
Sª. de los Pinos

A
B
C
D
E
F
1
2
3
4
93
100
Mazarrón
Puerto de Mazarrón
Golfo de Mazarrón
Cabo Tiñoso
Cartagena
La Unión
Cabo de Palos
Torre-Pacheco
Fuente Alamo de Murcia
San Javier
San Pedro del Pinatar
Pilar de la Horadada
Los Alcázares
Mar Menor
Campo de Cartagena
Parque Regional de Carrasco y El Valle
Parque Regional de las Salinas y Arenales de San Pedro del Pinatar
Parque Regional de Calblanque
Paisaje Protegido Islas del Mar Menor
Reserva Marina de las Islas Hormigas
Aeropuerto Internacional Región de Murcia (en construcción)
Aeropuerto de Murcia-San Javier
Circuito de velocidad
Sierra de Carrascoy
Sierra de Algarrobo
Sierra de la Muela
Sierra de Columbares
Cresta del Gallo
Carrascoy 1.066
Columbrares 645
Roldán 471
La Peña del Águila 141
LA MANGA DEL MAR MENOR
Isla Grosa
Isla Perdiguera
Isla Mayor
Islote de Escombreras
Cabo del Agua
Cabo Negrete
MAR MEDITERRÁNEO

A
B
C
D
E
F
1
2
3
4
Praia de Bordeira
Ponta do Arco do Pau
Enseada dos Três Angras
Ilha do Forno
Carrapateira
Bordeira
Pedra do Cavaleiro
Praia do Amado
Vilarinha
Praia do Murraço
Praia dos Mouratinos
Pedralva
Praia da Cordama
Praia do Castelejo
Torre de Aspa
156
Vila do Bispo
Praia da Ponta Ruiva
Ponta Ruiva
Praia do Telheiro
Fortaleza de Belixe
Cabo de São Vicente
Pontal Gordo
Praia do Belixe
Sagres
Fortaleza de Sagres
Ponta da Atalaia
Ponta de Sagres
Praia dos Rebolinhos
Ponta do A-do-Sol
Praia da Ingrina
Ponta de Torre
Praia da Figueira
Praia da Salema
Praia da Boca do Rio
Ponta de Almadena
Praia do Burgau
Praia da Luz
Praia de Porto de Mós
Ponta da Piedade
Raposeira
Senhora de Guadalupe
Budens
Encosta dos Moledos
Figueira
Hortas do Tabual
Salema
Burgau
Luz
Alma Verde
Vale de Boi
Almádena
Espiche
Barão de São Miguel
Barão de São João
Ribeira Dias
Pincho
Ribeira Salemas
Albufeira de Odiáxere
Bensafrim
Lagos
Bairro Primeiro de Maio
Odiáxere
Mexilhoeira Grande
Figueira
Chinicato
Portelas
Praia da Meia Praia
Praia do Alvor
Alvor
Ponta João Arans
Praia dos Três Irmãos
Portimão
Ponta do Altal
Baía de Lagos
Casas Velhas
Rasmalho
Aldeamento de Biscainhas
Vidigal
Alcalar
Urbanização Serra e Mar
Monte Judeu
Porto de Lagos
Odelouca
Silves
Monte Branco
Estação de Silves
Estômbar
Parque Aquático
Lagoa
Parchal
Ferragudo
Forte de São João
Boa Nova
Praia do Carvoeiro
Carvoeiro
Cabo Carvoeiro
Praia da Marinha
Capela da Senhora da Rocha
Porches
Praia de Armação de Pera
Armação de Pêra
Praia do Galé
Alcantarilha
Pêra
Aqualand
Zoomarine
Poço Barreto
Malhão
Krazy World
Algoz
Tunes
Lavajo
Carvoeiro
Barragem de Arade
Vale Fuzeiros
Cumeada
Calvos
Monte Brito
Purgatório
Paderne
Mem Moniz
Vale de Pegas
Cerro do Ouro
Ferreiras
Boliqueime
Albufeira
Galé
Ponta do Castelo
Ponta da Baleeira
Olhos de Água
Ponta das Silvas
Praia da Falésia
Açoteias
Alfa-Mar
Quarteira
Guia
Vale de Parra
Terras Novas
Patroves
Algoz
Torre
Santa Margarida
Machiera
Alte
Estela Montes
OCÉANO ATLÁNTICO

94
103

95
102
A
B
C
D
E
F
1
2
3
4
OCÉANO ATLÁNTICO
Ensenada de Huelva
Loulé
São Brás de Alportel
Tavira
Faro
Olhão
Vila Real de Santo António
Castro Marim
Ayamonte
Isla Cristina
Lepe
Cartaya
Aljaraque
Quarteira
Almancil
Montenegro
Moncarapacho
Fuseta
Santa Luzia
Cacela-a-Velha
Monte Gordo
Parque Natural da Ria Formosa
Reserva Natural do Sapal de Castro Marim e Vila Real de Sto. António
Paraje Natural de las Marismas de Isla Cristina
Marismas del Rio Piedras
Flecha del Rompido
Laguna del Portil
Paraje Natural Marismas del Odiel
Serra de Monte Figo
Alcaria do Cume 525
Rocha da Pena
Fonte Benémola
Ruínas de Milreu
São Miguel
Senhora da Saúde
Mausoleo Punta Moral
Ilha da Barreta
Ilha da Culatra
Ilha do Farol
Ilha da Armona
Ilha da Tavira
Praia da Quarteira
Praia de Faro-Mar
Praia do Barril
Playa de Islantilla
Playa de la Bota
Rio Guadiana
El Rompido
El Portil
Punta Umbría
La Antilla
Islantilla
Atlantic Park
Santa Bárbara de Nexe
Santo Estêvão
Conceição
Cabanas de Tavira
Altura
Manta Rota
Benafim
Salir
Querença
Alte
Boliqueime
Vilamoura
Estói
Pechão
Quelfes
Bias do Norte
Pedras d'el Rei
Santa Catarina da Fonte do Bispo
Portela da Corcha
Beliche de Cima
Cortelha
Barragem de Beliche
Azinhal
Junqueira
Monte Francisco
Montinho
El Empalme
Pozo Camino
Los Pinares de Lepe
La Redondela
La Barca
Nueva Umbría
Punta del Gato
A22 IP1
N125
N270
N396
N2
E01
A-49

96
105
109
A
B
C
D
E
F
1
2
3
4
HUELVA
Aljaraque
Punta Umbría
Paraje Natural Marismas del Odiel
Enebrales de Punta Umbría
Saltés
Palos de la Frontera
Monumento de Cristóbal Colón
La Rábida
Monasterio de La Rábida
Cueva de los Príncipes
Moguer
Lucena del Puerto
Rociana del Condado
Almonte
Hinojos
Pilas
Aznalcázar
Santuario de Cuatrohabitan
Almensilla
Palomares del Río
Coria del Río
La Puebla del Río
Dos Hermanas
Villamanrique de la Condesa
Reserva Natural Cañada de los Pájaros
Reserva Natural Dehesa de Abajo
E l C o n d a d o
Lagunas de Palos y las Madres
Mazagón
Zona de Protección Arroyo de la Rocina
Palacio del Acebrón
Ermita de la Virgen del Rocío
El Rocío
Parque Natural de Doñana
L a s M a r i s m a s
Acantilado del Asperillo
Playa del Asperillo
Torre del Asperillo
Playa de Castilla
Torre de la Higuera
Ruinas Torre Vigía
Matalascañas
PARQUE NACIONAL DE DOÑANA
El Palacio de Doñana
Torre Carbonero
Torre de Zalabar
Palacio de las Marismillas
Torre de San Jacinto
Playa de Matalascañas
Río Guadiamar
Isla Mayor
Río Guadalquivir
Los Palacios y Villafranca
Paraje Natural Brazo del Este
Casa de la Alcantarilla
ISLA MAYOR
Las Cabezas de San Juan
Lebrija
Complejo Endorreico de Lebrija-Las Cabezas
Complejo Endorreico de Espera
Trebujena
El Cuervo (El Cuervo de Sevilla)
Sierra de Gibalbín
Gibalbín 410
OCÉANO ATLÁNTICO
Bonanza
Sanlúcar de Barrameda
Chipiona
Monasterio de la Regla
Playa Camarón-Tres Piedras
Aeropuerto de Jerez
C a m p i ñ a d e J e r e z
Mesas de Asta
Canal del Bajo Guadalquivir

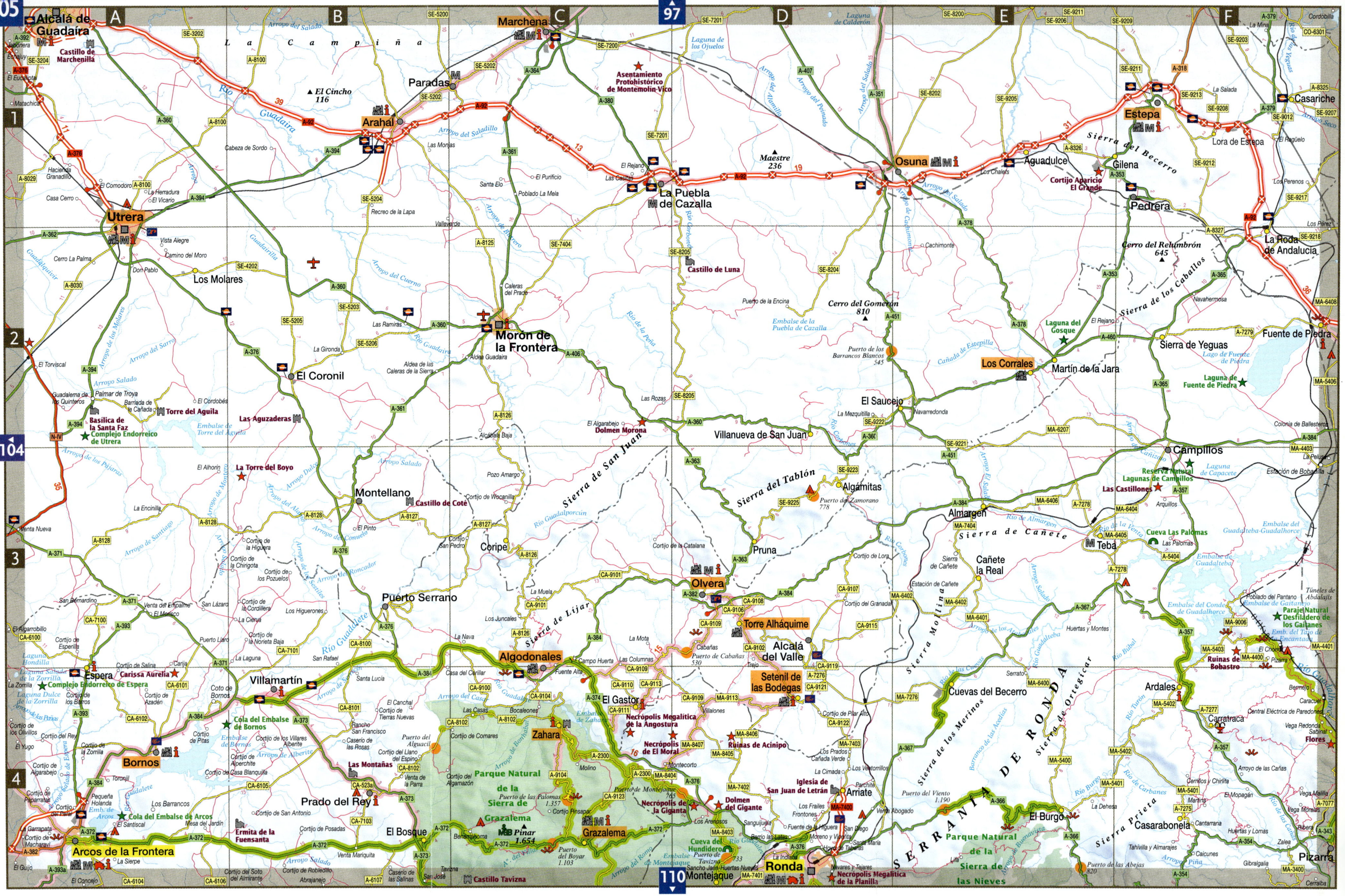

97
104
110
A
B
C
D
E
F
1
2
3
4
Alcalá de Guadaíra
Castillo de Marchenilla
La Campiña
Marchena
Asentamiento Protohistórico de Montemolín-Vico
Laguna de Calderón
Laguna de los Ojuelos
El Cincho 116
Paradas
Arahal
Río Guadaíra
Maestre 236
Osuna
Aguadulce
Gilena
Estepa
Sierra del Becerro
Lora de Estepa
Casariche
Cortijo Aparicio El Grande
Pedrera
La Puebla de Cazalla
Utrera
Los Molares
Castillo de Luna
Cerro del Relumbrón 645
La Roda de Andalucía
Cerro del Gomerón 810
Embalse de la Puebla de Cazalla
Morón de la Frontera
Sierra de los Caballos
Laguna del Gosque
Sierra de Yeguas
Fuente de Piedra
Laguna de Fuente de Piedra
El Coronil
Los Corrales
Martín de la Jara
El Saucejo
Basílica de la Santa Faz
Torre del Aguila
Las Aguzaderas
Complejo Endorreico de Utrera
Dolmen Morona
Villanueva de San Juan
Campillos
Reserva Natural Lagunas de Campillos
Laguna de Capacete
Las Castillones
La Torre del Boyo
Sierra de San Juan
Sierra del Tablón
Algámitas
Montellano
Castillo de Coté
Almargen
Sierra de Cañete
Teba
Cueva Las Palomas
Embalse de Guadalteba-Guadalhorce
Coripe
Pruna
Cañete la Real
Olvera
Puerto Serrano
Torre Alháquime
Sierra de Líjar
Sierra Mollina
Paraje Natural Desfiladero de los Gaitanes
Alcalá del Valle
Algodonales
Espera
Carissa Aurelia
Complejo Endorreico de Espera
Villamartín
Setenil de las Bodegas
Cuevas del Becerro
Ardales
Ruinas de Bobastro
El Gastor
Necrópolis Megalítica de la Angostura
Cola del Embalse de Bornos
Zahara
Necrópolis de El Moral
Ruinas de Acinipo
Carratraca
Bornos
Parque Natural de la Sierra de Grazalema
Serranía de Ronda
Sierra de los Merinos
Sierra de Ortegícar
Las Montañas
Iglesia de San Juan de Letrán
Arriate
Prado del Rey
Necrópolis de la Giganta
Dolmen del Gigante
Cola del Embalse de Arcos
El Burgo
Casarabonela
Grazalema
El Bosque
Pinar 1.654
Ermita de la Fuensanta
Cueva del Hundidero
Parque Natural de la Sierra de las Nieves
Sierra Prieta
Arcos de la Frontera
Ronda
Montejaque
Necrópolis Megalítica de la Planilla
Castillo Tavizna
Pizarra

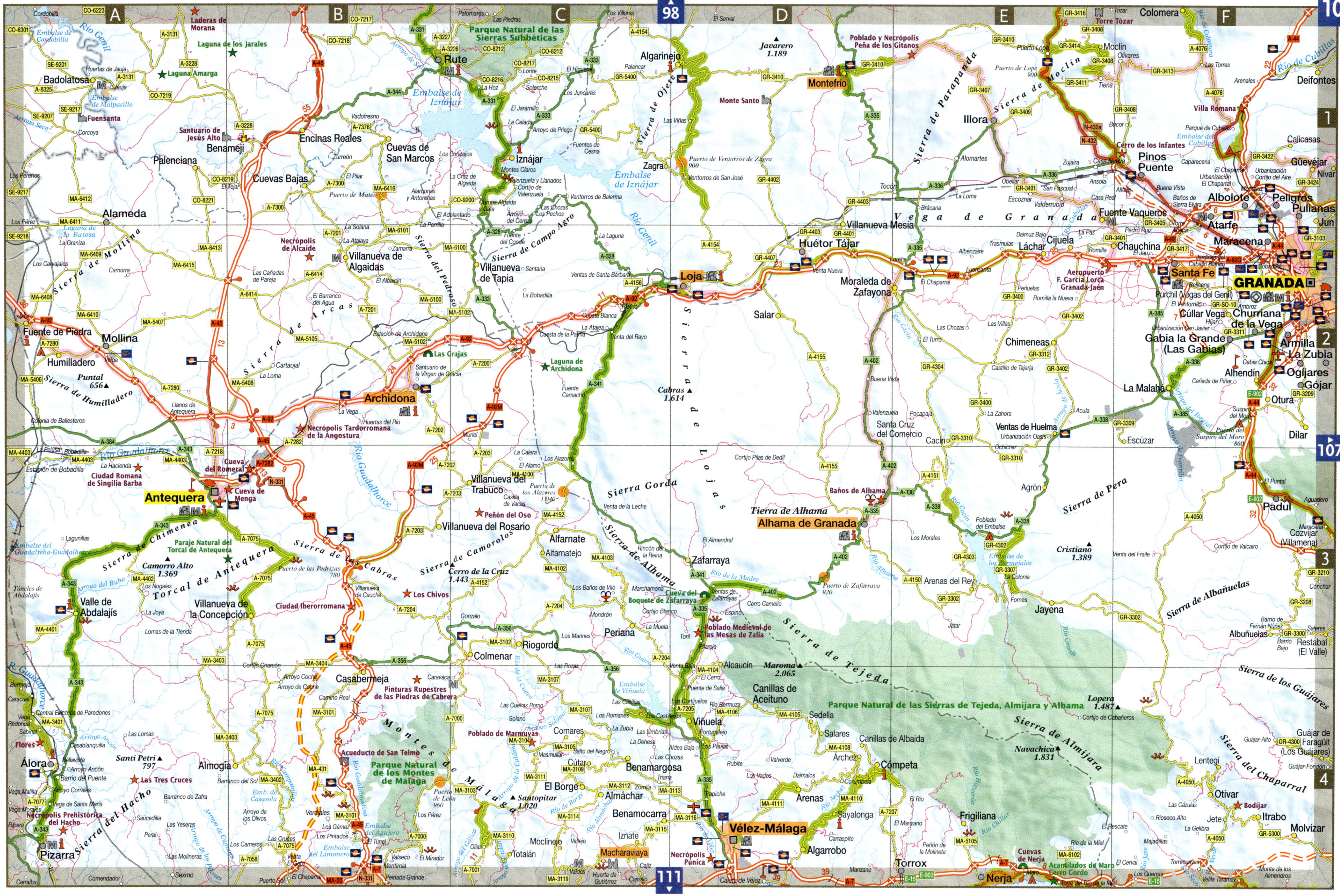

98
107
111
A
B
C
D
E
F
1
2
3
4
Parque Natural de las Sierras Subbéticas
Rute
Embalse de Iznájar
Iznájar
Encinas Reales
Cuevas de San Marcos
Cuevas Bajas
Benamejí
Palenciana
Badolatosa
Fuensanta
Laderas de Morana
Laguna de los Jarales
Laguna Amarga
Santuario de Jesús Alto
Alameda
Sierra de Mollina
Mollina
Fuente de Piedra
Humilladero
Sierra de Humilladero
Puntal 656
Necrópolis de Alcaide
Villanueva de Algaidas
Villanueva de Tapia
Sierra del Pedroso
Sierra de Campo Agro
Sierra de Arcas
Archidona
Las Grajas
Laguna de Archidona
Necrópolis Tardorromana de la Angostura
Antequera
Cueva del Romeral
Cueva de Menga
Ciudad Romana de Singilia Barba
Sierra de Chimenea
Paraje Natural del Torcal de Antequera
Torcal de Antequera
Camorro Alto 1.369
Valle de Abdalajís
Villanueva de la Concepción
Ciudad Iberorromana
Sierra de las Cabras
Los Chivos
Villanueva del Trabuco
Villanueva del Rosario
Peñón del Oso
Sierra de Camorolos
Cerro de la Cruz 1.443
Alfarnate
Alfarnatejo
Sierra Gorda
Sierra de Alhama
Algarinejo
Sierra de Ojete
Zagra
Embalse de Iznájar
Río Genil
Loja
Sierra de Loja
Cabras 1.614
Huétor Tájar
Villanueva Mesía
Salar
Moraleda de Zafayona
Javarero 1.189
Monte Santo
Montefrío
Poblado y Necrópolis Peña de los Gitanos
Sierra de Parapanda
Illora
Sierra de Moclín
Moclín
Torre Tozar
Colomera
Pinos Puente
Vega de Granada
Fuente Vaqueros
Láchar
Cijuela
Chauchina
Santa Fe
Aeropuerto F. García Lorca Granada-Jaén
Atarfe
Albolote
Maracena
Peligros
Pulianas
Deifontes
Calicasas
Güevéjar
Villa Romana
GRANADA
Churriana de la Vega
Cúllar Vega
Gabia la Grande (Las Gabias)
Armilla
La Zubia
Ogíjares
Gójar
Alhendín
Otura
Dílar
La Malahá
Chimeneas
Santa Cruz del Comercio
Cacín
Ventas de Huelma
Escúzar
Agrón
Sierra de Pera
Padul
Cozvíjar (Villamena)
Cristiano 1.389
Baños de Alhama
Tierra de Alhama
Alhama de Granada
Arenas del Rey
Jayena
Sierra de Albañuelas
Albuñuelas
Restabal (El Valle)
Zafarraya
Cueva del Boquete de Zafarraya
Poblado Medieval de las Mesas de Zalia
Sierra de Tejeda
Maroma 2.065
Alcaucín
Canillas de Aceituno
Parque Natural de las Sierras de Tejeda, Almijara y Alhama
Sierra de Almijara
Navachica 1.831
Lopera 1.487
Sierra de los Guájares
Sierra del Chaparral
Guájar de Faragüit (Los Guájares)
Otívar
Lentegí
Jete
Itrabo
Molvízar
Bodíjar
Periana
Riogordo
Colmenar
Casabermeja
Pinturas Rupestres de las Piedras de Cabrera
Montes de Málaga
Parque Natural de los Montes de Málaga
Acueducto de San Telmo
Santopitar 1.020
Comares
Cútar
El Borge
Almáchar
Benamargosa
Benamocarra
Moclinejo
Totalán
Macharaviaya
Iznate
Viñuela
Sedella
Salares
Canillas de Albaida
Archez
Cómpeta
Arenas
Sayalonga
Algarrobo
Frigiliana
Vélez-Málaga
Necrópolis Púnica
Torrox
Nerja
Cuevas de Nerja
Acantilados de Maro Cerro Gordo
Almogía
Sierra del Hacho
Santi Petri 797
Las Tres Cruces
Álora
Flores
Necrópolis Prehistórica del Hacho
Pizarra

99
106
112
113
A
B
C
D
E
F
1
2
3
4
GRANADA
Guadix
ALMERÍA
Sierra de Gor
Sierra de Baza
Parque Natural de la Sierra de Baza
SIERRA DE LOS FILABRES
Parque Natural de la Sierra de Huétor
SIERRA NEVADA
PARQUE NACIONAL DE SIERRA NEVADA
Parque Natural de Sierra Nevada
Las Alpujarras
Sierra de Contraviesa
Sierra de Gádor
Sierra de Lújar
Sierra de Carchuna
Río Genil
Río Blanco
Río Cubillas
Río Guadalfeo
Deifontes
Cogollos de la Vega
Güevéjar
Nivar
Alfacar
Víznar
Pulianas
Jun
Huétor de Santillán
Beas de Granada
Quéntar
Dúdar
Pinos Genil
Cenes de la Vega
Güéjar Sierra
Huétor Vega
Cájar
Monachil
La Zubia
Ogíjares
Gójar
Dílar
Darro
Diezma
Purullena
Benalúa
Graena
(Cortes y Graena)
Marchal
Beas de Guadix
La Peza
Polícar
Lugros
Cogollos de Guadix
Alcudia de Guadix (Valle del Zalabí)
Albuñán
Jerez del Marquesado
Alquife
La Calahorra
Lanteira
Aldeire
Ferreira
Dólar
Huéneja
Fiñana
Abrucena
Abla
Doña María Ocaña (Las Tres Villas)
Nacimiento
Gérgal
Serón
Tíjola
Bacares
Olula de Castro
Castro de Filabres
Alcóntar
Miguelejos 2.037
Cerro Pelado 3.144
Atalaya 3.138
San Juan 2.784
Trevenque 2.079
Pico Veleta 3.394
Mulhacén 3.479
Caballo 3.013
Chullo 2.609
Granada 2.027
La Polarda 2.257
Montenegro 1.710
Dos Picos 2.086
Calar Alto 2.168
Cerro de la Hinoja
Calar del Descabezado 2.006
Picón de Gor 2.148
Peña de la Cruz 2.027
Puerto de la Ragua 2.000
Cerro de Chervo 1.061
Loma de los Yegüeros 1.085
Puntal de la Higuera 2.124
Puntal del Sabinar 2.236
Dúrcal
Nigüelas
Cozvíjar (Villamena)
Lecrín
Restábal (El Valle)
Lanjarón
Izbor (El Pinar)
Órgiva
Cáñar
Soportújar
Carataunas
Pampaneira
Bubión
Capileira
Pitres (La Tahá)
Pórtugos
Busquistar
Trevélez
Juviles
Bérchules
Mecina Bombarón (Alpujarra de la Sierra)
Cádiar
Lobras
Cástaras
Almegíjar
Torvizcón
Válor
Ugíjar
Yegen
Laroles (Nevada)
Bayárcal
Paterna del Río
Láujar de Andarax
Alcolea
Fondón
Beires
Almócita
Padules
Canjáyar
Ohanes
Rágol
Instinción
Íllar
Alboloduy
Santa Cruz de Marchena
Alsodux
Bentarique
Terque
Alhabia
Huécija
Alicún
Alhama de Almería
Santa Fe de Mondújar
Gádor
Rioja
Benahadux
Enix
Felix
Vícar
Aguadulce
Roquetas de Mar
La Mojonera
El Ejido
Santa María del Águila
Dalías
Berja
Turón
Murtas
Albondón
Albuñol
Sorvilán
Rubite
Polopos
La Mamola (Polopos)
Lújar
Vélez de Benaudalla
Guájar de Faragüit (Los Guájares)
Molvízar
Nuestra Señora de Gádor
Asentamiento del Cerrón
Despoblado de Los Millares
Yacimiento del Peñón de la Reina
Paraje Natural del Desierto de Tabernas
Cuevas de Bacares
Observatorio Astronómico
Loma de los Cortijillos
Cueva Humosa
Cueva Horá
Cuevecilla del Negro
Cueva Don Matías
Cuesta de Negro
Mirador de Víznar
Las Majolicas
Embalse de Quéntar
Embalse de Canales
Embalse de Rules
Embalse de Beninar
Playa de El Palmer
Playa de Aguadulce
Playa de Las Salinas
Sierra Nevada
A-92
A-44
A-7
E-15
A-348
A-337
A-345
A-4130

100
113
A
B
C
D
E
F
1
2
3
4
MAR MEDITERRÁNEO
Golfo de Almería
Sierra de los Filabres
Valle del Almanzora
Sierra de Almagro
Sª. de los Pinos
Sierra de la Atalaya
Campo de Tabernas
Sierra Alhamilla
Sierra Cabrera
Campo de Níjar
Sierra del Cabo de Gata
Parque Natural del Cabo de Gata-Níjar
ALMERÍA
Huércal de Almería
Viator
Pechina
Benahadux
Rioja
Tabernas
Níjar
Sorbas
Lucainena de las Torres
Turrillas
Carboneras
Mojácar
Turre
Los Gallardos
Garrucha
Vera
Antas
Cuevas del Almanzora
Bédar
Lubrín
Uleila del Campo
Benizalón
Benitagla
Alcudia de Monteagud
Tahal
Chercos
Cóbdar
Líjar
Albánchez
Senés
Velefique
Castro de Filabres
Olula del Río
Macael
Fines
Cantoria
Arboleas
Zurgena
Purchena
Tíjola
Bayarque
Sufli
Sierra
Laroya
Bacares
Armuña de Almanzora
Tetica de Bacares 2.083
Cerro de Chervo 1.061
Colativí 1.387
Cerro de la Mezquita 960
Cabezo de María
Cerro del Nacimiento
Cerro del Mojón
El Cerrillo
Lugarico Viejo
El Argar y la Gerundia
Fuente Álamo
Despoblado de Almizaraque
El Rozaipón
Las Marinas
Cerro de Cuartillas
Las Pilas
Mojácar La Vieja
Paraje Natural del Desierto de Tabernas
Central de Energía Solar
Circuito de Almería
Paraje Natural Karst en Yesos de Sorbas
Paraje Natural Sierra Alhamilla
Mini Hollywood
Aljibe Bermejo
Necrópolis del Barranquete
Aeropuerto de Almería
Torre García
Castillo San Román
Castillo de San Felipe
Embalse de Isabel II
Embalse de Almanzora
San José
Cabo de Gata
Agua Amarga
Las Negras
Rodalquilar
La Isleta
San Pedro
Fernán Pérez
Campohermoso
San Isidro de Níjar
Los Escullos
Playa Quitapellejos
Playa El Playazo
Playa de Puerto Rey
Playa de Marina de la Torre
Playa Sombrerico
Playa de las Granatillas
Playa de El Algarrobico
La Galera
Playa de El Lancón
Playa de Los Barquicos-Conones
Playa de Las Martinicas
Playa de Los Muertos
Punta de los Muertos
Punta de la Media Naranja
Playa de Agua Amarga
Cala de Enmedio
Cala del Plomo
Punta Jarana
Cala San Pedro
Cala del Cuervo
Cala de la Polacra
Cala del Carnaje
Peñón Blanco-La Isleta
Playa de El Arco
Playa de El Embarcadero-El Esparto
Punta de la Loma Pelada
Cala Panizo
Cala Machuela
Cala Mal Paso
Cala Embarcadero Viejo
Cala Dolores
Villaricos
Pozo del Esparto
San Juan de los Terreros
Isla de los Terreros
Punta del Canal
Torre del Pirulico
Agua Enmedio
Punta del Santo
Playa de El Bobar
Playa de Torre García
Playa de Las Amoladeras
Punta del Río
A-7
E-15
N-340a
N-341
N-344
A-334
A-332
A-370
A-349
AP-7

104

A
B
C
D
E
F
1
2
3
4
OCÉANO
ATLÁNTICO
Jerez de la Frontera
Campiña de Jerez
Circuito de Jerez
Rota
El Puerto de Santa María
Bahía de Cádiz
CÁDIZ
Parque Natural Bahía de Cádiz
Puerto Real
San Fernando
Chiclana de la Frontera
Medina-Sidonia
Paterna de Rivera
Conil de la Frontera
Vejer de la Frontera
Barbate
La Oliva
Parque Natural de la Breña y Marismas de Barbate
Cabo de Trafalgar
Ensenada de Barbate
Ensenada de Zahara
Zahara de los Atunes
Sierra de Retín
Río Guadalete
Monasterio de la Regla
Corrales de Rota
Punta Candor
Playa La Costilla
Complejo Endorreico del Puerto de Santa María
Laguna de Medina
Lagunas de Las Canteras y El Tejón
Castillo El Tesorillo
Padres Cartujos
Complejo Endorreico de Puerto Real
Castillo de Berraquejo
Complejo Endorreico de Chiclana
Castillo San Luis
Isla del Trocadero
Punta Candelaria
Playa La Victoria-Cortadura
Playa El Chato-Torregorda
Playa de Camposoto
Playa de Urrutia
Marismas de Sancti Petri
Castillo de Sancti Petri
Isla de Sancti Petri
Balneario de Fuente Amarga
Playa de la Barrosa
Playa del Puerco
Cabo Roche
Torre de la Atalaya
Playa de los Bateles
Playa de Castilnovo
Torre Nueva
Playa de El Palmar-Zahora
Torre de Mesa
Torre del Tajo
Playa de los Caños de Meca

114

A
B
C
D
E
F
1
2
3
4
Ronda
Marbella
Estepona
Algeciras
San Roque
La Línea de la Concepción
Gibraltar (RU)
Los Barrios
Castellar de la Frontera
Jimena de la Frontera
Alcalá de los Gazules
Benalup-Casas Viejas
Ubrique
Benaocaz
Villaluenga del Rosario
Cortes de la Frontera
Gaucín
Casares
Manilva
Benahavís
Istán
Ojén
Monda
Coín
Guaro
Tolox
Alozaina
Yunquera
Montejaque
Benaoján
Jimera de Líbar
Atajate
Benadalid
Benalauría
Algatocín
Genalguacil
Jubrique
Benarrabá
Faraján
Júzcar
Cartajima
Parauta
Igualeja
Pujerra
Alpandeire
Algar
San José del Valle
San Pedro de Alcántara
Nueva Andalucía
Puerto Banús
Sotogrande
Guadiaro
Torreguadiaro
San Enrique
MAR MEDITERRÁNEO
Ensenada de Marbella
Parque Natural Sierra de Grazalema
Parque Natural de la Sierra de las Nieves
Parque Natural de los Alcornocales
Parque Natural Sierra del Niño
Paraje Natural Los Reales de Sierra Bermeja
Paraje Natural Sierra Crestellina
Serranía de Ronda
Sierra Bermeja
Sierra Blanca
Sierra de Alpujata
Sierra de Tolox
Sierra Real
Sierra Palmitera
Sierra de Líbar
Sierra del Caíllo
Sierra del Aljibe
Sierra de las Cabras
Sierra del Valle
Sierra de la Sal
Sierra de Montecoche
Sierra Blanquilla
Sierra de Retín
Sierra de la Plata
Sierra Crestellina
Campo de Gibraltar
Embalse de Guadalcacín
Embalse de Barbate
Embalse de Charco Redondo-Palmones
Embalse de Guadarranque
Embalse de Celemín
Embalse de Almodóvar
Cerro de la Novia 725
Aljibe 1.091
Reales 1.452
Torrecilla 1.917
Castillo Tavizna
Castillo de Fátima
Castillo El Águila
Castillo de la Duquesa
Ciudad Romana de Lacipo
Necrópolis Megalítica de la Planilla
Necrópolis Megalítica
Ermita de la Salud
Cueva de la Pileta
Cuevas del Tajo de las Figuras
Poblado Prehistórico Llano de la Virgen
Basílica Paleocristiana
Ruinas Romanas de Carteia
Alfar de El Rinconcillo
Parque Arq. de las Murallas Merinies
Fuerte de Santa Bárbara
Estuario del Guadiaro
Punta de la Doncella
Punta de la Chullera
Playa de Sotogrande
Playa de Levante
Punta Mala

105
111
114

111
106
110
A
B
C
D
E
F
1
2
3
4
Colmenar
Riogordo
Poblado Medieval de las Mesas de Zalia
Alcaucín
Maroma 2.065
Sierra de Tejeda
Restabal (El Valle)
Sierra de los Guájares
Casabermeja
Pinturas Rupestres de las Piedras de Cabrera
Canillas de Aceituno
Sedella
Parque Natural de las Sierras de Tejeda, Almijara y Alhama
Lopera 1.487
Montes de Málaga
Poblado de Marmuyas
Comares
Viñuela
Salares
Canillas de Albaida
Sierra de Almijara
Guájar de Faragüit (Los Guájares)
Flores
Álora
Santi Petri 797
Almogía
Acueducto de San Telmo
Parque Natural de los Montes de Málaga
Benamargosa
Cómpeta
Navachica 1.831
Sierra del Chaparral
Lentegí
Las Tres Cruces
El Borge
Almáchar
Arenas
Otívar
Bodíjar
Sierra del Hacho
Necrópolis Prehistórica del Hacho
Santopitar 1.020
Benamocarra
Sayalonga
Frigiliana
Itrabo
Jete
Molvízar
Vélez-Málaga
Pizarra
Moclinejo
Iznate
Macharaviaya
Necrópolis Púnica
Algarrobo
Torrox
Cuevas de Nerja
Hoya
Estación
Totalán
Acantilados de Maro-Cerro Gordo
Campanillas
Torre del Mar
Nerja
Torrox-Costa
Cártama
Málaga
MÁLAGA
Rincón de la Victoria
Almuñécar
Salobreña
Ensenada de Málaga
Ensenada de Velilla
Desembocadura del Guadalhorce
Alhaurín de la Torre
Churriana
Parador Málaga Golf
Alhaurín el Grande
Sierra de Mijas
Torremolinos
Benalmádena
Mijas
Termas Romanas de Torre Blanca del Sol
Fuengirola
Las Lagunas
El Chaparral
Sitio de Calahonda
MAR MEDITERRÁNEO

107
113
A
B
C
D
E
F
1
2
3
4
MAR MEDITERRÁNEO
Golfo de Almería
Sierra de los Guájares
Las Alpujarras
Sierra de Contraviesa
Sierra de Lújar
Sierra de Carchuna
Sierra de Gádor
Campo de Dalías
Restabal (El Valle)
Lanjarón
Cáñar
Soportújar
Carataunas
Lobras
Órgiva
Almegíjar
Torvizcón
Murtas
Turón
Izbor (El Pinar)
Guájar de Faragüit (Los Guájares)
Vélez de Benaudalla
Molvízar
Rubite
Sorvilán
La Mamola (Polopos)
Albondón
Albuñol
Lújar
Motril
Salobreña
Castell de Ferro (Gualchos)
Calahonda
Carchuna
Torrenueva
La Rábita
Adra
Berja
Dalías
Nuestra Señora de Gádor
Asentamiento del Cerrón
Res. Natural Albufera de Adra
El Ejido
Santa María del Águila
La Mojonera
Roquetas de Mar
Aguadulce
Vícar
Felix
Enix
ALMERÍA
Castillo Guardias Viejas
Paraje Natural Punta de Entinas-Sabinar
Punta Sabinar
Puntal de la Higuera 2.124
Puntal del Sabiñar 2.236
Loma de los Yegüeros 1.085
Puerto Camacho 1.219
Punta del Melonar
Ensenada del Zacatín
Cabo Sacratif
Cabo Tres Forcas
Cabo Viejo
MAR MEDITERRÁNEO
Parador de Melilla
Melilla
Farkhana
Aeropuerto de Melilla
Bni Ansar
MARRUECOS
Monte Gurugú 889
Sebkha bou Areg (Mar Chica)
Nador

107
108
112
A
B
C
D
E
F
1
2
3
4
Puntal de la Higuera 2.124
Puntal del Sabinar 2.236
Sierra de Gádor
Loma de los Yegüeros 1.085
Enix
Felix
Vícar
El Marchal de Antón López
Huércal de Almería
Benahadux
Pechina
Viator
ALMERÍA
Aeropuerto de Almería
La Cañada de San Urbano
Costacabana
El Alquián
Aguadulce
Roquetas de Mar
El Ejido
Santa María del Águila
La Mojonera
Campo de Dalías
Pampanico
Matagorda
Almerimar
Paraje Natural Punta de Entinas-Sabinar
Ensenada de San Miguel
Punta Sabinar
Playa de Punta de las Entinas
Playa de Entinas
Playa de El Príncipe-El Sabinar
Playa de Cerrillos
Playa de Serena
Playa de Urbanización Roquetas de Mar
Playa de La Bajadilla
Playa de Romanillas
Playa de Las Salinas
Playa de El Rompillo-Los Bajos
Playa de Aguadulce
Playa de El Palmer
Punta del Río
Playa de El Bobar-La Cañada
Playa de Pedrigal-El Alquián
Playa de El Retamar
Playa de Torre García
Playa de Las Amoladeras
Playa de San Miguel de Cabo de Gata
Golfo de Almería
Torre García
Necrópolis del Barranquete
Campo de Níjar
Parque Natural del Cabo de Gata-Níjar
Sierra del Cabo de Gata
Cabo de Gata
Castillo San Román
Castillo de San Felipe
San José
Los Escullos
La Isleta
Rodalquilar
Las Negras
San Pedro
Cala de Enmedio
Cala del Plomo
Punta Jarana
Cala San Pedro
Cala del Cuervo
Punta de la Polacra
Cala de la Polacra
Cala del Carnaje
Peñón Blanco-La Isleta
Playa de El Arco
Playa de El Embarcadero-El Esparto
Punta de la Loma Pelada
Cala Higuera
Morrón de los Genoveses
Cala de los Amarillos
Playa de Almadraba de Monteleva
Playa de La Fabriquilla-El Corralete
Cabo de Gata
MAR MEDITERRÁNEO

109
110
A
B
C
D
E
F
1
2
3
4
Conil de la Frontera
Vejer de la Frontera
La Oliva
Barbate
Torre de Mesa
Parque Natural de la Breña y Marismas de Barbate
Torre del Tajo
Torre Nueva
Cabo de Trafalgar
Playa de Castilnovo
Playa de El Palmar-Zahora
Ensenada de Barbate
Sierra de Retín
Sierra Blanquilla
Parque Natural
Sierra del Niño
de los Alcornocales
Sierra de la Plata
Parque Natural del Estrecho
Sierra de Fates
Sierra de Ojén
Sierra de Montecoche
Campo de Gibraltar
Castellar de la Frontera
San Roque
Los Barrios
Ruinas Romanas de Carteya
La Línea de la Concepción
Fuerte de Santa Bárbara
Gibraltar (RU)
Algeciras
Bahía de Algeciras
Europa Point
Catalan Bay
Sandy Bay
Estuario del Guadiaro
Playa de Sotogrande
Playa de Levante
Zahara de los Atunes
Ensenada de Zahara
Torre de la Plata
Torre de Gracia
Ruinas de Baelo Claudia
Ensenada de Bolonia
Santuario de la Luz
Reserva de la Biosfera Intercontinental del Mediterráneo
Luna 786
Tarifa
Isla de Tarifa o de las Palomas
Punta de Tarifa
Playa de los Lances
Torre La Peña
Punta Paloma
Parque Natural del Estrecho
Punta del Carnero
Getares
Punta Acebuche
Playa Chica
Ensenada del Tolmo
MAR MEDITERRÁNEO
OCÉANO ATLÁNTICO
Estrecho de Gibraltar
Isla del Perejil
Ras Leona
Ras Ciress
Punta Sainar
Benzú
Bahía de Ceuta
Ceuta
Punta Almina
Príncipe Alfonso
Fnidq
Punta del Canto
Ras Ksar
Ksar Sghir
Hejar Lasfar
Pte. Malabata
Bahía de Tánger
Ras Tallata
Ras Rouçaboun
Cap Spartel
TANGER
Al Bahraoyine
Charf-Mghogha
Taghramt
Ksar El Majaz
Ensenada de Ceuta
Punta Restinga
Allyene
Malloussa
MARRUECOS
Boukhalef
Laaouama
M'Diq
Ras El Aswad (Cabo Negro)

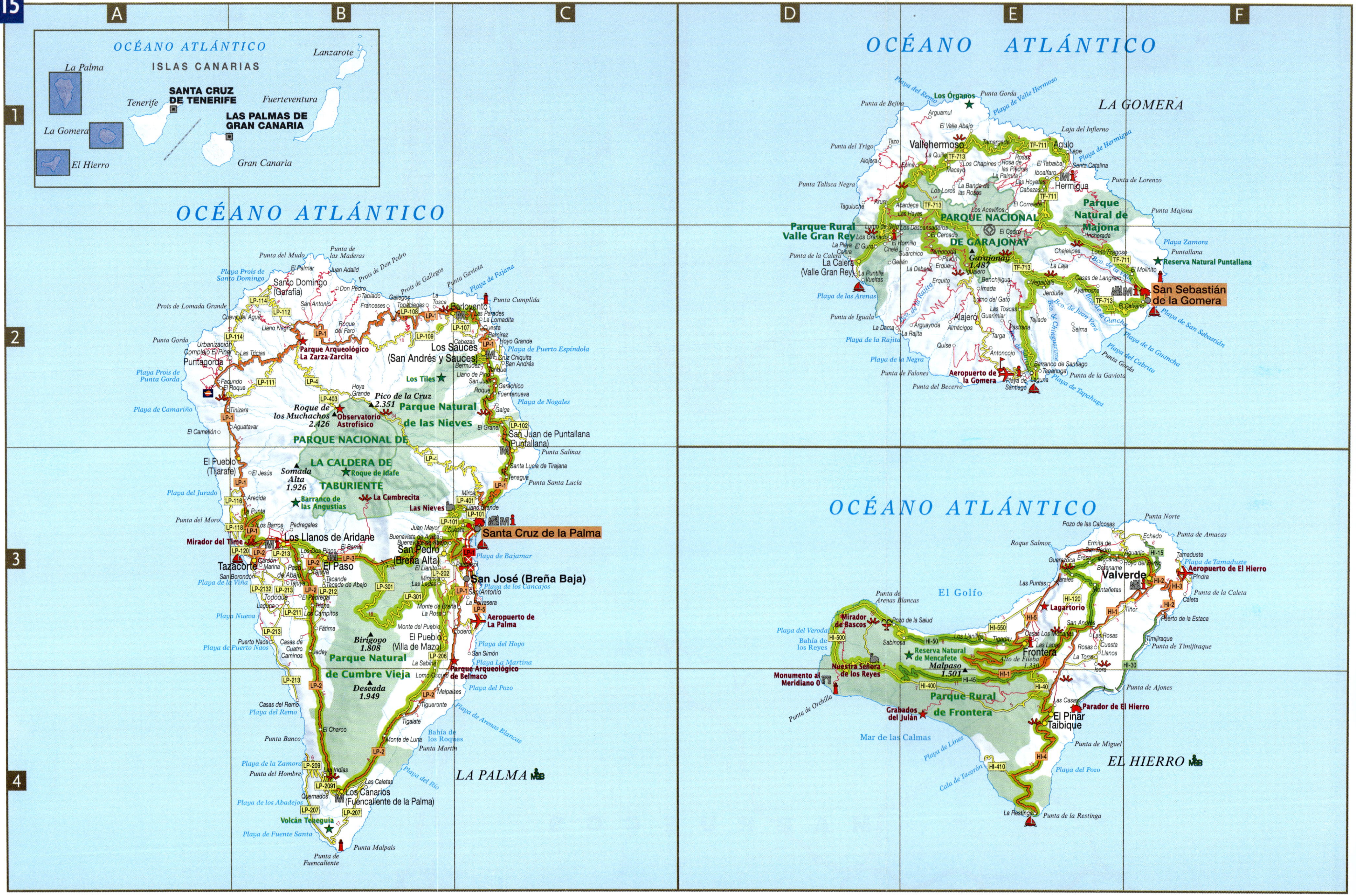
A
B
C
D
E
F
1
2
3
4
OCÉANO ATLÁNTICO
ISLAS CANARIAS
La Palma
Lanzarote
SANTA CRUZ DE TENERIFE
Tenerife
Fuerteventura
LAS PALMAS DE GRAN CANARIA
La Gomera
El Hierro
Gran Canaria
OCÉANO ATLÁNTICO
Santo Domingo (Garafía)
Barlovento
Los Sauces (San Andrés y Sauces)
Puntagorda
Parque Arqueológico La Zarza-Zarcita
Los Tiles
Pico de la Cruz 2.351
Roque de los Muchachos 2.426
Observatorio Astrofísico
Parque Natural de las Nieves
PARQUE NACIONAL DE LA CALDERA DE TABURIENTE
Roque de Idafe
Somada Alta 1.926
Barranco de las Angustias
La Cumbrecita
El Pueblo (Tijarafe)
San Juan de Puntallana (Puntallana)
Las Nieves
Mirador del Time
Los Llanos de Aridane
Santa Cruz de la Palma
Tazacorte
El Paso
San Pedro (Breña Alta)
San José (Breña Baja)
Aeropuerto de La Palma
Birigoyo 1.808
El Pueblo (Villa de Mazo)
Parque Natural de Cumbre Vieja
Parque Arqueológico de Belmaco
Deseada 1.949
Los Canarios (Fuencaliente de la Palma)
Volcán Teneguía
Punta de Fuencaliente
LA PALMA
OCÉANO ATLÁNTICO
LA GOMERA
Los Órganos
Vallehermoso
Agulo
Hermigua
Parque Natural de Majona
PARQUE NACIONAL DE GARAJONAY
Garajonay 1.487
Parque Rural Valle Gran Rey
La Calera (Valle Gran Rey)
Reserva Natural Puntallana
San Sebastián de la Gomera
Alajeró
Aeropuerto de la Gomera
OCÉANO ATLÁNTICO
El Golfo
Valverde
Aeropuerto de El Hierro
Mirador de Bascos
Frontera
Reserva Natural de Mencafete
Malpaso 1.501
Nuestra Señora de los Reyes
Monumento al Meridiano 0
Parque Rural de Frontera
Grabados del Julán
El Pinar Taibique
Parador de El Hierro
Mar de las Calmas
EL HIERRO
La Restinga

A
B
C
D
E
F
1
2
3
4
OCÉANO ATLÁNTICO
ISLAS CANARIAS
La Palma
Lanzarote
Tenerife
SANTA CRUZ DE TENERIFE
Fuerteventura
La Gomera
LAS PALMAS DE GRAN CANARIA
El Hierro
Gran Canaria
TENERIFE
OCÉANO ATLÁNTICO
San Cristóbal de la Laguna
SANTA CRUZ DE TENERIFE
La Matanza de Acentejo
El Sauzal
Tacoronte
Tejina
Tegueste
Valle de Guerra
Parque Rural de Anaga
Reserva Natural Ijuana
Roque Bermejo
Punta del Hidalgo
Bajamar
Taganana
Almáciga
Punta de Anaga
San Andrés
Cuesta
La Esperanza (El Rosario)
Barranco Grande
Radazul
Candelaria
Arafo
Güimar
Fasnia
Arico
Puerto de Güimar
Reserva Natural Montaña Roja
La Victoria de Acentejo
Santa Úrsula
Puerto de la Cruz
La Orotava
Reserva Natural Pinoleris
Valle de la Orotava
San Juan de la Rambla
Realejo Alto (Los Realejos)
La Guancha
San José
Icod de los Vinos
Garachico
El Tanque
Los Silos
Buenavista del Norte
Parque Rural de Teno
Punta de Teno
Acantilado de los Gigantes
Santiago del Teide
Reserva Natural Chinyero
Puerto Santiago
Guía de Isora
Parque Natural Marino de las Ballenas
Playa de San Juan
Adeje
Reserva Natural del Barranco del Infierno
Arona
Playa de las Américas
Los Cristianos
Tenerife Zoo Cactus-park
Reserva Natural Montaña de Guaza
Reserva Natural Montaña Roja
Aeropuerto Tenerife Sur
Aeropuerto Tenerife Norte
San Miguel (San Miguel de Abona)
Granadilla de Abona
San Isidro
Vilaflor
Teide 3.718
PARQUE NACIONAL DEL TEIDE
Teleférico
Cueva del Hielo
Las Cañadas
Montaña Pasajirón 2.529
Colmenas 2.305
Montaña del Limón 2.105
Puerto de Izaña 2.300
Observatorio del Teide
Portillo de la Villa 2.030
Puerto de las Cañadas 2.300
Los Roques
Parador de las Cañadas del Teide
Parque Natural de la Corona Forestal
Punta de la Rasca
Punta Salema
El Médano
Punta Roja
Punta del Camello
Loro Parque
Mirador de Humboldt

OCÉANO ATLÁNTICO
ISLAS CANARIAS
La Palma
Lanzarote
Tenerife
SANTA CRUZ DE TENERIFE
Fuerteventura
La Gomera
LAS PALMAS DE GRAN CANARIA
El Hierro
Gran Canaria
OCÉANO ATLÁNTICO
GRAN CANARIA
LAS PALMAS DE GRAN CANARIA
Santa María de Guía de Gran Canaria
Gáldar
Agaete
Arucas
Santo Domingo de Moya (Moya)
Firgas
Teror
Valleseco
Parque Rural de Doramas
Parque Natural de Tamadaba
La Aldea de San Nicolás
Artenara
Tejeda
Vega de San Mateo
Santa Brígida
Telde
Valsequillo (Valsequillo de Gran Canaria)
Parque Rural de Nublo
Reserva Natural de Inagua
Reserva Natural de Güigüí
Roque Nublo 1.813
Pico de las Nieves 1.949
San Bartolomé de Tirajana
Santa Lucía de Tirajana
Ingenio
Agüimes
Mogán
Parque Natural de Pilancones
Yacimiento de Tauro Alto
Aeropuerto de Gran Canaria
El Cruce
Vecindario
El Doctoral
Sardina
Arinaga
Maspalomas
Playa del Inglés
Dunas de Maspalomas
Punta de Maspalomas
Puerto Rico
Arguineguín
Circuito de velocidad
Siux City
Aqua Sur
Paisaje Protegido de La Isleta
Morro de la Vieja
Punta de Sardina
Puerto de las Nieves
Playa de las Canteras
Tamaraceite
Marzagán
Jinámar
Playa de Melenara
Bahía de Gando
Punta de Gando
Playa de Tufia
Punta de Tenefé
Pozo Izquierdo
Castillo del Romeral
Juan Grande
Playa de Mogán
Playa de Veneguera
Playa del Asno
Punta de la Aldea
Roque Colorado
Punta del Peñón Bermejo
Los Espinos
Tasartico
Presa de Chamoriscán
Presa de las Niñas
Emb. de Cueva de las Niñas
Emb. de la Soria
Lomo Quiebre
Playa de Güi-Güi
Tasarte
Veneguera
Punta de Guanarteme
Puerto de la Caleta
Punta Caletón
Playa de Ojos de Garza
Playa de Arinaga
Playa de San Agustín
Playa de las Meloneras
Morro de Pasito Blanco

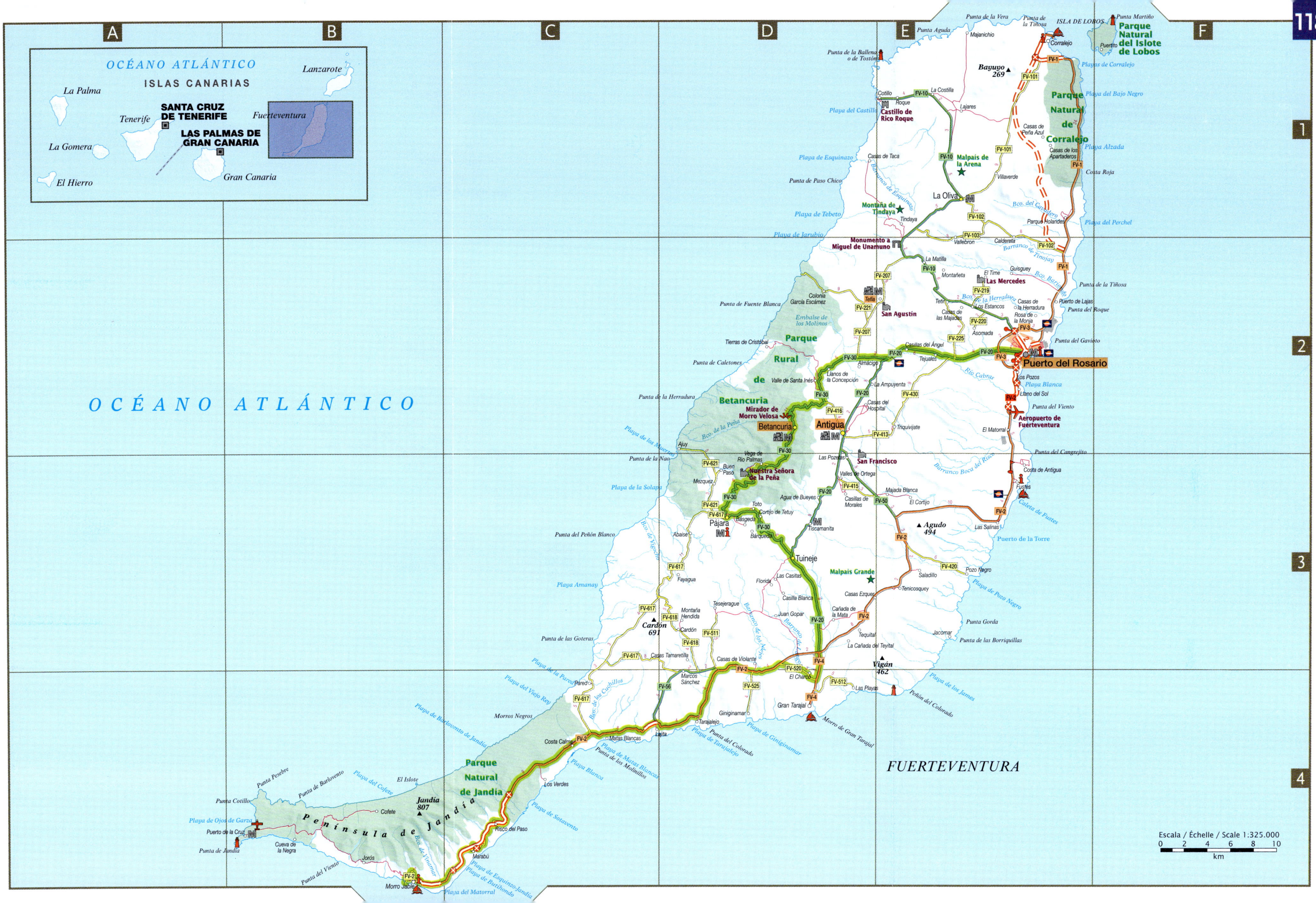
A
B
C
D
E
F
1
2
3
4
OCÉANO ATLÁNTICO
ISLAS CANARIAS
Lanzarote
La Palma
Tenerife
SANTA CRUZ DE TENERIFE
Fuerteventura
LAS PALMAS DE GRAN CANARIA
La Gomera
El Hierro
Gran Canaria
OCÉANO ATLÁNTICO
FUERTEVENTURA
ISLA DE LOBOS
Punta Martiño
Parque Natural del Islote de Lobos
Puerto
Corralejo
Punta de la Vera
Punta de la Tiñosa
Punta Aguda
Majanicho
Punta de la Ballena o de Tostón
Bayuyo 269
Playas de Corralejo
Parque Natural de Corralejo
Playa del Bajo Negro
Cotillo
La Costilla
Roque
Castillo de Rico Roque
Playa del Castillo
Lajares
Casas de Peña Azul
Playa Alzada
Casas de los Apartaderos
Costa Roja
Playa de Esquinazo
Casas de Taca
Malpaís de la Arena
Villaverde
Punta de Paso Chico
La Oliva
Montaña de Tindaya
Tindaya
Playa de Tebeto
Playa de Jarubio
Parque Holandés
Playa del Perchel
Monumento a Miguel de Unamuno
Vallebrón
Caldereta
La Matilla
Montañeta
El Time
Guisguey
Las Mercedes
Punta de la Tiñosa
Colonia García Escámez
Tefía
Tetir
Los Estancos
Casas de la Herradura
Puerto de Lajas
Punta del Roque
Punta de Fuente Blanca
Embalse de los Molinos
San Agustín
Casas de las Majadas
Rosa de la Monja
Asomada
Parque Rural de Betancuria
Tierras de Cristóbal
Casillas del Ángel
Punta del Gavioto
Punta de Caletones
Tejuelos
Puerto del Rosario
Almácigo
Valle de Santa Inés
Llanos de la Concepción
La Ampuyenta
Los Pozos
Playa Blanca
Llano del Sol
Punta de la Herradura
Casas del Hospital
Punta del Viento
Mirador de Morro Velosa
Betancuria
Antigua
Triquivijate
Aeropuerto de Fuerteventura
El Matorral
Playa de los Muertos
Ajuy
Punta del Cangrejito
Punta de la Nao
Vega de Río Palmas
Buen Paso
Las Pozetas
San Francisco
Costa de Antigua
Nuestra Señora de la Peña
Mezquez
Playa de la Solapa
Valles de Ortega
Majada Blanca
Fustes
Agua de Bueyes
Casillas de Morales
El Cortijo
Caleta de Fuentes
Toto
Cortijo de Tetuy
Agudo 494
Las Salinas
Pájara
Tiscamanita
Puerto de la Torre
Punta del Peñón Blanco
Abaise
Tuineje
Malpaís Grande
Pozo Negro
Playa Amanay
Fayagua
Florida
Las Casitas
Saladillo
Tenicosquey
Playa de Pozo Negro
Casas Ezquez
Tesejerague
Casilla Blanca
Montaña Hendida
Cardón 691
Juan Gopar
Cañada de la Mata
Punta Gorda
Cardón
Jacomar
Punta de las Goteras
Tequital
Punta de las Borriquillas
La Cañada del Teyital
Casas Tamaretilla
Casas de Violante
Vigán 462
Marcos Sánchez
El Charco
Pared
Las Playas
Playa de los Jarros
Peñón del Colorado
Morros Negros
Giniginamar
Gran Tarajal
Tarajalejo
Morro de Gran Tarajal
Playa del Viejo Rey
Playa de Barlovento de Jandía
Costa Calma
Matas Blancas
La Lajita
Playa de Giniginamar
Playa de Tarajalejo
Punta del Colorado
Playa de Matas Blancas
Punta de los Molinillos
Playa Blanca
Los Verdes
Parque Natural de Jandía
El Islote
Punta Pesebre
Punta de Barlovento
Playa del Cofete
Jandía 807
Cofete
Punta Cotillo
Playa de Ojos de Garza
Península de Jandía
Puerto de la Cruz
Punta de Jandía
Cueva de la Negra
Risco del Paso
Playa de Sotavento
Jorós
Marabú
Punta del Viento
Morro Jable
Playa de Esquinzo-Jandía
Playa de Butihondo
Playa del Matorral
FV-1
FV-2
FV-3
FV-4
FV-10
FV-20
FV-30
FV-50
FV-56
FV-101
FV-102
FV-103
FV-207
FV-219
FV-220
FV-221
FV-225
FV-413
FV-415
FV-416
FV-420
FV-430
FV-511
FV-512
FV-520
FV-525
FV-605
FV-617
FV-618
FV-621
Escala / Échelle / Scale 1:325.000
0
2
4
6
8
10
km

A
B
C
D
E
F
1
2
3
4
OCÉANO ATLÁNTICO
ISLAS CANARIAS
La Palma
Lanzarote
Tenerife
SANTA CRUZ DE TENERIFE
Fuerteventura
LAS PALMAS DE GRAN CANARIA
La Gomera
El Hierro
Gran Canaria
OCÉANO ATLÁNTICO
LANZAROTE
ISLA ALEGRANZA
La Caldera 289
Alegranza
Parque Natural del Archipiélago Chinijo
Roque del Infierno
ISLA DE MONTAÑA CLARA
Punta Gorda
Playa de las Conchas
Punta de la Sonda
ISLA GRACIOSA
Las Agujas 266
Pedro Barba
Punta del Bajío
Roque del Este
Farión de Afuera
Punta Fariones
Caleta del Sebo
El Río
Órzola
Punta del Pobre
Playa del Risco
Mirador del Río
Playa del Caletón Blanco
Punta del Palo
Ye
Los Lomillos
Guinate
Malpaís de la Corona
Punta de Escamas
Cueva de los Verdes
Jameos del Agua
Punta de las Mujeres
Máguez
Haría
Acantilados de Famara
Punta Guerra
Playa de Famara
Punta Mujeres
Arrieta
Tabayesco
Playa de la Garita
Punta Pasito
Mala
Charco del Palo
Punta Abrigada
Los Cocoteros
Quatiza
Famara
Peñas del Chache 670
Los Valles
Las Laderas
Teguise
Castillo de Guanapay
El Mojón
Teseguite
Nazaret
Oasis de Nazaret
Las Cabreras
Ensenada del Banco
Punta de Tierra Negra
Tahíche
Agua Park
Costa Teguise
El Mago
Playa de las Cucharas
Ensenada de las Caletas
Arrecife
Fundación César Manrique
San Bartolomé
Playa Honda
Aeropuerto de Lanzarote
Playa Guasimeta
Playa de los Pocillos
Puerto del Carmen
Tías
Mácher
Conil
Güime
Casas de Guasimeta
Montaña Blanca
Tegoyo
Vega de Tegoyo
Mozaga
Monumento al Campesino
Museo del Vino
El Islote
La Geria
Masdache
Tao
Tiagua
Muñique
Soo
El Cuchillo
Caleta de Caballo
Caleta de Famara
La Santa
La Isleta
Playa Melia
Punta de los Cuchillos
La Caleta
Playa de las Malvas
Playa de la Madera
Punta Gaviota
Caserío de Tenezar
Tinajo
Vegas
La Laguneta
Tajaste
La Vegueta
Guiguan
Tinguatón
Mancha Blanca
Los Dolores
Museo del Visitante
Casas del Islote
Punta de la Ensenada
PARQUE NACIONAL DE TIMANFAYA
Montañas del Fuego
Islote de Hilario
Parque Natural de los Volcanes
Playa del Paso
El Golfo
Playa de Montaña Bermeja
Los Hervideros
Punta del Volcán
Salinas de Janubio
Playa de Janubio
Yaiza
Uga
Montaña Guadilama 603
Asomada
Mesón
Llanitos
Mojones
Degollada
Las Casitas de Femés
Las Breñas
Femés
Maisón
Playa Quemada
Puerto Calero
Barranco del Quiquere
La Puntilla
Playa Quemada
Punta Gorda
Rincón del Palo
Punta Ginés
Caleta Negra
Montaña Baja
Playa Blanca
Castillo de las Coloradas
Punta Pechiguera
Playa de Montaña Roja
Punta Limones
Playa de Berrugo
Playa de las Coloradas
Punta del Papagayo
Playa del Papagayo
LZ-1
LZ-2
LZ-3
LZ-10
LZ-20
LZ-30
LZ-67
LZ-201
LZ-202
LZ-203
LZ-204
LZ-205
LZ-206
LZ-207
LZ-401
LZ-402
LZ-403
LZ-404
LZ-405
LZ-406
LZ-407
LZ-408
LZ-409
LZ-501
LZ-502
LZ-503
LZ-504
LZ-505
LZ-701
LZ-702
LZ-703
LZ-704
LZ-706

Planos de las ciudades

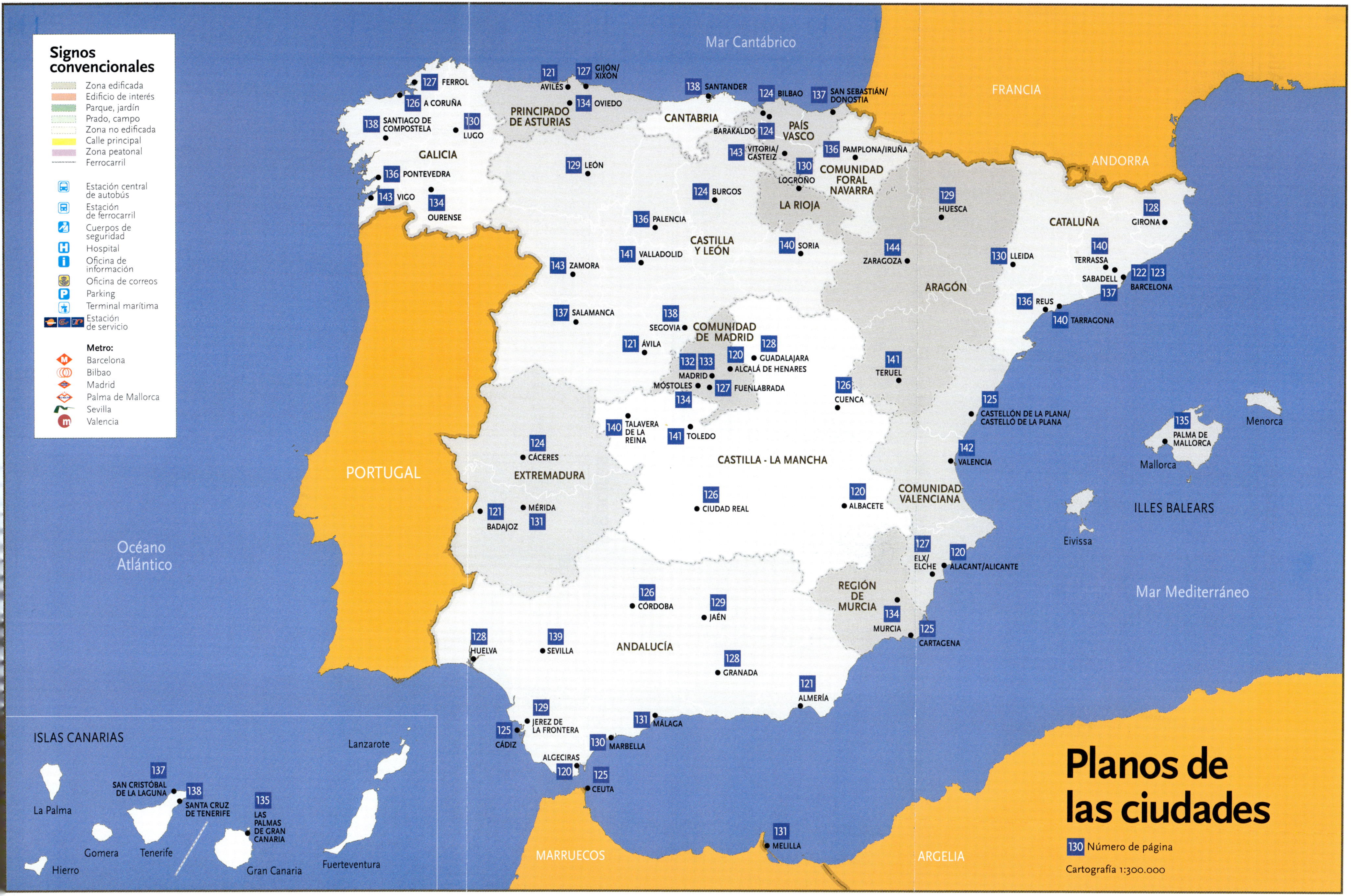

Alacant/Alicante

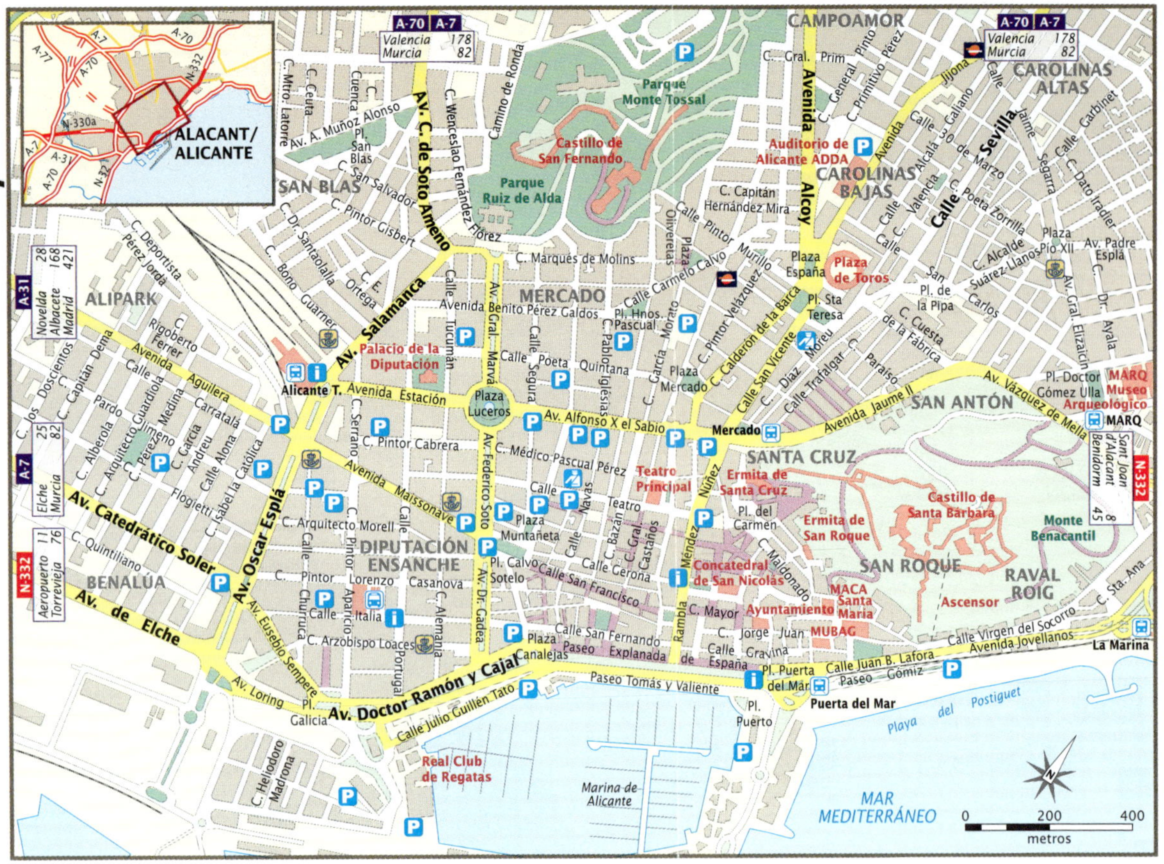

Albacete

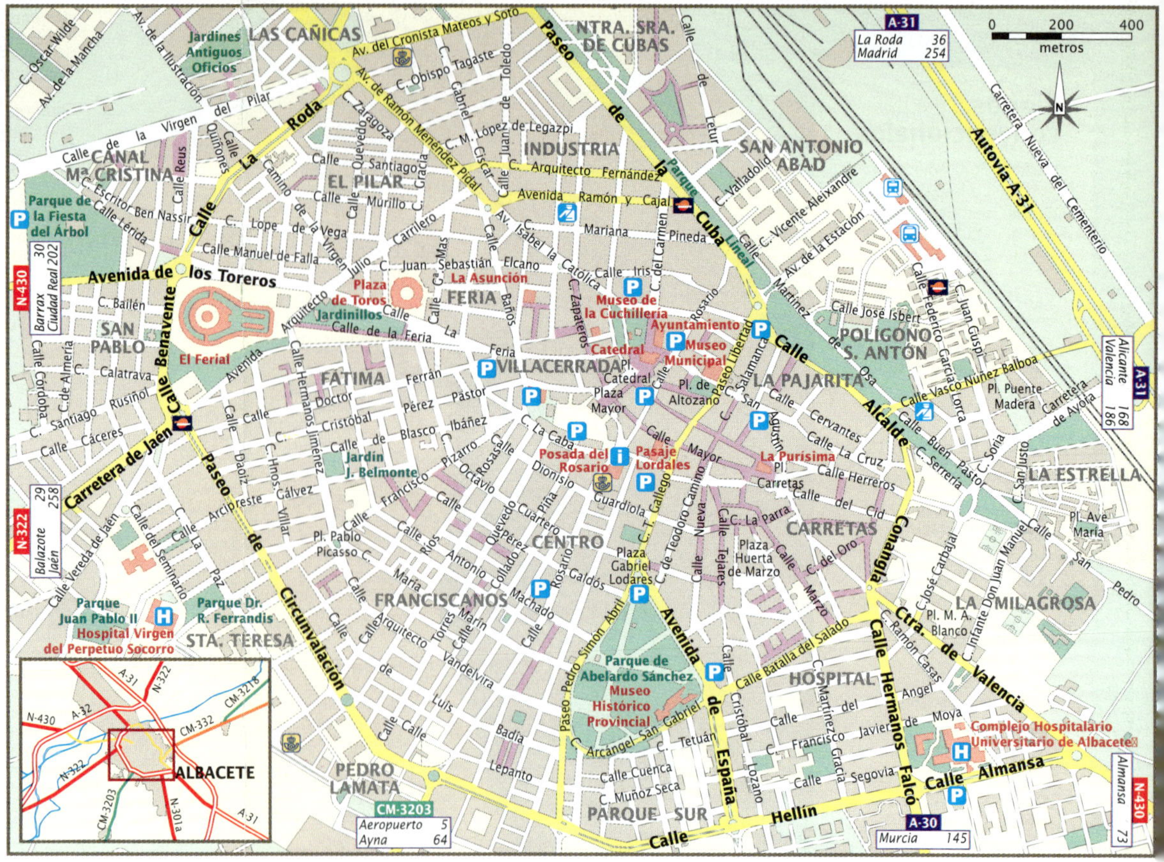

Alcalá de Henares

Algeciras

Almería

Ávila

Avilés

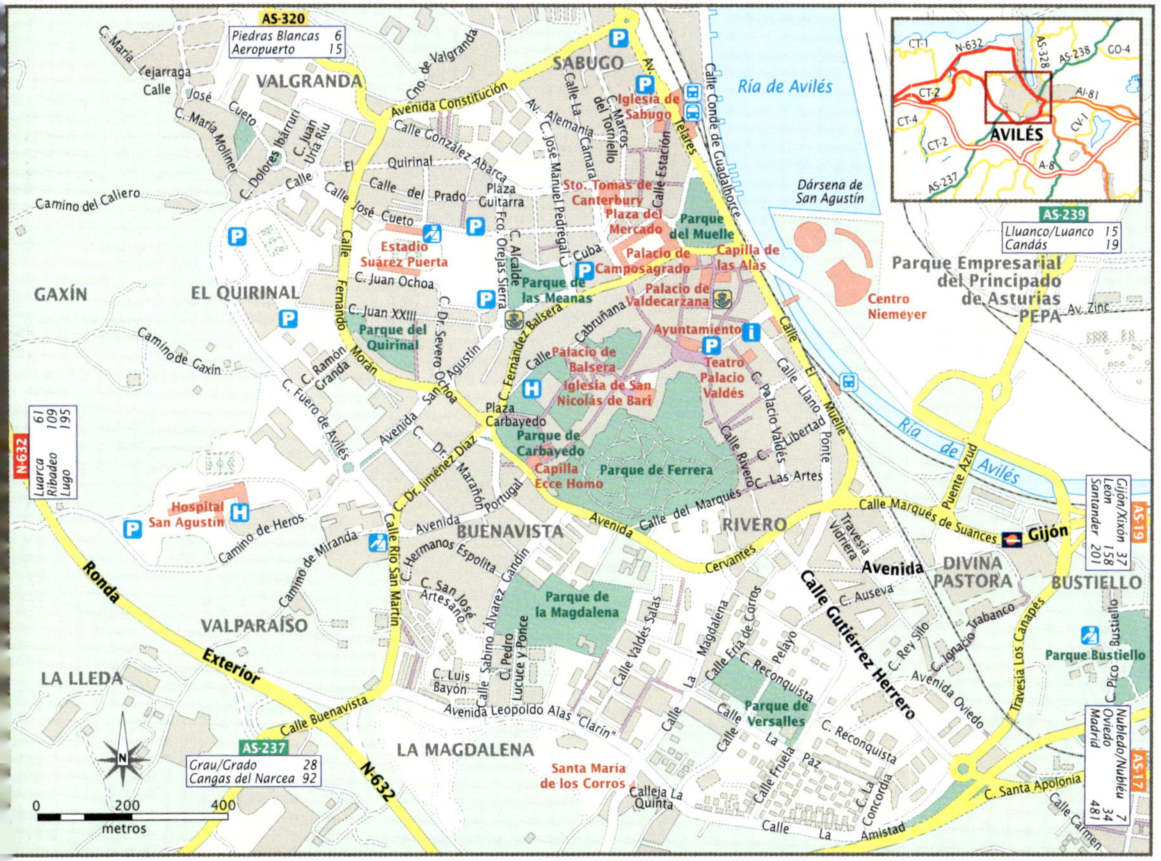

Badajoz

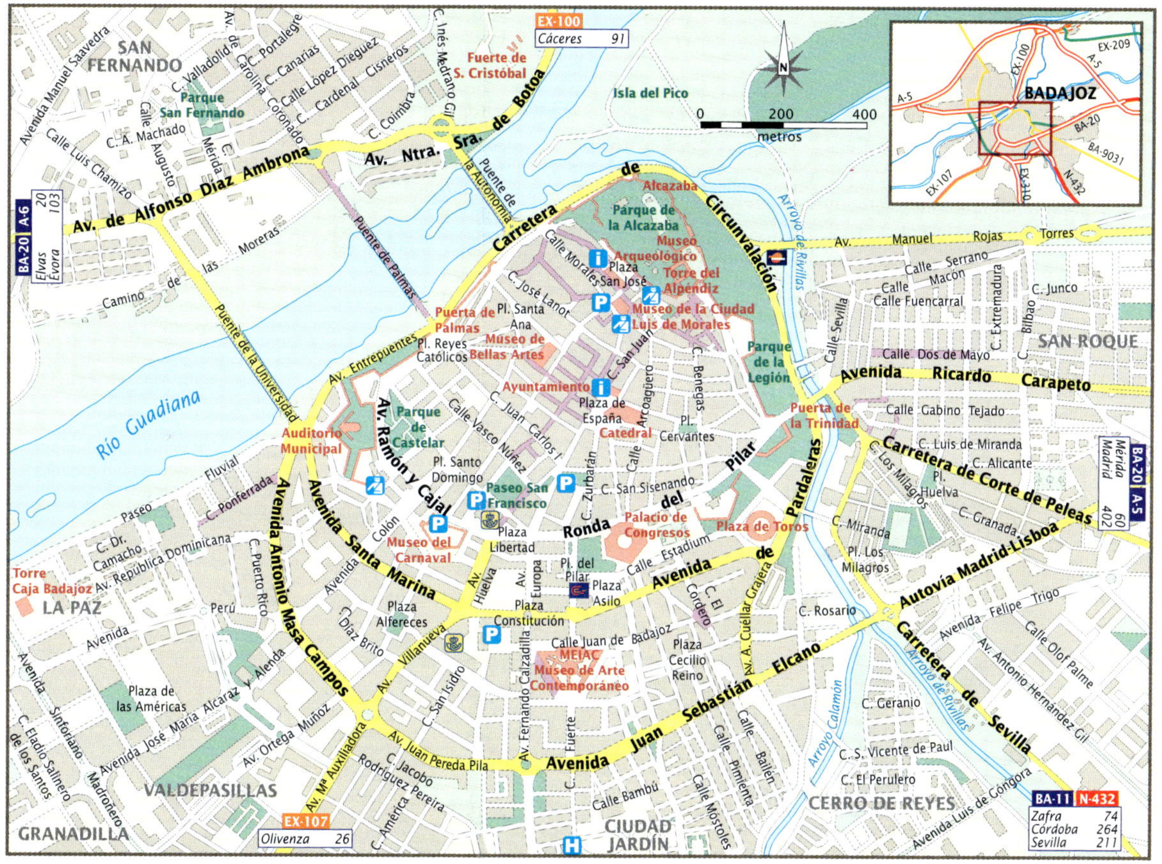

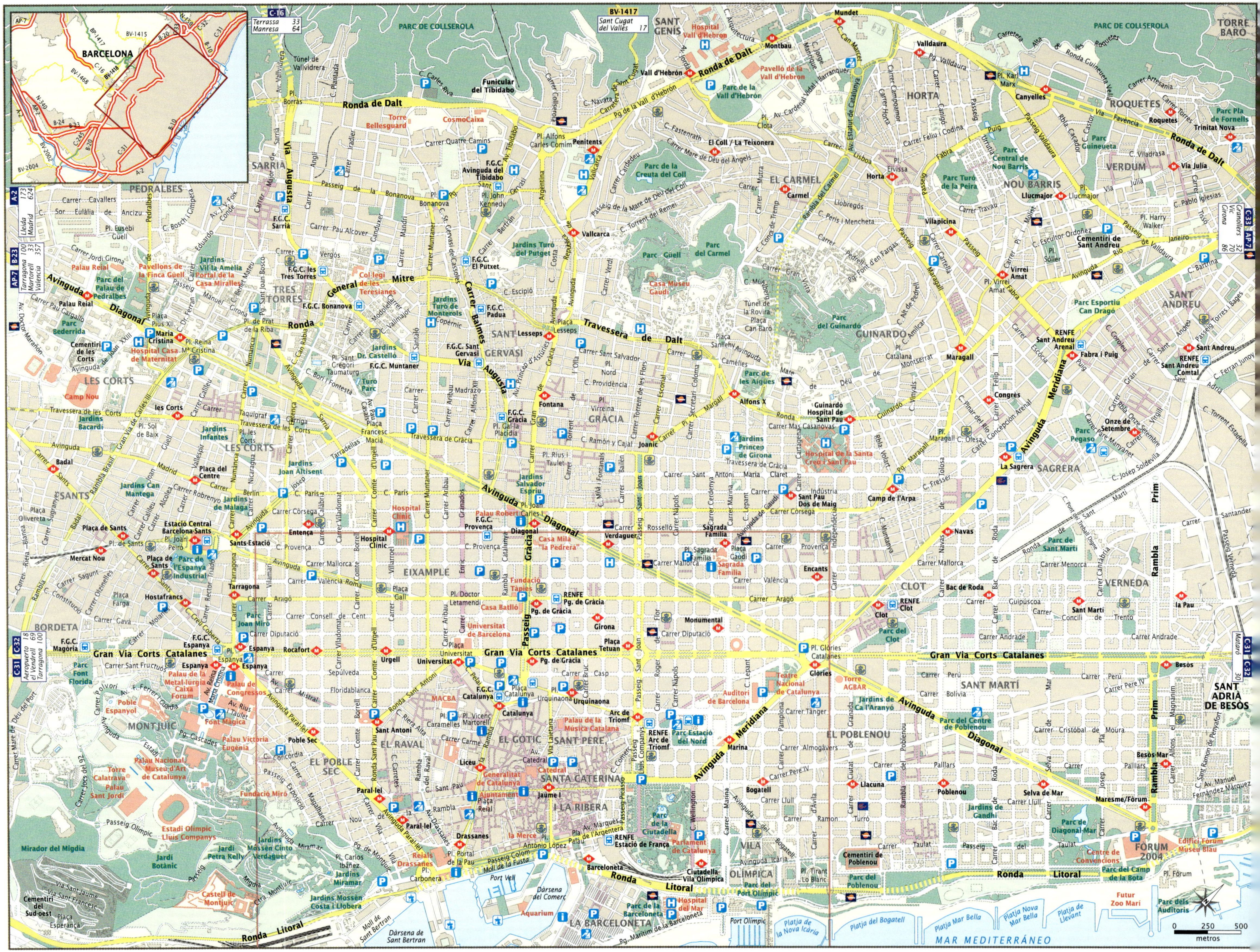

PARC DE COLLSEROLA
SANT GENIS
TORRE BARÓ
HORTA
ROQUETES
VERDUM
NOU BARRIS
EL CARMEL
SARRIÀ
PEDRALBES
TRES TORRES
SANT GERVASI
GRÀCIA
GUINARDÓ
SANT ANDREU
LES CORTS
SANTS
SAGRERA
EIXAMPLE
CLOT
VERNEDA
BORDETA
SANT MARTÍ
SANT ADRIÀ DE BESÒS
MONTJUÏC
EL POBLE SEC
EL RAVAL
EL GÒTIC
SANT PERE
SANTA CATERINA
LA RIBERA
EL POBLENOU
VILA OLÍMPICA
LA BARCELONETA
FÒRUM 2004
MAR MEDITERRÁNEO
Ronda de Dalt
Ronda Litoral
Avinguda Diagonal
Gran Via Corts Catalanes
Avinguda Meridiana
Travessera de Dalt
Via Augusta
Passeig de Gràcia
Carrer Balmes
Ronda General Mitre
Parc Güell
Parc de la Ciutadella
Sagrada Família
Casa Milà "la Pedrera"
Casa Batlló
Fundació Tàpies
Palau de la Música Catalana
Catedral
MACBA
Fundació Miró
Palau Nacional Museu d'Art de Catalunya
Estadi Olímpic Lluís Companys
Poble Espanyol
Castell de Montjuïc
Jardí Botànic
Mirador del Migdia
Cementiri del Sud-oest
Aquàrium
Port Vell
Port Olímpic
Parc de l'Espanya Industrial
Camp Nou
Palau Reial
Hospital de la Santa Creu i Sant Pau
Torre AGBAR
Teatre Nacional de Catalunya
Auditori de Barcelona
Pl. Glòries Catalanes
Pl. Catalunya
Parlament de Catalunya
Parc del Laberint d'Horta
Tibidabo
CosmoCaixa
Torre Bellesguard
Zoo
Edifici Fòrum
Museu Blau
Platja de la Nova Icària
Platja del Bogatell
Platja de la Mar Bella
Platja Nova Mar Bella
Platja de Llevant
BARCELONA
0 250 500
metros

Barcelona Centro

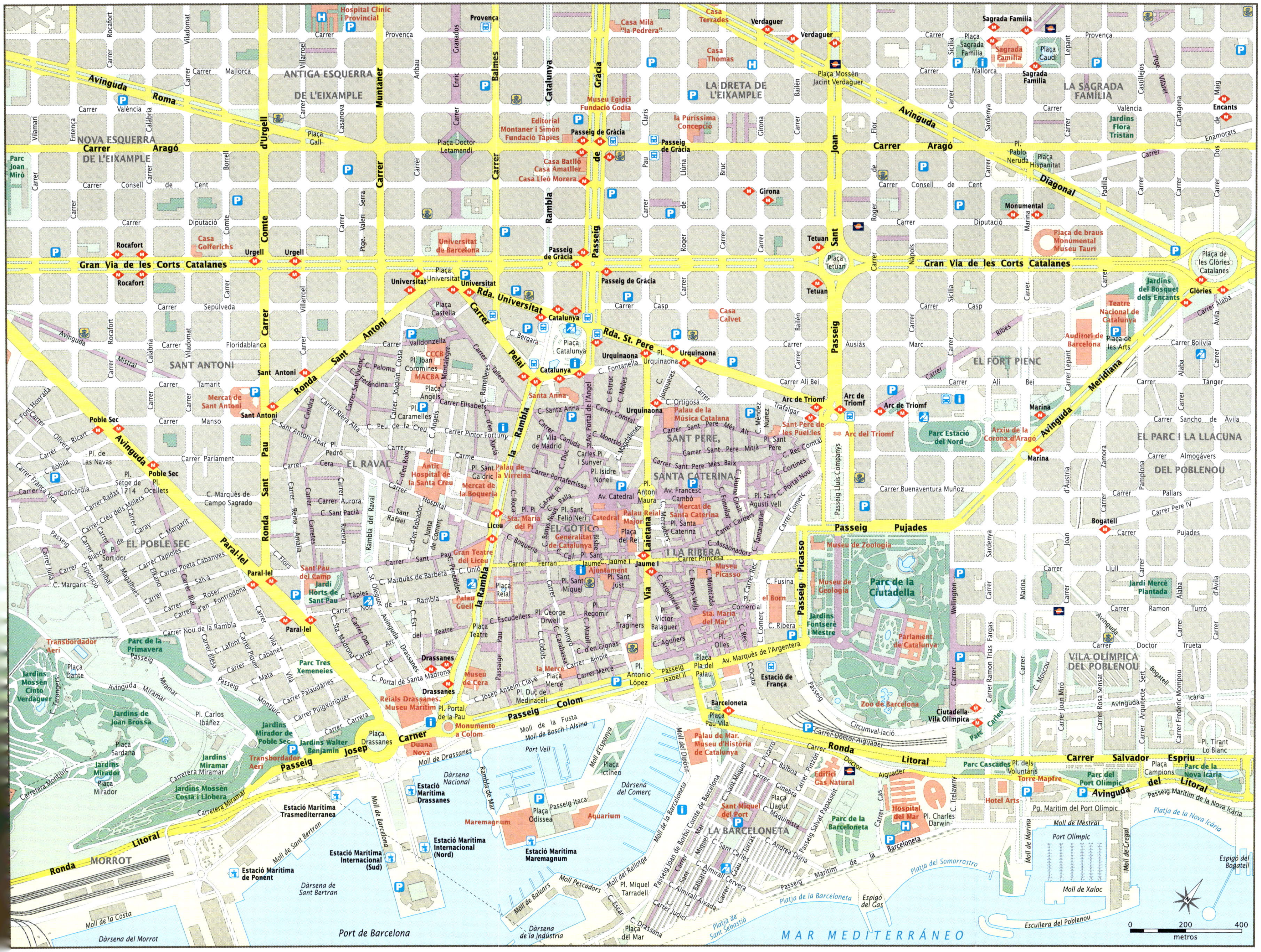

Barakaldo

Bilbao

Burgos

Cáceres

Cádiz

Cartagena

Castellón de la Plana

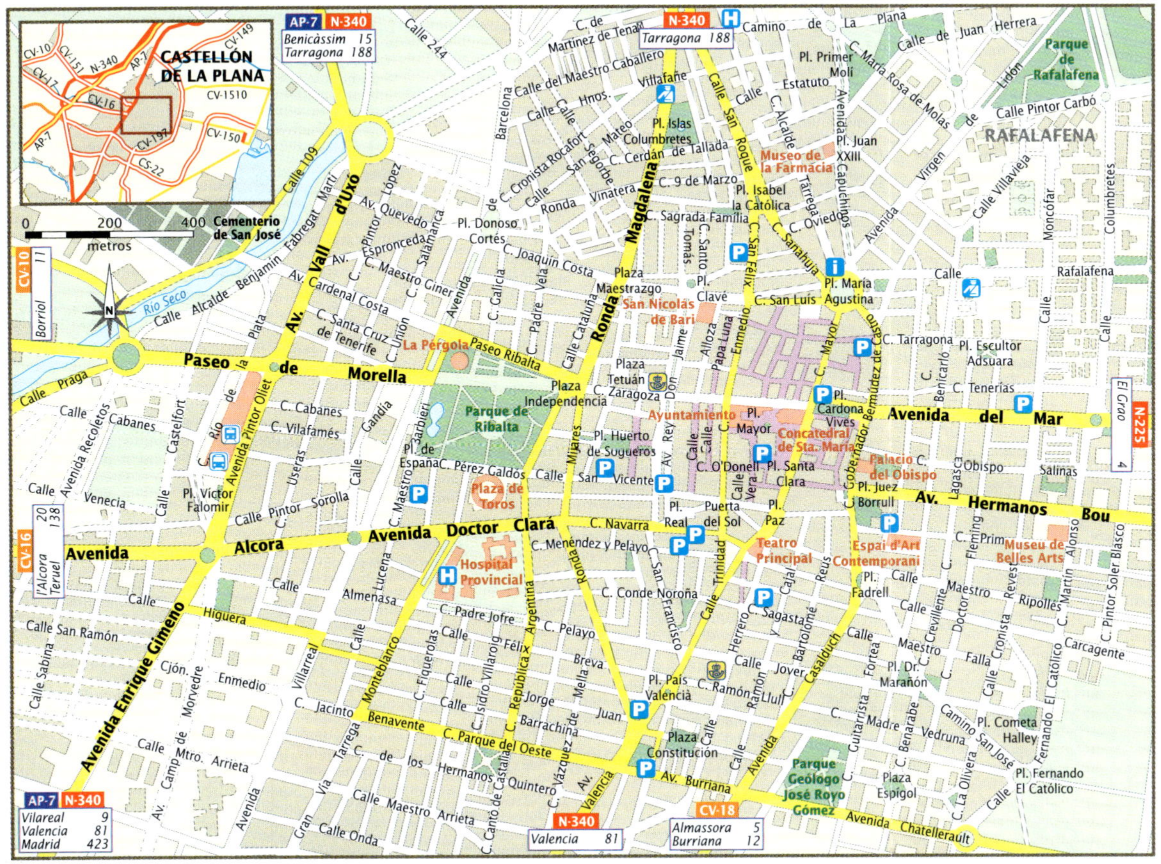

Ceuta

Ciudad Real

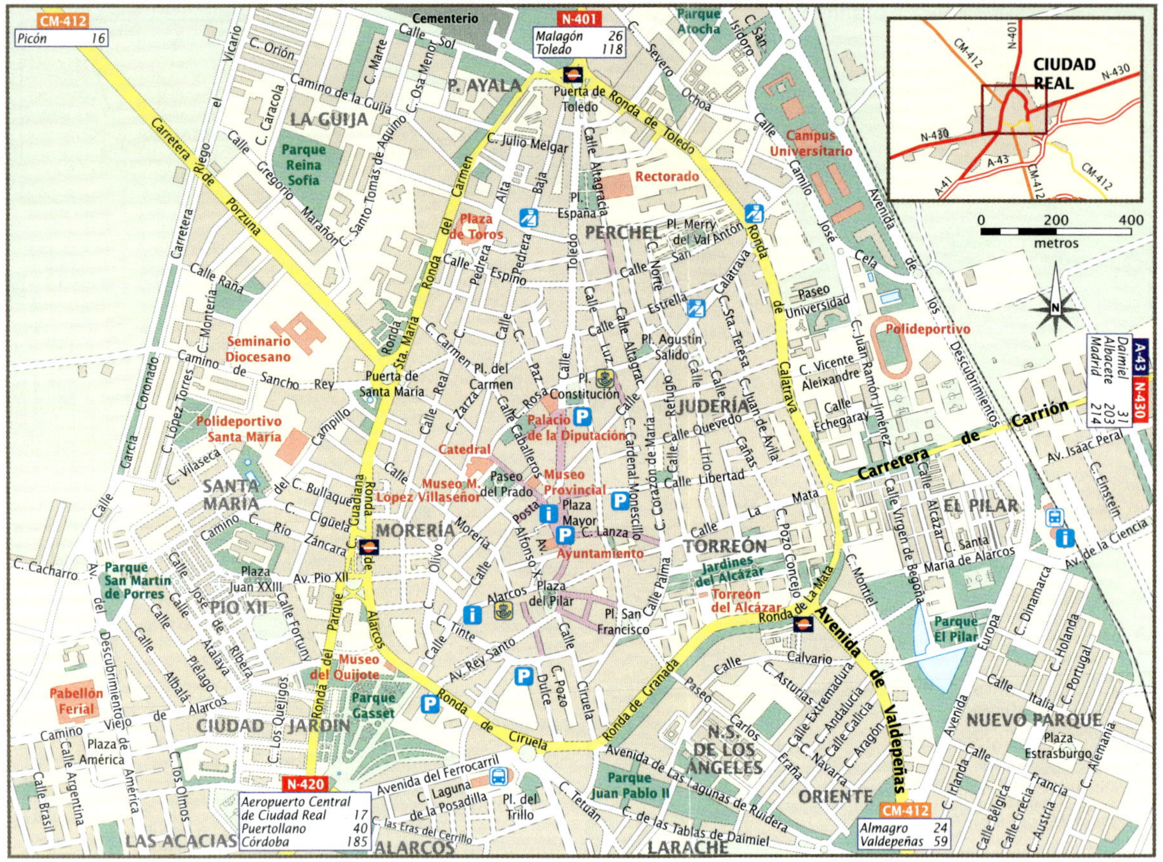

Córdoba

A Coruña

Cuenca

Elx/Elche

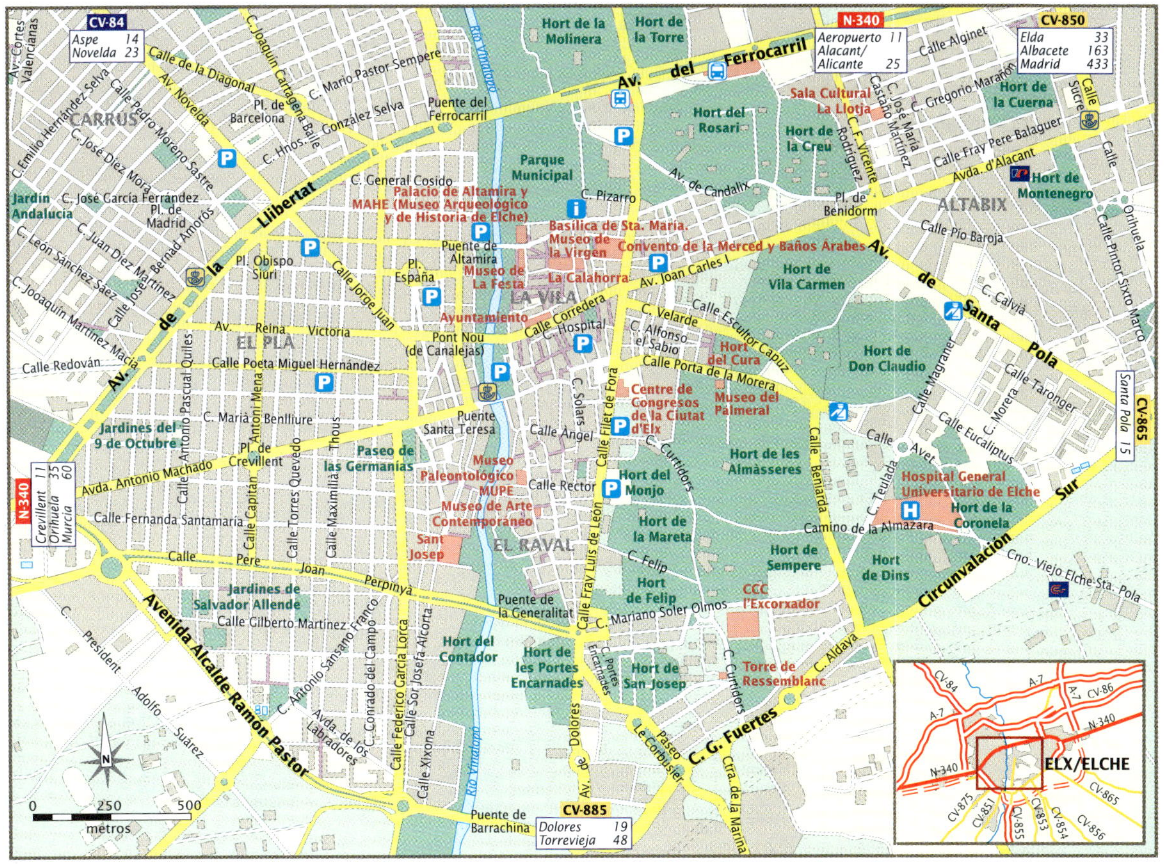

Ferrol

Fuenlabrada

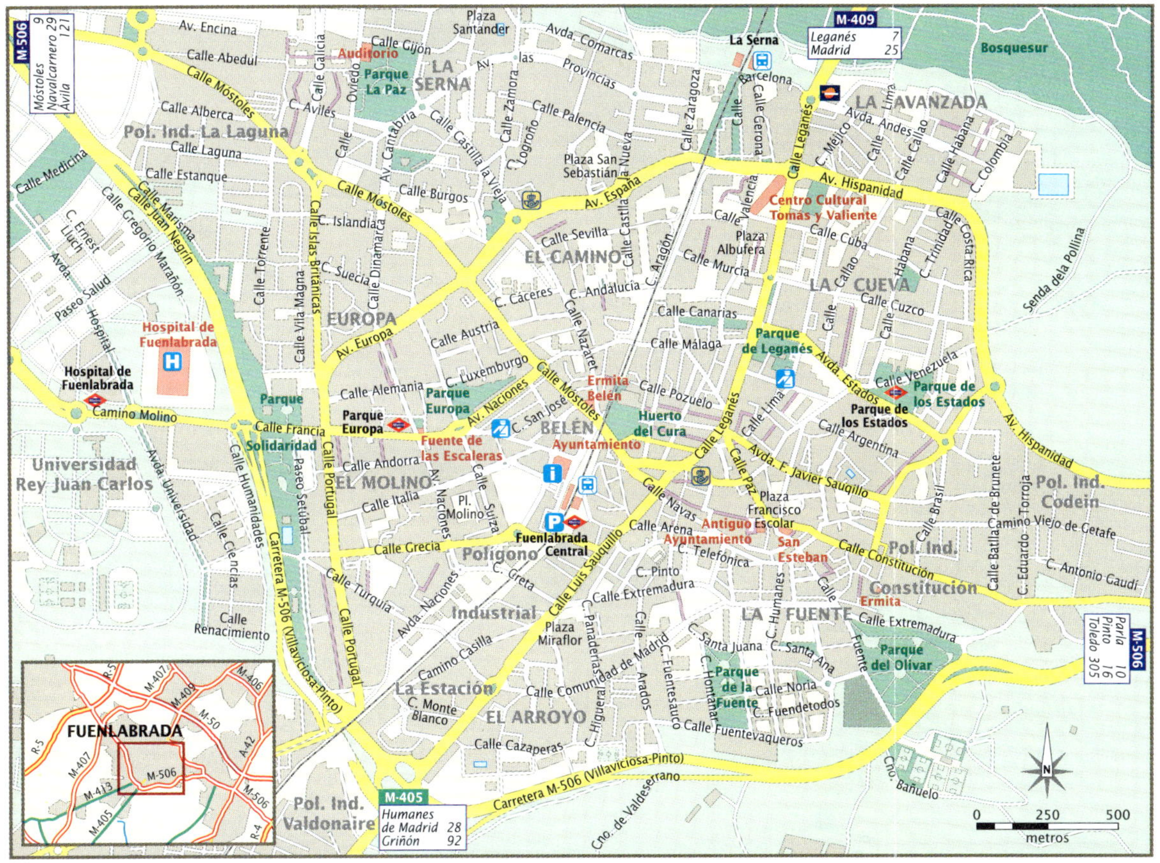

Gijón/Xixón

Girona

Granada

Guadalajara

Huelva

Huesca

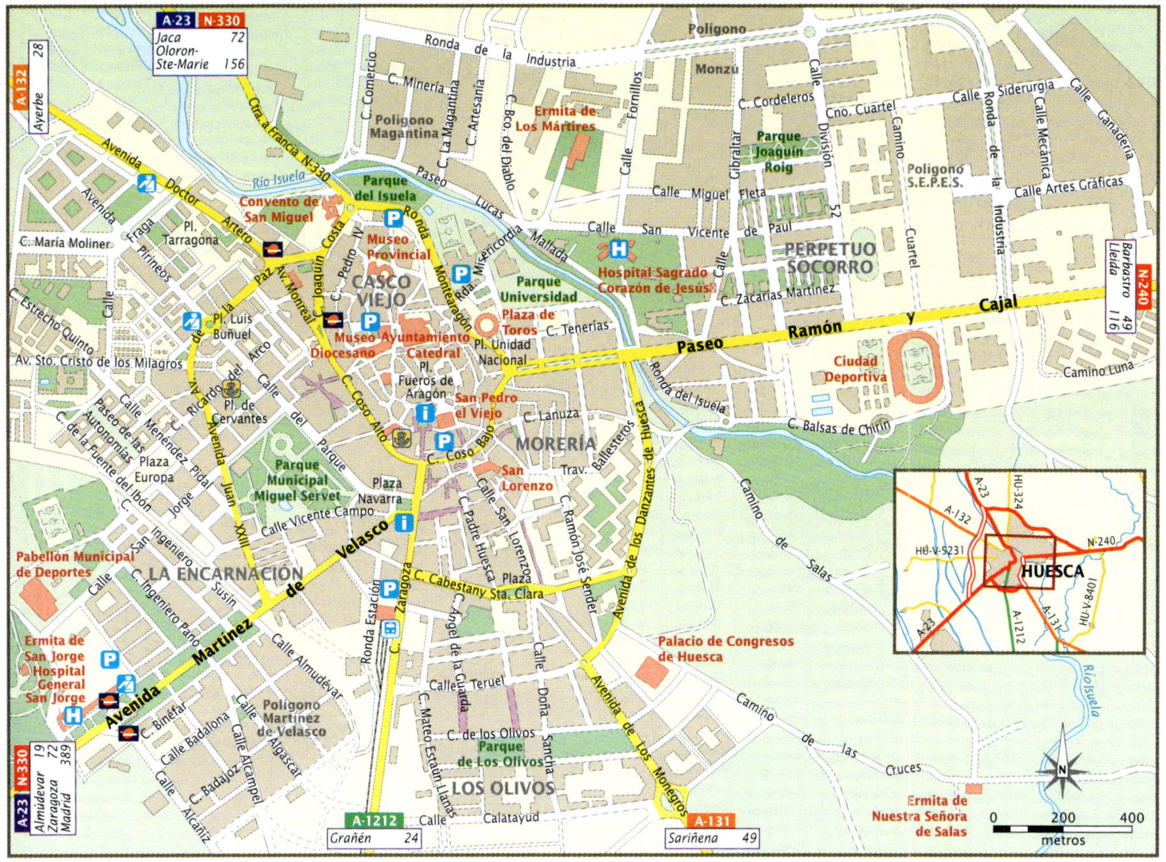

Jaén

Jerez de la Frontera

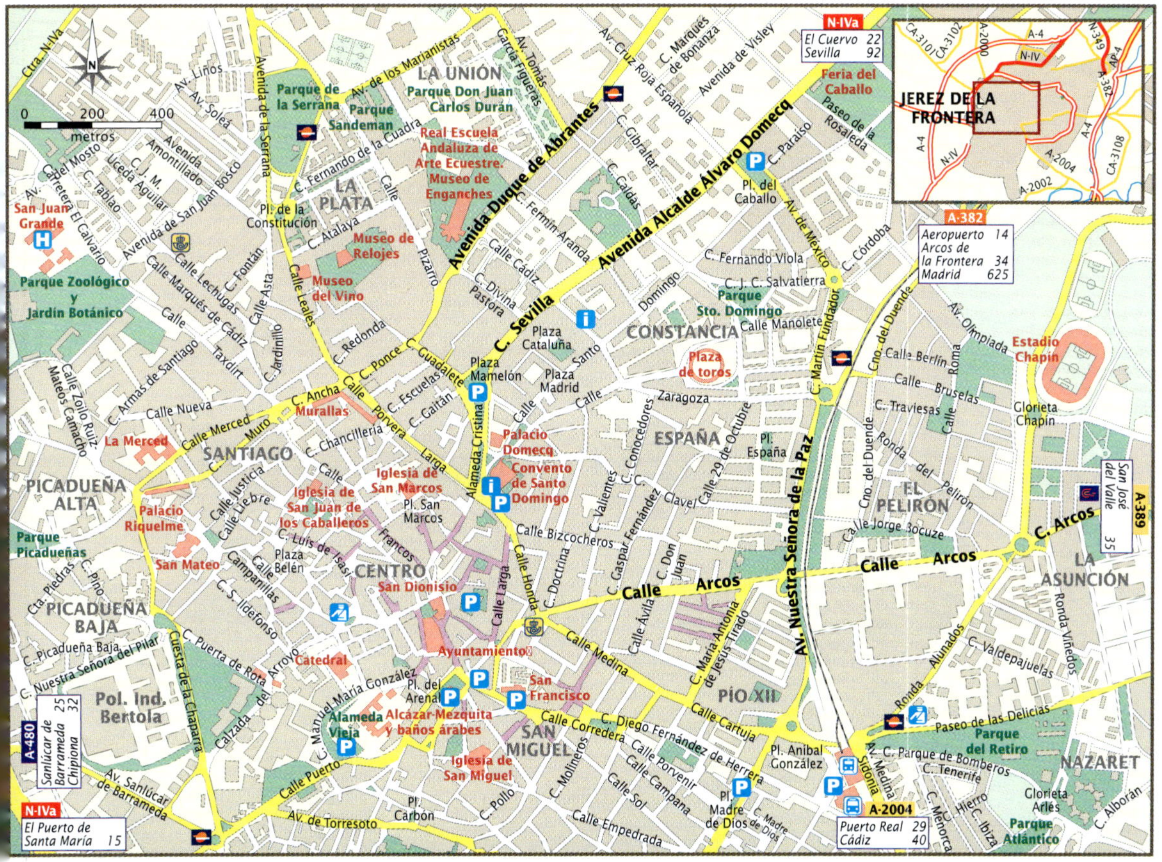

León

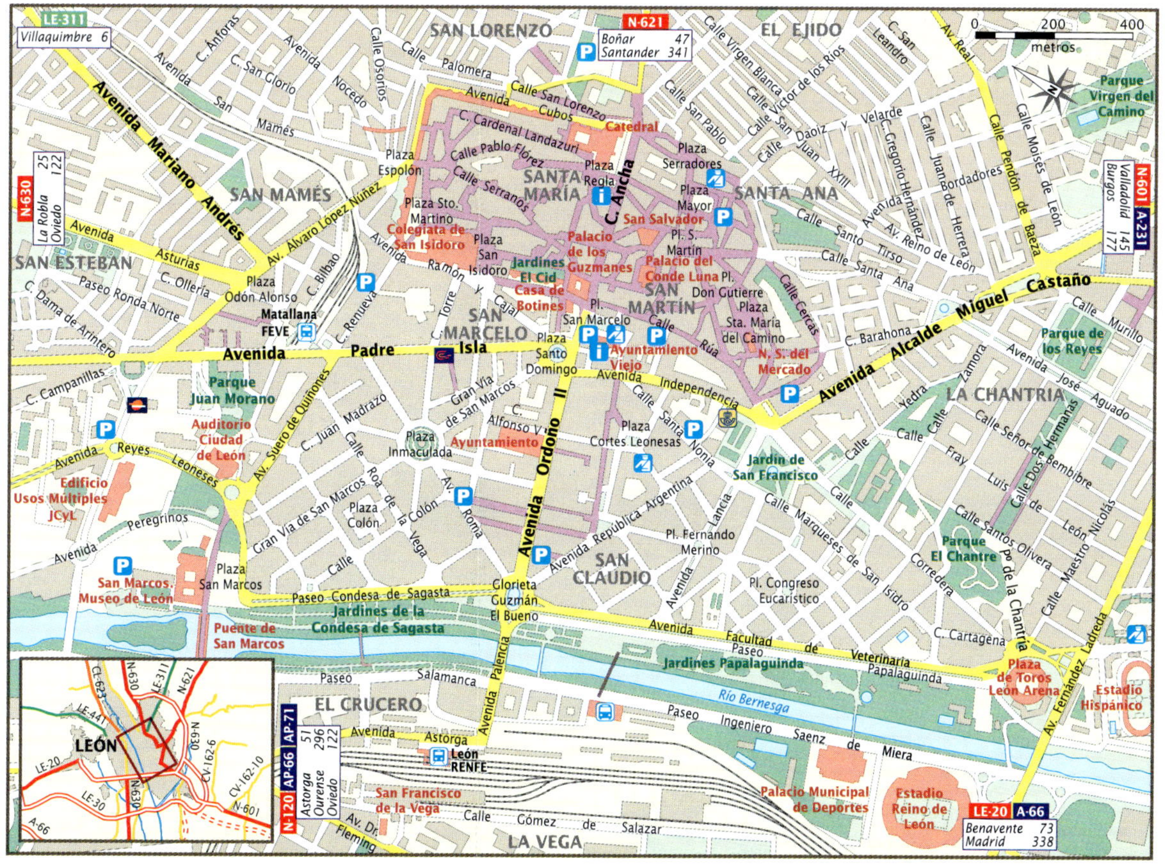

Lleida

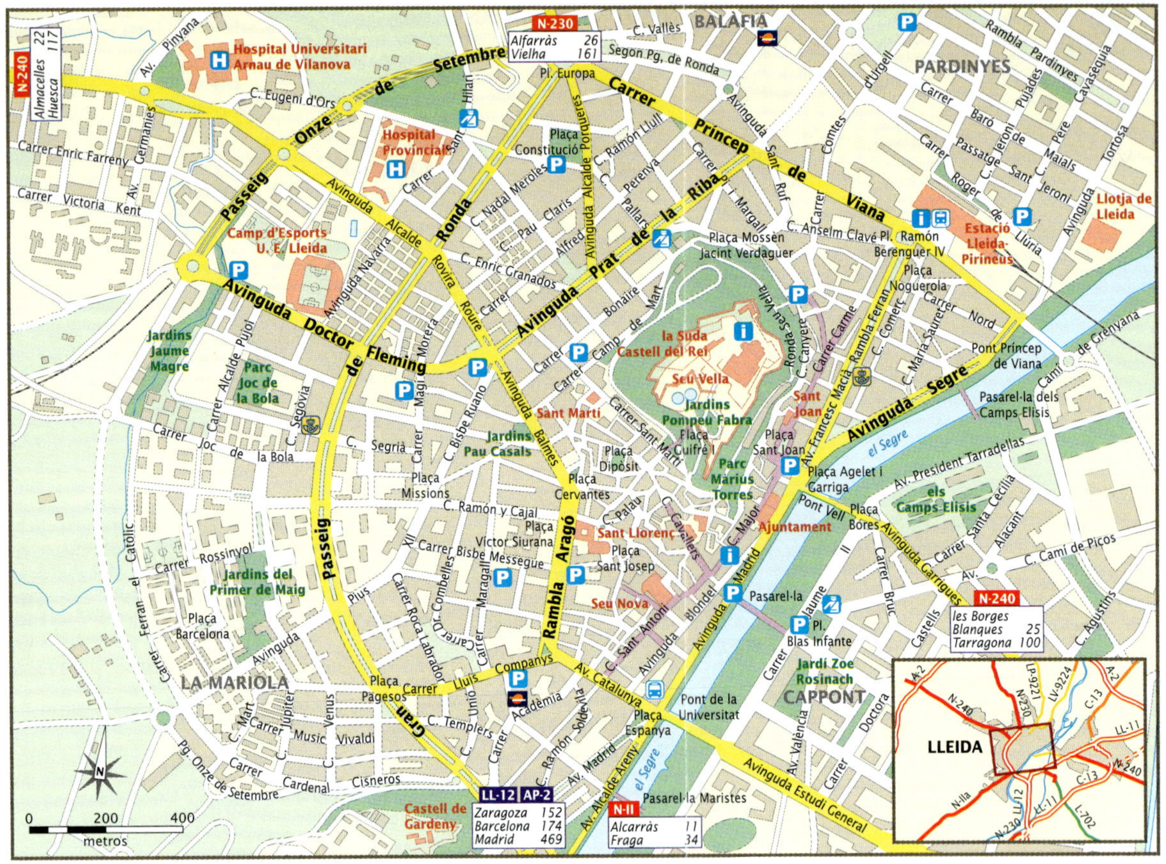

Logroño

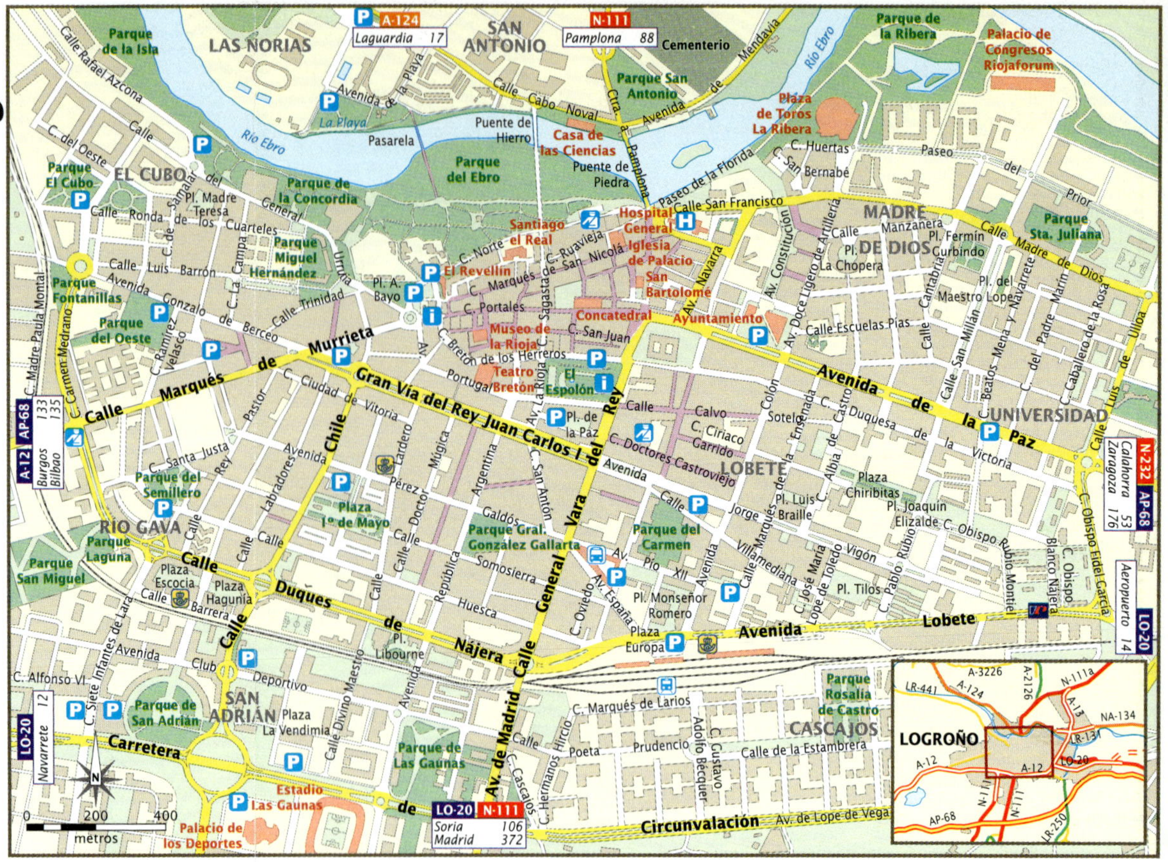

Lugo

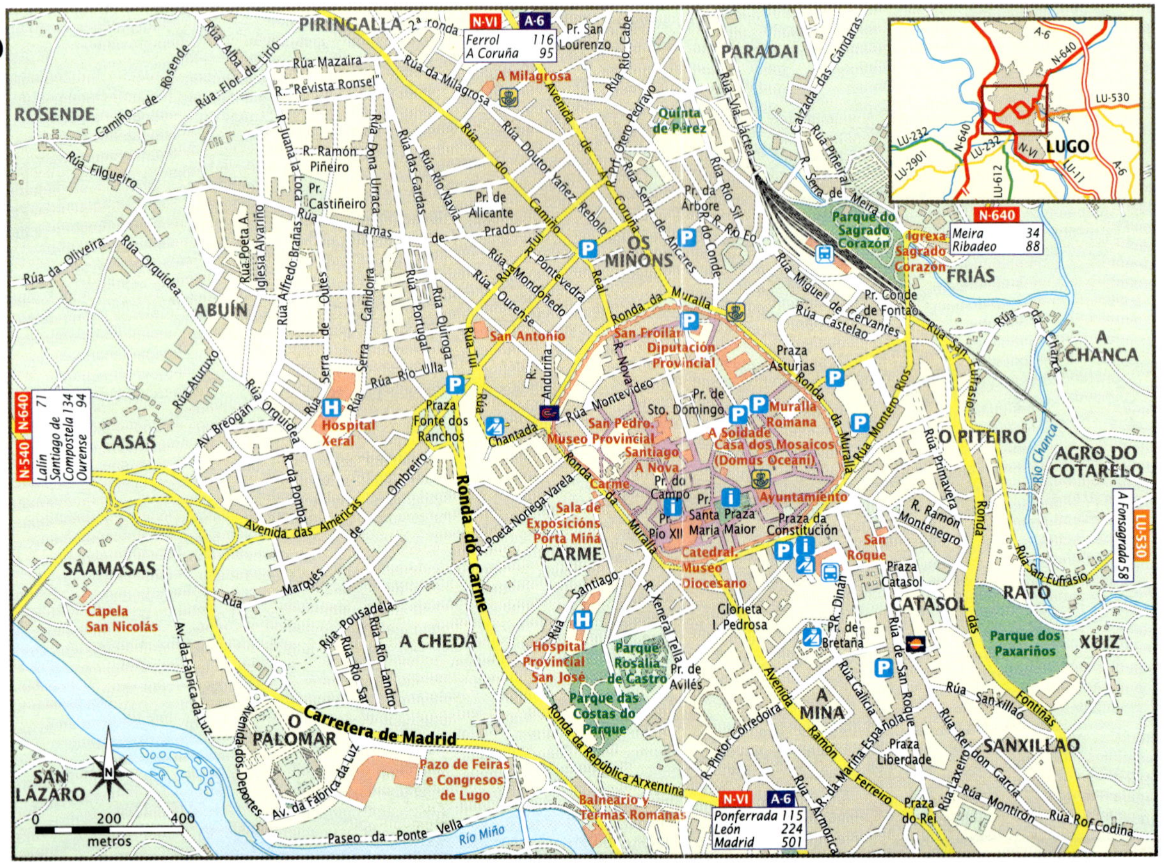

Marbella

Málaga

Melilla

Mérida

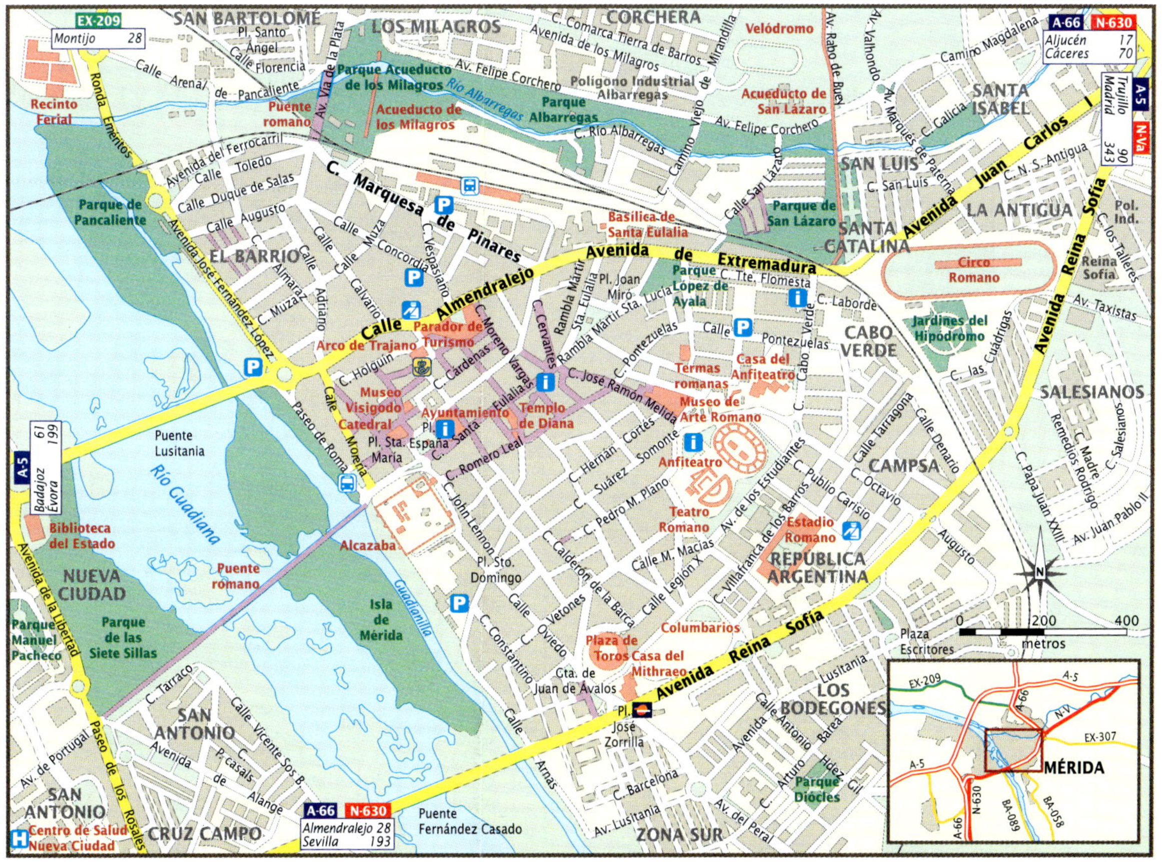

HORTALEZA
CIUDAD LINEAL
MORATALAZ
PUENTE DE VALLECAS
CHAMARTÍN
SALAMANCA
RETIRO
TETUÁN
CHAMBERÍ
CENTRO
ARGANZUELA
FUENCARRAL-EL PARDO
CIUDAD UNIVERSITARIA
MONCLOA-ARAVACA
CARABANCHEL
Avenida de la Paz M-30
Paseo de la Castellana
Calle de Concha Espina
Paseo del Prado
Parque del Retiro
Avenida del Manzanares M-30
Casa de Campo
El Lago
Dehesa de la Villa
Avenida de América
Calle de Alcalá
Aeropuerto 15
Guadalajara 57
Zaragoza 320
Barcelona 622
Arganda del Rey 28
Valencia 357
Albacete 254
Valencia 357
Aranjuez 49
Sevilla 542
Toledo 74
Segovia 93
Ávila 111
A Coruña 593
Alcorcón 15
Badajoz 403
MADRID
0 250 500
metros

Madrid Centro

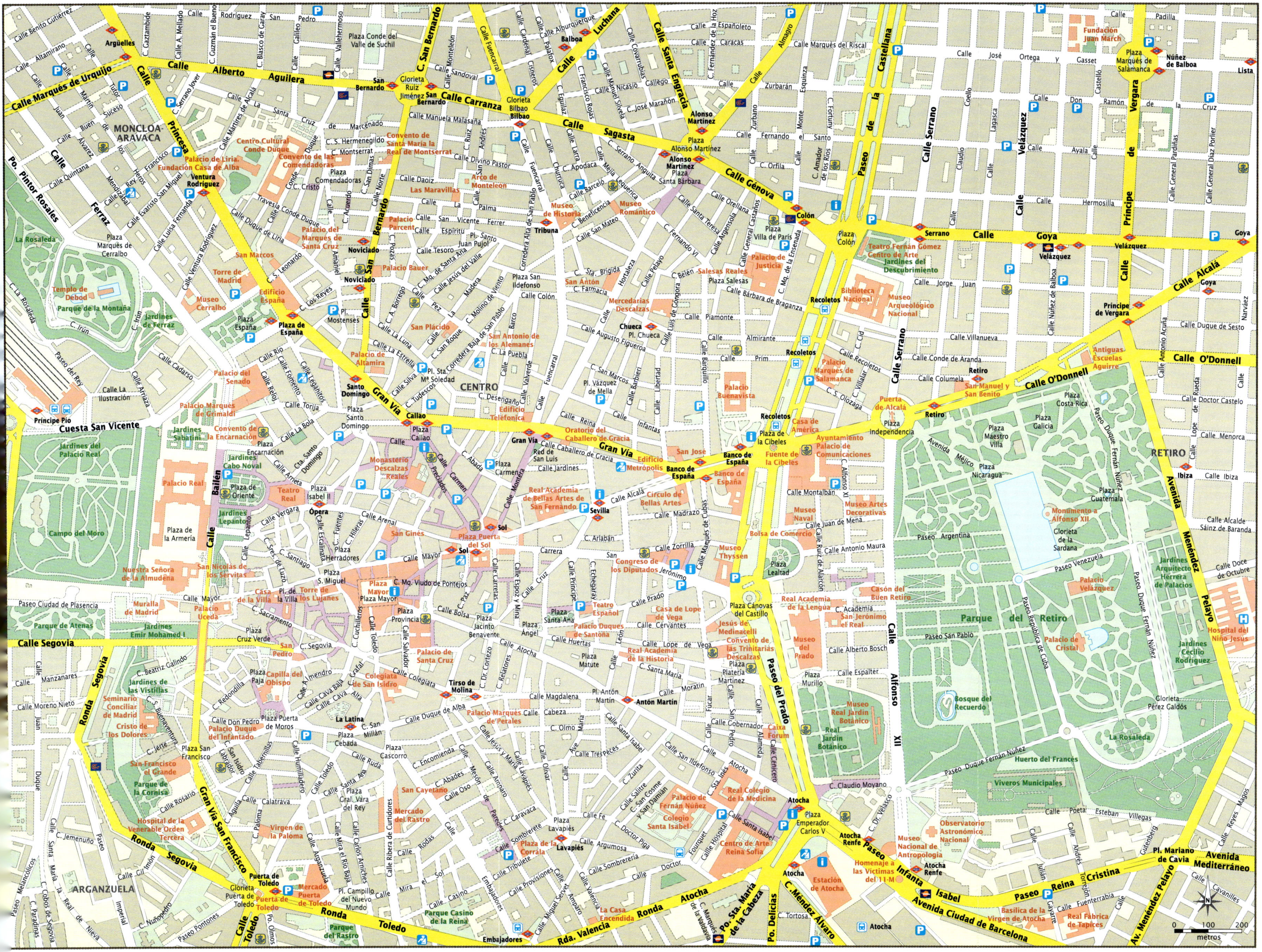

Móstoles

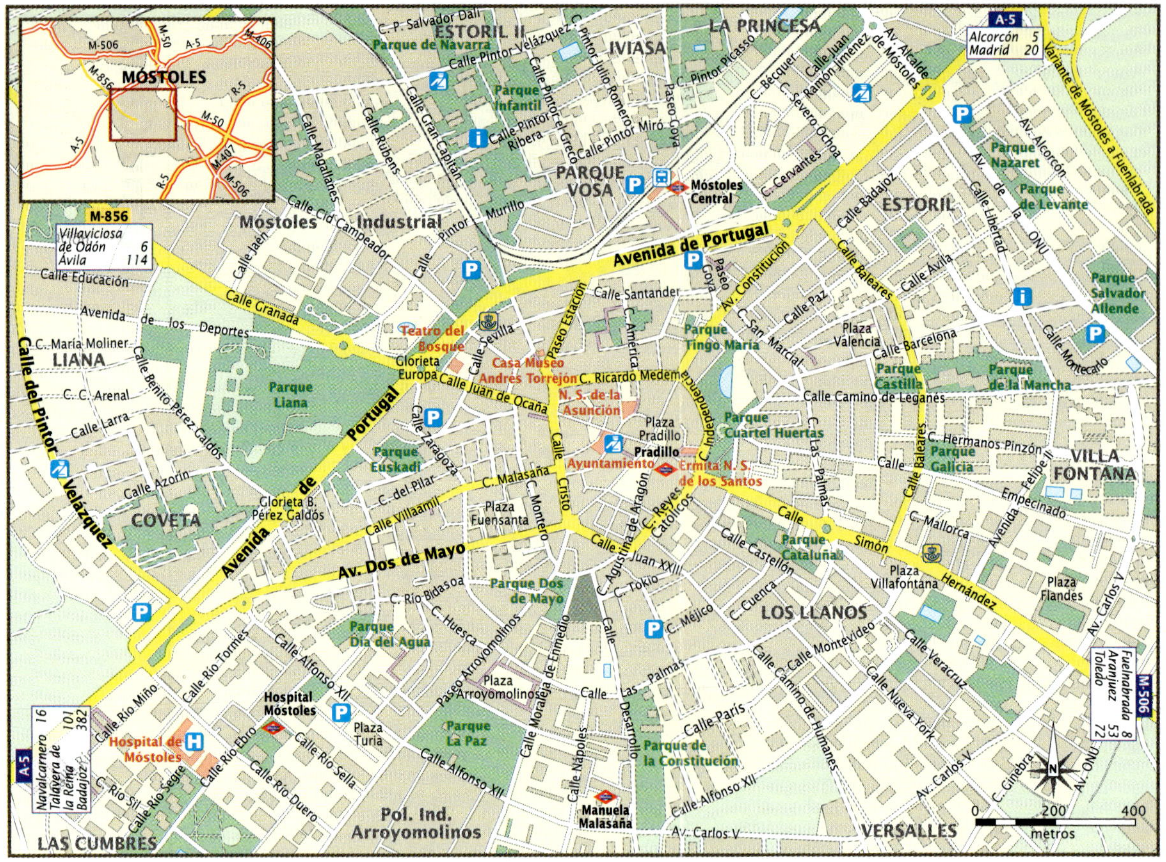

Murcia

Ourense

Oviedo

Palma de Mallorca

Las Palmas de Gran Canaria

Las Palmas de Gran Canaria

Palencia

Pamplona-Iruña

Pontevedra

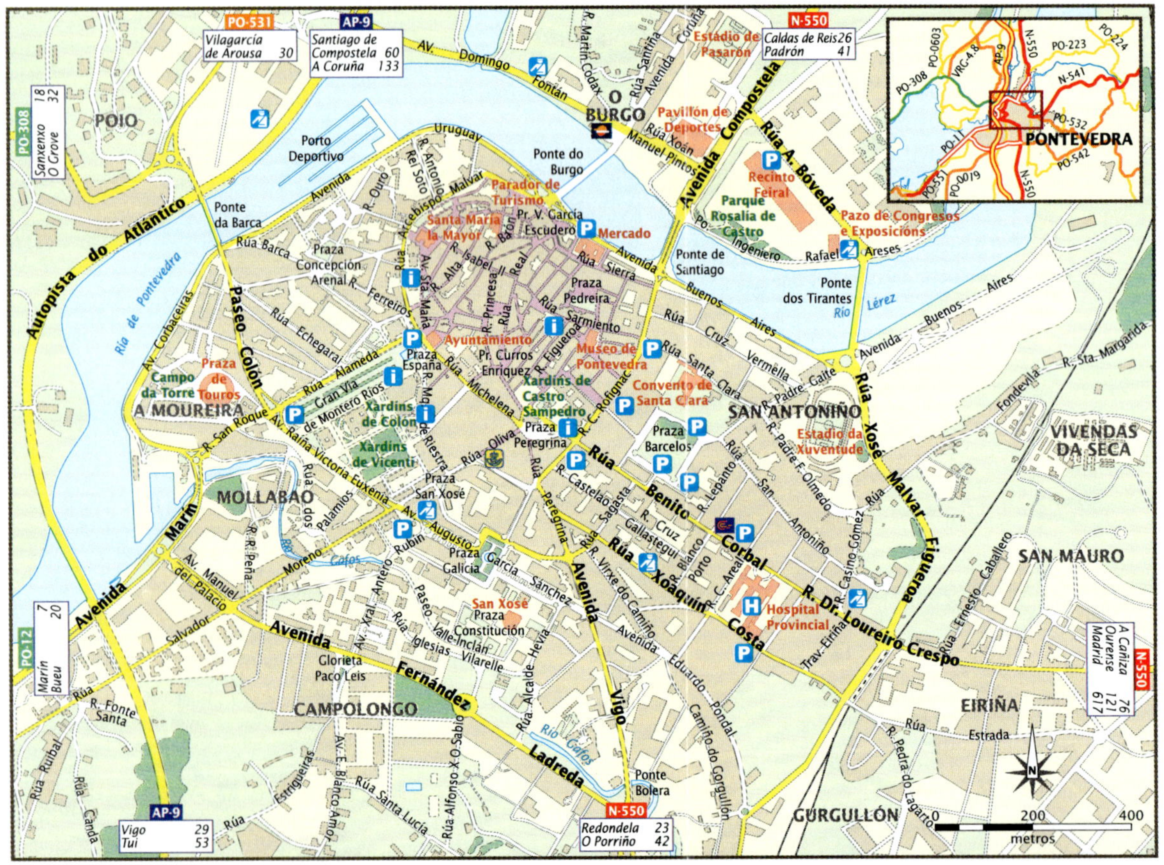

Reus

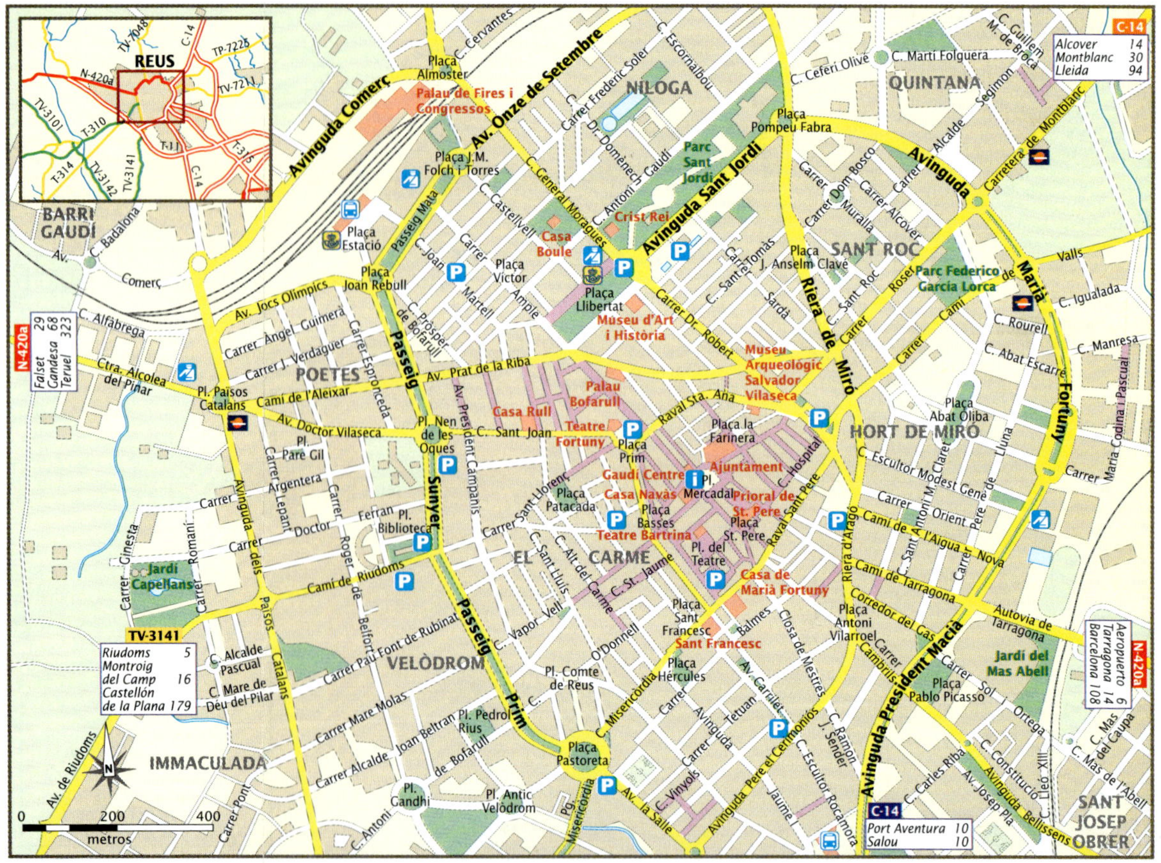

Sabadell

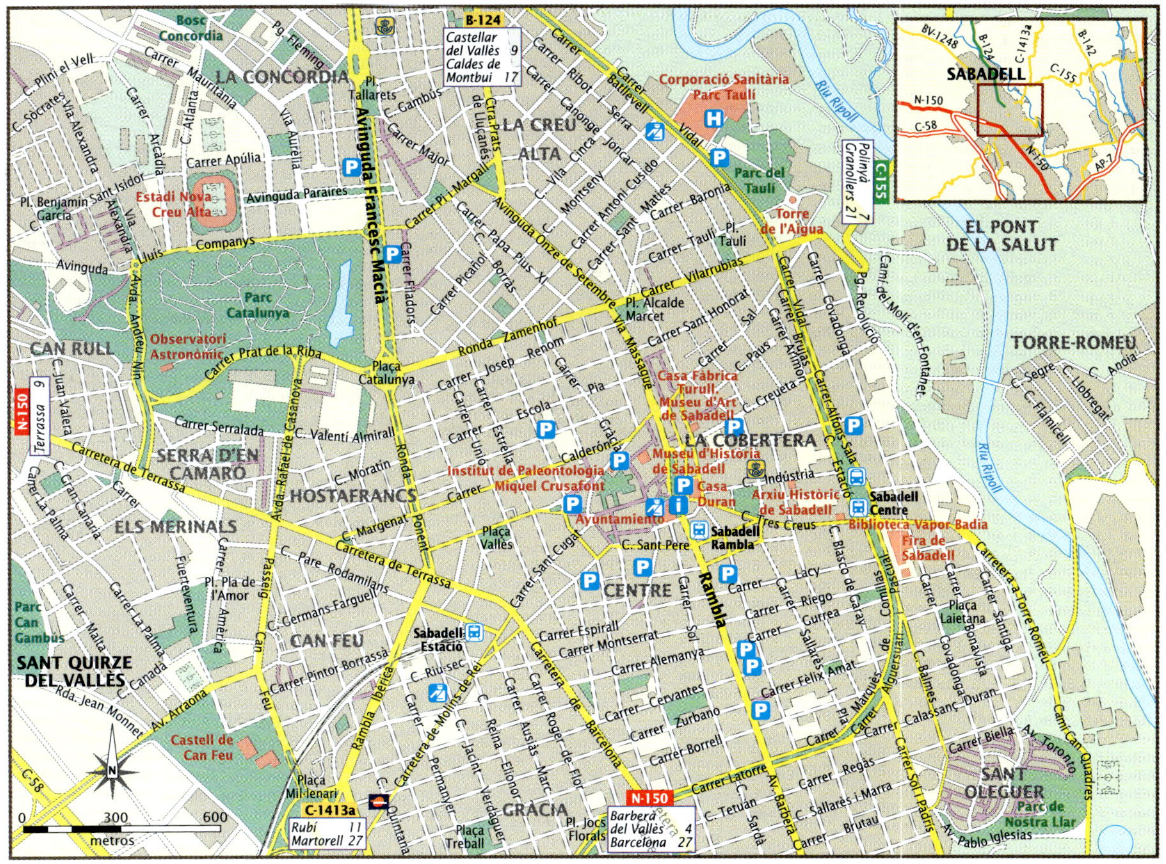

Salamanca

San Cristóbal de la Laguna

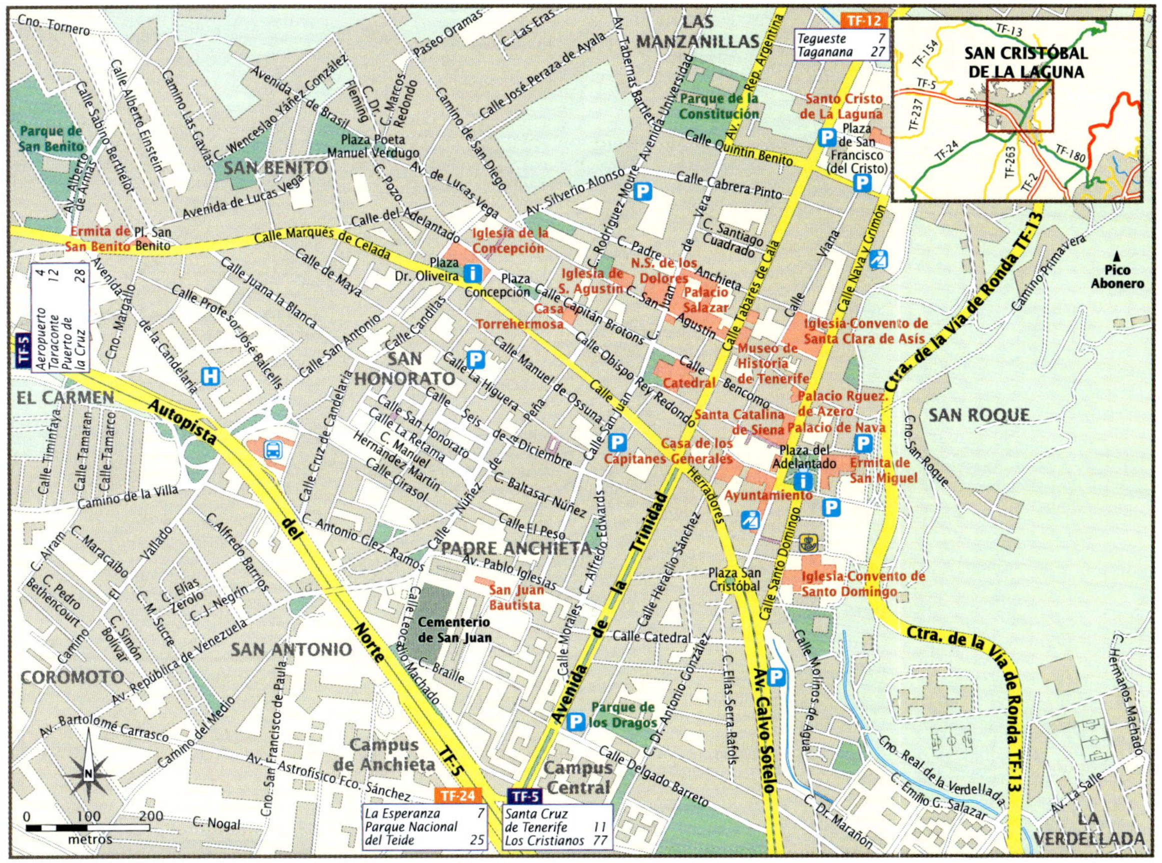

San Sebastián-Donostia

Santa Cruz de Tenerife

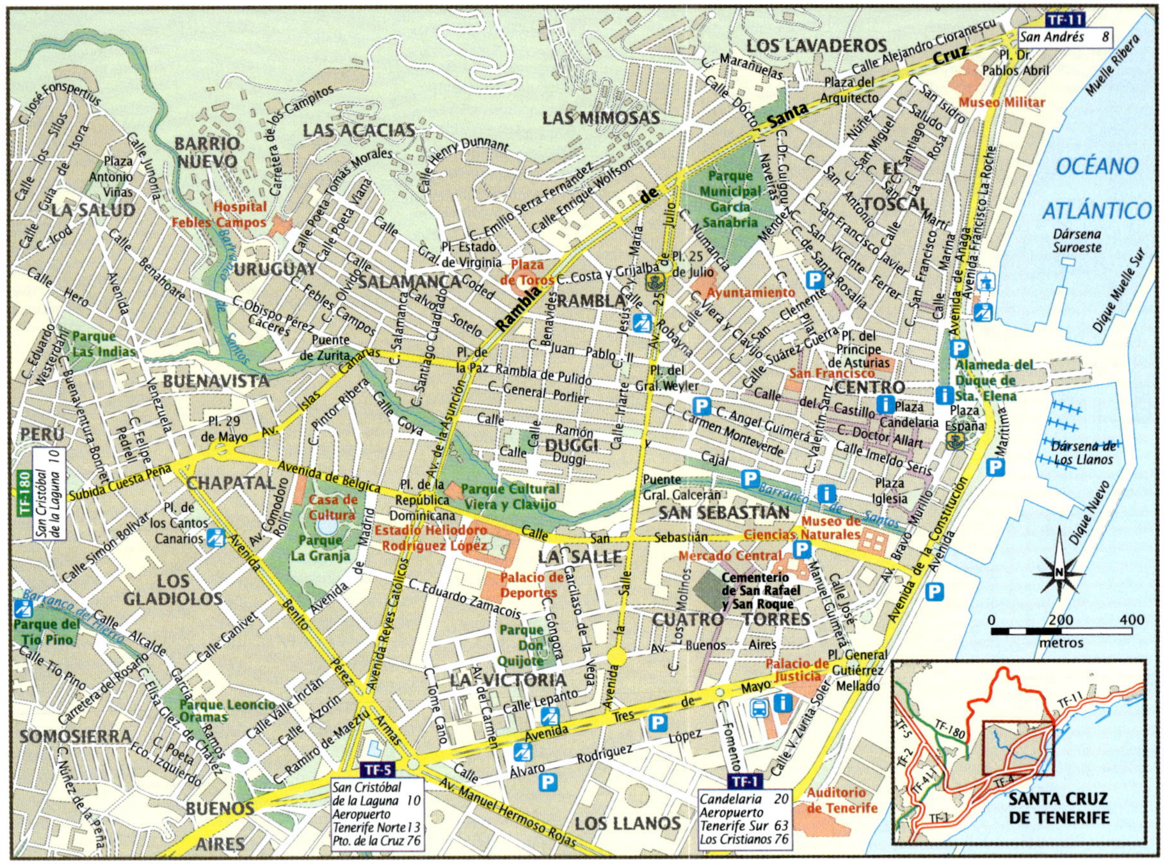

Santander

Santiago de Compostela

Segovia

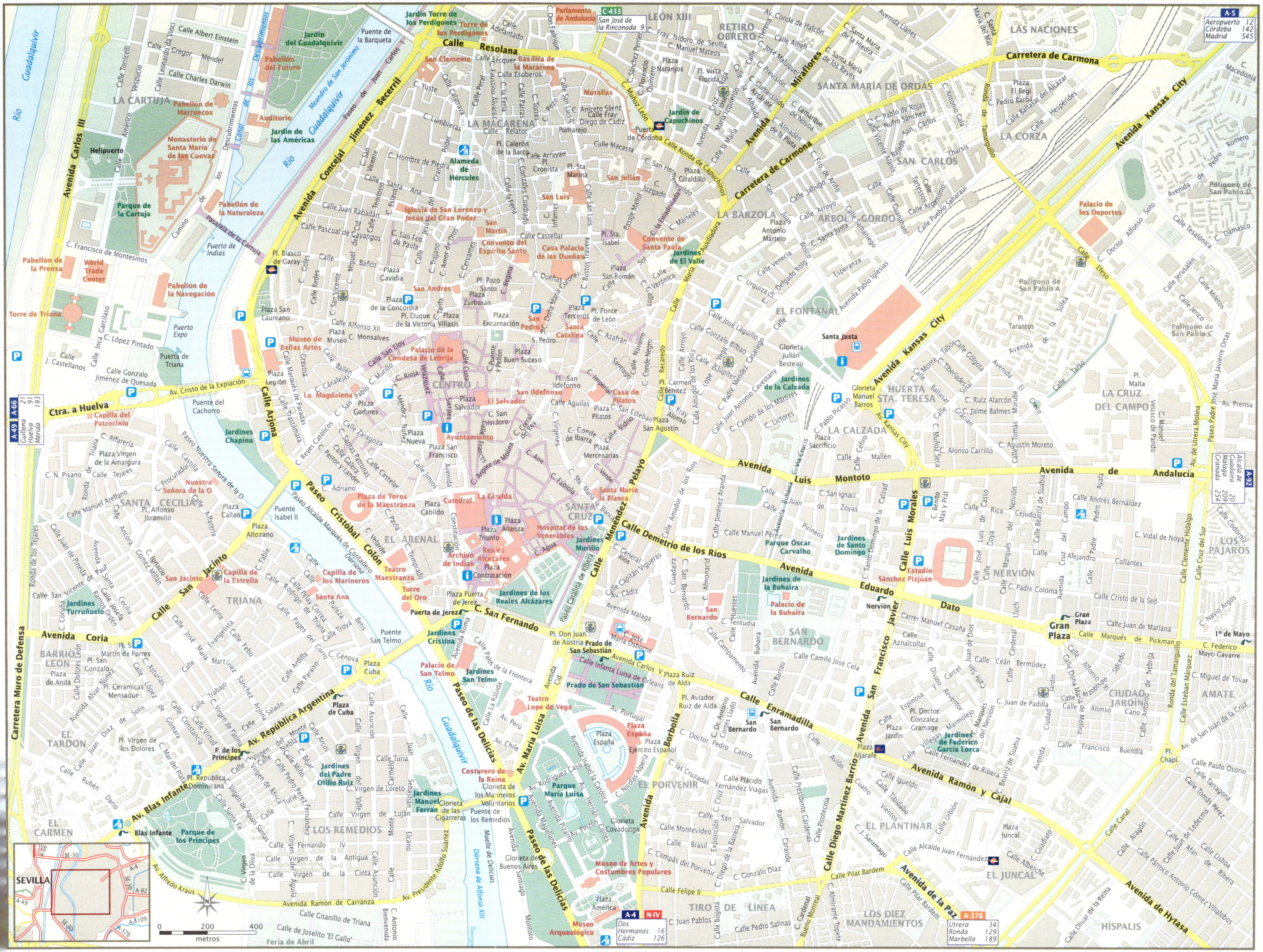
A-5
Aeropuerto 12
Córdoba 142
Madrid 545
C-433
San José de la Rinconada 9
Parlamento de Andalucía
LEÓN XIII
RETIRO OBRERO
LAS NACIONES
SANTA MARÍA DE ORDAS
LA CORZA
SAN CARLOS
LA BARZOLA
ARBOL GORDO
EL FONTANAL
HUERTA STA. TERESA
LA CALZADA
LA CRUZ DEL CAMPO
LOS PÁJAROS
NERVIÓN
SAN BERNARDO
CIUDAD JARDÍN
AMATE
EL PORVENIR
EL PLANTINAR
EL JUNCAL
TIRO DE LÍNEA
LOS DIEZ MANDAMIENTOS
HÍSPALIS
LA MACARENA
CENTRO
EL ARENAL
SANTA CRUZ
TRIANA
SANTA CECILIA
BARRIO LEÓN
EL TARDÓN
EL CARMEN
LOS REMEDIOS
LA CARTUJA
Jardín Torre de los Perdigones
Torre de los Perdigones
Jardín del Guadalquivir
Pabellón del Futuro
Pabellón de Marruecos
Auditorio
Monasterio de Santa María de las Cuevas
Jardín de las Américas
Helipuerto
Parque de la Cartuja
Pabellón de la Naturaleza
Pabellón de la Prensa
World Trade Center
Pabellón de la Navegación
Torre de Triana
Museo de Bellas Artes
Capilla del Patrocinio
Jardines Chapina
Nuestra Señora de la O
Plaza de Toros de la Maestranza
Catedral
La Giralda
Reales Alcázares
Archivo de Indias
Teatro Maestranza
Torre del Oro
Jardines de los Reales Alcázares
Hospital de los Venerables
Jardines Murillo
Palacio de San Telmo
Jardines Cristina
Jardines San Telmo
Teatro Lope de Vega
Prado de San Sebastián
Plaza España
Parque María Luisa
Museo de Artes y Costumbres Populares
Museo Arqueológico
Costurero de la Reina
Parque de los Príncipes
Jardines del Padre Otilio Ruiz
Capilla de la Estrella
Capilla de los Marineros
Santa Ana
San Jacinto
Basílica de la Macarena
San Clemente
Murallas
Jardín de Capuchinos
Alameda de Hércules
San Julián
San Luis
Iglesia de San Lorenzo y Jesús del Gran Poder
San Martín
Convento del Espíritu Santo
Casa Palacio de las Dueñas
Convento de Santa Paula
Jardines de El Valle
San Andrés
San Pedro
Santa Catalina
Palacio de la Condesa de Lebrija
La Magdalena
El Salvador
San Ildefonso
Casa de Pilatos
Ayuntamiento
Santa María la Blanca
Santa Justa
Jardines de la Calzada
Palacio de los Deportes
Parque Óscar Carvalho
Jardines de Santo Domingo
Jardines de la Buhaira
Palacio de la Buhaira
Estadio Sánchez Pizjuán
Jardines de Federico García Lorca
Calle Resolana
Avenida Concejal Jiménez Becerril
Avenida Carlos III
Calle Arjona
Paseo Cristóbal Colón
Paseo de las Delicias
Avenida María Luisa
Avenida Menéndez Pelayo
Calle Demetrio de los Ríos
Avenida Luis Montoto
Avenida de Andalucía
Avenida Eduardo Dato
Calle Luis Morales
Avenida San Francisco Javier
Calle Enramadilla
Avenida Ramón y Cajal
Avenida Kansas City
Carretera de Carmona
Avenida Miraflores
Avenida Borbolla
Calle Diego Martínez Barrio
Avenida de Hytasa
Avenida de la Paz
Gran Plaza
Calle Marqués de Pickman
Calle San Fernando
Puerta de Jerez
Avenida Coria
Calle San Jacinto
Av. República Argentina
Av. Blas Infante
Carretera Muro de Defensa
Ctra. a Huelva
Av. Cristo de la Expiación
Avenida Ramón de Carranza
Av. Presidente Adolfo Suárez
Av. Alfredo Kraus
Dársena de Alfonso XIII
Río Guadalquivir
Meandro de San Jerónimo
A-66
A-49
Gullena 21
Huelva 91
Mérida 193
A-92
Alcalá de Guadaíra 20
Málaga 209
Granada 254
A-4
N-IV
Dos Hermanas 16
Cádiz 126
A-376
Utrera 34
Ronda 129
Marbella 189
SEVILLA
SE-30
A-4
A-92
A-376
A-49
0
200
400
metros
N

Soria

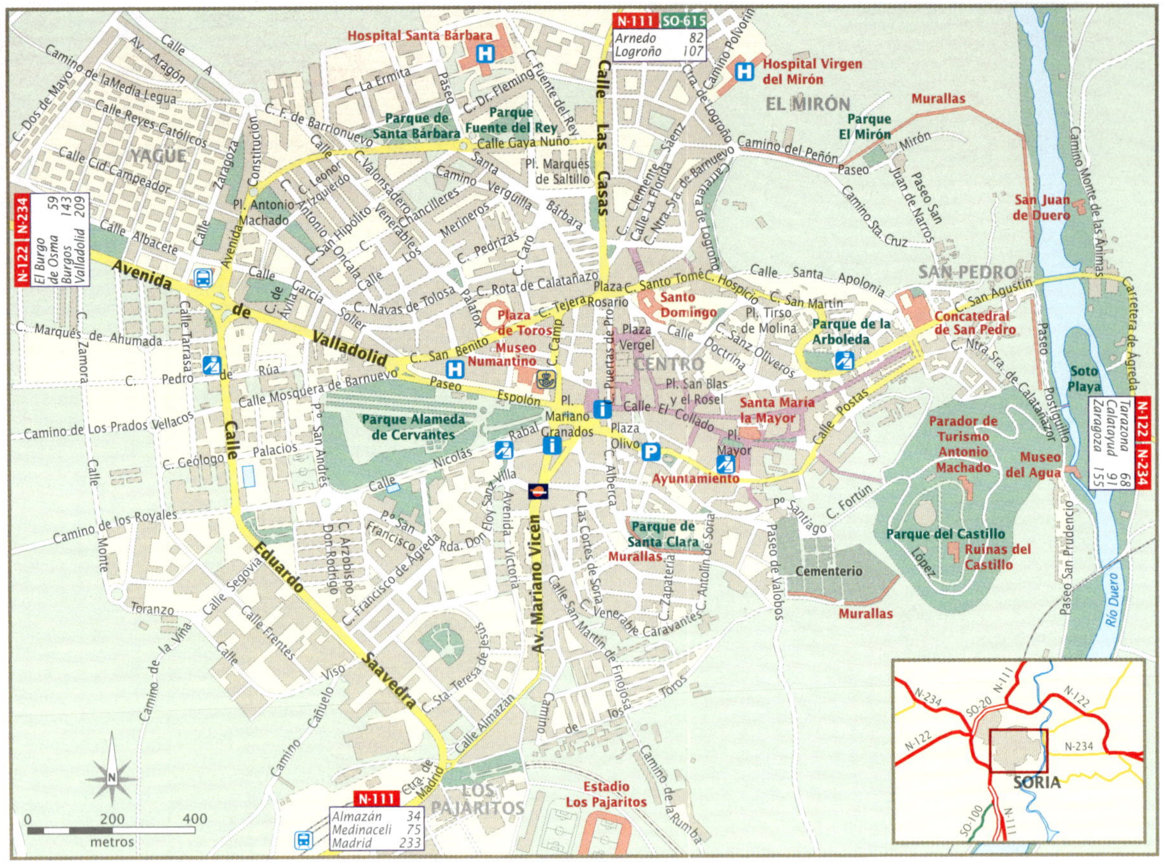

Talavera de la Reina

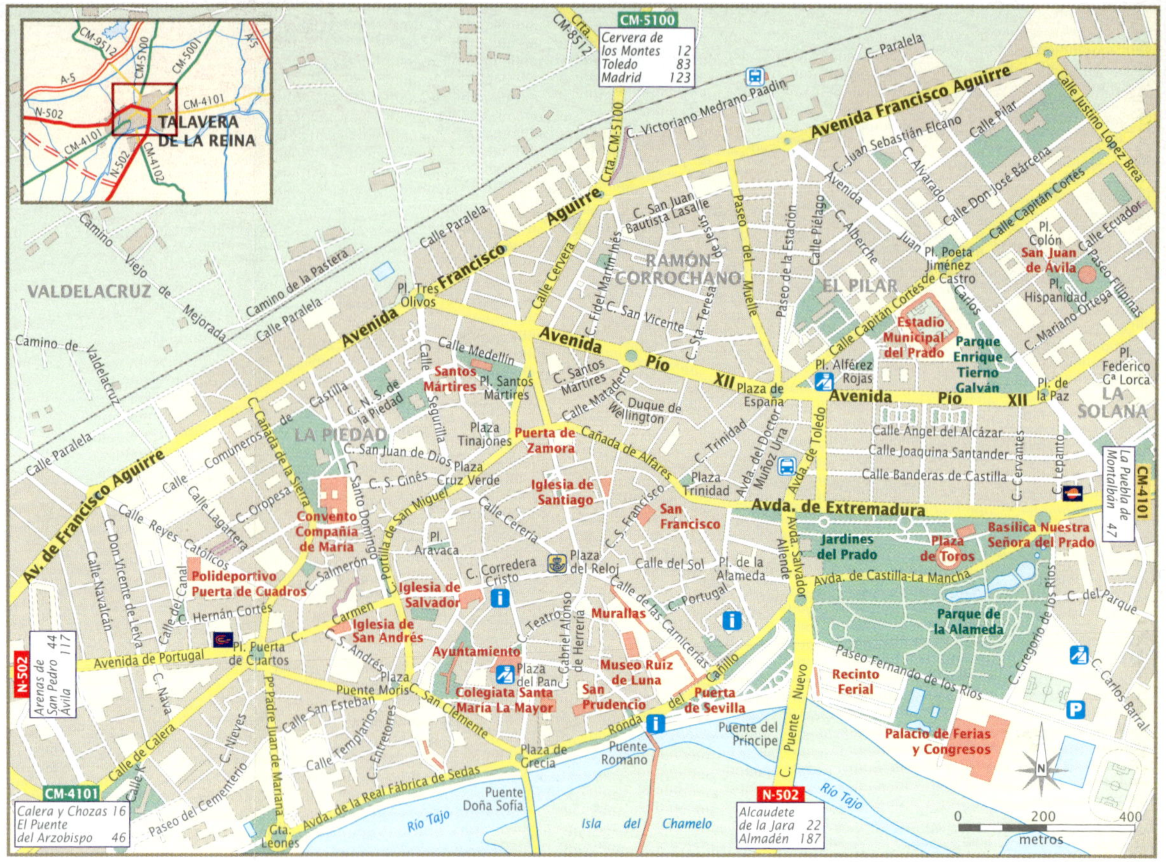

Tarragona

Terrassa

Teruel

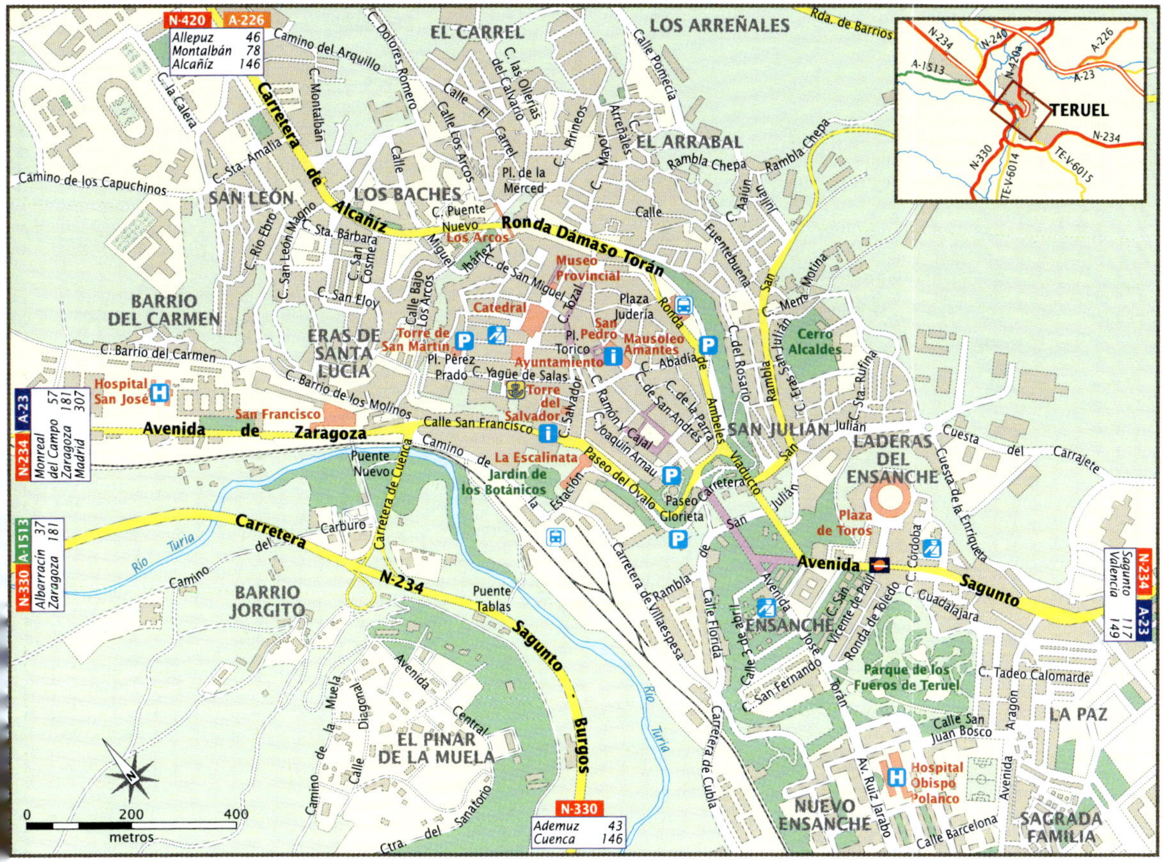

Toledo

Valladolid

Valencia

VALENCIA
0 200 400 metros
BENICALAP
ELS ORRIOLS
TORMOS
SANT ANTONI
BENIMACLET
ALBORAIA
TENDETES
MORVEDRE
TRINITAT
JAUME ROIG
CAMPANAR
LA MALVA-ROSA
MESTALLA
EL CABANYAL
BETERÓ
L'AMISTAT
CIUTAT JARDÍ
NOU MOLES
LA PETXINA
ARRANCAPINS
ALBORS
AIORA
TRES FORQUES
PATRAIX
LA RAIOSA
GRAN VIA
CAMÍ FONDO
EL CANYAMELAR
RUSSAFA
MONTOLIVET
LA CREU DEL GRAU
EL GRAU
FAVARA
EN CORTS
PENYARROJA
SENABRE
ROVELLA
MALILLA
LES MORERES
NAZARET
LA CREU COBERTA
Universitat Politècnica
Campus Universitario "Los Naranjos"
Estadio de Mestalla
Jardines del Turia
Jardines del Real
Estación del Norte
Plaza de Toros
Plaza del Ayuntamiento
Catedral
Mercado Central
Lonja de los Mercaderes
Torres de Serranos
Torres de Quart
IVAM
Museo de Bellas Artes
Palau de la Música
Parque Infantil Gulliver
Palacio de las Artes
Hemisfèric
Museo de las Ciencias
L'Umbracle
Parque Oceanográfico
Ciudad de la Justicia
Marina Real Juan Carlos I
Puerto de Valencia
Valencia Street Circuit
Cementerio General
Cementerio de Benimaclet
Ermita de Vera
Parque de Marxalenes
Parque del Oeste
Parque de la Rambleta
Hospital Universitari La Fe
Hospital Clínico Universitario
Hospital Doctor Peset
Avenida de Antonio Ferrandis "Actor"
Autopista del Saler
Avenida Cataluña
Avenida Blasco Ibáñez
Avenida del Puerto
Gran Vía Marqués del Turia
Avenida de Peris y Valero
Avenida Ausiàs March
Avenida Tres Cruces
Avenida del Cid
Avenida de Aragón
Paseo de la Alameda
Avenida Menéndez Pidal
Avenida General Avilés
Avenida Primado Reig
Avenida de Peset Alexandre
CV-300 Meliana 8 Puçol 21
V-21 AP-7 Sagunto 35 Castellón de la Plana 81 Barcelona 356
CV-35 Llíria 27 Ademuz 146 Teruel 149
A-3 Aeropuerto 10 Requena 67 Madrid 357
CV-36 Torrent 10
CV-400 Catarroja 9
V-31 AP-7 A-7 Silla 13 Xàtiva 63 Alicante 178
CV-500 El Saler 12

Vitoria-Gasteiz

Vigo

Zamora

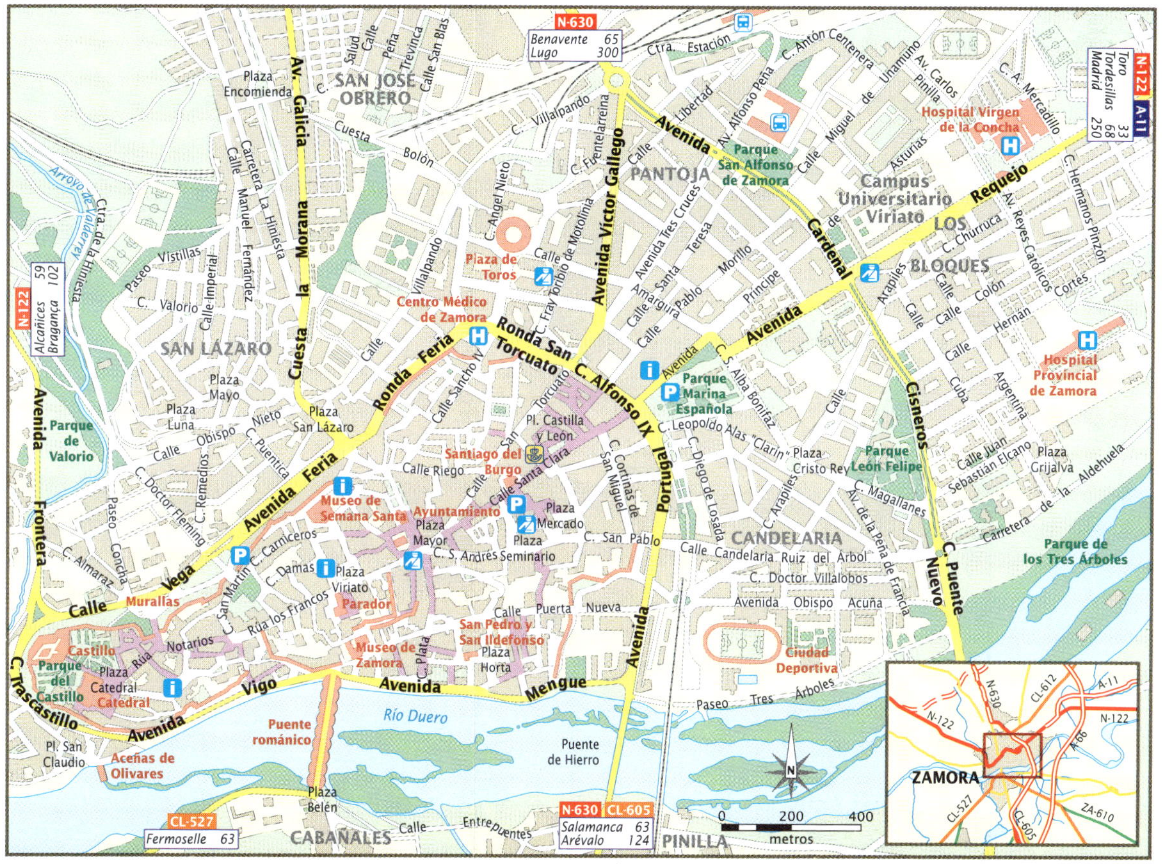

Vitoria-Gasteiz

Vigo

Zamora

Zaragoza

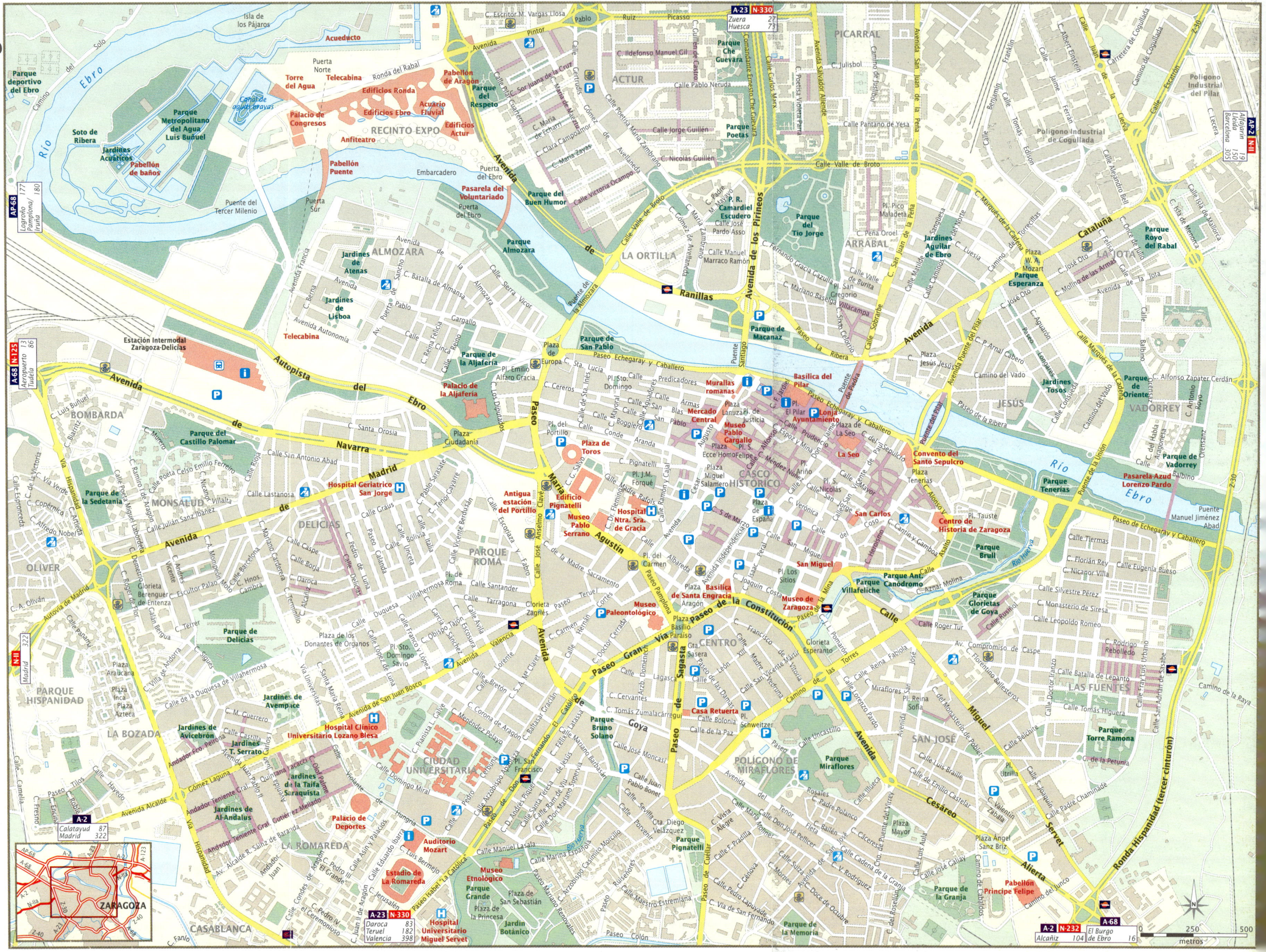

Isla de los Pájaros
Acueducto
Río Ebro
Parque deportivo del Ebro
Torre del Agua
Telecabina
Puerta Norte
Ronda del Rabal
Pabellón de Aragón
Edificios Ronda
Acuario Fluvial
Parque del Respeto
Palacio de Congresos
Edificios Ebro
RECINTO EXPO
Edificios Actur
Anfiteatro
Parque Metropolitano del Agua Luis Buñuel
Soto de Ribera
Jardines Acuáticos
Pabellón de baños
Canal de aguas bravas
Pabellón Puente
Embarcadero
Puerta del Ebro
Pasarela del Voluntariado
Puente del Tercer Milenio
Puerta Sur
ACTUR
PICARRAL
Parque Che Guevara
Parque Poetas
Parque del Buen Humor
Polígono Industrial de Cogullada
Polígono Industrial del Pilar
LA ORTILLA
Parque del Tío Jorge
ARRABAL
Jardines Aguilar de Ebro
LA JOTA
Parque Royo del Rabal
ALMOZARA
Jardines de Atenas
Jardines de Lisboa
Parque Almozara
Telecabina
Estación Intermodal Zaragoza-Delicias
Autopista del Ebro
Avenida de Ranillas
Parque de Macanaz
Parque de San Pablo
Parque de la Aljafería
Palacio de la Aljafería
Plaza de Europa
Murallas romanas
Basílica del Pilar
Mercado Central
Museo Pablo Gargallo
Lonja
Ayuntamiento
La Seo
Plaza de Toros
CASCO HISTÓRICO
Convento del Santo Sepulcro
JESÚS
Jardines Tosos
Parque de Oriente
VADORREY
Parque de Vadorrey
Pasarela Azud Lorenzo Pardo
Parque Tenerías
BOMBARDA
Parque del Castillo Palomar
Avenida de Navarra
Plaza Ciudadanía
Hospital Geriátrico San Jorge
Antigua estación del Portillo
Edificio Pignatelli
Museo Pablo Serrano
Hospital Ntra. Sra. de Gracia
San Carlos
Centro de Historia de Zaragoza
Parque de la Sedetania
MONSALUD
DELICIAS
PARQUE ROMA
Avenida de Madrid
OLIVER
Parque Bruil
San Miguel
Basílica de Santa Engracia
Museo de Zaragoza
Parque Villafeliche
Parque Ant. Canódromo
Parque Glorietas de Goya
Museo Paleontológico
Parque de Delicias
CENTRO
Paseo de la Constitución
Paseo Gran Vía
PARQUE HISPANIDAD
LA BOZADA
Jardines de Avempace
Jardines de Avicebrón
Jardines T. Serrato
Hospital Clínico Universitario Lozano Blesa
Casa Retuerta
Parque Bruno Solano
LAS FUENTES
Parque Torre Ramona
SAN JOSÉ
Parque Miraflores
POLÍGONO DE MIRAFLORES
CIUDAD UNIVERSITARIA
Jardines de la Taifa Saraquista
Jardines de Al-Andalus
Palacio de Deportes
LA ROMAREDA
Auditorio Mozart
Estadio de La Romareda
Museo Etnológico
Parque Grande
Jardín Botánico
Hospital Universitario Miguel Servet
Parque Pignatelli
Parque de la Granja
Pabellón Príncipe Felipe
Parque de la Memoria
CASABLANCA
Ronda Hispanidad (tercer cinturón)
Calle Miguel Servet
A-23 N-330 Zuera 27 Huesca 73
AP-2 N-II Alfajarín 19 Lleida 150 Barcelona 305
AP-68 Logroño 177 Pamplona/Iruña 180
A-68 N-125 Aeropuerto 13 Tudela 86
N-II Madrid 322
A-2 Calatayud 87 Madrid 322
A-23 N-330 Daroca 83 Teruel 182 Valencia 398
A-2 N-232 Alcañiz 104
A-68 El Burgo de Ebro 16
ZARAGOZA
0 250 500 metros

3

Índice alfabético de poblaciones

Índice de Poblaciones

Índice de localidades
Index of place names

A

Ababuj	42	C2	TE
Abação (São Tomé)	27	E1	Br
Abaças	28	B2	Vr
Ablitas	**22**	**E3**	**NA**
Aboadela	28	A2	Por

la localidad se arca en negrita, dica localidad con formación turística gastronómica en uía Repsol, Turismo n los mejores staurantes

Población / Localidade / Place name

Nº de página / Nº de página / Page number

Provincia / Província / Province

Coordenadas en el mapa / Indicação do quadrado de localização / Grid search reference

Abreviaturas

España

A Coruña	**C**	Córdoba	**CO**	Navarra	**NA**
Araba/Álava	**AR**	Cuenca	**CU**	Ourense	**OU**
Albacete	**AB**	Gipuzkoa	**GIP**	Palencia	**P**
Alicante	**A**	Girona	**GI**	Pontevedra	**PO**
Almería	**AL**	Granada	**GR**	Salamanca	**S**
Asturias	**O**	Guadalajara	**GU**	Santa Cruz de Tenerife	**TF**
Ávila	**AV**	Huelva	**H**	Segovia	**SG**
Badajoz	**BA**	Huesca	**HU**	Sevilla	**SE**
Baleares	**PM**	Jaén	**J**	Soria	**SO**
Barcelona	**B**	La Rioja	**LO**	Tarragona	**T**
Bizkaia	**BIZ**	Las Palmas	**GC**	Teruel	**TE**
Burgos	**BU**	León	**LE**	Toledo	**TO**
Cáceres	**CC**	Lleida	**L**	Valencia	**V**
Cádiz	**CA**	Lugo	**LU**	Valladolid	**VA**
Cantabria	**S**	Madrid	**M**	Zamora	**ZA**
Castellón	**CS**	Málaga	**MA**	Zaragoza	**Z**
Ceuta	**CE**	Melilla	**ML**		
Ciudad Real	**CR**	Murcia	**MU**		

Andorra **AND**

Francia

Ariège	**Ari**	Hautes-Pyrénées	**H-Pyr**	Pyrénées-Atlantiques	**Pir-A**
Aude	**Aud**	Landes	**Lan**	Pyrénées-Orientales	**Pir-O**
Haute-Garonne	**H-Gar**				

Portugal

Aveiro	**Av**	Evora	**Év**	Porto	**Por**
Beja	**Be**	Faro	**Fa**	Santarém	**Sa**
Braga	**Br**	Guarda	**Gu**	Setúbal	**Se**
Bragança	**Ba**	Leiria	**Le**	Viana do Castelo	**VC**
Castelo Branco	**CB**	Lisboa	**Li**	Vila Real	**Vr**
Coimbra	**Co**	Portalegre	**Pg**	Viseu	**Vi**

Índice de Poblaciones

A

B

C

D

E

G

i	29	C1	(OU)
i	39	D1	(Por)
	119	C3	(GC)
	36	D4	(L)
	9	B3	(LU)
	29	A1	(OU)
ıe-Parenties	7	E3	(Pir-A)
	119	C2	(GC)
	116	C4	(TF)
	116	B2	(TF)
eras (Las)	31	E4	(VA)
ó de Baixo	8	E1	(C)
(Los)	90	F2	(J)
ta d'Aneu (La)	25	C1	(L)
	100	B3	(AL)
(Los)	108	D1	(AL)
lano	23	A1	(NA)
	25	B2	(L)
e	39	D3	(Av)
o	61	E1	(AV)
y	118	E2	(GC)
a	36	D2	(L)
arín	107	D1	(AL)
	9	B1	(LU)
	37	A2	(B)
(El)	37	A1	(B)
	9	A1	(C)
	8	F2	(C)
	8	C1	(C)
	9	B2	(LU)
	2	A4	(C)
	18	B2	(OU)
	14	A3	(NA)
ıres	39	C3	(Por)
	32	E4	(BU)
	98	E4	(GR)
de Izán	32	D3	(BU)
de Mercado	32	C3	(BU)
	3	A3	(O)
s	18	B2	(OU)
s	18	B3	(OU)
ós	18	C2	(LU)
	9	B3	(LU)
de Pallares	9	B3	(LU)
ıil	29	A1	(OU)
	2	A3	(C)
es (Les)	48	C1	(B)
es (Les)	48	A2	(T)
	37	C1	(B)
es	13	A4	(AR)
	8	A2	(C)
on	17	D1	(PO)
iro	9	A4	(PO)
ón	8	D4	(PO)
	8	D2	(C)
ıçon	15	A1	(Pir-A)
l)	115	D2	(TF)
de Gállego	34	F1	(HU)
l)	37	C1	(B)
	7	F3	(Pir-A)
(El)	53	E4	(M)
e	7	A3	(GIP)
os	41	D3	(SA)
los de los Oteros	20	A3	(LE)
El)	36	E2	(L)
	18	A2	(OU)
edro	1	E4	(C)
ıeau	28	F1	(OU)
	91	D3	(J)
e-Muñoz	42	E4	(AV)
	33	F2	(LO)
	1	C4	(C)
e	3	E3	(O)
n	32	B3	(BU)

.a)	80	B2	(BA)
	7	E2	(Lan)
da (La)	106	A3	(MA)
da Conde	111	C2	(MA)
da de Tarazona	97	A4	(SE)
da Granadillo	105	A1	(SE)
da los Llanos del Conde	89	F4	(CO)
da Perdida (La)	116	C2	(TF)
s	32	F1	(BU)
o	21	F3	(BU)
ıubin	7	F2	(Pir-A)
	7	C3	(Pir-A)
	119	C2	(GC)
	22	**B1**	**(LO)**
ren	7	C3	(Pir-A)
gues	7	D2	(Lan)
e-Bosdarros	15	B1	(Pir-A)
(Las)	115	E1	(TF)
	32	C4	(BU)
lta	91	D2	(J)
de Trigo	112	B2	(GR)
del Lino	112	B1	(GR)
Mora (La)	112	C2	(GR)
	5	D4	(S)
de Cesto	5	D3	(S)
s	15	E2	(H-Pyr)
	14	**F4**	**(HU)**
so	29	F1	(ZA)
a de Valdivia	12	A4	(P)
al	80	D3	(BA)
ar	12	A3	(P)
osa de los Montes	72	F3	(BA)
e	7	D3	(Pir-A)
era	5	B3	(S)
era	5	E3	(S)
era	5	F3	(S)
eras	5	E2	(S)
ero	5	E4	(S)
	92	D1	(AB)
ejos	64	F4	(CU)
es	100	C3	(MU)
e	54	C2	(GU)
ye	7	A3	(Pir-A)
a	5	E4	(S)
	5	C3	(S)
de Ayuso	54	A1	(GU)
de la Peña (Las)	11	E4	(P)
-Savina	25	C3	(L)

Herbés	57	A2	(CS)
Herbón	8	D3	(C)
Herbosa	12	C3	(BU)
Herboso	5	E4	(BIZ)
Herce	22	E4	(LO)
Heredad (La)	107	D2	(AL)
Heredia	13	D3	(AR)
Herencia	74	B3	(CR)
Herencia (La)	96	E4	(SE)
Herencias (Las)	61	F3	(TO)
Herguijuela	72	B3	(CC)
Herguijuela (La)	61	A3	(CC)
Herguijuela (La)	52	B4	(AV)
Herguijuela de Ciudad Rodrigo	51	A3	(SA)
Herguijuela de la Sierra	51	D3	(SA)
Herguijuela del Campo	51	E2	(SA)
Herías	10	E2	(O)
Hermanas (Las)	92	B1	(AB)
Hermandad (La)	104	F1	(SE)
Hérmedes de Cerrato	32	A2	(P)
Hermedesuxo Derriba	8	A2	(C)
Hermida	17	C3	(PO)
Hermida (La)	11	E1	(S)
Hermide	18	F1	(LE)
Hermigua	115	E1	(TF)
Hermisende	**29**	**F1**	**(ZA)**
Hermosas (Las)	84	D4	(A)
Hermosilla	21	E1	(BU)
Hermua	13	D3	(AR)
Hermunde	9	D1	(LU)
Hernán Cabrera	80	D2	(BA)
Hernán Cortés	80	A1	(BA)
Hernán Valle	107	C1	(GR)
Hernani	**6**	**F4**	**(GIP)**
Hernán-Pérez	60	E1	(CC)
Hernansancho	52	D1	(AV)
Hernialde	6	E4	(GIP)
Herrada (La)	92	C2	(AB)
Herradero (El)	72	B4	(CC)
Herradón (El)	52	E3	(AV)
Herradura	108	C3	(AL)
Herradura (La)	105	A1	(SE)
Herradura (La)	110	C3	(CA)
Herradura (La)	111	F2	(GR)
Herramélluri	22	A2	(LO)
Herreiras	108	C2	(AL)
Herrera	5	C3	(S)
Herrera	97	F4	(SE)
Herrera (La)	83	B1	(AB)
Herrera (La)	83	C4	(AB)
Herrera (La)	83	D4	(AB)
Herrera (La)	97	E2	(CO)
Herrera (La)	5	A3	(S)
Herrera de Alcántara	70	F1	(CC)
Herrera de Duero	31	E4	(VA)
Herrera de Ibio	5	A3	(S)
Herrera de la Mancha	82	C1	(CR)
Herrera de los Navarros	45	E2	(Z)
Herrera de Pisuerga	21	A1	(P)
Herrera de Soria	33	A3	(SO)
Herrera de Valdecañas	32	A1	(P)
Herrera del Duque	72	F4	(BA)
Herrère	15	A1	(Pir-A)
Herrería	54	F1	(GU)
Herrerías	11	F1	(S)
Herrerías (Las)	95	E2	(H)
Herrericos	75	A4	(AB)
Herrero	42	C1	(VA)
Herreros	33	C3	(SO)
Herreros (Los)	99	F4	(AL)
Herreros (Los)	107	C4	(AL)
Herreros de Jamuz	19	D3	(LE)
Herreros de Rueda	20	B1	(LE)
Herreros de Suso	52	C1	(AV)
Herreruela	71	B2	(CC)
Herreruela de Oropesa	61	E3	(TO)
Herrezuelo	52	A2	(SA)
Herrías	3	A4	(O)
Herriko Plaza	6	B4	(BIZ)
Herrín de Campos	20	D4	(VA)
Herrumblar (El)	75	E3	(CU)
Herrumbrosa (La)	80	C3	(BA)
Hervás	**61**	**B1**	**(CC)**
Hervededo	19	A1	(LE)
Hervías	22	B2	(LO)
Hervideros de Fuensanta	81	F2	(CR)
Heugas	7	D1	(Lan)
Hevia	3	F4	(O)
Hibarette	15	D1	(H-Pyr)
Hidalga (La)	116	D2	(TF)
Hidalgos (Los)	74	D4	(CR)
Hiendelaencina	44	A3	(GU)
Higón	12	C3	(BU)
Higuera	116	C3	(TF)
Higuera	61	C4	(CC)
Higuera	83	F3	(AB)
Higuera (La)	43	B4	(SG)
Higuera (La)	61	F1	(AV)
Higuera Canaria	117	D2	(GC)
Higuera de Calatrava	98	D2	(J)
Higuera de la Serena	80	B4	(BA)
Higuera de la Sierra	96	D1	(H)
Higuera de las Dueñas	62	B1	(AV)
Higuera de Llerena	88	F1	(BA)
Higuera de Vargas	88	A1	(BA)
Higuera la Real	88	B3	(BA)
Higueral	99	F4	(AL)
Higueral (El)	106	C1	(CO)
Higuerales (Los)	100	C4	(AL)
Higueras	65	E3	(CS)
Higuerilla (La)	117	C2	(GC)
Higuerilla (La)	91	D2	(J)
Higuerón (El)	97	F1	(CO)
Higuerones (Los)	105	B3	(CA)
Higueruela	83	F2	(AB)
Higueruela (La)	81	E2	(CR)
Higueruelas	65	C4	(V)
Hiis	15	D1	(H-Pyr)
Hija de Dios (La)	52	C3	(AV)
Hija de Vaca	71	D2	(CC)
Híjar	46	B3	(TE)
Híjar	106	F2	(GR)
Hijas	5	B4	(S)
Hijate (El)	99	F4	(AL)
Hijes	44	A2	(GU)

Hijona/Ixona	13	C4	(AR)
Hijosa (La)	74	E3	(CR)
Hijosa de Boedo	21	A2	(P)
Hijosas (Las)	63	C2	(M)
Hincapié	51	A2	(SA)
Hinestrosa	21	A3	(BU)
Hiniesta (La)	30	E4	(ZA)
Hinojal	60	E4	(CC)
Hinojal de Riopisuerga	21	A2	(BU)
Hinojales	88	C4	(H)
Hinojar	100	E2	(MU)
Hinojar del Rey	32	E3	(BU)
Hinojares	99	D2	(J)
Hinojedo	5	B3	(S)
Hinojos	104	D1	(H)
Hinojosa	45	A4	(GU)
Hinojosa (La)	32	F3	(SO)
Hinojosa (La)	75	A1	(CU)
Hinojosa de Duero	40	F4	(SA)
Hinojosa de Jarque	55	F2	(TE)
Hinojosa de San Vicente	62	A2	(TO)
Hinojosa del Campo	33	E3	(SO)
Hinojosa del Duque	89	D1	(CO)
Hinojosa del Valle	88	E1	(BA)
Hinojosas	71	F2	(CC)
Hinojosas de Calatrava	81	D4	(CR)
Hinojosos (Los)	74	E1	(CU)
Hinx	7	E1	(Lan)
Hiriberri	14	D3	(NA)
Hiriberri-artzibar/Villanueva de Arce	14	C3	(NA)
Hirmes	112	D1	(AL)
Hiruela (La)	43	E3	(M)
His	16	B2	(H-Gar)
Hita	54	A1	(GU)
Hito (El)	63	E4	(CU)
Hocina	12	D3	(BU)
Hocino de Abajo	71	F1	(CC)
Hodegas	32	A2	(P)
Hoja	20	A1	(LE)
Hojilla (La)	100	B4	(AL)
Holguera	60	E3	(CC)
Hombrados	55	B1	(GU)
Honcalada	42	D3	(VA)
Hondarribia	**7**	**A3**	**(GIP)**
Hondón de los Frailes	93	B2	(A)
Hondonada (La)	64	E1	(CU)
Hondura	51	D2	(SA)
Honquilana	42	D3	(VA)
Honrubia	75	B1	(CU)
Honrubia de la Cuesta	43	D1	(SG)
Hontalbilla	43	B2	(SG)
Hontanar	73	B1	(TO)
Hontanar (El)	65	B3	(V)
Hontanares	54	B1	(GU)
Hontanares	43	E2	(SG)
Hontanares	61	F2	(AV)
Hontanares de Eresma	43	A4	(SG)
Hontanas	21	B3	(BU)
Hontanaya	74	E1	(CU)
Hontangas	32	C4	(BU)
Hontanillas	54	C3	(GU)
Hontecillas	75	B1	(CU)
Hontoba	54	A4	(GU)
Hontomín	21	D1	(BU)
Hontoria	4	D3	(O)
Hontoria	53	B1	(SG)
Hontoria de Cerrato	31	F2	(P)
Hontoria de la Cantera	21	D4	(BU)
Hontoria de Valdearados	32	E3	(BU)
Hontoria del Pinar	32	F2	(BU)
Horadada (La)	12	A4	(P)
Horca (La)	92	E1	(AB)
Horcadas	11	C3	(LE)
Horcajada	51	C4	(CC)
Horcajada (La)	33	A4	(SO)
Horcajada (La)	52	A4	(AV)
Horcajada de la Torre	63	F2	(CU)
Horcajo	51	B4	(CC)
Horcajo (El)	83	A3	(AB)
Horcajo de la Ribera	52	A4	(AV)
Horcajo de la Sierra	43	D4	(M)
Horcajo de las Torres	42	C3	(AV)
Horcajo de los Montes	73	B3	(CR)
Horcajo de Montemayor	51	E4	(SA)
Horcajo de Santiago	63	D4	(CU)
Horcajo Medianero	52	A2	(SA)
Horcajuelo	52	D2	(AV)
Horcajuelo de la Sierra	43	D4	(M)
Horche	54	A3	(GU)
Horgues	15	D1	(H-Pyr)
Horizonte	85	C4	(A)
Hormaza	21	C3	(BU)
Hormicedo	21	B1	(BU)
Hormiga (La)	82	D1	(CR)
Hormigos	62	C2	(TO)
Hormiguera	12	B3	(S)
Hormilla	22	B2	(LO)
Hormilleja	22	B2	(LO)
Horna	5	D3	(S)
Horna	12	D3	(BU)
Horna	83	E3	(AB)
Horna del Ebro	12	B3	(S)
Hornachos	79	F4	(BA)
Hornachuelos	97	D1	(CO)
Hornedo	5	D3	(S)
Hornias Altas	81	D1	(CR)
Hornias Bajas	81	D1	(CR)
Hornico	92	B4	(MU)
Hornija	18	F1	(LE)
Hornillo (El)	115	D2	(TF)
Hornillo (El)	117	C2	(GC)
Hornillo (El)	71	B2	(CC)
Hornillo (El)	100	E4	(MU)
Hornillo (El)	111	C2	(MA)
Hornillo (El)	61	E1	(AV)
Hornillos	113	D1	(AL)
Hornillos de Cameros	22	D4	(LO)
Hornillos de Cerrato	32	A1	(P)
Hornillos de Eresma	42	E2	(VA)
Hornillos del Camino	21	C3	(BU)
Horno Robledo	52	D4	(AV)
Hornos	99	C1	(J)
Hornos de Moncalvillo	22	C3	(LO)
Hornos el Viejo	91	E3	(J)
Hornos El Viejo	91	E3	(J)

I

N

O

Q

R

U

V

W

X

4

Todo para la planificación del viaje

Cálculo de Rutas y viaje seguro en *guiarepsol.com*

El mejor complemento para planificar el viaje

Trace su ruta
a la medida
de sus necesidades

La **cartografía es uno de los fundamentos de la Guía Repsol** desde sus orígenes. Y es que sus mapas y callejeros son todo un referente en el mundo de los desplazamientos por carretera. *Guiarepsol.com* le ofrece la posibilidad de completar la información que tiene en sus manos planificando el viaje antes de salir y en cada una de sus etapas. Una de las múltiples ventajas que ofrece la Guía en internet son las **constantes actualizaciones,** así como un cálculo de rutas que abarca toda Europa.

Los mapas tienen **vistas satélite y 3D para visualizar un recorrido más real.** También puede personalizar al máximo su viaje y trazar el trayecto a su medida marcando el origen y el destino, y añadiendo los puntos de paso que más le interesen.

Podrá adaptar la ruta a sus necesidades, eligiendo la más corta, la más rápida, evitando peajes o incidencia de tráfico... Y para disfrutar también del trayecto, puede personalizar el recorrido eligiendo su trazado ideal: para realizar en moto, disfrutando del paisaje, la cultura, etc. En *guiarepsol.com* tiene a su alcance las estaciones de servicio de paso o las condiciones meteorológicas. Además, de la mano de la DGT, ponemos a su servicio la información del estado de las carreteras en tiempo re los radares, cámaras de tráfico y los puntos negros.

l viaje perfecto

·n Guía Repsol conseguir el **viaje más cómodo a la vez** **ie el más seguro** es posible, ya que ponemos a su ;posición consejos para una conducción responsable ficiente: mantenimiento del vehículo, primeros auxilios, ;guridad al volante, conducción en condiciones adversas oda la actualidad sobre el motor. También le ayudamos ·btener el máximo rendimiento de su vehículo rburantes, lubricantes, ruedas, luces...) facilitándole da la información sobre eficiencia al volante.

;i desea conocer más datos sobre el origen y destino su itinerario, podrá hacerlo con una **amplia oferta reportajes relacionados,** ideados para disfrutar namente del viaje.

Nota

Los datos de esta Guía están actualizados a 30 de septiembre de 2011.

Para cualquier aclaración o comentario sobre el contenido de esta Guía, pueden acudir a nuest Servicio de Atención al Cliente (900 101 101), a la web *guiarepsol.com* o *repsol.com*.

No está permitida la reproducción total o parcial de esta guía ni su tramiento informático ni la transmisión de ninguna forma o por cualquier medio, ya sea electrónico, mecánico, fotoquímic magnético, electroóptico, por fotocopia, por registro u otros métodos sin el permiso previo y por escrito de los titulares del copyright.